Schübl ◦ Der Universitätsbau in der Zweiten Republik

ISBN 3-85028-392-5

Lektorat Judith Amtmann.
Satz: SHW – Stephan Hiegetsberger Werbegrafik-Design GmbH, Wien.
Entwurf des Schutzumschlages: Andreas Lechner.

Gedruckt mit Unterstützung des Bundesministeriums für Bildung, Wissenschaft und Kultur.

Elmar Schübl

Der Universitätsbau in der Zweiten Republik

Ein Beitrag zur Entwicklung der universitären Landschaft in Österreich

Herausgegeben vom Österreichischen Institut für Schul- und Sportstättenbau

BERGER

Vorwort

Der Universitätsbau in der Zweiten Republik stellt ein erfolgreiches Kapitel der jüngsten Geschichte Österreichs dar. Die – über weite Strecken – konstruktive Zusammenarbeit zwischen jenen Institutionen, deren Konsens erst die Voraussetzung für die Realisierung universitärer Bauvorhaben bildet, ermöglichte diese Erfolgsgeschichte. Aus verfassungsrechtlichen Gründen hat der Bund für die Finanzierung des Universitätsbaus aufzukommen, der aber auch von Bundesländern, Städten und der Wirtschaft in erheblichem Ausmaß gefördert wurde. In Hinblick auf die Realisierung eines konkreten Bauvorhabens hatten zuerst die Universitäten und das Wissenschaftsressort Einvernehmen bei der Erstellung von Raum- und Funktionsprogrammen zu erzielen. In Zusammenarbeit mit dem Wirtschaftsressort bzw. der Bundesimmobiliengesellschaft (BIG) und den künftigen Nutzern strebten in der Folge Architekten Lösungen an, die universitären Anforderungen möglichst gerecht werden sollten, bevor die Bauwirtschaft ihren Teil zum Gelingen eines Bauvorhabens beitrug.

Ein Gemeinschaftsprojekt ist auch diese Studie, deren Erstellung nur deswegen möglich war, weil sich dankenswerterweise die Länder Salzburg, Steiermark und Tirol, die Stadt Innsbruck und die BIG an der Finanzierung beteiligten. Das Bundesministerium für Bildung, Wissenschaft und Kultur trug den größten Teil der Kosten. Für weitere Förderungen, die die Drucklegung ermöglichten, danke ich Herrn Ziv.-Ing. Arch. Prof. Markus Spiegelfeld sowie der Porr AG, der Fritsch, Chiari & Partner ZT GmbH, der Immobilienmanagement Dr. Gerhard Stingl GmbH, der Delta Versicherungsmakler GmbH & Co KG, dem Notariat Dr. Sonja Tades und der Kleingasse ProjekterrichtungsgmbH. Den Universitäten gilt mein Dank nicht nur für die Bereitstellung des Bildmaterials, das dieses Buch illustriert, sondern auch für Auskünfte zur Entstehungsgeschichte einzelner Bauvorhaben. Herrn DI Andreas Lechner danke ich herzlich für die Gestaltung des Titelbildes und für viele anregende Gespräche, die um das Thema Architektur kreisten.

Für die erteilte Erlaubnis, die sehr umfangreichen raumrelevanten Aktenbestände des Bundesministeriums für Bildung, Wissenschaft und Kultur auswerten zu können, danke ich Herrn Dr. Helmut Moser, Leiter der Zentralsektion, und Herrn Dr. Wolf Frühauf, langjähriger Leiter der Präsidialsektion. Das Ergebnis der kritischen Quellenstudien wurde mit jenen Damen und Herren, die im Ministerium für den Universitätsbau zuständig sind (bzw. waren), sehr intensiv diskutiert. In diesem Zusammenhang kam den persönlichen Erinnerungen von Herrn Dr. Franz Loicht, der 1958 seinen Dienst im damaligen Bundesministerium für Unterricht antrat, dort von Anfang an mit Bauagenden befasst war und von 1967 bis 2000 die «Raumabteilung» leitete, exorbitante Bedeutung zu, zumal nach 1914 der Universitätsbau in nennenswertem Ausmaß erst gegen Ende der 1950er Jahre wieder in Gang kam. Für ihre große Anteilnahme am Entstehen dieser Studie sowie für Hilfestellungen, Anregungen und Kritik bin ich den Angehörigen der «Raumabteilung» zu großem Dank verpflichtet. Der Statistikabteilung und der Statistik Austria danke ich für die Bereitstellung relevanter Daten.

Für Kritik und Anregungen danke ich meinem Lehrer, Herrn Univ.-Prof. Dr. Walter Höflechner, Leiter der Abteilung für Wissenschaftsgeschichte an der Universität Graz, und Herrn Mag. Walter Steinbacher, dem Initiator dieser Studie, sehr herzlich. Dass ich unter den besten Bedingungen arbeiten konnte, verdanke ich Herrn DI Peter Gattermann, Direktor des Österreichischen Instituts für Schul- und Sportstättenbau (ÖISS). Für die Unterstützung meiner Arbeit am ÖISS bin ich Frau Martina Theißl und Frau Yvonne Ginthör sehr dankbar. Mein Dank für Unterstützungen, die diese Studie förderten, gilt außerdem Frau Judith Amtmann, Herrn Stephan Hiegetsberger, Frau Dr. Annemarie Lassacher, Herrn Ing. Karl Lehner, Herrn Stefan Loicht und Herrn Dr. Thomas Wallnig.

Beim Universitätsbau handelt es sich um ein sehr vielschichtiges Phänomen: Er ist ein signifikanter Indikator der Entwicklung der Universitäten, ihres gesellschaftspolitischen Stellenwertes im Staate, architektonisch-künstlerischer Ausdruck und politisches Signal zugleich. Der Universitätsbau ist außerdem eine grundlegende Voraussetzung für die Entwicklung der Wissenschaften und der Künste an den Universitäten; dieser Aspekt steht gewissermaßen im Zentrum der vorliegenden Untersuchung zur österreichischen Universitäts- und Wissenschaftsgeschichte. Sie leistet somit einen Beitrag zur Analyse der gegenwärtigen Situation, der aktuellen Möglichkeiten und Bedürfnisse der einzelnen Universitäten.

An dieser Stelle ist hervorzuheben, dass infolge der begrenzten Nutzungsdauer der Gebäude der Universitätsbau der Sache nach nicht zu einem Ende kommen kann. Es ist das große Verdienst der «Raumabteilung», dass heute ungleich rascher und kostengünstiger Universitätsraum geschaffen werden kann. (Trotzdem wird auch weiterhin der politische Wille den Umfang des Universitätsbaus bestimmen.) Die Basis dieses Erfolges bildeten der Wille, das Bestmögliche aus jedem Bauvorhaben zu machen, das hierfür erforderliche kreative Potential, Kompetenz, hohe Arbeitsmoral, ein ausgeprägtes Verantwortungsbewusstsein und die konstruktive Zusammenarbeit der handelnden Personen. Das vorliegende Buch ist auch eine Würdigung der sehr beachtlichen Leistungen, die das Wissenschaftsressort auf dem Sektor des Universitätsbaus in den vergangenen 45 Jahren erbrachte.

Wien, den 5. April 2005 Elmar Schübl

Inhaltsverzeichnis

Anhang

Teil I

Wege, Irrwege und Umwege des Universitätsbaus
Seine historischen und aktuellen Grundlagen

1 Die österreichischen Universitäten

Heute, 60 Jahre nach der Gründung der Zweiten Republik, prägen nicht mehr 10, sondern 21 staatliche Universitäten die universitäre Landschaft Österreichs. Es handelt sich dabei um 15 wissenschaftliche Universitäten – die Universitäten Wien, Graz, Innsbruck, Salzburg, Linz und Klagenfurt, die Technischen Universitäten Wien und Graz, die Universität für Bodenkultur Wien, die Montanuniversität Leoben, die Veterinärmedizinische Universität Wien, die Wirtschaftsuniversität Wien sowie die Medizinischen Universitäten Wien, Graz und Innsbruck – und 6 Kunstuniversitäten: die Akademie der bildenden Künste Wien, die Universität für angewandte Kunst Wien, die Universitäten für Musik und darstellende Kunst Wien und Graz, die Universität Mozarteum Salzburg und die Universität für künstlerische und industrielle Gestaltung Linz.

Universitäten werden in dieser Studie als geistige Gebäude aufgefasst. Sie sind komplexe Organismen, die in einigen Fällen über Jahrhunderte gewachsen sind. Ihre Entwicklung vollzieht sich in einem Spannungsfeld, dessen Pole Tradition und Innovation sind. – 1985 hat Rektor Heinrich Mitter in seinem Geleitwort zur Festschrift «Tradition und Herausforderung. 400 Jahre Universität Graz» geschrieben: «Tradition bedeutet immer die Verpflichtung, ihr gerecht zu werden, und wird damit zur Herausforderung. In einer Umwelt, die auf Wissenschaft mit einem Unverständnis reagiert, das zu Fehlurteilen von blinder Gläubigkeit bis zu blinder Feindschaft Anlaß gibt, bedeutet das die Herausforderung, den Stellenwert der Wissenschaft selbst zu bestimmen. In einer Umwelt, die den Zweck einer Universität in den von ihr verliehenen Titeln sieht, bedeutet das die Herausforderung, den Auftrag der Universität als einer Stätte zu überdenken, an der sich Wissenschaft ereignet, an der durch Wissenschaft gebildet und ausgebildet wird. In einer Zeit, in der bildungspolitische Utopien aus Universitäten Großbetriebe gemacht haben, bedeutet das die Herausforderung, sich über deren Organisation und Ökonomie Gedanken zu machen.»[1] – Gegen Mitte der 1980er Jahre begann sich jene tiefgreifende Universitätsreform abzuzeichnen, die 2002 ihren vorläufigen Abschluss fand. Die von Mitter angesprochenen Herausforderungen sind aber nach wie vor höchst aktuell.

Den Universitäten wurde im Universitätsgesetz 2002 eine sehr weitreichende Autonomie zuerkannt, die an jene erinnert, über die die Universitäten Wien, Graz und Innsbruck bis gegen Mitte des 18. Jahrhunderts verfügt hatten. Hinsichtlich der ökonomischen Grundlagen, die maßgeblich die Leistungsfähigkeit der Universitäten bestimmen, hat sich jedoch nichts verändert. Immer schon waren die Universitäten davon abhängig, welchen Stellenwert ihnen der Universitätserhalter (Landesfürst/Staat) einräumte. – In Österreich waren Universitäten bis 1848 bloß Ausbildungsstätten (Hohe Schulen), an welchen wissenschaftliche Forschung überhaupt nicht vorgesehen war. Umso bemerkenswerter war der steile Aufschwung, den das österreichische Universitätswesen in der zweiten Hälfte des 19. Jahrhunderts nahm. Für diese Entwicklung waren zwei Gründe hauptverantwortlich. Durch die im Revolutionsjahr gewährte Freiheit der Wissenschaft und ihrer Lehre wandelten sich auch österreichische Universitäten zu Forschungseinrichtungen. Die Forschung förderte wiederum die Ausdifferenzierung wissenschaftlicher Disziplinen, wodurch die Universitäten und deren Bedürfnisse rasch wuchsen. Dass einige Universitäten in sehr vielen Disziplinen Spitzenleistungen erbringen konnten, ermöglichte die sehr ehrgeizige staatliche Zielsetzung: Man wollte mit den weltweit führenden Universitäten konkurrieren und war dazu bereit, beträchtliche Summen in den Auf- und Ausbau der österreichischen Universitäten zu investieren. Dabei konzentrierte sich der Staat auf die «klassischen» Universitäten, weswegen deren Entwicklung beachtlicher als jene der Technischen Hochschulen und der «Fachhochschulen» ausfiel.

Das Renommee österreichischer Universitäten gründete auf Leistungen, die vor allem die Universität Wien, die traditionsreiche Universität Prag und die Universität Graz erbrachten. Österreichische Gründungen waren die Universität Czernowitz (1865) und die «Böhmische» Universität Prag (1882); zum Netzwerk der «klassischen» Universitäten zählten außerdem Pavia (bis 1859), Padua (bis 1866), Innsbruck, Krakau und Lemberg. – Dem Universitätsbau kam in dieser Blütezeit eine zentrale Rolle zu. Man war sich bewusst, dass bestmögliche

Arbeitsbedingungen die Voraussetzung für wissenschaftliche Höchstleistungen darstellen. Durch die realisierten Universitätsgebäude, die größtenteils auch heute noch in Verwendung sind und (in den meisten Fällen) nach wie vor gute Dienste leisten, konnten an österreichischen Universitäten Spitzenkräfte gehalten werden, die auch von renommierten ausländischen Universitäten umworben wurden.

Der Staat ermöglichte damals seinen Universitäten, sich aktiv an einem Prozess zu beteiligen, der zur Verwissenschaftlichung unserer Gesellschaft führte. Der Einfluss wissenschaftlicher Erkenntnisse auf die Gestaltung nahezu aller Bereiche menschlicher Existenz ist ungebrochen und damit auch die Bedeutung der wissenschaftlichen Forschung, die in Österreich seit 1848 vor allem an Universitäten geleistet wird. Indem der Staat den Universitäten die Pflege der Wissenschaften übertrug und ihnen Lehrfreiheit gewährte, schuf er Institutionen, an welchen ein menschliches Grundbedürfnis befriedigt wird: Wissenschaftliche Forschung ist eine Form des Strebens nach Erkenntnis. Die Vielfalt an wissenschaftlichen Disziplinen spiegelt den geistigen Reichtum des Menschen wider, der sich an Universitäten der Erkenntnisarbeit widmen kann. Dies ist die bedeutendste Aufgabe, die von Universitäten zu leisten ist. Wird die Freiheit der Wissenschaft und ihrer Lehre ernst genommen, entfaltet sich eine Vielfalt an Studienmöglichkeiten, die gefährdet ist, wenn der Wert wissenschaftlicher Forschung von wirtschaftlicher Verwertbarkeit bestimmt wird. Dieser Gefahr können Universitäten und Staat nur gemeinsam begegnen: Universitäten, indem sie sich bei der Gestaltung ihrer Studienangebote nicht nur von ökonomischen Überlegungen leiten lassen, und der Staat, indem er Sorge trägt, dass österreichische Universitäten im Wettbewerb mit ausländischen Universitäten konkurrenzfähig bleiben und sich dabei auch eine gewisse Vielfalt leisten können.

Im Universitätsgesetz 2002 wurden unter § 1 folgende Zielsetzungen festgeschrieben: «Die Universitäten sind berufen, der wissenschaftlichen Forschung und Lehre, der Entwicklung und der Erschließung der Künste sowie der Lehre der Kunst zu dienen und hiedurch auch verantwortlich zur Lösung der Probleme des Menschen sowie zur gedeihlichen Entwicklung der Gesellschaft und der natürlichen Umwelt beizutragen. Universitäten sind Bildungseinrichtungen des öffentlichen Rechts, die in Forschung und in forschungsgeleiteter akademischer Lehre auf die Hervorbringung neuer wissenschaftlicher Erkenntnisse sowie auf die Erschließung neuer Zugänge zu den Künsten ausgerichtet sind. Im gemeinsamen Wirken von Lehrenden und Studierenden wird in einer aufgeklärten Wissensgesellschaft das Streben nach Bildung und Autonomie des Individuums durch Wissenschaft vollzogen. Die Förderung des wissenschaftlichen Nachwuchses geht mit der Erarbeitung von Fähigkeiten und Qualifikationen sowohl im Bereich der wissenschaftlichen und künstlerischen Inhalte als auch im Bereich der methodischen Fertigkeiten mit dem Ziel einher, zur Bewältigung der gesellschaftlichen Herausforderungen in einer sich wandelnden humanen und geschlechtergerechten Gesellschaft beizutragen. Um den sich ständig wandelnden Erfordernissen organisatorisch, studien- und personalrechtlich Rechnung zu tragen, konstituieren sich die Universitäten und ihre Organe in größtmöglicher Autonomie und Selbstverwaltung.»

1.1 Der Hintergrund

In sehr groben Zügen wird einleitend die Entwicklung der österreichischen Universitäten bis 1945 skizziert. Der Hintergrund ist von Bedeutung, weil in dieser Studie der Gedanke leitend ist, dass sich im Universitätsbau die Entwicklung des Universitätswesens widerspiegelt. In der geschichtlichen Welt ist keine Veränderung denkbar, die in ihrer Bewegung nicht auf Gewordenes Bezug nimmt. Wenn die Entwicklung der Universitäten in der Zweiten Republik thematisiert wird, darf nicht darauf vergessen werden, dass nach dem Ende des Zweiten Weltkrieges die Ausgangssituation der österreichischen Universitäten katastrophal war.
Universitätsgebäude sind Heimstätten von Organisationseinheiten (im wissenschaftlich/künstlerischen Bereich heute zumeist Institute, Abteilungen, Fachbereiche, Departments oder Zentren genannt), deren Leistungsfähigkeit maßgeblich durch die realisierten Raum- und Funktionsprogramme bestimmt wird. Diese Programme bilden eine der grundlegendsten Voraussetzungen für die Entwicklung der Wissenschaften und der Künste an den Universitäten. Auch nach 1945 war der Universitätserhalter darum bemüht, seinen Universitäten Gebäude bereitzustellen, die den Nutzern bestmögliche Arbeitsbedingungen bieten sollen. In Universitätsgebäuden sind geistige Arbeiter (Lehrende und Studierende) am Werk, deren schöpferisches Vermögen sich in wissenschaftlichen Arbeiten manifestiert. Wenn in diesem Buch vom Universitätswesen gesprochen wird, sind damit vor allem Menschen gemeint, die als Lehrende oder als Studierende durch den Einsatz ihrer Begabungen etwas zur Entwicklung der Wissenschaften und der Künste beitragen.
Dieses Buch handelt also von den Voraussetzungen für wissenschaftliche Tätigkeit, von materiellen Erscheinungsformen, die die Gebäude sind, in welchen sich aber auch Strukturen des Universitätswesens abbilden, und zwar in Form der Raum- und Funktionsprogramme, die von Universitätsangehörigen in Zusammenarbeit mit Vertretern des Wissenschaftsressorts und Architekten entwickelt wurden. – Die Grundlagen für das einleitende Kapitel bilden die fünfbändige Geschichte des österreichischen Bildungswesens von Helmut Engelbrecht und Arbeiten von Walter Höflechner, insbesondere «Die Baumeister des künftigen Glücks. Fragment einer Geschichte des Hochschulwesens in Österreich vom Ausgang des 19. Jahrhunderts bis in das Jahr 1938».

1.1.1 Die «Landesuniversitäten» des 14., 15., 16. und 17. Jahrhunderts

Landesfürsten strebten mit Universitätsgründungen die Stärkung ihrer Herrschaft an. Sie benötigten vornehmlich Juristen für den Verwaltungsdienst, aber auch Ärzte, die ebenfalls in den Residenzstädten ausgebildet werden sollten. In der Zeit der konfessionellen Auseinandersetzungen wurden die als autonome Körperschaften eingerichteten Universitäten politisch instrumentalisiert. Den Einfluss der katholischen Kirche auf das österreichische Universitätswesen drängten die Habsburger im 18. Jahrhundert zurück. Im Zuge dieser «Verstaatlichung» ging die Universitätsautonomie aber mehr und mehr verloren.
Die traditionsreichste Universität auf heutigem österreichischem Staatsgebiet ist die Universität Wien. 1365 gründete Rudolf IV. die Universitas magistrorum et scholarium Vindobonensis, die Rang und Funktion eines Studium generale erhielt. Im Stiftungsbrief vom 12. März 1365 räumte der Herzog dieser Gemeinschaft von Lehrenden und Studierenden weitreichende Privilegien ein, die die wirtschaftliche Existenz der Universität sowie deren Unabhängigkeit gegenüber Instanzen der Stadt und der Kirche garantieren sollten. Die Universitätsgründung stand im Zusammenhang mit den ehrgeizigen Plänen des Habsburgers, der Wien als Zentrum eines künftigen österreichischen Königreiches ausbauen wollte. Eigentlich sollte der Universität der Stadtteil zwischen Hofburg und Stephansdom als Quartier latin (in der deutschen Fassung der Gründungs-

urkunde «Phaffenstat» genannt) zugewiesen werden, doch dieser Plan ließ sich nicht realisieren. Rudolf IV. starb bereits im Sommer 1365.

1384 gelang Albrecht III. die Einrichtung einer Theologischen Fakultät, die gewissermaßen die Krone der mittelalterlichen Universität bildete. Damit wurde die Universität Wien zur «Volluniversität», an der die Artistenfakultät (als Vorgängerin der Philosophischen Fakultät) der Vorbereitung auf ein (Fach-)Studium an den drei «höheren» Fakultäten Theologie, Recht und Medizin diente. Für die Entwicklung der Universität war auch höchst bedeutsam, dass Albrecht III. drei benachbarte Bürgerhäuser erwarb, die das von ihm gestiftete Collegium ducale beherbergten. Das Herzogskolleg, das sich gegenüber dem Dominikanerkloster (in der heutigen Postgasse) befand, wurde zum Zentrum der Universität, die in nächster Nähe weitere Gebäude nutzte. Zahlreiche Häuser dieses Stadtteils dienten als Studentenhäuser (Bursen und Kodreien), wo zum Teil auch unterrichtet wurde. Infolge des gestiegenen Raumbedarfs errichtete man in der ersten Hälfte der 1420er Jahre das erste Universitätsgebäude («Neue Schul» bzw. Alte Aula), das den Gebäudekomplex des Herzogskollegs zur Wollzeile hin erweiterte.

Durch die von Rudolf IV. und Albrecht III. verliehenen Privilegien bildete die Universität, trotz der engen Verwobenheit mit der Stadt, eine autonome Rechtsgemeinschaft innerhalb Wiens. Der «Gelehrtenrepublik» (Respublica litteraria) gehörten die Lehrenden und Studierenden an, die aus unterschiedlichen Regionen Europas stammten. Mobilität und Internationalität zeichneten das mittelalterliche Universitätswesen aus, Latein war die verbindliche Gelehrtensprache. Nicht eine bestimmte Schullaufbahn, sondern die Beherrschung der lateinischen Sprache war die Voraussetzung für ein Studium; der Erwerb eines akademischen Grades bedeutete in der Regel einen sozialen Aufstieg. Anfänglich konnten auch Mittellose studieren, die keine Gebühren entrichten mussten und in studentischen Armenhäusern (Kodreien) wohnten. Erst im letzten Drittel des 15. Jahrhunderts wurde Angehörigen der unteren sozialen Schichten ein Studium verunmöglicht, wodurch sich an der Internationalität der Studentenschaft allerdings nichts änderte. Sie gliederte sich von 1384 bis 1838 in vier Akademische Nationen (Österreichische, Rheinische, Ungarische und Sächsische Nation); die meisten Studierenden gehörten anfänglich der Natio Rhenensium an.

Nicht zuletzt auch aufgrund der entstandenen Konkurrenz im süddeutschen Raum begann sich zu Beginn des 16. Jahrhunderts das Verhältnis zugunsten der Natio Austriaca zu verändern, die Studierende aus den habsburgischen Ländern zusammen mit jenen aus «Italien» bildeten. Von grundsätzlicher Bedeutung ist, dass die Universität Wien erst nach der Revolution von 1848 eine Forschungseinrichtung wurde; zuvor waren auch die Universitäten Graz und Innsbruck «Hohe Schulen», an welchen lediglich Wissen vermittelt wurde. Im Mittelpunkt des Lehrbetriebes standen das Lesen und Interpretieren der jeweils relevanten klassischen Autoren sowie die Disputationes, die der Einübung scholastischer Argumentationsformen dienten. – Den Fächerkanon des an der Artistenfakultät zu absolvierenden «Grundstudiums» bildeten anfänglich die Septem artes liberales: Grammatik, Rhetorik und Dialektik (Trivium) sowie Arithmetik, Geometrie, Astronomie und Musik (Quadrivium). Im 15. Jahrhundert wurden sie von den Studia humanitatis abgelöst, die ursprünglich Grammatik, Rhetorik, Geschichte, Dichtkunst und Ethik umfassten, schließlich aber auch Naturwissenschaften und Philosophie berücksichtigten. Die Artistenfakultät begann sich allmählich zur Philosophischen Fakultät zu wandeln, ohne dabei ihre propädeutische Funktion zu verlieren.

Im letzten Drittel des 16. Jahrhunderts begann die Gesellschaft Jesu einen starken Einfluss auf das österreichische Universitätswesen auszuüben. Den Ordenszielen – Erziehung (im allgemeinen Sinn) und Ausbildung von Priestern – gemäß umfasste das jesuitische Lehrprogramm das «Grundstudium» und die Theologie. Bereits 1551 hatte Ferdinand I. den Orden nach Wien berufen, dem zwei Lehrkanzeln an der Theologischen Fakultät anvertraut wurden. Zur ernsthaften Konkurrenz für die Artistenfakultät (bzw. Philosophische Fakultät) entwickelte sich das Wiener Jesuitenkolleg, wo ein moderner Unterricht kostenlos erteilt wurde. In der Auseinandersetzung zwischen Universität und Jesuitenkolleg setzte sich der Orden durch. 1623 verfügte Kaiser Ferdinand II. die Übernahme der Theologischen und der Philosophischen Fakultät durch die

Jesuiten, deren Lehre das wirksamste Instrument der Gegenreformation darstellte. Obgleich von dieser Maßnahme die Medizinische und die Juridische Fakultät nicht betroffen waren, standen auch diese damals schon unter starkem landesfürstlichem und kirchlichem Einfluss.
Die jesuitische Dominanz fand auch im Universitätsbau ihren Ausdruck. Auf dem Areal des Herzogkollegs sowie angrenzender Studenten- und Bürgerhäuser errichtete die Gesellschaft Jesu einen großzügigen Gebäudekomplex («Akademisches Kolleg», heute Alte Universität genannt), der gegen Mitte des 17. Jahrhunderts fertig gestellt war. In die Reihe der bedeutenden europäischen Universitäten konnte sich die Universität Wien jedoch nicht mehr eingliedern; Engelbrecht schreibt: «Die Universität war zu einer Einrichtung geworden, bei der staatliche Bevormundung, jesuitische Einflußnahme und über Jahrhunderte bewährte, aber nur mehr schwach geäußerte Zielvorstellungen der autonomen Korporation ständig Spannungen erzeugten und sich gegenseitig hinderten.»[2]
1572 waren die Jesuiten nach Graz berufen worden, wo ihr Kolleg mit der protestantischen Landschaftsschule in ein Konkurrenzverhältnis trat. 1585 erfolgte die Gründung der Universität Graz durch Karl II. von Innerösterreich, dessen Plan, eine «Volluniversität» einzurichten, aber scheiterte. Die von den Jesuiten geführte Universität Graz wies jedoch eine Besonderheit auf, da eine Facultas linguarum die Philosophische und die Theologische Fakultät ergänzte. Ihre Heimstätte bildete die 1607/08 errichtete Alte Universität, die sich gegenüber dem Grazer Dom befindet. Die Anfänge eines juridischen Studiums reichen ins Jahr 1648 zurück, als die adeligen Stände einen Rechtslehrer besoldeten, der im Rahmen eines einjährigen Kurses Studierende in das Römische Recht einführte. Erst nach der Auflösung der Gesellschaft Jesu wurde 1778 eine Juridische Fakultät eröffnet. Ansätze für ein Medizinstudium waren zwar seit 1764 gegeben, doch erst 1863 erhielt die Universität Graz eine Medizinische Fakultät und wurde damit zur Volluniversität.
An die Gründung einer Jesuitenuniversität war anfänglich auch in Salzburg gedacht worden. Die 1622 von Fürsterzbischof Paris Lodron gegründete Universität wurde dann aber den Benediktinern anvertraut. Mit dem Bau eines Studiengebäudes war bereits 1618 begonnen worden, infolge finanzieller Engpässe konnte die Alte Universität aber erst 1655 fertig gestellt werden. Als 1804 eine Medizinische Fakultät gegründet wurde, gliederte sich die Universität Salzburg in den Verband der Volluniversitäten ein. Nach der Säkularisierung des Fürsterzbistums Salzburg (1805) ergänzte sie bis 1809 das universitäre Netzwerk des österreichischen Kaiserstaates. Unter bayerischer Herrschaft wurde die Universität Salzburg aufgelöst und nach der neuerlichen Übernahme durch Österreich (1814) nicht wiedererrichtet. Im Zuge der Reformen von 1848/49 wurde die seit 1810 bestehende Katholisch-theologischen Sektion (des Lyzeums) allerdings zur Theologischen Fakultät; die Wiedererrichtung der Universität Salzburg gelang erst 1962.
1669 gründete Kaiser Leopold I. als Tiroler Landesfürst die Universität Innsbruck, die ebenfalls unter starkem jesuitischen Einfluss stand, aber schon 1673 zur Volluniversität wurde. Für Zwecke der Tiroler Landesuniversität adaptierte man ein Gebäude (Herrengasse 1–3), das Anfang der 1660er Jahre errichtet worden war und 1693 aufgestockt wurde. 1776 erhielt die Universität Innsbruck das Jesuitenkolleg zugesprochen, dessen Grundstein man 1562 gelegt hatte.
Ins ausgehende 17. Jahrhundert fiel die Gründung der ältesten Kunstakademie in Mitteleuropa. Nach dem Vorbild der Accademia di San Luca (1593) in Rom und der Pariser Académie Royale (1648) errichtete 1692 Peter von Strudel – unter kaiserlicher Patronanz – in Wien die Academia von der Mallerey-, Bildhawer-, Fortification-, Prospectiv- und Architektur-Kunst, deren Kunstlehranstalten 1772 zur vereinigten Akademie der bildenden Künste zusammengeschlossen wurden.

1.1.2 Die «Verstaatlichung» der Universitäten gegen Mitte des 18. Jahrhunderts

Bereits gegen Ende des 17. Jahrhunderts gerieten die Jesuitenuniversitäten immer stärker unter landesfürstlichen Druck. Dass sie sich noch jahrzehntelang behaupten konnten, hatte vor allem ökonomische Gründe. Infolge finanzieller Engpässe waren die Landesfürsten von den Jesuiten abhängig, deren Besoldung meist nur ein Viertel oder ein Drittel des Gehalts eines weltlichen Professors ausmachte. – Engelbrecht spricht von der miserablen Besoldung der Professoren, die «ihr ohnehin geringes Gehalt, das seit dem 16. Jahrhundert unverändert geblieben war [...], öfters Monate oder sogar Jahre verspätet ausbezahlt bekamen. Dies machte zwar den Ordenslehrkräften wenig aus, zwang aber die weltlichen Professoren, sich um einträgliche Nebenverdienste umzuschauen und der Lehre nur geringes Augenmerk zu schenken.»[3] – Im Zentrum der Kritik stand die jesuitische Studienordnung (Ratio studiorum), deren Fassung aus dem Jahre 1616 den Universitätsbetrieb noch in der ersten Hälfte des 18. Jahrhunderts prägte. Äußerst negativ wirkte sich dieser Umstand auf die juridischen und medizinischen Studien aus, die außerhalb der jesuitischen Interessen lagen. Auch die Ergänzung des Lehrangebotes gestaltete sich mühsam.

Mit der Ausformung des aufgeklärten Absolutismus wurde der Einfluss der Gesellschaft Jesu immer stärker eingeschränkt, und gleichzeitig wurden auch die letzten Reste universitärer Autonomie beseitigt. Die Universitäten wurden zu staatlichen Lehranstalten, die anerkannt nützliches Wissen zu vermitteln hatten. Im Rahmen der von Maria Theresia initiierten Reformtätigkeit wurden den Fakultäten staatliche Studiendirektoren vorgesetzt, die Ausbildungsziele und Lehrinhalte bestimmten. Unter staatliche Kontrolle geriet auch die universitäre Verwaltung. Die übernommene Gestaltungskompetenz nahm ab 1760 die Studienhofkommission wahr, die in diesem Jahr als zentrale Planungs-, Lenkungs- und Verwaltungsinstitution für Universitäten und Gymnasien eingerichtet wurde. Der Prozess der «Verstaatlichung» der Universitäten fand mit der Auflösung des Jesuitenordens im Jahre 1773 seinen Abschluss.

Von den gesetzten Reformen profitierte vor allem die Medizinische Fakultät in Wien, deren Entwicklung wesentlich durch die Adaptierung jenes Gebäudekomplexes (Altes AKH) gefördert wurde, in dem man 1784 das Wiener Allgemeine Krankenhaus eröffnete. Für Zwecke der Universität Wien war bereits 1755 die Neue Aula fertig gestellt worden, die 1857 zum Hauptgebäude der Akademie der Wissenschaften wurde. Die Universität Innsbruck hatte ein Bibliotheksgebäude (1746) erhalten; 1776 übersiedelte die Universität dann ins ehemalige Jesuitenkolleg, die Universitätsbibliothek folgte zehn Jahre später. Die Universität Graz musste sich hingegen mit Adaptierungsmaßnahmen begnügen, die Ende der 1770er Jahre in der Alten Universität für Zwecke der Bibliothek durchgeführt wurden. – In die Zeit der Erweiterung des Lehrangebotes um Fächer, die dem Staatsinteresse dienten, fiel auch die Gründung der Vorgängerinstitution der Veterinärmedizinischen Universität. 1765 hatte man auf Anregung von Maria Theresia eine «Lehrschule zur Heilung der Viehkrankheiten» eingerichtet, die 1795 in «Militair-Thierarzneyschule» umbenannt wurde; von 1812 bis 1850 war sie der Medizinischen Fakultät der Universität Wien angegliedert.

Die bildungspolitischen Vorstellungen Josephs II. wirkten sich sehr einschneidend auf das österreichische Universitätswesen aus. Joseph II. vertrat die Auffassung, dass «die Anzahl der das lesen und schreiben lernenden so gross als möglich, Jene der auf höhere Studien sich verwenden minder und endlich Jene, die alle Studien der Universität frequentiren, nur die ausgesuchteste Talente seyn müssen»[4]. Dass seiner Meinung nach Akademikern zu wenig Berufsmöglichkeiten offen standen, war mitentscheidend für die Degradierung der Universitäten Graz und Innsbruck zu Lyzeen im Jahre 1782. Aber auch nach deren Wiedererrichtung (1826/27) blieben sie – wie auch die Universität Wien – Hohe Schulen. Ganz anders war die Situation in den reformierten deutschen Ländern, wo sich die Universitäten bereits im 18. Jahrhundert zu Forschungseinrichtungen gewandelt hatten; im 19. Jahrhundert bestimmten sie maßgeblich die Entwicklung der Wissenschaften. Ihr Erfolgsgeheimnis war die gewährte Freiheit der Wissenschaft und ihrer Lehre, die 1848 von Studierenden und Lehrenden der Universität Wien eingefordert wurde.

Bis zum Ausbruch der Revolution war wissenschaftliche Forschung an österreichischen Universitäten nicht vorgesehen; der Universitätsbetrieb war noch im Vormärz bloß ein Schulbetrieb. «Josefs II. Ermahnung an die Professoren ‹der höheren Wissenschaften› von 1787 war im Prinzip noch immer gültig – es war ihnen eingeschärft, ‹daß sie weder in Schriften, noch in ihren privat Unterredungen mit den Schülern jemals Grundsätze, welche gegen die katholische Religion streiten, behaupten, oder das, was sie öffentlich zu lehren angewiesen sind, umstoßen oder anders auslegen und dadurch der Religionslehre Zweifel erregen, sondern daß sie auch über jene Gegenstände, die zwar nicht unmittelbar Glaubenssätze sind, aber doch Ehrfurcht und Achtung verdienen, selbst damals, wenn sie ihren Schülern wirklich Gebrechen dabei aufdecken, mit bescheidener Mäßigung sich ausdrücken sollen›. 1789 hat ein rigoroser Anhänger des Kaisers sich folgendermaßen geäußert: ‹bei der fürtrefflichen Anstalt, wo Lehrer aus öffentlichen Fonds zureichend besoldet werden, hört alle Freiheit auf, willkürliche Systeme in den Wissenschaften aufzustellen, die zu der Nationalbildung nach der Erwartung des Staats gefordert werden. Der Lehrer ist daher bloß das Sprachrohr des Staates an dessen sich bildende Bürger›!»[5] Diese Bürger durften seit 1784 nicht mehr im Ausland studieren. Der Kontakt mit ausländischen Universitäten war österreichischen Universitäten bis 1848 verboten.

Die daraus resultierenden Defizite führten allerdings schon in den 1830er Jahren zu einem Umdenken. Hierfür waren aber nicht «wissenschaftspolitische Überlegungen mit erkenntnistheoretischem Hintergrund» ausschlaggebend, sondern die offensichtlichen Mängel in anwendungsorientierten Bereichen der Naturwissenschaften (insbesondere der Chemie) sowie in der Technik, die der Produktionssteigerung in der Landwirtschaft nicht förderlich waren. Um den Anschluss zu finden, wurden fähige junge Männer ins Ausland geschickt, die sich bei renommierten Wissenschaftlern Kenntnisse aneignen konnten; diese Generation trug Wesentliches zum 1848 einsetzenden Aufschwung der Wissenschaften an österreichischen Universitäten und technischen Lehranstalten bei. Gegen Mitte der 1840er Jahre war der Reformwille schon recht deutlich ausgeprägt; die Studienhofkommission arbeitete neue Studienordnungen aus, die infolge der Geschehnisse von 1848 aber nicht mehr wirksam wurden. In diesen Entwürfen war allerdings die Gewährung der Lehr- und Lernfreiheit nicht vorgesehen.

Die starke Ausrichtung auf die Naturwissenschaften bewirkte eine gewisse Einseitigkeit, die für die Entwicklung der Wissenschaften in Österreich charakteristisch ist. Den Naturwissenschaften, die die Entwicklung der Medizin und der Technik maßgeblich beeinflussten, kam eine Vorrangstellung deswegen zu, weil man zu einem sehr günstigen Zeitpunkt an deren Entwicklung zu partizipieren begann. Der Nachvollzug jener Schritte, die einen bestimmten Entwicklungsstand bedingen, haben in den Naturwissenschaften nicht jene Bedeutung, die ihnen in den Geisteswissenschaften grundsätzlich zukommt. In Österreich konnte sich die an deutschen Universitäten ausgebildete und das ganze 19. Jahrhundert mitgestaltende idealistisch-hermeneutische Wissenschaftsauffassung kaum entfalten. Vor allem für die Philosophie waren keine günstigen Voraussetzungen gegeben, nachdem die Ratgeber Thuns – Karl Ernst Jarcke und George Phillips – dem Minister die Philosophie «als höchst gefährliche Wissenschaft dargestellt hatten. [...] Der Kunsthistoriker Rudolf von Eitelberger, den Thun 1854 über seine Meinung zur Philosophie befragte, warnte den Minister vor jeder Form geistiger Einseitigkeit und bemängelte das Fehlen philosophischen Denkens und wissenschaftlicher Kritik in Österreich; als Abhilfe benannte er die Philosophiegeschichte und wenigstens die Duldung der Philosophie, denn ein Mangel an Philosophie bewirke das Emporkommen des krassesten Materialismus. ‹Mit klarem Blick hat es Eitelberger also erkannt, daß Thun durch seine philosophiefeindliche Politik zum Wegbereiter des Positivismus wurde›.»[6]

An der Entwicklung der Wissenschaften konnten sich österreichische Universitäten bis 1848 nicht beteiligen. Dass Österreich in wissenschaftlichen Belangen trotzdem nicht hoffnungslos rückständig war, verdankt sich dem Umstand, dass in verschiedenen Institutionen wissenschaftliche Aktivitäten gesetzt wurden. Für den historischen und den philologischen Bereich sind vor allem Archive, die kaiserlichen Sammlungen, aber auch die Orientalische Akademie von Bedeutung gewesen. Um die Einbeziehung moderner naturwissenschaftlicher Forschungsergebnisse war man an technischen Lehranstalten bemüht. Eine Vorbildfunktion im mitteleuropäischen Raum nahm das 1815 gegründete Polytechnische Institut ein, das 1872 zur Technischen Hochschule Wien wurde. Die Technische

Universität Graz ging aus einer von Erzherzog Johann 1811 begründeten Einrichtung am Joanneum hervor, die sich in weiterer Folge zu einer landständischen technischen Lehranstalt entwickelte. Sie wurde 1864 in «Technische Hochschule» umbenannt und 1874 vom Staat übernommen. Die Keimzelle der Montanuniversität Leoben bildete ebenfalls das Joanneum, an dem bereits 1814 auf Anregung des Erzherzogs eine Lehrkanzel für Hüttenkunde errichtet werden sollte; dies geschah aber erst 1833. 1840 eröffnete man die landständische Montanlehranstalt in Vordernberg, die 1849 vom Staat übernommen, nach Leoben verlegt und dann 1861 zur Bergakademie wurde.
Diese drei Lehranstalten waren zwar Ausbildungsstätten, aber aufgrund von praktischen Erfordernissen wurden dort beachtliche wissenschaftliche Leistungen in den anwendungsorientierten Bereichen erbracht. Zur Bedeutung wissenschaftlicher Betätigung, die vor 1848 außerhalb der Universitäten stattfand, schreibt Höflechner: «So gingen ab den 1830er Jahren im eigentlichen Substrat des künftigen Wissenschaftsbetriebes wesentliche Veränderungen vor sich, der Druck innerhalb des der Wissenschaft bedürftigen Systems nahm rasch zu – und die junge Intelligenz ging lange vor 1848 in das Lager des Liberalismus über, und zwar so sehr, daß Thun in seinem von konservativ-katholischer Ausrichtung geprägten Reformwillen überrollt werden und das System aus dem Spätjosefinismus direkt in den Liberalismus übergehen sollte. Es waren dies jene Veränderungen, die all das anbahnten, was das Jahr 1848 vordergründig brachte. Die Reformen der Jahre ab 1848 hätten ohne diese Vorbereitung niemals mit dem Erfolg durchgeführt werden können, der ihnen dann beschieden war. [...] Es wäre nicht ganz unberechtigt, die Wissenschaftsentwicklung nach 1848 weniger als eine Folge der Revolution als die Revolution als eine Folge der Entwicklung hin zur Wissenschaft zu bezeichnen.»[7]
In die erste Hälfte des 19. Jahrhunderts fielen nicht nur die Gründungen technischer Lehranstalten, sondern auch jene der Vorgängerinstitutionen der heutigen Universitäten für Musik und darstellende Kunst in Wien, Salzburg und Graz. Die jüngste dieser drei Kunstuniversitäten hat ihre Ursprünge in der 1816 gegründeten Singschule des Steiermärkischen Musikvereins; die Grazer Musikschule wurde 1920 zum Konservatorium. Die Universität für Musik und darstellende Kunst Wien hat ihre Wurzeln in einer Singschule, die man 1817 auf Betreiben der fünf Jahre zuvor ins Leben gerufenen Gesellschaft der Musikfreunde des österreichischen Kaiserstaates einrichtete. 1909 wurde die 1851 zum Konservatorium gewordene Lehranstalt zur staatlichen Akademie für Musik und darstellende Kunst. Die Universität Mozarteum Salzburg entwickelte sich aus der Musiklehranstalt Mozarteum des Salzburger Dommusikvereins, die beide 1841 gegründet wurden. 40 Jahre später übernahm die 1870 ins Leben gerufene Internationale Stiftung Mozarteum die Musiklehranstalt, der man 1914 das Öffentlichkeitsrecht zuerkannte. Die Salzburger Musikschule wurde 1922 zum Konservatorium.

1.1.3 Österreich, eine verspätete «Wissenschaftsnation»

Wenn hier konstatiert wird, dass Österreich mit Verspätung Anschluss an führende «Wissenschaftsnationen» fand, muss einleitend festgehalten werden, dass «die Entwicklung von Wissenschaft innerhalb eines staatlichen Gefüges» dasjenige meint, das mit dem Wort «Wissenschaftsnation» zum Ausdruck gebracht werden soll. Damit wird die Auffassung von Walter Höflechner geteilt, der zur Terminologie außerdem schreibt: «Nicht soll der Begriff hier das Phänomen der Nationalisierung von Wissenschaft einschließen, wie sie innerhalb des hier zu betrachtenden Gefüges vor und nach 1918 eine wesentliche Rolle gespielt hat und der hier in keiner Weise das Wort geredet werden soll: Wissenschaft ist kein nationales Phänomen, auch wenn wissenschaftliche Leistungen als nationale Prestigeobjekte mißbraucht werden. – Da der Staat ein in sich geschlossenes verbindliches System darstellt, innerhalb dessen die Beteiligung an der Entwicklung von Wissenschaft stattfindet, wäre die Verwendung des Begriffes ‹Wissenschaftslandschaft› verfehlt. – Auch ein Begriff wie ‹Wissenschaftsstaat› würde weitestgehend irrige Assoziationen hervorrufen.»[8] Wissenschaftliche Forschung ist Ausdruck des Strebens nach Erkenntnis und damit ein allgemein menschliches Phänomen.

Die unabdingbare Voraussetzung für fruchtbare Erkenntnisarbeit ist Toleranz. Die im ausgehenden 17. Jahrhundert der Universität Halle gewährte Libertas philosophandi leitete jene Entwicklung ein, die dazu führte, dass Universitäten zu den wichtigsten Stätten der wissenschaftlichen Forschung und Lehre wurden. Der in Halle sich ausbildende Pluralismus der Konfessionen hatte einen Pluralismus der Meinungen zur Folge, und durch die gewährte Lehrfreiheit entstand Konkurrenz, die wiederum die Ausbildung des wissenschaftlichen Universitätsbetriebes moderner Prägung förderte. Die Freiheit der Wissenschaft und ihrer Lehre manifestierte sich auch in der Ausdifferenzierung der Fächer.

Unter diesen günstigen Voraussetzungen nahmen im 18. Jahrhundert die Universitäten der reformierten deutschen Länder einen steilen Aufschwung, um im zweiten Drittel des 19. Jahrhunderts mit bahnbrechenden Erfolgen in den Naturwissenschaften die Basis für den Aufstieg zu den weltweit angesehensten Universitäten zu legen, an denen (unter anderem) Franzosen, Engländer und später auch Amerikaner studierten. Die Basis des Erfolgs bildeten nicht nur die entwickelten wissenschaftlichen Theorien und Methoden, sondern auch die Organisation der deutschen Universitäten. An französischen Universitäten wurde die Seminarstruktur eingeführt, und in den USA reorganisierte man jene Universitäten, die nach wie vor in der wissenschaftlichen Welt eine führende Rolle einnehmen, nach deutschem Vorbild.

In Österreich begann sich gegen Ende des ersten Drittels des 19. Jahrhunderts ein Bewusstsein dafür auszubilden, dass die Wissenschaften zu «einer der grundlegenden Kräfte des Staates» zählen.[9] 1848 war gewissermaßen die Initialzündung für den höchst beachtlichen Aufschwung der österreichischen Universitäten, die – und das darf nicht vergessen werden – Institutionen einer europäischen Großmacht waren. Dieser Umstand ist auch deswegen hervorzuheben, weil Österreich damals über ein im Unterschied zu heutigen Verhältnissen sehr großes Begabungsreservoir verfügte. Die Überzeugung, dass im Zusammenhang mit der Entwicklung eines staatlichen Gefüges den Wissenschaften eine zentrale Rolle zukommt, kam in der bereits am 23. März 1848 erfolgten Gründung des Ministeriums für öffentlichen Unterricht zum Ausdruck. Die Förderung der Wissenschaften übertrug der Staat den Universitäten, denen auch das Recht auf Selbstergänzung (des Lehrkörpers) zugestanden wurde. – Die ganz außerordentliche Bedeutung, die der Staat dem Aufbau wissenschaftlicher Institutionen beimaß, sprach Franz Freiherr von Sommaruga aus, der als erster Unterrichtsminister die Bildungs- und Universitätsreform in Angriff nahm: «Wir wollen ein Gebäude aufführen von fester Dauer, ähnlich jenen blühenden Hochschulen Deutschlands, die wir als Vorbilder gründlicher wissenschaftlicher Ausbildung erkennen. Lern- und Lehrfreiheit, durch keine andere Schranke als jene der konstitutionellen Gesetze gebunden, wird ihre Grundlage sein.»[10]

Dieses ehrgeizige Ziel verfolgte Leo Graf Thun-Hohenstein weiter, der von 1849 bis 1860 das Ministerium für Cultus und Unterricht leitete. Zur Reform des österreichischen Bildungswesens trugen aber auch Franz Exner, Professor für Philosophie an der Universität Prag, der 1848 ins neu geschaffene Unterrichtsministerium wechselte, und Hermann Bonitz, der von 1849 bis 1867 an der Universität Wien als Professor für Klassische Philologie wirkte, Wesentliches bei. Die Basis des Erfolgs, der sich im Verlaufe der 1860er Jahre in größerem Umfang einzustellen begann, bildete die Reform der Gymnasien und Realschulen, deren Aufgabe nun vornehmlich darin bestand, Absolventen möglichst gut auf ein Studium vorzubereiten. (Nachdem der aus Preußen stammende Bonitz nach Berlin zurückgekehrt war, orientierte er sich bei der Reform des deutschen höheren Schulwesens am Entwurf für die Organisation der Gymnasien und Realschulen in Österreich, die er in Zusammenarbeit mit Exner entwickelt hatte.)
Das Niveau an den Universitäten hob außerdem das 1849 eingeführte Habilitationsverfahren, das die Konkursprüfung ablöste, «aus der diejenigen als Sieger hervorgegangen waren, die am besten die vorgeschriebenen Lehrbücher aufzusagen wußten und die am ehesten als Garanten der strikten Einhaltung der staatlicherseits gesetzten Normen eingeschätzt wurden, [...]»[11]. Die österreichischen Universitäten bestimmte man 1848 zu jenen Institutionen, die sich vor allem der Erkenntnisarbeit widmen sollten, womit die Forschung ins Zentrum des Universitätsbetriebes rückte. Diese Aufgabe hatte im frühen 19. Jahrhundert Wilhelm von Humboldt den preußischen Universitäten zugewiesen und damit deren Aufschwung noch wesentlich verstärkt.
Die in den Mittelpunkt gerückten natur- und geisteswissenschaftlichen Grundlagenstudien wurden an der «neuen» Philosophischen Fakultät geleistet. Die Lehrerausbildung gehörte zwar zum Aufgabenbereich der Philosophischen Fakultät, aber infolge der «reinen» Erkenntnisarbeit – im Unterschied zu deren Anwendung, die an Technischen Hochschulen und «Fachhochschulen» von ungleich größerer Bedeutung war – nahmen die an ihr beheimateten Fächer rasch an Umfang zu. Die Philosophische Fakultät entwickelte sich immer stärker «zum Ort des Gesamten der Wissenschaft, von dem aus die Bereiche der ehemals ‹oberen› Fakultäten als Bereiche der Spezialisierung erschienen»[12].
Diesen Prozess hatte noch die Studienhofkommission in Gang gesetzt, indem sie ab 1845 verstärkt Ansuchen um Zulassung von Dozenten zur akademischen Lehre akzeptierte, die sich auf Fächer spezialisiert hatten, die außerhalb der von Professuren belegten Bereiche standen. Die unglaubliche Vielfalt, die das Phänomen Wissenschaft auszeichnet, begann nun auch den Betrieb an österreichischen Universitäten zu prägen. – Der rasch einsetzende Aufschwung wurde durch Vorarbeiten ermöglicht, die man bereits in den 1840er Jahren geleistet hatte, und vor allem dadurch, dass in die Wissenschaft enorme Erwartungen gesetzt wurden. Die damalige Wissenschafts- und Fortschrittsgläubigkeit trieb Generationen zu Höchstleistungen an, und die Rivalität zwischen Preußen bzw. dem Deutschen Reich und Österreich beschleunigte den Aufholprozess noch. In den 1860er Jahren bemühte man sich verstärkt um Wissenschaftler, die an deutschen Universitäten tätig waren. Auch diese Berufungspolitik wirkte sich auf die Entwicklung der österreichischen Universitäten sehr förderlich aus.
Die Eingliederung österreichischer Universitäten in den vorderen Reihen jener, die die Entwicklung der Wissenschaften bestimmten, gelang in den 1880er Jahren. Diesen Erfolg hatte der 1867 zum Durchbruch kommende Liberalismus begünstigt. Die bereits 1848 gewährte Freiheit der Wissenschaft und ihrer Lehre wurde im 1867 erlassenen Staatsgrundgesetz über die allgemeinen Rechte der Staatsbürger festgeschrieben. Wichtige Impulse setzte Karl Stremayr, der von 1867 bis 1879 als Unterrichtsminister wirkte. Das 1873 beschlossene Gesetz «betreffend die Organisation der Universitätsbehörden» prägte den Betrieb der «Ordinarienuniversitäten» bis 1975. In die liberale Phase fiel außerdem der Beginn sehr großzügiger baulicher Maßnahmen, aber auch ein beachtlicher Ausbau des universitären Netzwerkes, wobei hier nur jene Universitäten angesprochen werden, die in den Zuständigkeitsbereich des heutigen Bundesministeriums für Bildung, Wissenschaft und Kultur fallen.

Bereits 1863 war der Universität Graz eine Medizinische Fakultät angegliedert worden. Diesen Schritt setzte man in Tirol 1869, wodurch sich die Universität Innsbruck wieder in den Verband der «klassischen» (vier Fakultäten umfassenden) Universitäten einreihte. (Seit 1857 verfügt die Universität Innsbruck wiederum über eine Katholisch-Theologische Fakultät. Die 1855 in Wien gegründete Evangelisch-Theologische Fakultät wurde hingegen erst 1922 der Universität Wien angegliedert.) – Die staatsrechtliche Neuordnung von 1867 begünstigte die Gründung der Hochschule für Bodenkultur (1872), da jene Lehranstalt in Ungarisch-Altenburg, die zuvor den Bedarf an Fachkräften erfüllte, damals der ungarischen Reichshälfte zufiel. Ausschlaggebend für die Wiener Gründung war jedoch die wirtschaftliche Bedeutung der Landwirtschaft für den Staat; für die Hochschule für Bodenkultur war bis 1878 das Ackerbau-Ministerium zuständig. Die Vorgängerinstitutionen der Technischen Universitäten Wien und Graz wurden 1872 bzw. 1874 zu Technischen Hochschulen, und die 1848 vom Staat übernommene Steiermärkisch-ständische Montanlehranstalt erhielt 1874 ein neues Statut; 1904 erreichte sie die Gleichstellung mit den Technischen Hochschulen. 1912 gelang dies der Tierärztlichen Hochschule, die diese Bezeichnung erst seit 1905 führte. Bevor das Unterrichtsministerium 1920 für die Tierärztliche Hochschule zuständig wurde, war sie dem Kriegsministerium unterstellt.
Im Unterschied zu den Universitäten zeichneten sich sowohl die Technischen Hochschulen als auch die «Fachhochschulen» durch eine praxisorientiertere Ausbildung aus. Im Mittelpunkt ihrer Vorgängerinstitutionen stand die Vermittlung von Wissen. Die anwendungsbezogene Forschung nahm zwar rasch an Umfang zu, doch hinsichtlich des öffentlichen Ansehens konnten diese Hochschulen mit den Universitäten im ausgehenden 19. Jahrhundert noch nicht konkurrieren. Sie mussten jahrzehntelang um die Gleichstellung mit den («klassischen») Universitäten kämpfen. Einen großen Schritt stellte dabei die Zuerkennung des Promotionsrechts dar; dies war bei den Technischen Hochschulen 1901, bei der Hochschule für Bodenkultur 1905, der Montanistischen Hochschule 1906, der Tierärztlichen Hochschule 1908 und der Hochschule für Welthandel 1930 der Fall. Erst im Hochschul-Organisationsgesetz 1955 wurde die Gleichrangigkeit der Universitäten, Technischen Hochschulen und «Fachhochschulen» festgeschrieben. (Seit 1975 werden auch die Technischen Hochschulen und «Fachhochschulen» Universitäten genannt. Bei den Kunstuniversitäten sprach man bis 1970 von Akademien und – mit Ausnahme der Akademie der bildenden Künste – dann bis 1998 von Kunsthochschulen; die Gleichstellung mit den wissenschaftlichen Universitäten und Hochschulen erfolgte durch das Kunsthochschul-Organisationsgesetz 1970.)
Im letzten Drittel des 19. Jahrhunderts stellte sich im Bereich der naturwissenschaftlichen Grundlagenstudien mehr und mehr eine förderliche Konkurrenz zwischen Hochschulen und Universitäten ein. Auf dem Gebiet der Architektur konkurrierte wiederum die traditionsreiche Akademie der bildenden Künste, der man 1872 den Hochschulstatus verliehen hatte, mit den Technischen Hochschulen, die neben dem bautechnischen auch baukünstlerischen Unterricht gaben. In dieser Auseinandersetzung ging es letztlich um das Selbstverständnis des Architekten. «Die Akademie sah im Architekten einen freien Künstler, für eine Aufnahme in ihre Schule sei daher Talent notwendig; sie sei die allein berufene Stätte zur Ausbildung von Baukünstlern. Die technischen könnten hingegen nur ‹Baubeamte› hervorbringen; das erlernte Wissen führe zwar zum Diplom oder Doktortitel, sage aber nichts über eine künstlerische Befähigung aus.»[13]
Die Gründungen der Vorgängerinstitutionen der Universität für angewandte Kunst und der Wirtschaftsuniversität fielen ebenfalls noch ins 19. Jahrhundert. Die Kunstuniversität hat ihre Wurzeln in der 1867 errichteten Kunstgewerbeschule des Österreichischen Museums für Kunst und Industrie. An der Lehranstalt bildete man künstlerische Fachkräfte für industrielle Betriebe und Lehrende für Fachschulen der Industrie sowie für Gewerbe- und Zeichenschulen aus. Nachdem bereits im Jahre 1900 die Administration von Museum und Schule getrennt worden war, erfolgte 1909 die endgültige Loslösung vom 1863 gegründeten Museum, das 1947 in Österreichisches Museum für angewandte Kunst umbenannt wurde. (Von 1908 bis 1918 war die Kunstgewerbeschule dem Staatsamt für öffentliche Arbeiten und dann dem Handelsministerium unterstellt; seit 1945 ist die 1948 zur Akademie für angewandte Kunst gewordene Institution dem Wissenschaftsressort zugeteilt.)

Von 1873 bis 1877 existierte in Wien bereits eine «Handelshochschule», die aus der 1858 gegründeten Handelsakademie hervorgegangen war. Bei der Vorläuferinstitution der heutigen Wirtschaftsuniversität handelte es sich aber um die 1898 gegründete Export-Akademie, die dem Österreichischen Handelsmuseum angegliedert wurde. Ihre Aufgabe stellte die Vermittlung einer umfassenden Ausbildung für die kaufmännische Tätigkeit im Außenhandel dar. Die Idee zur Gründung stammte von einigen Unternehmern, die von Anfang an auf Vereinsbasis die Entwicklung dieser Lehranstalt finanziell unterstützten. Durch diese enge Anbindung an Kreise der Wirtschaft litt die 1919 zur Hochschule für Welthandel gewordene Lehranstalt auch weit weniger stark unter staatsfinanziellen Engpässen und Krisen, die in den Jahren 1914 bis 1945 die Substanz jener Universitäten und Hochschulen extrem ausdünnten, die ausschließlich vom Staat erhalten wurden. Bis zur Hochschulerhebung war das Handelsministerium für die Export-Akademie zuständig.

Der im letzten Drittel des 19. Jahrhunderts realisierte Universitätsbau wurde durch die starke Vermehrung der Lehrkanzeln notwendig. Dass die errichteten Universitätsgebäude sich durch eine unglaubliche Großzügigkeit auszeichneten, hatte jedoch seinen Grund in der staatlichen Zielsetzung, an das Niveau der weltweit angesehensten Universitäten anschließen zu wollen. Man war sich bewusst, dass Spitzenkräfte nur dann in Österreich gehalten werden können (bzw. eine Berufung annehmen würden), wenn ihnen bestmögliche Forschungsbedingungen geboten werden. Der zu Beginn der 1870er Jahre einsetzende Universitätsbau, der 1914 zum Erliegen und dann erst wieder gegen Ende der 1950er Jahre in Schwung kam, war auch in quantitativer Hinsicht beachtlich.

Wiederum werden hier nur jene Institutionen berücksichtigt, die heute österreichische Universitäten sind. Die Universität Wien profitierte von neun Neubauten, für Zwecke der Universität Graz errichtete man sechs Gebäude, eines für die Universität Innsbruck, die Hochschule für Bodenkultur bezog vier Neubauten und die Tierärztliche Hochschule erhielt drei Gebäude. In diesem Zeitraum wurden auch die Hauptgebäude der Akademie der bildenden Künste, der Technischen Hochschule Graz, der Montanistischen Hochschule Leoben und der Wiener Kunstgewerbeschule sowie das (Alte) Elektrotechnische Institutsgebäude der Technischen Hochschule Wien errichtet, deren Hauptgebäude man ebenfalls großzügig erweiterte. – Der spät in Angriff genommene Ausbau der Universität Innsbruck geriet im Ersten Weltkrieg ins Stocken; die vor 1914 ins Auge gefasste Neuerrichtung der Tierärztlichen Hochschule konnte nicht mehr realisiert werden. Dass das Hauptgebäude der Export-Akademie 1916 fertig gestellt werden konnte, ermöglichte der Verein der Förderer dieser Lehranstalt.

Mit diesen Neubauten strebte man die Bereitstellung bestmöglicher Arbeitsbedingungen an, die Hörerzahlen spielten in diesem Zusammenhang überhaupt keine Rolle. Zwei Beispiele sollen einen Eindruck von der Großzügigkeit vermitteln, die diese Universitätsgebäude auszeichnete. Als in der zweiten Hälfte der 1870er Jahre das Physik- und das Chemie-Gebäude der Universität Graz bezogen wurden, waren an der Philosophischen Fakultät insgesamt nur rund 215 Hörer inskribiert. Das 1913 fertig gestellte Physik-Gebäude der Universität Wien war so groß dimensioniert, «dass in den 1920er Jahren noch Professoren einander vorwarfen, ganze Gebäudeflügel ungenutzt zu horten»[14].

Wenn der eindrucksvolle Aufschwung thematisiert wird, den die Wissenschaften in der zweiten Hälfte des 19. Jahrhunderts in Österreich nahmen, dürfen wissenschaftliche Einrichtungen nicht unerwähnt bleiben, die infolge von Personalunionen zumeist in enger Beziehung zu Universitäten und Hochschulen standen. Wesentliches zur Wertschätzung Österreichs in der wissenschaftlichen Welt trugen die 1847 gegründete Österreichische Akademie der Wissenschaften, die Geologische Reichsanstalt (1849), das Physikalische Institut (1850) und das Institut für Österreichische Geschichtsforschung (1854) bei. Über den in vielen wissenschaftlichen Disziplinen erfolgreich verlaufenen Aufholprozess schreibt Höflechner: «In einem enormen, subkutan von den 1830er Jahren und deklariertermaßen von 1848 an bis 1914 sich vollziehenden Steigerungsprozeß hat Österreich – überspitzt formuliert: innerhalb von etwa 35 Jahren – den Sprung von einem in wissenschaftlichen Belangen, jedenfalls äußerlich, rückständigen Land zu einem Staat geschafft, dessen Beteiligung am wissenschaftlichen Arbeitsprozeß als reputabel, ja respektabel angesehen werden konnte.»[15]

1.1.4 Der sich ankündigende Verfall gegen Ende des 19. Jahrhunderts

Im letzten Drittel des 19. Jahrhunderts hatten sich österreichische Universitäten zu Institutionen entwickelt, die in der wissenschaftlichen Welt über Ansehen verfügten. In diesem beachtlichen Aufholprozess war Wissenschaft aber nationalisiert, ideologisiert und politisiert worden. Das Hauptübel dieser fatalen Dreiheit war zweifellos die Nationalisierung von Wissenschaft, die nach der Revolution zu einer «der nunmehr maßgeblichen Insignien geistiger Mündigkeit»[16] aufgestiegen war. Die Nationalisierung von Wissenschaft gründete in der Vorstellung, dass die «Volksseele» eine ihr gemäße Wissenschaftsauffassung hervorbringe. Von der Idee geleitet, dass es eine nationale Eigenart des Denkens gäbe, wurden insbesondere die Philologie und die Geschichte schon früh instrumentalisiert. Hinter diesen Unternehmungen, die auf eine nationale Profilierung und die Legitimierung von politischer Autonomie abzielten, stand letztlich die Frage nach einer nichtdeutschsprachigen Wissenschaft, was in der Monarchie wiederum die Nationalisierung der deutschsprachigen Wissenschaft förderte, die sich später zur von den Nationalsozialisten propagierten «Deutschen Wissenschaft» (völkischer Prägung) auswuchs.
Die im Juni 1859 erlittenen Niederlagen bei Magenta und Solferino führten dazu, dass Österreich sein zentralistisches Herrschaftssystem aufgeben musste. Für das Bildungswesen stand nun kein zentrales Steuerungs- und Gestaltungsorgan mehr zur Verfügung. (Nach der Auflösung des Ministeriums für Cultus und Unterricht diente der 1860 eingerichtete Rat des öffentlichen Unterrichts dem Staatsministerium als Beirat in allen wissenschaftlichen und didaktischen Angelegenheiten.) In den nichtdeutschen Kronländern der Monarchie setzte daraufhin die Verdrängung der deutschen Unterrichts- und Vortragssprache ein, was die Nationalisierung von Wissenschaft noch verstärkte.
Dies verschärfte auf Hochschulboden die Spannungen zwischen Nichtdeutschsprachigen und Deutschsprachigen, die mit den Universitäten in den reformierten deutschen Ländern über Vorbilder verfügten, die in der wissenschaftlichen Welt Maßstäbe setzten. Österreich war in zweifacher Hinsicht von der Nationalisierungsproblematik betroffen: einerseits durch die Vielfalt innerhalb der Monarchie und andererseits durch das Einigungsstreben der deutschen Länder. Obgleich im habsburgischen Kaiserreich die deutschsprachige gegenüber der nichtdeutschsprachigen Bevölkerung in der Minderheit war, stand der 1815 gegründete Deutsche Bund unter Österreichs Führung, die Preußen aber immer entschiedener anstrebte. Die im Juli 1866 bei Königgrätz erlittene Niederlage hatte zur Folge, dass Österreich von der Mitwirkung bei der Bildung des deutschen Nationalstaates ausgeschlossen war. Mit der Gründung des Deutsches Reiches (1871) war die kleindeutsche Lösung der «Deutschen Frage» Wirklichkeit geworden.
Die Niederlage gegen Preußen erzwang aber auch den Ausgleich mit Ungarn (1867) und führte zur Einsetzung repräsentativer konstitutioneller Regierungen. In der österreichischen Reichshälfte war wiederum der Anteil der nichtdeutschsprachigen Bevölkerung größer als jener der deutschsprachigen, die jedoch keinen weiteren Ausgleich zuließ. Dies verstärkte die Spannungen vor allem in Böhmen und Mähren. 1882 erfolgte schließlich die «Teilung» der 1348 gegründeten Universität Prag, bei der es sich um die älteste Universität in Mitteleuropa handelt. Tatsächlich wurde die «Deutsche Universität» aber nicht geteilt, sondern durch eine «Böhmische Universität» ergänzt, deren Aufbau beträchtliche Kosten verursachte. Der Ausbau universitärer Einrichtungen für «Nichtdeutsche» weckte wiederum den Neid der Deutschsprachigen, die mit ihren Kollegen an den reichsdeutschen Universitäten wetteiferten.
Der Universitätsbetrieb auf Spitzenniveau verursachte auch damals schon sehr hohe Kosten. «Der im Verlaufe der 1880er Jahre schon ständig zunehmende Aufwand für das nichtdeutschsprachige Schulwesen und für nichtdeutsche Hochschulen bewirkte, daß man an den deutschsprachigen Hochschulen immer hartnäckiger auf die eigenen Defizite hinwies, welche einen Strom von Berufungen von österreichischen Universitäten an deutsche Hochschulen auslösten, wobei es dem Ministerium im Gegenzug kaum gelang, Berufungen aus Deutschland an österreichische Hochschulen, d.h. in der Regel an die Universität Wien, zu realisieren. Dies

führte in den Jahren 1900–1902 zu heftigen öffentlichen Protesten, vor allem der Universität Wien, an die Adresse der Regierung, die großes Aufsehen erregten und tatsächlich eine gewisse Wirkung zeigten. Der Gipfel dieser Entwicklung wurde 1912 in der Durchrechnung der gesamten Dotierung der österreichischen Hochschulen vor dem Hintergrund der aufgebrachten Steuerleistung der einzelnen Länder und Nationalitäten zum Nachweis der ‹ungleichen Behandlung deutscher und nichtdeutscher Anstalten› erreicht.»[17]

Das universitäre Netzwerk bildeten die Universitäten Wien, Prag (je eine «Deutsche» und eine «Böhmische»), Graz, Innsbruck, Krakau (polnische Unterrichtssprache), Lemberg (polnische Unterrichtssprache ab 1867) und Czernowitz. In Salzburg und Olmütz existierten Katholisch-Theologische Fakultäten, in Wien eine Evangelisch-Theologische Fakultät. (An der 1865 gegründeten Universität Czernowitz wurde die Theologische Fakultät der griechisch-orthodoxen Konfession gewidmet.) Im «Handbuch für den politischen Verwaltungsdienst in den im Reichsrathe vertretenen Königreichen und Ländern» aus dem Jahre 1898 sind außerdem sechs Technische Hochschulen – Wien, Prag (je eine «Deutsche» und eine «Böhmische»), Graz, Brünn und Lemberg (polnische Unterrichtssprache) –, die Hochschule für Bodenkultur Wien, Tierärztliche Hochschulen in Wien und in Lemberg (polnische Unterrichtssprache) sowie die Bergakademien Leoben und Příbram verzeichnet.[18]

Nach 1867 setzte zwar die politische Mobilisierung der Bevölkerung ein, doch erst die Wahlreform von 1882 hatte die Bildung politischer Parteien zur Folge. Auch vor den Universitäten machte die Politisierung nicht halt, die im Zusammenhang mit dem aufstrebenden Bildungsbürgertum zu sehen ist, das infolge der außerordentlichen Wertschätzung, die den Wissenschaften entgegen gebracht wurde, ein sehr ausgeprägtes Standesbewusstsein entwickelte. Dies war insbesondere bei den Universitätsprofessoren der Fall, die durch einen unerhörten Leistungswillen und oftmals unter großen Entbehrungen, weil sie in der Regel weder über Vermögen noch ererbte Privilegien verfügten, hohes soziales Ansehen erwarben. An den Universitäten bildete sich eine «Geistesaristokratie» aus, die – von einem sehr stark ausgeprägten Fortschrittsglauben beseelt und größtenteils antiklerikal gesinnt – eine Stärkung der Universitätsautonomie anstrebte.

Dieses Streben richtete sich gegen konservativ-katholische Kräfte des Staates, die an den Universitäten ihren Einfluss gegenüber den Deutschliberalen zu behaupten suchten. Das Verhältnis zwischen dem Staat und den Universitäten begann sich in den 1860er Jahren mehr und mehr zu verschlechtern. Das Vertrauen in den Staat wurde durch die Niederlagen von 1859 und 1866 geschwächt, vor allem unter den Studierenden war die Ansicht weit verbreitet, dass von diesem Staat keine befriedigende Lösung der anstehenden Probleme zu erwarten sei. Bei den Studierenden war auch die kleindeutsche Gesinnung stark ausgeprägt. Ab den späten 1880er Jahren lieferte sich dieses deutschnationale Lager mit katholischen Studierenden, die sich ebenfalls organisierten, heftige Auseinandersetzungen. 1898 forderte man sogar die Ausgliederung der Theologischen Fakultäten, «da sie als ‹Gegner der freien Forschung› doch ‹eine Gefahr für unsere deutsche Wissenschaft und unser deutsches Volkstum› seien; [...]»[19]. Der Antiklerikalismus vereinte aber auch Deutschnationale und Sozialdemokraten, an deren Widerstand gegen Ende des 19. Jahrhunderts die Einrichtung einer katholischen Universität in Salzburg scheiterte. An den Universitäten und Hochschulen waren sich wiederum Deutschnationale und Katholiken einig darüber, dass auf Hochschulboden die Sozialdemokraten möglichst wenig Einfluss gewinnen sollten.

Eng verwoben mit der Nationalisierung und Ideologisierung von Wissenschaft war der an den Universitäten sich massiv ausbreitende Antisemitismus, der nicht in religiösen Überzeugungen, sondern in ideologischen Anschauungen gründete. Verstärkt wurden diese durch enormen Leistungsdruck und ein entsprechend stark ausgebildetes Konkurrenzdenken. Etwa die Hälfte derjenigen, die in der Monarchie Führungspositionen einnahmen, hatten in Wien studiert. Insbesondere ein absolviertes Studium an der Universität Wien eröffnete auch vielen Nichtdeutschsprachigen bedeutende Karrieren, weswegen an der traditionsreichsten österreichischen Universität der Anteil jüdischer Studierender, die aus allen Ländern der Monarchie stammten, besonders hoch war. Vor allem die Studierenden forcierten den Antisemitismus, der dann aber immer stärker auch auf Dozenten und Professoren übergriff. Diese Entwicklung förderte der hohe Anteil jüdischer Studierender an österreichischen Universitäten; 1863 waren 17,4 %, 1890 33,4 % und 1900 25,2 % der Studierenden jüdisch;

noch wesentlich höher war ihr Anteil an den Juridischen und Medizinischen Fakultäten. Diese Zahlen sind deswegen bemerkenswert, weil nur rund 4,5 % der österreichischen Bevölkerung der jüdischen Glaubensgemeinschaft angehörten.[20]

Der Antisemitismus der Deutschnationalen erhielt einen gewaltigen Auftrieb durch das 1875 erschienene Buch «Über das Lehren und Lernen der medicinischen Wissenschaften an den Universitäten der Deutschen Nation nebst allgemeinen Bemerkungen über Universitäten. Eine culturhistorische Studie», in dem der Chirurg Theodor Billroth, der an der Universität Wien als Professor wirkte, unter anderem schrieb: «Es ist ein ziemlich verbreiteter Irrtum, von den Juden als von den Deutschen, oder Ungarn, oder Franzosen zu sprechen, die nur eben zufällig eine andere Confession haben [...]. Man vergißt dabei oft, daß die Juden eine scharf ausgeprägte Nation sind, und daß ein Jude ebenso wenig wie ein Perser, oder Franzose, oder Neuseeländer, oder Afrikaner je ein Deutscher werden kann; was man jüdische Deutsche heißt, sind doch eben nur zufällig deutsch redende, zufällig in Deutschland erzogene Juden, selbst wenn sie schöner und besser in deutscher Sprache dichten und denken, als manche Germanen vom reinsten Wasser. Sie verlieren ihre nationale Tradition dabei aber ebenso wenig je ganz, als die Deutschen den deutschen Typus da verlieren, wo sie unter anderen Nationen verstreut sind, wie in Siebenbürgen, Amerika. Es ist daher weder zu erwarten, noch zu wünschen, daß die Juden je in dem Sinne deutschnational werden, daß sie bei nationalen Kämpfen so zu empfinden vermöchten, wie die Deutschen selbst; [...] Daß bedeutende Menschen aller Zeiten und aller Nationen sich in den großen allgemeinen menschlichen Fragen stets sympathisch begegnen werden, ist klar, ebenso, daß ich innerlich trotz aller Reflexion und individueller Sympathie die Kluft zwischen rein deutschem und rein jüdischem Blut heute noch so tief empfinde, wie von einem Teutonen die Kluft zwischen ihm und einem Phönizier empfunden sein mag.»[21]

Der Antisemitismus förderte wiederum die zionistische Bewegung, die gerade in Wien viele Anhänger fand; ihr Ziel war die Gründung eines Staates für das «jüdische Volk» in Palästina. Die völkische Dimension des Antisemitismus fand ab 1878 ihren Ausdruck in der Einführung von Arierparagraphen bei («wehrhaften») deutschnationalen Burschenschaften, die 1896 bestimmten, «dass Juden nach deutschen Begriffen der Ehre bar und deshalb nicht satisfaktionsfähig seien.»[22] Jüdische Studierende (und Lehrende) waren schon zuvor an österreichischen Universitäten mehrheitlich nur als «Gäste» angesehen worden, die zumeist aber unerwünscht waren. Die von Billroth zum Ausdruck gebrachte völkische Ausgrenzung des Judentums, die als «wissenschaftliche» Legitimierung des Antisemitismus herangezogen wurde, fand 1921 einen ersten «Höhepunkt» in einem Erkenntnis des Verwaltungsgerichtshofes. «Ihm zufolge konnte nur jemand zur deutschen Mehrheit der Bevölkerung – in diesem Falle Österreichs, aber das war gleichgültig – gehören, wer ihr ‹nach Rasse und Sprache› angehörte. Das Kriterium der Sprache konnte erhoben werden durch Ausbildungsnachweise und Zeugenschaft über die häusliche Umgangssprache. ‹Anders verhält es sich mit der Rasse des Menschen. Sie ist eine ihm angestammte, ihm inhärende, durch physische und psychische Momente bestimmte und charakterisierte Eigenart dauernden Charakters, ein ihm anhaftender Zustand, der nicht willkürlich abgelegt und nicht nach Belieben verändert werden kann›. Damit waren die Juden durch gerichtliches Erkenntnis von der Zugehörigkeit zu allem Deutschen ausgeschlossen.»[23] Im 1922 novellierten Organisationsgesetz von 1873 hielt man dann fest, dass es sich bei den österreichischen Universitäten um «deutsche Forschungs- und Lehranstalten» handle.

1.1.5 Die schweren Rückschläge nach dem Ersten Weltkrieg

Der Zusammenbruch der Habsburgermonarchie und die Degradierung Österreichs zu einem im Vergleich mit den politischen Verhältnissen vor Kriegsende bedeutungslosen Kleinstaat bedeutete für dieses «Restösterreich» einen gewaltigen Schock. Nach dem Ende des Ersten Weltkrieges glaubten nur wenige an die Zukunft der jungen Republik. Mit der Ausrufung der Republik «Deutsch-Österreich» setzte die Provisorische Nationalversammlung am 12. November 1918 ein deutliches Zeichen. Im März 1919 erfolgte unter maßgeblicher Beteiligung Otto Bauers neuerlich eine Anschlusserklärung. Der Anschluss an Deutschland wurde aber von der Pariser Friedenskommission untersagt, ebenfalls die Führung des Namens «Deutsch-Österreich». Im Friedensvertrag von Saint-Germain wurde der Anschluss zwar nicht grundsätzlich verboten, er hätte jedoch nur mit Zustimmung des Völkerbundes erfolgen können. Durch diesen Vertrag wurden dem jungen Staat außerdem die Kriegsschulden der Monarchie aufgebürdet. Diese Bestimmungen lösten auch an den österreichischen Universitäten Empörung aus. So protestierte beispielsweise das Professorenkollegium der Technischen Hochschule Wien in einer «einstimmig beschlossenen feierlichen Kundgebung» gegen den «unerhörten, den Keim zu neuen Kriegen notwendig in sich tragenden, unserem unglücklichen Volke von kurzsichtigen, haßerfüllten feindlichen Staatsmännern in Saint-Germain-en-Laye aufgezwungenen Gewalt- und Vernichtungsfrieden, der tausendjährigen rein deutschen Besitz fremdvölkischer Herrschaft ausliefert und uns wirtschaftlich vernichtet.»[24]

Neben dem Verhaftetsein des Denkens in nationalen Kategorien begünstigte natürlich auch die wirtschaftliche Not die Anschlussbestrebungen Österreichs. Die triste wirtschaftliche Lage wurde von vielen für unüberwindbar gehalten. Im Frühjahr 1921 fanden Anschlussabstimmungen (mit finanzieller Unterstützung aus Deutschland) in Tirol und Salzburg statt, wo sich jeweils eine überwältigende Mehrheit für den Anschluss aussprach, von der Durchführung weiterer Abstimmungen musste allerdings Abstand genommen werden, da der internationale Druck zu groß wurde. In den im Oktober 1922 unterzeichneten Genfer Protokollen verzichtete Österreich schließlich auf den Anschluss. Als Gegenleistung erhielt man eine Völkerbundanleihe, mit deren Hilfe die Nachkriegsinflation überwunden werden konnte. Der den Christlichsozialen abgerungene Anschlussverzicht empörte aber nicht nur die Großdeutschen, sondern auch die Sozialdemokraten.

Die sich wie ein roter Faden durch alle Parteien ziehende deutschnationale Gesinnung kam auch in den «Richtlinien für die vorläufige Behandlung einiger Staatsbedienstetenfragen» zum Ausdruck, die der Kabinettsrat Ende November 1918 beschlossen hatte. Diesen Richtlinien gemäß sollten nur Personen in den «deutschösterreichischen» Staatsdienst übernommen werden, die der «deutschen Nation» angehörten. In einzelnen Fällen erwies sich diese Richtlinie als große Herausforderung. Eine sehr ungewöhnliche Argumentationsstrategie ermöglichte beispielsweise den Verbleib des Orientalisten Nikolaus Rhodokanakis an der Universität Graz. Rhodokanakis wurde als «vollständig germanisierter Grieche» bezeichnet, der «mit Fug und Recht Anspruch erheben kann, de jure als Deutscher zu gelten»[25]. Durch die Übernahme von Wissenschaftlern, die zuvor an Universitäten wirkten, die Österreich 1918 verloren gingen, konnten die wenigen Abgänge kompensiert werden, die tatsächlich erfolgten. Für die Universitäten der Ersten Republik stellten die Jahre 1918/19 somit noch keine allzu gravierende Zäsur dar.

Die ökonomischen Verhältnisse waren im Frühjahr 1919 allerdings dermaßen problematisch, «daß sich im Parlament alle Parteien hinsichtlich der Berechtigung der Feststellung des sozialdemokratischen Abgeordneten Karl Leuthner, ‹Die Hochschulen sterben vor unseren Augen›, im Unterrichtsausschuß völlig einig waren»[26]. (Die staatsfinanziellen Engpässe und Krisen hatten zur Folge, dass in der Zwischenkriegszeit nur ganz wenige Neubauvorhaben realisiert werden konnten, die in den entsprechenden Kapiteln des zweiten Teils dieser Studie thematisiert werden. Dort werden auch jene Gebäude behandelt, die bis 1914 fertig gestellt wurden und heute noch gute Dienste leisten.)

Von Anfang an verfolgten die Universitäten zwei große Ziele: die Ausweitung ihrer Entscheidungskompetenzen und den Anschluss an Deutschland. Die in die junge Republik gesetzten Hoffnungen wurden jedoch

enttäuscht. Das 1922 novellierte Organisationsgesetz von 1873 stärkte nicht die Universitätsautonomie, und den Anschlussverzicht, zu dem Österreich im Herbst 1922 genötigt wurde, wertete man an den Universitäten geradezu als Verrat. Diese Richtungsänderung vollzogen die österreichischen Universitäten nicht, deren Anschlussbestrebungen von deutscher Seite unterstützt wurden. 1923 fanden erstmals Deutsche Hochschulwochen in Österreich, und zwar in Innsbruck statt. (Bereits 1915 hatten 855 österreichische Hochschullehrer in einer Erklärung die Regierung aufgefordert, «daß ein enger und dauernder wirtschaftlicher Zusammenschluß Österreich-Ungarns mit dem Deutschen Reich durch möglichst weitgehende Annährung und gemeinschaftliches Auftreten nach außen geboten erscheint, und zwar derart, daß daraus eine dauernde Interessensgemeinschaft hervorgeht»[27].) Eine verhängnisvolle Kursänderung vollzog sich allerdings auch an den Universitäten, wo der Nationalsozialismus sehr rasch immer mehr Anhänger im traditionell starken deutschnationalen Lager gewann.
Die österreichische Rektorenkonferenz sprach sich im Juni 1925 für den Anschluss aus. Dies bildete den Auftakt zum Hochschultag 1925, den Ignaz Seipel mit dem Vortrag über «Die Aufgaben der deutschen Hochschule in Österreich gegenüber dem deutschen Volke» eröffnete. Im Rahmen dieser dreitägigen Tagung, die «eine deutschnationale Demonstration unter lebhafter katholischer Beteiligung» war, setzte man unter anderem auch eine Arbeitsgemeinschaft ein, die sich mit der «Wiedervereinigung Österreichs mit dem Deutschen Reiche» befasste. An der deutschen Rektorenkonferenz nahmen Vertreter österreichischer Hochschulen seit 1926 teil, in diesem Jahr wurden die österreichischen Hochschulen auch in das Finanzierungsprogramm der Notgemeinschaft der Deutschen Wissenschaft einbezogen. Ihre Aufnahme in den Verband der deutschen Hochschulen scheiterte zwar, doch das Statut des 1930 gegründeten Verbandes der österreichischen Hochschulen sollte zu einem späteren Zeitpunkt eine rasche Eingliederung ermöglichen. Um die Angleichung österreichischer und deutscher Studienvorschriften bemühte sich die «Deutsch-Österreichische Arbeitsgemeinschaft für das Reich» in München, deren Propaganda dazu führte, dass nach 1929 in einigen Fachbereichen mehr deutsche als österreichische Studierende an österreichischen Hochschulen gezählt wurden.[28] Der Zustrom deutscher Studierender erreichte 1931 seinen Höhepunkt.
Die wirtschaftliche Not der Kriegs- und Nachkriegsjahre hatte den Universitätsbetrieb natürlich schwer beeinträchtigt, doch die Auswertung von Forschungsleistungen, die zum größten Teil vor 1914 erbracht wurden, ermöglichte noch in den 1920er Jahren Erfolge, die in der wissenschaftlichen Welt für Aufsehen sorgten. Man war um Kontinuität bemüht, und dem Staat gelang sogar eine Erweiterung des universitären Netzwerkes. Die Export-Akademie wurde 1919 zur Hochschule für Welthandel und die Tierärztliche Hochschule 1920 den anderen «Fachhochschulen» gleichgestellt. 1922 gliederte man die Evangelisch-Theologische Fakultät der Universität Wien an, und 1923 erfolgte die Gründung einer «Fachhochschule für Musik und darstellende Kunst» an der Akademie für Musik und darstellende Kunst Wien, die 1931 aufgrund der staatsfinanziellen Krise aber wieder aufgelassen werden musste. – Keine Erfolgsaussichten hatte die von Linzer Kreisen gewünschte Verlagerung der Technischen Hochschule Brünn nach Linz. Die Idee, die Universität Czernowitz nach Salzburg zu verlagern, stieß hingegen auf den Widerstand des Salzburger Hochschulvereins, der die Errichtung einer katholischen Universität anstrebte, deren Rumpf in Form der Katholisch-Theologischen Fakultät ja existierte. Aus Angst vor weiterer Konkurrenz protestierten jedoch die Universitäten Graz und Innsbruck gegen diese Salzburger Pläne. Aus demselben Grund verhinderte in Wien die Akademie der bildenden Künste die Erhebung der Kunstgewerbeschule des Österreichischen Museums für Kunst und Industrie in den Rang einer Akademie.
Den ersten großen Rückschlag, den das österreichische Universitätswesen nach 1918 hinnehmen musste, hatte die haushaltspolitische Krise der Jahre 1922/23 ausgelöst. Bereits die im Sommer 1922 verordneten rigorosen Sparmaßnahmen trafen die Universitäten schwer. In diesem Zusammenhang muss bedacht werden, dass sie bereits in den letzten Kriegsjahren dazu gezwungen waren, mit dem Notwendigsten hauszuhalten. Das vom Kabinett Seipel (I) im November 1922 beschlossene Sanierungswerk zielte dann auf den Abbau von 100.000 Staatsbeamten und das Haushalten mit jenen Mitteln ab, die tatsächlich zur Verfügung standen. Trotz der äußerst schwierigen wirtschaftlichen Lage konnte das wissenschaftliche Universitätspersonal größtenteils im Dienst

verbleiben, dafür mussten aber radikale Kürzungen beim nichtwissenschaftlichen Personal in Kauf genommen werden. Außerdem wurden die Sachdotationen durch die Inflation praktisch vernichtet. (Bereits im Jänner 1923 forderten die Universitäten die Anhebung der Dotationen auf das 10.000fache.)[29] Unter diesen katastrophalen Bedingungen war es unmöglich, an jene Leistungen anzuknüpfen, die vor 1914 das Renommee österreichischer Universitäten begründet hatten. In den 1920er Jahren zehrte man zwar noch vom «Vermächtnis aus besseren Zeiten», gleichzeitig setzte aber ein deutlicher Substanzverlust ein, da aufgrund der schlechten Arbeitsbedingungen und mangelnder Perspektiven renommierte Wissenschaftler, aber auch viele der Fähigsten aus den Reihen des wissenschaftlichen Nachwuchses ins Ausland gingen, wo sie vornehmlich in den USA, Großbritannien und Deutschland unter weit besseren Bedingungen ihre Forschungen fortsetzten. In der zweiten Hälfte der 1920er Jahre entspannte sich die Situation zwar ein wenig, doch mit der 1931 wirksam werdenden Weltwirtschaftskrise setzte dann ein beispielsloser Verfall des österreichischen Universitätswesens ein.

88 % des Staatsgebietes waren Österreich 1918 verloren gegangen. Das Fehlen dieses großen Begabungsreservoirs begann sich aber erst im Studienjahr 1922/23 deutlich bemerkbar zu machen, da nach Kriegsende vorerst viele Studierende aus verloren gegangenen Gebieten an den Universitäten verblieben, die infolge der Kriegsheimkehrer und der «ostjüdischen» Zuwanderung sogar unter Raumnot litten. Der einsetzende Rückgang der Studierendenzahlen betraf dann vor allem die «Fachhochschulen» (Hochschule für Bodenkultur Wien, Tierärztliche Hochschule Wien, Hochschule für Welthandel Wien und Montanistische Hochschule Leoben) und die Technischen Hochschulen Wien und Graz. Die Einbrüche lagen zwischen 33 und 77 %.[30] Die massive Schrumpfung des Einzugsgebietes spürten aber auch die Universitäten Graz und Innsbruck. Von dieser Entwicklung war lediglich die Universität Wien ausgenommen, die sogar Studien nach marktwirtschaftlichen Kriterien anbieten wollte. Dies hätte eine weitere Schwächung der Universitäten Graz und Innsbruck zur Folge gehabt, da dort die Studiengebühren ungleich höher als an der gut besuchten Universität Wien ausgefallen wären.

Der Hörerschwund konnte in den 1920er Jahren nicht aufgehalten werden, obwohl Maßnahmen gesetzt wurden, die den Kreis der Studienberechtigten erweiterten. Nachdem erst gegen Ende des 19. Jahrhunderts ein den Männern gleichberechtigtes Frauenstudium durchgesetzt werden konnte, standen Frauen ab 1919 alle Hochschulen offen. Aus dem Verband der allgemeinbildenden höheren Schulen waren nun auch Absolventen von Realschulen zu einem Universitätsstudium zugelassen, wenn sie zuvor Ergänzungsprüfungen bestanden hatten. Dies war auch die Bedingung für Absolventen berufsbildender höherer Schulen, die allerdings nur Zugang zu Technischen Hochschulen und «Fachhochschulen» hatten. (Auch Volks- und Bürgerschullehrer durften unter bestimmten Voraussetzungen ein Studium absolvieren.) – Die hohe Akademikerarbeitslosigkeit und geringe Berufsaussichten waren jedoch hauptverantwortlich dafür, dass die Studierendenzahlen kaum stiegen. Mitte der 1920er Jahre warnten Rektoren vor einem Studium, und «die Fachverbände der Akademiker schilderten – wohl etwas übertreibend, um die eigene Position vor dem Nachwuchs zu schützen – in beredten Worten die traurige Lage der ausgebildeten Mediziner, Juristen und Philosophen, die froh sein müßten, wenn sie einen Posten als Vertreter, Agent oder Hotelportier erlangten. Tatsächlich bestand ein hoher Akademikerüberschuß, und die Wartelisten etwa für eine Anstellung als ‹Mittelschullehrer› wurden immer länger. Ein Klima der Hoffnungslosigkeit breitete sich auf dem Hochschulboden aus»[31].

Der von Staatsregierungen bis 1922 angestrebte Anschluss gelang gewissermaßen auf studentischer Ebene. Ein Teil des traditionell starken deutschnationalen Lagers bildete den Kreis VIII der im Sommer 1919 in Würzburg gegründeten Deutschen Studentenschaft. Diese «deutsch-völkische» (arische) Gesinnungsgemeinschaft vermochte fatalerweise den Alleinvertretungsanspruch für alle Studierenden gegenüber den akademischen Behörden durchzusetzen und hatte somit wesentlichen Anteil daran, dass die österreichischen Universitäten früh schon zu Bannerträgern des Nationalsozialismus wurden. – Bei den Studierenden (und natürlich auch bei den Professoren) stellten die Deutschnationalen die mächtigste Fraktion; über einen gewissen Einfluss in studentischen Ausschüssen verfügte aber auch das katholische Lager im Unterschied zur sozialdemokratischen Gruppierung, die sich als einzige unmissverständlich gegen den Antisemitismus aussprach und auch für jüdische

Studierende und Lehrende Partei ergriff. Dies hatte zur Folge, dass in diesen Jahren an den Hochschulen unter sozialdemokratisch und jüdisch beinahe dasselbe verstanden wurde. Deutschnationale und Katholiken bildeten lange Zeit Allianzen, der endgültige Bruch zwischen diesen beiden Lagern erfolgte erst im Dezember 1932.

Der an den Universitäten besonders stark ausgeprägte Antisemitismus, der in der Ersten Republik praktisch von Anfang an eine politische Konstante bildete, verängstigte natürlich die jüdische Gemeinde, die nach 1918 infolge der Zuwanderung aus den Nachfolgestaaten der Monarchie deutlich wuchs. Der Zustrom der «Ostjuden» machte sich an den Universitäten besonders deutlich bemerkbar. Als der Vorstand der Wiener israelitischen Kultusgemeinde Ende 1922 bei Seipel vorsprach, meinte der Kanzler, dass «zu Befürchtungen [...] die Judenschaft bei dem friedlichen Charakter unserer Bevölkerung keinen Anlass [hätte]»[32]. Die von der Regierung Seipel (I) verordneten rigorosen Sparmaßnahmen hatten aber den Antisemitismus an den Universitäten noch verstärkt. Bereits in den Jahren 1922/23 erschütterten Unruhen den Universitätsbetrieb.

Wüste Schlägereien unter Studierenden gehörten schon bald zum Universitätsalltag. Auch Vorlesungen jüdischer Lehrender wurden gestürmt und deren Hörer verprügelt. Diese fürchterlichen Zustände führten an der Universität Wien dazu, dass die Feuerwehr regelmäßig mit Sprungtüchern ausrücken musste, um so vor allem Studentinnen evakuieren zu können. Ab 1927 nahmen Auseinandersetzungen zwischen den verschiedenen studentischen Gruppierungen noch an Intensität zu. An den österreichischen Universitäten herrschten zeitweise bürgerkriegsähnliche Zustände. Das Hauptgebäude der Universität Wien musste nach schweren Krawallen des Öfteren gesperrt werden. Gegen die Einrichtung von Polizei-Wachzimmern auf Hochschulboden wehrten sich die Universitäten aber zunächst noch mit Erfolg. Mit Hitlers Aufstieg in Deutschland erhielten die Nationalsozialisten in Österreich weiteren Auftrieb, was unter anderem darin zum Ausdruck kam, dass sich der nationalsozialistische Terror – auch an den Universitäten – noch verstärkte.

Im Mai 1931 löste der Zusammenbruch der Creditanstalt jene Krise aus, von der sich die Erste Republik nicht mehr erholte. Drastische Einsparungsmaßnahmen mussten gesetzt werden, wovon natürlich auch die Universitäten betroffen waren, die den Ernst der Lage rasch erkannten. Der Weiterbestand von Fakultäten, ja sogar ganzer Hochschulen war gefährdet. In dieser Situation solidarisierten sich die Wiener Hochschulen. Universitätsprofessoren machten in mehreren Artikeln, die am 25. September 1931 in der «Wiener Allgemeinen Zeitung» veröffentlicht wurden, Stimmung gegen die «Provinzhochschulen»: «‹Das kleine Österreich besitzt drei Universitäten, in Wien, Graz und Innsbruck. Was Graz und Innsbruck betrifft, ist festzuhalten, daß diese Universitäten durch die Auflösung der Monarchie den größten Teil ihres Hinterlandes verloren haben. Trotzdem bestehen diese Hochschulen weiter, jede von ihnen mit sämtlichen Fakultäten. Wenn auch an dem Bestande der beiden Hochschulen nicht gerüttelt werden wird, so wird es doch notwendig erscheinen, an eine teilweise Zusammenlegung von Lehrkanzeln sowie fallweise an eine gänzliche Auflassung derselben zu schreiten.› Besonders wirksam mußte diese Kritik dem Laien erscheinen, wenn sie gekoppelt wurde mit dem Hinweis auf die hohen Gehälter der Hochschulprofessoren und auf die Existenz von Lehrkanzeln, die ‹seinerzeit für irgendeinen Spezialgelehrten errichtet› worden seien und ‹trotz der total geänderten Verhältnisse› weiterbestünden.»[33]

Diese Agitation richtete sich auch gegen die Technische Hochschule Graz und die Montanistische Hochschule Leoben, die im August 1934 dann tatsächlich zur Technischen und Montanistischen Hochschule Graz-Leoben vereint wurden. (Im April 1937 erfolgte die Wiedererrichtung der Montanistischen Hochschule Leoben.) In den Jahren 1933/34 hatten aber auch die Tierärztliche Hochschule und die Hochschule für Bodenkultur Grund zur Sorge. Hierfür waren aber nicht nur ökonomische, sondern auch politische Gründe ausschlaggebend. Dies traf vor allem auf die angedachte Zerschlagung der Hochschule für Bodenkultur zu, die eine Hochburg der Nationalsozialisten bildete und an der im Frühsommer 1934 Bomben detonierten.

Ein massiver Abbau des wissenschaftlichen Personals konnte 1931/32 durch rigorose Einsparungen beim Sachaufwand noch vermieden werden, doch 1933 war dies nicht mehr möglich. Im Oktober 1932 setzte das Unterrichtsministerium die Universitäten über «Forderungen der Finanzverwaltung nach Sparmaßnahmen an den Hochschulen» in Kenntnis. Das Finanzministerium hatte «unter anderem beispielsweise» die Auflösung der

Evangelisch-Theologischen Fakultät der Universität Wien, der Philosophischen Fakultät der Universität Graz, der Medizinischen Fakultät der Universität Innsbruck sowie die Zusammenlegung der Technischen Hochschule Graz mit der Montanistischen Hochschule Leoben vorgeschlagen. (119 von angeregten 163 Lehrkanzeln wurden in den Jahren 1933/34 tatsächlich eingespart.) Aufgrund der haushaltspolitischen Situation «mußte sich [das Unterrichtsministerium] in der Argumentation gegenüber den Hochschulen auf die Äußerung zurückziehen, daß man ‹wenigstens den Grundbestand der kulturellen Ausrüstung unseres Staates für eine bessere Zukunft zu erhalten› sich bemühen wolle»[34].

Die im Frühsommer 1931 ausgebrochene staatsfinanzielle Krise löste eine schwere Erschütterung der ohnedies sehr instabilen innenpolitischen Verhältnisse aus. Nachdem im Sommer 1920 die Christlichsozialen die Koalition mit den Sozialdemokraten aufgekündigt hatten, waren diese in Opposition und 1931 nicht bereit, neuerlich an einer Koalitionsregierung mitzuwirken. Wie schon zehn Jahre zuvor bemühte sich die Regierung wiederum um eine Völkerbundanleihe, deren Erhalt auch diesmal von einem Anschlussverzicht abhängig gemacht wurde. Als Engelbert Dollfuß im Juli 1932 das Lausanner Protokoll unterzeichnete, hatte dies heftige Proteste nicht nur der Großdeutschen und Nationalsozialisten, sondern auch der Sozialdemokraten zur Folge. Vor dem Hintergrund der Entwicklung in Deutschland wurde die Situation für Dollfuß immer problematischer, der im Glauben, den nationalsozialistischen Terror durch autoritäre Maßnahmen wirksam bekämpfen zu können, den demokratischen Weg im März 1933 verließ.

Das bereits äußerst angespannte Verhältnis zwischen den vom Nationalsozialismus dominierten Universitäten und dem nun autoritären Regime verschlechterte sich noch. Der Kampf gegen den Nationalsozialismus verschärfte natürlich auch die Problematik des Personalabbaus. Höflechner schreibt in den «Baumeistern des künftigen Glücks» von der Schwierigkeit, «die Grenzen zu ziehen zwischen dem, was aus wirtschaftlichen Gründen an Reduzierung notwendig war, und dem, was unter dem Deckmantel der wirtschaftlichen Krise als Maßregelung aus politischen Gründen an Reduzierung durchgeführt worden ist»[35]. Das große Ziel, den nationalsozialistischen Sumpf trockenzulegen, konnte natürlich nicht erreicht werden, das autoritäre Regime hatte aber an den Hochschulen die Sozialdemokraten zur Gänze aus dem Lehrkörper entfernt. Nach dem missglückten Putschversuch vom 25. Juli 1934, der Kanzler Dollfuß das Leben kostete, wurde im August die zuvor für bestimmte Wirkungsbereiche gesetzlich zuerkannte Universitätsautonomie aufgehoben. Im Sommer 1935 folgte der Beschluss des Hochschulermächtigungsgesetzes, das dem Ständestaat mittels Verordnungen den unmittelbaren Eingriff in nahezu alle Bereiche des Universitätswesens ermöglichte. Mit dem am selben Tag beschlossenen Hochschulerziehungsgesetz wurden die Universitäten endgültig zu Erziehungsanstalten degradiert, an welchen die Studierenden zu «sittlichen Persönlichkeiten im Geiste vaterländischer Gemeinschaft»[36] geformt werden sollten. Die Entwicklung bis zur nationalsozialistischen Machtübernahme prägten weitere Einsparungsmaßnahmen, die sowohl das Personal als auch die Sachdotationen betrafen.

Zur katastrophalen Entwicklung nach 1918 schreibt Höflechner: «Den Hochschulen in Österreich ist zweifellos ein erhebliches Maß an Verantwortung nicht nur für den vordergründigen Anschluß von 1938, sondern vielmehr auch für die Forcierung der Entwicklung und die Intensivierung des Nationalsozialismus zuzuschreiben. 1927 hat der preußische Hochschulminister Otto Becker gegenüber der Deutschen Studentenschaft Österreichs den Vorwurf erhoben, ‹Deutschland zum Antisemitismus aufzuputschen›, die Studentenschaft an den deutschen Hochschulen zu radikalisieren. Von etwa 1925 an hat die Mehrzahl der Rektoren der Universität Wien diesen Prozeß unterstützt, als integre Persönlichkeiten verehrte Wissenschaftler wie Heinrich von Srbik haben klar die nicht minder klar antisemitischen ‹völkischen› Bestrebungen der nationalsozialistischen Studentenschaft 1932 und 1933 mitgetragen, und die Rufe derer, die schon 1933 vor den Greueln des KZs in Dachau warnten, verhallten ungehört. In einem in seiner anfänglichen Genese nachvollziehbaren, wenn auch nicht zu rechtfertigenden, im weiteren aber zunehmend unverständlicher werdenden Prozeß, der in eine streng selektive Wahrnehmung samt Informationsverweigerung gemündet zu sein scheint, hat ein Teil der Hochschulen aktiv an der Verwirklichung des früh schon unverblümt formulierten Wahnsinns mitgewirkt; ein anderer, größerer Teil hat geschwiegen oder doch nicht laut genug gewarnt. Der Vorwurf trifft die österreichischen Hochschulen und die Wissenschaftler in Österreich weit mehr als ihre Analoga in den deutschen Ländern. Der Umbruch von 1938 vollendete in vieler Hinsicht, was 1914 in Gang gekommen war: den Ausdünnungsprozeß des österreichischen Hochschulwesens, nun aber durch den grauenvollsten personellen Aderlaß – die Eliminierung aller dem NS-Regime nicht genehmen Hochschullehrer und Studierenden. Jenseits der rassistischen Maßnahmen wurden auf der Ebene der Lehrenden viele offene Rechnungen beglichen, Institute wie Kliniken wechselten de facto innerhalb von Minuten die Führung – die penible juridische Abwicklung dieser Vorgänge folgte Wochen später. Die Universitäten wurden auf das Führerprinzip umgestellt, die Akademischen Senate traten als ‹überflüssig› (so der neue Wiener Rektor) nicht mehr zusammen, ganze Fakultäten wurden aufgelöst. Die großen Hoffnungen, die die Verfechter des Nationalsozialismus in ihren Staat gesetzt hatten, erfüllten sich nicht, viele Lehrkanzeln – die nun ‹mit Männern besetzt [werden sollten], die nicht nur als Wissenschaftler ihren Mann stellen, sondern gleichzeitig einsatzbereite nationalsozialistische Kämpfer sind› – blieben vakant; 1940 hat der Rektor der Universität Graz gegen die ‹Verödung der Philosophischen Fakultät› protestiert. Nicht einmal die Errichtung der für die Untermauerung der nationalsozialistischen Ideologie notwendigen Lehrkanzeln und Institutionen – Rassenkunde, Rassenhygiene, Anthropologie, Kulturarbeit im Südosten et cetera – wurde zur Gänze verwirklicht.»[37] – Den Ausbau des universitären Netzwerkes nach 1945 beeinflussten allerdings unter der NS-Herrschaft erfolgte Hochschulerhebungen, von welchen die Vorgängerinstitutionen der Universität für angewandte Kunst Wien und der Universitäten für Musik und darstellende Kunst Wien, Salzburg und Graz profitierten.

---

1 Heinrich Mitter, Zum Geleit; in: Tradition und Herausforderung. 400 Jahre Universität Graz, Graz 1985.
2 Helmut Engelbrecht, Geschichte des österreichischen Bildungswesens, Bd. 2, Wien 1983, S. 203.
3 Helmut Engelbrecht, Geschichte des österreichischen Bildungswesens, Bd. 3, Wien 1984, S. 60f.
4 Zitiert aus: ebd., S. 197.
5 Zitiert aus: Walter Höflechner, Österreich: eine verspätete Wissenschaftsnation?, in: Geschichte der österreichischen Humanwissenschaften, Bd. 1, Wien 1999, S. 96 [= Höflechner, 1999/1].
6 Walter Höflechner, Die Auswirkungen politischer und kultureller Veränderungen auf Forschungsorientierung und Wissenschaftsorganisation, in: Geschichte der österreichischen Humanwissenschaften, Bd. 1, Wien 1999, S. 161ff. [= Höflechner, 1999/2].
7 Höflechner, 1999/2, S. 156.
8 Vgl. dazu: Höflechner, 1999/1, S. 93.
9 Vgl. dazu: Höflechner, 1999/2, S. 159f.
10 Zitiert aus: ebd., S. 157.
11 Zitiert aus: ebd., S. 160.
12 Vgl. dazu: ebd. S. 166.
13 Helmut Engelbrecht, Geschichte des österreichischen Bildungswesens, Bd. 4, Wien 1986, S. 258 [= Engelbrecht, 1986].
14 Höflechner, 1999/2, S. 174.
15 Höflechner, 1999/1, S. 113.
16 Vgl. dazu: ebd., S. 168f.
17 Höflechner, 1999/2, S. 178.
18 Vgl. dazu: Ernst Mayrhofers Handbuch für den politischen Verwaltungsdienst in den im Reichsrathe vertretenen Königreichen und Ländern, Bd. IV, hg. von Anton Pace, Wien 1898.
19 Zitiert aus: Höflechner, 1999/2, S. 176.
20 Vgl. dazu: Engelbrecht, 1986, S. 238.
21 Zitiert aus: Walter Höflechner, Die Baumeister des künftigen Glücks, Graz 1988, S. 17 [= Höflechner, 1988].
22 Vgl. dazu: Höflechner, 1999/2, S. 177.
23 Höflechner, 1988, S. 318.
24 Zitiert aus: Helmut Engelbrecht, Geschichte des österreichischen Bildungswesens, Bd. 5, Wien 1988, S. 223 [= Engelbrecht, 1988].

25 Höflechner, 1988, S. 140.
26 Zitiert aus: ebd., S. 167.
27 Zitiert aus: Engelbrecht, 1986, S. 250.
28 Vgl. dazu: ebd., S. 232ff.
29 Vgl. dazu: ebd., S. 196.
30 Vgl. dazu: Engelbrecht, 1988, S. 228.
31 Zitiert aus: ebd., S. 229.
32 Vgl. dazu: ebd., S. 230.
33 Höflechner, 1988, S. 390.
34 Vgl. dazu: ebd., S. 402.
35 Vgl. dazu: ebd., S. 389.
36 Vgl. dazu: ebd., S. 507.
37 Höflechner, 1999/2, S. 204ff.

1.2 Ein Ausblick

Nach allen Katastrophen, die seit dem Ausbruch des Ersten Weltkrieges die Substanz des österreichischen Universitätswesens extrem ausgedünnt hatten, muss konstatiert werden, dass nach dem Ende des Zweiten Weltkrieges die Voraussetzungen für den Neubeginn der Universitäten nicht viel schlechter hätten sein können.

1.2.1 Die höchst schwierige Ausgangslage nach dem Ende des Zweiten Weltkrieges

Zwischen der wirtschaftlichen Situation eines Staates und dem Zustand des von ihm finanzierten Bildungswesens besteht ein enger Zusammenhang. Engelbrecht schreibt, dass nicht verhehlt werden dürfe, «daß Bildungsaufgaben zumeist als ‹unproduktiv› eingestuft werden und der Sparstift allzu gerne bei ihnen ansetzt. Es verwundert daher auch gar nicht, daß in den ersten Jahren nach 1945 bloß das Notwendigste getan wurde, um Unterricht zu ermöglichen. Der Personal- und Sachaufwand wurde für das ganze Schulwesen recht niedrig gehalten. Es mangelte an allem; eine katastrophale Ernährungssituation und der weitgehende Zusammenbruch der Energieversorgung, die Inflation und ständige Eingriffe der alliierten Besatzung kennzeichneten eine Lage, die in vielem schlechter als 1918 war, aber doch eines der Ersten Republik voraus hatte: Man bejahte dieses Österreich und glaubte voll Optimismus an seine Zukunft.»[1] Dabei blieb diese Zukunft jahrelang höchst ungewiss. Bis zur Unterzeichnung des Staatsvertrages am 15. Mai 1955 stand Österreich unter Führung und Kontrolle des Alliierten Rates. Die von SPÖ, ÖVP und KPÖ gebildete Provisorische Regierung Renner (IV), die am 27. April 1945 die Wiedererrichtung der Republik Österreich proklamierte, war anfänglich nur von der Sowjetunion und erst am 20. Oktober 1945 von den übrigen Besatzungsmächten anerkannt worden. Hinsichtlich der Rechtslage war die Zweite Republik ursprünglich mit dem Österreich vom 13. März 1938 identisch. Das damals gültige Hochschulermächtigungsgesetz aus dem Jahre 1935 ermöglichte dem von Ernst Fischer geleiteten Staatsamt für Volksaufklärung, für Unterricht und Erziehung und für Kultusangelegenheiten im Wege von Verordnungen einige Neuerungen und Ergänzungen dem Universitätsrecht anzufügen, worauf die von Ludwig Adamovich geleitete Rektorenkonferenz großen Einfluss nahm. Diese Gestaltungsmöglichkeit war allerdings nur bis zum 18. Dezember 1945 gegeben, dann verlor die Vorläufige Verfassung ihre Gültigkeit.

Bildungspolitische Maßnahmen mussten natürlich von den vier Besatzungsmächten genehmigt werden. Ihre Abteilungen für Schul- und Erziehungsfragen vereinte man im Juli 1945 zum Quadripartite Committee on Educational Affairs, das 1947 in Educational Directorate umbenannt wurde. Nach der Entnazifizierung der Schulen und Universitäten hielt sich sein Einfluss auf die österreichische Bildungspolitik vor allem deswegen in Grenzen, weil das Bildungswesen keinen Interessensschwerpunkt der Besatzungsmächte bildete. (Die Gestaltungsmöglichkeiten des im Dezember 1945 eingerichteten Bundesministeriums für Unterricht waren weitaus stärker durch die finanzielle Schwäche des Staates beschränkt.) Die Wiederaufnahme des Unterrichts – vor allem im Schulbereich – litt allerdings erheblich unter der Besatzung. Die Beschlagnahmung von mehr oder weniger unversehrt gebliebenen Schul- und Universitätsgebäuden, die den Alliierten als Soldatenunterkünfte, Lazarette oder Depots dienten, hatte für viele den Verlust eines Schuljahres zur Folge.

Den Neubeginn der Universitäten erschwerten zusätzlich die zum Teil sehr erheblichen materiellen Kriegsschäden, die erst 1954 größtenteils behoben waren, die daraus resultierende Raumnot, die sich durch den Höreransturm (Kriegsheimkehrer) noch verschärfte, und vor allem die Entnazifizierung, die den Personalstand extrem ausdünnte. Beispielsweise durften von 130 Professoren nur 44 an der Universität Wien verbleiben, «insgesamt standen im Herbst 1946 den 273 Professoren (darunter 47 registrierten ehemaligen Nationalsozialisten),

die weiterhin Lehrveranstaltungen durchführten, 274 entlassene, pensionierte oder suspendierte gegenüber.»[2]
Eine Entschärfung der sehr angespannten personellen Lage trat erst durch die gesetzten Amnestiemaßnahmen in den Jahren 1947/48 ein. In Hinblick auf die Nationalratswahl im Jahre 1949 bemühten sich die beiden Groß-parteien sehr um die Stimmen der «Ehemaligen», deren Anzahl beträchtlich war. (Bei der im November 1945 durchgeführten Nationalratswahl waren vom Wahlrecht rund 524.000 Personen ausgeschlossen, die früher der NSDAP oder einem ihrer Verbände angehörten.) Nach den Ereignissen des Jahres 1934 waren Universitätsprofessoren für die SPÖ natürlich besonders interessant. Diejenigen, die sich für die ÖVP entschieden, setzten auf die damals stärkste Partei, die bis 1970 die Bildungspolitik prägte, und ehemalige Nationalsozialisten, die im 1949 gegründeten Verband der Unabhängigen (ab 1955 FPÖ) ihre neue politische Heimat fanden, hatten den Vorteil, dass sie ihrer Ideologie treu bleiben konnten.
In mehrfacher Hinsicht wirkte sich der Umstand, dass auf Grundlage des Rechtsüberleitungsgesetzes 1945 die Universitätsverhältnisse vom März 1938 wiederhergestellt wurden, sehr negativ auf die Entwicklung der Universitäten aus. Eine günstigere Ausgangslage verhinderte außerdem die katastrophale wirtschaftliche Situation des besetzten Staates; das Finanzressort gab die Weisung, dass die Zahl der Professoren den Stand von 1938 nicht überschreiten dürfe.[3] – In diesem Zusammenhang sei daran erinnert, dass aufgrund der schweren Wirtschaftskrisen in der Zwischenkriegszeit massive Einsparungsmaßnahmen gesetzt werden mussten und nach 1931 sogar die Schließung ganzer Universitäten zur Diskussion stand. Es darf auch nicht vergessen werden, dass im Ständestaat die Universitäten zu Erziehungsanstalten des autoritären Regimes degradiert wurden, deren Lehrkörper sich im Wesentlichen aus katholisch-konservativen Kräften zusammensetzte, nachdem man 1933/34 Nationalsozialisten und die Sozialdemokraten (zur Gänze) entfernt hatte. – Da sich keine österreichische Bundesregierung jemals darum bemühte, Wissenschaftler, die von den Nationalsozialisten vertrieben worden waren, zu einer Rückkehr zu bewegen, und infolge der Entnazifizierung standen 1945 nur Professoren bereit, die schon im Ständestaat aktiv waren. Der personelle Rückgriff auf die Verhältnisse von 1938 bedeutete trotz der rechtlich abgesicherten Freiheit der Wissenschaft und ihrer Lehre de facto wiederum eine «Beschränkung auf klar katholisch-konservativ orientierte Kreise und Zielsetzungen»[4].
Diese Einseitigkeit verzögerte die Reform des österreichischen Universitätswesens ungemein. Zu dieser Problematik schreibt Höflechner: «Unter dem Einfluß von ‹1968› und des innenpolitischen Umschwunges in Österreich mündete die Entwicklung schließlich in ein neues Universitäts-Organisationsgesetz (UOG) 1975, das die wissenschaftlichen Hochschulen in Universitäten umwandelte und zur Beseitigung der konservativen Hegemonie der ‹Ordinarienuniversität› alle Universitäten einem gruppendynamisch orientierten ‹Demokratisierungsprozeß› unterwarf, indem kollegiale Entscheidungsstrukturen geschaffen wurden. Das UOG 1975 kann einerseits als Teil eines unabdingbar notwendigen Modernisierungsprozesses, andererseits aber auch als ein Eroberungsinstrument betrachtet werden, da es die Interessen der nun geschaffenen Gruppen in den Vordergrund rückte und indirekt die ausgesprochenermaßen als Ziel deklarierte Brechung der Dominanz des konservativen Elements bewirkte.»[5]
Ungünstig wirkte sich auf die Entwicklung der Universitäten auch deren lange Zeit bestehende Isolation aus, die ihre Ursache im Konflikt zwischen den USA und der Sowjetunion hatte. Nach 1955 verzögerte dann die Neutralitätspolitik viele Jahre die Kontaktaufnahme und den Austausch vor allem mit westeuropäischen Universitäten. Die Rezeption wissenschaftlicher Neuerungen und deren Einbeziehung in die Lehre setzte erst im Laufe der 1960er Jahre ein, wobei dieser Nachholprozess aber in vielen Fachbereichen von konservativen Kräften gebremst wurde.[6] – Trotzdem haben die Universitäten dieser Generation sehr viel zu verdanken. Durch ihr großes Engagement konnte der Universitätsbetrieb sehr rasch wieder aufgenommen und unter schwierigsten Verhältnissen auch aufrechterhalten werden. «Dank erfinderischer Improvisation und des Leistungswillens einer Lehrergeneration, die hungerte, schlecht bezahlt war und der es am Nötigsten mangelte, aber die dankbar dafür war, daß sie den Krieg überlebt hatte, konnten erste erfolgreiche Schritte in eine geordnete Zukunft gesetzt werden.»[7]

Nach drei Jahren drückendster Not begann sich die wirtschaftliche Situation Österreichs ab 1948 immer rascher zu bessern, ab 1953 gelang schließlich der Anschluss an die Weltkonjunktur. Von dieser Entwicklung profitierten auch die Universitäten. Bereits 1948 wurde die Zahl der Dienstposten für «wissenschaftliche Hilfskräfte» gegenüber 1938 um 40 % erhöht, und das im selben Jahr beschlossene Hochschulassistentengesetz verbesserte deutlich die finanzielle und dienstrechtliche Situation des erweiterten akademischen «Mittelbaus». Der wissenschaftliche Nachwuchs war nun erstmals in der Lage, sich voll auf die wissenschaftliche Tätigkeit konzentrieren zu können, wodurch man eine tragfähige Basis für die universitäre Selbstrekrutierung schuf. 1953 profitierten dann Professoren vom steil ansteigenden Wirtschaftswachstum, indem auf Grundlage des Hochschultaxengesetzes deren Nebeneinkünfte erhöht wurden. Diese Maßnahme machte – wie Engelbrecht schreibt – «die wissenschaftliche Laufbahn auch finanziell etwas anziehender, keineswegs aber begehrt»[8].

Trotz dieser Besserungen fristeten die Universitäten bis Mitte der 1950er Jahre ein kümmerliches Dasein. Die Erfolge jenes Aufholprozesses, der gegen Ende dieses Jahrzehnts einsetzte, blieben anfänglich bescheiden, denn zu groß waren die Hemmnisse, die ihre Ursache in der Rekonstruktion der Universitätsverhältnisse von 1938 hatten. Im «Bildungsbericht 1965» äußerte sich das Unterrichtsministerium dazu folgendermaßen: «Es zeigte sich insbesondere, daß eine Wiederherstellung des im Jahre 1938 erreichten Standards den modernen Verhältnissen in keiner Weise mehr entsprechen konnte. Das Jahr 1938 war für die österreichischen Hochschulen eines der Notjahre am Ende der großen Wirtschaftskrise. Die Zahl der Lehrkanzeln, die Ausstattung der Institute und Laboratorien war gegenüber dem Zustand vor Beginn dieser Krise deutlich abgesunken. Seit damals aber hatte die Wissenschaft und damit zahlreiche Hochschuleinrichtungen in den wichtigsten Industrieländern der Welt eine stürmische Entwicklung mitgemacht, eine Entwicklung, von der Österreich durch die Kriegs- und Nachkriegsereignisse zunächst abgeschnitten war. Trotz der unleugbaren Erfolge des Wiederaufbaues mußte also ein Vergleich der österreichischen Hochschulen mit derartigen Institutionen im Auslande sehr zuungunsten Österreichs ausfallen.»[9]

Der Aufholprozess wurde durch die herrschende Raumnot stark behindert, die sich seit 1955 infolge des Anstiegs der Hörerzahlen noch verschlimmert hatte. Im «Bildungsbericht 1965» steht: «Dieses sprunghafte Ansteigen der Hörerzahlen, das einem erhöhten Bedarf von Staat und Wirtschaft an höchstqualifizierten Fachleuten entspricht, mußten die unzureichenden Einrichtungen unserer Hochschulen bis über die Grenze des Tragbaren belasten. Die Hörerzahl hat die Normalkapazität der österreichischen Hochschulen bei weitem überschritten. Es ist in erster Linie dem Idealismus und der Improvisationskunst der Professoren an den österreichischen Hochschulen zu danken, daß der mehrere Male zu befürchtende Zusammenbruch des Lehr- und Forschungsbetriebes vermieden werden konnte.»[10] Im Vergleich mit jenem Höreransturm, der zu Beginn der 1970er Jahre einsetzte, war die Entwicklung bis 1965 jedoch harmlos.

Obgleich das Hochschulbudget deutlich angehoben wurde, investierte Österreich in Wissenschaft und Forschung während der ganzen Konjunkturphase, die 1972 auslief, nur etwa die Hälfte bis ein Fünftel jener Summen, die andere Industriestaaten dafür ausgaben.[11] Diese vergleichsweise geringe Förderung des tertiären Bildungsbereiches wirkte sich auf die weitere Entwicklung der Universitäten ebenfalls negativ aus.

---

1 Helmut Engelbrecht, Geschichte des österreichischen Bildungswesens, Bd. 5, Wien 1988, S. 359 [= Engelbrecht, 1988].

2 Ebd., S. 402.

3 Vgl. dazu: ebd., S. 450.

4 Vgl. dazu: Walter Höflechner, Österreich: eine verspätete Wissenschaftsnation?; in: Geschichte der österreichischen Humanwissenschaften, Bd. 1, Wien 1999, S. 99.

5 Walter Höflechner, Die Auswirkungen politischer und kultureller Veränderungen auf Forschungsorientierung und Wissenschaftsorganisation, in: Geschichte der österreichischen Humanwissenschaften, Bd. 1, Wien 1999, S. 209.

6 Vgl. dazu: ebd., S. 207.

7 Engelbrecht, 1988, S. 396.
8 Ebd., S. 451.
9 Bildungsbericht 1965, hg. vom BMU, Wien 1965, S. 164.
10 Ebd.
11 Vgl. dazu: Engelbrecht, 1988, S. 360.

1.3 Rahmenbedingungen für den Ausbau der Universitäten in der Zweiten Republik

Die Entwicklung der Universitäten wird vom Zusammenwirken zahlreicher Faktoren bestimmt. Eine gewichtige Rolle spielt dabei die wirtschaftliche Situation, ebenso demographische und sozialstrukturelle Veränderungen. – In der österreichischen Bildungslandschaft bilden die Universitäten gewissermaßen die höchsten Berge, die dem tertiären Bildungsbereich angehören, dem das Sekundarschulwesen zugrunde liegt; in diesem Bild würden Täler und Ebenen für das Primarschulwesen stehen. – Das Universitätswesen als Teil des staatlichen Erziehungs- und Unterrichtswesens wird von allgemeinen bildungspolitischen Leitlinien geprägt, deren Realisierung sich auf die Situation der Universitäten besonders stark auswirkt, wenn dabei das Sekundarschulwesen im Mittelpunkt steht. Der Anfang der 1960er Jahre einsetzende Ausbau jener Schulen, deren Absolvierung zu einem Universitätsstudium berechtigt, und das Schulgesetzwerk von 1962 zielten auf die Erschließung von Begabungsreserven ab. Parallel dazu entwickelte sich ein zweites bildungspolitisches Anliegen, das auf eine Neuordnung der gesellschaftlichen Verhältnisse abzielte. Mehr und höhere Bildung sollte zu «Chancengleichheit» (SPÖ), zumindest aber zu «Chancengerechtigkeit» (ÖVP) führen. Diese Zielsetzung wurde zum bestimmenden Faktor für den großzügigen Ausbau des Bildungswesens, der in den 1980er Jahren aus haushaltspolitischen Gründen an seine Grenzen stieß. Die konsequente Verfolgung dieser bildungspolitischen Ziele sowie der Anspruch, möglichst vielen (jungen) Menschen den Universitätszugang zu ermöglichen, hatten Anfang der 1970er Jahre zu einem steilen Anstieg der Studierendenzahlen geführt, der dem Universitätsbau zur großen Herausforderung wurde.

Der Universitätsbau selbst wird wiederum von Interessen der Nutzer (Universitätspersonal und Studierende), des Universitätserhalters (Bund), der Länder und der Städte bestimmt. Ein tragfähiger Kompromiss zwischen diesen Gruppen bildet die Voraussetzung für die Realisierung eines Bauvorhabens. Die staatliche Verwaltung hatte großen Anteil daran, dass der Universitätsbetrieb trotz des Höreransturms im Wesentlichen aufrechterhalten werden konnte. Neben der Entwicklung der Hörerzahlen beeinflussen den Universitätsbau aber auch wissenschaftsimmanente Veränderungen sowie die Schaffung von Arbeitsbedingungen, die zeitgemäßes Forschen und Lehren überhaupt erst ermöglichen. Die Lösung von Problemen, die sich aus den beiden zuletzt genannten Anforderungen ergeben, ist eine zentrale Aufgabe der Wissenschaftspolitik. Sie manifestiert sich unter anderem in der Entwicklung der Planstellen des (wissenschaftlichen) Universitätspersonals. Der Anteil des Hochschulbudgets am Bundesbudget ist ein Gradmesser für den wissenschaftspolitischen Erfolg. Konsequenzen allgemeiner bildungspolitischer Zielsetzungen beeinflussen natürlich die Wissenschaftspolitik; zum bestimmenden Faktor wurde in diesem Zusammenhang die Entscheidung, am freien Universitätszugang für Inländer festzuhalten.

Bislang wurden sowohl Bildungspolitik als auch Wissenschaftspolitik praktisch ausschließlich von ÖVP und SPÖ geprägt. Ihre unterschiedlichen ideologischen Auffassungen fielen gerade in diesen Bereichen nicht sonderlich ins Gewicht, da nach dem Ende des Zweiten Weltkrieges die lange Jahre ungewisse Zukunft Österreichs die Kompromissbereitschaft förderte. Die Zusammenarbeit begünstigte auch der Einfluss der Besatzungsmächte, der allerdings den Gestaltungsfreiraum der beiden Parteien einschränkte. Nach der wiedererlangten Unabhängigkeit im Jahre 1955 gestaltete sich die Zusammenarbeit zwar immer schwieriger, doch im Bildungsbereich legte man 1962 die Basis dafür, dass die Herstellung des Einvernehmens zwischen ÖVP und SPÖ die Voraussetzung für Reformen wurde. Die Schulverfassungsnovelle 1962 legte fest, dass Gesetze über Angelegenheiten des Primar- und Sekundarschulwesens vom Nationalrat nur in Anwesenheit von mindestens der Hälfte der Abgeordneten und mit einer Mehrheit von zwei Dritteln der abgegebenen Stimmen beschlossen werden können. Hingegen ist in Angelegenheiten der Universitäten dafür nur eine einfache Mehrheit notwendig. Dadurch hatten ÖVP und SPÖ zur Zeit ihrer Alleinregierungen zwar die Möglichkeit, deutlichere Akzente zu setzen, sie machten davon aber keinen Gebrauch. (Auch das zuletzt scharf kritisierte Universitätsgesetz 2002 bildet diesbezüglich keine Ausnahme.)

Engelbrecht schreibt im letzten Band seiner Geschichte des österreichischen Bildungswesens, dass in den 1980er Jahren die Bildungspolitik wieder an den Rand des Interesses gerückt sei; «die Anstrengungen um die notwendige Budgetsanierung stehen heute im Vordergrund.»[1] Daran hat sich nichts geändert, und auch in Zukunft werden wohl vornehmlich wirtschaftliche Überlegungen die Entwicklung des staatlichen Bildungswesens bestimmen.

1.3.1 Demographische und sozialstrukturelle Veränderungen

Der Entwicklung der Hörerzahlen setzen selbstverständlich Größe und Anzahl der Universitäten Grenzen. Von grundlegender Bedeutung sind außerdem die Anzahl der zur Matura führenden Schulen und vor allem die Ausbildungsziele, die Eltern für ihre Kinder wählen. Die Entwicklung der Hörerzahlen wird natürlich auch von der Stärke der Geburtenjahrgänge beeinflusst, die bis 1972 jedes Jahr mehr als 100.000 Lebendgeborene zählten. Im «Statistischen Jahrbuch Österreichs 2005» (Tabelle 2.21) werden folgende Zahlen ausgewiesen: 101.369 (1945), 102.764 (1951), 131.563 (1961), 108.510 (1971), 93.942 (1981), 94.629 (1991) und 75.458 (2001). Der Rückgang der Hörerzahlen, der an einigen Universitäten gegen Mitte der 1990er Jahre einsetzte, hat vor allem in dieser demographischen Entwicklung seine Ursache. Berücksichtigt man die Zahlen sämtlicher wissenschaftlicher Universitäten wurde allerdings erst 2000/01 der Spitzenwert von 193.649 inländischen ordentlichen Studierenden erreicht; recht massiv war dann der Einbruch im Studienjahr 2001/02 (152.267).
Die vornehmlich aus wirtschaftlichen Gründen initiierte Bildungsoffensive, die in der zweiten Hälfte der 1950er Jahre den Weg zur «Bildungsgesellschaft» zu ebnen begann, setzte auch tiefgreifende sozialstrukturelle Veränderungen in Gang. Eine tragende Rolle kommt in diesem Prozess der Emanzipation der Frauen zu, die durch die damalige Arbeitsmarktsituation einen starken Impuls erhielt. In den Jahren des steilen Wirtschaftswachstums, des expansiven Ausbaus des Bildungswesens und der staatlichen Verwaltung war ein großer Bedarf sowohl an Arbeits- als auch an qualifizierten Fachkräften gegeben. Eltern ermöglichten ihren Töchtern immer häufiger höhere Bildungslaufbahnen, wodurch auch Frauen verstärkt Selbstverwirklichung im Beruf anzustreben begannen. Geistige Tätigkeit fördert grundsätzlich den Prozess der Individualisierung, der sich durch die Bewusstwerdung von Bedürfnissen und Ansprüchen auszeichnet, die von Mensch zu Mensch sehr verschieden sein können. Entsprechend komplizierter gestalten sich Beziehungen, vor allem dann, wenn sie über bloße Zweckgemeinschaften hinausgehen sollen. Solange ein gewisser ökonomischer Spielraum gegeben ist, spiegelt sich diese Problematik im Rückgang der Eheschließungen und dem Anstieg der Scheidungsrate wider. Der Umstand, dass sich Kinder zumeist hemmend auf berufliche Karrieren der Frauen auswirken, beeinflusst stark die Kinderplanung. Da nach 1972 deutlich weniger Geburten als in den 1950er und 1960er Jahren registriert wurden und gleichzeitig die mittlere Lebenserwartung anstieg, führte diese Entwicklung zu einer Überalterung der österreichischen Gesellschaft.

1.3.2 Bildungspolitische Leitlinien

Nach dem Ende des Zweiten Weltkrieges hatte unter dem Druck der alliierten Besatzungsmächte die Entnazifizierung des staatlichen Unterrichts- und Erziehungswesens bildungspolitisch Priorität. In sehr vielen Fällen handelte es sich dabei aber lediglich um einen vorübergehenden Ausschluss vom Staatsdienst. Besonders schwierig war die Situation der Universitäten, deren personelle Engpässe erst durch die in den Jahren 1947/48 gesetzten Amnestiemaßnahmen überwunden werden konnten. Von der Entnazifizierung waren nicht nur die verschiedenen Schultypen, sondern auch Regionen unterschiedlich stark betroffen, da sie von den Besatzungsmächten ungleich exekutiert wurde. Besonders rigoros ging man in Wien vor, in Westösterreich verblieben hingegen viele «Minderbelastete» im Dienst, weil ohne sie kein Unterricht möglich gewesen wäre. Bis 1954 konnte das Unterrichtsministerium aufgrund der finanziellen Schwäche des Staates kaum bildungspolitische Maßnahmen setzen, die über die Sicherstellung des Unterrichts hinaus gingen. Es suchte jedoch einen Beitrag zur Erlangung der staatlichen Souveränität zu leisten. Im Zusammenhang mit der angestrebten Unabhängigkeit Österreichs ist der 1949 gegebene staatliche Auftrag zu sehen, dass Lehrende zur «Weckung und Pflege des österreichischen Heimat- und Kulturbewußtseins» beizutragen haben, indem die «österreichische Eigenart im geistigen und wirtschaftlichen Schaffen» herauszuarbeiten sei.[2]

Durch die wirtschaftliche Konsolidierung des Staates war Mitte der 1950er Jahre die Voraussetzung für die Modernisierung des österreichischen Bildungswesens gegeben, die Unterrichtsminister Heinrich Drimmel mit großem Engagement in Angriff nahm. In der zweiten Hälfte dieses Dezenniums kam die initiierte Bildungsoffensive in Schwung, die immer mehr an gesellschaftspolitischer Bedeutung gewann. Ausschlaggebend hierfür war die Auffassung, dass höhere Bildung zu höherem Lebensstandard führe, die von immer weiteren Bevölkerungskreisen geteilt wurde. Diese Überzeugung beschränkte sich jedoch nicht nur auf die wirtschaftliche Entwicklung, sondern umfasste auch eine soziale und eine kulturelle Komponente. Beide Großparteien waren sich darüber einig, dass mehr und höhere Bildung die «unerlässliche Voraussetzung für die Bewältigung der gesellschaftlichen und wirtschaftlichen Aufgaben» sei.[3] Obwohl erst das steil ansteigende Wirtschaftswachstum die expansive Bildungspolitik ermöglichte, bestimmten gesellschaftspolitische Zielsetzungen die Entwicklung der weiterführenden Schulen und Universitäten bis Mitte der 1980er Jahre. Nachdem rund 40 Jahre lang wirtschaftliche und politische Krisen die Entwicklung des österreichischen Schul- und Universitätswesens schwerst beeinträchtigt hatten, waren die Erwartungen enorm, die in den Ausbau und die Modernisierung des Bildungswesens gesetzt wurden.

Zur allgemeinen Bildungseuphorie, die zu Beginn der 1960er Jahre einsetzte (und bis Mitte der 1970er Jahre anhielt), trat noch eine starke Wissenschaftsgläubigkeit hinzu; im «Bildungsbericht 1965» steht: «Nochmals sei an dieser Stelle betont, welche Bedeutung dem Hochschulwesen für die Entwicklung Österreichs zuzumessen ist. Eine Generation, welche die Künste vernachlässigt, wird ihre Enkel in einem barbarischen Land, und eine Generation, welche die Wissenschaften vernachlässigt, wird ihre Enkel in einem armen Land leben lassen. Österreich wird dieser Gefahr nur dann entgehen können, wenn die Ausgaben für das Hochschulwesen in der Öffentlichkeit als langfristige Investition für die soziale, kulturelle und wirtschaftliche Entwicklung des Landes begriffen werden.»[4] Die SPÖ erklärte dann 1970 Wissenschaftspolitik zu einem ihrer zentralen Anliegen.

1.3.2.1 Die angestrebte «Ausschöpfung aller Begabungen»

In den führenden Industrieländern lieferte nach 1945 die naturwissenschaftliche und technische Forschung Grundlagen für Technologien, die nicht nur die Arbeitswelt revolutionierten. Diese Entwicklungen hatten auch hinsichtlich der Gestaltung des Bildungswesens eine Neuorientierung zur Folge. Vor allem in den USA machten schon früh Wissenschaftler mit statistischen Untersuchungen darauf aufmerksam, dass ein Zusammenhang zwischen der wirtschaftlichen Prosperität eines Staates und dem Ausbildungsniveau seiner Bevölkerung bestehe. Das Kapital der Wirtschaft bildet nicht nur Geld und Arbeit, sondern auch Bildung und Kreativität ihrer Mitarbeiter. Diesen wichtigen Produktionsfaktor der Wirtschaft (das «Humankapital») galt es zu erschließen. – In Österreich lösten diese Überlegungen ebenfalls einen beeindruckenden Ausbau des staatlichen Unterrichts- und Erziehungswesens aus, der zu Beginn der 1960er Jahre einsetzte. Damals war häufig von der «Ausschöpfung aller Begabungen» die Rede. Die Erschließung der Begabungsreserven erfolgte durch den systematischen Ausbau jener Schulen, deren Absolventen zum Universitätsstudium berechtigt waren. Gleichzeitig nahm man auch die Erweiterung des universitären Netzwerkes in Angriff. Diese Bildungsexpansion, die maßgeblich von Studien der Organisation für wirtschaftliche Zusammenarbeit und Entwicklung (OECD) beeinflusst wurde, stand in engem Zusammenhang mit dem Wirtschaftswachstum dieser Jahre.

Die damalige Bildungseuphorie ist vor dem Hintergrund der jahrzehntelangen Vernachlässigung des Bildungswesens (infolge wirtschaftlicher Not), des steilen Wirtschaftswachstums und des steigenden Bedarfs an hochqualifizierten Fachkräften, der durch die bestehenden Schulen und Universitäten nicht gedeckt werden konnte, zu sehen. (Bis gegen Ende der 1970er Jahre hatten Universitätsabsolventen praktisch kein Problem bei der Verwertung ihrer Qualifikationen.) Nicht nur die Wirtschaft, sondern auch die expandierende staatliche Verwaltung benötigte Akademiker. Diese Nachfrage förderte nach 1945 vor allem die Entwicklung der Rechtswissenschaften und der Sozial- und Wirtschaftswissenschaften, wobei letztere bis zum Inkrafttreten des Universitäts-Organisationsgesetzes 1975 der Staats- und Rechtswissenschaftlichen Fakultät angegliedert waren. (Ihr Aufschwung ist mit jenem vergleichbar, den nach 1848 die Philosophische Fakultät nahm, wobei von der Entwicklung der Naturwissenschaften natürlich auch die Medizin und die Technik sehr profitierten.) Durch den Aufbau eines dichten Netzwerkes weiterführender Schulen war außerdem bis zu Beginn der 1980er Jahre der Bedarf an entsprechend ausgebildeten Lehrkräften gegeben. (Die Universität Klagenfurt nahm im Herbst 1972 ihren Betrieb als Hochschule für Bildungswissenschaften auf. Gegen Ende der 1980er Jahre stand dann ihre Auflösung zur Diskussion, aus der sie aber gestärkt hervorging, indem 1993 eine Fakultät für Wirtschaftswissenschaften und Informatik eingerichtet wurde.) Und es darf nicht darauf vergessen werden, dass die expansive Bildungspolitik natürlich auch die Wirtschaft, insbesondere die Bauwirtschaft sehr förderte.

Neben der Befriedigung des Bedarfs an Fachkräften hatte die Bildungsoffensive aber noch eine zweite Funktion zu erfüllen. Engelbrecht schreibt: «Die Bildungspolitik war, das soll nicht verschwiegen werden, auch ein Teil der Arbeitsmarktpolitik. Die allgemein verlängerten Schul- und Studienzeiten und die ungleichen individuellen Berufsausbildungsabschlüsse flachten die Geburtenberge ab und verzögerten das Wirksamwerden der demographischen Welle am Arbeitsmarkt. Dadurch wurde die Jugendarbeitslosigkeit, die sonst nach Simulationsrechnung schon 1974/75 eingetreten wäre, um Jahre hinausgeschoben.»[5] Da sich nach 1975 aus wirtschaftlichen Gründen weder die Aufstockung der Planstellen für das (wissenschaftliche) Universitätspersonal noch die Flächengewinne an der Steigerungsrate der Hörerzahlen orientieren konnte, verschlechterten sich die Studienbedingungen, was unter anderem in der bescheidenen Entwicklung der Absolventenzahlen und dem steten Anstieg der durchschnittlichen Studiendauer zum Ausdruck kam. Obgleich die Zahl der Studienabbrecher stark anstieg, wurde die Akademikerarbeitslosigkeit in den 1980er Jahren sehr rasch zu einem immer größer werdenden Problem. In dieser Situation bestimmte die Arbeitsmarktpolitik dann eindeutig die Bildungspolitik, denn trotz der steigenden Akademikerarbeitslosigkeit sah man von einer Regulierung des Universitätszugangs ab, weil man deren negative Auswirkungen auf den Arbeitsmarkt fürchtete. Im Unterschied zu den Absolventenzahlen stiegen bis Mitte der 1990er Jahre nur die Hörerzahlen und die Zahl der arbeitslosen Akademiker beträchtlich.

Die Problematik der Akademikerarbeitslosigkeit wird sich höchstwahrscheinlich noch verschärfen. Dies ist zu erwarten, weil sich in vielen Fachbereichen die Studienbedingungen deutlich verbessert haben; dafür sind die in den beiden letzten Jahrzehnten des 20. Jahrhunderts gesetzten baulichen Maßnahmen und die demographische Entwicklung verantwortlich, die einen Rückgang der Hörerzahlen zur Folge hat. Auch die Einführung der Studiengebühren darf in diesem Zusammenhang nicht außer Acht gelassen werden. Viele Studierende müssen aus ökonomischen Gründen möglichst rasch einen Studienabschluss erreichen, was wiederum durch die Einführung der Bakkalaureatsstudien sehr erleichtert wurde. Durch den massiven Abbau im Bereich der staatlichen Verwaltung werden künftig aber wesentlich weniger Akademiker im Staatsdienst tätig sein, wovon nicht nur Juristen betroffen sind. Da die Personalkosten das größte Einsparungspotential des Staates bilden, ist auch nicht zu erwarten, dass in jenen Einrichtungen (Schulen, Universitäten, Museen etc.), die vorwiegend der Bund finanziert, im großen Stil neue Planstellen geschaffen werden. (Immer mehr Leistungen müssen künftig wohl von immer weniger (qualifizierten) Fachkräften erbracht werden.) Solange der Staat vor allem darum bemüht ist, seinen Schuldenberg zumindest nicht weiter anwachsen zu lassen, werden die Berufschancen vieler Akademiker stark eingeschränkt bleiben.

Personalkosten bilden aber auch ein wichtiges Einsparungspotential der Wirtschaft, die seit Anfang der 1980er Jahre mit einem Überangebot an Akademikern konfrontiert ist. Diese werden auch künftig mehr oder weniger gut für bestimmte Tätigkeiten in verschiedenen Sparten geeignet sein. Vor dem Hintergrund des zu erwartenden Anstiegs der Absolventenzahlen wird ihr «Marktwert» aber weiter sinken. Unabhängig davon werden einige der Besten auch in Zukunft im Ausland beruflich Karriere machen und somit zumindest vorübergehend in Österreich nicht zur Verfügung stehen. Dass all jene Absolventen, die in der Heimat keine beruflichen Perspektiven haben, im Ausland ihre an österreichischen Universitäten erworbenen Qualifikationen verwerten können, ist nicht zu erwarten.

In der Regel ist fachliche Qualifikation die Voraussetzung für die Ausübung von Berufen. Beinahe ebenso wichtig sind jedoch Beziehungen, die oftmals ausschlaggebend dafür sind, ob man überhaupt eine Chance bekommt. Die besten Beziehungen helfen jedoch nichts, wenn keine (geeigneten) Stellen verfügbar sind, weswegen immer mehr das Glück den Berufsweg der Akademiker bestimmen wird. Diejenigen, die Pech haben, werden aus ihren Qualifikationen kein Kapital schlagen und damit auch nicht den durch das Studium verursachten Verdienstentgang kompensieren können; dies wirkt sich dann negativ auf die Pensionsvorsorge aus. Sie werden aber dennoch froh sein müssen, überhaupt Arbeit zu haben. Durch den Einbruch in Berufe, für deren Ausübung eigentlich kein Universitätsabschluss nötig wäre, werden allerdings Menschen verdrängt, die unter Umständen «nur» über eine Matura verfügen. Es ist aber auch denkbar, dass Akademiker aufgrund ihrer Überqualifikation nicht berücksichtigt werden. Diejenigen, die keine Marktnischen als selbständige Unternehmer ausfüllen können, werden dann tatsächlich die großen Verlierer einer Bildungspolitik sein, die Ende der 1950er Jahre unter ganz anderen Voraussetzungen in Angriff genommen wurde.

1.3.2.2 Die angestrebte «Chancengleichheit»

Die so genannte «Ausschöpfung aller Begabungen» gründete zwar in wirtschaftlichen Interessen, doch mit dieser Zielsetzung war zugleich auch ein soziales Anliegen verknüpft, da man landesweit Begabungsreserven erschließen wollte. So galt es regionale Ungleichheiten abzubauen, weswegen man bei der Gründung weiterführender Schulen auf die Erschließung bislang bildungsfernerer Regionen achtete. (Diese Überlegungen spielten ebenso beim Ausbau der Universitäten eine große Rolle.) Mit dem erfolgreichen Aufbau dieses Netzwerkes erfuhr das ganze Land eine Aufwertung, die gar nicht hoch genug einschätzt werden kann. Der Abbau regionaler Ungleichheiten stärkte zugleich die gesellschaftspolitische Dimension der Modernisierung des Bildungswesens, mit der auch der Abbau sozialer und geschlechtsspezifischer Ungleichheiten möglich werden sollte. Diese gesellschaftspolitischen Ziele förderten den Demokratisierungsprozess des Bildungswesens, dessen Entwicklung am Beispiel der Universitäten an anderer Stelle (Kapitel 1.3.7.1) skizziert wird.

Beide Großparteien teilten zwar die Auffassung, dass wirtschaftliche und gesellschaftspolitische Aufgaben nur durch einen großzügigen Ausbau des Bildungswesens gemeistert werden könnten, in den Erwartungen, die daran geknüpft waren, unterschieden sie sich aber deutlich voneinander. Die ÖVP forderte im Klagenfurter Manifest (1965) eine «echte Bildungsgesellschaft mit gleichen Startbedingungen und individuellen Erfolgschancen»[6], womit eine «Chancengerechtigkeit» gemeint war. Die SPÖ propagierte hingegen eine «Chancengleichheit», die letztlich die Egalisierung der Gesellschaft ermöglichen sollte. Im Glauben an deren Realisierbarkeit wurden 1971 bei allgemeinbildenden höheren Schulen die Aufnahmeprüfung abgeschafft und Erleichterungen bei der Ablegung der Reifeprüfung gewährt. Da die «Chancengleichheit» vor allem auf Quantität abzielt, aber sich aus haushaltspolitischen Gründen die Steigerungsrate der Lehrkräfte nicht an jener der Schüler- und Studierendenzahlen orientieren konnte, führten diese Nivellierungsmaßnahmen in vielen Fachbereichen zu einem Qualitätsverlust, und zwar sowohl an den allgemeinbildenden höheren Schulen als auch an den Universitäten. Zusammen mit dem in den 1970er Jahren erfolgten Ausbau berufsbildender höherer Schulen waren diese Maßnahmen verantwortlich dafür, dass die Universitäten bis gegen Ende des 20. Jahrhunderts mit einem Höreransturm konfrontiert waren, der sie überforderte. Infolge des bürokratischen Aufwandes, der mit den steigenden Hörerzahlen immer größer wurde, blieb den Wissenschaftlern noch weniger Zeit für die Forschung, die ihr größtes Kapital darstellt. Nur in Ausnahmefällen wurde Diplomanden und Dissertanten eine Betreuung zuteil, die diese Bezeichnung auch verdient. Beengte räumliche Verhältnisse, die zum Teil zeitgemäßes Forschen und Lehren nicht zuließen, kamen noch erschwerend hinzu.

Bereits 1966 waren an den Universitäten Maßnahmen gesetzt worden, die die Chance auf einen erfolgreichen Studienabschluss erhöhten. Nicht zuletzt aufgrund des Lehrermangels an den überfüllten allgemeinbildenden höheren Schulen wurden die Anforderungen bei den Lehramtsprüfungen gesenkt, und das Allgemeine Hochschul-Studiengesetz 1966 ermöglichte Studierenden bis zu fünf Wiederholungen bei Prüfungen. Trotzdem konnte nicht verhindert werden, dass viele an den Universitäten scheiterten. Engelbrecht schreibt in den Schlussbemerkungen seiner Geschichte des österreichischen Bildungswesens: «Die Frage, ob der sichtbare Fortschritt, wie er sich in der Vielfalt der nunmehr vorhandenen Bildungsmöglichkeiten und in dem Andrang zu höheren Schulen, Universitäten und Hochschulen spiegelt sowie in der großen Zahl neu erbauter schulischer Einrichtungen manifestiert, nicht hauptsächlich quantitativer Natur sei und es ihm an Qualität mangle, wird seither des öfteren gestellt. Kritische Bemerkungen fielen von Anfang an vor allem über die im gegenwärtigen Bildungssystem erstrebte Chancengleichheit; allerdings nicht über das Ziel selbst, nämlich jedem jungen Menschen alle Schullaufbahnen offenzuhalten, sondern über die dabei eingeschlagenen Wege der Verwirklichung. Denn es wurde für falsch gehalten, daß der Zugang zu höheren Qualifikationen durch Entfall von Aufnahmeprüfungen, Änderung der Beurteilungsvorschriften u.ä. erleichtert und deren Erreichung durch Herabsetzung der Anforderungen und Schaffung von Schulformen geringeren Schwierigkeitsgrades, jedoch mit gleichwertigen Berechtigungen, ermöglicht wurde. Für andere waren die bereits gesetzten Schritte völlig unzureichend, eher Rückschritte zu vermehrtem Leistungsdruck. Die weitgehend bekämpfte traditionelle schulische Selektion wäre freilich überall dort anzuprangern gewesen, wo sie sich nicht zugleich um fördernde Maßnahmen bemühte und nach einem Versagen Hilfestellung bot. Sie ist aber heute keineswegs beseitigt, sondern verschob sich nur häufig bis in den tertiären Bereich. Dort scheitert jeder zweite Student, was nicht nur aus dem Blickwinkel einer Kosten-Nutzen-Rechnung, sondern vor allem mit dem Wissen um mögliche Schäden der Persönlichkeitsentwicklung bei solchen jungen Menschen gesehen werden sollte. Diesen müßte schon weitaus früher bewußt gemacht werden, wo die Schwerpunkte ihrer Begabungsstruktur liegen, daß die ihnen möglichen Leistungen nicht ohne angestrengte, hingebungsvolle Arbeit erreicht werden können und daß trotz aller Förderung jeder von ihnen früher oder später an die Grenzen seiner Fähigkeiten stößt.»[7] – Heute muss dazu noch angemerkt werden, dass der Persönlichkeitsentwicklung auch nicht förderlich ist, wenn man mit einem abgeschlossenen Studium keine beruflichen Perspektiven hat.

Sieht man von der Erschließung bildungsfernerer Regionen ab, fallen die Erfolge der angestrebten Chancengleichheit bescheiden aus. Engelbrecht wies schon 1988 darauf hin, dass begabte Kinder des Bauern- und Arbeiterstandes trotz Bildungswerbung und finanzieller Unterstützungen weitaus weniger häufig höhere Schulen und Universitäten besuchten, als vom Unterrichtsministerium erwartet wurde. «Dafür nützten zunehmend die weniger Begabten aus der Mittel- und Oberschicht den Wegfall von Barrieren und die Eröffnung anspruchsloserer Bildungslaufbahnen, deren Bewältigung ihnen trotzdem oft erst mit Hilfe des sich stark ausbreitenden Nachhilfeunterrichts gelang. Die Ungleichheiten wurden zudem durch das sich weit öffnende, über das Elementarschulwesen hinausführende Schulwesen kaum abgebaut; im Gegenteil, gerade weil nun dank Schulfreifahrt, Gratisschulbuch und staatlicher Unterstützungen jedem der Aufstieg in der Qualifikationspyramide möglich war, wurden die Zurückbleibenden, die nur einen Volksschul- oder gar einen Sonderschulabschluß erreichten, stärker diskriminiert als zur Zeit der Ersten Republik, als drei Viertel der Bevölkerung nur eine Volksschule absolvierten. Auch das im Versuch erprobte Gesamtschulsystem stufte nach Leistungen ein und statuierte in Abständen – wie jetzt die ähnlich eingerichtete ‹Neue Hauptschule› – die Ungleichheit.»[8]

Wenn der Frauenanteil an den ordentlichen Studierenden als Gradmesser für den Abbau geschlechtsspezifischer Ungleichheiten herangezogen wird, kann von einer erfreulichen Entwicklung gesprochen werden. Im Studienjahr 1955/56 waren nur 20 % der inländischen ordentlichen Studierenden weiblich; 1975/76 betrug ihr Anteil 34 %, 1995/96 47 % und 2002/03 schon 53 %. Hinsichtlich der Studienwahl gibt es allerdings deutliche geschlechtsspezifische Präferenzen, was bereits ein oberflächlicher Blick auf das Verhältnis zwischen weiblichen und männlichen Studierenden an den verschiedenen wissenschaftlichen Universitäten deutlich macht. Im Studienjahr 2002/03 waren zum Beispiel an der Universität Wien 63 % der inländischen ordentlichen Studierenden weiblich, an der Technischen Universität Wien waren es 21 % und an der Technischen Universität Graz nur 18 %. An der Universität Innsbruck, die als einzige «klassische» Universität über eine Technische Fakultät verfügt, waren 51 % der Studierenden weiblich. Ganz anders sieht es nach wie vor beim wissenschaftlichen Universitätspersonal aus: 2002/03 waren lediglich 8 % der Universitätsprofessoren weiblich, bei den Assistenten betrug der Frauenanteil immerhin schon 32 %. Aufgrund der seit Jahren geübten Gepflogenheit, dass bei gleichen Qualifikationen Frauen bevorzugt zu behandeln sind, wird auch in diesem Bereich ihr Anteil kontinuierlich steigen. Dies bedeutet gleichzeitig, dass Männer, die eine akademische Laufbahn einschlagen, grob benachteiligt sind, womit sich der Kreis der Ungleichheiten schließt. (Da auch in den Wissenschaften Leistung gefragt ist, sollte das Geschlecht bei Ausschreibungen eigentlich keine Rolle spielen.)

Die Stärkung der Leistungsfähigkeit war einer der Hauptbeweggründe dafür, dass seit Ende der 1980er Jahre der Staat den Universitäten immer mehr Gestaltungsmöglichkeiten einräumte. Seit dem Inkrafttreten des Universitätsgesetzes 2002 verfügen sie über eine sehr weitgehende Autonomie, deren Gestaltungsfreiraum im Wesentlichen nur durch die Höhe des Hochschulbudgets begrenzt wird. Auch im Zusammenhang mit der Entwicklung der Europäischen Union und dem zunehmenden Wettbewerb mit ausländischen Universitäten werden sich künftig die österreichischen Universitäten wohl immer weniger den Luxus leisten können, Absolventen in die Arbeitswelt zu entlassen, die (in Österreich) keine beruflichen Perspektiven haben. Universitäten werden immer stärker am Erfolg ihrer Absolventen gemessen werden.

Neben der Forschung zählen auch erfolgreiche Absolventen zum Kapital der Universitäten, da sie in einem fördernden Sinne wirken können, wenn Kontakte aufrecht erhalten werden. Deutlich weniger Studierende könnten tatsächlich betreut werden, was Qualität fördert, die Forschungskapazitäten der Wissenschaftler würden trotzdem zunehmen und der Staat könnte sich beträchtliche Summen sparen, da nicht nur die Aufrechterhaltung der Überproduktion, sondern auch die daraus resultierenden volkswirtschaftlichen Schäden zu finanzieren sind. Sollte man in Zukunft Bedarfsberechnungen zur Regelung des Universitätszugangs heranziehen, müssten darin aber nicht nur der prognostizierte Bedarf (Universitäten, Wirtschaft und Staat), sondern vor allem auch die beruflichen Karrieren der Absolventen berücksichtigt werden. Ob sich ohne Regulierungsmaßnahmen die Hörerzahlen den Gegebenheiten des Arbeitsmarktes angleichen werden, ist zu bezweifeln, denn zu stark ist der Mythos, dass höhere Bildung sozialen Aufstieg (samt Wohlstand) zur Folge hat. Grundsätzlich kann ja tatsächlich jeder Einzelne darauf hoffen, Glück zu haben.

Eine Flexibilität hinsichtlich beruflicher Möglichkeiten kann sich auch positiv auf das Studienangebot auswirken. Nimmt man die Freiheit der Wissenschaft und ihrer Lehre ernst, ist Vielfalt die Konsequenz dieser Haltung. Es muss an dieser Stelle nochmals in aller Deutlichkeit darauf hingewiesen werden, dass Universitäten zuallererst Institutionen sind, an welchen das menschliche Grundbedürfnis nach Erkenntnis befriedigt wird. Wirtschaftliche Verwertbarkeit von Forschungsergebnissen ist zwar ein sehr wichtiges, aber trotzdem nur ein Nebenprodukt des Strebens nach Erkenntnis. – Erst die gewährte Freiheit der Wissenschaft und ihrer Lehre ermöglichte jenen enormen Aufschwung der Universitäten, der in den reformierten deutschen Ländern gegen Mitte des 18. Jahrhunderts und 100 Jahre später dann auch in Österreich einsetzte. Ihre Leistungen, die durch die Ausdifferenzierung der Fächer erreicht wurden, waren höchst beachtlich. Sie führten zur Verwissenschaftlichung unserer Gesellschaft (mit all ihren Licht- und Schattenseiten). – Schwer zu rechtfertigen ist bloß die Finanzierung eines Systems, das aufgrund einer Überlastung, die vornehmlich durch ein unausgewogenes Verhältnis zwischen Lehrenden und Studierenden Qualität einbüßte, und durch Überproduktion beträchtliche Mehrkosten verursacht. Mit der Einsparung von so genannten «Orchideenfächern», die in der Regel nur einen Bruchteil jener Kosten verursachen, die für den Betrieb von laborintensiven Instituten aufzuwenden sind, ist aus diesem Grund wenig gewonnen, aber viel verloren.

Sollte weiterhin an einem (im Prinzip) freien Universitätszugang festgehalten werden, muss nicht nur denjenigen, die eine akademische Laufbahn anstreben, sondern allen ordentlichen Studierenden die Lektüre des Vortrags «Wissenschaft als Beruf» empfohlen werden, den Max Weber 1917 in München hielt. Im Zentrum seiner Ausführungen, die sich an Studierende richteten, steht die «innere» Berufung des Wissenschaftlers, der davon überzeugt sein muss, in seinem Fachbereich Wesentliches leisten zu können. Weber behandelt aber auch die äußeren Umstände der akademischen Laufbahn und das Risiko, das nicht zuletzt in materieller Hinsicht mit dieser Entscheidung verbunden ist. Er verdeutlicht, welch unverschämtes Glück nötig ist, um (in der Regel) nach Jahren der Unsicherheit und Entbehrungen vielleicht doch (irgendwo) als Universitätsprofessor wirken zu können. «Ob es einem solchen Privatdozenten, vollends einem Assistenten, jemals gelingt, in die Stelle eines vollen Ordinarius und gar eines Institutsvorstandes einzurücken, ist eine Angelegenheit, die einfach Hasard ist. Gewiß: nicht nur der Zufall herrscht, aber er herrscht doch in ungewöhnlich hohem Grade.»[9]

1.3.3 Der Ausbau der weiterführenden Schulen

Durch den großzügigen Ausbau des weiterführenden Schulwesens, das allgemeinbildende und berufsbildende mittlere sowie höhere Schulen umfasst, wurde die Entwicklung der Universitäten stark beeinflusst, denn immer mehr Schüler, die zu einem Universitätsstudium berechtigt waren, schlugen diesen Bildungsweg auch ein. Dabei waren noch in den 1970er Jahren allgemeinbildende höhere Schulen jene Einrichtungen, deren vordringliche Aufgabe darin bestand, Absolventen möglichst gut auf ein Universitätsstudium vorzubereiten.

1945 existierten insgesamt 150 allgemeinbildende höhere Schulen («Mittelschulen»), wovon 27 von der Katholischen Kirche erhalten wurden. Die wirtschaftliche Lage ließ bis 1954 nur 9 staatliche Neugründungen zu, weitere 17 gingen auf die Initiative der Katholischen Kirche zurück.[10] Im Unterschied zum Ende der 1940er Jahre in Gang gekommenen Ausbau der Pflichtschulen (Volks-, Haupt- und Sonderschulen), deren Errichtungskosten Gemeinden/Städte und Länder trugen, kam jener der staatlichen weiterführenden Schulen, die zur Gänze vom Bund zu finanzieren sind, erst in der zweiten Hälfte der 1950er Jahre in Schwung. Das Bundesministerium für Unterricht setzte dabei drei Schwerpunkte: die Anhebung der Allgemeinbildung und der Studierendenzahlen durch den Ausbau der allgemeinbildenden höheren Schulen, die Ausbildung möglichst gut qualifizierter Fachkräfte für die Wirtschaft, wozu das Netzwerk der berufsbildenden mittleren und höheren Schulen zu erweitern war, und – vor allem – die Erschließung bildungsfernerer Regionen.

Im Zeitraum von nur 25 Jahren entstand ein dichtes Netzwerk weiterführender Schulen, die trotz anfänglicher Aufnahmeprüfungen mit einem steilen Anstieg der Schülerzahlen konfrontiert waren, da immer mehr Eltern für ihre Kinder eine höhere Bildung wünschten. Zu Beginn des 21. Jahrhunderts ist kaum mehr vorstellbar, dass zum Beispiel in Salzburg erst 1951 die erste staatliche Mittelschule außerhalb der Landeshauptstadt (in St. Johann im Pongau) errichtet wurde. In der Steiermark fielen die beiden ersten staatlichen Neugründungen (Bad Aussee und Stainach) ins Jahr 1952. 1957 legte das Land Steiermark als erstes Bundesland einen «Schulstandorte-Plan» vor, auf dessen Grundlage die Gründung von drei weiteren Mittelschulen (Gleisdorf, Leibnitz und Mürzzuschlag) noch vor 1960 erfolgte. 1965 verkündete schließlich der aus Graz stammende Unterrichtsminister Piffl-Perčević ein Ziel, das damals von vielen für utopisch gehalten wurde: «In jedem politischen Bezirk soll es wenigstens eine zur Matura führende Schule geben.»[11]

In den 1950er Jahren waren 51 zur Matura führende Schulen gegründet worden, im folgenden Jahrzehnt errichtete man 128 und in den 1970er Jahren weitere 131. 1950 existierten 206, 82 % davon waren allgemeinbildende höhere Schulen, deren Anteil bis 1970 auf 75 % sank. Das Netzwerk jener Schulen, deren Absolvierung zu einem Universitätsstudium berechtigte, umfasste 1980 insgesamt 516 Ausbildungsstätten, die von 252.500 Schülern besucht wurden. Im Vergleich mit 1950 waren dies zweieinhalbmal so viele Schulen, die jedoch mehr als viermal so viele Schüler (1950: 61.300) zu betreuen hatten.[12]

Als Unterrichtsminister Drimmel Mitte der 1950er Jahre den Weg zur «Bildungsgesellschaft» eröffnete, waren die grundlegenden Aufgaben, die das weiterführende Schulwesen erfüllen sollte, klar verteilt. Die allgemeinbildenden höheren Schulen sollten die Allgemeinbildung heben und zur Hochschulreife führen, die berufsbildenden höheren Schulen (Technische höhere Lehranstalten; Kaufmännische höhere Lehranstalten; Frauenberufliche höhere Schulen) hingegen sehr gut qualifizierte Fachkräfte für die Wirtschaft ausbilden; ihre Profile zeichneten sich durch eine geglückte Mischung aus Allgemeinbildung und beruflicher Vorbildung aus, die Hochschulvorbereitung bildete jedoch keinen Schwerpunkt dieser Lehranstalten. Absolventen berufsbildender höherer Schulen konnten anfänglich weder an einer der drei «klassischen» Universitäten (Wien, Graz und Innsbruck) noch an der Tierärztlichen Hochschule Wien studieren; ein Studium an einer der beiden Technischen Hochschulen (Wien und Graz) oder «Fachhochschulen» (Montanistische Hochschule Leoben, Hochschule für Bodenkultur Wien und Hochschule für Welthandel Wien) war nur mit einem «mit Stimmeneinhelligkeit» erworbenen Reifezeugnis möglich. Trotzdem erfolgte die Aufnahme vorerst nur als außerordentlicher

Studierender, der Prüfungen zu bestehen hatte, bevor er nach vier Semestern ein ordentliches Studium in Angriff nehmen konnte. Im Wintersemester 1959/60 wurden Absolventen berufsbildender höherer Schulen dann erstmals sofort als ordentliche Studierende zugelassen, wenn sie sich für ein Weiterstudium in der gleichen Fachrichtung entschieden hatten.[13]

1.3.3.1 Das Schulgesetzwerk von 1962

Mit dem Schulgesetzwerk von 1962 wurde eine tragfähige Rechtsgrundlage geschaffen, die den expansiven Ausbau des österreichischen Schulwesens ermöglichte. Von Bedeutung sind in diesem Zusammenhang aber auch das Schulerhaltungskompetenzgesetz und das Pflichtschulerhaltungs-Grundsatzgesetz über die Errichtung und Erhaltung der öffentlichen Pflichtschulen, die der Nationalrat bereits 1955 beschlossen hatte. Die Ausführungsgesetze der Länder regelten dann unter anderem auch die Standortfrage; die Bautätigkeit im Pflichtschulbereich förderten schulbaurechtliche Gesetze, durch die Schulbautenfonds eingerichtet wurden, und Verordnungen.
Das Schulgesetzwerk von 1962 stellt in erster Linie eine Kodifizierung der damals gegebenen Verhältnisse dar, in dessen Rahmen aber endlich auch die Regelung der Kompetenzen zwischen Bund und Ländern hinsichtlich Gesetzgebung und Vollziehung auf dem Gebiet des Schulwesens gelang. Diese Regelung war bereits im Bundesverfassungsgesetz von 1920 angekündigt worden, das 1945 in seiner Fassung aus dem Jahre 1929 wieder in Kraft trat. (Bis 1962 mussten schulische Angelegenheiten im Wege übereinstimmender (paktierter) Gesetze des Bundes und der einzelnen Länder geregelt werden, was die Gestaltungsmöglichkeit des Unterrichtsministeriums einschränkte.)
Der Weg zu einem tragfähigen Fundament für die Neugestaltung des Schulwesens war sehr hindernisreich, da ideologisch verhärtete Fronten jahrelang eine Einigung in der gesellschaftspolitisch höchst wichtigen Materie der Schulgesetzgebung verhinderten. Für die Koalitionsregierung Gorbach (I) wurde das angestrebte Schulgesetzwerk schließlich zu jener Aufgabe, deren Meisterung die Trag- und Leistungsfähigkeit der großen Koalition unter Beweis stellen sollte. Engelbrecht schreibt: «Die große politische Leistung der beiden Verhandlungsteams bestand darin, gegen starke Widerstände in den eigenen Lagern zu einem Kompromiß gefunden zu haben.»[14] Diesbezüglich war von größter Bedeutung, dass die SPÖ während der zweiten Hälfte der 1950er Jahre mehr und mehr ihre antiklerikale Haltung ablegte. Diese Kursänderung mündete in einer im Juni 1962 zwischen der Katholischen Kirche und dem Staat getroffenen Vereinbarung. Darin hielt man unter anderem fest, dass der Religionsunterricht als Pflichtgegenstand auf alle berufsbildenden mittleren und höheren Schulen und als Freigegenstand auf die Berufsschulen ausgedehnt werden soll. Außerdem wurde vereinbart, dass der Staat bei katholischen Privatschulen 60 % der Personalkosten übernimmt; seit 1972 werden diese zur Gänze vom Staat getragen. (Dies gilt auch für Schulen anderer Religionsgemeinschaften, die vom Staat gesetzlich anerkannt sind.)
Das Schulgesetzwerk von 1962 setzt sich aus mehreren Bundesgesetzen, Novellen und Verfassungsbestimmungen zusammen. Dazu zählen unter anderem das Privatschulgesetz, in dem die finanzielle Beteiligung des Bundes an den Personalkosten der Privatschulen festgeschrieben wurde, das Schulpflichtgesetz, das eine Verlängerung der Schulzeit um ein Jahr brachte, und das Bundesschulaufsichtsgesetz mit seinen Landesausführungen, das die Organisation und Zuständigkeit der nun kollegial zusammengesetzten Schulbehörden regelte. «Als Krönung des Schulkompromisses galt den beiden Großparteien das ebenfalls am 25. Juli 1962 beschlossene Schulorganisationsgesetz. Zum ersten Mal wurde die Gesamtheit des österreichischen Schulwesens – mit Ausnahme der Hochschulen und Kunstakademien sowie zunächst auch der land- und fortwirtschaftlichen Schulen – gesetzlich als Einheit behandelt und durch die Schaffung von zahlreichen, leicht begehbaren Übertrittsmöglichkeiten, durch ein gemeinsames Bildungsziel, gleiche Bezeichnungen für die Unterrichtsgegenstände u.ä. miteinander ver-

klammert.»[15] Im Schulorganisationsgesetz wurde außerdem der unentgeltliche Besuch von öffentlichen Pflichtschulen auf alle öffentlichen Schulen ausgedehnt. In den Artikeln 14 und 81a des Bundesverfassungsgesetzes schrieb man die Zuständigkeitsverteilung zwischen Bund und Ländern fest. Die zentrale Steuerung des Bildungswesens gewährleistet die Bestimmung, dass hinsichtlich der Grundsatzgesetzgebung die Gestaltungskompetenz beim Bund liegt. (Davon ausgenommen ist das Kindergarten- und Hortwesen.) Der Gestaltungsfreiraum des Unterrichtsministeriums blieb jedoch relativ eng, da – wie bereits erwähnt – in allen Fragen des Primar- und Sekundarbereichs ÖVP und SPÖ Einvernehmen zu erzielen hatten.

Die herausragende Bedeutung des Schulgesetzwerkes von 1962 besteht darin, dass es einen Entwicklungsschub auslöste, der einen Vergleich mit jenem, den die Einführung der allgemeinen Schulpflicht zur Folge hatte, nicht zu scheuen braucht. Engelbrecht schreibt: «Auch wenn das Schulgesetzwerk zunächst äußerlich weitgehend bloß eine Festschreibung bestehender Zustände zu sein schien, die nur durch Änderung von Schulbezeichnungen und eine Verlängerung der Ausbildungsdauer den Anschein der Neuheit erweckte, bedeutete es als Ganzes weitaus mehr, nämlich eine dauerhafte Grundlegung für einen besseren Zugang zur Bildung.»[16] Zugleich war mit dem Schulgesetzwerk von 1962 auch der Anspruch verbunden, ein höheres Bildungsniveau zu erreichen. Die Erschließung bildungsfernerer Regionen war damals vom Bemühen, die Allgemeinbildung anzuheben, nicht zu trennen. Die gewichtigste Rolle kam dabei den allgemeinbildenden höheren Schulen zu, deren Anzahl von 201 (1960) auf 288 (1970) stieg. Im Vergleich dazu stieg die Anzahl der berufsbildenden höheren Schulen von 56 (1960) auf 97 (1970).

1.3.3.2 Das Schulentwicklungsprogramm 1971–1980

Im Rahmen des Schulgesetzwerkes von 1962 konnten nicht alle Kernbereiche des Schulwesens geregelt werden. Ungeklärt blieben beispielsweise die Regelung des äußeren und inneren Schulbetriebes sowie die grundlegende Frage nach der Errichtung und Erhaltung von Bundesschulen. Ein Gesetz, das diese Materie regelt (aber bis heute fehlt), wäre als Ausführungsgesetz zum Artikel 14 der Bundesverfassung anzusehen, wovon auch die Universitäten betroffen sind. Das Fehlen dieser gesetzlichen Grundlagen hat sich bislang jedoch positiv auf den Universitätsbau ausgewirkt und auch den Bundesschulbau nicht beeinträchtigt.

Das Erfolgsgeheimnis der dritten Gründungswelle von weiterführenden Schulen stellte das Schulentwicklungsprogramm 1971–1980 dar, das (in Angelegenheiten der Bundesschulen) in gewisser Hinsicht als Ersatz für das fehlende Ausführungsgesetz zum Artikel 14 angesehen werden kann. Dieses Programm wurde 1971 vom Ministerrat beschlossen und dem Nationalrat zur Kenntnisnahme weitergeleitet. – Auch für den Universitätsbau wurde ein vergleichbares Programm ausgearbeitet, doch das Längerfristige Entwicklungsprogramm für den Hochschulbau wurde 1972 nur als Richtlinie der Bundesregierung an die mit dem Universitätsbau befassten Ministerien weitergeleitet sowie als Bericht dem Nationalrat vorgelegt. (Dieses Programm hätte eine ungleich größere Wirksamkeit entfaltet, wenn es ebenfalls vom Ministerrat beschlossen worden wäre. Dies geschah aber nicht, weil man im Wissenschaftsministerium meinte, dass das Längerfristige Entwicklungsprogramm für den Hochschulbau zu großzügig dimensioniert sei. Der Anstieg der Hörerzahlen übertraf dann aber noch die prognostizierte Entwicklung, die dem Programm zugrunde lag.)

Bei der Ausarbeitung der beiden Entwicklungsprogramme war die «Raumabteilung» des Unterrichtsministeriums federführend, die 1970 der Präsidial- und Rechtssektion des neu gegründeten Bundesministeriums für Wissenschaft und Forschung angegliedert wurde. Das dann auch realisierte Schulentwicklungsprogramm 1971–1980 war das Ergebnis der konstruktiven Zusammenarbeit zwischen Vertretern der für den Schulbau zuständigen Bundesministerien (Unterricht, Finanzen und Bauten) und den Landesschulräten. Priorität hatte weiterhin die Erschließung bildungsfernerer Regionen, wobei eine Minderung des Stadt-Land-Bildungsgefälles und eine möglichst gleichmäßige Versorgung aller Bundesländer – unter Berücksichtigung regionaler Bedürfnisse – mit weiterführenden Schulen angestrebt wurde. Der Umfang des Schulbaus orientierte sich an der Zielsetzung, in den 1970er Jahren rund einem Drittel der 14-Jährigen den Besuch einer weiterführenden Schule zu ermöglichen. Im Schulentwicklungsprogramm 1971–1980 ging man davon aus, dass für dessen Realisierung (ATS) 9,45 Milliarden für Bauten, 1,75 Milliarden für die Erstausstattung und weitere 950 Millionen für Grunderwerb, Freimachung und Aufschließung der Baugründe investiert werden müssten. Hinzu kamen noch jährliche Folgekosten, die auf 1,35 Milliarden für das Personal, 120 Millionen für die bauliche Instandhaltung und 160 Millionen für den Sachaufwand geschätzt wurden.[17]

Einen Schwerpunkt dieses Schulentwicklungsprogramms, dem weitere folgten, bildete außerdem der Ausbau der berufsbildenden höheren Schulen, nachdem von der zweiten Gründungswelle (1960–1970) vor allem die allgemeinbildenden höheren Schulen profitiert hatten. Diese Schwerpunktverlagerung sollte auch die unter Raumnot leidenden Universitäten entlasten, denn der stete Anstieg der Studierendenzahlen hatte schon in den 1960er Jahren den Universitätsbetrieb schwer beeinträchtigt. Diese Steuerungsstrategie versagte jedoch, weil sich immer mehr Absolventen berufsbildender höherer Schulen für ein Universitätsstudium entschieden. (In den 1980er Jahren setzte der Höreransturm auf die Technischen Universitäten und «Fachuniversitäten» ein. Bereits seit Beginn der 1970er Jahre waren die Universitäten Wien, Graz, Innsbruck und Salzburg mit einem enormen Anstieg der Studierendenzahlen konfrontiert.)

Durch die erfolgreiche Umsetzung des Schulentwicklungsprogramms 1971–1980 stieg der Anteil der berufsbildenden höheren Schulen von 25 % (1970) auf 41 % (1980); 71.000 Schüler verteilten sich auf 214 Lehranstalten. Im Vergleich dazu wurden im Jahre 1980 302 allgemeinbildende höhere Schulen von 181.500 Schülern besucht. In weiterer Folge setzte man den gezielten Ausbau des weiterführenden Schulwesens fort, wobei den berufsbildenden höheren Schulen weiterhin Priorität zukam. Zu Beginn des 21. Jahrhunderts umfasste das Netzwerk jener Schulen, deren Absolventen zu einem Studium berechtigt sind, 325 allgemeinbildende und 284 berufsbildende höhere Schulen, die im Schuljahr 2001/02 von 186.347 bzw. 126.495 Schülern besucht wurden.[18] Der Anteil der berufsbildenden höheren Schulen stieg von 18 % (1950) auf beachtliche 47 %. – Neben dem Universitätsbau stellt auch der Schulbau ein erfolgreiches Kapitel der jüngsten Geschichte Österreichs dar. Engelbrecht schreibt über den Schulbau nach 1945, dass dieser zu den auffallendsten Leistungen der Zweiten Republik zu zählen sei.[19]

1.3.4 Die Entwicklung der Studierendenzahlen

Neben dem Ausbau des weiterführenden Schulwesens setzte der Staat auch an den Universitäten zahlreiche Maßnahmen, die den Anstieg der Hörerzahlen förderten. Als 1963 staatliche Studienbeihilfen eingeführt wurden, profitierten davon knapp 25 % der inländischen Studierenden. Im Studienförderungsgesetz 1969 legte man Richtlinien für die Gewährung von Studienbeihilfen und Begabtenstipendien fest und erweiterte gleichzeitig den Kreis der Antragsberechtigten. Hinzu kamen jene Erleichterungen, die durch das Allgemeine Hochschul-Studiengesetz 1966 Studierenden gewährt wurden; auch die Anforderungen bei Diplom- und Lehramtsprüfungen wurden damals herabgesetzt. 1972 erfolgte der folgenreichste Schritt hin zur Öffnung der Universitäten, indem für inländische Studierende die Hochschultaxen abgeschafft wurden.

Diesem Kapitel liegen Zahlen zugrunde, die im «Bildungsbericht 1965» (Tabelle 27) und in der «Hochschulstatistik 2002/2003» (Tabellen 1.2.1, 1.2.2, 1.2.3, 1.6.1, 1.6.2 und 1.6.3) ausgewiesen werden. (Die Angaben für das Studienjahr 2002/03 stellte dankenswerterweise die Statistikabteilung des Bildungsressorts bereit.)

Im «Bildungsbericht 1965» wird bei den Studierendenzahlen jedoch noch nicht zwischen wissenschaftlichen Universitäten und Kunstuniversitäten unterschieden. Diese Angaben mussten für den Zeitraum von 1945 bis 1954 herangezogen werden, in dem die Zahl der Studierenden (1945/46: 26.767; 1946/47: 35.381; 1949/50: 28.167) auf 19.954 sank (1954/55).

Aufgrund der Datenaufbereitung kann für den Zeitraum von 1955 bis 2002 die Entwicklung der Studierendenzahlen an den beiden eben genannten Universitätstypen jeweils für sich betrachtet werden. Berücksichtigt werden dabei jedoch nur die so genannten «ordentlichen Studierenden», die – im Unterschied zu außerordentlichen Studierenden und Gasthörern – bei einem erfolgreichen Abschluss ihrer Studien akademische Grade erwerben. Um das ausgegebene politische Ziel, die «Ausschöpfung aller Begabungen», zu erreichen, galt es auch an Universitäten, die Anzahl der Absolventen zu steigern. In diesem Zusammenhang sind nicht die Studierendenzahlen, sondern die Studienabschlüsse aussagekräftig, weswegen deren Entwicklung ebenfalls skizziert wird. Hinsichtlich des Verhältnisses zwischen der Entwicklung der Studierendenzahlen und der Abschlüsse bestehen bei den wissenschaftlichen Universitäten wiederum bemerkenswerte Unterschiede zwischen in- und ausländischen Studierenden, die ebenfalls thematisiert werden.

Der Anstieg der Hörerzahlen seit 1955, der sich zu Beginn der 1970er Jahre enorm steigerte, beeinflusste nachhaltig den Studienbetrieb an allen österreichischen Universitäten. Seine Ursachen lagen in der angestrebten Erschließung der Begabungsreserven, dem hierfür notwendigen und höchst beachtlichen Ausbau jener Schulen, deren Absolvierung den Zugang zu Universitäten ermöglichen, der Erleichterung des Universitätszugangs an sich und der grundsätzlichen Entscheidung des Wissenschaftsressorts, die Chance auf die erfolgreiche Absolvierung eines Universitätsstudiums möglichst vielen (jungen) Menschen zu bieten.

Trotz vieler Engpässe in Forschung und Lehre, die zumeist durch Raumnot zu verschiedenen Zeiten und in nahezu allen Bereichen sämtlicher Universitäten verursacht wurden, und obwohl die Steigerung der Studienabschlüsse weit hinter dem Anstieg der Hörer zurückblieb, hielt man bislang am freien Universitätszugang fest, denn die Einführung des Numerus clausus war vor allem für SPÖ-Politiker absolut tabu. Äußerst beengte Verhältnisse führten jedoch dazu, dass einzelne Universitäten sehr wohl an eine Beschränkung der Hörerzahlen denken mussten, um den bereits inskribierten Studierenden überhaupt halbwegs akzeptable Arbeitsbedingungen bieten zu können. Zu Beginn der 1970er Jahren verhängte aus diesem Grund beispielsweise die Universität Graz, die den stärksten Anstieg der Studierendenzahlen seit 1955 verzeichnete, in einigen Bereichen einen Aufnahmestopp für ausländische Studienwerber.

Eine gewisse Ahnung davon, wie sehr sich nach 1970 die schwierige Situation vor allem der Universitäten Wien, Graz und Salzburg, der Technischen Universitäten Wien und Graz sowie der Wirtschaftsuniversität durch den enormen Anstieg der Studierendenzahlen noch zuspitzte, kann vor dem Hintergrund jener Einschätzung gewonnen werden, die das Unterrichtsministerium im «Bildungsbericht 1965» gab: «Schon in der Periode der relativen Stabilisierung – etwa um das Jahr 1954/55 – wurde die Ausstattung der österreichischen Hochschulen als ungenügend und weit unter dem internationalen Standard bezeichnet. Gewiß wurde seit damals viel geleistet, das darf keinesfalls übersehen werden: Es entstand eine Reihe moderner, zweckmäßiger Hochschulbauten, die Ausstattung von Instituten und Laboratorien wurde modernisiert und erneuert, es kam zu einer beträchtlichen Personalvermehrung. Aber das außerordentlich starke Anschwellen der Zahl der Studierenden hat alle diese Erfolge hinweggeschwemmt. Die gemachten Investitionen hätten, wären die Hörerzahlen seit 1955 gleichgeblieben, einen wesentlichen Fortschritt bedeutet und zur Angleichung der österreichischen Hochschulen an den internationalen Standard ganz bedeutend beigetragen. Sie haben aber nicht einmal ausgereicht, um die Schwierigkeiten, die durch das Anschwellen der Hörerzahlen entstanden sind, auszugleichen. Die Situation des österreichischen Hochschulwesens muß daher heute als kritischer als vor 10 Jahren bezeichnet werden.»[20]

Zählte man im Studienjahr 1955/56 an 9 wissenschaftlichen Universitäten insgesamt 17.888 ordentliche Studierende, waren es 2000/01 221.505 und 2002/03 179.837, die sich auf 12 Universitäten verteilten; im Vergleich mit

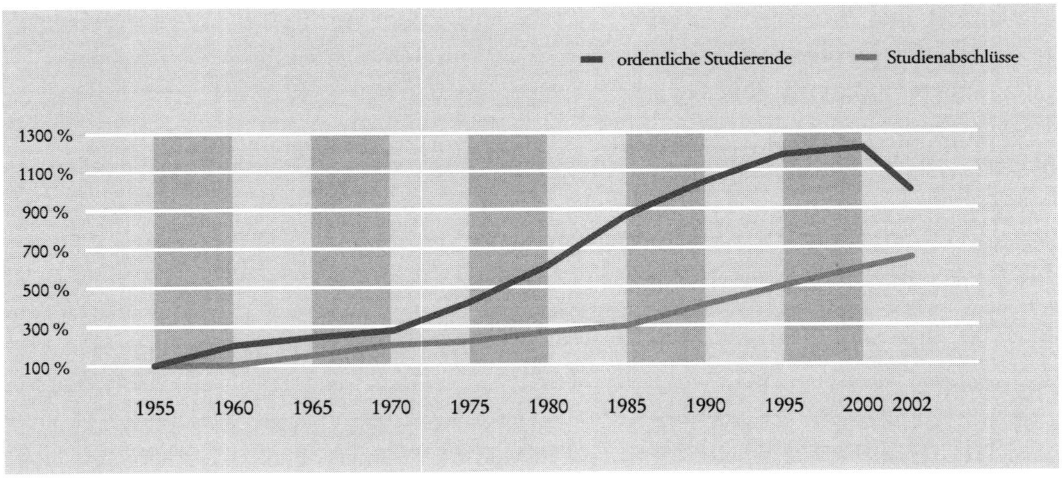

wissenschaftliche Universitäten / In- und Ausländer

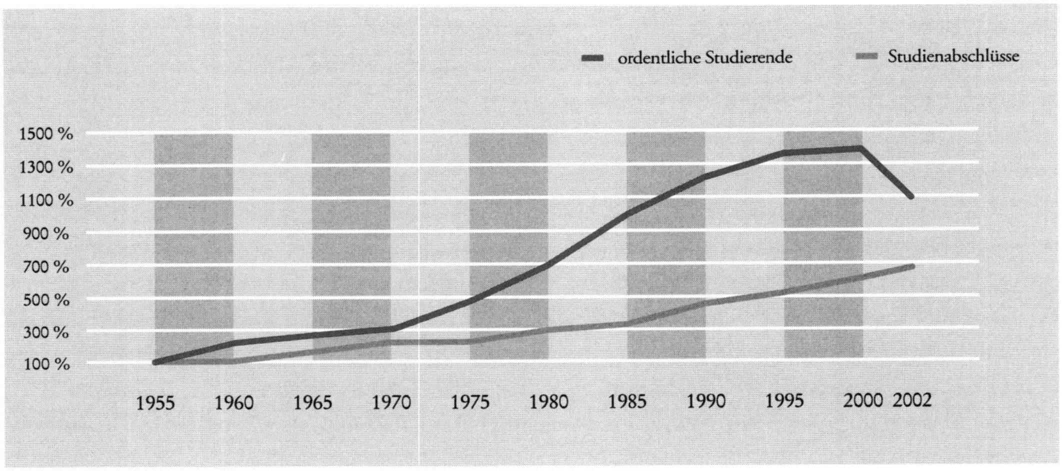

wissenschaftliche Universitäten / Inländer

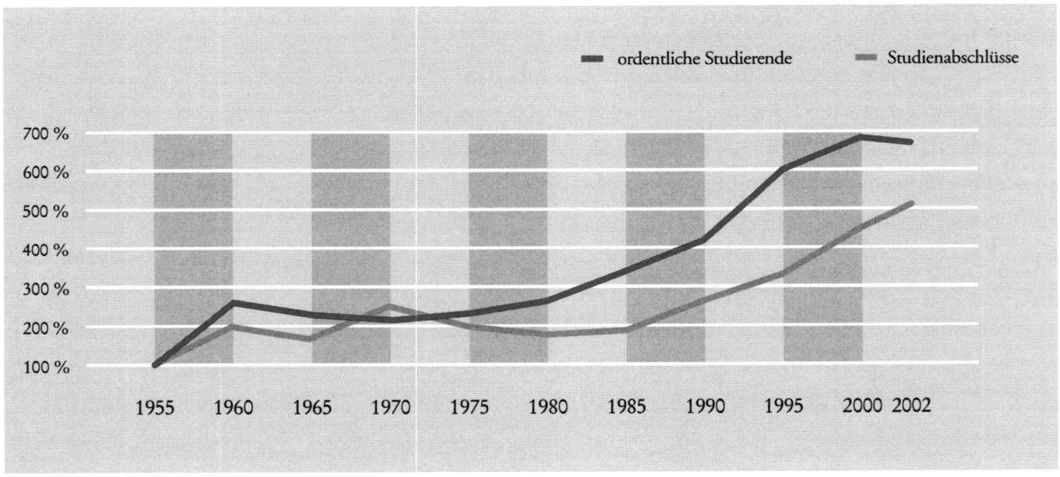

wissenschaftliche Universitäten / Ausländer

der Zahl von 1955/56 sind das mehr als zwölfmal bzw. zehnmal so viele ordentliche Studierende. 1955/56 kamen davon rund 78 % und 2002/03 85 % aus Österreich.

Bis zu Beginn der 1970er Jahre verlief die Entwicklung der Studierendenzahlen und jene der Studienabschlüsse mehr oder weniger parallel. Im Unterschied zur Explosion der Hörerzahlen (1970/71: 51.276; 1980/81: 110.348; 1990/91: 186.607; 1995/96: 213.525) stieg die Zahl der Abschlüsse aber weit weniger stark, denn aus finanziellen Gründen konnte weder das Universitätspersonal noch der für Lehr- und Forschungszwecke erforderliche Raum im erforderlichen Ausmaß aufgestockt bzw. bereitgestellt werden. (Dies gilt insbesondere für den Zeitraum von 1975 bis 1985.) Da in vielen Bereichen die Rahmenbedingungen für einen raschen Studienabschluss nicht gegeben waren, hat sich bis 1985/86 die Zahl der Abschlüsse im Vergleich zu 1955/56 nur verdreifacht, die Zahl der ordentlichen Studierenden war hingegen auf mehr als das Achteinhalbfache gestiegen.

Ab Mitte der 1980er Jahre begann die Zahl der Studienabschlüsse dann deutlicher zu steigen. Die Voraussetzungen für diese Entwicklung bildeten verbesserte Lehrbedingungen (und auch Forschungsbedingungen) durch Neubauten bzw. Adaptierungen, die verstärkte Aufstockung des Universitätspersonals und der Umstand, dass der Anstieg der Hörerzahlen in der zweiten Hälfte der 1990er Jahre (im Unterschied zu den vorangegangenen 25 Jahren) viel moderater ausfiel, was auch mit dem Aufbau des Netzwerkes der Fachhochschulen zusammenhing, die in ein Konkurrenzverhältnis zu den Universitäten traten. Im Vergleich mit dem Studienjahr 1955/56 wurden 2000/01 immerhin sechsmal so viele Abschlüsse registriert. – De facto fiel jedoch das Verhältnis zwischen den Studierendenzahlen und der Anzahl der Abschlüsse stets günstiger aus, denn die Zahlen der ordentlichen Studierenden umfassten auch jene «Scheininskribenten», die nur in den Genuss von Begünstigungen (Ermäßigungen; Versicherungsschutz) kommen wollten, aber am Studienbetrieb kaum teilnahmen. Damit kann jedoch die Raumnot auf gar keinen Fall relativiert werden, die aufgrund des steilen Anstiegs der Hörerzahlen österreichweit den Lehrbetrieb an sehr vielen Instituten teilweise schwerst beeinträchtigte. – 2002/03 betrug die Steigerungsrate der Studierendenzahlen 1005 % und jene der Studienabschlüsse 644 %.

Die soeben skizzierte Entwicklung gilt im Wesentlichen auch für jene der inländischen ordentlichen Studierenden, deren Zahl allerdings zu Beginn des 21. Jahrhunderts beinahe auf das Vierzehnfache anstieg (1955/56: 13.888; 2000/01: 193.649); 2002/03 waren es elfmal so viele Studierende (152.939). Die Steigerungsrate der Studienabschlüsse betrug 631 % (2000/01) bzw. 666 % (2002/03). – Durch die Einführung der Bakkalaureatsstudien ist ein deutlicher Anstieg der Studienabschlüsse zu erwarten; diese Entwicklung wird wohl noch durch die eingeführten Studiengebühren verstärkt werden, die das «Problem» der Scheininskribenten lösten.

Die Zulassung ausländischer Studienwerber fiel in den autonomen Wirkungsbereich der Universitäten, wobei die generellen Richtlinien hierfür im AHStG 1966 festgelegt wurden. Durch die Einführung von Zulassungsbeschränkungen in einigen Ländern (Bundesrepublik Deutschland, Türkei, Griechenland oder Iran) mussten im Studienjahr 1973/74 auch in Österreich für ausländische Studienwerber Zulassungsbeschränkungen verfügt werden. Dabei hielt man sich an eine Empfehlung der Rektorenkonferenz aus dem Jahre 1975: «Wer im Heimatland nicht studieren darf, darf auch in Österreich nicht studieren.»[21] Eine weitere Selektionsmaßnahme bildeten Studiengebühren. Obgleich es für zahlreiche Staaten Ausnahmeregelungen gab/gibt, wurden 1972 Hochschultaxen prinzipiell nur für inländische Studierende an wissenschaftlichen Universitäten und an Kunstuniversitäten aufgehoben.

Nach einem deutlichen Anstieg in der zweiten Hälfte der 1950er Jahre begann die Zahl der ausländischen ordentlichen Studierenden erst in den 1980er Jahren wieder stark zu steigen (1955/56: 4.000; 1980/81: 10.234; 2000/01: 27.856; 2002/03: 26.898). Im Vergleich zu 1955/56 studierten 2002/03 mehr als sechseinhalbmal so viele Ausländer in Österreich, deren Anteil in diesem Zeitraum aber von 22 % auf 15 % sank.

Auch bei dieser Gruppe entwickelten sich die Studierendenzahlen und jene der Abschlüsse deutlich auseinander, als erstere stark anstiegen. Trotzdem studierten Ausländer im Schnitt effizienter, denn die Steigerungsrate bei den Studienabschlüssen lag 2002/03 immerhin bei 501 %. Dies ist vor allem darauf zurückzuführen, dass in vielen Fällen ein erfolgreicher Studienabschuss an einer österreichischen Universität einen sozialen Aufstieg in den

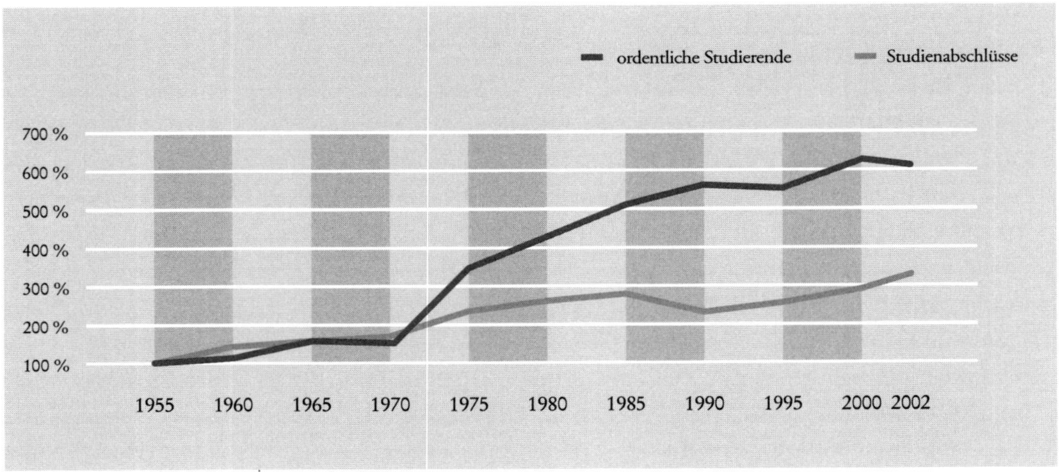

Kunstuniversitäten / In- und Ausländer

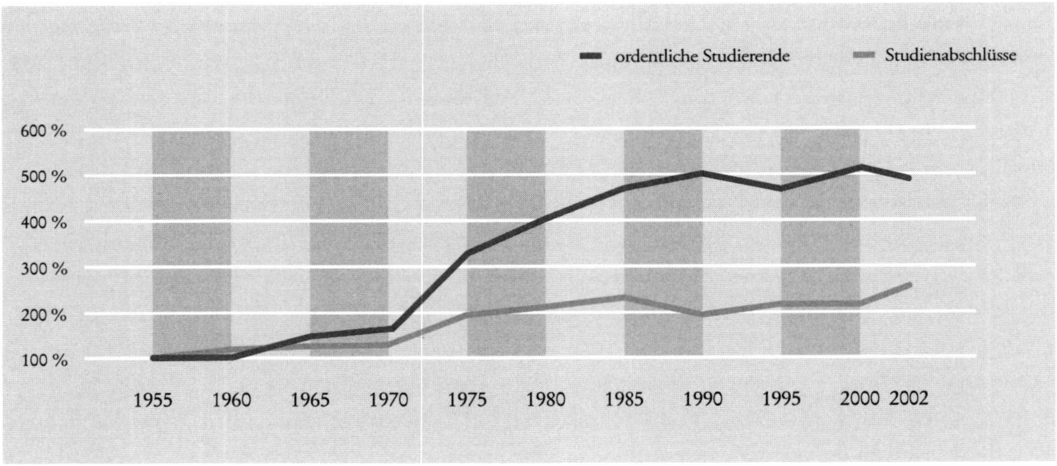

Kunstuniversitäten / Inländer

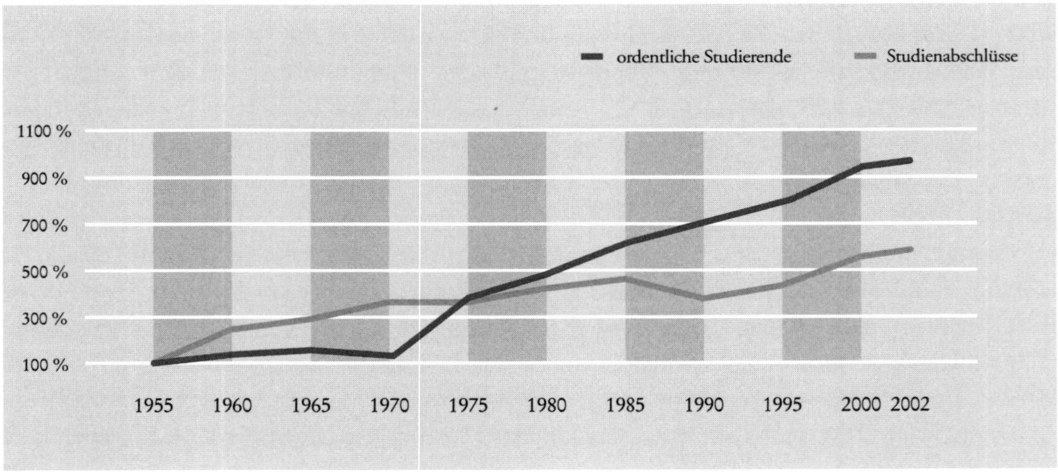

Kunstuniversitäten / Ausländer

Heimatländern garantiert(e). Dies war vor allem in Ländern Ost- und Südosteuropas, Asiens und Afrikas der Fall, wo lange Zeit keine vergleichbaren universitären Strukturen existierten.
Zählte man im Studienjahr 1955/56 an 4 Kunstuniversitäten insgesamt 1.236 ordentliche Studierende, waren es 2000/01 7.742 und 2002/03 7.574, die sich auf 6 Kunstuniversitäten verteilten; im Vergleich mit der Zahl von 1955/56 sind das rund sechsmal so viele ordentliche Studierende. Dass diese Steigerung im Vergleich mit jener der wissenschaftlichen Universitäten relativ bescheiden ausfiel, ist darauf zurückzuführen, dass die Lehrvermittlung an Kunstuniversitäten vom Einzel- und Kleingruppenunterricht geprägt wird. Eine Begrenzung der Hörerzahlen ist schon durch Aufnahmeprüfungen gegeben. Ihr sprunghafter Anstieg zu Beginn der 1970er Jahre war eine Folge der Reform der damaligen Kunstakademien (Kunsthochschul-Organisationsgesetz 1970; Kunsthochschulordnung 1971), in deren Rahmen die Unterscheidung zwischen Kunstschülern und Studierenden aufgehoben wurde.
Im Unterschied zu den wissenschaftlichen Universitäten stieg der traditionell hohe Anteil ausländischer Studierender an Kunstuniversitäten weiter an (1955/56: 25 %; 2002/03: 40 %). Hinsichtlich der Entwicklungen der Studierendenzahlen und der Studienabschlüsse trat auch bei den Kunstuniversitäten jenes Phänomen auf, das schon für die wissenschaftlichen Universitäten charakteristisch war. Die Entwicklung der Studierendenzahlen und jene der Studienabschlüsse laufen im Wesentlichen so lang parallel, bis erstere stark zu steigen beginnen. In weiterer Folge entwickeln sich die Studierendenzahlen und die Zahl der Abschlüsse deutlich auseinander. Im Vergleich mit dem Studienjahr 1955/56 wurden an den Kunstuniversitäten 2002/03 aber immerhin mehr als dreimal so viele Studienabschlüsse registriert.
Internationalität prägt den Studienbetrieb an Kunstuniversitäten. Bei den ausländischen Studierenden (1955/56: 315; 2002/03: 3.022) betrug die Steigerungsrate 959 %, jene der inländischen Studierenden (1955/56: 921; 2002/03: 4.552) 494 %. 2002/03 wurden bei inländischen Studierenden mehr als zweieinhalbmal so viele Abschlüsse registriert, bei den ausländischen Studierenden betrug die Steigerungsrate 569 %.

1.3.5 Die Entwicklung des Universitätspersonals

Da man nach dem Ende des Zweiten Weltkrieges an die Universitätsverhältnisse vom März 1938 anknüpfte, waren an den neun wissenschaftlichen Universitäten anfänglich 371 Planstellen für Lehrkanzeln vorgesehen. (Aufgrund der Entnazifizierung blieben allerdings viele vakant; im Wintersemester 1946/47 waren zum Beispiel nur 273 Professoren aktiv.) Infolge der wirtschaftlichen Lage fiel der Ausbau der Lehrkanzeln bescheiden aus: 1955 standen erst 449 und 1960 476 Planstellen bereit. Im Vergleich mit der Entwicklung während der ersten 15 Jahre der Zweiten Republik wurden im folgenden Jahrzehnt dann auch deutlich mehr Lehrkanzeln an den bestehenden Universitäten eingerichtet (1965: 605; 1969: 776). Zusammen mit 108 Lehrkanzeln, die 1969 in Linz und in Salzburg bestanden, waren Ende der 1960er Jahre an elf wissenschaftlichen Universitäten Dienststellen für 884 ordentliche und außerordentliche Universitätsprofessoren vorgesehen; vgl. dazu: «Bildungsbericht 1965» (Tabelle 30) und «Hochschulbericht 1969» (Tabelle 2013).
Den nachfolgenden Diagrammen liegen Zahlen zugrunde, die in den Hochschulberichten der Jahre 1975 (Tabellen 4 und 6), 1993 (Bd. 2, Tabelle 3.1) und 2002 (Bd. 2, Tabelle 4.1) ausgewiesen werden; es handelt sich dabei um Planstellen für das wissenschaftliche und das nichtwissenschaftliche Personal, das in weiterer Folge als «Universitätspersonal» angesprochen wird. Beim Universitätspersonal werden sowohl bei den wissenschaftlichen Universitäten als auch bei den Kunstuniversitäten folgende Kategorien unterschieden: «Professoren» (ordentliche und außerordentliche Professoren), «Assistenten» (Universitäts- und Vertragsassistenten), «Sonstige» (Wissenschaftliche Dienst sowie Bundes- und Vertragslehrer) und das «nichtwissenschaftliche Personal» (allgemeine Universitätsbedienstete).

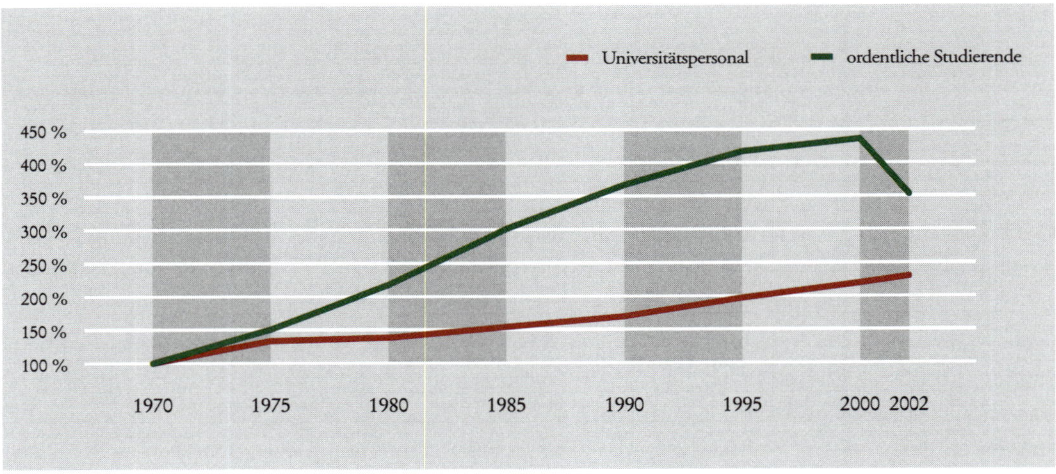

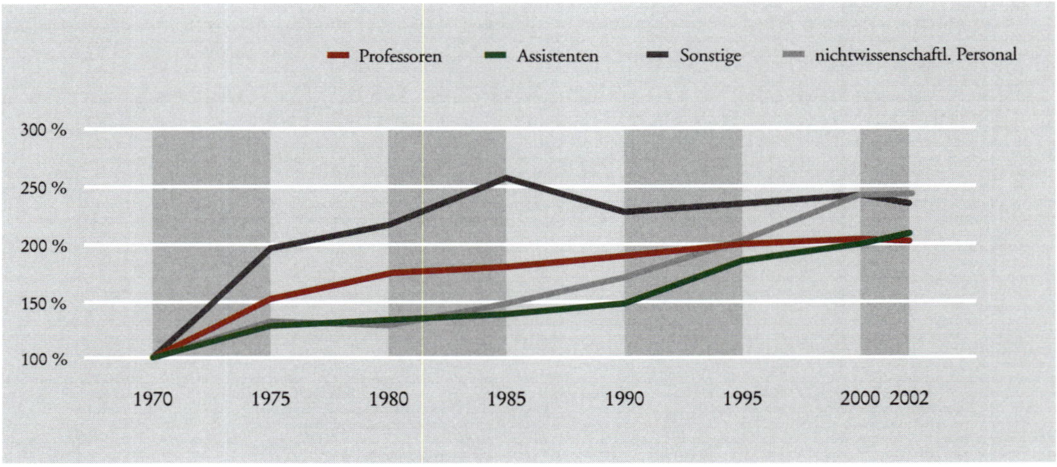

wissenschaftliche Universitäten

Für die Funktionstüchtigkeit einer Universität zeichnen mehrere Gruppen verantwortlich. Man denkt dabei natürlich zuerst an die Professoren, die durch das übrige wissenschaftliche Personal in Lehre und Forschung, aber auch bei der Bewältigung der stets zunehmenden administrativen Aufgaben unterstützt werden. Um ein zügiges Studium gewährleisten zu können, ist aber auch ein gut qualifiziertes nichtwissenschaftliches Personal entscheidend, das vorwiegend im Verwaltungsbereich wichtige Aufgaben zu erfüllen hat.
Mit dem enormen Anstieg der Hörerzahlen konnte die Aufstockung des Universitätspersonals lediglich bis 1975 halbwegs Schritt halten, dann stagnierte dessen Entwicklung bis gegen Ende der 1980er Jahre, der steile Anstieg der Studierendenzahlen hielt hingegen bis 1995 an. Die verstärkte Aufstockung des Universitätspersonals während der 1990er Jahre war dann mitentscheidend dafür, dass sich die Rahmenbedingungen für den erfolgreichen Abschluss eines Universitätsstudiums deutlich verbesserten. Dieser Entwicklung kam auch zugute, dass seit 1995 die Studierendenzahlen nicht mehr so stark stiegen.
Im Zeitraum von 1970 bis 1980 erfuhr die Zahl der Planstellen für Professoren eine deutliche Steigerung, jene des Wissenschaftlichen Dienstes, der Bundes- und Vertragslehrer erreichte erst 1985 ihren Zenit. Bis 1975

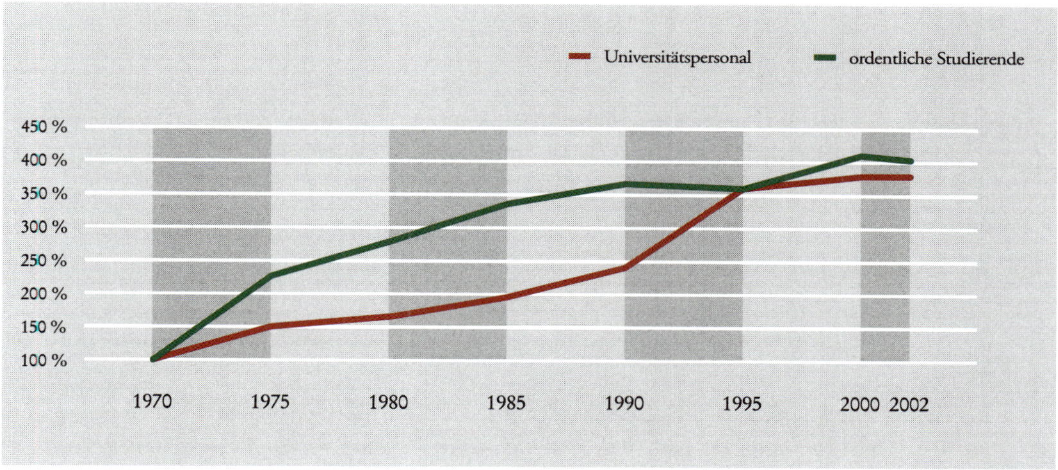

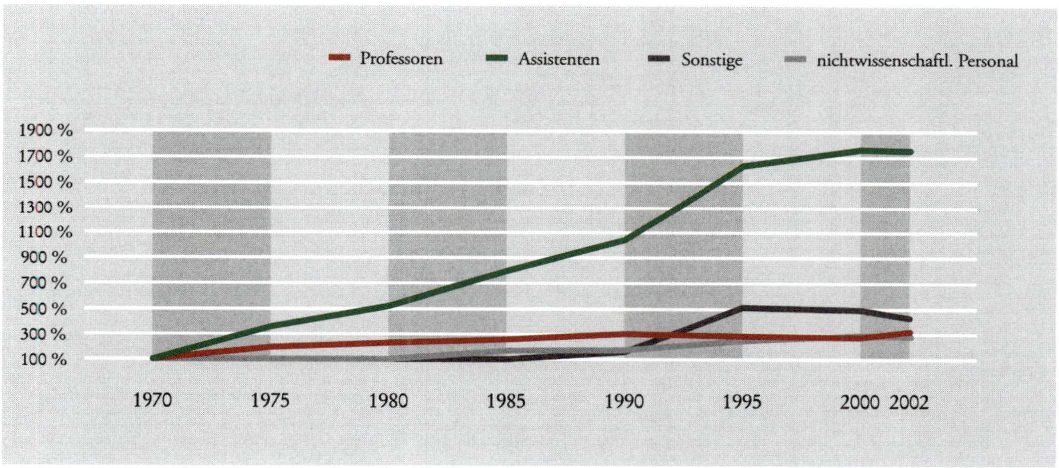

Kunstuniversitäten

verzeichneten die Gruppen des nichtwissenschaftlichen Personals und der Assistenten ebenfalls eine beachtliche Steigerung, doch dann stagnierte die Entwicklung letzterer bis zu Beginn der 1990er Jahre. Für den in weiterer Folge einsetzenden deutlichen Anstieg des Universitätspersonals war die Schaffung zahlreicher Planstellen für Universitäts- und Vertragsassistenten verantwortlich; diese Entwicklung wurde durch die Aufstockung des nichtwissenschaftlichen Personals gefördert, das im Zeitraum von 1980 bis 2000 den steilsten Anstieg aller Gruppen verzeichnete. Die Steigerungsrate des Universitätspersonals betrug 2002/03 225 % und jene der Studierendenzahlen 351 %; 2000/01 waren es noch 432 %.

Im Unterschied zu den wissenschaftlichen Universitäten waren 1995 an den Kunstuniversitäten die Steigerungsraten beim Personal und bei den Studierenden praktisch gleich groß, wofür die sehr verschiedenen Unterrichtsformen an den beiden Universitätstypen verantwortlich sind. Dass dieses Ergebnis erzielt werden konnte, resultiert aus dem verstärkten Ausbau des akademischen Mittelbaus (Hochschul- und Vertragsassistenten, Wissenschaftliche Dienst, Bundes- und Vertragslehrer) während der 1990er Jahre. Die sehr beachtliche Steigerungsrate bei den Assistenten täuscht jedoch insofern, als 1970 bloß 13 Planstellen existierten; 2002 waren es 229,5.

1.3.6 Die Entwicklung des Hochschulbudgets und der Bau- und Raumausgaben

In diesem Kapitel wird zuerst die Entwicklung des so genannten Hochschulbudgets (Summe aller staatlichen Aufwendungen) mit jener des Bundeshaushalts in Beziehung gesetzt. – Berücksichtigt wurden für den Zeitraum von 1950 bis 2000 die jeweiligen Bundesrechnungsabschlüsse, die in Hochschulberichten (1969: Tabelle A 29; 1972, Bd. 2: Tabelle 8.1; 1975: Tabelle 2; 1993, Bd. 2: Tabelle 1.1; 2002, Bd. 2: Tabelle 2.1) ausgewiesen werden. (Die Angabe zum Bundeshaushalt für das Jahr 1975 stammt von der Statistik Austria; beim Hochschulbudget 1975 musste auf den Bundesvoranschlag zurückgegriffen werden.)
Außerdem wird der Anteil der Bau- und Raumausgaben (Universitätsbaubudget) am Hochschulbudget thematisiert. Die relevanten Rechnungsabschlüsse wurden ebenfalls in Hochschulberichten (1969: Tabellen 3001 und 3002; 1978: Tabelle 3; 1993, Bd. 2: Tabelle 9.1; 2002, Bd. 2: Tabelle 5.1) veröffentlicht. – In den Jahren 1967/68 ließ man erstmals systematisch raumspezifische Daten erheben, weswegen abschließend nur für den

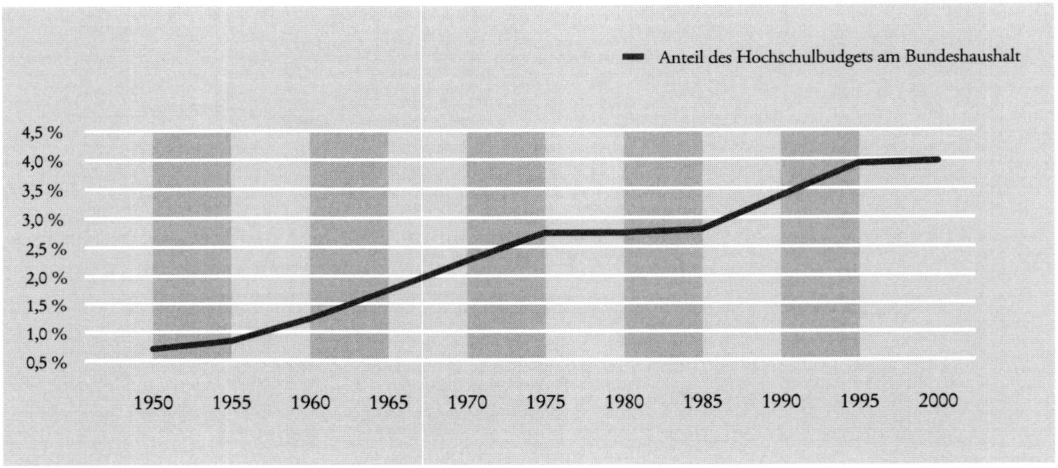

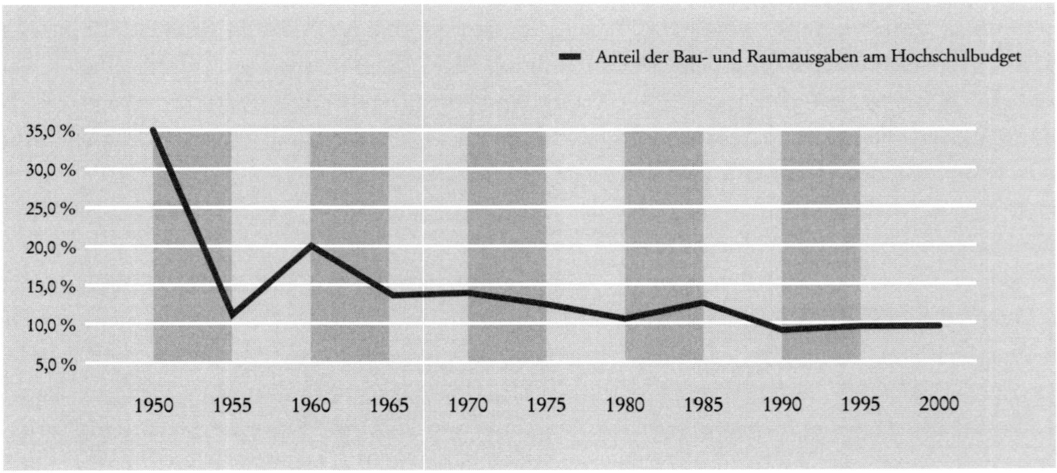

Zeitraum von 1970 bis 2000 Flächengewinne mit den Bau- und Raumausgaben in Beziehung gesetzt werden können. Die Flächenangaben sind ebenfalls Hochschulberichten entnommen. (Vgl. dazu: Vorbemerkung zu Teil II dieser Studie.)

Nach 1945 investierte der Staat jahrelang weniger als 1 % des Bundeshaushalts in das Universitätswesen. Als Mitte der 1950er Jahre die Bildungsoffensive initiiert wurde, betrug der Anteil des Hochschulbudgets erst 0,8 %, 1960 waren es 1,2 % und 1965 schon 1,8 %. Diese Steigerung, die den Ausbau des universitären Netzwerkes widerspiegelt, hielt bis 1975 (2,7 %) an. In weiterer Folge stockte diese Entwicklung. Bis 1985 blieb der Prozentsatz (2,8 %) nahezu unverändert. Für die Steigerung im Zeitraum von 1985 bis 1995 war wiederum eine großzügigere Aufstockung des Universitätspersonals hauptverantwortlich. 1995 kamen dem Universitätswesen 3,9 % des Bundeshaushalts zu, im Jahre 2000 waren es 4 %.

Infolge der massiven Kriegsschäden war anfänglich der Anteil der Bau- und Raumausgaben am Hochschulbudget verhältnismäßig hoch. 1950 betrug er noch 34,9 %. In diesem Jahr standen den Universitäten (ATS) 87 Millionen zur Verfügung, wovon 28 Millionen in den Wiederaufbau flossen, der bis 1954 im Wesentlichen abgeschlossen werden konnte. 1954 wurden für Instandsetzungs- und Instandhaltungsmaßnahmen 21 Millionen aufgebracht, für Neubauten hingegen bloß 3,3 Millionen. Der Anteil des Universitätsbaubudgets sank auf 11,2 % (1955), mit dem gegen Ende der 1950er Jahre in Schwung kommenden Universitätsbau stieg dann aber das Budget für Neubauten deutlich. 1960 (19,9 %) standen zum Beispiel (ATS) 86,6 Millionen für Neubauvorhaben und 19 Millionen für Adaptierungen zur Verfügung. Im Zeitraum von 1965 (14,3 %) bis 1980 (10,5 %) sank der Anteil der Bauausgaben kontinuierlich. Nach einem kurzen Anstieg (1985: 12,6 %) fiel er auf 9,1 % (1990). In den Jahren 1995 und 2000 waren es jeweils 9,6 %. Von 2,313 Milliarden Euro wurden zu Beginn des 21. Jahrhunderts 223,142 Millionen in den Universitätsbau investiert.

Bei dieser Entwicklung ist bemerkenswert, dass im Zeitraum von 1985 bis 2000 die Flächengewinne (knapp 545.000 m^2) deutlich höher als in den Jahren 1970 bis 1985 (rund 394.000 m^2) ausfielen. (1970 verfügten die Universitäten über insgesamt 454.000 m^2.) Diese beachtliche Steigerung konnte erreicht werden, weil seit Beginn der 1980er Jahre immer mehr Bauvorhaben außerhalb der traditionellen Organisationsform des Universitätsbaus realisiert wurden, der bis 2000 in den Zuständigkeitsbereich des Wirtschaftsressorts fiel. – Im Verhältnis der im Kapitel 64 (Wirtschaftsressort) und im Kapitel 14 (Wissenschaftsressort) veranschlagten Bauausgaben spiegelt sich diese Entwicklung wider: 1970 wurden 94 % des Universitätsbaubudgets vom Wirtschaftsressort verwaltet, 1980 waren es 77 %, 1990 64 % und 2000 nur noch 18 %. (Ursprünglich wurden aus dem «Raumbudget» des Kapitels 14 ausschließlich «Außenanmietungen» finanziert, die infolge der Raumnot oft kurzfristig organisiert werden mussten.)

Diese Entwicklung wurde maßgeblich von der «Raumabteilung» des Wissenschaftsressorts bestimmt. Von ihr entwickelte Finanzierungs- und Projektabwicklungsmodelle kamen verstärkt zur Anwendung, da durch diese Modelle wesentlich effizienter und kostengünstiger Raum geschaffen werden konnte. Sie folgten der Überlegung, dass langlebige Wirtschaftsgüter auch langfristig finanziert werden sollten; bei der klassischen Organisationsform des Universitätsbaus entfiel hingegen die volle Investitionslast auf den Herstellungszeitraum. Der beschrittene Weg führte über die Gründung der Bundesimmobiliengesellschaft im Jahre 1992 zum Bundesimmobiliengesetz 2000, das den (vorläufigen) Abschluss der tiefgreifenden Reform der staatlichen Bau- und Liegenschaftsverwaltung bildet.

1.3.7 Das Wissenschaftsressort

Auf Grundlage des Bundesverfassungsgesetzes (BGBl. Nr. 1/1930) fallen die oberste Leitung und Aufsicht über das gesamte Erziehungs- und Unterrichtswesen in den Kompetenzbereich des Bundes. Das im Dezember 1945 eingerichtete Bundesministerium für Unterricht war – ebenso wie seine Vorgängerinstitutionen seit dem Revolutionsjahr 1848 – sowohl für Angelegenheiten des Primar- und Sekundarschulwesens als auch für jene des tertiären Bildungswesens zuständig, das ursprünglich von der (Fach-)Sektion III betreut wurde; ab 1953 handelte es sich bei der Hochschulsektion um die Sektion I.

Das Bundesministerium für Unterricht wurde bis ins Frühjahr 1970 von ÖVP-Politikern geleitet. Die Verantwortung für das staatliche Erziehungs- und Unterrichtswesen trug bis Anfang 1952 Felix Hurdes, sein Nachfolger war Ernst Kolb. Ihre Gestaltungsmöglichkeiten – auch in wissenschaftskonzeptioneller Hinsicht – waren vor allem durch die wirtschaftliche Not stark eingeschränkt. In diesen Jahren stand das Ringen um die staatliche Unabhängigkeit und der wirtschaftliche Wiederaufbau im Mittelpunkt der österreichischen Politik; der Bildungspolitik kam hingegen keine tragende Rolle zu. Dies änderte erst Unterrichtsminister Heinrich Drimmel, der die längst überfällige Modernisierung des Bildungswesens einleitete. Unter seiner knapp zehnjährigen Amtszeit, die im April 1964 endete, erfuhr auch das Universitätswesen einen deutlichen Aufschwung, denn er suchte eine Wissenschaftspolitik im Sinne einer bewussten, systematisch planenden und zielorientierten Auseinandersetzung mit dem System «Wissenschaft» zu realisieren. Höflechner schreibt in seiner Geschichte der Österreichischen Rektorenkonferenz, dass sich Drimmel nicht gescheut habe «auch selbst und in nicht gerade konventioneller Weise für die Wissenschaft und die Hochschulen auf die Barrikaden zu steigen [...].»[22]

Einen frühen Erfolg stellte der Beschluss des Hochschul-Organisationsgesetzes (HOG) dar, das im Juli 1955, wenige Wochen nach der Wiederherstellung der Unabhängigkeit Österreichs, vom Nationalrat verabschiedet wurde. Im HOG 1955 wurden jene Aufgaben festgeschrieben, die die Rektorenkonferenz als überuniversitäres Vertretungsorgan sämtlicher wissenschaftlicher Universitäten und Kunstuniversitäten seit 1945 erbrachte. Zu diesen Aufgaben zählten die Erstellung von Gutachten, die Erstattung von Vorschlägen über alle Gegenstände des Universitätswesens und die Begutachtung von Gesetzes- und Verordnungsentwürfen. (Im Universitätsgesetz 2002 wurde diese traditionsreiche Institution nicht mehr berücksichtigt. Der 2003 gegründete Verein Österreichische Rektorenkonferenz stellt nun unter anderem die administrative Basis für den Dachverband der Universitäten zur Verfügung.) – Als Standes- und Interessensvertretung der Studierenden war 1947 die Österreichische Hochschülerschaft (ÖH) gegründet worden; die Begutachtung von Gesetzesentwürfen sowie die Einbringung von Gutachten und Vorschlägen wurden ihr durch das Hochschülerschaftsgesetz 1950 ermöglicht.

Durch das HOG 1955 erhielt neben der Rektorenkonferenz auch der Akademische Rat, der sich ursprünglich aus 15 Mitgliedern zusammensetzte, seine rechtliche Legitimation. Diesem Gremium konnte der Minister die Beratung von Universitätsangelegenheiten übertragen, jedes Ratsmitglied hatte wiederum das Recht an den Ressortleiter Anfragen zu stellen. (Obgleich man die Bestellung und Zusammensetzung der Mitglieder im Universitäts-Organisationsgesetz 1975 neu regelte, bewährte sich diese Institution nicht, die im UOG 1993 nicht mehr berücksichtigt wurde.) Versuche der beiden Großparteien, die Gestaltung des Universitätswesens politisch zu beeinflussen, und Versäumnisse der Universitäten führten dazu, dass Drimmels Bemühungen nicht jener Erfolg beschieden war, der den Universitäten zweifellos einen viel größeren Gewinn an Substanz und Profil hätte bringen können. Die Erstellung eines Hochschul-Gesamtplans, der dem Ausbau der Universitäten zugrunde liegen sollte, gelang weder ihm noch späteren Ressortleitern.

Ein tragendes Element des angestrebten Generalplans bildete die bauliche Entwicklung der Universitäten, die 1959 dazu aufgefordert wurden, die raumrelevanten Daten bereitzustellen, an dieser Aufgabe jedoch scheiterten. (Erst 1969 verfügte das Unterrichtsministerium über die benötigten Unterlagen, die Architekt Alfred Wanko erarbeitet hatte.) Gegen Ende der 1950er Jahre war der Universitätsbau zwar in Schwung gekommen, doch der Nachholbedarf auf diesem Gebiet war nach einer 40 Jahre andauernden Phase der Stagnation enorm und die den Universitätsbetrieb erschwerende Raumnot entsprechend groß. Die Raumnot äußerte sich nicht nur in sehr beengten Verhältnissen, problematischer war noch, dass unter den gegebenen Arbeitsbedingungen zeitgemäßes Forschen und Lehren insbesondere in den Naturwissenschaften, Technik und Medizin praktisch unmöglich war. Trotz der eingeleiteten Baumaßnahmen verschärfte sich die Raumnot noch. Im «Bildungsbericht 1965» urteilte das Unterrichtsministerium folgendermaßen: «An der Spitze aller Probleme, mit denen sich die wissenschaftlichen Hochschulen gegenwärtig konfrontiert sehen, rangiert die Raumnot. Sie resultiert primär aus der expandierenden Hörerfrequenz, die in den letzten 10 Studienjahren eine Steigerung von mehr als 165 % aufweist!»[23] Im Unterschied zu Deutschland verzichtete man in Österreich aber auf die Einführung des Numerus clausus. «Die Hochschuladministration konnte sich für eine solche unpopuläre Limitierung der Hörerzahlen an den wissenschaftlichen Hochschulen nicht entscheiden, sondern versuchte, der Raumnot an den Hohen Schulen durch eine Intensivierung der Bautätigkeit an den wissenschaftlichen Hochschulen zu begegnen.»[24]

Trotz zahlreicher Anstrengungen war es auch Drimmel nicht vergönnt, eine Neuregelung der Studien herbeizuführen. In dieser zentralen Angelegenheit erzielten die Koalitionspartner keine Einigung; erst im Juli 1966, unter der ÖVP-Alleinregierung Klaus (II), konnte das Allgemeine Hochschul-Studiengesetz beschlossen werden. Den Bemühungen, Grundsätze und Ziele für die staatliche Forschungsorganisation gesetzlich festzuschreiben, blieb sogar bis 1981 der Erfolg versagt. Bereits 1950 hatte das Unterrichtsministerium die Gründung eines Forschungsrates angeregt, doch die beiden Großparteien fanden hinsichtlich der Zusammensetzung dieses Gremiums keinen Kompromiss. (Der 1960 gegründete Verein Österreichischer Forschungsrat ging auf eine Initiative der Akademie der Wissenschaften zurück. Ins selbe Jahr fiel auch die Gründung der Ludwig-Boltzmann-Gesellschaft, die sich ebenfalls die Förderung der wissenschaftlichen Forschung zum Ziel gesetzt hatte.) Die Basis für die staatliche Forschungsfinanzierung schuf man mit dem Forschungsförderungsgesetz 1967; in diesem Jahr wurden der Fonds zur Förderung der wissenschaftlichen Forschung und der Forschungsförderungsfonds der gewerblichen Wirtschaft eingerichtet.

Die unter Drimmel eingeleitete Erneuerung führte sein Nachfolger Theodor Piffl-Perčević konsequent fort, der als persönliches Beratungsgremium den Rat für Hochschulfragen ins Leben rief. Diese Einrichtung initiierte die Ende 1967 gegründete Arbeitsgemeinschaft für Hochschulentwicklung, die sich aus Vertretern des Unterrichtsressorts, der Universitäten und der Wirtschaft zusammensetzte. Der Arbeitsgemeinschaft übertrug man die Aufgabe, ein umfassendes Planungskonzept für den Ausbau der Universitäten zu entwickeln. Ihre geleisteten wertvollen Grundlagenarbeiten bildeten gewissermaßen das Fundament des im Juli 1972 vorgelegten Längerfristigen Entwicklungsprogramms für den Hochschulbau, das ein umfangreiches «Projektprogramm» beinhaltete. Einen wichtigen Beitrag zur Realisierung großer Teile dieses Projektprogramms leistete das Interministerielle Komitee für Schulraumfragen (IKS), das strukturimmanente Schwächen der traditionellen Organisationsform des Universitätsbaus kompensierte. Das von Vertretern des Unterrichts-, Wissenschafts-, Wirtschafts- und Finanzressorts gebildete IKS wurde Anfang 1970 auf Anregung des Unterrichtsministeriums gegründet und war bis ins Jahr 2000 tätig. – Das Kunsthochschul-Organisationsgesetz 1970, das ebenfalls unter der kurzen Amtszeit von Alois Mock vom Nationalrat verabschiedet wurde, bedeutete einen großen Schritt in Richtung Demokratisierung des Universitätswesens.

Die zu Beginn der 1960er Jahre einsetzende Modernisierung manifestierte sich auch in der deutlichen Aufstockung von Planstellen für Professoren, worin sich die Etablierung neuer Fachbereiche und die Erweiterung des Studienangebotes widerspiegelt. (Diese Expansion hielt bis gegen Ende der 1970er Jahre an.) Die in Schwung gekommene Bildungsoffensive kam außerdem in der Erweiterung des universitären Netzwerkes zum Ausdruck. Die Wiedererrichtung der Universität Salzburg im Juli 1962 war mit der Gründung der Hochschule für Sozial- und Wirtschaftswissenschaften Linz junktimiert, worauf sich im Vorfeld die beiden Koalitionsparteien geeinigt hatten. Beide Großparteien kamen 1966 überein, dass auch Klagenfurt eine Universitätsstadt werden sollte. Die Gründung der Hochschule für Bildungswissenschaften Klagenfurt erfolgte allerdings erst im Jänner 1970. (Den Vorgängerinstitutionen der Universitäten für Musik und darstellende Kunst in Salzburg und Graz waren 1953 und 1963 der Hochschulstatus verliehen worden, 1973 erhielt Linz seine Kunstuniversität.) Der großzügige Ausbau des Universitätswesens bedeutete für die Hochschulsektion des Unterrichtsministeriums natürlich einen beträchtlichen Mehraufwand.

Die von ÖVP/SPÖ-Koalitionsregierungen eingeleitete und der ÖVP-Alleinregierung fortgesetzte Bildungsoffensive erhielt unter der SPÖ-Minderheitsregierung Kreisky (I) einen weiteren starken Impuls durch das im April 1970 eingerichtete Bundesministerium für Wissenschaft und Forschung. Damit war ein zentrales Planungs-, Lenkungs- und Verwaltungsorgan für das tertiäre Bildungswesen geschaffen worden, dessen Handlungsmöglichkeiten durch zusätzliche Budgetmittel gesteigert werden konnten. Während der dreizehnjährigen Ära Kreiskys leitete Hertha Firnberg engagiert das neue Ressort, dessen Gründung auch von der gesellschaftspolitischen Bedeutung zeugt, die dem Universitätswesen zu Beginn der 1970er Jahre zukam.

Den Anstieg der Hörerzahlen förderte 1963 die Einführung staatlicher Studienbeihilfen, die vielen Maturanten den Universitätszugang erleichterte. 1972 war durch die Abschaffung der Hochschultaxen für Inländer die Öffnung der Universitäten endgültig vollzogen. (Diese Taxen waren allerdings seit 1953 nicht mehr angehoben worden.) Das Ausmaß des einsetzenden Höreransturms wurde vom Wissenschaftsressort jedoch unterschätzt. Obwohl bereits Mitte der 1970er Jahre absehbar war, dass aus finanziellen Gründen sich weder der Universitätsbau noch die Aufstockung des Universitätspersonals an der Steigerungsrate der Hörerzahlen orientieren kann, sah man davon ab, den Universitätszugang zu regulieren. Dies hatte zur Folge, dass die Universitäten immer ineffizienter wurden. In diesem Zusammenhang sei nur auf die bescheidene Entwicklung der Absolventenzahlen verwiesen. Trotzdem stieg die Arbeitslosigkeit unter Akademikern in den 1980er Jahren stark an.

Als 1965 das Unterrichtministerium festhielt, dass die Raumnot an der Spitze aller universitären Probleme stehe, waren an den wissenschaftlichen Universitäten 47.008 ordentliche Studierende inskribiert. 1975 zählte man 77.045, 1985 154.639 und 1995 sogar 213.525 ordentliche Studierende. Trotz dieser Hörerflut konnte der Universitätsbetrieb (im Wesentlichen) aufrecht erhalten werden. In diesem Zusammenhang ist noch viel bedeutender, dass durch die Realisierung von Neubauten oder umfassenden Adaptierungen (bzw. Generalsanierungen) zahlreichen Instituten entscheidende Impulse gegeben werden konnten, die zu beachtlichen Leistungen in verschiedenen Fachbereichen führten. Die Bereitstellung von ausgezeichneten Arbeitsbedingungen schafft erst die Voraussetzung dafür, dass Universitäten in Berufungsangelegenheiten auch Spitzenkräfte gewinnen bzw. halten können, die natürlich unter bestmöglichen Bedingungen vor allem forschen wollen. Von solchen Berufungen profitiert der auszubildende wissenschaftliche Nachwuchs enorm, der ganzen Universität kommen wiederum die internationalen Kontakte solcher Wissenschaftler zugute.

In vielen Fällen mussten jedoch Raumprovisorien organisiert werden, die in der Regel keine sonderlich guten Arbeitsbedingungen boten. Die universitäre Raumnot, die einen Mangel sowohl an Nutzfläche als auch an zeitgemäßen Forschungs- und Lehrbedingungen bedeutete, beeinträchtigte die Gestaltungsmöglichkeiten des Wissenschaftsressorts sehr. Wissenschaftspolitik entfaltete sich gewissermaßen im Schatten der Raumnot, die in quantitativer Hinsicht erst zu Beginn des 21. Jahrhunderts überwunden werden konnte. Das Wissenschaftsministerium geriet somit mehr und mehr in die Defensive, da Universitäten natürlich rasche Lösungen verlangten, um ihren Betrieb aufrecht erhalten zu können. Ihre Forderungen zielten einerseits auf bauliche Maßnahmen und andererseits auf personelle Aufstockungen ab, um jene Probleme, die vom Höreranstieg verursacht wurden, zumindest lindern zu können.

Da am freien Universitätszugang festgehalten wurde, konnte das Wissenschaftsressort aber nur eingeschränkt planend agieren; es musste vornehmlich auf das Klagen der Universitäten reagieren, das die Wissenschaftspolitik

immer stärker bestimmte. Wissenschaftspolitik wie sie Drimmel, Piffl-Perčević, Mock und anfänglich auch noch Firnberg vor Augen stand, war unter diesen Umständen nicht mehr möglich, weswegen das Wissenschaftsministerium letztlich nicht jene Wirksamkeit entfalten konnte, die ein zentrales Planungs-, Steuerungs- und Verwaltungsorgan für die Bereiche Wissenschaft und Forschung grundsätzlich ermöglicht. Die Einflussnahmen einzelner Professoren wirkten sich auf die Wissenschaftspolitik ungünstig aus, weil ihren Forderungen keine wissenschaftskonzeptionellen Überlegungen – und zwar in einem Interessen von einzelnen Instituten und Universitäten übergreifenden Sinne – zugrunde lagen.
Unter der Regierung Kreisky (II) beschloss man das UOG 1975, das die Teilnahme des akademischen Mittelbaus und der Studierenden an dem akademischen Willensbildungs- und Entscheidungsprozess auch an den wissenschaftlichen Universitäten ermöglichte. Mit dem Forschungsorganisationsgesetz 1981 schuf der Gesetzgeber die rechtliche Basis für die staatliche Forschungsorganisation; als Beratungsorgan der Bundesregierung richtete man den Österreichischen Rat für Wissenschaft und Forschung ein. – Nach dem Ende der SPÖ-Alleinregierung blieb auch unter den Regierungen Sinowatz (SPÖ/FPÖ-Koalition) und Vranitzky (I) (SPÖ/ÖVP-Koalition) die Bekämpfung der Raumnot eine vordringliche Aufgabe des von Heinz Fischer geleiteten Ministeriums. In den 1980er Jahren häuften sich haushaltspolitische Engpässe, und die Autonomiebestrebungen der Universitäten verstärkten sich. Von dieser Entwicklung war gegen Ende dieses Jahrzehnts auch die Amtszeit von Hans Tuppy geprägt, der als erster ÖVP-Politiker das Wissenschaftsministerium leitete.
Im Dezember 1990 einigten sich die beiden Koalitionsparteien schließlich auf eine tiefgreifende Reform des Universitätswesens. Die Universitäten sollten selbständige und eigenverantwortliche Institutionen werden, wovon man sich eine Stärkung ihrer Leistungsfähigkeit versprach. In Hinblick auf die Gestaltung des Systems Wissenschaft war die vornehmlich aus ökonomischen Gründen gefasste Zielsetzung mit den in der Zweiten Republik bislang folgenreichsten Konsequenzen verknüpft. Hinsichtlich der Gestaltung des Universitätswesens bedeutete die in Aussicht genommene Universitätsautonomie einen weitestgehenden Verzicht des Staates, die Zusammenlegung des Wissenschafts- und des Unterrichtsressorts im Jahre 2000 war die logische Konsequenz dieser Entwicklung.
Erhard Busek, der Tuppy als Wissenschaftsminister folgte, trieb die Reformbemühungen voran, die aber nur zum Teil im UOG 1993 ihren Niederschlag fanden; dennoch erweiterte das UOG 1993 die Universitätsautonomie beträchtlich. 1993 verabschiedete der Nationalrat auch das Bundesgesetz über Fachhochschul-Studiengänge, wodurch der tertiäre Bildungssektor eine Erweiterung erfuhr. Die mit der Aussicht auf eine wissenschaftlich fundierte Berufsausbildung angetretenen Fachhochschulen bewirkten die angestrebte Entlastung der Universitäten, die nun mit der Einführung von Kurzstudien ebenfalls in diesem Ausbildungssektor punkten wollen. – Zu Beginn der vierten Amtszeit Vranitzkys war das Wissenschaftsressort in Bundesministerium für Wissenschaft, Forschung und Kunst umbenannt und wieder der SPÖ zugesprochen worden. Rudolf Scholten leitete auch unter der Regierung Vranitzky (V) das Ressort, das nun auch den Bereich Verkehr umfasste.
Scholtens Nachfolger Caspar Einem leitete das Bundesministerium für Wissenschaft und Verkehr. Unter seiner Amtszeit wurden die nächsten Schritte hin zur Selbstverwaltung der Universitäten gesetzt. Das Universitäts-Studiengesetz 1997 versetzte die Universitäten in die Lage, die inhaltliche Gestaltung der Studien autonom zu regeln. Dem im folgenden Jahr beschlossenen Kunstuniversitäts-Organisationsgesetz 1998 diente das UOG 1993 als Vorlage. Auswirkungen auf die Vielfalt der universitären Landschaft Österreichs hat das Universitäts-Akkreditierungsgesetz 1999, auf dessen Grundlage bereits einige Privatuniversitäten gegründet wurden, die zu den staatlichen Universitäten in einem Konkurrenzverhältnis stehen.
Seit Anfang 2000 werden die Agenden des gesamten staatlichen Erziehungs- und Unterrichtswesens wieder von einem Ministerium wahrgenommen, das von Elisabeth Gehrer geleitet wird. Im Bundesministerium für Bildung, Wissenschaft und Kultur ist die Sektion VI für die wissenschaftliche Forschung und internationale Angelegenheiten zuständig, Angelegenheiten der Universitäten und Fachhochschulen werden von der Sektion VII betreut. Mit dem Beschluss des Universitätsgesetzes 2002, das den Universitäten die von ihnen lang herbei-

gesehnte Vollrechtsfähigkeit brachte, fand jener Reformprozess seinen vorläufigen Abschluss, der 1990 von ÖVP und SPÖ gemeinsam eingeleitet wurde. Dieses Gesetz regelt die Organisation sowohl der wissenschaftlichen Universitäten als auch der Kunstuniversitäten und umfasst außerdem die Regelung der Studien.

Der in den 1920er Jahren als preußischer Kultusminister wirkende Orientalist Carl Heinrich Becker «bezeichnete es als ‹ein vermessenes Unterfangen, den Geist der Wissenschaft durch Verwaltungsmaßnahmen beeinflussen zu wollen. Die Wissenschaft und ihre Lehre sind frei und sollen frei bleiben. Der Fortschritt der Wissenschaft ist die Frucht der schöpferischen Persönlichkeit, nicht bürokratischer Vorschriften. Die Regierung kann einzig und allein die Aufgabe haben, führenden Köpfen, welcher Richtung und Partei sie angehören, Luft und Licht zu freier Entfaltung ihrer Kräfte im Dienste der Allgemeinheit zu verschaffen›.»[25] Das UG 2002 spricht den Universitäten eine sehr weitgehende Gestaltungsfreiheit hinsichtlich ihrer Organisation, ihres Lehr- und Forschungsangebotes sowie der Studien zu; der Staat zog sich auf eine Rahmengesetzgebung und auf die Rechtsaufsicht zurück. Diese Verlagerung der Entscheidungskompetenzen setzte nicht nur die Universitäten in eine völlig neue Situation, sondern auch das Bildungsministerium muss erst ein neues Selbstverständnis gewinnen.

Diese tiefgreifende Reform wird auch das Verhältnis zwischen den Universitäten und dem Bundesministerium für Bildung, Wissenschaft und Kultur neu bestimmen. Es bleibt zu hoffen, dass diese Partner rasch zueinander finden werden, denn die von beiden Seiten angestrebten Erfolge werden nur durch eine konstruktive Zusammenarbeit möglich sein. Die Ergebnisse dieser Zusammenarbeit müssten verstärkt der Öffentlichkeit näher gebracht werden, da sich nur unter der Voraussetzung, dass den Universitäten gesellschaftspolitische Bedeutung zukommt, ihr Betrieb größtenteils aus dem Budget des Bundes finanzieren lässt. Nun haben Universitäten und Ministerium gemeinsam Leistungsvereinbarungen zu schließen, auf deren Grundlage die Sicherstellung der dafür erforderlichen Mittel erreicht werden soll.

Künftig werden sich dabei gewiss jene Institute leichter tun, deren Leistungen direkt von der Wirtschaft verwertet werden können. (Wirtschaftliche Verwertbarkeit wird wohl immer stärker das Studienangebot beeinflussen. Eine Korrekturmöglichkeit bietet jedoch § 8 des UG 2002, dem gemäß die Bundesregierung auf Vorschlag des Bildungsministeriums Universitäten durch Verordnung die Einrichtung eines Studiums auftragen kann, wenn dies aus übergeordneten bildungspolitischen oder wissenschaftspolitischen Gründen erforderlich ist und keine diesbezügliche Einigung im Rahmen einer Leistungsvereinbarung zustande kommt.) Das Bildungsministerium hat vor allem dafür Sorge zu tragen, dass die Universitäten die vereinbarten Leistungen auch erbringen können. Sind seine Verhandlungen mit dem Finanzministerium erfolgreich, ermöglicht das Bildungsministerium den Universitäten jenes Maß an «Luft und Licht», das die Voraussetzung für schöpferische Leistungen im wissenschaftlichen Bereich bildet.

In diesem Zusammenhang ist der Universitätsbau von größter Bedeutung. Da die Nutzungsdauer jedes Gebäudes begrenzt ist, sind laufend bauliche Maßnahmen notwendig, deren Umfang von der Höhe jener Mittel abhängt, die das Finanzministerium dem Bildungsressort für diese Zwecke zur Verfügung stellt. Da allen wirtschaftlichen Zwängen zum Trotz in den beiden letzten Jahrzehnten des 20. Jahrhunderts der Umfang des Universitätsbaus sehr beachtlich war und seit Beginn des 21. Jahrhunderts deutlich weniger Studierende an den wissenschaftlichen Universitäten zu betreuen sind, konnte die Raumnot in ihrer quantitativen Ausprägung im Wesentlichen überwunden werden. In qualitativer Hinsicht ist allerdings nach wie vor ein beträchtlicher Nachholbedarf gegeben. Vor allem Bauten, die aus den 1960er und 1970er Jahren stammen, müssen dringend generalsaniert oder durch Neubauten ersetzt werden; die zweite Variante wird in vielen Fällen aus wirtschaftlichen Gründen vorzuziehen sein.

Die relativ günstige Ausgangsposition, die gegenwärtig gegeben ist, wird als Chance aber nur dann genützt werden können, wenn es gelingt, erfolgreiche Strategien für eine durchsetzbare Wissenschaftspolitik zu entwickeln. Diesbezüglich hat der neu eingerichtete Wissenschaftsrat ein sehr schweres Erbe angetreten. Ihm wurde durch das UG 2002 die Aufgabe übertragen, das österreichische Universitäts- und Wissenschaftssystem unter Bedachtnahme auf europäische und internationale Entwicklungen zu beobachten und zu analysieren sowie Vorschläge zu dessen Weiterentwicklung zu erarbeiten. Der sich aus 12 Mitgliedern zusammensetzende Wissenschaftsrat bildet ein Gremium, das in Angelegenheiten der Universitäten und in Fragen der Wissenschaftspolitik und der Kunst sowohl das Bildungsressort als auch die Universitäten zu beraten hat.

1.3.7.1 Die Demokratisierung des Universitätswesens

In der Zweiten Republik zeichnete sich das Universitätsrecht bis zum Beschluss des Hochschul-Organisationsgesetzes 1955 (BGBl. Nr. 154/1955) durch Heterogenität aus. Die bis dahin bestehende Rechtslage war das Produkt der Verordnungs- und Erlasstätigkeit verschiedener Ministerien, dessen Kern ein im Jahre 1873 beschlossenes Organisationsgesetz bildete. Dieses Konglomerat bot mangels einer systematischen Behandlung keine Voraussetzung für eine gesetzmäßige Verwaltung. Durch das HOG 1955, das die Organisation der wissenschaftlichen Universitäten nach einheitlichen Grundsätzen regelte, konnte diese Problematik gelöst werden. Damit war eine übersichtliche und handhabbare Rechtsgrundlage gegeben.
Zu den wenigen inhaltlichen Neuerungen des HOG 1955 zählte die Gleichstellung der damals so genannten «Fachhochschulen» (Montanistische Hochschule Leoben, Hochschule für Bodenkultur, Tierärztliche Hochschule und Hochschule für Welthandel) und der beiden Technischen Hochschulen (Wien und Graz) mit den «wissenschaftlichen Hochschulen» (Universitäten Wien, Graz und Innsbruck). In seinen Grundzügen bildete es jedoch Strukturen ab, die sich in der zweiten Hälfte des 19. Jahrhunderts bewährt hatten. In den Kollegialorganen der «Ordinarienuniversität» waren ursprünglich nur ordentliche Professoren mit Sitz und Stimme vertreten; im HOG 1955 wurde dieses Recht auch den außerordentlichen Professoren zuerkannt, wodurch die Position der Lehrkanzelinhaber eine Stärkung erfuhr. In den gesetzlich festgeschriebenen autonomen Wirkungsbereichen der Universitäten hatten hingegen der akademische «Mittelbau» (Assistenten, Dozenten und wissenschaftliche Mitarbeiter) und die Studierenden kein Mitbestimmungsrecht. Diese Gruppen standen außerdem in einem sehr engen Abhängigkeitsverhältnis zu den Professoren, deren Dominanz die wissenschaftlichen Universitäten bis ins Jahr 1975 prägte. Das Allgemeine Hochschul-Studiengesetz 1966 (BGBl. Nr. 177/1966) brachte eine Emanzipation der Studierenden, da ihnen die Möglichkeit eröffnet wurde, ihre Prüfer sowie Thema und Betreuung der Diplomarbeiten und Dissertationen selbst zu wählen.
Die Neuregelung der Studien stellte eigentlich jenen Reformschritt dar, den Heinrich Drimmel schon bald nach der Verabschiedung des HOG 1955 setzten wollte. (Ein erster Entwurf für ein Hochschul-Studiengesetz lag bereits 1949 vor.) Die Studienreform scheiterte aber jahrelang an den Fragen, wer diesen Kernbereich regeln solle und in welcher Form dies zu geschehen habe. Die Universitäten wollten die Studien im Rahmen ihres autonomen Wirkungsbereichs regeln, was jedoch von beiden Großparteien abgelehnt wurde, die sich wiederum nicht über die rechtliche Form der Studienregelung einigen konnten. Die ÖVP vertrat den Standpunkt, dass das (von ihr geleitete) Unterrichtsministerium möglichst rasch auf Notwendigkeiten, die sich aus wissenschaftsimmanenten Veränderungen und wirtschaftlichen Anforderungen ergeben, durch Änderungen der Studienvorschriften reagieren sollte können, weswegen sie die Neuregelung der Studien im Wege von Verordnungen anstrebte. Dadurch hätte die SPÖ aber diesen Kernbereich nicht mitgestalten können, weswegen sie argumentierte, dass aufgrund der Bedeutung, die dieser Materie für Staat und Wirtschaft zukommt, das verfassungsmäßig notwendige Mindestmaß an gesetzlicher Bindung nicht genüge. Die SPÖ bestand darauf, dass der Gesetzgeber auf die Gestaltung der Studien Einfluss zu nehmen habe.
Das AHStG 1966 stellte in gewisser Hinsicht einen Kompromiss dar, der sich in der Struktur dieses Gesetzes manifestierte und den Weg zur Demokratisierung des Universitätswesens eröffnete. Das AHStG 1966 regelte den äußeren Ablauf des Studiums und enthielt in den entsprechenden Bestimmungen Ansätze zur Durchführung von

Verwaltungsreformen an den wissenschaftlichen Universitäten; außerdem umfasste es (allgemeine) Grundsätze für die Neugestaltung der Studien. Hierfür musste aber für jede Studienrichtung ein «besonderes Studiengesetz» erlassen werden, in welchem die Studienziele der einzelnen Abschnitte umschrieben und die Prüfungsfächer der Diplomprüfungen und Rigorosen aufgezählt wurden. (Als erstes besonderes Studiengesetz wurde 1966 jenes über die sozial- und wirtschaftwissenschaftliche Studienrichtungen beschlossen; 1981 waren dann für alle damals bestehenden Studienrichtungen besondere Studiengesetze in Kraft.) Mit dem Beschluss eines besonderen Studiengesetzes war allerdings erst die Basis für die angestrebte Modernisierung der Studien gelegt. Im Wege von Verordnungen («Studienordnungen») legte daraufhin das Wissenschaftsressort unter anderem die Stundenzahl der Pflicht- und Wahlfächer fest. Unter Berücksichtigung der besonderen Studiengesetze und der Studienordnungen waren dann von den Universitäten Studienpläne zu erstellen, die von den zuständigen akademischen Behörden schließlich erlassen wurden.

Unter dem Eindruck der europaweiten Studentenunruhen initiierte im Sommer 1968 der Bundesrat die Einsetzung einer parlamentarischen Hochschulreformkommission, die sich ursprünglich aus Vertretern der Professoren, Assistenten, Lehrbeauftragten, Studierenden und der im Nationalrat vertretenen Parteien zusammensetzte. Von dieser Kommission sollte ein Plan zur Reform des Hochschulwesens ausgearbeitet werden. Obwohl sie an dieser Aufgabe im Jänner 1972 endgültig scheiterte, erhielt der Demokratisierungsprozess durch ihre Tätigkeit den entscheidenden Anstoß. Auf Beschluss der Hochschulreformkommission wurde 1969 in besonderen Studiengesetzen (für technische Studienrichtungen) angeordnet, dass für die Erstellung der Studienpläne an den betroffenen Universitäten drittelparitätisch zusammengesetzte Studienkommissionen einzurichten seien. Damit waren Vertreter sowohl des akademischen Mittelbaus als auch der Studierenden erstmals in den akademischen Willensbildungs- und Entscheidungsprozess eingebunden.

Diesbezüglich stellte das im Jänner 1970 vom Nationalrat verabschiedete Kunsthochschul-Organisationsgesetz (BGBl. Nr. 54/1970) den Durchbruch dar. Mit Erfolg hatte sich jedoch die Akademie der bildenden Künste gegen die Einbeziehung in dieses Organisationsgesetz zur Wehr gesetzt. Die gesetzlich festgeschriebene Mitbestimmung von Vertretern des akademischen Mittelbaus und der Studierenden in den Kollegialorganen der Kunsthochschulen bildete den Streitpunkt zwischen dem Unterrichtsministerium und der Akademie der bildenden Künste, deren überarbeitetes Akademie-Organisationsgesetz (BGBl. Nr. 25/1988) erst 1988 beschlossen werden konnte. Mit Ausnahme der ältesten Kunstuniversität Österreichs wurden durch das KHOG 1970 die Kunstakademien zu Kunsthochschulen. Die besonderen Organisationsvorschriften für die einzelnen Kunsthochschulen legte man in der Kunsthochschulordnung 1971 (BGBl. Nr. 70/1971) fest.

Nach dem Scheitern der Hochschulreformkommission wurde 1973 dem Parlament als Regierungsvorlage ein Gesetzesentwurf zugeleitet, der zwei Jahre lang Gegenstand zahlreicher Begutachtungen und Verhandlungen blieb. Im UOG 1975 (BGBl. Nr. 258/1975), das der Nationalrat im April 1975 verabschiedete, wurde eine nach Qualifikation und Funktion abgestufte Mitbestimmung der universitären Gruppen (Professoren, akademischer Mittelbau und Studierende) in allen Kollegialorganen gesetzlich verankert. Während sich die Institutskonferenz und Studienkommissionen drittelparitätisch zusammensetzten, verfügten die Professoren in den Fakultäts- bzw. Universitätskollegien und dem Akademischen Senat über fast die Hälfte der Stimmen. Trotzdem waren sie auch in diesen Gremien auf die Unterstützung von zumindest einer der beiden anderen Gruppen angewiesen. Einen beträchtlichen Machtverlust der Lehrkanzelinhaber bedeutete vor allem die Aufwertung der Institute, die als die kleinsten selbständigen Organisationseinheiten nun für die Durchführung von Lehr- und Forschungsaufgaben verantwortlich waren. Die klassische Gliederung der Universität in vier Fakultäten (Philosophie, Theologie, Recht und Medizin) wurde aufgegeben und außerdem alle wissenschaftlichen Hochschulen einheitlich als Universitäten bezeichnet. Mit diesen Bestimmungen war der Wandel der «Ordinarienuniversität» zur «Gruppenuniversität» vollzogen. Die vom Wissenschaftsressort daran geknüpften Hoffnungen, dass die Demokratisierung der Entscheidungsprozesse eine verstärkte Identifikation der Universitätsangehörigen mit dem Wissenschaftsbetrieb und eine Verstärkung der inneruniversitären Kooperation und Koordination mit sich bringen würde, erfüllten sich aber nicht.

Demokratische Willensbildung ist natürlich zeit- und arbeitsaufwendig. In den Kollegialorganen und Kommissionen bedeutete dies für Vertreter der Studierenden eine nicht unbeträchtliche Zusatzbelastung, worunter nicht selten das Studium litt. Die meisten Lehrenden klagten wiederum über einen übermäßigen Zeitaufwand für Verwaltungsaktivitäten, der ihre Forschungskapazitäten noch mehr einschränkte. Das unterschiedlich große Engagement der einzelnen Personen sowie Versuche der drei Gruppen, ihren Standpunkt durchzusetzen, verstärkte bei vielen die Frustration. Die Praxis, Wahlen in geheimen Abstimmungen durchzuführen, untergrub außerdem das Verantwortungsbewusstsein der Entscheidungsträger. Das oft gebrauchte Schlagwort «Sitzungsuniversität» brachte die breite Unzufriedenheit, die innerhalb der Universitäten herrschte, gewissermaßen auf den Punkt.
Probleme, die universitätsintern nicht gelöst werden konnten, wurden häufig auf die Entscheidungsebene des Wissenschaftsressorts verlagert, das sich zu dieser Praxis im «Hochschulbericht 1993» folgendermaßen äußerte: «Aus der individuellen Perspektive der einzelnen Universitätsangehörigen ist das in vielen Fällen ein zweckmäßiges Verhalten, durch das man die angestrebten Ziele erreicht. Aus einer universitären Gesamtperspektive führt dieses Verhalten jedoch zu einem Mangel an Identifikation der Universitätsorgane mit den getroffenen Entscheidungen und in der Folge zu zunehmender Demotivierung der Mitglieder in den Universitätsorganen. Statt die Konflikte im autonomen Bereich auszutragen, werden häufig Einzelinteressen und Maximalforderungen an das Bundesministerium für Wissenschaft und Forschung weitergeleitet. Gleichzeitig wird an den Universitäten die Abneigung gegenüber einer Fülle von Kommissionssitzungen, an denen teilzunehmen zur Wahrung der eigenen Interessen unumgänglich ist, immer stärker. Dieses Dilemma wird durch ein von vielen Universitätsangehörigen bekundetes Desinteresse an Planungs- und Entwicklungsfragen einerseits und einem gewissen Mißtrauen gegenüber der Verwaltung andererseits vergrößert.»[26]
Unter dem Einfluss der universitären Autonomiebestrebungen wurde bereits in den 1980er Jahren immer deutlicher, dass Schwachstellen des UOG 1975 nur im Rahmen einer (weiteren) tiefgreifenden Reform des Universitätswesens beseitigt werden könnten. Auch dieser Prozess verlief äußerst mühsam. Im «Hochschulbericht 1993» steht: «Man konnte nicht davon ausgehen, daß eine so tiefgreifende Reform eines komplexen Systems in kurzer Zeit und im besten Einvernehmen aller Beteiligten erfolgen könnte. Dennoch war die Kompromißlosigkeit des Widerstands überraschend, der den Reformvorschlägen des Bundesministeriums für Wissenschaft und Forschung von vielen Seiten entgegengebracht wurde. Nicht immer hatte es den Anschein, daß sich die Diskussionspartner ernsthaft um einen für alle Beteiligten akzeptablen Kompromiß bemühten. Es war eine enttäuschende Erfahrung, daß viele Personen und Gruppen, die in den Jahren zuvor heftig auf Reformen gedrängt hatten, nach Veröffentlichung der Reformvorschläge dazu übergingen, den Status quo zu verteidigen. Insgesamt bestätigte sich die Erfahrung, die Hochschulpolitiker schon früher und auch in anderen Ländern gemacht haben, daß die Universitäten zu jenen gesellschaftlichen Teilbereichen zählen, die Reformen einen besonders starken Widerstand entgegenbringen und die selbst dann, wenn ihre Angehörigen mehrheitlich unzufrieden sind, sich lieber mit dem Bestehenden abfinden als sich auf neue Herausforderungen einzulassen.»[27]
Die im UOG 1975 festgeschriebenen Organisations- und Entscheidungsstrukturen hätten sich unter Umständen bewährt, wenn die Anzahl der an Instituten tätigen Personen weniger stark gestiegen wäre. Unter den negativen Auswirkungen, die der steile Höreranstieg verursachte, versagten jene auf basisdemokratischen Elementen basierenden Entscheidungsstrukturen, die den Kollegialorganen die Entscheidungskompetenz sicherten. Die von den Universitäten angestrebte Autonomie zog hingegen die Stärkung der Leitungsorgane nach sich, die auch die Verantwortung für den Universitätsbetrieb tragen. Im UOG 1993 (BGBl. Nr. 805/1993) sprach der Gesetzgeber den Universitäten umfassende Entscheidungskompetenzen (Personal- und Budgetautonomie) zu, über die zuvor das Wissenschaftsressort verfügte. Diese Kompetenzverlagerung bedeutete gleichzeitig eine Übertragung des monokratischen Prinzips, das die leitenden Organe der Universitäten in die Lage versetzt, auch Entscheidungen rasch zu treffen, die sich sehr einschneidend auf die Organisation und das Profil der einzelnen Universitäten auswirken können. (Erinnert sei nur an die Gründung der drei Medizinischen Universitäten, die aus den Medizinischen Fakultäten der Universitäten Wien, Graz und Innsbruck hervorgingen.)

Durch das Universitätsgesetz 2002, das die Organisation und die Studien sowohl der wissenschaftlichen Universitäten als auch der Kunstuniversitäten regelt, wurde den Universitäten eine sehr weitreichende Autonomie zuerkannt. Dem UG 2002 gemäß gliedert sich ihre Leitung in drei Organe: Rektorat (1 Rektor und bis zu 4 Vizerektoren), Senat (12–24 Personen) und Universitätsrat (5, 7 oder 9 Personen). Der Rektor bestellt als Dienstvorgesetzter die Leiter von Organisationseinheiten und ist für die Budgetzuteilung verantwortlich. In seinen Aufgabenbereich fällt außerdem die Veranlassung von Evaluierungen und die Erstellung des Vorschlags für den Entwicklungsplan und den Organisationsplan sowie die Leistungsvereinbarungen.

Im Senat konzentriert sich nun die Mitbestimmung der verschiedenen Interessensgruppen. Die Professoren verfügen über die absolute Mehrheit, den Studierenden wurde ein Viertel der Stimmen zuerkannt und die übrigen Stimmen verteilen sich auf Vertreter des akademischen Mittelbaus und des allgemeinen Universitätspersonals. In den Kompetenzbereich des Senats fallen die Erstellung eines Dreier-Vorschlages zur Bestellung des Rektors, die Erlassung und Änderung der Satzung (Ordnungsvorschriften) und der Curricula für ordentliche Studien und Lehrgänge sowie die Festlegung der akademischen Grade. Der Senat ist die Berufungsinstanz in Studienangelegenheiten. Zu seinen Aufgabenbereichen zählt außerdem die Einsetzung von entscheidungsbefugten Kollegialorganen für Habilitations- und Berufungsverfahren sowie für Studienangelegenheiten, die in ihrer Zusammensetzung der Relation der Vertreter der einzelnen Gruppen im Senat entsprechen.

Je 2, 3 oder 4 Mitglieder des Universitätsrates werden vom Senat gewählt; dieselbe Anzahl wird von der Bundesregierung auf Vorschlag des Bildungsministeriums bestellt. Dieser Kreis bestimmt einvernehmlich ein weiteres Mitglied. Der Universitätsrat ist für die Wahl und die Abberufung von Rektoren und Vizerektoren sowie für die Gründung von Gesellschaften und Stiftungen verantwortlich. Er erfüllt eine Aufsichtsfunktion und hat außerdem den Entwicklungsplan sowie die Leistungsvereinbarung zu genehmigen. Die durch das UG 2002 geschaffene dreigliedrige Universitätsleitung kann aber nur unter der Voraussetzung Effizienz beweisen, dass das Rektorat, der Senat und der Universitätsrat eine gemeinsame Linie verfolgen.

1.3.7.2 Die Universitäten – «Einrichtungen» zwischen staatlicher Lehranstalt und autonomer Körperschaft

In der Zweiten Republik wurde in den Bundesgesetzen, die die Organisation der Universitäten regeln, deren autonomer Wirkungsbereich schrittweise ausgebaut und damit die staatliche Gestaltungsmöglichkeit des Universitätswesens immer stärker eingeschränkt. Im Universitätsgesetz 2002 sprach man den Universitäten schließlich eine sehr weitreichende Autonomie zu, die in gewisser Hinsicht an jene erinnert, über die Universitäten bis gegen Mitte des 18. Jahrhunderts verfügten.

Die Universitäten Wien (1365), Graz (1585), Salzburg (1622) und Innsbruck (1669) waren landesfürstliche Gründungen, die als autonome Körperschaften mit weitreichenden Privilegien ausgestattet wurden, die ihre Souveränität und wirtschaftliche Existenz garantieren sollten. Obgleich der landesfürstliche Einfluss zunahm, behaupteten die «Landesuniversitäten» auch unter der Führung der Jesuiten ihre Eigenständigkeit. Erst im Zuge der ab 1749 einsetzenden Reformtätigkeit gewann der Staat mehr und mehr die Kontrolle über die Universitäten. Diesbezüglich von größter Bedeutung war die 1760 von Maria Theresia als zentrale Planungs-, Lenkungs- und Verwaltungsinstitution eingerichtete Studienhofkommission. (Der Einfluss der Katholischen Kirche erfuhr 1773 durch die Auflösung des Jesuitenordens eine starke Einschränkung.) Unter Joseph II. entzog man schließlich 1783 der Universität Wien ihre Gerichtsbarkeit zur Gänze, und ihre Besitzungen und Fonds wurden (mit wenigen Ausnahmen) vom Staat übernommen; die Universitäten Graz und Innsbruck waren 1782 überhaupt zu Lyzeen

degradiert und erst 1826/27 wiedererrichtet worden. Die ehemals autonomen Körperschaften hatten als staatliche Lehranstalten nun den Zielsetzungen des Staates zu dienen, der durch die Zensur die wissenschaftlich-forschende Tätigkeit an den Universitäten verunmöglichte.
Diese für die Entwicklung der Wissenschaften höchst ungünstige Situation wurde durch die von Studierenden der Universität Wien mitgetragene Revolution von 1848 überwunden. Den Universitäten räumte man wieder autonome Wirkungsbereiche ein, und sie erhielten erstmals den staatlichen Auftrag zur wissenschaftlich-forschenden Betätigung. Die damals zugesagte Freiheit der Wissenschaft und ihrer Lehre schrieb man schließlich im Artikel 17 des Staatsgrundgesetzes über die allgemeinen Rechte der Staatsbürger (RGBl. Nr. 142/1867) fest. Die Gestaltung des Universitätswesens blieb jedoch im Zuständigkeitsbereich des Staates, der bereits im Revolutionsjahr das Ministerium des öffentlichen Unterrichts eingerichtet hatte, das man 1849 in Ministerium für Cultus und Unterricht umbenannte. Die in Angriff genommene Reform des Universitätswesens, auf deren Grundlage die Wissenschaften in Österreich einen bemerkenswerten Aufschwung nahmen, mündete in ein 1873 erlassenes Gesetz betreffend die Organisation der Universitätsbehörden (RGBl. Nr. 63/1873).[28] Bezeichnenderweise gibt dieses Gesetz aber weder über die Rechtsform der Universitäten noch über ihr Verhältnis zum Staat Auskunft. (Auch die Finanzierung der Universitäten durch den Staat wurde darin nicht explizit behandelt.)
Auf eine Anfrage hin beurteilte das Ministerium 1897 die Sachlage folgendermaßen: «Die österreichischen Universitäten sind durch die Landesfürsten als selbständige, mit staatsrechtlichen Privilegien und Vermögensrechten ausgestattete Korporationen ins Leben gerufen. Mit der Zeit haben dieselben jedoch ihre selbständige Stellung zum größten Teile eingebüßt und sind gegenwärtig als staatliche Anstalten organisiert, ohne daß jedoch ihre Stellung als juristische Personen im gesetzlichen Wege ausdrücklich aufgehoben worden wäre.»[29] – In den autonomen Wirkungsbereich der Universitäten fiel zwar die Bestellung von Mitgliedern ihrer Kollegialorgane, doch die Geschäftsordnung des Akademischen Senates, der die oberste akademische Behörde bildete, und jene der Professorenkollegien unterlagen der Genehmigung des Unterrichtsministers. 1922 modifizierte man das Organisationsgesetz geringfügig, das in dieser Fassung (BGBl. Nr. 63/1922) bis 1938 und dann in der Zweiten Republik bis 1955 die rechtliche Grundlage für die Organisation der wissenschaftlichen Universitäten bildete.
Nach dem Zusammenbruch der Monarchie waren die ersten Jahre von Bemühungen der Universitäten geprägt, mehr Autonomie zu erlangen, denen jedoch der Erfolg versagt blieb. Einen weiteren Versuch unternahm 1930 der damalige Rektor der Universität Wien, Wenzel Gleispach, der einen Entwurf zu einem «allgemeinen Hochschul-Autonomiegesetz» verfasste, in welchem den Universitäten eine eigene Rechtspersönlichkeit zugesprochen wurde. Sie sollten diesem Entwurf gemäß Eigentum erwerben und auch «abgesondert vom Vermögen des Bundes» besitzen können. Außerdem waren darin Rahmenbestimmungen einer Disziplinarordnung für Lehrende und Studierende enthalten, die Raum für politische Anschauungen boten. Davon zeugte bereits die «Gleispach'sche Studentenordnung», die der Akademische Senat der Universität Wien im März 1930 beschlossen hatte. Höflechner schreibt in seinen «Baumeistern des künftigen Glücks»: «Die Gleispach'sche Studentenordnung stellte, auch wenn sie im Grunde genommen gar nicht neu und längst praktiziert war, eine Ungeheuerlichkeit dar, indem sie von führenden Juristen des Staates vertreten wurde und – durchaus im Sinne eines Arierparagraphen – das ‹physische und bekanntlich recht problematische Merkmal› der Abstammung ‹zum juristischen Prinzip einer neuartigen öffentlich-rechtlichen Gliederung der Studentenschaft und ihrer Einverleibung in die behördliche Verfassung und Verwaltung der Universität› erhob, wie dies der sozialdemokratisch gesinnte Verwaltungsrechtler Hupka in seinem wirkungsvollen Artikel in der Neuen Freien Presse am 23. April 1930 formuliert hat.»[30] Dass der Entwurf zum Hochschul-Autonomiegesetz nicht mehr aufgegriffen wurde, hatte wohl die Auseinandersetzungen um die Gleispach'sche Studentenordnung in der Öffentlichkeit bewirkt.
In der ständestaatlichen Periode erreichte der Staat den Umbau der Universitäten zu Erziehungsanstalten des autoritären Regimes, was wiederum den Einfluss der Katholischen Kirche stärkte. Dieser Prozess erfolgte in

drei Etappen: Im August 1934 war mit dem Bundesgesetz betreffend Maßnahmen an Hochschulen (BGBl. Nr. 208/1934) die für bestimmte Wirkungsbereiche gesetzlich festgeschriebene Universitätsautonomie aufgehoben worden, das im Sommer 1935 beschlossene Hochschulermächtigungsgesetz (BGBl. Nr. 266/1935) ermöglichte dem Minister mittels Verordnungen den unmittelbaren Eingriff in nahezu alle Bereiche des Universitätswesens, und das Hochschulerziehungsgesetz (BGBl. Nr. 267/1935) zielte bekanntlich auf die Erziehung der Studierenden zu «sittlichen Persönlichkeiten im Geiste vaterländischer Gemeinschaft» ab. Mit dem Umbruch von 1938 war der Niedergang des österreichischen Universitätswesens dann endgültig besiegelt.

Am 20. Juli 1945 hob die Provisorische Staatsregierung die deutschen Rechtsvorschriften auf dem Gebiet des Universitätswesens auf und stellte per Kundmachung den Rechtszustand vom 13. März 1938 wieder her. So wurde unter anderem das Hochschulermächtigungsgesetz wieder wirksam, das dem Staatsamt für Volksaufklärung, für Unterricht und Erziehung und für Kultusangelegenheiten die Möglichkeit gab, durch Erlassung von 15 Verordnungen eine rasche Reorganisation des Universitätsbetriebs zu erreichen. Die Möglichkeit, rechtliche Bestimmungen durch Verordnungen durchzusetzen, war jedoch nur bis zum 19. Dezember 1945 gegeben; an diesem Tag endete die Geltungsdauer der Vorläufigen Verfassung. In weiterer Folge war nur noch der Weg der Gesetzgebung gangbar, wodurch die Universitätsreform ins Stocken geriet, da sich die Koalitionspartner ÖVP und SPÖ in wichtigen Punkten nicht einigen konnten.

Im 1955 beschlossenen Hochschul-Organisationsgesetz wurden die wissenschaftlichen Hochschulen schließlich als «Anstalten» des Bundes bestimmt. Dieser Begriff war jedoch in der Rechtslehre nicht unumstritten. (Eine Anstalt bezeichnet grundsätzlich eine Verwaltungseinheit, die sich aus persönlichen und sachlichen Mitteln zusammensetzt. Sofern sie eine eigene Rechtspersönlichkeit hat, handelt es sich um eine selbständige Anstalt, die entsprechend autonom agieren kann. In Angelegenheiten einer unselbständigen Anstalt ist hingegen allein der Anstaltsträger der für die Anstalt rechtsverbindlich Handelnde.) – Dem HOG 1955 gemäß handelte es sich bei den wissenschaftlichen Hochschulen vornehmlich um unselbständige Anstalten, die unmittelbar dem Bundesministerium für Unterricht unterstellt waren. Allerdings wurden ihnen einige autonome «Wirkungskreise» (Bestellung von Mitgliedern der Kollegialorgane, eigene Wirkungsbereiche der akademischen Behörden etc.) eingeräumt, und in wenigen Bereichen hatte der Gesetzgeber den Universitäten (und ihren Fakultäten) tatsächlich den Charakter einer Rechtspersönlichkeit zugesprochen. Dadurch konnten Universitäten (bzw. Fakultäten) «unentgeltliche Rechtsgeschäfte unter Lebenden» abschließen, die sie begünstigen wollten. In ihren Kompetenzbereich fiel auch die Beschlussfassung über die Annahme bzw. Ausschlagung von Erbschaften und Vermächtnissen und die Verwendung des so gewonnenen Vermögens (nach Maßgabe des Willens des Spenders). Universitäten und Fakultäten oblag außerdem die Entscheidung, ob sie Vereinen beitreten wollten, deren Zweck die Förderung von «Hochschulaufgaben» war. Im HOG 1955 wurde zwischen einem übertragenen (staatlichen) Wirkungsbereich und einem selbständigen (autonomen) Wirkungsbereich unterschieden; im letztgenannten Bereich waren die Universitäten nur an Rechtsvorschriften, aber nicht an Weisungen des Unterrichtsministers gebunden.[31]

Für die Kunstuniversitäten konnte erst 1970 ein einheitliches Organisationsgesetz beschlossen werden. Zuvor war die Organisation der Universität für Musik und darstellende Kunst Wien und der Universität für angewandte Kunst Wien durch das 1948 verabschiedete Kunstakademiegesetz (BGBl. Nr. 168/1948) geregelt, dessen Geltungsbereich 1953 auf die Universität Mozarteum Salzburg und 1963 auf die Universität für Musik und darstellende Kunst Graz ausgedehnt wurde. (Die beiden Wiener Kunstuniversitäten sind im Kunstakademiegesetz 1948 als «staatliche Lehranstalten» bestimmt worden, die ebenfalls unmittelbar dem Bundesministerium für Unterricht unterstellt waren.) Lediglich die Akademie der bildenden Künste Wien, die seit 1872 über Hochschulstatus verfügt, profitierte von der Ausarbeitung des HOG 1955, das dem Akademie-Organisationsgesetz (BGBl. Nr. 237/1955) als Vorlage diente. (Die Organisationsstatuten der drei anderen Kunstakademien erfuhren 1956 kleinere Abänderungen.) Ende der 1960er Jahre wehrte sich die Akademie der bildenden Künste dann mit Erfolg gegen die Einbeziehung in das vorbereitete Kunsthochschul-Organisationsgesetz (BGBl. 54/1970), das am 21. Jänner 1970 vom Nationalrat verabschiedet wurde.

Eine Vorbildfunktion kam diesmal dem Organisationsgesetz der Kunsthochschulen zu, das wichtige Bestimmungen vorwegnahm, die sich auch im Universitäts-Organisationsgesetz 1975 finden. Im Unterschied zum Kunstakademiegesetz 1948 war im KHOG 1970 die Abgrenzung zwischen einem selbständigen und einem übertragenen Wirkungsbereich der Kunsthochschulen getroffen worden; im erstgenannten Fall wurde ihnen Rechtspersönlichkeit zugesprochen. Außerdem bestimmte man die Kunsthochschulen bereits als «Einrichtungen» des Bundes, und in der überarbeiteten Fassung vom 18. Jänner 1978 (BGBl. Nr. 85/1978) hob man ausdrücklich hervor, dass Kunsthochschulen und wissenschaftliche Universitäten gleichrangig sind.
Im Universitäts-Organisationsgesetz 1975 wurden die wissenschaftlichen Universitäten nicht mehr als Anstalten, sondern als «Einrichtungen» des Bundes bestimmt, deren Errichtung (oder Auflassung), Standort und Organisation durch Bundesgesetze geregelt werden. Der Begriff «Einrichtung» zeugt wiederum von der fehlenden Entschlusskraft des Gesetzgebers, Universitäten entweder als unselbständige Anstalten des Bundes oder als autonome Körperschaften zu bestimmen. Den Gegenstand mehrerer Modifizierungen bildete in weiterer Folge die Privatrechtsfähigkeit der Universitäten, die für den autonomen Wirkungsbereich von grundlegender Bedeutung war. Erst die UOG-Novelle 1987 ermöglichte den Einstieg der Universitäten in die selbständige Gebarung im Rahmen ihrer Teilrechtsfähigkeit. Zuvor wurden alle Einnahmen rechtsfähiger Universitätseinrichtungen als Bundeseinnahmen behandelt, die allerdings zweckgebunden waren.
In der UOG-Novelle 1990 bestimmte man die Teilrechtsfähigkeit unter § 2 Abs. 2 noch konkreter: «Den Universitäten, Fakultäten, Instituten, Kliniken sowie besonderen Universitätseinrichtungen kommt insofern Rechtspersönlichkeit zu, als sie berechtigt sind: a) durch unentgeltliche Rechtsgeschäfte Vermögen und Rechte zu erwerben und hievon im eigenen Namen zur Erfüllung ihrer Zwecke Gebrauch zu machen; b) Verträge über die Durchführung wissenschaftlicher Arbeiten im Auftrag Dritter gemäß § 15 Abs. 2 bis 4 des Forschungsorganisationsgesetzes abzuschließen; c) mit Genehmigung des Bundesministers für Wissenschaft und Forschung die Mitgliedschaft zu Vereinen, anderen juristischen Personen und zwischenstaatlichen Organisationen, deren Zweck die Förderung von Universitätsaufgaben ist, zu erwerben.»[32] Die erweiterte Privatrechtsfähigkeit der Universitäten führte auch zur folgenden Ergänzung in der UOG-Novelle 1990: «Soweit die Universitäten und ihre Einrichtungen im Rahmen des § 2 Abs. 2 tätig werden, haben sie nach den Grundsätzen eines ordentlichen Kaufmannes zu gebaren. Sie haben jährlich dem Bundesminister für Wissenschaft und Forschung einen Rechnungsabschluß in der von diesem festzusetzenden Form im Wege des Fakultätskollegiums (Universitätskollegiums) bzw. des Akademischen Senates vorzulegen und dem Bundesminister für Wissenschaft und Forschung jederzeit Einsicht in die Gebarungsunterlagen zu gewähren. [...]»[33]
Im UOG 1975 wurde auch erstmals die Finanzierung der Universitäten thematisiert, indem man Bestimmungen formulierte, die der Finanzplanung durch das Wissenschaftsministerium dienten. Dabei suchte man sich an den Bedürfnissen der Universitäten zu orientieren. Jede Universität hatte dem Wissenschaftsressort jährlich einen Vorschlag und eine Übersicht der benötigten Dienstposten für das nächste Finanzjahr vorzulegen. In diesem Antrag mussten die für die einzelnen universitären Einrichtungen vorgesehenen Dienstposten und finanziellen Mittel nach Maßgabe der jeweils geltenden Vorschriften gesondert ausgewiesen, begründet und zu einem Gesamtantrag der Universität zusammenfasst werden. (Außerdem wurde eine Vorschau hinsichtlich Budget und Dienstpostenplan auf weitere drei Jahre eingefordert.) In den Budgetverhandlungen mit dem Finanzministerium bemühte sich das Wissenschaftsressort um die Sicherstellung der benötigten finanziellen Mittel, die einen Teil des jeweiligen Bundeshaushaltsplanes darstellten. Da diesen Bemühungen auch der volle Erfolg versagt bleiben konnte, oblag letztlich dem Wissenschaftsminister die Entscheidung, wie die vom Finanzministerium genehmigten Mittel aufgeteilt werden. Die Verteilung der vom Wissenschaftsressort zugewiesenen Mittel und Dienstposten zählte wiederum zum autonomen Wirkungsbereich der Universitäten, ebenso die Antragstellung.
In der zweiten Hälfte der 1980er Jahre war den Autonomiebestrebungen der Universitäten mit der Stärkung ihrer Teilrechtsfähigkeit der Durchbruch gelungen. Der Grundstein für die tiefgreifende Reform des österreichischen Universitätswesens, die mit dem Universitätsgesetz 2002 ihren vorläufigen Abschluss fand, wurde

im Dezember 1990 gesetzt, als sich die beiden Regierungsparteien darauf einigten, dass sowohl die wissenschaftlichen Universitäten als auch die Kunstuniversitäten selbständige und eigenverantwortliche Institutionen werden sollten. Die Stärkung der Leistungsfähigkeit der Universitäten war das große Ziel, das sowohl den Universitäten als auch der Regierung Vranitzky (III) vor Augen stand. Der in Gang gesetzte Reformprozess vollzog sich dann in mehreren Etappen. Den ersten großen Schritt setzte man mit dem Beschluss des Universitäts-Organisationsgesetzes 1993 (BGBl. Nr. 805 1993), das dem Kunstuniversitäts-Organisationsgesetz 1998 (BGBl. Nr. 130/1998) als Vorlage diente. Durch das Universitäts-Studiengesetz 1997 (BGBl. I Nr. 48/1997) erlangten die wissenschaftlichen Universitäten Autonomie hinsichtlich der inhaltlichen Gestaltung der Studien, und durch die Dienstrechtsnovelle 2001 – Universitäten (BGBl. I Nr. 87/2001) erfuhr das Vertragsbediensteten-Dienstverhältnis für Lehrende an Universitäten eine Neuregelung.

Das Universitätsgesetz 2002, das ebenso wie das UOG 1975 scharfer Kritik ausgesetzt war, stellt in mehrfacher Hinsicht ein bemerkenswertes Reformwerk dar. So regelt dieses Gesetz die Organisation sowohl der wissenschaftlichen Universitäten als auch der Kunstuniversitäten und umfasst darüber hinaus auch die Regelung der Studien. Die wesentlichste Neuerung betraf aber die Rechtsstellung der Universitäten, die durch dieses Gesetz vollrechtsfähig wurden. Als «juridische Personen des öffentlichen Rechts» verfügen sie nun über eine umfassende Geschäftsfähigkeit, die sie in die Lage versetzt, im eigenen Namen und auf eigene Rechnung Geschäfte zu tätigen und Verträge abzuschließen. Durch diese Rechtsstellung strebte man einen größtmöglichen Gewinn an rechtlicher Effizienz an. Gleichzeitig räumte der Gesetzgeber den Universitäten die Möglichkeit ein, in einem umfassenderen Sinne Verantwortung übernehmen zu können. In zwölf Grundsätzen (§ 2) fasste er jene Richtlinien zusammen, die für die Universitäten bei der Erfüllung ihrer Aufgabe leitend sein sollen:

1. Freiheit der Wissenschaften und ihrer Lehre und Freiheit des wissenschaftlichen und des künstlerischen Schaffens, der Vermittlung von Kunst und ihrer Lehre;
2. Verbindung von Forschung und Lehre, Verbindung der Entwicklung und Erschließung der Künste und ihrer Lehre sowie Verbindung von Wissenschaft und Kunst;
3. Vielfalt wissenschaftlicher und künstlerischer Theorien, Methoden und Lehrmeinungen;
4. Lernfreiheit;
5. Berücksichtigung der Erfordernisse der Berufszugänge;
6. Mitsprache der Studierenden, insbesondere bei Studienangelegenheiten, bei der Qualitätssicherung der Lehre und der Verwendung der Studienbeiträge;
7. nationale und internationale Mobilität der Studierenden, der Absolventinnen und Absolventen sowie des wissenschaftlichen und künstlerischen Universitätspersonals;
8. Zusammenwirken der Universitätsangehörigen;
9. Gleichstellung von Frauen und Männern;
10. soziale Chancengleichheit;
11. besondere Berücksichtigung der Erfordernisse von behinderten Menschen;
12. Wirtschaftlichkeit, Sparsamkeit und Zweckmäßigkeit der Gebarung.

Die Erhaltung der Universitäten fällt weiterhin in den Zuständigkeitsbereich des Bundes. Im UG 2002 (§ 12) steht: «Die Universitäten sind vom Bund zu finanzieren. Dabei sind die finanziellen Leistungsmöglichkeiten des Bundes, seine Anforderungen an die Universitäten und die Aufgabenerfüllung der Universitäten zu berücksichtigen.» Im Bereich des Universitätswesens beschränken sich nun die Gestaltungsmöglichkeiten des Wissenschaftsressorts (im Wesentlichen) auf Leistungsvereinbarungen, die das Ergebnis von Verhandlungen zwischen den einzelnen Universitäten und dem Bundesministerium für Bildung, Wissenschaft und Kultur über die zu erbringenden universitären Leistungen und die dafür vom Staat bereitzustellenden finanziellen Mittel sind. Bei den Leistungsvereinbarungen handelt es sich um öffentlich-rechtliche Verträge, die für die

Bemessung des «Grundbudgets» maßgebend sind, das den Großteil des vom Bund zur Verfügung gestellten «Globalbudgets» bildet. Konkretisiert sollen darin folgende vier Kriterien werden: Bedarf, Nachfrage, Leistungen und gesellschaftliche Zielsetzungen. Die Universitäten müssen dem Bildungsressort jährlich einen auf Basis der Leistungsvereinbarungen zu erstellenden Leistungsbericht vorlegen. Die Bundesministerin (oder der Bundesminister) hat wiederum ab 2005 (mindestens alle drei Jahre) dem Nationalrat über die bisherige Entwicklung und künftige Ausrichtung der Universitäten zu berichten. Das zwischen dem Bildungs- und Finanzministerium verhandelte Globalbudget wird für eine dreijährige Periode im Voraus festgelegt, über das die Universitäten im Rahmen ihrer Aufgaben und der Leistungsvereinbarungen frei verfügen. Einnahmen aus Drittmitteln und Erträge, die Universitäten aus Veranlagungen erzielen, müssen zwar ausgewiesen werden, sie reduzieren aber nicht die Höhe der staatlichen Zuweisungen. Gemäß § 3 des UG 2002 haben die Universitäten im Rahmen ihres autonomen Wirkungsbereiches elf Aufgaben zu erfüllen:

1. Entwicklung der Wissenschaften (Forschung und Lehre), Entwicklung und Erschließung der Kunst sowie Lehre der Kunst;
2. Bildung durch Wissenschaft und durch die Entwicklung und Erschließung der Künste;
3. wissenschaftliche, künstlerische, künstlerisch-pädagogische und künstlerisch-wissenschaftliche Berufsvorbildung, Qualifizierung für berufliche Tätigkeiten, die eine Anwendung wissenschaftlicher Erkenntnisse und Methoden erfordern, sowie Ausbildung der künstlerischen und wissenschaftlichen Fähigkeiten bis zur höchsten Stufe;
4. Heranbildung und Förderung des wissenschaftlichen und künstlerischen Nachwuchses;
5. Weiterbildung, insbesondere der Absolventinnen und Absolventen von Universitäten;
6. Koordinierung der wissenschaftlichen Forschung (Entwicklung und Erschließung der Künste) und der Lehre innerhalb der Universität;
7. Unterstützung der nationalen und internationalen Zusammenarbeit im Bereich der wissenschaftlichen Forschung und Lehre sowie der Kunst;
8. Unterstützung der Nutzung und Umsetzung ihrer Forschungsergebnisse in der Praxis und Unterstützung der gesellschaftlichen Einbindung von Ergebnissen der Entwicklung und Erschließung der Künste;
9. Gleichstellung von Frauen und Männern und Frauenförderung;
10. Pflege der Kontakte zu den Absolventinnen und Absolventen;
11. Information der Öffentlichkeit über die Erfüllung der Aufgaben der Universitäten.

---

[1] Helmut Engelbrecht, Geschichte des österreichischen Bildungswesens, Bd. 5, Wien 1988, S. 355 [= Engelbrecht, 1988].
[2] Vgl. dazu: ebd., S. 352.
[3] Vgl. dazu: ebd., S. 356.
[4] Bildungsbericht 1965, hg. vom BMU, Wien 1965, S. 174.
[5] Engelbrecht, 1988, S. 362.
[6] Vgl. dazu: ebd., S. 356.
[7] Ebd., S. 557f.
[8] Ebd., S. 368.
[9] Max Weber, Wissenschaft als Beruf, Stuttgart 1995, S. 7.
[10] Vgl. dazu: Bildungsbericht 1965, hg. vom BMU, Wien 1965, S. 31.
[11] Zitiert aus: Franz Loicht und Peter Leinwather, Schulentwicklung; in: Schulbau in Österreich, Horn / Wien 1982, S. 10.
[12] Vgl. dazu: ebd., S. 12.
[13] Vgl. dazu: Engelbrecht, 1988, S. 436f.
[14] Ebd., S. 479.
[15] Ebd., S. 481.
[16] Ebd., S. 484.

17 Vgl. dazu: Schulentwicklungsprogramm 1971–1980, hg. vom Bundesministerium für Unterricht und Kunst, Wien 1971, S. 4f.
18 Vgl. dazu: Statistisches Taschenbuch 2002, hg. vom BMBWK, Wien 2002, S. 12f.
19 Vgl. dazu: Engelbrecht, 1988, S. 378.
20 Bildungsbericht 1965, hg. vom BMU, Wien 1965, S. 174.
21 Hochschulbericht 1975, hg. vom BMWF, Wien 1975, S. 38.
22 Walter Höflechner, Die Österreichische Rektorenkonferenz 1911–1938 / 1945–1969, Wien 1993, S. 131f.
23 Bildungsbericht 1965, hg. vom BMU, Wien 1965, S. 176.
24 Ebd., S. 177.
25 Zitiert aus: Walter Höflechner, Die Baumeister des künftigen Glücks, Graz 1988, S. 129f. [= Höflechner, 1988].
26 Hochschulbericht 1993, hg. vom BMWF, Bd. 1, Wien 1990, S. 21.
27 Ebd., S. 11f.
28 Vgl. dazu: Helmut Engelbrecht, Geschichte des österreichischen Bildungswesens, Bd. 4, Wien 1986, S. 573ff.
29 Zitiert aus: Walter Höflechner, Die Auswirkungen politischer und kultureller Veränderungen auf Forschungsorientierung und Wissenschaftsorganisation, in: Geschichte der österreichischen Humanwissenschaften, Bd. 1, Wien 1999, S. 185.
30 Höflechner, 1988, S. 367.
31 Vgl. dazu: Felix Ermacora (Hg.), Österreichisches Hochschulrecht, Wien 1956.
32 Felix Ermacora (Hg.), Universitäts-Organisationsgesetz, Wien [4]1990, S. 5.
33 Ebd.

1.4 Der Ausbau des universitären Netzwerkes

Seit der Gründung der Zweiten Republik hat sich die Zahl der staatlichen Universitäten mehr als verdoppelt. 1945 existierten 10 Universitäten, im Jahre 2005 prägen nun 21 die Universitätslandschaft Österreichs. Hinzu kommen noch die 1994 gegründete Donau-Universität Krems, an deren Erhaltung sich der Bund finanziell beteiligt, 3 Philosophisch-Theologische Hochschulen (Heiligenkreuz; St. Pölten; St. Gabriel bei Mödling) in der Trägerschaft der Katholischen Kirche und 8 Privatuniversitäten (Webster University Vienna; Imadec University Vienna; PEF Privatuniversität für Management Wien; TCM Privatuniversität LI SHI ZHEN in Wien; Private Universität für Gesundheitswissenschaften, Medizinische Informatik und Technik Innsbruck; Paracelsus Medizinische Privatuniversität Salzburg; Bruckner Privatuniversität für Musik, Schauspiel und Tanz Linz; Katholisch-Theologische Privatuniversität Linz), die 2004 akkreditiert waren.
In der Zweiten Republik wurden bisher zwei staatliche Universitäten (Linz, 1962; Klagenfurt, 1970) neu gegründet, eine (Salzburg, 1962) wiedererrichtet, fünf künstlerischen Einrichtungen der Hochschulstatus verliehen (Universität für Musik und darstellende Kunst Wien, 1947; Universität für angewandte Kunst Wien 1948; Universität Mozarteum Salzburg, 1953; Universität für Musik und darstellende Kunst Graz, 1963; Universität für künstlerische und industrielle Gestaltung Linz, 1973) und die Medizinischen Fakultäten der Universitäten Wien, Graz und Innsbruck zu Medizinischen Universitäten, die 2003/04 in Betrieb gingen. Außerdem wurden vier Fakultäten (Linz: Technische Naturwissenschaften, 1965; Rechtswissenschaften, 1966; Innsbruck: Bauingenieurwesen und Architektur, 1966; Klagenfurt: Wirtschaftswissenschaften und Informatik, 1993) gegründet und das Interuniversitäre Department für Agrarbiotechnologie (1994) in Tulln eingerichtet, das Abteilungen der Universität für Bodenkultur, der Veterinärmedizinischen Universität und der Technischen Universität Wien bilden. Expondituren der Universitäten für Musik und darstellende Kunst Graz und Salzburg wurden in Oberschützen (1965) und in Innsbruck (1981) errichtet.

1.4.1 Die Universitätslandschaft Österreichs nach 1945

Trotz der höchst schwierigen und unsicheren Verhältnisse der unmittelbaren Nachkriegszeit konnten schon bald nach dem Ende des Zweiten Weltkrieges wieder jene zehn Universitäten ihren Lehrbetrieb aufnehmen, die bereits in der Ersten Republik Hochschulstatus hatten. In der Bundeshauptstadt sind davon sechs (Universität Wien; Technische Universität Wien; Universität für Bodenkultur; Veterinärmedizinische Universität; Wirtschaftsuniversität; Akademie der bildenden Künste), in der Steiermark drei (Universität Graz; Technische Universität Graz; Montanuniversität Leoben) und in Tirol die Universität Innsbruck beheimatet. – 1945 wurde außerdem die Katholisch-Theologische Fakultät in Salzburg wiedererrichtet. Die 1943 gegründete Technische Universität Linz, die jedoch über die Bildung einer nur im Ansatz existierenden Architekturfakultät nicht hinaus kam, musste hingegen nach Kriegsende ihren Lehrbetrieb im Stift Wilhering, wo sie einquartiert war, einstellen.
Die Gründung der Zweiten Republik bedeutete aber auch, dass vier Einrichtungen, die im «Dritten Reich» Hochschulstatus erlangt hatten (Reichshochschule für Musik Wien; Reichshochschule für angewandte Kunst Wien; Reichshochschule für Musik Mozarteum Salzburg; Hochschule für Musikerziehung Graz), diesen wieder verloren. Damit war 1945 in Österreich kein Hochschulstudium in den Bereichen Musik, darstellende Kunst und angewandte Kunst möglich; diesen Mangel behob man in den Jahren 1947/48. Die 1909 zur staatlichen Akademie für Musik und darstellende Kunst gewordene Wiener Lehranstalt, die in den Jahren 1923 bis 1931 eine «Fach-Hochschule für Musik und darstellende Kunst» beherbergte, wurde mit Ministerialerlass vom 7. März 1947

zur Hochschule (Kunstakademie), und durch das am 30. Juni 1948 beschlossene Kunstakademiegesetz (BGBl. Nr. 168/1948) erhielt auch die heutige Universität für angewandte Kunst ihren akademischen Rang zurück.
Zahlreiche Bestrebungen der Länder Oberösterreich, Salzburg, Tirol, Steiermark und Kärnten (und deren Hauptstädte), den verlorengegangenen Hochschulstatus wiederzugewinnen bzw. neue Hochschulen zu gründen, wehrte der Bund bis gegen Ende der 1950er Jahre rigoros ab. (Die Ausnahme bildete 1953 die Erhebung des Mozarteums zur Kunstakademie, was aber nur deswegen möglich war, weil sich Land und Stadt Salzburg dazu vertraglich verpflichteten, jeweils ein Sechstel des Gebarungsabganges zu übernehmen.) Anfänglich waren dem Bund aufgrund der höchst schwierigen wirtschaftlichen Lage diesbezüglich Grenzen gesetzt. Den frühen Bemühungen, Technische Hochschulen in Linz und Innsbruck zu gründen, blieb aus diesem Grund der Erfolg versagt. (Statt Neugründungen stand im Unterrichtsministerium damals sogar die Auflösung der Technischen Hochschule Graz zur Diskussion.) Dass sich an dieser Haltung des Wissenschaftsressorts dann viele Jahre nichts änderte, lag vor allem daran, dass die bereits bestehenden Universitäten praktisch in fast allen Bereichen noch nicht über jene Möglichkeiten verfügten, die für einen zeitgemäßen Forschungs- und Lehrbetrieb vorauszusetzen waren. Für die dringend erforderliche Modernisierung (Baumaßnahmen und technische Ausstattung), die erst zu Beginn der 1960er Jahre im größeren Stil in Angriff genommen wurde, mussten vom Bund aber beträchtliche Summen aufgebracht werden.
Um die Sicherung der internationalen Konkurrenzfähigkeit, die eben nur mit großen Investitionen zu erreichen war, sorgten sich verständlicherweise die bestehenden Universitäten, weswegen die Rektorenkonferenz zumeist sehr ablehnend auf Gründungs- und Wiedererrichtungswünsche der Länder und Landeshauptstädte reagierte. Diese ablehnende Haltung gründete auch im Streben der bestehenden Einrichtungen, ihr Studienangebot zu erweitern. (Bis zu Beginn der 1960er Jahre war der Erfolg dieser Bemühungen jedoch relativ bescheiden.) In diesem Zusammenhang stellten mögliche Neugründungen natürlich eine unliebsame Konkurrenz dar.[1] Aus diesem Grund fielen die Reaktionen bestehender Kunstuniversitäten auf die bevorstehenden Gründungen der beiden jüngsten Kunstuniversitäten in Graz und Linz ähnlich negativ aus.
Nachdem zu Beginn der 1950er Jahre die meisten Kriegsschäden beseitigt waren, standen in der Regel Universitätsgebäude zur Verfügung, die zwar sehr großzügig, aber eben doch für den Wissenschaftsbetrieb des ausgehenden 19. bzw. des frühen 20. Jahrhunderts konzipiert worden waren. Nach 1945 profitierten die Universitäten von deren Großzügigkeit länger, als ihnen lieb war, denn aufgrund der wirtschaftlichen Not waren in den Jahren 1914 bis 1938 nur ganz wenige Neubauten realisiert worden. Mit den erfolgten Lehrkanzel- und Institutsgründungen entstand jedoch zusätzlicher Raumbedarf, der Mangel an zeitgemäßer Infrastruktur erschwerte zudem Forschung und Lehre insbesondere der laborintensiven Fächer, und in der zweiten Hälfte der 1950er Jahre führte schließlich der kontinuierliche Anstieg der Studierendenzahlen zu einem grundsätzlichen Problem, das erst durch die Bautätigkeit in den 1990er Jahren im Wesentlichen gelöst werden konnte. Zu Beginn des 21. Jahrhunderts ist nicht mehr eine (deutliche) Steigerung der Nutzfläche, sondern die Verbesserung der Raumqualität die große Herausforderung, die es zu bewältigen gilt. Von den nun dringend erforderlichen Baumaßnahmen werden jene Institute sehr profitieren, die derzeit noch in Gebäuden untergebracht sind, die in den 1960er und 1970er Jahren errichtet wurden.
Der enorme Anstieg der Studierendenzahlen beeinflusste natürlich auch die gesetzten baulichen Maßnahmen, da aufgrund des Höreransturms österreichweit an vielen Instituten der Lehrbetrieb mehr oder weniger lang stark beeinträchtigt war, doch das eigentliche Kriterium für den Universitätsbau stellten Lehrkanzel- bzw. Institutsgründungen dar, die es räumlich zu versorgen galt. In Berufungsverhandlungen war (und ist) – vor allem in den laborintensiven Bereichen – die Aussicht auf bessere Forschungsmöglichkeiten eine wichtige Bedingung, die das Wissenschaftsressort in vielen Fällen zu erfüllen suchte. (Vom gegen Ende der 1950er Jahre in Schwung kommenden Universitätsbau profitierten in erster Linie naturwissenschaftliche Institute.)

1.4.2 Die Universitätsgründungen

Sieht man von den kürzlich in Betrieb gegangenen Medizinischen Universitäten Wien, Graz und Innsbruck ab, die in gewisser Hinsicht eine Ausnahme bilden, da sie sich von ihren Stammuniversitäten abspalteten, richtete man in der Zweiten Republik bislang drei neue wissenschaftliche Universitäten ein. 1962 wurde die Universität Salzburg wiedererrichtet und die Universität Linz gegründet, 1970 erfolgte die Gründung der Universität Klagenfurt. Gleich fünf künstlerischen Institutionen sprach man im Zeitraum von 1947 bis 1973 Hochschulstatus zu: Universität für Musik und darstellende Kunst Wien (1947), Universität für angewandte Kunst Wien (1948), Universität Mozarteum Salzburg (1953), Universität für Musik und darstellende Kunst Graz (1963) und Universität für künstlerische und industrielle Gestaltung Linz (1973).

In Österreich existierten vor der eigentlichen Gründungswelle (1962–1973) drei «klassische» Universitäten (Wien, Graz und Innsbruck), an welchen die vier traditionellen Fakultäten (Philosophie; Theologie; Recht; Medizin) vertreten waren. (An der Universität Wien besteht außerdem seit 1922 eine Evangelisch-Theologische Fakultät.) Die beiden Technischen Hochschulen (Wien und Graz) umfassten wiederum die auf ihrem Gebiet etablierten Bereiche (Naturwissenschaften; Bauingenieurwesen und Architektur; Maschinenbau und Elektrotechnik). «Spezialhochschulen», die man noch zu Beginn der 1970er Jahre auch Fachhochschulen nannte, waren hingegen die Veterinärmedizinische Universität Wien (Tierärztliche Hochschule), die Universität für Bodenkultur Wien (Hochschule für Bodenkultur), die Wirtschaftsuniversität Wien (Hochschule für Welthandel) und die Montanuniversität Leoben (Montanistische Hochschule).

Für den Ausbau des universitären Netzwerkes nach 1945 ist neben der Standortwahl charakteristisch, dass es sich bei den wissenschaftlichen Neugründungen um weitere «Spezialhochschulen» (Hochschule für Sozial- und Wirtschaftswissenschaften Linz; Hochschule für Bildungswissenschaften Klagenfurt) handelte. (Die Donau-Universität Krems ist auf die postgraduale akademische Weiterbildung spezialisiert.) Bei der wiedererrichteten Universität Salzburg bestand zwar früh die Aussicht, eine Medizinische Fakultät einzurichten, wodurch sich auch Salzburg in den Verband der «klassischen» Universitäten eingereiht hätte, doch dieser Schritt wurde letztlich deswegen nie gesetzt, weil die Medizinischen Fakultäten in Wien, Graz und Innsbruck den Ausbildungsbedarf bei weitem deckten. Die Vorgängerinstitutionen der vier Kunstuniversitäten, die im Zeitraum von 1947 bis 1963 zu Kunstakademien wurden, waren bereits vor der Machtübernahme Hitlers staatliche Einrichtungen, die im «Dritten Reich» dann zu Hochschulehren kamen. Die Ausnahme bildete die 1973 zur Hochschule gewordene Linzer Kunstschule, die 1947 als Privatschule der oberösterreichischen Landeshauptstadt in Betrieb ging.

1.4.3 Die Bedeutung der Länder und Städte für den Ausbau der Universitäten

Von den bereits erwähnten Ausnahmen (Privatuniversitäten etc.) abgesehen, fällt die Erhaltung der Universitäten in Österreich grundsätzlich in den Zuständigkeitsbereich des Bundes, woran auch die Stärkung der Universitätsautonomie (UG 2002) nichts ändert, aber die treibenden Kräfte, die zur Gründung von Universitäten und Fakultäten führten, waren zumeist Länder und Städte, da Universitäten natürlich auch im regionalpolitischen Kontext eine bedeutende Rolle zukommt. Universitäten sind kulturelle Impulsgeber ersten Ranges und tragen somit maßgeblich zum Prestige ihrer Heimatstadt bei. Außerdem profitieren Städte und Länder, nicht zuletzt in wirtschaftlicher Hinsicht, von der immer stärker werdenden Vernetzung im universitären Bereich (internationale Kooperationen). Mit Universitätsgründungen verband man schon früh die Hoffnung auf einen kulturellen und wirtschaftlichen Aufschwung, dies war auch bei den entsprechenden Initiativen nach dem Ende des Zweiten

Weltkrieges nicht anders. Das große Engagement der Länder und Städte war jedenfalls ausschlaggebend dafür, das der Bund die erfolgten Universitäts- und Fakultätsgründungen schon zum damaligen Zeitpunkt realisierte. 1945 waren von zehn Universitäten sechs in Wien, drei in der Steiermark (Graz und Leoben) und eine in Tirol (Innsbruck) beheimatet. Heute sind auch Salzburg, Linz, Klagenfurt und Krems Universitätsstädte. Bei den bislang erfolgten elf Neugründungen stehen drei Wiener Universitäten acht in fünf weiteren Bundesländern (Salzburg, Oberösterreich, Steiermark, Kärnten und Tirol) gegenüber. Universitäre Einrichtungen wurden außerdem in Niederösterreich (Tulln; Krems), Vorarlberg (Bregenz; Dornbirn; Frastanz bei Feldkirch; Lochau am Bodensee) und im Burgenland (Oberschützen) angesiedelt. – In den einzelnen Bundesländern verfügen folgende Universitäten über Außenstellen: Wien: Universität Linz (UL); Niederösterreich: Universität Wien (UW), Technische Universität Wien, Universität für Bodenkultur (BOKU), Veterinärmedizinische Universität, Akademie der bildenden Künste und Universität für angewandte Kunst; Oberösterreich: UW; Salzburg: UW; Tirol: Universität Mozarteum Salzburg; Vorarlberg: Universität Innsbruck und UL; Kärnten: Universität Graz; Steiermark: BOKU; Burgenland: Universität für Musik und darstellende Kunst Graz.

Bevor die entscheidenden Impulse behandelt werden, die die einzelnen Bundesländer und Städte dem österreichischen Universitätswesen gaben, sollen die verschiedenen Unterstützungsmöglichkeiten dieser Gebietskörperschaften skizziert werden, denn verfassungsgemäß hat ja der Bund für das Wohl der Universitäten zu sorgen. Aufgrund dieser Kompetenzzuteilung bildeten Verträge und Gesetze die Grundlage für (finanzielle) Beteiligungen der Länder und Städte am Auf- und Ausbau der Universitäten. Die in der Verfassung festgeschriebene Zuständigkeit des Bundes hatte aber auch zur Folge, dass in zwei Fällen vertragliche Vereinbarungen nach jahrzehntelangen Rechtsstreitereien vom Obersten Gerichtshof für nichtig erklärt wurden. Als Modell für die beiden Akademieverträge (Salzburg, 1952; Steiermark, 1963) diente eine vertragliche Vereinbarung aus dem Jahre 1922. Darin hatten sich Stadt und Land Salzburg zur Übernahme eines Teiles des Gebarungsabganges der Musiklehranstalt Mozarteum verpflichtet, worauf der Staat die von der Internationalen Stiftung Mozarteum betreute Lehranstalt zum Konservatorium erhob. Nach 1945 waren die vertraglich fixierten Beteiligungen der Stadt Salzburg sowie der Länder Salzburg und Steiermark die Voraussetzung dafür, dass der Bund deren Wünsche erfüllte und den beiden Landeskonservatorien den Hochschulstatus verlieh.

Im Falle der Universitätsgründungen in Linz und Klagenfurt umfassen die entsprechenden Gesetze die durch Länder und Städte zu leistenden Aufgaben beim Aufbau der Hochschulen; dazu zählte die Bereitstellung geeigneter Baugründe, die finanzielle Beteiligung an den Errichtungskosten von Bauvorhaben und deren Abwicklung, wofür Hochschulfonds eingerichtet wurden, die Vertreter der Länder und Städte bildeten. Im Fall der Wiedererrichtung der Universität Salzburg, die mit der Linzer Gründung junktimiert war, wurde im entsprechenden Gesetz allerdings nicht ausgeführt, in welcher Form bzw. in welchem Umfang sich das Land und die Stadt Salzburg daran zu beteiligen haben. Dies geschah hingegen im Bundesgesetz über die Gründung der Technischen Fakultät an der Universität Innsbruck, deren Errichtung ebenfalls ein Fonds abwickelte. Infolge der absehbaren «Akademievertrags-Streitereien» wurde die Beteiligung der Stadt Linz und des Landes Oberösterreich am Gebarungsabgang der Linzer Kunstuniversität gesetzlich verankert. Die 1994 gegründete Donau-Universität Krems ist gewissermaßen eine «Landes-Universität», an deren Erhaltung sich der Bund aber finanziell beteiligt. Die Verpflichtungen des Landes Niederösterreich und des Bundes wurden ebenfalls gesetzlich festgeschrieben. Aus rechtlichen Gründen verabschiedete der Nationalrat 1998 auch ein Bundesgesetz über die finanzielle Beteiligung des Landes Kärnten und der Stadt Klagenfurt an der baulichen Erweiterung der Universität Klagenfurt.

Darüber hinaus förderten Städte und Länder die Entwicklung der Universitäten, indem sie in einigen weiteren Fällen kostenlos Baugründe bereitstellten oder sich an der Finanzierung von einzelnen Bauvorhaben beteiligten, wodurch diese Projekte rascher realisiert werden konnten. Den Anlass für diese Förderungen bildeten Bestandsjubiläen von Universitäten, aber auch wirtschaftliche Gründe, da man in mehreren Fällen an der Etablierung bestimmter Fachbereiche interessiert war. Deswegen beteiligten sich beispielsweise das Land Oberösterreich und die Stadt Linz auch an der Finanzierung der Studienrichtung Mechatronik.

Ein Sonderkapitel stellten die Klinikbauten für die heutigen Medizinischen Universitäten Wien, Graz und Innsbruck dar. Anders als beispielsweise in Deutschland stehen den österreichischen Universitäten für den klinischen Unterricht und die klinische Forschung keine universitätseigenen Spitäler zur Verfügung. In Österreich hat die Inanspruchnahme städtischer Spitäler bzw. Landeskrankenhäuser für Zwecke der Lehre und Forschung Tradition. So bildete das 1784 von Joseph II. gegründete Wiener Allgemeine Krankenhaus die Heimstätte der Medizinischen Fakultät der Universität Wien, in dem sich die berühmten Wiener medizinischen Schulen entwickeln konnten. Die Kliniken der Universitäten in Graz und Innsbruck wurden wiederum in den Landeskrankenhäusern der beiden Städte räumlich versorgt. In allen drei Fällen ist das Land als Spitalserhalter für die bauliche Entwicklung zuständig, an der sich der Bund nur finanziell beteiligt. Die Inanspruchnahme der Landeseinrichtungen durch die Medizinischen Fakultäten (bzw. Universitäten) gründet sich auf § 55 des Bundeskrankenanstaltengesetzes. Nach dieser Bestimmung hat der Bund dem Spitalserhalter den Mehraufwand zu ersetzen, der sich aus der Inanspruchnahme des Krankenhauses für Zwecke des Unterrichts (und der Forschung) ergibt. Aufgrund eines Urteils des Verfassungsgerichtshofes wurde der klinische Mehraufwand für den laufenden Betrieb mit 18 % und für Investitionen mit 40 % festgesetzt. Für definierte Rahmenbauprogramme war davon abweichend zuerst in Wien, dann auch in Graz und Innsbruck, der Aufteilungsschlüssel mit 50 % festgesetzt worden.

1.4.3.1 Wien / Niederösterreich

Bereits zu Beginn des 20. Jahrhunderts wurde ein großzügiges Neubauprojekt für das Allgemeine Krankenhaus der Stadt Wien in Angriff genommen. Finanzielle Engpässe bedingten 1911 jedoch die Einstellung der Bauarbeiten, weswegen nur rund ein Drittel des Großprojekts realisiert werden konnte. Nach dem Zweiten Weltkrieg war der Neubau des AKH und der Universitätskliniken somit eines der dringlichsten Vorhaben sowohl der Stadt Wien als auch des Bundes, wobei anfänglich aber nur die Errichtung eines Neubaus für eine einzige Universitätsklinik zur Diskussion stand. Auf Antrag des Unterrichtsministeriums erklärte im August 1955 das Finanzministerium seine Bereitschaft, die Hälfte der Kosten für dieses Bauvorhaben zu übernehmen. Diese Zusage bildete den Anfang der Kostenteilung zwischen dem Bund und der Stadt Wien für das größte Hochbauvorhaben Österreichs im 20. Jahrhundert, das nach dreißigjähriger Bauzeit 1994 offiziell eröffnet wurde.
Für die Entwicklung der Universität Wien war die Realisierung dieses Jahrhundertprojekts in zweierlei Hinsicht von größter Bedeutung. Das neue AKH zählt nach wie vor weltweit zu den modernsten Anlagen seiner Art, das den Wiener Universitätskliniken ausgezeichnete Arbeitsmöglichkeiten bietet, und zweitens bildete das Areal des Alten AKH (in nächster Nähe zum Hauptgebäude) in Hinblick auf die bauliche Erweiterung das Hoffnungsgebiet der Universität Wien schlechthin. In den frühen 1960er Jahren hegte man im Unterrichtsministerium bereits die Hoffnung, dass die Stadt Wien der Universität anlässlich des 600-Jahr-Jubiläums (1965) das gemeindeeigene Areal des Alten AKH schenken würde, das zwei Drittel der gesamten Anlage umfasst. (Das bundeseigene Areal bildet im Wesentlichen das Gelände des ehemaligen Garnisonsspitals.) Die Errichtung des neuen AKH war allerdings erst 1964 in Angriff genommen worden, weswegen absehbar war, dass – den damaligen Vorstellungen gemäß – das Alte AKH frühestens gegen Ende der 1970er Jahre tatsächlich von der Universität Wien genutzt werden könnte. Dies mag ausschlaggebend dafür gewesen sein, dass sich die Universität Mitte der 1960er Jahre nicht die Schenkung des Alten AKH, sondern die Einrichtung eines Fonds von der Stadt Wien wünschte. Der mit (ATS) 50 Millionen dotierte Jubiläumsfonds war dann das Geschenk der Bundeshauptstadt an die Universität und die Technische Hochschule Wien, die 1965 ihre 150-Jahr-Feier beging. – (Das Land Niederösterreich stellte damals der Universität Wien einen Grund auf dem Mitterschöpfl zur Verfügung und errichtete dort auf eigene Kosten ein nach Leopold Figl benanntes Observatorium.)

Als Mitte der 1980er Jahre die Verwertbarkeit des Alten AKH absehbar wurde, wollte die Stadt Wien anfänglich den Altbestand für Wohnzwecke adaptieren; dieser Plan wurde aus wirtschaftlichen Gründen verworfen. Dann bot die Stadt dem Bund die Überlassung des Alten AKH für Zwecke der Universität Wien an. Auf Anregung des Wissenschaftsressorts schenkte 1988 die Stadt Wien den gemeindeeigenen Teil des Alten AKH der Universität Wien. Diese Vorgangsweise wurde aufgrund der damaligen Krise des vom Wirtschaftsressort organisierten Universitätsbaus gewählt; das Wissenschaftsressort vertrat die Auffassung, dass unter der Bauherrschaft der Universität die Adaptierung des Alten AKH eher realisiert werden könnte. Aus diesem Grund strebte das Ressort auch die Schenkung des bundeseigenen Areals (Garnisonsspital) an, doch dieses Vorhaben scheiterte an der Haltung des Finanzministeriums und des Rechnungshofes. (Das adaptierte Alte AKH wurde in den Jahren 1997/98 bezogen, die Adaptierung des Garnisonsspitals konnte hingegen bislang noch nicht in Angriff genommen werden.)
Von der Schenkung eines ideal gelegenen Baugrundes profitierte auch die Akademie der bildenden Künste. 1991 nahm die Stadt die bevorstehende 300-Jahr-Feier der Akademie zum Anlass, die Liegenschaft «Getreidemarkt 2–4» der ältesten Kunstuniversität Österreichs zu schenken, die im Rahmen ihrer Teilrechtsfähigkeit den Akademiehof auf diesem Standort realisierte.
Bereits 1968, anlässlich des 200-Jahr-Jubiläums der Veterinärmedizinischen Universität, schenkten die Bundeshauptstadt ein an den damaligen Hauptstandort angrenzendes Grundstück und das Land Niederösterreich ein Areal in Breitenfurt dem Bund für Zwecke der Veterinärmedizinischen Universität. In Breitenfurt sollten eigentlich Großtierkliniken errichtet werden, später strebte Niederösterreich dort die Ansiedlung des Forschungsinstitutes für Wildtierkunde an. Beiden Bemühungen blieb der Erfolg versagt, weswegen das Land die Liegenschaft zu Beginn der 1980er Jahre zurückkaufte. Es beteiligte sich außerdem an der Errichtung des Niederösterreich-Hauses, das dem Lehr- und Forschungsgut Merkenstein (bei Berndorf) zugute kam.
Wirtschaftliche Gründe waren für die folgende Unterstützung der Stadt Wien ausschlaggebend: Mitte der 1980er Jahre entschloss sich der renommierte Pharmakonzern Boehringer Ingelheim dazu, in Wien Zentren der onkologischen Grundlagenforschung sowie der biopharmazeutischen Entwicklung und Produktion aufzubauen. Dies bedeutete eine deutliche Aufwertung Österreichs als Wissenschaftsstandort, da (nach wie vor) Biomedizin und Biotechnologie zu den zukunftsträchtigsten Bereichen wissenschaftlicher Forschung zählen. Die von Boehringer Ingelheim unterstützte Forschungseinrichtung «Institut für Molekulare Pathologie» arbeitet seit 1988 eng mit der Universität Wien zusammen. Den Aufbau des Vienna Biocenters an der Dr.-Bohr-Gasse unterstützte die Stadt Wien, indem der Wiener Wirtschaftsförderungsfonds kostenlos Baugründe bereitstellte.
Aus städteplanerischen Gründen und wirtschaftlichen Interessen war Wien nach dem Scheitern des Weltausstellungs-Projekts (Expo 1995) im Jahre 1991 an der Ansiedlung einer Universität in der Donau-City (22. Bezirk Donaufeld) sehr bemüht. Anfänglich diskutierte man einen Neubau der Wirtschaftsuniversität, die erst 1981 ins neu errichtete Universitätszentrum Althanstraße (I) übersiedelt war. 1996 einigten sich der Bund und die Stadt Wien schließlich darauf, das auf einem kostenlos bereitgestellten und dem Bauzweck entsprechend erschlossenen Grund ein Gebäudekomplex für eine universitäre Einrichtung realisiert werden sollte. In weiterer Folge wurde ein Projekt für den Maschinenbau der Technischen Universität Wien in seiner Planung weit vorangetrieben, doch scheiterte dessen Realisierung (letztlich) aus finanziellen Gründen.
Wie bereits ersichtlich wurde, förderte auch das Land Niederösterreich die Entwicklung Wiener Universitäten, die bis auf die Wirtschaftsuniversität und die Universität für Musik und darstellende Kunst über Außenstellen in niederösterreichischen Gemeinden verfügen. Im Zusammenhang mit der von der Akademie der bildenden Künste angestrebten Errichtung einer Dependance in Niederösterreich steht die in der zweiten Hälfte der 1980er Jahre erfolgte Adaptierung des ehemaligen Piaristengymnasiums in Horn, die Bund und Land gemeinsam finanzierten. Diesen Standort im Waldviertel nutzt unter anderem auch die Universität für angewandte Kunst zur Abhaltung von Hochschulkursen. Kein Erfolg war hingegen der Initiative der Stadt Mödling beschieden, die sich 1982 um die Ansiedlung des Institutes für Film und Fernsehen (Filmakademie Wien) der Universität für Musik und darstellende Kunst bemühte.

Ebenso wie Oberösterreich, Salzburg und Kärnten wünschte sich auch das Land Niederösterreich eine «eigene» Universität; in Niederösterreich dachte man dabei allerdings lange an die Ansiedlung der Veterinärmedizinischen Universität, deren Absiedlung vom alten Hauptstandort im 3. Wiener Gemeindebezirk Landstraße Anfang der 1970er Jahre beschlossen wurde. Im Zuge der Standortsuche ließ der Bund auch niederösterreichische Städte auf ihre Eignung hin prüfen, wobei die spätere Landeshauptstadt St. Pölten am besten abschnitt. Die Entscheidung fiel aus guten Gründen aber auf das Donaufeld im 21. Bezirk Floridsdorf. Obwohl dieses Projekt in der Planung schon weit fortgeschritten war, wurde 1987 die Standortdiskussion neuerlich aufgerollt und die Stadt Baden als Alternative ins Spiel gebracht. Gegen Baden sprach sich jedoch die Universität aus, und auch die Stadt Wien protestierte heftig gegen die zur Diskussion gestellte Absiedlung. – Zu Beginn der 1970er Jahre hatten sich auch mehrere niederösterreichische Städte um die Ansiedlung der Wirtschaftsuniversität bemüht, die aber weiterhin in der Bundeshauptstadt verbleiben wollte.
Nach dem endgültigen Scheitern der Bemühungen um eine Ansiedlung der Veterinärmedizinischen Universität kam das Land Niederösterreich in der ersten Hälfte der 1990er Jahre doch noch zu «seiner» Universität und zu einer gemeinsamen Forschungsstätte der Universität für Bodenkultur, der Veterinärmedizinischen Universität und der Technischen Universität Wien in Tulln. Das 1994 gegründete Interuniversitäre Department für Agrarbiotechnologie (IFA-Tulln) war Teil einer 1989 geschlossenen Vereinbarung zwischen Bund und Land gemäß Artikel 15a des Bundesverfassungsgesetzes über Vorhaben, deren Verwirklichung für die Vertragsparteien von besonderem Interesse ist. Der Bund brachte darin seinen Willen zum Ausdruck, die Errichtung dieses Forschungsinstituts unter der Trägerschaft der drei genannten Wiener Universitäten ideell und im Rahmen der budgetären Möglichkeiten auch materiell zu unterstützen. Die materielle Basis sollte durch den Abschluss von Verträgen mit der Stadtgemeinde Tulln und dem Land Niederösterreich gesichert werden. Die im Dezember 1990 zwischen dem Bund, dem Land und der Stadt geschlossene Grundsatzvereinbarung sah vor, dass die Stadtgemeinde Tulln (unter anderem) den Baugrund bereitstellt. Das Land Niederösterreich beteiligte sich an dem (ATS) 430 Millionen teuren Bauvorhaben mit 99 Millionen und verpflichtete sich außerdem zu einer Starthilfe für die Forschungsaktivitäten des IFA-Tulln: Für die ersten zehn Jahren des Betriebes gab das Land eine Garantie für ein Forschungsauftragsvolumen in der Höhe von insgesamt 75 Millionen ab.[2]
Ins Jahr 1994 fiel auch die Gründung der Donau-Universität Krems. Der Nationalrat beschloss am 8. April das Bundesgesetz über die Errichtung dieser «Weiterbildungsuniversität» (BGBI. Nr. 269/1994), zu deren gemeinsamen Erhaltung sich das Land Niederösterreich und der Bund verpflichteten. Die auf postgraduale akademische Weiterbildung spezialisierte Universität bietet heute Master-Studiengänge in den Bereichen Wirtschafts- und Managementwissenschaften, Telekommunikation, Information und Medien, Europäische Integration, Umwelt- und Medizinische Wissenschaften sowie Kulturwissenschaften an; ihre Studienangebote wurden im Wintersemester 2003/04 von rund 2.800 Studierenden genutzt.
Die feierliche Eröffnung der Donau-Universität Krems, die in einer ehemaligen Tabakfabrik untergebracht wurde, fand im September 1995 statt. Die Voraussetzung für ihre weitere Entwicklung schuf man im Juni 1999; damals beschloss der Niederösterreichische Landtag für die bauliche Erweiterung der Donau-Universität (ATS) 495 Millionen zur Verfügung zu stellen. Mit der Adaptierung des aus dem frühen 20. Jahrhundert stammenden Industriebaus begann man im April 2002. Bereits im Herbst 2003 eröffnete Landeshauptmann Erwin Pröll den renovierten Mitteltrakt und legte den Grundstein für den Campus Krems, der nach den Plänen von Architekt Dietmar Feichtinger errichtet wird und 2005 bezogen werden soll. Das auf knapp 54 Millionen Euro geschätzte Vorhaben ist das größte der derzeit in Bau befindlichen Projekte auf dem Sektor des Universitätsbaus.

1.4.3.2 Salzburg

Das in der Ersten Republik zur staatlichen Musiklehranstalt gewordene Mozarteum zählte zu jenen vier künstlerischen Einrichtungen, die im «Dritten Reich» zu Hochschulen wurden. Nach dem Ende des Zweiten Weltkriegs führte man die Lehranstalt (vorerst unter dem Titel Musikhochschule) de jure wieder als Konservatorium weiter. Die damalige Leitung des Mozarteums sowie Landes- und Stadtpolitiker wünschten natürlich den Hochschulstatus, der dem am Mozarteum Gebotenen de facto auch entsprach, doch das Kunstakademiegesetz 1948 erfasste vorerst nur die beiden Wiener Akademien (für Musik und darstellende Kunst und für angewandte Kunst). Aufgrund der wirtschaftlichen Not des Staates sah man in Wien, insbesondere im Finanzministerium, eine finanzielle Beteiligung von Stadt und Land Salzburg als Voraussetzung für die Akademieerhebung des Mozarteums an. Anlässlich der «Verstaatlichung» hatten sich bereits 1922 Stadt und Land Salzburg vertraglich dazu verpflichtet, jeweils ein Sechstel des Gebarungsabganges zu übernehmen; 1952 akzeptierte man schließlich die Fortsetzung dieser vertraglichen Verpflichtung, und im Mai 1953 beschloss der Nationalrat die Novellierung des Kunstakademiegesetzes mit der Ausdehnung von dessen Geltungsbereich auf die Kunstakademie für Musik und darstellende Kunst Mozarteum Salzburg.

Nachdem bereits Anfang der 1970er Jahre das Land Steiermark seinen Akademievertrag auflösen wollte, zogen 1975 die Stadt und 1976 das Land Salzburg nach und stellten ab 1978 ihre Zahlungen an den Bund ein. Begründet wurde dieser Schritt damit, dass sich seit dem Inkrafttreten der Novelle zum Kunsthochschulgesetz 1970 die Wahrnehmung des mittleren Ausbildungsbereiches (Kunstschüler) deutlich auf das Salzburger Musikschulwerk verlagert hatte, wodurch die Umstände, die 1952 die Vertragsunterzeichnung rechtfertigten, sich entscheidend geändert hätten. Auch mit diesem Rechtsstreit wurde in den 1990er Jahren der Oberste Gerichtshof (OGH) befasst. Die Klage des Bundes gegen das Land Salzburg auf Ersatz von knapp (ATS) 280 Millionen und die Feststellung, dass der Vertrag vom Oktober 1952 rechtswirksam fortbestehe, wies der OGH 1997 ab. Der Bund habe für die Erhaltung der Universitäten alleine aufzukommen, da sie entsprechend der Verfassung in seine Zuständigkeit fallen. Abänderungen könnten nur durch ein Gesetz, aber nicht durch einen Vertrag vorgenommen werden, weswegen auch dieser Akademievertrag nichtig sei. Von dem Urteil profitierte auch die Stadt Salzburg, deren Rechtsstreit mit dem Bund bis zum Vorliegen des OGH-Urteils unterbrochen worden war. In einer schriftlichen Vereinbarung, die Finanzminister Karl-Heinz Grasser und Landeshauptmann Franz Schausberger am 25. Jänner 2001 unterzeichneten, hielt man fest, dass sich der Bund an der Errichtung des Kleinen Festspielhauses mit (ATS) 130 Millionen beteiligen werde. Im Gegenzug würden die Forderungen aus den Akademieverträgen zur Gänze vom Land als vergleichsweise bereinigt betrachtet. Außerdem wurde festgehalten, dass der Bund davon ausgehe, dass auch die Stadt Salzburg ihren Anteil für vergleichsweise bereinigt erklären wird.[3]

Unabhängig von dieser Problematik leisteten auch Land und Stadt Beiträge zur raschen Überwindung jener schweren Krise, die durch die Sperre des Hauptgebäudes der Salzburger Kunstuniversität im Oktober 1998 verursacht wurde. Bund und Land einigten sich auf eine möglichst rasche Wiedereröffnung des Hauptgebäudes, und eine Arbeitsgruppe, die sich aus Vertretern des Bundes, des Landes, der Stadt und der Kunstuniversität zusammensetzte, sprach sich in weiterer Folge für die Unterbringung der Musikfächer am Standort Mirabellplatz aus. Das in Bau befindliche neue Hauptgebäude soll der Universität Mozarteum Salzburg im Mozartjahr 2006 übergeben werden.

Nach dem Ende des Zweiten Weltkrieges war in Salzburg neben der Wiedererlangung des Hochschulstatus für das Mozarteum die Wiedererrichtung der 1810 aufgelösten Benediktiner-Universität ein weiteres großes Anliegen der Stadt- und Landespolitiker. 1945 konnte immerhin die Katholisch-Theologische Fakultät wieder ihren Lehrbetrieb aufnehmen, die 1938 von den Nationalsozialisten zu einer fürsterzbischöflichen Lehranstalt degradiert und 1941 endgültig geschlossen worden war. In Hinblick auf die erwünschte Wiedererrichtung der Universität Salzburg war dies ein erster Erfolg, an dem auch der 1884 gegründete Katholische Universitätsverein großen

Anteil hatte. Ein weiterer wichtiger Impuls ging 1945 von der Neubelebung der Salzburger Hochschulwochen aus, die erstmals im Jahre 1931 abgehalten worden waren. Schon damals sollte mit dieser Initiative die Errichtung einer katholischen Universität vorangetrieben werden, dessen Gründung (als Albertus-Magnus-Universität) im Februar 1938, also in den letzten Wochen der ständestaatlichen Periode der Ersten Republik, kurz zuvor zu stehen schien. Die Machtübernahme Hitlers verhinderte die Realisierung dieses Vorhabens. (Danach wurde in Salzburg die Gründung einer SS-Universität angestrebt, in die eine Reihe von angesiedelten «Ahnenerbe-Instituten» eingegliedert werden sollte. Infolge der Kriegsereignisse führte auch dieser Plan ins Leere.)[4]

Von der 1945 wieder aufgegriffenen Idee, eine katholische Universität zu errichten, begann man sich in Salzburg erst ab Mitte der 1950er Jahre mehr und mehr zu verabschieden. Einen ersten Vorstoß, der in eine andere Richtung zielte, bildete der 1955 von Nationalratsabgeordneten eingebrachte Initiativantrag, eine «Weltuniversität» zu gründen, die in den von den amerikanischen Besatzungstruppen hinterlassenen Bauten einquartiert werden sollte. Das Unterrichtsministerium forderte daraufhin die Rektorenkonferenz zu einer Stellungnahme auf, die aus «sachlichen wie finanziellen Gründen» negativ ausfiel.[5] Der entscheidende Vorstoß zur Wiedererrichtung der Universität Salzburg erfolgte 1960, nachdem man endgültig den Wunsch nach einer katholischen Universität fallen gelassen hatte.

Salzburger Kreise strebten nun die Errichtung eines «Internationalen Forschungszentrums für Grundlagenforschung» an. (Der weiterhin bestehende Einfluss der Katholischen Kirche zeigte sich unter anderem in der 1961 gegründeten kirchlichen Forschungsstelle Internationales Forschungszentrum für Grundfragen der Wissenschaften Salzburg, die der Katholische Universitätsverein finanzierte.) Noch als Salzburger Landeshauptmann schuf Josef Klaus ein Proponentenkomitee, dem außerdem der Salzburger Bürgermeister, der Präsident der Akademie für Musik und darstellende Kunst Mozarteum Salzburg, der Dekan der Katholisch-Theologischen Fakultät und der Salzburger Erzbischof angehörten. Dieses Komitee ersuchte im Juni 1961 die Bundesregierung Gorbach (I) um die Errichtung einer Philosophischen Fakultät, die mit der bestehenden Katholisch-Theologischen Fakultät vereinigt werden sollte.[6] Zu diesem Zeitpunkt war Klaus bereits Finanzminister und Hans Lechner sein Nachfolger in Salzburg. In den Verhandlungen mit dem Koalitionspartner SPÖ einigte man sich darauf, die Wiedererrichtung der Universität Salzburg mit der Gründung der Hochschule für Sozial- und Wirtschaftswissenschaften Linz zu junktimieren. Am 5. Juli 1962 verabschiedete der Nationalrat das Bundesgesetz über die Errichtung der Universität Salzburg und der Hochschule für Sozial- und Wirtschaftswissenschaften in Linz (BGBl. Nr. 188/1962). Der Studienbetrieb an der Philosophischen Fakultät wurde im April 1964 aufgenommen und im November 1965 eine Rechts- und Staatswissenschaftliche Fakultät konstituiert. (In Linz gründete man 1965 eine Technisch-Naturwissenschaftliche Fakultät; seit 1966 ist auch in Oberösterreich das Studium der Rechtswissenschaften möglich.)

Gewissermaßen aus dem Windschatten der oberösterreichischen Bemühungen heraus gelang die Wiedererrichtung der Universität Salzburg, die man 150 Jahre lang vergeblich angestrebt hatte. Der letztlich erfolgreiche Plan, der 1960 entwickelt wurde, konnte aber nur deswegen so rasch realisiert werden, weil Josef Klaus als Landeshauptmann und dann als Finanzminister die Wiedererrichtung mit großem Nachdruck verfolgte. In dieser kurzen Zeit waren in Salzburg allerdings nicht alle wichtigen Fragen geklärt worden, die den Aufbau der Universität betrafen. Die grundsätzliche Frage nach dem künftigen Universitätsstandort wurde erst 1962 ernsthaft gestellt.

Im Unterschied zu Salzburg hatte man in Oberösterreich dafür gesorgt, dass der benötigte Baugrund für die erwünschte Universität bereits Ende 1961 zur Verfügung stand. Die Standortproblematik war in den beiden Landeshauptstädten aber sehr unterschiedlich gelagert. In Linz, wo universitäre Strukturen fehlten, entschied man sich für die Errichtung einer campusähnlichen Anlage am damaligen Stadtrand, wo außerdem noch Baulandreserven verfügbar waren. In Salzburg war hingegen von Anfang an klar, dass die Altstadt-Universität ausgebaut und durch einen zweiten, nicht allzu abgelegenen Standort ergänzt werden sollte. Nach zahlreichen Irr- und Umwegen konnte in Salzburg erst 1979 ein tragfähiges Konzept (Universitäts- und Ersatzbauten) vorgelegt werden, das von Stadt und Land unterstützt auch Interessen von fünf Bundesministerien (Wissenschafts-, Finanz-,

Bauten-, Innen- und Unterrichtsministerium) gerecht werden konnte. Für die Realisierung dieses Großprojekts («Salzburger Jahrhundertbauten»), das gegen Ende des 20. Jahrhunderts im Wesentlichen abgeschlossen war, wurden rund (ATS) 7 Milliarden aufgebracht. Großen Anteil an der Umsetzung des Konzepts hatte die 1979 neu zusammengesetzte Salzburger Landesregierung, die unter Landeshauptmann Wilfried Haslauer den höchst dringlichen Ausbau der Universität nach Kräften unterstützte.

An der Wiedererrichtung der Salzburger Universität beteiligten sich das Land und die Stadt Salzburg mit der 1981 gegründeten Salzburger Bauträgergesellschaft SABAG, die Teilprojekte der «Salzburger Jahrhundertbauten» abwickelte. Die beiden Gebietskörperschaften hatten bereits 1972 dem Bund jenen Baugrund im Stadtteil Freisaal kostenlos zur Verfügung gestellt, wo 1986 der Gebäudekomplex für die Naturwissenschaftliche Fakultät eröffnet werden konnte. An den Kosten für die Errichtung und den Ausbau des Universitäts- und Landessportzentrums Rif bei Hallein beteiligte sich das Land Salzburg.

Für die Gerichtliche Medizin, die der Rechts- und Staatswissenschaftlichen Fakultät angegliedert wurde, errichtete das Land Anfang der 1970er Jahre ein Gebäude. Dieser Beitrag war als Impuls für die Errichtung einer Medizinischen Fakultät gedacht, die der Bund bereits im Zuge der Wiedererrichtung der Universität in Aussicht gestellt hatte; 1962 wurde dafür jedoch keine konkrete Zeitangabe gegeben. 1972 legte der als Spitalsplaner anerkannte Professor Hans-Ulrich Riethmüller (Tübingen) ein Grundlagengutachten über die Medizinische Fakultät Salzburg vor,[7] doch mangelte es damals an den finanziellen Mitteln, zumal vom Bund Anfang der 1970er Jahre die dringendst notwendige Modernisierung der Medizinischen Fakultäten in Wien, Innsbruck und Graz (Ausbauprogramm der vorklinischen Bereiche) zu finanzieren war. Als möglicher Termin für die Errichtung einer Medizinischen Fakultät wurde aber das Jahr 1980 genannt. Dass daraus nichts wurde, stand auch in Zusammenhang mit der sich über eineinhalb Jahrzehnte schleppenden Standortdiskussion, welche den räumlichen Ausbau der bereits bestehenden Fakultäten der Universität Salzburg schwer behinderte. Die (kostenintensive) Lösung dieser Problematik gelang bekanntlich erst 1979.

Da die Medizinischen Fakultäten in Wien, Innsbruck und Graz den Ausbildungsbedarf deckten, konnte das Wissenschaftsministerium in den 1990er Jahren die Gründung einer weiteren Medizinischen Fakultät in Salzburg nicht vertreten, obgleich die Salzburger Landesregierung eine solche zuletzt im Frühjahr 2000 forderte.[8] Daran war (wie auch in den vorangegangenen Fällen) die Hoffnung geknüpft, dass sich der Bund an der Modernisierung des LKH Salzburg über den klinischen Mehraufwand finanziell beteiligt. Der jahrzehntelange Wunsch nach einer Medizinischen Fakultät ging gewissermaßen 2002 in Erfüllung, als die Paracelsus Medizinische Privatuniversität in Salzburg gegründet wurde.

1.4.3.3 Oberösterreich und Linz

Ein erstes Streben nach einer Hohen Schule wird in Oberösterreich mit der 1566 erstmals bezeugten evangelischen Landschaftsschule der Stände des Erzherzogtums ob der Enns in Verbindung gebracht, an der im Jahre 1612 Johannes Kepler seine Tätigkeit als «Landschaftsmathematiker» aufnahm. Im 17. Jahrhundert bestand die Hoffnung, dass aus dem 1608 gegründeten Jesuiten-Gymnasium (in Linz), das 1629 mit der ehemals evangelischen Landschaftsschule vereinigt wurde, eine Universität hervorgehen könnte. Zwar waren ab dem letzten Drittel dieses Jahrhunderts (bis 1810) dort auch juridische Vorlesungen gehalten worden, das Graduierungsrecht blieb dem Kollegium jedoch verwehrt. Einem Gesuch der Stadt Linz, eine Universität zu erhalten, erteilte 1848 das Ministerium des öffentlichen Unterrichtes eine Absage. Ablehnend äußerte sich dazu übrigens auch Adalbert Stifter, damals Redakteur der «Linzer Zeitung», der seine Haltung unter anderem damit begründete, dass es einen großen Überfluss an Ärzten und Juristen im Lande gäbe und die angestrebte Universität wohl auch nicht finanziert werden könne. Weitere erfolglose Anläufe folgten. In Linz wünschte man 1873 eine Art Hochschule für Welthandel in Verbindung mit einer Technischen Hochschule und 1876 wieder eine Hochschule mit einer Juridischen und einer Medizinischen Fakultät. 1887 wollte man die Errichtung einer Chirurgischen Lehranstalt erreichen, und in den Jahren 1892 und 1899 galten Bemühungen einer Medizinischen Fakultät. 1909 wurde schließlich eine Hochschule ins Auge gefasst, die eine Juridische und eine Handelswissenschaftliche Fakultät umfassen sollte, und 1913 suchte man in der aufstrebenden Industriestadt die Gründung einer Technischen Hochschule zu erreichen.[9]

Weiteren Bemühungen blieb der Erfolg ebenfalls versagt, bis man unter der nationalsozialistischen Herrschaft Teile der Technischen Hochschule Brünn nach Linz zu verlegen begann. Damit wurde eine Idee wieder aufgegriffen, die bereits gegen Ende des Ersten Weltkrieges in Linzer Kreisen diskutiert worden war. Im Stift Wilhering bei Linz quartierte man die Architekturfakultät ein, die nach dem Ende des Zweiten Weltkrieges ihren Lehrbetrieb einstellen musste. Das Land Oberösterreich und die Stadt Linz strebten jedoch weiterhin die Errichtung einer Technischen Hochschule an. Im Herbst 1951 wurden an der 1947 gegründeten Linzer Volkshochschule erstmals Lehrveranstaltungen aus technischen Fächern angeboten, die den Abschluss des ersten Studienabschnitts in Linz ermöglichen sollten. 1955 wurde dieser Lehrbetrieb eingestellt; das Unterrichtsministerium sprach sich strikt gegen die Gründung einer dritten Technischen Hochschule aus.

Inspiriert von Eindrücken, die Landeshauptmann Heinrich Gleißner während einer Amerikareise im Jahre 1957 gewann, wurde seitens des Landes Oberösterreich und der Stadt Linz schließlich die Gründung einer «Spezialhochschule» für Sozialwissenschaften forciert. Im März 1959 gründete man das Kuratorium Hochschule für Sozialwissenschaften, das diese Unternehmung vorbereiten und vorantreiben sollte. Der bundesgesetzlich verankerte Linzer Hochschulfonds, der zwecks Aufbringung der Mittel zur Errichtung und zum Betrieb der Linzer Hochschule gegründet wurde, löste im Juli 1962 das Kuratorium ab. (Die ursprünglichen Verpflichtungen des Fonds sind mit 1. Oktober 1972 außer Kraft getreten; seither ist er gesetzlich dazu ermächtigt, die Universität Linz durch freiwillige Leistungen zu fördern.) Ebenfalls am 5. Juli 1962 beschloss der Nationalrat das Bundesgesetz über die Errichtung der Hochschule für Sozial- und Wirtschaftswissenschaften in Linz und der Errichtung der Universität Salzburg (BGBl. Nr. 188/1962).

Dies war keine leichte Geburt, da noch im Jänner 1962 die Rektorenkonferenz die Errichtung einer Hochschule für Sozialwissenschaften entschieden abgelehnt hatte. Dieser Beschluss hatte wiederum zur Folge, dass Linzer Kreise – in Hinblick auf den Handels- und Wirtschaftsraum Linz – die Erweiterung des Lehrangebotes um Wirtschaftswissenschaften vorschlugen; dieser Vorstoß wurde auch vom Unterrichtsministerium unterstützt.[10]

Unter dem Eindruck des raschen Aufbaues der Hochschule für Sozial- und Wirtschaftswissenschaften und des engagierten Einsatzes von Land und Stadt sprach sich die Rektorenkonferenz im März 1965 dann sogar für die Errichtung einer Technisch-Naturwissenschaftlichen Fakultät aus,[11] die noch im Juni desselben Jahres gegründet wurde. Im Juli 1966 ermöglichte man an der Linzer Hochschule schließlich noch das Studium der Rechtswissenschaften, obwohl Unterrichtsminister Piffl-Perčević diesem Vorhaben sehr skeptisch gegenüberstand; die juridischen Fächer gliederte man vorerst der Sozial- und Wirtschaftswissenschaftlichen Fakultät an. (Die damals neu gegründeten sozial- und wirtschaftswissenschaftlichen Lehrkanzeln bzw. Institute in Wien, Graz und Innsbruck wurden den Staats- und Rechtswissenschaftlichen Fakultäten angegliedert, sodass dieses Nahverhältnis die Etablierung einer Rechtswissenschaftlichen Fakultät in Linz begünstigte.)

Unerfüllt blieb der Wunsch, in Linz (zumindest teilweise) das Medizinstudium absolvieren zu können. Die Philosophisch-Theologische Lehranstalt in Linz, deren Anfänge ins Jahr 1672 zurückreichen, erhob man zwar im November 1979 zur Katholisch-Theologischen Fakultät, die jedoch nicht der Universität Linz angegliedert wurde. Im August 2000 erfolgte die Umwandlung zur Katholisch-Theologischen Privatuniversität Linz.

Hinsichtlich der Finanzierung des Aufbaus der Linzer Hochschule kam es schon Ende der 1960er Jahre zu Unstimmigkeiten zwischen dem Bund und dem Hochschulfonds, den das Land Oberösterreich und die Stadt Linz bildeten. Für die Planung und Bauabwicklung war der Fonds verantwortlich, der sich 1962 gesetzlich dazu verpflichtet hatte, eine funktionsfähige Hochschule zu errichten, die spätestens im Herbst 1972 Raum für die Betreuung von 1.000 Studierenden bieten sollte. Im Gründungsjahr umfasste sie aber nur sozial- und wirtschaftswissenschaftliche Institute. Durch die Gründung der Technisch-Naturwissenschaftlichen Fakultät (1965) und den 1966 gefällten Entschluss, in Linz auch eine Juridische Fakultät zu etablieren, nahm das Hochschulprojekt jedoch deutlich an Umfang zu. Nach einer ersten groben Kostenschätzung, die vom Fonds vorgelegt wurde, verpflichtete sich der Bund im November 1967 vertraglich zur Übernahme von 50 % des zwischen 1. Jänner 1965 und 30. September 1972 entstehenden Errichtungsaufwandes (von letztlich (ATS) 304 Millionen). Bald wurde jedoch immer deutlicher absehbar, dass die Kostenschätzung des Fonds viel zu optimistisch ausgefallen war und die Bauten für das erweiterte Hochschulprojekt bis Herbst 1972 nicht fertig gestellt werden können. Der Bund wollte auch weiterhin 50 % der anfallenden Kosten übernehmen, das Finanzministerium ließ jedoch schon im Verlauf der Verhandlungen mit dem Land Oberösterreich und der Stadt Linz anklingen, dass sie sich auch am künftigen Ausbau der Linzer Hochschule finanziell beteiligen sollten. Für die beiden Gebietskörperschaften war dieser Standpunkt des Finanzministeriums natürlich höchst problematisch, was letztlich dazu führte, dass der vom Wissenschaftsministerium unterbreitete Vorschlag, sich an den Kosten des Zentralgebäudes der Technisch-Naturwissenschaftlichen Fakultät (TNF-Turm) mit 30 % zu beteiligen, nicht akzeptiert wurde.[12] Stadt und Land übernahmen zusammen letztlich knapp 7 % der Errichtungskosten des TNF-Turms, die sich auf (ATS) 430 Millionen beliefen.

Auf die bewährten Strukturen des Linzer Hochschulfonds konnte 1979 zurückgegriffen werden, als ihm die Baudurchführung des Bibliotheksgebäudes übertragen wurde, das man 1984 eröffnete. Zu Beginn der 1980er Jahre erwarb der Fonds eine Villa für Zwecke des Instituts für Gerichtsmedizin, und das 1992 fertig gestellte Institutsgebäude für Halbleiterphysik errichtete ebenfalls der Fonds, an dessen Baukosten sich Land und Stadt beteiligten, die sich durch verbesserte Arbeitsbedingungen Impulse im Bereich der angewandten Hochtechnologie erwarteten. Ihr finanzieller Beitrag zur Errichtung eines Laborgebäudes war bereits ausschlaggebend für die Gründung des Instituts für Mikroelektronik im Jahre 1983. Zum Gelingen der 1990 eingeführten Studienrichtung Mechatronik trugen das Land Oberösterreich und die Stadt Linz ebenfalls durch finanzielle Förderungen bei. Außerdem beteiligten sie sich noch an den Errichtungskosten des Managementzentrums (1990) und des Hochschulfonds-Gebäudes (2003).

Nach dem Zweiten Weltkrieg hatten das Land Oberösterreich und die Stadt Linz auch die Errichtung einer Kunsthochschule angestrebt. Das Ergebnis der frühen Bemühungen war die Gründung einer Kunstschule, die im Oktober 1947 als Privatschule der Stadt Linz ihren Lehrbetrieb aufnahm, an deren Kosten sich der Bund allerdings von Anfang an beteiligte. Zu Beginn der 1950er Jahre versuchte der damalige Leiter der Kunstschule, diese nach dem Vorbild der Akademie der bildenden Künste Wien zu formen, um dadurch die Voraussetzungen für deren Erhebung zur Hochschule zu schaffen. Diesbezügliche Hoffnungen stützten sich auch auf den Umstand, dass die Wiener Akademie in der sowjetischen Besatzungszone lag; Linzer Vorstellungen gemäß sollte in der oberösterreichischen Landeshauptstadt eine zweite Kunsthochschule für die westlichen Bundesländer Österreichs entstehen. Dieses Vorhaben scheiterte, wie auch der Versuch, in Linz eine Meisterschule für Architektur als Expositur oder als Post-Graduate-Studium in Zusammenarbeit mit der Technischen Hochschule Graz zu errichten, wofür sich Clemens Holzmeister eingesetzt hatte.

Im Jahre 1954 erhielt die Linzer Kunstschule immerhin das Öffentlichkeitsrecht verliehen, dessen vorläufige Befristung man 1961 aufhob. Hinsichtlich ihrer grundsätzlichen Ausrichtung kam es Anfang der 1960er Jahre zu einer Änderung, da der damalige Direktor eine Annährung der Kunstschule an den Typ einer Akademie für angewandte Kunst anstrebte. Die entscheidenden Schritte, die zur Errichtung einer Kunsthochschule in Linz führten, setzte der 1965 gegründete Verein Linzer Akademiefonds, der sich aus Vertretern der Stadt Linz und des Landes Oberösterreich zusammensetzte. Dem Unterrichtsministerium wurde schon 1966 ein Exposé über die Gründung einer Akademie für Gestaltung in Linz vorgelegt, an der 400–500 Hörer studieren sollten. Ein eigenes Profil strebte man vor allem dadurch an, dass die Auseinandersetzung mit der Praxis in Industrie- und

Wirtschaftsbetrieben einen wichtigen Teil des Studiums an dieser Akademie bilden sollte. Aussicht auf Erfolg hatte dieser Vorschlag aber nur unter der Voraussetzung, dass sich Land und Stadt an den Kosten der von ihnen gewünschten Kunsthochschule beteiligten.
Nach intensiven Verhandlungen kam auf politischer Ebene im April 1971 eine Einigung zustande. Dass die Stadt Linz und das Land Oberösterreich dem Bund je ein Sechstel des finanziellen Aufwandes für die Kunsthochschule zu ersetzen habe, wurde im Bundesgesetz über die Errichtung der Hochschule für künstlerische und industrielle Gestaltung in Linz (BGBl. Nr. 251/1973) festgeschrieben, das der Nationalrat am 9. Mai 1973 beschloss. Obgleich die finanzielle Beteiligung am Betrieb der Linzer Kunstuniversität gesetzlich verankert ist, suchten die Stadt Linz und das Land Oberösterreich seit Mitte der 1980er Jahre wiederholt die Entlassung aus dieser Verpflichtung zu erreichen. Den Entwicklungsmöglichkeiten (auch in baulicher Hinsicht) der jüngsten Kunstuniversität Österreichs waren aber schon zuvor enge Grenzen gesetzt, weil Stadt und Land praktisch von Beginn an danach strebten, die zu leistenden Beiträge möglichst gering zu halten.

1.4.3.4 Steiermark, Graz und Leoben / Burgenland

Nach 1945 waren auch in der Steiermark Landespolitiker darum bemüht, den verloren gegangenen Hochschulstatus für die wieder als Konservatorium tätige Grazer Musiklehranstalt zu erwirken. Vom Bund war die Errichtung einer Akademie für Musik und darstellenden Kunst in Graz, so wie in Salzburg, jedoch von der finanziellen Beteiligung des Landes bzw. der Landeshauptstadt abhängig gemacht worden, die Stadt Graz war dafür aber nicht zu gewinnen. Zu Beginn der 1960er Jahre zeichnete sich jedoch zwischen dem Bund und dem Land eine Einigung ab; am 6. Mai 1963 wurde der Akademievertrag unterzeichnet, in dem sich das Land Steiermark dazu verpflichtete, künftig ein Drittel der anfallenden Kosten der Grazer Kunstakademie zu übernehmen.
Das Land versuchte schon zu Beginn der 1970er Jahre sich durch Abschlagszahlungen freizukaufen; 1973 wurden zum Beispiel rund (ATS) 370 Millionen geboten.[13] Begründet wurde der Wunsch, den Akademievertrag zu beenden, damit, dass zum Zeitpunkt des Vertragsabschlusses die rasante Entwicklung der Akademie sowohl in personeller als auch in räumlicher Hinsicht nicht absehbar war. Diese Ausstiegsversuche scheiterten aber an der rigiden Haltung des Finanzministeriums, das Abschlagszahlungen in einer Höhe verlangte, die für das Land Steiermark völlig inakzeptabel waren. Das Land stellte zu Beginn der 1980er Jahre die Zahlungen ein, was zu einer Klage durch den Bund führte, der 1989 ein Verfahren vor dem Obersten Gerichtshof gewann. In der Folge überwies das Land dem Bund (ATS) 188 Millionen, eine etwas geringere Summe blieb vorerst offen.
Die Steiermärkische Landesregierung suchte damals – allerdings ohne Erfolg – eine Umwandlung des Akademievertrages in einen Vertrag über ein «Steirisches Hochschul-Sonderbauprogramm» zu erreichen, das ein Neubauvolumen von rund (ATS) 4,1 Milliarden umfassen sollte.[14] 1990 bot das Land für den Ausstieg aus dem Akademievertrag mehr als 1,6 Milliarden mit der Auflage, die Geldmittel für den Bundeshochbau, insbesondere den Universitätsbau in der Steiermark, heranzuziehen. Das Finanzministerium hielt aber einen Betrag von 4,5 Milliarden für angemessen. Schließlich klagte das Land den Bund, und der Oberste Gerichtshof gab 1993 unter Hinweis auf § 2 Finanzverfassung, wonach jede Gebietskörperschaft finanziell für all jene Angelegenheiten aufzukommen hat, die in ihre verfassungsmäßige Zuständigkeit fallen, und das Universitätswesen ist zur Gänze Bundessache, dem Land recht. Abweichungen von § 2 Finanzverfassung können nur durch ein Gesetz und nicht durch eine vertragliche Verpflichtung, wie es der Akademievertrag darstellt, vorgenommen werden. Die Landesforderung aufgrund des OGH-Urteils betrug rund (ATS) 320 Millionen.
Danach gab das Land immer wieder zu verstehen, dass es an einer einvernehmlichen Einigung trotz OGH-Urteils interessiert wäre,[15] aber erst im Frühjahr 2001 konnte der gut drei Jahrzehnte dauernde Streit zwischen dem Bund

und dem Land Steiermark beendet werden. Auf politischer Ebene kam eine Einigung im Zusammenhang mit dem Bau des LKH Graz West zustande. Der Bund beteiligte sich mit 50 % an den Kosten der Errichtung dieses Standardkrankenhauses und verzichtete auf die Geltendmachung der Kompensandoeinrede einer vorliegenden Teilnichtigkeit, das Land Steiermark verfolgte dafür die klageweise geltend gemachten Rückforderungsansprüche aus dem Akademievertrag nicht weiter.[16] (2000 klagte nämlich das Land die von ihm geleisteten Zahlungen für die Jahre 1969 bis 1971 – rund (ATS) 25 Millionen – ein, um die dreißigjährige Verjährung zu vermeiden.)
Der durch die Haltung des Finanzministeriums heraufbeschworene «Akademievertrags-Streit» trug natürlich zur weiteren Verschlechterung der an sich schon problematischen Raumsituation der Grazer Kunstuniversität bei. Sie profitierte hingegen von der finanziellen Beteiligung des Landes Burgenland an der Errichtung einer Heimstätte für die 1965 gegründete Expositur Oberschützen, die seit 1982 im Kulturzentrum der Stadt untergebracht ist. Damit leistete das Land Burgenland einen wichtigen Beitrag zur Etablierung des einzigen Universitätsstandortes im östlichsten Bundesland.
Von der Kompromisslosigkeit des Finanzministeriums war letztlich die bauliche Entwicklung sämtlicher steirischer Universitäten betroffen, da sie das vorgeschlagene Steirische Hochschul-Sonderbauprogramm verhinderte, an dem sich das Land Steiermark mit einem großzügigen finanziellen Beitrag beteiligen wollte. Damals sollten davon vor allem zwei längst baureife Projekte der Universität Graz (Institutsgebäude «Schubertstraße 51» und RESOWI-Zentrum) profitieren. Obwohl diese Pläne verworfen werden mussten, leisteten hochrangige steirische Landespolitiker durch ihr entschiedenes Eintreten für das Projekt RESOWI-Zentrum einen wichtigen Beitrag zur Realisierung dieses Großbauvorhabens, das von der Rechtswissenschaftlichen und der Sozial- und Wirtschaftswissenschaftlichen Fakultät 1996 bezogen werden konnte.
Der Entwicklung der Medizinischen Fakultät der Universität Graz waren die jahrzehntelangen mühsamen Verhandlungen zwischen dem Land und dem Bund nicht förderlich, welche die finanzielle Beteiligung des Bundes an der Modernisierung des LKH Graz zum Gegenstand hatten. 1995 einigten sich die beiden Gebietskörperschaften darauf, jeweils 50 % der damals auf knapp (ATS) 9,5 Milliarden geschätzten Errichtungskosten für das Großprojekt «LKH Graz 2000» zu übernehmen. Als Bauherr ist die 1985 gegründete Steiermärkische Krankenanstalten-Gesellschaft (KAGes) für die Umsetzung des noch nicht abgeschlossenen Projekts verantwortlich, das die Arbeitsbedingungen der heutigen Medizinischen Universität Graz deutlich verbessert.
In der Obersteiermark förderte die Stadt Leoben die Entwicklung «ihrer» Universität durch die Schenkung jenes Baugrundes, auf dem in den 1960er Jahren der Bund einen Gebäudekomplex errichtete, der wesentlich zum Aufschwung der Montanuniversität Leoben beitrug. Die Stadt hatte auch schon den Baugrund für das 1910 bezogene Hauptgebäude bereitgestellt.

1.4.3.5 Tirol und Innsbruck / Vorarlberg

Im Zweiten Weltkrieg wurde das Landeskrankenhaus Innsbruck schwerst beschädigt; kein einziges Gebäude auf dem Klinikareal, das sich in unmittelbarer Nachbarschaft zum Hauptstandort der Universität Innsbruck befindet, war unversehrt geblieben. Für das Land Tirol bildete der Wiederaufbau des LKH eines der wichtigsten Großprojekte, da nur mit einem funktionstüchtigen Großspital in Innsbruck die medizinische Versorgung des Landes und großer Teile Westösterreichs sichergestellt werden konnte. Da das LKH auch die Heimstätte der Universitätskliniken ist, profitierte die Medizinische Fakultät von den ersten baulichen Maßnahmen, die nach 1945 in Innsbruck gesetzt wurden.
Um den Wiederaufbau in Angriff nehmen zu können, war zuvor aber die Frage nach den Besitzverhältnissen und der Beitragsverpflichtung zu klären, was zu langwierigen Verhandlungen zwischen dem Land Tirol, der Stadt

Innsbruck und dem Bund führte. Der Übergabevertrag vom 26. April 1948 sah unter anderem die unentgeltliche Übergabe der Spitalliegenschaften mit fester Zweckbestimmung an das Land vor, das als Spitalserhalter dann den größten Teil jener Kosten trug, die für den Wiederaufbau notwendig waren. Das Land Tirol verpflichtete sich, den Spitalsbetrieb des nun Allgemeinen öffentlichen Landeskrankenhauses unter Berücksichtigung der Unterrichtsbedürfnisse nach Maßgabe besonderer Vereinbarungen mit dem Unterrichtsministerium zu führen. 1991 übertrug es diese Agenden der privatrechtlichen Gesellschaft Tiroler Landeskrankenanstalten GmbH (TILAK).
Bereits 1972 hatten der Bund und das Land eine Rahmenvereinbarung beschlossen, in der sich der Bund dazu verpflichtete, bei Bau- und Ersteinrichtungskosten von Universitätskliniken dem Land 40 % der Gesamtkosten zu ersetzen. (Dies geschah in Hinblick auf die Realisierung des Großprojekts Frauen- und Kopfklinik, die nach vielen Schwierigkeiten aber erst in der ersten Hälfte der 1980er Jahre errichtet werden konnte. Der Verteilungsschlüssel 40:60 kam schon beim Bau der Chirurgie in den 1960er Jahren zur Anwendung.) 1981 erneuerte man diese vertragliche Vereinbarung. Die Sanierungen bzw. Adaptierungen an bestehenden Gebäuden werden im Verhältnis 18:82 geteilt; dieser Verteilungsschlüssel war bereits 1950 festgelegt worden.[17] (Künftig werden auch in Innsbruck die Errichtungskosten bei Bauvorhaben, die Universitätskliniken zugute kommen, zwischen Land und Bund geteilt werden; dieser Verteilungsschlüssel kam in Wien und später auch in Graz zur Anwendung.) Von diesen Vereinbarungen ausgenommen sind natürlich die vorklinischen Institute, für deren räumliche Versorgung der Bund alleine zuständig ist.
Über diese Kooperation hinaus hat das Land Tirol zusammen mit der Stadt Innsbruck wesentlichen Anteil daran, dass der Ausbau der Universität Innsbruck in den vergangenen 40 Jahren höchst beachtlich war. In diesem Zusammenhang ist vor allem die Gründung der Fakultät für Bauingenieurwesen und Architektur anzusprechen, die jedoch einen Kompromiss darstellte, denn die beiden genannten Gebietskörperschaften hatten eigentlich die Gründung einer Technischen Hochschule in Innsbruck angestrebt.
Mehrere Anläufe, auch in Tirol eine technische Ausbildung zu ermöglichen, waren bereits in der ersten Hälfte des 20. Jahrhunderts unternommen worden. Nach dem Zweiten Weltkrieg hatte man an der Universität Innsbruck Kurse aus technischen Fächern angeboten, die den Abschluss der ersten Staatsprüfung des Bauingenieurwesens ermöglichen sollten. Proteste der Technischen Hochschulen Wien und Graz veranlassten das Unterrichtsministerium, diese Kurse 1947 wieder einzustellen. Damit teilte Innsbruck das Schicksal von Linz, wo man ebenfalls ohne Erfolg die Errichtung einer Technischen Hochschule anstrebte.
Den entscheidenden Vorstoß, der zwar nicht zur Errichtung der gewünschten Technischen Hochschule, sondern eben zur Gründung einer Technischen Fakultät führte, hatte das Land Tirol im Jahre 1963 anlässlich der 600-Jahr-Feier «Tirol bei Österreich» unternommen. Begünstigt wurde diese Fakultätsgründung zweifellos durch den Ausbau der Linzer Hochschule für Sozial- und Wirtschaftswissenschaften, der man im Sommer 1965 eine Technisch-Naturwissenschaftliche Fakultät angegliederte hatte. In Linz wurden nicht zuletzt aufgrund der dort ansässigen Industrie und Wirtschaft Schwerpunkte in den Bereichen Chemie, Physik und Mathematik gesetzt, für Innsbruck sah man hingegen Architektur und Bauingenieurwesen vor. Im Mai 1966 stand fest, dass sowohl das Land Tirol als auch die Stadt Innsbruck je (ATS) 100 Millionen für dieses Projekt zur Verfügung stellen und die Haftung für je 50 Millionen übernehmen würden. Nachdem die nötigen Beschlüsse des Landes und der Stadtgemeinde vorlagen, verabschiedete der Nationalrat am 15. Juli 1966 ein Bundesgesetz (BGBl. Nr. 181/1966), mit dem ein Fonds zur Förderung der Errichtung einer Fakultät für Bauingenieurwesen und Architektur an der Universität Innsbruck geschaffen wurde; an der neu gegründeten Fakultät sollten den ursprünglichen Plänen gemäß 1.200 Hörer betreut werden. Die finanziellen Mittel zur Erfüllung der sich aus dem Gesetz ergebenden Verpflichtungen des Innsbrucker Universitätsfonds brachten je zur Hälfte das Land Tirol und die Stadt Innsbruck auf.
Mit der Gründung einer Technischen Fakultät an einer «klassischen» Universität schuf man in Österreich ein «absolutes Novum», das letztlich die Verwirklichung einer um 1900 verfolgten Idee bedeutete, «die mit Nachdruck auf die Zusammenführung von theoretischer und angewandter Wissenschaft im Bereich der

Hochschulen hindrängte, indem sie die Vereinigung der Universitäten mit den ‹Fachhochschulen› forderte.»[18] In einem zwischen dem Fonds, dem Land Tirol, der Stadt Innsbruck und dem Bund abgeschlossenen Vertrag (27. Dezember 1967 und 4. Juli 1968) wurde vereinbart, dass die Gesamtanlage der Baufakultät nach ihrer Fertigstellung unentgeltlich in das Eigentum des Bundes übergeht.[19] Im Jubiläumsjahr 1969, in dem die Universität Innsbruck ihren dreihundertjährigen Bestand feierte, konnten bereits große Teile der Technischen Fakultät ihren Betrieb im Stadtteil Hötting aufnehmen. Über die gesetzlich festgeschriebenen Verpflichtungen hinaus übernahm der Innsbrucker Universitätsfonds außerdem die Planung und Bauausführung des universitären EDV-Zentrums, das 1971 auf dem Areal der Baufakultät errichtet wurde.

In einem anderen Fall führten Initiativen des Landes Tirol und seiner Hauptstadt jedoch nicht zum gewünschten weiteren Ausbau der Universität Innsbruck. Infolge des Lehrermangels im Fach Musikerziehung an höheren Schulen hatte man Mitte der 1970er Jahre die Eingliederung der Musikerziehung angeregt, doch das Wissenschaftsressort entschied sich 1981 für die Errichtung einer Expositur der Salzburger Kunsthochschule in der Tiroler Landeshauptstadt, die jedoch eng mit der Universität Innsbruck zusammenarbeiten sollte.

In zwei weiteren Fällen leisteten das Land Tirol und die Stadt Innsbruck wichtige Beiträge zur Realisierung von Universitätsbauten. Die beiden Gebietskörperschaften förderten das Institut für Botanik, indem sie der Universität bereits 1930 und dem Bund 1964 Grundstücke am Patscherkofel schenkten, wo 1935 ein Alpenpflanzengarten angelegt und zu Beginn der 1990er Jahre ein Laborgebäude errichtet wurde. Verdienstvoll ist auch ihr finanzieller Beitrag zur Erweiterung des Universitätssportzentrums in der Höttinger Au, die zu Beginn des 21. Jahrhunderts erfolgte. Das Land Tirol übernahm zudem die Hälfte jener Errichtungskosten, die für die räumliche Versorgung des universitären Brenner-Archivs aufzubringen waren, das seit 1997 auf dem Dach eines ehemaligen Studentenheimes thront.

Mit der Frage, in welcher Form das westlichste Bundesland in das österreichische Universitätswesen eingebunden werden könnte, befasste sich seit Mitte der 1970er Jahre ein Vorarlberg-Ausschuss der Rektorenkonferenz. Die Gründung einer weiteren Universität stand nie ernsthaft zur Diskussion, weswegen man die Ansiedlung von Lehr- und Forschungsinstituten schon bestehender Universitäten vorschlug. In diesem Zusammenhang sind die Einrichtung des Fernstudienzentrums Bregenz der Universität Linz und die Gründung des Landesbildungszentrums Schloss Hofen in Lochau am Bodensee zu sehen, wo postuniversitäre Fortbildung ermöglicht wird.

Aufgrund der traditionsreichen Textilindustrie in Vorarlberg war schon früh daran gedacht worden, eine Einrichtung zu schaffen, die in diesem Bereich Impulse setzen kann. Im Juni 1982 gründete man schließlich das Forschungsinstitut Textilchemie und Textilphysik der Universität Innsbruck, das an der Bundeslehr- und Versuchsanstalt für Textilindustrie in Dornbirn eingerichtet wurde. Einen Trägerschaftsvertrag schlossen der Bund, die Universität Innsbruck, das Land Vorarlberg und der Verein zur Förderung der Forschung und Entwicklung der Textilwirtschaft, in dem die beiden letztgenannten Vertragspartner sich dazu verpflichteten, dass ein jährliches Auftragsvolumen von (ATS) 1 Million erreicht wird.[20] Das Forschungsinstitut wurde 1999 zum Institut für Textilchemie und Textilphysik, das man der Naturwissenschaftlichen Fakultät angegliederte.

In Vorarlberg wünschte man außerdem die Ansiedlung eines medizinischen Instituts, wobei auch an die Gründung eines interuniversitären Instituts für Biomedizinische Technik gedacht wurde. Im Dezember 1980 empfahl der Akademische Senat die Errichtung eines Forschungsinstituts für Drogenprophylaxe in Vorarlberg, das 1982 gegründet[21] und 1990 in Forschungsinstitut der Universität Innsbruck für die Prophylaxe der Suchtkrankheiten umbenannt wurde. Diese Einrichtung ist im Krankenhaus der Stiftung Maria Ebene in Frastanz bei Feldkirch untergebracht. Vom Nahverhältnis zwischen dem Land Vorarlberg und der Universität Innsbruck zeugt auch die vom westlichsten Bundesland 1987 erklärte Bereitschaft, einen finanziellen Beitrag zur Errichtung des Fakultätsgebäudes für die Sozial- und Wirtschaftswissenschaften leisten zu wollen.

1.4.3.6 Kärnten und Klagenfurt

Der Wunsch, eine Universität in Kärnten zu errichten, reicht bis in die zweite Hälfte des 16. Jahrhunderts zurück. Eine Form «universitätsähnlichen Lebens» bot damals das Collegium sapientiae et pietatis in Klagenfurt, dessen Anfänge sich bis 1552 zurück verfolgen lassen. Für diese Lehranstalt ließen die evangelischen Landstände ein Schulgebäude (die heutige «Burg» an der Ecke Bahnhofstraße-Burggasse) errichten, das 1586 fertig gestellt wurde. Diesem ersten Streben nach einer Hohen Schule in Kärnten setzte jedoch die Gegenreformation ein Ende. Aus der zu Beginn des 17. Jahrhunderts errichteten Jesuitenschule in Klagenfurt ging dann auch keine Universität hervor, obgleich ihre Organisation der 1586 gegründeten Universität Graz ähnlich war. Im letzten Drittel des 18. Jahrhunderts verband man gewisse Hoffnungen mit dem 1773 gegründeten Lyzeum, an dem auch ein medizinisch-chirurgisches Studium möglich war, doch diese Bildungsstätte musste bereits zu Beginn des 19. Jahrhunderts aufgrund wirtschaftlicher Schwierigkeiten und infolge der Napoleonischen Kriege ihren Lehrbetrieb einstellen. Gegen Mitte des 19. Jahrhunderts schien die Errichtung einer Bergakademie in Klagenfurt möglich, doch das zuständige Ministerium in Wien entschied sich für den Standort Leoben. Schließlich blieben auch späteren Bemühungen, eine Hochschule in Kärnten aufzubauen, der Erfolg versagt.[22]

Nach dem Zweiten Weltkrieg erhielten diese wiederaufgenommenen Bestrebungen wichtige Impulse durch die 1953 erstmals durchgeführten Kärntner Hochschulwochen. Diesbezüglich von entscheidender Bedeutung waren der 1964 gegründete Kärntner Universitätsbund (der heutige Förderverein der Universität Klagenfurt) und der 1965 errichtete Verein Kärntner Hochschulförderung, die den Plan zur Gründung einer «Spezialhochschule» in Klagenfurt stark forcierten. Anfänglich dachten diese Kreise an eine Hochschule für Welthandel,[23] im Unterrichtsministerium sah man damals jedoch Bedarf an einer Hochschule, deren Schwerpunkt auf dem Gebiet des Bildungswesens liegen sollte. Nachdem Landeshauptmann Hans Sima seine grundsätzliche Bereitschaft zur finanziellen Beteiligung am Aufbau einer Hochschule in Klagenfurt erklärt hatte, einigten sich die beiden Großparteien bereits im Juni 1966 darauf, dass auch Kärnten eine Hochschule erhalten solle.

Der Planungsausschuss der Rektorenkonferenz, der sich – allerdings in unzureichender Weise – dem Ausbau des österreichischen Universitätswesens widmete, war davon jedoch nicht in Kenntnis gesetzt worden, was natürlich einen scharfen Protest zur Folge hatte. In Hinblick auf die Klagenfurter Hochschulgründung beschloss der Planungsausschuss im April 1967: «Neugründungen von Hochschulen oder Fakultäten, soweit sie nicht schon von der Rektorenkonferenz gebilligt sind, sind solange abzulehnen, als die unbedingt erforderliche Erweiterung und Modernisierung der bestehenden Hochschulen und Akademien im Bau-, Sach- und Personalaufwand nicht gesichert sind. Unerläßliche Voraussetzung für jede Neugründung ist die Erstellung eines Generalplanes für die Entwicklung des österreichischen Hochschulwesens und die Festlegung einer Rangordnung im Einvernehmen mit der Rektorenkonferenz.»[24] (Bekanntlich strebte das Wissenschaftsressort diesen Hochschul-Gesamtplan bereits seit Ende der 1950er Jahre an, erfuhr dabei aber nicht jene Unterstützung der Universitäten und der Rektorenkonferenz, die für das Gelingen dieses Vorhabens notwendig gewesen wäre.) In weiterer Folge haben sich dann zahlreiche Mitglieder der Rektorenkonferenz vorübergehend für die Errichtung einer Wirtschaftshochschule in Klagenfurt ausgesprochen und unterstützten damit den entsprechenden Vorschlag von Hans Krasensky, damals Prorektor der Hochschule für Welthandel Wien, der schon im Auftrag des Vereines Kärntner Hochschulförderung ein entsprechendes Memorandum verfasst hatte.

Hinsichtlich der grundsätzlichen Ausrichtung der in Aussicht gestellten Spezialhochschule akzeptierten schließlich die Kärntner Vertreter den Standpunkt des Unterrichtsministeriums, das in der Phase des expansiven Ausbaues der allgemeinbildenden höheren Schulen (an welchen man entsprechend ausgebildete Lehrende benötigte) einen Schwerpunkt im Bereich der Bildungswissenschaften setzen wollte, zumal 1962 in Linz eine Hochschule für Sozial- und Wirtschaftswissenschaften gegründet worden war. An der Klagenfurter Hochschule sollten Ziel und Inhalt dessen, was im Allgemeinen unter Bildung verstanden wird, neu bestimmt und die traditionellen Auffassungen von Bildung auf ihren gesellschaftlichen Bezug geprüft und aktualisiert werden. Mit der geforderten Bestimmung neuer Bildungsziele wurde außerdem die Aufgabe verbunden, adäquate Methoden zur Vermittlung dieser Ziele zu entwickeln. Gemäß den Vorstellungen des Wissenschaftsressorts sollten die Ergebnisse der skizzierten bildungswissenschaftlichen Forschung unmittelbar in die Praxis umgesetzt und an dieser erprobt werden.[25] Durch diese Hochschulgründung wurde im Bereich der Pädagogik und der Lehrerausbildung eine Modernisierung angestrebt, denn neue Lehrauffassungen und -praktiken waren damals an den bestehenden Universitäten von konservativen Kräften größtenteils noch ignoriert worden.

Gegen Ende der ÖVP-Alleinregierung Klaus (II) beschloss der Nationalrat am 21. Jänner 1970 das Bundesgesetz über die Gründung der Hochschule für Bildungswissenschaften in Klagenfurt (BGBl. Nr. 48/1970). Im Rahmen des Gründungsgesetzes wurde auch der Klagenfurter Hochschulfonds geschaffen, den das Land Kärnten und die Stadt Klagenfurt bildeten. Der Fonds hatte die für die Hochschule benötigten Grundstücke zu organisieren und darauf die erste Ausbaustufe für rund 1.200 Hörer zu realisieren. Die Stadt Klagenfurt und das Land Kärnten beteiligten sich daran mit jeweils (ATS) 75 Millionen. Für den weiteren Ausbau der Hochschule – als Ziel waren 4.000 immatrikulierte Hörer genannt worden – verpflichtete sich der Bund im Rahmen der Notwendigkeit und der staatsfinanziellen Möglichkeiten zu sorgen.[26] An einer Tagung, welche die Finanzierung der geplanten Hochschule zum Thema hatte, schloss im März 1969 ein Vertreter der Stadt Klagenfurt jedoch nicht aus, dass sich die Stadt und das Land Kärnten auch am weiteren Ausbau der Hochschule finanziell beteiligen könnten.[27] Die 1970 begonnene Errichtung der ersten Ausbaustufe wurde im Sommer 1977 abgeschlossen.

Die vom damaligen Unterrichtsministerium mit großem Nachdruck geforderte bildungswissenschaftliche Ausrichtung wäre der Universität Klagenfurt Mitte der 1980er Jahre beinahe zum Verhängnis geworden. Da der großen Zahl von Absolventen der Lehramtsstudien immer weniger freie Dienststellen gegenüberstanden, dachte das Wissenschaftsressort ernsthaft daran, die Universität Klagenfurt wieder aufzulösen. Aus der geführten Grundsatzdiskussion ging jedoch die Universität als «Siegerin» hervor, die den Ausbau von wirtschaftswissenschaftlichen Studien forciert hatte; 1993 wurde eine Fakultät für Wirtschaftswissenschaften und Informatik eingerichtet. Den Fortbestand der Universität Klagenfurt begünstigte zweifellos auch der Umstand, dass sich ebenfalls im Jahre 1993 (nach jahrelangen Verhandlungen) das Land Kärnten dazu bereit erklärte, den aufgrund der herrschenden Raumknappheit längst überfälligen Ausbau der Universität finanziell zu unterstützen. Die Landesregierung beschloss im April 1997, dass das Land 30 % der Gesamtkosten des Erweiterungsbaues übernimmt, wobei davon ausgegangen wurde, dass der Bund 50 % und die Stadt Klagenfurt 20 % der mit (ATS) 360 Millionen als unüberschreitbare Höchstgrenze festgelegten Gesamtkosten tragen. Die Kärntner Landeshauptstadt bestätigte ihre Beteiligung an den Kosten im angegebenen Ausmaß erst im Oktober 1998.

Bereits im Juli dieses Jahres war ein Bundesgesetz über die bauliche Erweiterung der Universität Klagenfurt unter finanzieller Beteiligung des Landes Kärnten und der Stadt Klagenfurt (BGBl. Nr. 129/1998) verabschiedet worden. Schon im Herbst 2002, nach knapp zweijähriger Bauzeit, konnte der großzügige Erweiterungsbau bezogen werden. Da im Rahmen dieses Projekts auch Bereiche des Altbestandes saniert und adaptiert wurden, verbesserten sich die Arbeitsbedingungen an jener Universität deutlich, an der die Studierendenzahlen im Unterschied zu allen anderen wissenschaftlichen Universitäten auch noch in der zweiten Hälfte der 1990er Jahre stark angestiegen waren. Mit dieser Erweiterung des Studienangebotes kam Kärnten letztlich doch noch zu jenem wissenschaftlichen Schwerpunkt, den es schon Mitte der 1960er Jahre angestrebt hatte, wofür wiederum das Land Kärnten und die Stadt Klagenfurt wichtige Beiträge leisteten. – Das Land beteiligt sich außerdem an der Finanzierung des Sonnenobservatoriums Kanzelhöhe (bei Villach), das dem Institut für Geophysik, Astrophysik und Meteorologie der Universität Graz angegliedert ist.

1 Vgl. dazu: Walter Höflechner, Die Österreichische Rektorenkonferenz 1911–1938 / 1945–1969, Wien 1993, S. 214 [= Höflechner, 1993].
2 Vgl. dazu: BMWFK, GZ 30.720 / 4–9 ex 1996.
3 Vgl. dazu: BMBWK, GZ 30.923 / 3–Z / A / 10 ex 2001.
4 Vgl. dazu: Helmut Engelbrecht, Geschichte des österreichischen Bildungswesens, Bd. 5, Wien 1988, S. 331 [= Engelbrecht, 1988].
5 Vgl. dazu: Höflechner, 1993, S. 196f.
6 Vgl. dazu: Engelbrecht, 1988, S. 456.
7 Vgl. dazu: BMWF, GZ 32.709 / Raum ex 1973.
8 Vgl. dazu: Memorandum der Salzburger Landesregierung an die neue Bundesregierung, Salzburg im April 2000; in: BMBWK.
9 Vgl. dazu: Johann Drachsler (Red.), Die Johannes Kepler Universität Linz 1966–2000, Linz 1999, S. 16ff.
10 Vgl. dazu: Höflechner, 1993, S. 240.
11 Ebd., S. 288.
12 Vgl. dazu: BMWF, GZ 31.551 / Raum ex 1971.
13 Vgl. dazu: BMWF, GZ 31.928 / Raum ex 1973 und BMWF, GZ 30.946 / 7–9 ex 1985.
14 Vgl. dazu: BMWF, GZ 30.946 / 2–9 ex 1990.
15 Vgl. dazu: BMBWK, GZ 30.946 / 3–Z / A / 10 ex 2000.
16 Vgl. dazu: BMBWK, GZ 30.946 / 1–Z / A / 10 ex 2001.
17 Vgl. dazu: BMWF, GZ 30.105 / 14–9 ex 1981.
18 Vgl. dazu: Höflechner, 1993, S. 294.
19 Vgl. dazu: BMWF, GZ 304.114 / Raum ex 1970.
20 Vgl. dazu: BMWF, GZ 30.150 / 8–9 ex 1981.
21 Vgl. dazu: BMWF, GZ 30.151 / 4–9 ex 1982.
22 Vgl. dazu: Otto Drischel und Herbert Paulhart, Die Vollendung des ersten Teiles der Ausbaustufe der Universität für Bildungswissenschaften Klagenfurt (1973–1977), hg. vom BMWF, Wien 1977, S. 45.
23 Vgl. dazu: BMU, GZ 138.277 / I / 5 ex 1965.
24 Zitiert aus: Höflechner, 1993, S. 309.
25 Vgl. dazu: BMWF, GZ 31.678 / Raum ex 1971.
26 Vgl. dazu: BMU, GZ 143.668 / III / 4 ex 1969.
27 Vgl. dazu: BMU, GZ 60.619 / III / 4 ex 1969.

2 Die Organisation des Universitätsbaus

Bei der Organisation des Universitätsbaus können grundsätzlich vier große Bereiche unterschieden werden: die gesetzliche, die administrative, die bautechnische und die finanzielle Organisation. Auf der gesetzlichen Ebene sind das Bundesverfassungsgesetz, das Bundesministeriengesetz, das Bundeshaushaltsgesetz, das Bundesvergabegesetz und das Universitätsrecht von Bedeutung; die Entwicklung der raumrelevanten Bestimmungen in den universitären Organisationsgesetzen wird im Anschluss thematisiert.

Der finanziellen Organisation des Bundesbudgets gemäß, die dem institutionellen Prinzip folgt, wurde das Universitätsbaubudget bis zur Reform der staatlichen Bau- und Liegenschaftsverwaltung im Jahre 2000 beim Wirtschaftsressort (Kapitel 64) veranschlagt, das dadurch auch die politische Verantwortung für den Universitätsbau trug. Nicht das Wissenschaftsressort, sondern das Wirtschaftsressort hatte sich mit dem Finanzministerium (Budgetsektion) über die Höhe des Universitätsbaubudgets zu einigen. (Bei der funktionellen Gliederung des Bundesbudgets hätte das Wissenschaftsressort diese Verhandlungen geführt.) Ob der Mitteleinsatz für den Universitätsbau sachlich, d.h. wissenschaftsbezogen richtig erfolgt, hatte aber natürlich das Wissenschaftsressort zu entscheiden. Die Schwächen, die dieser Kompetenzverteilung eigen sind, konnten durch die Tätigkeit des Interministeriellen Komitees für Schulraumfragen (IKS) stark relativiert werden, das Vertreter der vorerst drei, dann vier mit dem Universitäts- und Schulbau befassten Bundesministerien bildeten. Das Wirken des IKS ist für die Entwicklung des Universitätsbaus deswegen höchst bedeutsam gewesen, weil dadurch jene Finanzierungs- und Projektabwicklungsmodelle, die Vertreter des Wissenschaftsressorts konzipiert hatten, etabliert werden konnten, die Wesentliches zur geglückten Reform der Bau- und Liegenschaftsverwaltung des Bundes beitrugen. Dieser Prozess, der sich über viele Jahre hinzog, war von einer intensiven, aber konstruktiven Diskussion mit der Grundsatzabteilung (der Präsidialsektion) und der Budgetsektion des Finanzministeriums geprägt, in der die Grenzen, die das Bundeshaushaltsrecht innovativen Lösungen anstehender Problemstellungen setzte, bis zum Äußersten gedehnt wurden. Mit der für Angelegenheiten des Wissenschaftsressorts zuständigen Abteilung der Budgetsektion führte von Anfang an auch die «Raumabteilung» Verhandlungen, da die Mietkosten für «Außenanmietungen» (Raumprovisorien), die aufgrund der Raumnot organisiert werden mussten, im Kapitel 14 veranschlagt waren. Diese Budgetverhandlungen umfassten später auch die Finanzierung jener universitären Bauvorhaben, deren Realisierung nicht in den Zuständigkeitsbereich des Wirtschaftsressorts fiel.

Die Entscheidung, welche wissenschaftlichen Fachbereiche ausgebaut werden, lag nicht im Kompetenzbereich der «Raumabteilung», die aufgrund dieser Entscheidungen aber die erforderlichen Raum- und Funktionsprogramme zu genehmigen hatte. Diese Programme bestimmten die Entwicklung der Universitäten maßgeblich, denn sie bildeten den Rahmen der künftigen Forschungs- und Lehrmöglichkeiten, deren Qualität wiederum die Leistungsfähigkeit der Universitäten stark beeinflusst. Die vom Wissenschaftsressort genehmigten Raum- und Funktionsprogramme dienten dem Wirtschaftsressort zur Einleitung der konkreten Architekturplanung. Für den Universitätsbau war in diesem Ressort eine Abteilung der Bundeshochbau-Sektion verantwortlich, die Bauabwicklung erfolgte durch die zuständigen Landesbaudirektionen.

Obwohl das Wissenschaftsressort für den Universitätsbau bis zum Wirksamwerden des Bundesimmobiliengesetzes 2000 nicht politisch verantwortlich war, setzte es jene Impulse, die die Entwicklung auf dem Gebiet des Universitätsbaus bestimmte. Federführend dabei war die «Raumabteilung», die sich – wegen der Neuheit der Aufgabenstellung – praktisch aus dem Nichts zu einer schlagkräftigen Organisationseinheit entwickelte. Nach der Gründung des Bundesministeriums für Wissenschaft und Forschung (1970) wurde sie zwar geteilt, blieb aber bis zur Wiedervereinigung des Unterrichts- und Wissenschaftsressorts personell vereint; d.h., dass nur der hierarchische Überbau aufgespalten war. Seit 2003 existieren zwei voneinander völlig unabhängige «Raumabteilungen», die aber derselben Sektion des Bundesministeriums für Bildung, Wissenschaft und Kultur angehören.

2.1 Die rechtlichen Grundlagen

Artikel 18 des Bundesverfassungsgesetzes (BGBl. Nr. 1/1930) bestimmt, dass die gesamte staatliche Verwaltung nur auf Grundlage von Gesetzen durchgeführt werden kann. Diese Verfassungsbestimmung ist mit ein Grund dafür, dass alles und jedes gesetzlich geregelt werden muss, was wiederum zur Folge hat, dass das Bundesgesetzblatt (BGBl.) von Jahr zu Jahr an Umfang zunimmt und mit der Anzahl der Gesetze viele Jahrzehnte auch die zu deren Umsetzung notwendige Beamtenzahl. Da verfassungsgemäß die Erhaltung der (staatlichen) Universitäten in den Zuständigkeitsbereich des Bundes fällt, galt es auch die Organisation der Universitäten und die Studien gesetzlich zu regeln; die entsprechenden Gesetze und Verordnungen wurden jeweils durch Novellen ergänzt und modifiziert. Obgleich Raum eine der grundlegendsten Voraussetzungen für die Entfaltung des Universitätswesens ist, fehlen bis heute gesetzliche Bestimmungen, die grundlegende Fragen zur Raumbeschaffung und -nutzung befriedigend beantworten könnten.

Vordergründig erscheint dies als Nachteil, doch aufgrund der Komplexität, die den Universitätsbau auszeichnet, erwies sich das Fehlen entsprechender rechtlicher Grundlagen als großer Vorteil, da so der Handlungsspielraum des Wissenschaftsressorts recht weit war, wodurch Schwierigkeiten überwunden werden konnten, die unter anderem durch die Kompetenzverteilung verursacht wurden. Vor der tiefgreifenden Reform der Bau- und Liegenschaftsverwaltung des Bundes im Jahre 2000 war das Wissenschaftsressort zwar für die zu realisierenden Raum- und Funktionsprogramme verantwortlich, doch der Universitätsbau als Teil des Bundeshochbaus fiel grundsätzlich in den Zuständigkeitsbereich des Wirtschaftsressorts, das bei Budgetverhandlungen mit dem Finanzministerium die Interessen des Wissenschaftsressorts zu vertreten hatte. Die aufgrund des Fehlens gesetzlicher Bestimmungen gegebene Gestaltungsfreiheit ermöglichte auch die Entwicklung von Finanzierungs- und Projektabwicklungsmodellen, die schließlich zur Überwindung der traditionellen Organisationsform des vom Wirtschaftsressort betreuten Universitätsbaus führten. Außerdem erleichterte sie die Zusammenarbeit mit den Universitäten, Ländern und Städten, die den Universitätsbau maßgeblich beeinflussten. Diese Gestaltungsfreiheit machte den Weg einer flexiblen und pragmatischen Bedarfserfüllung gangbar, der den Universitätsbau in der Zweiten Republik bislang prägte.

2.1.1 Die Entwicklung der raumrelevanten Gesetzeslage – das Schweigen des Gesetzgebers

Obwohl Raum eine der grundlegendsten Voraussetzungen für die Entwicklung der Universitäten ist, finden sich erst im UOG 1975 raumrelevante Ausführungen, die jedoch sehr allgemein gehalten wurden. Vergleichbares sucht man im Kunstakademiegesetz 1948, HOG 1955, Akademie-Organisationsgesetz 1955 und KHOG 1970 vergeblich. Nur im AHStG 1966 wurde die Raumthematik tangiert, da im § 44 die zu erwartende Zahl an Studierenden als eine entscheidende Orientierungsgröße der Hochschulplanung bestimmt wurde. Damit hatte man indirekt den durch die Hörerzahlen bedingten Raumbedarf angesprochen, der den Universitätsbau bislang stark beeinflusste.

Der Umfang des Universitätsbaus ist abhängig von der Höhe des Baubudgets, das bis ins Jahr 2000 den Gegenstand von Verhandlungen zwischen dem Wirtschaftsressort und dem Finanzministerium bildete. Das Verhandlungsgeschick des Wirtschaftsressorts bestimmte somit wesentlich den Aktionsradius des Wissenschaftsressorts. (Dabei ist zu bedenken, dass der Universitätsbau im Zeitraum von 1914 bis 1954 stagnierte, wodurch auf diesem Gebiet ein enormer Nachholbedarf gegeben war.) Das Wissenschaftsressort war deswegen vor allem darum bemüht, die Finanzierung des Universitätsbaus gesetzlich zu verankern. Bereits in der zweiten Hälfte der 1950er Jahre regte das damalige Unterrichtsministerium die Einrichtung eines Fonds an, dessen Mittel vornehmlich den

wissenschaftlichen Universitäten und den Kunstuniversitäten zugute kommen sollten. Von diesem Fonds hätten aber auch jene Schulen profitiert, deren Absolventen zum Universitätsstudium berechtigt waren. Die Bemühungen des Unterrichtsministeriums führten zur Ausarbeitung des Schulbautenfondsgesetzes (BGBl. Nr. 246/1960), das der Nationalrat am 29. November 1960 verabschiedete.
Der Schulbautenfonds sollte mit mindestens (ATS) 2,1 Milliarden dotiert werden, die für Neubauten, Instandsetzungen und -haltungen sowie den Ankauf von geeigneten Liegenschaften gedacht waren. Das Finanzministerium war dazu ermächtigt, diese Summe durch die Aufnahme von Anleihen aufzubringen. (Die Fondsmittel sollten außerdem durch «Zuschüsse» des Bundes und durch «sonstige Einnahmen» erhöht werden.) Der Schulbautenfonds wäre vom Finanzministerium verwaltet worden, über die Vergabe von Fondsmittel hätte eine von den Bundesministern für Finanzen, für Handel und Wiederaufbau und für Unterricht gebildete Kommission entschieden. Hierfür wären gemeinsame Anträge des Wissenschafts- und des Wirtschaftsressorts nötig gewesen, die zuvor ein Beirat begutachten sollte. Die (sechs) Mitglieder des Beirats hätte die Bundesregierung «unter Berücksichtigung des Kräfteverhältnisses der im Hauptausschuß des Nationalrates vertretenen Parteien» bestellt. Gegen diese politische Einflussnahme, die unter § 5 Abs. 2 festgeschrieben wurde, wehrte sich der langjährige Wirtschaftsminister Fritz Bock vehement, weswegen das Schulbautenfondsgesetz keine Wirksamkeit entfalten konnte. Dies kam dem Finanzministerium gelegen, da die Finanzierung des Universitätsbaus somit weiterhin in seinem Ermessensbereich blieb. (Gemäß § 9 wurde der Schulbautenfonds am 1. Jänner 1983 aufgelöst.) Auf die Entwicklung des Universitätsbaus wirkte sich dieses Scheitern natürlich äußerst negativ aus. Bereits im Herbst 1963 musste der Nationalrat ein Budgetüberschreitungsgesetz (BGBl. Nr. 250/1963) «zur Behebung des Notstandes der wissenschaftlichen Hochschulen und Kunstakademien» beschließen. Diese Praxis setzte sich fort, wobei später zwischen Budgetüberschreitungsgesetzen und Budgetumschichtungsgesetzen differenziert wurde.
Mit dem Schulbautenfonds war aber nicht der Fondsgedanke an sich gescheitert. Durch den Beschluss der Bundesgesetze zur Errichtung der Hochschule für Sozial- und Wirtschaftswissenschaften Linz (1962), der Fakultät für Architektur und Bauingenieurwesen der Universität Innsbruck (1966) und der Hochschule für Bildungswissenschaften Klagenfurt (1970) waren Fonds gegründet worden, die über Mittel verfügten, die von den Ländern und Städten bereitgestellt wurden. Der Linzer und Klagenfurter Hochschulfonds sowie der Innsbrucker Universitätsfonds waren auch für die Projektabwicklung verantwortlich, was sie zu den ersten Bauträgern machte, die in der Zweiten Republik Großprojekte außerhalb des vom Wirtschaftsressort betreuten Universitätsbaus realisierten.
Dass die Errichtung (oder Auflassung) von Universitäten, deren Standorte und Organisation durch Bundesgesetze zu regeln sind, schrieb der Gesetzgeber im UOG 1975 (§ 2 Abs. 1) fest. Außerdem wurde unter § 4 Abs. 6 erstmals die Problematik der Raumbeschaffung thematisiert: «Den Universitäten werden zur Erfüllung ihrer Aufgaben vom Bundesminister für Wissenschaft und Forschung Grundstücke, Gebäude und Räume zugewiesen.» Dieses Bundesvermögen wurde aber vom Wirtschaftsressort verwaltet, das gewissermaßen das Wissenschaftsressort ausstattete. Nach welchen Grundsätzen dies zu geschehen habe, wurde jedoch nie gesetzlich geregelt. Zuweisungen fanden im so genannten Ermessensbereich statt. Vom Gesetzgeber wurde den Universitäten hinsichtlich der Nutzung der Grundstücke, Gebäude und Räume Autonomie zuerkannt; im UOG 1975 (§ 4 Abs. 6) steht dazu: «Diese können auch im Hinblick auf die mit ihnen fest verbundenen Einrichtungen bestimmten Universitätszwecken gewidmet werden. Ein Widerruf der Zuweisung ist nach Anhörung oder auf Antrag des obersten Kollegialorgans zulässig, wenn eine andere Verwendung in höherem Maße den Interessen des Bundes entspricht.» Dadurch wurden jedoch nicht die verwaltungstechnisch bedeutsamen Fragen geklärt, wie und in welcher Form die Universitäten in das Nutzungsrecht der Räumlichkeiten und Liegenschaften gelangen. Wie lang das Wissenschaftsressort in Vertretung des Bundes verfügungsberechtigt ist und wann die Universitäten ihr autonomes Nutzungsrecht anwenden können, blieb der Verwaltungspraxis überlassen.
Ebenso wenig gab und gibt es rechtliche Bestimmungen über den Werdegang eines universitären Bauvorhabens. Wer soll antragsberechtigt sein? Wer beurteilt Anträge und Wünsche? Wie werden Dringlichkeiten festgestellt? Diese Problemkreise suchte das Wissenschaftsressort Ende der 1980er Jahre zu lösen. Damals nahm man die Ent-

wicklung eines Verfahrens, dem ein Raumbedarfsberechnungsmodell zugrunde lag, in Angriff, mit dessen Hilfe die Frage beantwortet werden sollte, wie vom Wissenschaftsressort konkurrierende Raumwünsche der Universitäten in Abwägung ihrer Dringlichkeit zu behandeln seien. Der Versuch, eine Objektivierung der Prioritätensetzung herbeizuführen, scheiterte Mitte der 1990er Jahre endgültig. Im UOG 1993 (§ 17 Abs. 1) nahm der Gesetzgeber aber noch auf dieses Objektivierungsverfahren Bezug: «Jede Universität hat unter Ausweisung von Prioritäten regelmäßig Berechnungen des zur Erfüllung ihrer Aufgaben längerfristig erforderlichen Personal-, Raum-, Anlagen- und Aufwandbedarfes (Bedarfsberechnungen) zu erstellen. Die Bedarfsberechnungen sind zu begründen und mit mehrjährigen Realisierungs- und Budgetplänen zu ergänzen. An jeder Universität ist eine Kostenrechnung einzuführen. Der Bundesminister für Wissenschaft und Forschung hat das bei der Erstellung von Bedarfsberechnungen anzuwendende Verfahren sowie die Grundsätze der Kostenrechnung einheitlich für alle Universitäten durch Verordnungen festzulegen. Der Rektor hat dem Senat zur Entscheidungsvorbereitung für die Beschlußfassung über die Bedarfsberechnungen eine Vorlage auszuarbeiten.»

Aufgrund der gestärkten Universitätsautonomie waren die raumrelevanten Ausführungen des UOG 1975 nicht mehr ins UOG 1993 übertragen worden. Im UOG 1993 steht unter § 2 Abs. 2: «(Verfassungsbestimmung) Die Universitäten sind im Rahmen der Gesetze und Verordnungen sowie nach Maßgabe der Budgetzuweisungen gemäß § 17 Abs. 4 zur weisungsfreien (autonomen) Besorgung ihrer Angelegenheiten befugt.» Damit wurde der Rektor unter anderem auch verantwortlich dafür, dass den universitären Einrichtungen – unter Beachtung des Budgetantrages – die zur Erfüllung ihrer Aufgaben erforderlichen Räume zur Verfügung gestellt werden. Für diesen Zweck können seitdem von den Universitäten selbständig Räumlichkeiten angemietet werden. Dies gilt auch für die Vermietung von Räumlichkeiten an Dritte. («Entgelte für die Benützung von Räumen und Einrichtungen der Universität durch Außenstehende sind im Sinne des § 17 Abs. 5 des Bundeshaushaltsgesetzes zweckgebunden für die Erfüllung der Aufgaben der Universität gemäß § 1 Abs. 3 zu verwenden.») Im UG 2002 steht unter § 118: «Von der BIG oder von anderen Dritten angemietete Liegenschaften, Bauwerke und Räumlichkeiten, die kurzfristig nicht zu universitären Zwecken benötigt werden, dürfen an Dritte weitergegeben werden, soweit dies aufgrund des Mietvertrags und des Mietrechtsgesetzes zulässig ist.»

Eine Neuregelung der universitären Raumnutzung und Raumbeschaffung war mit dem Wirksamwerden des Bundesimmobiliengesetzes 2000 verbunden, durch das Bauten und Liegenschaften, die zuvor in der Verwaltung des Wirtschaftsressorts standen, ins Eigentum der Bundesimmobiliengesellschaft übertragen wurden. So ist die BIG zur Eigentümerin der meisten Universitätsgebäude geworden und übernahm damit auch die Verpflichtung zur Instandhaltung und Instandsetzung der Bauten. (Dazu war die BIG zuvor schon bei jenen Universitätsgebäuden verpflichtet, die in ihrem Fruchtgenuss standen.) Im UG 2002 wurde die Raumnutzung unter § 117 geregelt: «Die Universitäten sind insbesondere im Rahmen ihrer Mietrechte verpflichtet, für eine optimale Raumnutzung zu universitären Zwecken zu sorgen.»

Die Vollrechtsfähigkeit der Universitäten hatte wiederum zur Folge, dass für das Universitätspersonal nun das Arbeitnehmerschutzgesetz gilt und somit auch das Arbeitsinspektionsgesetz zur Anwendung kommt. Obgleich das Bundesbediensteten-Schutzgesetz in den letzten Jahren dem Arbeitnehmerschutzgesetz angeglichen wurde, können die Universitäten die darin festgeschriebenen Standards noch nicht zur Gänze erfüllen, weswegen die baulichen Anforderungen des Arbeitnehmerschutzgesetzes insbesondere in Generalsanierungsplänen zu berücksichtigen sind. (Ein gesetzeskonformer Zustand soll bis Herbst 2013 erreicht werden.) Diese Thematik wird unter § 112 behandelt: «(1) Das Arbeitsinspektionsgesetz 1993 – ArbIG, BGBl. Nr. 27/1993 – gilt mit der Maßgabe, dass das Arbeitsinspektorat bei der Festlegung einer Frist zur Herstellung des rechtmäßigen Zustandes gemäß § 9 Abs. 1 ArbIG bestehende Generalsanierungspläne zu berücksichtigen hat. (2) Die Bundesministerin oder der Bundesminister hat im Einvernehmen mit den Universitäten bis Ende 2004 den erforderlichen Aufwand für den Generalsanierungsbedarf zu erheben.»

Durch die Neuausrichtung der 1992 gegründeten BIG, die man ebenfalls im Bundesimmobiliengesetz 2000 festschrieb, wurde ihr unter anderem auch die Bereitstellung von Raum für Bundeszwecke (allein oder gemeinsam mit Dritten) übertragen, doch im UG 2002 schwieg der Gesetzgeber wiederum zur Frage der Raumbeschaffung. Die Realisierung von benötigten Neubauten oder kostenintensiven Generalsanierungen wird weiterhin im Ermessensbereich des Bundes verbleiben, wobei künftig nicht mehr das Wirtschaftsressort, sondern das Bildungsressort gegenüber dem Finanzministerium die Bauinteressen der Universitäten vertreten wird. Da größere Bauvorhaben nicht aus dem zugewiesenen Globalbudget finanziert werden können, muss das Bildungsressort in Verhandlungen mit dem Finanzministerium die finanzielle Sicherstellung dieser Projekte erreichen, wobei es sich auf Leistungsvereinbarungen stützt, worin die Qualität des benötigten Raumes als Grundbedingung für die Erbringung der vereinbarten Leistungen dargestellt wird. Am Umstand, dass politische Entscheidungen den Umfang des Universitätsbaus bestimmen, wird sich dadurch jedoch nichts ändern. Das Baubudget wird somit weiterhin ein signifikanter Indikator des gesellschaftspolitischen Stellenwertes bleiben, den der Staat seinen Universitäten zuspricht.

Durch die erfolgte Reform der Organisationsform des Universitätsbaus steht einer positiven Entwicklung grundsätzlich nichts im Wege. Außerdem erweitert die Vollrechtsfähigkeit der Universitäten deren Handlungsspielraum in Raumangelegenheiten enorm und auch das Schweigen des Gesetzgebers zu diesen Fragen war bislang förderlich, da die dadurch geschaffene Gestaltungsfreiheit erst eine zielgerichtete und zumeist konstruktive Zusammenarbeit zwischen Bundesministerien, Bundesimmobiliengesellschaft, Bundesländern, Städten und Universitäten ermöglichte.

2.2 Kriterien und Voraussetzungen für die Realisierung eines Bauvorhabens

Für die räumliche Erweiterung der Universitäten sind im Wesentlichen drei Gründe ausschlaggebend: die Schaffung von Rahmenbedingungen (wozu auch die technische Ausstattung zählt), die zeitgemäßes Forschen und Lehren erst ermöglichen, wissenschaftsimmanente Veränderungen, beispielsweise die Entwicklung neuer Fachbereiche oder die Neugestaltung der Studien, und die Beseitigung der durch den enormen Anstieg der Hörerzahlen verursachten Raumnot, die im Wesentlichen zu Beginn des 21. Jahrhunderts überwunden werden konnte. Obwohl die Erhaltung der Universitäten in den Zuständigkeitsbereich des Bundes fällt, beeinflussten Interessen der Länder und Städte deren bauliche Entwicklung stark. Diese Einflüsse wirkten sich vor allem auf die Wahl des Standorts aus.

Ob ein vom Wissenschaftsressort angestrebtes Bauvorhaben tatsächlich realisiert werden konnte, hing letztlich von den finanziellen Möglichkeiten ab. Da der traditionelle Universitätsbau als Teil des Bundeshochbaus in den Zuständigkeitsbereich des Wirtschaftsressorts fiel, hatte aber nicht das Wissenschaftsressort, sondern das Wirtschaftsressort mit dem Finanzministerium das Baubudget zu verhandeln. In den Kompetenzbereich des Wissenschaftsressorts fiel hingegen die Genehmigung der Raum- und Funktionsprogramme, die den vom Wirtschaftsressort, von Bauträgergesellschaften oder der Bundesimmobiliengesellschaft realisierten Bauten zugrunde liegen. Bis zur Reform der staatlichen Bau- und Liegenschaftsverwaltung war das Wirtschaftsressort für die Einleitung der konkreten Architekturplanung und die Bauabwicklung verantwortlich, mit der die zuständigen Landesbaudirektionen betraut wurden. (Die Ausnahme bildeten jene Bauvorhaben, die von Bauträgergesellschaften oder der Bundesimmobiliengesellschaft abgewickelt wurden.) Die Vergabe von Bauleistungen ist durch gesetzliche Bestimmungen (Bundesvergabegesetz) geregelt. – Da größere Bauvorhaben nur unter der Voraussetzung realisiert werden können, dass die hierfür benötigten Mittel vom Finanzministerium genehmigt werden, wird dieses Ressort auch künftig die für den Universitätsbau wichtigste Entscheidung treffen.

2.2.1 Die Standortproblematik

Eine der wichtigsten Voraussetzungen für die Realisierung eines Bauvorhabens ist die Verfügbarkeit eines geeigneten bundeseigenen Baugrundes. Damit ist die Standortproblematik angesprochen, deren Lösung deswegen sehr schwierig war, da man sich in der Zweiten Republik bislang darum bemühte, vor allem die innerstädtischen Standorte der (meisten) Universitäten weiter auszubauen. Dies bedeutete die Fortsetzung einer Tradition, die für die Geschichte der europäischen Universitäten charakteristisch ist. Auch die «klassischen» Universitäten Wien, Graz und Innsbruck (sowie die Universität Salzburg) entfalteten ihre Wirksamkeit in den Stadtzentren und waren praktisch seit ihrer Gründungen im 14., 16. und 17. Jahrhundert wichtige Impulsgeber für das geistige und kulturelle Leben ihrer Heimatstädte. Der sehr beachtliche Aufschwung der Wissenschaften, dessen Basis in Österreich nach der Revolution von 1848 gelegt wurde, kam natürlich auch im Universitätsbau zum Ausdruck, denn neue Bauten waren erforderlich, um den Anforderungen der modernen Forschung und Lehre gerecht werden zu können. Dies hatte in den meisten Fällen die Aufgabe der in den Altstädten gelegenen Standorte zur Folge. Im letzten Drittel des 19. Jahrhunderts (bis zum Ausbruch des Ersten Weltkrieges) erhielten die Universitäten neue Heimstätten vornehmlich in jenen Stadterweiterungsgebieten, die den historisch gewachsenen Zentren am nächsten lagen, wodurch ihre Integration im innerstädtischen Leben gewährleistet blieb. Durch die rasche Verbauung dieser Viertel waren die Entwicklungsmöglichkeiten der Universitäten jedoch schon bald wieder sehr eingeschränkt.

In Wien errichtete man entlang des neu angelegten Prachtboulevards bzw. in nächster Nähe zur Ringstraße die Hauptgebäude der Universität für angewandte Kunst (1877), der Akademie der bildenden Künste (1877) und der Universität Wien (1884). Nicht weniger zentral lag in diesen Jahren das 1818 eröffnete Hauptgebäude der Technischen Universität am Karlsplatz und selbst das ehemalige Stammhaus der Veterinärmedizinischen Universität (1823), das heute von der Universität für Musik und darstellende Kunst genutzt wird, hatte damals seine ursprüngliche Randlage schon eingebüßt. In den Jahren 1869 bis 1913 wurden für die Universität Wien weitere sieben Institutsgebäude errichtet, die sich in den meisten Fällen in relativer Nähe ihres Hauptgebäudes befinden. Im Jahr vor dem Ausbruch des Ersten Weltkrieges konnte auch der zentrumsnah gelegene Gebäudekomplex der damaligen k.k. Akademie für Musik und darstellende Kunst eröffnet werden. Die Universität für Bodenkultur war ihren Anforderungen gemäß zentrumsferner angesiedelt worden; in den Jahren 1896 bis 1912 errichtete man drei Gebäude für deren Zwecke am Rande des Türkenschanzparks. Die aus der 1898 gegründeten Export-Akademie hervorgegangene Wirtschaftsuniversität bezog 1916 ihr Hauptgebäude in Döbling.

Gegen Ende des 19. Jahrhunderts erhielten in Graz die am linken Murufer gelegenen und an die Innenstadt grenzenden Bezirke Geidorf, St. Leonhard und Jakomini in baulicher Hinsicht jenes Erscheinungsbild, das noch heute für sie charakteristisch ist. Die Universität Graz siedelte man in Geidorf an, wo im Zeitraum von 1870 bis 1899 eine sechs Gebäude umfassende campusähnliche Anlage errichtet wurde. Frühen Plänen gemäß sollte dort auch die Technische Universität Graz räumlich versorgt werden, deren 1888 eröffnetes Hauptgebäude wurde dann aber doch in St. Leonhard errichtet. In der Obersteiermark erhielt die Montanuniversität Leoben 1910 ein neues Hauptgebäude, das ebenfalls vom Stadtzentrum nicht weit entfernt ist; auch dieses Viertel wird von gründerzeitlicher Bebauung geprägt. Im Vergleich mit den Universitäten Wien und Graz verzögerte sich die bauliche Erweiterung der Universität Innsbruck. Auf dem zentrumsnahen Innrainareal war ein neues Bibliotheksgebäude zwar 1914 fertig gestellt, das gemeinsam mit dem neuen Hauptgebäude jedoch erst 1924 seiner eigentlichen Bestimmung übergeben wurde. Mit der Neuen Universität am Innrain verfügte die Universität Innsbruck über ein zweites Zentrum, denn sowohl die Alte Universität als auch die Alte Bibliothek in der Universitätsstraße blieben nach erfolgten Adaptierungen in Betrieb.

Als in der zweiten Hälfte des 19. Jahrhunderts jene enorme Bautätigkeit einzusetzen begann, die das Erscheinungsbild der genannten Städte sehr stark veränderte, stand auch in Österreich die Errichtung campusähnlicher Anlagen für Universitäten zur Diskussion. Diese waren im angelsächsischen Raum weit verbreitet, wo man Einrichtungen für Lehre, Forschung, Studium, Sport und Freizeit sowie Wohnmöglichkeiten für Lehrende und Studierende auf einem Universitätsgelände konzentrierte. Aufgrund der späten Stadtgründungen in den USA waren dort aber die Voraussetzungen für den Universitätsbau mit europäischen Verhältnissen nicht vergleichbar. Die Realisierung von «Universitätsstädten» innerhalb der rasch wachsenden Städte war Teil von deren grundsätzlichen Auf- bzw. Ausbauprogrammen. Der Geist dieser von Lehrenden und Studierenden bevölkerten «Universitätsstädte» erinnerte jedoch in gewisser Weise an europäische Traditionen universitären Zusammenlebens, die bis in die frühe Neuzeit das städtische Leben mitprägten. In Österreich wurde im 19. Jahrhundert unter einem Universitäts-Campus aber in erster Linie ein Ensemble von Institutsgebäuden verstanden, in welchen damals freilich noch Wohnungen für Professoren und andere Universitätsbedienstete eingerichtet wurden. Es fehlte jedoch das Streben nach einer Konzentration des studentischen Lebens innerhalb einer «Universitätsstadt», wofür gewiss auch die Rolle der Studierenden der Universität Wien im Revolutionsjahr 1848 mitentscheidend war. In Wien nahm man schließlich überhaupt wieder Abstand von der Idee, für die Universität eine Campusanlage zu errichten. Ein campusähnliches Ensemble wurde nur für die Universität Graz realisiert.

Nach dem Zweiten Weltkrieg stellte sich die Standortfrage erneut und vor dem Hintergrund der seit Mitte der 1950er Jahre stetig steigenden Studierendenzahlen wurde in mehreren Fällen eine Übersiedlung an den Stadtrand (zumindest) angedacht. Aber nur bei der Veterinärmedizinischen Universität setzte man diesen Schritt, sonst wurden solche Pläne rasch wieder verworfen, denn sowohl das Wissenschaftsressort als auch die Verantwortlichen der Universitäten legten großen Wert darauf, dass sich auch weiterhin das universitäre Leben im innerstädtischen Bereich entfalten kann, um derart das geistige und kulturelle Leben der Heimatstädte zu bereichern. Die Entscheidung, die innerstädtischen Standorte auszubauen, erschwerte die bauliche Entwicklung der traditionsreichen Universitäten jedoch ungemein, da sich ihr «Erweiterungsgebiet» durch dichte Verbauung auszeichnet, wo nur in Ausnahmefällen Baugründe für Großprojekte zur Verfügung stehen. Aus diesem Grund wurden in der Zweiten Republik zahlreiche Altbauten für Universitätszwecke adaptiert. Für so genannte «Buchwissenschaften», Verwaltungsstellen und Einrichtungen von Kunstuniversitäten stellten solche Adaptierungen zumeist ausgezeichnete Lösungen dar. Hingegen strebte man vor allem für laborintensive Institute die Errichtung von Neubauten an. Nur wenn dafür der benötigte Baugrund oder die finanziellen Mittel nicht zur Verfügung standen, suchte man deren Arbeitsverhältnisse durch Modernisierungsmaßnahmen (Instandsetzungen) in den genutzten Altbauten zu verbessern.

Von dieser grundsätzlichen Standortproblematik waren nur die neu gegründeten Universitäten Linz und Klagenfurt ausgenommen. Da in diesen Landeshauptstädten keine universitären Einrichtungen verwurzelt waren, entschied man sich in beiden Fällen für die Errichtung von campusähnlichen Anlagen an den (damaligen) Stadträndern. – Die bauliche Entwicklung der an zentrumsnahen Standorten angesiedelten Linzer Kunstuniversität gestaltete sich nicht aufgrund der städtebaulichen Problematik schwierig, sondern wegen der Zahlungsunwilligkeit des Landes Oberösterreich und der Stadt Linz.

Jede Standortwahl stellt einen Kompromiss dar, denn es gilt Interessen der Nutzer (Universitätspersonal und Studierende), des Universitätserhalters (Bund) und der Stadt möglichst gerecht zu werden. In der Regel erschweren bereits sehr unterschiedliche Haltungen innerhalb der drei genannten Gruppen den Entscheidungsfindungsprozess. Hierfür wären Interessenskonflikte zwischen der Bezirksvertretung und der nächst höheren Vertretung (Stadtsenat, Gemeinderat) ein klassisches Beispiel. Grundsätzlich stellt zwar schon aus Prestigegründen die Existenz einer Universität eine Aufwertung ihrer Heimatstadt dar, die sich konkret auch Impulse für das geistige, kulturelle und wirtschaftliche Leben erhofft, aber auf der Bezirksebene bedeutete die in der zweiten Hälfte des 20. Jahrhunderts erfolgte Verdichtung von Universitätsstandorten im innerstädtischen Bereich vor allem die Steigerung des Anteils der Studierenden an der dort lebenden (und arbeitenden) Bevölkerung. Studierende zählen aber aus zwei Gründen nicht zu jenen Zielgruppen, die sich Bezirksvertretungen zu betreuen erhoffen. Sie verfügen in der Regel nur über geringe finanzielle Möglichkeiten und sind sehr oft auch nicht in der Universitätsstadt, sondern

in ihren Heimatgemeinden wahlberechtigt. (Verschiedene Aspekte des studentischen Lebens werden außerdem nur selten von den übrigen Bezirksbewohnern geschätzt.)
Interessenskonflikte zwischen Fakultäten und Instituten prägen den Prozess der Entscheidungsfindung innerhalb der Universitäten; oftmals konnte erst nach langwierigen Diskussionen ein verhandelbarer Vorschlag erzielt werden, wozu natürlich auch die Dringlichkeitsreihung der gewünschten Bauvorhaben zählte, die der Akademische Senat bzw. das Gesamtkollegium zu beschließen hatte. Hinsichtlich der Standortwahl kann der Universitätsbau auf der Ebene des Bundes in Konkurrenz zu Projekten anderer Ministerien geraten, was im besten Fall zu Bauverzögerungen führt. Von grundlegender Bedeutung sind selbstverständlich die Budgetverhandlungen mit dem Finanzministerium, dessen Ergebnis das Ausmaß der Bautätigkeit bestimmt.
Vom Standpunkt der Universitäten sind die Erreichbarkeit, die städtebauliche Erschließung und Attraktivität des Viertels, die zu erwartenden Arbeitsbedingungen und die Konsequenzen für die Organisation und Koordination des Universitätsbetriebes die wichtigsten Kriterien bei der Standortwahl. Für den Bund sind hingegen die Verfügbarkeit des Baugrundes, dessen infrastrukturelle Erschließung und natürlich die zu erwartenden Errichtungskosten von größter Bedeutung. Und für die Verantwortlichen der Stadt sind wiederum die architektonisch-baukünstlerische Gestaltung, die vor allem bei Großprojekten das Stadtbild prägt, und städteplanerische Gründe die entscheidenden Kriterien.
Die Stadtentwicklungsplanung spielte zum Beispiel bei der von der Stadt Wien angestrebten Ansiedlung einer Universität in der Donau-City die ausschlaggebende Rolle. Den frühen Vorstellungen gemäß sollte eigentlich die Wirtschaftsuniversität den Standort aufwerten und gewissermaßen eine Katalysatorfunktion übernehmen, nachdem 1991 das Expo-Projekt gescheitert und dadurch die angestrebte (Bau-)Entwicklung ins Stocken geraten war. Im Mai 1996 einigten sich der Bund und die Stadt Wien dahingehend, dass auf dem Gelände der Donau-City ein Universitätskomplex innerhalb von zehn Jahren errichtet bzw. bei einem Investor bestellt werden sollte. (Darüber hinaus wurde die Errichtung eines Technologieparks vereinbart.) Den Hintergrund hierfür bildete eine im April 1979 zwischen dem Bund und dem Land Wien geschlossene Vereinbarung nach Artikel 15a des Bundesverfassungsgesetzes über Vorhaben, deren Realisierung für beide Vertragsparteien von besonderem Interesse ist. Ursprünglich betraf dies die gemeinsame Finanzierung von Großprojekten, durch die eine Entlastung des innerstädtischen Individualverkehrs erreicht werden sollte.[1] Im Falle der Donau-City unterstrich die Stadt Wien noch ihr Interesse an der Ansiedlung einer universitären Einrichtung, indem sie den Grund kostenlos bereitstellen wollte. In weiterer Folge wurde ein Gebäudekomplex geplant, von dem die Fakultät für Maschinenbau der Technischen Universität Wien profitieren sollte. Aus heutiger Sicht erscheint es aber äußerst fraglich, ob große Teile des Maschinenbaus überhaupt in die Donau-City übersiedeln werden. Auch der in Aussicht genommene Universitätsstandort «Donau-City» könnte fallen gelassen werden, denn aufgrund der mittlerweile gewonnenen Attraktivität des 22. Bezirks stellt die Verwertbarkeit des Geländes der Donau-City für die Stadt Wien kein Problem mehr dar.
Städteplanerische Strategien waren insbesondere für die Bundeshauptstadt zu entwickeln, die bis zur Gründung der Medizinischen Universität Wien acht (staatliche) Universitäten beherbergte. Die Voraussetzung hierfür war allerdings erst 1969 mit Wankos Untersuchung gegeben, in welcher der Bauzustand der damals verfügbaren Universitätsgebäude bewertet und der Raumbedarf erhoben wurde. 1971 beauftragte das Wissenschaftsressort das Österreichische Institut für Raumplanung mit der Erarbeitung von Grundlagen für die Lösung der Standortfrage der Wiener Universitäten. Der Wert der 1973 vorgelegten Studie relativierte sich unter anderem auch deswegen, weil die Entwicklung der Studierendenzahlen unterschätzt wurde. Das Institut ging von 45.000–50.000 (1980/81) bzw. 53.000–58.000 (1985/86) Hörern (ordentliche und außerordentliche Studierende sowie Gasthörer) aus,[2] tatsächlich waren an den acht Universitäten im Studienjahr 1980/81 65.591 und fünf Jahre später sogar 95.847 ordentliche Studierende inskribiert.
Dennoch stellte diese Untersuchung eine brauchbare Orientierungshilfe dar, weil darin Beurteilungskriterien für die Standortwahl ausgearbeitet wurden und man außerdem ein Beurteilungsverfahren für die Erstellung eines

Standortgutachtens konzipierte. Damit bewertete das Institut neun größtenteils am Stadtrand gelegene Erweiterungsflächen und 17 mehr oder weniger zentrumsnahe Ergänzungsflächen. In Hinblick auf die räumliche Verteilung der Universitäten in der Bundeshauptstadt wurden unter Berücksichtigung der bereits angeführten Kriterien für die Standortwahl fünf verschiedene «Verteilungstypen» (disperse Verteilung, Campus, Universitätsviertel, Universitätsachse und Universitätstangente) analysiert. Bei der Bewertung, die auf die Interessen der Nutzer, des Universitätserhalters und der Stadt Rücksicht nahm, erreichte der Campus den geringsten Nutzwert; den höchsten Nutzwert erzielte das Universitätsviertel.

Die idealste Lösung konnte über die Jahrzehnte in zwei Fällen realisiert werden. Durch die Bautätigkeit am Gußhausareal, dem Karlsplatz, den Freihausgründen und am Getreidemarktareal sowie durch Adaptierungen in nächster Nähe dieser Standorte der Technischen Universität Wien entstand ein Universitätsviertel, das auch die Akademie der bildenden Künste umfasst. Die Eckpunkte des größten Universitätsviertels bilden gewissermaßen das Hauptgebäude der Universität Wien, das adaptierte Alte AKH, das «Universitätszentrum Boltzmanngasse» und das Juridicum. Weite Bereiche dieses Viertels liegen in Alsergrund, dem ausgeprägtesten Universitätsbezirk Wiens. Der grundsätzlichen Ausrichtung gemäß wurden neue Standorte vor allem in jenen Wiener Gemeindebezirken geschaffen, die innerhalb des Gürtels liegen, wobei sich in einigen Fällen neue Zentren entwickelten. Das von der Wirtschaftsuniversität und der Universität Wien genutzte Universitätszentrum Althanstraße (UZA I–IV) ist heute das größte seiner Art in Österreich. Um die Einrichtungen der Wirtschaftsuniversität möglichst an einem Standort zu konzentrieren, überließ man ihr altes Stammhaus in Döbling der Universität Wien; trotz des steilen Anstiegs der Hörerzahlen an der Wirtschaftsuniversität konnte durch den weiteren Ausbau des UZA die angestrebte Standortkonzentration (im Wesentlichen) erreicht werden.

Weitere neu entstandene «Universitätszentren» sind das Vienna Biocenter, das unter anderem Einrichtungen der Universität Wien und der Medizinischen Universität Wien beherbergt, und das Zentrum der Universität für Bodenkultur an der Nußdorfer Lände. Dessen Errichtung war nötig, weil durch die villenartige Bebauung Oberdöblings der Erweiterung ihres Hauptstandorts städtebauliche Grenzen gesetzt waren. Außerhalb des Gürtels befinden sich nur zwei «Zentren»: das Wiener Universitätssportzentrum «Auf der Schmelz» und das Dramatische Zentrum der Universität für Musik und darstellende Kunst in Penzing. Am linken Donauufer, im 21. Wiener Gemeindebezirk Floridsdorf, trugen das Betriebswirtschaftliche Zentrum der Universität Wien und die neu errichtete Veterinärmedizinische Universität zum Aufschwung dieses zukunftsträchtigen Stadtentwicklungsgebietes bei. – Die zu Beginn des 21. Jahrhunderts bestehende städtebauliche Situation der Wiener Universitäten hat mit jenen sieben Varianten der räumlichen Entwicklung, die das Österreichische Institut für Raumplanung 1973 skizzierte, wenig gemeinsam. Dies stellt aber keine Überraschung dar, weil sich in städteplanerische Modelle dieser Dimension ein Faktor nicht einbeziehen lässt, der für die bauliche Entwicklung entscheidend ist. Nicht bestimmen lässt sich der Zeitpunkt, zu dem ein Baugrund tatsächlich verfügbar ist.

In der steirischen Landeshauptstadt gelang letztlich doch die Verdichtung des Universitätsviertels der Universität Graz in Geidorf, wofür allerdings zahlreiche Schwierigkeiten zu überwinden waren. Ein weiterer wichtiger Schritt zur Zusammenführung von Instituten wurde mit der Errichtung des Universitätszentrums Wall gesetzt, das von ihrem Hauptgebäude nicht weit entfernt ist. Zahlreiche Hindernisse mussten auch überwunden werden, bevor in St. Leonhard gute Lösungen für die Universität für Musik und darstellende Kunst und die Technische Universität gefunden werden konnten. Letztere profitierte aber vor allem von der Bebauung der für ihre Zwecke ideal gelegenen Inffeldgründe im 8. Grazer Bezirk St. Peter. Durch die erfolgte Verdichtung jener Standorte, die sich in den zentrumsnahen Bezirken befinden, entstand eine Universitätstangente, die von Geidorf über St. Leonhard bis nach Jakomini reicht.

Die Basis für die höchst beachtliche Entwicklung der Universität Innsbruck bildeten vorhandene Erweiterungsflächen an ihrem Hauptstandort (Innrain) und im Stadtteil Hötting, wo ein Campus für die Technische Fakultät und später auch ein großer Gebäudekomplex für naturwissenschaftliche Institute errichtet wurden; in relativer Nähe standen außerdem Flächen für das Universitätssportzentrum zur Verfügung. Neben dem kontinuierlichen Ausbau

des Innrainareals konnte in der Tiroler Landeshauptstadt sogar der dem Stadtzentrum nächste Universitätsstandort durch die Errichtung des SOWI-Zentrums erweitert werden.
Besonders schwierig gestaltete sich hingegen die Lösung der Standortfrage in Salzburg. Über zahlreiche Irr- und Umwege konnte schließlich erst zu Beginn der 1980er Jahre die Realisierung eines Konzepts in Angriff genommen werden, wodurch die in der Altstadt einquartierten Einrichtungen der Universität Salzburg zu sehr noblen Heimstätten kamen. Ergänzt wird die Altstadt-Universität durch ein relativ nahe gelegenes Zentrum im Stadtteil Nonntal und im zentrumsferneren Freisaal befindet sich der Gebäudekomplex der Naturwissenschaftlichen Fakultät. Nach dem Scheitern des ursprünglichen Freisaal-Projekts konnten trotz der Bemühungen des Wissenschaftsressorts im Stadtgebiet keine geeigneten Baugründe für das Universitätssportzentrum erworben werden, weswegen das Salzburger Universitäts- und Landessportzentrum in Rif bei Hallein angesiedelt wurde. – Aufgrund der Schließung des Hauptgebäudes der Salzburger Universität für Musik und darstellende Kunst im Herbst 1998 mussten die meisten ihrer Einrichtungen in mehreren Raumprovisorien untergebracht werden, die zum Teil relativ weit voneinander entfernt sind. Durch die Neuerrichtung ihres Hauptgebäudes am zentrumsnah gelegenen Mirabellplatz wird 2006 zwar eine deutliche Besserung der derzeit noch unbefriedigenden Raumsituation des Mozarteums eintreten, aber einige Provisorien werden wohl noch länger in Verwendung bleiben.

2.2.2 Initiativen, die den Universitätsbau förderten

Die Bereitstellung von geeigneten Baugründen durch Länder und Städte zählte zu den wirksamsten Initiativen, die den Universitätsbau in der Zweiten Republik förderten. Weitere – und nicht weniger wichtige – Förderungsmöglichkeiten dieser beiden Gebietskörperschaften waren bekanntlich die finanzielle Beteiligung an Errichtungskosten und die Übernahme der Bauabwicklung bei mehreren Großprojekten. Von Unterstützungsmaßnahmen der Länder und Städte profitierten die Universitäten Wien, Innsbruck, Linz, Salzburg und Klagenfurt sowie die Technische Universität Wien, die Universität für Bodenkultur, die Veterinärmedizinische Universität, die Montanuniversität Leoben, die Akademie der bildenden Künste und die Universität für Musik und darstellende Kunst Graz.
Eine weitere Möglichkeit, die bauliche Entwicklung der Universitäten zu fördern, stellen Schenkungen von Privatpersonen dar; hierfür können in der Zweiten Republik bislang aber nur zwei Beispiele angeführt werden. Die Universität Graz erhielt von einem Mäzen das Gebäude «Heinrichstraße 18» und der Universität Wien wurde eine Liegenschaft im Gemeindegebiet von Himberg geschenkt, wo heute das Institut für Labortierkunde und -genetik der Medizinischen Universität Wien untergebracht ist. Im letztgenannten Fall war die Schenkung der ausschlaggebende Impuls für die dort gesetzten baulichen Maßnahmen.
Die Bautätigkeit erfuhr häufiger durch Unterstützungen seitens der Wirtschaft Impulse. Förderungen erfolgten ebenfalls in Form von Beteiligungen an Errichtungskosten, durch die finanzielle Unterstützung von universitären Einrichtungen, für die dann bauliche Maßnahmen durchgeführt wurden, oder durch die Übernahme der Bauherrschaft. Hierfür wäre das von der VOEST-Alpine AG errichtete Laborgebäude (1984) des Instituts für Mikroelektronik der Universität Linz ein Beispiel. Neben Land und Stadt beteiligte sich auch die oberösterreichische Industrie und Wirtschaft an den Kosten, die für die Etablierung der Studienrichtung Mechatronik aufzubringen waren. Einige der in diesem Zusammenhang neu eingerichteten Ordinariate wurden auf dem Werkgelände der VOEST-Alpine AG räumlich versorgt, wo die Universität auch deren Mechatronik-Labor nutzen kann. (Vorübergehend war auf dem Werkgelände auch die Meisterklasse Plastisches Gestalten/Metall der Kunstuniversität Linz untergebracht. Als sie aus dem Bereich der Lehrwerkstätten abgesiedelt werden musste, steuerte die VOEST-Alpine AG (ATS) 2,5 Millionen für die Schaffung einer neuen Heimstätte bei.) Die Errichtung des 1997 eröffneten

Bankengebäudes der Universität Linz wurde im Wesentlichen von zwei Bankinstituten finanziert, außerdem wird das damals eingerichtete Forschungsinstitut für Bankwesen von den beiden Banken mitfinanziert. Eine intensivere Zusammenarbeit zwischen Wirtschaft, Industrie und Universität ermöglicht das 2003 auf dem Linzer Universitätsgelände fertig gestellte Hochschulfonds-Gebäude, dessen Finanzierung die Universität durch Weitervermietung der meisten Räume an Kooperationspartner bzw. aus Drittmitteln erwirtschaftet.

Ein Kooperationsabkommen zwischen der Technischen Universität Graz und der Siemens SGP Verkehrstechnik Gesellschaft ist ein weiteres Beispiel für die Intensivierung der Zusammenarbeit von Wissenschaft und Wirtschaft, die ebenfalls zur Realisierung eines Bauvorhabens führte. Auf den Inffeldgründen richtete man 1998 einen Schwingprüfstand ein, an dessen Errichtungskosten sich Siemens beteiligte. Mit der Gründung des Akustik-Kompetenzzentrums (1999), für dessen Zwecke eine schon bestehende Versuchshalle auf den Inffeldgründen adaptiert wurde, konnte die enge Kooperation zwischen der Technischen Universität Graz und dem Automobil- und Verkehrscluster Graz/Steiermark vertieft werden.

Von Unterstützungen aus Kreisen der Wirtschaft profitierte bislang die Wirtschaftsuniversität am stärksten, die aus der 1898 gegründeten Export-Akademie hervorging, die anfänglich dem k.k. Österreichischen Handelsmuseum angegliedert war. Ihre Aufgabe stellte die Vermittlung einer umfassenden Ausbildung für die kaufmännische Tätigkeit im Außenhandel dar. Die Idee zur Gründung stammte von einigen Unternehmern, die von Anfang an auf Vereinsbasis die Entwicklung dieser Lehranstalt finanziell unterstützten. Heute wird diese Förderung aus Kreisen der Wirtschaft durch Beiträge von Unternehmen, Verbänden und Einzelpersonen erbracht. Diese Unterstützung stellt nach wie vor einen wichtigen Faktor für die Sicherstellung des Forschungs- und Studienbetriebes dar. Das heutige Kuratorium zur Förderung der Wirtschaftsuniversität (WU-Kuratorium) leistete außerdem auch einen wesentlichen Beitrag zur baulichen Entwicklung der Wirtschaftsuniversität. Bereits die Errichtungskosten ihres am Rande des Währinger Parks fertig gestellten Stammhauses (1916) hatte der damalige Verein der Förderer der Hochschule für Welthandel übernommen, der auch dessen Erweiterungen (1956 und 1974) vorfinanzierte und in beiden Fällen auch die Bauherrschaft übernahm. Das WU-Kuratorium wickelte schließlich auch das insgesamt rund (ATS) 3,6 Milliarden teure Projekt Universitätszentrum Althanstraße I (1982) ab, das unter anderem das neue Hauptgebäude der Wirtschaftsuniversität, das Biozentrum der Universität Wien und ein Bibliotheksgebäude umfasst, das von beiden Universitäten genutzt wird.

Städteplanerische Vorstellungen begünstigten die Realisierung von zwei Bauvorhaben der Universität Wien. Nachdem die Stadt Wien die für die Errichtung des Universitätssportzentrums Schmelz notwendige Flächenwidmung lange hinausgezögert hatte, profitierte die Universität dann beim Ausbau des Zentrums von einem Kompromiss; auf dem Erweiterungsgelände wurden sowohl Einrichtungen für den Universitätssport als auch Wohnanlagen errichtet. An die Schenkung des Alten AKH war wiederum die Bedingung der Stadt Wien geknüpft, dass ein Teil davon der Allgemeinheit zugänglich gemacht wird. In diesem Sinne wird nun der repräsentative 1. Hof mit seiner großen Parkanlage genutzt.

In Salzburg trugen Einrichtungen der Katholischen Kirche dazu bei, dass sich in den 1970er Jahren die infolge der ungeklärten Standortfrage bestehende Raumnot der Universität Salzburg nicht zu einer Raumkrise steigerte. Das Benediktinerstift St. Peter verpachtete dem Bund jenes Areal an der Akademiestraße, auf dem die heute noch in Verwendung stehenden Montagebauten (1969–1973) aufgestellt wurden. In unmittelbarer Nähe errichtete die Erzabtei St. Peter die Institutsgebäude «Petersbrunnstraße 19» (1975) und «Erzabt-Klotz-Straße 11» (1979). Ein drittes Institutsgebäude (Mühlbacherhofweg 6) war unter der Bauherrschaft der Erzdiözese Salzburg ebenfalls 1979 an diesem Standort in Nonntal fertig gestellt worden. Mitentscheidend für die Lösung der Salzburger Standortfrage, die die Realisierung eines umfangreichen Bauprogramms zur Folge hatte, war der Umstand, dass im (letztlich) tragfähigen Konzept, in dessen Mittelpunkt die Realisierung der Altstadt-Universität stand, Interessen der Stadt, des Landes sowie des Wissenschafts-, Finanz-, Bauten-, Innen- und Unterrichtsministeriums vereint werden konnten.

2.2.3 Faktoren, die den Universitätsbau hemmten

In der Zweiten Republik wurde vom Finanzministerium das Baubudget für Universitäten kein einziges Mal in jener Höhe bewilligt, die das Wissenschaftsressort angestrebt hatte. Das Finanzministerium ist aber natürlich nicht aus diesem Grund an dieser Stelle zu nennen, sondern deswegen, weil dessen Haltung in mehreren Fällen tatsächlich die Realisierung von Großprojekten verzögerte. Erinnert sei an den steirischen «Akademievertrags-Streit» und das Scheitern des Steirischen Hochschul-Sonderbauprogramms, an die Verhandlungen mit dem Land Oberösterreich und der Stadt Linz, die die Finanzierung des Zentralgebäudes der Technisch-Naturwissenschaftlichen Fakultät (TNF-Turm) zum Gegenstand hatten, und an die gescheiterte Schenkung des Garnisonsspitals an die Universität Wien. (Der bundeseigene Bestand des Alten AKH präsentiert sich immer noch in einem baufälligen Zustand.) Außerdem verhinderte das Finanzministerium, dass Anfang der 1970er Jahre ein Fakultätsgebäude für die damalige Rechts- und Staatswissenschaftliche Fakultät der Universität Innsbruck und ein Gebäudekomplex (Freihaus) für die Technische Universität Wien außerhalb der traditionellen Organisationsform des Universitätsbaus errichtet werden konnten. Das Wissenschaftsressort wollte beide Projekte – mit Unterstützung des Verbandes der Freunde der Technischen Hochschule in Wien bzw. des Innsbrucker Universitätsfonds – auf privater Finanzierungsbasis realisieren. (Die Raumproblematik der Innsbrucker Fakultät konnte schließlich erst durch die Errichtung des SOWI-Gebäudes (1998) gelöst werden und beim 1987 fertig gestellten Freihaus zeigten sich jene negativen Begleiterscheinungen, die durch zu gering dotierte jährliche Bauraten verursacht wurden, besonders deutlich.)

Verschiedene Nutzungs- und Bebauungsvarianten bildeten Interessenskonflikte zwischen dem Wissenschaftsressort und anderen Bundesministerien, die ebenfalls den Universitätsbau hemmten. Ohne Erfolg blieb beispielsweise der Versuch, Teile der Rossauer Kaserne für Zwecke der Universität Wien zu adaptieren, der an den Raumansprüchen des Verteidigungs- und des Innenministeriums scheiterte. Der Ausbau des Wiener Universitätssportzentrums Schmelz verzögerte sich wiederum jahrelang, weil das Verteidigungsministerium als Ersatz für baufällige Holzbaracken, die noch die deutsche Wehrmacht errichtet hatte, atombombensichere Kommando- und Einsatzeinrichtungen forderte. Von Interessenskonflikten zwischen Bundesministerien blieben auch die Universitäten Innsbruck und Salzburg sowie die Universitäten für Musik und darstellende Kunst Wien und Graz nicht verschont.

Das Konfliktpotential zwischen dem Bund und Ländern bzw. Städten ist noch wesentlich größer. Weitere Konfliktbereiche stellen (unterschiedliche) Bauordnungen dar, die in den Zuständigkeitsbereich der Länder fallen; dies ist auch für die zu erteilenden Flächenwidmungen bei Bauvorhaben des Bundes der Fall. Städtebauliche Veränderungen werden außerdem von Einrichtungen der Städte (Altstadtkommissionen) und dem Denkmalschutz beeinflusst, der eine Angelegenheit des Bundes ist. Ein Beispiel für eine beträchtliche Bauverzögerung, die durch eine verweigerte Flächenwidmung verursacht wurde, wäre der von der Universität Graz in der zweiten Hälfte der 1960er Jahre angestrebte Ausbau ihres Hauptstandortes. Für die Bebauung des Areals am Geidorfgürtel, wo schließlich erst Mitte der 1990er Jahre das RESOWI-Zentrum errichtet wurde, war eine verbindliche Widmung von benachbarten landeseigenen Gründen (Schaffung von Baulandreserven) die Voraussetzung, die das Land Steiermark aber verweigerte. Konflikte zwischen dem Bund und Ländern bzw. Städten beeinflussten auch die bauliche Entwicklung der Universitäten Wien, Innsbruck, Salzburg, Linz und Klagenfurt, der Technischen Universitäten Wien und Graz, der Akademie der bildenden Künste, der Universität für angewandte Kunst, der Universität für künstlerische und industrielle Gestaltung Linz und der Universität für Musik und darstellende Kunst Graz.

Universitätsinterne Interessenskonflikte prägen nicht nur die Erstellung der Dringlichkeitsreihungen, sondern haben in wenigen Fällen auch schon die Durchführung von Bauvorhaben verzögert. Davon betroffen waren die lange Zeit unter Raumnot leidende Universität Graz, die Technische Universität Graz und die Universität für angewandte Kunst Wien.

In der Regel wirkten sich Bürgerinitiativen, deren Intentionen zumeist von Medienkampagnen noch verstärkt wurden, negativ auf den Universitätsbau aus. Die Ausnahme bildete in gewisser Hinsicht jene Initiative, die in Salzburg die Realisierung des ursprünglichen Freisaal-Projekts verhinderte, wodurch die Diskussion der Standortfrage gewissermaßen zu ihren Anfängen zurückkehrte und schließlich die eindrucksvolle Altstadt-Universität doch noch realisiert werden konnte. Bei den meisten Bürgerinitiativen spielten rein private Interessen der Initiatoren eine bedeutende Rolle. Dies war auch bei jener Initiative nicht anders, die das Projekt «Sternwartegelände» verhinderte, von dem die Zoologie der Universität Wien hätte profitieren sollen. Das Scheitern dieses Projekts war mitentscheidend dafür, dass 1973 der Bürgermeister Wiens, Felix Slavik, sein Amt niederlegte. Die aus der Not entstandene Idee, die Zoologie ebenfalls über dem Franz-Josef-Frachtenbahnhof anzusiedeln, war dann die Initialzündung für den Ausbau des Universitätszentrums Althanstraße (I–IV), das neben der Wirtschaftsuniversität mittlerweile vier naturwissenschaftliche Zentren (Biologie, Pharmazie, Geologie und Mathematik) der Universität Wien umfasst. – Die bauliche Entwicklung der Grazer Kunstuniversität wurde wohl am stärksten durch eine Medienkampagne behindert, mit Bürgerinitiativen waren aber auch die Universitäten Graz und Innsbruck, die Technische Universität Graz sowie die Universität Mozarteum Salzburg konfrontiert.

In einem einzigen Fall verursachte bisher ein Ministerwechsel im Wissenschaftsressort eine Verzögerung eines Großprojekts. Als Hans Tuppy 1987 die Standortfrage der Veterinärmedizinischen Universität erneut stellte, war das Donaufeld-Projekt ernsthaft gefährdet, dessen Planung unter Heinz Fischer schon weit vorangetrieben worden war. Die durch Auffassungsunterschiede im Wissenschaftsressort heraufbeschworene Verzögerung wirkte sich außerdem auf die Wiener Universität für Musik und darstellende Kunst negativ aus, da sie dadurch erst verspätet das ehemalige Hauptgebäude der Veterinärmedizinischen Universität (am heutigen Anton-von-Webern-Platz) beziehen konnte. – Dass Kompetenzen im Bereich des Universitätsbaus auf drei Bundesministerien verteilt waren, stellte hingegen ein grundsätzliches Problem dar, das allerdings durch das Wirken des Interministeriellen Komitees für Schulraumfragen stark relativiert werden konnte.

2.2.4 Die Problematik der Raumprogrammierung

Nach Wiedererrichtungs- und Instandsetzungsarbeiten, die bis 1954 im Wesentlichen abgeschlossen werden konnten, setzte die räumliche Erweiterung der Universitäten gegen Ende der 1950er Jahre ein; damals waren auch die Weichen für einen großzügigen Ausbau des österreichischen Universitätswesens gestellt worden, der nach einem «Hochschul-Gesamtplan» erfolgen sollte. Den ersten großen Schritt hierfür stellte das 1960 vorgelegte «Mehrjahresprogramm» des damaligen Unterrichtsministeriums dar, das der Rektorenkonferenz Unterlagen zum Bau- und Personalbedarf bereits 1959 übermittelt hatte. Die für die Bauentwicklung wesentlichen Daten, die eine der wichtigsten Voraussetzungen zur planmäßigen Entwicklung des Universitätswesens waren, lagen allerdings erst 1969 vor. Weder die Universitäten selbst noch die Rektorenkonferenz hatten dieser Aufgabe letztlich jene grundlegende Bedeutung beigemessen, die ihr hinsichtlich des Ausbaus der Universitäten zukam.[3]
Der Vorsitzende des Planungsausschusses der Rektorenkonferenz, der im Frühjahr 1965 erstmals getagt hatte, führte im Rahmen der Sitzung vom 12. November 1965 Klage darüber, «daß weder hinsichtlich der erforderlichen Bauten noch hinsichtlich der angeregten Vorschläge für die Entwicklung von Forschungsschwerpunkten seitens der Hochschulen merkliche Reaktionen erfolgt seien»[4]. An dieser unbefriedigenden Situation änderte sich auch in weiterer Folge wenig, obgleich schon im «Bildungsbericht 1965» festgehalten wurde, dass an der Spitze aller Probleme, die den Universitätsbetrieb beeinträchtigen, die Raumnot stehe.[5]

Die 1967 von Unterrichtsminister Piffl-Perčević gegründete Arbeitsgemeinschaft für Hochschulentwicklung beauftragte schließlich Architekt Alfred Wanko, der damals an der Technischen Universität Wien tätig war, mit der Erhebung und Bewertung des zur Verfügung stehenden Bestandes an Universitätsgebäuden und der Berechnung des Raumbedarfs unter Zugrundelegung internationaler Vergleichsgrößen, wofür Wanko insbesondere Richtwerte des Wissenschaftsrates der Bundesrepublik Deutschland heranzog. Die wichtigsten Ergebnisse dieser Studie, die mit Ausnahme der Universität für Bodenkultur alle wissenschaftlichen Universitäten umfasste, wurden im «Hochschulbericht 1969» veröffentlicht. Mit dieser Untersuchung begann die systematische Erfassung von raumspezifischen Daten, die seitdem in den Hochschulberichten, Statistischen Taschenbüchern und (mit wenigen Ausnahmen) auch in diesem Buch ausgewiesen werden. Für die einzelnen Fakultäten ermittelte der Architekt Richtwerte (Nutzfläche pro Studierendem), die auch unterschiedlichen Lehr- und Forschungsanforderungen gerecht werden sollten. Als «grobe Richtwerte» wurden beispielsweise 5–10 m² für die Geisteswissenschaften, 15-20 m² für Naturwissenschaften (Lehre) und 30 m² für die Forschung auf diesem Gebiet angegeben. Wanko betonte aber, dass eine zu starre Festlegung von Richtwerten letztlich dem in Gang befindlichen Strukturwandel der wissenschaftlichen Universitäten widerspreche und auch im Ausland die Sollwerte laufend überprüft und korrigiert werden würden.

«Global betrachtet, ergibt die Relation zwischen den Studentenzahlen des Wintersemesters 1967/68 und der Gesamtnettonutzfläche der einzelnen Hochschulen bei den Universitäten fast angemessene Werte, bei den Technischen Hochschulen halb so große Werte wie notwendig, bei der Hochschule für Welthandel in Wien einen viel zu kleinen Wert und bei der Montanistischen Hochschule in Leoben und der Hochschule für Sozial- und Wirtschaftswissenschaften in Linz international vergleichbare Werte. Betrachtet man jedoch die Verhältnisse an den einzelnen Fakultäten, so zeigt sich deutlich eine unzulängliche Flächenaufteilung innerhalb der Hochschulen: Die Evangelisch-theologische Fakultät und die Katholisch-theologischen Fakultäten sind ausreichend bemessen. Die Rechts- und staatswissenschaftlichen Fakultäten, mit Ausnahme der Neugründung Salzburg, sind mit ca. 1,0 m² pro Student viel zu gering ausgestattet. An den Medizinischen Fakultäten sind nur die theoretischen Fächer erfaßt worden. Die Flächenanteile pro Student und die Ausstattung der Institute sind unzureichend. An den Philosophischen Fakultäten sind die Werte in Graz und in Innsbruck annähernd gleich hoch und betragen über 8,0 m², in Salzburg 4,8 m², in Wien 5,89 m². [...] Der Raum- und Ausstattungsmangel betrifft vor allem die naturwissenschaftlichen Institute der Universitäten und Technischen Hochschulen, aber auch die Institute der Rechts- und staatswissenschaftlichen Fakultäten (mit Ausnahme von Salzburg) und der Hochschule für Welthandel.»[6]

Aufgrund der Versäumnisse der Universitäten war mit Wankos Untersuchung erst 1969 jene wichtige Voraussetzung erfüllt, die die Ausarbeitung eines umfassenden Entwicklungsprogramms für den Universitätsbau ermöglichte. Das Wissenschaftsministerium legte im Juli 1972 das Längerfristige Entwicklungsprogramm für den Hochschulbau vor, das als Richtlinie der Bundesregierung Kreisky (II) für jene drei Bundesministerien gedacht war, die mit der Realisierung des Universitätsausbaus befasst waren. (Dieses Programm stellte jedoch nicht den angestrebten «Hochschul-Gesamtplan» dar, denn es waren darin keine Grundsätze für den wissenschaftlich-organisatorischen Ausbau der Universitäten berücksichtigt.) Darüber hinaus stellte dieses Entwicklungsprogramm einen detaillierten und konkretisierten Teil des Investitionsprogramms der SPÖ-Regierung dar, das dem Nationalrat zur Information über die diesbezüglichen längerfristigen Ziele vorgelegt wurde. Den bis 1980 aufzubringenden Finanzbedarf für den Ausbau der wissenschaftlichen Universitäten und der Kunstuniversitäten schätzte man auf (ATS) 8,5 Milliarden. Der Raumbedarf der wissenschaftlichen Universitäten wurde für fünf Fachbereiche (Geisteswissenschaften; Naturwissenschaften; Technik einschließlich der Montanuniversität Leoben und der Universität für Bodenkultur; Rechts-, Sozial- und Wirtschaftswissenschaften; Medizin (exklusive der Universitätskliniken) und die Veterinärmedizinische Universität) ermittelt.

Den Berechnungen gemäß belief sich der Fehlbestand auf 222.000 m² (Nutzfläche); erwartet wurde, dass sich dieser bis 1980 auf rund 560.000 m² erhöhen würde. Im Entwicklungsprogramm wurden insgesamt 55 Bauprojekte für wissenschaftliche Universitäten aufgelistet, deren Realisierung den Gewinn von rund 350.000 m² bedeutet hätte. Dieses ehrgeizige Projektprogramm gliederte sich wiederum in vier Kategorien: «in Bau», «in Planung», «in

Programmierung» (Erstellung eines Raum- und Funktionsprogramms) und «in Vorbereitung». 1980 belief sich der Raumgewinn – inklusive der geschaffenen Raumprovisorien («Außenanmietungen») – auf knapp 270.000 m². Bis 1982 waren 26 Bauvorhaben fertig gestellt, es folgten noch 19 weitere Projekte für wissenschaftliche Universitäten. So wurde die Bautätigkeit im letzten Drittel des 20. Jahrhunderts maßgeblich vom 1972 vorgelegten Entwicklungsprogramm beeinflusst. (Das Projektprogramm für die Kunstuniversitäten umfasste nur ein Bauvorhaben für die Universität Mozarteum Salzburg. Für die Musikuniversitäten Wien und Graz sowie die Akademie der bildenden Künste waren Bestands- und Bedarfserhebungen in Vorbereitung. Insgesamt wollte man bis 1980 (ATS) 625 Millionen in den Ausbau der Kunstuniversitäten investieren.)
Die Grundlagen für die Raumbedarfsschätzung bildeten die prognostizierte Entwicklung der Hörerzahlen und der für 1980 erwartete Bedarf an Akademikern. Im Längerfristigen Entwicklungsprogramm (1972) ging man davon aus, dass im Vergleich mit 1970 die Steigerungsrate bei den inländischen ordentlichen Studierenden zwischen 141 und 155 % liegen würde, tatsächlich waren es 232 %. (Bei den Absolventen strebte man 130 % an, 144 % wurden erreicht.) Die beachtlichen Leistungen auf dem Gebiet des Universitätsbaus, die – trotz allem – in den 1970er Jahren erzielt werden konnten, relativierten sich aufgrund des unerwartet starken Anstiegs der Hörerzahlen, der dazu führte, dass sich das Wissenschaftsressort noch intensiver der Bekämpfung jener Mängel widmen musste, die durch Raumnot verursacht wurden und den Universitätsbetrieb stark behinderten. Diese Problematik verschärfte sich noch, da bis Mitte der 1990er Jahre der enorme Anstieg der Hörerzahlen anhielt, die Steigerungsraten des Universitätspersonals und des Raumgewinns aber nur bis 1975 ähnlich hoch ausfielen.
Erinnert sei daran, dass das Wissenschaftsressort die gegen Ende der 1960er Jahre bestehende allgemeine Situation der Universitäten schon als sehr problematisch eingeschätzt hatte. Nach 1975 fehlten schlichtweg die finanziellen Möglichkeiten, weswegen die Aufstockung des Universitätspersonals und der räumliche Ausbau nicht in jenem Ausmaß erfolgte, das aufgrund des gewaltigen Anstiegs der Hörerzahlen notwendig gewesen wäre. Da man am freien Universitätszugang (für Inländer) festhielt, wodurch jedem Studierenden auch die Möglichkeit gegeben wurde, sein Studium frei zu wählen, war spätestens zu Beginn der 1980er Jahre die Idee zur Utopie geworden, das österreichische Universitätswesen nach Kriterien auszubauen, welchen ein Generalplan zugrunde liegt. Vor dem Hintergrund all jener bereits angeführten Schwierigkeiten, die schon die Standortwahl erschweren, ging das Wissenschaftsressort auch weiterhin den Weg einer flexiblen und pragmatischen Bedarfserfüllung, «verbunden mit der Bereitschaft zur Improvisation und unter Einbeziehung eines dauernden Lernprozesses»[7].
Im «Hochschulbericht 1975» hatte das Wissenschaftsministerium eine weitere Erhebung des universitären Raumbestandes angekündigt, die auch den Bestand der Kunstuniversitäten umfassen sollte.[8] Die rege Bautätigkeit und vor allem die Vielzahl an Raumprovisorien, die infolge der Raumnot organisiert werden mussten, führten zu permanenten Nutzungsänderungen, die in den autonomen Wirkungsbereich der Universitäten fielen. Mit wenigen Ausnahmen führten die Universitäten jedoch keine umfassenden Raumevidenzen. Diesbezüglich waren sie lange Zeit sehr nachlässig; noch im «Hochschulbericht 1987» steht: «Jede Hochschule sollte eine Raumevidenz führen und ständig aktuell halten. Dabei sollte nach einer einheitlichen Systematik vorgegangen werden.»[9] Hatte die Entwicklung der Hörerzahlen anfänglich die Raumprogrammierung maßgeblich beeinflusst, so verlagerte sich in der zweiten Hälfte der 1980er Jahre der Schwerpunkt auf wissenschaftsimmanente Veränderungen. «Organisationsentscheidungen sind vor ihrer Inkraftsetzung auf ihre Auswirkungen in räumlicher Hinsicht zu prüfen; die räumliche Bedarfsbemessung ist an der institutionellen Organisation, deren voraussichtlicher Veränderung sowie an Planstellenzahlen und Planstellenkategorien zu orientieren.»[10]
Als unter der Regierung Vranitzky (II) das Wissenschaftsressort wieder der ÖVP zugesprochen wurde, einigten sich die beiden Koalitionsparteien darauf, dass ein Planungsverfahren für den Universitätsbau entwickelt werden sollte. Für diesen Zweck richtete die Arbeitsgemeinschaft für Hochschulentwicklung die Arbeitsgruppe Prioritätensetzung im Hochschulbau ein, die mit Unterstützung von externen Beratern ein Verfahren zu entwickeln suchte, das auf Basis von messbaren Einzelgrößen eine Bewertung der Wünsche der einzelnen Bedarfsträger ermöglichen sollte. Als Ergebnis erhoffte man sich eine objektivierte Prioritätensetzung bzw. Dringlichkeitsreihung. Die

Grundlage für dieses Instrumentarium sollte ein für alle wissenschaftlichen Universitäten und Kunstuniversitäten verbindliches «Raumbedarfsberechnungsverfahren» bilden, wofür die Technischen Universität Wien bereits Vorarbeiten geleistet hatte. (Die TUW strebte schon in der zweiten Hälfte der 1970er Jahre die Erstellung eines Gesamtentwicklungsplans an, dessen Grundlagen man durch ein leistungsbezogenes Bedarfsbemessungssystem ermittelte, in dem die Relation zwischen den an der Universität erbrachten Leistungen – Lehre, Forschung, Verwaltung etc. – und den dafür benötigten Mitteln – Geld, Personal und Raum – thematisiert wurde.)
Die Ergebnisse des vom Wissenschaftsressort angestrebten Raumbedarfsberechnungsverfahrens sollten in formalisierte Anträge der Universitäten für Neubau-, Umbau- und Sanierungsvorhaben sowie für größere Anmietungen einfließen, die wiederum die Basis für ein «Prioritätenfestsetzungsverfahren» gewesen wären, das ein objektiviertes Entscheidungsverfahren für den Universitätsbau bilden sollte. In der Prioritätenfestsetzung wurden folgende zehn Kriterien berücksichtigt: bauliche Situation, bestehende Engpässe durch Raumnot, Budgetbelastung, Erfolg wissenschaftlicher/künstlerischer Tätigkeit, Internationalität, Raumangebot, regionalpolitische Bedeutung, sozio-kulturelle Bedeutung der wissenschaftlichen/künstlerischen Disziplin(en), Entwicklung der Studierendenzahlen in der/den Studienrichtung(en) und wirtschaftliche Bedeutung der wissenschaftlichen/künstlerischen Disziplin(en).[11]
Das im «Hochschulbericht 1990» skizzierte Planungsverfahren wurde zwar im UOG 1993 erwähnt («Der Bundesminister für Wissenschaft und Forschung hat das bei der Erstellung von Bedarfsberechnungen anzuwendende Verfahren sowie die Grundsätze der Kostenrechnung einheitlich für alle Universitäten durch Verordnungen festzulegen.»), in der Praxis bewährte es sich jedoch nicht. Diese aufwendige Unternehmung, der ein Portfoliomodell zugrunde lag, scheiterte letztlich am Umstand, dass zu viele Kriterien für die Prioritätenfestsetzung auf subjektiven Einschätzungen basieren. Außerdem können einige Faktoren (Verfügbarkeit von Baugründen, Flächenwidmungsverfahren oder Bürgerinitiativen), die für die Realisierung eines Bauvorhabens von grundsätzlicher Bedeutung sind, in einem solchen Entscheidungsverfahren grundsätzlich nicht berücksichtigt werden.
Trotz des Scheiterns förderte dieses Vorhaben durch die Entwicklung eines standardisierten Raumbedarfserhebungsverfahrens die Etablierung von Raumabteilungen an den Universitäten, die nun davon profitieren, da sie im Rahmen der Bildungsdokumentationsverordnung Universitäten (19. Jänner 2004) dazu verpflichtet wurden, jährlich Raumdaten (unter anderem auch die Nettogrundrissfläche und die Nutzfläche) zu erfassen. Hinsichtlich der Nutzungsart der Räume wurden neun Kategorien eingeführt: Wohn- und Aufenthaltsräume; Büros und Sitzungsräume; Werkstätten und Labors; Lager und Archive; Unterrichtsräume und Bibliotheken; Medizinisch ausgestattete Räume; Sonstige Nutzung (Sanitär, Garderoben, Abstellräume); Technikräume; Verkehrserschließung.
Einer steten Entwicklung unterlag auch die Bestimmung der Richtwerte, wobei jene, die das Universitätspersonal betreffen, an Bedeutung gewannen. So sind derzeit beispielsweise für Professoren 22 m^2, Assistenten 15 m^2 und allgemeine Universitätsbedienstete 12 m^2 pro Person vorgesehen. Der Raumbedarf wird natürlich auch stark von Neuerungen der universitären Organisationsstruktur und von Veränderungen im Lehr- und Forschungsbetrieb beeinflusst. In diesem Zusammenhang sei nur die spektakuläre Entwicklung der elektronischen Informationsverarbeitung ins Bewusstsein gerufen, die seit den späten 1960er Jahren immer stärker die Arbeitsmöglichkeiten zu prägen begann. Der Computer ist längst das bedeutendste Hilfsmittel sämtlicher universitärer Einrichtungen, wobei die rasante Entwicklung auf diesem Gebiet sich vor allem stark auf Raumprogramme von Fachbereichen der Naturwissenschaften, Technik und Medizin auswirkt.

2.2.4.1 Prognosen zur Entwicklung der Hörerzahlen – eine Geschichte der Fehlschläge

Die erst gegen Ende des 20. Jahrhunderts (im Wesentlichen) überwundene Raumnot der österreichischen Universitäten war durch den enormen Anstieg der Studierendenzahlen verursacht worden, doch diese Entwicklung ist bekanntlich nicht der einzige Faktor, der den räumlichen Ausbau der Universitäten beeinflusst. Für die Entwicklung der Universitäten ist die Schaffung von Rahmenbedingungen, die zeitgemäßes Forschen (und Lehren) erst ermöglichen, von zentraler Bedeutung. Deren Umsetzung erschwert aber die nach wie vor äußerst rasant verlaufende Entwicklung der laborintensiven Fachbereiche der Naturwissenschaften, Technik und Medizin. (Modernisierungsmaßnahmen sind gerade in diesen Fachbereichen sehr kostenintensiv.) Der Universitätsbau wird außerdem von wissenschaftsimmanenten Veränderungen stark geprägt.

Als in Österreich der höchst beachtliche Aufschwung der Wissenschaften in der zweiten Hälfte des 19. Jahrhunderts eingeleitet wurde, hatten die verantwortlichen Bildungspolitiker und auch viele Wissenschaftler den Ehrgeiz, mit den weltweit angesehensten Universitäten in ein Konkurrenzverhältnis zu treten. Dieses hohe Ziel fand auch in der Bautätigkeit seinen Ausdruck, für die die Ausdifferenzierung der wissenschaftlichen Disziplinen und die Realisierung von ausgezeichneten Arbeitsbedingungen die bedeutendsten Kriterien waren; die Entwicklung der Hörerzahlen spielte hingegen eine untergeordnete Rolle. So wurden Rahmenbedingungen geschaffen, die dazu beitrugen, dass an österreichischen Universitäten Spitzenleistungen in einer beachtlichen Dichte erbracht werden konnten, die sich nicht nur auf die Anzahl der Nobelpreisträger reduzieren lassen.

Ein Beispiel für einen weit über die Grenzen der Monarchie hinaus beachteten Universitätsbau wäre das 1878 fertig gestellte «Chemische Institutsgebäude» (Alte Chemie) der Universität Graz, das Architekt Karl Sattler in enger Zusammenarbeit mit dem Chemiker Leopold von Pebal plante. Das nach den Vorbildern der Laboratorien in Budapest und Leipzig realisierte Grazer Institutsgebäude wurde selbst zum Musterbau, der den Neubau des Straßburger Instituts stark beeinflusste. «Auch beim Bau des Laboratoriums der Berliner technischen Hochschule orientierte man sich am Grazer Institut. Viktor Meyer plante in den Jahren 1883 und 1884 für seine Zürcher Wirkungsstätte einen Neubau, besuchte Graz und lobte das ‹wirklich unvergleichlich schöne Laboratorium›. Der Bekanntheitsgrad ging über den deutschen Sprachraum hinaus. Adolphe Wurtz stellte in einem Buch die wichtigsten chemischen Laboratorien der Welt zusammen, die als Vorbilder für Neubauten in Paris in Frage kamen, und schilderte darin den Grazer Bau mit großer Ausführlichkeit.»[12]

In der Zweiten Republik war bislang die Entwicklung der Studierendenzahlen ein ungleich gewichtigeres Kriterium für die räumliche Erweiterung der Universitäten. Im AHStG 1966 hielt man schließlich unter § 44 fest, dass die zu erwartende Zahl an Studierenden eine entscheidende Orientierungsgröße der Hochschulplanung sei. Da die Entscheidung, ein Universitätsstudium in Angriff zu nehmen, von zahlreichen Faktoren abhängt, deren Zusammenspiel sich letztlich jeder Berechnungsmethode entzieht, ist die Wahrscheinlichkeit äußerst hoch, dass Prognosen zur Entwicklung der Hörerzahlen fehlschlagen. Dies ist vor allem dann der Fall, wenn der Universitätszugang nicht durch Selektionsmaßnahmen geregelt wird.

Bedarfsschätzungen thematisieren entweder die individuelle oder die gesellschaftliche Nachfrage, also die Vielfalt der Studienmöglichkeiten oder den Bedarf an Akademikern. Der Universitätserhalter ist natürlich vorrangig an gut ausgebildeten Absolventen interessiert, jedoch trat die individuelle Nachfrage seit Beginn der 1970er Jahre immer mehr in den Vordergrund, da der freie Universitätszugang eine der wichtigsten bildungspolitischen Zielsetzungen der SPÖ war. Bei Bedarfsschätzungen, die auf die gesellschaftliche Nachfrage abzielen, stellt sich das immer größer werdende Problem, dass sich im Zuge der Globalisierung die Arbeitswelt und deren Anforderungen sehr rasch ändern. (Neuerungen im universitären Bereich wirken sich hingegen erst nach einigen Jahren aus.) Ähnlich schwierig verhält es sich, wenn bei Bedarfsschätzungen die individuelle Nachfrage thematisiert wird. Riskiert man im ersten Fall, dass in verschiedenen Bereichen vorübergehend zu wenige Fachkräfte zur Verfügung stehen, tritt beim freien Universitätszugang als zweites Risiko hinzu, dass mit großer Wahrscheinlichkeit viele Absolventen keine Arbeit finden, die ihren Qualifikationen entsprechen.

Mit der weitgehenden Öffnung der Universitäten zu Beginn der 1970er Jahre schlug man unter der Amtszeit von Hertha Firnberg den riskanteren Weg ein. Im Längerfristigen Entwicklungsprogramm für den Hochschulbau (1972) steht: «Jedenfalls aber übersteigt in den meisten Sparten die individuelle Nachfrage nach Ausbildungsplätzen den voraussichtlichen Bedarf an ausgebildeten Akademikern, weshalb bei einem Hochschulsystem ohne Numerus clausus und mit freier Zugänglichkeit einem kapazitativen Ausbauprogramm die Zahl der Hochschulberechtigten, das ist die Absolventenzahl der mit Matura endenden Sekundarschulen, mit bestimmten empirisch ermittelten Übertrittsraten je nach Schultypen zugrunde gelegt wird.»[13] Das Wissenschaftsministerium ging davon aus, dass 1980 an den wissenschaftlichen Universitäten 61.000–67.000 inländische ordentliche Studierende inskribiert wären; 6.100 Absolventen sollten in diesem Jahr die Universitäten verlassen.[14]

Bei diesem Ansatz war der Gedanke leitend, dass mit dem Anstieg der Studierendenzahlen auch die Absolventenzahlen in einem ähnlichen Verhältnis steigen würden. Stillschweigend setzte man dabei voraus, dass sich die Studienbedingungen durch den räumlichen Ausbau der Universitäten und eine entsprechende Aufstockung des Universitätspersonals zumindest nicht verschlechtern. Zur Problematik, die Untersuchungen eigen ist, die den Bedarf an Akademikern thematisierten, schrieb man im «Hochschulbericht 1975»: «Mehr und mehr kommt man zur Erkenntnis, daß derartige Prognosen ihren Hauptwert darin haben, daß sie Richtlinien für Zielvorstellungen darstellen. [...] ‹Im Grunde wurde nicht die effektive Marktnachfrage nach Akademikern geschätzt, sondern der im Hinblick auf vorgegebene Ziele erwünschte Bedarf›.»[15]

Im Wissenschaftsministerium war man optimistisch, dass eine Verschiebung der Ausbildungsschwerpunkte von den allgemeinbildenden höheren Schulen an die berufsbildenden höheren Schulen einen moderaten Anstieg der Hörerzahlen zur Folge hätte, wodurch eine Angleichung der individuellen und der gesellschaftlichen Nachfrage im akademischen Bereich erreicht werden sollte. Der Ausbau der berufsbildenden Schulen bildete einen Schwerpunkt des Schulentwicklungsprogramms 1971–1980, das vom Bundesministerium für Unterricht und Kunst im Juni 1971 vorgelegt und dann auch erfolgreich umgesetzt wurde. Im Entwicklungsprogramm für den Universitätsbau steht: «Unter der Voraussetzung, daß die Ziele des 10jährigen Schulentwicklungsprogrammes der Bundesregierung baumäßig und hinsichtlich der Lenkung der Schüler in Richtung berufsbildendes Schulwesen erfüllt werden, kann die Zahl der Hochschüler im Jahre 1980 unter der weiteren Annahme einer gleichbleibenden Relation zwischen der Zahl der Schüler an höheren Schulen und Maturanten einerseits und den Übertrittsquoten an die Hochschulen andererseits ermittelt werden.»[16] Das Ergebnis waren die prognostizierten 67.000 Hörer; tatsächlich inskribierten sich im Studienjahr 1980/81 jedoch mehr als 100.000 inländische ordentliche Studierende an wissenschaftlichen Universitäten.

Die Erwartungen des Wissenschaftsministeriums erfüllten sich nicht, weil die Zahl der zum Universitätsstudium berechtigten Schüler wesentlich höher ausfiel und auch viel mehr Absolventen berufsbildender höherer Schulen ein Studium in Angriff nahmen. Zu Beginn der 1980er Jahre setzte der Höreransturm auf die Technischen Universitäten Wien und Graz sowie die «Fachuniversitäten» (Wirtschaftsuniversität, Universität für Bodenkultur, Veterinärmedizinische Universität, Montanuniversität Leoben und Universität Linz) ein, was die Raumproblematik weiter verschärfte, denn auch in diesem Jahrzehnt verzeichneten die «klassischen» Universitäten Wien, Graz und Innsbruck sowie die Universität Salzburg einen steilen Anstieg der Hörerzahlen. (Auch die 1970 gegründete Universität Klagenfurt verzeichnete einen Höreranstieg, der die vom Wissenschaftsressort erwartete Entwicklung übertraf.)

Im «Hochschulbericht 1981» schrieb Firnberg: «Auch in den achtziger Jahren werden die Hörerzahlen noch eine wichtige Größe der Hochschulpolitik sein, aber nicht mehr deren dominierender Faktor.»[17] Auch diese Erwartung erfüllte sich nicht; trotzdem wurde auch deswegen von einer Zulassungsbeschränkung abgesehen, weil man befürchtete, dass dadurch die Arbeitslosenrate noch stärker steigen würde. (Im «Hochschulbericht 1984» steht «Zum gegenwärtigen Zeitpunkt würde die Einführung von Zulassungsbeschränkungen auf den Arbeitsmarkt negative Folgen haben.»[18]) Auch die Studienberatung, die seit Mitte der 1950er Jahre stetig verbessert wurde, erfüllte letztlich nicht jene Erwartungen, die das Wissenschaftsressort in diese Serviceeinrichtung setzte. Die in den Hochschulberichten berücksichtigten Statistiken wiesen für 1980 389 arbeitslose Akademiker aus, 1983 waren es bereits 1.155. Die Arbeitslosenrate stieg bis Mitte der 1990 Jahre stark, unterlag aber im Zeitraum von 1996 (5.572) bis 2002 (5.570) relativ geringen Schwankungen. Im Vergleich mit 1980 waren 1990 fast neunmal und 2002 mehr als vierzehnmal so viele Akademiker arbeitslos.

Nachdem sich jener Ansatz, der den im Längerfristigen Entwicklungsprogramm veröffentlichten Prognosen zugrunde lag, als unbrauchbar erwiesen hatte, beauftragte das Wissenschaftsministerium das Institut für sozioökonomische Entwicklungsforschung der Österreichischen Akademie der Wissenschaften mit der Entwicklung einer Methode, die im Rahmen des Projekts «Hochschulplanungsprognose» erfolgte. Diese Methode beruhte auf einem differenzierten personenbezogenen Fortschreibungsmodell, mit der man den Versuch unternahm, Geburtenjahrgänge vom Schuleintritt bis zum Verlassen des Sekundarschulwesens zu verfolgen. Die eigentliche «Bestandgröße» bildeten die im Wintersemester inskribierten inländischen ordentlichen Studierenden, die eine Veränderung durch die variablen Faktoren «Studienanfänger», «Studienabbrecher», «Absolventen», «Unterbrecher» und «Studienwechsler» erfahren. Außerdem berücksichtigte man in diesem Fortschreibungsmodell Doppelinskriptionen und die unterschiedlichen Studien (Diplom, Doktorat und Lehramt) der Absolventen. (Die Entwicklung der ausländischen ordentlichen Studierenden ließ sich mit diesem Fortschreibungsmodell natürlich nicht prognostizieren.) Eine erste Prognose wurde im «Hochschulbericht 1978» veröffentlicht: Im Studienjahr 1981/82 erwartete man 103.000–107.000 inskribierte inländische ordentliche Studierende und 1985/86 116.000–129.000.[19] Tatsächlich wurden 109.013 (1981/82) bzw. 141.144 (1985/86) inländische Hörer gezählt.

Die Abweichung war vor allem darauf zurückzuführen, dass das Ausmaß der Übertritte in weiterführende Schulen unterschätzt wurde. Dies wirkte sich natürlich auf die für Hörerprognosen grundlegenden Maturantenschätzungen aus. Da seit 1975 die Entwicklung des Universitätspersonals und des Raumgewinns weit hinter jener der Studierendenzahlen zurückblieb, verschlechterten sich die Rahmenbedingungen für einen erfolgreichen Studienabschluss, was wiederum eine Verlängerung der Verweildauer, die ein ordentlicher Studierender inskribiert an Universitäten verbringt, zur Folge hatte. Dieser Problematik begegnete man bei den Prognosen, indem seit 1981 mehrere Entwicklungsmöglichkeiten skizziert wurden. Nur noch ein einziges Mal stimmten bislang Teilergebnisse einer Prognose mit der tatsächlich eingetretenen Entwicklung der Hörerzahlen (im Wesentlichen) überein, dessen Wert sich aufgrund der nachfolgenden Fehlschläge aber relativierte. Das Institut der Akademie der Wissenschaften ging im «Hochschulbericht 1987» von 193.593 (1995/96) und 194.707 (2000/01) inländischen ordentlichen Studierenden aus;[20] dabei handelte es sich um jene Variante, der die längste Verweildauer zugrunde lag. Inskribiert waren schließlich 189.614 (1995/96) und 193.649 (2000/01) inländische ordentliche Studierende.

In weiterer Folge setzte sich bei den Hörerprognosen die Geschichte der Fehlschläge fort, die für den räumlichen Ausbau der Universitäten aber insofern nicht von Bedeutung waren, weil nach 1975 aus finanziellen Gründen weder dieser Ausbau noch die Aufstockung des Universitätspersonals sich an der Entwicklung der Hörerzahlen orientieren konnte. Im Unterschied zum vergangenen Jahrzehnt überschätzte man in den 1990er Jahren zumeist die tatsächlich eingetretene Entwicklung der Hörerzahlen, die deswegen hinter der prognostizierten Entwicklung zurückblieb, weil die in diesem Dezennium eingerichteten Fachhochschulen in ein Konkurrenzverhältnis zu den wissenschaftlichen Universitäten traten. Die aktuelle Hochschulprognose (2002) weist für 2002 145.686 und für 2010 135.038 inländische ordentlichen Studierende aus;[21] im Studienjahr 2002/03 wurden 153.042 gezählt.

2.2.5 Die traditionelle Organisationsform des Universitätsbaus

Da der Bund die Universitäten zu erhalten hat, fiel der Universitätsbau als Teil des Bundeshochbaus bis zum Wirksamwerden des Bundesimmobiliengesetzes 2000 in den Zuständigkeitsbereich des Wirtschaftsressorts und war dort der Bundesgebäudeverwaltung I zugeordnet. (Bauliche Maßnahmen wurden im Wege der mittelbaren Bundesverwaltung gesetzt, d.h., dass entsprechende Weisungen des Wirtschaftsministers an die Landeshauptmänner ergingen. Im Wege der unmittelbaren Bundesverwaltung wurden Bauvorhaben für das Verteidigungsressort abgewickelt, die in den Zuständigkeitsbereich der Bundesgebäudeverwaltung II fielen.) Nicht das Wissenschaftsressort, sondern das Wirtschaftsressort verfügte über die Universitätsgebäude und -räume und stellte für universitäre Bauvorhaben Baugründe bereit. Mit dem Finanzministerium hatte es das Budget für den Universitätsbau zu verhandeln, das im Kapitel 64 (und eben nicht im Kapitel 14 des Wissenschaftsressorts) veranschlagt war. Das Haushaltskapitel 64 gliederte sich in drei Bereiche: Neubauten, Instandsetzung (Modernisierungsmaßnahmen) und Instandhaltung (zum Zweck der Verlängerung der Nutzungsdauer).

Die Veranschlagung des Universitätsbaubudgets im Kapitel 64 entsprach der institutionellen Gliederung des Bundesbudgets. Die Weiterführung dieser Tradition verursachte jedoch mancherlei Schwierigkeiten. Im konkreten Fall konnte das Wirtschaftsressort nicht feststellen, ob der Mitteleinsatz für den Universitätsbau sachlich, d.h. wissenschaftsbezogen richtig erfolgte. Diesbezüglich ist die Kompetenz natürlich beim Wissenschaftsressort angesiedelt, das sich aus diesem Grund für eine funktionelle Gliederung des Bundesbudgets einsetzte. Bei der funktionellen Gliederung hätte das Wissenschaftsressort auch die politische Verantwortung für den Universitätsbau übernommen. Die bestehende Kompetenzverteilung wirkte sich natürlich hemmend auf den Universitätsbau aus. Um die Zusammenarbeit zwischen den beteiligten Bundesministerien effizienter zu gestalten, wurde 1970 das Interministerielle Komitee für Schulraumfragen (IKS) gegründet. Das IKS bildeten Vertreter des Wissenschafts-, Unterrichts-, Wirtschafts- und Finanzressorts, die gemeinsame Anliegen diskutierten, nach Lösungen suchten und diese in den jeweiligen Kompetenzbereichen umsetzten. Die vom IKS auf der Beamtenebene geleisteten Vorarbeiten relativierten lange Zeit Schwächen, die der traditionellen Organisationsform des Universitätsbaus immanent waren.

Natürlich erwies sich die institutionelle Gliederung des Bundesbudgets als Nachteil für das Wissenschaftsressort, da es auf das Verhandlungsgeschick des Wirtschaftsressorts angewiesen war, dessen Erfolg eine wesentliche Voraussetzung für die Entwicklung der Universitäten bildete. Der Universitätsbau als Teil des Bundeshochbaus zählte aber nicht zu den Kernbereichen des Wirtschaftsressorts, das in diesem Fall Interessen anderer Bundesministerien zu vertreten hatte. Dieser Umstand stärkte bei den Verhandlungen die Position des Finanzministeriums, denn das Budget für den Universitätsbau als Teil des Bundeshochbaubudgets ist wiederum nur ein Teil des Gesamtbudgets, das dem Wirtschaftsressort zugesprochen wurde. Wenn die für den Universitätsbau zuständigen drei Bundesministerien von Politikern einer Partei (ÖVP oder SPÖ) geleitet wurden, wirkte sich diese Konstellation, die bis 1987 bestand, auf den Universitätsbau grundsätzlich nicht förderlich aus, weil dadurch Forderungen des Wissenschaftsressorts leichter Grenzen gesetzt werden konnten.

Als Bundesministerium für Handel und Wiederaufbau wurde das Wirtschaftsressort von 1945 bis 1970 von ÖVP-Politikern geleitet. Diese Ära endete, als Bruno Kreisky mit Unterstützung der FPÖ eine SPÖ-Minderheitsregierung bilden konnte; unter der Regierung Kreisky (I) änderte sich außerdem die Ressortbezeichnung (Bundesministerium für Bauten und Technik). Das Wirtschaftsressort blieb auch während der SPÖ/FPÖ-Koalitionsregierung (1983–1986) im Zuständigkeitsbereich der SPÖ, woran sich auch während der ersten Amtszeit von Franz Vranitzky (SPÖ/ÖVP-Koalition) nichts änderte. Erst unter der Regierung Vranitzky (II) wurde das Wirtschaftsressort wieder der ÖVP zugesprochen und in Bundesministerium für Handel, Gewerbe und Industrie umbenannt. 1990 – Vranitzky (III) – erfolgte die nächste Änderung (Bundesministerium für wirtschaftliche Angelegenheiten), seit 2000 (ÖVP/FPÖ-Koalition) lautet die Ressortbezeichnung Bundesministerium für Wirtschaft und Arbeit.

Bei der traditionellen Organisationsform des Universitätsbaus war das Wissenschaftsressort zwar für die zu realisierenden Raum- und Funktionsprogramme verantwortlich, in den Kompetenzbereich des Wirtschaftsressorts fiel jedoch die Einleitung der konkreten Architekturplanung. Mit der Projektabwicklung wurden die jeweils zuständigen Landesbaudirektionen betraut. Die Durchführung erfolgte im Wege der Auftragsverwaltung.
Als höchst problematisch erwies sich das Finanzierungsmodell, das der traditionellen Organisationsform des Universitätsbaus zugrunde lag. Dem «klassischen» Finanzierungsmodell gemäß entfiel bei Bauvorhaben die volle Investitionslast auf den Herstellungszeitraum der Investition. Da nicht zuletzt aufgrund des Drängens der unter Raumnot leidenden Universitäten in den 1960er und 1970er Jahren zu viele Baustellen eröffnet wurden, standen für die einzelnen Projekte zu gering dotierte jährliche Bauraten bereit, weswegen sich die Fertigstellung auch von Bauvorhaben, die keinesfalls zu Großprojekten zu zählen waren, sehr verzögern konnte. Zum Beispiel war die Erweiterung und Sanierung der Alten Chemie der Universität Graz erst nach 12 Jahren abgeschlossen. Bis zur Fertigstellung des Institutsgebäudes «Rennweg 14» (Universität Wien), das ebenfalls erweitert und saniert wurde, vergingen sogar 14 Jahre.
Insbesondere bei komplexen und damit auch entsprechend teuren Bauvorhaben waren Verzögerungen nicht zu verhindern, da die zu gering dotierten jährlichen Bauraten keine zügige Projektabwicklung zuließen. Erschwerend kam hinzu, dass zwischenzeitlich eingetretene Änderungen der Universitätsorganisation oder Reformen der Studien Planungsänderungen bedingten, die wiederum behördlich zu genehmigen waren, was zu weiteren Verzögerungen führte. Außerdem wurden stetig bau- und feuerpolizeiliche Bestimmungen modifiziert, welchen natürlich entsprochen werden musste. Diese Gründe waren mit entscheidend dafür, dass beispielsweise der Neubau für die Maschinenbau-Institute der Technischen Universität Graz erst nach 18 und das Freihaus der Technischen Universität Wien erst nach 12 Jahren fertig gestellt waren. (In beiden Fällen konnten jedoch Teile der Gebäude schon früher genutzt werden.) Aus der Sicht des Wissenschaftsressorts waren diese Planungsänderungen unerlässlich, weil man den künftigen Nutzern Gebäude übergeben wollte, die möglichst auf dem aktuellen Stand der Wissenschaft und Technik sein sollten. Dass sich die von Verzögerungen verursachten Probleme noch verstärkten, lag an einer Gepflogenheit des Wirtschaftsressorts, das auf einem einheitlichen Planungsredaktionsschluss bestand, wodurch der jeweilige Wissensstand nicht in den Bau- und Installationsablauf einfließen konnte. Dies wäre möglich gewesen, wenn sowohl das Raum- und Funktionsprogramm als auch die Planung je nach Stand des Baugeschehens schrittweise verfeinert worden wären, was vom Wissenschaftsressort auch wiederholt angeregt wurde.
Das dem «klassischen» Universitätsbau entsprechende Finanzierungs- und Projektabwicklungsmodell hatte zwangsläufig (zum Teil) beträchtliche Kostensteigerungen zur Folge. Dass diese Organisationsform nicht der Wirtschaftlichkeit, Sparsamkeit und Zweckmäßigkeit der Gebarung gerecht werden konnte, war spätestens zu Beginn der 1980er Jahre unbestreitbar, da sich längst andere Finanzierungs- und Projektabwicklungsmodelle auf dem Sektor des Universitätsbaus bewährt hatten. (Das mit dem Freihaus der Technischen Universität Wien vergleichbare Projekt UZA I (Wirtschaftsuniversität und Universität Wien), das vom WU-Kuratorium abgewickelt wurde, war nach 7 Jahren fertig gestellt.) Auf den Universitätsbetrieb wirkten sich die Schwächen des «klassischen» Universitätsbaus in mehrfacher Hinsicht negativ aus. Da die Gebäude erst verspätet bezogen werden konnten, mussten häufig Raumprovisorien geschaffen werden, die weitere Kosten verursachten, nur selten den Lehr- und Forschungsanforderungen entsprachen und außerdem sehr oft zur Zersplitterung von Instituten bzw. Fakultäten führten.
Für die Realisierung von Bauvorhaben, die im Rahmen der traditionellen Organisationsform des Universitätsbaus abgewickelt wurden, war folgender Ablauf charakteristisch: Die ersten Schritte hin zur Konkretisierung eines Projekts setzten die Universitäten. (Dies wird auch künftig so sein.) Innerhalb der Fakultäten wurden die Raumwünsche der einzelnen Institute erhoben und ein Kompromiss hinsichtlich der Dringlichkeitsreihung der einzelnen Anliegen gefunden, was von Anfang an sehr mühsam war, weil nach dem Ende des Zweiten Weltkriegs praktisch alle Institute sämtlicher Universitäten räumlich und auch hinsichtlich der technischen Ausstattung unzureichend versorgt waren. Bis zum Inkrafttreten des UG 2002 wurde die vom Akademischen Senat

bzw. dem Gesamtkollegium beschlossene Dringlichkeitsreihung von Bauvorhaben dem Wissenschaftsressort übermittelt; diese Listen umfassten des Öfteren bereits grobe Raumprogramme. Das Wissenschaftsressort bemühte sich stets um Lösungen, von welchen möglichst viele Universitäten profitieren sollten. Die vom Ministerium getroffene Auswahl beeinflussten bereits Umstände, die für eine rasche Projektabwicklung sprachen, wozu vor allem Förderungsmöglichkeiten durch Länder und Städte oder die Wirtschaft zählten.

In Verhandlungen mit dem Finanzministerium versuchten das Wirtschaftsressort und das Wissenschaftsressort im Rahmen des IKS die Finanzierung möglichst vieler Bauvorhaben zu erreichen. Nachdem die finanzielle Frage geklärt war, konnte das Wissenschaftsressort die Universitäten mit der Erstellung von Raum- und Funktionsprogrammen beauftragen, die dann einem Prüfungsverfahren unterzogen wurden. In diesen Klärungsprozess waren neben den künftigen Nutzern des Öfteren auch externe Berater eingebunden, die in wenigen Fällen auch verbindliche Raum- und Funktionsprogramme erarbeiteten. Der Projektumfang war aufgrund der seit Mitte der 1950er Jahre stetig und ab 1970 enorm steigenden Hörerzahlen ein besonders umstrittener Punkt, wobei bis gegen Mitte der 1980er Jahre in einigen Fällen gewisse Raumreserven berücksichtigt wurden, allerdings nicht in jenem Ausmaß, das die Universitäten gewünscht hatten. Seit der zweiten Hälfte der 1980er Jahre orientierte sich das Wissenschaftsressort am folgenden Grundsatz: «Raumreserven sollten nicht geplant und mitgebaut werden, da sie nicht reserviert zu halten sind. Vielmehr sollte die Reserve in der Nutzungsverdichtung, im Zubau und in der Errichtung zusätzlicher Häuser in der unmittelbaren Nachbarschaft gefunden werden.»[22]

Das Ergebnis des Klärungsprozesses zwischen dem Ministerium, den künftigen Nutzern und den externen Beratern bildete das vom Wissenschaftsressort genehmigte Raum- und Funktionsprogramm, das dem Wirtschaftsressort weitergeleitet wurde. In dessen Zuständigkeitsbereich fiel die Entscheidung, ob zur Einleitung der konkreten Architekturplanung ein baukünstlerischer Wettbewerb ausgeschrieben oder ein Architekt direkt beauftragt werden sollte. (Diese Planungsleistungen wurden bei kleineren Bauvorhaben manchmal auch von den zuständigen Landesbaudirektionen erbracht.) Im Zuge der Detailplanung, die von der intensiven Zusammenarbeit zwischen den planenden Architekten und den künftigen Nutzern geprägt ist, ergeben sich natürlich weitere Änderungen des Raum- und Funktionsprogramms. Dafür sind einerseits bautechnische Gegebenheiten oder behördliche Bestimmungen und andererseits die rasche Entwicklung der Wissenschaften (insbesondere der laborintensiven Fachbereiche) verantwortlich. Diese Änderungen sind ebenfalls im Einvernehmen mit dem Wissenschaftsressort getroffen worden. Nach dem Vorliegen der benötigten behördlichen Genehmigungen konnten die einzelnen Bauleistungen vom Wirtschaftsressort oder den Landesbaudirektionen ausgeschrieben und die Baustelle schließlich eröffnet werden. «In einem langen und oft sehr mühsamen Prozeß entstehen auf diese Weise Gebäude, welche den berechtigten Anforderungen der Nutzer weitestgehend entsprechen und durch Bedachtnahme auf eine in einem vertretbaren Rahmen bleibende Flexibilität auch künftigen, heute noch gar nicht vorhersehbaren Entwicklungen Rechnung tragen sollen.»[23]

2.2.6 Finanzierungsprogramme

Gegen Mitte der 1960er Jahre war klar, dass sich der vom damaligen Unterrichtsministerium bereits eingeleitete Ausbau der Universitäten nicht ausschließlich im Rahmen der traditionellen Form des vom Wirtschaftsressort abgewickelten Universitätsbaus realisieren ließe. Das Hauptproblem stellte die «klassische» Finanzierungsform dar, bei der die volle Investitionslast auf den Herstellungszeitraum der Investition entfiel, was zu Verzögerungen führen musste, da jährlich nur ein begrenztes Budget für jedes Bauvorhaben zur Verfügung stand. Zwar hatte sich im Zeitraum von 1969 bis 1972 das Baubudget beinahe verdoppelt, doch die stark gestiegenen Baukosten relativierten diesen Erfolg. Jene Mittel, die der laufenden Instandhaltung von Universitätsgebäuden gewidmet waren, stiegen hingegen weit weniger deutlich, weswegen in diesen Jahren nur ein Teil der vorhandenen Raumreserven erschlossen werden konnte.

Das 1969 initiierte Sonderfinanzierungsprogramm «Hochschulmilliarde» war eigentlich ein Finanzierungsmodell, mit dessen Hilfe Schwächen kompensiert werden konnten, die durch die «klassische» Finanzierungsform verursacht wurden. Von der «Hochschulmilliarde» profitierte der Universitätsbau insofern, als bei ausgewählten Bauvorhaben der Universitäten Wien, Graz, Innsbruck und Salzburg, der Technischen Universitäten Wien und Graz sowie der Universität für Bodenkultur kostenintensive Teilarbeiten derart ausgeschrieben wurden, dass die Bezahlung innerhalb von maximal zehn Jahren in gleichen Halbjahresraten erfolgte. Dadurch konnte ein zügigerer Baufortschritt erreicht werden. Ende der 1960er Jahre leitete das Unterrichtsministerium außerdem das «Ausbauprogramm für die vorklinischen Institute» ein, das vor allem den Medizinischen Fakultäten in Innsbruck und Graz zugute kam. Im Rahmen eines so genannten «Schnellbauprogramms», das im «Hochschulbericht 1972» erwähnt wird,[24] konnte man letztlich nur drei als Raumprovisorien gedachte Bauvorhaben realisieren, die zur Linderung der Raumnot an den Universitäten Salzburg und Wien beitrugen.

1972 legte das Wissenschaftsministerium auch das Längerfristige Entwicklungsprogramm für den Hochschulbau vor, in dem 55 Bauvorhaben aufgelistet wurden, die bis 1980 realisiert werden sollten. Der benötigte Finanzierungsbedarf war auf (ATS) 8,5 Milliarden geschätzt worden. Nach einem erfolgversprechenden Beginn stieg jedoch schon in der zweiten Hälfte der 1970er Jahre das Baubudget nicht mehr in jenem Maße, das für die Realisierung des Entwicklungsprogramms nötig gewesen wäre, weswegen bis 1982 nur knapp die Hälfte der ausgewiesenen Bauten fertig gestellt werden konnte.

Hinsichtlich des weiteren Ausbaus der Universitäten zeigte sich das Wissenschaftsministerium bereits zu Beginn der 1980er Jahre skeptisch: «Die ‹Bildungseuphorie› der sechziger Jahre und der ersten siebziger Jahre ist abgeklungen. In der öffentlichen Meinung werden des öfteren Vorstellungen von zu hohen Staatsausgaben und Einschränkungen des ‹öffentlichen Konsums›, aber auch von Beschränkungen des weiteren Hochschulausbaus und des weiteren Zugangs bzw. Öffnens der Universitäten vorgebracht. Die international zu verzeichnende Welle kritischer Einstellungen gegenüber Wissenschaft und Forschung sowie ihrer Einrichtungen geht auch an Österreich nicht spurlos vorüber. Eine weitere Expansion der Mittel für die Universitäten stößt – trotz aller Bemühungen – an Grenzen, während gleichzeitig die Erwartungen an Universitäten, durch Forschungs- und Qualifizierungsleistungen zur Lösung der anstehenden Probleme beizutragen, zunehmen. Der budgetäre Spielraum für neue Vorhaben wird enger als früher sein, [...].»[25] Die Bilanz im «Hochschulbericht 1990» fiel dann folgendermaßen aus: «Bereinigt man die Bauausgaben um die Preissteigerung, so offenbart sich langfristig eine Stagnation im österreichischen Hochschulbau. Im Gegensatz zur nominellen Erhöhung der Bauausgaben im Zeitraum 1970 bis 1990 um das annähernd Vierfache, wurde 1989 real etwa gleich viel wie vor 20 bzw. 10 Jahren ausgegeben. Seit 1984 wurden die Bauausgaben um fast ein Drittel gekürzt, zwischen 1987 und 1989 sanken sie jährlich um durchschnittlich 11 %.»[26]

Diese Entwicklung ist vor dem Hintergrund des enormen Anstiegs der Hörerzahlen zu sehen, der die prekäre Raumsituation der Universitäten in den 1980er Jahren noch verschärfte. Die Raumnot suchte man vor allem durch die Realisierung von Bauträgerprojekten zu lindern, aber auch die Schaffung von Raumprovisorien («Außenanmietungen») war in diesem Zusammenhang sehr wichtig. Diese Notmaßnahmen, die über die Jahrzehnte beträchtliche Kosten verursachten, trugen dazu bei, dass österreichweit der universitäre Lehrbetrieb (im Wesentlichen) aufrecht erhalten werden konnte. – In der zweiten Hälfte der 1980er Jahre führten finanzielle Engpässe schließlich dazu, dass schon in Bau befindliche Projekte gestoppt und einige in der Planung weit fortgeschrittene Bauvorhaben zurückgestellt werden mussten. Diese Krise konnte durch das 1987 beschlossene ASFINAG-Sonderfinanzierungsprogramm überwunden werden. Durch dieses Finanzierungsprogramm konnten zusätzliche (ATS) 5 Milliarden für den Bundeshochbau zur Verfügung gestellt werden, rund 1,3 Milliarden kamen davon dem Universitätsbau zugute. Die von der Allgemeinen Straßenbaufinanzierungs AG bereitgestellten Mittel wurden ihr vom Wirtschaftsressort dann über mehrere Jahre refundiert.

Mit der Realisierung des ASFINAG-Sonderfinanzierungsprogramms setzte man einen wichtigen Schritt zur längst überfälligen Reform der Bau- und Liegenschaftsverwaltung des Bundes, denn dieses Sonderfinanzierungsprogramm folgte der Überlegung, dass langlebige Wirtschaftsgüter auch langfristig finanziert werden sollten. Das Wissenschaftsressort vertrat seit den frühen 1960er Jahren diese Auffassung, die im «Hochschulbericht 1987» nochmals auf den Punkt gebracht wurde. «Für die Erfüllung öffentlicher Aufgaben ist das Zugriffs- und Gestaltungsrecht maßgeblich, nicht aber traditionelle Wertigkeiten, wie das bücherliche Eigentum im Sinne des Bürgerlichen Rechts. Daher sollen die Grundsätze der Sparsamkeit, Wirtschaftlichkeit und Zweckmäßigkeit auch für die Wahl der Nutzungs- und Finanzierungsmodelle maßgeblich sein, und nicht das Festhalten an gewohnten Formen.»[27] Mit der Gründung der Bundesimmobiliengesellschaft (1992) war diesen Reformbestrebungen schließlich der Durchbruch gelungen, was sich natürlich auf den vom Wirtschaftsressort abgewickelten Universitätsbau auswirkte, dessen Umfang in den 1990er Jahren weiter abnahm.

2.2.7 Finanzierungs- und Projektabwicklungsmodelle

Die zuvor thematisierten Finanzierungsprogramme hätten längst nicht ausgereicht, um den Universitätsbetrieb unter den gewählten Bedingungen (freier Universitätszugang für Inländer) aufrecht erhalten zu können. Dass der Universitätszugang in Österreich – im Unterschied beispielsweise zu Deutschland – nicht durch die Einführung eines Numerus clausus geregelt werden musste, ist jenen erfolgreichen Strategien zu verdanken, die das Wissenschaftsressort auf dem Gebiet der Raumbeschaffung entwickelte. Die konstruktive Tätigkeit des Interministeriellen Komitees für Schulraumfragen war ausschlaggebend dafür, dass diese Strategien zumeist auch zur Anwendung kamen. So konnten Wege fernab des klassischen Universitätsbaus beschritten werden, deren Erfolge entscheidend zur Reform der staatlichen Bau- und Liegenschaftsverwaltung beitrugen.

Im Mittelpunkt der Bestrebungen des Wissenschaftsressorts standen Bauträgerprojekte, die sich infolge unterschiedlicher Rahmenbedingungen mehr oder weniger deutlich voneinander unterschieden, was in den entsprechenden Vertragswerken zum Ausdruck kam. Ein wesentliches Kriterium bilden dabei Finanzierungsmodelle, die diese Projekte grundsätzlich in zwei Bauträgertypen gliedern. Der erste Bauträgertyp zeichnet sich dadurch aus, dass Länder, Städte und Bund gemeinsam die Errichtungskosten trugen. Durch die Verfügbarkeit der benötigten Mittel konnten die entsprechenden Großprojekte ungleich schneller fertig gestellt werden, da die Bauarbeiten keine Einschränkung durch zu gering dotierte jährliche Bauraten erfuhren. Beispiele für diesen Bauträgertyp sind der Linzer Hochschulfonds und der Innsbrucker Universitätsfonds, die vornehmlich in den 1960er Jahren erfolgreich tätig waren. Eine Fortsetzung fand dieses Modell im Klagenfurter Hochschulfonds, der ebenfalls die von Land und Stadt bereitgestellten Mittel verwaltete und für die Projektabwicklung verantwortlich war. Beim 1994 fertig gestellten Gebäudekomplex für das Interuniversitäre Forschungsinstitut für Agrarbiotechnologie Tulln kamen das

Land Niederösterreich und der Bund für die Errichtungskosten auf, den Baugrund stellte die Stadtgemeinde Tulln bereit, die als Bauherr die Projektabwicklung einer Bauträgergesellschaft übertrug.

Der den Universitätsbau letztlich revolutionierende Bauträgertyp entwickelte sich aus Bauvorhaben der Wirtschaftsuniversität, wofür die Besitzverhältnisse ausschlaggebend waren. Ihr ehemaliges Stammhaus in Döbling, das seit 1985 der Universität Wien zur Verfügung steht, ist nach wie vor im Eigentum des WU-Kuratoriums. Bereits Mitte der 1950er Jahre übernahm der damalige Verein der Förderer der Hochschule für Welthandel die Bauherrschaft beim Ausbau des Stammhauses. Dies war das erste Bauvorhaben, das in der Zweiten Republik außerhalb der traditionellen Organisationsform des Universitätsbaus realisiert wurde. Als man zu Beginn der 1970er Jahre diesen Gebäudekomplex nochmals erweiterte, war dafür wiederum dieser Förderungsverein verantwortlich, aus dem 1975 das WU-Kuratorium hervorging. In mehrfacher Hinsicht bahnbrechend war in der zweiten Hälfte der 1970er Jahre schließlich die Errichtung des Universitätszentrums Althanstraße (UZA I) unter der Bauherrschaft des WU-Kuratoriums. Die Finanzierung dieses Großprojekts erfolgte durch ein Konsortium, das Banken und Versicherungsunternehmen bildeten. Bei diesem Finanzierungsmodell handelte es sich um eine projektbezogene Anleihe, die aber nicht vom Bund aufgenommen wurde. Die Kosten wurden aus dem Budget des Wissenschaftsministeriums in Form von Mietzinszahlungen refundiert. Die Projektabwicklung erfolgte durch Generalplaner (Architekt Hlaweniczka und Architektengemeinschaft Hlaweniczka, Schwanzer und Krampf) und einen Generalunternehmer (Arbeitsgemeinschaft Universitätszentrum Althanstraße: Neue Reformbau, Universale, Porr AG) unter Mitwirkung des Bauherrn sowie des Wissenschafts- und des Wirtschaftsressorts.

Dieses Projekt war das erste jenes Bauträgertyps, der auf rein privatwirtschaftlicher Finanzierung basierte und hinsichtlich der Reform des Bundeshochbaus richtungsweisend wurde. Beim UZA I kam ein Finanzierungsmodell zur Anwendung, das Nutzungsdauer und Investitionsfinanzierung synchronisierte; dieses Modell liegt auch der Bundesimmobiliengesellschaft zugrunde. Bei Projekten dieses Bauträgertyps refundierte der Bund die Errichtungskosten in Form von Mietzinszahlungen entweder aus dem Kapitel 14 oder dem Kapitel 64. In einigen Fällen gingen die angemieteten Gebäude nach Ablauf einer vertraglich festgesetzten Frist in sein Eigentum über, sonst wurde ihm zumeist eine Kaufoption eingeräumt. Auf der Grundlage dieses Finanzierungsmodells wurden bis Mitte der 1990er Jahre neun weitere Großprojekte von Bauträgergesellschaften (Salzburger Bauträgergesellschaft: Naturwissenschaftliche Fakultät (US); LB-Bauträger Gesellschaft und Union-Baumaterialien-Gesellschaft: Perles-Haus (BOKU); Union-Baumaterialien-Gesellschaft und Bundesimmobiliengesellschaft: Szilviny-Haus (BOKU); LB-Rent Bauträgergesellschaft: UZA III (WU); Wiener Bauträgergesellschaft und VAMED Consult Bauträgergesellschaft: Vienna Biocenter (UW); Immorent-Süd Gesellschaft: Universitätszentrum Wall (KFUG), Universitätszentrum Althanstraße Erweiterungsgesellschaft (Konstruktiva AG): UZA II (UW und WU); SITEC Bau- und Anlagenerrichtungsgesellschaft: Erweiterungsbau für Chemie-Institute (TUW); Gemeinnützige Wohnungsgesellschaft Austria AG und Merkur Bauträger Gesellschaft: Neue Veterinärmedizinische Universität) errichtet, die für ihre Leistungen rund 5 % der Bausumme erhielten. Hinzu kamen bis 2000 noch acht Großprojekte, die von der Bundesimmobiliengesellschaft realisiert wurden.

In den letzten zwei Jahrzehnten des 20. Jahrhunderts profitierten die Universitäten von diesen Bauträgerprojekten enorm. In verhältnismäßig kurzer Zeit konnte Raum in beträchtlichem Ausmaß geschaffen und somit die Raumnot stark gelindert werden. Mit den fertig gestellten Bauten war natürlich auch eine deutliche Verbesserung der Forschungs- und Lehrbedingungen verbunden. Außerdem konnten zahlreiche Raumprovisorien aufgegeben werden, die zur Zersplitterung von Instituten und Fakultäten geführt und damit den Universitätsbetrieb erschwert hatten. Die Aufgabe von «Außenanmietungen» war auch für den Universitätserhalter positiv, der dadurch recht beträchtliche Summen einsparen konnte.

Von zwei Ausnahmen (Erweiterungen des ehemaligen Stammhauses der Wirtschaftsuniversität und Erweiterung des Institutsgebäudes «Borschkegasse 8» der heutigen Medizinischen Universität Wien) abgesehen, wurden bis Mitte der 1980er Jahre universitäre Bauvorhaben nur unter der Voraussetzung durchgeführt, dass sich die Liegenschaften im Eigentum des Bundes befinden. In dieser Hinsicht bildete das Projekt Perles-Haus eine weitere Ausnahme,

da die Porr AG den Baugrund an der Nußdorfer Lände nicht dem Bund verkaufte, sondern darauf von ihrer Tochtergesellschaft Union-Baumaterialien-Gesellschaft und der LB-Bauträger Gesellschaft das Perles-Haus nach den Vorgaben des Wissenschaftsressorts errichten ließ. Beim Projekt Betriebswirtschaftliches Zentrum/Brünner Straße der Universität Wien, das ebenfalls in der zweiten Hälfte der 1980er Jahre in Angriff genommen wurde, verpflichteten sich die Eigentümer der Liegenschaft vertraglich, die vom Wissenschaftsressort gewünschten Baumaßnahmen im eigenen Namen, aber auf Rechnung des Bundes durchzuführen. Die Projektabwicklung erfolgte durch Architekt Herbert Bohrn. Dieses Finanzierungs- und Projektabwicklungsmodell kam damals auch noch bei der Adaptierung von Teilen eines Kolpinghauses für Zwecke der Wirtschaftsuniversität zur Anwendung.
Als Bauherren traten Universitäten bislang viermal in Erscheinung. Die Universität Wien richtete 1990 einen Beirat und eine Koordinationsstelle ein, um die Adaptierung des in ihrem Besitz befindlichen Teils des Alten AKH bewerkstelligen zu können; mit der Abwicklung des Projekts beauftragte sie die Bauträgergesellschaft Edificio. Bei der Realisierung des Projekts Hirnforschungszentrum fand dieses Modell eine Fortsetzung. Unter der Bauherrschaft der Akademie der bildenden Künste erfolgte die Errichtung des Akademiehofs. Für jene Räumlichkeiten, die von der Universität Wien und der Akademie der bildenden Künste für universitäre Zwecke genutzt werden, zahlt der Bund (als Universitätserhalter) den Universitäten Mieten. Auf Erfahrungen des Linzer Hochschulfonds konnte sich die Universität Linz stützen, der die BIG im Jahre 2000 die Geschäftsführung beim Projekt Hochschulfonds-Gebäude übertrug. Dessen Finanzierung, an der sich die Stadt Linz und das Land Oberösterreich beteiligten, erwirtschaftet die Universität Linz vornehmlich durch die Weitervermietung der meisten Räumlichkeiten an Kooperationspartner. – Diese Projektabwicklungsmodelle verdienen deswegen besondere Beachtung, da durch die Übernahme der Bauherrschaft das Kostenbewusstsein der Universitäten im Zusammenhang mit der Raumbeschaffung gefördert wurde. Dieser positive Effekt wird allerdings auch mit dem derzeit praktizierten Mietmodell der Bundesimmobiliengesellschaft erzielt.

2.2.8 Die Bundesimmobiliengesellschaft (BIG)

In den 1980er Jahren stellte sich infolge haushaltspolitischer Engpässe auch in Österreich die Frage immer dringlicher, wie öffentliche Leistungen kostengünstiger und effizienter erbracht werden können. Im Bereich des Bundeshochbaus zeigte die «Raumabteilung» des Wissenschaftsressorts, wie Raumbeschaffung effizienter gestaltet werden kann, indem sie in diesem Jahrzehnt jenen Bauträgertyp, dem eine nutzungsadäquate Finanzierung zugrunde liegt, konsequent weiterentwickelte. Vor diesem Hintergrund wurde immer offensichtlicher, dass die traditionelle Organisationsform des Universitätsbaus nicht dem Verfassungsgrundsatz nach Wirtschaftlichkeit, Sparsamkeit und Zweckmäßigkeit gerecht werden kann, denn die Jährlichkeit des Budgets ließ einfach keine zügige Projektabwicklung zu, was (unter anderem) zumeist deutliche Kostensteigerungen zur Folge hatte. Das Kompetenzdilemma zwischen dem Wissenschafts-, Wirtschafts- und Finanzressort war dem Universitätsbau grundsätzlich nicht förderlich und die kostenlose Bereitstellung von Gebäuden und Räumlichkeiten führte außerdem dazu, dass die Universitäten kein Kostenbewusstsein in einem für sie zentralen Bereich entwickelten.
Diese drei großen Probleme galt es zu lösen, die natürlich auch die bauliche Entwicklung der Bundesschulen erschwert hatten. Das Wissenschafts- und das Unterrichtsressort waren von den strukturimmanenten Schwächen des traditionellen Bundeshochbaus mit Abstand am stärksten betroffen. Problematisch war aber auch die Verwertung von Liegenschaften, die der Bund nicht mehr benötigte. So zielte der politische Wille zur Veränderung zu Beginn der 1990er Jahre auf eine grundlegende Reform der staatlichen Bau- und Liegenschaftsverwaltung ab. Das Immobilienvermögen und der Immobilienbedarf des Bundes sollten nach wirtschaftlichen und marktorientierten Grundsätzen neu organisiert werden. Der Durchbruch dieser Reformbestrebungen gelang unter

der Regierung Vranitzky (III), als am 17. Juli 1992 der Nationalrat das BIG-Gesetz 1992 (BGBl. Nr. 419/1992) verabschiedete. Der vom Wirtschaftsressort gegründeten Bundesimmobiliengesellschaft wurden bis ins Jahr 2000 Liegenschaften im Ausmaß von ca. 2.100.000 m² (Nettogrundrissfläche) im Fruchtgenuss übertragen. (Dabei handelte es sich hauptsächlich um Bundesschul- und Universitätsgebäude. Rund 5.100.000 m² verblieben vorerst im Kompetenzbereich des Wirtschaftsressorts.) Durch diese Transaktion wurden die entsprechenden Liegenschaften zum wirtschaftlichen Eigentum der BIG, die bei diesen «Fruchtgenussliegenschaften» im eigenen Namen und auf eigene Rechnung tätig werden konnte.
Der Gesetzgeber übertrug der BIG durch die Einräumung der Rechtsstellung eines Bestandgebers die Aufgabe, die Bau- und Liegenschaftsverwaltung des Bundes an die Gegebenheiten der Privatwirtschaft anzugleichen. Ihr Unternehmensgegenstand wurde unter § 2 Abs. 1 definiert: «Als Unternehmensgegenstand der Gesellschaft ist im Gesellschaftsvertrag insbesondere der Erwerb, die Nutzung, die Verwaltung und die Veräußerung von Liegenschaften, die Errichtung und Erhaltung von Bauten unter besonderer Berücksichtigung der öffentlichen Zwecke des Bundes sowie die Gründung von Gesellschaften, auch zum Erwerb bundeseigener Mietwohngebäude und deren Verkauf der Wohnungen an die jeweiligen Mieter zum Verkaufswert, vorzusehen.»
Um diesen Aufgaben gerecht werden zu können, gründete die BIG 1994 zwei Tochtergesellschaften, deren Erfolge die vom Bund an die BIG geknüpften Erwartungen übertrafen. Für Zwecke der Raumbeschaffung richtete man die BIG Bauträger- und Maklergesellschaft ein, deren Geschäftsführung mit jener der Muttergesellschaft identisch ist. Bis 1998 konnten 41 Bauvorhaben (Neubauten und Generalsanierungen) fertig gestellt bzw. in Angriff genommen werden; ursprünglich waren nur 22 Projekte vorgesehen. Auf der Grundlage von 30 Projekten, deren Errichtungskosten vom Wirtschaftsressort geschätzt wurden, wies 1997 der Rechnungshof nach, dass Bauvorhaben von der BIG um rund 23 % günstiger realisiert werden konnten.[28] Da die tatsächlichen Errichtungskosten bei Projekten, die vom Wirtschaftsressort abgewickelt wurden, in der Regel wesentlich höher als die ursprünglich geschätzten Kosten waren, schnitt die BIG bei diesem Vergleich de facto noch viel besser ab. Trotz der kostengünstigeren Realisierungen wurden in baukünstlerisch-architektonischer Hinsicht keine Abstriche gemacht. Bislang zeichnete die Zentralvereinigung der Architekten sechs BIG-Projekte mit Bauherrenpreisen aus.
Bei der zweiten Tochtergesellschaft handelt es sich um die BIG Liegenschaftsverwertungsgesellschaft, die für den Verkauf von Bundeswohnungen und Liegenschaften, die nicht mehr zur Erfüllung der Aufgaben des Bundes benötigt wurden, zuständig ist. Auch auf diesem Gebiet war die BIG sehr erfolgreich tätig, indem höhere Verkaufserlöse als geplant erzielt wurden. Durch diese Erfolge der BIG konnte die erhoffte Entlastung des Bundesbudgets erreicht werden, die in den ersten drei Jahren ihrer Tätigkeit mit ( ) 122,4 Millionen beziffert wurde.[29] (Die BIG ist auch an mehreren Objektgesellschaften beteiligt, die zur Realisierung einzelner Projekte mit privaten Partnern gegründet wurden. Beispiele hierfür wären die Biomedizinische Forschungslabor Errichtungs- und Verwertungsgesellschaft, die ICT Technologiepark Errichtungs- und Verwertungs GmbH oder die ARWAG-BIG Wohnhaus Taubstummengasse 10 Bauträger GmbH.) – Die Erlöse aus dem Verkauf von Liegenschaften kommen fast zur Gänze dem Bund zugute, der als Eigentümer der BIG außerdem die Höhe der jährlichen Gewinnausschüttung nach seinem Ermessen festlegt. In dieser Angelegenheit haben sich das Wirtschafts- und das Finanzministerium zu einigen.
Die erfolgreiche wirtschaftliche Entwicklung der BIG bildete die Basis für die Fortsetzung des 1992 eingeschlagenen Weges der Ausgliederung von Staatsaufgaben im wirtschaftlichen Bereich. Mit dem am 29. Dezember 2000 beschlossenen Bundesimmobiliengesetz 2000 (BGBl. I Nr. 141/2000) erfolgte unter der Regierung Schüssel (I) die Neuorganisation der staatlichen Bau- und Liegenschaftsverwaltung. Die BIG erwarb vom Bund um den Kaufpreis von knapp 2,4 Milliarden Euro jene Liegenschaften (mit Ausnahme der historischen Gebäude), die zuvor von der Bundesgebäudeverwaltung I betreut wurden. In vier Tranchen übertrug der Bund rund 2.300 Liegenschaften mit ca. 6.700 Bauten (ca. 7.200.000 m² Nettogrundrissfläche) ins Eigentum der BIG, wodurch sie nun über diese Liegenschaften selbst disponieren und sich als potenter Mitbewerber am Immobilienmarkt einbringen kann. Die

BIG genießt aufgrund ihrer wirtschaftlichen Erfolge und ihres Vermögens höchste Kreditwürdigkeit und kann dadurch auf den internationalen Finanzmärkten Fremdkapital zu besten Konditionen aufnehmen.
Die Neuausrichtung der BIG wirkte sich auf die Bestimmung des Unternehmensgegenstands aus; unter § 2 steht: «Der Bund hält 100 vH der Geschäftsanteile an der auf Grund des BIG-Gesetzes, BGBl. Nr. 419/1992, errichteten Bundesimmobiliengesellschaft mbH. Der Gesellschaftsvertrag der Bundesimmobiliengesellschaft mbH ist dahin abzuändern, daß insbesondere folgender Unternehmensgegenstand vorgesehen wird: die Bereitstellung von Raum für Bundeszwecke allein oder gemeinsam mit Dritten und zu diesem Zweck, unter besonderer Berücksichtigung der Bedürfnisse des Bundes, insbesondere der Erwerb, die Nutzung, die Verwaltung, die Vermietung und die Veräußerung von Liegenschaften und Räumlichkeiten, die Errichtung und die Erhaltung von Bauten, zentrale Gebäudebewirtschaftungsdienstleistungen, sowie die Durchführung sonstiger mit dem Unternehmensgegenstand in Zusammenhang stehender Hilfs- und Nebengeschäfte, diese jedoch unter Ausschluss aller den Bestimmungen des Kreditwesengesetzes unterliegenden Geschäfte.»
Diese tiefgreifende Reform der staatlichen Bau- und Liegenschaftsverwaltung, die einen geglückten Beitrag zur Verwaltungsreform der Zweiten Republik darstellt, hatte unter anderem die Auflösung der Bundesgebäudeverwaltung I zur Folge, deren Personal in die 2001 gegründete BIG-Tochtergesellschaft Immobilienmanagementgesellschaft des Bundes (IMB/BIG-Services) ausgegliedert wurde. Die betroffenen Beamten wurden der IMB zur dauernden Dienstleistung zugewiesen, deren Gesamtaktivitätsaufwand samt Nebenkosten und Pensionsbeiträge die IMB dem Bund ersetzt; Vertragsbedienstete und Lehrlinge sind nun Arbeitnehmer der IMB. (Mit den Ländern schloss die BIG Leasingverträge über die Personalbeistellung von bislang in der Auftragsverwaltung des Bundes tätigen Landesbediensteten ab.) Zum Aufgabenbereich der IMB zählen vornehmlich Planungs-, Baubetreuungs- und Hausverwaltungsleistungen, die zu marktkonformen Bedingungen angeboten werden. Natürlich profitiert vor allem die BIG von diesen Leistungen, die grundsätzlich jedoch auch für Dritte erbracht werden können. Die IMB unterstützt die BIG außerdem beim Verkauf von Liegenschaften und ist in einzelnen Fällen für die gebäudetechnische Betriebsführung verantwortlich.
Jene bundeseigenen Liegenschaften («historische Gebäude»; die militärischen Objekte übertrug man in den Kompetenzbereich des Verteidigungsressorts), die nicht von der BIG erworben wurden, werden von der 2001 gegründeten Burghauptmannschaft Österreich betreut, bei der es sich um eine nachgeordnete Dienststelle des Wirtschaftsressorts handelt, das die Koordination des gesamten Raummanagements des Bundes im In- und Ausland zu leisten hat. Das Bundesministerium für Wirtschaft und Arbeit wurde im Bundesimmobiliengesetz 2000 auch dazu verpflichtet, eine raumgenaue, bundesweite und ressortübergreifende Immobiliendatenbank zu errichten. Mit diesem Instrumentarium wird ein jährlicher Bedarfsplan für die Raumnutzungen auf Grundlage der Planungen der jeweiligen Nutzerressorts erstellt. Die BIG muss hierfür die entsprechenden Daten datenbankkompatibel und kostenfrei zur Verfügung stellen, das Ministerium hat wiederum die Überwachung des Controlling-Instrumentariums der BIG wahrzunehmen. Das Wirtschaftsressort hat außerdem die Kennzahlen der Raumkosten, verknüpft mit den Personaldaten, für jede raumnutzende Organisation aufzuzeichnen und diese Darstellungen jährlich dem Nationalrat, dem Rechnungshof und der Bundesregierung vorzulegen.
Bei jenen Universitätsgebäuden, die vorerst im Fruchtgenuss der BIG standen, wurden zwischen ihr und dem Wissenschaftsressort Bestandsverhältnisse begründet und vom Immobilienmarkt abgeleitete Mietentgelte festgelegt. Die Kostenverantwortung trug nun das Wissenschaftsressort, das als Mieter im Rahmen seiner budgetären Möglichkeiten die Raumkosten optimieren konnte. In Hinblick auf die Werthaltung sowie die funktionsgerechte und sichere Benutzbarkeit des Bestandes bietet dieses Modell den Vorteil, dass aus den Mieteinnahmen Instandhaltungsmaßnahmen finanziert werden. Die Instandhaltung der Universitätsgebäude stellte zuvor deswegen ein großes Problem dar, weil das für diese Zwecke vorgesehene und im Kapitel 64 veranschlagte Budget niemals ausreichend hoch dotiert war. Die aus finanziellen Gründen unterbliebenen Instandhaltungsmaßnahmen wirkten sich natürlich nachteilig auf den Bauzustand zahlreicher Gebäude aus. So hatte bzw. hat die BIG als «Hausherr» entsprechend hohe Summen in die Instandhaltung zu investieren.

Der von der BIG neu geschaffene Universitätsraum wurde bis zum Inkrafttreten des UG 2002 dem Bund (und dann den Universitäten) nach den Grundsätzen des Kostenersatzes vermietet. Durch die nutzungsadäquate Finanzierung von Neubauten, Generalsanierungen und Adaptierungen verteilen sich die aufzubringenden Mittel auf einen größeren Zeitraum, wodurch nicht eine Generation mit Ausgaben belastet wird, die über mehrere Generationen den Raumbedarf decken. Die Refinanzierung durch den Bund erstreckt sich in der Regel auf 20 Jahre, was der Nutzungsdauer entspricht. (Die Abschreibung der Abnutzung ist mit 5 % pro Jahr festgesetzt worden.) Der immer wieder erhobene Vorwurf, dass dieses Modell eine «Flucht aus dem Budget» darstelle, ist deswegen nicht stimmig, da das Nutzungsentgelt natürlich im Budget enthalten sein muss. Allerdings schuf diesbezüglich das UG 2002 Probleme, auf dessen Grundlage Universitäten für jeweils drei Jahre ein Globalbudget zur Verfügung gestellt wird, dessen Höhe festgelegt ist. (Nur die allgemeinen Bezugserhöhungen bei den Personalkosten werden berücksichtigt und führen dadurch in diesem Zeitraum zu einer Erhöhung des Globalbudgets.) Das für Raumangelegenheiten vorgesehene Budget reicht jedoch nicht aus, wenn in diesem Zeitraum die Betriebskosten und Versicherungsbeiträge deutlich steigen. Bei den Budgetverhandlungen mit dem Finanzministerium suchte das Bildungsressort diese Problematik zu entschärfen, indem gewisse Reserven berücksichtigt wurden; ob sie ausreichen werden, wird sich erst weisen. Grundsätzlich sind diesbezüglich Konflikte zwischen den Universitäten und dem Bildungsressort aber vorprogrammiert.

Vom ersten universitären Bauvorhaben, das die BIG realisierte, profitierte die Universität Graz. Nach nur zweijähriger Bauzeit konnte das RESOWI-Zentrum seinen Nutzern übergeben werden. Im Unterschied dazu war das hinsichtlich der Größenordnung und Nutzung vergleichbare Juridicum der Universität Wien erst nach 12 Jahren fertig gestellt. Von Neubauprojekten der BIG profitierten bislang auch die Universitäten Innsbruck und Klagenfurt, die Technische Universität Graz, die Universität für Bodenkultur und die Universität für Musik und darstellende Kunst Graz. Umfassende Sanierungs- und Adaptierungsmaßnahmen, die von der BIG in den vergangenen 14 Jahren durchgeführt wurden, kamen der Universität Wien, der Technischen Universität Wien, der Universität für Bodenkultur, der Akademie der bildenden Künste, der Universität für angewandte Kunst und der Universität für Musik und darstellende Kunst Wien zugute. – Seit dem Wirksamwerden des Bundesimmobiliengesetzes 2000 ist hauptsächlich die BIG für den Ankauf von Liegenschaften zuständig, die universitäre Standorte sinnvoll ergänzen. Für die Technische Universität Wien erwarb und adaptierte sie bereits zwei Gebäude. Da auch die Verwertung der ehemals bundeseigenen Baulandreserven in den Kompetenzbereich der BIG fällt, stellt sich nun die Frage, wie lang Liegenschaften im innerstädtischen Bereich für Universitäten reserviert werden können. Die Vorgangsweise der BIG wird auf jeden Fall die künftige bauliche Entwicklung der Universitäten beeinflussen.

Der Umfang der Bautätigkeit wird seit 2001 ausschließlich durch das Verhandlungsgeschick des Bildungsressorts bestimmt, das gegenüber dem Finanzministerium die Bauinteressen der Universitäten zu vertreten hat, wodurch das Kompetenzdilemma zwischen dem Bildungs-, Wirtschafts- und Finanzressort endgültig gelöst werden konnte. Das Bundesimmobiliengesetz 2000 sieht zwar vor, dass die BIG (allein oder gemeinsam mit Dritten) für die Befriedigung des Raumbedarfes der Universitäten zuständig ist, aber durch die verliehene Vollrechtsfähigkeit haben die Universitäten die Möglichkeit, in Raumangelegenheiten ihre Vertragspartner frei zu wählen. Da Autonomie und Verantwortung einander bedingen, übertrug der Gesetzgeber den Universitäten auch die Abwicklung der Mietzinszahlungen an die BIG (oder andere Eigentümer), wofür zuvor das Wissenschaftsressort zuständig war. Dadurch soll das Kostenbewusstsein der Universitäten gestärkt und ein sorgsamerer Umgang mit dem Gut «Raum» bewirkt werden. Durch die erlangte Vollrechtsfähigkeit haben die Universitäten jedenfalls die Möglichkeit, auch hinsichtlich der Raumfragen jene Entscheidungen zu treffen, die nach ihrem Erachten für die weitere Entwicklung am erfolgversprechendsten sind. Die Gestaltungsfreiheit begrenzt die Höhe des für Raumangelegenheiten zugewiesenen Budgets.

1 Vgl. dazu: BMWFK, GZ 30.610 / 3–9 ex 1996.
2 Vgl. dazu: [Studie] Grundlagen zur Standortfrage der Wiener Hochschulen, erarbeitet vom Österreichischen Institut für Raumplanung, Wien 1973, S. 34.
3 Vgl. dazu: Walter Höflechner, Die Österreichische Rektorenkonferenz 1911–1938 / 1945–1969, Wien 1993, S. 218.
4 Vgl. dazu: ebd., S. 296.
5 Vgl. dazu: Bildungsbericht 1965, hg. vom BMU, Wien 1965, S. 176.
6 Hochschulbericht 1969, hg. vom BMU, Wien 1969, S. 135f.
7 Vgl. dazu: Hochschulbericht 1981, hg. vom BMWF, Wien 1981, S. 102.
8 Vgl. dazu: Hochschulbericht 1975, hg. vom BMWF, Wien 1975, S. 91.
9 Vgl. dazu: Hochschulbericht 1987, hg. vom BMWF, Bd. 1, Wien 1987, S. 358.
10 Vgl. dazu: ebd.
11 Vgl. dazu: Hochschulbericht 1990, hg. vom BMWF, Bd. 1, Wien 1990, S. 303.
12 Alois Kernbauer, Das Chemische Institutsgebäude; in: Der Grazer «Campus», Graz 1995, S. 169.
13 Längerfristiges Entwicklungsprogramm für den Hochschulbau, hg. vom BMWF, Wien 1972, S. 6.
14 Die Schätzung des Akademikerbedarfs stützte sich auf zwei Untersuchungen: Hans Seidel, «Der Bedarf an Akademikern bis 1980» (1969) und Josef Steindl, «Der Bedarf an Fachkräften» (1967).
15 Hochschulbericht 1975, hg. vom BMWF, Wien 1975, S. 133.
16 Längerfristiges Entwicklungsprogramm für den Hochschulbau, hg. vom BMWF, Wien 1972, S. 7.
17 Hertha Firnberg, Vorwort; in: Hochschulbericht 1981, hg. vom BMWF, Wien 1981, S. 5.
18 Vgl. dazu: Hochschulbericht 1984, hg. vom BMWF, Wien 1984, S. 14.
19 Vgl. dazu: Hochschulbericht 1978, hg. vom BMWF, Wien 1978, S. 19.
20 Vgl. dazu: Hochschulbericht 1987, hg. vom BMWF, Bd. 2, Wien 1987, S. 560.
21 Vgl. dazu: Hochschulbericht 2002, hg. vom BMBWK, Bd. 1, Wien 2002, S. 173.
22 Vgl. dazu: Hochschulbericht 1987, hg. vom BMWF, Bd. 1, Wien 1987, S. 359.
23 Hochschulbericht 1981, hg. vom BMWF, Wien 1981, S. 104.
24 Vgl. dazu: Hochschulbericht 1972, hg. vom BMWF, Bd. 1, Wien 1972, S. 119.
25 Hochschulbericht 1981, hg. vom BMWF, Wien 1981, S. 9.
26 Hochschulbericht 1990, hg. vom BMWF, Bd. 1, Wien 1990, S. 294.
27 Hochschulbericht 1987, hg. vom BMWF, Bd. 1, Wien 1987, S. 358.
28 Vgl. dazu: Die Bundesimmobiliengesellschaft – Zehn erfolgreiche Jahre, hg. von der BIG, Wien 2002, S. 24.
29 Vgl. dazu: ebd., S. 18.

2.3 Architektur / «Kunst und Bau»

Zu den elementaren Grundgegebenheiten von Kultur zählt gebaute Umwelt, in welcher sich menschliche Existenz größtenteils vollzieht. Bauwerke dienen einem bestimmten Zweck, zielen zumeist auf eine längere Nutzungsdauer ab, wodurch sie identitätsstiftend werden und sind grundsätzlich Gegenstand der ästhetischen Betrachtung. Sofern ein Bauvorhaben realisiert wird, ist Architektur sowohl Entwurf, der umfassende Kenntnisse (aus unterschiedlichen Fachbereichen) zur Voraussetzung hat, als auch gestalteter Raum, der von seinen Besuchern erfahren wird. Gestalteter Raum lebt vom sinnlichen Eindruck, vom Atmosphärischen, das eng mit dem subjektiven Empfinden verknüpft ist, für das Ordnungen (Proportionen, aber auch Raum- und Funktionsprogramme) Orientierungspunkte darstellen. Architektur bewegt sich stets in einem Spannungsfeld, dessen Pole Funktionalität und Ästhetik sind. Sowohl Funktionalität als auch Ästhetik werden wiederum stark von der bautechnischen Entwicklung beeinflusst. Da Architektur maßgeblich menschliche Lebensqualität beeinflusst, stellt sie umfassende Anforderungen an denjenigen, der sich der Baukunst widmet. Darauf verwies bereits Vitruv, dessen zehn Bücher umfassendes Werk «De architectura» im 15. Jahrhundert wiederentdeckt wurde. Das im 1. vorchristlichen Jahrhundert verfasste Werk beeinflusste auch die Architekturtheorie im 20. Jahrhundert. «Über das Wesen der Architektur nebst der Vorbildung eines Baukünstlers» schrieb Vitruv unter anderem: «Das Fach eines Architekten umfaßt eine auf weitreichender Gelehrsamkeit und vielseitiger Bildung beruhende Wissenschaft, da alle Gebilde der übrigen Künste der räumlichen Anordnung der baulichen Schöpfungen sich anbequemen müssen. Die Baukunde selbst ist aber begründet auf der technisch-gewerblichen Fachkenntnis ‹Fabrica› und der ästhetisch-theoretischen Befähigung der ‹Ratiocinatio› (Berechnung). Unter der praktisch-technischen Fertigkeit versteht man aber die durch fortdauernde und beharrliche Übung gewonnene Erfahrung, mittels der ein beliebiges Baugebilde durch Handarbeit aus einem geziemenden Stoff nach vorliegender Planzeichnung hergestellt wird. Die theoretische Kenntnis hingegen besteht in dem geistigen Vermögen, die technisch entworfenen Objekte nach individuellem künstlerischem Gefühl nebst ästhetischer Berechnung ihres geziemenden Ebenmaßes auszugestalten und deren stilistische Bedeutung künstlerisch zu erläutern. [–] Aus diesem Grunde vermochten die Baumeister, die ohne kunstwissenschaftliche Bildung sich mit der mechanischen Handfertigkeit im Zeichnen begnügten, es nicht dahin zu bringen, mustergültige Werke zu erschaffen; wogegen diejenigen, die sich ausschließlich auf die theoretischen Studien und Gelehrsamkeit verließen, einem Schatten nachzujagen und nicht das wahre Ziel der Kunst zu erstreben schienen. Diejenigen hingegen, die sich gründlich bemühten, nach den beiden Richtungen mit dem vollen Rüstzeug der Kenntnisse ausgestattet zu sein, haben rascher mit kunstgerechter Meisterschaft das erwünschte Ziel erreicht. [–] Wie bei allen geistigen Verrichtungen, so sind auch in der Architektur vornehmlich zwei wesentliche Begriffe, nämlich das, ‹was ein Baumeister räumlich wie bildlich darstellen soll› und ‹was dasselbe in seiner Erscheinung künstlerisch vergegenwärtigt›, obwaltend. Ein Bauprojekt wird aber, seiner zweckdienlichen Bestimmung entsprechend, zuerst im Plane angelegt, während seine nach den Regeln der Kunstlehre durchgeführte äußere Gestaltung dessen stilistischen Wert kundgibt. Deshalb soll ein jeder, der sich vor der Welt als Baukünstler bekennt, in beiderseitiger Richtung wohlgeschult sein. Ein solcher muß nämlich ebenso erfinderisch wie zum Verständnis der Wissenschaft befähigt sein, da weder Geistesanlage ohne praktische Schulung noch technisches Wissen ohne künstlerische Begabung einen vollendeten Meister der Kunst zu erbilden vermag. Wer sonach der Architektur sich widmet, soll, mit vielfältiger Gelehrsamkeit ausgerüstet, des Zeichnens kundig, geschult in der Feldmeßkunst, mit der Lehre der Optik vertraut, unterrichtet in der Rechenkunst und in vielen Geschichtswerken bewandert sein, ferner die Philosophen mit Eifer gehört haben, Kenntnis in der Tonkunst besitzen, nicht unerfahren in der Heilkunst sein, die wichtigsten Entscheidungen der Rechtsgelehrten wissen und sich Kenntnisse in der Sternkunde wie von den Bewegungen der Himmelskörper angeeignet haben.»[1]
Astronomische Kenntnisse führte Vitruv vor allem deswegen an, weil in der Antike Baukünstler auch Sonnenuhren errichteten. Die Forderung nach Kenntnissen in der Tonkunst gründet darin, dass sowohl für Musik als auch für Architektur harmonikale Gesetzmäßigkeiten von elementarer Bedeutung sind. Daran lässt sich auch der erhobene

Anspruch nach Kenntnissen in der Heilkunst und der Optik anknüpfen, da sich missglückte Architektur auf die Gesundheit nachteilig auswirken kann. Unter dem Sick-Building-Syndrom versteht man eine Zivilisationserscheinung, für die unter anderem Kopf- und Halsschmerzen, Müdigkeit, tränende Augen oder Hustenreiz charakteristisch sind. Diese Beeinträchtigungen können durch lüftungstechnische Mängel oder fehlende natürliche Belichtung verursacht werden. – Die umfassende Gelehrsamkeit und vielseitige Bildung, die nach Vitruv den Architekten auszeichnen sollen, vermochten sich noch die Meister der Renaissance anzueignen. Mit der einsetzenden Industrialisierung, die den Weg zur Bauindustrie ebnete, begann sich auch der Architekturbetrieb radikal zu wandeln. Durch die Arbeitsteilung in den immer größer werdenden Büros traten Spezialisten in den Vordergrund. Der umfassende Anspruch blieb aber zumindest auf dem Gebiet der Architekturtheorie bestehen, die im 20. Jahrhundert wichtige Impulse unter anderem von Philosophen, Schriftstellern und Kunsthistorikern erhielt.[2]

Der Wandel des Architekturbetriebes spiegelte sich natürlich auch in der Ausbildung wider; im letzten Drittel des 19. Jahrhunderts wurden die Technischen Hochschulen Wien und Graz sehr rasch der traditionsreichen Akademie der bildenden Künste zur Konkurrenz. Das den Ingenieurwissenschaftlichen Studien zugerechnete Architektur-Studium war nach 1945 vorerst nur an diesen drei Universitäten und seit 1948 auch an der Universität für angewandte Kunst möglich. Seit 1966 kann Architektur an der Universität Innsbruck studiert werden, an der 1973 gegründeten Linzer Kunstuniversität war hingegen anfänglich nur eine Meisterklasse für Innenarchitektur eingerichtet worden. Heute bieten sowohl die drei wissenschaftlichen Universitäten als auch die drei Kunstuniversitäten im Bereich Architektur ein Diplom- und ein Doktoratsstudium an. Die Curriculumdauer des Diplomstudiums (akademischer Grad: Diplomingenieur) wurde mit zehn Semestern angesetzt; für das Doktoratsstudium (Doktor der technischen Wissenschaften) sind vier Semester vorgesehen.

Die architektonische Gestaltungsmöglichkeit wird maßgeblich von der Entwicklung auf dem Gebiet der Baustoffe bestimmt, die wiederum neue Baukonstruktionen und -technologien zur Folge haben. Es sei in diesem Zusammenhang nur an den im letzten Drittel des 19. Jahrhunderts entwickelten Stahlbeton erinnert, der zu einem der wichtigsten Baustoffe des 20. Jahrhunderts wurde. Charakteristika der Architektur der Moderne sind die Trennung von tragenden und ausfüllenden Elementen und Tragwerke aus Stahl, die – wie schon bei den Ingenieurbauten des 19. Jahrhunderts – zugleich auch ein ästhetisches Gestaltungselement bilden.

Immer sind es einzelne Architekten, die eine spezifische Handschrift entwickeln und damit in der Baukunst richtungsweisend werden. Im Zuge der Globalisierung und begünstigt durch die grundsätzliche Betonung der Individualität sowie die Vielfalt an Baustoffen und Konstruktionsmöglichkeiten begann Architektur sich im letzten Drittel des 20. Jahrhunderts durch eine außerordentliche Vielfalt auszuzeichnen. Unterschiedliche Strömungen, die sich mehr oder weniger deutlich voneinander abgrenzen lassen, laufen parallel und bereichern das zeitgenössische Architekturgeschehen. All diesen Strömungen ist aber gemeinsam, dass sie Bezug nehmen auf die Formensprache der Moderne, insbesondere deren dritte Epoche («Technische Perfektion»). Gestaltungselemente der Moderne sind gewissermaßen Standards der zeitgenössischen Architektur mit Ausnahme jener Strömungen (Postmoderne Tendenzen und Dekonstruktivismus), deren Vertreter eine klare Gegenposition einnehmen.

Zu den einflussreichsten Architekten der Moderne zählt Ludwig Mies van der Rohe (1886–1969), der 1940 seinen Gesamtplan für den Campus des Illinois Institute of Technology in Chicago vorlegte. «Mies schlug die Verwendung eines Rasters vor, der flexibel genug sein sollte, um Klassenräume, Laboratorien und Büros aufzunehmen. Ein sich wiederholender Modul war überdies kostensparend und bot konstruktive Vorteile. So lag aus Gründen der Flexibilität und der Ökonomie eine Skelettkonstruktion nahe. Architektonisch war eine solche Struktur nur selten klar ausgedrückt worden. Mies sagte: ‹Nur ein klarer Ausdruck der Architektur konnte uns zu einer dauerhaften architektonischen Lösung verhelfen.› Als man ihn darauf hinwies, die zuerst entstandenen Bauten können veralten, erwiderte er: ‹Davor hatte ich keine Angst. Das Konzept konnte aus zwei Gründen nicht veralten. Es ist zugleich radikal und konservativ. Es ist radikal, weil es die wissenschaftlichen und technologischen Impulse und Kräfte unserer Zeit aufnimmt. Es hat wissenschaftlichen Charakter, ist aber keine Wissenschaft. Es benutzt technische Mittel, ist aber keine Technologie. Es ist konservativ, weil es nicht nur einen Zweck hat, sondern auch einen Sinn,

weil es sich nicht nur um die Funktion bemüht, sondern auch um den Ausdruck. Es ist konservativ, weil es auf den ewigen Gesetzen der Architektur beruht: Ordnung, Raum, Proportion›.»[3]
Otmar Lowitzer hat in seiner gewissenhaft erarbeiteten Diplomarbeit «Universitätsbauten in Österreich nach 1945», die im Jänner 2000 an der Universität Wien approbiert wurde, einzelne Neubauten ausgewählt und «nach stilistischen Elementen untersucht, nach Vokabeln aus den vielfältigen Formensprachen der Architektur des 20. Jahrhunderts.»[4] In seiner Analyse nimmt Lowitzer auch Bezug auf ausländische Universitätsbauten sowie auf Gebäude, die Klassiker bestimmter architektonischer Auffassungen sind, wodurch deutlich wird, inwiefern österreichische Architekten international feststellbare Strömungen reflektierten, sich dabei aber oftmals nicht bloß auf ein «Zitieren von Formen» beschränkten. Gerfried Sperl, der mit renommierten österreichischen Architekten Gespräche führte, schreibt, dass von der zeitgenössischen österreichischen Architektur «vor allem eines behauptet werden kann: Die Individualität ist ihr Programm.»[5]
Zu den baukünstlerisch besonders interessanten Neubauten zählen in Wien das Juridicum (Ernst Hiesmayr), der von Hiesmayr geplante Erweiterungsbau für die Chemie am Getreidemarkt und das Universitätszentrum Althanstraße I (Kurt Hlaweniczka, Karl Schwanzer und Gerhard Krampf). In Innsbruck sollten das SOWI-Zentrum (Dieter Henke und Marta Schreieck) und das Institutsgebäude «Peter-Mayr-Straße 4a/b» (Hubert Prachensky und Peter Mayrhofer) besucht werden, in Salzburg der Gebäudekomplex für die Naturwissenschaftliche Fakultät (Wilhelm Holzbauer, Heinz Ekhart, Stefan Hübner, Georg Ladstätter und Heinz Marschalek). In Graz befinden sich sieben Neubauten, die genannt werden müssen: das 3. Institutsgebäude (u.a. Wolfgang Kapfhammer, Johannes Wegan und Gert Koßdorff), der Erweiterungsbau für die Pflanzenphysiologie (Klaus Kada), das Gewächshaus im Botanischen Garten (Volker Giencke), das RESOWI-Zentrum (Günther Domenig und Hermann Eisenköck), das Institutsgebäude «Lessingstraße 25» (G. Domenig), das Institutsgebäude «Petersgasse 12» (Michael Szyszkowitz und Karla Kowalski) und die Gebäude «Inffeldgasse 16–16c» (Florian Riegler und Roger Riewe).
Der Gestaltungsmöglichkeit jedes Architekten sind grundsätzlich Grenzen gesetzt, wozu Raum- und Funktionsprogramme, gesetzliche Bestimmungen (Bauordnungen und Denkmalschutz), der Standort (bauliches Umfeld) und die finanziellen Möglichkeiten des Bauherrn zählen. Beim Universitätsbau trat bis zur Gründung der BIG als Bauherr zumeist das Wirtschaftsressort in Erscheinung, das meistens im Wege von baukünstlerischen Wettbewerben Architekten bestimmte. (Direktvergaben waren die Ausnahmen.) Wettbewerbe konnten auf bestimmte Architekten oder eine Region (Bundesland) eingeschränkt werden, in vielen Fällen wurden sie jedoch österreichweit ausgeschrieben. Eine weitere Variante stellen mehrstufige Wettbewerbe dar. Die Jury, die sich aus Fachpreisrichtern (zum Beispiel Vertreter des Bauherrn, der Bundeskammer der Architekten und Ingenieurkonsulenten, der Stadt oder des Landes) und Sachpreisrichtern (zum Beispiel Vertreter des Wissenschaftsressorts oder der Universität) zusammensetzt, ermittelt den Gewinner und empfiehlt in der Regel die Realisierung des erstgereihten Entwurfs. In einigen Fällen bildeten Gewinner aber auch Arbeitsgemeinschaften mit jenen Architekten, deren Projekt mit dem 2. Preis prämiert worden war. Seit 1995 müssen öffentliche Bauten EU-weit ausgeschrieben werden.
Auch die BIG sammelte mit unterschiedlichen Wettbewerbsvarianten Erfahrungen, mittlerweile veranstaltet sie bei größeren Bauvorhaben ausschließlich offene Architektenwettbewerbe. An der Praxis, dass nach Abschluss eines Wettbewerbes sich Bauherr und Architekt im Wege von Verhandlungen über die Vertragsbedingungen und das Honorar einigen, hat sich nichts geändert. (Eine grobe Richtlinie bilden Honorarleitlinien der Bundeskammer der Architekten und Ingenieurkonsulenten.) In Hinblick auf die Förderung der Kreativität und der Vielfalt an architektonischen Gestaltungsmöglichkeiten stellen offene Wettbewerbe wohl die beste Lösung dar. Darüber hinaus bieten Wettbewerbe Rechtssicherheit für das Vergabeverfahren, die Beauftragung und die Bauausführung, und sie fördern außerdem die gesellschaftliche Akzeptanz.
Den architektonischen Entwurf beeinflusst natürlich das Baumaterial, das durchaus auch vom Bauherrn bestimmt werden kann. Das Wirtschaftsressort bestand Ende der 1960er Jahre zum Beispiel darauf, dass bei der Errichtung des Juridicums und des Schwackhöfer-Hauses (Anton Schweighofer) möglichst viel Stahl verwendet wird, wodurch

die staatliche Stahlindustrie gefördert wurde, die sich damals in einer schweren Krise befand. In baukünstlerischer Hinsicht hatte auch Schweighofer ein interessantes Gebäude entworfen, das aufgrund von Materialschäden aber vor ein paar Jahren größtenteils abgebrochen werden musste. – Nachhaltig beeinflusste die Ölkrise der Jahre 1973/74 den Universitätsbau. Den Betriebs- und Wartungskosten schenkt man seitdem wesentlich mehr Aufmerksamkeit. In diesem Zusammenhang stellte die immer komplexer werdende Haustechnik für die oftmals großdimensionierten Gebäude eine große Herausforderung dar. Im «Hochschulbericht 1984» schrieb das Wissenschaftsressort zur Suche nach kostenminimierenden Lösungen: «Die diesbezüglichen Bemühungen müssen sich sowohl auf die baulichen Vorkehrungen als auch auf die Betriebsorganisation erstrecken. Gerade bei der Betriebsorganisation können sicher noch wesentliche Verbesserungen erreicht werden, wobei Voraussetzung ist, daß den Nutzern der Universitäts- und Hochschulgebäude noch viel mehr bewußt gemacht werden muß, daß eine echte Spargesinnung und in gewisser Weise auch eine Selbstbeschränkung notwendig ist.»[6]

Zwei Projekte, die sich bewährt haben, seien kurz erwähnt: 1980 hatte man an der Universität Linz eine regelungs- und rechnungstechnisch unterstützte Betriebs- und Personaleinsatzorganisation («Hausleittechnik») installiert, wodurch die Energiekosten deutlich gesenkt werden konnten. Positiv wirkte sich die zentrale Leittechnik auch auf die Kontrolle und Wartung der Haustechnik aus. In Wien richtete man auf Anregung des Rechnungshofes die Objektbetriebsstelle Universitätszentrum Althanstraße ein, der die technische Betriebsführung für die Universitätsgebäude übertragen wurde und die auch die Koordination zwischen den einzelnen Nutzern (Wirtschaftsuniversität, Universität Wien und Bundesbaudirektion Wien) übernahm. Durch Optimierungen im Bereich des Energiemanagements und durch Direktbeauftragungen bei Wartungsaufträgen erreichte man deutliche Kostenreduzierungen. Als der Ausbau des Universitätszentrums über dem Franz-Josef-Frachtenbahnhof beschlossen wurde, flossen gewonnene Betriebserfahrungen in die Planung des UZA II ein.

Neben dem Neubau bildeten Adaptierungen von bestehenden Bauten, die größtenteils um die Jahrhundertwende errichtet wurden, zum Teil aber auch aus dem 16., 17. und 18. Jahrhundert stammen, einen Schwerpunkt des Universitätsbaus nach 1945. Ausschlaggebend hierfür war die Strategie, die innerstädtischen Standorte zu erweitern, aber auch die Qualität dieser Gebäude, die für alle universitären Organisationseinheiten, die keine laborintensiven Bereiche umfassen, ausgezeichnete Arbeitsmöglichkeiten bieten. Auch bei Adaptierungen und Generalsanierungen erfolgte in den 1970er Jahren ein Wandel, wofür höhere denkmalpflegerische Ansprüche verantwortlich waren. In solche Bauprojekte wurden Kunsthistoriker immer stärker eingebunden, deren Urteil an Gewicht gewann. In vielen Fällen errichtete man Zubauten, deren Gestaltung für die planenden Architekten eine weitere Herausforderung darstellte. Zu den gelungensten Projekten zählen in Wien die Alte Veterinärmedizinische Universität (Reinhardt Gallister), das Semper-Depot (Carl Pruscha) und das Alte AKH (Ernst M. Kopper, Friedrich Kurrent, Hugo Potyka und Johannes Zeininger). Eine Sonderstellung nimmt die Universität Salzburg ein; eigentlich sollten an dieser Stelle nicht nur der Toskana-Trakt (Otto Prossinger, Martin Windisch und Gerhard Garstenauer) und die ehemalige Domdechantei (Reiner Kaschl und Heide Mühlfellner), sondern sämtliche Gebäude der Altstadt-Universität angeführt werden. In Innsbruck lohnt sich der Besuch der Alten Universität (Alfred Richter und Egon Neumair) und des Pulverturms (Peter Pontiller).

Bei einer architektonischen Entdeckungsreise müssen selbstverständlich auch Universitätsgebäude des ausgehenden 19. Jahrhunderts erkundet werden, deren Großzügigkeit nach wie vor beeindruckt. Zu den herausragenden Bauten zählen in der Bundeshauptstadt die Hauptgebäude der Universität Wien (Heinrich Ferstel), der Akademie der bildenden Künste (Theophil Hansen), der Universität für angewandte Kunst (H. Ferstel) und der Universität für Bodenkultur (Alois Koch). Für die Universität Graz wurde ein campusähnliches Ensemble errichtet, das ursprünglich sechs Gebäude umfasste; das von Karl Köchlin geplante Hauptgebäude ist jenem der Universität Wien nachempfunden. Die repräsentativen Bauformen der Renaissance, die für die Fassaden dieser Universitätsgebäude charakteristisch sind, prägen auch jene der Alten Technik (Josef Horky und Johann Wist) im Stadtteil St. Leonhard.

Architektur ist immer auch ein kulturpolitisches Zeichen, wobei Politik Rahmenbedingungen schaffen kann, die der baukünstlerischen Entwicklung förderlich sind. In diesem Zusammenhang ist das Land Steiermark hervorzuheben, das 1975 beim öffentlich geförderten Wohnbau (ab 50 Wohneinheiten) Wettbewerbe vorschrieb und damit der zeitgenössischen österreichischen Architektur einen starken Impuls gab. 1978 verzichtete die Steiermärkische Landesbaudirektion überhaupt auf hausinterne Planungen im Hochbau. (Architekten wurden im Wege von Wettbewerben ermittelt oder direkt beauftragt.) Im «Modell Steiermark» legte man 1980 schließlich fest, dass einem Teil des geförderten Wohnbaus «innovative und experimentelle Planungskonzepte» zugrunde liegen sollen. Lowitzer schreibt: «Diese für Österreich einmaligen Strukturbedingungen wären ohne diese kulturpolitische Stützung und ohne das persönliche Engagement von Landeshauptmann Josef Krainer [jr.] für zeitgenössische Architektur nicht möglich gewesen. Die phänomenale Entwicklung der ‹Grazer Schule› wäre ohne diese Strukturbedingungen nicht entstanden.»[7] Einer der wichtigsten Vertreter der Grazer Schule ist Günther Domenig, der 1980 eine Professur (für Gebäudelehre und Wohnbau) an der Technischen Universität Graz erhielt.

In den 1970er Jahren wurden auch erste Kunst-Projekte im Rahmen des Bundeshochbaus realisiert. Leitend waren dabei zwei Ideen: Man wollte Begegnungsmöglichkeiten mit zeitgenössischer Kunst jenseits der Museen und Galerien schaffen und den Dialog zwischen Architekten und Künstlern fördern; die im Rahmen von «Kunst und Bau» verwirklichten Projekte sollen sich explizit durch die Bezugnahme auf den architektonisch gestalteten Raum auszeichnen. In den ersten Jahren hatte das Wirtschaftsressort zumeist auf Vorschläge der Architekten Künstler zu «Ideen-Konkurrenzen» eingeladen und in Ausnahmefällen Künstler direkt beauftragt. Im Dezember 1985 beschloss der Ministerrat Richtlinien zur Durchführung der Initiative «Kunst und Bau», die auf alle Bauvorhaben des staatlichen Hochbaus ausgedehnt wurde. Als Kostenrahmen setzte man 1% des Netto-Hochbauaufwandes fest. Einem eingerichteten Fachbeirat, der in der Kunstsektion des Bundeskanzleramtes angesiedelt wurde, übertrug man die Aufgabe, Künstler im Wege von Wettbewerben zu bestimmen oder sie direkt zu beauftragen. Die Entscheidung über die Disposition der Geldmittel für Kunst-Projekte blieb aber im Kompetenzbereich des Wirtschaftsressorts,[8] ebenfalls die Koordination der Initiative «Kunst und Bau». Diese Aufgabe wurde im Bundesimmobiliegesetz 2000 unter § 23 festgeschrieben. Bei der Erkundung österreichischer Universitätsgebäude stößt man auf Werke renommierter Künstler wie zum Beispiel Christian Ludwig Attersee, Waltraut Cooper, Bruno Gironcoli, Alfred Hrdlicka, Richard Kriesche, Mâitre Leherb, Toni Schneider-Manzell, Lawrence Weiner, Fritz Wotruba oder Werner Würtinger, dessen Installation an der Fassade des Chemie-Hochhauses am Getreidemarkt zu den beeindruckendsten Projekten zählt, die im Rahmen von «Kunst und Bau» bislang realisiert wurden.

---

1 Zitiert aus: Peter Conradi (Hg.), Lesebuch für Architekten, Stuttgart / Leipzig 2001, S. 13f.

2 Vgl. dazu: Ákos Moravánszky (Hg.), Architekturtheorie im 20. Jahrhundert. Eine kritische Anthologie, Wien / New York 2003.

3 Zitiert aus: David Spaeth, Mies van der Rohe. Der Architekt der technischen Perfektion, Stuttgart 1994, S. 103f.

4 Otmar Lowitzer, Universitätsbauten in Österreich nach 1945, Bd. 1, Wien 1999, S. 63 [Diplomarbeit / Lowitzer, 1999].

5 Gerfried Sperl, Österreichische Architekten im Gespräch mit Gerfried Sperl, Salzburg / München 2000, S. 7.

6 Hochschulbericht 1984, hg. vom BMWF, Wien 1984, S. 213.

7 Lowitzer, 1999, S. 52f.

8 Vgl. dazu: 10 Jahre Kunst und Bau – Österreichischer Bundeshochbau, hg. vom Bundesministerium für wirtschaftliche Angelegenheiten, Wien 1998, S. 9.

2.4 Die Baugeschichte der Universitäten von 1945 bis in die Gegenwart – eine Skizze

Gegen Ende des Zweiten Weltkrieges wurden zahlreiche Universitätsgebäude in Wien, Graz und Innsbruck durch Bombentreffer und Artilleriegefechte beschädigt, einige davon sehr schwer. Die Ausgangssituation für die bauliche Entwicklung der Universitäten war aber nicht nur deswegen äußerst schwierig. Hinzu kam, dass sich auch die meisten unversehrt gebliebenen Gebäude in einem bedenklichen Zustand präsentierten, da infolge der wirtschaftlichen Not seit 1914 Instandhaltungsmaßnahmen nicht im erforderlichen Ausmaß durchgeführt werden konnten. Das Alter der verfügbaren Universitätsgebäude, die man größtenteils im Zeitraum von 1869 bis 1914 errichtet hatte, stellte das dritte große Problem dar, denn in vielen Fällen waren diese Altbauten für den modernen Forschungs- und Lehrbetrieb nicht mehr geeignet. – (In weiterer Folge werden die baulichen Entwicklungen der wissenschaftlichen Universitäten und der Kunstuniversitäten getrennt voneinander behandelt.)

Die einzelnen Universitäten waren 1945 von Kriegsschäden in unterschiedlich großem Ausmaß betroffen. Am schlimmsten stand es um die Universität Wien (UW), die über kein einziges unbeschädigt gebliebenes Gebäude verfügte. In der Bundeshauptstadt wiesen die Universitätsbauten in den inneren Bezirken (Innere Stadt, Landstraße, Wieden, Mariahilf, Josefstadt und Alsergrund) zum Teil schwerste Schäden auf, weswegen die äußeren Bedingungen auch für den Neubeginn der Technischen Universität Wien (TUW) und der Veterinärmedizinischen Universität (VMU) sehr schwierig waren. Die Universität für Bodenkultur (BOKU) und die Wirtschaftsuniversität (WU) blieben aufgrund ihrer Standorte in den äußeren Bezirken Währing und Döbling von Kriegsschäden im Wesentlichen verschont. In der steirischen Landeshauptstadt hatte die Universität Graz (KFUG) großes Glück, die Technische Universität Graz (TUG) hingegen schwere Schäden an der Neuen Technik (Maschinenbau und Elektrotechnik) zu beklagen, die als einziges größeres Bauvorhaben in der Zwischenkriegszeit errichtet worden war. Im obersteirischen Leoben hielten sich die Schäden in Grenzen. Schlimm stand es hingegen um die Universität Innsbruck (UI); das Landeskrankenhaus Innsbruck sowie das an das Klinikareal angrenzende Hauptgebäude der Universität waren teilweise schwerst beschädigt worden.

Österreichweit wurden der Wiederaufbau und die dringlichsten Instandsetzungen 1954 abgeschlossen. Aus wirtschaftlichen Gründen konnten in der ersten Hälfte der 1950er Jahre aber nur zwei Neubauvorhaben in Angriff genommen werden, wovon die Montanuniversität Leoben (MUL) und die TUG profitierten. Das erste große Neubauprojekt in der Zweiten Republik war das nach wie vor so genannte Neue Institutsgebäude der UW, das in den Jahren 1957 bis 1962 errichtet wurde.

In den 1960er Jahren konnte mit Ausnahme der WU, deren Hauptgebäude man dank der finanziellen Unterstützung des (späteren) WU-Kuratoriums 1954/55 erweitert hatte, für alle wissenschaftlichen Universitäten mit der Realisierung von mindestens einem größeren Projekt begonnen werden. Fertig gestellt bzw. abgeschlossen wurden in diesem Jahrzehnt unter anderem die Neue Chemie der UI, die Generalsanierung der VMU, das Chemie-Gebäude und der «Philosophen-Turm» samt Hörsaaltrakt der KFUG und der Erweiterungsbau für die Fakultät für Bauingenieurwesen und Architektur der TUG. (Bereits 1961 war ihr Chemie-Gebäude fertig gestellt worden, jenes der TUW wurde 1972 bezogen. Das von der UW betreute Wiener Universitätssportzentrum Schmelz eröffnete man 1973, im selben Jahr konnte auch die modernisierte Versuchswirtschaft in Groß-Enzersdorf von der BOKU in Betrieb genommen werden.) Die zu Beginn dieses Jahrzehnts eingeleitete Modernisierung kam insbesondere der MUL zugute, deren Nutzfläche sich durch die Errichtung eines Gebäudekomplexes beinahe verdoppelte. Außerdem schritt der vom Linzer Hochschulfonds betreute Aufbau der Universität Linz (UL) zügig voran, und in Innsbruck waren noch vor Ende dieses Dezenniums die meisten Bauten der 1966 gegründeten Technischen Fakultät in Betrieb, wofür der Innsbrucker Universitätsfonds verantwortlich war. Das größte Bauvorhaben der Universität Salzburg (US), deren Standortfrage damals noch ungelöst war,

bildeten die noch heute genutzten Montagebauten an der Akademiestraße, die ursprünglich nur als Provisorien gedacht waren.
Das Wissenschaftsressort zeigte sich im Hochschulbericht 1969 optimistisch, dass mit der in diesem Jahrzehnt begonnenen Bauoffensive die Raumproblematik der Universitäten in den Griff zu bekommen sei: «Sollten die im Bau befindlichen Projekte, deren Finanzierung durch das Sonderprogramm [die so genannte Hochschulmilliarde] gesichert erscheint, planmäßig fertig gestellt und die in Angriff genommenen Maßnahmen zur Erweiterung der Hochschulen schrittweise fortgesetzt werden können, dann ist zu erwarten, daß der durch das lange Stagnieren der Bautätigkeit hervorgerufene Nachholbedarf gedeckt und für eine gewisse Wachstumsreserve Vorsorge getroffen ist.»[1] Der steile Anstieg der Hörerzahlen, der zu Beginn der 1970er Jahre einsetzte, machte diese Hoffnung aber zunichte.
Von dieser Entwicklung waren anfänglich vor allem die «klassischen» Universitäten (UW, KFUG und UI) und die US betroffen; mit einer Verzögerung von rund zehn Jahren setzte dann der Ansturm auf die «Fachuniversitäten» (WU, VMU, BOKU und MUL), die beiden Technischen Universitäten (TUW und TUG) und die UL ein, deren Schwerpunkte bezeichnenderweise in den Bereichen Wirtschaftswissenschaften und Technische Naturwissenschaften liegen. – Im Unterschied zu den übrigen wissenschaftlichen Universitäten stiegen die Hörerzahlen an der Universität Klagenfurt (UK) im Zeitraum von 1995 bis 2000 nochmals stark an, wofür die erfolgte Schwerpunktsetzung in den Bereichen Wirtschaftswissenschaften und Informatik ausschlaggebend war. Insbesondere die TUW, TUG, MUL und BOKU spürten hingegen deutlich die Konkurrenz der Fachhochschulen, deren Netzwerk in der zweiten Hälfte der 1990er Jahre großzügig ausgebaut wurde.
Die Realisierung einiger Großprojekte (TUW: Neues El, 1973; UI: Vorklinikum, 1974, Sportzentrum, 1975; BOKU: Schwackhöfer-Haus, 1975; TUG: Bibliotheksgebäude, 1975) hatte zwar den Effekt, dass bis 1975 die Steigerungsrate der Nutzflächen ähnlich hoch wie jene der Hörerzahlen und auch der Planstellen für das Universitätspersonal ausfiel, doch dann blieb die Bauentwicklung bis gegen Mitte der 1980er Jahre weit hinter jener der Studierendenzahlen zurück. Aufgrund der zu gering dotierten jährlichen Bauraten und der Eröffnung zu vieler Baustellen konnten in diesem Jahrzehnt bis auf das Vorklinikum der KFUG (1977), das Physik-Gebäude der TUG (1977) und den TNF-Turm der UL (1978) für wissenschaftliche Universitäten keine weiteren vom Wirtschaftsressort betreuten größeren Bauvorhaben fertig gestellt werden; in den 1980er Jahren wurden nach langer Bauzeit schließlich vier Großbauten eröffnet (UI: GEIWI-Turm und Sander-Haus, 1981; UW: Juridikum, 1984; TUW: Freihaus und Bibliotheksgebäude, 1987). Das damals größte Neubauvorhaben war das vom WU-Kuratorium errichtete Universitätszentrum Althanstraße I, das 1981/82 von der WU und der UW bezogen wurde. Die erste Ausbaustufe der UK war bereits 1977 vom Klagenfurter Hochschulfonds fertig gestellt worden.
In den 1980er Jahren realisierte das Wirtschaftsressort zwar noch weitere sieben Großprojekte (US: Universitäts- und Landessportzentrum Rif bei Hallein, 1986, Adaptierung der Alten Gewerbeschule, 1989; UL: Bibliotheksgebäude, 1984; UI: Möller-Haus und Hörsaaltrakt, 1984, Hess-Haus, 1986; UW: Adaptierung des ehemaligen WU-Hauptgebäudes, 1988; UL: Managementzentrum, 1990), doch vor dem Hintergrund der ungebrochen stark steigenden Hörerzahlen stieß die traditionelle Organisationsform des Universitätsbaus gegen Mitte dieses Jahrzehnts endgültig an seine strukturbedingten Grenzen. In den 1990er Jahren wurden nur noch drei größere Projekte (US: Adaptierung des Toskana-Trakts, 1992; BOKU: Adaptierung und Ausbau des Exner-Hauses, 1996; TUG: Studienzentrum, 2000) vom Wirtschaftsressort betreut.
Sieht man von jenen Bauvorhaben ab, die von Fonds und dem WU-Kuratorium realisiert wurden, handelte es sich beim 1986 eröffneten Gebäudekomplex für die Naturwissenschaftliche Fakultät der US um eines der ersten Großprojekte, die von Bauträgergesellschaften abgewickelt wurden; zehn weitere (BOKU: Perles-Haus, 1991, IFA-Tulln, 1994, Szilviny-Haus, 1996; WU: Universitätszentrum Althanstraße III, 1992; UW: Vienna Biocenter, 1992; KFUG: Universitätszentrum Wall, 1994; UW und WU: Universitätszentrum Althanstraße II, 1995; TUW: Erweiterungsbau für Chemie-Institute, 1995; VMU: Neuerrichtung im Donaufeld, 1996;

UW: Hirnforschungszentrum, 2000) folgten. Außerhalb der Bahnen der traditionellen Form des Universitätsbaus bewegte man sich in zwei weiteren Fällen: Die Bauabwicklung des UW-Projekts Betriebswirtschaftliches Zentrum/Brünner Straße (1994) übernahm Architekt Herbert Bohrn, und die Adaptierung des Alten AKH (1998) wurde unter der Bauherrschaft der UW durchgeführt. Eine neue Basis für die Organisation des Universitätsbaus war schon 1992 durch die Gründung der Bundesimmobiliengesellschaft geschaffen worden, die bislang sechs Großprojekte (KFUG: RESOWI-Zentrum, 1996; UI: SOWI-Zentrum, 1998; TUW: Adaptierung des Gebäudekomplexes «Favoritenstraße 9–11», 1999; TUG: Neubau für informationstechnische Institute, 2000; UK: Erweiterungsbau, 2000; BOKU: Erneuerung des Schwackhöfer-Hauses, 2004) für wissenschaftliche Universitäten realisierte. (Im Unterschied zu den wissenschaftlichen Universitäten waren bis zur Gründung der BIG Bauvorhaben für Kunstuniversitäten in der Regel vom Wirtschaftsressort abgewickelt worden.)

In den Zuständigkeitsbereich der Länder fällt die Erhaltung der Spitäler, die in den Fällen AKH Wien, LKH Graz und LKH Innsbruck die klinischen Bereiche der heutigen Medizinischen Universitäten beherbergen. Infolge des kriegsbedingten Wiederaufbaus des LKH Innsbruck profitierten Innsbrucker Universitätskliniken schon früh von Neubauvorhaben, die bislang ohne große Unterbrechungen realisiert werden konnten. In Wien setzte die Errichtung des AKH neue Maßstäbe in der klinischen Forschung und Lehre, und die Arbeitsbedingungen der heutigen Medizinischen Universität Graz werden durch die Umsetzung des Projekts LKH Graz 2000 deutlich verbessert; dieses Großprojekt soll im Wesentlichen bis 2007 abgeschlossen werden.

Von vier Ausnahmen (TUW: Maschinenbau; MUL: Kunststofftechnische Institute; Medizinische Universität Wien: Adaptierung des Garnisonsspitals; UL: High-Tech-Turm) abgesehen, konnten bis zu Beginn des 21. Jahrhunderts all jene Großprojekte verwirklicht bzw. in Angriff genommen werden, die von den wissenschaftlichen Universitäten angestrebt wurden. Da der Universitätsbau infolge des Alterns der Gebäude nie zu einem Ende kommen kann, müssen in absehbarer Zeit vor allem jene Bauten erneuert werden, die in den 1960er und 1970er Jahren vornehmlich für naturwissenschaftliche Institute errichtet wurden. Dabei wird aus wirtschaftlichen Gründen in einigen Fällen ein Neubau einer Generalsanierung vorzuziehen sein.

Das Wissenschaftsressort versuchte natürlich auch die Entwicklung der Studierendenzahlen in Raumbedarfserhebungen einzubeziehen, wurde jedoch mit seinen Prognosen dem tatsächlich erfolgten Höreransturm niemals gerecht. Für den Ausbau der Universitäten war die Entwicklung des Universitätspersonals aber insofern entscheidender, als Raum einfach die grundlegendste Voraussetzung für die Arbeit des Universitätspersonals ist. Dabei stehen die (ordentlichen) Professoren gewissermaßen im Zentrum, deren Berufungen weitere Planstellen für Assistenten und nichtwissenschaftliches Personal nach sich ziehen, die zusammen Organisationseinheiten bilden. Die neu eingerichteten Planstellen für Professoren spiegeln im Wesentlichen die Etablierung neuer Fachbereiche und die Erweiterung des Studienangebotes wider. Indirekt beeinflusste der steile Anstieg der Hörerzahlen auch die Entwicklung des Universitätspersonals, da für die Bewältigung des Universitätsbetriebs auch Verwaltungsstellen aufzustocken waren. In der Lehre suchte man die negativen Folgen des Höreransturms vornehmlich durch Aufstockung der Assistentenstellen und des sonstigen wissenschaftlichen Personals (Wissenschaftliche Dienst, Bundes- und Vertragslehrer) entgegenzuwirken. – In den folgenden Ausführungen wird auf jene Diagramme Bezug genommen, die in den 18 Einzeldarstellungen (Teil II) berücksichtigt wurden.

Die Korrelation zwischen Raumgewinn und Anstieg des Universitätspersonals zeigt sich am deutlichsten bei der Universität Linz; im Zeitraum von 1970 bis 2000 fielen die Steigerungsraten beim Personal und der Nutzfläche praktisch gleich hoch aus. Ganz ähnlich verhält es sich bis 1995 bei den Universitäten Wien und Graz sowie der Veterinärmedizinischen Universität. Bei der Technischen Universität Wien und der Universität für Bodenkultur fielen seit 1985 die Raumgewinne deutlicher aus. Infolge des großzügigen Ausbaus der Montanuniversität Leoben in den 1960er Jahren blieb bei ihr seit 1970 die Steigerungsrate der Nutzfläche stets hinter jener des Universitätspersonals zurück.

Vergleicht man die Steigerungsraten der Nutzfläche und der Studierendenzahlen, fielen jene der Hörerzahlen bei den Universitäten Wien, Graz, Linz und Klagenfurt sowie der Veterinärmedizinischen Universität, der

Universität für Bodenkultur und der Montanuniversität Leoben wesentlich höher aus. Bei den Technischen Universitäten Wien und Graz war dies erst gegen Mitte der 1980er Jahre der Fall. Aufgrund des Rückgangs der Hörerzahlen und infolge der verstärkten Bautätigkeit waren zu Beginn des 21. Jahrhunderts die Steigerungsraten der Nutzfläche und der Studierendenzahlen bei den Technischen Universitäten Wien und Graz sowie der Universität für Bodenkultur praktisch gleich hoch. Zu einer deutlichen Annäherung kam es bei der Veterinärmedizinischen Universität.

Höchst beachtlich verlief bislang die bauliche Entwicklung der Universität Innsbruck, wo die Steigerungsraten der Nutzfläche und der Studierendenzahlen im Zeitraum von 1970 bis 2000 praktisch identisch waren. Ähnlich gut schnitt nur noch die Wirtschaftsuniversität ab. In Innsbruck war die Basis für diese außergewöhnliche Entwicklung bereits in der zweiten Hälfte der 1960er Jahre mit der Errichtung der Technischen Fakultät im Stadtteil Hötting gelegt worden, wofür das Land Tirol und die Stadt Innsbruck wichtige Beiträge leisteten. In weiterer Folge profitierte die Universität Innsbruck sehr von vorhandenen Baulandreserven in Hötting und in unmittelbarer Nähe ihres Hauptstandortes (Innrainareal). Außerdem war sie nur in einem einzigen Fall mit einer Bürgerinitiative konfrontiert, die jedoch den Bau des SOWI-Zentrums nicht verhindern konnte. Die Wirtschaftsuniversität profitierte wiederum vom Ausbau des heute größten Universitätszentrums (Althanstraße I–IV) in Österreich, das sie sich mit der Universität Wien teilt. Beachtlich war bislang auch die bauliche Entwicklung der Technischen Universität Graz, die mit den Inffeldgründen über ein ideal gelegenes Erweiterungsareal verfügt. Dass im Fall der Universität Salzburg seit 1970 die Steigerungsrate der Nutzfläche fast immer höher als jene der Studierendenzahlen war, lag an der lange Zeit ungeklärten Standortfrage, wodurch sich deren bauliche Entwicklung sehr verzögert hatte.

Von den drei Wiener Kunstuniversitäten hatten die am Ring gelegenen Hauptgebäude der Akademie der bildenden Künste und der Universität für angewandte Kunst schwere Kriegsschäden erlitten. Nach deren Wiedererrichtung profitierte die Angewandte als erste Kunstuniversität von einem großzügigen Neubauprojekt (Schwanzer-Trakt, 1962) in der Zweiten Republik. Für die Universität für Musik und darstellende Kunst Wien konnten in den 1960er Jahren zwei Adaptierungen (ehemaliges Ursulinenkloster, 1966; Gebäude «Metternichgasse 12», 1966) durchgeführt werden. Das vierte Projekt dieses Jahrzehnts war der 1964 fertig gestellte Neubau für das Orff-Institut der Universität Mozarteum Salzburg, deren Raumnot dadurch aber nicht gelindert werden konnte. Zu Beginn der 1970er Jahre waren auch die Raumsituation der Akademie der bildenden Künste und jene der Grazer Kunstuniversität sehr problematisch.

In der steirischen Landeshauptstadt hatte bereits Mitte der 1960er Jahre eine Medienkampagne ein angemessenes Neubauprojekt für die Universität für Musik und darstellende Kunst Graz zum Scheitern gebracht, das in vollem Umfang bis heute nicht realisiert werden konnte. Zu gering dotierte jährliche Bauraten führten außerdem dazu, dass die Generalsanierung des Hauptgebäudes (Palais Meran) erst 1983 abgeschlossen wurde. Auch der «Akademievertrags-Streit» trug dazu bei, dass zwei Neubauten (Institutsgebäude, 1993; Bibliotheksgebäude, 2000) recht spät errichtet wurden. Der Grazer Kunstuniversität fehlen aber immer noch eine Studiobühne sowie ein Konzert- und Übungssaal. Das Projekt «MUMUTH» (Haus für Musik und Musiktheater) ist zwar schon längst baureif, doch scheiterte dessen Realisierung bislang aus finanziellen Gründen.

In Salzburg hatte man sich schon zu Beginn der 1960er Jahre Hoffnungen auf eine großzügige bauliche Erweiterung des Mozarteums gemacht, die aber erst 12 Jahre später in Angriff genommen werden konnte. Dieses großdimensionierte Projekt war zwar noch nicht vom Salzburger «Akademievertrags-Streit» beeinträchtigt worden, doch trug eine Bürgerinitiative dazu bei, dass das 1979 eröffnete Hauptgebäude des Mozarteums der einzige Universitätsneubau wurde, der beinahe völlig missglückte. Die durch die Sperre des Hauptgebäudes im Herbst 1998 ausgelöste Krise konnte durch Raumprovisorien rasch entschärft werden, aber einige dieser Übergangslösungen werden wohl noch länger in Verwendung bleiben müssen, denn durch die Neuerrichtung des Hauptgebäudes am Mirabellplatz, das 2006 bezogen werden soll, finden nur Musikfächer und Verwaltungseinrichtungen eine neue Heimstätte.

Mühsam gestaltete sich auch die bauliche Entwicklung der Universität für künstlerische und industrielle Gestaltung Linz. Nachdem das erste größere Erweiterungsprojekt an der Haltung des Landes Oberösterreich und der Stadt Linz gescheitert war, verzögerte sich aus diesem Grund auch die Fertigstellung der baulichen Maßnahmen auf dem Gelände der ehemaligen Ringbrotfabrik im Stadtteil Urfahr, die erst 1990 abgeschlossen werden konnten. Durch die Anmietung von Teilen eines ehemaligen Tabaklagers (Behrens-Haus) im Jahre 1995 war die Linzer Kunstuniversität erstmals räumlich gut versorgt. Da die Austria-Tabakwerke AG aber Eigenbedarf anmeldete, wird dieser universitäre Standort 2005 verloren gehen.

Die Aufhebung der Unterscheidung zwischen Studierenden und Kunstschülern machte sich zu Beginn der 1970er Jahre am stärksten bei der Wiener Universität für Musik und darstellende Kunst bemerkbar, deren weitere bauliche Entwicklung aus zwei Gründen stockte. Zu gering dotierte jährliche Bauraten verzögerten die Fertigstellung des Dramatischen Zentrums an der Penzingerstraße (1991), und die Übernahme der Alten Veterinärmedizinischen Universität war von deren Neuerrichtung im Donaufeld abhängig. Die von der Bundesimmobiliengesellschaft durchgeführte Adaptierung von Teilen des Altbestands für Zwecke der Kunstuniversität konnte 1999 abgeschlossen werden.

Die Universität für angewandte Kunst profitierte erst zu Beginn des 21. Jahrhunderts wieder von einem Bauprojekt; das ausgebaute Hauptgebäude (Ferstel-Trakt) steht ihr seit 2004 zur Verfügung. Für die Kunstuniversitäten ist charakteristisch, dass zumeist die Steigerungsraten des Universitätspersonals und der Hörerzahlen korrelieren. Bei der Akademie der bildenden Künste sind im Zeitraum von 1970 bis 2000 sogar die Steigerungsraten der Flächenzuwächse und der Studierendenzahlen gleich hoch, die von jener des Universitätspersonals noch übertroffen werden. Die Raumsituation der ältesten Kunstuniversität Österreichs konnte nach zahlreichen Irrwegen erst durch die Adaptierung des ehemaligen Kulissendepots der k.k. Hoftheater deutlich verbessert werden; seit 1995 steht ihr das eindrucksvolle Semper-Depot zur Verfügung.

---

1 Vgl. dazu: Hochschulbericht 1969, hg. vom BMU, Wien 1969, S. 140.

Teil II

Die bauliche Entwicklung der einzelnen Universitäten seit 1945

Vorbemerkung

Teil II dieser Studie ist der baulichen Entwicklung der österreichischen Universitäten im Zeitraum von 1945 bis 2005 gewidmet. Die folgenden 18 Einzeldarstellungen reduzieren sich aber nicht auf Auflistungen realisierter Bauvorhaben. Im Zentrum stehen vielmehr Pläne, Wünsche und Strategien zur räumlichen Erweiterung sowohl des Wissenschaftsressorts als auch der Universitäten. Aufgrund der Komplexität, die den Universitätsbau auszeichnet, ließen sich diese Vorhaben aber nur zum Teil realisieren. Geboten wird somit ein Beitrag zur Analyse der gegenwärtigen Raumsituation, der aktuellen Möglichkeiten und Bedürfnisse der Universitäten.

Die wichtigste Quelle bilden die sehr umfangreichen, raumrelevanten Aktenbestände des Bundesministeriums für Bildung, Wissenschaft und Kultur, die systematisch aufgearbeitet wurden. Das Ergebnis dieser kritischen Quellenstudien waren schriftliche Fassungen, die intensiv mit den im Ministerium für den Universitätsbau zuständigen Damen und Herren diskutiert wurden. Eine herausragende Bedeutung kam in diesem Zusammenhang den Erinnerungen von Herrn Dr. Franz Loicht zu, der die Bauagenden im Wissenschaftsressort über viele Jahrzehnte wahrgenommen hat. – Als Quellen wurden außerdem die vom Wissenschaftsressort herausgegebenen Hochschulberichte (1969–2002), Publikationen (Broschüren und Monographien), die Bauvorhaben gewidmet sind, und Festschriften zu Bestandsjubiläen von Universitäten herangezogen.

Unberücksichtigt blieben hingegen die Aktenbestände des Wirtschafts- und des Finanzministeriums sowie Dokumente, die sich in Universitätsarchiven befinden. Aufgrund der erlangten Vollrechtsfähigkeit wird künftig auf dem Gebiet des Universitätsbaus vor allem in Universitätsarchiven zu forschen sein. Bis 2002/03 sind jedoch die wichtigsten Ergebnisse universitärer Bemühungen in den Aktenbeständen des Wissenschaftsressorts sehr gut dokumentiert. – Die Universitätsreform von 2002 wirft aber insofern einen Schatten auf die Einzeldarstellungen, da sie geschrieben wurden, als die Neustrukturierung und Umbenennung universitärer Organisationseinheiten an den meisten Universitäten noch nicht vollzogen war. Aus diesem Grund kann bei Bezeichnungen von Organisationseinheiten kein Anspruch auf Aktualität erhoben werden; dies gilt auch für deren Unterbringung. Mit den gebotenen Informationen soll dem Leser lediglich ein Eindruck davon vermittelt werden, wie vielfältig der wissenschaftliche und künstlerische Betrieb an den einzelnen Universitäten zu Beginn des 21. Jahrhunderts war. – Die bauliche Entwicklung der heutigen Medizinischen Universitäten bestimmten Überlegungen, die nicht getrennt vom Ausbau der Universitäten Wien, Graz und Innsbruck betrachtet werden können. Aus diesem Grund wurden den drei jüngsten staatlichen Universitäten keine eigenen Darstellungen gewidmet.

Für die räumliche Erweiterung der Universitäten sind bekanntlich drei Gründe ausschlaggebend: die Schaffung von Arbeitsbedingungen, die zeitgemäßes Forschen und Lehren ermöglichen, wissenschaftsimmanente Veränderungen (Entwicklung neuer Fachbereiche und Neugestaltung der Studien, die eine Aufstockung des Universitätspersonals bedingen) und die Entwicklung der Studierendenzahlen. Das Zusammenwirken dieser Faktoren bildet den leitenden Faden durch die gebotenen Einzeldarstellungen.

Bei den ausgewiesenen Hörerzahlen handelt es sich um jene der ordentlichen Studierenden (In- und Ausländer), die der Hochschulstatistik 2002/03 (Tabelle 1.2.1) entnommen wurden. Eine Unschärfe bilden dabei die «Scheininskribenten» an den wissenschaftlichen Universitäten, die gar nicht oder kaum am Studienbetrieb teilnahmen. Diese Problematik betrifft vor allem den Zeitraum von 1972 bis 2001. – Die Angaben zum wissenschaftlichen Personal und zu den allgemeinen Universitätsbediensteten an den wissenschaftlichen Universitäten finden sich in der Broschüre «Universitäten in Österreich 2002/2003». In «Universitäten der Künste in Österreich 2002/2003» wurden hingegen nur Zahlen zum wissenschaftlichen und künstlerischen Personal ausgewiesen; dass auch bei den Kunstuniversitäten die allgemeinen Universitätsbediensteten berücksichtigt werden konnten, ermöglichte die Statistikabteilung des Bildungsressorts, die dankenswerterweise auch die Daten zum Universitätspersonal für die Jahre 1970, 1975, 1980, 1985, 1990, 1995 und 2000 zur Verfügung stellte. Beim Universitätspersonal ist eine Unschärfe aufgrund der Datenerfassung gegeben. Während beim wissenschaftlichen Personal (ordentliche und außerordentliche Professoren, Universitäts- und Vertragsassistenten, Wissenschaftliche Dienst, Bundes- und Vertragslehrer) Personen gezählt wurden, handelt es sich bei den allgemeinen Universitätsbediensteten um Planstellen.

Die ausgewiesenen Angaben zum Raumbestand der einzelnen Universitäten wurden in der Broschüre «Wissenschaft in Österreich» des Jahres 1976 (Tabelle 14), in Statistischen Taschenbüchern (1985: Tabelle 2.1.3; 1995: 2.1.9; 2000: 2.1.7) und im Hochschulbericht 2002 (Bd. 2, Tabelle 5.2) veröffentlicht. (Da zum 1975 gegebenen Raumbestand der Kunstuniversitäten keine Angaben vorliegen, wurde für dieses Jahr auf Zahlen von 1970 zurückgegriffen.) Bei den einzelnen Bauvorhaben werden in der Regel auch Angaben zur Nutzfläche und den Baukosten gemacht; die Quellen hierfür sind vornehmlich Hochschulberichte und veröffentlichte Projektbeschreibungen.

Bei den Flächenangaben ist ebenfalls eine Unschärfe gegeben. Alfred Wanko hatte 1967/68 im Rahmen seiner Erhebung des zur Verfügung stehenden Raumbestandes die Netto-Grundrissflächen berücksichtigt, worunter gemäß der Definition des Österreichischen Normungsinstitutes die Summe aller nutzbaren Grundrissflächen zwischen Wänden und sonstigen aufgehenden Bauteilen zu verstehen ist, die in der Höhe des Waagrisses (1 Meter über dem Fußboden) errechnet wird. Sie umfasst Versorgungsflächen (für haustechnische Anlagen), Verkehrsflächen (Stiegenläufe, Gänge, Hallen etc.) und Nutzflächen, die der eigentlichen Zweckbestimmung des Bauwerkes dienen. Diese Angaben sind jedoch nur als grobe Richtwerte anzusehen, da – vereinfacht ausgedrückt – in der Praxis jede Messung zu einem anderen Ergebnis führt. (Zum Beispiel verfügte die Technische Universität Graz gemäß den universitätsinternen Messungen 2002 über rund 120.000 m² Nutzfläche; im «Hochschulbericht 2002» werden hingegen 99.000 m² angeführt.) Infolge dieser Unschärfe ließ die Bundesimmobiliengesellschaft, die nun die meisten Universitätsgebäude betreut, viele Gebäude neu vermessen; in allen Mietverträgen wurde eine 10 %-Klausel festgeschrieben, um dadurch diese Problematik etwas zu entschärfen.

Künftig werden auch in diesem Bereich die Universitäten selbst die verbindlichen Grundlagen liefern. Im Rahmen der Bildungsdokumentationsverordnung Universitäten vom 19. Jänner 2004 wurden sie dazu verpflichtet, jährlich Raumdaten (unter anderem auch die Netto-Grundrissfläche und die Nutzfläche) zu erfassen. Ein weiteres Problem bilden (provisorische) «Außenanmietungen», deren Flächenangaben (in der Regel Nutzflächen) nur teilweise in den vom Wissenschaftsressort veröffentlichten Angaben zum Raumbestand der einzelnen Universitäten berücksichtigt wurden. Aus diesen Gründen wird in diesem Buch bewusst nur in einem allgemeinen Sinn von Nutzflächen gesprochen. Die ausgewiesenen Flächenangaben sollen dem Leser nur einen Eindruck von der ungefähren Größenordnung eines Bauvorhabens geben. – Eine grobe Orientierung sollen auch jene 18 Diagramme bieten, in welchen jeweils die Steigerungsraten beim Universitätspersonal, den Studierendenzahlen und den Flächengewinnen thematisiert werden. Die drei Unschärfen (Personen/Planstellen; Scheininskribenten; Netto-Grundrissfläche/Nutzfläche) werden vernachlässigt, da es sich bei den Diagrammen um prozentuelle Darstellungen handelt.

Über die Qualität der Räume für Forschungs-, Lehr- und Verwaltungszwecke geben diese Diagramme natürlich keine Auskunft. Diesbezüglich fiel die Verbesserung der Arbeitsbedingungen an den meisten Universitäten seit Mitte der 1980er Jahre deutlicher aus, als dies durch den quantitativen Flächengewinn ausgedrückt werden kann. Die Raumsituation war in den frühen 1970er Jahren an den meisten Universitäten höchst schwierig, weswegen bis gegen Mitte der 1980er Jahre zahlreiche «Außenanmietungen» organisiert werden mussten, um den Lehrbetrieb aufrechterhalten zu können. Diese Raumprovisorien genügten jedoch nur selten den modernen Forschungs- und Lehranforderungen. Durch die Fertigstellung zahlreicher Großbauvorhaben konnten viele dieser «Außenanmietungen» (vornehmlich Wohnungen) wieder aufgegeben und damit Mieten eingespart

werden. Ein weiterer positiver Effekt dieser Entwicklung bedeutete die Zusammenführung größerer Organisationseinheiten, die zuvor auf verschiedene Standorte verteilt waren.
Die Flächengewinne der wissenschaftlichen Universitäten und der Kunstuniversitäten liefen im Zeitraum von 1970 bis 2002 nahezu parallel, wobei die Steigerungsrate bei den wissenschaftlichen Universitäten bei 318 % und jene der Kunstuniversitäten bei 278 % liegt. Den wissenschaftliche Universitäten standen 1970 insgesamt 404.000 m² zur Verfügung, 2002 waren es 1.283.500 m²; die Kunstuniversitäten verfügten 1970 über 50.000 m² und 2002 über 139.000 m².

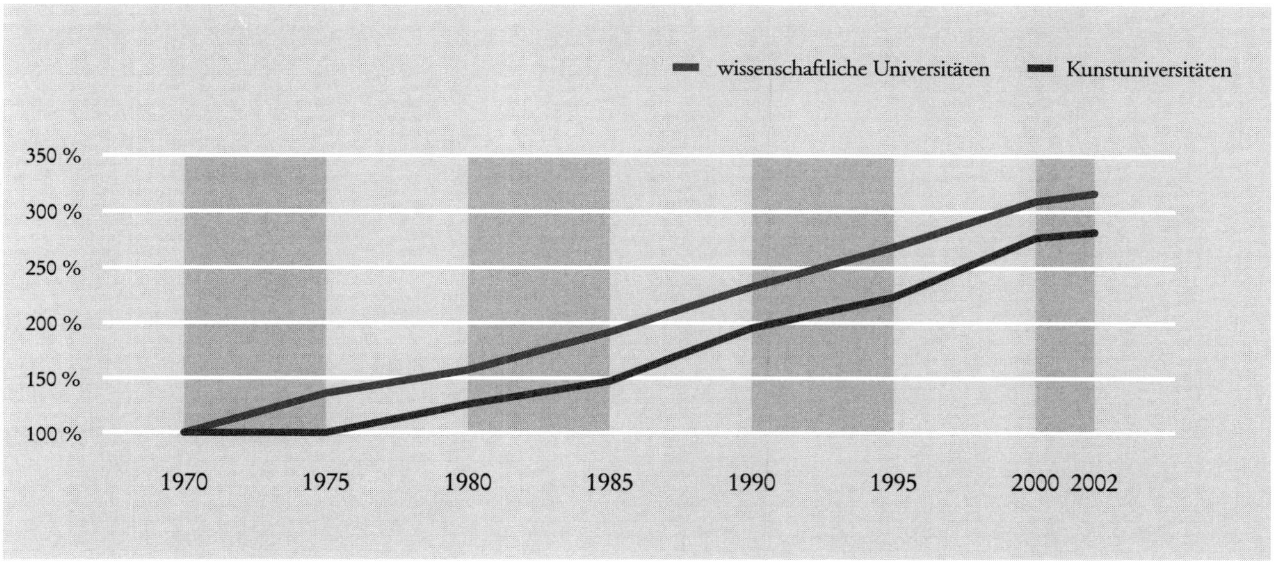

Den Universitäten danke ich für das zur Verfügung gestellte Bildmaterial und für die erteilte Erlaubnis, damit dieses Buch illustrieren zu dürfen. Die Berücksichtigung von Plänen wäre natürlich sinnvoll gewesen, doch musste darauf aus finanziellen Gründen leider verzichtet werden.

Das Hauptgebäude am Ring.

1 Universität Wien (UW)

Bei der Universität Wien handelt es sich um die mit Abstand größte Universität in Österreich. Die Befriedigung ihrer Raumbedürfnisse war schon aus diesem Grund eine sehr große Herausforderung; erschwerend kam hinzu, dass die UW 1945 über kein einziges unbeschädigt gebliebenes Gebäude verfügte. Für Zwecke der UW wurden nach 1945 18 Neubauprojekte realisiert und zahlreiche Adaptierungen vorgenommen, wovon 14 Projekte ausführlicher behandelt werden. (Bei dieser Aufzählung blieben die Bauten des neuen AKH unberücksichtigt.) 2002 standen der Universität Wien (wissenschaftliches Personal: 3.378 Personen; allgemeine Universitätsbedienstete: 2.299 Planstellen) 311.000 m² zur Verfügung; 64.595 ordentliche Studierende waren im Studienjahr 2002/03 inskribiert.

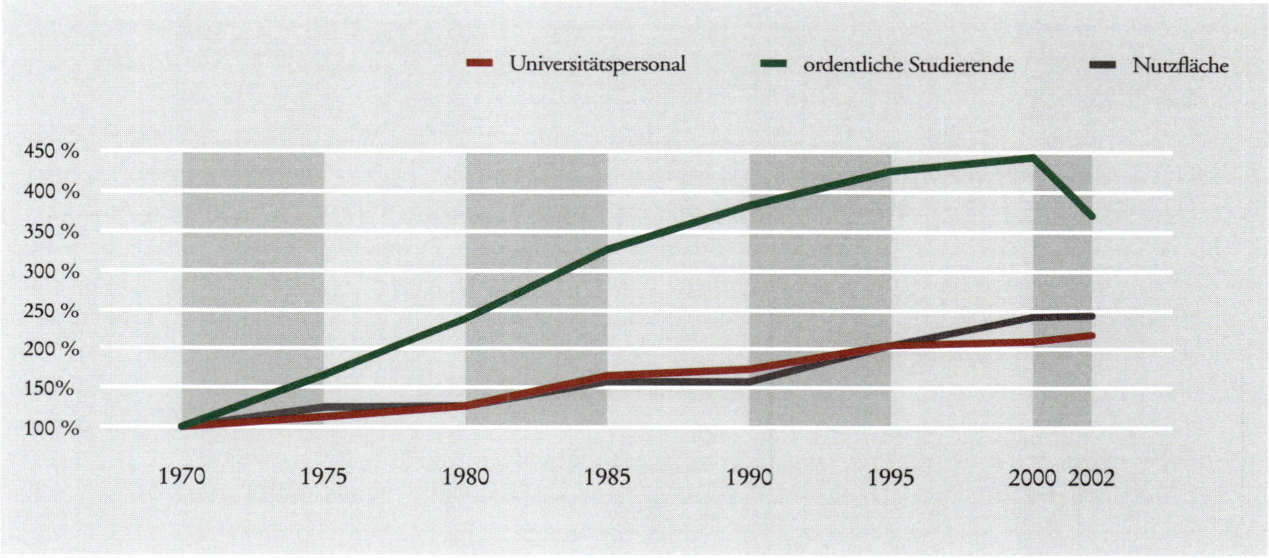

Die Institute und Einrichtungen der traditionsreichen Alma Mater Rudolphina verteilten sich 2004 auf 58 Standorte, die sich in acht Wiener Gemeindebezirken befinden. Das älteste Universitätsviertel war zwischen der Wollzeile und dem Fleischmarkt angesiedelt, ihr wichtigstes Forum bildete der heutige Dr.-Ignaz-Seipel-Platz, an den die in den 1620er Jahren errichtete Universitätskirche grenzt. Seit 1980 werden für Zwecke der UW wieder Teile der ehemaligen Wirkstätte des Jesuitenkollegs (Alte Universität, Postgasse 7–9) genutzt.
Ebenfalls im 1. Bezirk befindet sich das nach Plänen von Heinrich Ferstel 1884 fertig gestellte Hauptgebäude (Dr.-Karl-Lueger-Ring 1), dessen Renaissance-Stil an die Blüte der humanistischen Wissenschaft erinnern soll, und das Juridicum (Schottenbastei 10–16), das in architektonisch-baukünstlerischer Hinsicht zu den bemerkenswertesten Universitätsbauten der Zweiten Republik zählt. Im Zentrum der Bundeshauptstadt stehen der UW noch weitere 16 Standorte (Ebendorferstraße 10; Freyung 6; Hanuschgasse 3; Heßgasse 1; Hofburg, Batthyanystiege; Hohenstaufengasse 9; Landesgerichtsstraße 18; Liebiggasse 4 und 5; Rathausstraße 19 und 21; Schottenring 21; Teinfaltstraße 8; Universitätsstraße 5, 7 und 11) zur Verfügung.
Die Rolle der Universität Wien im Revolutionsjahr 1848 führte zur Aufgabe des alten Universitätsviertels beim Stubentor. Der eindrucksvolle Universitätsneubau (1884) auf dem ehemaligen Militärparadeplatz, der an die

damals neu angelegte Prachtstraße Wiens grenzte, war letztlich die Folge des höchst beachtlichen Aufschwunges, den in der Monarchie die Universitäten – und an deren Spitze eben die Universität Wien – in der zweiten Hälfte des 19. Jahrhunderts nahmen. Der zunehmenden Differenzierung der wissenschaftlichen Disziplinen, die zu einer Vielzahl von Seminar- und Lehrkanzelgründungen führte, konnte aber das neue Hauptgebäude, trotz seiner Großzügigkeit, nicht gerecht werden. Vom Aufschwung und der damit verbundenen Expansion der UW zeugen 12 weitere Bauten, die im Zeitraum von 1869 bis 1915 realisiert wurden.
Die meisten dieser Gebäude befinden sich nordwestlich des Hauptgebäudes im 9. Bezirk Alsergrund, der den eigentlichen Universitätsbezirk Wiens bildet. Das Hauptgebäude im Süden, der Universitätscampus Wien (das adaptierte Alte AKH; Spitalgasse 2) im Westen, das «Universitätszentrum Boltzmanngasse» (Währinger Straße 38–42; Boltzmanngasse 3–7/Strudelhofgasse 4) im Norden und das Juridicum im Osten bilden gewissermaßen die Eckpunkte des Hauptstandortes der Universität Wien, wo sich noch weitere 18 von ihr genutzte Gebäude (Berggasse 11; Ferstelgasse 5; Frankgasse 1; Garnisongasse 3; Maria-Theresien-Straße 3; Porzellangasse 33a; Rooseveltplatz 2 und 10; Sensengasse 1–3 und 8; Türkenstraße 23; Universitätsstraße 2 und 10; Van-Swieten-Gasse 1; Wasagasse 12; Währinger Straße 17, 25 und 25a) befinden. Diesem Zentrum können auch vier Gebäude (Alser Straße 23; Bennogasse 21; Lammgasse 8; Lenaugasse 2) aus dem 8. Bezirk Josefstadt zugerechnet werden.
Alsergrund ist auch die Heimstätte der heutigen Medizinischen Universität Wien (MUW). (Einige Gebäude beherbergen heute Einrichtungen beider Universitäten.) Das Areal des neuen Allgemeinen Krankenhauses (Währinger Gürtel 18–20) schließt im Nordwesten an jenes des Alten AKH an. Aufgrund dieser engen Verflochtenheit bis in die jüngste Zeit wird die Errichtung des neuen AKH samt Zubauten in diesem Kapitel behandelt und darin auch 12 weitere Gebäude (Rooseveltplatz 3; Severingasse 9; Schwarzspanierstraße 17; Kinderspitalgasse 15; Alser Straße 21; Spitalgasse 4; Währinger Straße 10, 13–13a, 25 und 25a; Sensengasse 2) berücksichtigt, die heute vornehmlich Einrichtungen der MUW zur Verfügung stehen. Beim neuen AKH handelt es sich um das größte Hochbauvorhaben Österreichs im 20. Jahrhundert, das nach dreißigjähriger Bauzeit 1994 offiziell eröffnet wurde. Die Errichtungskosten dieses gigantischen Gebäudekomplexes (340.000 m^2) teilten sich der Bund und die Stadt Wien, die 1988 das gemeindeeigene Areal des Alten AKH der UW schenkte.
Große Bereiche des ehemaligen Krankenhausareals mit seinen historischen Höfen und Trakten, die zum Teil noch aus dem späten 17. Jahrhundert stammen, wurden in weiterer Folge für Universitätszwecke adaptiert. Der unweit des Hauptgebäudes entstandene «Universitätscampus» beherbergt vornehmlich geisteswissenschaftliche Institute. Ebenfalls im 9. Bezirk, jedoch an den Donaukanal grenzend, befindet sich das Universitätszentrum Althanstraße (UZA I–IV). Bis auf das UZA III handelt es sich dabei um Gebäudekomplexe, die über dem Franz-Josef-Frachtenbahnhof auf einer Betonplatte errichtet wurden. Das UZA umfasst das Bio-, das Pharmazie-, das Geo- und das Mathematikzentrum der UW sowie das Hauptgebäude, den «Rundturm» und das Juristengebäude (UZA III) der Wirtschaftsuniversität, die in diesem Bezirk noch über weitere Standorte verfügt.
In den an Alsergrund angrenzenden äußeren Bezirken Währing und Döbling liegen vier Standorte der UW, davon im 18. Bezirk das Gebäude «Schopenhauerstraße 32» und die 1879 fertig gestellte Universitätssternwarte (Türkenschanzstraße 17); die Pläne für diesen eindrucksvollen Bau erstellten Ferdinand Fellner und Hermann Helmer, die Anregungen des Astronomen Carl von Littrow berücksichtigten. Im 19. Wiener Gemeindebezirk nutzt die UW Räumlichkeiten in einem Nebengebäude (Karl-Kreil-Haus) der Zentralanstalt für Meteorologie und Geodynamik, deren von Ferstel geplantes Hauptgebäude auf der Hohen Warte (38) 1872 bezogen wurde. Seit 1984 nutzt sie auch das ehemalige Hauptgebäude der Wirtschaftsuniversität (Franz-Klein-Gasse 1/Gymnasiumstraße 50). Das Institut für Sportwissenschaften und das Universitätssportinstitut (USI), das Angehörige sämtlicher Wiener Universitäten betreut, sind in erster Linie im 15. Bezirk Rudolfsheim-Fünfhaus (Auf der Schmelz 6–6a) angesiedelt. Am Rennweg befindet sich seit 250 Jahren der universitäre Botanische Garten, das Botanische Institutsgebäude (Rennweg 8) wurde 1905 fertig gestellt. Ebenfalls im 3. Bezirk Landstraße errichtete man das Vienna Biocenter (Dr.-Bohr-Gasse), wo heute Institute der UW und der MUW beheimatet

sind. Am linken Donauufer, im 21. Wiener Gemeindebezirk Floridsdorf, ist die Universität Wien mit ihrem Betriebswirtschaftlichen Zentrum (Brünner Straße 72) vertreten.
Über Außenstellen verfügt die UW in Niederösterreich, Oberösterreich und Salzburg, wo das USI in Dienten ein Sportheim verwaltet; das USI nutzt weiters das Selbstversorgerhaus Norge bei Mönichkirchen im Wechselgebiet. In Himberg, im südöstlichen Teil des Wiener Beckens, wurde das Institut für Labortierkunde und -genetik (Brauhausgasse 34) der heutigen MUW angesiedelt, und im westlichen Wienerwald befindet sich auf dem Mitterschöpfl das Leopold-Figl-Observatorium. In Niederösterreich verfügt die UW noch über zwei weitere Außenstellen: in Riegersburg (Ökologie und Naturschutz) und in Marchegg (Zoologie). Im oberösterreichischen Almtal bei Grünau schuf 1973 die Herzog-von-Cumberland-Stiftung Arbeitsmöglichkeiten für Konrad Lorenz (1903–1989), der im selben Jahr emeritierte. Bis zu seinem Tod war die kleine Forschungsstelle (Auingerhof 11) ein Institut der Österreichischen Akademie der Wissenschaften, seit 1990 steht die Konrad-Lorenz-Forschungsstelle für Ethologie unter der Patronanz der Universität Wien.

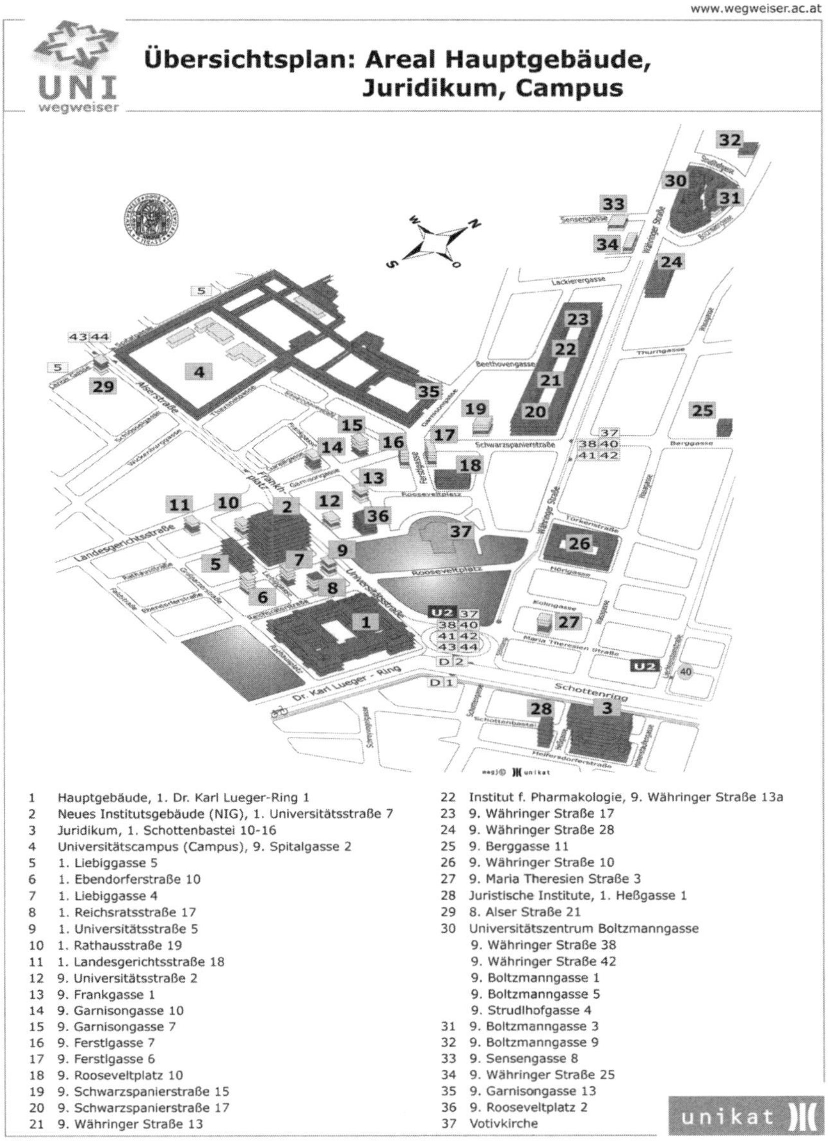

www.wegweiser.ac.at

UNI wegweiser

Übersichtsplan: Uni Wien, Areal Althanstraße

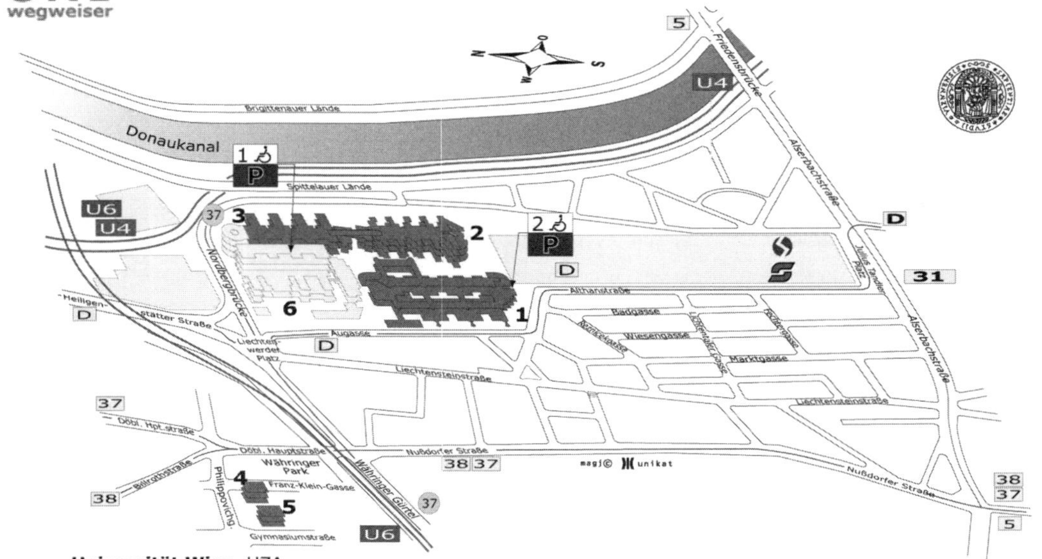

Universität Wien UZA

1 Biozentrum (UZA 1), 9. Althanstraße 14
2 Geozentrum (UZA 2), 9. Althanstraße 14
3 Pharmaziezentrum (UZA 2), 9. Althanstraße 14
4 19. Franz Klein-Gasse 1
5 19. Gymnasiumstraße 50
6 Wirtschaftsuniversität

unikat

www.wegweiser.ac.at

UNI wegweiser

Übersichtsplan: Medizinische Universität Wien, Areal AKH

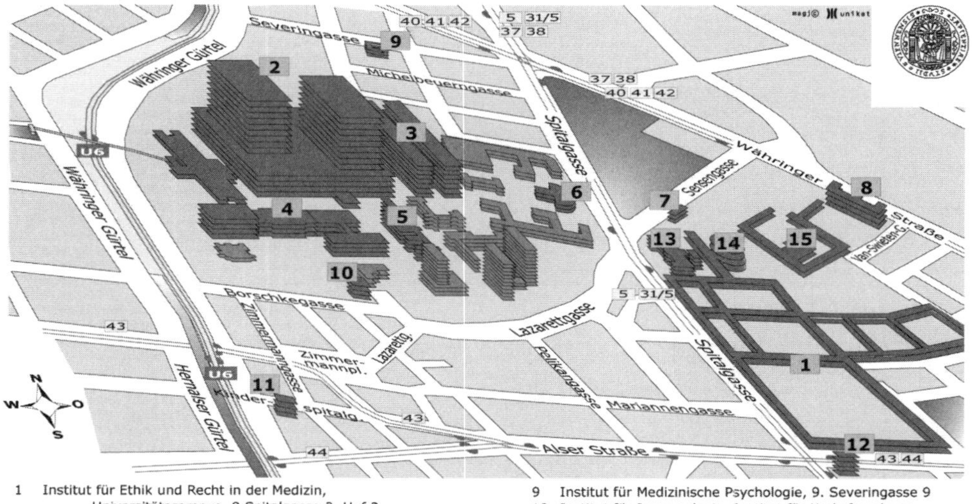

1 Institut für Ethik und Recht in der Medizin, Universitätscampus, 9.Spitalgasse 2, Hof 2
2 AKH-Hauptgebäude, 9.Währinger Gürtel 18-20
3 AKH-Erweiterungsbau Ost, 9.Währinger Gürtel 18-20
4 Kliniken am Südgarten, 9.Währinger Gürtel 18-20
5 Knochenmarktransplantation, Nephrologie und Dialyse, Dermatologie, 9.Währinger Gürtel 18-20
6 Ethikkommission, 9.Währinger Gürtel 18-20
7 Institut für Gerichtliche Medizin, 9. Sensengasse 2
8 Institut für Geschichte der Medizin, 9. Währinger Straße 25
Institut für Formale Logik, 9. Währinger Straße 25
9 Institut für Medizinische Psychologie, 9. Severingasse 9
10 Institut für Immunologie, Institut für Krebsforschung, Dezentrale Biomedizinische Einrichtungen, 9. Borschkegasse 8a
11 Klinisches Institut für Hygiene, Klinisches Institut für Virologie, Instiut für Umwelthygiene, 9. Kinderspitalgasse 15
12 Institut für Sozialmedizin, 9. Alser Straße 21
13 Institut für Hirnforschung, 9. Spitalgasse 4
14 Narrenturm
15 Universitätsklinik für Zahn-, Mund- und Kieferheilkunde, Ges.m.b.H. Bernhard-Gottlieb-Universitätszahnklinik 9. Währinger Straße 25a

unikat

1.1 Die räumliche Erweiterung der Universität Wien ab 1950

Nach 1945 stand es auch in räumlicher Hinsicht sehr schlecht um die Universität Wien, denn kein einziges ihrer Gebäude hatte den Zweiten Weltkrieg unbeschadet überstanden. Besonders schwer beschädigt waren die Bauten an der Währinger Straße (10, 13–13a, 25a und 38–42), das Gebäude «Kinderspitalgasse 15» sowie die in der Zwischenkriegszeit der UW zugesprochenen Gebäude «Liebiggasse 5» (ehemaliges Ackerbau-Ministerium) und «Währinger Straße 25» (Josephinum). Der größte Schaden war aber am Hauptgebäude (Dr.-Karl-Lueger-Ring 1) entstanden, das 26 Fliegerbomben getroffen hatten; zwei Drittel seiner Dächer und fast ein Drittel des Mauerwerks waren zerstört. Nach der Einnahme Wiens diente der schwerst in Mitleidenschaft gezogene Ferstel-Bau sowjetischen Truppen als Verbandsplatz und Pferdestall, doch schon am 11. April nahm man Gespräche auf, die auf eine baldige Aufnahme des Studienbetriebs abzielten. Der Student Kurt Schubert, später Professor für Judaistik, trat mit sowjetischen Kommandostellen in Verhandlungen und erreichte fünf Tage später die Räumung der Universität Wien. Ende Mai nahm man schließlich den Vorlesungsbetrieb für das Sommersemester auf, alle inskribierten Studenten und zahlreiche Professoren leisteten Räumungseinsätze.

Einen Eindruck von dieser höchst schwierigen Zeit vermittelt Professor Schubert in einer Rede, die er im Rahmen der Veranstaltungsreihe «625 Jahre Universität Wien» im Mai 1990 hielt: «Die abziehenden Russen hatten Unmengen von Stroh für ihre Pferde in den Höfen der Universität zurückgelassen. Diese mußten entfernt werden, wofür sich die zahlreichen Bombentrichter in unmittelbarer Universitätsnähe als sinnvolle Deponien anboten. Auf der Ringstraße und der Grillparzerstraße lagen etliche Tierkadaver, durch Granaten verletzte und verendete Tiere. Die meisten von ihnen waren bis auf die Innereien freigelegt, denn hungrige Wiener hatten sich von den frisch getöteten Tieren Fleisch weggeschnitten. Die Kadaver waren bereits aufgedunsen und boten eine ernste Gefahr für die Gesundheit der Umgebung. Es waren sogenannte ‹Einsatzstudenten›, die Stricke um die Beine dieser Kadaver banden und sie bis in die Bombentrichter zogen. Dort wurde das zahlreich vorhandene Stroh darauf geworfen und angezündet. Ebenso fiel die provisorische Beerdigung gefallener deutscher Soldaten in die Kompetenzen der Einsatzstudenten, weil es keine anderen Stellen gab, in der Arbeitskräfte für derartige Dienste zur Verfügung standen. Wir mußten auch bombenbeschädigte Universitätsinstitute vor eventuellen Plünderungen schützen. Zu diesem Zweck wurde eine studentische Hilfspolizei und Ordnungsdienst eingerichtet. [...] Die wichtigste Arbeit, die die Einsatzstudenten leisteten, war ihr Beitrag am Wiederaufbau. Zunächst mußten sie die Universität von Schutthalden befreien und unter dem Bombenschutt befindliche Bücher wieder halbwegs gebrauchsfähig machen. Unter der technischen Leitung von Herrn Oberbaurat Pausewang vollbrachten die Arbeiter an der Universität gemeinsam mit Einsatzstudenten wahrhaft grandiose Leistungen. So wurden, um nur ein Beispiel zu nennen, die schweren Holzbalken und Pfosten zum Abstützen der einsturzgefährdeten Mauer über dem Heizhaus im Hauptgebäude aus Währing mit bloßen Händen in die Universität gebracht, da es für zivilen Bedarf keine Fahrzeuge gab. Sie wurden an Ketten gebunden und so zur Universität gezogen. [...] Trotz des im großen und ganzen milden Frühlingswetters mußten die Lücken auf den Dächern behelfsmäßig mit Dachpappe geschlossen werden, damit nicht durch eindringendes Regenwasser weitere kaum wieder gut zu machende Schäden entstünden. Ein anderes Problem waren die Fenster. Fast alle Fenstergläser waren durch den Luftdruck bei den einzelnen Bombenangriffen zerbrochen. Neues Fensterglas gab es nur in Ausnahmefällen. Man mußte sich mit einer Art von imprägniertem, von einem Drahtgeflecht durchzogenem Papier behelfen, das etwa das Aussehen von vergilbtem Pergament hatte. [...] Im Verlauf des Wintersemesters 1945/46 – es war ein bitterkalter Winter mit viel Eis und Schnee – war die Beheizung der benützbaren Räume ein großes Problem. Durch die vielen Bombenrisse drang überall kalte Luft in die meisten nur kärglich beheizten Räume. So teilte der Rektor, Professor Adamovich, in der Senatssitzung vom 5. Jänner 1946 mit, daß derzeit der Kohlenvorrat nur mehr für vierzehn Tage ausreicht und daß für die Beheizung der Universität monatlich 300 Tonnen Kohle erforderlich seien. Auch die Beschaffung von Baumaterial bot noch weitere Probleme.»[1] Der schweizerische Historiker Jean Rodolphe von Salis, der im Sommersemester 1947 als Gastprofessor an der Universität Wien tätig war, notierte sich am 8. Mai 1947: «Das Universitätsgebäude hat Bombenschäden, man kann die große Treppe nicht benützen. Mein Hörsaal muß künstlich beleuchtet werden, da die Oberlichtenfenster zertrümmert und mit Brettern provisorisch zugedeckt sind.»[2] 1947 waren immerhin wieder jene 1,2 Millionen Bände in der Universitätsbibliothek, die man seit 1943 in neun niederösterreichische Schlösser und in den Keller der Hofburg ausgelagert hatte. Der Wiederaufbau des Hauptgebäudes, der auch aus dem Erlös von 2 Schilling teuren Postkarten mitfinanziert wurde, konnte 1951 abgeschlossen werden.

Von den instand gesetzten Bauten, an welchen man seitdem zwar regelmäßig weitere Adaptierungsmaßnahmen setzte, aber keine größeren Umbauten vornahm, ist im ehemaligen Garnisonsspital (Währinger Straße 25a; 9.400 m²), das Isidor Canevale plante, die Universitätsklinik für Zahn-, Mund- und Kieferheilkunde untergebracht. Das ebenfalls nach Plänen von Canevale errichtete Josephinum (Währinger Straße 25; 4.000 m²), das ursprünglich Militärärzten als Ausbildungsstätte diente, beherbergte 2003 das Institut für Formale Logik der UW sowie das Institut für Geschichte der Medizin (mit der ihm angeschlossenen Sammlung) der MUW. Das ehemalige Ministeriumsgebäude «Liebiggasse 5» (4.600 m²) stand dem Institut für Psychologie zur Verfügung. Im 1904 eröffneten Physiologischen Institutsgebäude «Schwarzspanierstraße 17» (8.100 m²) waren vier vorklinische Institute (Physiologie; Histologie und Embryologie; Gefäßbiologie und Thromboseforschung; Medizinische Statistik) und im von Ferstel geplanten Gebäude «Währinger Straße 10» (5.800 m²) zwei Institute (Medizinische Biologie; Medizinische Chemie) der MUW einquartiert. Im Gebäude «Lammgasse 8» (knapp 1.300 m²), das die UW seit der Zwischenkriegszeit nutzt, waren zwei Institute (Wissenschaftstheorie und Wissenschaftsforschung; Psychologie) und das universitäre Kinderbüro untergebracht. Seit 1942 verfügt das Institut für Theater-, Film- und Medienwissenschaft in der Hofburg (Batthyanystiege) über Räumlichkeiten im Ausmaß von 1.100 m².

Nach der Beseitigung der massiven Kriegsschäden rückte die räumliche Versorgung der Universitätskliniken wieder ins Zentrum der Neubauvorhaben der Universität Wien, die schon zu Beginn des 20. Jahrhunderts mit dem Neubau des Allgemeinen Krankenhauses (AKH) verbunden worden war. Das damalige Projekt hatte 20 Bauten für Universitätskliniken und andere wissenschaftliche Einrichtungen sowie zahlreiche Wirtschafts- und Verwaltungsgebäude umfasst, die auf einem insgesamt 240.000 m² großen Areal zwischen der Lazarettgasse und dem Währinger Gürtel errichtet werden sollten. 1904 begann man mit den Bauarbeiten, die 1911 aus finanziellen Gründen eingestellt werden mussten; knapp ein Drittel der Gesamtanlage konnte realisiert werden. Errichtet wurden die so genannten Neuen Kliniken (die beiden Frauenkliniken mit Isolierpavillon und Aufnahmegebäude sowie die Bauten für die I. Medizinische Klinik, die Klinik für Kehlkopf- und Nasenkrankheiten und die Kinderklinik) an der Spitalgasse (23) sowie das Eingangs- und Verwaltungsgebäude an der Lazarettgasse (14) und die Zentralküche.

Mit der Verknüpfung der räumlichen Versorgung der Universitätskliniken und des AKH-Neubaus wurde in Wien – wie auch in Innsbruck und Graz – dieses Bauvorhaben ein Gemeinschaftsprojekt von Bund und Land (als Spitalserhalter). Nach dem Zweiten Weltkrieg hatte man anfänglich jedoch nur den Bau der II. Chirurgischen Klinik ins Auge gefasst; 1955 teilte schließlich das Finanzministerium die Bereitschaft des Bundes mit, 50 % der Errichtungskosten zu übernehmen. Diese Zusage bildete den Anfang der Kostenteilung zwischen dem Bund und dem Land Wien für den Neubau des AKH. Die Geschichte dieses Jahrhundertbaus wird in zwei Abschnitten (1.2.4 und 1.4.7) skizziert werden.

Neben der Medizinischen Fakultät stellten zu Beginn der 1950er Jahre aber auch die übrigen Fakultäten Raumansprüche, da der deutliche Anstieg der Hörerzahlen zu beengten Verhältnissen in den instand gesetzten Universitätsgebäuden geführt hatte; davon war insbesondere die große Philosophische Fakultät betroffen. In der zweiten Hälfte dieses Jahrzehnts hatte sich die Zahl der ordentlichen Studierenden praktisch verdoppelt (1955/56: 5.992; 1959/60: 11.766). Der Anstieg der Hörerzahlen hatte zur Folge, dass früh schon Räumlichkeiten angemietet werden mussten; zu den ältesten Anmietungen, die auch noch zu Beginn des 21. Jahrhunderts von der UW genutzt wurden, zählen zwei Standorte: Im Gebäude «Hanuschgasse 3» (900 m²) ist derzeit das Institut für Europäische Ethnologie und im Haus «Frankgasse 1» (400 m²) das Institut für Ägyptologie einquartiert.

1.1.1 Das Neue Institutsgebäude (NIG), Universitätsstraße 7

Das auch heute noch so genannte Neue Institutsgebäude war der erste große Universitätsneubau, der nach dem Zweiten Weltkrieg in Österreich realisiert wurde. Der Errichtung des NIG opferte man aber ein Neubauprojekt, das auf diesem Areal der Universitätsbibliothek zugute gekommen wäre, womit die Raumnot der ebenfalls 1365 gegründeten Bibliothek prolongiert wurde. Als letztlich höchst problematisch erwies sich die Aufnahme der Universitätsbibliothek in die Planung des Monumentalbaus am Ring, gegen die sich der damalige Bibliotheksdirektor Friedrich Leithe heftig wehrte. Leithe hatte vehement, aber ohne Erfolg die Errichtung eines Bibliotheksgebäudes gefordert. Für Ferstel war hingegen die Berücksichtigung der Bibliothek deswegen wichtig, weil seiner Vorstellung gemäß das Hauptgebäude auch die innere Geschlossenheit der UW zu bezeugen habe, wo neben den Universitätsämtern und zahlreichen Instituten der vier klassischen Fakultäten (Philosophie; Theologie; Jurisprudenz; Medizin) eben auch die Bibliothek ihren zentralen Platz haben sollte.

Im 1884 eröffneten Universitätspalais waren Depots und Stellplätze für 500.000 Bücher eingerichtet worden, heute werden an ihrem Hauptstandort mehr als 2,5 Millionen Bände aufbewahrt. Schon recht bald nach dem Bezug des Hauptgebäudes setzten Bemühungen ein, die Universitätsbibliothek wieder auszusiedeln; 1910 legte beispielsweise Otto Wagner einen großzügigen Entwurf für ein eigenes Bibliotheksgebäude vor. Auch nach dem Zweiten Weltkrieg griff man diese Idee wieder auf, wofür 1952 die Architekten Alfred Dreier und Otto Nobis Entwürfe lieferten. Dass auch dieses Vorhaben verworfen wurde, führte letztlich dazu, dass heute die Universitätsbibliothek zu jenen Einrichtungen der UW zählt, deren räumliche Situation nach wie vor prekär ist. In den Jahren 1964 bis 1969 wurden zwar für ihre Zwecke umfangreiche Umbauten durchgeführt, in deren Rahmen man mehrere ehemalige Institutsräume adaptierte und auch ein prunkvolles Stiegenhaus (Stiege XII) verbaute, doch die angestrebte Entlastung währte nur kurz.

Infolge des steilen Anstiegs der Hörerzahlen konnte gegen Mitte der 1950er Jahre an vielen Instituten der Lehrbetrieb kaum noch aufrechterhalten werden, da (unter anderem) nicht genug Hörsäle zur Verfügung standen. Dieser Mangel war mit ein Grund dafür, dass sich die Universität Wien 1955 gegen das projektierte Bibliotheksgebäude und für die Errichtung eines großen Institutsgebäudes aussprach, in dem sich heute 14 Hörsäle befinden; die drei größten wurden im Kellergeschoß eingerichtet. Die Pläne für das insgesamt neungeschoßige NIG (21.500 m²), dessen Trakte um einen Innenhof gruppiert sind, stammen ebenfalls von Alfred Dreier und Otto Nobis; die Fassadengestaltung entwarf Fritz Bock, damals Bundesminister für Handel und Wiederaufbau, der sich für die zügige Realisierung dieses Bauvorhabens sehr einsetzte. Das (ATS) 102 Millionen teure Großprojekt war nach knapp sechsjähriger Bauzeit 1962 fertig gestellt. Im letzten Obergeschoß befindet sich eine Mensa, wo man auch eine Terrasse nutzen kann. Anfänglich quartierte man im NIG 16 (vornehmlich) geisteswissenschaftliche Institute der großen Philosophischen Fakultät ein, wodurch insbesondere das Hauptgebäude entlastet werden konnte.

Neben dem Haus am Ring war das NIG in weiterer Folge jenes Gebäude, das von Umsiedlungen am stärksten betroffen war, was rasch deutliche Spuren hinterließ, die man durch regelmäßige Instandsetzungsarbeiten zu bereinigen suchte. Die bislang letzte umfassende Umwidmung wurde Mitte der 1990er Jahre aktuell. Den Plänen der UW gemäß sollte nach der Inbetriebnahme des UZA II (1995) und der Eröffnung des Universitätscampus Wien (1997/98) das dadurch frei werdende NIG zum Zentrum der damaligen Grund- und Integrativwissenschaftlichen Fakultät werden, wodurch dann auch einige Anmietungen aufgegeben werden konnten. Das NIG wollte man schrittweise für diesen Zweck adaptieren. Dieser Plan ließ sich aus finanziellen Gründen nicht realisieren, was dazu führte, dass das NIG eine zeitlang teilweise leer stand. Erst als im März 1998 die BIG ihre Bereitschaft erklärte, im Rahmen des § 4 Mietrechtsgesetz (nützliche Verbesserungen) auch Mieterinvestitionen zu übernehmen,[3] wurde die Durchführung der rund 1,8 Millionen Euro teuren Adaptierung möglich, die man 2003 abschloss. Der Adaptierung lagen Pläne von Architekt Laurids Ortner zugrunde. Derzeit sind im NIG unter anderem sechs Institute (Kultur- und Sozialanthropologie; Bildungswissenschaft; Geographie und Regionalforschung; Philosophie; Politikwissenschaft; Wirtschaftspsychologie, Bildungspsychologie und Evaluation) untergebracht.

Das generalsanierte NIG mit neugestalteter Fassade.

1.2 Die räumliche Erweiterung der Universität Wien ab 1960

Obgleich die Studierendenzahlen in der zweiten Hälfte dieses Jahrzehntes stagnierten (1960/61: 13.357; 1965/66: 17.271; 1969/70: 17.291), litt die UW unter Raumnot, denn mit dem Bezug des NIG konnte ihr damals schon bestehender Raumbedarf nicht befriedigt werden. Besonders schlimm war der Mangel an ausreichend großen Hörsälen, der den Lehrbetrieb immer noch stark beeinträchtigte. Oftmals wohnten mehr Hörer stehend als sitzend Vorlesungen bei, und nicht selten fanden Studierende in überfüllten Hörsälen überhaupt keinen Platz. Auch die Arbeitsbedingungen an vielen Instituten, insbesondere der Medizinischen, der Juridischen, aber auch der Philosophischen Fakultät, waren höchst problematisch. Mitte der 1960er Jahre verfügte beispielsweise das Historische Institut bei rund 900 inskribierten Studenten nur über 36 Arbeitsplätze.[4]
Dieses Dezennium stand ganz im Zeichen grundsätzlicher Überlegungen, die auf ein großzügiges Ausbauprogramm abzielten, wofür Architekt Fritz Purr im Auftrag des Unterrichtsministeriums eine Übersicht zum Raum- und Flächenbedarfsprogramm mit Vorschlägen für die Erweiterung der UW erstellte. Die 1965 vorgelegte Untersuchung, die auch in der vom Unterrichtsressort herausgegebenen Schrift «Wien und seine Universität» thematisiert wird, bildete den Ausgangspunkt für einen langen, oftmals sehr mühsamen Diskussionsprozess über Standorte und Funktionszusammenhänge der einzelnen Fakultäten. Die Errichtung eines zweiten

Zentrums bzw. die Neuerrichtung der ganzen UW am Stadtrand wurde zwar angedacht, doch letztlich waren diese Überlegungen weder von der Universität selbst noch vom Unterrichtsressort ernsthaft in Betracht gezogen worden. Die gemeinsame und grundsätzliche Haltung, dass die traditionsreiche UW auch weiterhin in zentraler Lage das Geistesleben der Bundeshauptstadt mitgestalten sollte, verkomplizierte jedoch die an sich schon sehr komplexe Thematik, die ja auch mit weittragenden städtebaulichen Konsequenzen in bereits stark verbauten Gebieten verbunden war.

Der angesprochene Diskussionsprozess führte im Sommer 1970 zu folgender Stellungnahme der Gebäudekommission der Universität Wien: «Bei den Kontaktbesprechungen zur Koordinierung der Grundlagenforschung und Wettbewerbsvorbereitung für die Erweiterung der Universität Wien, die bisher im Bundesministerium für Bauten und Technik stattgefunden haben, wurde eine Reihe von Arbeitsgruppen mit verschiedenen Kompetenzen gebildet und eine große Zahl von allgemeinen Problemen aufgeworfen, was die Gefahr der Überorganisation und der Verzögerung heraufbeschwört. Die Gebäudekommission warnt vor übertriebenen theoretischen Untersuchungen und Planungen, die bei den gegebenen allgemeinen Bedingungen nicht zielführend sein können. Sie bittet durch Straffung der Arbeits- und Verhandlungsführung eine möglichste Beschleunigung nach einem fixen Zeitplan anzustreben.»[5]

In Purrs Ausbauskizze (1965) spielte natürlich auch schon der weitläufige Baukomplex des Alten AKH (AAKH) eine entscheidende Rolle; das 96.000 m² große Areal mit seinen Bauten und Höfen, das sich in nächster Nähe zum Hauptgebäude befindet, stellte das Planungs- und Hoffnungsgebiet der Universität Wien schlechthin dar. Das zentral gelegene Areal spielte in städteplanerischer Hinsicht aber natürlich auch eine höchst bedeutende Rolle in den Überlegungen der Stadt Wien. Schon 1952 hatte Karl H. Brunner dem Wiener Gemeinderat einen Bericht vorgelegt, der sich mit der Neugestaltung des Krankenhausviertels beschäftigt; dieser Vorstellung gemäß wären die meisten Bauten des AAKH und des ehemaligen Garnisonsspitals abgebrochen worden, die Fläche des neuen AKH war darin größtenteils als Parkanlage vorgesehen. Im Planungskonzept von Roland Rainer (1962) war der Bereich des AAKH dann teilweise schon als Baugrund für eine ideal gelegene «Universitätsstadt» angesprochen, nebst der Möglichkeit, eine geschützte öffentliche Grünfläche in zentraler Lage zu schaffen.[6] – Das Unterrichtsministerium hoffte darauf, dass die Stadt Wien der UW anlässlich des 600-Jahr-Jubiläums (1965) das gemeindeeigene Areal des AAKH schenken würde. Wie bereits an anderer Stelle (1.4.3.1) ausgeführt wurde, kam es nicht dazu. (Das Geschenk der Bundeshauptstadt an die UW und die TUW bildete der mit (ATS) 50 Millionen dotierte Jubiläumsfonds.) Dennoch erklärte Bürgermeister Franz Jonas im Mai 1965 seine grundsätzliche Bereitschaft, den gemeindeeigenen Teil des AAKH der Universität Wien zu überlassen; die Stadt Wien dachte jedoch nicht an eine Schenkung, sondern an einen Grundstückstausch mit dem Bund. Zur Diskussion standen unter anderem bundeseigene Gründe im Bereich des Aspangbahnhofs, das Nordbahngelände an der Lassallestraße, die Rennwegkaserne und der Flughafen Aspern.

Das Unterrichtsministerium und die Universität Wien strebten gemeinsam nach einer größtmöglichen Geschlossenheit des in den 9. Bezirk reichenden Zentrums der UW, die nur durch den Ankauf von Liegenschaften, die sich noch in Privatbesitz befanden, erreicht werden konnte. Gelegenheiten dazu verstrichen jedoch immer wieder ungenutzt, weil der Bund nicht rechtzeitig die dafür benötigten Mittel bereitstellen konnte. Um Gebäude für Zwecke der UW rasch zu sichern, regte das Unterrichtsressort (allerdings ohne Erfolg) 1965 die Gründung eines Fonds an, der durch Zuwendungen des Bundes, der Stadt Wien und von Gönnern gespeist werden sollte.[7] In diesem Jahrzehnt konnten fünf ideal gelegene Liegenschaften für Zwecke der Universität Wien angekauft werden, wovon die Errichtung des Verfügungsbaus an der Währinger Straße (17) und jene des Juridicums an der Schottenbastei später ausführlich behandelt werden. In den erworbenen Häusern an der Universitätsstraße sind heute Institute der Juridischen Fakultät untergebracht; das Gebäude «Universitätsstraße 2» (800 m²) nutzt das Institut für Europarecht, Internationales Recht und Rechtsvergleichung und im Gebäude «Universitätsstraße 10» befindet sich das Institut für Strafrecht und Kriminologie (700 m²). Die unbebaute Liegenschaft «Sensengasse 6» bildet eine Baulandreserve.

In Purrs skizzierten Ausbauplänen war das Areal des AAKH als Baugrund für Zwecke der Medizinischen und der Philosophischen Fakultät vorgesehen, auf dem Gelände des ehemaligen Garnisonsspitals sollte möglichst rasch für Chemie-Institute ein Neubau errichtet werden. Als Baulandreserven wurden außerdem das Areal des ehemaligen Technologischen Gewerbemuseums an der Severingasse und jenes des Landesgerichts genannt. Die Errichtung eines Fakultätsgebäudes für die Juristen stand ebenfalls schon zur Diskussion, doch war Mitte der 1960er Jahre auch noch ihr Verbleib im Hauptgebäude denkbar, für den Fall, dass sie von der Absiedlung anderer Institute profitiert hätten. Die räumlichen Ansprüche der beiden Theologischen Fakultäten wären Purrs Vorstellungen gemäß im Hauptgebäude und im Gebäude «Liebiggasse 5» zu befriedigen gewesen, wo sie damals noch untergebracht waren. In fünf zentral gelegenen Anmietungen aus den 1960er Jahren waren 2003 folgende Institute und Einrichtungen der UW einquartiert: «Garnisongasse 3» (knapp 1.400 m²) Institut für Erziehungswissenschaft; «Rathausstraße 19–21» (knapp 700 m²) Institut für Informatik und Wirtschaftsinformatik sowie ÖH; «Landesgerichtsstraße 18» (400 m²) Prüfungsreferat der Fakultät für Human- und Sozialwissenschaften; «Ebendorferstraße 10» (600 m²) Wiener internationale Hochschulkurse.

1.2.1 Die Adaptierung und Erweiterung des Gebäudes «Sensengasse 2»

Nördlich der 1862 fertig gestellten Alten Pathologie (Spitalgasse 4) errichtete man wenig später ein dreistöckiges Gebäude (Sensengasse 2), in welchem die militärpathologische Anstalt des Garnisonsspitals untergebracht wurde; seit 1922 ist dort die Gerichtsmedizin einquartiert. Bereits 1959 wurde mit der Adaptierung des Altbestandes begonnen, wobei man, abgesehen vom Mittelrisalit, auf die vormals eindrucksvolle Fassade wenig Rücksicht nahm. Nach Plänen der Bundesgebäudeverwaltung I Wien errichtete man zudem einen Trakt entlang der Sensengasse, der an den Ostflügel des Altbaues anschließt. Das (ATS) 8 Millionen teure Bauvorhaben wurde 1964 abgeschlossen, wodurch der Gerichtsmedizin in diesem Gebäudekomplex 4.300 m² zur Verfügung standen. Obgleich schon in diesem Jahr der damalige Institutsvorstand einen weiteren Zubau forderte, der in der ursprünglichen Planung auch vorgesehen war, kam es später trotz zahlreicher Anläufe nicht mehr zur Realisierung dieses Vorhabens.[8] Der baufällige Gebäudekomplex wird voraussichtlich einem Neubau weichen; dieses Bauvorhaben zählt heute zu den dringlichsten der MUW.

1.2.2 Die Außenstelle Himberg (Brauhausgasse 34) der heutigen MUW

Im Jahre 1965 schenkte Frau Kitty Wünschek-Dreher dem Bund ein knapp 21.000 m² großes Grundstück im Gemeindegebiet von Himberg; diese im südöstlichen Wiener Becken gelegene Gemeinde ist rund 15 km von der Bundeshauptstadt entfernt. Die Schenkung erfolgte mit der Auflage, dass auf diesem Areal ein Institut für Forschungszwecke der Medizinischen Fakultät anzusiedeln sei. Die Universität entschied sich für die Errichtung des dringend benötigten Forschungsinstituts für Versuchstierzucht (2003: Institut für Labortierkunde und -genetik).

Mit der Planung der Anlage, die sich aus einem Institutsgebäude (3.600 m²), einem Kesselhaus (500 m²) und einem Wohnhaus (180 m²) zusammensetzt, wurde Architekt Norbert Schlesinger beauftragt. Ende 1968 begann man mit den Bauarbeiten, die (ATS) 59 Millionen teure Anlage konnte im Dezember 1974 ihren Nutzern übergeben werden. Im Institutsgebäude sind im Erdgeschoß Verwaltungs- und Lagerräume eingerichtet, die Bereiche für

die Tierzucht (Nagetiere) und die Labors befinden sich im ersten Geschoß; die komplexe Haustechnik wurde im zweiten Obergeschoß untergebracht. Die hohen technischen Anforderungen, die es zu erfüllen galt, führten zu einer beträchtlichen Steigerung der Kosten, die wiederum zur Folge hatte, dass dem schon 1967 vorgebrachten Antrag, ein geeignetes Gebäude für die Zucht von Hunden zu errichten, nicht mehr entsprochen werden konnte. (Die Kosten für diesen Erweiterungsbau schätzte man 1972 auf rund (ATS) 50 Millionen.) Den Bemühungen des Wissenschaftsressorts, den Bau der Hundezuchtanstalt unter Beteiligung der Stadt Wien (im Rahmen des AKH-Projekts) zu erreichen, blieb der Erfolg versagt.
Nachdem bereits in den 1980er Jahren die Medizinische Fakultät diese Erweiterungsmaßnahme wiederum stark forcierte, schien deren Realisierung zu Beginn der 1990er Jahre möglich. Die Mediziner argumentierten, dass eigens für Versuche gezüchtete Hunde besser geeignet wären als jene, die an den Menschen gewöhnt sind und oftmals auf fragwürdige Weise durch Tierhändler zu den Versuchen gelangten. Gegen die geplante Hundezuchtanstalt trat aber Ende der 1980er Jahre eine Bürgerinitiative auf, die ganz allgemein gegen die Durchführung von Tierversuchen protestierte. Obgleich im Hochschulbaubudget bereits eine Baurate für das Jahr 1992 vorgesehen war,[9] kam es nicht zur Inangriffnahme des Bauvorhabens, da im Frühjahr dieses Jahres Wissenschaftsminister Busek die Weisung erteilte, dass sein Ressort keine Tierversuche an Hunden mehr genehmigen dürfe.

1.2.3 Das Leopold-Figl-Observatorium am Mitterschöpfl

Bereits bald nach Fertigstellung der Universitätssternwarte (1879) in Währing suchten die Astronomen die Errichtung einer Außenstelle zu erreichen, da das Licht der Stadt und das winterliche Nebelmeer die wissenschaftliche Tätigkeit in zunehmendem Maße beeinträchtigten. Dieser lang gehegte Wunsch fiel schließlich in der ersten Hälfte der 1960er Jahre auf fruchtbaren Boden. Leopold Figl, damals Landeshauptmann von Niederösterreich, versprach, dass das Land anlässlich des bevorstehenden 600-jährigen Jubiläums der UW (1965) den Baugrund und ein Gebäude für ein Observatorium schenken wolle. (Ein modernes Spiegelteleskop war dann ein Jubiläumsgeschenk des Bundes.)
Hinsichtlich der Standortsuche kamen Gebiete im Waldviertel, die Leiser Berge, die Bucklige Welt und der Wienerwald in die engere Auswahl. Die beste Option stellte letztlich der 880 m hohe Mittelschöpfl im westlichen Wienerwald dar, wo der kaum bemerkbare Lichtschein Wiens nicht stört. Da der rund 500 Meter südlich des Hauptschöpfl gelegene Mitterschöpfl Teil eines Landschaftsschutzgebiets ist, konnte auch davon ausgegangen werden, dass er störendem Lichteinfluss, den eine Besiedlung der näheren Umgebung mit sich brächte, weitgehend entzogen bleiben wird. Nach Errichtung der Zufahrtsstraße konnte im Herbst 1966 mit dem Bau des Observatoriums begonnen werden, das 1968 im Wesentlichen fertig gestellt war. Die Kuppel des (heutigen) Hauptgebäudes wiegt 60 Tonnen, die mit einem 1,5 m Spiegelteleskop ausgestattet ist. Das Observatorium umfasst Labor-, Arbeits-, Aufenthaltsräume und Werkstätten, im Wohngeschoß richtete man eine Küche und drei Übernachtungsräume ein.[10] In einem kleinen Observatorium, das Mitte der 1970er Jahre nächst dem Hauptgebäude errichtet wurde, steht den Forschern ein 60-cm-Teleskop zur Verfügung, das am Institut für Astronomie entwickelt und dort auch gebaut wurde. 1974 waren die Errichtungskosten für das zweite Observatorium auf knapp (ATS) 1 Million geschätzt worden.[11] Am Wiener Hauptstandort dieses Instituts (Türkenschanzstraße 17; 3.000 m2) war 2003 auch das 1995 gegründete Institut für Risikoforschung angesiedelt.

1.2.4 Das neue Wiener Allgemeine Krankenhaus und die Universitätskliniken

Beim neuen AKH handelt es sich um das größte Hochbauvorhaben Österreichs im 20. Jahrhundert, dessen Errichtungskosten sich die Stadt Wien und der Bund teilten, denn das AKH ist sowohl Zentralkrankenhaus als auch Lehr- und Forschungsstätte der heutigen MUW. Seine Entstehungsgeschichte wird in zwei Teilen skizziert.

Das neue AKH wurde unter der Bauherrschaft der Stadt Wien und in deren Eigentum errichtet. Der Bundesbeitrag von 50 % (ausgenommen Grundstückskosten) wurde der Stadt als klinischer Mehraufwand gegeben. Das AKH hatte deswegen neben den Einrichtungen für die Krankenversorgung auch den Anforderungen des Unterrichts und der medizinisch-klinischen Forschung zu entsprechen. Diese waren im ersten Raum- und Funktionsprogramm (1959) und der auf diesem fußenden Planung nur unzureichend berücksichtigt. Das änderte sich mit der Zweitauflage des Programms und der Gründung der bevollmächtigten Baukommission der Medizinischen Fakultät im Jahre 1975. Im neu erarbeiteten Organisations- und Raumprogramm, das in seiner Fassung vom 1. Jänner 1981 die Basis für die (vorläufige) Fertigstellung des AKH bildete, konnten die Fragen nach dem Hörsaalzentrum, dem Komplex der Forschungslabors, der Fakultätsbibliothek und den Arbeitszimmern für Universitätsassistenten (Klinikärzte) gelöst werden. Grundlegende Elemente der herausgearbeiteten Gliederung bildeten beispielsweise der Untersuchungs-/Behandlungs-Bereich und Klinikbüros, das OP-Zentrum, die Normalpflege (Bettenhäuser), das Zentrallabor und die Forschungslabors. Nicht realisiert wurde allerdings ein Neubau für die Universitätsklinik für Zahn-, Mund- und Kieferheilkunde (ZMK), für den auf dem AKH-Areal bereits ein Bauplatz bestimmt worden war. Nach derzeitigem Stand bleibt die ZMK als Krankenhaus des Bundes im ehemaligen Garnisonsspital, das für diese Zwecke jedoch adaptiert werden muss. – Im Rahmen des Gesamtprojekts AKH wurden auch ein Wohnheim für Krankenschwestern an der Paltaufgasse (16. Bezirk) errichtet und ein Altbau an der Gentzgasse (18. Bezirk) für Archivzwecke adaptiert.

Bereits gegen Ende des 19. Jahrhunderts hatte der Plan, für das Allgemeine Krankenhaus der Stadt Wien und die Universitätskliniken einen großzügigen Neubau zu errichten, konkrete Formen angenommen, denn aufgrund seiner Baustruktur genügte das Alte AKH (AAKH) schon damals nicht mehr den Anforderungen der medizinischen Forschung und ebenso nicht den Ansprüchen, die man an eine zeitgemäße Krankenversorgung stellte. Für das neue AKH zog man als Standort anfänglich ein Gelände in der Nähe des Wilhelminenspitals in Erwägung, doch die Medizinische Fakultät sprach sich für jenes Areal (Spitalgasse/Lazarettgasse/Währinger Gürtel) im Ausmaß von rund 240.000 m² aus, das sich nordwestlich des AAKH befindet. Die zu Beginn des 20. Jahrhunderts ausgearbeiteten Pläne für das Neubauprojekt sahen eine Krankenhausanlage im Pavillonsystem vor, das 18 Kliniken, 8 Isolierpavillons, einen Gebäudekomplex für Pathologische Anatomie, Gerichtliche Medizin und Medizinische Chemie sowie zahlreiche Nebengebäude für administrative Zwecke, technische Anlagen und Personalunterkünfte umfassen sollte. Bis 1911 konnten unter anderem Gebäude für die beiden Frauenkliniken, die I. Medizinische Klinik, die Klinik für Kehlkopf- und Nasenkrankheiten und die Kinderklinik errichtet werden. (Diese Bauten nannte man in weiterer Folge Neue Kliniken.) Aus finanziellen Gründen wurde jedoch nur ein Drittel der Anlage ausgeführt, die wirtschaftliche Not nach dem Ersten Weltkrieg verhinderte dann die Fortführung dieses Großprojekts.

Nach dem Zweiten Weltkrieg stellte somit der Neubau des AKH und der Universitätskliniken eines der dringlichsten Vorhaben sowohl der Stadt Wien als auch des Bundes dar, wobei anfänglich aber nur die Errichtung eines Neubaus für die II. Chirurgische Klinik zur Diskussion stand. Auf Antrag des Unterrichtsressorts erklärte im August 1955 das Finanzministerium seine Bereitschaft, die Hälfte der Kosten für dieses Bauvorhaben zu übernehmen; diese Zusage bildete den Anfang der Kostenteilung zwischen dem Bund und der Stadt Wien für den Neubau des AKH und der Universitätskliniken. Um die Interessen der beiden Gebietskörperschaften wahren zu können, bildeten Vertreter der zuständigen Bundesministerien, der Stadt Wien und

der Medizinischen Fakultät einen Koordinationsausschuss und einen Arbeitsausschuss. Der Koordinationsausschuss beschloss, dass anstatt des ursprünglich vorgesehenen Neubaus einer einzigen Universitätsklinik der Neubau des gesamten AKH (mit 2.500 Betten) geplant, aber vorerst nur ein Bauabschnitt realisiert werden sollte. (1994, im Jahr der offiziellen Eröffnung des AKH, standen rund 2.200 Betten zur Verfügung.)
Die Bauten des ersten Abschnitts hätten jene Kliniken aufgenommen, die sich im AAKH befanden; die Neuen Kliniken wären diesem Plan gemäß saniert und modernisiert worden. Erst zu einem späteren Zeitpunkt, der damals noch nicht fixiert war, sollte mit dem zweiten Bauabschnitt für die in den Neuen Kliniken untergebrachten Universitätskliniken begonnen werden. Als Baugrund bestimmten die Ausschüsse jenes Areal, auf dem bereits zu Beginn des 20. Jahrhunderts das neue AKH hätte errichtet werden sollen, und auch die grundsätzliche Entscheidung, dass das AKH nicht mehr im Pavillonsystem, sondern als Zentralbau realisiert werden sollte, fiel in dieser frühen Phase der Projektvorbereitung. Im Sommer 1958 konstituierte sich die Arbeitsgemeinschaft der Republik Österreich und der Stadt Wien (ARGE-AKH), die zur Beratung ihres Spitzenausschusses im Jänner 1959 einen Bauausschuss und später noch eine Bauleitung einrichtete.[12]
Zuvor waren allerdings schon im Zusammenhang mit der Erstellung des Raum- und Funktionsprogramms Unstimmigkeiten aufgetreten. 1957 war der in Tübingen tätige Mediziner und Krankenhaus-Funktionsplaner Hans-Ulrich Riethmüller mit der Erstellung eines solchen Programms beauftragt worden, nachdem die Medizinische Fakultät diese Unterlagen nicht in jener Form vorlegte, die als Grundlage für die Einleitung weiterer Planungsschritte erforderlich war. Die Medizinische Fakultät akzeptierte dann erst die dritte überarbeitete Fassung Riethmüllers, die dem 1960 ausgeschriebenen Architektenwettbewerb zugrunde lag. 1962 bildete man aus den Preisträgern Wolfgang Bauer, Hannes Lintl, Otto Nobis, Georg Köhler, Felix Kässens, Otto Mayr, Georg Lippert, Alexander Marchart und Roland Moebius eine Arbeitsgemeinschaft, die mit der Planung des gesamten AKH beauftragt wurde. Drei Jahre später bedingte ein Beschluss des Spitzenausschusses der ARGE-AKH noch eine grundsätzliche Planungsänderung. Der ursprüngliche Plan, das Großprojekt in zwei getrennten Bauabschnitten zu realisieren, wurde aufgegeben. Aus finanziellen, betrieblichen und bautechnischen Gründen sollte das neue AKH nun in einem Zuge errichtet werden, was die Umplanung des zentralen Baukörpers der Krankenhausanlage zur Folge hatte.
Das Ergebnis der Neuplanung, ein Flachbau mit zwei aufgesetzten Bettenhäusern, ist schließlich auch realisiert worden. Die Errichtung des neuen AKH erfolgte in vier Etappen. Der 1. Abschnitt (knapp 31.000 m^2), der zwei Personalhäuser mit 714 Wohneinheiten und das Gebäude der Krankenpflegeschule samt Internat umfasste, war bereits 1964 in Angriff genommen worden. Nach dessen Abschluss begann man 1968 mit dem 2. Bauabschnitt (26.000 m^2); 1975 waren der erste Teil der Gebäudegruppe Kliniken am Südgarten, die von vier Kliniken (Psychiatrie; Tiefenpsychologie und Psychotherapie; Neuropsychiatrie des Kindes- und Jugendalters; Kinder- und Jugendheilkunde) bezogen wurden, und das Kindertagesheim der Stadt Wien fertig gestellt. Schon 1970 hatte man mit dem Bau der dreigeschoßigen Tiefgarage (3. Bauabschnitt: 76.400 m^2, mit Parkmöglichkeiten für 2.500 PKW) begonnen, die 1974 in Betrieb genommen werden konnte.
Das mit Abstand größte Teilprojekt, der 4. Bauabschnitt (205.000 m^2), umfasste das Hauptgebäude und eine Reihe von Nebengebäuden, die heute ebenfalls Bereiche der Verwaltung, Lehre und Forschung, Versorgungseinrichtungen und technische Anlagen beherbergen. Um sich die Größenordnung dieses Bauvorhabens vorstellen zu können, muss man sich vor Augen halten, dass in diesen Bauten zu Beginn des 21. Jahrhunderts 23 Kliniken, 5 Klinische Institute und noch 5 weitere Institute der MUW untergebracht waren. Im AKH sind derzeit mehr als 9.000 Personen beschäftigt, ca. 10.500 Studierende zählt die heutige MUW und rund 3.900 Menschen frequentieren täglich die Ambulanzen. (Die Universität Wien verfügte 1970 über 127.000 m^2.)
Mit ersten Vorarbeiten wurde zwar im Jahre 1972 begonnen, doch zeigte sich immer deutlicher, dass die Organisationsformen und Instrumentarien der ARGE-AKH für eine effiziente Abwicklung dieses Bauabschnittes ungeeignet waren. Dies lag weniger am beträchtlichen Umfang des Projekts, sondern viel mehr an der ihm innewohnenden Komplexheit, die zur großen Herausforderung wurde, da man den Anspruch stellte, einen

Gebäudekomplex seinen Nutzern zu übergeben, der zum Zeitpunkt der Inbetriebnahme möglichst dem aktuellen Stand der Wissenschaft, Technik und der Krankenversorgung entsprechen sollte. Diesem hohen Anspruch gerecht zu werden, war gerade in diesem Fall besonders schwierig, weil die rasante Entwicklung der zumeist auch laborintensiven Fachbereiche der modernen Medizin innerhalb kurzer Zeiträume zur Ausformung neuer Schwerpunkte in Lehre und Forschung führte.

Die planenden Architekten strebten deswegen die Bildung großer Funktionsbereiche an, um ein Höchstmaß an Flexibilität und Variabilität gewährleisten zu können, was ein Abrücken vom bloßen Nebeneinander der Kliniken und Institute bedeutete. Funktionsgruppen bildeten die Bereiche der klinischen Medizin, der theoretischen Medizin, der Spitalsverwaltung, der Versorgungseinrichtungen, der Sozial- und Serviceeinrichtungen und der Instandhaltung. Das Miteinander von Einrichtungen der Diagnostik und Therapie und die Zusammenführung von sich ergänzenden Bereichen der Lehre und Forschung waren oberste Planungsziele der Arbeitsgemeinschaft. Durch die Entwicklung einer zentralisierten Organisationsstruktur schuf sie Rahmenbedingungen für die Zusammenarbeit einzelner Disziplinen, außerdem konnte dadurch eine hohe Auslastung der zumeist sehr teuren medizinisch-technischen Einrichtungen sichergestellt und somit kostspielige Mehrfachausstattungen vermieden werden. (Die in Aussicht gestellte gemeinsame Nutzung von Labors stieß jedoch auf den Widerstand zahlreicher Universitätsprofessoren.)

Um den 4. Bauabschnitt des AKH möglichst schnell und effizient fertig stellen zu können, gründeten 1975 der Bund und die Stadt Wien eine Kapitalgesellschaft, die AKH Planungs- und Errichtungs-Aktiengesellschaft (AKPE), deren Eigentümer je zur Hälfte die beiden Gebietskörperschaften waren; damit wurde die Bauabwicklung privatisiert. Dieses Modell hatte sich schon bei der Errichtung der UNO-City bewährt, im gegenständlichen Fall legte die AKPE die Basis für eine erfolgreiche Projektabwicklung, die ab 1982 die VOEST-ALPINE Medizintechnik Gesellschaft (VAMED) leistete. Eine der ersten Maßnahmen der AKPE stellte die Beauftragung der deutsch-schweizerischen Expertengruppe Seitz-Sienkiewicz-Kaufmann mit der Überprüfung des Projektstandes (Stichtag: 1. Oktober 1975) dar. Auf deren Empfehlung beauftragte die AKPE die Arbeitsgemeinschaft Riethmüller/Mediplan (Tübingen/Hamburg) mit der Neuerstellung eines Organisationsstruktur- und Raumprogramms.

In diese Aufgabe war nun auch die Medizinische Fakultät stärker eingebunden, die für diesen Zweck 1975 eine Baukommission einrichtete. Einen wesentlichen Beitrag leistete diese Baukommission auch bei der Neuerstellung der Entwurfsplanung. Die AKPE erklärte schließlich den Planungsstand vom 1. Jänner 1981 zur verbindlichen Grundlage für die weitere Bauausführung. Während dieser grundlegenden Planungsarbeiten waren die Bauarbeiten aber nicht zum Stillstand gekommen. 1979 hatte man mit der Errichtung des Erweiterungsbau Ost begonnen, der Forschungslabors einzelner Kliniken, vier Institute (Pathophysiologie; Virologie; Hygiene; Biomedizinische Forschung) und die zentrale Speiseversorgung beherbergt; der Erweiterungsbaus Ost ging 1986 in Betrieb. (Südlich davon befindet sich das Gebäude für Kernspintomographie.) In den Jahren 1980 bis 1984 errichtete man die Heimstätte der Neurochirurgischen Universitätsklinik, die zusammen mit dem Strahlentherapiezentrum, dem Schulzentrum für die Medizinisch-technischen Akademien ein Bürohaus und ein Dienstzimmergebäude den Komplex Kliniken am Südgarten vervollständigt.[13]

Die Weiterführung des bislang größten Bauvorhabens in der Zweiten Republik bildet den Gegenstand des Kapitels 1.4.7, wo unter anderem auch jene entscheidenden Maßnahmen der VAMED thematisiert werden, die dazu führten, dass Wien seit Anfang der 1990er Jahre über eines der modernsten Spitäler weltweit verfügt und die heutige MUW unter Bedingungen arbeiten kann, die Spitzenleistungen in sehr vielen Fachbereichen ermöglichen.

1.3 Die räumliche Erweiterung der Universität Wien ab 1970

In diesem Jahrzehnt hat sich die Zahl der ordentlichen Studierenden mehr als verdoppelt (1970/71: 17.401; 1975/76: 28.013; 1979/80: 39.638), die Raumgewinne fielen im Vergleich dazu bescheiden aus (1970: 127.000 m²; 1980: 160.000 m²), was an zahlreichen Instituten zu höchst problematischen Lehr- und Forschungsbedingungen führte. In der Resolution der Gebäudekommission der UW, aus der bereits zitiert wurde, regte man im Juni 1970 an, dass der Grundgedanke von Purrs Ausbauskizze (1965) wieder aufgenommen werden sollte, der die Zuordnung von fachlich und methodisch verwandten Instituten in der Gesamtplanung vorsah; in einer ersten Ausbaustufe sollten die theoretischen Institute der Medizinischen Fakultät und naturwissenschaftliche Institute der Philosophischen Fakultät berücksichtigt werden, weswegen man bei der Aktualisierung des Raum- und Funktionsprogramms vornehmlich den Bedarf dieser beiden Institutsgruppen erhob und koordinierte.
Vom Wissenschaftsressort wurde Professor Siegfried Korninger mit der Ausarbeitung eines Strukturkonzepts für die Philosophische Fakultät betraut; die Erstellung eines solchen Konzepts für die Medizinische Fakultät übernahm Sektionsrat Bruno Schober aus dem Wissenschaftsministerium. Diese Raum- und Funktionsprogramme sollten die Basis für einen ins Auge gefassten städtebaulichen Wettbewerb bilden, der die Neugestaltung des Areals des AAKH zum Gegenstand hatte;[14] mit der Redaktion des Wettbewerbstextes war vom Bautenministerium bereits 1969 ein Architektenteam beauftragt worden, das Fritz Purr, Emmerich Donau, Anton Schweighofer und Günther Feuerstein bildeten. Bereits 1971 zeichnete sich jedoch sehr deutlich ab, dass dieses Areal für eine aktuelle bzw. mittelfristige Lösung der universitären Raumnot nicht in Frage kam, da in den Trakten des AAKH noch zahlreiche Universitätskliniken untergebracht waren, deren Übersiedlung ins neue AKH in absehbarer Zeit nicht zu erwarten war. Die Verfügbarkeit des AAKH war somit an den Baufortschritt des neuen AKH geknüpft, der erst zu Beginn der 1990er Jahre so weit gediehen war, dass 1994 die ehemalige II. Universitäts-Augenklinik als letzte Universitätsklinik aus dem AAKH abgesiedelt werden konnte. In den 1970er Jahren begann man dann auch wieder andere Verwertungsmöglichkeiten (Wohnbau, kommerzielle Nutzung) in der Öffentlichkeit zu diskutieren. Einen Kompromiss stellte Feuersteins Entwurf (1974) dar, der Planungsvoraussetzungen sowohl für universitäre Funktionsbereiche als auch für Grün- und Erholungszonen umfasste.
Dass der räumliche Ausbau der UW mit dem enormen Anstieg der Hörerzahlen nicht Schritt halten konnte, lag nicht nur an der soeben angesprochenen Problematik, sondern auch daran, dass die beiden Großprojekte dieses Jahrzehnts erst in den 1980er Jahren besiedelt werden konnten. Nach 12 Jahren war 1984 das Juridicum (22.000 m²) fertig gestellt; eine zügige Projektabwicklung verhinderten die zu gering dotierten jährlichen Bauraten. Das zweite (noch viel größere) Bauvorhaben, das Universitätszentrum Althanstraße (UZA I), umfasste ursprünglich nur die Wirtschaftsuniversität (35.000 m²); 1974 wurde die Planung eines Neubaues für das Zoologische Institut der UW ins UZA I einbezogen und dieses Teilprojekt schließlich zum Biozentrum (15.000 m²) erweitert, das 1982 nach nur sechsjähriger Bauzeit der Universität Wien zur Verfügung stand.
Um den Universitätsbetrieb aufrechterhalten zu können, mussten in den 1970er Jahren zahlreiche Räumlichkeiten für Institutszwecke angemietet werden. In der Regel waren diese Anmietungen teuer und mussten zumeist auch noch adaptiert werden. In vielen Fällen konnte dies außerdem nur in Etappen geschehen. Ein klassisches Beispiel hierfür wäre das gründerzeitliche Miethaus «Rooseveltplatz 10», wo man 1971 Wohnungen für Zwecke der Evangelisch-Theologischen Fakultät anzumieten und zu adaptieren begann; die vorläufig letzte Anmietung erfolgte Ende der 1990er Jahre. 2003 waren sämtliche Einrichtungen der einzigen Evangelisch-Theologischen Fakultät Österreichs (Dekanat; Fakultätsbibliothek; sieben Institute: Alttestamentliche Wissenschaft und Biblische Archäologie; Kirchengeschichte, Christliche Archäologie und Kirchliche Kunst; Kirchenrecht und Evangelische Kirchenordnung; Neutestamentliche Wissenschaft; Praktische Theologie und Religionspsychologie; Religionspädagogik; Systematische Theologie) in diesem Gebäude auf rund 1.800 m² untergebracht.

2003 waren noch weitere fünf Anmietungen aus den 1970er Jahren in Verwendung: «Liebiggasse 4» (400 m²), Informatik und Wirtschaftsinformatik; «Freyung 6» (rund 1.000 m²), Christliche Philosophie, Recht und Religion, Religionswissenschaft (UW) und Medizinische Kybernetik und Artifical Intelligence (MUW); «Alser Straße 23» (200 m²), Zentrum für Studienangelegenheiten und internationale Beziehungen; «Berggasse 11» (knapp 1.600 m²), Sprachwissenschaft, Vergleichende Literaturwissenschaft. 1970 konnte der Bund das für Zwecke der UW sehr günstig gelegene Gebäude «Sensengasse 8» (knapp 1.400 m²) erwerben, das 2003 sechs Institute (Anorganische Chemie; Experimentalphysik; Isotopenforschung und Kernphysik; Materialphysik; Mathematik; Wissenschaftstheorie und Wissenschaftsforschung) beherbergte.

1.3.1 Das Verfügungsgebäude «Währinger Straße 17»

Das für die UW äußerst günstig gelegene Gebäude «Währinger Straße 17» konnte 1967 vom Bund für deren Zwecke erworben werden, wodurch ursprünglich vor allem die Arbeitsbedingungen der Biochemie verbessert werden sollten. Der äußerst schlechte Bauzustand von drei Trakten des Altbaus verhinderte jedoch die vorgesehene Adaptierung des Gesamtbestandes, von dem nur der so genannte Kavalierstrakt erhalten blieb; die baufälligen Trakte brach man 1970 ab und ersetzte sie durch Montagebauten, die bereits im April 1972 aufgestellt waren. Diese kostengünstige Variante wurde deswegen realisiert, weil man aufgrund der immer dramatischer werdenden Raumnot möglichst rasch Raum schaffen wollte, der dann besonders notleidenden Instituten (beispielsweise der Zoologie und der Mathematik) vorübergehend zur Verfügung stand.[15] Während im adaptierten Kavalierstrakt die Biochemie einquartiert wurde, ist der Montagebau nach wie vor als Verfügungsgebäude in Verwendung, wo 2003 neben dem Institut für Theoretische Chemie und Molekulare Strukturbiologie auch Bereiche des Instituts für Isotopenforschung und Kernphysik untergebracht waren; der Gebäudekomplex umfasst insgesamt rund 3.900 m².

1.3.2 Die Erweiterung und Sanierung der Gebäude «Währinger Straße 38–42» und «Boltzmanngasse 3–7/Strudelhofgasse 4»

Diesen Gebäudekomplex («Universitätszentrum Boltzmanngasse») bilden vier Bauten, die auf dem so genannten Bäckenhausareal errichtet wurden, das vom Hauptgebäude der UW knapp 10 Gehminuten entfernt ist. Bereits 1872 war das von Ferstel geplante erste Chemische Institutsgebäude (Währinger Straße 42) fertig gestellt worden, der Ausbau zum naturwissenschaftlichen Zentrum der Philosophischen Fakultät erfolgte aber erst im 20. Jahrhundert. 1910 konnte das Gebäude «Boltzmanngasse 3» bezogen werden, das Karl Kuppelwieser für das neu gegründete Institut für Radiumforschung stiftete; diese Einrichtung war ursprünglich als reines Forschungsinstitut konzipiert. Im wesentlich größeren Physikalischen Institutsgebäude (Boltzmanngasse 5–7/Strudlhofgasse 4), das man in den Jahren 1910 bis 1913 errichtete, waren dann im Unterschied zum Forschungsgebäude auch für die damaligen Verhältnisse sehr großzügige Hörsäle, Lese-, Arbeits- und Unterrichtsräume berücksichtigt worden. 1915 konnte schließlich noch das zweite Institutsgebäude für die Chemie (Währinger Straße 38) eröffnet werden. In weiterer Folge erfuhr dieses Zentrum keine größeren baulichen Veränderungen mehr, sieht man von den Wiederherstellungsmaßnahmen ab, die aufgrund der massiven Kriegsschäden nach 1945 gesetzt werden mussten. Für den modernen Wissenschaftsbetrieb waren diese Bauten samt ihrer Ausstattung aber längst nicht mehr geeignet, doch dieses Problem teilte die UW auch mit den Universitäten Graz und Innsbruck, den beiden Technischen

Hochschulen (Wien und Graz) und der Montanistischen Hochschule Leoben. In Hinblick auf die Sicherung der Konkurrenzfähigkeit zählten deswegen Neubauvorhaben für laborintensive Institute zu denjenigen Projekten, die insbesondere für die Chemie teilweise schon in den 1950er und 1960er Jahren in Angriff genommen wurden. Mit der Errichtung von Neubauten für die Physik begann man in den 1960er und 1970er Jahren.
Auch für die Universität Wien wollte das Unterrichtsministerium schon in den 1960er Jahren entsprechende Maßnahmen setzen,[16] doch der dafür vorgesehene Baugrund (Altes AKH / Garnisonsspital), wo einander ergänzende Institute der Philosophischen und der Medizinischen Fakultät räumlich versorgt werden sollten, war auch im folgenden Dezennium noch nicht verfügbar. 1976 schien dann die Errichtung eines großen Institutsgebäudes für die Chemie im Bereich Sensengasse/Spitalgasse (alter Universitätssportplatz) möglich; für die Bevölkerung des 9. Bezirks sollte dort außerdem eine Mehrzweckhalle (Sport und Kultur) gebaut werden,[17] doch auch dieses vom Wissenschaftsressort mit großem Nachdruck verfolgte Vorhaben ließ sich nicht realisieren. Schließlich brachten erst die Besiedlung des Institutsgebäudes an der Dr.-Bohr-Gasse (1992) und die Eröffnung des UZA II (1995) jene Verbesserungen für die Chemie mit sich, die von der UW und dem Wissenschaftsressort ab Mitte der 1960er Jahre angestrebt wurden.
Im Unterschied zur Chemie sollten die Physik-Institute in den adaptierten Bauten an der Boltzmanngasse verbleiben; bereits Mitte der 1960er Jahre hatte man für das Physikalische Institut ein Tieftemperaturlaboratorium errichtet, was den ersten größeren Umbau bedeutete. Im Anschluss daran wurden weitere Adaptierungsmaßnahmen für die Physik eingeleitet. Nach Plänen von Fritz Purr begann man 1970 mit der Aufstockung des Physik-Gebäudes; das (ATS) 120 Millionen teure Projekt konnte 1974 abgeschlossen werden, wovon auch die Fachbibliothek profitierte, die in den beiden obersten Geschoßen über Räume verfügt. Den Vorstellungen der UW gemäß sollte als nächste Bauetappe die Errichtung eines Zubaus für Magazinzwecke realisiert werden; das Bautenministerium akzeptierte hingegen nur den Bau eines Tiefspeichers, der erst im Frühjahr 1982 in Angriff genommen wurde; das Magazin (130.000 Bände) befindet sich unter dem Institutshof und ist durch eine eigene Liftanlage mit den im 4. und 5. Stock gelegenen Bibliotheksräumen verbunden. Ende der 1970er Jahre wurde endlich auch der seit 1913 bestehende Hörsaal im Physik-Gebäude modernisiert.
Bereits gegen Mitte dieses Jahrzehnts hatte man auch mit umfassenden Sanierungsarbeiten in den beiden jeweils vierstöckigen Chemie-Gebäuden begonnen; die Kosten für die Erneuerung der Heizungs- und Lüftungsanlagen, die dann von 1989 bis 1995 durchgeführt wurde, beliefen sich auf mehr als (ATS) 100 Millionen. In die Modernisierung der Ausstattung flossen ebenfalls beträchtliche Summen. Zum Beispiel standen 1995 der Formal- und Naturwissenschaftlichen Fakultät der UW rund (ATS) 60 Millionen für die Anschaffung von Geräten zur Verfügung, wovon 40 Millionen zweckgebunden («Laborerneuerungsprogramm») waren.[18] 2003 waren im ältesten naturwissenschaftlichen Zentrum der UW acht Institute – «Boltzmanngasse 5–7/Strudlhofgasse 4» (9.500 m^2): Theoretische Physik; Experimentalphysik; Materialphysik; «Boltzmanngasse 3» (1.600 m^2) Isotopenforschung und Kernphysik; «Währinger Straße 38» (8.200 m^2) Organische Chemie; Analytische Chemie; «Währinger Straße 42» (6.600 m^2) Physikalische Chemie; Anorganische Chemie – untergebracht.

1.3.3 Der Gebäudekomplex «Borschkegasse 8–8a»

Beim Institut für Krebsforschung der Medizinischen Universität Wien handelt es sich um ein Forschungsinstitut, das 1953 als außeruniversitäre Einrichtung gegründet wurde. Das Institut entwickelte sich zum Kompetenzzentrum für experimentelle Krebsforschung, dessen Forschungsaufwand seit der Institutsgründung zum allergrößten Teil durch Drittmittel gedeckt wird. Bereits 1953 errichtete der Fonds zur Förderung der Krebsforschung auf einem gemeindeeigenen Grund (knapp 2.500 m^2), der an das Areal des neuen AKH grenzt,

ein Gebäude, das zweimal (1959 und 1964) aufgestockt wurde; das fünfgeschoßige Gebäude umfasste schließlich rund 2.200 m².
Auf Grundlage eines Vertrages (1958) hatte die Stadt Wien den Grund bis 2050 dem Fonds in Bestand gegeben; 1966 schenkte der Fonds dem Bund das Gebäude und trat auch sein Bestandrecht ab, das 1974 zwischen Bund und Stadt vertraglich geregelt wurde. Die Schenkung aus dem Jahre 1966 geschah anlässlich der Eingliederung des Krebsforschungsinstituts in die Medizinische Fakultät der UW, das zuvor schon wichtige Aufgaben im Bereich der Toxikologie und der Epidemiologie wahrgenommen hatte. Von der seit Mitte der 1960er Jahre angestrebten baulichen Erweiterung sollten auch die Institute für Immunologie und für Biochemische Pharmakologie profitieren. 1973 wurde der von den Architekten Sepp Stein und Lucia Aichinger geplante Erweiterungsbau (4.400 m²) in Angriff genommen, ein Teilbereich konnte bereits 1975 in Betrieb genommen werden. Das 1974 auf rund (ATS) 120 Millionen geschätzte Bauvorhaben wurde 1979 fertig gestellt;[19] im laborintensiven Neubau richtete man auch Räume für die Versuchstierhaltung ein.[20]
Die Medizinische Fakultät verfolgte ab Mitte der 1980er Jahre einen weiteren Ausbau des Gebäudekomplexes; dieses Projekt bildete auch einen Teil einer Standort- und Strukturstudie (1990), die das Wissenschaftsressort bei den Architekten Kopper und Köhler in Auftrag gab. Aufgrund der unmittelbaren Nachbarschaft zum Areal des neuen AKH war die Bebaubarkeit der Liegenschaft an der Borschkegasse dann auch ab Mitte der 1990er Jahre wiederholt Gegenstand von Untersuchungen, die der Unterbringung von Medizintechnischen Akademien gewidmet waren. Aufgrund der Baufälligkeit des Altbestandes (Borschkegasse 8) werden derzeit verschiedene Adaptierungs- bzw. Neubauvarianten diskutiert. Der Altbestand wird wohl durch ein neues Laborgebäude ersetzt werden. Sollte der Erweiterungsbau aus den 1970er Jahren erhalten bleiben, wäre dessen Generalsanierung notwendig.

1.3.4 Das Wiener Universitätssportzentrum (USZ I), Auf der Schmelz 6

Die Anfänge des Wiener Universitätssports reichen bis 1848 zurück, als ein Gymnastikunterricht versuchsweise für 150 ausgewählte Studenten angeboten wurde; dessen Leiter, Rudolph von Stephani, erhielt 1850 eine Anstellung als Universitätsturnlehrer. Erst 1919 erfolgte die Trennung zwischen dem «Turnlehrerbildungskurs», dem Vorläufer des heutigen Instituts für Sportwissenschaften, und der Universitäts-Turnanstalt (UTA; heute: Universitätssportinstitut, USI). – Nach dem Zweiten Weltkrieg entsprachen weder die zur Verfügung stehenden Räumlichkeiten im Hauptgebäude und im Gebäude «Sensengasse 1–3» (ein Trakt des ehemaligen Garnisonsspitals) noch der angrenzende alte Universitätssportplatz den Anforderungen der beiden Einrichtungen, zumal die UTA Angehörige sämtlicher Wiener Hochschulen zu betreuen hatte.
Nachdem bereits einige Projekte verworfen werden mussten, schien zu Beginn der 1960er Jahre die Errichtung des Wiener Universitätssportzentrums auf dem ehemaligen Sportplatz des 1909 gegründeten Sportvereins Hakoah und den daran anschließenden bundeseigenen Grundstücken im Prater möglich. Als Alternative stand damals aber auch schon das Gelände «Auf der Schmelz» zur Diskussion.[21] Auf diesem relativ zentrumsnahen Areal im 15. Bezirk Rudolfsheim-Fünfhaus wurde 1850 ein Exerzierplatz errichtet, der bis in die Zwischenkriegszeit in Betrieb war. (Zu Beginn des 20. Jahrhunderts hätte dort bereits eine Hochschule von einem Bauvorhaben profitieren sollen; 1910 einigten sich Staat und Stadt auf die Errichtung eines von Otto Wagner geplanten Gebäudes, das der «Modernen Galerie» der Akademie der bildenden Künste und einem Museum der Stadt Wien zur Verfügung gestanden wäre.)
Für die Ansiedlung des Universitätssportzentrums auf der Schmelz sprach, dass dort bereits eine Sportanlage auf bundeseigenem Gelände vorhanden war. Im östlichen Bereich des Areals hatte 1925 der aus dem Verband der

Arbeiter- und Soldatensportvereinigungen hervorgegangene ASKÖ diese Anlage (Auf der Schmelz 10) errichtet. Der ASKÖ wollte die in Bestand genommene Sportstätte aber nicht aufgeben, sondern diese erweitern. Eine Alternative stellte ein westlich der Possingerstraße gelegenes Areal (das Grabeland) im Ausmaß von 40.000 m² dar, das von Kleingärtnern besiedelt worden war, die dafür jedoch keine Genehmigung eingeholt hatten. (Im Anschluss daran befinden sich genehmigte Kleingärtnersiedlungen.) Für dieses Gelände erreichte der Bund nach sehr mühsamen Verhandlungen mit der Stadt Wien schließlich die benötigte Flächenumwidmung. Der zum Standort des Universitätssportzentrums Schmelz (USZ I) bestimmte Grund grenzte wiederum im Norden an den so genannten Garagenbezirk, der dem Bundesheer als Wagenpark diente. 1967 vereinbarten das Verteidigungs- und das Unterrichtsministerium, dass dieses Areal die Erweiterungsfläche des USZ bilde und als solche verbaut werden könne, sobald für das Heer an einem anderen Standort Alternativen zur Verfügung stünden.[22]

Dem nach Plänen von Fritz Purr 1973 fertig gestellten USZ I (12.500 m²) lag ein Raum- und Funktionsprogramm aus dem Jahre 1967 zugrunde. In einem dreigeschoßigen Trakt des Gebäudekomplexes konzentrierte man jene Institutsbereiche, die vom Institut für Sportwissenschaften, dem Universitätssportinstitut, der Bundesanstalt für Leibeserziehung und dem Österreichischen Institut für Sportmedizin bezogen wurden; in einem weiteren Trakt wurden drei Hörsäle eingerichtet. Den Nutzern des USZ I steht auch eine Mensa zur Verfügung. Der Sportbereich umfasst unter anderem eine Winterlaufbahn, sechs Sporthallen und ein Hallenbad, das mit einem hydraulischen Hubboden ausgestattet wurde. Südlich der Freiluftanlagen wurde damals übrigens auch ein Gebäude für ein Gymnasium errichtet. Um den Erholungscharakter dieses Stadtteils zu unterstreichen, wurden auf dem Areal 380 Bäume gepflanzt. Das neu geschaffene Universitätssportzentrum im Grünen linderte zwar vorübergehend den Mangel an Übungsstätten, doch der dramatische Anstieg der Hörerzahlen in den 1970er Jahren, der zu einer deutlichen Erweiterung des Sportangebots führte, relativierte sehr rasch diesen Erfolg. Der schon während der Errichtung des USZ I ins Auge gefasste Ausbau konnte aber erst Anfang der 1990er Jahre in Angriff genommen werden.

1.3.5 Die Adaptierung des Gebäudes «Schottenring 21»

Das 1880 nach den Plänen von Ferdinand Fellner und Hermann Helmer fertig gestellte fünfstöckige Wohnhaus «Schottenring 21» konnte im Juni 1973 vom Bund für Zwecke der Universität Wien angekauft werden. Das Wissenschaftsministerium wollte ursprünglich darin die Katholisch-Theologische und auch die Evangelisch-Theologische Fakultät räumlich versorgen, um die angemieteten Räume am Rooseveltplatz (10) Instituten der Philosophischen Fakultät zur Verfügung stellen zu können.[23] Die Universität erreichte dann aber, dass das ehemalige Wohnhaus ausschließlich der Katholisch-Theologischen Fakultät gewidmet wurde. Zuvor war das für die UW ideal gelegene Haus von der Neusiedler Papier AG als Bürogebäude genutzt und Anfang der 1970er Jahre generalsaniert worden.

Die im Sommer 1974 aufgenommenen Adaptierungsarbeiten wurden im Dezember 1975 abgeschlossen. Die größten baulichen Eingriffe betrafen die Fakultätsbibliothek: Im Keller richtete man einen Bücherspeicher ein, nicht unerhebliche Bestände verteilen sich aber auf Freihandbereiche, die den Instituten zugeordnet sind; der Lesesaal der Fachbibliothek befindet sich im Erdgeschoß. Im stattlichen Ringgebäude (knapp 2.800 m²), das Arbeiten von Franz Schönthaler, Albert Milde und Reinhard Völkel zieren, waren zu Beginn des 21. Jahrhunderts 11 von 16 Instituten untergebracht: Alttestamentliche Bibelwissenschaft, Dogmatische Theologie und Dogmengeschichte, Fundamentaltheologie, Kirchengeschichte, Kanonisches Recht, Liturgiewissenschaft, Moraltheologie, Neutestamentliche Bibelwissenschaft, Pastoraltheologie, Sozialethik sowie Theologie und Geschichte des Christlichen Ostens.

1.3.6 Die Erweiterung des Gebäudekomplexes «Währinger Straße 13–13a»

Auf dem Gelände einer aufgelassenen Gewehrfabrik, das an die Ecke Währinger Straße/Schwarzspanierstraße grenzt, stellte man 1888 das Anatomische und Zootomische Institutsgebäude (Währinger Straße 13) fertig, das man zu Beginn des 20. Jahrhunderts um einen Trakt (13a) erweiterte; seit 1903 ist darin das Pharmakologische Institut untergebracht. Die beiden bestehenden Seziersäle des Altbaus wurden in den Jahren 1912/13 zwar aufgestockt und somit um zwei Säle erweitert, doch die geplante Errichtung eines langgezogenen Trakts entlang der Schwarzspanierstraße für Zwecke des Histologisch-Neurologisch-Embryologischen Instituts konnte nicht mehr ausgeführt werden.

Der im Zweiten Weltkrieg schwerbeschädigte Gebäudekomplex wurde erst in den 1970er Jahren Gegenstand umfassenderer Adaptierungsmaßnahmen, die man gegen Mitte dieses Dezenniums in Angriff nahm. Im Pharmakologie-Gebäude wurde ein Lichthof über zwei Geschoße verbaut und der alte Hörsaal durch eine Zwischendecke unterteilt, um im oberen Bereich weitere Labors zu schaffen. Diese 1982 abgeschlossenen Umbaumaßnahmen bedeuteten einen Flächengewinn von rund 1.100 m². (Im Hof hatte man auch einen Leichenkeller für die Anatomie errichtet.) 2004 standen der Pharmakologie 4.800 m² zur Verfügung, auf weiteren 5.500 m² waren die Institute für Anatomie und für Medizinische Physik untergebracht.

Von einer umfassenden Sanierung des Gebäudes «Währinger Straße 13» wurde anfänglich deswegen Abstand genommen, weil man 1982 die Planung eines Mehrzweckgebäudes (Spangenbau) einleitete, wofür Architekt Gerhard Müller mehrere Entwürfe lieferte. In Hinblick auf die Realisierung dieses Projekts hätte eine Generalsanierung des ganzen Altbaus einen verlorenen Aufwand bedeutet, doch neben finanziellen Engpässen führten vor allem Probleme, die im Zusammenhang mit einer adäquaten Versuchstierhaltung auftraten, dazu, dass erst zu Beginn des 21. Jahrhunderts der Baubeginn möglich schien. (Aufgrund dieser Verzögerungen wurden im Laufe der 1990er Jahre dann auch im Gebäude «Währinger Straße 13» umfassende Adaptierungsmaßnahmen gesetzt.)

Das Mehrzweckgebäude sollte die Fachbibliothek für Pharmakologie und für Experimentelle Pathologie beherbergen, zusätzliche Seminarräume bereitstellen und nur mehr einen kleinen Bereich für die Versuchstierhaltung umfassen. Die Finanzierung des auf (ATS) 100 Millionen geschätzten Bauvorhabens wollte man aus dem Budget des Wirtschaftsministeriums (Kapitel 64) sichern, obgleich das Projekt von der BIG abgewickelt werden sollte, in deren Fruchtgenuss sich die Liegenschaft bereits befand. (Eigentlich wäre in diesem Fall die Refinanzierung in Form von Mietzahlungen durch das Wissenschaftsressort zu leisten, was aufgrund des zu gering dotierten Budgets (Kapitel 14) aber nicht möglich war.) Darauf hatten sich 1999 die BIG, das Finanz-, das Wirtschafts- und das Wissenschaftsressort grundsätzlich geeinigt, doch als die neue Bundesregierung sich die Neuorganisation des Bundeshochbaus zum Ziel setzte, bedeutete dies die nächste Verzögerung.[24]

1.3.7 Die Adaptierung von Teilen der Alten Universität, Postgasse 7–9

Dieses Projekt führt gewissermaßen zu den baulichen Ursprüngen der UW zurück. Bei der Alten Universität handelt es sich um einen frühbarocken Baukomplex, dessen Grundstein Kaiser Ferdinand II. im Jahre 1624 legte. Die von den Jesuiten realisierte Anlage, die unter anderem eine große Bibliothek, ein Observatorium, einen Theatersaal, das Akademische Gymnasium, Hörsaal-, Wohn- und Wirtschaftsgebäude sowie die Universitätskirche umfasste, war im Wesentlichen bis etwa 1650 fertig gestellt. Von einer 1829 abgeschlossenen Adaptierung, die nach Plänen von Joseph Kornhäusel durchgeführt wurde, profitierte der Bibliothekstrakt

(Postgasse 9), der damals die bis heute erhaltene klassizistische Fassade erhielt; bis 1884 war dieser Trakt die Heimstätte der Universitätsbibliothek geblieben.
Einen wichtigen Bestandteil des ältesten Universitätsviertels Wiens bildet die in unmittelbarer Nachbarschaft zur Alten Universität gelegene Neue Aula (Dr.-Ignaz-Seipel-Platz 2), die nach Plänen von Hofarchitekt Jean-Nicolas de Ville-Issey in den Jahren 1753 bis 1755 errichtet wurde. Nach der Auflösung des innerstädtischen Universitätsviertels (1848) war dieses Gebäude zunächst als Kaserne in Verwendung; 1857 wurde die Aulakaserne der Österreichischen Akademie der Wissenschaften zugesprochen. Die im selben Jahr wiederbegründete Gesellschaft Jesu erhielt jenen Trakt der Alten Universität, der an den Dr.-Ignaz-Seipel-Platz grenzt. Bis 1945 stand der Trakt entlang der Bäckerstraße der Wiener Zeitung zur Verfügung, dann bezogen ihn Dienststellen der Bundespolizeidirektion. Die Bauten an der Postgasse waren schon früher der Polizei zugewiesen worden; im Bibliothekstrakt war allerdings bis 1906 die Postsparkasse einquartiert.
Seit Anfang der 1960er Jahre bemühte sich die UW intensiv um jene Trakte der Alten Universität, die damals von der Bundespolizeidirektion genutzt wurden und somit in den Zuständigkeitsbereich des Innenministeriums fielen. Die Universität wollte ursprünglich darin vor allem Gästezimmer einrichten und dort auch ihr Archiv (samt Museum) ansiedeln. Im Zuge der 600-Jahr-Feier konnten schließlich diese Trakte für Zwecke der UW gewidmet werden; die universitäre Nutzung war aber von der Übersiedlung der Bundespolizeidirektion in den Neubau am Schottenring abhängig.
Zu Beginn der 1970er Jahre suchte die Österreichische Akademie der Wissenschaften (ÖAW) die Widmung dieser Trakte beim Wissenschaftsressort zu erreichen, das einen Großteil des Budgets der ÖAW bereitstellt. Aufgrund der unmittelbaren Nachbarschaft zum Hauptsitz der 1847 gegründeten ÖAW, die ebenfalls unter großer Raumnot litt, boten sich diese Gebäude ideal für deren Zwecke an. Die UW erklärte 1973 ihr Einverständnis dazu, dass die Alte Universität künftig vor allem Kommissionen und Instituten der ÖAW zur Verfügung stehen solle. (In den Gebäuden «Boltzmanngasse 3», «Liebiggasse 5» und «Reichsratsstraße 17» sind ebenfalls Einrichtungen beider Institutionen untergebracht.) Nach der Absiedlung von Polizeidienststellen im Frühjahr 1974 wurde vom Innenministerium die Übergabe von Räumlichkeiten (2.200 m^2) für Anfang 1975 in Aussicht gestellt, wozu es dann aber nicht kam, da in der Zwischenzeit andere Stellen der Bundespolizeidirektion diese Räume bezogen hatten. Damit verzögerten sich die für das Universitätsarchiv erforderlichen Instandsetzungsmaßnahmen, die auf (ATS) 6 Millionen geschätzt worden waren. Für das Wissenschaftsressort war dies auch deswegen ärgerlich, weil das Bautenministerium für 1976 bereits eine erste Baurate bewilligt hatte.[25]
Erst 1979 konnte mit der Adaptierung begonnen werden, in deren Rahmen die Renovierung des ehemaligen Refektoriums der Gesellschaft Jesu hervorzuheben ist, das von der Bundespolizeidirektion für Depotzwecke genutzt worden war. Der barocke Speisesaal, der sich im Hochparterre des Bibliothekstrakts befindet, wurde nach Plänen von Alois Machatschek und Gerhard Molzbichler und in enger Zusammenarbeit mit dem Bundesdenkmalamt renoviert. Der schmuckvolle Saal dient seit 1980 dem Universitätsarchiv als Ausstellungssaal, wo die Schausammlung (Universitätsmuseum) in würdigem Rahmen präsentiert wird. Das Archiv der UW ist auch eine wichtige Forschungsstelle für Universitäts- und Wissenschaftsgeschichte, wo seit 1997 die Österreichische Gesellschaft für Wissenschaftsgeschichte ihren Sitz hat. Das nun der Universitätsbibliothek angegliederte Archiv verfügt über weitere Räume im Bibliothekstrakt, aber auch im Gebäude «Postgasse 7», wo außerdem noch das universitäre Institut für Byzantinistik und Neogräzistik einquartiert ist. In der Alten Universität stehen der UW derzeit Räumlichkeiten im Ausmaß von 3.100 m^2 zur Verfügung.

1.3.8 Das Juridicum, Schottenbastei 10–16

Anfang 1968 konnte die Liegenschaft «Schottenbastei 10–16», die sich im Besitz der Firma Semperit befand, vom Bund für Zwecke der UW erworben werden. In Hinblick auf die grundsätzliche Ausrichtung, die UW als innerstädtische Universität auszubauen, stellte der Ankauf dieser Liegenschaft, die in 5 Gehminuten vom Hauptgebäude erreichbar ist, einen ausgesprochenen Glücksfall dar. Ursprünglich sollten die darauf bestehenden acht «Semperithäuser» (ca. 11.000 m^2) adaptiert und geisteswissenschaftlichen Instituten zur Verfügung gestellt werden, dann waren als Nutzer die sozial- und wirtschaftswissenschaftlichen Institute im Gespräch. Deren Vertreter erachteten die teilweise baufälligen Häuser als für ihre Zwecke ungeeignet und sprachen sich im Herbst 1968 gegen diesen Plan aus, worauf die Juristen in einem Memorandum die Überlassung der Liegenschaft für ein Neubauprojekt forderten. (Die 1966 zur selbständigen Studienrichtung erhobenen Sozial- und Wirtschaftswissenschaften wurde bis 1975 von der Rechts- und Staatswissenschaftlichen Fakultät betreut.)

Diesem Anliegen entsprach der Akademische Senat im Dezember 1968, wodurch die Juridische Fakultät schon sehr früh Aussicht auf eine Lösung ihrer drückenden Raumnot hatte; die Juristen in Graz und in Innsbruck profitierten erst in den 1990er Jahren von großzügigen Neubauvorhaben. Im Wiener Fakultätsneubau sollten die meisten juridischen Institute unter einem Dach vereint werden; dem damaligen Beschluss gemäß wären die frei werdenden Räume im Hauptgebäude vor allem den sozial- und wirtschaftswissenschaftlichen Instituten zugefallen.

Die Juridische Fakultät bestimmte Professor Günther Winkler zum Baubeauftragten, der bereits Anfang 1969 dem Unterrichtsministerium ein erstes Raum- und Funktionsprogramm übergab. Winkler oblag gemeinsam mit den beiden Entscheidungsorganen (Wissenschafts- und Bautenressort) die Verantwortung für die Planung des Juridicums; er analysierte 1971 und 1974 insbesondere in den USA Hochschulbauten, seine Zusammenarbeit mit den beiden Ministerien und den Architekten war ausgezeichnet. Nach dreijähriger Planungsarbeit, in die unter anderem auch Bibliothekare, Vertreter der Stadtverwaltung und der Bundesbaudirektion eingebunden waren, lag schließlich ein verbindliches Raum- und Funktionsprogramm vor, dem im Frühjahr 1972, mit einigen Änderungsauflagen, die Baubewilligung erteilt wurde. Nachdem schon 1969 der Abbruch der Semperithäuser in Angriff genommen worden war, begann man noch 1972 mit der Baugrubenerschließung (für drei Untergeschoße) und der Grubenverankerung. Nach einem einjährigen Baustopp infolge finanzieller Engpässe konnte 1975 mit den Rohbauarbeiten und 1977 mit den Stahlbauarbeiten begonnen werden; 1980 wurden die Baumeisterarbeiten aufgenommen, und im März 1984 war dann endlich das (ATS) 760 Millionen teure Fakultätsgebäude fertig gestellt.

1972 hatte man in einer ersten vorsichtigen Schätzung 240 Millionen genannt, nach dem Beginn der Rohbauarbeiten wurden die Baukosten auf 370 Millionen geschätzt. Das Großprojekt sollte eigentlich im Rahmen eines Hochschulsonderfinanzierungsprogramms realisiert werden, doch bis Anfang 1975 waren dafür lediglich 52 Millionen angewiesen worden.[26] Auch in den folgenden Jahren waren die vom Bautenministerium veranschlagten jährlichen Bauraten viel zu gering ausgefallen, sodass eine zügige und damit auch wirtschaftliche Projektabwicklung nicht möglich war. Die erhebliche Verlängerung der Bauzeit, die dadurch bedingte Erhöhung der Errichtungskosten und die Verzögerung in der Nutzung sind auf das Prinzip der mitlaufenden Vollfinanzierung öffentlicher Investitionen zurückzuführen. Demgegenüber steht der bei großen Infrastrukturvorhaben seit jeher gehandhabte Grundsatz der Refinanzierung über die Nutzungsdauer.

Wollte man ein Gebäude seinen Nutzern übergeben, das in funktioneller und technischer Hinsicht zum Zeitpunkt der Inbetriebnahme möglichst dem aktuellen Stand entsprechen sollte, konnte also aufgrund der damaligen Organisation des Universitätsbaus eine Verteuerung des Bauvorhabens nicht vermieden werden. Durch finanzielle Engpässe hervorgerufene Bauverzögerungen hatten wiederum weitere Verzögerungen zur Folge, die durch Planungsänderungen, deren Genehmigung etc. verursacht wurden. In diesem Zusammenhang muss noch bedacht werden, dass sich auch die Anforderungen der künftigen Nutzer über einen so langen Zeitraum verändern, was wiederum Überarbeitungen des Raum- und Funktionsprogramms erzwang. Im gegenständlichen Fall schufen das UOG 1975 und das 1978 beschlossene Studiengesetz für die Juristen neue Rahmenbedingungen, wobei sich die Folgen des Studiengesetzes (Lehrkanzelvermehrung, Aufstockung des wissenschaftlichen Personals) erst ab 1980 richtig bemerkbar machten. Diese neuen Anforderungen, die weitere Raumansprüche zur Folge hatten, konnten jedoch nicht zur Gänze im Juridicum erfüllt werden. (Anbei sei noch bemerkt, dass schleppende Baufortschritte auch dazu führten, dass zahlreiche Provisorien – zumeist in Form teurer Anmietungen – organisiert werden mussten, die in der Regel für Institutszwecke wenig geeignet waren, was wiederum zu finanzierende Adaptierungsmaßnahmen nach sich zog.) In den Medien wurde natürlich auch der «Glaspalast» der Juristen zum Skandalbau stilisiert.

Bei der Planung des Juridicums stellte die Ausgangslage insofern eine große Herausforderung für Ernst Hiesmayr dar, als ein Maximum an Nutzfläche (knapp 22.000 m^2) auf einer relativ kleinen Grundfläche (2.600 m^2) geschaffen werden sollte, wobei die Höhe der umliegenden Bauten eine weitere Begrenzung darstellte. Um dem Ziel gerecht werden zu können, entschied sich Hiesmayr für die so genannte «Hängekonstruktion» (im Unterschied zur Stahlskelettbauweise), weswegen bei diesem Bauvorhaben auch die Leistung des Statikers Kurt Koos besonders hervorgehoben werden muss. Durch diese Wahl konnten an dem innerstädtischen Standort überhaupt erst die benötigten Großräume (Hörsäle und Bibliotheksbereiche) realisiert, in fünf Obergeschoßen, die rund 6,5 Meter über das Erdgeschoß hinausragen, Dunkelzonen vermieden und eine natürliche Belichtung der Erschließungshalle im ersten Untergeschoß erreicht werden.

Um den letztgenannten Effekt erzielen zu können, wurde auch die Fassade im Erdgeschoßbereich zurückversetzt, wodurch man um das Gebäude herum zudem noch einen großzügigeren Aufenthalts- und Fußgängerbereich schuf. Aus den Untergeschoßen ragen vier 39 Meter hohe massive Stahlbetonpylonen bis zum Dach des Juridicums, deren Querschnitt 7,7 x 6 Meter beträgt. (Diese vier Pfeiler bergen ein Kühlsystem, das im Brandfall ein Knicken dieser tragenden Elemente verhindern soll.) Jeweils zwei der Pylonen sind zu einer Stiegenhausgruppe verbunden. Vier 53 Meter lange Stahltragewerke verbinden wiederum die Pfeiler oben wie Brücken, an welchen die acht Obergeschoße über stählerne Hängesäulen von oben nach unten «eingehängt» wurden; dieses Stahlgerippe wiegt knapp 3.000 Tonnen. Aufgrund dieser Konstruktion ist die große Eingangshalle des Juridicums völlig stützfrei, was zusammen mit den Glas- und Aluminiumelementen der Fassade dem Bau trotz seiner Dimension eine gewisse Transparenz verleiht. Das in architektonisch-baukünstlerischer Hinsicht höchst bemerkenswerte Universitätsgebäude, das 1980 mit dem Europäischen Stahlbaupreis ausgezeichnet wurde, verfügt über eine so genannte Niedertemperaturheizung, die derart funktioniert, dass in den hohlen Aluminiumelementen der Fassade 35° Celsius warmes Wasser zirkuliert. Für die Realisierung der komplizierten Fassadenkonstruktion wurde als Konsulent der auf diesem Gebiet renommierte Experte Professor Rolf Schaal (ETH Zürich) hinzugezogen.

Die Konstruktionsprinzipien Klarheit und Übersichtlichkeit prägen auch den Innenraum des Gebäudes. Von der großzügigen Eingangshalle mit ihren Sitzgruppen, der Portierloge und den Serviceeinrichtungen der ÖH erreicht man über Rampen ein Zwischengeschoß, das als offene Galerie konzipiert wurde; dort richtete man einen großen Aufenthaltsbereich, die Mensa und ein Café ein. Im ersten Obergeschoß befinden sich die ÖH-Verwaltung, Seminarräume und die Leihbibliothek samt offener Lesezonen. Dem Dekanat und der Verwaltung der Fakultätsbibliothek für Rechtswissenschaften ist das zweite Obergeschoß vorbehalten. Die nächsten vier Geschoße beherbergen sieben Institute (Europarecht, Internationales Recht und Rechtsvergleichung; Staats- und Verwaltungsrecht; Rechts- und Verfassungsgeschichte; Strafrecht und Kriminologie; Unternehmens- und Wirtschaftsrecht; Zivilrecht; Zivilverfahrensrecht), deren an den Gebäudeecken situierte Bereiche die gemeinsame Bibliotheks- und Studienzone umschließen.

Die Freihandaufstellungen fassen insgesamt 250.000 Bände. Der Baukörper des Dachgeschoßes ist wiederum zurückversetzt; in diesem Trägergeschoß, das aufgrund der Wiener Bauordnung nicht als Institutsgeschoß ausgebaut werden konnte, sind die Haustechnik und die Klimaanlage für die Obergeschoße untergebracht; im Trägergeschoß konnte aber auch ein großer Saal eingerichtet werden, der für Sitzungen und Veranstaltungen zur Verfügung steht. 12 Hörsäle, die insgesamt knapp 1.500 Studierenden Platz bieten, wurden in den beiden ersten Untergeschoßen eingerichtet; einige Säle im 1. Untergeschoß sind über Freitreppen direkt von der Helferstorferstraße zugänglich. Obgleich bei vielen Neubauten die Einrichtung fensterloser Hörsäle vermieden wurde, kann in diesem Fall als Vorteil angeführt werden, dass im Juridicum die Verwendung audiovisueller Mittel ohne Anbringung kostspieliger und oftmals nur schlecht funktionierender Verdunkelungsanlagen funktioniert. Das zweite Untergeschoß beherbergt zudem noch die Klimazentrale für den unterirdischen Bereich sowie Magazin- und Depoträume, im dritten Untergeschoß befinden sich eine Garage (70 Stellplätze) und ein Schutzraum für 1.100 Personen.

1.3.9 Das Biozentrum (UZA I), Althanstraße 14

Schon zu Beginn des 20. Jahrhunderts klagten Professoren über die herrschende Raumnot am Zoologischen Institut, das im Hauptgebäude untergebracht war. Durch die Aufstockung des wissenschaftlichen Personals und den deutlichen Anstieg der Studierendenzahlen wurden nach 1945 die Arbeitsbedingungen immer problematischer und die Verbesserung der Raumsituation ein immer dringlicher werdendes Anliegen der UW, zumal von einer Absiedlung der Zoologie wiederum die Rechts- und Staatswissenschaftliche Fakultät profitiert hätte. In Purrs Ausbauskizze war die Errichtung eines Neubaus für die Zoologie mit der Realisierung des Universitätssportzentrums Schmelz verknüpft; seinen Vorstellungen gemäß sollte der frei werdende Baugrund an der Sensengasse der Zoologie zugute kommen.

1965 eröffnete sich jedoch eine neue Variante. Für die Zoologen sollte auf dem Gelände der Universitätssternwarte in Währing ein Neubau errichtet werden. Die Chance auf einen raschen Baubeginn des von den Architekten Karl Schwanzer und Gerhard Krampf geplanten Institutsgebäudes schien gegeben, da im Dezember 1970 auch die Währinger Bezirksvertretung der beantragten Flächenwidmungsänderung zustimmte; knapp 94 % des Sternwartegeländes wären unverbaut geblieben. In weiterer Folge durchlief das Projekt die vorgeschriebenen Instanzen, und am 7. Juni 1972 führte man die erste Bauverhandlung durch. Wenige Tage später geriet das baureife Projekt dann aber ins Stocken. Initiiert durch kommerzielle Interessen hatte sich eine (kleine) Bürgerinitiative gebildet, die durch eine Kampagne einer Tageszeitung massiv verstärkt wurde. «Rettet den Sternwartepark» war der Slogan, eine bewusste Irreführung, da es sich bei dem Gelände um eine Schutzzone für das Observatorium handelte, das für die Öffentlichkeit gar nicht zugänglich war. Die Initiatorin der Bürgerinitiative ließ sich auf einem Grundstück an der Türkenschanzstraße, das sich gegenüber dem Sternwartegelände befindet, teure Apartments errichten, und suchte vor allem die Schaffung eines öffentlich zugänglichen Parks zu erreichen.

Da der Bezirksvorsteher des 18. Bezirks, der zuerst für das Hochschulbauprojekt war, dann umschwenkte, sah sich der damalige Bürgermeister Wiens, Felix Slavik, genötigt, eine Volksbefragung durchzuführen. Deren negativer Ausgang war dann zweifellos ein gewichtiger Grund für den Rücktritt Slaviks im Jahre 1973. (Dass sehr oft rein private Interessen bei solchen Bürgerinitiativen eine nicht unbedeutende Rolle spielen, zeigte sich vor allem auch in Graz und in Salzburg, wo alle fünf Universitäten mit Bürgerinitiativen konfrontiert waren, die die Realisierung einiger Hochschulbauten teilweise verhinderten bzw. deren Baubeginn verzögerten.) Den Kampf um einen Teil der «grünen Lunge Wiens» entschied die Bürgerinitiative für sich, obwohl die UW im Herbst 1973 die Öffnung von Teilen des Geländes für die Bevölkerung beschlossen hatte.[27]

Nach dem Scheitern des baureifen Projekts Sternwartegelände regte das Wissenschaftsressort an, den Neubau für das Zoologische Institut in das Projekt Universitätszentrum Althanstraße einzubeziehen, das ursprünglich nur die Neuerrichtung der Wirtschaftsuniversität (WU) zum Gegenstand hatte. Aus diesem Grund wird dessen Vorgeschichte auch an anderer Stelle (5.3 und 5.3.2) ausführlich behandelt. Hier müssen einige allgemeine Sätze zu diesem in mehrfacher Hinsicht außergewöhnlichen Bauvorhaben genügen, das in der zweiten Hälfte der 1970er Jahre österreichweit übrigens auch das größte Hochschulbauprojekt (50.000 m^2) war. Ungewöhnlich war schon der «Baugrund», denn das UZA I wurde auf einer Betonplatte über dem Franz-Josef-Frachtenbahnhof realisiert. Die Zoologen, die noch das grüne und relativ ruhige Umfeld des Sternwartegeländes vor Augen hatten, konnten sich anfänglich natürlich mit dem neuen Standort kaum anfreunden und sich auch nicht vorstellen, dass die technischen Voraussetzungen für einen (weitestgehend) erschütterungsfreien Laborbetrieb über einem in Betrieb befindlichen Frachtenbahnhof geschaffen werden können. Die Überbauung des am Donaukanal gelegenen Areals, das trotz seiner recht zentralen Lage noch zu Beginn der 1970er Jahre vorstädtischen Charakter hatte, erregte international Aufsehen, nicht zuletzt aufgrund der Aufwertung des betroffenen Stadtteils, die dadurch erreicht werden konnte. Außergewöhnlich war damals auch das Finanzierungsmodell für das insgesamt rund (ATS) 3,6 Milliarden teure Bauvorhaben. Da es nicht vom

Bautenministerium, sondern vom Kuratorium zur Förderung der Wirtschaftsuniversität abgewickelt wurde, war das UZA I beim Wissenschaftsressort (Kapitel 14) veranschlagt und belastete somit nicht das eigentliche Budget für Hochschulbauten (Kapitel 64 des Bautenministeriums).
Für die Universität Wien entwickelte sich in weiterer Folge der aus einer Notsituation geborene Standort an der Althanstraße zu einem wichtigen Zentrum naturwissenschaftlicher Institute. Der erste Schritt in diese Richtung war mit dem 1979 gefassten Entschluss getan, dass nicht nur die Zoologie, sondern vier weitere Institute in jenem Bereich des UZA I angesiedelt werden sollen, der von der UW genutzt wird. (Zur Diskussion stand auch die Übersiedlung des Botanischen Instituts, dessen bauliche Erweiterung am Rennweg zu scheitern drohte; dieses Bauvorhaben konnte erst 1991 fertig gestellt werden.) Der für diese Zwecke zum Biozentrum (15.000 m²) erweiterte Gebäudekomplex bildet 2004 die Heimstätte für drei Institute (Zoologie; Ökologie und Naturschutz; Anthropologie). Die im August 1976 aufgenommenen Bauarbeiten für die Zoologie schloss man im Mai 1981 ab, die Erweiterungsmaßnahmen wurden im Mai 1979 in Angriff genommen und im Juli 1982 abgeschlossen.
Das nach den Plänen der Architektengemeinschaft Kurt Hlaweniczka, Karl Schwanzer und Gerhard Krampf errichtete dreigeschoßige Biozentrum befindet sich südlich des Neubaus für die WU; ein Bibliotheksgebäude, das neben der Hauptbibliothek der WU auch die Fachbibliothek für Biologie beherbergt, bildet gewissermaßen die Brücke zwischen den beiden großen Bauteilen. Der schon beim WU-Neubau zur Anwendung gekommene lineare Bautyp mit kreuzenden Anschlussbauten bildete auch bei dem zum Biozentrum erweiterten Bauteil die Grundstruktur, die aber in diesem Fall durch ein terrassenartiges Flachbauprinzip ergänzt wird. Dadurch strebten die Architekten die Schaffung eines den Instituten entsprechenden «biologischen Umraumes» an, der in den Lehr- und Forschungsbetrieb auch einbezogen wird. Auf diese Möglichkeit war schon bei der Zuordnung von Institutsbereichen und angrenzenden Außenflächen geachtet worden. Über die «Spangen» (kreuzende Anschlussbauten) werden Büros und Arbeitsräume der Institute erschlossen, die in der «Nebenachse» konzentriert wurden. Die stark frequentierten Bereiche (Hörsäle, Übungsräume und Labors) befinden sich in der «Zentralzone», wo auch die umfangreichen Sammlungen des Instituts für Zoologie in übersichtlicher Form präsentiert werden. Den Instituten stehen auch zwei Forschungsglashäuser zur Verfügung. Obgleich dem gesamten Gebäudekomplex UZA I der lineare Bautyp zugrunde liegt, heben sich die beiden großen Bauteile in ihrem äußeren Erscheinungsbild voneinander ab; die Fassade des Biozentrums ist größtenteils in Aluminium ausgeführt, beim WU-Neubau bilden hinterlüftete Vorhangfassaden ein gestalterisches Element. Bilder von Franz Grabmayer und Peter Klitsch sowie eine Metallskulptur («Auffliegender Vogel») von Oskar E. Höfinger und eine Holzskulptur («Die Vierergruppe») von Josef Schagerl bilden die im Rahmen von «Kunst und Bau» realisierten Projekte für das Biozentrum.[28]

1.4 Die räumliche Erweiterung der Universität Wien ab 1980

Nach dem geradezu explosionsartigen Anstieg der Hörerzahlen im vorangegangen Jahrzehnt fiel auch in den 1980er Jahren der Anstieg der ordentlichen Studierenden sehr beachtlich aus (1980/81: 41.348; 1985/86: 56.851; 1989/90: 64.625). Der Raumgewinn war deutlich geringer (1980: 160.000 m²; 1990: 202.000 m²), fast die Hälfte wurde durch die Fertigstellung der beiden Großprojekte (Juridicum und UZA I) aus den 1970er Jahren erzielt; andererseits leistete man in der zweiten Hälfte der 1980er Jahre wichtige Vorarbeiten zur Realisierung von Großprojekten (UZA II, Vienna Biocenter und Universitätscampus Wien/AAKH), die im darauf folgenden Dezennium fertig gestellt werden konnten. Zu den Gewinnern der baulichen Entwicklung im hier zu behandelnden Zeitraum zählt die Rechtswissenschaftliche Fakultät, aber auch für die Entwicklung der Formal- und Naturwissenschaftlichen Fakultät war eine grundsätzliche Weichenstellung erfolgt; durch den eingeleiteten Ausbau des Universitätszentrums an der Althanstraße wurde es in den 1990er Jahren zum größten naturwissenschaftlichen Zentrum der UW.

Da sich das Wissenschaftsressort aber auch dafür entschieden hatte, dass die meisten Einrichtungen der WU ebenfalls an diesem Standort konzentriert werden sollten, galt es beim Ausbau des UZA Raumbedürfnisse beider Universitäten zu befriedigen, was natürlich nicht immer einfach war, da in diesen Jahren auch die WU einen sehr starken Anstieg der Hörerzahlen verzeichnete. (Aus heutiger Sicht hat sich diese Strategie jedoch bewährt.) Eine Konsequenz dieser Entscheidung stellte beispielsweise die Widmung der Liegenschaft «Althanstraße 39–45» (UZA III) für Zwecke der WU dar, obgleich die UW deren Ankauf durch den Bund im Sommer 1985 angeregt hatte und die ersten Planungsschritte dann auch noch auf die Befriedigung von Raumbedürfnissen der Universität Wien ausgerichtet waren. Im 1992 übergebenen Juristenhaus der WU (11.000 m^2) sind allerdings auch vier Turnsäle für das von der UW betreute Universitätssportinstitut und ein Kindergarten für Angehörige beider Universitäten eingerichtet worden. Die Universität Wien hatte wiederum von der Übersiedlung der WU ins UZA I profitiert, da ihr die Nachnutzung des ehemaligen WU-Hauptgebäudes ermöglicht wurde.

Aufgrund der angestrebten Ansiedlung weiterer naturwissenschaftlicher Institute am Standort Althanstraße ergaben sich auch neue Perspektiven hinsichtlich der Nachnutzung des AAKH, wo man ursprünglich ja in Neubauten naturwissenschaftliche und vorklinische Institute räumlich versorgen wollte. Mit der Vorbereitung dieses Großprojekts konnte 1987 begonnen werden, da sich der (vorläufige) Abschluss des bislang größten Bauvorhabens der Zweiten Republik immer deutlicher abzuzeichnen begann; von dem Baufortschritt des neuen AKH profitierten zahlreiche Universitätskliniken und einige Institute der Medizinischen Fakultät. Um die Raumnot zu lindern, mussten aber auch in den 1980er Jahren zahlreiche Raumprovisorien geschaffen werden. 2004 waren davon noch vier Anmietungen in Verwendung: «Universitätsstraße 5» (knapp 1.000 m^2), Statistik und Decision Support Systems; «Wasagasse 12» (150 m^2), Betriebswirtschaftslehre; «Lenaugasse 2» (400 m^2), Informatik und Wirtschaftsinformatik; «Severingasse 9» (ehemaliges Technologisches Gewerbemuseum, knapp 400 m^2), Medizinische Psychologie.

1.4.1 Die Adaptierung des ehemaligen WU-Hauptgebäudes, Franz-Klein-Gasse 1/Gymnasiumstraße 50

Das ehemalige Hauptgebäude der Wirtschaftsuniversität wurde nach Plänen von Architekt Alfred Keller am Rande des Währinger Parks errichtet. Den Baugrund (samt Erweiterungsflächen) in Döbling hatte der Verein der Förderer der Export-Akademie erworben, der auch die Errichtung des 1916 fertig gestellten Gebäudes finanzierte, das man dann in zwei Etappen (1954 und 1974) erweiterte; diese Projekte wurden vom Verein der Förderer der Hochschule für Welthandel vorfinanziert. Das aus diesem Verein 1975 hervorgegangene WU-Kuratorium war dann Bauherr des Überbauungsprojekts UZA I, in dessen Rahmen das 1982 eröffnete neue Hauptgebäude der WU realisiert wurde. Dessen Errichtung erfolgte nicht zuletzt deswegen, weil man sämtliche Einrichtungen der WU an einem Standort zusammenführen wollte. Als die WU ihren alten Hauptstandort dann doch nicht aufgeben wollte, zeigte das Wissenschaftsressort – eben aus diesem Grund – dafür kein Verständnis. Im Dezember 1978 hatte schließlich das Universitätskollegium der WU den Totalumzug unter den Bedingungen beschlossen, dass erstens der Gebäudekomplex «Franz-Klein-Gasse 1/Gymnasiumstraße 50» (13.000 m^2) weiterhin im Besitz des WU-Kuratoriums bleibt und zweitens die WU auch künftig darin Großhörsäle für ihre Zwecke nutzen kann.

Aufgrund dieses Beschlusses konnte der größte Teil des ehemaligen WU-Hauptgebäudes der UW gewidmet werden, in dem eigentlich die auf zahlreiche Standorte zersplitterte Sozial- und Wirtschaftswissenschaftliche Fakultät angesiedelt werden sollte. Gegen diesen Plan protestierte allerdings der Hauseigentümer heftig, weswegen man an diesem Standort in weiterer Folge philologische Institute konzentrieren wollte. Tatsächlich sprach sich aber nur das Institut für Übersetzen und Dolmetschen (heute: Translationswissenschaft) für eine Übersiedlung nach Döbling aus,[29] wo es im 1974 fertig gestellten Trakt (Gymnasiumstraße 50) seine neue Heimstätte fand. Im Altbau nutzt die WU für Hochschullehrgänge einige Räume, der allergrößte Teil des achtgeschoßigen Altbaus und der sechsgeschoßige Zubau (1954) stehen dem Archäologie-Zentrum der UW zur Verfügung, das drei universitäre Institute (Klassische Archäologie; Numismatik und Geldgeschichte; Ur- und Frühgeschichte), das interdisziplinäre Forschungsinstitut für Archäologie und das Österreichische Archäologische Institut bilden. Die nach Plänen von Kurt Hlaweniczka erfolgte Adaptierung, deren Kosten sich auf (ATS) 120 Millionen beliefen, wurde in zwei Etappen durchgeführt. Bereits 1985 konnten der Alt- und der Zubau besiedelt werden, der Umbau des siebengeschoßigen Trakts an der Gymnasiumstraße war 1988 fertig gestellt.

1.4.2 Die Erweiterung und Generalsanierung des Gebäudes «Rennweg 14» im Botanischen Garten

Der im 3. Wiener Gemeindebezirk gelegene Botanische Garten der Universität Wien wurde 1754 gegründet. Maria Theresia erwarb damals Gründe in der «Landstraßer Vorstadt», wo auf Anregung ihres Leibarztes Van Swieten ein Heilpflanzengarten anlegt wurde, der ursprünglich Studenten der Medizinischen Fakultät eine praktisch orientierte pflanzenkundliche Ausbildung ermöglichte. 1844 errichtete man auf diesem Areal das so genannte Botanische Museum, wo die Wiener Zoologisch-Botanische Gesellschaft bis 1945 ihren Hauptsitz hatte, und in den Jahren 1893 bis 1903 eine großzügige Gewächshausanlage, die 13 Kulturhäuser umfasste.
Die Realisierung des Botanischen Institutsgebäudes (Rennweg 14) stieß zu Beginn des 20. Jahrhunderts auf zwei Schwierigkeiten. Franz Joseph war der erste Entwurf zu großdimensioniert, weswegen er eine Kürzung des Raumprogramms um 10 % anordnete. Dies bereitete wiederum Bau-Adjunct Falkenau Probleme, da ihm Institutsleiter Richard von Wettstein, der die Planung maßgeblich beeinflusst hatte, erklärte, dass kein einziger Raum verzichtbar wäre. (Im Hochschulgebäude wurde auch eine hausinterne Tabak-Trafik eingerichtet!) Falkenau löste das Problem, indem er schlicht die Dimension des ganzen Gebäudes um 10 % «schrumpfte».[30] Eine Verzögerung des Baubeginns verursachte schließlich noch ein Interessenskonflikt mit der Staatsdruckerei, die in unmittelbarer Nachbarschaft zum Druckereigebäude (Rennweg 12a) ein Verwaltungsgebäude benötigte. Nach nur einjähriger Bauzeit konnte 1904 das vierstöckige Botanische Institutsgebäude fertig gestellt werden, wo man einige Räume der Staatsdruckerei für Depotzwecke zur Verfügung stellte.
Der Zweite Weltkrieg hinterließ auch im Botanischen Garten und an seinen Bauten tiefe Spuren. Das Botanische Museum war nahezu völlig zerstört und 1951 abgebrochen worden, die Verglasung sämtlicher Gewächshäuser in Brüche gegangen, das Institutsgebäude wies insbesondere Schäden an der Fassade und am Dach aus, und im Garten waren 40 Bombentrichter einzuebnen. Mit der Wiederherstellung der Gartenabteilungen und dem Aufbau von Pflanzensammlungen waren die Institutsangehörigen noch zu Beginn der 1970er Jahre beschäftigt; heute umfasst der Pflanzenbestand mehr als 9.500 Arten. Die rund 80.000 m^2 große, zwischen Rennweg und Landstraßer Gürtel situierte Gartenanlage, die auch der Bevölkerung zur Erholung dient, stellt ein wertvolles innerstädtisches Biotop dar. Neben der zentralen universitären Forschung und Lehre werden von Institutsangehörigen allgemein zugängliche Ausstellungen und Führungen organisiert, der Garten wird für Lehr- und Ausbildungszwecke außerdem von anderen Institutionen genutzt.
Die Anfänge des gegenständlichen Bauvorhabens reichen in den Herbst 1970 zurück. Das Wissenschaftsressort erklärte damals seine prinzipielle Bereitschaft zur Erweiterung und Generalsanierung des Botanischen Institutsgebäudes im Rahmen einer Berufungsverhandlung. 1972 wurde Architekt Kurt Zöhrer für dieses Projekt der Planungsauftrag erteilt, und 1977 schien der Baubeginn mit dem Ausheben einer (ersten) Baugrube schon

vollzogen. Aufgrund der in archäologischer Hinsicht bedeutenden Lage des Bauplatzes nahmen dann Wiener Stadtarchäologen ihre Tätigkeit auf, die dort auch Kleinfunde bergen konnten; diese Grabungen wurden 1979 abgeschlossen. Das Hochschulbauvorhaben geriet in weiterer Folge jedoch ins Stocken, weil nicht jene Mittel verfügbar waren, die für eine in wirtschaftlicher Hinsicht vertretbare Bauführung notwendig gewesen wären; das Bauprojekt musste zurückgestellt werden. Der missglückte Projektbeginn hatte natürlich auch in diesem Fall eine Verunsicherung zur Folge, die sich unter anderem darin äußerte, dass der Standort am Rennweg und damit die schon geleisteten Planungsarbeiten in Frage gestellt wurden. Zu Beginn der 1980er Jahre diskutierte man nochmals die Übersiedlung der Botanik ins Biozentrum an der Althanstraße, eine Überlegung, die letztlich wegen der zu großen Entfernung zum Botanischen Garten verworfen wurde.

Anfang 1982 konnte dann mit dem neuerlichen Ausheben einer Baugrube das Projekt (gewissermaßen) endgültig beginnen; die Generalsanierung des Altbestands musste allerdings aus finanziellen Gründen vorläufig zurückgestellt werden. Nach langwierigen Diskussionen und zahlreichen Planungsänderungen wurde die Erweiterung des alten Institutsgebäudes zu einem geschlossenen Gebäudekomplex beschlossen, ebenso der Ausbau des Kellers (im Unterschied zur ursprünglichen Planung). Der Westtrakt musste hierfür ergänzt und im Süden ein neuer Trakt errichtet werden. Im Zuge der Bauarbeiten wurden außerdem zwei Hofeinbauten abgebrochen; 1985 war die Erweiterung fertig gestellt.

Der zweite Bauabschnitt, der natürlich eine weitere massive Beeinträchtigung des Institutsbetriebes bedeutete – große Teile des Herbars wurden beispielsweise im Staatsarchiv untergebracht –, sollte den damaligen Vorstellungen gemäß im Sommer 1988 beendet werden. Die Generalsanierung wurde zwar Anfang 1986 in Angriff genommen, finanzielle Engpässe erzwangen aber bereits im darauf folgenden Herbst einen weiteren Baustopp; erst im Frühjahr 1988 konnten die Sanierungsmaßnahmen wieder aufgenommen werden. Im Herbst 1989 beschloss man schließlich noch den Ausbau des Dachgeschoßes, wodurch dem Institut für Botanik schließlich 5.800 m^2 zur Verfügung standen. Rund 20 Jahre nach der Einleitung dieses Bauvorhabens konnte 1991 das insgesamt (ATS) 142 Millionen teure Projekt endgültig abgeschlossen werden. Mehr als 400 offizielle Baubesprechungen fanden allein im Zeitraum von Ende 1981 bis Mitte 1991 statt; dies mag einen Eindruck von den sehr mühsamen Verhandlungen geben, die dieses Bauprojekt begleiteten.[31] Die Erneuerung der Gewächshäuser (ca. 1.500 m^2), wo die Forschungs- und Lehrsammlungen des Botanischen Gartens untergebracht sind, war zwar von den Institutsangehörigen immer wieder gewünscht worden, tatsächlich wurden bislang Schäden immer nur im Rahmen von Instandsetzungsarbeiten behoben. Zwei Forschungsglashäuser errichtete man allerdings im Biozentrum an der Althanstraße.

1.4.3 Die Adaptierung von Teilen des Hauptgebäudes, Dr.-Karl-Lueger-Ring 1

Nachdem Anfang der 1950er Jahre der Wiederaufbau des schwerstbeschädigten Hauptgebäudes abgeschlossen werden konnte, wurde es bald zu einer permanenten Baustelle, wo laufend mehr oder weniger große Adaptierungs- und Instandsetzungsmaßnahmen gesetzt werden mussten. (Bei einem Gebäude dieser Größenordnung können aus eben diesem Grund solche Maßnahmen prinzipiell nie zu einem Ende kommen.) Sehr viele der bisher behandelten Bauvorhaben standen im Zusammenhang mit dem Haus am Ring; aufgrund dieser Erweiterungsmaßnahmen konnten zahlreiche Institute und Einrichtungen der UW das Hauptgebäude verlassen.

Bevor das gegenständliche Projekt behandelt werden soll, wird die Geschichte dieses Bauwerks kurz skizziert, das nach dem Ende des Ersten Weltkrieges als Verwundetenspital in Verwendung war. Nach den Geschehnissen des Revolutionsjahres 1848 und der dadurch bedingten Auflösung des innerstädtischen Universitätsviertels hatte Franz Joseph schon 1854 entschieden, dass für die UW ein neues Universitätsgebäude errichtet werden sollte.

Als Bauplatz war ursprünglich jener Grund vorgesehen, wo 1856 mit dem Bau der von Heinrich Ferstel geplanten neugotischen Votivkirche begonnen wurde. Dies hatte eine Neuplanung des Universitätsprojekts zur Folge, die wiederum Eduard van der Nüll und August Sicard von Sicardsburg ausführten. Ihren Vorstellungen gemäß sollten hinter der Votivkirche, in einem weitgespannten Bogen, fünf miteinander verbundene neugotische Baublöcke die Einrichtungen der UW aufnehmen. (Dieser Baustil wurde zu einem Symbol des Neoabsolutismus.) Die Gestaltung der Ringstraße führte dann zu völlig neuen Bebauungsmöglichkeiten, in welche 1867 auch die Universität Wien einbezogen wurde, da man als neuen Standort den ehemaligen Militärparadeplatz bestimmte, der sich südöstlich der 1879 fertig gestellten Votivkirche befand.
Das neu eingerichtete Universitäts-Baucomité, dem auch Ferstel als technischer Konsulent angehörte, suchte nun mit großem Nachdruck sein Anliegen voranzutreiben. Einen Teilerfolg stellte das erste Institutsgebäude für die Chemie an der Währinger Straße (38) dar, das nach Ferstels Plänen in den Jahren 1869 bis 1872 errichtet wurde. Obgleich noch weitere Gebäude für naturwissenschaftliche und medizinische Institute vorgesehen und dann auch errichtet wurden, kam man von der Idee, ein Universitätsviertel mit mehreren Bauten zu realisieren, immer mehr ab. Die Professoren wünschten mehrheitlich den Bau eines monumentalen Hauptgebäudes, das die Verwaltung und Leitung der UW samt Repräsentationsräumen, die Hörsäle aller vier Fakultäten und zahlreiche Institute unter einem Dach vereinen sollte; diesen Plan unterstützte auch der Wiener Gemeinderat.

Nachdem Ferstel bereits 1867/68 elf deutsche Universitäten inspiziert hatte, folgte 1871 eine Studienreise nach Italien, wo er Bologna, Padua, Genua und Rom besuchte. In baukünstlerischer Hinsicht beeinflussten dann auch Stilmittel der römischen Kaiserzeit bzw. der Renaissance die Gestaltung des monumentalen Bauwerks an der neu errichteten Prachtstraße Wiens, der die Idee der Universitas litterarum repräsentiert. Bereits im Sommer 1873 nahm man den dreistöckigen Bau in Angriff, dessen Vollendung Ferstel aber nicht mehr erlebte; im Juli 1883 war der erst fünfundfünfzigjährige Architekt an Tuberkulose gestorben. Die Bauleitung übernahm sein Schwager und langjähriger Mitarbeiter Karl Köchlin, der dann auch den Plan für das Hauptgebäude der Universität Graz zeichnete, das in den Jahren 1891 bis 1894 ebenfalls im Stil der Neorenaissance (dem Symbol der liberalen Ära) errichtet wurde und das trotz der viel kleineren Dimension auch in seiner Grundstruktur an den Wiener Universitätspalast erinnert.

Bei der Umsetzung des Raumbedarfprogramms wählte Ferstel ein System ringförmiger Raumgruppierungen um neun symmetrisch angeordnete Höfe. Das Zentrum der Anlage bildet der große Arkadenhof, der durch die Anbringung von Ehrentafeln und Plastiken bedeutender Universitätslehrer zur Ruhmeshalle der UW wurde. Zahlreiche Denkmäler stammen von bedeutenden Künstlern, beispielsweise von Anton Hanak, Otto König, Carl Kundmann, Victor Tilgner oder Caspar von Zumbrusch; im Zentrum des Arkadenhofs befindet sich seit 1910 der von Edmund Hellmer gestaltete Kastaliabrunnen. Besonders aufwendig ist die Frontfassade gestaltet; der an den Ring grenzende Festsaaltrakt beherbergt unter anderem die Aula, die beiden Hauptstiegenhäuser (die Philosophen- und die Juristenstiege), den Kleinen und den Großen Festsaal, der als selbständiger zweigeschoßiger Baukörper wirkt und von einer mächtigen Kuppel überdacht wird.

Der in der Mitte der Ringstraßenfront gelegene Haupteingang kann über eine große Freitreppe oder über weit geschwungene Auffahrtsrampen erreicht werden. Über der Vorhalle befindet sich eine ebenfalls offene Arkatur, der ein breiter Dreiecksgiebel aufsitzt, den eine von Josef Tautenhayn d. Ä. geschaffene Figurengruppe («Die Geburt der Minerva») schmückt; die Inschrift darunter lautet: Universitas Litterarum Vindobonensis. Die Fassade des Bibliothekstrakts, der dem eindrucksvollen Festsaaltrakt gegenüberliegt und an die Reichsratsstraße grenzt, ist viel weniger aufwendig gestaltet. Sieht man vom Auditorium maximum ab, das 1935/36 im 6. Nebenhof eingebaut wurde, befindet sich in diesem Trakt der größte Einzelraum des Hauptgebäudes: Der Hauptlesesaal wird durch eine große Glasfläche in der Mitte des Spiegelgewölbes belichtet. Relativ schlicht wurden auch die Fassaden der Hörsaaltrakte an den Flanken ausgeführt; die Grundrissfläche des Bauwerks umfasst stolze 8.113 m².

Erst nach der Fertigstellung des Gebäudekomplexes erfolgte im Wesentlichen dessen künstlerische Ausgestaltung, die von einer heftigen Kontroverse überschattet wurde. Für die malerische Ausschmückung des Großen Festsaals beauftragte man Franz Matsch und Gustav Klimt, der im Rahmen seines Projekts die vier Fakultäten thematisierte und auch drei Bilder (Philosophie, 1900; Medizin, 1901; Jurisprudenz, 1901) schuf. 1905 legte Klimt aber dann entnervt seinen Auftrag zurück. Anlässlich des Besuches von Franz Joseph, der am 11. Oktober 1884 den prachtvollen Universitätsbau besichtigte, bezeichnete Rektor Hermann Zschokke das Hauptgebäude der UW als einen «Tempel der Wissenschaft»[32], der auch heute noch vom Selbstbewusstsein der Wissenschaft zeugt, das sich auf bemerkenswerte Leistungen gründete, die im letzten Drittel des 19. Jahrhunderts an Universitäten der Monarchie und insbesondere an der UW erbracht wurden. Das Hauptgebäude (39.000 m²) ist immer noch eines der größten Universitätsgebäude Österreichs, das in der Öffentlichkeit wohl auch weiterhin als das «Haus der Universität Wien» schlechthin gelten wird.

Nach der Besiedlung des NIG (1962) waren im Hauptgebäude größere Adaptierungen möglich, die insbesondere der Universitätsbibliothek zugute kamen. Zu Beginn der 1980er Jahre stand die zweite große Umwidmung frei werdender Räume bevor; die Institute für Zoologie und für Ökologie und Naturschutz übersiedelten ins UZA I, und das Juridicum war 1984 endlich fertig gestellt. (Die letzten naturwissenschaftlichen Institute, die noch im Hauptgebäude untergebracht waren, siedelten 1995 ins UZA II.) Die Universität Wien beschloss, dass im Haus am Ring letztlich sechs Institute (Geschichte; Wirtschafts- und Sozialgeschichte; Alte Geschichte, Altertumskunde und Epigraphik; Germanistik; Klassische Philologie, Mittel- und Neulatein; Sprachwissenschaft) verbleiben sollten,

die von den Beständen der Universitätsbibliothek besonders profitieren. Einen deutlichen Raumgewinn erzielte die Universitätsbibliothek, deren schlimme Raumnot dadurch aber trotzdem nur gelindert werden konnte.
Durch die Absiedlung der juridischen Fachbibliothek wurden deren Räume (1.500 m²) übernommen, die Adaptierung von Hörsälen und Seminarräumen ermöglichte eine Verbesserung der Arbeitsmöglichkeiten der Fernleihe, der EDV-Informationsstelle und der Bibliotheksverwaltung. Einen Flächengewinn, der vor allem den Instituten zugute kam, erzielte man durch den Einzug von Zwischendecken in Bereichen der Seitentrakte. Die nach den Plänen der Architekten Gerhard Krampf, Ertan Ilicali und Martin Schwanzer durchgeführten Umbau- und Sanierungsmaßnahmen konnten allerdings nur deswegen 1990 abgeschlossen werden, da dieses (ATS) 200 Millionen teure Projekt vom 1987 beschlossenen ASFINAG-Sonderfinanzierungsprogramm profitierte.[33]
Auch die Fertigstellung dieses Bauvorhabens bedeutete nicht die Schließung der Baustelle «Hauptgebäude», denn zu Beginn der 1990er Jahre verfügten die darin beheimateten Verwaltungsstellen noch nicht über eine einheitliche EDV-Versorgung;[34] damals verwendete man noch eine Vielzahl von Systemen, die oftmals nicht kompatibel waren, was die Verwaltung des Großbetriebes natürlich sehr erschwerte. – Ein tragischer Unfall war der traurige Anlass für weitere Sanierungsmaßnahmen. Im Oktober 1994 hielt die steinerne Balustrade auf der Zugangsrampe vor dem Haupteingang dem Druck einer großen Anzahl von Besuchern nicht stand, die zu einer ÖH-Veranstaltung kamen; abstürzende Teile des Balustradengeländers forderten ein Todesopfer und drei Schwerverletzte. 2004 waren im Hauptgebäude der UW das Rektorat, fünf Dekanate (Geistes- und Kulturwissenschaften; Human- und Sozialwissenschaften; Katholische Theologie; Naturwissenschaften und Mathematik; Wirtschaftswissenschaften und Informatik), die Zentrale Verwaltung, die Universitätsbibliothek, die bereits genannten sechs universitären Institute, das traditionsreiche Institut für Österreichische Geschichtsforschung, zwei Zentren (Forschungsförderung, Drittmittel und Öffentlichkeitsarbeit; Studienangelegenheiten und internationale Beziehungen) und die Sommerhochschule untergebracht.

1.4.4 Die Adaptierung des Gebäudes «Hohenstaufengasse 9»

Das Gebäude «Hohenstaufengasse 9» wurde Ende des 19. Jahrhunderts als Wohnhaus errichtet. Nach dem Auszug einer Bankfiliale konnten bereits 1979 zwei Wohnungen (280 m²) für Institutszwecke angemietet werden, der Ankauf des Gebäudes für Zwecke der UW durch den Bund erfolgte 1982. Ausschlaggebend dafür waren sowohl die Lage dieser Liegenschaft, die sich direkt gegenüber dem Juridicum und in nächster Nähe zum Hauptgebäude befindet, als auch der Umstand, dass der Altbau schon weitgehend büromäßig genutzt worden war und daher mit wirtschaftlich vertretbaren Adaptierungskosten gerechnet werden konnte.
Das Wissenschaftsministerium wollte auch in diesem Fall das Gebäude ohne größere und kostenintensive Eingriffe in die Bausubstanz adaptieren lassen, wodurch sich jedoch, wie bei Bauten aus der Gründerzeit üblich, hinsichtlich der Raumgrößen ungünstige Verhältnisse ergaben. (Diese Grundrissproblematik ist für sämtliche Adaptierungsprojekte dieser Art charakteristisch.) Da die Bank nicht die Umwidmung der von ihr genutzten Räume in Büros beantragt hatte, verzögerte sich aber der ursprünglich für 1985 ins Auge gefasste Baubeginn;[35] die zuständige Magistratsabteilung verweigerte nämlich anfänglich eine Umwidmung, wodurch der Bundesbaudirektion Wien die Baubewilligung versagt blieb. Die Engpässe im Bereich des Universitätsbaubudgets, die sich in der zweiten Hälfte der 1980er Jahre immer mehr häuften, führten dazu, dass die von Architekt Friedrich Poindl geplanten Maßnahmen erst 1989 in Angriff genommen werden konnten; das (ATS) 40 Millionen teure Vorhaben wurde 1992 abgeschlossen. Die Zusammenführung des Instituts für Wirtschaftswissenschaften, das Ende der 1980er Jahre auf drei Standorte verteilt war, hatte sich dadurch be-

trächtlich verzögert. Zu Beginn des 21. Jahrhunderts war im Gebäude «Hohenstaufengasse 9» (1.800 m^2) auch das Institut für Staatswissenschaft und vergleichende Gesellschaftswissenschaft untergebracht.

1.4.5 Die Adaptierung des Gebäudes «Schopenhauerstraße 32»

Das heutige Institut für Publizistik- und Kommunikationswissenschaft, das 1942 als Institut für Zeitungswissenschaft gegründet wurde, war seit 1963 im Neuen Institutsgebäude untergebracht, wo in den 1970er Jahren, bedingt durch den enormen Anstieg der Studierendenzahlen, die Arbeitsmöglichkeiten immer ungünstiger wurden. Eine Verbesserung der Lehr- und Forschungssituation schien 1984 absehbar, als das Wissenschaftsministerium die Übersiedlung ins vierstöckige Gebäude «Schopenhauerstraße 32» in Aussicht stellte. Dieses ehemalige Wohnhaus im 18. Bezirk Währing, das für Institutszwecke freilich erst adaptiert werden musste, war 1958 vom Bund angekauft worden und diente dann dem Bundesamt für Eich- und Vermessungswesen zeitweise als Dependance. Studierende der Publizistik, die eine rasche Verbesserung ihrer Arbeitsbedingungen erhofften, verkannten offensichtlich die Situation, als sie im November 1984 vorübergehend das leer stehende Gebäude besetzten. Aufgrund der Budgetknappheit konnte Architekt Werner Obermann erst im Frühjahr 1986 mit der Planung betraut werden. Dass dieses Projekt dann überhaupt im September 1989 in Angriff genommen wurde, verdankt sich dem Umstand, dass es im Rahmen des ASFINAG-Sonderfinanzierungsprogramms realisiert werden konnte. Das (ATS) 46 Millionen teure Bauvorhaben (1.800 m^2) schloss man im Juni 1991 ab; die Kosten für die EDV-Ausstattung beliefen sich auf (ATS) 12 Millionen. Die gesetzten Baumaßnahmen erstreckten sich auch auf das benachbarte Gebäude «Theresiengasse 66», wo im Erdgeschoß Teile der Institutsbibliothek untergebracht wurden, im gemeinsamen Hof baute man einen Hörsaal ein.[36]

1.4.6 Die Generalsanierung der Universitätskirche am Dr.-Ignaz-Seipel-Platz

Als 1623 Ferdinand II. die Leitung der Theologischen und der Philosophischen Fakultät dem Jesuitenorden übertrug, übernahm dieser die Verpflichtung für einen Neubau (Alte Universität). Im Rahmen des Bauprojekts wurde die Universitätskirche, auch Jesuitenkirche genannt, in den Jahren 1624 bis 1631 im Stil des Frühbarock errichtet. Ihre heutige hochbarocke Gestalt erhielt sie zu Beginn des 18. Jahrhunderts durch Andrea Pozzo. Das im Besitz des Bundes stehende Bauwerk wird natürlich für liturgische Zwecke, aber auch noch für Konzerte und Theateraufführungen von den Jesuiten genutzt; damit hat sich diese traditionsreiche Praxis des Ordens bis in die Gegenwart erhalten. Außerdem ist die Kirche die Heimstätte von zwei Chören (Consortium Musicum Alte Universität und Chorvereinigung St. Augustin).
In Hinblick auf diese Veranstaltungstätigkeiten kam der Erneuerung der Elektroinstallation sowie dem Einbau technischer Anlagen eine besondere Bedeutung zu. Ziel der Anfang 1986 begonnenen Generalsanierung, die im Einvernehmen mit der Gesellschaft Jesu vornehmlich von Architekt Friedmund Hueber geplant und in enger Zusammenarbeit mit dem Bundesdenkmalamt durchgeführt wurde, war insbesondere die Sicherung und Konservierung der Bausubstanz und die Wiederherstellung der hochbarocken Ausstattung; die aufwendigen Restaurierungsmaßnahmen wurden von Heliane Maissen-Jarisch begleitet. Das rund (ATS) 103 Millionen teure Bauvorhaben, ein Projekt des Bundesministeriums für wirtschaftliche Angelegenheiten, konnte im Frühjahr 1998 abgeschlossen werden.[37]

1.4.7 Die (vorläufige) Fertigstellung des AKH, Währinger Gürtel 18–20

Im Juli 1982 beauftragte die Arbeitsgemeinschaft der Republik Österreich und der Stadt Wien (ARGE-AKH) die VOEST-ALPINE AG mit dem Projektmanagement für die Fertigstellung der Planung und Errichtung des 4. Bauabschnittes des neuen AKH. Die Stadt Wien und der Bund hatten als Auftraggeber für diesen Zweck drei Vertragsorgane geschaffen: die ARGE-AKH (Stadträte und Bundesminister), den Beirat der ARGE (Stadt: Magistrat, AKH-Direktion und Wiener Krankenanstalten Verbund; Bund: Wissenschafts-, Finanz- und Gesundheitsministerium sowie Medizinische Fakultät) und die begleitende Kontrolle. Die VOEST-ALPINE AG übernahm im Herbst 1982 die AKPE und gründete dann die VOEST-ALPINE Medizintechnik Gesellschaft (VAMED), die hinsichtlich des Projektumfanges klar definierte Vorgaben erhielt; zu realisieren war das von der ARGE-AKH beschlossene Raum- und Funktionsprogramm in der Fassung vom 1. Jänner 1981. Der Baubeauftragungsvertrag umfasste alle Maßnahmen, die in technischer und rechtlicher Hinsicht zur Herstellung des betriebsbereiten Zustandes dieser Bauten (205.000 m^2) erforderlich waren, einschließlich der Erstausstattung sowie der Erhebung und Bewertung von übersiedlungswürdigen Bestandgeräten.

Natürlich galt es auch nach der Beauftragung der VAMED, Änderungswünschen der Spitalsleitung und der Medizinischen Fakultät gerecht zu werden. Gravierende Auswirkungen auf die Organisations- und Leistungsstruktur des klinischen Bereiches brachten vor allem jene Ergebnisse mit sich, die von der 1984 eingerichteten Kommission Strukturteam AKH erarbeitet wurden. Diese Kommission der Medizinischen Fakultät strebte durch eine neue Organisationsstruktur unter anderem eine bessere Einbindung neu entstandener Aufgaben und eine betriebswirtschaftliche Optimierung an. Die traditionelle Gliederung der Doppelkliniken (beispielsweise I. und II. Chirurgische Universitätsklinik) wurde aufgegeben und durch die Gliederung in neun übergeordnete Fachbereiche ersetzt. Die weitgehende Unterteilung von Kliniken und Instituten in Abteilungen war ein zweites Charakteristikum dieser Neuordnung. Die ARGE-AKH setzte wiederum eine Expertenkommission ein, die sich der Umsetzung der neuen klinischen Struktur in räumlicher und ausstattungsmäßiger Hinsicht widmete. Ihre Ergebnisse wurden als Empfehlungen dem Beirat der ARGE-AKH vorgelegt. Anträge der Medizinischen Fakultät und der AKH-Direktion behandelte ebenfalls dieser Beirat, der dadurch den Bauherrn und Entscheidungsträger unterstützte. Die ARGE-AKH erteilte schließlich Aufträge an Beamtenkomitees, Unterausschüsse, Arbeitsgruppen und natürlich an die VAMED.

Die wichtigsten Aufgaben der VAMED stellten die terminliche, technische und kommerzielle Steuerung der für die Planung und Errichtung notwendigen Auftragsvergaben sowie die Steuerung und Überwachung der Ausführung aller Lieferungen und Leistungen durch die beauftragten Unternehmen dar. Um überprüfen zu können, ob die VAMED ihren Auftrag nach den Grundsätzen einer ordnungsgemäßen Gebarung erfüllt und sich somit hinsichtlich der Verwaltung und Verwendung der von der ARGE-AKH treuhändig zur Verfügung gestellten Mittel von den Grundsätzen der Sparsamkeit, Wirtschaftlichkeit und Zweckmäßigkeit leiten ließ, richtete man eine begleitende Kontrolle ein. Dessen Leiter wurde direkt von der ARGE-AKH bestellt, er war ihr berichtspflichtig, wobei keinerlei Bindung durch Aufträge oder Weisungen bestand. Die begleitende Kontrolle nahm außerdem die sachverständige Unterstützung und Beratung der ARGE-AKH wahr.

Die von der VAMED entwickelte Betriebsorganisations- und Funktionsplanung gliederte sich in mehrere klar definierte Schritte, die einen steigenden Genauigkeits- und Detaillierungsgrad (bis hin zur Personalschulung und Betriebsbegleitung) aufwiesen. Eine sehr beachtliche Leistung stellte auch die Übersiedlung der Universitätskliniken dar, die während dieser Zeit ihren Betrieb (im Wesentlichen) aufrechterhielten. Für die Funktionstüchtigkeit des AKH, das bis 1994 insgesamt 85 Inbetriebnahmestufen umfasste, war natürlich auch die Errichtung diverser Verkehrs-, Schul- und Verwaltungsbauten, Versorgungs- und Instandhaltungseinrichtungen und sicherheitstechnischer Systeme notwendig. Von den bisher unerwähnt gebliebenen Bauten dieser Art seien nun das Technische Versorgungsgebäude, das Feuerwehrgebäude, das zentrale Anästhesiegerätepflegezentrum und der Fuhrpark des AKH genannt, die sich nördlich des Hauptgebäudes befinden; diese Bauten konnten in der zweiten Hälfte der 1980er Jahre fertig gestellt werden. Zahlreiche technische Anlagen sowie Lager befinden sich in ausgedehnten Gangsystemen unter diesen Bauten.

1989 war das Eingangs- und Verwaltungsgebäude errichtet, im selben Jahr konnte auch mit der Besiedlung des Hauptgebäudes begonnen werden. Die Aufnahme der Krankenversorgung erfolgte 1991. Nach der Übersiedlung der letzten Universitätsklinik eröffnete man 1994 offiziell das Wiener AKH, das allerdings erst 1997 seinen Vollbetrieb aufnahm. Das 86 Meter hohe Hauptgebäude besteht aus einem elfgeschoßigen Flachbau (210 x 150 Meter), worauf zwei vierzehngeschoßige Bettentürme (87 x 57 Meter) errichtet wurden. 4 Geschoße des Flachkörpers und 3 der Bettenhäuser beherbergen haustechnische Einrichtungen; der krankenhausbetrieblichen Nutzung sind insgesamt 16 Geschoße vorbehalten. Insbesondere das Raumprogramm des Flachbaus ist sehr komplex; es umfasst unter anderem den größten Teil des Untersuchungs- und Behandlungsbereiches für ambulante und stationäre Patienten, das OP-Zentrum und ca. 60 % der Forschungslaboratorien im Ausmaß von 6.000 m². Im Flachbau sind außerdem das Hörsaal-Zentrum, die Fakultätsbibliothek und der Zentrale Informatikdienst untergebracht. Das Hauptgebäude des neuen AKH beherbergte 2004 22 Universitätskliniken (Anästhesie und Allgemeine Intensivmedizin; Augenheilkunde und Optometrie; Blutgruppenserologie und Transfusionsmedizin; Chirurgie; Dermatologie; Frauenheilkunde; Hals-, Nasen- und Ohrenkrankheiten; Innere Medizin I–IV; Klinische Pharmakologie; Mund-, Kiefer- und Gesichtschirurgie; Neurologie; Notfallmedizin; Nuklearmedizin; Orthopädie; Physikalische Medizin und Rehabilitation; Radiodiagnostik; Strahlentherapie und Strahlenbiologie; Unfallchirurgie; Urologie), 3 Klinische Institute (Neurologie; Klinische Pathologie; Medizinische und Chemische Labordiagnostik) und 3 weitere Institute (Biomedizinische Technik und Physik; Medizinische Computerwissenschaften; Medizinische Aus- und Weiterbildung) der Medizinischen Universität Wien.

Vor allem gegen Mitte der 1980er Jahre wurde das AKH in den Medien zum Skandalbau («Spitalsmonster») stilisiert. 1994 nahm darauf Erhard Busek, damals Wissenschaftsminister, in seinem Vorwort zur Publikation «Das Wiener Allgemeine Krankenhaus – Universitätskliniken» Bezug: «Der Neubau des Allgemeinen Krankenhauses (Universitätsklinikum) Wien nimmt in mancher Hinsicht eine Sonderstellung, nicht nur als Krankenanstalt und Stätte der medizinischen Ausbildung und Forschung, unter den in der Zweiten Republik entstandenen Hochbauten ein. Kaum ein Investitionsvorhaben ist derart im Blickpunkt des öffentlichen Interesses gestanden wie dieser Neubau; dies nicht immer wegen seiner eigentlichen Zweckbestimmung. Die unvergleichbare Komplexität der Aufgabenstellung, der hohe Finanzmittelbedarf, verbunden mit einer ungewöhnlich langen Projektlaufzeit, gab Anlaß zu Diskussionen, in denen auch längst irreversible Grundsatzentscheidungen in Frage gestellt wurden. Für die Entscheidungsträger der Stadt Wien und des Bundes, als ‹ARGE-AKH› Bauherr des Neubaues, stand aber das zwischen ihnen einvernehmlich definierte Projektziel, nämlich die Fertigstellung des Vorhabens in betriebsbereitem Zustand, in geplantem Umfang und unter Einhaltung der vereinbarten Termin- und Kostenpläne, unter Einrichtung einer effizienten begleitenden Kontrolle, immer außer Zweifel. Heute steht fest, daß die vorhandenen Einrichtungen ein Höchstmaß an medizinischer Leistungskraft gewährleisten, der patientenorientierten Forschung und der klinischen Grundlagenforschung Möglichkeiten auf internationalem Spitzenniveau geboten werden und auch den Studenten der Medizinischen Fakultät alle für eine erfolgreiche Absolvierung ihres Studiums erforderlichen Voraussetzungen – Universitätslehrer, Räumlichkeiten, Einrichtungen – geboten werden, wie immer man auch zur Grundsatzentscheidung für einen Zentralbau steht.»[38]

Aufgrund der langen Projektlaufzeit lässt sich hinsichtlich der Höhe der Errichtungskosten für die knapp 340.000 m² umfassende Krankenhausanlage praktisch kein aussagekräftiger Betrag nennen; der Rechnungshof führte in seinem Bericht vom 14. Juni 2002 allerdings an, dass (ATS) 47,2 Milliarden in den Bau des gesamten AKH investiert worden wären.[39] – Der Betriebsaufwand (Personal- und Sachkosten) beläuft sich jährlich auf rund (ATS) 10 Milliarden. – Für die künstlerische Ausgestaltung des AKH stellte man jedenfalls nicht das obligatorische 1 % des Netto-Hochbau-Aufwandes («Kunst und Bau»), sondern (ATS) 60 Millionen zur Verfügung. Angekauft wurden 890 Bilder für Krankenzimmer, 159 großformatige Kunstwerke für Gangbereiche und Aufzugsfoyers

sowie Plastiken für Außenanlagen. Die Auswahl erfolgte durch eine Jury unter dem Vorsitz von Günter Düriegl, damals Direktor des Historischen Museums der Stadt Wien. Durch diese Sammlung zeitgenössischer Kunst ist das AKH, über seine eigentliche Zweckbestimmung hinaus, auch ein Museum österreichischer Gegenwartskunst.
Der geläufige Satz, dass ein Krankenhaus nicht fertig wird, sondern nur in Betrieb geht, trifft natürlich auch auf das Wiener AKH zu. Im November 1999 beschloss die ARGE-AKH ein Erweiterungsprogramm, für dessen Realisierung man (ATS) 3,9 Milliarden vorsah. Dieses Programm umfasste sowohl die Adaptierung der aus dem frühen 20. Jahrhundert stammenden Neuen Kliniken als auch Neubauten (unter anderem das Wohnheim für Krankenschwestern an der Paltaufgasse im 16. Bezirk). Auf jenem Bauplatz im Bereich des AKH-Areals, wo man ursprünglich die Universitätsklinik für Zahn-, Mund- und Kieferheilkunde ansiedeln wollte, ist nun die Errichtung eines Labor- und eines Klinikgebäudes (für die MUW) sowie eines Forschungsgebäudes für das Zentrum für Molekulare Medizin der Österreichischen Akademie der Wissenschaften geplant; das letztgenannte Projekt war allerdings nicht Teil des ursprünglichen Programms (1999). Die Realisierung des erweiterten Ausbauprogramms ist mit den budgetierten knapp (ATS) 4 Milliarden jedoch nicht möglich, nicht zuletzt auch deswegen, weil die im Herbst 2003 abgeschlossenen Adaptierungen der Neuen Kliniken kostenintensiver als ursprünglich angenommen waren. In den beiden generalsanierten ehemaligen Frauenkliniken sind nun das Rektorat der MUW und zentrale Verwaltungseinrichtungen sowie die Medizinischen Akademien der Stadt Wien untergebracht. Die angesprochenen drei Neubauvorhaben konnten bisher aufgrund der Budgetknappheit noch nicht in Angriff genommen werden.

1.5 Die räumliche Erweiterung der Universität Wien ab 1990

In diesem Jahrzehnt war der Raumgewinn der UW sehr beachtlich (1990: 202.000 m²; 2000: 308.000 m²); wesentlichen Anteil daran hatten die Eröffnung des UZA II (Geo- und Pharmazentrum) und die Besiedlung des adaptieren Alten AKH. In Hinblick auf die grundsätzliche Ausrichtung, die UW als innerstädtische Universität auszubauen, konnte durch die Realisierung des Universitätscampus ein ganz wesentlicher Erfolg verzeichnet werden, von dem die Geisteswissenschaften sehr profitierten. Der Universitätscampus war jedoch ein Teilprojekt eines noch viel größeren Vorhabens, das auch das bundeseigene Areal des AAKH (das ehemalige Garnisonsspital) sowie angrenzende Liegenschaften an der Sensengasse und der Währinger Straße umfasste.
Auf diesem Areal sollten naturwissenschaftliche und vorklinische Institute von Adaptierungen und Neubauten profitieren. Die Architekten Kopper und Köhler erstellten hierfür eine Standort- und Strukturstudie (1990), die unter anderem auch die Gerichtsmedizin (Sensengasse 2), die Alte Pathologie (Spitalgasse 4) und die Krebsforschung (Borschkegasse 8–8a) umfasste. Von den anskizzierten Aufgaben konnte aus finanziellen Gründen aber nur das Hirnforschungszentrum (Spitalgasse 4) realisiert werden, zwei baureife Neubauprojekte blieben bislang unausgeführt: das Mehrzweckgebäude (Währinger Straße/Schwarzspanierstraße) für die Medizin und das Theoriegebäude (Währinger Straße 29–31) für die Naturwissenschaften. Für das letztgenannte Bauvorhaben war 1992 ein baukünstlerischer Wettbewerb veranstaltet worden, den die Architekten Manfred Nehrer und Reinhard Medek gewannen, die bis 1999 ihren Entwurf mehrmals überarbeiteten. Das Theoriegebäude konnte durch den Gebäudekomplex «Nordbergstraße 15» (UZA IV, 25.000 m²) gewissermaßen kompensiert werden, der im Zusammenhang mit der notwendig gewordenen Generalsanierung des Hauptgebäudes der Wirtschaftsuniversität (UZA I) von der Postdirektion 2003 angemietet wurde. Im UZA IV wurden zwei Instituten (Mathematik; Scientific Computing) und der Universitätsbibliothek der UW insgesamt 7.500 m² zur Verfügung gestellt.
Im Zusammenhang mit der Realisierung des geisteswissenschaftlichen Zentrums auf dem ehemals gemeinde-eigenen Areal des AAKH ist auch das fehlgeschlagene Projekt Rossauer Kaserne anzusprechen, wo die UW ein

zweites Zentrum für die Geisteswissenschaften einrichten wollte. Bereits 1991 zerschlug sich die Hoffnung auf eine Besiedlung von Teilen der Rossauer Kaserne, die erstmals 1975 von der UW angeregt worden war.[40] Die als Reaktion auf das Revolutionsjahr 1848 in zentraler Lage errichtete Kaserne beherbergte nach 1945 Dienststellen der Bundespolizeidirektion, deren erwartete Absiedlung in der zweiten Hälfte der 1980er Jahre zahlreiche Nutzungsvorschläge zur Folge hatte. Obwohl die Rossauer Kaserne Eigentum des Bundes ist, stellte auch die Stadt Wien Ansprüche, die auf eine gemischte Nutzung (Wohnungen, Gewerbe-, Dienstleistungs- und Kulturbetriebe) des damals sehr baufälligen Gebäudekomplexes abzielten, wo aber auch universitäre Einrichtungen berücksichtigt werden sollten. Diese Idee ähnelte stark dem Revitalisierungskonzept für das AAKH. 1987 beauftragte das Wirtschaftsministerium die Architekten Gustav Peichl, Ernst Hiesmayr und Wilhelm Holzbauer mit der Erstellung eines Nutzungskonzepts, das die Grundlage für einen zweistufigen Architektenwettbewerb bildete. Der Wert dieser Unternehmungen relativierte sich aber, als Anfang der 1990er Jahre sowohl das Verteidigungs- als auch das Innenministerium massive Raumansprüche stellten.

Obwohl sich bislang nur ein kleiner Teil des Großprojekts für naturwissenschaftliche und vorklinische Institute im Bereich Sensengasse/Währinger Straße realisieren ließ, zählten auch die Naturwissenschaften zu den Gewinnern der baulichen Entwicklung in den 1990er Jahren. Die Errichtung des Geo- und des Pharmazentrums an der Althanstraße bedeutete eine deutliche Verbesserung der Lehr- und Forschungsbedingungen der darin angesiedelten Institute. Mit der Realisierung des Vienna Biocenters an der Dr.-Bohr-Gasse, wo universitäre und privatwirtschaftlich geführte Institute im zukunftsträchtigen Bereich der Biomedizin und Biotechnologie tätig sind, konnte für die entsprechenden Institute (der UW und der MUW) ausgezeichnete Arbeitsbedingungen geschaffen werden. Durch diese Neubauprojekte profitierten wiederum andere Fachbereiche, da Universitätsgebäude neu besiedelt werden konnten; im adaptierten NIG sind nun die meisten Institute der ehemaligen Grund- und Integrativwissenschaftlichen Fakultät unter einem Dach vereint. Die Aufgabe zahlreicher Anmietungen war eine weitere positive Konsequenz, da in verschiedenen Gebäuden Institute untergebracht werden konnten, die zuvor auf mehrere Standorte verteilt waren. In diesem Zusammenhang ist auch das Betriebswirtschaftliche Zentrum an der Brünnerstraße zu nennen, wo außerdem noch Baulandreserven vorhanden sind; dies gilt auch für das Vienna Biocenter.

Obwohl zahlreiche Anmietungen aufgegeben wurden, konnte auch in diesem Jahrzehnt nicht auf neue Anmietungen verzichtet werden. Aufgrund der Lage und Größe brachten einige davon deutliche Verbesserungen des Studienbetriebs mit sich. Die Zusammenführung weiterer juridischer Institute nächst dem Juridicum wurde durch die in Etappen erfolgte Anmietung von Räumlichkeiten im Gebäude «Heßgasse 1» (2.300 m²) möglich, wo 2004 fünf Institute (Arbeits- und Sozialrecht; Finanzrecht; Rechtsphilosophie und Rechtstheorie; Römisches Recht und Antike Rechtsgeschichte; Staats- und Verwaltungsrecht) unter einem Dach vereint waren. Im Gebäude «Maria-Theresien-Straße 3» (rund 1.900 m²) waren drei Institute (Pastoraltheologie; Religionspädagogik und Katechetik; Schulpraktische Ausbildung) und zwei Zentren (Frauenförderung und Genderforschung; Überfakultäre Forschung) untergebracht; dem Zentrum für Überfakultäre Forschung standen im Gebäude «Porzellangasse 33a» zusätzlich 255 m² zur Verfügung.

Andere Anmietungen waren wiederum erforderlich, weil einige Bauvorhaben nicht realisiert werden konnten; ein Beispiel hierfür ist der Tiefspeicher an der Rathausstraße, dessen Errichtung sehr teuer gewesen wäre. Die ärgste Not der Universitätsbibliothek konnte 1998 vorläufig gelindert werden; in Räume der ehemaligen Niederösterreichischen Landesbibliothek (Teinfaltstraße 8; 1.700 m²) wurden rund 300.000 Bände ausgelagert, wodurch 1999 dann die neue Lehrbuchsammlung im Hauptgebäude ihren Betrieb aufnehmen konnte. Hinzu kommen weitere drei Anmietungen: «Universitätsstraße 11» (500 m²), Zentraler Informatikdienst; «Rooseveltplatz 2» (knapp 2.000 m²), Soziologie; «Rooseveltplatz 3» (rund 1.000 m²), Sozialmedizin der MUW. Neben dem erzielten Raumgewinn war der im Unterschied zu den beiden vorangegangenen Jahrzehnten moderate Anstieg der Hörerzahlen (1990/91: 66.180; 1995/96: 73.892; 2000/01: 77.445) ausschlaggebend dafür, das sich zu Beginn des 21. Jahrhunderts die allgemeine Raumsituation der UW deutlich entspannte.

1.5.1 Das Vienna Biocenter an der Dr.-Bohr-Gasse

Mitte der 1980er Jahre hatte sich der renommierte Pharmakonzern Boehringer Ingelheim dazu entschlossen, in Wien Zentren der onkologischen Grundlagenforschung sowie der biopharmazeutischen Entwicklung und Produktion aufzubauen, was eine deutliche Aufwertung Österreichs als Wissenschaftsstandort bedeutete, da (nach wie vor) Biomedizin und Biotechnologie zu den gefragtesten Bereichen wissenschaftlicher Forschung zählen. Für ein von Boehringer Ingelheim unterstütztes Forschungsinstitut (Institut für Molekulare Pathologie – IMP) wurde auf einem ehemaligen Industriegelände im südlichen Bereich des 3. Bezirks Landstraße ein Gebäude (Dr.-Bohr-Gasse 7) errichtet, das seit 1988 die Heimstätte des IMP ist.

Bereits im Sommer 1986 hatte das Forschungsinstitut dem Wissenschaftsministerium seine Bereitschaft zu einer künftigen Zusammenarbeit erklärt, die dann zwei Jahre später zwischen dem IMP und der Universität Wien vertraglich fixiert wurde.[41] Die Universität Wien beteiligte sich am Projekt Vienna Biocenter mit Instituten zweier Fakultäten (Medizin; Formal- und Naturwissenschaften), woraus mittlerweile eine interuniversitäre Zusammenarbeit wurde; 2004 war in diesem Zentrum die UW mit zwei Instituten (Theoretische Chemie und Molekulare Strukturbiologie; Mikrobiologie und Genetik) und die MUW mit dem Institut für Medizinische Biochemie vertreten. Ziel der Kooperation zwischen dem privatwirtschaftlich geführten IMP und den universitären Instituten war die gegenseitige Förderung vornehmlich im Bereich der Forschung, die durch die Schaffung einer gemeinsamen Infrastruktur (Bibliothek, Labors etc.) auf ein tragfähiges Fundament gestellt werden sollte, weswegen man die Errichtung eines Laborgebäudes in unmittelbarer Nachbarschaft zum IMP-Gebäude anstrebte. Zum Gelingen dieses Vorhabens trug auch die Stadt Wien bei, da der Wiener Wirtschaftsförderungsfonds als Eigentümer der Liegenschaft «Dr.-Bohr-Gasse 9» das Baurecht der Z-Leasing OMEGA GmbH (später EUROLEASE Holding GesmbH) einräumte. Bereits im November 1992 konnte das von den Architekten Ernst M. Kopper und Martin R. Köhler geplante Gebäude (10.000 m^2) offiziell eröffnet werden.

Noch bevor auf Einzelheiten eingegangen werden wird, muss daran erinnert werden, dass gegen Ende der 1980er Jahre der Bundeshochschulbau eine seiner schlimmsten Krisen erfuhr, die nur durch eine grundlegende Änderung seiner Organisation (Gründung der Bundesimmobiliengesellschaft, 1992) überwunden werden konnte. Erst vor diesem Hintergrund kann die Realisierung dieses (ATS) 600 Millionen teuren Bauvorhabens an der Dr.-Bohr-Gasse als ganz außerordentliche Leistung gewürdigt werden, womit die Chance gewahrt wurde, Spitzenleistungen in einigen der gefragtesten wissenschaftlichen Bereichen zu erbringen. Die Basis für diesen Erfolg bildete die gute Zusammenarbeit zwischen dem Wissenschaftsministerium und der Universität Wien. Richard Fischer, der dann auch zum Gelingen des Großprojekts Universitätscampus Wien einen wichtigen Beitrag leistete, und Professor Helmut Ruis wurden vom Wissenschaftsressort bevollmächtigt, den Bund gegenüber der Universität und dem Investor zu vertreten. Diese Form der Verantwortungsübertragung an Universitätsangehörige hat sich hinsichtlich des Planungs- und Bauablaufs sowie der hohen Nutzerakzeptanz sehr positiv ausgewirkt. Die Bauherrschaft übernahm die EUROLEASE Holding, die das Laborgebäude dann an den Bund vermietete und ihm außerdem eine Kaufoption einräumte. Mit der Projektaufsicht und der Bauleitung wurde vom Wissenschaftsressort eine Arbeitsgemeinschaft betraut, die die Wiener Bauträgergesellschaft (WBT) und die VAMED Consult Bauträgergesellschaft (VC) bildeten. Wichtige Entscheidungshilfen lieferte ihnen die vom Wissenschaftsministerium beauftragte begleitende Kontrolle.

Die planenden Architekten entwarfen ein Laborgebäude, das durch seine Bau- und Versorgungsstruktur in der Nutzung sehr flexibel ist, wodurch man in weiterer Folge auf neue Anforderungen in den Laborbereichen rasch reagieren konnte. Dem Gebäude «Dr.-Bohr-Gasse 9» liegt als Grundstruktur ein langgestreckter dreihüftiger Bautypus zugrunde. Die Innenzone umfasst vor allem die Hauptverkehrselemente, Technikschächte und andere Bereiche, die kein Tageslicht brauchen. Die Laborbereiche umschließen die Innenzone, wo installationstechnisch für die Forscher ausgezeichnete Rahmenbedingungen geschaffen wurden. Laborzonen, die versorgungstechnisch völlig unabhängig voneinander sind, befinden sich in den ersten vier Obergeschoßen; im Erdgeschoß wurden unter anderem Werkstätten, Räume für die Tierhaltung und Lager eingerichtet. Die Haustechnik konzentrierte man im Keller und Dachbereich, wo auch Forschungsglashäuser stehen. Die Anbindung an das benachbarte IMP-Gebäude konnte nur über dessen Dach erfolgen, weswegen man stark frequentierte Bereiche (Bibliothek, Hörsäle, Seminar- und Übungsräume sowie Mensa), die auch vom IMP genutzt werden, im fünften Geschoß ansiedelte. Eine Plastik von Peter Sandbichler, eine Installation von Sabine Bitter und das Projekt Revolution-Natur/Kultur/Kapital/Zeit von Richard Kriesche wurden im Rahmen von «Kunst und Bau» realisiert. Mit den Bauarbeiten hatte man im Oktober 1989 begonnen, das Gebäude war im Mai 1992 fertig gestellt.[42]

Die Errichtung eines zweiten Laborgebäudes zählt zu jenen Bauvorhaben, die von der UW 2004 mit besonderem Nachdruck verfolgt wurden. Dem Wunsch der UW, noch stärker im Biocenter vertreten zu sein, konnte teilweise aber schon entsprochen werden. In einem 2000 eröffneten Gebäude (rund 5.000 m^2) sind neben InterCell und anderen Biotech-Firmen auch Abteilungen des Instituts für Theoretische Chemie und Molekulare Strukturbiologie (2.500 m^2) eingemietet. Die Entstehungsgeschichte des von den Architekten Ernst Kopper und Peter Podsedensek geplanten Laborgebäudes («OSC-Halle», Campus Vienna Biocenter 6) ist eng mit der UW verknüpft, denn aus dem Universitätsbetrieb ging die 1998 gegründete Firma InterCell hervor. Für die Realisierung dieses 16 Millionen Euro teuren Projektes gründete die Bundesimmobiliengesellschaft die Biomedizinische Forschungslabor Errichtungs- und Verwertungsgesellschaft; die Kosten teilten sich die BIG und die ARW AG Holding Aktiengesellschaft im Verhältnis 40:60.[43] Künftig wird die Akademie der Wissenschaften ebenfalls im Vienna Biocenter vertreten sein; im Sommer 2003 wurde mit der Errichtung eines Forschungsgebäudes begonnen. Das von Architekt Boris Podrecca geplante Gebäude soll 2005 von zwei Akademie-Instituten besiedelt werden. In Hinblick auf die Entwicklung neuer Biotechnologien werden an das 1999 gegründete Institut für Molekulare Biotechnologie (IMBA) und das 2001 eingerichtete Gregor-Mendel-Institut für Molekulare Pflanzenbiologie (GMI) hohe Erwartungen geknüpft. Das auf rund 40 Millionen Euro geschätzte Projekt wird vom Bund und der Stadt Wien finanziert; der Bauplatz wurde auch in diesem Fall vom Wiener Wirtschaftsförderungsfonds bereitgestellt.

1.5.2 Das Betriebswirtschaftliche Zentrum an der Brünner Straße (72)

Die Errichtung des Betriebswirtschaftlichen Zentrums (BWZ) der Universität Wien steht in engem Zusammenhang mit der Raumnot der Wirtschaftsuniversität,[44] die sich in den 1980er Jahren infolge des ungebrochen starken Höreranstiegs extrem verschärfte. Obwohl das neue Hauptgebäude der WU (UZA I: 35.000 m²) nach relativ kurzer Zeit fertig gestellt werden konnte, war es zum Zeitpunkt der Besiedlung (1982) eigentlich schon wieder zu klein, weswegen sich an der problematischen Raumsituation der WU wenig änderte. Von der in der zweiten Hälfte der 1980er Jahre geplanten Erweiterung des Standortes (UZA II) profitierte wiederum die UW wesentlich deutlicher, weshalb sich als Entlastungsmaßnahme für die WU die Errichtung eines Betriebswirtschaftlichen Zentrums der UW am linken Donauufer anbot, wo aufgrund vorhandener Baulandreserven ein etappenweiser Aufbau eines Hochschulzentrums möglich war. Außerdem konnten dadurch endlich mehrere Institute der Sozial- und Wirtschaftswissenschaftlichen Fakultät, die sich zuvor auf zahlreiche Standorte verteilten, an einem Hauptstandort zusammengeführt werden.

Beim Standort Brünner Straße 72 im 21. Bezirk Floridsdorf handelt es sich um ein bebautes Areal (Bürogebäude und Hallenbauten) der Österreichischen Automobilfabrik ÖAF-Gräf & Stift, das von ihren Eigentümern (Hauseigentümergemeinschaft Brünner Straße) im November 1988 an den Bund vermietet wurde. Die Hauseigentümergemeinschaft verpflichtete sich vertraglich, die vom Bund gewünschten Baumaßnahmen im eigenen Namen, aber auf Rechnung des Bundes durchzuführen. Die Bauabwicklung des Projekts BWZ, dessen Baukosten rund (ATS) 280 Millionen betrugen, erfolgte durch Architekt Herbert Bohrn. Die Planungsleistung erbrachte Architekt Gerhard Molzbichler, der in die Planung bestehende Bauten einbezog, die durch Zu- und Neubauten ergänzt wurden. Mit der Adaptierung und dem Ausbau von zwei ehemaligen Bürogebäuden (Bauteile I und II; 6.000 m²) begann man im Oktober 1990, die bereits im Herbst 1991 zur Verfügung standen. Der Zustrom der Studierenden war aber nicht zuletzt aufgrund der Einführung des Studienversuches Internationale Betriebswirtschaft so groß, dass man sofort die Vorbereitung eines zweiten Bauabschnitts in Angriff nahm. Der dritte Bauteil (4.800 m²) konnte 1994 in Betrieb genommen werden. Zu Beginn des 21. Jahrhunderts waren an der Brünner Straße das Dekanat der Fakultät für Wirtschaftswissenschaften und Informatik, die Fachbibliothek für betriebswirtschaftliche Studien und fünf Institute (Betriebswirtschaftslehre; Informatik und Wirtschaftsinformatik; Staatswissenschaft und vergleichende Gesellschaftswissenschaft; Statistik und Decision Support Systems; Wirtschaftswissenschaften) untergebracht; im BWZ befinden sich 14 Hörsäle, zahlreiche Sprach- und EDV-Labors sowie eine Mensa.

Das Wissenschaftsministerium strebte zügig den weiteren Ausbau des neu geschaffenen Universitätsstandorts an, wofür anfänglich die Ausgangslage in zweierlei Hinsicht recht vielversprechend erschien. Bereits 1993 fasste man einen Teil des zum Verkauf anstehenden Elin-Areals als Baulandreserve ins Auge. Der neue Eigentümer (S-Invest Beteiligungsgesellschaft) des ehemaligen Elin-Areals räumte dem Bund eine Option auf den Erwerb von 17.000 m² ein; dieser Baugrund grenzt im Osten unmittelbar an das Gelände des BWZ, wo nach wie vor Erweiterungsmöglichkeiten im Ausmaß von knapp 10.000 m² bestehen. Der Ausbau des UW-Standorts an der Brünner Straße (inklusive der Errichtung von Studentenheimen) war auch im Sinn der Stadt Wien, weil dadurch dieses Stadtentwicklungsgebiet eine Aufwertung erfahren hätte. 1994 war dieses Vorhaben auch Gegenstand eines städtebaulichen Gutachterverfahrens. Außerdem hatte die damalige Sozial- und Wirtschaftswissenschaftliche Fakultät im Dezember 1994 beschlossen, dass ihre Einrichtungen und Institute (mit Ausnahme der Soziologie) in Floridsdorf angesiedelt werden sollten; diesem Entschluss ging ein langer Diskussionsprozess voraus.

Tatsächlich konnte aber keines der von Architekt Molzbichler erarbeiteten Konzepte, die Ausbauvarianten in mehreren Bauabschnitten umfassten, realisiert werden, obgleich sich das Wissenschaftsministerium darum sehr bemühte. Das Ministerium wollte die Übernahme des Mietverhältnisses durch die BIG erreichen, wodurch der weitere Ausbau leichter hätte finanziert werden können. Die Refinanzierung wäre nämlich in diesem Fall nicht in 10, sondern in 20 Jahren erfolgt, wodurch die Realisierung einer dritten Ausbaustufe möglich geworden wäre, zumal man durch die Aufgabe von teuren Anmietungen auch Einsparungen erreicht hätte. Trotz zahlreicher Urgenzen verweigerte das Finanzministerium jedoch die finanzielle Sicherstellung der Erweiterung des BWZ; anfänglich begründete es seine Haltung damit, dass einem Großprojekt der WU (Neuerrichtung in der Donau-City) Priorität zukomme, das aber schon 1995 kein Thema mehr war.[45] Der weitere Ausbau des BWZ, und zwar auf dem seit 1988 angemieteten Areal, wäre grundsätzlich möglich.

1.5.3 Das Universitätszentrum Althanstraße II (UZA II), Althanstraße 14

Jene Fläche, die über dem Frachtenbahnhof noch für die Errichtung weiterer Bauten in Frage kam, war sowohl für die Universität Wien als auch für die Wirtschaftsuniversität von größtem Interesse. Sie war aber nicht groß genug, um dort die angemeldeten Raumansprüche beider Universitäten befriedigen zu können. Nicht zuletzt deswegen, weil dieses Areal zu Beginn der 1980er Jahre die einzige realistische Erweiterungsmöglichkeit der UW darstellte, entschied sich das Wissenschaftsministerium für den Ausbau des naturwissenschaftlichen Zentrums; das Geo- und das Pharmazentrum umfassen rund 90 % des UZA II. (Der WU wurde dafür später das UZA III zugesprochen, das ursprünglich der UW gewidmet worden war.) Dies war auch der Grund dafür, dass das Projekt UZA II nicht mehr vom WU-Kuratorium abgewickelt wurde, obgleich man dies anfänglich in Betracht gezogen hatte. Zwischen dem Wissenschafts-, dem Bauten- und dem Finanzministerium bestand allerdings Einigkeit dahingehend, dass auch dieses Erweiterungsprojekt nach dem bewährten Modell UZA I durchgeführt werden sollte, weswegen man das UZA II ebenfalls beim Kapitel 14 (des Wissenschaftsressorts) veranschlagte.

Die Bauherrschaft für das insgesamt (ATS) 2,7 Milliarden teure Bauvorhaben übernahm die Universitätszentrum Althanstraße Erweiterungsgesellschaft (ursprünglich eine Tochtergesellschaft der Konstruktiva AG); das umfangreiche Vertragswerk zwischen dem Bauherrn und dem Bund wurde im Oktober 1985 unterzeichnet. Im Einvernehmen mit dem Bautenministerium beauftragte diese Gesellschaft die Architekten Kurt Hlaweniczka, Franz Requat, Martin Schwanzer und Ertan Ilicali mit der Planung des insgesamt knapp 40.000 m^2 umfassenden Gebäudekomplexes. Als Planungsgrundlage diente ein Raum- und Funktionsprogramm aus dem Jahre 1986, das 1988 um ein fünftes Geschoß erweitert wurde und bis 1990 noch einige Überarbeitungen erfuhr.[46] Nach fünfjähriger Bauzeit wurde das installationstechnisch sehr anspruchsvolle UZA II 1995 in Betrieb genommen. Für die erdwissenschaftlichen und pharmazeutischen Institute, die nun unter einem Dach vereint werden konnten, wurden im UZA II endlich jene ausgezeichneten Arbeitsbedingungen geschaffen, die sie bis dahin entbehren mussten. Von dessen Fertigstellung profitierten aber auch andere Institute der UW. Nach der Besiedlung der neuen Universitätszentren am Donaukanal wurde die Adaptierung der bisherigen Heimstätten (vorwiegend in gründerzeitlichen Bauten) möglich, die dann von nichtlaborintensiven Instituten adäquater genutzt werden konnten. Eine weitere positive Konsequenz stellte die Aufgabe von einigen Anmietungen dar.

In seiner Grundstruktur folgt das UZA II seinem Vorgängerbau; eine von Norden nach Süden verlaufende Zentralzone dient vornehmlich als Kommunikationsbereich und der Erschließung des Gebäudes, neun kreuzende Anschlussbauten (Spangen) beherbergen die Arbeits- und Forschungsbereiche, wo sich nach Instituten geordnet Labors, Depots, Büroräume etc. ergänzen. Der Haupteingangsbereich mit drei Hörsälen befindet sich im Süden, dem das Geozentrum angeschlossen ist, das die Heimstätte von vier Instituten (Geologische Wissenschaften; Mineralogie und Kristallographie; Theoretische Chemie und Molekulare Strukturbiologie; Geochemie) bildet. Auf diesen fünf Spangen umfassenden Bereich folgt jener, der weitere fünf Hörsäle und zwei Fachbibliotheken (Erdwissenschaften; Pharmazie und Ernährungswissenschaft) umfasst. Im anschließenden Pharmazentrum waren 2004 in vier Spangen neben vier pharmazeutischen Instituten (Pharmakognosie; Pharmakologie und Toxikologie; Pharmazeutische Technologie und Biopharmazie; Pharmazeutische Chemie) auch die Institute für Ernährungswissenschaft und für Meteorologie und Geophysik untergebracht. Von der Infrastruktur dieser beiden Zentren (35.000 m²), wozu auch ein Forschungsglashaus zählt, profitieren außerdem Abteilungen von vier weiteren Instituten (Anorganische Chemie; Experimentalphysik; Mikrobiologie und Genetik; Physikalische Chemie). Der von der WU genutzte «Rundturm» (4.800 m²) schließt im nördlichen Bereich das UZA II ab. Zu den Kunst und Bau-Projekten zählen unter anderem Skulpturen von Johann Weyringer und von Franz Xaver Ölzant.

1.5.4 Das USZ II, Auf der Schmelz 6a

Der Ausbau des Universitätssportzentrums Schmelz war bekanntlich abhängig von der Absiedlung des Bundesheeres, das auf dem nördlich des USZ I gelegenen Areal aus dem Zweiten Weltkrieg stammende Wehrmachtsbaracken als Garagen nutzte. Bereits gegen Ende der 1970er Jahre suchte das Wissenschaftsressort die Freimachung des «Garagenbezirks» zu erreichen, die sich jedoch aufgrund der immer größer werdenden Forderungen des Verteidigungsministeriums um knapp 10 Jahre verzögerte. (Als Ersatz für die baufälligen Holzbaracken sollten beispielsweise atombombensichere Kommando- und Einsatzeinrichtungen zur Verfügung gestellt werden.)
Eine weitere Schwierigkeit stellte die erforderliche Flächenumwidmung durch die Stadt Wien dar. Da die Bezirksvertretung die Errichtung von Wohnanlagen forderte, schienen wiederum mühsame Verhandlungen bevorzustehen. Im Unterschied zum USZ I konnte im gegenständlichen Fall jedoch schon Anfang der 1980er Jahre ein Kompromiss erzielt werden. Die Stadt Wien wollte unter der Voraussetzung, dass der Bund als Liegenschaftseigentümer einer Randverbauung für Wohnzwecke entlang der Possinger- und der Gablenzgasse zustimmt, eine Umwidmung für Sportzwecke beschließen. Ein positiver Effekt dieses Planes war die durch die Randbebauung ermöglichte Abschirmung des Sportbetriebes von den verkehrsreichen Straßen. (Dieses Projekt stieß auf den Widerstand einer Bürgerinitiative, die allerdings ohne Erfolg die Schaffung einer Grünzone für Erholungszwecke propagierte.) Den letztlich entscheidenden Impuls für die Realisierung der von Stadt und Bund angestrebten Bebauung stellte die von der Stadt Wien 1986 beschlossene Verlegung eines Wasserspeichers dar. Diese stand im Zusammenhang mit der Verlängerung der U3, da entlang der in Aussicht genommenen U-Bahn-Führung ein bestehender Speicher zu einem Einkaufszentrum (Johnstraße) umfunktioniert werden sollte. Aufgrund der Höhenlage wurde die Schmelz als neuer Standort des Speichers gewählt, der wiederum die Erweiterung des USZ ermöglichte, da über dem Wasserspeicher, auf einer Fläche von 17.000 m², Freiluftanlagen errichtet werden konnten.[47] Dieses (ATS) 35 Millionen teure Projekt war 1992 fertig gestellt.
In Verhandlungen mit jenen Gesellschaften, die das Wohnbauprojekt realisierten, erreichte das Wissenschaftsministerium, dass ein Neubau entlang der Possingergasse für Zwecke des USZ sichergestellt werden konnte. Das Wissenschaftsressort regte an, dass auch dieser Neubau von einer der beiden Wohnbaugesellschaften errichtet und zu einem bereits vereinbarten Mietzins an den Bund vermietet werden sollte.[48] Gegen die Durchführung dieses Bauträgervorhabens sprachen sich jedoch das Finanz- und das Wirtschaftsministerium aus, weswegen das USZ II schließlich als Bundesbau abgewickelt werden musste, was zu einer Verzögerung des Baubeginns und zu Mehrkosten infolge der Einrichtung einer gesonderten Baustelle führte. Das von Architekt Harry Glück geplante siebengeschoßige Gebäude konnte nach nur einjähriger Bauzeit im Herbst 1994 bezogen werden. Der (ATS) 135 Millionen teure Erweiterungsbau (4.700 m²) umfasst zwar zwei Gymnastikhallen und ein Tanzstudio, in erster Linie sind darin aber Bereiche (Bibliothek, Seminarräume, Labors und Büros) eingerichtet worden, die

dem Institut für Sportwissenschaften zugute kommen. Von dem Neubau profitierten aber auch das USI und die Bundesanstalt für Leibeserziehung. Die künstlerische Gestaltung der Bodenverfliesung in der Aula – eine allegorische Darstellung eines griechischen Olympioniken – erfolgte nach einem Konzept von Helmut Margreiter. Entlang der Possingergasse besteht nun zwischen den beiden Universitätsbauten eine noch unverbaute Fläche, wo den Wünschen der UW gemäß eine Sporthalle (USZ III) errichtet werden soll. Die Realisierung dieses Projekts scheiterte bisher aus finanziellen Gründen.

1.5.5 Der Ausbau des Universitätssportheims in Dienten am Hochkönig

Bei dieser Liegenschaft in Salzburg handelt es sich um den westlichsten Standort der Universität Wien. In der Gemeinde Dienten, die südwestlich des Hochkönigs liegt, nutzt das Universitätssportinstitut (USI; vormals Universitätsturnanstalt) der UW für die Abhaltung von Kursen seit 1958 den so genannten Dientnerhof als Quartier. 1973 erwarb der Bund das wenige Jahre zuvor sanierte Gebäude für Zwecke des Universität Wien; der Ankauf erfolgte jedoch nicht wie sonst üblich aus dem Kapitel 64 des Bautenministeriums, sondern aus dem Kapitel 14 des Wissenschaftsressorts, das dadurch eigentlich Sondervermögen der Universität Wien begründen wollte. Dies wurde deswegen angestrebt, weil es sich beim Dientnerhof um einen Beherbergungsbetrieb handelt, der in der Eigenverantwortung der UW geführt werden sollte.
Tatsächlich erfolgte neben der Verwaltung auch die bauliche Betreuung des Heimes bis 1984 durch die UW, die dies aus eigenen Einnahmen und zum Teil aus Mitteln, die das Wissenschaftsministerium zur Verfügung stellte, finanzierte. Da 1973 im Grundbuch «Republik Österreich (Universität Wien)» eingetragen wurde, war der Dientnerhof (Dorf 11) aber von Anfang an Eigentum des Bundes, für die bauliche Betreuung hätte deswegen eigentlich das Bautenressort zuständig sein müssen. Auf Wunsch der UW hin wurde dann 1984 das Gebäude in die bautechnische Betreuung des Bautenministeriums übergeben, da für die Universität die Abwicklung und Überwachung von Baumaßnahmen von Wien aus zu viele organisatorische Schwierigkeiten aufwarf. In dem hierfür benötigten Ressortübereinkommen hielt man ausdrücklich fest, dass auch künftig die Nutzung des Dientnerhofs ausschließlich durch die UW (bzw. das USI) zu erfolgen habe.[49]
Nachdem 1986 der Ausbau des Universitätssportheims beantragt wurde, konnte mit diesem Bauvorhaben Anfang der 1990er Jahre begonnen werden. Nach den Plänen von Architekt Christoph Herzog wurde ein dreistöckiger Trakt errichtet und der Altbau adaptiert, dessen älteste Bausubstanz möglicherweise aus dem ausgehenden 15. Jahrhundert stammt.[50] Das (ATS) 25 Millionen teure Projekt konnte 1994 abgeschlossen werden; die Bettenkapazität wurde von 70 auf 98 erhöht. Seitdem hat der Dientnerhof (knapp 1.600 m²) den Standard eines 3-Sterne-Hotels, in dem den Universitätsangehörigen nun unter anderem auch Seminar- und Fitnessräume (Kraftkammer, Gymnastikraum), eine Sauna und ein Dampfbad zur Verfügung stehen.

1.5.6 Der Universitätscampus Wien – die Adaptierung des Alten AKH, Spitalgasse 2

Den weitläufigen Baukomplex des Alten AKH (AAKH) bilden vornehmlich zwei- bzw. dreistöckige Trakte, die neun Höfe umschließen. Die Anfänge seiner Baugeschichte liegen im späten 17. Jahrhundert: 1686 widmete der kaiserliche Rat Johann Theopald Franckh testamentarisch einen Baugrund zur Errichtung eines Spitals, wo invalide und dienstunfähige Soldaten versorgt werden sollten. (Als Vorbild diente das 1671 fertig gestellte Hôtel des Invalides in Paris.) Dieser Intention wurde aber nur teilweise entsprochen. Durch die Türkenkriege kam es nämlich zu einem sprunghaften Anstieg der Armen und Bedürftigen in Wien, was zur Folge hatte, dass die 1693 in Angriff genommenen recht einfachen Nutzbauten, die den sehr großen 1. Hof umschließen, sowie das frei im Hof stehende Stöckel dann in erster Linie als Armenhaus dienten. Zu Beginn des 18. Jahrhunderts konnten darin über 1.000 Personen versorgt werden, nur ein kleiner Teil davon waren jedoch invalide Soldaten.
Im Unterschied zur ersten Bauphase ist der planende Architekt der 1730 begonnenen ersten Erweiterung bekannt. Franz Anton Pilgram, der den damals größten Baubetrieb Wiens leitete, war für jene Trakte (Hof 2, 4 und 7) verantwortlich, die im Norden an den 1. Hof anschließen. In baukünstlerischer Hinsicht sind diese Bauten bemerkenswerter, da deren Formensprache an jene des zweiten Hofbaumeisters, Johann Lukas von Hildebrandt, erinnert, der Pilgram beeinflusst hatte. Auch dieser Ausbau verdankt sich einer privaten Stiftung. Freiherr Ferdinand Ignaz von Thavonat hinterließ 1726 dem Armenhaus seinen gesamten Besitz, der seinem Willen gemäß der Versorgung invalider Soldaten zugute kommen sollte. Gewissermaßen eine Verdoppelung erfuhr das Verbauungssystem ab 1752 durch die Errichtung der Höfe 3, 5 und 7. Diese Erweiterung, für die wiederum Pilgram verantwortlich war, stand im Zusammenhang mit der von Maria Theresia 1749 verfügten Neuordnung des Militärinvalidenwesens. Nach Abschluss der zweiten Erweiterung konnten in dem weiträumigen Armen- bzw. Invalidenhaus bereits 6.000 Personen betreut werden, das damals aber noch nicht den Charakter eines Spitals hatte.
Die medizinische Versorgung der Wiener Bevölkerung war Mitte des 18. Jahrhunderts auf zahlreiche Spitäler aufgeteilt, die sich außerdem durch unterschiedlichste Profile auszeichneten. Die Gründung eines Zentralspitals war dann eine organisatorische Reformleistung Josephs II. und des von ihm 1783 zum ersten Direktor des Allgemeinen Krankenhauses bestellten Hofarztes Josef Quarin. Die Idee, ein Zentralspital zu schaffen, steht wahrscheinlich im Zusammenhang mit Josephs II. Reise nach Paris (1777), wo ihn das große Hôtel Dieu stark beeindruckt hatte. Für die Umsetzung dieses Planes bot sich natürlich der hier beschriebene Gebäudekomplex an der Alser Straße an, der in den Jahren 1783/84 für diese Zwecke adaptiert wurde. Josephs II. Intention gemäß sollte das Spital in verschiedene Abteilungen gegliedert sein, wo jeder Kranke sein eigenes Bett in geräumigen, gut gelüfteten und sauberen Zimmern hat. Der Umbau erfolgte nach den Plänen von Baumeister Josef Gerl. Den einzigen Neubau für das neu eingerichtete Allgemeine Krankenhaus stellte das nach Plänen von Isidore Canevale errichtete «Toll-Haus» dar, das aufgrund seiner ungewöhnlichen Form, die an einen festungsartigen Rundbau erinnert, schon bald nach seiner Fertigstellung auch «Narrenturm» und «Kaiser Josephs Gugelhupf» genannt wurde. Dieser Bau war zwar in funktioneller Hinsicht dem (Alten) AKH zugeordnet, er bildet jedoch gewissermaßen auch eine Brücke zum davon östlich gelegenen Garnisonsspital, das ebenfalls Canevale entwarf.
Im Sommer 1784 erfolgte die Eröffnung des 2.000 Betten umfassenden Allgemeinen Krankenhauses, in dem der im Bett liegende Kranke in den Mittelpunkt der medizinischen Forschung rückte. In diesem Spitalskomplex entfaltete sich in weiterer Folge die Wiener medizinische Schule, die wichtige Kapitel der modernen Medizingeschichte schrieb. Auch die Spezialisierung der einzelnen Kliniken nahm hier ihren Anfang. 1812 wurde im 4. Hof die erste Universitäts-Augenklinik geschaffen. Die immer wichtiger werdende medizinische Lehre im Spitalsbetrieb führte aber schon zu Beginn des 19. Jahrhunderts zu räumlichen Engpässen, die durch die Bebauung der letzten größeren Freifläche (östlich des 7. Hofs) nur noch gelindert werden konnten. In den Jahren 1830 bis 1834 wurden auf dem Gelände des ehemaligen «Kaiserlichen Gottesackers» jene nun dreistöckigen Trakte errichtet, die den Gesamtkomplex um die Höfe 8 und 9 erweiterten. Mit diesen Baumaßnahmen war jene Gestalt

erreicht, die das Projekt Universitätscampus Wien bildete. Sieht man von «Hof 10» (Pathologische Anatomie, 1862; Gerichtsmedizin, 1866) ab, der sich westlich des Narrenturms befindet, entstanden zwischen 1904 und 1911 die für die medizinische Versorgung benötigten Neubauten (Neue Kliniken) außerhalb dieses Areals. Im Zuge der Revitalisierung des AAKH wurde ein Großteil jener in architektonischer Hinsicht unbedeutenden Ein- und Zubauten entfernt, die im Laufe von rund 270 Jahren als Provisorien geschaffen worden waren.[51]

Als gegen Mitte der 1980er Jahre der Abschluss des Jahrhundertprojekts «Neues AKH» absehbar wurde, trat der Diskussionsprozess, was mit dem Areal des AAKH geschehen solle, in die entscheidende Phase. 1985 erarbeitete die in Wien ansässige Internationale Gesellschaft für Stadtgestaltung eine Stellungnahme zur künftigen Nutzung des Geländes, die sowohl hinsichtlich der Standorteignung als auch der Eignung der Bauten und Grünanlagen eine Vielzahl von Möglichkeiten offen ließ. Einen 1987 von der SPÖ ausgeschriebenen Ideenwettbewerb entschied eine Bürgerinitiative («Gartenstadt») für sich, die die Erhaltung der historischen Bauten und eine gärtnerische Gestaltung der Innenhöfe vorschlug; die im siegreichen Beitrag skizzierte «Gartenstadt in der Stadt» zeichnete sich durch eine multifunktionelle Nutzung aus. Das schließlich für die Universität Wien realisierte Revitalisierungskonzept entspricht in seiner städtebaulichen Charakteristik weitgehend jenen Vorschlägen, die von dieser Bürgerinitiative vorgebracht wurden.

Als sich Anfang 1987 die Möglichkeit der Schenkung des gemeindeeigenen Bereichs des AAKH an die UW immer deutlicher abzuzeichnen begann, gab das Wissenschaftsministerium bei den Architekten Kopper und Köhler eine Nutzbarkeitsstudie in Auftrag, aus der hervorgehen sollte, ob diese Schenkung anzunehmen oder besser zurückzuweisen sei. Dies scheint aus heutiger Sicht nahezu absurd, zumal das Wissenschaftsressort diesen Schritt jahrzehntelang herbeigesehnt hatte und die Übernahme des AAKH ganz grundsätzlich eine Jahrhundertchance für die UW darstellte. Diese Vorgangsweise wird jedoch verständlich, wenn man sich die damaligen Engpässe im Bereich des Universitätsbaubudgets vor Augen hält. Aus finanziellen Gründen mussten in der zweiten Hälfte der 1980er Jahre bekanntlich zahlreiche Projekte, die zum Teil in ihrer Planung schon weit fortgeschritten waren, zurückgestellt und sogar schon laufende Bauvorhaben vorübergehend gestoppt werden. (Diese problematische Situation, die nahezu alle Universitäten betraf, konnte durch das im Sommer 1987 beschlossene ASFINAG-Sonderfinanzierungsprogramm entschärft werden.) Der Bund hatte also gute Gründe, sehr genau zu prüfen, ob die Adaptierung der Bauten des AAKH von ihm überhaupt finanzierbar ist. In diese Studie wurde auch das bundeseigene Areal des AAKH (das ehemalige Garnisonsspital) einbezogen.

Nachdem das positive Ergebnis der Nutzbarkeitsstudie vorlag, ging man daran, den Schenkungsvertrag auszuarbeiten, der am 7. Dezember 1988 von Bürgermeister Helmut Zilk und Rektor Wilhelm Holczabek unterzeichnet wurde. Eine Bedingung für die Schenkung war die Forderung der Stadt Wien, dass die Anlage sich dem städtischen Umfeld gegenüber öffnet und ein Teil davon der Allgemeinheit zugänglich gemacht wird. Dies geschah nicht zuletzt deswegen, weil damals Bürgerinitiativen sehr vehement die Erhaltung des Areals und eine bürgernahe und bürgerfreundliche Nutzung forderten. Die Universität Wien wurde als Bauherr diesem Anspruch gerecht. Der repräsentative 1. Hof mit seiner großen Parkanlage wird nun vornehmlich kommerziell genutzt. Dass der gemeindeeigene Teil des Alten AKH nicht dem Bund zugunsten der UW, sondern der Universität Wien auf Grundlage ihrer Rechtsfähigkeit direkt geschenkt wurde, geschah auf Wunsch des Wissenschaftsressorts. Somit trat die UW gegenüber dem Bund als Eigentümerin auf, der Bund, der verfassungsgemäß die Universitäten zu erhalten hat, als Mieter derjenigen Bauten, die für universitäre Zwecke genutzt werden.

Durch den Abschluss eines Rahmenmietvertrages mit Mietzinsobergrenze konnte der Adaptierungsaufwand eingegrenzt und die sonst gewiss eingetretene Kostenexplosion verhindert werden. Es war allerdings nicht leicht, die Richtigkeit und Zweckmäßigkeit dieser Vertragsform zu vermitteln, da auch Bundesorganen die unterschiedliche Stellung der Universität als Rechtsträger und als Teil der Verwaltungsorganisation des Bundes nicht klar war. – Den Vorstellungen des Wissenschaftsressorts gemäß sollte auch der bundeseigene Teil des AAKH (das Garnisonsspital) der Universität Wien geschenkt werden, doch dieser Plan scheiterte an der Haltung des Finanzministeriums und des Rechnungshofes. Auf die angestrebte Adaptierung des Garnisonsspitals hat sich dieses Scheitern jedenfalls negativ ausgewirkt; große Teile dieses Gebäudekomplexes präsentieren sich auch heute noch in einem baufälligen Zustand. – Durch den Abschluss von langfristigen Mietverträgen mit Wirtschaftsbetrieben (Büros, Geschäfte, Einkaufszentren und Restaurants), die sich im 1. Hof ansiedelten, konnte die UW zusätzliche Gelder lukrieren, die ebenfalls zur Finanzierbarkeit des Bauprojekts beitrugen. (In die Adaptierung der kommerziell genutzten Trakte (Nettogrundrissfläche: 9.100 m^2) flossen (ATS) 129 Millionen.) Zur finanziellen Absicherung des Großprojekts trug außerdem der Verkauf eines kleinen Teils des Areals an die Österreichische Nationalbank bei, die dort in unmittelbarer Nähe zu ihrem von Leopold Bauer geplanten Hauptgebäude ein Druckerei-Gebäude nach den Plänen von Wilhelm Holzbauer errichtete.

Mit der Schenkung nahm die Stadt Wien eine Aufgabe wahr, die schon im Gründungsjahr der UW festgeschrieben worden war: In einer 1365 ausgestellten Urkunde gelobten die Wiener Stadtväter, die Universität und ihre Mitglieder zu fördern und zu schützen. Mit der Adaptierung des AAKH wurde außerdem eine Idee verwirklicht, die schon im Stiftungsbrief Rudolfs IV. (1365) anklang: die Schaffung eines Universitätscampus Damals dachte man jedoch an ein gegenüber der Bürgergemeinde abgegrenztes Universitätsviertel, das nahe der herzoglichen Burg von der heutigen Herrengasse, der Schauflergasse und der alten Stadtmauer, die etwa dem Verlauf der Ringstraße folgte, begrenzt worden wäre. Der rund 630 Jahre später realisierte Universitätscampus Wien zeichnet sich im Gegensatz dazu durch seine Offenheit und Durchlässigkeit aus. Die zum Teil auch neu geschaffenen (24) «Tore der Erinnerung» wurden nach einigen bedeutenden Wissenschaftlern und Gelehrten unterschiedlichster Disziplinen benannt, die in Wien (zumeist auch an der UW) tätig waren; das Tor für die «heimlich Schwangeren» erinnert daran, dass das ehemalige Gebärhaus eine Zufluchtstätte für zigtausend ledig gebärende Frauen war, die dort auch ihre neugeborenen Kinder zurücklassen konnten.

Die Universität Wien richtete einen Beirat und eine von Richard Fischer geleitete Koordinationsstelle ein, um die Adaptierung des in ihrem Besitz befindlichen, weiträumigen Baukomplexes bewerkstelligen zu können mit der Kontrolle der Bauabwicklung wurde das Controlling-Büro von Matthias Rant betraut. Die planerischen Leistungen erbrachte eine aus sechs Architekten bestehende Arbeitsgemeinschaft: Hugo Potyka (Städtebauliches, Außenanlagen), Friedrich Kurrent und Johannes Zeininger (Gesamtgestaltung und künstlerische Oberleitung), Ernst M. Kopper (universitäre Nutzung und technisch geschäftliche Oberleitung) sowie Sepp Frank und Rudolf Zabrana (außeruniversitäre Nutzung des 1. Hofs). Die Abwicklung des Projekts wurde einer Bauträgergesellschaft (Edificio) übertragen. In der zweibändigen Dokumentation «Universitätscampus Wien», deren ausgezeichnete Beiträge die wichtigsten Quellen für dieses Unterkapitel und jene Ausführungen darstellen, die an anderer Stelle dem AAKH gewidmet sind, werden (ATS) 673 Millionen als Nettoherstellungskosten für den universitären Bereich (Höfe 2 bis 9) ausgewiesen.[52] 1990 erarbeitete Potyka ein Anforderungsprofil zur Festlegung städtebaulicher Randbedingungen für die Nutzung des AAKH, das die Grundlage für ein Leitprogramm bildete, in dessen Erstellung 1991 unter anderem auch Kopper eingebunden war. Dieses Leitprogramm diente dann als Orientierung für die weitere Vorgangsweise zur Abwicklung des universitären Teilprojekts.

Das Bemühen, den recht engen Kostenrahmen nicht zu sprengen, führte dazu, dass zahlreiche Vorhaben nicht im Rahmen dieses Bauprojekts realisiert werden konnten. Die in der Nutzbarkeitsstudie angeregte Errichtung von Neubauten anstelle einiger Altbauten, welche die Nutzfläche für universitäre Institute bedeutend gesteigert hätte, wurde sofort verworfen. Zu den bislang nicht ausgeführten Vorhaben zählen eine Tiefgarage und ein kleines Hörsaalgebäude anstelle des ehemaligen Haut-Pavillons im 4. Hof, wofür bereits Planungsarbeiten geleistet wurden. Die visionäre Idee, den Narrenturm mit einem begehbaren «Glassturz» zu umfassen, musste ebenfalls fallen gelassen werden. In diesem Kontext waren museale Konzepte (Altes AKH – Gedenkweg bzw. Museum des Wahnsinns) entwickelt worden, die sich auch deswegen erübrigten, weil das im Narrenturm bereits untergebrachte Bundesmuseum für Pathologie und Anatomie nach und nach sämtliche Flächen für seine Zwecke anmietete. Die ursprünglich vorgesehene Bebauung entlang der Sensengasse (im Bereich des ehemaligen Garnisonsspitals), für die sogar ein eigener Wettbewerb ausgeschrieben worden war, konnte ebenfalls noch nicht realisiert werden.

Nur der Vollständigkeit wegen sei erwähnt, dass man aufgrund der wirtschaftlichen Zwänge an eine umfassende Generalsanierung der gesamten Anlage von Anfang an gar nicht dachte. Für die Ausführung der notwendigen Adaptierungsmaßnahmen wurde der Kostenrahmen dann doch um rund 10 % erweitert, da sich aufgrund langer Leerstehungen die Bausubstanz verschlechtert hatte, was insbesondere umfassende Mauertrockenlegungsmaßnahmen bedingte. – Ein ursprünglich vorgesehenes Teilprojekt, die Errichtung eines Hörsaalzentrums (2.000 m²) im 2. Hof, konnte 2003 fertig gestellt werden. Die Pläne für das 5,5 Millionen Euro teure Projekt stammen vom Team Architekten Altes AKH. Die UW war auch in diesem Fall Bauherr, aber sie beauftragte (im Einvernehmen mit dem Bildungsministerium) die BIG mit der Abwicklung dieses Projekts.[53] Ein zweites Bauvorhaben wurde 2005 fertig gestellt. Das ehemalige Bethaus im 6. Hof wurde als Ge- und Bedenkstätte restauriert und von Minna Antova künstlerisch ausgestaltet. Dieses rund 480.000 Euro teure Vorhaben stellt im Rahmen des Gesamtprojekts den Beitrag des Bundes zu «Kunst und Bau» dar.[54] Damit wurde zumindest ein Teil jener Vision realisiert, der ursprünglich mit der geplanten Wiederherstellung der Synagoge verbunden wurde; im Universitätscampus wollte man nämlich Zentren der Besinnung für die drei monotheistischen Religionen errichten.

Hof 8.

Eine weitere Auflage der Stadt Wien stellte die Bedingung dar, dass im zu schaffenden Universitätscampus keine Einrichtungen der Medizinischen Fakultät (Arztordinationen) untergebracht werden dürften. Die UW beschloss die Ansiedlung von (heute) 14 geisteswissenschaftlichen Instituten, die damals zum Teil noch auf mehrere Standorte verteilt waren, und einigen übergeordneten Einrichtungen (Dekanat der Geistes- und Kulturwissenschaftlichen Fakultät; ÖH; Kindergarten; Zentraler Informatikdienst); dadurch konnten einige Anmietungen aufgegeben werden. Hinsichtlich der Verortung im weitläufigen Areal galt es, eine möglichst befriedigende Lösung zu erarbeiten, die ihren Ausdruck in verschiedenen Funktionsgruppen fand. Eine Gruppe bilden drei große Sprachinstitute (Anglistik und Amerikanistik; Romanistik; Slawistik), eine zweite Einheit stellen kleinere sprachkundlich und kulturgeschichtlich ausgerichtete Institute (Afrikanistik; Finno-Ugristik; Judaistik; Orientalistik; Ostasienwissenschaften; Osteuropäische Geschichte; Südasien-, Tibet- und Buddhismuskunde) dar. Die dritte Gruppe umfasst die Institute für Kunstgeschichte und für Musikwissenschaft; hinzu kommen noch die Institute für Ethik und Recht in der Medizin und für Zeitgeschichte sowie zwei übergeordnete Zentren (Frauenförderung und Genderforschung; Überfakultäre Forschung).

Bei der Erarbeitung des Raum- und Funktionsprogramms stellten sich zwei grundsätzliche Probleme: das erste war die Folge des deutlichen Ungleichgewichts zwischen Außenanlagen und jenen Räumen, die tatsächlich für universitäre Zwecke genutzt werden konnten; Höfe im Ausmaß von rund 70.000 m² stehen einem Flächenangebot von 27.300 m² (inklusive der errichteten Zubauten) gegenüber. Das zweite große Problem waren die langen Verkehrswege, die sich aufgrund der Weitläufigkeit der Anlage nicht vermeiden ließen. Die relativ geringen Trakttiefen von rund 8 Metern bildeten gewissermaßen die Klammer dieser beiden Problembereiche. Da sich die alten Dachkonstruktionen in einem guten Zustand präsentierten, sah man von Dachgeschoßausbauten ab, was einen Verzicht auf eine sonst übliche Form der Flächenerweiterung bedeutete. Die eindrucksvollen Geschoßhöhen waren wiederum für die Errichtung von Zwischengeschoßen nicht hoch genug. Dennoch konnten durch den Einbau von Galeriegeschoßen in den meisten Räumen, die den Institutsbibliotheken zugewiesen wurden, deren Rahmenbedingungen in funktioneller Hinsicht verbessert werden. In den Höfen 2, 8 und 9 erzielte man Flächengewinne durch hofseitige Anfügungen so genannter Vorgelege, die sich durch ihre Glasfassaden (in unterschiedlichen Grüntönen) deutlich von den adaptierten Altbauten abheben. Diese ca. 5 Meter tiefen Zubauten bilden bei den Ost-West verlaufenden Trakten eine zweite Außenwand, wodurch man in diesen erweiterten Bauteilen eine Zweihüftigkeit schuf.

In den Altbauten bildete der saalartige Typus des Bettentrakts die Grundstruktur für drei Basisraumtypen, die jene Organisation des Institutsbetriebes spiegeln, die in Zusammenarbeit mit den Nutzern entwickelt wurde. Im Zuge der Erstellung der Bestandspläne entwickelten die Architekten eine neue Topographie, die eine einheitliche Systematik zur Raumbezeichnung ermöglichte; die Grundlage hierfür bildeten Vorgaben der Bundesbaudirektion, die auf Bauteile, Trakte, Geschoße und Fensterachsen Bezug nimmt. Diese Festlegungen sind mit jenen Bezeichnungen identisch, die heute zur Orientierung im Universitätscampus dienen. Nach der Baufreimachung und diversen Abbrucharbeiten konnte im Herbst 1995 mit der Adaptierung begonnen werden. Bereits im Laufe des Jahres 1997 wurden die Höfe 8 und 9 besiedelt, die Gesamtinbetriebnahme der Höfe 1 bis 7 erfolgte im Sommer 1998.

Ernst M. Kopper schreibt zur Entwicklung, die dieses Großprojekt nahm: «Die Achtziger, als die Zeit der Aufarbeitung der Forderungen aus den Siebzigern, die Zeit der Bürgerbeteiligungsprojekte, der alternativen Kulturprojekte des demokratischen Engagements, die Zeit der Kleinteiligkeit, die Zeit des ‹small is beautiful›, die Zeit, in der aus der Notwendigkeit der ideologischen Dialektik und Konkurrenz noch anders als Wirtschaftlichkeit und Rentabilität denkbar war. Die Neunziger, als die Zeit, in der die westlichen Gesellschaftssysteme unmissverständlich gesiegt haben und sich das neue Kapital ohne Einschränkungen mit völlig neuen Möglichkeiten weiterentwickeln kann, in einer im Prinzip durchaus positiv zu sehenden Europäischen Union, in der allerdings das letztlich ideologisch Verbindende der garantierte freie Fluß aller Waren ist, in welcher der Bürger mit dem Sparstift domestiziert wird, der Staat die leeren Säcke zur Schau stellt, Konzerne akkumulieren und immer reicher werden, in der politische Visionen in den klinischen Bereich verwiesen werden – diese Veränderungen müssen auch Veränderungen in der Planungshaltung haben, und es ist durchaus stimmig, daß die Werte des Josefinischen, die spartanische Einfachheit der großen Form, die Klarheit der Linie nun besonders herausgearbeitet werden. Sicher ist, daß durch die Veränderung der Planungsphilosophie das Projekt zu seiner historischen Identität zurückgefunden hat und eine in sich stimmige Antwort auf die Herausforderung gegeben werden konnte.»[55] – Das Projekt Universitätscampus Wien zeigt, dass sich Altstadterhaltung und Stadterneuerung durchaus ergänzen können und dass Bausubstanz aus dem 17., 18. und 19. Jahrhundert auch für eine Universität des 21. Jahrhunderts geeignet sein kann. Der Universitätscampus präsentiert sich heute als «grüne Oase», als ein Ort der Begegnung, wo Forschen, Lehren und Lernen, aber auch Kultur und Geselligkeit ihren Platz haben, wodurch das adaptierte Alte AKH sich als Bereicherung seines städtischen Umfeldes erweist und eine Aufwertung des 9. Wiener Gemeindebezirks darstellt.

1.5.7 Der neu errichtete Mitteltrakt des Gebäudes «Kinderspitalgasse 15»

Im 1908 fertig gestellten Gebäude «Kinderspitalgasse 15» waren anfänglich die universitären Institute für Hygiene und für Allgemeine und Experimentelle Pathologie, die Allgemeine Untersuchungsanstalt für Lebensmittel und das ebenfalls staatliche Serotherapeutische Institut untergebracht. Zur Ausstattung des damals hochmodernen Institutsgebäudes zählten unter anderem elektrische Personen- und Frachtenaufzüge, eine Besonderheit stellten groß dimensionierte «Reformschiebefenster» an den Gassenfronten dar, die möglichst gute Lichtverhältnisse für das Mikroskopieren gewähren sollten.[56] Anfang der 1990er Jahre war die Alte Hygiene die Heimstätte von vier Instituten, die dort unter sehr beengten Verhältnissen arbeiten mussten.

Im Februar 1991 zerstörte ein Brand den in den Hof hineinragenden Mitteltrakt, wo Labors und Lagerräume der Virologen und Tropenmediziner untergebracht waren, was eine weitere Verschärfung der an sich schon problematischen Raumsituation bedeutete. Durch die Schäden wurden zwar keine Viren freigesetzt, was man befürchtet hatte, doch das Feuer zerstörte wichtige Arbeits- und Forschungsunterlagen der Virologen. In Anbetracht der schwierigen Raumsituation war man bestrebt, die Schäden möglichst rasch zu beheben. Die vom Wirtschaftsministerium eingeleitete Planung geriet aber ins Stocken, da jene Firma, die als Generalplaner und Generalunternehmer in Aussicht genommen wurde, Konkurs anmelden musste. Das Gebäude übertrug man 1994 in den Fruchtgenuss der BIG, die das Architekturbüro Achammer-Tritthart & Partner mit dem Projekt betraute. Im Unterschied zur ursprünglichen Planung, die eine Instandsetzung des schwerstbeschädigten Traktes vorsah, wurde dieser 1996 abgebrochen und durch einen fünfstöckigen Neubau (knapp 1.200 m^2) ersetzt.[57] Das (ATS) 60 Millionen teure Projekt konnte im Oktober 1997 den Nutzern übergeben werden. 2004 waren vier Institute (Hygiene; Umwelthygiene; Virologie; Pathophysiologie) der MUW und die Österreichische Agentur für Gesundheit und Ernährungssicherheit (vormals Bundesanstalt für Lebensmitteluntersuchung und -forschung) im Gebäudekomplex «Kinderspitalgasse 15» (rund 4.400 m^2) untergebracht.

1.5.8 Die Adaptierung des Gebäudes «Spitalgasse 4» – das Hirnforschungszentrum

Die 1862 fertig gestellte Pathologie (Spitalgasse 4) zählt zu jenem Bestand des Alten AKH (Hof 10), das die Stadt Wien 1988 der Universität Wien schenkte. Im Unterschied zu den Höfen 2 bis 9, die man geisteswissenschaftlichen Instituten widmete, war die Pathologie aber Teil jenes Konzepts, das die Neuordnung vorklinischer und naturwissenschaftlicher Institute zum Gegenstand hatte. Bereits in der 1990 von den Architekten Kopper und Köhler vorgelegten Standort- und Strukturstudie für Institute der Medizinischen und der Formal- und Naturwissenschaftlichen Fakultät war das dreistöckige Gebäude als künftige Heimstätte des ins Auge gefassten Hirnforschungszentrums vorgesehen, an dem sich neben universitären Instituten (Neurologie; Biochemische Pharmakologie; Neurophysiologie; Neuropharmakologie) ursprünglich auch eine Einrichtung der Österreichischen Akademie der Wissenschaften beteiligen sollte. Nicht zuletzt aufgrund der bereits bestehenden haus- und labortechnischen Einrichtungen bot sich der recht gut erhaltene Altbau für diese Zwecke an.

Die empfohlene rasche Adaptierung konnte aber aus finanziellen Gründen nicht erfolgen; erst gegen Mitte der 1990er Jahre nahm dieses Bauvorhaben konkretere Formen an. Bei der Projektabwicklung griff man auf jene Strukturen zurück, die sich schon bei der Adaptierung des AAKH bewährten. Dabei handelte es sich um die von der UW eingerichtete und von Richard Fischer geleitete Koordinationsstelle und das Controlling-Büro von Matthias Rant; Architekt Ernst M. Kopper erbrachte die planerische Leistung und die Bauträgergesellschaft

Edificio wickelte das gegenständliche Vorhaben ab.[58] Die (ATS) 120 Millionen teure Adaptierung wurde im Herbst 1997 in Angriff genommen, die im Frühjahr 2000 abgeschlossen werden konnte. Da in Österreich Universitäten verfassungsgemäß von Bund finanziell zu erhalten sind, mietete er auch in diesem Fall das im Eigentum der Universität Wien befindliche Gebäude (knapp 5.700 m²) an, das nun die Heimstätte des 1999 gegründeten Instituts für Hirnforschung der heutigen MUW ist.

1.5.9 Die bauliche Entwicklung der Universität Wien im 21. Jahrhundert – ein Ausblick

Wie rasch sich größere Änderungen im Bereich des Universitätsbaus ergeben können, beweist ein Blick in den «Hochschulbericht 2002», wo unter in Planung befindliche Bauvorhaben neun Projekte für die Universität Wien ausgewiesen werden, deren Kosten man auf 170 Millionen Euro schätzte;[59] vier davon betreffen nun die Medizinische Universität Wien. Von den verbleibenden fünf UW-Projekten wird das Theoriegebäude an der Währinger Straße (29–31) in absehbarer Zeit wohl nicht errichtet werden, nachdem die heutige Fakultät für Mathematik, die bis 2003 auf zahlreiche Standorte verstreut war, im UZA IV versorgt werden konnte. Im letzten Hochschulbericht war noch nicht das ehemalige Gerichtsgebäude «Riemergasse 12» angeführt, das ausgezeichnete Arbeitsbedingungen (in bester Lage) für alle nichtlaborintensiven Institute geboten hätte. Von der möglichen Anmietung nahm die UW jedoch Abstand.
Im «Hochschulbericht 2002» wurden außerdem zwei Projekte (Erweiterung und Funktionsadaptierung der Universitätsbibliothek; Generalsanierung des Auditorium maximum) ausgewiesen, die Teile des Hauptgebäudes betreffen. Sollte sich die ebenfalls angeführte Erweiterung des Universitätssportzentrums (USZ III) auf der Schmelz nicht finanzieren lassen, könnte der Universitätssport möglicherweise trotzdem von einem Großprojekt profitieren, das im Hochschulbericht aber unerwähnt blieb. Die BIG ist jedenfalls sehr an der Verbauung jenes zentral gelegenen Areals interessiert, worauf sich unter anderem auch der alte Universitätssportplatz befindet. Im Buch zu ihrem zehnjährigen Bestandsjubiläum wird ein von den Architekten Heinz Neumann und Christian Mascha entwickeltes Konzept (Campus Sensengasse) vorgestellt, das neben einer großen Dreifachsporthalle, von der auch Schulen profitieren sollen, eine in dieser Lage dringend benötigte Tiefgarage, die eigentlich schon im Rahmen der Adaptierung des AAKH hätte errichtet werden sollen, und Gebäude für Wohn- und Bürozwecke umfasst; letztere könnten zum Teil auch von universitären Einrichtungen genutzt werden.[60]
Bauliche Maßnahmen für Zwecke der Gerichtsmedizin (Sensengasse 2) und der Krebsforschung (Borschkegasse 8–8a) lassen sich aufgrund der Baufälligkeit der Gebäude nicht mehr lange aufschieben. – Ein Großprojekt der MUW bildet die Adaptierung des ehemaligen Garnisonsspitals, wovon die Universitätsklinik für Zahn-, Mund- und Kieferheilkunde (ZMK) profitieren würde. Bauliche Maßnahmen für Zwecke der ZMK wollte man schon vor 30 Jahren setzen. Zur Verzögerung hat nicht unwesentlich der Umstand beigetragen, dass diese Universitätsklinik in organisatorischer Hinsicht österreichweit eine Ausnahme darstellt. Im Unterschied zu den Landeskrankenhäusern in Graz und Innsbruck ist nämlich in Wien die ZMK nicht zugleich auch eine Abteilung des AKH, obwohl sie ebenfalls eine Krankenanstalt im krankenanstaltenrechtlichen Sinne ist. Die Bemühungen um eine Verbesserung der Arbeitsbedingungen an der ZMK reichen weit in die 1970er Jahre zurück, als der Bund im Zuge der Errichtung des neuen AKH und im Zusammenhang mit der Neustrukturierung der Universitätskliniken und der klinischen Institute die Einbeziehung der ZMK in den Klinischen Bereich anstrebte. Damals erklärte die Stadt Wien zwar ihre Bereitschaft, einen Bauplatz auf dem Areal des neuen AKH kostenlos zur Verfügung zu stellen, an den Planungs- und Errichtungskosten sowie am Betriebsaufwand wollte sie sich hingegen nicht beteiligen. In weiterer Folge wurde die Planung für diesen Neubau weit vorangetrieben, doch scheiterte dessen Realisierung letztlich aus finanziellen Gründen. 1994 eröffnete sich eine neue Variante, als die ZMK ihren Verbleib im ehemaligen Garnisonsspital (Währinger Straße 25) zur Dis-

kussion stellte. Nach umfassenden Untersuchungen fiel die Entscheidung schließlich zugunsten der Adaptierung von Teilen des in den Jahren 1784 bis 1787 errichteten Garnisonsspitals, die durch Neubauten ergänzt werden sollen.[61] Das ZMK-Projekt wurde 2002 auf 53 Millionen Euro geschätzt.

---

1 Kurt Schubert, Die Wiedereröffnung der Universität Wien im Mai 1945; in: Wiener Universitätsreden, Neue Folge 1, Wien 1991, S. 13ff.
2 Jean Rodolphe von Salis, Im Lauf der Jahre. Über Geschichte, Politik und Literatur, Zürich 1962, S. 232.
3 Vgl. dazu: BMWV, GZ 30.703 / 12–9 ex 1998.
4 Vgl. dazu: Wien und seine Universität, hg. vom BMU, Wien 1965, S. 9.
5 Resolution der Universitäts-Gebäudekommission vom 25.6.1970; in: BMWF, GZ 303.510 / Raum ex 1970.
6 Vgl. dazu: Hugo Potyka, Planungen; in: Universitätscampus Wien, Bd. 2, Wien 1998, S. 5–16.
7 Vgl. dazu: Wien und seine Universität, hg. vom BMU, Wien 1965, S. 16f.
8 Vgl. dazu: BMWF, GZ 31.674 / Raum ex 1972.
9 Vgl. dazu: BMWF, GZ 30.354 / 1.9 ex 1992.
10 Vgl. dazu: Hermann Haupt, Das Leopold-Figl-Observatorium für Astrophysik der Universität Wien; in: Wetter und Leben. Zeitschrift für Angewandte Meteorologie, 22. Jg., 1970, S. 89–93.
11 Vgl. dazu: BMWF, GZ 30.698 / Raum ex 1974.
12 Vgl. dazu: Bericht des Rechnungshofes über die Durchführung besonderer Akte der Gebarungsprüfung betreffend die Betriebsorganisationsplanung für den Neubau des Allgemeinen Krankenhauses in Wien, Dezember 1980; in: BMBWK.
13 Vgl. dazu: Das Wiener Allgemeine Krankenhaus – Universitätskliniken, hg. von der VAMED, Wien 1994. (Diese ausgezeichnete Dokumentation bildet auch die wichtigste Quelle für das Kapitel 1.4.7).
14 Vgl. dazu: BMWF, GZ 303.976 / Raum ex 1970.
15 Vgl. dazu: BMU, GZ 98.937 / III–4 ex 1969.
16 Vgl. dazu: BMU, GZ 129.961 / II–3b ex 1964.
17 Vgl. dazu: BMWF, GZ 30.328 / 3–9 ex 1976.
18 Vgl. dazu: Ministerinformation betreffend: Artikel in Der Standard vom 13. Mai 1995, Sachverhaltsdarstellung; in BMBWK.
19 Vgl. dazu: BMWF, GZ 30.288 / Raum ex 1974.
20 Vgl. dazu: [Broschüre] Institut für Krebsforschung der Universität Wien, hg. von Sepp Stein, Wien o.J.
21 Vgl. dazu: BMU, GZ 69.976 / III / Bau ex 1963.
22 Vgl. dazu: BMWF, GZ 30.333 / 1–9 ex 1975.
23 Vgl. dazu: BMWF, GZ 32.766 / Raum ex 1973.
24 Vgl. dazu: BMWV, GZ 30.392 / 1–Pr / 9 ex 2000.
25 Vgl. dazu: BMWF, GZ 31.502 / 6–9 ex 1976.
26 Vgl. dazu: BMWF, GZ 30.311 / 3–9 ex 1985 – Dieser Akt umfasst Stellungnahmen des Wissenschaftsressorts sowie der Professoren Günther Winkler und Ernst Hiesmayr zum Rohbericht (2. März 1985) des Rechnungshofes, die für die Erarbeitung dieses Kapitels sehr wertvoll waren.
27 Vgl. dazu: BMWF, GZ 33.191 / Raum ex 1973.
28 Vgl. dazu: UZA. Festschrift zur Eröffnung der Wirtschaftsuniversität Wien, hg. vom Architekturbüro Hlaweniczka und der Konstruktiva AG, Wien o.J.
29 Vgl. dazu: BMWF, GZ 30.830 / 3–9 ex 1981.
30 Diese Anekdote erzählte mir Herr Dr. Franz Loicht, der die relevanten Akten im Staatsarchiv einsah.
31 Vgl. dazu: Michael Hesse, Baugeschichte des Instituts für Botanik der Universität Wien; in: Die Botanik am Rennweg, Wien 1992, S. 9–49.
32 Vgl. dazu: Die Universität am Ring, hg. von Hermann Fillitz, Wien 1984.
33 Vgl. dazu: BMWF, GZ 30.750 / 8–7 ex 1987.
34 Vgl. dazu: BMWF, GZ 30.300 / 3–9 ex 1990.
35 Vgl. dazu: BMWF, GZ 30.404 / 1–9 ex 1985.
36 Vgl. dazu: [Broschüre] Institut für Publizistik- und Kommunikationswissenschaft, für den Inhalt verantwortlich: Wolfgang Langenbucher, Wien o.J.
37 Vgl. dazu: [Broschüre] Universitätskirche – Generalsanierung, hg. vom Bundesministerium für wirtschaftliche Angelegenheiten, Wien 1998.

38 Erhard Busek, Vorwort zu: Das Wiener Allgemeine Krankenhaus – Universitätskliniken, Wien 1994.

39 Vgl. dazu: Bericht des Rechnungshofes vom 14. Juni 2002: Ergebnis der Gebarung der ARGE-AKH hinsichtlich der Abrechnung bereits abgeschlossener Teilprojekte unter Berücksichtigung eines Kostenvergleiches zwischen den veranschlagten und tatsächlichen Herstellungskosten; in: BMBWK.

40 Vgl. dazu: BMWF, GZ 30.361 / 2–9 ex 1991.

41 Vgl. dazu: BMWF, GZ 30.411 / 8–9 ex 1988.

42 Vgl. dazu: Universität Wien – Biozentrum Dr. Bohrgasse. Labor- und Institutsgebäude der Formal- und Naturwissenschaftlichen Fakultät und der Medizinischen Fakultät der Universität Wien; Eine Dokumentation zur Eröffnung im November 1992, hg. von Ernst M. Kopper, Wien 1992.

43 Vgl. dazu: Die Bundesimmobiliengesellschaft – Zehn erfolgreiche Jahre, hg. von der BIG, Wien 2002, S. 141ff.

44 Vgl. dazu: Dokumentation BWL-Zentrum Brünner Straße, hg. vom BMWF, Wien 1992, S. 71.

45 Vgl. dazu: BMWV, GZ 30.845 / 1–9 ex 1999.

46 Vgl. dazu: BMWF, GZ 30.834 / 17–9 ex 1990.

47 Vgl. dazu: BMWF, GZ 30.353 / 1–9 ex 1987.

48 Vgl. dazu: BMWF, GZ 30.353 / 3–9 ex 1991.

49 Vgl. dazu: BMWF, GZ 30.361 / 10–9 ex 1984.

50 Vgl. dazu: BMWF, GZ 304.824 / Raum ex 1970.

51 Vgl. dazu: Hellmut Lorenz, Das Alte Allgemeine Krankenhaus in Wien. Baugestalt und Baugeschichte; in: Universitätscampus Wien, Bd. 1, Wien 1998, S. 37–56.

52 Vgl. dazu: Universitätscampus Wien, Bd. 2, Wien 1998, S. 139.

53 Vgl. dazu: BMBWK, GZ 30.376 / 4–Pr / 5 ex 2002.

54 Vgl. dazu: BMBWK, GZ 30.376 / 3–Pr / 5 ex 2002.

55 Vgl. dazu: Ernst M. Kopper, Von der Nutzbarkeitsstudie zur Realisierung. Projektentwicklung – 10 Jahre Altes Allgemeines Krankenhaus; in: Universitätscampus Wien, Bd. 2, Wien 1998, S. 29f.

56 Vgl. dazu: Neubauten für Hochschulen in Wien, 1894–1913, hg. vom k.k. Ministerium für Kultus und Unterricht, Wien 1913, S. 22.

57 Vgl. dazu: BMWFK, GZ 30.323 / 3–9 ex 1995.

58 Vgl. dazu: BMWV, GZ 30.376 / 27–9 ex 1997.

59 Vgl. dazu: Hochschulbericht 2002, hg. vom BMBWK, Bd. 2, Wien 2002, S. 125.

60 Vgl. dazu: Die Bundesimmobiliengesellschaft – Zehn erfolgreiche Jahre, hg. von der BIG, Wien 2002, S. 106ff.

61 Vgl. dazu: BMWV, GZ 330.321 / 12–Präs. 9 ex 1997.

2 Technische Universität Wien (TUW)

Der Ausbau der zentrumsnahen Standorte prägte bislang die Baugeschichte der Technischen Universität Wien. Für Zwecke der TUW wurden nach 1945 sieben große Neubauprojekte realisiert und zahlreiche Adaptierungen vorgenommen, wovon sechs Projekte ausführlicher behandelt werden. 2002 standen der Technischen Universität Wien (wissenschaftliches Personal: 971 Personen; allgemeine Universitätsbedienstete: 776 Planstellen) 175.000 m² zur Verfügung; 15.248 ordentliche Studierende waren im Studienjahr 2002/03 inskribiert.

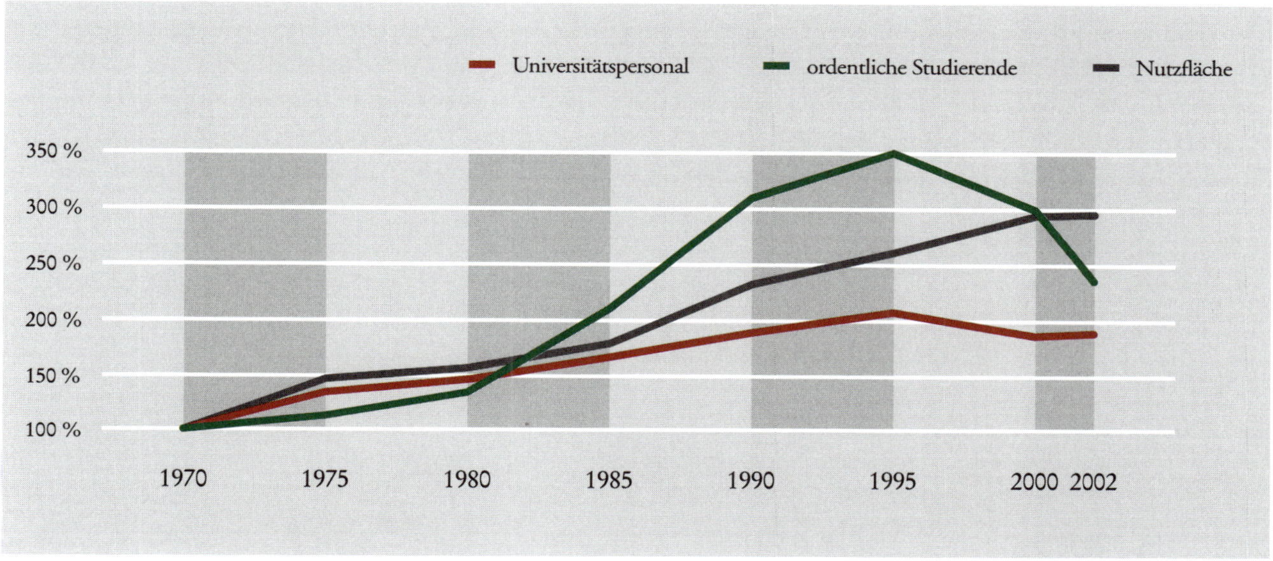

Die Technische Universität Wien verfügt in zentraler Lage über vier Zentren, die sich wiederum zueinander in nächster Nähe befinden; drei davon liegen im 4. Wiener Gemeindebezirk Wieden. Das 1818 eröffnete Hauptgebäude «Karlsplatz 13», nächst der Karlskirche, ist der älteste Hochschulbau, der in Wien (ohne Unterbrechung) noch für universitäre Zwecke genutzt wird. Das nach den Plänen von Andreas Fischer und Josef Schemerl errichtete Gebäude erfuhr in mehreren Etappen eine umfassende Erweiterung. Heute sind in diesem Gebäudekomplex die meisten Institute der Fakultäten für Bauingenieurwesen und für Architektur und Raumplanung untergebracht. Südlich des Hauptgebäudes liegt das Gußhausareal mit seinen Bauten (Altes EI [Altes Elektrotechnisches Institutsgebäude] und Neues EI (Gußhausstraße 25–29); Favoritenstraße 9–11; Karlsgasse 11 und 13; Argentinierstraße 8), wo die meisten Institute der Fakultät für Elektrotechnik und Informationstechnik sowie zahlreiche Institute anderer Fakultäten angesiedelt sind.
Unmittelbar an den ältesten Standort der TUW schließen im Westen die Freihausgründe an, wo zwei Neubauten errichtet wurden: das Bibliotheksgebäude «Resselgasse 4» und das so genannte Freihaus (Wiedner Hauptstraße 8–10), das große Bereiche der Fakultäten für Physik und für Mathematik und Geoinformation beherbergt. In unmittelbarer Nachbarschaft befinden sich das Gebäude «Treitlstraße 3» und das Perlmoser-Haus (Operngasse 11). – Die drei Wiedner Zentren werden durch weitere neun Standorte ergänzt (Erzherzog-Johann-Platz 1; Gußhausstraße 28; Floragasse 7; Paniglgasse 16; Resselgasse 3 und 5; Wiedner Hauptstraße 7 und 9;

Theresianumgasse 27). – Wenige hundert Meter vom letztgenannten Zentrum entfernt, zwischen der Lehárgasse und der Gumpendorfer Straße, befindet sich das Getreidemarktareal im 6. Bezirk Mariahilf. Nach dem Ersten Weltkrieg wurden der Technischen Hochschule dort Gebäudekomplexe zugesprochen, die bis 1918 der k.k. Kriegsschule und dem Technischen Militärkomitee zur Verfügung standen. Nach 1945 setzte man auf diesem Areal dann die ersten größeren Baumaßnahmen für die TUW. Am Getreidemarkt sind Bereiche der Fakultäten für Technische Chemie und für Maschinenwesen und Betriebswissenschaften angesiedelt. Ergänzt wird das vierte zentral gelegene Zentrum der TUW durch den Standort «Gumpendorfer Straße 1a».

Im 3. Bezirk Landstraße, vom Stammhaus knapp 2,5 km entfernt, verfügt die TUW seit 1917 über Baulandreserven (die Aspanggründe), wo allerdings erst in den 1990er Jahren Laborhallen (Landstraßer Hauptstraße 152 bzw. Adolf-Blamauer-Gasse 1–3) adaptiert und neu errichtet wurden; auf dem benachbarten Areal des Österreichischen Forschungs- und Prüfzentrums arsenal research mietete die TUW in zwei Bauten (Franz-Grill-Straße 1) Räumlichkeiten an. Lediglich drei weitere Standorte befinden sich in anderen Stadtteilen; Abteilungen von Chemie-Instituten wurden (vorübergehend) in einem Gebäude der Veterinärmedizinischen Universität (Veterinärplatz 1) im 21. Bezirk Floridsdorf untergebracht. Im 20. Wiener Gemeindebezirk Brigittenau liegt der Standort «Engerthstraße 119» und das von der TUW betreute Atominstitut der österreichischen Universitäten (Stadionallee 2) befindet sich im 2. Bezirk Leopoldstadt.

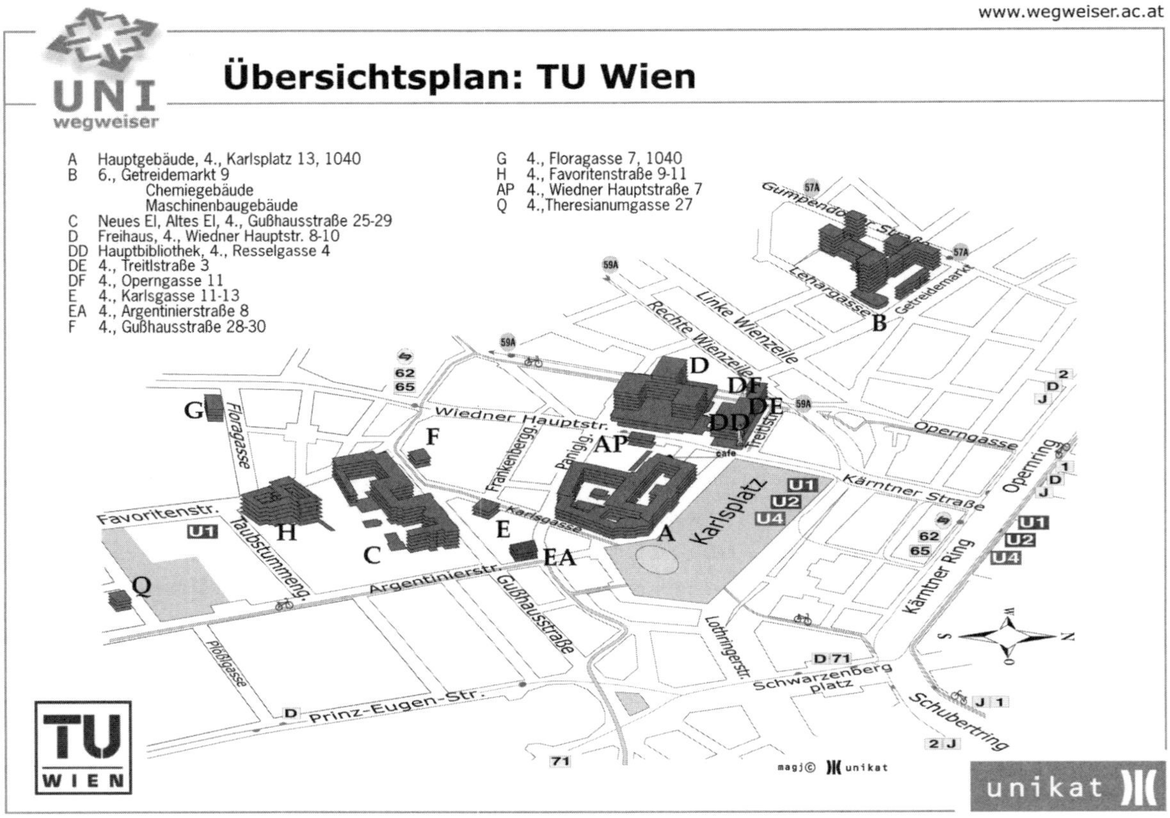

2.1 Die räumliche Erweiterung der Technischen Universität Wien ab 1950

Nach dem Zweiten Weltkrieg wurden an den Gebäuden am Getreidemarkt, am Karlsplatz und an der Gußhausstraße vor allem Sanierungs- und Adaptierungsmaßnahmen gesetzt. Kriegsschäden trugen insbesondere die Bauten am Getreidemarkt davon. (Auch der Gauermanntrakt des benachbarten Hauptgebäudes der Akademie der bildenden Künste am Schillerplatz war von Bomben verwüstet worden.) Der Wiederaufbau des westlichen Trakts des ehemaligen Technischen Militärkomitee-Gebäudes (Getreidemarkt 9) wurde bald nach Kriegsende eingeleitet und konnte 1949 abgeschlossen werden. Durch Bombentreffer und Artilleriebeschuss wurden aber auch jene Werkstätten- und Laboratoriumsbauten auf dem Getreidemarktareal schwerst in Mitleidenschaft gezogen, die man in der zweiten Hälfte der 1920er Jahre für die Maschinenbau-Institute adaptiert bzw. neu errichtet hatte. Zu Beginn der 1950er Jahre konnten an deren Stelle eine Maschinenhalle und ein Laboratoriumsbau realisiert werden. Bereits 1949 hatte man für die Universitätsbibliothek im Hautgebäude einen Bücherspeicher eingerichtet, der 50.000 Bände fasste, und in den Jahren 1954/55 erfolgte die Aufstockung des in der zweiten Hälfte der 1830er Jahre gebauten Mitteltrakts, die Architektur-Instituten zugute kam.
Ende der 1950er Jahre erfolgte die Adaptierung des Gebäudes «Theresianumgasse 27», wo ein Betriebswirtschaftliches Zentrum in Zusammenarbeit mit dem Österreichischen Verein zur Förderung der betriebswirtschaftlichen Forschung und Ausbildung eingerichtet wurde. 2003 standen in diesem dreigeschoßigen Gebäude knapp 1.400 m² dem Institut für Betriebswirtschaften, Arbeitswissenschaft und Betriebswirtschaftslehre zur Verfügung. Mit diesen Baumaßnahmen wurde der Raumbedarf jedoch nur notdürftigst befriedigt. Infolge des steilen Anstiegs der Hörerzahlen (1955/56: 2.486; 1959/60: 4.448) zeichnete sich nämlich eine Raumnot immer deutlicher ab, die man durch einen großzügigen Ausbau der TUW verhindern wollte. Für den ins Auge gefassten Gesamtausbau fehlte damals jedoch ein umfassendes Raum- und Funktionsprogramm, das erst Mitte der 1960er Jahre vorlag.
Aufgrund der Dringlichkeit hatte 1957 das Bundesministerium für Handel und Wiederaufbau Architekt Karl Kupsky einen Planungsauftrag für das rund 20.000 m² große Getreidemarktareal erteilt, wo erste Bauten ja bereits realisiert worden waren. Das erarbeitete Konzept[1] lag jenen Baumaßnahmen zugrunde, die bis in die frühen 1970er Jahre dort gesetzt wurden. Eigentlich sollten am Getreidemarkt die laborintensiven Chemie-Institute und die meisten Maschinenbau-Institute räumlich versorgt werden; die Ausnahme bildeten von Anfang an große Versuchshallen der damaligen Fakultät für Maschinenwesen und Elektrotechnik, die nach Kupsky auf den Aspanggründen im 3. Bezirk errichtet worden wären, und die theoretischen Fächer der Chemie, die im Hauptgebäude verbleiben sollten. Auf dem Getreidemarktareal wollte man den gesamten Altbestand schrittweise durch Neubauten ersetzen.
Auch der Abbruch des ehemaligen Kulissendepots der k.k. Hoftheater (Lehárgasse 6–8), das nach Plänen von Gottfried Semper und Karl Hasenauer in den Jahren 1874 bis 1877 errichtet wurde, war vorgesehen; an dessen Stelle sollte den damaligen Vorstellungen gemäß ein zweites Institutsgebäude für den Maschinenbau entstehen. In den 1970er Jahren wurden nicht zuletzt aus der TUW (Professor Hiesmayr) selbst Bedenken gegen den bereits denkmalbehördlich bewilligten Abbruch des Semper-Depots vorgebracht, der schließlich wieder aufgehoben wurde. Eine Adaptierung des Gebäudes für Zwecke der TUW war nicht möglich, alle diesbezüglichen Bemühungen scheiterten letztlich an der Unvereinbarkeit von Denkmal- und Brandschutz. (Ende der 1980er Jahre entwickelte Carl Pruscha ein realisierbares Projekt für die Akademie der bildenden Künste. Der eindrucksvolle Zweckbau zählt heute zu den gelungensten Adaptierungen für Universitätszwecke in Österreich.)

2.1.1 Das Atominstitut der österreichischen Universitäten, Stadionallee 2

Für das 1959 gegründete Atominstitut der österreichischen Universitäten, das organisatorisch der TUW angegliedert ist, setzte man noch im selben Jahr den Grundstein jenes Studien-Atomreaktors, der nach den Plänen der Architekten W. Legler und Fritz Purr auf dem Platz des ehemaligen Fouragedepots an der Kreuzung Stadionallee-Schüttelstraße im 2. Bezirk Leopoldstadt errichtet wurde. Der Reaktor vom Typ TRIGA-Mark-II konnte schon im Frühjahr 1962 in Betrieb genommen werden.
Im dreigeschoßigen Laboratoriumsgebäude, das hufeisenförmig an die Reaktorhalle angeschlossen ist, befinden sich im Keller sämtliche Installationsanlagen, Lagerräume und Werkstätten; die physikalischen und chemischen Labors sowie weitere Arbeitsräume sind in den Obergeschoßen untergebracht. An dieser Außenstelle, am Rande des Praters, steht zudem ein Hörsaaltrakt (für 170 Personen) für den Studienbetrieb zur Verfügung. Obgleich ein «Beschleunigertrakt» Teil der ursprünglichen Planung war, dessen Errichtung Anfang der 1970er Jahre beantragt wurde, konnte dieser Zubau aus finanziellen Gründen nicht mehr realisiert werden; die bestehende Anlage umfasst insgesamt 4.800 m^2. Gegen den Bau des Studien-Atomreaktors, der vor allem für die Grundlagenforschung von Bedeutung ist, wurde bereits zu Beginn der 1960er Jahre demonstriert («Rettet den Prater»); in den Brennpunkt des öffentlichen Interesses geriet er dann wieder nach der Katastrophe von Tschernobyl im Sommer 1986.

2.2 Die räumliche Erweiterung der Technischen Universität Wien ab 1960

Noch zu Beginn dieses Jahrzehnts fehlte das umfassende Raum- und Funktionsprogramm, das man als Grundlage für den Gesamtausbau der TUW benötigte. 1966 legte Architekt Alfred Wanko, der damals noch an der TUW tätig war, dieses Gesamtprogramm vor, dessen Ergebnisse vom Wirtschaftsressort aber mit Besorgnis aufgenommen wurden, da die bestehenden Erweiterungsflächen auf längere Sicht praktisch keine Entwicklungsmöglichkeiten boten. Nach Wankos Untersuchung konnten durch Baumaßnahmen auf den zentrumsnahen Arealen (Karlsplatz, Gußhausareal und Getreidemarktareal) sowie den Aspanggründen insgesamt rund 105.000 m^2 Nutzfläche verfügbar gemacht werden; den damaligen Vorstellungen gemäß hätten damit rund 7.000 Studierende räumlich versorgt werden können. Beinahe so viele ordentliche Studierende waren aber Mitte der 1960er Jahre schon an der TUW gezählt worden (1960/61: 5.615; 1965/66: 6.829; 1969/70: 6.339).
Das Bundesministerium für Handel und Wiederaufbau vertrat die Auffassung, dass Mitte der 1970er Jahre bereits mit 10.000 Hörern zu rechnen wäre; sollte die TUW irgendwann 15.000 bis 20.000 Studierende aufnehmen müssen, wäre dafür überhaupt ein Areal im Ausmaß von mindestens 120 ha nötig, die drei zentrumsnahen Standorte (Karlsplatz, Gusshausareal und Getreidemarktareal) und die Aspanggründe umfassten zusammen allerdings nur rund ein Zehntel dieser Fläche. Wanko empfahl den Ausbau der drei innerstädtischen Standorte sowie die Verlegung der Fachgruppe Technologie sowie einiger anderer Institute, die große Versuchshallen benötigten, auf die Aspanggründe. – Das Handelsministerium dachte hingegen zwei Alternativen an: Im ersten Fall wäre zwar Wankos Vorschlag umgesetzt, aber dieser Ausbau durch die Gründung einer zweiten Technischen Hochschule am Stadtrand von Wien ergänzt worden. Der zweite Vorschlag zielte auf eine Verlegung der gesamten TUW ab, für die ein rund 150 ha großes Areal am östlichen oder südlichen Stadtrand erworben werden sollte. «Da alle diese Überlegungen aber grundlegende Fragen der Standortwahl und Organisation der technischen Hochschulen betreffen, zu welchen das Bundesministerium für Handel und Wiederaufbau nur technische Unterlagen und Ratschläge geben kann, muß deren Entscheidung aber letztlich dem dafür zuständigen Bundesministerium für Unterricht anheimgestellt werden.»[2]

Das Unterrichtsministerium erinnerte daran, dass sich sowohl die TUW als auch die Technische Hochschule Graz bezüglich der Hörerzahlen ein oberes Limit gesetzt hatten, dem gemäß in Wien maximal 8.000 Studierende betreut werden sollten. Weder das Unterrichtsressort noch die Verantwortlichen der Hochschule wollten die zentrale Lage der TUW aufgeben, welche die Einbindung ins kulturelle Leben der Bundeshauptstadt bedeutete und zudem den Austausch mit den meisten anderen Wiener Universitäten erleichterte. Gegen eine Verlegung sprachen auch die bereits investierten Summen, die insbesondere in den Ausbau des Getreidemarktareals geflossen waren, und der Umstand, dass einige Projekte in ihrer Planung bereits weit fortgeschritten waren.[3] – Gegen eine zweite Technische Hochschule in Wien sprachen wiederum die Gründungen der Technisch-Naturwissenschaftlichen Fakultät an der Hochschule für Sozial- und Wirtschaftswissenschaften Linz (1965) und der Baufakultät an der Universität Innsbruck (1966), die dann auch für ein paar Jahre die Technischen Hochschulen Wien und Graz sowie Bereiche der Montanuniversität Leoben spürbar entlasteten.

Das Unterrichtsressort versuchte durch den Ankauf von Wohnhäusern die zentrumsnahen Standorte der TUW zu erweitern und dadurch zusätzlichen Raum zu schaffen. In der zweiten Hälfte der 1960er Jahre konnten die Gebäude «Argentinierstraße 8» (3.300 m^2), «Karlsgasse 11 und 13» (2.000 m^2) und «Gußhausstraße 28/Erzherzog-Johann-Platz 1» (8.700 m^2) erworben werden, die in den Jahren 1969 bis 1975 für Zwecke der TUW adaptiert wurden. Diese Erweiterungsmöglichkeit war allerdings auch mit mancherlei Schwierigkeiten verbunden, da einige Mieter ihre Wohnungen nicht räumen wollten, obgleich sie anfänglich die gebotene Ablöse bzw. bereitgestellte Ersatzwohnung akzeptiert hatten.

Anlässlich der 150-Jahr-Feier der TUW im Jahre 1965 gab Karl Kupsky, der als Obmann der Kommission für Raumfragen vorstand, schon einen Ausblick auf den Gesamtausbauplan, der (reine) Baukosten in der Höhe von rund (ATS) 500 Millionen vorsah. Kupskys Konzept gemäß wären im Hauptgebäude neben der Universitätsleitung, der Zentralen Verwaltung und der Universitätsbibliothek die Institute der theoretischen Fächer der Naturwissenschaftlichen Fakultät sowie die Institute der damaligen Fakultät für Bauingenieurwesen und Architektur verblieben. Das Gußhausareal war hauptsächlich dem Ausbau der elektrotechnischen Institute gewidmet und das Getreidemarktareal sollte bekanntlich die meisten Chemie- und Maschinenbau-Institute aufnehmen, wobei die größeren Versuchshallen (auch jene für das Bauingenieurwesen) und die technologischen Institute zur Gänze auf den Aspanggründen errichtet werden sollten.[4] – Für die Bebauung der Aspanggründe arbeitete Anfang der 1970er Jahre Architekt Kurt Zöhrer Pläne aus, deren Realisierung aber nicht in Angriff genommen wurde. Ein gewichtiger Grund, der die Bebauung der Aspanggründe in den Hintergrund treten ließ und auch die Abänderung von Kupskys Ausbauplan zur Folge hatte, stellte die im Herbst 1968 erfolgte Widmung der Freihausgründe für Zwecke der TUW dar, welche die bestehenden zentrumsnahen Areale (Gußhausstraße, Karlsplatz und Getreidemarkt) ideal ergänzten.

2.2.1 Die Bauten für Maschinenbau-Institute am Getreidemarkt

Der Bebauungsvorschlag für das Getreidemarktareal, den Kupsky 1958 vorgelegt hatte, konnte nur zum Teil realisiert werden, was sich zusammen mit den nicht errichteten Bauten auf den Aspanggründen vor allem auf die Entwicklung des Maschinenbaus negativ auswirkte. Nach umfassenden Bautätigkeiten, die zu Beginn der 1970er Jahre ausklangen, konnte in der ersten Hälfte der 1990er Jahre mit der Errichtung des Erweiterungsbaues für die Chemie wenigstens die Situation dieses Fachbereichs am Getreidemarkt deutlich verbessert werden. Von den geplanten Bauten, welche die Arbeitsbedingungen des Maschinenbaus verbessern sollten, konnte an diesem zentrumsnahen Standort hingegen lediglich die Hälfte realisiert werden. Weder das zweite Institutsgebäude, das anstelle des ehemaligen Kulissendepots errichtet werden sollte, noch ein langgestreckter Flachbau für Labors und

Werkstätten entlang der Lehárgasse, der das ehemalige Kriegsschulgebäude (Lehártrakt) ersetzt hätte, wurden errichtet. Der Lehártrakt war das erste Gebäude am Getreidemarkt, das die TUW für ihre Zwecke nutzen konnte; von 1919 bis 1996 stand es Chemie-Instituten zur Verfügung. Das ehemalige Kriegsschulgebäude brach man zu Beginn des 21. Jahrhunderts ab; aus finanziellen Gründen konnte der auf 30 Millionen Euro geschätzte Neubau für die Chemie bisher noch nicht in Angriff genommen werden.

Bereits 1958 nahm man die Arbeiten am (ersten) Institutsgebäude für die damalige Fakultät für Maschinenwesen und Elektrotechnik sowie den angegliederten Maschinenhallen auf, dem Pläne der Professoren Karl Kupsky und Friedrich Lehmann zugrunde lagen. Das (ATS) 24 Millionen teure Bauvorhaben wurde 1963 abgeschlossen. Das fünfgeschoßige Institutsgebäude ist durch einen über den Maschinenhallen geführten Gang mit dem so genannten Lückenbau (Gumpendorfer Straße 7) verbunden, der 1926 fertig gestellt wurde und knapp 1.600 m² umfasst. Im Maschinenbau-Gebäude (ca. 5.300 m²) waren 2003 fünf Institute (Technische Wärmelehre; Maschinenelemente; Konstruktionslehre und Fördertechnik; Thermische Turbomaschinen und Energieanlagen; Verbrennungskraftmaschinen und Kraftfahrzeugbau) untergebracht. Da das alte Kesselhaus für die Versorgung der Hochschulbauten am Getreidemarkt nicht mehr ausreichte, begann man 1962 mit dem Bau eines (ATS) 7,5 Millionen teuren Heizkraftwerkes, das an das alte Kesselhaus anschließt und bis 1983 in Betrieb war. (Nachdem die Adaptierung des alten Kesselhauses für Zwecke des Instituts für Technische Wärmelehre immer wieder zurückgestellt werden musste, konnte dieses kleinere Bauvorhaben 1978 durchgeführt werden.)

Foto: Ernst Hiesmayr

Der «Loschmidt-Platz» am Getreidemarkt.

2.2.2 Die Aufstockung des Winkelbaues, Gumpendorfer Straße 1

Parallel zum zuvor behandelten Bauvorhaben wurde dieses Projekt abgewickelt, das Chemie-Instituten zugute kam. Bereits in den Jahren 1928 bis 1931 war für zwei Institute (Chemische Technologie Anorganischer Stoffe; Analytische Chemie und Mikrochemie) an der Ecke Getreidemarkt-Gumpendorfer Straße ein dreistöckiges Gebäude errichtet worden, das wegen seiner Grundrissform in weiterer Folge Winkelbau genannt wurde. Mit der Aufstockung des Winkelbaus nahm man 1958 die umfangreichen Baumaßnahmen für die Chemie-Institute am Getreidemarktareal in Angriff. Das (ATS) 22,5 Millionen teure und von Karl Kupsky geplante Bauvorhaben konnte ebenfalls 1963 abgeschlossen werden. In einer zweiten Ausbaustufe, die aber nicht realisiert wurde, sollte der Winkelbau durch Errichtung eines Traktes am Getreidemarkt und eines zweiten im Vorgarten zu einem geschlossenen Gebäudekomplex erweitert werden. Zu Beginn des 21. Jahrhunderts verfügte das Institut für Chemische Technologien und Analytik im Winkeltrakt über knapp 4.700 m^2.

2.2.3 Das Chemie-Hochhaus, Lehárgasse 2

Nach Kupskys Planung sollten die Chemie-Institute auf dem nordöstlichen Bereich des Getreidemarktareals konzentriert werden. Hinter dem so genannten Genie-Gebäude, das für das Technische Militärkomitee errichtet worden war, sollte in zwei Etappen ein langgestrecktes Hochhaus entstehen, das bis an den Winkelbau herangereicht und die meisten Chemie-Institute aufgenommen hätte. In einem ersten, (ATS) 115 Millionen teuren Bauabschnitt wurde in den Jahren 1965 bis 1972 ein zwölfgeschoßiges Hochhaus errichtet, das an die Lehárgasse grenzt. Ein zweites Hochhaus, das direkt an das erste angebaut worden wäre, hätte das 1972 fertig gestellte Gebäude ergänzt. Die Möglichkeit, insbesondere die Physik-Institute in einem Neubau auf den Freihausgründen anzusiedeln und damit deren Lehr- und Forschungsbedingungen zu verbessern, führte dazu, dass 1970 die TUW beide Großprojekte an die erste Stelle ihrer Prioritätenliste setzte. Aufgrund der beschränkten finanziellen Möglichkeiten wurde der 1975 in Angriff genommene Gebäudekomplex Freihaus vorgezogen, der schließlich Kosten in der Höhe von (ATS) 1,9 Milliarden verursachte und erst 1987 fertig gestellt werden konnte. Dies bedingte eine zwanzigjährige Verzögerung des Ausbaues der Chemie, der erst wieder 1992 weitergeführt werden konnte und freilich nicht mehr Kupskys Entwurf folgte.
Neben dem finanziellen Aufwand hatte Mitte der 1960er Jahre auch der Verlauf einer Richtfunktrasse die Realisierung dieses Großprojekts in zwei Abschnitten erzwungen, das 1972 auf (ATS) 240 Millionen geschätzt worden war.[5] Im errichteten Hochhaus (7.700 m^2) wurde im Kellergeschoß das Auditorium maximum eingerichtet, das größtenteils von einem Trakt an der Ecke Lehárgasse-Getreidemarkt überbaut ist, der Teile der Fachbibliothek beherbergt. Das erste Obergeschoß im Hochhaus wird ebenfalls von der Bibliothek genutzt. Die restlichen neun Obergeschoße standen 2003 zwei Instituten (Materialchemie; Verfahrenstechnik, Umwelttechnik und Technische Biowissenschaften) zur Verfügung. Diese Stockwerke sind in drei Abschnitte gegliedert, wobei in den beiden äußeren die laborintensiven Bereiche eingerichtet wurden.[6] Die im Laufe der Jahre verschärften Sicherheitsbestimmungen warfen zahlreiche Probleme auf, die erst Ende der 1980er Jahre durch die Errichtung von Fluchtbalkonen gelöst wurden, was Kosten in der Höhe von (ATS) 16 Millionen verursachte. Die erforderliche Generalsanierung des Chemie-Hochhauses schätzte man 2002 auf 25 Millionen Euro.[7]

2.2.4 Das Neue El, Gußhausstraße 27–29

Zu Beginn des 20. Jahrhunderts war das Alte Elektrotechnische Institutsgebäude, kurz Altes El genannt, errichtet worden. An der Planung dieses Gebäudes (Gußhausstraße 25), das 1904 eröffnet wurde, hatten maßgeblich die Professoren Christian Ulrich und Karl Hochenegg mitgewirkt. Ende der 1920er Jahre fügte man dem östlichen Seitentrakt einen Trakt für das damalige Schwachstrom-Institut an. Im Alten El waren zu Beginn des 21. Jahrhunderts vier Institute (Elektrische Mess- und Schaltungstechnik; Elektrische Antriebe und Maschinen; Elektrische Anlagen und Energiewirtschaft; Nachrichtentechnik und Hochfrequenz) untergebracht. Zum Altbestand (insgesamt 9.000 m²) auf dem Gußhausareal zählt außerdem ein Hallenbau für die Technische Versuchsanstalt und ein von dieser Einrichtung genutztes Haus (Makart-Schlösschen), wo Hans Makart von 1869 bis zu seinem Tod im Jahre 1884 seine Tätigkeit als Künstler und Gastgeber entfaltete, die den Lebensstil dieser Epoche («Makart-Zeit») stark prägte. Mitte der 1960er Jahre beherbergte das Alte El fünf elektrotechnische Institute, acht weitere sollten in einem Erweiterungsbau (dem Neuen El) zusammengefasst werden, wo zusätzlich die Institutsgruppen Mathematik, Geometrie und Geodäsie räumlich zu versorgen waren, was schließlich zu einer spürbaren Entlastung des Hauptgebäudes führte.

Foto: Karl Riedling

Für das Neue El stand westlich des alten Institutsgebäudes ein Areal im Ausmaß von rund 14.000 m² zur Verfügung, das von der Favoritenstraße begrenzt wird. Bereits 1965 wurde ein auf sechs Architekten der TUW beschränkter baukünstlerischer Wettbewerb ausgeschrieben, den Erich Boltenstern gewann. Den Vorstellungen der TUW gemäß sollten in dem Erweiterungsbau insgesamt 23 Institute ihre neue Heimstätte finden. In der Wettbewerbsausschreibung war auch ein Trakt für Hochspannungsuntersuchungen angeführt, der vom Erweiterungsbau getrennt und zu einem späteren Zeitpunkt errichtet werden sollte,[8] was aber nicht geschah. 1967 nahm man die Arbeiten an dem (ATS) 173 Millionen teuren Erweiterungsbau in Angriff, die im Jahre 1973 abgeschlossen werden konnten. Der Gebäudekomplex ist um einen großen Innenhof gruppiert und schließt an den westlichen Seitentrakt des Alten El an. Die Höhe und die Anzahl der Geschoße (maximal achtgeschoßig, inklusive Keller) wurden auf die benachbarten Gebäude abgestimmt. Das Erdgeschoß mit seinen breiten Gängen und Vorhallen sowie dem Zugang zum gärtnerisch gestalteten Innenhof wurde als Ort der Begegnung konzipiert; dort befinden sich auch die meisten Hörsäle (der größte fasst 450 Personen) und eine Mensa.

Nach Plänen von Helmut Neumayer nahm man im Herbst 2000 umfassende Adaptierungsmaßnahmen in Angriff; an der Finanzierung der 23 Millionen Euro teuren Generalsanierung des Gebäudekomplexes «Gußhausstraße 25–29», die im Jahr 2004 abgeschlossen wurde, beteiligte sich auch Bund. 2003 waren im Neuen El (12.500 m²) 11 Institute (Photogrammetrie und Fernerkundung; Geoinformation und Landesvermessung; Geodäsie und Geophysik; Leichtbau und Flugzeugbau; Maschinen- und Prozessautomatisierung; Grundlagen und Theorie der Elektrotechnik; Mikroelektronik; Industrielle Elektronik und Materialwissenschaften; Automatisierungs- und Regelungstechnik; Computertechnik; Photonik) sowie die Fachbereichsbibliothek für Geodäsie und Geoinformation einquartiert.

2.2.5 Die Laborhalle für die Fertigungstechnik, Engerthstraße 119

Das Labor für die Fertigungstechnik sollte eigentlich auf den Aspanggründen angesiedelt werden, wofür Kurt Zöhrer bekanntlich Anfang der 1970er Jahre Pläne ausgearbeitet hatte. Um die Arbeitsbedingungen des Labors vorübergehend zu verbessern, errichtete man im 20. Bezirk Brigittenau nach den Plänen von Architekt Wanko eine Halle auf der Liegenschaft «Engerthstraße 113–119», die der Bund im Dezember 1967 erworben hatte. Dort sollte vor allem ein Schulneubau realisiert werden. Die Schwierigkeiten im Zusammenhang mit der Bebauung der Aspanggründe führten dazu, dass die 1970 eröffnete Halle (1.800 m²) heute noch in Betrieb ist, obgleich sie eigentlich nur als fünfjähriges Provisorium gedacht war.

2.3 Die räumliche Erweiterung der Technischen Universität Wien ab 1970

Durch den erzielten Raumgewinn (1970: 59.000 m²; 1980: 92.000 m²) und infolge des recht bescheidenen Anstiegs der Hörerzahlen (1970/71: 6.511; 1975/76: 7.367; 1979/80: 8.338) zählte die TUW zu den wenigen Universitäten, an welchen sich in den 1970er Jahren die Raumnot noch in Grenzen hielt. Das Großprojekt dieses Dezenniums, das Freihaus, konnte allerdings erst im folgenden Jahrzehnt etappenweise besiedelt werden. Durch dieses Bauvorhaben, dessen Errichtungskosten explodierten, geriet wiederum die Verbauung der Aspanggründe ins Hintertreffen, weswegen ein weiteres Laborprovisorium geschaffen werden musste. 1972 mietete man die so genannten WIG-Hallen im Donaupark (22. Bezirk Donaustadt) an, wo ein Hydraulisches Labor eingerichtet wurde.

Der Raumgewinn, der aus den nachfolgenden, sehr zahlreichen Adaptierungen für Institutszwecke erzielt wurde, erfolgte in der Regel in Etappen, da einige Wohnungen erst Jahre später der TUW zur Verfügung standen. Die 1969 begonnenen Adaptierungen der angekauften fünf Wohnhäuser konnten im Wesentlichen 1975 abgeschlossen werden. Zu Beginn des 21. Jahrhunderts waren in diesen Gebäuden (insgesamt 14.000 m²) neun Institute (Karlsgasse 11 und 13: Kartographie und Geo-Medientechnik; Örtliche Raumplanung, Gußhausstraße 28: Straßenbau und Straßenerhaltung; Außeninstitut der TUW, Erzherzog-Johann-Platz 1: Verkehrssystemplanung, Argentinierstraße 8: Ökonometrie, Operations Research und Systemtheorie; Volkswirtschaftslehre und Wirtschaftsinformatik; Gestaltungs- und Wirkungsforschung; Rechtswissenschaften) untergebracht. 1973 erfolgte der Ankauf der Gebäude «Wiedner Hauptstraße 7» (vormals Hotel Goldenes Lamm; rund 3.000 m²), «Wiedner Hauptstraße 9» (vormals Hotel Stadt Ödenburg; knapp 500 m²) und «Resselgasse 3» (1.200 m²), wo 2003 das Institut für Strömungslehre und Wärmeübertragung einquartiert war. Ende der 1970er Jahre konnte der Bund zwei weitere Häuser in Wieden erwerben, die dort die Zentren der TUW ideal ergänzen; im Gebäude «Resselgasse 5» (500 m²) befand sich 2003 das Institut für Finanzwissenschaft und Infrastrukturpolitik und im 1979 angekauften Gebäude «Paniglgasse 16» (500 m²) war das Institut für Soziologie, Raumplanung und Architektur untergebracht.

2.3.1 Das Freihaus, Wiedner Hauptstraße 8–10

Im Herbst 1968 wurde der größte Teil der Freihausgründe (insgesamt 6.400 m²) für Zwecke der TUW gewidmet. Ursprünglich sollte auf diesem Areal aber auch ein Neubau für das Österreichische Verkehrsbüro errichtet werden; die dafür vorgesehene Baufläche (Resselgasse 4) war erst 1976 der TUW zugesprochen worden. Die Hochschule wollte anfänglich auf den Freihausgründen vor allem sämtliche Physik-Institute ansiedeln und dieses Bauvorhaben möglichst noch im Jahre 1969 in Angriff nehmen. Um dies zu ermöglichen, hatte der 1926 konstituierte Verband der Freunde der Technischen Hochschule in Wien, der aus dem 1872 gegründeten Verein ehemaliger Studierender des Wiener Polytechnikums hervorging, dem Unterrichtsministerium seine Hilfe angeboten.[9]

Der Neubau auf den Freihausgründen sollte auf privater Finanzierungsbasis realisiert werden. (Dieses Finanzierungsmodell kam nach 1945 bereits bei Bauvorhaben der Wirtschaftsuniversität zur Anwendung, die der Verein der Förderer der Hochschule für Welthandel Bauvorhaben vorfinanzierte. Aus diesem Verein ging 1975 das WU-Kuratorium hervor, das dann auch die Bauherrschaft des Großprojekts UZA I (50.000 m²) übernahm; dieses Überbauungsprojekt des Franz-Josef-Frachtenbahnhofes konnte 1982, nach nur sechsjähriger Bauzeit abgeschlossen werden.) – Der Verband begründete sein Angebot mit dem Interesse der Wirtschaft an gut ausgebildeten Absolventen der TUW, die ihr möglichst bald zur Verfügung stehen sollten. Für dieses Projekt hätte damals eine Bank (ATS) 465 Millionen bereit gestellt. Das im November 1969 vorgelegte Konzept sah eine Rückzahlung durch den Bund vor, nach 20 Jahren sollte das Gebäude dann in sein Eigentum übergehen. Der Verband wollte allerdings auch Geschäftslokale in nicht unbeträchtlichem Ausmaß schaffen, was auf die verständliche Ablehnung des Unterrichtsministeriums stieß, da die Widmung der Freihausgründe sich in Hinblick auf die höchst schwierige Erweiterungsmöglichkeit der TUW in dieser Lage als ausgesprochener Glücksfall erwies. Der Verband der Freunde der Technischen Hochschule wollte durch die Vermietung der Geschäftslokale (unter anderem) auch die finanzielle Belastung des Bundes reduzieren. Dieses Projekt scheiterte bereits 1969, da sich das Finanzministerium gegen das vom Verband vorgeschlagene Finanzierungsmodell aussprach, das von ihm als «Flucht aus dem Budget» interpretiert wurde.[10]

In weiterer Folge nahm das Projekt an Umfang zu. Im Mai 1970 beschloss das Gesamtkollegium der TUW ein Raum- und Funktionsprogramm (25.000 m²), das die Unterbringung der Fachbereiche Technische Physik und Technische Mathematik, der Fachbibliothek, des Rechenzentrums (Zentraler Informatikdienst), der ÖH, einer Mensa und Tiefgarage vorsah. Dieses Programm lag dem Wettbewerb für die städtebauliche Lösung der Freihausgründe und zur Erlangung von Entwürfen für den Neubau eines Institutsgebäudes der TUW und den Neubau für das Österreichische Verkehrsbüro zugrunde, den im Winter 1971 die Architekten Alexander Marchart und Roland Moebius für sich entscheiden konnten; an der Planung des Neubaus waren dann auch die an der TUW lehrenden Professoren Justus Dahinden und Reinhard Gieselmann beteiligt. Im März 1972 beschloss man die Aufnahme der Mechanik-Institute, die dadurch mit den für sie grundlegenden Mathematik- und Physik-Instituten zusammengeführt wurden, was die erste größere Planungsänderung bedingte. Aufgrund der hohen Anforderungen an Erschütterungsfreiheit, Temperatur- und Feuchtigkeitskonstanz (Labors und Werkstätten) stellte dieses Bauvorhaben in bautechnischer Hinsicht eine große Herausforderung dar, da sich der Baugrund durch seine verkehrsreiche Lage auszeichnete und außerdem noch die Führung der U1 unterhalb der Freihausgründe (an der Seite der Wiedner Hauptstraße) zu berücksichtigen war.

Das Großprojekt sollte eigentlich 1973 in Angriff genommen werden, doch finanzielle Engpässe verhinderten dies. Die Budgetverhandlungen auf Beamtenebene brachten für das Jahr 1974 beim Hochschulbaubudget gegenüber 1973 keine Erhöhung, wodurch bei bereits laufenden Bauvorhaben einzelne Projekte nicht mit Bauraten bedacht werden konnten, die für eine wirtschaftliche Bauführung notwendig gewesen wären.[11] Aus diesem Grund verzögerte sich der Baubeginn des damals auf (ATS) 700 Millionen geschätzten Freihauses bis ins Jahr 1975. (So erging es auch dem damals auf (ATS) 500 Millionen geschätzten Bauvorhaben für die Philosophische Fakultät der Universität Innsbruck, das ebenfalls erst 1975 in Angriff genommen werden konnte.) – Bei einem derart komplexen Gebäude, das beim Bezug möglichst auf dem aktuellen Stand der Wissenschaft und Technik sein sollte, stellte diese Verzögerung eine denkbar schlechte Ausgangslage dar. Weitere Verzögerungen verursachten dann neue Anforderungen, die teilweise auf Änderungen in der Universitätsorganisation (1975) zurückzuführen waren. Nachdem künftige Nutzer notwendige Angaben nicht zeitgerecht bzw. nicht in entsprechender Qualität lieferten, beauftragte das Bautenministerium 1980 schließlich einen Zivilingenieur, der eine Neuerhebung der Nutzererfordernisse durchführte, die eine Kostenreduzierung mit sich brachte. Diese änderte jedoch nichts an dem enormen Anstieg der Kosten, die sich letztlich auf (ATS) 1,9 Milliarden beliefen. Beträchtliche Summen verschlang die komplexe Haustechnik, die sehr große Schwierigkeiten bereitete. Zum allgemeinen Chaos trugen auch Kommunikationsprobleme zwischen dem Bautenministerium, der Bundesgebäudeverwaltung I und den zuständigen Magistratsabteilungen der Stadt Wien bei. In den Medien war Mitte der 1980er Jahre wiederholt vom «Monsterbau» der TUW oder vom «kleinen AKH» die Rede. Ab 1984 konnte das insgesamt 35.000 m² umfassende Freihaus, in dem die TUW 32.800 m² nutzt, etappenweise besiedelt werden, nach dreizehnjähriger Bauzeit war es 1987 fertig gestellt.

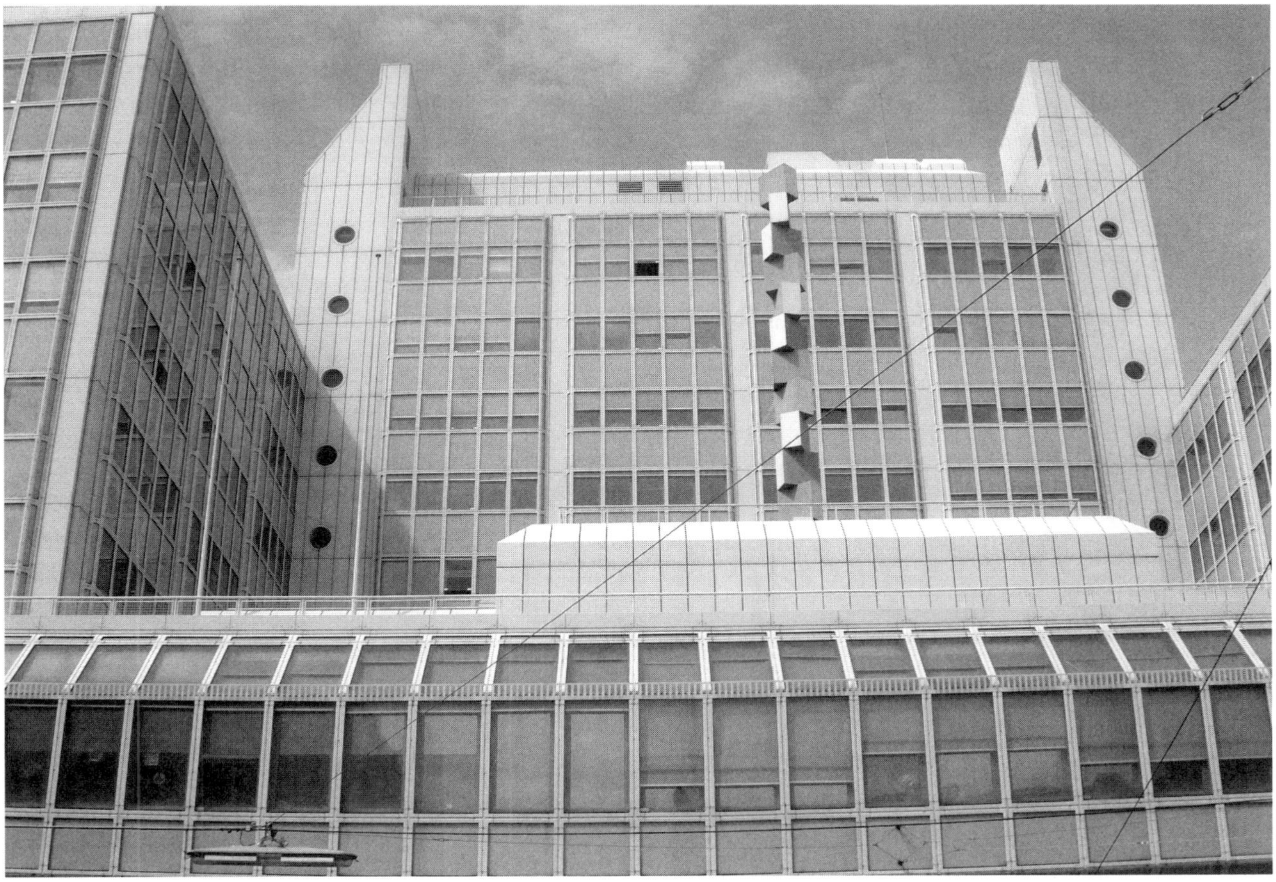

Foto: Sommer

Den Gebäudekomplex bilden ein breiter Flachkörper und drei darauf versetzt angeordnete Institutstürme. In vier Untergeschoßen wurden die Tiefgarage (knapp 400 Abstellplätze) und Werkstätten eingerichtet, im ersten Untergeschoß sind die Labors für die Einrichtung Tieftemperaturanlagen, die Heizungs- und Lüftungszentralen sowie andere Bereiche der Haustechnik zusammengefasst. Im Erdgeschoßbereich befinden sich neben universitären Einrichtungen auch einige Geschäftslokale, und in den beiden Obergeschoßen des Flachkörpers, der den Gebäudesockel bildet, wurden neben dem Zentralen Informatikdienst die stark frequentierten Bereiche (neun Hörsäle, Fachbibliothek, ÖH, Mensa und Café) angesiedelt. In den drei Institutstürmen, die fünf bis sieben Geschoße umfassen, ordnete man Seminar-, Labor- und Büroräume an; im jeweils obersten Geschoß der Türme sind wiederum Bereiche der Haustechnik untergebracht. Das äußere Erscheinungsbild des Gebäudekomplexes prägt eine vorgehängte, zweischalige und hinterlüftete Leichtmetallfassade. Zu Beginn des 21. Jahrhunderts beherbergte das Freihaus 12 Institute (Finanz- und Versicherungsmathematik; Statistik und Wahrscheinlichkeitstheorie; Geometrie; Analysis und Technische Mathematik; Angewandte und Numerische Mathematik; Algebra und Computermathematik; Allgemeine Physik; Theoretische Physik; Festkörperphysik; Allgemeine Mechanik; Maschinendynamik und Messtechnik; Mechanik), die universitäre Serviceeinrichtung für Transmissionselektronenmikroskopie und die Einrichtung Tieftemperaturanlagen.

2.4 Die räumliche Erweiterung der Technischen Universität Wien ab 1980

Seit den frühen 1960er Jahren bis zu Beginn dieses Jahrzehnts war die Raumproblematik der TUW weniger vom Anstieg der Hörerzahlen, sondern von technischen Entwicklungen geprägt, welchen man in den zur Verfügung stehenden Altbauten durch Adaptierungsmaßnahmen selten gerecht werden konnte. Die Arbeitsbedingungen der in den zahlreichen Altbauten untergebrachten laborintensiven Institute waren trotz aller Bemühungen in der Regel wenig befriedigend. Diese Problematik verschärfte sich in den 1980er Jahren durch den steilen Anstieg der Hörerzahlen. Der deutliche Ausbau des Studienangebotes, der bereits gegen Mitte der 1970er Jahre eingesetzt hatte, trug im darauf folgenden Dezennium wesentlich dazu bei, dass sich die Zahl der ordentlichen Studierenden mehr als verdoppelte (1980/81: 8.972; 1985/86: 13.709; 1989/90: 18.221); der Raumgewinn fiel im Vergleich dazu bescheiden aus (1980: 92.000 m², 1990: 139.000 m²).
Die nicht enden wollende Baustelle auf den Freihausgründen und die damit verbundenen Kosten wirkten sich auf die weiteren Ausbaupläne der TUW negativ aus. Gegen Ende dieses Jahrzehnts konnte zumindest das Chemie-Hochhaus auf dem Getreidemarkt sicherheitstechnisch nachgerüstet und eine Halle für das Interuniversitäre Zentrum für Computerintegrated Manufacturing (ein Gemeinschaftsprojekt mit der Wirtschaftsuniversität) auf den Aspanggründen adaptiert werden; in den 1990er Jahren wurden auf diesen Standorten dann weitere Baumaßnahmen gesetzt. – In den 1980er Jahren entwickelte die TUW ein Raumbedarfsmodell, das auch vom Wissenschaftsministerium gewürdigt wurde; dessen Grundlage bildete ein Bedarfsbemessungssystem von Architekt Georg Smutny aus dem Jahre 1977.[12] Smutny strebte damals einen Gesamtentwicklungsplan für die TUW an, dem eben ein leistungsbezogenes Bedarfsbemessungssystem als Entscheidungshilfe diente. Im Mittelpunkt stand dabei die Relation zwischen den an der Universität erbrachten Leistungen (Lehre, Forschung, Verwaltung etc.) und den dafür benötigten Mitteln (Geld, Personal und Raum).[13]
Die Fertigstellung des Freihauses und des Bibliotheksgebäudes im Jahre 1987 führte nur zu einer Linderung der Raumnot, die besonders hart Studierende und Lehrende der Informatik traf. Mit zahlreichen Protestaktionen machten sie auf ihre triste Situation aufmerksam, die 1985 dazu führten, dass im Rahmen der Soforthilfemaßnahmen für die Informatiker das Bautenministerium das vormals als Amtsgebäude von der Bundesbaudirektion (BGV II) genutzte Gebäude «Gumpendorfer Straße 1a» (1.400 m²) auf Dauer der TUW widmete, in dem vorübergehend

aber auch Klassen eines Gymnasiums einquartiert waren. Teil dieses Programms war auch die Adaptierung des Gebäudes «Treitlstraße 3» (4.500 m²), das sich neben dem Bibliotheksgebäude der TUW befindet; die Anmietung des Gebäudes «Friedrichstraße 4/Elisabethstraße 3» misslang hingegen, obgleich sich das Wissenschaftsministerium sehr darum bemüht hatte. Beim Gebäude «Treitlstraße 3», auch Porr-Haus genannt, handelt es sich um das ehemalige ÖGB-Haus, das zu Beginn der 1930er Jahre für gewerkschaftliche Zwecke errichtet wurde und auch über einen Theatersaal verfügte. Seit 1984 bemühte sich das Wissenschaftsressort um dieses Gebäude, das die BAWAG erwarb. Nach einer (ATS) 18 Millionen teuren Adaptierung für Zwecke der TUW wurde das Porr-Haus im Dezember 1986 vom Bund auf unbestimmte Zeit angemietet. Zu Beginn des 21. Jahrhunderts waren darin vier Institute (Technische Informatik; Rechnergestützte Automation; EDV-gestützte Methoden in Architektur und Raumplanung; interuniversitäres Institut für Technologie Management) einquartiert. Die Raumproblematik der Informatiker konnte 1999 durch den Bezug des Gebäudekomplexes «Favoritenstraße 9–11» gelöst werden. Raumgewinne erzielte die TUW in diesem Jahrzehnt auch durch die Besiedlung weiterer Wohnungen in Gebäuden, die bereits für ihre Zwecke angekauft worden waren.

2.4.1 Das Bibliotheksgebäude, Resselgasse 4

Nachdem 1976 das Österreichische Verkehrsbüro auf das ihm ursprünglich gewidmete Teilstück der Freihausgründe verzichtet hatte, erzielte man rasch Einvernehmen darüber, dass dieser Baugrund ebenfalls der TUW zur Verfügung gestellt werden sollte. Durch die unmittelbare Nachbarschaft zum Freihaus sprach man dann auch vom zweiten Bauabschnitt dieses Großprojekts, mit dessen Planung das Bautenministerium 1977 Justus Dahinden und Reinhard Gieselmann gemeinsam mit dem Büro Marchart, Moebius und Partner betraute. Das Wissenschaftsministerium und die TUW waren sich von Anfang an darüber einig, dass der Neubau vor allem der Universitätsbibliothek gewidmet werden sollte, deren Unterbringung im Hauptgebäude schon längst nicht mehr den modernen Anforderungen entsprach. Bereits in der Vorbereitungsphase des Projekts Freihaus wollte die TUW darin die Berücksichtigung von Einrichtungen für den Universitätssport erreichen, ein Wunsch, den das Wissenschaftsressort auch im gegenständlichen Bauvorhaben nicht erfüllte.[14]
Den Baubeginn verzögerten nicht nur die Schwierigkeiten im Zusammenhang mit der Fertigstellung des Freihauses, sondern vor allem eine mühsame Diskussion, die um die Fassadengestaltung des Bibliotheksgebäudes kreiste, das in städtebaulicher Hinsicht an einem sensiblen Punkt situiert ist. Hinsichtlich der Fassadengestaltung bemühten sich die Planer eine Lösung zu finden, die sich einerseits den alten Gebäuden der Nachbarschaft am Karlsplatz annähert und anderseits auch einen Kontext zur facettierten Fassade des Freihauses herstellt. Einen Blickfang des realisierten Entwurfs stellt eine 18 Meter hohe Eulenskulptur dar, die der schweizerische Künstler Bruno Weber schuf; 12 weitere Eulen sind als Simsfiguren am Bibliotheksgebäude angebracht, das durch eine niedrige Verbauung der Resselgasse mit dem Flachköper des Freihauses verbunden ist. Mit dem Bau des (ATS) 250 Millionen teuren Neubaus (9.500 m²) konnte erst 1984 begonnen werden, der dann ebenfalls 1987 fertig gestellt war.
In drei Untergeschoßen sind vor allem Büchermagazine untergebracht, im Erdgeschoß befinden sich Garderoben, die Leihstelle, die Lehrbuchsammlung und eine Buchhandlung. Ein Großteil der Zeitschriften- und Bücherbeständeist in Freihandbereichen aufgestellt, die nach Fachbereichen geordnet in fünf Obergeschoßen eingerichtet wurden, wo insgesamt 600 Leseplätze zur Verfügung stehen. Die Bibliotheksverwaltung befindet sich im sechsten Obergeschoß. Zu Beginn des 21. Jahrhunderts umfassten die Bestände der Universitätsbibliothek mit ihren vier Abteilungen (Chemie; Physik und Mathematik; Geodäsie und Geoinformation; Städtebau und Raumplanung), die in anderen Gebäuden untergebracht sind, insgesamt 1 Million Bücher und

rund 2.500 Fachzeitschriften. Die Hauptbibliothek beherbergt außerdem die Bibliotheken des Österreichischen Verbandes für Elektrotechnik und des Österreichischen Ingenieur- und Architektenvereines. Durch die Errichtung dieses Neubaues und die dadurch frei gewordenen Flächen im Hauptgebäude konnte das Wissenschaftsministerium außerdem von weiteren Ankäufen nahgelegener Miethäuser Abstand nehmen, deren Adaptierungen häufig keine Ideallösungen darstellten und die in der Regel auch nur etappenweise von Einrichtungen der TUW besiedelt werden konnten. (Die Ausnahme bildete die Anmietung des Gebäudes «Floragasse 7»).

2.4.2 Die Adaptierung und Erweiterung des Hauptgebäudes, Karlsplatz 13

In den Jahren 1816 bis 1818 war für das Polytechnische Institut am Karlsplatz ein ursprünglich dreigeschoßiges Gebäude im klassizistischen Stil errichtet worden, das in mehreren Etappen zu einem weitläufigen Gebäudekomplex erweitert wurde. Auch nach den bereits erwähnten Erweiterungsmaßnahmen, die man nach 1945 setzte, wurden im Hauptgebäude der TUW laufend (kleinere) Adaptierungen durchgeführt, die dann durch die Bebauung der Freihausgründe wiederum eine größere Dimension annahmen. Ab 1984 konnten etappenweise die zuvor im Hauptgebäude untergebrachten Einrichtungen – die Mensa, die Universitätsbibliothek und zahlreiche Institute (u.a. Physik und Mechanik) – ins Freihaus und ins Bibliotheksgebäude übersiedeln. Ursprünglich war man davon ausgegangen, dass zumindest das Freihaus schon Anfang der 1980er Jahre fertig gestellt sein würde, weswegen die Neubesiedlung des Hauptgebäudes und die damit verbundenen Adaptierungsmaßnahmen bereits 1977 von Smutny behandelt wurden.

Foto: Sommer

Die Grundlage für das dann tatsächlich realisierte Programm bildete ein vom Akademischen Senat im Frühjahr 1983 beschlossenes Nutzungskonzept, das die Raumkommission der TUW gemeinsam mit der BGV I erarbeitet hatte. Neben dem Hauptgebäude waren darin auch die Gebäude «Wiedner Hauptstraße 7 und 9», «Resselstraße 3», «Gußhausstraße 25–29», «Argentinierstraße 8», «Karlsgasse 11 und 13», «Gußhausstraße 28» und «Erzherzog-Johann-Platz 1» berücksichtigt.[15] Die TUW strebte mit diesem Neubesiedlungsplan drei Ziele an: die Bereitstellung von Räumen für Institute, die unter besonderer Raumnot litten, die Zusammenführung von

Instituten, die damals auf verschiedene Standorte verteilt waren, und die Ausbildung von Fakultätszentren. Im Hauptgebäude konnten die meisten Institute der Fakultäten für Bauingenieurwesen und für Architektur und Raumplanung, die Universitätsleitung und die meisten Bereiche der Zentralen Verwaltung untergebracht werden. In einer ersten (ATS) 68 Millionen teuren Umbauphase, die 1987 abgeschlossen wurde, gewann man durch Aufstockungen des Lamm-Trakts und des hofseitigen Teils des Panigl-Trakts zusätzliche 1.200 m². Der Trakt an der Paniglgasse und der Lamm-Trakt, der den Panigl-Trakt und den Mitteltrakt verbindet, waren in den Jahren 1836 bis 1839 errichtet worden. Derzeit umfasst der Gebäudekomplex «Karlsplatz 13» insgesamt 40.000 m². In einem zweiten, (ATS) 50 Millionen teuren Bauabschnitt wurden in den Jahren 1990 bis 1992 weitere umfassende Adaptierungsmaßnahmen gesetzt, denen Pläne von Architekt Hans Puchhammer zugrunde lagen.[16] Bereits 1990 konnte der nach dem ersten Direktor des Polytechnischen Instituts, Johann Josef von Prechtl (1778–1854), benannte Saal eröffnet werden, der von der TUW für Tagungen, Ausstellungen und besondere Lehrveranstaltungen genutzt wird; vor diesem Umbau befand sich die Mensa in diesem Bereich des Hauptgebäudes.

Zu Beginn des 21. Jahrhunderts waren in diesem Gebäudekomplex 26 Institute (Festigkeitslehre; Ingenieurgeologie; Baustofflehre, Bauphysik und Brandschutz; Baustatik; Stahlbeton- und Massivbau; Stahlbau; Hoch- und Industriebau; Grundbau und Bodenmechanik; Konstruktiver Wasserbau; Hydraulik; Gewässerkunde und Wasserwirtschaft; Wassergüte und Abfallwirtschaft; Eisenbahnwesen, Verkehrswirtschaft und Seilbahnen; Baubetrieb und Bauwirtschaft; Architektur und Raumplanung; Baukunst, Bauaufnahmen und Architekturtheorie; Gebäudelehre und Entwerfen; Tragwerkslehre und Ingenieurholzbau; Wohnbau und Entwerfen; Raumgestaltung und Entwerfen; Kunstgeschichte, Denkmalpflege und Industriearchäologie; Städtebau und Raumplanung; Künstlerische Gestaltung; Hochbau für Architekten und Entwerfer; Wasserkraftmaschinen und Pumpen; Werkstoffkunde und Materialprüfung; Fertigungstechnik) sowie das EDV-Labor für Architektur und Raumplanung und die Technische Versuchs- und Forschungsanstalt untergebracht. Im «Hochschulbericht 2002» sind Sanierungsmaßnahmen (20 Millionen Euro) unter «in Planung befindliche Bauvorhaben» ausgewiesen.

2.5 Die räumliche Erweiterung der Technischen Universität Wien ab 1990

In der ersten Hälfte dieses Jahrzehnts stiegen die Hörerzahlen weiterhin stark an, 1994/95 zählte man sogar 22.599 ordentliche Studierende; seit Mitte der 1990er Jahre gingen die Hörerzahlen kontinuierlich zurück (1990/91: 19.848; 1995/96: 22.479; 2000/01: 19.250), wodurch sich in manchen Bereichen die Raumnot ein wenig entschärfte. Trotz der erzielten Raumgewinne (1990: 139.000 m²; 2000: 174.000 m²) bleibt dieses Dezennium ein dunkles Kapitel ihrer Baugeschichte, da bis heute die Errichtung des Neubaues für die Maschinenbaufakultät nicht in Angriff genommen werden konnte, obwohl man zwei Architektenwettbewerbe – 1990 (Aspanggründe) und 1999 (Donau-City) – veranstaltet hatte und in beiden Fällen auch schon umfassende Planungsleistungen erbracht wurden.

Zwei Einmietungen dieses Jahrzehnts sollten eigentlich bloß Übergangslösungen darstellen. In einem Gebäude (1.400 m²) der Veterinärmedizinischen Universität werden aber wohl noch länger Abteilungen von Chemie-Instituten der TUW verbleiben, ebenso das Mikrostrukturzentrum und zwei Institute (Mikro- und Feinwerktechnik; Festkörperelektronik) im Gebäude «Floragasse 7» (4.600 m²), wo seit 1990 in mehreren Etappen Räumlichkeiten angemietet und auch wieder aufgegeben wurden. Südlich der Aspanggründe befindet sich das Areal des Forschungs- und Prüfzentrums arsenal research, wo die TUW zu Beginn des 21. Jahrhunderts in zwei Bauten (Franz-Grill-Straße 1) Räume im Ausmaß von 500 m² anmietete.

2.5.1 Die Adaptierung von Hallen auf dem Areal B der Aspanggründe, Landstraßer Hauptstraße 152 und Adolf-Blamauer-Gasse 1–3

Das Kapitel «Bebauung der Aspanggründe» muss als unendliche Baugeschichte der TUW bezeichnet werden, da sie trotz zahlreicher Anläufe (und der realisierten Adaptierungen) bisher letztlich immer aus finanziellen Gründen scheiterte. Die Anfänge reichen weit ins 20. Jahrhundert zurück. Sie stehen im Zusammenhang mit der bereits zu Beginn dieses Jahrhunderts herrschenden Raumnot und dem Mangel an Erweiterungsmöglichkeiten im innerstädtischen Bereich, der schon damals die Entwicklung der Technischen Hochschule zu gefährden schien, weswegen um 1910 eine Verlegung der TUW zur Diskussion stand. 1913 war für ihre Zwecke ein Teilbereich (150.000 m^2) des Lainzer Tiergartens in Aussicht gestellt worden, doch 1915 sprach sich die Professorenschaft gegen die Verlegung der ganzen Hochschule aus. Man wünschte nun den Weiterbestand des zentrumsnahen Standorts, nur die Chemie- und die Maschinenbau-Institute sollten ausgelagert werden.
1918 konnte das Getreidemarktareal mit seinen Bauten der TUW gewidmet werden, und das vom Stammhaus recht weit entfernte Areal am westlichen Stadtrand tauschte man gegen Gründe in der Nähe des Aspangbahnhofs, die vom Hauptgebäude rund 2,5 km entfernt sind. (Auf diesen Grundstückstausch hatten sich 1917 der Staat und die Stadt Wien geeinigt.) Dieser Baugrund im 3. Bezirk Landstraße konnte durch den Erwerb weiterer Flächen noch beträchtlich vergrößert werden, sodass schließlich ein Areal im Ausmaß von rund 78.000 m^2 zur Verfügung stand. Mehr als die Hälfte der Kaufsumme wurde durch Spenden von zahlreichen Unternehmen (Kaiser-Karl-Widmung der Industriellen Österreichs für die Errichtung von Laboratorien an der Wiener Technischen Hochschule) aufgebracht, die aus allen Teilen der damaligen österreichischen Reichshälfte der Monarchie stammten. In weiterer Folge nahm man zügig die Planungsarbeit für die Bebauung der Aspanggründe auf. Bereits 1921 erfolgten erste Bauarbeiten, die aber bald darauf aufgrund der schweren Wirtschaftskrise wieder eingestellt werden mussten. Bei dem ursprünglich für Zwecke der TUW vorgesehenen Baugrund handelt es sich im Wesentlichen um das heutige Areal A (89.000 m^2), das im Süden vom Landstraßer Gürtel und im Norden vom Arsenalweg begrenzt wird; nördlich des Arsenalweges befindet sich das Areal B (56.000 m^2), an das wiederum das Areal C (82.000 m^2) der ÖBB anschließt, wo sich der Aspangbahnhof befand, der bis 1972 in Betrieb war. Das annähernd trapezförmige Gesamtareal wird noch im Westen von der Adolf-Blamauer-Gasse, im Norden von der Aspangstraße und im Osten von der Landstraßer Hauptstraße begrenzt.
Nach 1945 schien die Bebauung am Landstraßer Gürtel erstmals Ende der 1960er Jahre absehbar zu werden. Als Sieger eines Wettbewerbs hatte Architekt Kurt Zöhrer einen Bebauungsvorschlag erarbeitet, dessen Umsetzung 1972 auf (ATS) 500 Millionen geschätzt wurde. Dieses Projekt musste im Sommer 1974 aus finanziellen Gründen endgültig zurückgestellt werden.[17] (Die angespannte finanzielle Lage hatte damals ja auch den Baubeginn des schon baureifen Freihaus-Projekts verhindert.) Das Scheitern dieses Vorhabens bedeutete, dass sich an den schwierigen Arbeitsbedingungen der traditionsreichen Technischen Versuchs- und Forschungsanstalt und zahlreicher Institute des Maschinen- und des Bauingenieurwesens nichts änderte. Verbesserungen strebte man allerdings durch Adaptierungsmaßnahmen in den Altbauten an, wo die meisten Institute auch heute noch untergebracht sind.
Darüber hinaus wurde es Jahr für Jahr schwieriger den zentrumsnahen Baugrund am Landstraßer Gürtel unverbaut zu lassen. Zu Beginn des 21. Jahrhunderts erschien auf den Aspanggründen die Errichtung eines Zentrums mit Hochhäusern (Büro- und Wohnzwecke) um einen künstlichen Teich möglich, für das Lord Norman Foster 1999 eine Studie (Eurogate Vienna) vorlegte, die eine Investorengruppe in Auftrag gegeben hatte. Neben solchen Interessen spielte der wertvolle Baugrund aber auch bei der Standortsuche für die Veterinärmedizinische Universität (VMU) eine Rolle. 1980 hatte Architekt Sepp Stein eine Studie erarbeitet, in der mehrere Bebauungsmöglichkeiten vorgestellt wurden, die Raumansprüche der VMU, der TUW und einer Höheren Technischen Lehranstalt berücksichtigten. Als Erweiterungsflächen, die Stein bereits einbeziehen konnte, war für das Wissenschaftsressort natürlich das Areal B von größtem Interesse, wo zahlreiche Firmen

ihre Lager- und Werkstättenhallen errichtet hatten. (Der Erwerb dieser Gründe gelang nach mühsamen Verhandlungen im Verlauf der 1970er Jahre.) In den 1990er Jahren wurden dort vier Hallen für Institute der Fakultäten für Maschinenbau und für Bauingenieurwesen adaptiert. Dies sind bislang die einzigen Baumaßnahmen geblieben, die für die TUW auf den Aspanggründen gesetzt wurden, obgleich es noch zahlreiche Initiativen gab, von denen im letzten Unterkapitel (2.5.5) ausführlicher gehandelt werden soll.
Das dritte große Bebauungsprojekt, das die TUW in der zweiten Hälfte der 1980er Jahre vorbereitete, kollidierte anfänglich gewissermaßen mit den dann tatsächlich durchgeführten Adaptierungen, denn die Verwertungsmöglichkeit von bestehenden Hallen zeichnete sich bereits 1986 ab. In diese Angelegenheit kam 1989 Bewegung, als der Bundestheaterverband seinen Bedarf an einigen Hallen anmeldete, die für die Lagerung von Kulissen genutzt werden sollten. Um dies zu verhindern und somit den Baugrund für künftige Erweiterungen der TUW freizuhalten, adaptierte man noch 1989 eine Halle notdürftig für den damaligen Hochschullehrgang Computerintegrated Manufacturing.[18] Das zu gering dotierte Universitätsbaubudget verhinderte schließlich zum dritten Mal die in ihrer Planung wiederum recht weit fortgeschrittene Bebauung der Aspanggründe. Durch die Adaptierung der Hallen auf dem Areal B konnten wenigstens die Arbeitsbedingungen von einigen laborintensiven Instituten verbessert werden. Diese Bauten sollten eigentlich ausschließlich Instituten der Fakultät für Bauingenieurwesen zur Verfügung stehen, doch dieser Plan ist mit dem Neubau für die Maschinenbaufakultät verknüpft, der nun zum vierten Mal zu scheitern droht. Durch die Adaptierung von fünf Hallen (Landstraßer Hauptstraße 152 bzw. Adolf-Blamauer-Gasse 1–3), wovon die Plechaty-Halle nur für Lagerzwecke in Verwendung ist, gewann die TUW rund 9.500 m². Fünf weitere Bauten, deren baulicher Zustand 1989 als sehr bedenklich eingeschätzt wurde, sind zum Teil schon abgerissen worden.
1990 begann man mit der Adaptierung von zwei Hallen; das (ATS) 40 Millionen teure Projekt war zwei Jahre später fertig gestellt. Die Funke-Halle dient als Labor für Produktionstechnik dem Institut für Fertigungstechnik und in der größeren Rella-Halle waren 2003 Laboratorien von drei Instituten (Festigkeitslehre; Apparate- und Anlagenbau; Werkstoffkunde und Materialprüfung) untergebracht. In dieser Halle befinden sich außerdem Räume, die temporär von verschiedenen Einrichtungen der TUW genutzt werden. Im Februar 1994 begann man mit der Adaptierung der Hirnböck-Halle, die Ende 1995 abgeschlossen wurde. Um knapp (ATS) 42 Millionen wurde darin das neue Wasserbaulaboratorium des Instituts für Konstruktiven Wasserbau eingerichtet.[19] Diese Maßnahme war notwendig geworden, weil die angemieteten WIG-Hallen im Donaupark aufgrund der ursprünglich in Wien vorgesehenen Weltausstellung (Expo) kurzfristig aufgegeben werden mussten. In einer (vorläufig) letzten Bauphase wurde von Oktober 1997 bis Mai 1999 die alte Transalpina-Halle größtenteils abgebrochen, der davon ausgenommene Altbestand generalsaniert und dieser durch einen Neubau ergänzt; die Pläne für dieses (ATS) 52,5 Millionen teure Bauvorhaben stammten von Architekt Ernst Gfrerer.[20] Im Altbau befindet sich das Labor für Bauphysik und im wesentlich größeren Neubau unter anderem jenes für Baustofflehre, die beide dem Institut für Baustofflehre, Bauphysik und Brandschutz zugeordnet sind. Durch die Situierung der Baukörper der Transalpina-Halle schuf man eine Art Eingangsbereich zu einem Areal, das eine weitere Bebauung (für laborintensive Institute der Fakultät für Bauingenieurwesen) noch zulässt.

2.5.2 Der Erweiterungsbau für Chemie-Institute am Getreidemarkt

Als 1980 feststand, dass das Semper-Depot nicht abgebrochen wird, wurde auch Kupskys Bebauungsvorschlag für das Getreidemarktareal aus dem Jahre 1958 hinfällig. Aufgrund der stark veränderten Rahmenbedingungen stellte die somit notwendig gewordene Neuplanung nicht nur in wissenschaftlich-technischer, sondern auch in städtebaulicher Hinsicht eine große Chance für die TUW dar. 1984 präsentierten die Professoren

Ernst Hiesmayr und Anton Schweighofer ihr Grundsatzkonzept für den Getreidemarkt, das den Fachbereich Chemie und auch noch Teile der Maschinenbaufakultät berücksichtigte.[21] Dieses Konzept sah eine Randbebauung im Maßstab der Umgebung vor, welche die Wiederherstellung des Straßenraumes mit gestalterisch differenzierten Baumassen und Hausfronten anstrebte; dabei spielte auch das Hauptgebäude der benachbarten Akademie der bildenden Künste eine Rolle. Durch diese Bebauung sollte außerdem eine funktionelle Bereinigung erzielt werden, ein Zeitplan (1986 bis 1996) für deren Umsetzung lag dem Grundsatzkonzept bei, ebenso ein Ausblick auf Entwicklungsperspektiven, die ins 21. Jahrhundert reichten.

In einer ersten Baustufe sollte bis 1990 der Winkelbau (Gumpendorfer Straße 1) und das Hochhaus (Lehárgasse 2) durch einen Verbindungsbau zusammengeführt und das Auditorium maximum überbaut werden. Für den Maschinenbau sollte anstelle des ehemaligen Kriegsschul-Gebäudes (Lehártrakt) ein mehrgeschoßiges Gebäude errichtet werden. In einem zweiten Bauabschnitt war bis 1994 ein Umbau des ehemaligen Komitee-Gebäudes (Genie-Gebäude) vorgesehen, ebenso die Revitalisierung des ehemaligen Kulissendepots, worin Ausstellungs-, Lager- und Zeichenräume geschaffen sowie das Archiv der TUW untergebracht werden sollte. Ins Auge gefasste Erweiterungspläne für das 21. Jahrhundert zielten auf den Erwerb jener Häuser ab, die an der Gumpendorfer Straße das Getreidemarktareal begrenzen. (Bereits 1985 konnte das Gebäude «Gumpendorfer Straße 1a» für Zwecke der TUW adaptiert werden.) Hiesmayr dachte hingegen einen Abbruch des Bestandes an, der durch einen Neubau ersetzt werden sollte. Die Überarbeitung des Grundsatzkonzepts von 1984 wurde durch das Bebauungskonzept für die Aspanggründe notwendig, da dort unter anderem auch die Maschinenbaufakultät angesiedelt werden sollte. Im 1989 vorgelegten Entwurf für das Getreidemarktareal war die Adaptierung des ehemaligen Kulissendepots nicht mehr enthalten und der geplante Neubau entlang der Lehárgasse dem Fachbereich Chemie gewidmet.

Erste Vorarbeiten im Jahre 1988 erweckten hinsichtlich des Baubeginns Hoffnungen bei Lehrenden und Studierenden des Fachbereichs Chemie. Die Einstellung der Bauarbeiten führte dazu, dass sie im November 1989 streikten, um so auf ihre räumliche Notlage und Defizite im Bereich der Ausstattung aufmerksam zu machen. Ganz besonders problematisch waren die Arbeitsbedingungen in den Bauten aus dem 19. Jahrhundert, die auch vom Wissenschaftsressort als untragbar und sogar gefährlich eingeschätzt wurden. Für negative Schlagzeilen hatte die Chemie bereits im Herbst 1986 gesorgt, als im benachbarten Theater an der Wien eine Aufführung abgesagt werden musste, nachdem Dämpfe von Chemikalien durch das Kanalsystem ins Theater eingedrungen waren. In weiterer Folge wurde die Lagerung von Chemikalien in Baracken und die Sorglosigkeit der Verantwortlichen an den Chemie-Instituten (zurecht) kritisiert; in den Medien war von einer «Chemikalien-Zeitbombe» zu lesen, die im Herzen der Stadt ticke. Obgleich mehrmals bindende Zusagen für einen Baubeginn gemacht wurden, schien dieser 1991 noch nicht absehbar, weswegen Lehrende und Studierende wiederum mit Protestaktionen drohten. Die Verzögerung war durch das zu gering dotierte Budget für Universitätsbauten bedingt, eine Lösung konnte durch eine Bauträgerfinanzierung erreicht werden.[22]

Die Errichtung des (ATS) 650 Millionen teuren Erweiterungsbaues entlang des Getreidemarktes, der nun das große Institut für Angewandte Synthesechemie beherbergt, wurde 1992 in Angriff genommen. Das von der SITEC Bau- und Anlagenerrichtungsgesellschaft abgewickelte Projekt, das Adaptierungen im Chemie-Hochhaus und im Winkelbau umfasste, konnte 1995 fertig gestellt werden; die Bauarbeiten waren ohne Unterbrechung des Lehrbetriebs erfolgt. Der achtgeschoßige Neubau (7.000 m²) setzt die Bauflucht der zum Getreidemarkt parallelen Hochhausfassade fort und schließt an den Ostflügel des Winkelbaus an, vor dem eine Bauscheibe gesetzt wurde. Ein gestalterisches Moment stellen an der hofseitigen Fassade filigran wirkende Fluchtbalkone dar, die drei Bauten sehr unterschiedlicher Architektur überspannen und somit dem Gebäudekomplex in gewisser Hinsicht eine gemeinsame Struktur verleihen. Im ersten der beiden Untergeschoße ist ein Großlabor eingerichtet, das durch Oberlichten natürliches Licht erhält. In der Öffentlichkeit fand das Kunst und Bau-Projekt von Werner Würtinger viel Beachtung. Die Feuermauer des Chemie-Hochhauses wird größtenteils von einer über vier Geschosse reichenden Glasscheibe verdeckt, die sich aus zahlreichen quadratischen Flächen zusammensetzt. Durch die spezielle Beschichtung der einzelnen Flächen und eine künstliche Lichtquelle entsteht in der Nacht der Eindruck einer glühenden Fläche; tagsüber erscheint die reflektierte Umwelt in einer interessanten Brechung, da eine Teilfläche eingeklappt ist. In die Realisierung dieses Kunstprojekts waren die Architekten und der Fassadenbauer eingebunden, wobei in experimenteller Zusammenarbeit die Problematik gewollter und zufälliger Reflexionen gelöst wurde.[23]

Foto: Ernst Hiesmayr

Nach der Fertigstellung des Erweiterungsbaues wurden zwar noch die Seitentrakte des Genie-Gebäudes abgebrochen, doch der weitere Ausbau des Getreidemarktareals für Zwecke der Chemie konnte aufgrund der beschränkten finanziellen Möglichkeiten bislang nicht fortgesetzt werden. Zu Beginn des 21. Jahrhunderts brach man auch das ehemalige Kriegsschul-Gebäude ab. Wann dort mit dem Bau des auf 37 Millionen Euro geschätzten Neubaus begonnen werden kann, lässt sich derzeit nicht sagen.

2.5.3 Die Adaptierung des Gebäudekomplexes «Favoritenstraße 9–11»

Bei dem Gebäudekomplex «Favoritenstraße 9–11» handelt es sich um ein ursprünglich als Hotel errichtetes Objekt, das von den Wiener Verkehrsbetrieben adaptiert wurde. 1993 bot man dem Bund den Kauf oder die Anmietung des Direktionsgebäudes (ca. 12.500 m²) und der benachbarten Liegenschaft «Taubstummengasse 10–12» (700 m²) an, die aufgrund ihrer Lage, in nächster Nähe zum Neuen El an der Gußhausstraße, für Zwecke der TUW von besonderem Interesse waren. Beide Liegenschaften erwarb die Bundesimmobiliengesellschaft im Sommer 1995. Nicht zuletzt aufgrund der angespannten finanziellen Situation des Bundes verzichtete man aber auf die Nutzung der Gebäude «Taubstummengasse 10–12», deren schlechter baulicher Zustand zu hohe Adaptierungskosten verursacht hätte, wodurch wiederum die Mietkosten gestiegen wären.
Nach Berechnungen der TUW, die Einrichtungen der Zentralen Verwaltung und Institute von vier Fakultäten berücksichtigten, wäre zum damaligen Zeitpunkt Raum im Ausmaß von knapp 21.000 m² zu schaffen gewesen, um alle genannten Bereiche optimal versorgen zu können.[24] Die TUW sprach den verfügbaren Raum vor allem

dem Fachbereich Informatik zu, der seit den späten 1970er Jahren unzureichend räumlich versorgt war. Die Investitionskosten für die benötigte Adaptierung wurden im Sommer 1996 auf (ATS) 181 Millionen geschätzt.[25] Aus finanziellen Gründen konnten jedoch nur die dringlichsten Maßnahmen durchgeführt werden. Nach Plänen von Architekt Rüdiger Lainer wurden die 70 Millionen teure Adaptierung 1998/99 durchgeführt. Im Gebäudekomplex siedelte man sechs Institute (Informationssysteme; Computersprachen; Computergraphik und Algorithmen; Softwaretechnik und Interaktive Systeme; Handhabungsgeräte und Robotertechnik; Kommunikationsnetze) sowie das keiner Fakultät zugeordnete Institut für Informationssysteme zur Unterstützung sehgeschädigter Studierender an.

2.5.4 Die Adaptierung des Perlmoser-Hauses, Operngasse 11

1999 erwarb die BIG das ehemalige Verwaltungsgebäude der Zementfabrik Perlmoser (Operngasse 11), das den Standort Freihausgründe ideal ergänzt. Mit dessen Vergabe an die TUW war jedoch die Auflage verbunden, dass sie dafür angemietete Flächen in anderen Gebäuden aufgeben müsse; das Perlmoser-Haus umfasst knapp 3.000 m². Nach Plänen von Mariana Zweymüller wurde im Jänner 2003 mit der 30 Millionen Euro teuren Adaptierung begonnen, die bereits im darauf folgenden Herbst abgeschlossen werden konnte. Seit dem Wintersemester 2003/04 sind im neuen Institutsgebäude zwei Institute (Landschaftsplanung und Gartenkunst; Stadt- und Regionalforschung) der unter Raumnot leidenden Fakultät für Architektur und Raumplanung und das interfakultäre Institut Technik und Gesellschaft untergebracht; Büros nutzt außerdem die Vereinigung IAESTE Vienna, die Auslandspraktika an Studierende der Technik und der Naturwissenschaften vermittelt.

2.5.5 Der Neubau für den Maschinenbau, eine offene Frage

Nachdem bereits der Entwurf Kurt Zöhrers (1970) die heutigen Fakultäten für Maschinenbau und für Bauingenieurwesen sowie die Technische Versuchs- und Forschungsanstalt (TVFA) umfasst hatte, strebte die TUW in der zweiten Hälfte der 1980er Jahre neuerlich eine Lösung für die genannten Einrichtungen an. Den 1990 veranstalteten Wettbewerb gewannen Manfred Nehrer und Reinhard Medek, die ihr Projekt bis zum Vorentwurf ausarbeiteten. Als 1994 absehbar wurde, dass dieses Bauvorhaben aufgrund der angespannten finanziellen Situation des Bundes bestenfalls in mehreren Bauabschnitten realisiert werden könnte, stellte man Ansprüche der TVFA und der Institute der Bauingenieurfakultät zunächst zurück. Dadurch wurde das Raumprogramm auf etwa 40 % des ursprünglichen Umfanges gekürzt; die Baukosten für diese Variante (knapp 53.000 m²) schätzte man damals auf rund (ATS) 1 Milliarde. Im Wissenschaftsressort bemühte man sich bei den anstehenden Budgetverhandlungen die Sicherstellung dieses (ersten) Bauabschnittes zu erreichen, um die nächsten Planungsschritte einleiten zu können. Ende 1995 teilte die TUW aber dem Wissenschaftsressort mit, dass sie die Zusammenführung der auf neun Standorte verteilten Maschinenbaufakultät im Bereich der Donau-City anstrebe,[26] wodurch die Planung für die Aspanggründe hinfällig und eine Neuplanung notwendig wurde. Dieser Neubau sollte 66.000 m² umfassen.

Beim Standort im 22. Bezirk Donaustadt handelte es sich anfänglich um einen Teil der Überbauung der Donauuferautobahn, auch die «Platte» genannt, wo 1993 die Neuerrichtung der Wirtschaftsuniversität im Gespräch war. Die Stadt Wien war in diesen Jahren an der Ansiedlung (zumindest) einer Universität in der Donau-

City sehr interessiert, wodurch man Folgen des verunglückten Expo-Projekts kompensieren wollte, das 1991 endgültig gescheitert war. (Die Wiener Entwicklungsgesellschaft für den Donauraum (WED) hatte damals größte Schwierigkeiten mit der Verwertung dieses Areals.) Die TUW verband mit dieser radikalen Richtungsänderung hingegen zwei Hoffnungen: dass ihr der Baugrund auf der Platte vom Land Wien kostenlos zur Verfügung gestellt werden würde und dass der Bund den Erlös aus dem Verkauf der Aspanggründe (Areal A und ein Teil des Areals B) in das Projekt Donau-City einbringt, dessen Realisierung dadurch erleichtert und auch beschleunigt werden sollte.

Bereits im Sommer 1995 hatten der Magistrat der Stadt Wien, die Bundesbaudirektion Wien und die ÖBB eine städtebauliche Machbarkeitsstudie für die Aspanggründe in Auftrag gegeben, in der drei grundsätzliche Nutzungsmöglichkeiten untersucht wurden: ein Technologie-Park, der auch Einrichtungen der TUW umfasste, ein Gewerbe-Park mit Mischnutzung und ein konservativer urbaner Städtebau mit Mischnutzung (Wohnungen, Büros, Gewerbe und Dienstleistungen). Die Magistratsabteilung und die Bezirksvertretung bevorzugten die Mischnutzung, eine Immobiliengesellschaft, welche die Interessen der ÖBB vertrat, wollte hingegen eine reine Wohnbebauung. An einer Übernahme des Areals A und eines Teilbereichs von Areal B, die seit 1995 im Fruchtgenuss der BIG stehen, zeigte sich die Stadt Wien grundsätzlich interessiert. Nach Fosters Bebauungsstudie Eurogate Vienna (1999) stand aber auch die Errichtung eines Technologie-Parks zur Diskussion.

Hinsichtlich des Standortes in der Donau-City kam es im Mai 1996 zwischen dem Bund und dem Land Wien zu einer grundsätzlichen Einigung. Der Bund erklärte seine Bereitschaft, auf diesem Gelände universitäre Einrichtungen bzw. einen Universitätskomplex (als komplette Organisationseinheit) innerhalb von 10 Jahren zu errichten bzw. bei einem Investor zu bestellen; das Land verpflichtete sich wiederum, die für diese Zwecke notwendige Liegenschaft sowie das aufgrund der speziellen Topographie des Standortes notwendige Basisbauwerk baukostenbeitragsfrei bereitzustellen.[27] (Später bestimmte man für die TUW aber einen natürlichen Baugrund, intern das «Loch» genannt, neben der Platte.) Ein weiterer Punkt dieses Übereinkommens stellte die Errichtung des zuvor angesprochenen Technologie-Parks dar. Nachdem die Vor- und Nachteile der beiden Standorte erwogen wurden, einigten sich im April 1998 das Wissenschaftsressort, die BIG und die WED über die Einleitung des Projekts in der Donau-City. Den internationalen Generalplanerwettbewerb für den Neubau der Maschinenbaufakultät (70.000 m²) konnte im Februar 1999 Architekt Hans Lechner für sich entscheiden. Das auf rund 100 Millionen Euro geschätzte Projekt, das auch in baukünstlerischer Hinsicht eine interessante Lösung darstellt, wurde im Buch «Die Bundesimmobiliengesellschaft – Zehn erfolgreiche Jahre» (2002) ausführlich behandelt.[28]

Heute kann man davon ausgehen, dass es in dieser Form nicht realisiert werden wird. Neben den fehlenden finanziellen Mitteln sind dafür auch die Neuerungen im Bereich der Universitätsorganisation (UG 2002) verantwortlich, die den Universitäten hinsichtlich der Schwerpunktsetzungen in Lehre und Forschung große Freiheiten bieten. Welche Bereiche aus dem vom Bund zugeteilten Budget finanziert werden, obliegt nun den Entscheidungen der Universitäten. Damit sind hinsichtlich des Profils und Umfangs, den der Maschinenbau in Wien (auch in Abgrenzung zu jenem der Technischen Universität Graz) haben soll, mehrere Varianten möglich. Dieses Thema beschäftigt auch die vom Bildungsministerium eingesetzte Arbeitsgruppe Profilentwicklung an den österreichischen Universitäten, die unter der Bezeichnung «Standortbereinigung und Schwerpunktbildung» ihre Tätigkeit aufnahm. Obgleich diese Arbeitsgruppe vom Fortbestand der Fakultät für Maschinenbau ausgeht, wäre theoretisch auch die Auflösung des Maschinenbaus in Wien denkbar, für den Fall, dass die TUW dafür andere Bereiche ausbauen will und nicht mehr auf ein Gebiet setzt, das in einigen Fachbereichen nicht zuletzt aufgrund unzureichender Arbeitsbedingungen über Jahre kontinuierlich Qualität eingebüßt hat. – Die offene Frage des Maschinenbaus löste universitätsintern umfassende Standortüberlegungen aus. Zuletzt wurde von der TUW sogar ein Komplettumzug zur Diskussion gestellt. Dabei spielt Tulln eine Rolle, aber auch mehrere Standorte in der Bundeshauptstadt werden geprüft; besonders interessant ist das ehemalige Flugfeld Aspern im 22. Bezirk Donaustadt.

1 Vgl. dazu: BMU, GZ 110.201 / 14 ex 1958.
2 Schreiben von Fritz Bock, Wien, 22.03.1966; in: BMU, GZ 59.614 / Präs. 4 ex 1966.
3 Vgl. dazu: BMU, GZ 59.614 / Präs. 4 ex 1966.
4 Vgl. dazu: Heinrich Sequenz (Hg.), 150 Jahre Technische Hochschule in Wien 1815–1965, Bd. II, Wien 1965, S. 129ff.
5 Vgl. dazu: Hochschulbericht 1972, hg. vom BMWF, Bd. 2, Wien 1972, S. 283.
6 Vgl. dazu: Hochschulbauten in Österreich 1970–1982, hg. vom BMWF, Wien 1982, S. 57f.
7 Vgl. dazu: Hochschulbericht 2002, hg. vom BMBWK, Bd. 2, Wien 2002, S. 125.
8 Vgl. dazu: Wettbewerbsausschreibung zur Erlangung von Entwürfen für den Neubau des Institutsgebäudes der Technischen Hochschule Wien, Wien IV., Gußhausstraße 27–29; in: BMBWK.
9 Vgl. dazu: BMU, GZ 117.818 / III–4 ex 1969.
10 Vgl. dazu: BMU, GZ 139.539 – I / 4 ex 1969.
11 Vgl. dazu: BMWF, GZ 32.694 / Raum ex 1973.
12 Vgl. dazu: BMWF, GZ 30.600 / 4–9 ex 1977.
13 Vgl. dazu: BMWF, GZ 30.616 / 3–6 ex 1980.
14 Vgl. dazu: BMWF, GZ 30.614 / 3–9 ex 1976.
15 Vgl. dazu: BMWF, GZ 30.616 / 20–9 ex 1985.
16 Vgl. dazu: BMWF, GZ 30.600 / 4–9 ex 1990.
17 Vgl. dazu: BMWF, GZ 32.757 / Raum ex 1973.
18 Vgl. dazu: BMWF, GZ 30.610 / 2–9 ex 1989.
19 Vgl. dazu: [Broschüre] Institut für Konstruktiven Wasserbau. Adaptierung und Erweiterung, hg. vom Bundesministerium für wirtschaftliche Angelegenheiten, Wien 1995.
20 Vgl. dazu: [Broschüre] Institut für Baustofflehre, Bauphysik und Brandschutz. Neubau und Generalsanierung, hg. vom Bundesministerium für wirtschaftliche Angelegenheiten, Wien 1999.
21 Vgl. dazu: BMWF, GZ 30.606 / 1–9 ex 1984.
22 Vgl. dazu: BMWF, GZ 30.617 / 2–9 ex 1991.
23 Vgl. dazu: [Broschüre] Institutsneubau TU Wien: Chemie-Trakt, 2. Bauabschnitt, hg. von der BBD Wien, Wien 1995.
24 Vgl. dazu: BMWFK, GZ 30.616 / 2–9 ex 1995.
25 Vgl. dazu: BMWVK, GZ 30.616 / 8–9 ex 1996.
26 Vgl. dazu: BMWFK, GZ 30.610 / 3–9 ex 1995.
27 Vgl. dazu: BMWFK, GZ 30.610 / 3–9 ex 1996.
28 Vgl. dazu: Die Bundesimmobiliengesellschaft – Zehn erfolgreiche Jahre, hg. von der BIG, Wien 2002, S. 103ff.

3 Universität für Bodenkultur Wien (BOKU)

Die Universität für Bodenkultur war ab Mitte der 1970er Jahre mit einem steilen Anstieg der Hörerzahlen konfrontiert; eine großzügige räumliche Erweiterung setzte zehn Jahre später ein. Nach 1945 wurden für die BOKU neun Neubauten errichtet und zahlreiche Bestandsanierungen bzw. Adaptierungen vorgenommen, wovon in weiterer Folge fünf Projekte behandelt werden. 2002 standen der Universität für Bodenkultur (wissenschaftliches Personal: 311 Personen; allgemeine Universitätsbedienstete: 334,5 Planstellen) 72.000 m² zur Verfügung. 4.112 ordentliche Studierende waren im Studienjahr 2002/03 inskribiert.

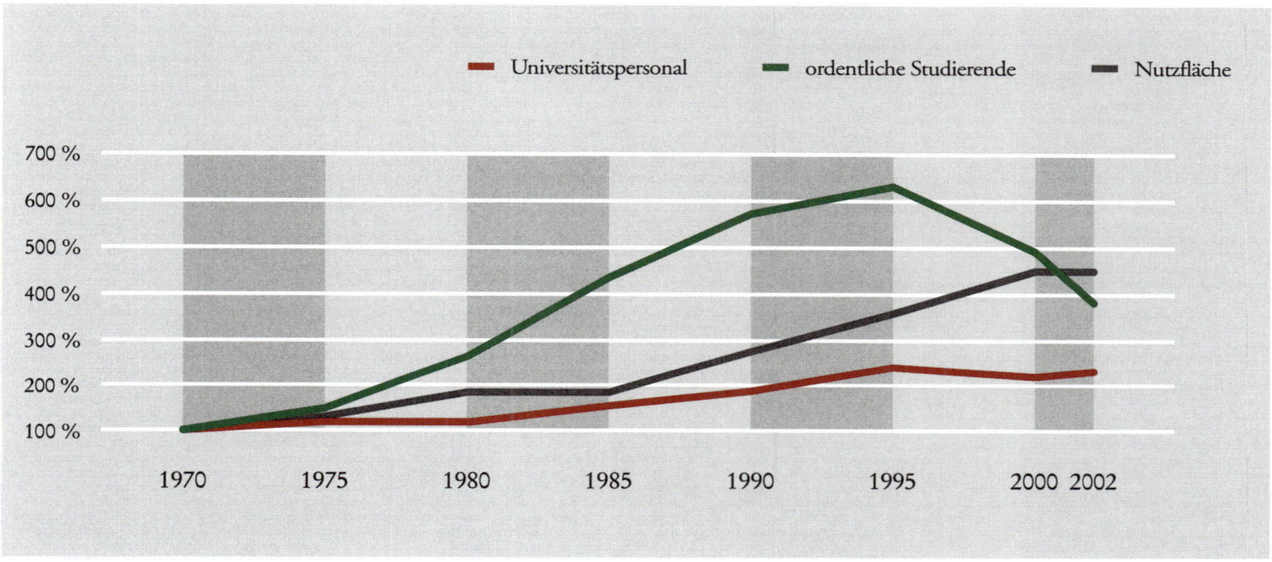

Die Universität für Bodenkultur verfügt heute über zwei Hauptstandorte in Wien. Das historische Zentrum im 18. Wiener Gemeindebezirk Währing, das den Türkenschanzpark nordöstlich begrenzt, bilden das Guttenberg-Haus (Feistmantelstraße 4), das Simony-Haus (Peter-Jordan-Straße 65), das Mendel-Haus (Hauptgebäude), das mit dem Liebig-Haus (gemeinsame Anschrift: Gregor-Mendel-Straße 33) verbunden ist, und die Glashäuser (Peter-Jordan-Straße 63) der Universität. In Währing befinden sich auch die Standorte «Hasenauerstraße 38», «Billrothstraße 53» und die Villa Jeritza (Max-Emanuel-Straße 17).

Der Hauptstandort wird durch Bauten ergänzt, die nördlich der Peter-Jordan-Straße und somit im 19. Wiener Gemeindebezirk Döbling stehen: das Cieslar-Haus (Peter-Jordan-Straße 70), der ehemalige «Türkenwirt» (Peter-Jordan-Straße 76), das Gebäude «Peter-Jordan-Straße 82a» (ZIB-Villa), das Exner-Haus und das Schwackhöfer-Haus (gemeinsame Anschrift: Peter-Jordan-Straße 82) sowie – als Provisorien – fünf Holzbaracken (Borkowskigasse 4).

Ebenfalls in Döbling, allerdings an den Donaukanal grenzend, befindet sich das zweite Zentrum der BOKU, das drei Gebäude umfasst: das Perles-Haus (Nußdorfer Lände 11), das Szilviny-Haus (Muthgasse 18) und das Gebäude «Muthgasse 107». – Drei Versuchsgärten ergänzen die Standorte in Wien: im 14. Bezirk Penzing der Forstliche Versuchsgarten (Knödelhüttenstraße 37), im 21. Bezirk Floridsdorf der Versuchsgarten Jedlersdorf

(Gerasdorfer Straße 103) und im 22. Bezirk Donaustadt der Versuchsgarten Essling an der Raphael-Donner-Allee. In Niederösterreich befinden sich vier Außenstellen: die Versuchswirtschaft in Groß-Enzersdorf (Schlosshoferstraße 31), das Lehrforst-Zentrum im Rosaliengebirge (Lanzenkirchen, Heuberg 82), eine Außenstelle der Abteilung für Hydrobiologie, Fischereiwirtschaft und Aquakultur in Lunz am See (Seehof 4) und das der BOKU zugeordnete Interuniversitäre Department für Agrarbiotechnologie in Tulln (Konrad-Lorenz-Straße 20), das außerdem auch Einrichtungen der Technischen Universität Wien und der Veterinärmedizinischen Universität beherbergt. Seit 1998 ist die BOKU auch als Gesellschafter an einem Umwelt- und Innovationszentrum im obersteirischen Judenburg beteiligt.

3.1 Die räumliche Situation der Universität für Bodenkultur in den 1950er Jahren

Nach dem Zweiten Weltkrieg verfügte die BOKU an ihrem Hauptstandort über drei Gebäude: das 1896 eröffnete Mendel-Haus, das davon getrennt ausgeführte Chemie-Gebäude (Liebig-Haus) und das 1912 fertig gestellte Guttenberg-Haus. Der älteste Teil des Hochschulareals, das von der Peter-Jordan-Straße, der Gregor-Mendel-Straße, der Feistmantelstraße und der Dänenstraße begrenzt wird, grenzt wiederum an den Türkenschanzpark. – Mitte der 1880er Jahre wurde der ältere Teil der Parkanlage auf Anregung von Heinrich Ferstel und nach den Plänen des Stadtgartendirektors Gustav Sennholz gestaltet; 1908 beschloss die Stadt Wien, den Park durch Einbeziehung der benachbarten Sandgrube im Westen zu erweitern. Nach Verbesserung der Bodenverhältnisse konnten dank des feuchten Klimas Bäume und Sträucher aus allen Klimazonen der Welt angepflanzt werden. Aufgrund der Nachbarschaft zur BOKU wurden in den letzten Jahrzehnten zahlreiche botanische Besonderheiten im Türkenschanzpark gepflanzt und 1993 dort auch ein Lehrteich angelegt. – Die «Universität im Grünen» wird immer noch als die schönst gelegene Universität in Wien gepriesen. In den 1950er Jahren profitierten jedoch weniger die Hochschulbauten in Währing, sondern die 1903 eingerichtete Versuchswirtschaft in Groß-Enzersdorf von Instandsetzungsmaßnahmen.

3.2 Die räumliche Erweiterung der Universität für Bodenkultur ab 1960

Wie an allen übrigen Universitäten und Hochschulen gingen die Hörerzahlen auch an der BOKU gegen Ende der 1940er Jahre zurück, den Tiefststand erreichte man im Studienjahr 1955/56 mit 538 ordentlichen Studierenden. Im Unterschied zu den anderen wissenschaftlichen Universitäten und Hochschulen fiel dann der Anstieg der Studierendenzahlen an der BOKU weniger deutlich aus (1960/61: 980; 1965/66: 1.406; 1969/70: 1.187).

Das Hochschulzentrum in Oberdöbling erfuhr 1960 eine wesentliche Erweiterung; vom Ankauf des Exner-Hauses (7.500 m²), das ursprünglich als Spitalsgebäude für die Wiener Kaufmannschaft konzipiert worden war, profitierten mehrere Institute und die Universitätsbibliothek. Die Bibliothek war seit 1896 im Hauptgebäude untergebracht, ihren Grundstock bilden Bestände des Ackerbau-Ministeriums, in dessen Zuständigkeitsbereich die Hochschule für Bodenkultur bis 1877 stand, und die Büchersammlung der 1875 aufgelösten Forstakademie Mariabrunn. Ein Großteil der Bücher verblieb allerdings noch im Magazinturm des Mendel-Hauses.

3.2.1 Der Versuchsgarten Jedlersdorf

Ebenfalls im Jahre 1960 wurde im 21. Wiener Gemeindebezirk Floridsdorf auf einem Gelände an der Gerasdorferstraße, das heute 80.000 m² umfasst, eine Versuchsanlage des damaligen Instituts für Obstbau eingerichtet, die man in weiterer Folge mit drei Wellblechbaracken notdürftig versorgte. Anlässlich der 100-Jahr-Feier der BOKU errichtete man 1972 ein Wirtschaftsgebäude (Gerasdorferstraße 131). Ende der 1990er Jahre waren die im Keller des Wirtschaftsgebäudes eingerichteten Kühlräume für Lagerversuche und auch die Baracken längst unbrauchbar geworden, weswegen man im Frühjahr 2002 eine rund 600.000 Euro teure Kühl- und Lagerhalle (730 m²) im nördlichen Bereich des Gartens errichten wollte.[1] Da man mit der Aufgabe des Standortes Jedlersdorf spekulierte, wünschte die BOKU dann die Errichtung dieser Halle in Groß-Enzersdorf.

3.2.2 Die Sanierung und der Ausbau der Versuchswirtschaft in Groß-Enzersdorf

Die 1903 eingerichtete Versuchswirtschaft Groß-Enzersdorf liegt rund 2 km östlich von Wien im Marchfeld. Rund 650.000 m² der Betriebsfläche befinden sich im Gemeindegebiet von Groß-Enzersdorf, 830.000 m², die 1977 erworben wurden, liegen im 5 km entfernten Raasdorf. Für die Versuchswirtschaft war nach deren Gründung ein Gebäudekomplex (Schlosshoferstraße 31) errichtet worden, der in seinen Stilelementen an Motive des Jagdschlosses Eckartsau erinnert. Obwohl an den Wirtschaftsgebäuden nach dem Zweiten Weltkrieg Instandsetzungsarbeiten vorgenommen worden waren, präsentierte sich die Versuchswirtschaft zu Beginn der 1960er Jahre in einem stark sanierungsbedürftigen Zustand.

Architekt Helmut Leierer erarbeitete 1966 ein umfassendes Sanierungs- und Ausbaukonzept, das in mehreren Etappen realisiert werden sollte.[2] 1968 nahm man das Projekt in Angriff, das aus finanziellen Gründen allerdings nicht im ursprünglich vorgesehenen Ausmaß verwirklicht wurde. Bis 1973 errichtete man unter anderem zwei Glashäuser und Lagerhallen für Maschinen; den modernen Erfordernissen gemäß wurden bestehende Wohnungen, Unterrichtsräume und Labors adaptiert. – Eine Besonderheit, die sich allerdings nicht bewährt hatte, stellte ein «Umlaufgewächshaus» dar, das auf Grundlage eines Paternosteraufzugs funktionierte. (Für dessen Errichtung hatte 1972 der Bund einen Baurechtsvertrag mit jenen privaten Firmen abgeschlossen, die das Umlaufgewächshaus planten.)[3]

In weiterer Folge entwickelte sich dieses Bauvorhaben zur «unendlichen Baugeschichte» der BOKU. Ende der 1970er Jahre bemühte sich die Universität wieder verstärkt darum, den Ausbau ihrer Versuchswirtschaft weiter voranzutreiben, doch nicht zuletzt aufgrund der von der BOKU selbst eingestuften höheren Dringlichkeit anderer Bauvorhaben wurden bis ins Jahr 2000 zwar regelmäßig, aber eben doch nur Instandsetzungsarbeiten gesetzt. (Im Zuge solcher Arbeiten wurde 1983 die Wetterstation modernisiert, die seit 1903 die örtlichen Klimadaten aufzeichnet.) – Im Dezember 1982 legte Architekt Wolf Jürgen Reith eine Konzeptstudie für ein Bildungs- und Forschungszentrum in Groß-Enzersdorf vor, die vom Wissenschaftsministerium als geeignete Grundlage für den angestrebten großzügigen Ausbau beurteilt wurde. Das Bautenministerium beauftragte Reith im Sommer 1986 mit der Ausarbeitung einer Vorentwurfsstudie für den Ausbau der Versuchswirtschaft zum «Lehr- und Forschungszentrum». Nach dem plötzlichen Tod von Reith im Herbst 1989 stellte Architekt Paul Slupetzky diese Studie fertig, die auch die Errichtung von Versuchsstallungen und von mehreren Bauten für Zwecke der Lehre und Forschung berücksichtigte.

Diese umfassende Erweiterung wurde auch deswegen nicht realisiert, da man in der ersten Hälfte der 1990er Jahre unter Beteiligung des Landes Niederösterreich und der Stadtgemeinde Tulln einen großzügigen Gebäudekomplex für das 1994 gegründete Interuniversitäre Forschungsinstitut für Agrarbiotechnologie errichtete. Die Versuchswirtschaft in Groß-Enzersdorf wurde schließlich in eine Dienstleistungseinrichtung der BOKU umgewandelt, die vor allem den experimentell arbeitenden Disziplinen der Agrarwissenschaften für die Durchführung von Forschungsvorhaben zur Verfügung steht. Zu Beginn des 21. Jahrhunderts wurden eine Maschinenhalle errichtet und die bestehenden Gebäude umfassend saniert.

3.3 Die räumliche Erweiterung der Universität für Bodenkultur ab 1970

Im Unterschied zu den meisten Universitäten und Hochschulen war die BOKU zu Beginn dieses Jahrzehnts räumlich relativ gut versorgt, der enorme Anstieg der Hörerzahlen ab Mitte der 1970er Jahre (1970/71: 1.002; 1975/76: 1.458; 1979/80: 2.436) führte dann aber sehr rasch zu beengten Verhältnissen, weswegen für Zwecke der BOKU zusätzlich Räume im Gebäude «Michaelerstraße 25» angemietet werden mussten. (Der Ankauf des Cieslar-Hauses, den die Hochschule schon 1974 wünschte, erfolgte erst 1984.) Die zur Verfügung stehende Nutzfläche stieg in diesem Jahrzehnt von 16.000 m^2 (1970) auf 29.000 m^2 (1980).

3.3.1 Das Franz-Schwackhöfer-Haus

Bereits gegen Ende der 1960er Jahre plante Architekt Anton Schweighofer ein neues Institutsgebäude, das man im Park des zum Hochschulgebäude adaptierten ehemaligen Privatspitals (Exner-Haus) errichtete. Dieses Gebäude, das durch einen Gang mit dem Exner-Haus (Peter-Jordan-Straße 82) verbunden wurde, wollte man der BOKU 1972 übergeben; in diesem Jahr feierte die Hochschule ihr 100-jähriges Bestandsjubiläum. Die im März 1970 begonnenen Bauarbeiten konnten dann aber erst im Jänner 1975 abgeschlossen werden. Das nach dem Chemiker und Gründungsprofessor der Hochschule für Bodenkultur Franz Schwackhöfer (1843–1903) benannte fünfgeschoßige Gebäude (4.000 m^2) stellte ein Experiment dar, das von Anfang an auch das Bautenministerium als ein solches betrachtete. Das damals als «Versuchsbau» deklarierte Gebäude wurde teilweise als Stahlbau aus rostträgem Stahl (Coraldur/Cor-Ten) errichtet. Der auch für die Fassade verwendete Stahl sollte nur an der Oberfläche korrodieren, um derart eine Rostschutzschicht zu bilden; ausgesteift wurde der Z-förmige Baukörper durch zwei Stahlbetonkerne (die Stiegenhaustürme). Zum Zwecke des Brandschutzes verwendete man dem damaligen Stand der Technik entsprechend Spritzasbest.
Das (ATS) 90 Millionen teure Bauwerk wurde mit dem Großen Europäischen Stahlpreis ausgezeichnet, die in dieses Bauverfahren gesetzten Erwartungen erfüllten sich aber nicht. Die durchrostende Fassade verursachte schließlich auch eine Asbestgefährdung. 1990 hatte die Bundesbaudirektion schon das Gebäude auf eine mögliche Gefährdung durch die Asbestkonzentration untersucht, damals jedoch noch eine Unbedenklichkeit der Nutzung festgestellt. In weiterer Folge spitzte sich die Problematik aber rasch zu, da durch Feuchtigkeitsschäden und Wassereintritte Asbestfasern freigesetzt wurden. 1992 mussten in den vorlesungsfreien Zeiten umfangreiche Versiegelungen von bis dahin exponierten Asbestabdichtungen sowohl im Gebäude als auch an der Fassade vorgenommen werden. Im Rahmen eines Betriebs- und Instandhaltungsprogramms wurden dann regelmäßig weitere Maßnahmen getroffen. Die im Schwackhöfer-Haus einquartierten Institute siedelte man bis 1997 etappenweise aus. (Die 1995 eingeleitete Neuerrichtung dieses Gebäudes wird unter 3.5.8 behandelt.)

3.3.2 Die Verbindungstrakte zwischen dem Gregor-Mendel-Haus und dem Justus-von-Liebig-Haus

Nach den Plänen von Architekt Alois Koch, der als Oberingenieur im Hochbaudepartement des Ministeriums des Inneren tätig war, wurde das Hauptgebäude der Hochschule für Bodenkultur in den Jahren 1895/96 an der Türkenschanze errichtet. Das Gebäude ist in den beiden Obergeschoßen als Rohziegelbau ausgeführt und folgt in seinen baukünstlerischen Details dem Stil der Renaissance. Die Fassade des Mittelrisalits schmücken vier Figuren (Gärtner; Landwirt; Jäger; Kulturtechniker), die Carl Sterrer schuf. Benannt wurde das Hauptgebäude nach dem Botaniker Gregor Mendel (eigentlich Johann Mendel, 1822–1884), der 1865 nach achtjährigen Kreuzungsversuchen mit Erbsensorten die grundlegenden Gesetzmäßigkeiten der Vererbung entdeckte. Das Chemie-Gebäude, das nach Justus von Liebig (1803–1873) benannt wurde, der auf den Gebieten der organischen Chemie, der technischen und der analytischen Chemie sowie der physiologisch-analytischen Agronomie hervorragende Leistungen erbrachte, errichtete man parallel zum Längstrakt des Hauptgebäudes in dessen Garten.

1973 schlug die BOKU vor, dass die beiden Flügeltrakte des Hauptgebäudes und das Chemie-Gebäude durch Trakte verbunden werden sollten;[4] der dadurch gewonnene Raum sollte insbesondere dem Elektronenmikroskopie-Zentrum zugute kommen. Von März 1977 bis Dezember 1978 wurde dieses Bauvorhaben realisiert, das die beiden Bauten zu einem Gebäudekomplex (Gregor-Mendel-Straße 33) vereint, der nun knapp 6.7000 m² umfasst; durch die (ATS) 18 Millionen teuren Verbindungstrakte gewann die BOKU knapp 1.300 m². Zu Beginn des 21. Jahrhunderts waren in diesem Gebäudekomplex aufgrund verschiedener Bauvorhaben mehrere Institute provisorisch untergebracht; den damaligen Vorstellungen gemäß sollten künftig darin das Rektorat, die Zentrale Verwaltung, das Zentrum für Ultrastrukturforschung und sieben Institute (Botanik; Zoologie; Nutztierwissenschaften; Pflanzenbau und Pflanzenzüchtung; Ökologischer Landbau und Bodenforschung; Milchforschung und Bakteriologie) ihre Heimstätte haben.

3.3.3 Das Forschungsglashaus, Peter-Jordan-Straße 63

Ursprünglich sollte auf dem Dach des Schwackhöfer-Hauses ein Forschungsglashaus errichtet werden, dieser Plan wurde jedoch aus wirtschaftlichen und funktionellen Gründen verworfen. Seitens der BOKU war die Errichtung eines Forschungsglashauses aber immer als Teil des Schwackhöfer-Haus-Projekts betrachtet worden, das erst im Zeitraum von April 1979 bis Mai 1980 anstelle eines desolaten Glashauses im Garten des Mendel-Hauses errichtet werden konnte. Das ca. (ATS) 10 Millionen teure Forschungsglashaus (800 m²), das unterkellert ist, plante die Bundesgebäudeverwaltung I Wien.[5]

3.4 Die räumliche Erweiterung der Universität für Bodenkultur ab 1980

Durch die Lage des Hauptstandortes der BOKU, der sich in einem ausgesprochenen Wohngebiet befindet, war dessen Ausbau nur bedingt möglich. Schon vor der Ansiedlung im Cottageviertel, das der aus Czernowitz stammende Architekt Carl von Borkowski im letzten Drittel des 19. Jahrhunderts entwarf, forderte der Wiener Cottageverein die Berücksichtigung der villenartigen Bebauung bei der architektonischen Gestaltung der Hochschulbauten.[6] Eine Erweiterung des historischen Zentrums bedeutete 1984 der Ankauf des ehemaligen «Türkenwirtes» (Peter-Jordan-Straße 76) und des Cieslar-Hauses.

Der Aufschwung der BOKU war mitbedingt durch die Gründung neuer Forschungseinrichtungen und neuer Studienmöglichkeiten: 1980 richtete man zwei Zentren (Ultrastrukturforschung; Umwelt- und Naturschutz) und 1984 das Zentrum für Angewandte Genetik ein; 1981 lief der Studienversuch Landschaftsökologie und Landschaftsgestaltung und 1984 das gemeinsam mit der Technischen Universität Wien durchgeführte Aufbaustudium Technischer Umweltschutz an. Der steile Anstieg der Hörerzahlen (1980/81: 2.805; 1985/86: 4.747; 1989/90: 5.746) bedingte in diesem Dezennium auch die Schaffung zahlreicher Raumprovisorien: 1982 mietete man Räume in den Gebäuden «Colloredogasse 12», «Billrothstraße 53» und «Hasenauerstraße 42» an, 1983 dann Räumlichkeiten im Haus «Gymnasiumstraße 79»; die drei letztgenannten Anmietungen standen zuvor der Wirtschaftsuniversität zur Verfügung. Vorübergehend nutzte die BOKU auch Räume im Gebäude «Cottagegasse 49». 1987 wurde eine Villa (Hasenauerstraße 38) samt Garten (rund 1.000 m²) und 1989 Räumlichkeiten im Gebäude «Blaasstraße 5» für Zwecke der BOKU angemietet. Die Villa «Hasenauerstraße 38» (knapp 900 m²) und das Raumprovisorium «Billrothstraße 53» (160 m²) standen 2003 noch dem Institut für Forstentomologie, Forstpathologie und Forstschutz zur Verfügung. Nach der Übersiedlung einer Dienststelle des Unterrichtsministeriums wurden 1988 Räume im Gebäude «Türkenschanzstraße 18» frei, die 2005 aufgegeben wurden. Der Flächengewinn war in diesem Jahrzehnt recht beachtlich (1980: 29.000 m²; 1990: 43.000 m²). Von Sanierungs- und Erweiterungsmaßnahmen profitierten in der zweiten Hälfte der 1980er Jahre der ehemalige Türkenwirt, das Cieslar-Haus und das Mendel-Haus.

Aus Eigeninitiative erarbeitete Wolf Jürgen Reith, später auch Vorstand des Instituts für Raumplanung und Agrarische Operationen an der BOKU, bereits 1982 eine Studie, die Erweiterungsmöglichkeiten in Oberdöbling zum Gegenstand hatte. Im Herbst 1983 beauftragte das Bautenministerium Reith mit der Erstellung einer Studie, die sich mit der Frage beschäftigte, ob und wie mittelfristig die räumlichen Erfordernisse der BOKU an ihrem Hauptstandort gelöst werden können. Aufgrund der Übergabe des Türkenwirtes und des Cieslar-Hauses, für deren Nutzung Reith Lösungsbeiträge erstellte, wurde die umfassende Studie erst im Dezember 1985 übergeben. Als Nutzflächenbedarf waren rund 43.000 m² ermittelt worden, die in drei Etappen realisiert werden sollten. Für die erste Ausbaustufe wurden die Erweiterung des Exner-Hauses, die Errichtung eines Neubaues im Anschluss an den Türkenwirt und eines zweiten Neubaues entlang der Peter-Jordan-Straße vorgeschlagen; dann sollte der Mendel-Liebig-Gebäudekomplex erweitert und der Altbestand des Türkenwirtes umgebaut werden; der letzte Abschnitt umfasste den gewünschten Erwerb des Gebäudes «Peter-Jordan-Straße 65» (Simony-Haus) und die Realisierung eines dritten Neubaues.[7] Hinsichtlich der vorgeschlagenen Neubauten zeigten sich die zuständigen Ministerien allerdings skeptisch. Sieht man von der Neuerrichtung des Schwackhöfer-Hauses ab, ist in Oberdöbling dann auch kein Neubau mehr errichtet worden, die vorgeschlagenen Erweiterungsmaßnahmen an bestehenden Gebäuden wurden allerdings realisiert.

3.4.1 Das Lehrforstgebäude in der Rosalia, Heuberg 82

Nach langjährigen Bemühungen wurde 1972 ein Verwaltungsübereinkommen zwischen dem Wissenschaftsministerium und den Österreichischen Bundesforsten unterzeichnet, das die Schaffung eines Lehrforstes (9.300.000 m²) für die BOKU im niederösterreichischen Rosaliengebirge (Bezirk Wiener Neustadt) zum Gegenstand hatte. Die Errichtung eines Lehrforstgebäudes war damals schon angestrebt worden, das ausgelastete Universitätsbaubudget (Kapitel 64) verhinderte in den 1970er Jahren jedoch die Realisierung. Im Ministerium suchte man deswegen nach anderen Finanzierungsmöglichkeiten und dachte dabei an die Errichtung des Hochschulgebäudes durch den Bauhof der HTL Wiener Neustadt; das Unterrichtsministerium erteilte diesem Projekt seine Zustimmung. Durch diese Vorgangsweise hätte das Bauvorhaben vom Unterrichtsministerium (Kapitel 12) finanziert werden können. Architekt Egon Presoly, der an der HTL Wiener Neustadt tätig war, erarbeitete Pläne für ein Lehrforstgebäude, es zeigte sich aber in weiterer Folge, dass die Durchführung dieses Bauvorhabens die Kapazitäten der HTL doch übersteigen würde.
Im Frühjahr 1983 legte auch Reith einen Vorentwurf vor, für den sich das Bautenministerium schließlich entschied.[8] (Presoly schlug in diesem Jahr übrigens vor, dass ein ehemaliges Kinderspital bei Lilienfeld mit relativ geringem finanziellen Aufwand zu einem Lehrforstgebäude umfunktioniert werden könnte. Für die BOKU stellte dieser Vorschlag jedoch keine brauchbare Alternative dar, weil ihrer Auffassung nach die das Gebäude umgebenden Wälder für die durchzuführenden wissenschaftlichen Übungen ungeeignet waren.[9]) Reiths Entwurf sah vor, dass sich das Lehrforstgebäude aus zwei miteinander verbundenen Gebäuden zusammensetzen sollte, wovon das eine für eine Dauernutzung und den Forschungsbetrieb und das andere für den Übungsbetrieb (an rund 120 Tagen im Jahr) gedacht war. Der 1987 fertig gestellte Haus befindet sich im Osten des Lehrforstes, im Bereich der Gemeinde Lanzenkirchen. In dem (ATS) 25 Millionen teuren Gebäudekomplex (2.500 m²), auch Hubert-Kuhn-Haus genannt, können 54 Personen einquartiert werden; der Hörsaal wurde für 50 Hörer konzipiert.

3.4.2 Das Emil-Perles-Haus, Nußdorfer Lände 11

Der anhaltende starke Anstieg der Hörerzahlen während der 1980er Jahre war für die BOKU in zweifacher Hinsicht höchst problematisch: Gegen Mitte des Jahrzehnts waren die Grenzen des Universitätsbaubudgets erreicht, was zur Folge hatte, dass zahlreiche (teilweise schon begonnene) Bauvorhaben gefährdet waren; dies betraf nahezu alle Universitäten. Hinsichtlich der BOKU kam noch erschwerend hinzu, dass der Hauptstandort in Oberdöbling nicht im erforderlichen Ausmaß erweitert werden konnte. Das Wissenschaftsministerium war deswegen im 18. und 19. Bezirk auf der Suche nach einem großen Bürogebäude, das man für Universitätszwecke adaptieren wollte. Anfänglich war daran gedacht worden, dass in diesem Gebäude auch Einrichtungen der Wirtschaftsuniversität dauerhaft bzw. Chemie-Institute der Technischen Universität provisorisch untergebracht werden könnten. Die WU war jedoch nicht für diesen Vorschlag zu gewinnen und die Institute der TUW konnten schließlich (vorübergehend) im Neubau der Veterinärmedizinischen Universität räumlich versorgt werden.
Bis Anfang 1988 suchte man nach den dringend benötigten Räumlichkeiten für die BOKU, doch die eingeholten Angebote auf dem Realitätenmarkt für Büroräumlichkeiten, die für eine Adaptierung (auch für Laborzwecke) in Frage kamen, lagen deutlich über jenem Wert, der für das letztlich realisierte Projekt an der Nußdorfer Lände vereinbart wurde. Die Porr AG wollte jedoch dieses Areal, das sich in ihrem Besitz befindet, nicht dem Bund verkaufen, sondern bot dem Wissenschaftsministerium an, darauf ein Gebäude nach den Vorgaben

des Nutzers zu errichten und dem Bund zu vermieten. Bei diesem Projekt kam erstmals ein neu entwickeltes Finanzierungsmodell zum Einsatz, das in seinen wesentlichen Zügen dann auch bei der 1992 gegründeten Bundesimmobiliengesellschaft eine Fortsetzung fand. Dazu zählen unter anderem die Instandhaltungspflichten des Vermieters, der für die Dauer des Mietverhältnisses die Erhaltung des Gebäudes besorgt. (Bei dem gegenständlichen Projekt trug der Bauherr auch das Risiko der Baukosten.)

Für die Errichtung des auch Institutsgebäude Muthgasse I genannten Objekts nutzte der Bund die Möglichkeit des privatwirtschaftlichen Managements, verteilte die Kosten auf die Nutzungsdauer und sorgte für Kostenminimierung durch Ausschreibung der Sonderausstattung und durch Fixierung der Miete in Verbindung mit festgeschriebenen Qualitätsstandards. Die Überprüfung der Vertragsabwicklung übernahm im Auftrag des Wissenschaftsressorts Architekt Gernot Schamp. Dem Bund wurde außerdem ein Optionsrecht auf den Erwerb des Gebäudes eingeräumt. Bauherr war die VBV Delta Anlagenvermietung GmbH, eine gemeinsame Gesellschaft der Österreichischen Investkredit AG, deren Finanzierungs-Know-how bei diesem Projekt von größter Bedeutung war, die zum Länderbank-Konzern gehörende LB-Bauträger GmbH und die zur Porr AG gehörende Union-Baumaterialien-Gesellschaft.

Das 13.000 m² umfassende Gebäude wurde mit einem Aufwand von rund (ATS) 481 Millionen errichtet, wobei 251 Millionen in die Sonderausstattung (insbesondere die Haustechnik), Labormöbel und Büroeinrichtungen investiert wurden.[10] Für das entwickelte Modell sprach zudem noch die rasche Projektabwicklung: In nur acht Monaten wurde von der Planungsabteilung der Porr AG die komplette Einreichplanung für das achtgeschoßige Gebäude erarbeitet, die von Architekt Dimitris Manikas ergänzt wurde. Die Baugenehmigung konnte im Februar 1989 erteilt werden, das Perles-Haus war bereits im Herbst 1991 fertig gestellt. (Emil Perles, 1837–1893, wirkte als Professor für Maschinen- und Meliorations-Ingenieurwesen an der BOKU.) Ins Gebäude am Donaukanal siedelten fünf Institute (Hydraulik und Landeskulturelle Wasserwirtschaft; Wasserwirtschaft; Hydrologie und Konstruktiver Wasserbau; Chemie; Angewandte Mikrobiologie; Lebensmitteltechnologie) und das Zentrum für Angewandte Genetik; außerdem sind darin die Werkstätten der Wasserbauinstitute und eine Cafeteria untergebracht, am Dach befindet sich ein Forschungsglashaus.

3.5 Die räumliche Erweiterung der Universität für Bodenkultur ab 1990

Der starke Anstieg der Hörerzahlen hielt auch in der ersten Hälfte der 1990er Jahre an, im Studienjahr 1994/95 zählte man sogar 7.001 ordentliche Studierende; in weiterer Folge gingen die Hörerzahlen aber wieder deutlich zurück (2000/01: 5.423). Auch in diesem Jahrzehnt wurden die Studienmöglichkeiten kontinuierlich erweitert: 1992 gründete man das Zentrum für Geoinformationswesen, 1998 das Christian-Doppler-Labor für Zellstoff-Chemie, an dem sich die Lenzing AG und die Österreichischen Bundesforste beteiligten, und 1999 das Christian-Doppler-Labor für Methoden der Holzverarbeitung mit der Hilti AG als Industriepartner. Im Jahre 2000 übernahm die BOKU die wissenschaftliche Leitung des Kompetenzzentrums Holz, an dem auch die Technische Universität Wien und die Universität Linz mitwirken. Beteiligt ist die BOKU auch am 1994 gegründeten Interuniversitären Department für Agrarbiotechnologie in Tulln und seit 1998 (neben der Technischen Universität Graz, der Joanneum Research Forschungsgesellschaft, der Stadt Judenburg, dem Verband der Steirischen Forst- und Holzwirtschaft und einem lokalen Holzverarbeitungsbetrieb) am Umwelt- und Innovationszentrum Judenburg, das sich Fragen der Ver- und Bearbeitung von Holz widmet.

Trotz der umfangreichen Bautätigkeit mussten auch in diesem Dezennium Raumprovisorien geschaffen werden. Im Jahre 1993 wurde am Hauptstandort das Gebäude «Dänenstraße 6» angemietet und im Gegenzug dafür die beiden Provisorien «Gymnasiumstraße 79» und «Blaasstraße 5» aufgegeben. Aufgrund der endgültigen Räumung des Schwackhöfer-Hauses mussten im Herbst 1997 für die betroffenen Institute rund 1.650 m² im «Rank-Xerox-Haus» (Nußdorfer Lände 29–31) angemietet werden; diese Anmietung wurde Ende 2003 aufgegeben. Bereits 1994 erwarb man für Zwecke der BOKU die dreigeschoßige Villa Jeritza (Max Emanuel-Straße 17), wodurch sie an ihrem Hauptstandort weitere 700 m² gewann, die einem Teil des Instituts für Mathematik und Angewandte Statistik zur Verfügung gestellt wurden.

Erinnert sei an dieser Stelle auch an jene schon genannten Bauvorhaben, die dem Versuchsgarten Jedlersdorf und der Versuchswirtschaft Groß-Enzersdorf zugute kamen. Von umfangreicheren Sanierungs- und Instandsetzungsmaßnahmen profitierte um die Jahrtausendwende außerdem noch das Liebig-Haus. Durch bauliche Maßnahmen stieg die Nutzfläche in diesem Jahrzehnt nochmals deutlich an (1990: 43.000 m²; 2000: 72.000 m²). – 2003 wurde noch das Gebäude «Muthgasse 107» angemietet, in dem die Abteilungen für Abfallwirtschaft und für Energietechnik sowie die Österreichische Vereinigung für Agrar-, Lebens- und Umweltwirtschaftliche Forschung über rund 3.400 m² verfügen.

3.5.1 Das Interuniversitäre Department für Agrarbiotechnologie in Tulln

Das heutige Department wurde 1994 als gemeinsame Forschungsstätte der Wiener Universitäten – Universität für Bodenkultur, Veterinärmedizinische Universität und Technische Universität – gegründet. Seit 2004 ist das IFA Tulln zur Gänze der BOKU zugeordnet. Die Aktivitäten in Tulln reichen von Molekularbiologie bis Umweltverfahrenstechnik, von der Entwicklung neuer Biopolymere und innovativer Analysenverfahren bis hin zur Tier- und Pflanzenzüchtung.

Diese Gründung war Teil einer 1989 geschlossenen Vereinbarung zwischen dem Bund und dem Land Niederösterreich gemäß Artikel 15a des Bundesverfassungsgesetzes über Vorhaben, deren Verwirklichung für die Vertragsparteien von besonderem Interesse ist. Der Bund brachte darin seinen Willen zum Ausdruck, die Errichtung dieses Forschungsinstituts unter der Trägerschaft der drei genannten Wiener Universitäten ideell und im Rahmen der budgetären Möglichkeiten auch materiell zu unterstützen. Die materielle Basis sollte durch den Abschluss von Verträgen mit der Stadtgemeinde Tulln und dem Land Niederösterreich gesichert werden. Die im Dezember 1990 zwischen dem Bund, dem Land und der Stadt geschlossene Grundsatzvereinbarung sah vor, dass die Stadtgemeinde Tulln den Baugrund (ca. 91.000 m²) bereitstellt und auch die Bauherrschaft übernimmt; die Projektabwicklung übertrug die Stadt dann einer Bauplanungs- und Bauträgergesellschaft.

Das Land beteiligte sich an dem Bauvorhaben mit (ATS) 99 Millionen; als nicht zu überschreitender Gesamtbetrag für das Projekt waren 430 Millionen fixiert worden. Außerdem verpflichtete sich das Land zu einer Starthilfe für die Forschungsaktivitäten des IFA-Tulln: Für die ersten zehn Jahre des Betriebes gab das Land eine Garantie für ein Forschungsauftragsvolumen in der Höhe von insgesamt 75 Millionen ab.[11] Der von Architekt Franz Fehringer geplante Gebäudekomplex «Konrad-Lorenz-Straße 20» war im Frühjahr 1994 bezugsfertig. Die Universität für Bodenkultur ist im IFA-Tulln mit den Abteilungen Biotechnologie in der Pflanzenproduktion und Umweltbiotechnologie (3.800 m²) vertreten, der Veterinärmedizinischen Universität ist die Abteilung Biotechnologie in der Tierproduktion (1.600 m²) zuzurechnen und die Technische Universität Wien steht in Verbindung mit der Abteilung Naturstofftechnik und dem Analytikzentrum (1.800 m²).

3.5.2 Die Barackenbauten auf der Borkowskigasse (4)

Im Zuge der Sanierung und des Ausbaus des Exner-Hauses wurden 1993 fünf zweigeschoßige Holzbaracken (rund 2.000 m^2) auf der Borkowskigasse errichtet, um Auslagerungen der Universitätsbibliothek und mehrerer Institute zu ermöglichen. Diesen Bauten liegt ein Raum- und Funktionsprogramm zugrunde, das Slupetzky erarbeitete.[12] Als eine Übergangslösung war auch die Unterbringung der Mensa im Jahre 1997 gedacht, da das Simony-Haus geräumt werden musste, das man im Anschluss sanierte. Neben der Mensa waren zu Beginn des 21. Jahrhunderts das Institut für Obst- und Gartenbau und ein Teil des Instituts für Mathematik und Angewandte Statistik in den Provisorien einquartiert.

3.5.3 Der Ausbau und die Sanierung des Wilhelm-Exner-Hauses, Peter-Jordan-Straße 82

Das um 1910 nach den Plänen von Ernst von Gotthilf errichtete Privatspital war bis 1955 als Heil- und Pflegeanstalt in Betrieb. Nach dem Erwerb für Zwecke der BOKU im Jahre 1960 stellte der Spitalsbau die wichtigste Erweiterung am Hauptstandort dar; das Gebäude wurde nach dem Techniker Wilhelm Exner (1840–1931) benannt. (Exner war als Professor an der Forstakademie Mariabrunn tätig, die er ab 1875 leitete und in die Hochschule für Bodenkultur überführte. Er war Initiator und dann auch erster Direktor des 1879 gegründeten Technologischen Gewerbemuseums in Wien und außerdem maßgeblich an der Gründung des Technischen Museums für Industrie und Gewerbe (1908) beteiligt.)

Der Ausbau des Exner-Hauses war ein langgehegter Wunsch der BOKU, für den Reith schon 1982 erste konkrete Vorschläge äußerte. In der 1985 vorgelegten Studie war dieses Bauvorhaben an erster Stelle gereiht, das eigentlich schon im Herbst 1987 in Angriff genommen werden sollte, doch aufgrund der Sparmaßnahmen der damaligen Bundesregierung wurde auch dieses Bauvorhaben wieder zurückgestellt. Die Verzögerung führte auch dazu, dass Slupetzky die von Reith geleistete Planung später noch modifizierte. Die Maßnahmen umfassten Umbauten im Altbestand (7.500 m^2), die zu einer deutlichen Verbesserung des Verhältnisses zwischen Verkehrs- und Nutzfläche führten, und die Errichtung von Zubauten (6.600 m^2), die derart ausgeführt wurden, dass das ehemalige Privatspital in seiner Grundkonzeption erhalten blieb. Durch die neu geschaffenen Hörsäle und Seminarräume in den Zubauten konnten Gangflächen und ehemalige Hörsäle im Altbau zu abgeschlossenen Institutsbereichen zusammengefügt werden, die auch Labors umfassen.

Von den Baumaßnahmen profitierte ganz besonders die Universitätsbibliothek, deren ausgelagerte Bestände man im Herbst 1994 rückzuführen begann. Die meisten Umbau- und Renovierungsvorhaben im Bibliotheksbereich waren im darauf folgenden Dezember abgeschlossen. Aufgrund der deutlichen Vergrößerung der Magazinflächen konnte endlich der gesamte Bestand (knapp 500.000 Bücher) der Hauptbibliothek an einem Ort untergebracht werden. Im April 1996 wurden die letzten Arbeiten des (ATS) 500 Millionen teuren Projekts abgeschlossen; die Nettobaukosten betrugen 237 Millionen.[13] Das Exner-Haus beherbergt nun die großzügig ausgestattete Universitätsbibliothek und den Zentralen Informatikdienst; 2003 waren darin außerdem acht Institute (Pflanzenschutz; Waldökologie; Waldwachstumsforschung; Vermessung, Fernerkundung und Landinformation; Konstruktiver Ingenieurbau; Verkehrswesen; Raumplanung und ländliche Neuordnung; Land-, Umwelt- und Energietechnik) untergebracht. Im ehemaligen Verwaltungsgebäude (Peter-Jordan-Straße 82a) des Frauenhospizes wurde das Zentrum für Internationale Beziehungen einquartiert.

3.5.4 Das Armin-Szilviny-Haus, Muthgasse 18

Aufgrund der positiven Erfahrungen im Zusammenhang mit dem Bau des Perles-Hauses regte die BOKU die Realisierung eines Institutsgebäudes Muthgasse II an, das auf dem an das Perles-Haus angrenzenden und noch unbebauten Areal der Porr AG errichtet werden sollte. Darin wollte man laborintensive Einrichtungen zusammenfassen,[14] die am alten Standort kaum den modernen Anforderungen gemäß hätten versorgt werden können. Der absehbare Verfall des Schwackhöfer-Hauses machte die Verfügbarkeit eines hoch installierten Laborgebäudes nur noch dringlicher. Im Juni 1990 wurden bereits vom Planungsbüro der Porr AG Wettbewerbsunterlagen ausgearbeitet, welchen ein von der BOKU ausgearbeitetes Raum- und Funktionsprogramm zugrunde lag. Es wurden dann vier Architektenteams zu einem Gutachterverfahren eingeladen, in dem die Jury sich für das Projekt der Architekten Heinz Marschalek und Georg Ladstätter entschied. Im Oktober 1993 wurde mit dem Bau des achtgeschoßigen Gebäudes (20.000 m²) begonnen, das termingemäß im August 1996 an die BOKU übergeben wurde. Von insgesamt rund (ATS) 800 Millionen wurden 460 Millionen in die Sonderausstattung und 125 Millionen in die Laborausstattung investiert.

Das Finanzierungs- und Vertragsmodell (Mietvertrag mit Kaufoption), das dem Perles-Haus zugrunde lag, kam auch in diesem Fall zur Anwendung; eine Neuerung erfolgte insofern, als die 1992 gegründete Bundesimmobiliengesellschaft und die Union-Baumaterialien-Gesellschaft eine Projektgemeinschaft gründeten, die dem Bund das Gebäude für Zwecke der BOKU langfristig vermietet. Dabei handelte es sich um das erste privatwirtschaftliche Finanzierungsmodell zwischen einem privaten Partner und der BIG. Im Szilviny-Haus wurden die Fachbibliothek für Lebensmittel- und Biotechnologie, der Zentrale Informatikdienst, eine Mensa, die ÖH, das Zentrum für Angewandte Genetik und drei Institute (Chemie; Lebensmitteltechnologie; Botanik) untergebracht. In unmittelbarer Nähe des neu entstandenen zweiten Zentrums der BOKU befindet sich eine Busstation mit direkter Verbindung zum Hauptstandort am Türkenschanzpark, wodurch dieser vom Standort am Donaukanal bequem erreicht werden kann.

3.5.5 Die Adaptierung des Oskar-Simony-Hauses, Peter-Jordan-Straße 65

In nächster Nähe zum Hauptgebäude eröffnete man 1904 das Kaiser-Franz-Joseph-Studentenheim (Peter-Jordan-Straße 65), das der 1874 gegründete Unterstützungsverein für Studierende an der BOKU betreute. In Hinblick auf Lehr- und Forschungszwecke stellte dieses Gebäude eine der wenigen Erweiterungsmöglichkeiten in Oberdöbling dar. Um das ideal gelegene, viergeschoßige Haus für Institutszwecke nutzen zu können, musste ein Ersatzquartier für das Studentenheim organisiert werden, was zu Beginn der 1990er Jahre gelang. Über Veranlassung des Wissenschaftsministeriums erwarb die BUWOG das von der Bundeskammer der Gewerblichen Wirtschaft geführte Internationale Studentenheim an der Starkfriedgasse (15), auf dessen Areal dann noch ein weiteres Heim (Pötzleinsdorfer Straße 40) errichtet wurde.

Das ehemalige Studentenheim an der Peter-Jordan-Straße funktionierte man in den Jahren 1997/98 zu einem «Haus der Landschaft» (rund 2.000 m²) um. Nach Abschluss der (ATS) 25 Millionen teuren Generalsanierung wurden darin die Institute für Freiraumgestaltung und Landschaftspflege und für Landschaftsplanung und Ingenieurbiologie untergebracht. Den Plänen von Monika Putz gemäß sollte ursprünglich auch das Dachgeschoß des um einen Innenhof gruppierten Gebäudes ausgebaut und ein Zubau für Hörsäle und Seminarräume errichtet werden. (Inklusive der Generalsanierung hatte man 1995 die Kosten für diese Variante auf (ATS) 60 Millionen geschätzt, die dann aus wirtschaftlichen Gründen nicht realisiert wurde.)[15] Das adaptierte Gebäude benannte man nach dem Mathematiker und Physiker Oskar Simony (1852–1915), der von 1874 bis 1912 an der BOKU lehrte.

3.5.6 Der Ausbau und die Sanierung des Adolf-von-Guttenberg-Hauses, Feistmantelstraße 4

1912 war am Hauptstandort ein drittes Hochschulgebäude fertig gestellt worden, das nach dem Forstwissenschaftler Adolf von Guttenberg (1839–1917) benannt ist. Guttenberg, der von 1877 bis 1911 als Professor für Forstbetriebslehre an der Hochschule für Bodenkultur tätig war, hatte sich energisch für die Einrichtung eines Land- und Forstwirtschaftlichen Museums eingesetzt, das ursprünglich eben in diesem Gebäude untergebracht werden sollte. Aufgrund des starken Anstiegs der Hörerzahlen wurde das Guttenberg-Haus jedoch von Anfang an als Institutsgebäude genutzt, das sich aus einem zentralen Baukörper und zwei Flügelbauten zusammensetzt, die den Mitteltrakt im Osten und Westen flankieren.
Zu Beginn der 1990er Jahre beantragte die BOKU den Dachgeschoßausbau sowie den Einbau eines Lifts, was zur Erstellung einer Kostenschätzung und der Einleitung der Planung durch Architekt Heinz Neckam führte, die aufgrund der Budgetsituation allerdings erst gegen Ende dieses Jahrzehnts in ihre entscheidende Phase trat. Im Frühjahr 2002 war Baubeginn, das 5,2 Millionen Euro teure Projekt konnte im Sommer 2003 abgeschlossen werden.[16] Das ausgebaute Dachgeschoß (500 m²) steht dem Institut für Wirtschaft, Politik und Recht zur Verfügung; im fünfgeschoßigen Guttenberg-Haus (insgesamt 3.200 m²), das als «Haus der Wirtschaftswissenschaften» genutzt wird, wurden außerdem noch die Institute für Agrarökonomik und für Sozioökonomik der Forst- und Holzwirtschaft untergebracht.

3.5.7 Die Sanierung des Adolf-Cieslar-Hauses, Peter-Jordan-Straße 70

Das 1908 nach den Plänen von Architekt Victor Postelberg errichtete Cieslar-Haus war als Entbindungsanstalt für den Verband der Genossenschaftskrankenkassen konzipiert worden, das ab 1980 vorübergehend Einrichtungen der Vienna International School beherbergte, bevor es 1984 für Zwecke der BOKU angekauft wurde. Im Jahre 2003 investierte die BIG knapp 3,2 Millionen Euro in eine umfassende Sanierung des Hauses, das nach dem Forstwissenschaftler Adolf Cieslar (1858–1934) benannt ist. In dem viergeschoßigen Gebäude (2.400 m²) wurden zwei Institute (Angewandte Geologie; Forsttechnik) untergebracht.

3.5.8 Die Erneuerung des Franz-Schwackhöfer-Hauses

Schon 1992 war klar, dass das in den Medien «Rosthaus» genannte Institutsgebäude aufgrund seines baulichen Zustandes und der Asbestbelastung möglichst rasch saniert werden sollte. Die herrschende Raumknappheit und das Fehlen von geeigneten Alternativen, die man hätte anmieten können, führten aber dazu, dass bis ins Jahr 1997 die Nutzung von Teilen des Schwackhöfer-Hauses mit nicht unbeträchtlichem finanziellen Aufwand aufrecht erhalten wurde; die Universitätsleitung war mit dieser Notlösung einverstanden.

Die Erneuerung des Schwackhöfer-Hauses leitete man im Sommer 1995 ein, als die Bundesbaudirektion Wien eine Machbarkeitsstudie für die Generalsanierung in Auftrag gab, in welcher verschiedene Sanierungs- und Neubauvarianten untersucht wurden. Letztlich entschied man sich zum Abbruch des Gebäudes; erhalten blieben allerdings die in ihrem Bestand nicht gefährdeten tragenden Elemente. Das von der BOKU erarbeitete Raum- und Funktionsprogramm bildete die Grundlage für die Ausarbeitung von drei Bauvarianten, aus denen 1998 im Zuge eines Gutachterverfahrens das Projekt der Architektengemeinschaft Georg Schwalm-Theiss, Horst Gressenbauer und Herbert Bohrn gewählt wurde. Bei diesem Projekt blieb das Tragwerk des Altbestandes erhalten, ebenso die großen Geschoßhöhen und die Flexibilität hinsichtlich der Raumnutzung, die durch die Installationsführung unterstützt wird. Ein oberbelichteter Zentralraum verbindet zwei Trakte, die über Treppen und Stege erschlossen werden; diese dienen zugleich als Kommunikationszonen.

Das neue Schwackhöfer-Haus (8.000 m^2) wird vom Park erschlossen, der ebenfalls eine Neugestaltung erfuhr. Der landschaftsarchitektonische Entwurf stammt von Martina Leitner, Ingrid Wagner und Robert Wiener, die an der BOKU (Department für Raum, Landschaft und Infrastruktur) studieren.[17] – Nach der Entsorgung des Spritzasbests wurden die Bauarbeiten im Mai 2002 in Angriff genommen. Das knapp 23 Millionen Euro teure Bauvorhaben war im Sommer 2004 fertig gestellt. Im Schwackhöfer-Haus fanden Bereiche von drei Instituten (Vermessung, Fernerkundung und Landinformation; Verfahrens- und Energietechnik; konstruktiver Ingenieurbau) und acht Institute (Alpine Naturgefahren; Ingenieurbiologie und Landschaftsbau; Bodenforschung; Waldbau; Forststechnik; Landtechnik; Holzforschung; Physik und Materialwissenschaft) ihre neue Heimstätte.

---

1 Vgl. dazu: BMBWK, GZ 30.787 / 3–Pr / 5 ex 2001.

2 Vgl. dazu: BMU, GZ 2047 / Präs. 4 ex 1967.

3 Vgl. dazu: BMWF, GZ 30.782 / 11–9 ex 1979.

4 Vgl. dazu: BMWF, GZ 30.342 / Raum ex 1974.

5 Vgl. dazu: BMWF, GZ 30.780 / 11–9 ex 1979.

6 Vgl. dazu: Manfried Welan (Hg.), Die Universität für Bodenkultur Wien. Von der Gründung in die Zukunft 1872–1997, Wien/Köln/Weimar 1997, S. 42.

7 Vgl. dazu: BMWF, GZ 30.785 / 13–9 ex 1986.

8 Vgl. dazu: BMWF, GZ 30.786 / 4–9 ex 1983.

9 Vgl. dazu: BMWF, GZ 30.786 / 1–9 ex 1984.

10 Vgl. dazu: BMWF, GZ 30.780 / 1–9 ex 1988.

11 Vgl. dazu: BMWFK, GZ 30.720 / 4–9 ex 1996.

12 Vgl. dazu: BMWF, GZ 30.781 / 13–9 ex 1992.

13 Vgl. dazu: [Broschüre] Generalsanierung, Zu- und Ausbau des Wilhelm-Exner-Hauses, hg. vom Bundesministerium für wirtschaftliche Angelegenheiten, Wien 1997.

14 Vgl. dazu: BMWF, GZ 30.785 / 24–9 ex 1990.

15 Vgl. dazu: BMWFK, GZ 30.781 / 19–9 ex 1995.

16 Vgl. dazu: [Broschüre] Sanierung des Adolf-Cieslar-Hauses und des Guttenberg-Hauses, hg. von der BIG, Wien 2003.

17 Vgl. dazu: [Broschüre] Franz-Schwackhöfer-Haus, hg. von der BIG, Wien 2004.

Die Veterinärmedizinische Universität im Donaufeld.

4 Veterinärmedizinische Universität Wien (VMU)

Die jüngere Baugeschichte der Veterinärmedizinischen Universität bestimmte mehr als zwei Jahrzehnte lang die Frage, an welchem Standort sie angesiedelt und neu errichtet werden sollte. Dies ist der Grund, warum in den Jahren 1970 bis 1990 nur das Nötigste für Zwecke der VMU auf dem Bausektor geschah. Waren die räumlichen Verhältnisse in diesen Jahren sehr bescheiden, so änderte sich dies 1996 mit dem Bezug der in Pavillonbauweise errichteten Anlage im 21. Wiener Gemeindebezirk Floridsdorf, die zu den weltweit modernsten dieser Art zählt. Nach 1945 wurden für die VMU 57 Neubauten (davon 47 in Floridsdorf) errichtet und zahlreiche Bestandsanierungen bzw. Adaptierungen vorgenommen, wovon in weiterer Folge vier Projekte behandelt werden. 2002 standen der Veterinärmedizinische Universität (wissenschaftliches Personal: 185 Personen; allgemeine Universitätsbedienstete: 373,5 Planstellen) 55.000 m² zur Verfügung. 1.951 ordentliche Studierende waren im Studienjahr 2002/03 inskribiert.

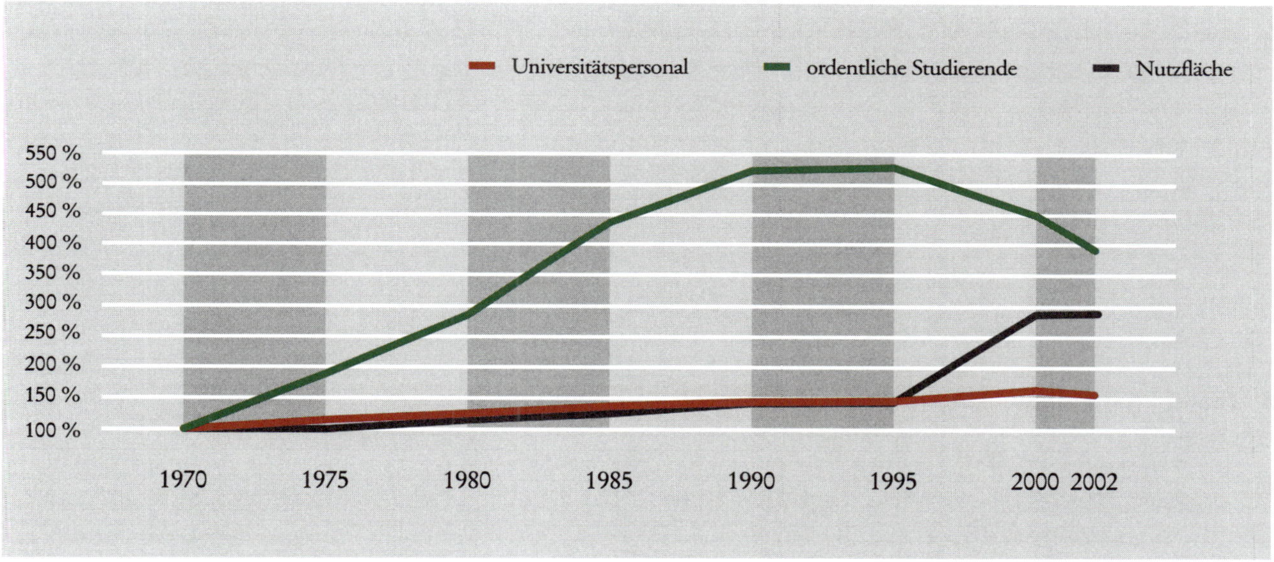

Die VMU ist die einzige Wiener Universität, deren Hauptstandort am linken Donauufer angesiedelt ist. Im 21. Bezirk, auf den Donaufeldgründen, errichtete man in der ersten Hälfte der 1990er Jahre eine großzügige Anlage für die Tierärztliche Universität. Dieser Umsiedlung und Neuerrichtung ging ein Entscheidungsfindungsprozess voraus, der gegen Ende der 1960er Jahre in Schwung kam. Die eigentliche Planung des Projekts «Donaufeld» begann 1982. Die im Zeitraum von 1970 bis 1990 gesetzten baulichen Maßnahmen im 3. Bezirk Landstraße, wo die VMU seit den frühen 1820er Jahren angesiedelt war, stellten deswegen nur Übergangslösungen dar. (Das ehemalige Hauptgebäude der VMU (Linke Bahngasse 11, jetzt: Anton-von-Webern-Platz 1) wird heute von der Universität für Musik und darstellende Kunst Wien genutzt.) Das Forschungsinstitut für Wildtierkunde und Ökologie hat seine Heimstätte (Savoyenstraße 1) im 16. Bezirk Ottakring.

In Niederösterreich verfügt die VMU über das Lehr- und Forschungsgut Merkenstein, dem vier Höfe (Kremesberg, Medau, Haidlhof und Rehgras) angegliedert sind. Der Hauptsitz mit der Gutsverwaltung ist Kremesberg, das bei Berndorf (knapp 20 km südlich von Wien) liegt. In Tulln ist die Abteilung Biotechnologie in der Tierproduktion angesiedelt.

4.1 Die räumliche Situation der Veterinärmedizinischen Universität in den 1950er Jahren

Gegen Ende des Zweiten Weltkrieges wurden die Gebäude der Tierärztlichen Hochschule auf dem Areal Linke Bahngasse im 3. Wiener Gemeindebezirk durch Bomben- und Artillerietreffer schwer beschädigt. – In den Jahren 1821 bis 1823 hatte man dort noch am Stadtrand das neue Hauptgebäude und ein Hospitalgebäude der damaligen Militair-Thierarzneyschule errichtet. 1874/75 kam das Anatomie-Gebäude und 1885 das Chirurgie-Gebäude hinzu, 1900/01 dann das Gebäude für die Medizinischen Kliniken. 1932 konnte die Medizinische Klinik für Kleintiere eröffnet werden.
Während der ersten Nachkriegsjahre waren vorerst die gröbsten Schäden zu beseitigen, nach und nach nahm man dann auch Adaptierungen vor; beispielsweise wurde 1955/56 ein elektronenmikroskopisches Laboratorium eingerichtet und 1956 der umgebaute Hörsaal des Medizinisch-Chemischen Institutes eröffnet. Eine Erweiterung erfuhr die VMU im Jahre 1957, als der Hochschule im Gemeindegebiet von Berndorf der landwirtschaftlich genutzte Teil des Krupp-Konzerns übergeben wurde, der seitdem als Lehr- und Forschungsgut Merkenstein in Verwendung ist. Bis 1938 dienten die vier Höfe unter anderem auch zur Versorgung der Arbeiter des Industriebetriebes.

4.2 Die räumliche Erweiterung der Veterinärmedizinischen Universität ab 1960

Erst gegen Mitte der 1960er Jahre stiegen die Hörerzahlen deutlich an (1955/56: 213; 1960/61: 246; 1965/66: 290; 1969/70: 442), was die Leitung der Hochschule als zusätzliches Argument für den geforderten Ausbau der VMU anführte. Schon 1960 wurde die Weisung zur Erstellung eines Raum- und Funktionsprogramms für den Ausbau der Tierärztlichen Hochschule auf dem Areal Linke Bahngasse erteilt, das knapp 37.500 m² umfasste. Das vorgelegte Programm hätte eine Erweiterung des Raumbestandes um 67 % vorgesehen, für dessen Realisierung rund (ATS) 150 Millionen nötig gewesen wären. 1964 beauftragte man Architekt Sepp Stein mit der Überarbeitung dieses Raum- und Funktionsprogramms. Als Zielsetzung war eine maximale Erweiterung von 40 % des damals bestehenden Raumes vorgegeben, wofür ein Baugrund im Ausmaß von knapp 70.000 m² erforderlich war.
Anlässlich des 200-Jahr-Jubiläums der Tierärztlichen Hochschule im Jahre 1968 schenkten das Land Niederösterreich ein knapp 35.000 m² großes Grundstück in Breitenfurt und die Bundeshauptstadt ein an das bestehende Hochschulareal angrenzendes Grundstück (430 m²) dem Bund für Zwecke der Hochschule. (Bis 1971 konnte das Wiener Areal durch Ankäufe der Liegenschaft «Ungargasse 14» und einer unverbauten Fläche an der Beatrixgasse um rund 2.000 m² erweitert werden.)[1] Gegen Ende der 1960er Jahre diskutierte man eine teilweise Verlegung der VMU nach Niederösterreich; vornehmlich die Großtierkliniken sollten in Breitenfurt, das an den südwestlichen Stadtrand von Wien grenzt, angesiedelt werden, die Zentrale Verwaltung und die meisten Institute wären diesem Plan gemäß in Wien verblieben.

4.2.1 Die Generalsanierung des Hauptgebäudes, Linke Bahngasse 11

Im Zuge der Instandsetzung des in den 1820er Jahren nach den Plänen von Hofarchitekt Johann Aman errichteten Hauptgebäudes wurden bereits während der 1950er Jahre Adaptierungen vorgenommen. In der ersten Hälfte der 1960er Jahre führte man weitere Modernisierungsmaßnahmen durch; 1965 ging zum Beispiel das Radioisotopen Laboratorium des Physiologischen Instituts in Betrieb. Diese Bautätigkeit war allerdings schon Teil der umfassenden Generalsanierung, dessen Kosten 1967 auf (ATS) 50 Millionen geschätzt wurden.[2] Dem Bauvorhaben lagen Pläne von Architekt Sepp Stein zugrunde. Um den mit der Sanierung verbundenen Umbau durchführen zu können, mussten Institute vorübergehend ausgesiedelt werden. Als Ausweichquartier wurde deswegen 1965 ein Fertigteilpavillon (1.400 m²) hinter dem Hauptgebäude errichtet. Die feierliche Übergabe des sanierten Hauptgebäudes fand zu Beginn der Feierlichkeiten anlässlich des 200-Jahr-Jubiläums der Tierärztlichen Hochschule im Mai 1968 statt.

4.3 Die räumliche Erweiterung der Veterinärmedizinischen Universität ab 1970

In diesem Jahrzehnt hat sich die Zahl der ordentlichen Studierenden mehr als verdoppelt (1970/71: 506; 1975/76: 947; 1979/80: 1.346). Der Zuwachs an Raum war hingegen minimal (1970: 19.000 m², 1980: 22.000 m²), da aufgrund der angestrebten Standortverlagerung nur noch das Nötigste in die Gebäude an der Linken Bahngasse investiert wurde. Hinsichtlich der Standortfrage waren auch Städte in Niederösterreich im Gespräch. In die engere Auswahl kamen jedoch zwei Areale im Wiener Stadtbereich, die Entscheidung für die Donaufeldgründe fiel schließlich zu Beginn der 1980er Jahre.
Auch das Land Niederösterreich wünschte sich eine Universität, die diesbezüglichen Bemühungen richteten sich vornehmlich auf die Tierärztliche Hochschule. Das Land dachte daran, dass auf dem 1969 dem Bund für Zwecke der VMU geschenkten Gelände in Breitenfurt Teile der Hochschule angesiedelt werden könnten; später wurden auch Brunn am Gebirge, Baden und Wiener Neustadt als mögliche Standorte genannt. Bereits 1971 hatte das Wissenschaftsministerium eine Untersuchung, die möglichen Erweiterungsflächen für die Wiener Hochschulen gewidmet war, beim Österreichischen Institut für Raumplanung in Auftrag gegeben. Das Donaufeld wurde in dieser Studie als ein für Hochschulzwecke sehr geeigneter Standort ausgewiesen. Als Ergänzungsstudie und speziell für die VMU gab man noch eine Untersuchung von Standorten in Niederösterreich in Auftrag. Der im Herbst 1973 vorgelegten Studie gemäß wäre St. Pölten für die Ansiedlung der ganzen Hochschule am geeignetsten gewesen.[3]
Gegen eine Absiedlung der VMU aus Wien hatten sich aber schon zuvor Vertreter der Bundeshauptstadt ausgesprochen. Aus verständlichen Gründen, man denke nur an die sehr zahlreichen Hunde- und Katzenbesitzer in Wien, sollte die Tierärztliche Hochschule im Stadtgebiet bleiben. 1972 stellte Wien der VMU ein Areal auf dem Gelände des Schlachthofes in St. Marx in Aussicht. Eine Gesamtverlegung der Hochschule kam für das Wissenschaftsministerium anfänglich aber nicht in Frage, da ja erst wenige Jahre zuvor das Hauptgebäude mit beträchtlichem finanziellen Aufwand saniert und erweitert worden war. Andererseits hätten auch zwei weit voneinander entfernte Hochschulstandorte Mehrkosten verursacht, da bestimmte Einrichtungen an beiden Standorten unverzichtbar gewesen wären. Aus diesen Gründen trat 1974 das Wissenschaftsministerium für eine Verlegung der ganzen Hochschule ein. Das alte Hauptgebäude der VMU wollte man der Wiener Hochschule für Musik und darstellende Kunst zur Verfügung stellen.
Mitte der 1970er Jahre wurde verstärkt der heutige Standort im Donaufeld diskutiert, doch auch das Gelände des ehemaligen Aspangbahnhofes war ein Thema. Mit der Nutzung dieses Areals, das sich in relativer Nähe zum

Standort Linke Bahnstraße befindet, wäre theoretisch auch die Realisierung des 2-Standorte-Modells möglich gewesen. In weiterer Folge wurden die Standorte Aspanggründe und Donaufeldgründe eingehend untersucht, wobei die Bundesgebäudeverwaltung I Wien sich 1980 für die Ansiedlung der VMU am linken Donauufer aussprach.[4] Für den Erwerb und die Freimachung der Donaufeldgründe lag damals bereits eine Genehmigung des Finanzministeriums vor; das war bei den Aspanggründen nicht der Fall. Gegen dieses Areal sprach außerdem die Umweltbelastung, das Fehlen von Erweiterungsflächen für die VMU, da ein Teil der Aspanggründe (unter anderem) auch der Technischen Universität Wien zugewiesen war, und dass dort auch die erwünschte geringe Baudichte kaum erzielt hätte werden können. Diese Möglichkeiten waren am Standort im 21. Wiener Gemeindebezirk gegeben, das ein Stadtentwicklungsgebiet (UNO-City) darstellte, dessen rasche Erreichbarkeit vom Stadtzentrum mit der damals projektierten Verlängerung der U1 nach Kagran absehbar war. (Die Verlängerung der U-Bahn, die für die Erschließung und Aufwertung dieses Stadtteils höchst bedeutsam war, stand im Zusammenhang mit dem Einsturz der Reichsbrücke am 1. August 1976.)

4.3.1 Die Bautätigkeit am Hof Medau

Am Hof Medau, der zum Lehr- und Forschungsgut Merkenstein gehört, widmet sich die VMU vor allem der Schweinezucht. Nach den Plänen von Sepp Stein wurde in den Jahren 1976 bis 1979 ein Gebäudekomplex (1.350 m²) errichtet, der neben einem zweigeschoßigen Wohnhaus drei ebenerdige Ställe umfasst, die durch einen Trakt mit Labors, Lagerräumen etc. verbunden sind. Zum Zeitpunkt der Fertigstellung stellte die Schweinezuchtanlage eine der modernsten ihrer Art dar. Ende der 1990er Jahre wurde am Hof Medau noch ein Außenklimastall für Schafe errichtet, der auch Labor- und Behandlungsräume umfasst.

4.4 Die räumliche Erweiterung der Veterinärmedizinischen Universität ab 1980

Der Anstieg der Hörerzahlen in diesem Jahrzehnt (1980/81: 1.432; 1985/86: 2.180; 1989/90: 2.520) erzwang die Schaffung von Raumprovisorien, wodurch sich der zur Verfügung stehende Raum erhöhte (1980: 22.000 m²; 1990: 28.000 m²). Die Bauvorhaben an der Linken Bahngasse sollten jedoch nur die schlimmsten Engpässe überbrücken, die Planung des Neubaues wurde ja 1982 in Angriff genommen.

Zu Beginn der 1980er Jahre sprach sich auch das Wissenschaftsministerium für die Donaufeldgründe als neuen Standort der VMU aus. Das Universitätskollegium fasste am 27. Jänner 1981 den Entschluss, die VMU in den 21. Wiener Gemeindebezirk zu verlegen. Damit waren allerdings mehrere Auflagen verknüpft. So forderte man die Realisierung des Neubaus (auf einem mindestens 100.000 m² großen Areal) durch eine Sonderfinanzierung und – als Überbrückung – die Fortsetzung der unbedingt erforderlichen Adaptierungsarbeiten am alten Standort.[5] Das Projekt «Donaufeld», das nach dem AKH Wien das bislang größte Bauvorhaben der Zweiten Republik war, wird unter 4.5.1 ausführlich behandelt.

4.4.1 Die Adaptierung des Gebäudes «Ungargasse 14»

Der Bund kaufte 1969 die Liegenschaft «Ungargasse 14» für Zwecke der Tierärztlichen Hochschule an, wodurch der damalige Hauptstandort eine Erweiterung erfuhr. Das siebengeschoßige Wohnhaus sollte eigentlich vor allem für Zwecke des Instituts für Versuchstierkunde adaptiert werden.[6] Insbesondere die Einrichtung von Labors in dem als Provisorium gedachten Gebäude wäre nur mit einem hohen finanziellen Aufwand zu bewerkstelligen gewesen, weswegen Anfang der 1980er Jahre das Gebäude um rund (ATS) 27 Millionen vornehmlich für Büro- und Verwaltungszwecke adaptiert wurde. Nach der Übersiedlung der VMU ins Donaufeld wurde das Gebäude für Zwecke der Universität für Musik und darstellende Kunst adaptiert. (Die problematische Raumsituation dieser Kunstuniversität war wesentlich mitverursacht durch die Schwierigkeiten im Zusammenhang mit dem Großprojekt im Donaufeld.)

4.4.2 Die Adaptierung des ehemaligen Wirtschaftsgebäudes des Schlosses Wilhelminenberg, Savoyenstraße 1

Ein Drittel der Betriebskosten des Forschungsinstitutes für Wildtierkunde, das 1977 errichtet wurde, übernahm eine eigens dafür gegründete Förderungsgesellschaft, der unter anderem alle österreichischen Jagdverbände angehören. Als Standort des Forschungsinstitutes waren anfänglich der Lainzer Tiergarten, eine provisorische Unterbringung in einem Fertigteilpavillon an der Linken Bahngasse und das Areal in Breitenfurt im Gespräch.[7] Das Land Niederösterreich wollte die Ansiedlung in Breitenfurt mit (ATS) 10 Millionen vorfinanzieren.
Eine weitere Option ergab sich dann aber im 16. Wiener Gemeindebezirk, wo die Nutzung des ehemaligen Wirtschaftsgebäudes des Schlosses Wilhelminenberg angeboten wurde. Das Schloss stammt aus dem letzten Drittel des 18. Jahrhunderts und diente den Grafen Lascy als Jagddomizil. (Nach einem Umbau wird das ehemalige Jagdschloss seit 1988 als Hotel genutzt.) 1981 schloss der Bund mit der Stadt Wien einen Partnerschaftsvertrag, in dem sich die Stadt bereit erklärte, dem Forschungsinstitut für Wildtierkunde die Liegenschaft «Savoyenstraße 1» in Ottakring für zunächst 20 Jahre gegen einen Anerkennungszins zu überlassen.
Nach den Plänen von Architekt Franz Schnögass begann man im Jänner 1982 das ehemalige Wirtschaftsgebäude in ein Institutsgebäude (1.500 m²) umzubauen. Labor-, Sektions- und Operationsräume befinden sich nun in den ehemaligen Pferdestallungen, die früheren Wohnungen wurden in eine Bibliothek, Büro- und weitere Laborräume umfunktioniert. Der ehemalige Heu- und Schüttboden dient nun unter anderem als Gästebereich. Im Herbst 1982 konnte die (ATS) 30 Millionen teure Adaptierung abgeschlossen werden. Dem heutigen Forschungsinstitut für Wildtierkunde und Ökologie steht in Ottakring außerdem ein 54.000 m² großes, umzäuntes Wildgehege zur Verfügung.

4.4.3 Der Ausbau des Lehr- und Forschungsgutes Merkenstein

1957 übernahm die VMU die Höfe in einem größtenteils bedenklichen baulichen Zustand, der laufend Reparatur- und Instandsetzungsarbeiten bedingte. Das Lehr- und Forschungsgut sollte grundsätzlich die Möglichkeit bieten, die praktische Ausbildung der Studierenden am lebenden Tier zu vertiefen; seinen vier Höfen sind unterschiedliche Aufgabenbereiche zugewiesen. Drei Höfe (Kremesberg, Medau und Haidlhof) befinden sich in relativer Nähe zueinander im Gemeindegebiet von Berndorf, der Hof Rehgras (bei Weißenbach a.d. Triesting-Furth) ist davon weiter entfernt. Den Hauptsitz mit der Gutsverwaltung bildet der Hof Kremesberg, der auf der gleichnamigen Anhöhe über Berndorf-Pottenstein im Triestingtal liegt. Am Kremesberg ließ Arthur Krupp 1911 einen Fachwerkbau errichten, der von der VMU jetzt vornehmlich als Rinderstall genutzt wird. In einem Gebäudekomplex dieses Anwesens sind diverse landwirtschaftliche Anlagen, Lagerräume, ein Maschinen- und Fuhrpark sowie die dazugehörenden Werkstätten untergebracht. Beim Haidlhof handelt es sich um einen Vierkanthof aus dem 17. Jahrhundert. Am Hof Rehgras werden auf 650 Meter Seehöhe vor allem Jungrinder und Pferde gehalten.
Eine Schwachstelle des Lehr- und Forschungsgutes bildeten lange Zeit fehlende Wohnmöglichkeiten für das nichtwissenschaftliche Personal; dies führte schon in den 1970er Jahren zu ernsten Problemen hinsichtlich der Betreuung der Höfe. Nach Plänen von Architekt Stein errichtete man Mitte der 1980er Jahre in unmittelbarer Nähe des Hauptsitzes der Gutsverwaltung sechs Wohnhäuser (Landarbeiterwohnungen). Im Zuge dieses (ATS) 25 Millionen teuren Projekts wurden auch Teile des Altbestandes saniert. Eine Erweiterung erfuhr Kremesberg außerdem durch die Errichtung des so genannten Niederösterreich-Hauses, das neben Labors und Seminarräumen auch Gästezimmer umfasst. Das 1987 eröffnete Gebäude ist gewissermaßen als «Ersatz» für das 1969 dem Bund für Zwecke der VMU geschenkte Areal in Breitenfurt zu sehen. Das Land kaufte den Grund zurück und stellte 1984 für das Projekt Niederösterreich-Haus (ATS) 13 Millionen zur Verfügung.[8]

4.4.4 Die Adaptierung des Gebäudes «Tongasse 12»

Bereits das Gebäude «Ungargasse 14» stand bekanntlich als vorübergehende Heimstätte für die Institute für Versuchstierkunde und für Tierernährung zur Diskussion. Die relativ hohen Kosten, die durch die Einrichtung der benötigten Labors entstanden wären, waren ausschlaggebend dafür, dass dieses ehemalige Wohnhaus dann für andere Zwecke adaptiert wurde. Eine Alternative stellte ein Neubau auf jenem Grund an der Beatrixgasse dar, den der Bund 1971 für Zwecke der VMU erworben hatte. Architekt Stein begann Ende der 1970er Jahre mit der Planung dieses Institutsgebäudes, doch die Entscheidung, die VMU vom 3. in den 21. Wiener Gemeindebezirk zu verlegen, sprach dann gegen die Realisierung dieses Bauvorhabens, dessen Kosten 1979 auf (ATS) 110 Millionen geschätzt wurden.[9]
Um den Lehr- und Forschungsbetrieb aufrechterhalten zu können, war Mitte der 1980er Jahre dann aber doch die Schaffung eines weiteren Provisoriums nötig. Dafür bot sich das Gebäude «Tongasse 12» an, das Anfang der 1980er Jahre vom Bund angekauft worden war.[10] Nach Plänen von Sepp Stein begann man 1985 mit den (ATS) 58 Millionen teuren Adaptierungsmaßnahmen. Das an das Hochschulareal im 3. Bezirk grenzende ehemalige Druckereigebäude (1.700 m^2) diente ab 1987 den Instituten für Tierernährung, für Versuchstierkunde und für Histologie und Embryologie als vorübergehende Bleibe. Nach dem Auszug der VMU wurde das Gebäude von der Geologischen Bundesanstalt besiedelt.

4.5 Die räumliche Erweiterung der Veterinärmedizinischen Universität ab 1990

Nachdem seit Mitte der 1960er Jahre die Hörerzahlen kontinuierlich gestiegen waren, nahmen sie in der zweiten Hälfte der 1990er Jahre wieder relativ deutlich ab (1990/91: 2.639; 1995/96: 2.670; 2000/01: 2.249). Nach etlichen Verzögerungen konnte zu Beginn dieses Dezenniums dann endlich auch mit dem Bau der neuen VMU im Donaufeld begonnen werden, wodurch sich der zur Verfügung stehende Raum beinahe verdoppelte (1990: 28.000 m^2; 2000: 55.000 m^2).
Ein Grund für den späten Beginn dieses Großprojekts war die 1987 nochmals aufkeimende Standortdiskussion, in der wiederum niederösterreichische Gemeinden ins Spiel gebracht wurden. (Das Land Niederösterreich erhielt in diesem Jahrzehnt dann aber doch seine langersehnte Universität: 1995 wurde die Donauuniversität Krems als Postgraduate Universität eröffnet, die privatrechtlich geführt, aber unter Aufsicht des Bundes steht, der sie zusammen mit dem Land Niederösterreich mitfinanziert. Einen weiteren Hochschulstandort bildet Tulln, wo 1994 das IFA-Tulln als gemeinsame Forschungsstätte der Wiener Universitäten – Universität für Bodenkultur, Veterinärmedizinische Universität und Technische Universität – gegründet wurde.)

4.5.1 Die neue Veterinärmedizinische Universität im Donaufeld, Veterinärplatz 1

Bei dem Neubau der Veterinärmedizinischen Universität im Donaufeld handelte es sich um das bislang größte Universitätsbauvorhaben der Zweiten Republik. Nach der Entscheidung, die VMU als erste Wiener Universität am linken Donauufer anzusiedeln, schien 1982 einer zügigen Abwicklung des Projekts nichts im Wege zu stehen. Der Baubeginn war ursprünglich für das Jahr 1984 vorgesehen, das 1985 auf (ATS) 1,3 Milliarden geschätzte Projekt sollte 1989 fertig gestellt sein. Für das Donaufeld als neuen Standort sprachen die Größe (156.000 m^2) und Lage des Areals, dessen günstige Bebaubarkeit und die Infrastruktur, die das Gelände sowohl für die Stadt als auch für deren Umgebung attraktiv machte.
1982 wurde Sepp Stein, dessen jahrzehntelange Auseinandersetzung mit den räumlichen Bedürfnissen der VMU ins Jahr 1964 zurück reicht, vom Bautenministerium im Einvernehmen mit dem Wissenschaftsressort direkt mit der Bauplanung beauftragt. Diese Vorgangsweise missfiel natürlich der Bundesingenieurkammer,[11] doch aus Gründen der Zweckmäßigkeit, Sparsamkeit und Wirtschaftlichkeit war die Direktbeauftragung Steins zweifellos vernünftig und richtig. Diese Vorgangsweise war in Fachkreisen außerdem weder unüblich noch projektverteuernd, sondern beispielsweise in allen krankenhausähnlichen Bereichen eine weit verbreitete Praxis; die mit den komplexen Anforderungen vertrauten Architekten arbeiten Lösungsvorschläge aus, die dann mit den jeweiligen Nutzern inhaltlich und funktional durch Freigaben bestätigt werden. Die Auswahl und Beauftragung der anderen Fachplaner und des Bauträgers erfolgte durch das Bautenministerium. Die Inneneinrichtungsplanung wurde 1984 Architekt Peter Czernin übertragen.
Beim Erstellen des Raum- und Funktionsprogramms war Stein darum bemüht, sowohl der unverzichtbaren Nutzerabstimmung als auch der vom Auftraggeber geforderten Sparsamkeit bestmöglich Rechnung zu tragen. Das eigentliche Raumprogramm mit einem vom Wissenschaftsministerium vorgegebenen Flächenrahmen von 54.000 m^2 lag Ende 1984 vor und wurde im Februar 1985 als Basis für die Vorentwurfsplanung freigegeben. Im Mai 1985 ordnete dann aber Bautenminister Übleis die Planungseinstellung und Reduzierung des Raumprogramms auf 44.500 m^2 an. Dieser Schritt, der in gutem Glauben, aber ohne Sachkenntnis erfolgte, ist im Zusammenhang mit der schwierigen finanziellen Situation des Bundes zu sehen, die damals praktisch an allen Universitäten zu Problemen im Baubereich führte. (Die konkreten Vorplanungen für den Neubau der VMU

setzten zu einem Zeitpunkt ein, als das für den Universitätsbau vorgesehene Budget noch jährlich anstieg. Die damalige Entwicklung fortgesetzt, hätte die Dotierung des Kapitels 64 Ende der 1980er Jahre ungefähr doppelt so hoch sein müssen, als sie tatsächlich war. Die im Zusammenhang mit der angestrebten Budgetkonsolidierung erfolgten Kürzungen führten dazu, dass zahlreiche bereits getroffene Vereinbarungen in der zweiten Hälfte der 1980er Jahre nicht mehr eingehalten werden konnten.[12])

Da die neue Zielsetzung nicht auf die funktionellen Erfordernisse der VMU einging, mussten die erfolgten Streichungen im Laufe nachfolgender Umplanungen großteils wieder rückgängig gemacht werden. Der im November 1986 genehmigte vierte Vorentwurf entsprach mit 54.000 m² schließlich wieder exakt dem vom Wissenschaftsministerium vorgegebenen Flächenrahmen. Trotz 14-jähriger Planungs- und Bauzeit wurde dieser Rahmen (im Wesentlichen) eingehalten; die 1996 eröffnete Anlage umfasst 55.000 m² (exklusive der Stallungen). Von einer überzogenen Großzügigkeit kann aber nicht gesprochen werden, da 1996 die durchschnittliche Nutzfläche pro Studierendem weit unter den Richtlinien lag, die der Deutsche Wissenschaftsrat für Veterinärmedizinische Universitäten empfahl.[13]

Als diese Schwierigkeiten überwunden waren, geriet das Großprojekt im Frühjahr 1987 wieder in schwere Turbulenzen, als der Vorschlag von Bürgermeistern fünf niederösterreichischer Gemeinden, die VMU aus Wien abzusiedeln, bei Wissenschaftsminister Tuppy auf offene Ohren stieß. Tuppy forcierte in weiterer Folge Baden, wo die Stadtgemeinde einen Bauplatz im Ausmaß von rund 180.000 m² bereitgestellt hätte. Die neuerlich aufgerollte Standortdiskussion gipfelte in der Zurückziehung des Ansuchens um Bauwilligung durch Bautenminister Graf im Juli 1987. Gegen eine Verlegung des Standortes sprach sich aber schon im Juni das Professorenkollegium der VMU aus, auch die Stadt Wien protestierte heftig gegen eine Absiedlung. Durch eine teilweise Neuplanung, den damit verbundenen verlorenen Planungsaufwand und Zeitverlust sowie die im Bauträgervertrag vereinbarten Fristen waren finanzielle Nachteile zu befürchten, die damals auf rund (ATS) 315 Millionen geschätzt wurden. Da auf politischer Ebene nicht auf die Warnungen der in den betroffenen Ministerien tätigen Beamten eingegangen wurde und diesen nicht gelang, Politiker vom Gewicht ihrer Bedenken zu überzeugen, wurden die entscheidenden Veranlassungen in diesem kritischen Projektabschnitt meist auf Basis von Weisungen gesetzt, um nach Monaten festzustellen, dass es zur Weiterführung des Projekts im Donaufeld keine taugliche Alternative gab.

Eine weitere Verzögerung bedingten Auffassungsunterschiede hinsichtlich der baukünstlerischen Gestaltung der geplanten Neubauten. Bereits anlässlich der Vorentwurfsgenehmigung im Oktober 1986 wurden vom Bautenministerium diesbezüglich wesentliche Verbesserungen eingefordert, Architekt Stein war aber vorerst nicht bereit, seinen Entwurf zu ändern. 1988 erwog das Wirtschaftsressort deswegen die Veranstaltung eines Wettbewerbs zur Verbesserung der baukünstlerischen Qualität. Wegen der auch vom Fachbeirat für Stadtgestaltung der Stadt Wien geforderten Änderungen des architektonischen Erscheinungsbildes musste letztlich noch eine beinahe einjährige Umplanungsphase in Kauf genommen werden. In diese Phase des Planungsprozesses waren Vertreter des Wissenschaftsministeriums und der VMU durch eine eingerichtete Bedarfsprüfungskommission eingebunden. Ihre Aufgabe bestand darin, den Umfang der Erstausstattung festzulegen; in diesem Zusammenhang ging man natürlich auch nochmals auf die Raumkonzeption ein. Der von Stein erarbeitete Entwurf wurde schließlich im Juli 1989 genehmigt.

Nachteilig wirkten sich die genannten Probleme auch im Zusammenhang mit dem 1985 abgeschlossenen Bauträgervertrag aus. Mangelhafte Planerkoordination und verspätete Betriebsorganisationsplanung seitens des Bauträgers erschwerten die Projektabwicklung zusätzlich. Schon Anfang der 1980er Jahre war klar, dass das Großprojekt nur im Wege eines Bauträgers in relativ kurzer Zeit realisiert werden könnte. Das Bautenministerium holte jedoch keine Angebote unter mehreren möglichen Interessenten ein, die als Grundlage für die Vergabeentscheidung hätten dienen können, sondern beließ es bei im Herbst 1982 vorgelegten Interessensbekundungen zweier Bietergruppen. Der Rechnungshof beanstandete 1995 (unter anderem), dass das Bautenministerium die notwendige Sorgfalt bei der Auswahl des Bauträgers vermissen ließ und ungeachtet des Umfanges des Bauvorhabens die wirtschaftliche Situation der Interessenten und deren Erfahrung mit Großbauvorhaben in seine Entscheidung nicht einbezog.[14]

Als Bauträger fungierte eine Arbeitsgemeinschaft, welche die Gemeinnützige Wohnungsgesellschaft Austria AG und die 1983 gegründete Merkur Bauträger Gesellschaft (eine Tochtergesellschaft der Länderbank) bildeten. 1990 legten die Bundesminister Busek und Schüssel für die Nettobaukosten eine Obergrenze von (ATS) 2,5 Milliarden fest; darin waren allerdings die Baukostensteigerungen bis Projektabschluss, die Planer- und Bauträgerentgelte, die Bauzinsen und die Umsatzsteuer nicht enthalten. Die Baukosten betrugen schließlich insgesamt 3,2 Milliarden; in die Einrichtung investierte man weitere 700 Millionen. Im Juni 1990 wurden die Baumaßnahmen auf dem Donaufeld endlich in Angriff genommen, die im Frühjahr 1996 abgeschlossen werden konnten.

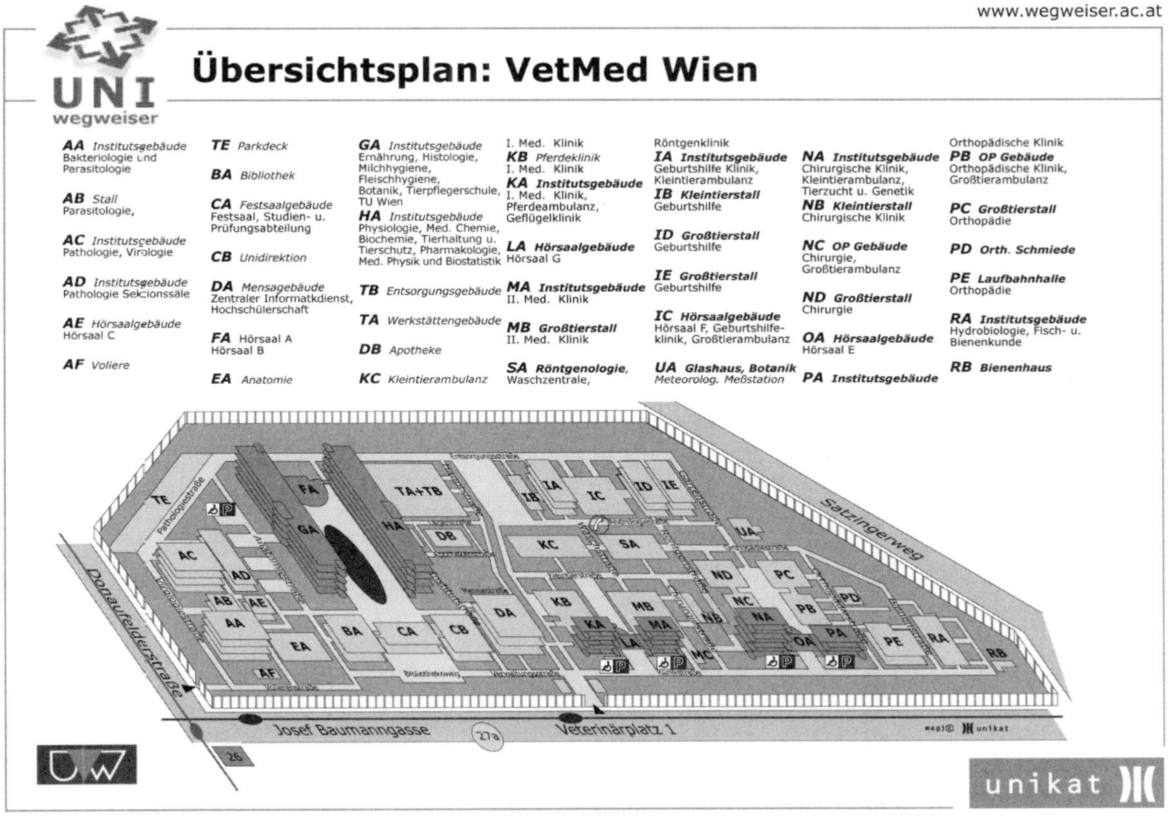

Die von 20 Instituten und 7 Kliniken bezogene Anlage «Veterinärplatz 1» umfasst insgesamt 47 Baukörper. Es wurden funktionell zweckmäßige, technisch hochwertige und auch in Hinblick auf die Größe des Areals überschaubare Gebäude errichtet, deren funktionelle Vorteile aus der Sicht der (meisten) Nutzer und des Wissenschaftsministeriums bei weitem die von einzelnen Kritikern beanstandete baukünstlerische Ausführung überwiegen. Die Institutsgebäude sind in der Regel drei- bis viergeschoßig, die Ausnahme bilden die beiden fünfgeschoßigen Gebäude der vorklinischen Institute.

Aufgrund der zahlreichen zusätzlichen Auflagen auf den Gebieten der Haustechnik, Sicherheits-, Hygiene- und Verkehrserschließung, die nach wie vor an Zentralbauten im humanmedizinischen Bereich geknüpft sind, aber

auch in Hinblick auf die Tierhaltung der VMU und die mit dem Betrieb eines Tierspitals verbundene Seuchengefahr war die Pavillonbauweise eine klare und unverzichtbare Vorgabe des Wissenschaftsministeriums. Auf eine mögliche Isolierung der Kliniken wurde großer Wert gelegt, damit auch im Seuchenfall ein vom klinischen Bereich vollständig getrennter Universitätsbetrieb durchgeführt werden kann. Durch die offene Bebauungsform und die vor dem Beginn der Bauarbeiten durchgeführte Großbaumpflanzung erhielt die VMU den Beinamen «Grüne Universität». Kunst- und Bauprojekte stammen von Günter Zamp Kelp, Peter Klitsch und Bruno Gironcoli. Mit den öffentlichen Verkehrsmitteln ist die VMU bequem zu erreichen, ebenso über die Donauuferautobahn (A 22) und die Südosttangente (A 23), die fast bis zum Hochschulgelände führen, wo 400 Parkplätze zur Verfügung stehen.
Das rund 156.000 m² große Universitätsgelände wird von der Josef-Baumann-Gasse, der Donaufeldstraße, dem Tiefweg und dem Satzingerweg begrenzt. Durch den Haupteingang kommend befinden sich zur linken Hand entlang der Josef-Baumann-Gasse Gebäude, die von der ganzen Universität frequentiert werden: das Mensagebäude, in dem auch das EDV-Zentrum und die ÖH untergebracht sind, das Verwaltungsgebäude, das Festsaal- und das Bibliotheksgebäude, das Bestände der ältesten veterinärmedizinischen Bibliothek (1777 gegründet) im deutschsprachigen Sprachraum beherbergt; die Dachfläche wird zum Teil als «Leseterrasse» genutzt. Hinter dem Festsaalgebäude wird ein Biotop von zwei Institutsgebäuden (GA und HA) und dem in geschwungener Form ausgeführten Auditorium maximum (zwei Säle mit 360 bzw. 245 Plätzen) begrenzt.

Foto: Michael Bernkopf.

Das Hörsaalzentrum.

Südlich dieses Ensembles wurden vier weitere Institutsgebäude (AA, AC, AD und EA), ein Hörsaalgebäude, ein Stall und ein Voliere errichtet. Rechts vom Haupteingang positionierte man entlang der Josef-Baumann-Gasse drei Gebäudegruppen, die vornehmlich den Kliniken gewidmet sind. Die erste Einheit bilden zwei Klinikbauten (KA und MA), ein Hörsaalgebäude, zwei Großtierställe, ein Kleintierstall und ein Kontumazstall. Der daran anschließende Komplex umfasst die Institutsgebäude NA und PA, zwei OP-Gebäude, ein Hörsaalgebäude, zwei Großtierställe und einen Kleintierstall. Die dritte Einheit umfasst drei Gebäude für den klinischen Bereich, ein Institutsgebäude (RA) und das Bienenhaus. Westlich der angeführten drei Gebäudegruppen befinden sich vier Gebäude von allgemeinem Nutzen (Entsorgungsgebäude; Werkstättengebäude; Gasflaschenlager; Apotheke), zwei Institutsgebäude (IA und SA), ein Hörsaalgebäude, zwei Großtierställe und ein Kleintierstall. Den Abschluss bildet ein Glashaus mit einer angegliederten meteorologischen Station.

1 Vgl. dazu: BMWF, GZ 31.433 / Raum ex 1971.
2 Vgl. dazu: BMU, GZ 2046 / Präs. 4 ex 1967.
3 Vgl. dazu: BMWF, GZ 30.176 / Raum ex 1974.
4 Vgl. dazu: BMWF, GZ 30.610 / 11–9 ex 1980.
5 Vgl. dazu: BMWF, GZ 30.800 / 2–9 ex 1981.
6 Vgl. dazu: BMWF, GZ 30.802 / 12–9 ex 1977.
7 Vgl. dazu: BMWF, GZ 30.800 / 22–9 ex 1977.
8 Vgl. dazu: BMWF, GZ 30.803 / 4–9 ex 1986.
9 Vgl. dazu: BMWF, GZ 30.802 / 20–9 ex 1979.
10 Vgl. dazu: BMWF, GZ 30.800 / 15–9 ex 1982.
11 Vgl. dazu: BMWF, GZ 30.800 / 21–9 ex 1982.
12 Vgl. dazu: BMWF, GZ 30.800 / 37–9 ex 1990.
13 Vgl. dazu: BMWFK, GZ 30.800 / 66–9 ex 1995.
14 Vgl. dazu: BMWFK, GZ 30.800 / 42–9 ex 1995.

Detailaufnahme vom UZA I.

5 Wirtschaftsuniversität Wien (WU)

An der baulichen Entwicklung der Wirtschaftsuniversität ist sehr bemerkenswert, dass im Zeitraum von 1970 bis 2000 die Steigerungsrate der Flächengewinne und jene der Studierendenzahlen praktisch gleich hoch ausfielen. (Eine vergleichbare Entwicklung nahm nur die Universität Innsbruck.) Nach 1945 wurden für Zwecke der WU bislang fünf Neubauprojekte realisiert und einige Adaptierungen vorgenommen, wovon in weiterer Folge zwei Projekte ausführlicher behandelt werden. 2002 standen der Wirtschaftsuniversität (wissenschaftliches Personal: 366 Personen; allgemeine Universitätsbedienstete: 298,5 Planstellen) 52.000 m² zur Verfügung; 21.050 ordentliche Studierende waren im Studienjahr 2002/03 inskribiert.

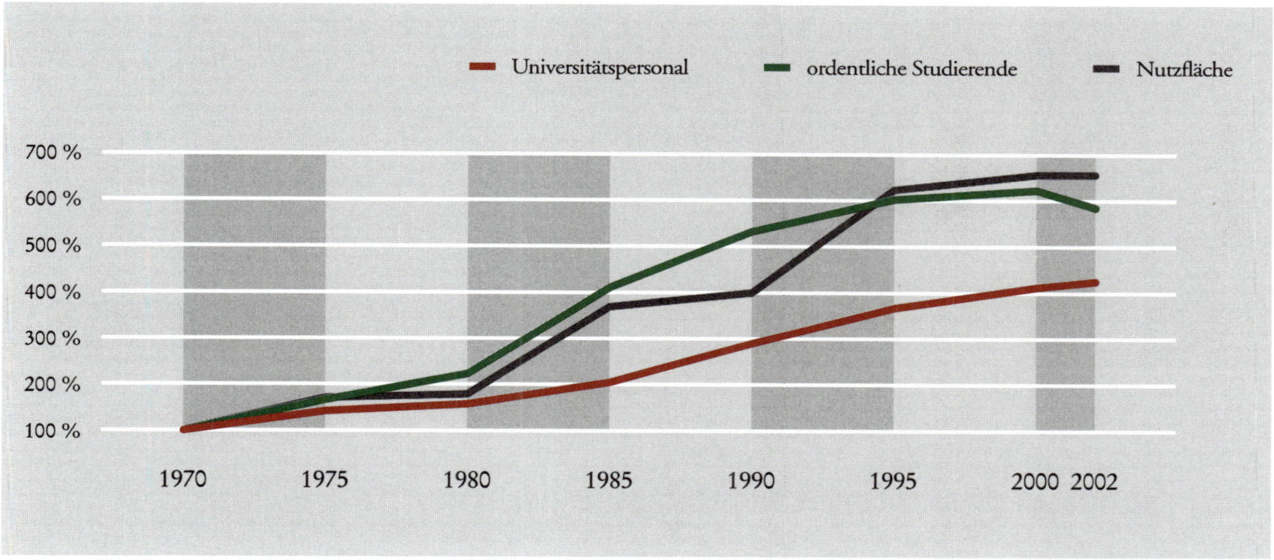

Nachdem schon die Export-Akademie anfänglich im 9. Wiener Gemeindebezirk (Palais Festetics, Berggasse 16) beheimatet war, sind heute in Alsergrund wiederum die meisten Einrichtungen der Wirtschaftsuniversität angesiedelt, die dort über fünf Standorte verfügt. Den Hauptstandort bildet ein Teil des Universitätszentrums Althanstraße I (UZA I, Augasse 2–6), das auf einer Betonplatte über dem Gelände des Franz-Josef-Frachtenbahnhofs errichtet wurde. Teile dieser Überbauung sind außerdem der «Rundturm» (UZA II, Nordbergstraße 2) und ein vormals von der Postdirektion genutzter Gebäudekomplex (UZA IV, Nordbergstraße 15).
An diesen Standorten, die das größte Universitätszentrum Österreichs bilden, sind auch Institute der Universität Wien angesiedelt. In unmittelbarer Nähe zum Hauptstandort der WU befinden das Juristengebäude (UZA III, Althanstraße 39–45) und das Kolpinghaus (Althanstraße 51). Universitätslehrgänge veranstaltet die Wirtschaftsuniversität in ihrem ehemaligen Hauptgebäude (Franz-Klein-Gasse 1), das sich im 19. Bezirk Döbling befindet.

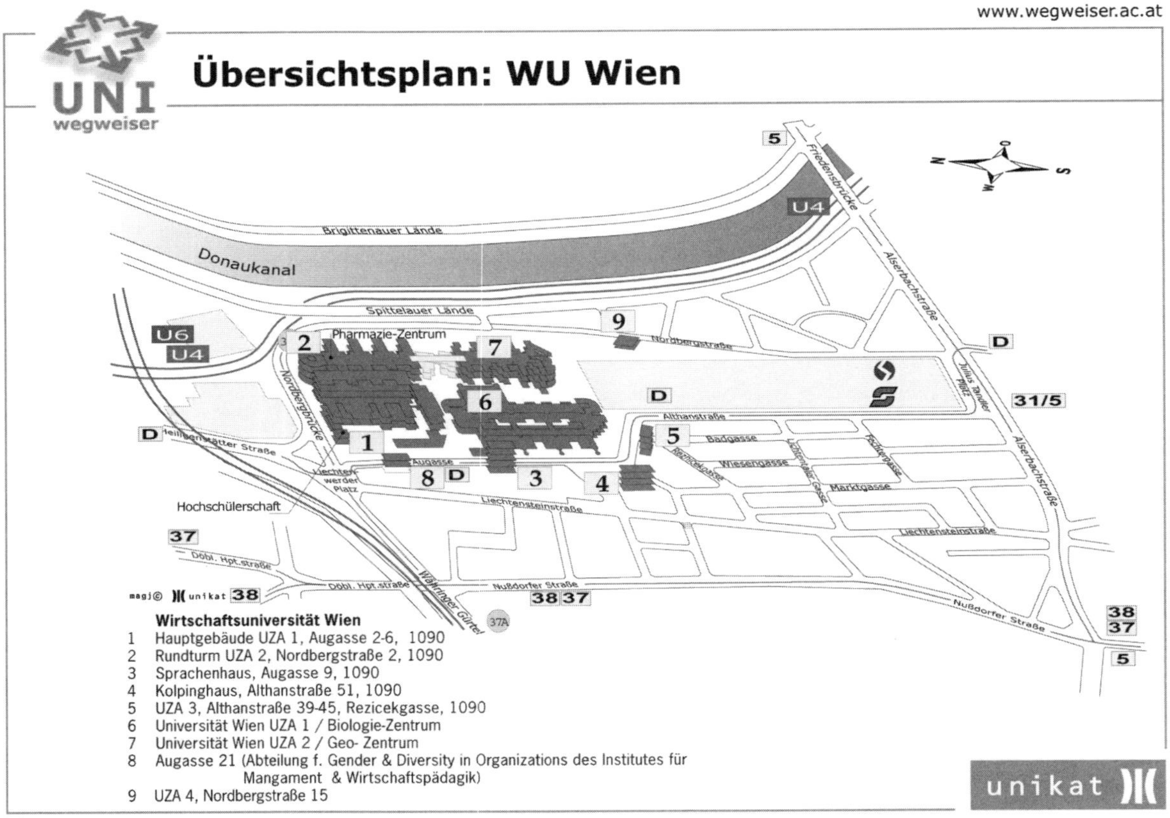

5.1 Die räumliche Erweiterung der Wirtschaftsuniversität ab 1950

Nach dem Zweiten Weltkrieg erschwerte bald drückende Raumnot den Studienbetrieb im 1916 fertig gestellten Gebäude «Franz-Klein-Gasse 1», das nach Plänen von Architekt Alfred Keller am Rande des Währinger Parks errichtet wurde. Den Baugrund (samt Erweiterungsflächen) hatte der Verein der Förderer der Export-Akademie erworben, der auch die Errichtung des fünfgeschoßigen Gebäudes (4.700 m²) finanzierte. Im Hauptgebäude konnten die ab 1948 neu gegründeten Lehrkanzeln und Institute nur unzureichend räumlich versorgt werden. Obwohl im Winter 1956 ein Zubau zur Verfügung stand, führte der deutliche Anstieg der Hörerzahlen in der zweiten Hälfte dieses Jahrzehnts (1955/56: 1.855; 1959/60: 2.842) rasch wieder zu sehr beengten Verhältnissen.

5.1.1 Die Erweiterung des Hauptgebäudes, Franz-Klein-Gasse 1

Auch die Realisierung dieses Bauvorhabens verdankt sich der Initiative des damaligen Vereines der Förderer der Hochschule für Welthandel, der 1954 für diesen Zweck (ATS) 4,5 Millionen organisiert und weitere 2,5 Millionen in Aussicht gestellt hatte. Der von Architekt Carl Appel geplante Zubau (rund 2.800 m²), der sich aus drei Teilen zusammensetzt, schließt an den Seitenflügel entlang der Philippovichgasse an. Ein viergeschoßiger Bau war für Institutszwecke bestimmt, ein dreigeschoßiger Trakt vor allem der Bibliothek gewidmet und in einem dritten, im Hof errichteten Bauteil fand unter anderem auch das Auditorium maximum Platz.[1] Diese Zubauten konnten im November 1956 eröffnet werden.

5.2 Die räumliche Situation der Wirtschaftsuniversität in den 1960er Jahren

Die Notwendigkeit eines weiteren Ausbaus der Hochschule war zu Beginn der 1960er Jahre unbestritten, doch verhinderten anfänglich die Besitzverhältnisse die Aufnahme konkreter Planungsschritte. Nach Verhandlungen mit dem Unterrichtsministerium war der Verein der Förderer der Hochschule für Welthandel dann doch dazu bereit, dem Bund sowohl den Gebäudekomplex als auch den dazugehörenden Grund zu verkaufen, wo die dringend benötigten Erweiterungsbauten errichtet werden sollten. Ende 1964 wollte man diesen Ankauf aus den noch verfügbaren Restkrediten des «Sofortprogramms zur Beseitigung der Hochschulraumnot» tätigen. Das Finanzministerium war mit dem Angebot – knapp (ATS) 26 Millionen – einverstanden, doch ein Versäumnis des Wirtschaftsressorts ließ im Jänner 1965 dieses Vorhaben scheitern.[2] (In den folgenden Jahren konnten die benötigten Mittel für dieses Vorhaben nicht mehr aufgebracht werden. Auch heute noch gehört das Grundstück und der Gebäudekomplex «Franz-Klein-Gasse 1», der nun fast zur Gänze von der Universität Wien genutzt wird, dem jetzigen WU-Kuratorium.) 1969 einigte man sich schließlich darauf, dass der Bund die Baukosten für die konkretisierte Erweiterung als Mietzinsvorauszahlung in mehreren Jahresraten leisten werde.
Die Raumsituation entspannte sich ein wenig, weil in der zweiten Hälfte der 1960er Jahre die Hörerzahlen zurückgingen (1960/61: 3.295; 1965/66: 4.164; 1969/70: 3.176). Dafür war die seit 1966 bestehende inländische

Konkurrenz verantwortlich. Die Hochschule für Sozial- und Wirtschaftswissenschaften Linz nahm im Wintersemester 1966/67 ihren Lehrbetrieb auf und per Studienreform wurden 1966 an den Universitäten Wien, Graz und Innsbruck sozial- und wirtschaftswissenschaftliche Studiengänge eingerichtet. (An den Technischen Hochschulen Wien und Graz sowie an der Hochschule für Bodenkultur existierten bereits Studienzweige, die auch betriebswirtschaftliche Bereiche umfassten.)

5.3 Die räumliche Erweiterung der Wirtschaftsuniversität ab 1970

Obwohl das Hauptgebäude nochmals erweitert wurde, mussten aufgrund des deutlichen Anstiegs der Hörerzahlen (1970/71: 3.655; 1975/76: 5.940; 1979/80: 7.222) in diesem Dezennium zahlreiche Raumprovisorien (oftmals Wohnungen) geschaffen werden, wodurch ein beachtlicher Flächengewinn (1970: 8.000 m²; 1980: 14.000 m²) erzielt wurde. Nach der Besiedlung des Universitätszentrums Althanstraße (I) im Jahre 1982 gab man diese Provisorien auf, drei ehemalige Anmietungen in Währing übernahm die Universität für Bodenkultur.

Als man Ende der 1960er Jahre hochschulintern die Erweiterung des Hauptstandortes diskutierte, wurde bereits klar, dass dort aufgrund mangelnder Freiflächen nicht alle Raumwünsche erfüllt werden könnten. Anfänglich versuchte das Wissenschaftsressort deswegen in unmittelbarer Nähe Erweiterungsflächen zu sichern; die letztlich erfolglosen Bemühungen richteten sich auf die Umwidmung eines Teiles des Währinger Parks. (Auch ein im Besitz des Vereines der Förderer der Hochschule für Welthandel stehendes Grundstück an der Türkenschanzstraße war zu klein, um darauf einen Neubau errichten zu können, der die Raumproblematik gelöst hätte.) – Der deutliche Anstieg der Hörerzahlen führte zu städtebaulichen Überlegungen, die vom Ausbau des traditionellen Standortes abrückten, da sich dieser in einem Wohngebiet mit lockerer Verbauung befindet, wo die Realisierung von Großbauten nicht möglich gewesen wäre. (Für die ebenfalls in Döbling beheimatete Universität für Bodenkultur begann man Ende der 1980er Jahre nicht zuletzt aus diesen Gründen ein zweites Zentrum an der Nußdorfer Lände zu errichten.) Als mögliche neue Standorte boten sich zu Beginn der 1970er Jahre auch mehrere niederösterreichische Städte (unter anderem St. Pölten, Mödling, Baden, Klosterneuburg und Krems) an, doch die WU sprach sich wiederholt für den Verbleib in der Bundeshauptstadt aus.

Für Wien waren vor allem zwei Varianten im Gespräch, die von der Entwicklung der Hörerzahlen abhängig gemacht wurden. Bei einem moderaten Anstieg wollte man den ausgebauten Hauptstandort durch weitere Standorte in größtmöglicher Nähe ergänzen bzw. im Falle eines deutlichen Anstiegs der Studierendenzahlen für eine Verlegung der ganzen Hochschule ein ausreichend großes Areal finden. (Die vom Wissenschaftsressort und dem Österreichischen Institut für Raumplanung prognostizierte Entwicklung wurde vom tatsächlich eingetretenen Höreranstieg noch weit übertroffen.) In diesem Zusammenhang wurde der vom damaligen Hauptstandort knapp 1 km entfernte Franz-Josef-Bahnhof – in Wien einst auch «Böhmischer Bahnhof» genannt – erstmals in einer Studie behandelt, die das Österreichische Institut für Raumplanung im Mai 1972 vorlegte. Das im 9. Bezirk Alsergrund an den Donaukanal grenzende Gelände (knapp 200.000 m²) hatte damals trotz der großstädtischen Bebauung in der näheren Umgebung noch vorstädtischen Charakter. Dem für den Nah- und Lokalverkehr unentbehrlichen Franz-Josef-Bahnhof war (bzw. ist) ein Frachtenbahnhof mit seiner breiten Schneise von Gleiskörpern angegliedert, dessen Erscheinungsbild unzählige Lager, Magazine und Baracken prägten.

Für Städteplaner stellte dieses zentrumsnahe Gelände mit seiner ausgezeichneten Verkehrsanbindung natürlich eine große Herausforderung dar. Architekt Kurt Hlaweniczka propagierte die Überbauung der Bahnhofsanlage, die derart im innerstädtischen Bereich und noch dazu ohne Zerstörung von Grünland den Gewinn einer großzügig dimensionierten Baufläche bedeutete. (Vereinzelte Stimmen kritisierten später die hohen Kosten, die mit der Errichtung der Betonplatte verbunden waren; in diesem Zusammenhang wurde jedoch außer Acht

gelassen, dass der Erwerb eines Baugrundes in derart zentraler Lage ebenfalls sehr teuer gewesen wäre.) Die Überbauung des weiträumigen Areals erregte dann international großes Aufsehen; dem Projekt wurden etliche Studien gewidmet. Für universitäre Zwecke war diese Lösung von ganz besonderem Interesse, da sich das Areal des Franz-Josef-Bahnhofs auch durch seine guten Verkehrsanbindungen zu bestehenden Universitätsstandorten auszeichnet. Anfänglich stand das Wissenschaftsministerium diesem Überbauungsprojekt, das für Österreich damals Neuland darstellte, allerdings skeptisch gegenüber.
Die bereits erwähnten Argumente, die für die Überbauung sprachen, ebneten schließlich aber doch den Weg zum Universitätszentrum Althanstraße (I), dem größten Universitätsbauprojekt der 1970er Jahre. Diese Dimension (50.000 m²) erreichte es, nachdem man einen Neubau für das Zoologische Institut, das schließlich zum Biozentrum der Universität Wien erweitert wurde, in die Planung aufnahm. (Dies wurde notwendig, weil 1974 eine Bürgerinitiative die Errichtung eines Neubaues für das Zoologische Institut auf dem Sternwarteareal verhinderte.) Ökologischen Kriterien suchte man bei der Errichtung des UZA I gerecht zu werden, indem man auf eine relativ geringe Bebauungsdichte achtete, die Gebäudehöhe auf maximal acht Geschoße begrenzte, darüber hinaus die Bauten in Grünanlagen (rund 68.000 m²) einbettete und die Bauten durch eine Fußgängerzone erschloss. Ein gestalterisches Element stellt auch die realisierte Terrassenanlage dar, die gegen den Donaukanal hin ansteigt.
Der größte Teil des neu geschaffenen Stadtteils am Donaukanal wird heute von den beiden genannten Universitäten genutzt, im südlichen Bereich – über dem Franz-Josef-Bahnhof – befindet sich noch der 1980 eröffnete Gebäudekomplex der Creditanstalt und im nördlichen Bereich jener der Bundespolizeidirektion. Ein zum überbauten Areal gehörender und ursprünglich von der Postdirektion verwendeter Gebäudekomplex (Nordbergstraße 15), der an den Komplex der Creditanstalt anschließt, steht seit Herbst 2003 der WU und der Universität Wien zur Verfügung. Diese Bauten werden vom benachbarten Spittelauer Fernheizwerk versorgt, dessen Fassade Friedensreich Hundertwasser gestaltete.

5.3.1 Die Erweiterung des Gebäudekomplexes «Franz-Klein-Gasse 1»

Den Ausbau des Gebäudekomplexes am Rande des Währinger Parks strebten das Unterrichtsministerium und die Hochschule für Welthandel schon in den frühen 1960er Jahren an, doch die Voraussetzungen hierfür waren erst 1969 gegeben. Die Bauherrschaft übernahm wiederum der Verein der Förderer der Hochschule für Welthandel, die Baukosten in der Höhe von knapp (ATS) 70 Millionen zahlte das Wissenschaftsressort in Form von Mietzinsvorauszahlungen in mehreren Jahresraten ab.[3] Im April 1971 nahm man den Bau des von den Architekten Carl Appel und Kurt Eckel geplanten Erweiterungstrakts (5.500 m²) entlang der Gymnasiumstraße in Angriff, der im März 1974 fertig gestellt werden konnte. Aufgrund der gegebenen Niveauunterschiede des Geländes wählte man verschiedene Geschoßhöhen und eine wechselweise Anordnung von Hörsaal- und Institutsgeschoßen, um derart eine Angleichung an das Niveau des gegenüberliegenden Stammhauses zu erreichen. Von dieser Erweiterung profitierten außerdem die Universitätsbibliothek und das damals gerade im Entstehen begriffene EDV-Zentrum der WU.
Während der Realisierung dieses Bauvorhabens wurde bereits das Projekt UZA I vorbereitet, wobei man von der Annahme ausging, dass die WU auch weiterhin den nun rund 13.000 m² umfassenden Gebäudekomplex an der Franz-Klein-Gasse nutzen werde; insbesondere die neu geschaffenen Großhörsäle waren für den Lehrbetrieb der WU von größter Bedeutung. Gegen dieses 2-Standorte-Konzept sprachen aber funktionelle Gründe, weswegen man schließlich den neuen Standort auf 35.000 m² erweiterte. Im Unterschied zur ursprünglichen Planung wurde ein eigenes Bibliotheksgebäude errichtet, wo die Universitätsbibliothek der WU und die wesentlich kleinere

Fachbibliothek des Biozentrums der Universität Wien untergebracht sind. Durch diese Ausgliederung erfuhr die für Institutszwecke bestimmte Fläche im neuen Hauptgebäude der WU eine Erweiterung. Bereits im Dezember 1978 hatte das Universitätskollegium der WU den Totalumzug unter den Bedingungen beschlossen, dass erstens der Gebäudekomplex «Franz-Klein-Gasse 1» weiterhin im Besitz des WU-Kuratoriums bleibt und zweitens die WU auch künftig darin Großhörsäle für ihre Zwecke nutzen kann. Das alte WU-Hauptgebäude wurde der damals unter großer Raumnot leidenden Universität Wien zugesprochen, die den Gebäudekomplex in den Jahren 1984 bis 1988 etappenweise besiedelte.

5.3.2 Das Universitätszentrum Althanstraße I (UZA I), Augasse 2–6

Die Voraussetzung für die Realisierung des UZA I bildete ein umfangreiches Vertragswerk aus dem Jahre 1975. In dessen Zentrum stand der Vertrag über die Finanzierung des Bauvorhabens zwischen dem damaligen Verein der Förderer der Hochschule für Welthandel und dem Bund, der durch das Wissenschafts- und das Finanzministerium vertreten wurde. Wesentliche Bestandteile dieses Vertrages waren wiederum Verträge, die der Förderungsverein mit dem Generalplaner (WU: Architekt Kurt Hlaweniczka; Universität Wien: Architektengemeinschaft Kurt Hlaweniczka, Karl Schwanzer und Gerhard Krampf) und dem Generalunternehmer (Arbeitsgemeinschaft Universitätszentrum Althanstraße: Neue Reformbau, Universale, Porr) abgeschlossen hatte; in diese Vertragsverhandlungen waren auch Vertreter des Wirtschafts- und des Finanzressorts eingebunden. Diese Konstruktion war in dieser Form notwendig, weil die ÖBB Grundeigentümer des Areals blieben, die das Überbauungsrecht an die Konstruktiva AG weitergegeben hatten und diese wiederum jenen Teil, der für die Errichtung des UZA I erforderlich war, an den Förderungsverein abtrat. Weiters schloss das Wissenschaftsministerium mit den ÖBB ein Verwaltungsübereinkommen über das Überbauungsrecht. (Die Errichtung der Überbauungsplatte erfolgte bei laufendem Betrieb des Frachtenbahnhofs.)
Die Finanzierung des insgesamt rund (ATS) 3,6 Milliarden teuren Projekts (WU und Universität Wien) erfolgte durch ein Konsortium, das sich aus 31 Banken und Versicherungen zusammensetzte; die finanzielle Abwicklung übernahm die Kontrollbank. Da das Bautenministerium nur am Rande in dieses Großprojekt eingebunden war, wurde es beim Wissenschaftsressort (Kapitel 14) veranschlagt und belastete somit nicht das eigentliche Budget für Universitätsbauten (Kapitel 64 des Bautenministeriums). Die Rückerstattung des Bauaufwandes erfolgte in Form von Mietzinszahlungen, nach 15 Jahren ging das UZA I ohne weiteres Entgelt in den Besitz des Bundes über.
Das WU-Kuratorium als Rechtsnachfolger des Vereines der Förderer der Hochschule für Welthandel erfüllte seine Aufgaben uneigennützig und ohne Honorar (von einem geringfügigen Verwaltungskostenbeitrag abgesehen) und stellte damit seine umfassenden Dienstleistungen zu ungleich günstigeren Konditionen zur Verfügung, als dies bei einer klassischen Bauträgergesellschaft der Fall gewesen wäre, die als Aufwandsentschädigung ca. 5 % der Bausumme erhalten hätte. Dass dieses Bauvorhaben über einen privatrechtlichen Verein abgewickelt wurde, war in den sachlich-rechtlichen Voraussetzungen begründet, wodurch außerdem eine wesentliche Verkürzung der Bauzeit erzielt werden konnte. Die Preisprüfung der Baumeisterleistungen erfolgte durch einen vom Wirtschaftsressort vorgeschlagenen Zivilingenieur; ein vom Wissenschaftsministerium beauftragter Konsulent führte die Prüfung der Ausschreibung und Vergabe der Professionistenarbeiten durch.[4]
Nachdem man im Herbst 1976 das Bauvorhaben in Angriff genommen hatte, wurde Anfang 1979 noch eine grundsätzliche Planungsänderung beschlossen: Zwischen dem achtgeschoßigen (inklusive der beiden Untergeschoße) WU-Hauptgebäude und dem Biozentrum der Universität Wien errichtete man ein viergeschoßiges Bibliotheksgebäude, das nun sowohl die Universitätsbibliothek der WU (7.200 m²) als auch die Fachbibliothek für Biologie der Universität Wien (800 m²) beherbergt. Der Bücherspeicher der WU-Bibliothek befindet sich

allerdings im ersten Untergeschoß des Hauptgebäudes, wo ursprünglich die ganze Universitätsbibliothek hätte Platz finden sollen. Dadurch gewann die WU gewissermaßen jenes Stockwerk im neuen Hauptgebäude zurück, das aus Kostengründen vom Wissenschaftsressort aus dem ursprünglichen Raum- und Funktionsprogramm herausgenommen werden musste. (Im ersten Untergeschoß wurden mehrere Hörsäle eingerichtet, das zweite Untergeschoß hat vor allem die Funktion einer Tiefgarage.) Dem internationalen Trend folgend richtete man im Bibliotheksgebäude große Freihandbereiche (für Zeitschriften und für 70.000 Bände) ein, die Lesezonen sind vorwiegend an den Fensterfronten angesiedelt. Diese beiden Bauten werden durch das direkt an die Augasse grenzende Mensagebäude und ein ÖH-Gebäude ergänzt.

Architekt Hlaweniczka legte seiner Planung einen so genannten «Lineartyp» mit kreuzenden Anschlussbauten zugrunde, wobei der langgestreckte Baukörper des Hauptbaues die ihn durchschneidenden Anschlussbauten überragt. In den Kreuzungspunkten wurden die vertikalen Hauptverteiler angeordnet, die Fluchtstiegen an den Enden der Anschlussbauten dienen auch als Verbindungstreppen zwischen einzelnen Einrichtungen. Jene mit niedriger Besucherfrequenz wurden in den oberen Geschoßen angesiedelt, die Bereiche mit hoher Besucherfrequenz richtete man im Erdgeschoß und ersten Obergeschoß ein. Das Erdgeschoß wurde zu einer multifunktionalen Verteilerhalle ausgebildet, von der aus die Großhörsäle erreicht werden. Um möglichst flexibel auf neue Anforderungen reagieren zu können, wurden bei der Planung hinsichtlich der Flächenzuordnung nur unumgänglich notwendige Festpunkte geschaffen, um somit die Raumaufteilung möglichst variabel zu halten.[5] Um (unter anderem auch) die Baukörper optisch kleinmaßstäblicher erscheinen zu lassen, führte Hlaweniczka die Fassaden des Haupt-, des Bibliotheks- und des Mensagebäudes als hinterlüftete Vorhangfassaden (Glas-Matching-Fassade) aus; dieses Gestaltungselement kam ebenfalls bei dem von ihm geplanten Gebäudekomplex für die Creditanstalt zur Anwendung. Dieser Konstruktion wie auch die davon beeinflusste Klimatisierung der Räume und Hallen gingen zahlreiche Untersuchungen und Experimente voraus.
Im Rahmen von «Kunst und Bau» gestaltete Horst Aschermann das Portal des Auditorium maximum und Mâitre Leherb schuf in zwölfjähriger Arbeit sechs Fayencen auf insgesamt 3.500 Keramikplatten (380 m^2), welche die größten Fayence-Gemälde des 20. Jahrhunderts darstellen. Die Fayencen zeigen sechs «imaginäre Portraits der Kontinente» (Afrika, Asien, Amerika, Australien, Arktis und Europa), die das Erscheinungsbild der Verteilerhalle

prägen. Für kurze Zeit konnten nach der Fertigstellung des Neubaues tatsächlich alle Einrichtungen der WU unter einem Dach vereint werden; vor der Besiedlung des UZA IV im Herbst 2003 waren im Hautgebäude (rund 26.000 m²) noch die Zentrale Verwaltung, das Außeninstitut, drei Zentren (Auslandsstudien; Informatikdienste; Berufsplanung) und 15 Bereiche (Absatzwirtschaft; Kreditwirtschaft; Tourismus und Freizeitwirtschaft; Transportwirtschaft und Logistik; Unternehmensführung; Organisation und Materialwirtschaft; Betriebswirtschaftslehre (BWL) der Klein- und Mittelbetriebe; BWL der Industrie; Versicherungswirtschaft; Finanzwissenschaft; Allgemeine Pädagogik; Statistik; Wirtschafts- und Sozialgeschichte; Allgemeine Soziologie und Wirtschaftssoziologie; Technologie und Warenwirtschaftslehre) untergebracht.
Im Zusammenhang mit der notwendig gewordenen und auf 66 Millionen Euro geschätzten Generalsanierung des UZA I steht der im Jahre 2003 von der Post angemietete Gebäudekomplex «Nordbergstraße 15» (UZA IV) im Ausmaß von ca. 25.000 m². Die WU nutzt davon 17.500 m², der Rest steht der Universität Wien zur Verfügung. Ob das UZA I überhaupt für Zwecke der WU generalsaniert werden wird, lässt sich derzeit nicht sagen. Die Wirtschaftsuniversität strebt jedenfalls die Realisierung eines Neubaues an, wo sämtliche Einrichtungen unter einem Dach vereint werden sollen.

5.4 Die räumliche Erweiterung der Wirtschaftsuniversität ab 1980

Das 1982 eröffnete UZA I sollte eigentlich die Raumnot der WU beseitigen, doch der extreme Anstieg der Studierendenzahlen (1980/81: 8.018; 1985/86: 14.800; 1989/90: 17.732) führte dazu, dass auch in diesem Jahrzehnt zahlreiche Raumprovisorien geschaffen werden mussten, wodurch der Flächengewinn zwar beachtlich (1980: 14.000 m²; 1990: 32.000 m²) war, aber an den Umständen, die bereits in den 1970er Jahren den Studienbetrieb erschwerten, sich wenig änderte.
Mit der Neuregelung der sozial- und wirtschaftswissenschaftlichen Studienrichtungen, die 1983 unter anderem eine starke Intensivierung des Sprachunterrichts und der Informatikausbildung mit sich brachte, waren Raumbedürfnisse verbunden, welchen erst in den 1990er Jahren durch die Realisierung der Projekte UZA II und UZA III entsprochen werden konnte. Gegen Ende der 1980er Jahre regte die WU die Errichtung eines zweiten Hauptstandortes am Handelskai (zwischen Floridsdorfer und Brigittenauer Brücke) an, um dadurch der wieder eingesetzten Zersplitterung entgegenzuwirken. Das Projekt «Donaugründe» am rechten Donauufer stellte gewissermaßen eine Ergänzung des großangelegten strategischen Entwicklungsplanes «WU-2000»[6] dar, den die Wirtschaftsuniversität im Herbst 1986 in Angriff genommen hatte. Aufgrund der äußerst angespannten finanziellen Situation des Bundes war an die Realisierung eines solchen Großprojekts in Brigittenau jedoch nicht zu denken. Als Alternative verfolgte das Wissenschaftsministerium in weiterer Folge den Ausbau des Standortes am Franz-Josef-Bahnhof; diesen Bemühungen war auch Erfolg beschieden.

5.4.1 Die Adaptierung und Erweiterung von Teilen des Kolpinghauses, Althanstraße 51

Schräg gegenüber dem UZA I steht ein Gebäudekomplex (ca. 3.800 m²) der Kolpingfamilie Wien Alsergrund. Im Trakt, der an die Althanstraße grenzt, konnte 1987 das Wissenschaftsministerium Flächen im Ausmaß von knapp 1.300 m² für Zwecke der WU anmieten; die von Heinz Dieter Kajaba geplanten Adaptierungsmaßnahmen in der Höhe von (ATS) 5,2 Millionen waren 1988 abgeschlossen. Die übrigen Räume blieben Studie-

renden, Schülern und Lehrlingen vorbehalten. (Die Unterbringung und Begleitung junger Menschen in Kolpinghäusern für die Zeit ihrer beruflichen Ausbildung ist die zentrale Aufgabe der heutigen Kolpingfamilien, die in der Tradition ihres Gründers Adolph Kolping, 1813–1865, stehen.)
Da die Kolpingfamilie daran dachte, einen Neubau an einem anderen Standort zu errichten, schien damals auch der Erwerb des ganzen Kolpinghauses möglich. Dieser Plan wurde jedoch nicht realisiert. Von einer Erweiterung des Gebäudekomplexes profitierte die WU allerdings zu Beginn der 1990er Jahre. Durch Aufstockungen, welchen vom Wissenschaftsministerium genehmigte Raum- und Funktionsprogramme zugrunde lagen, gewann man weitere 800 m². Das von Kajaba geplante, knapp (ATS) 20 Millionen teure Projekt war im Herbst 1992 abgeschlossen;[7] die Kolpingfamilie führte diesen Ausbau auf Rechnung des Bundes aus. Zu Beginn des 21. Jahrhunderts waren an diesem Standort zwei Bereiche (Management und Wirtschaftspädagogik; BWL des Außenhandels) und das Forschungsinstitut für BWL der Genossenschaften angesiedelt.

5.5 Die räumliche Erweiterung der Wirtschaftsuniversität ab 1990

Im Unterschied zu den beiden vorangegangenen Jahrzehnten fiel in den 1990er Jahren der Anstieg der Hörerzahlen moderat aus (1990/91: 19.166; 1995/96: 21.559; 2000/01: 22.295), weswegen der erzielte Raumgewinn (1990: 32.000 m²; 2000: 52.000 m²) nun zu einer deutlichen Verbesserung der Lehr- und Studienbedingungen an der WU führte. Durch den Ausbau des Hauptstandortes am Franz-Josef-Bahnhof konnten außerdem einige der 1994 noch bestehenden 19 Standorte wieder aufgegeben werden.
Der Erfolg dieser Strategie und die vom Wissenschaftsministerium nun richtig eingeschätzte Entwicklung der Hörerzahlen sprachen gegen einen weiteren Totalumzug, den die WU 1994 auch in der Öffentlichkeit diskutierte. Das Hauptgebäude (UZA I, Augasse 2–6) sollte ihrer Vorstellung gemäß anderen Universitäten zur Nachnutzung überlassen werden. Als neuer Hauptstandort wurde das EXPO-Gelände neben der UNO-City im 22. Bezirk Donaustadt vorgeschlagen. Die Übersiedlung der WU hätte natürlich eine weitere Aufwertung dieses Stadtentwicklungsgebietes bedeutet, wo die Stadt Wien den benötigten Baugrund auch kostenlos zur Verfügung gestellt hätte. Aufgrund der angespannten finanziellen Lage des Bundes und den dringlicheren Bauvorhaben anderer Universitäten hatte die Realisierung dieses Großprojekts, dessen Baukosten Ende 1993 auf (ATS) 5 Milliarden geschätzt wurden,[8] keine Erfolgsaussichten. Außerdem stand der WU 1994 das UZA III bereits zur Verfügung und das UZA II kurz vor seiner Fertigstellung; beide Gebäudekomplexe, die eng mit Bauvorhaben der Universität Wien verknüpft waren, trugen wesentlich zur Konzentration der WU am Hauptstandort in Alsergrund bei.
Die Verdichtung des Hauptstandortes strebte das Wissenschaftsministerium seit Ende der 1980er Jahre an. Damals wurden unter anderem Verhandlungen mit Eigentümern von Liegenschaften in der Augasse aufgenommen, um weitere Einrichtungen der WU in unmittelbarer Nähe ihres Hauptstandortes ansiedeln zu können. Zur Diskussion standen die Liegenschaften «Augasse 5–7 und 9», wo eine Bauvorbereitungs- und Bauträgergesellschaft auch für universitäre Zwecke geeignete Gebäude errichten wollte. In die Verhandlungen war außerdem eine Immobilienvermietungsgesellschaft eingebunden, an deren Vorgangsweise dann die Anmietung der Gebäude «Augasse 5–7» (knapp 1.800 m²) scheiterte;[9] diese Objekte wurden an eine Versicherung vermietet. Nach Rücksprachen unter anderem mit dem Finanzministerium und dem Rechnungshof einigte man sich auf die Anmietung des 1991 fertig gestellten Gebäudes «Augasse 9» für Bundeszwecke. Im mittlerweile aufgegebenen «Sprachenhaus» standen den Bereichen Englische Wirtschaftskommunikation und Romanische Sprachen rund 2.000 m² zur Verfügung. Seit der erlangten Vollrechtsfähigkeit hat die WU außerdem noch drei andere Anmietungen (ca. 3.000 m²) aufgegeben.

5.5.1 Das Juristengebäude (UZA III), Althanstraße 39–45

Durch die Einbeziehung der WU ins Projekt UZA II befürchtete die Universität Wien anfänglich, dass in dessen Rahmen nicht alle Raumansprüche befriedigt werden könnten, weswegen der Akademische Senat im Sommer 1985 den Ankauf der Liegenschaft «Althanstraße 39–45» anregte, wo zwei bestehende Gebäude adaptiert und durch einen Neubau erweitert werden sollten. (Im Wesentlichen konnten die Raumansprüche der Universität Wien dann aber doch im Rahmen des 1995 fertig gestellten UZA II erfüllt werden; das Geo- und das Pharmazentrum umfassen insgesamt 41.500 m^2; im Vergleich dazu verfügt die WU im UZA II über 4.800 m^2.) Die ersten Planungsschritte für das gegenständliche Bauvorhaben waren noch der Befriedigung von Raumbedürfnissen der Universität Wien gewidmet, doch 1988 konnte es dann der WU zugesprochen werden, womit ein wichtiger Beitrag zur Verdichtung ihres Hauptstandortes gelang. (In die neue Planung wurden vier Turnsäle für das Wiener Universitätssportinstitut übernommen, das von der Universität Wien betreut wird.)
Bereits im Sommer 1987 hatte der Bund mit der LB-Rent Bauträgergesellschaft einen Vertrag abgeschlossen, der eine Anmietung des zu realisierenden Projekts für Universitätszwecke vorsah und dem Bund eine Kaufoption einräumte.[10] Das vornehmlich für Zwecke der Wirtschaftsuniversität bestimmte Bauvorhaben umfasste folgende Maßnahmen: Im Zuge der im September 1990 begonnenen Bauarbeiten entkernte man die beiden bestehenden Gebäude vollständig; das 1977 errichtete und nunmehr fünfgeschoßige, ehemalige Archivgebäude der Bundeswirtschaftskammer stockte man auf. Den zweiten Altbestand bildet ein aus dem ausgehenden 17. Jahrhundert stammendes ehemaliges Brauereigebäude mit angegliedertem Wirtschaftstrakt, deren Dachböden ausgebaut wurden. Die adaptierten Bauten sind durch einen Trakt mit einem sechsgeschoßigen Neubau verbunden, der an die Reznicekgasse grenzt.
Das (ATS) 300 Millionen teure Projekt konnte im Herbst 1992 abgeschlossen werden. Im insgesamt 11.000 m^2 umfassenden Gebäudekomplex, dem Juristengebäude der WU, siedelte man sechs Bereiche (Arbeits- und Sozialrecht; Revisions-, Treuhand- und Rechnungswesen; Finanzierung und Finanzmärkte; Bürgerliches Recht, Handels- und Wertpapierrecht; Österreichisches und internationales Steuerrecht; Verfassungs- und Verwaltungsrecht), zwei Forschungsinstitute (Europafragen; Mittel- und Osteuropäisches Wirtschaftsrecht) und den Kindergarten für Angehörige und Studierende der WU an. Für die Nutzer des Universitätszentrums Althanstraße III wurde auch eine Cafeteria eingerichtet; ein Brunnen von Mâitre Leherb bildet das Kunst- und Bauprojekt des UZA III.

5.5.2 Der «Rundturm» (UZA II), Nordbergstraße 2

Handelte es sich beim UZA I ursprünglich um ein Projekt der Wirtschaftsuniversität, das um das Biozentrum der Universität Wien erweitert wurde, verhielt es sich beim Universitätszentrum Althanstraße II gerade umgekehrt. Das UZA II sollte weitere Institute der Naturwissenschaftlichen Fakultät an diesem Standort konzentrieren, der Anfang der 1980er Jahre zudem die einzig realistische Erweiterungschance der Universität Wien darstellte. (Die Adaptierung des Alten AKH war damals noch nicht gesichert.) Die WU strebte eine Berücksichtigung schon im Frühjahr 1984 an, da der unverändert starke Anstieg der Hörerzahlen bereits zu sehr beengten Verhältnissen im 1982 in Betrieb genommenen UZA I geführt hatte. Neben einer Erweiterung für Institutszwecke forderte die WU, dass im UZA II neu errichtete Hörsäle beiden Universitäten zur Verfügung stehen sollten. Das WU-Kuratorium war in diesem Fall aber nicht mehr Bauherr, sondern die Universitätszentrum Althanstraße Erweiterungs-GesmbH (ursprünglich eine Tochtergesellschaft der Konstruktiva AG), die das

insgesamt (ATS) 2,7 Milliarden teure Bauvorhaben abwickelte. Im Einvernehmen mit dem Bautenministerium beauftragte diese Gesellschaft die Architekten Kurt Hlaweniczka, Franz Requat, Martin Schwanzer und Ertan Ilicali mit der Planung des insgesamt 46.300 m^2 umfassenden Gebäudekomplexes.
Auch beim Projekt UZA II einigten sich das Wissenschafts-, das Wirtschafts- und das Finanzressort darauf, es beim Kapitel 14 zu veranschlagen. Als Planungsgrundlage diente ein Raum- und Funktionsprogramm aus dem Jahre 1986, das bis 1990 zahlreiche Überarbeitungen erfuhr; das UZA II konnte 1995 in Betrieb genommen werden. Der von der WU genutzte fünfgeschoßige «Rundturm» (Nordbergstraße 2) schließt im nördlichen Bereich das UZA II ab, in dem zu Beginn des 21. Jahrhunderts zwei Bereiche (Informationsverarbeitung und Informationswirtschaft; Statistik) auf rund 4.800 m^2 einquartiert waren.

1 Vgl. dazu: BMU, GZ 57.482 / I–3 ex 1954.
2 Vgl. dazu: BMU, GZ 52.824 / II–3b ex 1965.
3 Vgl. dazu: BMWF, GZ 30.837 / 4–9 ex 1979.
4 Vgl. dazu: Stellungnahme des Wissenschaftsministeriums zum Ergebnis der Überprüfung des Rechnungshofes betreffend die Gebarung des BMWF im Zusammenhang mit der Errichtung des Universitätszentrums Althanstraße vom 12. Dezember 1987; in: BMBWK.
5 Vgl. dazu: UZA. Festschrift zur Eröffnung der Wirtschaftsuniversität Wien, hg. vom Architekturbüro Hlaweniczka, Wien 1982.
6 Vgl. dazu: WU-2000. Entwicklungsplan der Wirtschaftsuniversität Wien 1988–2000, hg. von Hans Robert Hansen, Wien 1987.
7 Vgl. dazu: BMWF, GZ 90.822 / 15–I / A / 1 ex 1991.
8 Vgl. dazu: BMWF, GZ 30.831 / 9–9 ex 1993.
9 Vgl. dazu: BMWF, GZ 30.832 / 23–9 ex 1990.
10 Vgl. dazu: BMWFK, GZ 30.841 / 5–9 ex 1995.

6 Akademie der bildenden Künste Wien (BIKU)

Die traditionsreiche Akademie der bildenden Künste ist die einzige österreichische Universität, der bedeutende museale Einrichtungen (Gemäldegalerie und Kupferstichkabinett) angegliedert sind. – Nach zahlreichen erfolglosen Anläufen setzte die räumliche Erweiterung der BIKU sehr spät ein. Erst in den 1990er Jahren realisierte man jene Projekte, welche sowohl die Arbeitsbedingungen an der Akademie als auch die Raumsituation ihrer Sammlungen deutlich verbesserten. Nach 1945 wurden für Zwecke der BIKU vor allem Bestandsanierungen und Adaptierungen vorgenommen, wovon zwei Projekte ausführlich behandelt werden. Thematisiert wird aber auch der einzige Neubau (Akademiehof), obwohl dieser nicht primär für Zwecke der BIKU errichtet wurde.
Im Zeitraum von 1970 bis 2002 verliefen die Steigerungsrate der Studierendenzahlen und jene der Flächengewinne nahezu parallel. Diese Entwicklung nahm auch das Universitätspersonal; einmalig ist jedoch, dass die entsprechende Steigerungsrate höher als jene der Studierendenzahlen und Flächengewinne ausfiel. 2002 standen der Akademie der bildenden Künste (wissenschaftliches und künstlerisches Personal: 88 Personen; allgemeine Universitätsbedienstete: 115,5 Planstellen) 30.000 m² zur Verfügung. 844 ordentliche Studierende waren im Studienjahr 2002/03 inskribiert.

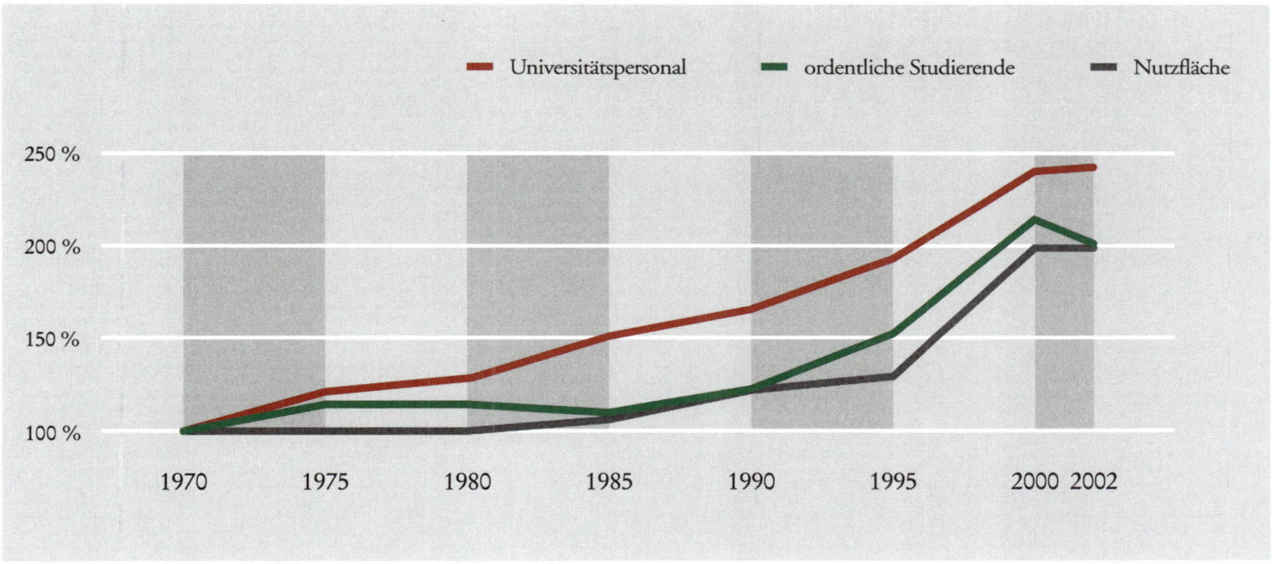

Der dem Hauptgebäude der Akademie vorgelagerte und Friedrich Schiller gewidmete Platz war ursprünglich der Kalkmarkt von Wien. Die Parkanlage und die angrenzenden Gebäude entstanden im Zuge der Stadterweiterung, in deren Verlauf seit 1857 die Befestigung der Altstadt geschleift wurde. Auf der so gewonnenen Fläche legte man den Ring als Prachtstraße an. Eine Reihe von Repräsentationsbauten wurde entlang dieses Boulevards errichtet, davon etwas zurückversetzt befindet sich das 1877 eröffnete Hauptgebäude (Schillerplatz 3), das heute unter anderem auch die Gemäldegalerie und die Bibliothek der ältesten Kunstakademie Mitteleuropas beherbergt. Im benachbarten Akademiehof (Makartgasse 3), der im Westen den Karlsplatz begrenzt, ist das Kupferstichkabinett und das Archiv der BIKU untergebracht.

In unmittelbarer Nähe dieser beiden Bauten des 1. Wiener Gemeindebezirks befindet sich das nun als Atelierhaus genutzte ehemalige Kulissendepot der k.k. Hoftheater (Lehárgasse 6–8), das dem 6. Bezirk Mariahilf zugerechnet wird. Im 7. Bezirk Neubau verfügt die BIKU über zwei Standorte: das Gebäude «Karl-Schweighofer-Gasse 3» und die ehemalige Wohnung Otto Wagners im Haus «Döblergasse 4», wo das Archiv des berühmten Architekten aufbewahrt wird. Ebenfalls zentral gelegen ist das Gebäude «Josefsgasse 8» im 8. Bezirk Josefstadt. Die Heimstätten der Bildhauer bilden die im Prater (2. Bezirk Leopoldstadt) gelegenen Ateliergebäude «Böcklinstraße 1» und «Kurzbauergasse 9». Die Werkstätten, Ateliers und Seminarräume im Kunsthaus Horn, das sich 80 km westlich von Wien im Waldviertel befindet, nutzt die BIKU für die Veranstaltung von Hochschulkursen.

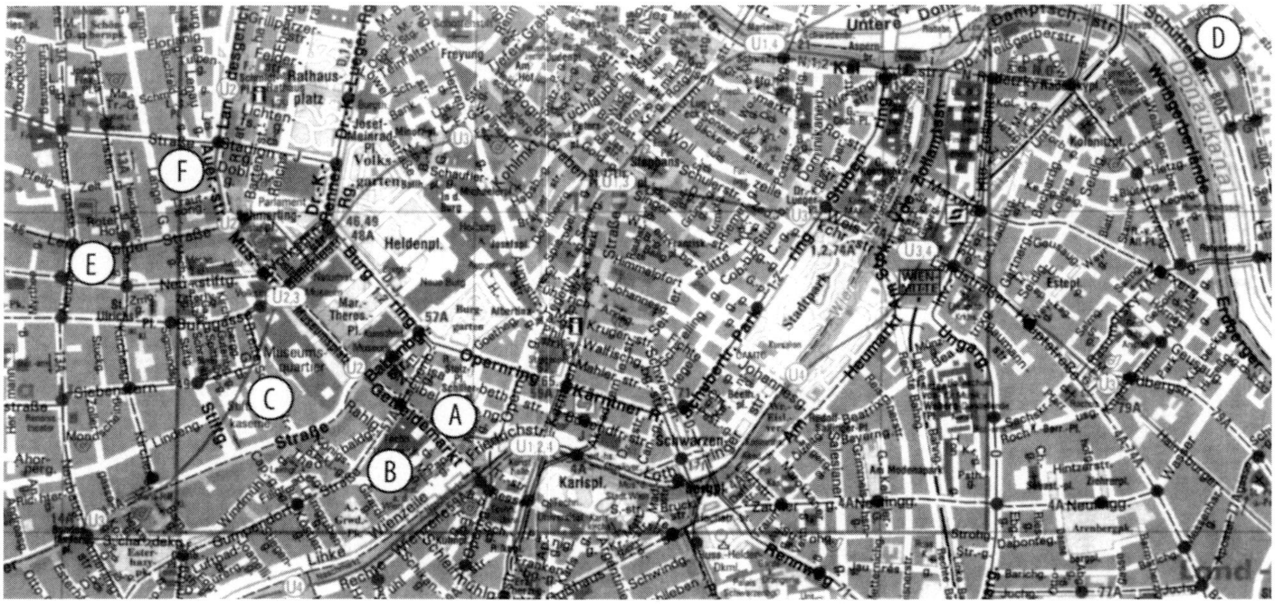

A **Hauptgebäude**
A-1010 Wien, Schillerplatz 3
Akademiehof
A-1010 Wien, Makartgasse 3

B **Atelierhaus**
A-1060 Wien, Lehárgasse 6-8

C **Institutsgebäude**
A-1070 Wien, Karl-Schweighofer-Gasse 3

D **Bildhaueratelier**
A-1020 Wien, Böcklinstraße 1
Bildhaueratelier
A-1020 Wien, Kurzbauergasse 9

E **Otto-Wagner-Archiv**
A-1070 Wien, Döblergasse 4

F **Institutsgebäude**
A-1080 Wien, Josefsgasse 8

6.1 Die räumliche Situation der Akademie der bildenden Künste in den 1950er Jahren

Im März 1945 zogen Bombentreffer und von diesen verursachte Brände den Westtrakt des Hauptgebäudes (Gauermanntrakt) schwer in Mitleidenschaft. Die wertvolle Kunstsammlung war vernichtet worden, Verluste hatte auch die Gemäldegalerie zu beklagen. Unversehrt blieben hingegen die Bibliothek und die ihr angegliederte Kupferstichsammlung. Im Zuge des Wiederaufbaues des Gauermanntraktes, der 1946 abgeschlossen wurde, baute man auch das Dachgeschoß aus.

Das Akademiegebäude (Schillerplatz 3) war in den Jahren 1872 bis 1876 nach den Plänen von Theophil Hansen errichtet worden, der als Leiter einer Spezialschule für Architektur an der Akademie tätig war. Die 1875 begonnene künstlerische Ausgestaltung der Innenräume und der Außenfassade wurde 1892 abgeschlossen; die

Deckenmalerei in der Aula stammt von Anselm Feuerbach, die übrigen Malereien von August Eisenmenger und (nach Skizzen von Feuerbach) größtenteils von Heinrich Tenschert und Christian Griepenkerl. Die Skulpturen über dem Haupteingang schufen Alois Düll, Franz Melnitzky, Vinzenz Pilz und Eduard von Hofmann.
Das fünfgeschoßige Gebäude (12.500 m²) mit gleichförmigen Klassenräumen, die von umlaufenden Gängen erreicht werden, entsprach ganz den Vorstellungen einer Kunstakademie im 19. Jahrhundert. Den Innenhof teilt ein dreigeschoßiger Baukörper, in dem sich die Aula befindet und anfänglich auch die Gipssammlung (Glyptothek) untergebracht war. Hansens Konzept für die Infrastruktur einer modernen Kunstakademie berücksichtigte ebenso die Bibliothek und die übrigen Sammlungen des Hauses: ein eigener Raum für das Kupferstichkabinett im Verbund mit der Bibliothek im Mezzanin und die Hälfte des ersten Stocks für die Gemäldegalerie, wo sie als Lehrgalerie im Kunstunterricht von Bedeutung war.
Nach dem Zweiten Weltkrieg waren vorerst noch sämtliche Einrichtungen der Akademie (bis auf die Bildhauer) im Hauptgebäude untergebracht. 2003 befanden sich darin unter anderem die Universitätsleitung, die Zentrale Verwaltung, die ÖH, die Universitätsbibliothek und fünf Institute (Bildende Kunst; künstlerisches Lehramt; Kunst und Architektur; Kunst und Kulturwissenschaften; Wissenschaften und Technologie in der Kunst). Von den Sammlungen verblieben die Gemäldegalerie und die Bibliothek im Hauptgebäude am Schillerplatz, wo seinen Nutzern auch eine Cafeteria offen steht.
Die Gemäldegalerie (mit Werken unter anderem von Bosch, Rembrandt, Rubens und Tizian) ist die einzige bedeutende Kunstsammlung, die sich in Österreich an einer Universität befindet. Der Großteil der Sammlung geht auf jene von Anton Franz de Paula Graf Lamberg-Sprinzenstein zurück, die seit 1822 im Besitz der Akademie ist. In der Schausammlung der Gemäldegalerie werden heute rund 300 Werke gezeigt. – Die seit 1774 urkundlich nachweisbare Bibliothek der BIKU ist eine der ältesten und bedeutendsten Fachbibliotheken für Kunst und Architektur in Österreich, der von Anfang an eine Graphiksammlung (Kupferstichkabinett) angeschlossen war. Schon in der ersten Hälfte des 19. Jahrhunderts wurden die Bibliotheksbestände durch wertvolle Schenkungen vom Kaiserhaus und von zahlreichen Ehrenmitgliedern der Akademie ergänzt. (Ein bedeutender Bestandszuwachs ist auch Franz Jäger zu verdanken, der seinen gesamten, rund 10.000 Stück umfassenden Kunstbesitz der Bibliothek vermachte; diese Sammlung umfasste auch 277 höchst bedeutsame gotische Baurisse aus der Bauhütte St. Stephan.) Erst im letzten Drittel des 19. Jahrhunderts verfügte die Bibliothek über staatliche Finanzmittel, wodurch ein planmäßiger Ankauf (beispielsweise die Dürersammlung von Heinrich Sebastian Hüsgen, Studienblätter von Anselm Feuerbach oder Aquarelle von Rudolf von Alt) möglich wurde. Nach 1945 erfuhren die Bestände von Bibliothek und Kupferstichkabinett eine Erweiterung durch Werke zeitgenössischer Künstler. Im Zuge von Sanierungsarbeiten im Hauptgebäude wurden 1984 die Bibliotheksräume restauriert und wieder in den ursprünglichen Zustand mit der vollständigen Hansen-Einrichtung gebracht.
Bereits zu Beginn des 20. Jahrhunderts wurden für die Bildhauer im Prater großzügige Arbeitsmöglichkeiten geschaffen. 1912 errichtete man das Ateliergebäude «Böcklinstraße 1», dem Anfang der 1930er Jahre entlang der Kurzbauergasse ein zweites hinzugefügt wurde. Der Historiker Jean Rodolphe von Salis kam in seinen Aufzeichnungen «Wiener Sommer 1947» kurz auch auf die Heimstätte der Bildhauer zu sprechen: «Nachmittags bei Wotruba in seinem Atelier im Prater. Er zeigt mir auch die Ateliers seiner Schüler. Die Akademie der Bildenden Künste hat dort ein Gebäude und Räumlichkeiten ausschließlich für Bildhauer, wie ich sie in dieser Größe und Eignung noch nie gesehen habe. Ein schönes Königreich für einen Professor der Bildhauerei.»[1] Seitdem hat sich dort in baulicher Hinsicht allerdings wenig verändert, da praktisch nur Instandsetzungsarbeiten durchgeführt wurden. Das Gebäude «Böcklinstraße 1» steht der Einrichtung Objekt-Bildhauerei zur Verfügung, in dem sich auch eine Metallwerkstatt und eine Gipsgießerei befinden; im Obergeschoß sind unter anderem ein Dia- und ein Vortragsraum eingerichtet. Im Haus «Kurzbauergasse 9» (Textuelle Bildhauerei) sind auch der Steinsaal, eine Metallwerkstätte und eine Cafeteria untergebracht.
1955 wurden Räumlichkeiten im Gebäude «Karl-Schweighofer-Gasse 3» für Zwecke der damals wiederhergestellten Medailleurschule angemietet. Im Laufe der folgenden Jahrzehnte (vor allem in den 1990er Jahren)

konnten darin immer wieder weitere Räume für Zwecke der Akademie gesichert werden. Das ehemals bundeseigene Gebäude übertrug man im Sommer 1993 in den Fruchtgenuss der Bundesimmobiliengesellschaft. Damals vereinbarte man auch, dass alle künftig in diesem fünfgeschoßigen Gebäude frei werdenden Räume für Zwecke der BIKU gewidmet werden sollen. 2003 waren darin Bereiche von zwei Instituten (Bildende Kunst; Wissenschaften und Technologien in der Kunst), der Zentrale Informatikdienst und ein Kindergarten untergebracht, der für Akademieangehörige und Angehörige der Universität für angewandte Kunst offen steht.

6.2 Die räumliche Situation der Akademie der bildenden Künste in den 1960er Jahren

Seit Mitte der 1950er Jahre war die Zahl der ordentlichen Studierenden kontinuierlich gestiegen (1955/56: 160; 1959/60: 236; 1965/66: 283; 1969/70: 372) und auch das Studienangebot erweitert worden. In den Jahren 1950 bis 1971 wurden sieben Organisationseinheiten gegründet, zwei wiederhergestellt und der Studienlehrgang Grünraumgestaltung in Zusammenarbeit mit der Hochschule für Bodenkultur eingeführt; 1973 gliederte man das Lehramtsstudium in drei Fachrichtungen auf.
Eine räumliche Erweiterung der Akademie war somit immer dringlicher geworden, wobei die Akademieleitung anfänglich an den Ausbau des Hauptgebäudes (Aufstockung bzw. Überbauung des Innenhofes) dachte. Aus Gründen des Denkmalschutzes verfolgte man diese Pläne aber nicht weiter, die allerdings in den folgenden zwei Jahrzehnten von der BIKU in regelmäßigen Abständen wieder aufgegriffen wurden. 1967 regte die Akademie an, dass das Unterrichtsressort das Palais Neupauer-Bräuner (Singerstraße 16) oder das Gebäude «Anton-Scharf-Gasse 4» sichern sollte, was aufgrund finanzieller Gründe jedoch nicht möglich war.[2] Ebenfalls ohne Erfolg blieben Anstrengungen hinsichtlich der Anmietung von Räumen in den Gebäuden «Sterngasse 13» und «Apollogasse 6».

Das Hauptgebäude am Schillerplatz.

6.3 Die räumliche Erweiterung der Akademie der bildenden Künste ab 1970

Infolge des bescheidenen Anstiegs der Studierendenzahlen (1970/71: 423; 1975/76: 473; 1979/80: 485) verschärfte sich die Raumnot nur unwesentlich. Die Dringlichkeit der räumlichen Erweiterung war dem Wissenschaftsministerium allerdings bewusst, in dessen Bauprojektprogramm von 1972 für einen Neubau (ATS) 100 Millionen ausgewiesen wurden.[3] Nach dem Abschluss umfassender Bestandserhebungen hielt im Mai 1973 das Professorenkollegium der BIKU in einer Sitzung fest, dass die Schaffung von Räumlichkeiten im Ausmaß von 8.600 m² notwendig wäre.[4] – Obwohl zahlreiche Projekte verfolgt wurden, war der Raumzuwachs in den 1970er Jahren äußerst bescheiden, der in der Raumstatistik des Ministeriums gar nicht registriert wurde (1970 und 1980: 15.000 m²). 1978 mietete man Räumlichkeiten im Gebäude «Franz-Josefs-Kai 17» an, die später dem Österreichischen Auslandsstudentendienst überlassen wurden. (Der vom Kunsthistorischen Museum verwaltete Theseustempel im Wiener Volksgarten, der nach Plänen von Pietro Nobile zu Beginn der 1820er Jahre errichtet wurde, steht der BIKU für Ausstellungen von Absolventen und Studierenden seit 1970 fallweise zur Verfügung.)

Hinsichtlich der Klärung der Raumproblematik erwartete das Wissenschaftsressort wichtige Aufschlüsse von einer Studie, mit deren Erstellung Ernst Hiesmayr (TUW) im Jahre 1971 beauftragt wurde. In einer ersten Phase erarbeitete der Architekt eine detaillierte Bestandsaufnahme der verfügbaren Räume, die als Grundlage für mehrere Funktionsmodelle diente. Nachdem Mitglieder der Akademie verstärkt in diese Untersuchung eingebunden worden waren, legte Hiesmayr 1975 eine umfassende Studie vor, der außerdem noch drei Vorschläge hinsichtlich einer Neustrukturierung der BIKU beigefügt waren. Die «bauliche Nullvariante» setzte eine Reduzierung sowohl der Organisationseinheiten als auch der Studierendenzahl voraus. Die zweite Variante sah ebenfalls organisatorische Maßnahmen (Wiedereinführung der allgemeinen Schulen, Reduzierung der Spezialschulen) vor, die jedoch durch den Ausbau der bestehenden Standorte (Schillerplatz 3; Böcklinstraße 1/Kurzbauergasse 9; Karl-Schweighofer-Gasse 3) ergänzt wurden. Die abschließende Variante betraf die Errichtung eines Neubaues sowie die Adaptierung weiterer Gebäude für Zwecke der BIKU.[5]

Neben Erweiterungsmöglichkeiten in der Bundeshauptstadt strebte die Akademie die Errichtung einer Dependance in Niederösterreich an, wo auch Teile der von ihr betreuten Sammlungen zugänglich gemacht werden sollten. Die für Prinz Eugen in den späten 1720er Jahren zum Jagd- und Lustschloss ausgebaute Anlage Schlosshof, die sich östlich von Wien an der Grenze zur Slowakei befindet, sowie die 1330 gestiftete Kartause Gaming im südwestlichen Teil Niederösterreichs wurden hierfür von der Akademieleitung vorgeschlagen. Diese Projekte ließen sich nicht realisieren. 1970 lagerte man allerdings die Glyptothek in die 1313 gestiftete Kartause Mauerbach aus.

Zu Beginn der 1970er Jahre schlug die BIKU als weiteren Standort in Wien die Bebauung der Liegenschaft «Getreidemarkt 2–4» (rund 2.000 m²) vor, die im Osten an das Hauptgebäude anschließt und wo im Zuge der Errichtung der U2 zwei Gebäude abgebrochen wurden. Bei diesem Bauvorhaben wären aufgrund der U-Bahn-Führung aber kostenintensive Lösungen notwendig geworden. Zusätzlich verlangte die Stadt Wien einen hohen Preis für den zentral gelegenen Baugrund am Karlsplatz, weswegen im September 1972 das Bautenministerium diesem Projekt sehr skeptisch gegenüberstand.[6] Dessen ungeachtet favorisierte die Akademie in weiterer Folge diese Erweiterungsmöglichkeit, die aber erst Mitte der 1990er Jahre in Form des Akademiehofes realisiert wurde. Mit den ausgearbeiteten Plänen der späten 1970er und der 1980er Jahre, die einen zur Gänze von der BIKU genutzten Neubau vorsahen, lässt sich der Akademiehof jedoch nicht vergleichen.

Gegen die Nutzung des Gebäudes «Kaiserstraße 39» im 7. Bezirk sprachen sich 1971 Teile der BIKU aus, da sie eine Aufsplitterung der Akademie befürchteten und das Haus nach ihrem Erachten auch aufgrund der baulichen Konfiguration nicht den gestellten Anforderungen entsprach.[7] 1973 brachte die Akademie die 1911 nach den

Plänen von Friedrich Ohmann errichtete Delug-Villa (Malerakademie Grinzing) ins Spiel. Außerdem wurden Überlegungen hinsichtlich eines Ankaufs der Gebäude «Gauermanngasse 2–4» und «Elisabethstraße 18–20» angestellt, die sich in unmittelbarer Nachbarschaft zum Hauptgebäude befinden und den ÖBB gehörten.

6.4 Die räumliche Erweiterung der Akademie der bildenden Künste ab 1980

Nicht zuletzt aufgrund des geringen Raumgewinns (1980: 15.000 m^2; 1990: 18.300 m^2) stiegen die Studierendenzahlen in diesem Jahrzehnt kaum (1980/81: 479; 1985/86: 457; 1989/90: 514). Der Raumgewinn resultierte aus der Adaptierung des ehemaligen Piaristengymnasiums in Horn und zwei Anmietungen in der Bundeshauptstadt. 1983 konnten für den Bereich Textiles Gestalten große Teile des ehemaligen Fabrikgebäudes «Josefsgasse 8» einer Textilfirma gesichert werden.[8] Nach der Anmietung weiterer Räumlichkeiten wird dieser Gebäudekomplex (rund 1.600 m^2) seit 1994 von der BIKU zur Gänze genutzt.

Seit 1985 betreut die BIKU auch das Otto-Wagner-Archiv (Döblergasse 4), für das ursprünglich die Hochschule für angewandte Kunst zuständig war; die vom Wissenschaftsministerium 1984 angemietete ehemalige Wohnung (rund 250 m^2) von Otto Wagner war vorerst in deren Verwaltung übergeben worden. Das Archiv ist in Wagners selbstentworfenem, letztem Wohnsitz mit Originalinterieur und Originalmöbeln untergebracht und beherbergt eine komplette Dokumentation der Projekte und Bauten des bedeutenden Architekten. Neben Publikationen von und über Wagner umfasst das Archiv auch eine umfangreiche Fotodokumentation sowie eine Diasammlung.

Als Ergebnis einer von der Stadt Wien und dem Wissenschaftsressort initiierten Untersuchung legten schon 1979 die Architekten Rainer und Peichl ein umfassendes Konzept und Pläne für einen Akademie-Neubau am Getreidemarkt vor, in dem unter anderem fünf Institute, zwei Meisterschulen und ein Jugendstilzentrum auf 5.800 m^2 untergebracht werden sollten. Das auf knapp (ATS) 630 Millionen geschätzte Bauvorhaben sollte durch einen Bauträger finanziert und durchgeführt werden, der Bund hätte 15 Jahre lang Miete gezahlt, bevor der Neubau dann in dessen Eigentum übergegangen wäre.[9] Im «Hochschulbericht 1984» war dieser Neubau als langfristiges Bauvorhaben ausgewiesen worden,[10] der letztlich erfolgreiche Anlauf für dieses Projekt erfolgte aber erst 1989. Mitte der 1980er Jahre beantragte die BIKU die Adaptierung der ehemaligen Kohlenbunker im Hauptgebäude, um dringend benötigte Bücherdepots für die Bibliothek zu schaffen. Später sollten diese Speicher unter den Grünflächen vor den Fronten Getreidemarkt und Gauermanngasse errichtet werden, da diese Lösung in technischer Hinsicht weniger aufwendig und damit günstiger zu realisieren gewesen wäre. Dieses Bauvorhaben musste aus finanziellen Gründen in den 1990er Jahren endgültig verworfen werden.

In der zweiten Hälfte der 1980er Jahre stand auch die Anmietung von Teilen des Gebäudes «Eschenbachgasse 11» zur Diskussion, wofür Carl Pruscha Voruntersuchungen durchführte und Nutzungsvorschläge erstellte. Das Gebäude war jedoch für Zwecke der BIKU wenig geeignet, die notwendigen finanziellen Aufwendungen wurden zudem als zu hoch eingeschätzt. Das Wissenschaftsministerium schlug daraufhin als Alternative zum Projekt «Eschenbachgasse» die Adaptierung des ehemaligen Kulissendepots der k.k. Hoftheater der Akademie vor. Die Nutzbarmachung des Depots stellte schließlich den bedeutendsten Raumgewinn der BIKU in den 1990er Jahren dar, der insbesondere die Arbeitsbedingungen der Bühnenbildner und Maler deutlich verbesserte.

6.4.1 Die Adaptierung des ehemaligen Piaristengymnasiums in Horn

Die Akademie hatte bereits in den frühen 1970er Jahren die Errichtung einer Dependance in Niederösterreich angestrebt, um (unter anderem) dort auch Hochschulkurse veranstalten zu können; zur Diskussion standen damals die Kartause Gaming und die Anlage Schlosshof. In gewisser Hinsicht konnte dieses Vorhaben in der zweiten Hälfte der 1980er Jahre mit der Adaptierung des ehemaligen Piaristengymnasiums in Horn verwirklicht werden. Ferdinand Graf Kurz und dessen Frau stifteten 1657 dieses Gymnasium. Die Einrichtung dieser Stiftung und die Berufung von Piaristenpatres nach Horn erfolgte aus gegenreformatorischen Gründen. (Der 1600 von Joseph Calasanz in Rom gegründete Orden der Piaristen widmet sich grundsätzlich der christlichen Erziehung von Kindern und Jugendlichen.) Das im ausgehenden 16. Jahrhundert errichtete Gebäude diente bis 1981 schulischen Zwecken (Ordens-, Landes-, Bundesgymnasium, städtische Handelsschule, Frauenberufsschule und Polytechnischer Lehrgang), dann stand das Gebäude leer und drohte zu verfallen.

Im Zusammenhang mit der aufblühenden Kulturförderung im Waldviertel (Eröffnung zahlreicher Galerien und Gründung von Festspielen, die zumeist von regionalen Firmen und Banken finanziell unterstützt wurden; auch Künstler ließen sich damals verstärkt in der Region nieder) wurde die Idee geboren, das denkmalgeschützte Gebäude künftig als Kunsthaus zu nutzen. Nach den Plänen von Carl Pruscha, damals Rektor der Akademie, revitalisierte man in den Jahren 1986 bis 1988 das Haus mit Bundes- und Landesmitteln (ATS 44 Millionen); als Bauherr fungierte die Ferdinand-Graf-Kurz-Stiftung, die seit 1983 von der Bezirkshauptmannschaft Horn verwaltet wird.

Im Zuge der Sanierungsarbeiten legte man dreigeschoßige, im Stil der Renaissance ausgeführte Arkaden der Innenhoffassade des Westrakts frei.[11] Der Arkadentrakt wird nun als Wohnheim genutzt, im Südtrakt sind Werkstätten und Ateliers untergebracht und im Nordtrakt befinden sich Seminarräume und die Bibliothek. Außerdem beherbergt das Kunsthaus Horn eine Galerie, ein Restaurant, Wohnungen sowie Büros von mehreren Kunstvereinen und der Ferdinand-Graf-Kurz-Stiftung. Neben der BIKU werden die gebotenen Möglichkeiten in Horn auch von der Universität für angewandte Kunst und zahlreichen Schulen in Anspruch genommen.

6.5 Die räumliche Erweiterung der Akademie der bildenden Künste ab 1990

Der starke Anstieg der Hörerzahlen in der zweiten Hälfte der 1990er Jahre (1990/91: 517; 1995/96: 642; 2000/01: 910) ist wohl vor allem auf die deutliche Verbesserung der Arbeitsbedingungen an der Akademie zurückzuführen, die ihren Ausdruck auch im erzielten Raumgewinn (1995: 19.500 m^2; 2000: 30.000 m^2) findet. Neben der Realisierung der beiden Großprojekte konnten – wie bereits ausgeführt wurde – auch die Standorte «Karl-Schweighofer-Gasse 3» und «Josefsgasse 8» durch zusätzliche Anmietungen erweitert werden.

Die im «Hochschulbericht 1993» noch ausgewiesene Errichtung eines Depotspeichers im Hauptgebäude (als in Planung befindliches und auf (ATS) 90 Millionen geschätztes Bauvorhaben)[12] konnte aus finanziellen Gründen jedoch nicht realisiert werden. Aufgrund der zu Beginn dieses Jahrzehnts noch sehr beengten räumlichen Verhältnisse wurden 1991 im Gebäude «Makartgasse 1» Räume kurzfristig angemietet, um die Organisation der Feierlichkeiten anlässlich des 300-jährigen Jubiläums der Akademie der bildenden Künste im Jahre 1992 zu erleichtern.

6.5.1 Der Akademiehof, Makartgasse 3

Die Errichtung eines Gebäudes am Karlsplatz, in unmittelbarer Nachbarschaft zum Hauptgebäude und der Secession, strebte die Akademie seit 1970 an. Bei dem letztlich realisierten Bauvorhaben handelt es sich aber nicht um ein Bauvorhaben des Bundes, der die hierfür benötigten Mittel nicht bereitstellen konnte, sondern um ein Projekt der Akademie, die es im Rahmen ihrer Teilrechtsfähigkeit abwickelte. Diese Vorgangsweise fand die prinzipielle Zustimmung des Wissenschaftsministeriums. Nach Verhandlungen, die 1989 wieder in Gang kamen, nahm 1991 die Stadt Wien die bevorstehende 300-Jahr-Feier zum Anlass, die auf (ATS) 102 Millionen geschätzte Liegenschaft «Getreidemarkt 2–4» der Akademie zu schenken.

Vertraglich hielt man fest, dass darauf ein Gebäude mit Museums-, Geschäfts- und Büroräumlichkeiten sowie mit Wohnungen nach den Plänen der Architekten Roland Rainer und Gustav Peichl mit einem Gesamtinvestitionsvolumen von mindestens 350 Millionen errichtet werden sollte. Ebenfalls vertraglich festgeschrieben wurde, dass die Akademie im Rahmen ihrer Teilrechtsfähigkeit das Grundstück an eine Bauträgergesellschaft veräußert, um derart den Bau des Akademiehofes finanzieren zu können. Diese Abwicklung sowie eine Reihe von Beauftragungen im Zuge der Errichtung des Gebäudes hätten jedoch durch entsprechende Beschlüsse des Akademiekollegiums erfolgen müssen, was aber unterblieb. Die Bauarbeiten waren im Herbst 1993 aufgenommen worden. Für Zwecke der BIKU waren im ersten Obergeschoß und dem Zwischengeschoß Räumlichkeiten im Ausmaß von knapp 2.300 m² vorgesehen. Ursprünglich sollten neben dem Kupferstichkabinett und dem Archiv der Akademie auch die Gemäldegalerie von den neu geschaffenen Räumlichkeiten profitieren, doch im Mai 1994 beschloss das Akademiekollegium, dass die Gemäldegalerie im Hauptgebäude bleiben sollte. Ausstellungsräume im Neubau wollte man auch anderen Institutionen zur Verfügung stellen;[13] von dieser Nutzungsmöglichkeit machte dann die Albertina Gebrauch.

Seit 1997 ist das Kupferstichkabinett im Akademiehof untergebracht. Auf rund 800 m² stehen der zweitgrößten graphischen Sammlung Österreichs – mit einem Bestand von rund 35.000 Handzeichnungen, 30.000 Druckgraphiken und 20.000 Photographien – zwei unabhängige Ausstellungsräume, zwei getrennte Depots für Handzeichnungen und Druckgraphiken, Studienräume, eine Restaurierwerkstätte und administrative Räume zur Verfügung. Das Kupferstichkabinett wurde seit der Akademiegründung als Lehrsammlung für die Studierenden aufgebaut, den Grundstock bildete der Kunstbesitz der Kupferstecherakademie von Jakob Matthias Schmutzer sowie Aufnahmestücke, Aktzeichnungen, Preisarbeiten und Studien der Professoren und Studenten der BIKU. Die Übersiedlung in den Akademiehof nahm man zum Anlass, eine Sammlung von Arbeiten zeitgenössischer österreichischer Künstler aufzubauen, woran sich die Gesellschaft der Freunde der bildenden Künste beteiligt. Seit 2003 befindet sich auch das Archiv im Akademiehof; der umfangreiche Aktenbestand reicht nahezu lückenlos bis ins Jahr 1726 zurück. Die Hauptbestände bilden die Verwaltungsakten und die Schülerevidenzen, die durch eine Reihe von Sonderbeständen (Statuten, Altinventare, Bauakten etc.) ergänzt werden.

6.5.2 Die Adaptierung des Semper-Depots, Lehárgasse 6–8

Das Depot wurde als großräumiger, viergeschoßiger Nutzbau für die Lagerung und Herstellung von Kulissen und Requisiten der k.k. Hoftheater in den Jahren 1874 bis 1877 errichtet. Dem Gebäude lagen Pläne von Gottfried Semper und Karl Hasenauer zugrunde. (Infolge von Unstimmigkeiten verließ Semper jedoch noch vor Fertigstellung des Depots die Bürogemeinschaft.) Beim Kulissendepot handelt es sich um einen höchst eigenwilligen Zweckbau, dessen Grundriss ein Dreieck mit schräg abgeschnittener Spitze bildet. Der Bereich der schräg abgeschnittenen Spitze umfasst den Prospekthof mit offenen Galerien auf allen vier Geschoßen; an den Prospekthof schließt der Bereich der hallenartigen und bis zu 12 Meter hohen Räume an, die als Depots und Werkstätten genutzt wurden. Das Tragwerk bilden miteinander verschraubte gusseiserne Säulen. Trotz der schwierigen Ausgangslage (bedingt durch die Form des verfügbaren Baugrundes) gelang den planenden Architekten eine Grundrissgestaltung, die durch Zweckmäßigkeit und Übersichtlichkeit beeindruckt. Nach dem Ersten Weltkrieg diente das Bauwerk dem Burgtheater vorerst als Dekorationswerkstätte und von 1964 bis 1973 wiederum als Kulissendepot. Von 1973 bis 1994, als man mit der Adaptierung für Zwecke der BIKU begann, stand das Gebäude an der Lehárgasse leer, dessen mögliche Nachnutzung allerdings rund 30 Jahre lang zahlreiche Institutionen beschäftigte.
1957 erteilte das damalige Bundesministerium für Handel und Wiederaufbau Architekt Karl Kupsky einen Planungsauftrag für den Standort Getreidemarkt der Technischen Hochschule Wien. Vorgesehen war, dass der gesamte Altbestand schrittweise durch Neubauten ersetzt werden sollte. In diesem Zusammenhang war auch der Abbruch des ehemaligen Kulissendepots geplant, wo den damaligen Vorstellungen gemäß ein zweites Institutsgebäude für den Maschinenbau errichtet werden sollte. Mitte der 1970er Jahre wurden aber aus Architekten- und Künstlerkreisen – vor allem auch aus der Fakultät für Architektur der TUW (Hiesmayr) – Bedenken gegen den bereits denkmalbehördlich bewilligten Abbruch des Semper-Depots vorgebracht. Ein von Architekt Robert Krapfenbauer erstelltes Gutachten zeigte jedoch, dass eine Verwendung des Gebäudes für Zwecke der TUW ohne nahezu völlige Veränderung des Bauwerks nicht möglich sei. Alle diesbezüglichen Bemühungen scheiterten letztlich an der Unvereinbarkeit von Denkmal- und Brandschutz.
Ende der 1970er Jahre bemühte sich die Stadt Wien um das Depotgebäude; vom Theater an der Wien, das dem Kulissengebäude gegenüberliegt, hätte es sinnvoll genutzt werden können. Damals dachte das Wissenschaftsministerium aber auch daran, das Bauwerk als Magazinbau für völlig ausgelastete wissenschaftliche Bibliotheken (insbesondere für die Nationalbibliothek und die Universitätsbibliothek Wien) zu verwenden.[14] Weitere Überlegungen spannten sich von der Unterbringung der Gobelinsammlung des Kunsthistorischen Museums bis zur Einrichtung eines Architekturmuseums. Nach dem Hinweis des Wissenschaftsministeriums, dass eine Änderung des seinerzeit erteilten Baukonsenses (Kulissenmalerei) durch eine Widmung des Objekts für Malerzwecke nicht eintritt und daher den Grundsätzen des Bestandschutzes die Baupolizei nur eine Nachrüstung auf den Stand der Technik begehren kann, entwickelte Pruscha gegen Ende der 1980er Jahre ein realisierbares Projekt für die Akademie der bildenden Künste. Mit der Genehmigung dieses Konzepts konnten endlich jene Großraumateliers geschaffen werden, die von der Akademie über Jahrzehnte hindurch immer wieder angestrebt worden waren. Mit der Durchführung der letztlich (ATS) 100 Millionen teuren Adaptierung wurde 1993 die Bundesimmobiliengesellschaft beauftragt; nach nur 18-monatiger Bauzeit konnte im September 1995 das Projekt abgeschlossen werden.
Aufgrund der bedeutsamen baulichen und konstruktiven Gestaltung des Depots wurde der Erhaltung und Sanierung des Altbestands größter Wert beigemessen, wodurch die ihm innewohnende, sehr eindrucksvolle Atmosphäre nicht verloren ging. Nachträglich erfolgte Einbauten (vor allem Zwischenwände und die Überdeckung des Prospekthofes) entfernte man im Zuge der Adaptierung. Für die zeitgemäße Nutzung wurden brandschutztechnische Maßnahmen (Brandabschnitte, Brandschutztüren und Schleusenwände, außenliegende

Fluchttreppen) und haustechnische Vorkehrungen (Lifteinbau, gänzliche Erneuerung der Elektroinstallation, Lüftungsanlagen, Anschluss an die Fernwärme etc.) gesetzt. Die Einrichtung der großflächigen Atelierräume (ehemalige Depotgassen) machte in jedem Geschoß den Einbau von Sanitär- und Nebenräumen erforderlich, die jeweils entlang der Mittelmauer in Form von schmalen, möbelhaft wirkenden Leichtbaucontainern untergebracht wurden, deren Decke als Galerie begehbar ist. Bei allen neuen, hinzugefügten Elementen im Inneren achtete man darauf, dass sie als solche erkennbar sind, sich aber doch auf das Vorgefundene in angemessener Weise beziehen. Die einzige größere Veränderung, welche die Außenerscheinung des Bauwerks erfuhr, stellt die Konstruktion von zwei stählernen Fluchttreppen dar, wovon sich insbesondere die Außenfluchtstiege an der Nordfassade als akzentuiert gestaltetes, architektonisches Element erweist. 1997 erhielt die BIG für diese sehr gelungene Revitalisierung den Bauherrenpreis der Zentralvereinigung der Architekten Österreichs.[15]

Der Prospekthof.

Der Akademie stehen im neu gewonnenen Atelierhaus nun 8.500 m^2 in bester Lage zur Verfügung. Im Semper-Depot waren 2003 fünf Einrichtungen (Grafik und Druckgrafische Techniken; Computer- und Videokunst; Kunst und Fotografie; Erweiterter malerischer Raum; Szenographie) untergebracht, wo unter anderem auch ein Video- und ein Soundstudio eingerichtet wurden. Die vorhandenen Ausstellungsräume stehen ebenso wie der Mehrzwecksaal und der besonders eindrucksvolle Prospekthof auch anderen Nutzern offen, da sie für diverse Veranstaltungen angemietet werden können; im Kellergeschoß befindet sich nun die Glyptothek.

1 Jean Rodolphe von Salis, Im Lauf der Jahre. Über Geschichte, Politik und Literatur, Zürich 1962, S. 237.
J.R. von Salis, Professor für Allgemeine Geschichte an der ETH Zürich und im Sommersemester 1947 als Gastprofessor an der Universität Wien tätig, hatte während des Zweiten Weltkrieges die in Europa viel beachtete Radiosendung «Weltchronik» gestaltet.

2 Vgl. dazu: BMU, GZ 2432 / Präs. 4 ex 1967.

3 Vgl. dazu: Hochschulbericht 1972, hg. vom BMWF, Bd. 2, Wien 1972, S. 286.

4 Vgl. dazu: BMWF, GZ 32.036 / Raum ex 1974.

5 Vgl. dazu: Ernst Hiesmayr, Akademie der bildenden Künste: Bestandsaufnahme und Raum- und Funktionsprogramm, 1975; in: BMBWK.

6 Vgl. dazu: BMWF, GZ 32.974 / Raum ex 1972.

7 Vgl. dazu: BMWF, GZ 30.009 / Raum ex 1972.

8 Vgl. dazu: BMWF, GZ 30.930 / 4–9 ex 1982.

9 Vgl. dazu: [Studie von Roland Rainer und Gustav Peichl] Akademie-Erweiterungsbau – Getreidemarkt 2–4; in: BMBWK.

10 Vgl. dazu: Hochschulbericht 1984, hg. vom BMWF, Wien 1984, S. 215.

11 Vgl. dazu: Carl Pruscha, Kunsthaus Horn. Eine Dokumentation anlässlich der Sanierung und Adaptierung des Gebäudes der Ferdinand-Graf-Kurz-Stiftung in Horn für die Studierenden und Absolventen der Akademie der bildenden Künste in Wien; in: Wiener Akademie-Reihe, Bd. 23, Wien 1988.

12 Vgl. dazu: Hochschulbericht 1993, hg. vom BMWF, Bd. 2, Wien 1993, S. 291.

13 Vgl. dazu: BMWFK, GZ 30.930 / 14–9 ex 1994.

14 Vgl. dazu: BMWF, GZ 31.907 / Raum ex 1974 und BMWF, GZ 30.617 / 9–9 ex 1978.

15 Vgl. dazu: Die Bundesimmobiliengesellschaft – Zehn erfolgreiche Jahre, hg. von der BIG, Wien 2002, S. 223ff. und: Das Semper-Depot, hg. von Carl Pruscha, München / New York 1997.

7 Universität für Musik und darstellende Kunst Wien (KUW)

Die Baugeschichte der Universität für Musik und darstellende Kunst Wien war eng mit jener der Veterinärmedizinischen Universität verknüpft, deren Neuerrichtung im Donaufeld sich sehr verzögert hatte. Nach 1945 wurden für die KUW eine neue Studiobühne errichtet und zahlreiche Bestandsanierungen bzw. Adaptierungen vorgenommen, wovon in weiterer Folge sechs Projekte ausführlicher behandelt werden. 2002 standen der Universität für Musik und darstellende Kunst Wien (wissenschaftliches und künstlerisches Personal: 449 Personen; allgemeine Universitätsbedienstete: 196,5 Planstellen) 33.000 m² zur Verfügung. 2.430 ordentliche Studierende waren im Studienjahr 2002/03 inskribiert.

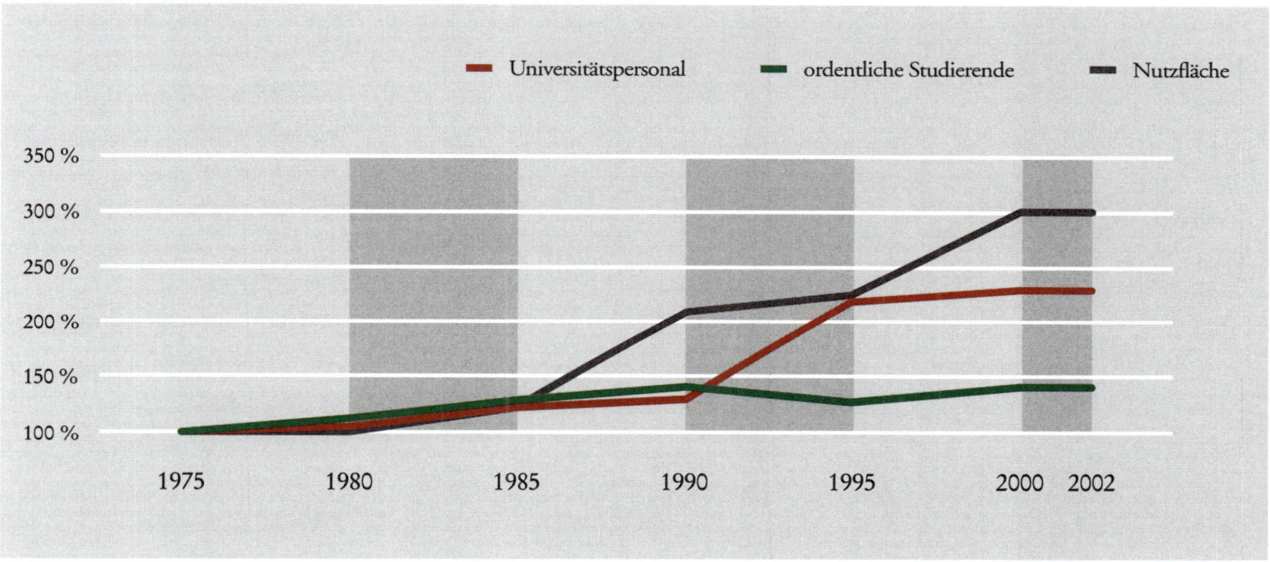

Die Universität für Musik und darstellende Kunst Wien ist derzeit noch auf 17 Standorte in fünf Bezirken verteilt. Im 3. Gemeindebezirk Landstraße befinden sich sowohl das Stammhaus (Lothringerstraße 18) als auch das neue Hauptgebäude samt Nebengebäuden (Anton-von-Webern-Platz 1), die bis 1996 von der Veterinärmedizinischen Universität besiedelt waren, sowie die Gebäude «Lothringerstraße 20» (Konzerthaus), «Rennweg 8» (Amalientrakt des Salesianerinnenklosters), Palais Springer (Metternichgasse 8), «Metternichgasse 12» und «Schwarzenbergplatz 6» (Wissenschaftszentrum Arnold Schönberg). Im 4. Bezirk Wieden wird das Gebäude «Rienößlgasse 12» für universitäre Zwecke genutzt. – Diese zentrumsnahen Adressen werden noch durch sechs Standorte im 1. Bezirk ergänzt: «Bösendorferstraße 12» (Musikvereinsgebäude), «Seilerstätte 26 / Johannesgasse 8» (ehemaliges Ursulinenkloster), «Karlsplatz 1 und 2», «Schubertring 14» und «Singerstraße 26».

Von diesen zentral gelegenen Standorten sind vier weiter entfernt, die sich in zwei westlichen Bezirken der Bundeshauptstadt befinden: im 13. Bezirk Hietzing steht der Kunstuniversität das Schlosstheater Schönbrunn zur Verfügung; im benachbarten 14. Bezirk Penzing wird das Palais Cumberland (Penzingerstraße 9) genutzt, das zusammen mit der Neuen Studiobühne (Penzingerstraße 7) das Dramatische Zentrum der KUW bildet. – Durch die Besiedlung des neuen Hauptstandortes im Jahre 1999 konnten einige Raumprovisorien aufgegeben werden. Das neue Zentrum bietet noch Erweiterungsmöglichkeiten, was künftig weitere Aufgaben von (ursprünglich als Übergangslösung gedachten) Standorten zur Folge haben wird.

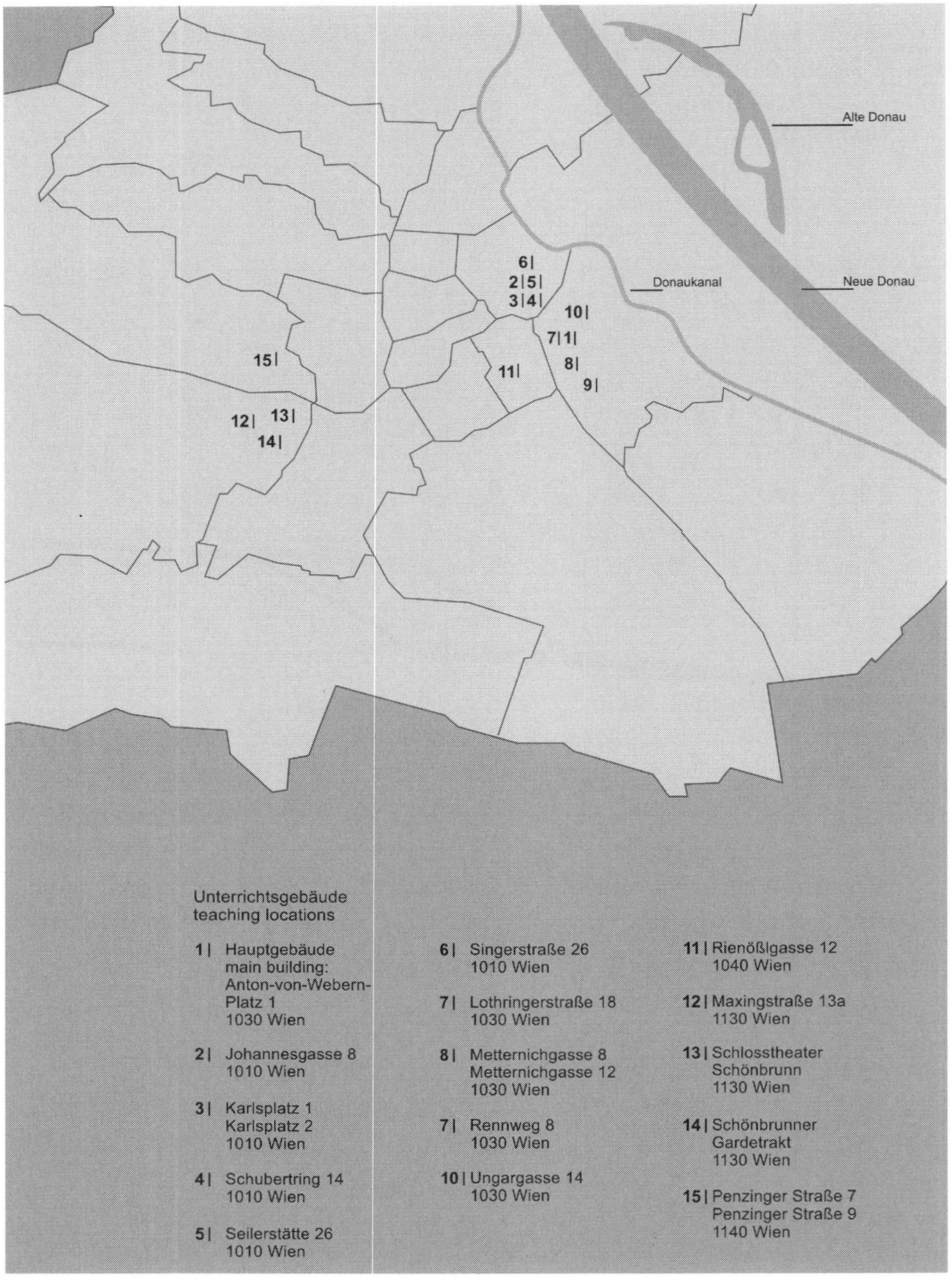

7.1 Die räumliche Situation der Universität für Musik und darstellende Kunst Wien in den 1950er Jahren

Nach dem Ende des Zweiten Weltkrieges standen der Akademie für Musik und darstellende Kunst, die 1947 den Hochschulstatus wiedererlangte, sechs Gebäude (zumindest teilweise) zur Verfügung: 1912 war nach Plänen der Architekten Ferdinand Fellner, Hermann Helmer und Ludwig Baumann mit dem Bau eines Ensembles für die k.k. Akademie für Musik und darstellende Kunst begonnen worden, das drei Teile umfasst: das Stammhaus (Lothringerstraße 18), das Konzerthaus (Lothringerstraße 20) und das Akademietheater (Lisztstraße 1). In der Gesamtkonzeption der bereits Ende 1913 fertig gestellten Bauten sind Anklänge an den Jugendstil erkennbar.

Im Stammhaus (2.300 m²) ist die älteste der drei österreichischen Musikuniversitätsbibliotheken einquartiert. Sammelschwerpunkte dieser Bibliothek, die seit 1909 von wissenschaftlichen Bibliothekaren kontinuierlich aufgebaut wurde, sind insbesondere Musikalien, Literatur zu den Fachbereichen Musikwissenschaft, Kunstwissenschaft, Musikpädagogik, Schauspiel, Film und Kulturmanagement sowie AV-Medien aus allen musikalischen Bereichen. (Im Gebäude «Am Heumarkt 13» werden seit 1990 Kellerräume zusätzlich als Bibliotheksdepot genutzt.) Im Stammhaus ist außerdem das Institut für Tasteninstrumente untergebracht. – Im Großen Saal des Konzerthauses werden Orchesterkonzerte mit modernen Programmen veranstaltet, das Akademietheater wurde allerdings 1978 endgültig dem Bundestheaterverband zugesprochen, nachdem das Burgtheater diese Aufführungsstätte seit 1922 mehr und mehr für sich in Anspruch genommen hatte. Die Kunstakademie musste dadurch verstärkt auf das 1749 fertig gestellte Schlosstheater Schönbrunn ausweichen, welches das älteste noch in Betrieb befindliche Theater in Wien ist. Anfänglich war dort auch das Max-Reinhardt-Seminar einquartiert, das aber bereits 1940 ins Palais Cumberland übersiedelte.

Als Aufführungsort wurde auch das nach Plänen von Theophil Hansen 1870 fertig gestellte Gebäude des Musikvereins (Bösendorferstraße 12) genutzt. Im Musikvereinsgebäude war von 1869 bis 1913 die heutige Kunstuniversität – damals als Konservatorium der Gesellschaft der Musikfreunde – einquartiert. Im berühmten Goldenen Saal finden nach wie vor einige Orchesterkonzerte der KUW statt; von 1981 bis 1991 nutzte sie außerdem den Wagner-Saal, wo ihr eine Orgel zur Verfügung stand. Die Abteilung für Kirchenmusik war im Gebäude «Singerstraße 26» (knapp 950 m²) untergebracht, das derzeit noch das Institut für Wiener Klangstil (Musikalische Akustik) beherbergt.

Schon gegen Ende der 1940er Jahre wurde die Raumnot der KUW zu einem ernsten Problem, das man durch Dislozierung verschiedener Abteilungen zu lösen suchte. 1950 übersiedelte die Tanzabteilung, die dann 1978 aufgelöst wurde, in den Gardetrakt des Schlosstheaters Schönbrunn (knapp 400 m²) und die Abteilung Sologesang und Opernausbildung ins Palais Springer (Metternichgasse 8). Nachdem der Bund 1984 dieses Gebäude (1.500 m²) für Zwecke der KUW angekauft hatte, wurden – wie in solchen Fällen üblich – umfassendere Instandsetzungsarbeiten durchgeführt. Das im Spätstil der Ringstraßenarchitektur erbaute Palais steht nun vornehmlich dem Institut für Musikpädagogik zur Verfügung.

Trotz dieser Maßnahmen war die Errichtung eines Neubaus für Zwecke der KUW von deren Leitung als höchst dringlich eingestuft worden; 1955 brachte man erstmals einen diesbezüglichen Antrag beim Unterrichtsministerium ein. Im Studienjahr 1955/56 wurden an der Akademie für Musik und darstellende Kunst Wien 698 ordentliche Studierende gezählt; im Vergleich mit der Zahl von 1970/71 (329) waren das mehr als doppelt so viele ordentliche Studierende. Bei den «Musikuniversitäten» ist die Aussagekraft dieser Zahlen jedoch sehr relativ, da bei diesen Angaben ja außerordentliche Hörer, Kunstschüler, Gasthörer und Schüler der Begabtenklassen nicht berücksichtigt werden.

7.2 Die räumliche Erweiterung der Universität für Musik und darstellende Kunst Wien ab 1960

In diesem Jahrzehnt unterlag die Zahl der ordentlichen Studierenden einigen Schwankungen (1960/61: 333; 1965/66: 582; 1969/70: 367), sie lag aber stets deutlich unter dem bisherigen Spitzenwert (974) des Studienjahres 1958/59. Trotzdem erfolgte der Unterricht unter größtenteils schwierigen Bedingungen. (Einige Abteilungen profitierten allerdings sehr von der Besiedlung der Gebäude «Seilerstätte 26 / Johannesgasse 8» und «Metternichgasse 12».) Besonders problematisch waren die Arbeitsbedingungen für die Filmabteilung, die 1960 Räume im Wasa-Gymnasium (Türkenstraße 4) bezog; als Übergangslösung wurden ihr 1963 noch Kellerräume im Hauptgebäude der Akademie der bildenden Künste zugewiesen.
Die Raumnot an der KUW blieb jedoch drückend; der Unterricht musste teilweise sogar in Privatwohnungen von Lehrenden erteilt werden. Im Zusammenhang mit der großzügigen räumlichen Erweiterung, die durch einen Neubau erreicht werden sollte, wurden von der KUW auch Alternativen vorgeschlagen. Bereits 1959 regte man erstmals die Aufstockung des Stammhauses in der Lothringerstraße an. 1965 wurde die Überbauung des Konzerthauses vorgeschlagen, Architekt Karl Kupsky hatte hierfür und für die Aufstockung des Stammhauses Pläne gezeichnet. Im selben Jahr legte Architekt Anton Liebe ein Gesamtraum- und Funktionsprogramm (27.500 m^2) vor, das die Grundlage für zahlreiche Standortprüfungen bildete. Zur Diskussion standen 10 Konfigurationsvarianten, wobei man jeweils mit möglichst wenigen Standorten auskommen wollte, die sich zueinander in relativer Nähe befinden sollten. Von den bereits bestehenden Hochschulstandorten abgesehen, spielten bei diesen Überlegungen insbesondere das Palais Gutmann (Schwarzenbergplatz 11), die Dianabadgründe, das Areal des Messepalastes (das heutige Museumsquartier), Gründe am Rennweg und die Liegenschaft «Schwarzenbergplatz 3» eine Rolle.[1] Bis 1972 mussten insgesamt 15 Projekte verworfen werden.

7.2.1 Die Adaptierung des ehemaligen Ursulinenklosters, Seilerstätte 26 / Johannesgasse 8

Einen bedeutenden Erwerb stellte 1960 der Ankauf des ehemaligen Ursulinenklosters an der Ecke Seilerstätte/Johannesgasse und der ehemaligen Kirche St. Ursula an der Annagasse dar. Die KUW gewann dadurch in zentraler Lage Räumlichkeiten im Ausmaß von knapp 4.800 m^2; rund 3.350 m^2 stehen dem 1968 eröffneten Studentenheim zur Verfügung. Die Errichtung eines Internats bzw. Heimes war von der Akademieleitung 1901 erstmals gefordert worden. – Der geistliche Frauenorden der Ursulinen ist seit 1660 in Wien ansässig, die Kirche St. Ursula, die über eine ausgezeichnete Akustik verfügt, wurde 1675 fertig gestellt. Nach durchgeführten Adaptierungsmaßnahmen dient sie seit 1968 dem heutigen Institut für Orgel, Orgelforschung und Kirchenmusik als Aufführungsstätte.
Mit dem Umbau des Gebäudekomplexes, den die Architekten K. Wieninger und O. Katschenka planten, begann man 1963. (ATS) 62 Millionen wurden im Juli 1965 vom Bundesministerium für Handel und Wiederaufbau als nicht zu überschreitender Höchstbetrag für dieses Bauvorhaben (Gesamtbaukosten ohne Einrichtungen) festgeschrieben.[2] Die neu geschaffenen Unterrichtsräume standen im Herbst 1966 der KUW zur Verfügung. Der Gebäudekomplex im 1. Wiener Gemeindebezirk wird zur Zeit noch von den Instituten für Streich- und andere Saiteninstrumente, für Blas- und Schlaginstrumente (Leonard-Bernstein-Institut) und für Orgel, Orgelforschung und Kirchenmusik genutzt.

7.2.2 Die Adaptierung des Gebäudes «Metternichgasse 12»

Durch den Erwerb des Gebäudes «Metternichgasse 12», das in den Jahren 1965/66 für Zwecke der Filmabteilung (auch Filmakademie Wien genannt) adaptiert wurde, konnten deren Arbeitsbedingungen erheblich verbessert werden. Die Filmakademie verfügt darin über rund 1.000 m². Ab 1973 konnte sie außerdem die alten ORF-Studios in Hietzing nutzen, die von Anfang an allerdings nur als Übergangslösung gedacht waren.

Die Filmakademie zählte zu jenen Einrichtungen von Wiener Kunsthochschulen, um die sich das Land Niederösterreich sehr bemühte. 1982 schlug die Stadtgemeinde Mödling dem Wissenschaftsministerium vor, der Filmakademie ein Gebäude entgeltlos zu überlassen. Das Ministerium ging auf dieses Angebot jedoch nicht näher ein, da man schon die Errichtung neuer Studios auf dem Areal Linke Bahngasse (jetzt Anton-von-Webern-Platz) ins Auge gefasst hatte, das sich in relativer Nähe zum Gebäude «Metternichgasse 12» befindet.

7.3 Die räumliche Erweiterung der Universität für Musik und darstellende Kunst Wien ab 1970

Zu Beginn dieses Jahrzehnts war die Zahl der ordentlichen Studierenden deswegen dramatisch angestiegen (1970/71: 329; 1971/72: 1.269; 1975/76: 1.724; 1979/80: 1.838), weil im Studienjahr 1971/72 die Unterscheidung zwischen (ordentlichen) Studierenden und Kunstschülern aufgehoben wurde. Der Zuwachs an Raum fiel jedoch äußerst bescheiden aus. Das Fehlen von Erweiterungsflächen in zentraler Lage und die erfolglosen Bemühungen, solche für Zwecke der KUW zu schaffen, führten dazu, dass sich die ohnehin schon bestehende Raumnot noch deutlich steigerte.

Bereits im Mai 1972 schrieb Rektor Georg Pirckmayer von einem «außerordentlichen Notstand», seine Sicht von dessen Zustandekommen skizzierte er in einem umfangreichen Bericht. «Die vorliegende Dokumentation stellt nicht nur den Notschrei einer Hochschule mit der Bitte um Milderung und Abhilfe dar, sondern die dringende Forderung eines Institutes, das – mehr im Ausland als im Inland – als ‹Weltinstitut› bekannt und benannt ist.»[3] Der Rektor befürchtete, dass es nicht mehr lang dauern würde, bis dieser Ruf verspielt sei und die «Zauberetikette Wien» zum Erlöschen käme.

Im Bauprojektprogramm des Wissenschaftsministeriums waren 1972 für den Neubau der KUW (ATS) 225 Millionen ausgewiesen, womit man Raum im Ausmaß von knapp 10.400 m² schaffen wollte.[4] Das Wissenschaftsressort unternahm beispielsweise zahlreiche Anstrengungen, die Liegenschaft «Schwarzenbergplatz 3» von den ÖBB zu erwerben, die 1975 für das 3.800 m² große Areal jedoch stolze (ATS) 150 Millionen verlangten.[5] 1974 verknüpfte das Ministerium die höchst dringliche Raumfrage der KUW mit jener der Veterinärmedizinischen Hochschule, für die damals ein neuer Standort gesucht wurde; die Gebäude an der Linken Bahngasse sollten nach dem Auszug der VMU der Kunsthochschule zur Verfügung gestellt werden. Aber erst gegen Ende dieses Jahrzehnts zeichnete sich eine Lösung in dieser Angelegenheit ab, als die Planung der VMU auf den Donaufeldgründen konkrete Formen annahm. Dennoch war absehbar, dass auch bei einer reibungslosen Bauabwicklung die zu adaptierenden Gebäude an der Linken Bahngasse der KUW erst zu Beginn der 1990er Jahre zur Verfügung stehen würden. Aufgrund der schon geschilderten Probleme, die das Projekt Donaufeldgründe mehrmals ernsthaft gefährdeten, konnte die KUW ihren neuen Hauptstandort erst 1999 besiedeln.

Der problematischen Raumsituation begegnete man in diesem Jahrzehnt mit der Schaffung mehrerer Raumprovisorien. Für die Tanzabteilung wurden 1970 Räume einer Tanzschule in der Gußhausstraße angemietet. Die Errichtung des ORF-Zentrums auf dem Küniglberg ermöglichte 1973 die Übergabe der alten ORF-Studios samt Teilen des technischen Inventars. Das im Park des Schlosses Schönbrunn gelegene Gebäude «Maxingstraße 13a» war bereits 1920 zu einem Filmatelier umfunktioniert worden; nach dem Zweiten Weltkrieg führte der ORF diverse bauliche Veränderungen durch. Schon 1973 wurde dieser Standort, nicht zuletzt aufgrund des schlechten baulichen Zustandes der Anlage, nur als Provisorium betrachtet. Als eigentliche Heimstätte war Ende der 1970er Jahre der heutige Hauptstandort ins Auge gefasst worden, wo im März 2005 dem Institut für Film und Fernsehen die neuen Studios übergeben wurden.

7.3.1 Die Generalsanierung des Schlosstheaters Schönbrunn

Das Schlosstheater Schönbrunn entwickelte sich nach 1945 immer mehr zum Ersatztheater der KUW, nachdem ihr Übungstheater – das Akademietheater – mehr und mehr zur zweiten Spielstätte des Burgtheaters geworden war. (Nach langjähriger Intervention der Burgschauspieler, die sich eine zweite, intimere Spielstätte wünschten, wurde dieses Theater zur Kammerspielbühne.) 1928 war das Schlosstheater bereits dem Schauspiel- und Regieseminar Max Reinhardts zugesprochen worden; seit 1938 stand es auch der Opernabteilung als Aufführungsort zur Verfügung. Hingegen wurde im Akademietheater der eigentliche Hauptmieter vom Untermieter immer stärker hinausgedrängt, was zu manchen Streitereien führte. Die für alle Beteiligten unbefriedigende Situation fand 1978 eine Lösung: Dem Bundestheaterverband wurde das Akademietheater zugesprochen, das Schlosstheater sollte im Gegenzug für Zwecke der KUW adaptiert und saniert werden; dafür stellte das Bundesministerium für Unterricht und Kunst aus seinem Budget (ATS) 8 Millionen zur Verfügung. Der Kunsthochschule wurde außerdem auch die Errichtung eines neuen Übungstheaters (Neue Studiobühne) auf dem Areal des Palais Cumberland in Penzing zugesagt.
Das reich ausgestattete ehemals kaiserliche Hoftheater war nach den Plänen von Nicolaus Pacassi für Maria Theresia erbaut und 1747 eröffnet worden. 1765 erfuhr das Theater eine Neugestaltung im Rokokostil, für die Johann Ferdinand Hetzendorf von Hohenberg verantwortlich zeichnete. Ein größerer baulicher Eingriff fand dann erst wieder 1924 statt, als unter anderem ein Bühnenhaus errichtet wurde, das man 1979 wieder abbrach. Durch aufsteigende Grundfeuchtigkeit war der Weiterbestand des Schlosstheaters ernsthaft gefährdet, worauf Architekt Sepp Stein ein umfassendes Sanierungskonzept erarbeitete. Die Generalsanierung nahm man 1978 in Angriff, die im Mai 1980 abgeschlossen werden konnte.
Die Baumaßnahmen umfassten die Wiederherstellung des 1765 gegebenen Zustandes im Zuschauerraum, wofür die 1924 errichteten Einbauten entfernt und das alte Bühnenportal restauriert werden musste. Die Haustechnik und die beleuchtungstechnischen Einrichtungen wurden modernisiert sowie ein Orchestergraben für 56 Musiker eingebaut. Das Bühnenhaus, die Künstlergarderoben und die Hauswerkstätten des Theaters wurden neu errichtet.[6] Das Rokoko-Theater (knapp 1.700 m^2) bietet seitdem für knapp 400 Besucher Platz und ist heute das älteste noch in Betrieb befindliche Theater Wiens, in dem Aufführungen der Institute für Gesang und Musiktheater und für Schauspiel und Schauspielregie (Max-Reinhardt-Seminar) gezeigt werden. Im Gardetrakt des Schlosstheaters findet der Rhythmik-Unterricht statt.

7.4 Die räumliche Erweiterung der Universität für Musik und darstellende Kunst Wien ab 1980

Der Anstieg der Zahl der ordentlichen Studierenden in diesem Jahrzehnt (1980/81: 1.894; 1985/86: 2.219; 1989/90: 2.120) erzwang die Anmietung weiterer Räumlichkeiten in verschiedenen Gebäuden – Rienößlgasse 12, Karlsplatz 2 (Institut für Kulturmanagement und Kulturwissenschaft) und Schubertring 14 (Institut für Musiksoziologie). Zwei wichtige Bauvorhaben verzögerten sich jedoch deutlich: Das 1979 in Angriff genommene Dramatische Zentrum konnte erst 1991 fertig gestellt werden, und die Adaptierung der Gebäude an der Linken Bahngasse wurde überhaupt erst 1996 in Angriff genommen, obgleich man – in Erwartung eines früheren Baubeginns – dafür schon in diesem Dezennium wichtige Vorarbeiten geleistet hatte.

7.4.1 Das Dramatische Zentrum an der Penzingerstraße (7–9)

Neben der Generalsanierung des Schlosstheaters Schönbrunn war Ende der 1970er Jahre die Errichtung einer Studiobühne der KUW zugesagt worden. Nur unter diesen Bedingungen war sie bereit, das Akademietheater endgültig dem Burgtheater zu überlassen. Der Bau der Neuen Studiobühne, die aufgrund ihrer Grundstruktur «eine Bühne für alle Spielarten aller Zeiten» (Max Reinhardt) sein soll, war deswegen so wichtig, da diese Möglichkeiten im Schlosstheater nicht gegeben waren. Als Standort des neuen Übungstheaters wurde das Areal des Palais Cumberland (Penzingerstraße 9) bestimmt, das sich in relativer Nähe zum Schlosstheater befindet. Im Zusammenhang mit dem Ausbau der KUW war seit 1962 dieses Areal Gegenstand diverser Überlegungen.
Die Errichtung des Dramatischen Zentrums in Penzing erfolgte in zwei Bauabschnitten, wobei sich die Fertigstellung der Neuen Studiobühne sehr verzögerte. Finanzielle Engpässe führten dazu, dass die Bauarbeiten an dem (ATS) 135 Millionen teuren Theater (Penzingerstraße 7) erst im Juni 1991 abgeschlossen werden konnten. Im Oktober 1982 war man von Baukosten in der Höhe von rund (ATS) 43 Millionen ausgegangen, die im Mai 1984 auf knapp 90 Millionen geschätzt wurden. Obgleich das Bautenministerium den Vorentwurf im Jänner 1984 genehmigt hatte, wurden 14 Monate später von Architekt Peter Czernin noch kostenreduzierende Planungsänderungen gefordert; die erzielten Einsparungen waren jedoch minimal. Bereits im Dezember 1983 wurde ein Seitentrakt des Palais Cumberland abgebrochen, um für die Neue Studiobühne Platz zu schaffen, deren Bau man im Herbst 1986 in Angriff nahm. Im Jänner 1988 mussten die Bauarbeiten aufgrund finanzieller Engpässe eingestellt werden, erst im Juni 1989 wurden sie wieder aufgenommen. Zwei Jahre später war dann endlich das an einen Pavillon erinnernde Gebäude (4.500 m^2) fertig gestellt.
Keine Probleme warf hingegen der erste Bauabschnitt auf, der Ende 1981 abgeschlossen wurde. Nach Plänen von Otto Stampf stockte man den Winkeltrakt des Palais Cumberland auf. Das Max-Reinhardt-Seminar war 1940 in dieses Palais eingezogen, dem darin zwei kleine Bühnen zur Verfügung standen. Seit der Aufstockung umfasst das Gebäude 2.100 m^2. Das nach den Plänen von Emanuel Teles, Duc de Silva-Tarouca, 1744 fertig gestellte Palais war als Sommerschlösschen für Maria Theresia gedacht. (Der Name geht jedoch auf König Georg V. von Hannover zurück, der auch den Titel Herzog von Cumberland führte und seinen Lebensabend in Wien verbrachte.)
Für die Neue Studiobühne, die maximal 300 Besucher fasst, legte Peter Czernin Anfang der 1980er Jahre zwei Bauentwürfe vor. Der verworfenen Variante gemäß wäre die ganze Anlage unterirdisch errichtet worden. Diesbezügliche Überlegungen wurden angestellt, weil der bestehende Park, der teilweise verbaut werden sollte, zum Parkschutzgebiet erklärt worden war. Der realisierte Entwurf sah dann zwei Untergeschoße vor, wo sich nun unter anderem Garderoben, ein Gymnastiksaal und vor allem Depots befinden. Der Neubau be-

steht weiters aus einem eingeschoßigen Trakt (das Foyer), der das Palais Cumberland mit der Studiobühne verbindet, und dem zentralen Baukörper, dessen Grundriss ein Oktogon bildet. Die technischen und räumlichen Gegebenheiten dieser Bühne entsprechen sämtlichen Anforderungen moderner Theaterarbeit: Durch Schiebewände und drei übereinanderliegende Spiel- und Arbeitsebenen (Bühnen-, Galerie- und Technikebene) kann diese Bühne (Blackbox) aufgrund eines flexiblen metrischen Baukartensystems verschieden gestaltet werden, wodurch auch der Zuschauerraum verändert wird. Die technische Ausstattung lässt Änderungen relativ einfach zu, sodass ohne großen Aufwand der Raum den gestellten Erfordernissen angepasst werden kann. Der Neubau ist zwar die Heimstätte des Instituts für Gesang und Musiktheater, die Neue Studiobühne wird aber auch vom benachbarten Institut für Schauspiel und Schauspielregie genutzt.

Foto: Mischa Erben

7.4.2 Die Adaptierung des Amalientrakts des Salesianerinnenklosters, Rennweg 8

Bereits 1973 bemühte sich der Bund darum, den Amalientrakt des Salesianerinnenklosters für Zwecke der Österreichischen Galerie anzumieten bzw. anzukaufen. Die günstige Lage hätte einen gemeinsamen Eingang mit dem Barockmuseum im Unteren Belvedere ermöglicht, vorwiegend Bilder des 19. Jahrhunderts wollte man im Amalientrakt ausstellen. 1985 kam die KUW als mögliche Nutzerin ins Gespräch, deren Raumproblematik sich durch die Verzögerung des Großprojekts für die VMU weiter verschärft hatte. Gedacht wurde an eine vorübergehende Unterbringung musikpädagogischer Abteilungen am Rennweg, erst zu einem späteren Zeitpunkt wäre der Amalientrakt für museale Zwecke genutzt worden. Nach langwierigen und äußerst mühsamen Verhandlungen sollte im Herbst 1986 ein Mietvertrag mit einer Kaufoption unterzeichnet werden, der eine etappenweise Übernahme der Liegenschaft durch den Bund vorgesehen hätte. In einem vermittelnden Sinne hatte sich an den Verhandlungen die Porr AG beteiligt. Der Orden entschied sich jedoch zum Verbleib am Rennweg, dem Bund wurden 1987 jedoch für Zwecke der KUW Räumlichkeiten im Ausmaß von 1.800 m² auf Dauer vermietet.
Das Kloster für den Ordo de Visitatione Mariae, dessen Mitglieder nach seinem Gründer, dem Genfer Bischof Franz von Sales, Salesianerinnen genannt werden, war von Kaiserin Wilhelmina Amalia (1673–1742) im Jahre 1717 gestiftet worden. Nach den Plänen von Donato Felice d'Allio, der auch den Klosterneuburger Stiftspalast schuf,

wurde die Anlage damals außerhalb der Stadtmauern in unmittelbarer Nachbarschaft zum Schloss Belvedere errichtet. Der weiträumige Gebäudeflügel, der Wilhelmina Amalia und ihrem Hofstaat samt Hofkapelle als Residenz diente, konnte bereits 1719 bezogen werden, die Kirche und das Kloster waren erst 1730 fertig gestellt. In ihrer Hofkapelle wirkten am Rennweg unter anderem auch die bedeutenden Musiker und Musikpädagogen Muffat und Wagenseil. (1713 engagierte Wilhelmina Amalia Johann Joseph Fux als Kapellmeister ihrer Hofkapelle, der gleichzeitig auch Vizekapellmeister der kaiserlichen Hofkapelle Karls VI. war.) Mit der Besiedlung dieser historischen Räume durch die KUW schloss sich gewissermaßen ein Kreis: «Gottlieb Muffat und Georg Christoph Wagenseil waren in Österreich die ersten großen Lehrerpersönlichkeiten für Tasteninstrumente; durch zwei Generationen haben sie die Grundlagen für die klavieristische Technik der Wiener Klassik und deren Kompositionsstil gelegt. Die Professoren des 20. Jahrhunderts sind also dorthin zurückgekehrt, wo die Maestri des 18. Jahrhunderts gewirkt haben.»[7]

Die auch auf dem Gebiet der Stadterneuerung und Revitalisierung tätige Porr AG adaptierte mit einem Aufwand von (ATS) 30 Millionen die angemieteten Räumlichkeiten, die rund um den Noviziatshof angeordnet sind. Hervorzuheben ist der geschaffene Konzertsaal, der den Studierenden der am Rennweg einquartierten musikpädagogischen Abteilungen erstmals die Möglichkeit bot, im Aufführungssaal auch zu proben. Im stilvoll renovierten Saal – mit Blick auf Schloss Belvedere – wird unter anderem auch die Reihe Kunst und Wissenschaft am Rennweg abgehalten. 1988 waren diese Adaptierungsmaßnahmen abgeschlossen. Zu Beginn des 21. Jahrhunderts adaptierte die Porr AG die restlichen Räume im ehemaligen Wohntrakt (900 m²), der seit 2001 zur Gänze der KUW zur Verfügung steht, wo nun 6 Institute – Musik- und Bewegungstherapie sowie Musiktherapie; Musikalische Stilforschung; Tasteninstrumente in der Musikpädagogik (Institut Ludwig van Beethoven); Streich- und andere Saiteninstrumente in der Musikpädagogik (Hellmesberger-Institut); Blas- und Schlaginstrumente in der Musikpädagogik (Institut Franz Schubert); Gesang in der Musikpädagogik (Institut Antonio Salieri) – untergebracht sind.

7.5 Die räumliche Erweiterung der Universität für Musik und darstellende Kunst Wien ab 1990

Nach einem vorübergehenden Rückgang stieg die Zahl der ordentlichen Studierenden ab Mitte dieses Jahrzehnts wieder an (1990/91: 2.357; 1995/96: 2.207; 2000/01: 2.412). Erst mit der Besiedlung der Gebäude am neuen Hauptstandort Anton-von-Webern-Platz im Jahre 1999 besserte sich die Raumsituation der KUW deutlich (1990: 23.500 m²; 2000: 33.000 m²). Noch im Jahre 1993 mussten zwei Raumprovisorien – Schönburgstraße 27 und Seilerstätte 15 – geschaffen werden, die 1999 wieder aufgegeben wurden. Im Jahre 2000 mietete man noch im Gebäude «Karlsplatz 1» Räume für das Universitätskollegium und den Arbeitskreis für Gleichbehandlungsfragen an.

Im Palais Fanto (Schwarzenbergplatz 6), das 1918 nach den Plänen der Architekten Ernst von Gotthilf-Miskolczy und Alexander Neumann fertig gestellt wurde, ist seit März 1998 die Privatstiftung Arnold-Schönberg-Center eingemietet, die unter anderem auch den wertvollen Nachlass des in Wien geborenen Schöpfers der Zwölftonmusik erhielt. Dies geschah allerdings unter der Bedingung, dass die Verfügbarkeit des Nachlasses für wissenschaftliche Studien und Forschung gewährleistet ist. Die interessierte Öffentlichkeit soll außerdem durch die regelmäßige Organisation von Veranstaltungen (Ausstellungen, Konzerte, Symposien etc.) sowie die Ausstellung von Gemälden und Zeichnungen Arnold Schönbergs, die der Stiftung als langfristige Leihgaben zur Verfügung gestellt wurden, daran teilhaben können. An der Erfüllung dieser Aufgabe wirkt maßgeblich das 1996 gegründete Wissenschaftszentrum Arnold Schönberg der KUW mit, das ebenfalls im Palais Fanto einquartiert ist.

7.5.1 Die Adaptierung der Alten VMU, Anton-von-Webern-Platz 1

Als 1974 erstmals im Wissenschaftsressort daran gedacht wurde, nach Absiedlung der Veterinärmedizinischen Hochschule die Gebäude an der Linken Bahngasse der KUW zur Verfügung zu stellen, schien es undenkbar, dass der erste Bauabschnitt dieses Vorhabens erst ein Vierteljahrhundert später abgeschlossen werden könnte. Durch die Schwierigkeiten, die im Zusammenhang mit der Neuerrichtung der VMU auftraten, wurde die grundsätzlich schon problematische Raumsituation der KUW prolongiert.
Im Herbst 1982 hatte das Professorenkollegium der KUW einstimmig den Beschluss gefasst, dass das Areal an der Linken Bahngasse für deren Zwecke zu widmen sei und mit den Vorplanungsarbeiten sofort begonnen werden sollte. Aufgrund der kritischen Raumsituation waren diese Forderungen verständlich, in Hinblick auf die damals gerade erst angelaufenen Planungsarbeiten für das Großprojekt in Floridsdorf wäre die Einleitung der Vorplanung zu diesem Zeitpunkt aber verfrüht gewesen. Ein Raumbedarfsprogramm (33.200 m²) legte die Kunsthochschule dem Wissenschaftsministerium im Frühjahr 1986 vor. In weiterer Folge wurde das Institut für Funktionsanalyse Kopenhagen im Einvernehmen mit der KUW mit der Erstellung eines Generalplanes für den künftigen Hauptstandort beauftragt; das Ergebnis sollte die Grundlage für einen Architektenwettbewerb bilden. Da sich die Zusammenarbeit als problematisch erwies, brach man diese 1988 ab.
Das Architekturbüro von Ernst Hiesmayr, dem auch Reinhardt Gallister angehörte, erarbeitete daraufhin einen Raumtypenkatalog gemeinsam mit einer vom Professorenkollegium beauftragten Arbeitsgruppe. In diesem Katalog, der dem Raum- und Funktionsprogramm zugrunde lag, waren die akustischen und organisatorischen Kriterien definiert, die es zu realisieren galt. 1990 lag ein erstes Raum- und Funktionsprogramm vor, das natürlich noch einige Modifizierungen erfuhr. Nach der Übersiedlung der VMU wurde im Dezember 1996 die von Gallister erarbeitete Entwurfsplanung genehmigt.
In einem ersten Bauabschnitt sollte das dreigeschoßige ehemalige Hauptgebäude der Veterinärmedizinischen Universität, die beiden eingeschoßigen Seitentrakte und das siebengeschoßige Gebäude «Ungargasse 14» adaptiert und generalsaniert werden. Nicht nur die historischen Bauten, sondern auch das Universitätsareal selbst waren auf ihren ursprünglichen Zustand zurückzuführen, weswegen zahlreiche Zubauten, deren baulicher Zustand bedenklich war, abgebrochen wurden. Auch in einem städtebaulichen Sinn gewann der neue Hauptstandort der KUW durch diese Maßnahmen, die man im Sommer 1997 in Angriff nahm. Das von der Bundesimmobiliengesellschaft betreute Projekt konnte im September 1999 abgeschlossen werden; die KUW gewann rund 13.000 m². Die Baukosten beliefen sich auf (ATS) 191 Millionen, ca. 35 Millionen investierte man in die Einrichtung und um knapp 31 Millionen wurden Instrumente angekauft.
Nach den Plänen des Hofarchitekten Johann Aman entstand in den Jahren 1821 bis 1823 ein Gebäudekomplex für die damalige Militair-Thierarzneyschule. Der funktionelle und monumental wirkende Zweckbau zeichnete sich durch seine schlichte, an den Klassizismus angelehnte Formgebung aus. Die damals am Wiener Stadtrand errichtete Anlage besteht aus vier Trakten (das Hauptgebäude), die um einen Innenhof gruppiert sind, und zwei niedrigen, freistehenden Flügelbauten, die an der Nord- und der Südseite des Hauptgebäudes dieses flankieren. Die langgezogene Hauptfassade bestimmt ein breiter, hervortretender Mittelrisalit mit toskanischer Pilastergliederung und mittlerem Frontispiz. Vor allem im 20. Jahrhundert veränderten zahlreiche Zu-, Um- und Einbauten das Erscheinungsbild des Gebäudekomplexes deutlich.
Auch das Innere des Gebäudes mit den vielfach kleinteilig aus- und umgebauten Gängen und Laboratorien erinnerte nicht mehr an die ursprüngliche Großzügigkeit und Klarheit, die es wiederzugewinnen galt. Zudem musste die Raumqualität mit ihren akustischen Möglichkeiten höchsten Ansprüchen genügen, wofür Karl Bernd Quiring ein umfassendes Konzept entwickelte. Gesetzte Maßnahmen stellen teilweise auch in baukünstlerisch-architektonischer Hinsicht interessante Elemente dar, so zum Beispiel die in den tonnenförmig überwölbten Unterrichtsräumen frei gehängten und konvex gekrümmten Deckenschalen (aus Buchenholzpaneelen) mit

integrierter Beleuchtung. Grundsätzlich legte man größten Wert darauf, dass die neuen Einfügungen im Inneren der Bauten sich in Material und Formensprache deutlich vom sanierten Altbestand abheben. Durch die weitgehende Wiederherstellung der ursprünglichen Raumproportionen vermitteln nun beispielsweise die Aula und die Stiegenhallen mit den massiven Natursteinsäulen wieder etwas von der schon angesprochenen ursprünglichen Großzügigkeit und Klarheit.

Über die Architektur des neu gestalteten Hochschulstandortes schrieb Walter Zschokke: «Die gestalterische Neubelebung der Gebäude an der ehemaligen Bahngasse, heute Anton-von-Webern-Platz 1, für Zwecke der Universität für Musik und darstellende Kunst verschiebt den kargen Ausdruck klassizistischer Zweckarchitektur mit sparsamen architektonischen Mitteln hin zu einer geringfügig, aber entscheidend festlicheren Stimmung, die nun den Rahmen bildet für die Wiener Ausbildungsstätte, wo künstlerisches Schaffen mit höchsten Ansprüchen ausgeübt und erlernt wird. Obwohl die ökonomischen Grenzen eng gesetzt waren, gelang es dem Architekten Reinhardt Gallister, der Anlage wieder den Charakter einer städtebaulichen und architektonischen Gesamtkomposition zu verleihen, deren Grundlagen ehemals vorhanden, aber über viele Jahrzehnte wechselnder Bautätigkeit verloren gegangen waren. Auf der Basis konstruktiver Gespräche mit dem Bundesdenkmalamt wurde dem kühlen Klassizismus aus den Jahren nach dem Wiener Kongress eine zeitgenössische Schicht in fragmentierter Form hinzugefügt, die auf der Strukturebene mit dem Bestand aufs Vorzüglichste harmoniert.»[8]

Foto: Mischa Erben

Die funktionelle Gliederung der Gebäude und ihrer Trakte folgte einem langfristigen Konzept, das etappenweise realisiert werden soll. Das Rektorat und die Zentrale Verwaltung besiedelten den am Anton-von-Webern-Platz gelegenen Trakt des Hauptgebäudes, wo sich im ersten Obergeschoß der nach Joseph Hadyn benannte Festsaal befindet. Durch den von Einbauten befreiten Innenhof gelangt man zu zwei Konzertsälen. Ebenfalls im Erdgeschoß befinden sich ein Café und ein Notenshop. Im Bereich hin zum ruhigen Hof schuf man über den beiden Konzertsälen mehrere Studios für Orchester und Ensembles, in deren Mitte ein zentraler

Regieraum für Tonaufnahmen eingerichtet wurde. In den Nord- und Südtrakten befinden sich vorwiegend Unterrichtsräume, und die beiden Seitentrakte, die das Hauptgebäude flankieren, stehen jenen Fachrichtungen (klassische Schlaginstrumente und Popularmusik) zur Verfügung, die hinsichtlich der Bauakustik besondere Herausforderungen darstellten.

Aus bautechnischen Gründen wurden im Gebäude «Ungargasse 14» vornehmlich Seminarräume geschaffen, aber keine Räume für den praktischen Musikunterricht adaptiert. Im ehemaligen Wohnhaus ist nun auch das Universitätsarchiv einquartiert. Nach Abschluss des ersten Bauabschnitts fanden am neuen Hauptstandort die Universitätsleitung, die Zentrale Verwaltung, das Universitätsarchiv sowie sechs Institute (Kammermusik und Spezialensembles (Institut Joseph Haydn); Musikleitung; Komposition und Elektroakustik; Musiktheorie, Gehörbildung, Ensembleleitung (Institut Anton Bruckner); Analyse, Theorie und Geschichte der Musik; Volksmusikforschung und Ethnomusikologie) eine neue Heimstätte.

Nachdem die Schönbrunner Tiergarten GesmbH im Frühjahr 2000 Eigenbedarf am vermieteten Gebäude «Maxingstraße 13b» anmeldete, wo die Wiener Filmakademie seit 1973 die ehemaligen ORF-Studios nutzt, musste das ursprünglich drei Abschnitte umfassende Konzept überarbeitet werden. Ursprünglich sollten für Zwecke der Streicher und Bläser weitere Altbauten auf dem Areal adaptiert und saniert werden. Im Anschluss daran wollte man einen Architektenwettbewerb veranstalten, um zu Entwürfen für Neubauten zu gelangen, in welchen Veranstaltungs- und Konzertsäle, aber auch Studios für die Filmakademie eingerichtet werden sollten Doch die Leitung des Tiergartens drängte auf eine Absiedlung der Filmakademie. Im November 2002 wurde zwischen der Schönbrunner Tiergarten GesmbH und der KUW schriftlich vereinbart, dass sich der erstgenannte Vertragspartner mit 650.000 Euro an der Errichtung der Filmstudios auf dem Universitätsareal Anton-von-Webern-Platz beteiligt;[9] Ende 2004 wurde das Gebäude «Maxingstraße 13b» von der Kunstuniversität geräumt.

Im Sommer 2003 schätzte man die Realisierung des zweiten Bauabschnittes, der die Adaptierung bestehender Gebäude samt Errichtung eines Neubaus (insgesamt rund 7.600 m²) umfasst, auf knapp 14,5 Millionen Euro.[10] Auch diesem Projekt liegen Pläne von Architekt Gallister zugrunde. Dieser Bauabschnitt soll im Sommer 2006 abgeschlossen werden. Von diesen baulichen Maßnahmen werden unter anderem die Institute für Streich- und andere Saiteninstrumente, für Blas- und Schlaginstrumente und für Wiener Klangstil profitieren.

---

1 Vgl. dazu: BMU, GZ 141.011 / III–3b ex 1965.
2 Vgl. dazu: BMU, GZ 95.632 / III–3b ex 1965.
3 Vgl. dazu: Schreiben von Georg Pirckmayer an Hertha Firnberg, Wien, 19.5.1972; in: BMWF, GZ 31.368 / Raum ex 1972.
4 Vgl. dazu: Hochschulbericht 1972, hg. vom BMWF, Bd. 2, Wien 1972, S. 286.
5 Vgl. dazu: BMWF, GZ 33.820 / Raum ex 1974.
6 Vgl. dazu: Hochschulbauten in Österreich 1970–1982, hg. vom BMWF, Wien 1982, S. 93ff.
7 Otto Biba, Kaiserin Wilhelmina Amalia und die Musik; in: Österreichische Musikzeitschrift, Wien Jg. 45/2 1990, S. 73.
8 Walter Zschokke, Belebung des Spröden; in: Universität für Musik und darstellende Kunst Wien – Anton-von-Webern-Platz 1, hg. von der Universität für Musik und darstellende Kunst Wien, Wien 1999, S. 20.
9 Vgl. dazu: BMBWK, GZ 30.958 / 7–VII / 8 ex 2002.
10 Vgl. dazu: BMBWK, GZ 30.951 / 1–VII / 8 ex 2003.

8 Universität für angewandte Kunst Wien (AW)

Hinsichtlich der Größenordnung sind die Unterschiede zwischen den Kunstuniversitäten und den meisten wissenschaftlichen Universitäten beträchtlich. Aus diesem Grund wird bei den Baugeschichten der Kunstuniversitäten besonders deutlich, mit wie vielen Widrigkeiten der Universitätsbau zumeist zu kämpfen hat. Die Universität für angewandte Kunst widmete dieser komplexen Materie eine eigene Publikation («Abgelehnt : Nicht ausgeführt»), die 1993 veröffentlicht wurde. Oswald Oberhuber, damals Rektor, schrieb einleitend: «Die Baugeschichte der Hochschule für angewandte Kunst in Wien ist eine Geschichte der Versprechungen und der hochgesetzten Hoffnungen und Ziele, denn immer waren es wichtige Architekten des Hauses, die sich erfolglos um die bauliche Erweiterung bemühten.»[1]
Nach 1945 wurden für Zwecke der AW ein Neubau errichtet und vor allem Bestandsanierungen bzw. Adaptierungen vorgenommen. Durch den 1965 fertig gestellten Neubau konnte die Nutzfläche am Hauptstandort fast verdoppelt werden. Bei der Angewandten handelte es sich zu Beginn der 1970er Jahre um diejenige Kunsthochschule, die in räumlicher Hinsicht am besten versorgt war. Dies ist heute nicht mehr der Fall. 2002 standen der Universität für angewandte Kunst (wissenschaftliches und künstlerisches Personal: 149 Personen; allgemeine Universitätsbedienstete: 120 Planstellen) 20.000 m² zur Verfügung. 1.108 ordentliche Studierende waren im Studienjahr 2002/03 inskribiert.

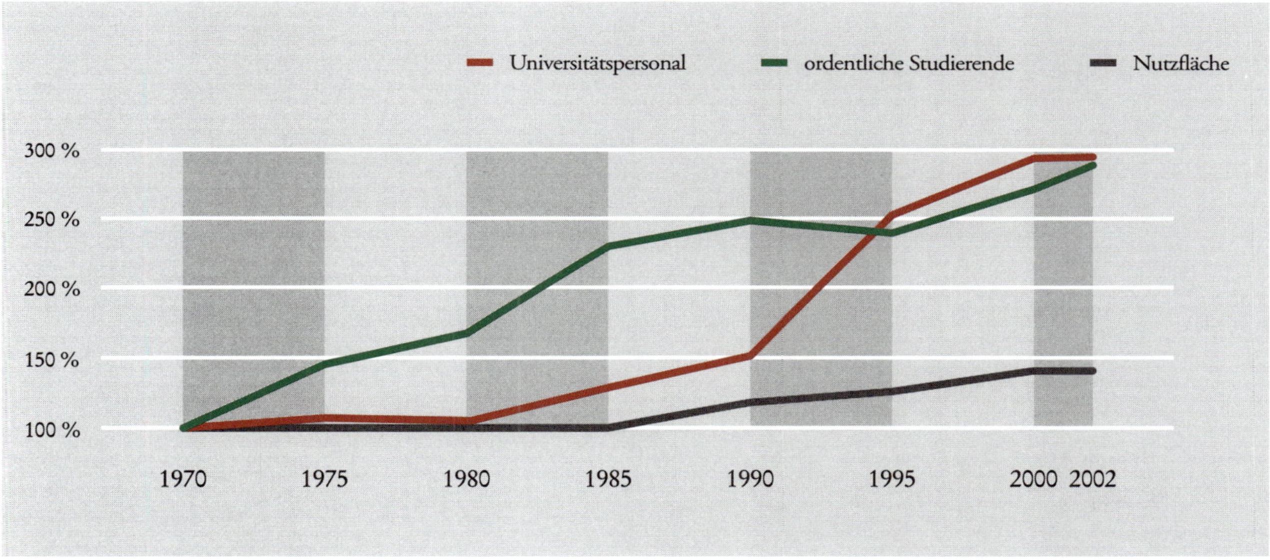

Die Universität für angewandte Kunst ist derzeit auf acht Standorte verteilt, die sich in drei Wiener Gemeindebezirken befinden. Ihr Hauptstandort liegt in unmittelbarer Nachbarschaft zum 1871 eröffneten Neubau des heutigen Museums für angewandte Kunst; das nach Plänen von Heinrich Ferstel im Renaissancestil errichtete Gebäude war der erste Museumsbau am Ring. Das Hauptgebäude (Oskar-Kokoschka-Platz 2) der damaligen Kunstgewerbeschule, das ebenfalls Ferstel plante, war nach dreijähriger Bauzeit 1877 fertig gestellt worden. Im Unterschied zum Museum fiel der «einzige echte Nutzbau»[2] an der Prachtstraße recht schlicht aus.

Aus finanziellen Gründen mussten beim Raumprogramm ebenfalls deutliche Kürzungen in Kauf genommen werden; eine Erweiterung erfuhr das Hauptgebäude (Ferstel-Trakt) durch den so genannten Schwanzer-Trakt. Im 1. Bezirk Innere Stadt befinden sich vier weitere Standorte: die Gebäude «Salzgries 14», «Postgasse 6» und «Franz-Josefs-Kai 5» sowie der Heiligenkreuzer Hof (Schönlaterngasse 5), wo der AW Räume für Ausstellungszwecke zur Verfügung stehen. Im 3. Bezirk Landstraße, unweit des Hauptstandortes, werden im Gebäude «Henslerstraße 3» Räume genutzt; im 2. Bezirk Leopoldstadt mietete man im Gebäude «Holzhausergasse 4» Räumlichkeiten für Zwecke der AW an, und im Prater verfügt sie über das Wotruba-Atelier (Rustenschacher Allee 2–4), das 1974 von der Stadt Wien für Fritz Wotruba errichtet wurde. Seit einigen Jahren ist die AW regelmäßig im Kunsthaus Horn zu Gast, wo Hochschulkurse veranstaltet werden.

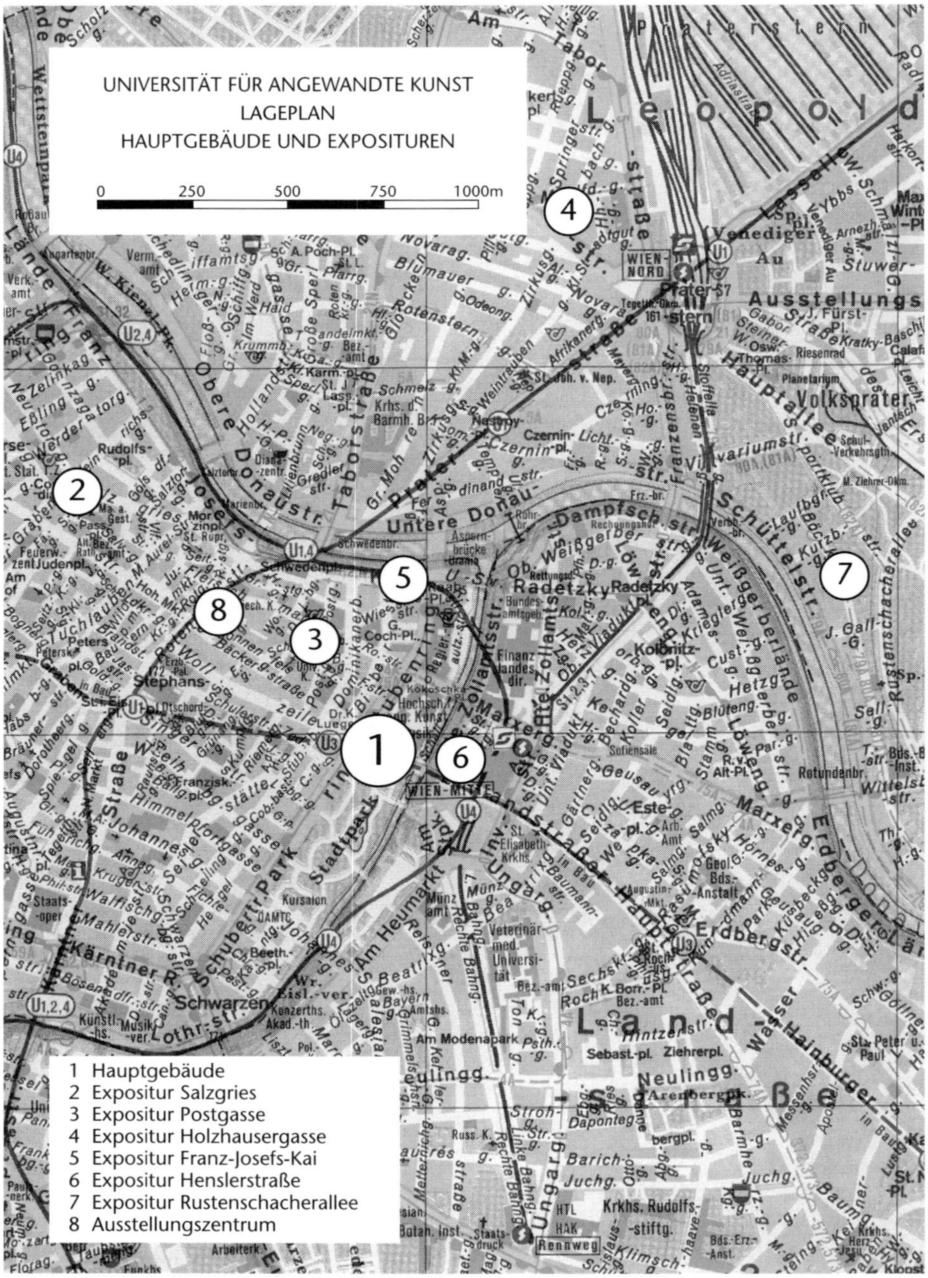

8.1 Die räumliche Situation der Universität für angewandte Kunst in den 1950er Jahren

Gegen Kriegsende hinterließ die Bombardierung Wiens auch am Hauptgebäude der AW – vor allem an der Ringstraßenfassade – Spuren; der von Architekt Karl Witzmann geplante und zu Beginn der 1920er Jahre errichtete ebenerdige Erweiterungsbau (Bildhauerateliers) war zudem völlig zerstört worden. Nachdem vorerst nur Instandsetzungsmaßnahmen durchgeführt werden konnten, wurde 1951 für die Bildhauer eine Baracke aufgestellt. Als Alternative für dieses Provisorium, das neun Jahre lang in Verwendung war, hatte Architekt Franz Schuster bereits 1947 eine großzügigere Lösung vorgelegt: «Die Baracke, die nun anstelle der zerstörten Bildhauerateliers tatsächlich gebaut wird, wirkt gegenüber Schusters Projekt ernüchternd – sie ist allerdings aus der Perspektive der zuständigen Ministerien sinnvoll, da mit einer Errichtung einer reduzierten Neubaulösung – wie Schuster sie entworfen hatte – ja die Chance auf einen umfassenden, großen Neubau verspielt worden wäre.»[3] 1961 wurde mit dem Bau des Schwanzer-Trakts begonnen. – Auch für den dreigeschoßigen Altbestand des Hauptgebäudes (Ferstel-Trakt) waren zahlreiche Ausbauvarianten von Architekten der Angewandten erarbeitet und deren Realisierung in regelmäßigen Abständen gefordert worden, der Dachgeschoßausbau des Ferstel-Trakts wurde aber erst 2002 in Angriff genommen.

Nach dem Zweiten Weltkrieg standen der AW bereits Anmietungen in der Henslerstraße, im Heiligenkreuzerhof und in der Fichtegasse zur Verfügung; die letztgenannte Anmietung (1.300 m^2) musste man nach der Besiedlung des Schwanzer-Trakts allerdings aufgeben. Die Räumlichkeiten im Gebäude «Henslerstraße 3» (300 m^2) wurden 2003 vom Institut für Bildende Kunst genutzt. Im Heiligenkreuzer Hof (Schönlaterngasse 5), dem Stadthof des 1133 gegründeten Zisterzienserklosters, war bereits 1939 die «Prälatenwohnung» (500 m^2) für Unterrichtszwecke angemietet worden. Der kontinuierliche Anstieg der Hörerzahlen führte in den 1950er Jahren zu sehr beengten räumlichen Verhältnissen, die im folgenden Jahrzehnt (vorübergehend) überwunden werden konnten. In den 1960er Jahren blieb die Zahl der ordentlichen Studierenden recht konstant (1955/56: 215; 1959/60: 365; 1965/66: 340; 1969/70: 355).

8.2 Die räumliche Erweiterung der Universität für angewandte Kunst ab 1960

Die Notwendigkeit, die Kunstgewerbeschule räumlich zu erweitern, war praktisch schon bei der Eröffnung des Hauptgebäudes (7.000 m^2) im Jahre 1877 gegeben. – Das im selben Jahr eröffnete und nach den Plänen von Hansen am Schillerplatz errichtete Gebäude der traditionsreichen Akademie der bildenden Künste umfasst 12.500 m^2. – Rudolf von Eitelberger, Gründungsdirektor des Österreichischen Museums für Industrie und Kunst, schrieb über das Schulgebäude: «Schade nur, dass es nicht möglich war, das Gebäude in den ursprünglich bestimmten Dimensionen auszuführen; denn es dürfte wohl kaum ein Jahrzehnt vergehen, so werden diese Räume ungenügend sein.»[4] Zu Beginn des 20. Jahrhunderts setzten schließlich Forderungen der Architekten an der AW ein, das Hauptgebäude zu erweitern. Einigen Vorschlägen waren detaillierte Entwürfe beigefügt, doch bis auf die Errichtung der Bildhauerateliers zu Beginn der 1920er Jahre blieb diesen Vorstößen stets der Erfolg versagt.

8.2.1 Die bauliche Erweiterung am Hauptstandort – der Schwanzer-Trakt

Im Frühjahr 1955 beauftragte das Bautenressort die an der AW lehrenden Architekten Max Fellerer, Eugen Wörle und Karl Schwanzer mit der Planung des lang ersehnten Erweiterungsbaues. Das von der Kunstakademie gewünschte Raumprogramm musste jedoch stark gekürzt werden, die genehmigten rund 6.200 m² bedeuteten jedoch nahezu eine Verdoppelung der Nutzfläche am Hauptstandort. Dennoch stellte dies einen Kompromiss dar, dringend benötigte Einrichtungen – unter anderem ein großer Festsaal, Ausstellungsräume, eine Probebühne für die Bühnenbildklasse und ein Bauhof zum Experimentieren – konnten nämlich nicht berücksichtigt werden. In gewisser Weise hat sich somit die Geschichte wiederholt, da aus finanziellen Gründen ja schon der Ferstel-Trakt nicht in der ursprünglich geplanten Dimension errichtet werden konnte.
Nach Fellerers Tod im Frühjahr 1957 erarbeiteten Wörle und Schwanzer bis 1960 vier weitere Entwürfe, im letztlich ausgeführten Entwurf waren dann auch jene Änderungen berücksichtigt, die der damalige Präsident der Akademie, Ceno Kosak, 1958 eingefordert hatte. Kosak schlug die Gliederung des achtgeschoßigen Neubaues (inklusive der zwei Untergeschoße) in einen Werkstättentrakt, einen Klassentrakt und einen gemischt genutzten Trakt vor, die durch zwei Treppenhäuser voneinander getrennt sind. Hinsichtlich der Gebäudestruktur blieben die Anzahl und das Maß der Achsen unverändert, doch wurden die beiden mittleren Stützreihen durch eine einzige in der Mittelachse liegende ersetzt. «Dieser allerdings kardinale Eingriff öffnet die Struktur, bringt mehr Durchlässigkeit, Leichtigkeit und zudem eine bessere Ausnützung des Volumens. Sie bedingt frei durchschreitbare Klassenräume, die nicht mehr wie Mönchszellen an einen öden Gang gebunden sind. Insoferne zeigt der Kosak'sche Eingriff – ob beabsichtigt oder nicht – eine deutlich fortschrittlichere Baugesinnung als es Fellerer, Wörle und Schwanzer zunächst im Sinne hatten. Im Zusammenhang der gesamten Schulbaudiskussion jener Jahre, in deren Kontext dieses Projekt diskutiert werden könnte, steht Kosaks Eingriff auf einer Stufe mit den zahlreichen reformistischen Schulbauprojekten (Hallenschulen u.ä.), die in den fünfziger Jahren von der architektonischen Avantgarde dem traditionellen amtlichen Schulbau mit mäßigem Erfolg entgegengehalten werden.»[5]
Für das erste Neubauvorhaben, von dem nach 1945 eine Kunstakademie profitierte, wurde im Sommer 1960 eine Bausumme in der Höhe von (ATS) 45 Millionen genehmigt. Im März 1961 nahm man die Bauarbeiten in Angriff, die im Juni 1965 abgeschlossen werden konnten. (Aufgrund verschiedener Mängel, die langwierige Streitereien auslösten, wurde die Benützungsbewilligung allerdings erst im Jänner 1968 erteilt.)[6] Von späteren Adaptierungsmaßnahmen profitierte insbesondere die Universitätsbibliothek, deren Zeitschriftenlesesaal (nach Plänen von Wilhelm Holzbauer) 1988 und deren Hauptlesesaal 1993 neu gestaltet wurden. Neben der Bibliothek und der Haustischlerei waren 2003 im Schwanzer-Trakt die meisten Bereiche der Institute für Architektur und für Design untergebracht. Außerdem befanden sich darin Bereiche der Institute für Bildende Kunst, für Experimentelles Gestalten und Raumkunst, für Kunst- und Kulturwissenschaften – Kunstpädagogik und für Konservierungswissenschaften und Restaurierung. – Dringend erforderliche Instandhaltungs- und Adaptierungsmaßnahmen werden derzeit von der BIG geleistet.

8.3 Die räumliche Situation der Universität für angewandte Kunst in den 1970er Jahren

Nach der Fertigstellung des Schwanzer-Trakts war im Prinzip absehbar, dass sich in den nächsten Jahren für die AW kein weiteres Bauvorhaben realisieren lässt. (In einer ähnlichen Situation befand sich auch die Montanuniversität Leoben, die in den 1960er Jahren ebenfalls von großzügigen Erweiterungsmaßnahmen profitierte.) Die drückende Raumnot an den übrigen Kunsthochschulen musste dringendst gelindert werden, und auch die meisten wissenschaftlichen Universitäten hatten in räumlicher Hinsicht Defizite, die sich aufgrund des steilen Anstiegs der Hörerzahlen während der 1970er Jahre noch verschlimmerten. Aber auch an der Hochschule für angewandte Kunst stieg in diesem Jahrzehnt die Zahl der ordentlichen Studierenden deutlich an (1970/71: 385; 1975/76: 551; 1979/80: 631).

Neben den zunehmend beengter werdenden Verhältnissen, die den Studienbetrieb erschwerten, stellte das Fehlen von geeigneten Ausstellungsräumen ein Manko dar, das die AW schon in den 1950er Jahren beklagte; diese Räume mussten letztlich aus finanziellen Gründen aus dem Raum- und Funktionsprogramm des Schwanzer-Trakts gestrichen werden. Bereits 1959 und dann 1967 hatte Schuster die Errichtung einer Ausstellungshalle als Alternative vorgeschlagen, die aber aus den zuvor genannten Gründen von den zuständigen Bundesministerien nicht aufgegriffen werden konnte.

Ende der 1970er Jahre widmete man die ehemalige Abtwohnung der Prälatur im Heiligenkreuzer Hof (Schönlaterngasse 5) für Ausstellungszwecke um. 1996 wurden weitere Ausstellungs- und Depoträume (knapp 500 m²) in diesem Gebäudekomplex angemietet, dessen älteste Bausubstanz aus dem frühen 12. Jahrhundert stammt. (Sein heutiges Aussehen verdankt der Heiligenkreuzer Hof im Wesentlichen der unter Abt Clemens Schäffer in der zweiten Hälfte des 17. Jahrhunderts gesetzten Bautätigkeit.) Der vorläufig letzte Versuch, geeignete Ausstellungsräumlichkeiten zu schaffen, stellte im Jahre 2001 der – letztlich zu spät geäußerte – Wunsch dar, die Kunsthalle vom Karlsplatz zum Hauptstandort zu transferieren. Die von Architekt Adolf Krischanitz entworfene Halle sollte als «Art Bridge», die den Wienfluss überspannt, die Ausstellungs- und Veranstaltungsproblematik der AW lösen.

8.4 Die räumliche Erweiterung der Universität für angewandte Kunst ab 1980

Schon gegen Ende der 1970er Jahre suchte die Hochschule für angewandte Kunst den Weg zu einem weiteren Ausbau des Hauptstandortes zu ebnen; angestrebt wurde vor allem die Schaffung der seit den 1950er Jahren gewünschten Veranstaltungs- und Ausstellungsräume, doch auch zahlreiche Abteilungen waren räumlich unzureichend versorgt. Lehrkanzeln der theoretischen Fächer mussten beispielsweise in einigen der viel zu großzügig konzipierten WC-Anlagen des Schwanzer-Trakts untergebracht werden. Als Standort für den gewünschten Erweiterungsbau sah man die zwischen dem Museumsgebäude und den Hochschulbauten bestehenden Freiflächen vor. 1981 präsentierten Wilhelm Holzbauer und Dimitris Manikas ein Anbauprojekt, das ein Jahr später durch einen Entwurf von Hans Hollein, der wie Holzbauer an der AW lehrte, Konkurrenz erhielt;[7] Holleins Projekt umfasste auch Erweiterungswünsche des benachbarten Museums.
Dieses Gemeinschaftsprojekt war im «Hochschulbericht 1984» als langfristiges Bauvorhaben ausgewiesen worden,[8] es wurde aber wieder fallengelassen, als 1986 der neu berufene Museumsdirektor andere Planungsabsichten verfolgte. In diesem Jahr erstellte die AW ein neues Raum- und Funktionsprogramm, das die Grundlage für einen Erweiterungsbau bilden sollte, dessen Realisierung das Wissenschaftsministerium in den Jahren 1989 bis 1992 anstrebte.[9] Dieses Bauvorhaben konnte jedoch aufgrund der damals höchst schwierigen Budgetsituation nicht in Angriff genommen werden. Dieses Schicksal teilten auch andere Universitäten: Bauvorhaben, deren Planung teilweise weit fortgeschritten war, konnten nicht weiter verfolgt werden, österreichweit wurden sogar einige schon in Bau befindliche Projekte vorübergehend gestoppt. Trotz der allgemein schwierigen Lage konnte die AW in den 1980er Jahren einen Raumgewinn erzielen (1980: 14.000 m^2; 1990: 17.000 m^2), der die bestehende Raumnot aber kaum linderte, da die Hörerzahlen deutlich stiegen (1980/81: 643; 1985/86: 884; 1989/90: 1.011).
Einen mit vielen Schwierigkeiten verbundenen Raumgewinn stellt das Wotruba-Atelier im Prater dar. Nach der Emeritierung von Fritz Wotruba (1907–1975), der an der Akademie der bildenden Künste als Professor tätig war, errichtete die Stadt Wien auf einem knapp 8.000 m^2 großen Grundstück des Bundes 1974 ein Ateliergebäude (rund 500 m^2) für den berühmten Künstler. Als Gegenleistung schenkte Wotruba dem Bund drei Plastiken und übertrug ihm Abgussrechte von vier Skulpturen. Nach langwierigen Verhandlungen zwischen dem Wissenschaftsministerium und der Stadt Wien konnte 1985 das Wotruba-Atelier (Rustenschacher-Allee 2–4) endlich für Zwecke der AW angemietet werden, die den Wunsch äußerte, das Gebäude zu erweitern.
Das Ateliergebäude in der bestehenden Form war nach damaliger Ansicht der AW für den Studienbetrieb der Bildhauerklassen nicht geeignet, weswegen sie – ohne Zustimmung des Wissenschaftsressorts – vorerst das Gebäude einem privaten Kinderbetreuungsverein («Schwupp-di-Wupp») überließ; erst seit 1989 nutzen Bildhauer das Wotruba-Atelier und den großen Garten im 2. Bezirk Leopoldstadt. Ende der 1980er Jahre legte Wilhelm Holzbauer mehrere Raumprogramme und Vorentwurfsplanungen für eine Erweiterung der mittlerweile vom Bund erworbenen Liegenschaft vor. Das auf (ATS) 90 Millionen geschätzte Projekt (4.000 m^2) war für zwei Bildhauerklassen und die Keramikklasse gedacht.
Nach einer Reduzierung des Raum- und Funktionsprogramms reihte das Gesamtkollegium der AW dieses Bauvorhaben dann im Herbst 1994 aber in der hausinternen Dringlichkeitsreihung auf den dritten Platz zurück; forciert wurde in weiterer Folge der Ausbau des Hauptstandortes am Oskar-Kokoschka-Platz. Im Unterschied zur Akademie der bildenden Künste verlief der Hochschulbetrieb der AW im Prater alles andere denn reibungslos. Die Bildhauer waren von Anfang an mit Beschwerden von Anrainern konfrontiert, die gegen die Lärmbelästigung wiederholt protestierten. Ein Gerichtsurteil schränkte im Frühjahr 2000 schließlich die Nutzungsmöglichkeit dieser Expositur deutlich ein. Zu Beginn des 21. Jahrhunderts stand als Alternative unter anderem auch eine gemeinsame Nutzung der ebenfalls im Prater gelegenen Ateliergebäude «Böcklinstraße 1» und «Kurzbauergasse 9» zur Diskussion, die den Bildhauern der Akademie als Heimstätten dienen.[10]

Um die Raumnot der AW zu lindern, mietete das Wissenschaftsministerium in den Jahren 1986/87 im sechsgeschoßigen Gebäude «Salzgries 14» Räumlichkeiten im Ausmaß von rund 2.100 m² an. Seit 1993 steht ihr das ganze Gebäude (knapp 2.800 m²) zur Verfügung. Im 1950 errichteten Geschäftshaus sind derzeit Bereiche der Institute für Konservierungswissenschaften und Restaurierung – Technologie und für Bildende Kunst untergebracht. Die Anmietung des Nebengebäudes «Salzgries 12», um die sich die AW viele Jahre bemühte, scheiterte an den Preisvorstellungen des Hauseigentümers.

8.5 Die räumliche Erweiterung der Universität für angewandte Kunst ab 1990

In diesem Jahrzehnt zielten die Anstrengungen der AW vornehmlich auf die Erweiterung des Hauptstandortes ab, doch auch das Wotruba-Atelier war immer wieder Gegenstand diverser Überlegungen; letztlich konnte aber kein einziges größeres Bauprojekt in den 1990er Jahren realisiert werden. Als Alternative zum Erweiterungsbau, dessen Planung in den 1980er Jahren die Architekten Holzbauer, Manikas und Hollein beschäftigte, legte im Oktober 1993 Manikas einen Entwurf für eine Überbauung des Verbindungstraktes zwischen Ferstel- und Schwanzer-Trakt vor. Darin sollten ein Festsaal und Ausstellungsräume eingerichtet werden, von knapp 2.800 m² hätten aber auch die Bibliothek und das 1981 gegründete Oskar-Kokoschka-Zentrum profitiert; 1994 wurde das Projekt auf (ATS) 100 Millionen geschätzt.[11]
Ein kleineres Bauvorhaben, das ebenfalls die räumliche Situation am Oskar-Kokoschka-Platz hätte verbessern sollen, war damals hochschulintern höchst umstritten. Studierende hatten ein Projekt (Mensa-Pavillon) entwickelt, für das die 1992 ausgewechselten Eichenfenster des Schwanzer-Trakts wiederverwertet werden sollten; als Standort stand der Hof zwischen dem Museumsgebäude und dem Ferstel-Trakt zur Diskussion. Das Projekt «Meta-Fenster» unterstützte die ÖH, während Rektor Oberhuber eine Überbauung eines kleinen Hofbereichs propagierte. Einzig der von der AW geforderte Ausbau des Dachgeschoßes (Ferstel-Trakt) konnte, allerdings erst im 21. Jahrhundert, realisiert werden. Während der 1990er Jahre wurden zahlreiche Adaptierungs- und Sanierungsmaßnahmen sowohl im Ferstel- als auch im Schwanzer-Trakt gesetzt, die aber mit keinem nennenswerten Raumgewinn verbunden waren.
Eine leichte Besserung der problematischen Raumsituation (1990: 17.000 m²; 2000: 18.500 m²) konnte durch Anmietungen weiterer Räumlichkeiten an bereits bestehenden Standorten (Salzgries 14 und Schönlaterngasse 5) und zwei neue Anmietungen herbeigeführt werden. – Die Studierendenzahlen stiegen in diesem Jahrzehnt kaum (1990/91: 956; 1995/96: 917; 2000/01: 1.043), was auch auf die beengten räumlichen Verhältnisse zurückzuführen war. – Der seit 1996 bestehende Standort «Postgasse 6» wurde in den Jahren 1997/98 auf rund 1.000 m² erweitert. Untergebracht waren dort 2003 Bereiche der Institute für Experimentelles Gestalten und Raumkunst, für Kunst- und Kulturwissenschaften – Kunstpädagogik und für Design. Im Mezzanin befindet sich das Oskar-Kokoschka-Zentrum, dessen Sammlungstätigkeit vor allem der Dokumentation des künstlerischen Schaffens von Lehrenden und Absolventen der AW gilt. Von den Mitarbeitern des Zentrums werden auch Projekte (Publikationen, Ausstellungen, wissenschaftliche Arbeiten etc.) betreut. Seit Herbst 2000 stehen dem Institut für Kunst- und Kulturwissenschaften – Kunstpädagogik im Haus «Franz-Josefs-Kai 5» knapp 200 m² zur Verfügung, für Zwecke des Instituts für Experimentelles Gestalten und Raumkunst mietete man im Frühjahr 2001 im Gebäude «Holzhausergasse 4» Räumlichkeiten (rund 1.200 m²) an.
Die unbefriedigende räumliche Situation der AW war aus Sicht des Wissenschaftsressorts auch das Ergebnis mangelnder Planungsstrategie der Kunstuniversität, weswegen das Ministerium zu Beginn des 21. Jahrhunderts eine Raumstudie bei einer Unternehmensberatungsfirma in Auftrag gab, um eine möglichst objektive Basis für eine neue Raumplanung zu erhalten; erhoben wurde der Raumbestand (18.000 m²) und dessen aktuelle Nutzung

sowie die Wünsche und der Bedarf der Nutzer. Die im Februar 2001 vorgelegte Studie soll eine klare und tragfähige Planungsgrundlage bilden, die von einem möglichst breiten Konsens getragen wird. Die Schaffung von insgesamt 13.000 m² bis ins Jahr 2006 wurde von den Verfassern der Raumstudie empfohlen;[12] das angeregte Minimalprogramm umfasst 8.300 m².

8.5.1 Der Ausbau des Ferstel-Trakts, Oskar-Kokoschka-Platz 2

Der Dachgeschoßausbau des Hauptgebäudes wurde im 20. Jahrhundert des Öfteren angedacht; erstmals war eine Aufstockung des Ferstel-Trakts von Oskar Beyer im Rahmen seiner vorgelegten Erweiterungsvorschläge (1907/08) thematisiert worden. Nachdem das gegenständliche Bauvorhaben während der 1990er Jahre zwar regelmäßig, aber mit unterschiedlichem Nachdruck gefordert wurde, trat es 1998 in die entscheidende Phase, als die AW einen geladenen Wettbewerb zur Erlangung von Vorschlägen für den Dachgeschoßausbau vorbereitete. Die Jury entschied sich im Juli 1999 für den Entwurf von Architekt Anton Falkeis.
Die Grundidee des prämierten Entwurfs ging von einer Verknüpfung bisher ungenutzter Volumina aus, indem das Dachgeschoß mit den öffentlichen Flächen des Altbestandes und dessen Innenhöfen verbunden wird. Die Bundesimmobiliengesellschaft wollte das 2,5 Millionen Euro teure Projekt ursprünglich nach zehnmonatiger Bauzeit im Sommer 2002 abschließen. Verschiedene Probleme (unter anderem mit der provisorischen Mensaverlegung, Fluchtwegen, Denkmalschutz) und vor allem Wasserschäden führten zu Verzögerungen, sodass das ausgebaute Dachgeschoß erst seit Anfang 2004 der AW zur Verfügung steht. Das Hauptgebäude wurde von Firstkante zu Firstkante mit einem Glasdach geschlossen, wodurch sich die beiden Innenhöfe zu Innenräumen wandelten. Der geschaffene Raum im Dachgeschoß (rund 1.500 m²) soll vor allem den Lehrbetrieb von bereits im Ferstel-Trakt untergebrachten Bereichen erleichtern, einige Räume stehen aber auch Einrichtungen der Zentralen Verwaltung und der Universitätsleitung zur Verfügung.

Neben diesen Einrichtungen befinden sich im Altbestand der Zentrale Informatikdienst, die ÖH, eine Mensa, mehrere Hörsäle sowie Bereiche bzw. Abteilungen von vier Instituten (Architektur; Bildende Kunst; Design; Kunst- und Kulturwissenschaften – Kunstpädagogik). Auf der Dachgeschoßebene schuf man durch begehbare Abdeckungen zusätzliche temporäre Nutzflächen für Ausstellungszwecke. Zur Gewährleistung der Fluchtwege wurde nordseitig ein Verbindungssteg zum Stiegenhaus des Schwanzer-Trakts errichtet, wobei man den Anschlusspunkt an den Ferstel-Trakt so wählte, dass er für eine künftige Erweiterung des bestehenden Gebäudekomplexes genutzt werden kann.

---

1 Vgl. dazu: Otto Kapflinger / Matthias Boeckl, Abgelehnt : Nicht ausgeführt. Die Bau- und Projektgeschichte der Hochschule für angewandte Kunst in Wien 1873–1993, Wien 1993, S. 5.

2 Vgl. dazu: ebd., S. 14.

3 Ebd., S. 47.

4 Zitiert aus: ebd., S. 12.

5 Ebd., S. 55.

6 Vgl. dazu: BMU, GZ 2624 / Präs. 4 ex 1967.

7 Vgl. dazu: BMWF, GZ 30.960 / 7–9 ex 1983.

8 Vgl. dazu: Hochschulbericht 1984, hg. vom BMWF, Wien 1984, S. 215.

9 Vgl. dazu: Hochschulbericht 1987, hg. vom BMWF, Bd. 1, Wien 1987, S. 354.

10 Vgl. dazu: BMBWK, GZ 30.960 / 12–Z / A / 10 ex 2000.

11 Vgl. dazu: BMWF, GZ 30.960 / 2–9 ex 1994.

12 Vgl. dazu: BMBWK, GZ 30.960 / 8–Z / A / 10 ex 2001.

9 Universität Graz (KFUG)

An der Universität Graz konnte die vom steilen Anstieg der Hörerzahlen verursachte Raumnot erst durch die in den 1990er Jahren gesetzte Bautätigkeit überwunden werden. Nach 1945 wurden für die KFUG 16 Neu- bzw. Zubauten errichtet und zahlreiche Bestandsanierungen bzw. Adaptierungen vorgenommen, wovon 14 Projekte behandelt werden. (Die skizzierten Klinikbauten sind dabei nicht mitgezählt.) 2002 standen der Universität Graz (wissenschaftliches Personal: 1.290 Personen; allgemeine Universitätsbedienstete: 911,8 Planstellen) 128.500 m² zur Verfügung; 22.533 ordentliche Studierende waren im Studienjahr 2002/03 inskribiert.

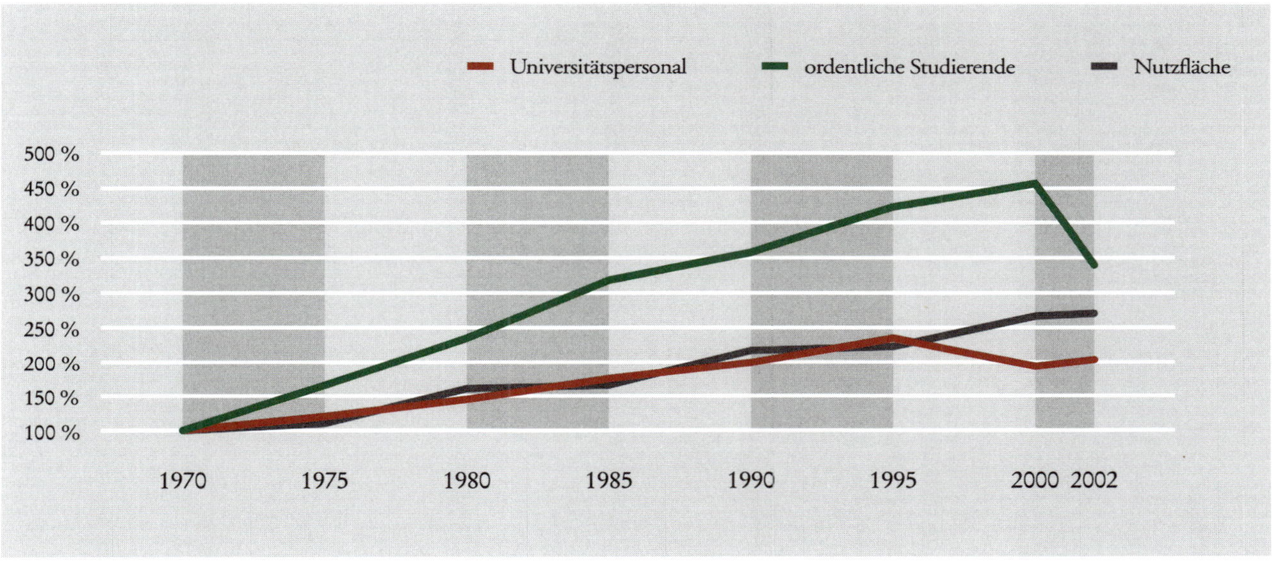

Der Hauptstandort der Karl-Franzens-Universität Graz liegt im 3. Stadtbezirk Geidorf. Das Zentrum des um 1870 aufgebauten Universitätsareals grenzt im Norden an die Heinrichstraße, im Süden an die Schubertstraße, im Osten an den Geidorfgürtel und im Westen an die Goethestraße, die Harrachgasse und die Halbärthgasse. Der Botanische Garten mit seinen universitären Einrichtungen liegt in nächster Nähe im Osten und grenzt ebenfalls an die Schubertstraße. Dem beschriebenen Zentrum sehr nah ist auch das Universitätssportzentrum am Rosenhain, nördlich der Heinrichstraße. Zum Erweiterungsbereich der KFUG zählt das ebenfalls nördlich gelegene Areal der ehemaligen Kinderchirurgie und des ehemaligen Anna-Kinder-Spitals, das im Süden von der Heinrichstraße, im Norden von der Humboldtstraße, im Westen von der Mozartgasse und im Osten vom Rosenberggürtel begrenzt wird. Die parallel zur Heinrichstraße laufende und die Goethestraße kreuzende Attemsgasse zählt ebenfalls zum Erweiterungsgebiet der KFUG im Geidorfviertel.
Etwas weiter entfernt ist das Universitätszentrum Wall (Merangasse 70). Ebenfalls im 2. Bezirk St. Leonhard befindet sich das Areal des LKH Graz, wo die Kliniken der Medizinischen Universität Graz (MUG) angesiedelt sind. Durch die in den 1990er Jahren realisierten Bauvorhaben konnten zahlreiche Anmietungen aufgegeben werden, die sich in anderen Teilen der steirischen Landeshauptstadt befanden.

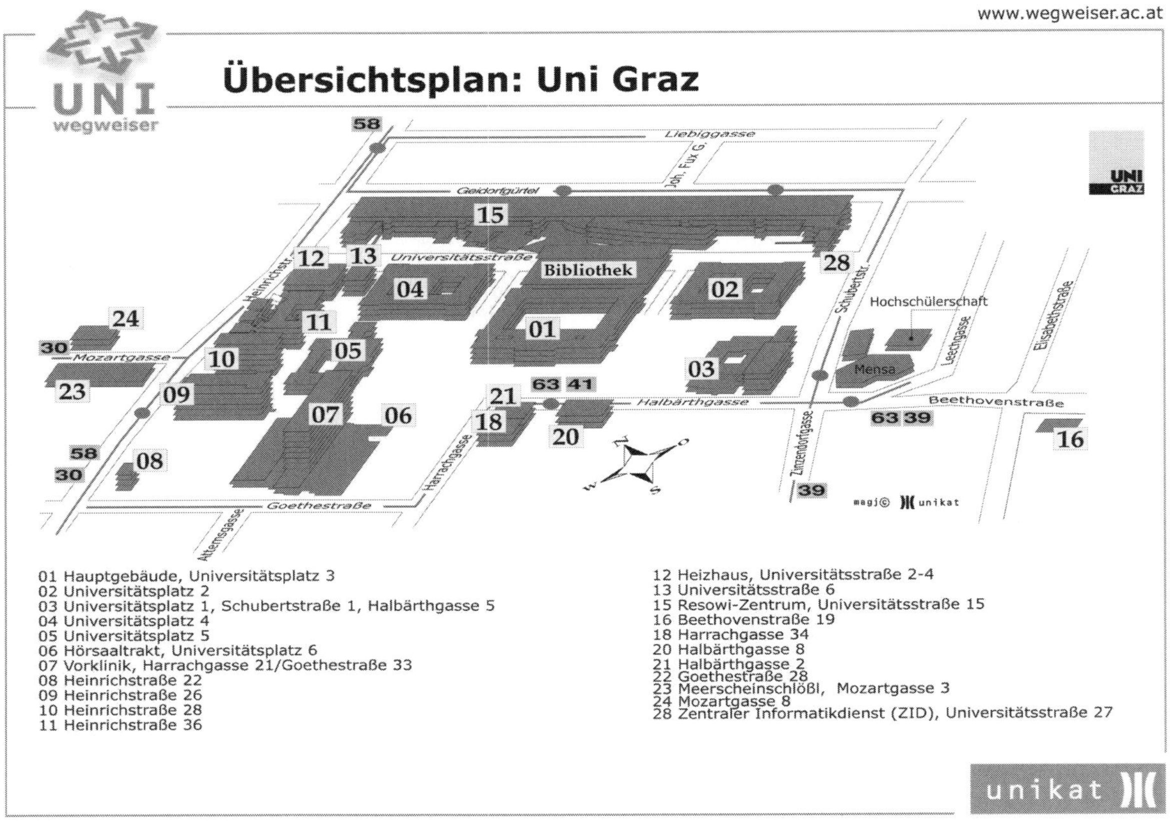

9.1 Die räumliche Erweiterung der Universität Graz in den 1950er Jahren

Die Gebäude der KFUG überstanden den Zweiten Weltkriegs weitgehend unbeschadet, nur im Physikalischen Institutsgebäude, und zwar in der ehemaligen Boltzmann'schen Wohnung, detonierte eine Bombe.[1] Nach dem Krieg erzielte die Universität Raumgewinne vorerst durch den Erwerb von Häusern. Ende der 1940er Jahre waren es die Gebäude «Universitätsstraße 27» und «Heinrichstraße 34 und 34a» und im darauf folgenden Jahrzehnt wurden das Kranz-Haus (Heinrichstraße 26–26a) und das Mell-Haus (Mozartgasse 8) für Zwecke der KFUG erworben. 1966 folgte noch der Ankauf des Gebäudes «Halbärthgasse 2». Bereits 1959 hatte Max E. Obermayer das Gebäude «Heinrichstraße 18» der Universität geschenkt.[2] Die Errichtung von Neubauten kam im Wesentlichen erst in den 1960er Jahren in Schwung. Die Ausnahme bildete Anfang der 1950er Jahre der Bau einer Heizzentrale für sämtliche Institutsgebäude an der Universitätsstraße und eines Bücherspeichers für die Universitätsbibliothek.

9.2 Die räumliche Erweiterung der Universität Graz ab 1960

Durch den steilen Anstieg der Hörerzahlen in der zweiten Hälfte der 1950er Jahre (1955/56: 1.988; 1960/61: 4.236; 1965/66: 5.752; 1969/70 6.306) waren zu Beginn dieses Dezenniums die räumlichen Kapazitäten der Universität Graz erschöpft. Ein großzügiger Ausbau wurde zwar Mitte der 1960er Jahre angestrebt, das Großprojekt scheiterte aber, wodurch sich die schon bestehende Raumnot der KFUG noch verschärfte.

9.2.1 Die Institutsgebäude «Heinrichstraße 26 und 28» mit dem Hörsaaltrakt

Bereits Ende der 1950er Jahre war die Errichtung von drei gleichartigen und untereinander verbundenen fünfgeschoßigen Gebäuden, für Zwecke der Philosophischen Fakultät, ins Auge gefasst worden, von denen tatsächlich aber nur zwei der ursprünglichen Planung folgend errichtet wurden. – Das 3. Institutsgebäude folgte mit großem zeitlichem Abstand und in völlig anderer, weit modernerer Architektur. – Den für dieses Projekt ausgeschriebenen Wettbewerb konnte 1959 Viktor Badl für sich entscheiden. Die Realisierung verlief allerdings äußerst schleppend; mit dem Bau des sechsgeschoßigen Institutsgebäudes «Heinrichstraße 28» (4.100 m^2) für Zwecke der Institute für Organische und für Physikalische Chemie wurde im Sommer 1963 begonnen. Aufgrund der damaligen Finanzierungsmodalität – nachdem der jährlich zugewiesene Betrag aufgebraucht war, ruhten die Bautätigkeiten – konnte dieses (ATS) 47 Millionen teure Bauvorhaben erst im Mai 1969 abgeschlossen werden. Bei der Planung dieses Gebäudes wurde auf die Erfahrungen beim Neubau für die Chemie-Institute der TUG zurückgegriffen, der Anfang der 1960er Jahre in der Stremayrgasse fertig gestellt worden war.
Mit der Errichtung des Gebäudes «Heinrichstraße 26» (5.900 m^2) wurde im November 1964 begonnen. Vier Jahre später, im November 1968, konnte dieses sechsgeschoßige Gebäude von vier geisteswissenschaftlichen Instituten (Geschichte, Anglistik, Slawistik und Philosophie) und dem Institut für Geologie bezogen werden. Ein Hörsaaltrakt, der damals vornehmlich den geisteswissenschaftlichen Instituten vorbehalten war, verbindet diese beiden Institutsgebäude in der Heinrichstraße. Die Errichtung dieses Trakts war 1965 in Angriff genommen worden. Im Dezember 1965 hatte der Akademische Senat in einer Sitzung über die schleppende Fortführung der Bauvorhaben Klage geführt, und im Februar 1966 wandte sich Rektor Tautscher mit der Bitte um beschleunigte Fertigstellung der bereits in Bau befindlichen Objekte an den Minister für Handel und Wiederaufbau.[3]
Die – aus besagten Gründen – immer wieder unterbrochene Bautätigkeit rief auch bei den betroffenen Studierenden, die mit jedem Studienjahr zahlreicher wurden, verständlicherweise Unmut hervor. So richtete im November 1966 die ÖH ein Schreiben an Minister Piffl-Perčević, dem eine Unterschriftenliste beigefügt war, die von 111 Hörern der von Professor Wiesflecker gehaltenen Vorlesung «Österreichische Geschichte» unterschrieben wurde. Nach einer Schilderung der schwierigen Umstände, unter welchen der Vorlesungsbetrieb abzuhalten war, steht: «Die Hörer dieser Vorlesung wenden sich deswegen an die Öffentlichkeit, weil der Bau der versprochenen neuen Hörsäle und Institutsgebäude nur sehr langsam voranschreitet. Unter den Studenten kursiert bereits der Witz, es sehe so aus, als ob nicht ein Neubau gemacht, sondern ein Rohbau instandgehalten werde ... [...] Wir erachten es als vordringlich, vor allem zunächst den Bau der Hörsäle zu beenden, weil dort die Not am größten ist».[4] Der Minister drückte in seiner Antwort die Hoffnung aus, dass eine Inbetriebnahme noch im Jahre 1967 erfolgen könnte. Die Arbeiten konnten schließlich Anfang 1968 abgeschlossen werden, seit dem darauf folgenden Sommersemester sind die drei Hörsäle in Betrieb. Die Kosten für das Gebäude «Heinrichstraße 26» und den Hörsaaltrakt beliefen sich auf (ATS) 79 Millionen. (Mit der Planung des 3. Institutsgebäudes sollte im Februar 1972 eigentlich der ehemalige Mitarbeiter Badls, Hubert Rauch, beauftragt werden.)

9.2.2 Der Zubau zur Universitätsbibliothek, Universitätsplatz 3

In der zweiten Hälfte der 1960er Jahre entstand noch ein Zubau zum Hauptgebäude der KFUG, der einerseits der Rechts- und Staatswissenschaftlichen Fakultät zugute kam und andererseits eine Erweiterung der Universitätsbibliothek bedeutete. Die 1895 fertig gestellte Hauptbibliothek, deren Zentrum der Hauptlesesaal bildet, ist von Magazin- und Lesesaalzubauten umschlossen. Während des Ersten Weltkrieges war ein Anbau um ein Geschoß erhöht und 1952 in historisierender Bauweise ein weiterer Magazinbau (das Hauptmagazin der Bibliothek) errichtet worden. 13 Jahre später wurde der Gebäudekomplex um einen dreigeschoßigen Zubau erweitert.
Mit dem von Architekt Friedrich Rous geplanten Erweiterungsbau begann man im Oktober 1965, die Räume für die Rechts- und Staatswissenschaftliche Fakultät konnten bereits im November 1967 bezogen und das (ATS) 15 Millionen teure Bauvorhaben 1970 endgültig abgeschlossen werden. Für die Universitätsbibliothek wurden neben Büroräumen die Lehrbuchsammlung, der Zeitschriftenleseraum, die Fernleihe und ein zusätzlicher Speicherraum für Bücher geschaffen. Eingebaut wurde außerdem eine Büchertransportanlage, die sämtliche Bücherspeicher mit den Ausgabenstellen verbindet. Diese Bautätigkeit stellte jedoch nur die erste Ausbaustufe der Universitätsbibliothek dar. Die zweite Ausbaustufe, die auch im Längerfristigen Entwicklungsprogramm für den Hochschulbau (1972) enthalten war, konnte allerdings erst Mitte der 1990er Jahre realisiert werden. (1972 hatte Ministerin Firnberg die Bibliotheksbauten, ohne Rücksichtsnahme auf die Reihung durch die einzelnen Universitäten entsprechend der tatsächlichen Notwendigkeiten und entsprechend dem Ausbau der Hochschulen, in die gesamtösterreichische Dringlichkeitsreihung aufgenommen.)

9.2.3 Der geplante, aber nicht realisierte großzügige Ausbau der Universität Graz

Gegen Ende des 19. Jahrhunderts schien durch die Ansiedlung der KFUG im damals noch vorstädtischen Geidorfviertel, und zwar auf den vormals landwirtschaftlich genutzten Grundstücken am westlichen Leechfeld, die Erweiterung der Universität auf längere Sicht gesichert. Doch bereits in den 1950er Jahren stellte sich der Ausbau der KFUG sowohl in qualitativer als auch in quantitativer Hinsicht, aufgrund des Anstiegs der Hörerzahlen, als ein immer dringlicher zu lösendes Problem dar. In diesem Zusammenhang sind drei komplexe Bereiche – der Erwerb des Areals am Rosenhain, die Planung eines umfassenden Ausbaus der KFUG auf dem Areal am Geidorfgürtel und die Problematik der Schaffung von Baulandreserven – zu sehen, die wiederum miteinander verknüpft waren. Letztlich verzögerte sich der schon Mitte der 1960er Jahre konkretisierte großzügige Ausbau, der in gewisser Hinsicht erst in der zweiten Hälfte der 1990er Jahre einen Abschluss fand.
Der erste Bereich tangierte das Fehlen zeitgemäßer Sportanlagen, das einen gravierenden Mangel der Universitätsausstattung darstellte. Schon in den 1950er Jahren versuchte die KFUG die Überlassung von Magistratsgründen am Rosenhain im Tausch mit den universitätseigenen so genannten Bootsgründen zu erwirken, die sich – vom Universitätsareal wesentlich weiter entfernt – nördlich der Kalvarienbrücke befinden. 1961 wurden von den Vertretern der KFUG diese Gespräche mit der Stadt wieder aufgenommen, die 1964 zu einem positiven Ergebnis führten.[5] Das mehr als 36.000 m^2 umfassende Areal am Rosenhain wurde für Sportzwecke gewidmet.
Dadurch stand das östlich des Hauptgebäudes liegende Areal am Geidorfgürtel, auf dem sich der alte Universitätssportplatz befand, prinzipiell zur Verbauung zur Verfügung. Noch im selben Jahr leitete man die Planung für das Großprojekt ein. Das Gesamtprogramm (20.500 m^2) für die Verbauung des durch die Verlegung der Universitätssportanlagen frei gewordenen Areals umfasste fünf Institutsgebäude, davon eines für die Theologen, eines für die Juristen und die geisteswissenschaftlichen Institute, eines für die naturwissenschaftlichen Institute

der Philosophischen Fakultät und zwei für die Medizinische Fakultät; vorgesehen waren außerdem ein Auditorium maximum, sieben große Hörsäle, eine Halle für die Universitätsturnanstalt und eine Tiefgarage.[6] (Das Mitte der 1990er Jahre an dieser Stelle für die Rechts- und die Sozial- und Wirtschaftswissenschaftliche Fakultät errichtete Zentrum umfasst 23.000 m².) Im Herbst 1965 wollte das Bundesministerium für Handel und Wiederaufbau Roland Rainer mit der Planung der Verbauung des alten Universitätssportplatzes betrauen. Im Unterrichtsministerium kristallisierte sich jedoch der Standpunkt heraus, dass das zur Diskussion stehende Areal für das von der KFUG vorgelegte Bauprojekt nicht groß genug sei. Als Voraussetzung für einen so umfassenden Ausbau der Universität Graz erachtete man Ende der 1960er und Anfang der 1970er Jahre die Schaffung von Baulandreserven, die sich in unmittelbarer Nähe des Universitätsareals befinden sollten.

In dieser Angelegenheit kam es im März 1968 zu einem Grundsatzbeschluss, den die Minister Kotzina und Piffl-Perčevic, Landeshauptmann Krainer (sen.) und Bürgermeister Scherbaum unterzeichneten. Die Genannten gelangten zur übereinstimmenden Ansicht, dass die im Eigentum der öffentlichen Hand befindlichen und dem derzeitigen Universitätsareal benachbarten Liegenschaften für den Fall, dass ihre derzeitige Nutzung entbehrlich werde, keinen anderen Zwecken zugeführt werden sollen, als solchen der KFUG. Es sind dies vor allem die Landestaubstummenanstalt und das Anna-Kinder-Spital mit den jeweils zugehörigen Freiflächen.[7] Diesem Grundsatzbeschluss ging 1967 die Feststellung voraus, dass unter Ausnützung aller verfügbaren Grundstücke die Raumerfordernisse der KFUG gerade noch erfüllt werden könnten, aber für eine qualitative und quantitative Expansion der Universität keine Reserven bestünden. Für den Fall, dass die im Eigentum des Landes befindlichen Liegenschaften Anna-Kinder-Spital und Kinderchirurgie samt den dazugehörigen Flächen, die unmittelbar an das bestehende Universitätsareal nordseitig angrenzen und somit das natürliche Erweiterungsgebiet der KFUG bilden, nicht in den Gesamtbebauungsplan einbezogen werden könnten, stand die ernsthafte Prüfung der Frage im Raum, ob nicht Teile der Universität überhaupt disloziert und an den südlichen Stadtrand verlegt werden sollten. Der aus Graz stammende Minister Piffl-Perčević konnte sich mit dieser Variante allerdings überhaupt nicht anfreunden.

Die Möglichkeit der Bebauung des universitätseigenen Areals am Geidorfgürtel wurde im Unterrichtsministerium mit der Gewinnung von Baulandreserven in unmittelbarer Nachbarschaft zu den universitätseigenen Liegenschaften gekoppelt. In dieser Angelegenheit ist man wiederholt an das Land Steiermark mit dem Ersuchen herangetreten, diese Grundstücke für Zwecke der KFUG verbindlich zu widmen, wobei die Beantwortung der Frage, wie und unter welchen Konditionen späterhin das Eigentum an diesen Grundstücken auf die Republik Österreich zugunsten der KFUG übergehen soll, seitens des Unterrichtsministeriums keine Priorität hatte. Im Februar 1969 appellierte man von Wien aus neuerlich – und wiederum ohne Erfolg – an das Land Steiermark, durch eine verbindliche Widmung der landeseigenen Gründe den Weg zu einer Gesamtplanung und damit zu einer Konkretisierung der Planung für das Areal am Geidorfgürtel zu eröffnen.[8] Das Großprojekt hätte die Raumbedürfnisse der Universität Graz auf längere Zeit zufrieden stellen können. (Die verfahrene Situation zwischen Bund und Land, deren Leidtragende die KFUG gewesen war, wurde dadurch ausgelöst, dass der Bund einem vom Land beabsichtigten Erweiterungsbau für die Bezirkshauptmannschaft Leibnitz die Zustimmung versagte.) Auch eine Besprechung im selben Monat in Graz zwischen Vertretern des Unterrichtsministeriums sowie der Landesregierung und der Universität führte zu keinen befriedigenden Ergebnissen. Im April 1972 wandte sich Rektor Maresch mit einem Schreiben an das Wissenschaftsministerium, in welchem er die durch diese Blockade ausgelösten schwierigen Umstände schilderte.

Aufgrund der Raumnot kam es vor allem in den medizinischen und den naturwissenschaftlichen Fächern zu Engpässen: Inländische Studierende mussten auf ein bis zwei Semester zurückgestellt werden, da keine Laborplätze vorhanden waren, ein Aufnahmestopp für ausländische Studienwerber musste verhängt werden und für das nächste Semester wurde die Einführung des Numerus clausus angedroht. «Die zuständigen Gremien unserer Alma Mater, nämlich der ständige Bauausschuss wie der akademische Senat, sehen mit Recht die Übereignung dieser Liegenschaften zum Zweck der Erweiterung des Universitätsareals als das vordringlichste Projekt an. Namens der Universität ersuche ich Sie daher, sehr geehrter Herr Sektionsrat, alles in Ihrer Macht

Stehende zu unternehmen, damit diese Liegenschaften ehebaldigst für Zwecke der Universität in das Eigentum des Bundes übergehen.»[9] Auch der nun amtierende Landeshauptmann Niederl suchte in dieser Angelegenheit einzulenken, doch aufgrund der finanziellen Verpflichtungen im Universitätsbau, die Anfang der 1970er Jahre bestanden, waren für den in der zweiten Hälfte der 1960er Jahre recht konkreten und umfassenden Ausbau der KFUG die Mittel nicht mehr vorhanden. Durch den 1971 begonnen Bau des Vorklinikums konnten immerhin die Arbeitsbedingungen an der Medizinischen Fakultät in der zweiten Hälfte der 1970er Jahre erheblich verbessert werden. Die Liegenschaften Anna-Kinder-Spital und Kinderchirurgie wurden aus dem Eigentum des Landes Steiermark schließlich erst Ende der 1980er/Anfang der 1990er Jahre vom Bund übernommen.
Die KFUG scheint sich Ende der 1960er Jahre mit dem gescheiterten Ausbau des Geidorfgürtelareals abgefunden zu haben, denn in der Sitzung des Akademischen Senates am 20. März 1969 wurde dieses Projekt unter Punkt I – Großbauhaben – nur noch an die vierte Stelle gesetzt.[10] An erster Stelle stand der Bau des Anatomischen Institutsgebäudes, das man in Form des Vorklinikums errichtete. Mit der zweitgereihten Sanierung und Erweiterung der Alten Chemie wurde zwar 1970 begonnen, das Projekt konnte jedoch erst 1982 endgültig abgeschlossen werden. Fünf Jahre später wurde dann der Bau des drittgereihten 3. Institutsgebäudes in Angriff genommen. Von den «Kleinbauvorhaben», die den zweiten Punkt der Dringlichkeitsreihung bildeten, war Ende der 1960er Jahre nur der Verbindungsbau zwischen Universitätsbibliothek und Hauptgebäude realisiert worden. Ende der 1980er Jahre wurde der Ausbau des Botanischen Instituts durchgeführt und erst in den 1990er Jahren konnte ein Gebäude für das Universitätssportheim Planneralpe und der Erweiterungsbau des Pflanzenphysiologischen Instituts errichtet werden. Von den angeführten gemeinsamen Bauvorhaben der Grazer Universitäten (Punkt III) wurde Mitte der 1970er Jahre die Errichtung einer Sternwarte und einer Satellitenbeobachtungsstation auf dem Lustbühelgelände realisiert und gegen Ende dieses Jahrzehnts der Ausbau der Sportanlagen am Rosenhain in Angriff genommen. Die Generalsanierung des Pathologisch-Anatomischen Institutsgebäudes auf dem Gelände des LKH in St. Leonhard, die 1969 neuerlich erwünscht worden war, führte man Mitte der 1980er Jahre durch.

9.2.4 Die baulichen Maßnahmen auf dem Areal des LKH Graz in den 1960er Jahren

Die baulichen Maßnahmen auf dem Areal des LKH Graz in St. Leonhard stellen in zweierlei Hinsicht ein Sonderkapitel dar. Erstens sind davon die klinischen Bereiche der heutigen Medizinischen Universität Graz betroffen, die bis ins Jahr 2002 jedoch Bereiche der Medizinischen Fakultät der KFUG waren und somit nicht getrennt von deren Erweiterungsplänen und -wünschen behandelt werden können. Zweitens handelt es sich bei diesen Bauvorhaben um Projekte des Landes Steiermark, für die eben das Land bzw. heute die 1985 gegründete Steiermärkische Krankenanstalten-GesmbH (KAGes) als Bauherr verantwortlich ist und an welchen sich der Bund, nun vertreten durch das Bundesministerium für Bildung, Wissenschaft und Kultur, nur finanziell beteiligt.
Während der Jahre 1901 bis 1912 entstand in Graz an der östlichen Stadtgrenze, auf den Schönborn'schen Gründen, mit dem Landeskrankenhaus die damals größte und modernste Krankenanstalt Österreichs als Jugendstilensemble. Als Auftraggeber und Bauherr fungierte das Land Steiermark in Zusammenarbeit mit der k.k. Regierung in Wien, in deren Zuständigkeitsbereich die Universitätskliniken und medizinischen Institute für Lehre und Forschung fielen. Aufgrund der steigenden Anforderungen und der rasanten Entwicklungen im medizinischen Bereich wurde nach dem Zweiten Weltkrieg eine räumliche Erweiterung und eine Modernisierung der Einrichtungen dieses Zentrums mit jedem Jahr dringlicher. Erste Neubauten entstanden allerdings erst in den 1960er Jahren. Auf dem Gelände der ehemaligen Gärtnerei wurde in den Jahren 1962 bis 1969 ein Neubau für die Kinderklinik errichtet, und für die Chirurgie und Neurochirurgie wurde 1965 mit dem Bau eines Hochhauses begonnen, das 1972 fertig

gestellt werden konnte. Seit dieser Zeit ist das LKH Graz eine immerwährende Baustelle geblieben, wo – neben der Errichtung weiterer Neubauten – zahlreiche Sanierungen und Umbaumaßnahmen durchgeführt wurden. Mitte der 1970er Jahre war zum Beispiel der Hörsaaltrakt der Medizinischen Universitätsklinik ausgebaut, modernisiert und generalsaniert worden.

9.3 Die räumliche Erweiterung der Universität Graz ab 1970

In den 1970er Jahren hatte sich die Hörerzahl mehr als verdoppelt. Im Studienjahr 1970/71 wurden 6.715 ordentliche Studierende gezählt, 1975/76 10.700 und 1979/80 14.818. Die zu Beginn dieses Dezenniums schon bestehende Raumnot spitzte sich weiter zu und konnte durch die in diesem Jahrzehnt gesetzten baulichen Maßnahmen kaum gelindert werden (1970: 47.000 m^2; 1980: 76.000 m^2). Zahlreiche Provisorien mussten angemietet werden, wodurch sich universitäre Standorte auf verschiedene Grazer Stadtteile verteilten, die teilweise voneinander weit entfernt waren, was den Universitätsbetrieb mehr und mehr erschwerte.
Bereits im Juli 1970 verfasste der Akademischen Senat ein Memorandum, in dem die durch den steilen Anstieg der Hörerzahlen verursachte räumliche Notlage der KFUG geschildert wurde. Mit den nach der Jahrhundertwende realisierten Zubauten und den in den 1960er Jahren errichteten Neubauten konnte diesem Hörerstrom nur ungenügend begegnet werden. Im zweiten Punkt des Memorandums wurde folgende Kritik an der damaligen Wissenschaftspolitik formuliert: «Dem österreichischen Hochschulwesen ermangelt es bis heute an einem Konzept, welches, von einem seriös ermittelten Gegenwarts- und absehbaren Zukunftsbedarf ausgehend, das Notwendige auf materiellem Sektor auf gesamtösterreichischer Grundlage aufzeigt. Darin liegt der Grund, dass die Mittel zersplittert werden, dass es zur Errichtung neuer, nicht immer vertretbarer Hochschulen kommt (die auch nicht ausreichend ausgestattet sind), dass Bestehendes in nicht mehr vertretbarer Enge gehalten wird.»[11] Die KFUG regte die Realisierung von neun Bauvorhaben bis 1980 an, deren Errichtungskosten auf (ATS) 770 Millionen geschätzt wurden.
In Anbetracht der in räumlicher Hinsicht ebenfalls problematischen Situation der übrigen Universitäten und dem notwendigen Aus- und Aufbau der Neugründungen war die Forderung der KFUG, im nächsten Jahrzehnt jährlich 77 Millionen für bauliche Maßnahmen zur Verfügung gestellt zu bekommen, utopisch. Die im Memorandum abschließend formulierten Forderungen, die Mittel für Hochschulbauten bedeutend zu erhöhen und die Zuteilung unter Beachtung der legitimen Interessen auch der traditionellen Hochschulen zu tätigen, waren aus Sicht der KFUG gerechtfertigt. Schon Anfang 1967 hatte sich der Rektor der KFUG an das Unterrichtsministerium mit dem Antrag gewandt, das Finanzministerium um die Auflegung einer Anleihe für Hochschulbauten zu ersuchen, da eine rasche Errichtung von dringendst notwendigen Institutsgebäuden aus den Mitteln der ordentlichen Gebarung nicht möglich wäre und die große Raumnot, die an allen österreichischen Hochschulen herrscht, nur durch eine entsprechende hohe in- oder ausländische Anleihe behoben werden könnte.[12]

9.3.1 Das Vorklinikum, Harrachgasse 21

Für die Studierenden an der Medizinischen Fakultät wurden die Studienbedingungen mit jedem Jahr schwieriger. Eine Verbesserung ihrer Situation konnte nur durch die Errichtung eines zeitgemäßen, modernen Zentrums für die medizinische Lehre und Forschung in Graz erfolgen. Die Überlegung, das Anatomische Institutsgebäude

zu sanieren, ließ man in der zweiten Hälfte der 1960er Jahre fallen. 1970 wurde dieser älteste Universitätsbau des Geidorfviertels, der in den Jahren 1870 bis 1872 errichtet worden war, abgetragen und an dessen Stelle ein Jahr später mit dem Bau des Vorklinikums begonnen. Im Frühjahr 1968 hatte die KFUG bereits ein erstes Raumprogramm für dieses Bauprojekt vorgelegt. Das Unterrichtsministerium forderte jedoch mehrere Varianten, und zwar sowohl unter Beibehaltung des gesamten Raum- und Funktionsprogramms als auch unter Weglassung des einen oder anderen Instituts. Diese Überlegungen wurden vor allem deswegen angestellt, weil damals der Aufbau einer Medizinischen Fakultät in Salzburg zur Diskussion stand.
Ein weiteres Problem stellte die Bauhöhe des geplanten Gebäudes dar. Seitens der KFUG wurde ein elfgeschoßiges Haus gewünscht. Piffl-Perčević, der wohl an das damals in Graz umstrittene Hochhaus in der Hugo-Wolf-Gasse dachte, das für kurze Zeit das höchste Gebäude Österreichs außerhalb Wiens war, bestand aber auf eine Herabsetzung der Bauhöhe. Im Mai 1968 einigten sich die Mitglieder des Bauausschusses, die Vertreter der Medizinischen Fakultät und des Landesbauamtes dahingehend, dass durch die Herausnahme des Instituts für Medizinische Physik das Gebäude zwei Geschoße verliere, sodass dadurch der geplante Neubau kaum höher als die zwei benachbarten Institutsgebäude in der Heinrichstraße sein würde. Der Unterrichtsminister hoffte, dass die Planung aufgrund dieses Raum- und Funktionsprogramms nunmehr rasch fortgeführt und nun auch ein in städtebaulicher Hinsicht für diesen Stadtteil günstiges und vorteilhaftes Ergebnis erzielt werden könnte.[13]
Einen wichtigen Impuls erhielt dieses Bauvorhaben durch einen Graz-Aufenthalt des Bundesministers für Bauten und Technik, Kotzina, im Oktober 1968, der im Anschluss Piffl-Perčević unter anderem Folgendes schrieb: «Anläßlich meines jüngsten Besuches in Graz habe ich mir am vergangenen Freitag das Anatomische Institut der Universität Graz angesehen. Auf Grund der katastrophalen Zustände, die ich dort angetroffen habe bin ich der Auffassung, dass dem Neubau dieses Instituts ein besonderer Vorrang gebührt. Inzwischen ist der Planungsauftrag bereits nach Graz ergangen. Ich habe in diesem Zusammenhang die beschleunigte Durchführung der Planungsarbeiten mit dem Ziel angeordnet, dass es noch im Jahre 1969 zur Vergabe des Bauauftrages kommen kann».[14] Mit der Planung wurden die Architekten Erich Höfer und Emo Meister beauftragt. Ursprünglich sollte dieses Projekt in drei Etappen realisiert werden, aber nachdem die vorklinischen Fächer im 1890 errichteten Gebäude «Mozartgasse 14» (Anna-Kinder-Spital) vorübergehend untergebracht werden konnten, wurde der Bau des neuen Gebäudes in einem Zuge möglich.
Anfang Februar 1977 konnten die vorklinischen Institute ihre neue Heimstätte beziehen, die dann doch elf Geschoße umfasste. Die Inbetriebnahme war Teil des Ausbauprogramms der vorklinischen Bereiche aller Medizinischen Fakultäten in Österreich. Dieses Programm erfolgte auch in Ausrichtung auf die neue medizinische Studienordnung und stellte gleichzeitig eine wesentliche Voraussetzung für deren Realisierung dar. Das Vorklinikum wurde in den steirischen Medien als «Neues Haus der Superlative» gefeiert, es war damals das größte Bundesgebäude in der Landeshauptstadt und zugleich eines der modernsten und weitläufigsten seiner Art in Europa, das sich besonders durch seine forschungsorientierte Gliederung auszeichnet. Die Errichtung des Vorklinikums kostete (ATS) 330 Millionen, es verfügt über 14.000 m² und beherbergte 2002 sieben Institute (Anatomie; Physiologie, Histologie und Embryologie; Medizinische Biochemie und Medizinische Molekularbiologie; Medizinische Biologie und Humangenetik; Medizinische Chemie; Medizinische Physik und Biophysik) und das Pregl-Laboratorium.
Zu Beginn des 21. Jahrhunderts erfuhr das Vorklinikum eine Erweiterung (1.100 m²), der Pläne der Architekten Wolfgang Kapfhammer, Wladimir Goltnik und Michael Kriegl zugrunde lagen. Einen Blickfang stellt der «schwebende» Baukörper für Bibliothekszwecke dar. Der 3,9 Millionen Euro teure Erweiterungsbau stand 2002 zur Verfügung, die 2,9 Millionen Euro teure Generalsanierung des Hörsaaltrakts, der dem Zentralbau des Vorklinikums vorgelagert ist, konnte 2003 abgeschlossen werden.[15]

9.3.2 Die Erweiterung und Generalsanierung der Alten Chemie, Universitätsplatz 1

Ende der 1960er Jahre präsentierte sich dieses Gebäude aus den 1870er Jahren, das jahrzehntelang als Musterbau galt,[16] in einem desolaten Zustand. Der Trakt zur Schubertstraße hin war nicht mehr sanierungsfähig und musste abgetragen werden. Diese Baulücke sollte durch einen Zubau geschlossen werden, dessen Planung Architekt Weixler übernahm. Aus der Sicht der KFUG schien der Termin für einen Zubau und die Generalsanierung günstig, da 1969 die Institute für Organische Chemie und für Physikalische Chemie ins neue Institutsgebäude (Heinrichstraße 28) übersiedeln konnten.

In einer im März 1969 in Graz stattfindenden Sitzung wurde das damals auf (ATS) 45 Millionen geschätzte Bauvorhaben diskutiert. Die Vertreter der Universität drängten auf einen möglichst baldigen Baubeginn, in der Hoffnung, dass – sobald das Projekt ins Laufen käme – sich auch die nötigen finanziellen Mittel organisieren ließen, die für die erfolgreiche Durchführung notwendig wären. (Die dafür benötigten Kredite waren zu diesem Zeitpunkt keineswegs gesichert.) Der Vertreter des Wissenschaftsministeriums kritisierte diesen Standpunkt, da nach seinem Erachten der Bund zu viele Baustellen eröffnete und sich wegen Kreditmangels die Durchführung vieler Bauvorhaben in die Länge zog, wodurch der Bund ständig der Kritik der Öffentlichkeit ausgesetzt sei.[17] – Auch die KFUG hatte bei der Errichtung der Institutsgebäude in der Heinrichstraße aufgrund der angespannten Lage auf dem Sektor der Baukredite diesbezüglich unerfreuliche Erfahrungen gemacht. Selbst Unterrichtsminister Piffl-Perčević war beispielsweise sehr verärgert, als die Montage der Heizkörper vor der (provisorischen) Schließung der Fenster erfolgte, weswegen etliche verrosteten und dann durch neue Heizkörper ersetzt werden mussten.[18] – Seitens der Universität hegte man die Hoffnung, dass das gegenständliche Projekt in drei Jahren durchgeführt werden könnte. Mit der Abtragung des nicht mehr sanierungsfähigen Traktes wurde 1970 begonnen, die Räumlichkeiten des Erweiterungsbaus konnten 1978 bezogen und das letztlich (ATS) 145 Millionen teure Bauvorhaben 1982 endgültig abgeschlossen werden. Die Naturwissenschaftliche Fakultät gewann damit 3.700 m², die 2002 dem Institut für Pharmazeutische Chemie und Pharmazeutische Technologie zur Verfügung standen.

9.3.3 Das Observatorium Lustbühel, Lustbühelstraße 46

Die KFUG verfügte seit der Abtragung des «Mathematischen Turmes» der alten Jesuitenuniversität über keine geeignete Beobachtungsstätte mehr, denn der Turm, der dem Physikalischen Institutsgebäude angliedert ist, das nach Plänen des Physikers August Toepler in der ersten Hälfte der 1870er Jahre errichtet wurde, war von ihm nur als kleines Demonstrations- und Übungsobservatorium konzipiert worden, in dem auch ein Foucault'sches Pendel untergebracht wurde.[19] Diese Beobachtungsstätte war nicht als klassisches Observatorium gedacht, da schon damals an diesem Ort die Rahmenbedingungen für eine ungestörte Beobachtung nicht gegeben waren.

Bereits 1943 war auf Anregung der KFUG hin in der Nähe des Schlosses Lustbühel von der Stadtgemeinde Graz ein Grundstück gepachtet worden, um darauf eine Universitätssternwarte zu errichten. 1956 wurde das Grundstück am östlichen Stadtrand von Graz vom Bund erworben, das 1969 durch einen weiteren Ankauf auf rund 18.500 m² vergrößert werden konnte. Aufgrund der angespannten finanziellen Situation war an den Bau eines Observatoriums während dieser Jahre allerdings nicht zu denken. Bis Mitte der 1960er Jahre musste an diesem Standort vom Astronomischen Institut unter einfachsten Bedingungen wissenschaftliche Arbeit geleistet werden. In Holzhütten wurden beispielsweise Fernrohre montiert, die in der universitätseigenen Werkstätte hergestellt worden waren. Einen entscheidenden Impuls erhielt das gegenständliche Projekt in der zweiten Hälfte der 1960er Jahre durch Initiativen des universitären Instituts für Meteorologie und Geophysik und des Instituts

für Geodäsie II der TUG, die beide einen geeigneten Ort für durchzuführende Satellitenbeobachtungen suchten. Außerdem wurde damals an beiden Grazer Universitäten die Weltraumforschung intensiviert, und auch das Institut für Nachrichtentechnik und Wellenausbreitung der TUG zeigte an der Errichtung eines Observatoriums großes Interesse.
1971 wurde ein Raum- und Funktionsprogramm erstellt, und im Sommer des darauf folgenden Jahres stimmte das Wissenschaftsministerium dem Bau der Beobachtungsstation zu. Das rund (ATS) 10 Millionen teure Bauvorhaben wurde im August 1974 in Angriff genommen. Auf einer Wiesenkuppe, die nach Osten und Süden einen freien Blick weit ins Land gewährt und nach Westen hin zur Stadt durch einen Wald abgeschirmt wird, entstand ein Observatorium, das mit einem Spiegelteleskop, einer schwenkbaren Antennenanlage und einer Satellitenkamera ausgestattet wurde. Für eine Parabolspiegelanlage war ein eigenes Gebäude ca. 40 Meter südöstlich des zweigeschoßigen Hauptgebäudes errichtet worden, wodurch das Beobachtungsfeld der anderen Messinstrumentarien nicht beeinträchtigt wird. Das Observatorium Lustbühel (600 m²) konnte 1976 seinen Betrieb aufnehmen.[20] 2002 wurde diese Forschungsstätte vom Institut für Geophysik, Astrophysik und Meteorologie der KFUG, den Instituten für Geodäsie sowie für Nachrichtentechnik und Wellenausbreitung der TUG und dem in Graz angesiedelten Institut für Weltraumforschung der Akademie der Wissenschaften genutzt.

9.3.4 Das Universitätssportzentrum am Rosenhain, Max-Mell-Allee 11

Im April 1979 wurde mit den Bauarbeiten des Universitätssportzentrums am Rosenhain begonnen, das sich nach Fertigstellung im Jahre 1984 bei den Studierenden und den Angehörigen der Grazer Universitäten, welche die dort gebotenen Möglichkeiten nützen, großer Beliebtheit erfreut. Bereits vor 1938 war auf diesem sehr schön gelegenen Areal, das sich im Besitz der Stadt Graz befand, eine Bildungsstätte für die «Akademische Jugend» geplant und eine Sportanlage mit einer damals recht modernen Turnhalle errichtet worden. Während des Zweiten Weltkrieges stellte man auf dem Grundstück auch «Umsiedlerbaracken» auf, die zusammen mit der alten Turnhalle 1963 abgerissen wurden. 1964 kam die KFUG in den Besitz dieses mehr als 36.000 m² umfassenden Areals.
Das (ATS) 93 Millionen teure Universitätssportzentrum am Rosenhain plante Architekt Jöstl, dessen Entwurf im November 1977 genehmigt wurde und neben den Sportanlagen im Freien auch vier Gebäude umfasste, die über knapp 3.750 m² verfügen.[21] Die Sporthalle beherbergt unter anderem eine große Spielhalle, eine Geräteturnhalle, eine Judo- und Gymnastikhalle, eine Winterlaufbahn, einen Seminarraum, einen Schießraum, eine Sauna und ein Buffet mit Terrasse. Ergänzt wird diese Halle durch zwei Gerätebunker und das Platzwarthaus. Die Sportanlage verfügt im Freien unter anderem über ein Rasensportfeld, eine Tribüne, die rund 600 Personen Platz bietet, Lauf- und Leichtathletikflächen, einen Hartplatz und mehrere Tennisplätze.

9.4 Die räumliche Erweiterung der Universität Graz ab 1980

Bis Mitte der 1980er Jahre hielt der starke Zustrom der Studierenden an (1980/81: 15.987; 1985/86: 21.191; 1989/90: 23.060). Die Flächengewinne fielen hingegen weit weniger deutlich aus (1980: 76.000 m²; 1990: 97.000 m²). Die Bautätigkeit verlief in diesem Jahrzehnt schleppend, was wiederholt zu Prostesten seitens Lehrender und Studierender führte. Die gereizte Stimmung wurde im Juli 1985 durch ein Versprechen von Bautenminister Übleis noch zusätzlich angeheizt. Der Minister machte im Rahmen einer Aussprache, die Bürgermeister Stingl initiiert hatte, den Rektoren der Grazer Universitäten konkrete Zusagen zeitlicher und finanzieller Art. In den steirischen Zeitungen waren von (ATS) 1,5 Milliarden für den Universitätsbau in Graz zu lesen.

Im November 1986 veranstaltete Rektor Brünner gemeinsam mit dem Akademischen Senat eine Pressekonferenz und informierte so die Öffentlichkeit von der schwierigen Situation, unter der die KFUG zu leiden hatte, die seiner Auffassung nach in der Raumnot ihre Ursache hatte. Der Rektor forderte ein «Notbauprogramm», das von einer gemischten Kommission mit Vertretern aus Politik, Forschung und Lehre sowie Bauwirtschaft erarbeitet werden sollte. Diese Kommission sollte auch über Prioritäten von Bauvorhaben entscheiden können. Wenig später versprach Stingl eine gesamtsteirische Initiative zum weiteren Ausbau der Grazer Universitäten und wollte in dieser Angelegenheit in Wien vorsprechen. Die KFUG hatte damals österreichweit wohl den größten Raummangel zu beklagen. Seit 1977 wurde kein neuer Institutsbau mehr fertig gestellt. Zahlreiche Räumlichkeiten wurden deswegen angemietet, wodurch in der zweiten Hälfte der 1980er Jahre die KFUG auf rund 70 verschiedene Standorte in Graz verteilt war, was zu zusätzlichen Erschwernissen für Studierende und Lehrende führte. (1987 betrug der Anteil an angemieteten Flächen 12 %.) Beklagt wurde insbesondere, dass die Planungsphase für das 3. Institutsgebäude mittlerweile bereits 15 Jahre dauerte und schon baureife Projekte aus Geldmangel wieder zurückgestellt worden waren.

Ende Jänner 1987 richteten sozialdemokratische Abgeordnete eine schriftliche parlamentarische Anfrage, welche die Raumnot der KFUG zum Gegenstand hatte, an den Bundesminister für Wissenschaft und Forschung. Im April forderte dann die Grazer ÖVP die Bundesregierung auf, ein Finanzierungsmodell für die in Planung befindlichen Bauten der KFUG zu erstellen und die bereits baureifen Projekte sofort in Angriff zu nehmen. In seinem Antwortschreiben sprach Tuppy auch Gründe an, die sich als hemmende Faktoren in Graz tatsächlich in einem besonders starken Maße bemerkbar machten: «Gründe für Verzögerungen lagen nicht nur in der Prioritätensetzung, sondern auch in der verstärkten Umweltbewusstseinsbildung, wofür gerade Graz ein besonders sensibler Boden ist. Nunmehr wird sicherlich Graz ein Schwerpunkt des Hochschulbaues sein. [...] Die erforderlichen budgetären Restriktionsmaßnahmen machen neue finanzielle und vertragsrechtliche Überlegungen notwendig, die derzeit im Gange sind und voraussichtlich in Kürze abgeschlossen sein werden. Seien Sie versichert, dass ich die anerkannten Notwendigkeiten der Universität Graz, für die nun auch der Neubau des ReSoWi-Zentrums auf dem Areal des alten Sportplatzes in greifbare Nähe gerückt ist, weiter mit Nachdruck vertreten werde».[22] Das angesprochene Zentrum der Rechtswissenschaftlichen und der Sozial- und Wirtschaftswissenschaftlichen Fakultät konnte schließlich in den Jahren 1994 bis 1996 errichtet werden.

Im Juli 1987 langte eine Unterschriftenaktion der ÖH im Wissenschaftsministerium ein. Ihre Initiatoren forderten den sofortigen Baubeginn des 3. Institutsgebäudes, des Gewächshauses für das Botanische Institut und den Ausbau der Dachböden der Gebäude «Universitätsplatz 2 und 4». Außerdem sollten alle in Planung befindlichen Universitätsbauten möglichst rasch in Angriff genommen werden. Bereits im April 1987 hatte die Fachabteilung IVb (Neubaumaßnahmen) des Landesbauamtes eine Broschüre – «Steirische Hochschulbauten» – herausgegeben, in welcher man einleitend festhielt, dass nur durch eine Verbesserung und Erweiterung der räumlichen Verhältnisse Lehre und Forschung an den steirischen Hochschulen ordnungsgemäß weitergeführt werden könnten. Diese Maßnahmen wären aufgrund der derzeitigen Budgetsituation nicht zu realisieren, was für Bauprojekte vom Planungsstopp bis zur Baueinstellung, der Drosselung von laufenden Bauvorhaben und keinen Baubeginn für dringend benötigte, baureife Projekte zur Folge habe. Angeführt wurden neun baureife Vorhaben mit einem Gesamtvolumen von (ATS) 876 Millionen, die mangels Finanzierungsmöglichkeit im Bundesbudget nicht ausgeführt werden könnten. Für drei Projekte könne keine Planungsgenehmigung erteilt werden und bei der Weiterführung von sechs Planungen sei es zu Verzögerungen gekommen. Auch die daraus resultierenden negativen Auswirkungen auf die steirische Wirtschaft thematisierte man in dieser Broschüre.

Neben den bereits angedeuteten Anrainerprotesten und Bürgerinitiativen sowie Entscheidungen der Grazer Altstadtkommission dürfen aber auch Unstimmigkeiten innerhalb der Professorenschaft nicht unerwähnt bleiben, die ebenfalls Ursachen für den zögerlichen Ausbau der KFUG während der 1980er Jahre gewesen sind. Die

Bürgerinitiativen gründeten meist in Eigeninteressen Einzelner, die sich dann medial verstärkt hinsichtlich des Ausbaus der KFUG äußerst negativ bemerkbar machten. Das größte Problem, von dem in der zweiten Hälfte der 1980er Jahre praktisch alle Universitäten betroffen waren, stellte aber die damals angestrebte Bundesbudgetkonsolidierung dar. Zu Beginn dieses Jahrzehnts waren die für Universitätsbauten zur Verfügung stehenden Neubaukredite – Kapitel 64 – des Bautenministeriums noch jährlich anstiegen. Die damalige Entwicklung fortgesetzt, hätte die Dotierung des Kapitels 64 Ende der 1980er Jahre ungefähr doppelt so hoch sein müssen, als sie tatsächlich war. Die erfolgten Einsparungen führten dann dazu, dass österreichweit zahlreiche bereits getroffene Vereinbarungen nicht mehr eingehalten werden konnten.[23]
Unter diesen schwierigen Rahmenbedingungen konnte in diesem Jahrzehnt außerdem nur ein kleiner Teil jener «kleineren» Bauvorhaben realisiert werden, die von der KFUG vorgeschlagen wurden. Der Aufforderung des Wissenschaftsministeriums, eine Reihung von kleinen Bauvorhaben vorzulegen, war die KFUG im Februar 1984 nachgekommen. Die Liste umfasste neun Projekte, wovon lediglich drei Bauvorhaben bis 1990 fertig gestellt waren; fünf konnten erst in den 1990er Jahren in Angriff genommen bzw. abgeschlossen werden.

9.4.1 Die Generalsanierung des Meerscheinschlössls, Mozartgasse 3

Die Anfänge der Baugeschichte des nach dem späteren Besitzer Johann Meerschein benannten Schlössls reichen ins 16. Jahrhundert zurück, das Ende des 17. Jahrhunderts vermutlich nach Plänen des Grazer Hofbaumeisters Joachim Carlone umgebaut worden war. Im ersten Jahrzehnt des 18. Jahrhunderts wurde eine Unterkellerung vorgenommen und vor allem die Gartenfront neu gestaltet. Mit seinem damals bis zum Geidorfplatz hinreichenden Garten und seiner oftmals gewürdigten Barockarchitektur ordnet sich der Bau in die Reihe der Lustschlösser ein und gehörte zu einem der vornehmsten Landsitze. 1801 erwarb der Postmeister und Kaffeehausbesitzer Meerschein das Schloss, das bis 1809 zu einem der beliebtesten Vergnügungsetablissements zählte. Der Einfall napoleonischer Truppen setzte dem ein jähes Ende. Durch Parzellierung des Gartens wurde Mitte des 19. Jahrhunderts die Gartenarchitektur zerstört. Gegen Ende dieses Jahrhunderts war dann im Gebäude die erste (private) steirische Drogenstation (Sanatorium für Nervenkranke und Morphinisten) untergebracht. 1914 erstand schließlich das Ministerium für Cultus und Unterricht das Meerscheinschloss und widmete es der KFUG.[24]
In den 1970er Jahren präsentierte sich das Gebäude (2.200 m²) in einem trostlosen Zustand. Das Dach vom Einsturz bedroht, die alten Dippeltramdecken über dem großen Saal – wo im Juli 1811 Beethovens 6. Symphonie erstmals in Graz aufgeführt worden war – vermorscht und die Wände teilweise vom Mauerschwamm zerfressen, stand es jahrelang für den Abbruch zur Diskussion. Auf dem frei gewordenen Grundstück hätte ein Neubau für die KFUG errichtet werden können, eine Idee, die von manchen Professoren befürwortet worden war. Durchgesetzt hatten sich dann aber andere Kräfte innerhalb der Universität, deren Anliegen durch Vertreter des Denkmalamts und der steirischen Landesbaudirektion unterstützt wurden. 1975, dem Jahr des Denkmalschutzes, erfolgte der entscheidende Anstoß zur Rettung des Meerscheinschlosses. Vom Landesbauamt wurde 1979 die (ATS) 40 Millionen teure Generalsanierung begonnen und 1982 zum Abschluss gebracht.[25] Der Dachstuhl musste komplett abgetragen und erneuert werden, ebenso mehrere Mauern; eine Stahltragkonstruktion schützt nun das berühmte Deckenfresko von Giulio Qualio aus dem Jahre 1708, das den Sieg der christlichen Religion über die heidnische Götterwelt darstellt. Seit seiner Fertigstellung beherbergt das Schlössl das Institut für Musikwissenschaft und die Abteilung für Südosteuropäische Geschichte. Nach seiner umfangreichen Restaurierung präsentiert sich nun das Meerscheinschlössl, das im 18. Jahrhundert als «Grazer Versailles» bezeichnet wurde, wieder als ein Baujuwel, das für zahlreiche (feierliche) Veranstaltungen der KFUG einen würdigen Rahmen bietet.

9.4.2 Die Generalsanierung des Gebäudes «Universitätsstraße 6»

Nach dem Auszug der Bundesanstalt für Lebensmitteluntersuchung und der Bakteriologisch-serologischen Untersuchungsanstalt, die Anfang der 1980er Jahre in einen Neubau übersiedelten, wurde das Gebäude «Universitätsplatz 6» (550 m^2) frei, an welchem schon seit vielen Jahren seitens der Medizinischen Fakultät Interesse bestand. Vor einem Neubezug musste dem Urteil des Landesbauamtes gemäß das Gebäude jedoch generalsaniert werden. Diese Situation nutzte der damalige Vorstand des Hygieneinstituts geschickt zur Errichtung des Instituts für Sozialmedizin. Seit 1974 gab es eine Planstelle für eine ordentliche Professur für Sozialmedizin, doch wurde jahrelang kein Besetzungsvorschlag von der Medizinischen Fakultät vorgelegt. Das Fach war vom Hygieneinstitut betreut worden, dessen Vorstand 1980 für die Errichtung eines eigenen Instituts für Sozialmedizin die Unterstützung durch den Gewerkschaftsbund, die Arbeiterkammer und das Land Steiermark erreichte. Im Wissenschaftsministerium stand man dem Vorhaben anfänglich ablehnend gegenüber, da man die präjudizierende Wirkung auf Wien und Innsbruck fürchtete.[26] Nach der Generalsanierung wurde neben dem neu gegründeten Institut auch die Telefonzentrale der KFUG in diesem Gebäude untergebracht.

9.4.3 Die baulichen Maßnahmen auf dem Areal des LKH Graz in den 1980er Jahren

In dem hier zu betrachtenden Zeitraum konnten einige größere Bauvorhaben realisiert werden, beispielsweise in der ersten Hälfte der 1980er Jahre ein Neubau für die Radiologie; dennoch wurde in diesem Jahrzehnt immer deutlicher, dass eine weitreichende Neugestaltung der gesamten Anlage unumgänglich ist, da kaum eine Universitätsklinik nicht aufgrund von Raumnot und veralteten Einrichtungen in ihrer Tätigkeit stark beeinträchtigt war. Die Durchführung von baulichen Maßnahmen gestalteten sich in der Regel aber sehr schwierig. Nur um dafür ein Beispiel zu geben, soll hier der Ausbau des Pathologisch-Anatomischen Instituts eingehender betrachtet werden. In den Jahren 1910 bis 1912 war ein Gebäude für das Pathologische Institut auf Staatskosten mit Hilfe von Landessubventionen am Rande des Areals in St. Leonhard errichtet worden. Die Bemühungen, die Raumsituation des Institutes im Verband des LKH Graz zu verbessern, zogen sich dann über zwei Jahrzehnte hin. Bereits Ende der 1960er Jahre lag eine baureife Planung für eine Generalsanierung und Erweiterung des Gebäudes vor. Die Realisierung dieses Bauvorhabens gelang nicht, weil das Land Steiermark seine Auffassung hinsichtlich der künftigen Bebauung des Krankenhausareals änderte. Mitte der 1970er Jahre wurde vom Plan, das alte Gebäude abzutragen und an einer anderen Stelle einen Neubau zu errichten, wieder abgegangen, worauf die ursprüngliche Idee, das bestehende Gebäude zu sanieren und durch einen Zubau zu erweitern, neu verhandelt wurde.[27] In der Zwischenzeit arbeitete Architektin Fridrun Hussa einen Entwurf für das Bauvorhaben aus, der im März 1982 vorlag.

Damit war der Startschuss für die Unternehmung allerdings noch nicht gegeben. Dass sich diese Verhandlungen weiter in die Länge zogen, lag an den unterschiedlichen Auffassungen hinsichtlich der Verteilung der anfallenden Kosten. Im Jänner 1984 erzielte man schließlich eine Einigung, deren Basis die Aufteilung der Nutzungsanteile bildete.[28] Die Zusammenstellung ergab einen Nutzungsanteil von knapp über 60 % durch den Bund und knapp unter 40 % durch das Land, wodurch sich die Aufteilung gegenüber einer früher erstellten Variante im Ausmaß von rund 15 % zugunsten des Bundes verschob. Das Wissenschaftsministerium schlug daraufhin vor, die Investitionskosten (sowohl Bau als auch Einrichtung) für die Erweiterung und Generalsanierung des Pathologisch-Anatomischen Instituts im Verhältnis von 60:40 zwischen Bund und Land zu teilen. Der laufende Betrieb sei in die für die Kliniken geltende Regelung, wonach der Bund dem Land Steiermark 18 % des Abganges

als klinischen Mehraufwand ersetzt, einzubeziehen. Dies bedeutete den Durchbruch für ein Bauvorhaben, das im Oktober 1963 von der KFUG erstmals beantragt worden war. Der Erweiterungsbau wurde 1986 fertig gestellt, die Generalsanierung des Altbaus konnte 1988 abgeschlossen werden. Der Bund beteiligte sich an dem Projekt mit (ATS) 110 Millionen.
In den 1980er Jahren wurde auf dem Areal des LKH auch ein Neubau für die Zentrale Tierhaltung (Hahnhof) gebaut. (Diese Einrichtung verfügt über einen zweiten Standort im eigentlichen Universitätsviertel, wo sie im Kellergeschoß des Vorklinikums untergebracht ist.) Gegen Ende dieses Jahrzehnts machten die Vertreter der Ärzteschaft an der Medizinischen Universitätsklinik und der I. Medizinischen Abteilung des LKH Graz auf die katastrophalen Arbeitsbedingungen aufgrund der prekären Raumsituation aufmerksam. Nach Intervention des Wissenschaftsministeriums gab dann die Steiermärkische Krankenanstalten-GesmbH die Lieferung einer ca. 30 Arbeitszimmer umfassenden Baracke in Auftrag,[29] die als provisorische Unterkunft diente. Im Großprojekt «LKH Graz 2000» wurde der Erweiterung und Sanierung dieser Klinik neben der Errichtung eines Forschungszentralgebäudes höchste Priorität eingeräumt.

9.4.4 Der Umbau des ehemaligen Heizhauses, Universitätsstraße 2–4

Ebenso wie an der TUG wurde 1981 auch das Heizhaus der KFUG, das Anfang der 1950er Jahre errichtet worden war, durch den Anschluss der Universitätsgebäude an die Fernheizung funktionslos. Die Universität beantragte im Oktober 1981 eine Adaptierung zur Schaffung von Hörsälen und Übungs- bzw. Seminarräumen. (Zuvor hatte auch die Universitätsbibliothek ihren Bedarf geltend gemacht, diesen aber gelegentlich der im Oktober abgehaltenen Sitzung des Akademischen Senats wieder zurückgezogen.) Gegen Ende des Jahres 1983 und im Jänner 1984 wurde in Wien die Entwurfsplanung für den Umbau des Heizhauses von Vertretern des Bauten- und des Wissenschaftsministeriums, des Steiermärkischen Landesbauamtes, der Universität und Architekt Gerd Rainer diskutiert.[30] Das Wirtschaftsressort ging von einer Fertigstellung der Adaptierung Ende 1985 aus.
Unstimmigkeiten in Zusammenhang mit der Belüftungsanlage verzögerten die Fertigstellung jedoch um ein Jahr. Als dann aufgrund eines Streits, der an der Frage nach der Vergabe der Architekturleistungen auf dem Gebiet der Innenraumgestaltung und der audiovisuellen Ausstattung entbrannte, das Gebäude auch noch nicht mit Beginn des Wintersemesters 1986/87 in Betrieb genommen werden konnte, war die Verärgerung vor allem bei den betroffenen Studierenden groß. Im November 1986 besetzten sie das ehemalige Heizhaus vorübergehend. Erst im darauf folgenden Jahr konnte die (ATS) 28 Millionen teure Adaptierung abgeschlossen werden; der Universität standen damit weitere 2.500 m² zur Verfügung. Bis zur Besiedlung des RESOWI-Zentrums (1996) wurden die Hörsäle vor allem von der Rechtswissenschaftlichen und der Sozial- und Wirtschaftswissenschaftlichen Fakultät genutzt, letztere hatte in diesem Gebäude auch ihr Sprachlabor eingerichtet.

9.4.5 Die Aufstockung des Gebäudes «Holteigasse 6»

In den 1980er Jahren hätten drei baureife Projekte im Botanischen Garten der KFUG realisiert werden können, wovon lediglich das 2. Botanische Institutsgebäude (Holteigasse 6), das 1913 in sezessionistischem Stil erbaut worden war, um (ATS) 11 Millionen aufgestockt wurde. Seit 1988 stehen darin dem Institut für Botanik knapp 1.800 m² zur Verfügung.

9.4.6 Das 3. Institutsgebäude, Heinrichstraße 36

Das so genannte 3. Institutsgebäude bildet den Abschluss der Bauten in der Heinrichstraße, die während der Jahre 1963 und 1969 für Zwecke der damaligen Philosophischen Fakultät errichtet wurden. Ende der 1960er Jahre vertrat das Unterrichtsministerium den Standpunkt, dass die Frage der Realisierung dieses Bauvorhabens eng mit der Frage der Verbauung des Areals des alten Universitätssportplatzes verknüpft sei. Erst im Herbst 1970 wurden diese beiden Bereiche voneinander getrennt betrachtet.[31] Dem Bautenministerium wurde damals ein Raum- und Funktionsprogramm weitergeleitet. Ein Jahr zuvor, im November 1969, war vom Akademischen Senat dieses Bauprojekt – nach dem Vorklinikum, einem Neubau anstelle der Alten Chemie und den Sportanlagen am Rosenhain – an die vierte Stelle der Dringlichkeitsreihung gesetzt worden. Das Baugelände in der Heinrichstraße stand bereits zur Verfügung, da das damals an dieser Stelle befindliche Wohnhaus zur Gänze frei gemacht werden konnte.
Nachdem im Herbst 1972 das Wissenschaftsressort das Bautenministerium an dieses Bauvorhaben der KFUG erinnert hatte, wurde dem Landesbauamt der Planungsauftrag erteilt. Von der Universität war inzwischen eine Aufstockung des Gebäudes angeregt worden, wodurch eine wesentliche Entlastung der räumlichen Beengtheit der Philosophischen Fakultät erreicht werden sollte. Dies zog eine städtebauliche und bautechnische Überprüfung des Vorhabens mit sich. Im November 1973 wurde das Bautenministerium davon in Kenntnis gesetzt. In weiterer Folge entstand im Zusammenhang mit der Unterbringung der Fachbibliotheken ein Problem, das universitätsintern erst im Frühjahr 1979 gelöst werden konnte.[32] Die Institute für Anglistik, Amerikanistik und Geographie trafen endlich eine Vereinbarung, die den Erfordernissen des Bibliothekswesens entsprach. In diesem Jahr musste aber die Vergabe der Architekturleistungen aufgrund der budgetären Situation zurückgestellt werden.
1980 war das 3. Institutsgebäude vom Akademischen Senat schließlich an die erste Stelle aller Bauvorhaben gereiht worden. Mit Nachdruck suchte die Universität das Projekt zu Beginn des Jahres 1982 voranzutreiben und wurde dabei vom Wissenschaftsministerium unterstützt, das wiederum beim Wirtschaftsressort intervenierte.[33] Die Bemühungen hatten Erfolg. Für das Jahr 1983 wurde ein österreichweiter baukünstlerischer Wettbewerb ausgeschrieben, die eingelangten Entwürfe wurden im Februar 1984 beurteilt. Den ersten Preis erreichte eine Architektengemeinschaft, der Wolfgang Kapfhammer, Johannes Wegan, Gert Koßdorff und vier weitere Architekten angehörten, die dann auch mit der Ausführung des Bauvorhabens betraut wurde. Die Jury befand, dass dieses Projekt eine eindeutige Ausformulierung der Funktionsbereiche im Baukörper aufweise, der auch die städtebaulichen Gegebenheiten berücksichtigt. Die in drei Bauteilen untergebrachten und vertikal gegliederten Institutsbibliotheken schirmen die Institutsarbeitsräume vom Lärm der Heinrichstraße ab. Die beiden Funktionsgruppen – Bibliotheken und Institutsarbeitsräume – werden durch eine viergeschoßige Halle verbunden. Anerkennung fand die hohe Qualität des Innenraums, die sich vor allem im Erdgeschoßbereich in der Halle zeigt. Die Jury kritisierte allerdings die vorgeschlagene Fassadengestaltung des Baukörpers und äußerte auch in funktioneller Hinsicht Vorbehalte und Anregungen.[34] Im Herbst 1984 wurde die Erweiterung des Raumprogramms um ca. 500 m² genehmigt und die bauführenden Architekten auch mit der Planung der Inneneinrichtung beauftragt.
1987 konnte mit dem Bau des 3. Institutsgebäudes begonnen werden. Unmittelbar vor Realisierung des Projekts wurde zwar die Universität aufgefordert, eventuell notwendige Revisionen bekannt zu geben, da das Raum- und Funktionsprogramm ja bereits in den 1970er Jahren erstellt worden war. Die Universität blieb jedoch bei ihren ursprünglichen Angaben, offensichtlich in der Befürchtung, dass eine Abänderung und dementsprechende Umplanung eine weitere Bauverzögerung bedeuten würde. Anfang 1990 schlug dann die KFUG vor, das Institut für Amerikanistik in einer Anmietung zu belassen und nur mehr drei Institute (Mathematik, Geographie und Anglistik) im Neubau unterzubringen. Nach anfänglichen Widerständen schloss sich das Wissenschaftsressort der Argumentation der Universität an und gab seine Zustimmung zur Änderung des Raumprogramms, allerdings

unter der Bedingung, dass damit weder finanzielle noch terminliche Konsequenzen verbunden sind.[35] Das (ATS) 240 Millionen teure Gebäude hätte schon im Herbst 1990 in Betrieb genommen werden können, hätte der beauftragte Architekt bei der Einrichtungsplanung darauf Rücksicht genommen, dass die Einrichtung entsprechend ausgeschrieben und vergeben werden muss, um eine rechtzeitige Lieferung für diesen Übersiedlungstermin sicherzustellen. Dies wurde verabsäumt, weswegen sich die Übersiedlung der drei Institute bis ins Jahr 1991 hinauszögerte.

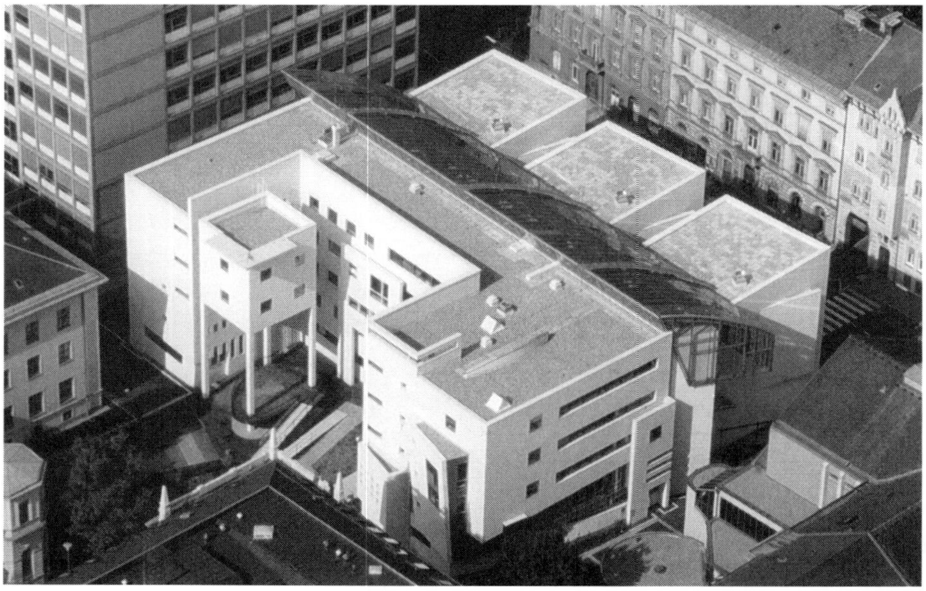

Beim 3. Institutsgebäude (4.000 m²) handelt es sich um den umstrittensten Bau der KFUG, der sowohl Zustimmung und Begeisterung als auch Ablehnung und Kritik der interessierten Öffentlichkeit sowie der Besucher und Nutzer des Gebäudes hervorrief. Das neu errichtete Gebäude hebt sich von den benachbarten Institutsgebäuden der Heinrichstraße deutlich ab. In ihm wird der Wandel der Auffassung über Funktion und Erscheinung im Stadtbild sowie in der inneren Gestaltung im Universitätsbau deutlich. Die Entwicklung ging vom schlichten Zweckbau – viel Fläche für wenig Geld – hin zu anspruchsvollem Design im Baukörper selbst, in der Gebäudehülle ebenso wie in der inneren Architektur. Als sichtbare Zeichen für die drei innewohnenden Institute können die drei Bibliothekskuben gedeutet werden, deren vertikal geordnete Bücherräume mit einer Glasstiege und geneigten Vertikalschlitzfenstern verbunden sind. Die Hörsäle mit ansteigender Bestuhlung erhalten Licht durch dazu parallel geneigte Fenster. Der hofartige Institutstrakt, der mit einer Festtribüne ausgestattet ist, soll kulturelle Veranstaltungen ermöglichen, wie auch die Galeriehalle, die – gemäß der Auffassung der Architekten – über die bloße Wissensvermittlung hinausweisen soll. Polarisiert hat vor allem die zentrale, nach oben sich verzweigende transparente Stiege in der Halle, in welche Neonröhren integriert sind. Diese Stiege wurde in Zusammenarbeit mit Waltraut Cooper im Rahmen von «Kunst und Bau» realisiert.

Die beiden Funktionsbereiche – Bibliothek und Institutsarbeitsräume – werden durch ein gläsernes Dach verbunden. Nach Kapfhammer soll es einerseits aufzeigen, dass die Möglichkeiten des menschlichen Denkens, aber auch der Himmel unbegrenzt erscheinen, andererseits ist es Symbol dafür, dass sich das reflexive Denken in der gläsernen Begrenztheit widerspiegelt. «Komplexe Architektur als Medium vernetzter Denkweisen von Natur- und Geisteswissenschaft ist Hülle von Inhalten der ‹Universitas›, dient der Bewusstseinserweiterung über die funktional geordnete Nützlichkeit hinaus, ist Identität, die sich auf ein Raumerlebnis bezieht, auf einen Ort, auf eine Formensprache, auf eine ganz bestimmte Situation, an die man sich erinnert wie an ein Mahnmal für den schöpferischen Geist, der aus den Räumen herauswächst. Dieses Haus ist daher erdacht und gebaut als Symbol einer Zeitstelle in der Ambivalenz ausgeprägter Eigenständigkeit und städtisch proportionierter Einfügung – akzentuiert hineingeboren!»[36] Die sieben Architekten, die für das 3. Institutsgebäude verantwortlich zeichnen, erhielten dafür den Preis des Landes Steiermark für Architektur 1990 verliehen. Die Danksagung anlässlich des Festaktes, der im Juni 1991 im Haus der Architektur stattfand, schloss Kapfhammer mit der Aussage, dass Architekten immer wieder Abenteurer seien, die in ihrer Begeisterung für eine Idee die an der Realisierung Beteiligten als «Mannschaft» in unbekannte Gewässer mitnehmen, um an ein neues Ufer gelangen zu können.[37]

9.4.7 Die Dachausbauten und Sanierungen der Gebäude «Universitätsplatz 2 und 4»

Die für Zwecke der Medizinischen und der Philosophischen Fakultät errichteten Gebäude «Universitätsplatz 2 und 4» waren 1899 fertig gestellt worden. Um die bestehende Bausubstanz optimal nützen und möglichst viele Institute auf dem Universitätsareal vereinigen zu können, wurde im Sommer 1983 vom Bautenministerium Architekt Hubert Rauch damit beauftragt, die Möglichkeit eines Ausbaues der Dachböden in technischer und wirtschaftlicher Hinsicht zu untersuchen; das Urteil fiel positiv aus. Im Einvernehmen mit dem Bautenressort wurde im Oktober 1983 festgelegt, die Ausbauten der beiden Gebäude und des Gebäudes «Halbärthgasse 8» durchzuführen, wobei sich die Reihenfolge einerseits nach den technischen Möglichkeiten und andererseits nach den Bedürfnissen der KFUG richten sollte.

Räumlichkeiten innerhalb des Universitätsareals waren damals praktisch für alle unter der allgemeinen Raumnot leidenden Fakultäten sehr begehrt. Mit dem geplanten Ausbau der beiden Dachböden wurden je 1.000 m^2 in Aussicht gestellt. Die Ausgangssituation für die Verhandlungen innerhalb der Professorenschaft gestaltete sich auch deswegen schwierig, da Ende 1983 der Baubeginn des RESOWI-Zentrums überhaupt noch nicht abschätzbar war, an das Universitätszentrum Wall in der Merangasse noch gar nicht gedacht werden konnte und selbst die Errichtung des 3. Institutsgebäudes noch ungesichert erscheinen musste. In der außerordentlichen Sitzung des Akademischen Senats am 7. November 1983 sprachen sich die Vertreter der Medizinischen Fakultät jedenfalls gegen die Zuweisung von Räumen an Institute anderer Fakultäten aus. Es wurde ein Beschluss bei drei Gegenstimmen gefasst, dass im Gebäude «Universitätsplatz 2» neben dem Institut für Pharmakognosie auch die Institute für Soziologie und für Übersetzer- und Dolmetscherausbildung Räume zugewiesen bekommen. Über den Antrag des damaligen Dekans der Sozial- und Wirtschaftswissenschaftlichen Fakultät beschloss der Akademische Senat außerdem dafür Sorge zu tragen, dass der Wunsch der Medizinischen Fakultät, ihr Räumlichkeiten bei Freiwerden durch Auszug eines Institutes oder beider Institute zuzusprechen, vorrangig berücksichtigt werde.[38]

Im Budget 1984 waren bereits Mittel vorgesehen, weswegen man im Wissenschaftsministerium meinte, dass mit einer Fertigstellung der Dachausbauten Anfang 1986 gerechnet werden könnte. Aufgrund von baupolizeilichen Auflagen im Jahre 1985 verzögerte sich der Baubeginn, außerdem erhöhten sich dadurch die veranschlagten Kosten. Dies nahmen die Vorstände der Institute für Klinische und Experimentelle Pharmakologie, für Hygiene und für Gerichtsmedizin zum Anlass, um gegen den Ausbau der Dachböden mobil zu machen. Sie erwirkten einen einstimmigen Beschluss der Medizinischen Fakultät und initiierten eine Unterschriftenaktion gegen die geplanten Bauvorhaben. Damit setzten sie sich über Beschlüsse des Akademischen Senats hinweg.[39] Der Streit wurde teilweise auch über die steirischen Medien ausgetragen. 1989 wurde schließlich mit den (ATS) 140 Millionen teuren Ausbauten doch begonnen, die 1992 fertig gestellt werden konnten. 2002 waren im Gebäude «Universitätsplatz 2» (9.300 m^2) vier naturwissenschaftliche Institute (Zoologie; Psychologie; Pharmakologie und Toxikologie; Mineralogie und Petrologie) untergebracht. Das Gebäude «Universitätsplatz 4» (9.000 m^2)

beherbergte das Institut für Pharmakognosie sowie die medizinischen Institute für Experimentelle und Klinische Pharmakologie, für Gerichtliche Medizin, für Hygiene und zum Teil das Institut für Sozialmedizin und Epidemiologie. – Die hohen Ausbaukosten samt den klimatischen Problemen hatten allerdings zur Folge, dass keine weiteren Dachbodenausbauten mehr vorgenommen wurden, obgleich ein solcher seitens der KFUG Mitte der 1990er Jahre für das Gebäude «Universitätsplatz 5» gewünscht wurde. Ein weiteres Problem stellte in diesem Zusammenhang die Besiedlungsdichte im 3. Grazer Stadtbezirk Geidorf dar.

9.4.8 Die Modernisierungsmaßnahmen für das Sonnenobservatorium Kanzelhöhe bei Villach

Die auf 1.500 Meter Seehöhe gelegene Kanzelhöhe auf dem Berg Gerlitzen (1.900 Meter) befindet sich ca. 10 km nordöstlich von Villach in der Nähe des Ossiachersees. Während des Zweiten Weltkrieges errichtete die Deutsche Luftwaffe das Sonnenobservatorium und einen Beobachtungsturm auf dem Gipfel. Die Aufsicht über das damals modern ausgestattete Observatorium wurde bald nach Ende des Krieges von der Royal Air Force an die Universität Graz übertragen; die offizielle Übergabe erfolgte 1949. Zur Beobachtung der Sonnenkorona hatten zuvor Techniker der Royal Army einen zweiten Turm errichtet.
Die zur Gemeinde Treffen zählende Anlage, die einzige ihrer Art in Österreich, erfuhr schon Ende der 1960er Jahre eine Modernisierung, außerdem wurden mehrmals benachbarte Grundstücke vom Bund für Zwecke des Sonnenobservatoriums angekauft. Ende der 1980er Jahre errichtete man einen rund (ATS) 3,5 Millionen teuren Zubau an das Hauptgebäude auf der Kanzelhöhe; in dem zweigeschoßigen Trakt (120 m²) richtete man ein Archiv und einen Seminarraum ein.[40] Vor dem Observatorium (500 m²) befindet sich seitdem auch ein Heliostat mit großen Solarpanelen. Das dem Institut für Geophysik, Astrophysik und Meteorologie der KFUG angegliederte Sonnenobservatorium wird auch von ausländischen Kollegen genutzt, an deren Finanzierung sich außerdem das Land Kärnten und die Akademie der Wissenschaften beteiligen.

9.5 Die räumliche Erweiterung der Universität Graz ab 1990

Im Studienjahr 1990/91 zählte man 23.630, 1995/96 28.060 und 2000/01 30.388 ordentliche Studierende. Im letzten Jahrzehnt des 20. Jahrhunderts konnte durch einen großzügigen Ausbau der KFUG deren Raumsituation deutlich verbessert werden. Mit dem RESOWI-Zentrum (23.000 m²) wurde das bisher größte Bauprojekt der Universität Graz realisiert, und mit der Besiedlung des Universitätszentrums Wall in der Merangasse gewann sie weitere 15.000 m². Allein durch die Besiedlung dieser zwei Zentren konnte eine Vielzahl von Anmietungen, die auf ganz Graz verstreut waren, aufgegeben werden. Zu Beginn des 21. Jahrhunderts standen der KFUG 127.000 m² zur Verfügung.
Eine Ausweitung des Universitätsviertels erfuhr die KFUG durch die Adaptierung der ehemaligen Kinderchirurgie und den Ankauf zweier Gebäude in der Attemsgasse. Es handelte sich dabei um das Gebäude «Attemsgasse 25» und das STEG-Haus (Attemsgasse 8), das zu Beginn der 1980er Jahre generalsaniert worden war und bis 1990 als Betriebsgebäude der Steiermärkischen Elektrizitäts-Aktiengesellschaft (STEG) diente.[41] Der Ankauf im Jahre 1991 erfolgte unter der Bedingung, dass die für die Anmietung erforderlichen Mittel zum Großteil durch Einsparungen infolge der Aufgabe anderer Mietobjekte aufgebracht werden konnten. 2002 waren im STEG-Haus (rund 1.500 m²) fünf theologische Institute (Religionswissenschaft; Kirchengeschichte und

Kirchliche Zeitgeschichte; Katechetik und Religionspädagogik; Kanonisches Recht; Fundamentaltheologie) untergebracht. – In gewisser Hinsicht konnte der Ausbau der KFUG zu einem (vorläufigen) Abschluss gebracht werden, da in den 1990er Jahren auch immer wieder verzögerte Bauvorhaben, beispielsweise das 3. Institutsgebäude, die Gewächshäuser und der Neubau des Instituts für Pflanzenphysiologie im Botanischen Garten realisiert bzw. fertig gestellt werden konnten.

9.5.1 Die Adaptierung des Gebäudes «Attemsgasse 25»

Die Zersplitterung der Universität auf mehr als 70 verschiedene Standorte Ende der 1980er Jahre brachte nicht nur für Studierende, sondern auch für Lehrende eine Reihe von Erschwernissen mit sich. Der Akademische Senat war deswegen bemüht, Institute möglichst auf dem Universitätsareal des Geidorfviertels zusammenzuführen. In diesem Zusammenhang ist der Erwerb des STEG-Hauses und des 1890 errichteten Gebäudes «Attemsgasse 25» zu sehen.

Das Finanzressort hatte seine Zustimmung zum Erwerb dieses Hauses, der 1992 erfolgte, aber davon abhängig gemacht, dass Anmietungen in jenem Ausmaß aufgegeben werden, wie Neuflächen (1.600 m^2) durch den Ankauf hinzukommen. Aus diesem Grund wurden nicht nur die Institute für Volkskunde und für Amerikanistik in diesem Gebäude untergebracht, sondern auch die Abteilung für Sprachausbildung und Fachdidaktik des Instituts für Anglistik. Die Bedeutung dieses Erwerbes lag nicht in einer Vermehrung der Nutzfläche, sondern in der Konzentration von Räumlichkeiten in unmittelbarer Nähe des Universitätsareals. Bei den Überlegungen zum Raum- und Funktionsprogramm wurde davon ausgegangen, dass die bestehende Gebäudestruktur, insbesondere die grundrisslichen Vorgaben, möglichst wenig verändert werden sollten. Dadurch wurden in manchen Bereichen ansonst unübliche Raumgrößen akzeptiert, die aber als Raumreserven für die genannten Institute zu betrachten sind.[42] Die (ATS) 22 Millionen teure Adaptierung und Sanierung des Gebäudes wurde im Jänner 1996 abgeschlossen.

9.5.2 Der Botanische Garten und seine Bauten

1818 hatte Erzherzog Johann den ersten Botanischen Garten auf den ehemaligen Befestigungsanlagen der Neutor Bastei gegründet, der die naturwissenschaftliche Sammlung Joanneum ergänzte. Nach der endgültigen Demolierung der Bastei und der Zuschüttung des Stadtgrabens erweiterte man den Botanischen Garten in den Jahren 1839/40. Eine umfangreiche Baumschule wurde angelegt, in der man jährlich knapp 4.000 Bäume veredelte. In einem Gewächshaus wuchsen bereits einige Exoten, von denen die Palmfarne noch im heutigen Botanischen Garten kultiviert werden. Damals wurde auch eine Felsengruppe angelegt, die eine für die damalige Zeit außerordentliche Artenanzahl von Alpenpflanzen beherbergte. Ab 1871 stellte der Garten Pflanzenmaterial für Vorlesungen an der Universität bereit. Der Botanische Garten diente damals aber auch der Erholung weiter Bevölkerungskreise, und 1888 protestierte sogar eine Bürgerinitiative gegen die Auflösung des Gartens und die Verbauung des Standortes.

Ende der 1880er Jahre war der neue Botanische Garten an der Schubertstraße angelegt worden, der jedoch nur über knapp 20.000 m^2 verfügte. Auf diesem Areal wurden gemäß der Universitätskonzeption im Pavillonsystem Gebäude situiert. 1889 errichtete man im Nordwesten des Gartens das Gärtnerhaus und im Nordosten ein

Glashaus; das (erste) Botanische Institutsgebäude (1898) liegt an der Schubertstraße, die den Garten gegen Süden hin begrenzt. Anfänglich waren dort das Pflanzenphysiologische und das Pflanzensystematische Institut untergebracht. 1913 wurde das zweite Botanische Institutsgebäude für Systematische Botanik an der Nordostecke des Gartens zur Holteigasse errichtet. Der neu angelegte Garten mit seiner umfangreichen Alpenpflanzengruppe und der wertvollen Sammlung (vor allem) ostasiatischer Gehölzer geriet aber bei der Grazer Bevölkerung zusehends in Vergessenheit, zumal das Glashaus für sie nicht zugänglich war. Anfang der 1970er Jahre öffnete man dann versuchsweise für Grazer Schulen das Glashaus. Mit dieser Maßnahme wurden Aufgaben in Ergänzung zum Biologieunterricht und der Allgemeinbildung übernommen. Um neben der universitären Forschung und Lehre das Ziel vermehrter Öffentlichkeitsarbeit unter Einsatz moderner didaktischer Methoden verwirklichen zu können, wurde es notwendig, eine Gewächshausanlage zu errichten, die sich für den laufenden Gartenbesuch eignet.[43] – Mit diesem Neubau war eine grundlegende Neugestaltung der bestehenden Freilandanlage verbunden, was jedoch zu nicht für möglich gehaltenen Komplikationen und so mancher Peinlichkeit führte. Die Bauvorhaben im Botanischen Garten zählen zweifellos zu den mühsamsten Unternehmungen des Universitätsbaus nach 1945.

9.5.2.1 Das neue Gewächshaus, Schubertstraße 51a

1983 stellte der Vorstand der Fachabteilung IVa fest, dass die Gewächshäuser in vieler Hinsicht irreparabel schadhaft seien. Einige Bereiche waren einsturzgefährdet und baupolizeilich gesperrt. Die jährlichen Betriebskosten waren untragbar hoch, allein die Heizkosten betrugen rund 850.000 Schilling. Die Anlage selbst war – nach Ansicht der Botaniker – schon zum Zeitpunkt ihrer Errichtung (1908) überholt und technisch veraltet. (In den 1930er Jahren errichtete Zubauten brachten keine qualitative Verbesserung.) Die Wiederinstandsetzung der alten Gewächshäuser hätte ca. (ATS) 18 Millionen erfordert, mit dem Ergebnis, eine grundsätzlich überholte, in ihren Betriebskosten und ihrer Unterhaltung aufwendige und vom wissenschaftlichen Standpunkt aus unbefriedigende Lösung zu konservieren. Der Standort der alten Gewächshäuser erwies sich zudem als ungünstig, da alter Baumbestand eine unerwünschte Beschattung verursachte. In Absprache mit der Gartendirektion und der Gartenverwaltung wurde deswegen für den Neubau der nordöstliche Teil des Gartens vorgeschlagen, da dieser Bereich kaum wertvolle Gehölze beherbergte und auch hinsichtlich der Lichtverhältnisse gegenüber allen anderen Teilen des Gartens bevorzugt war.[44] Durch den ins Auge gefassten Standort an der Schubertstraße konnte außerdem das Gewächshaus, das als wissenschaftliche Gewächssammlung und als öffentliches Schauhaus konzipiert wurde, während der Wintersperre des Botanischen Gartens geöffnet bleiben.
Ursprünglich bestand die Absicht, ein (ATS) 15 Millionen teures Fertigteilglashaus nach Normmaßen zu errichten. Die Planungsabteilung des Landesbauamtes bestand jedoch auf eine Architekturplanung und hatte 1982 Volker Giencke direkt beauftragt. Das Wissenschaftsministerium setzte durch, dass Auffassungen international anerkannter Fachleute für Gewächshäuser Botanischer Gärten in der Planung berücksichtigt wurden. Die Beauftragung, den Entwurf und den Ausstattungsstandard genehmigten schließlich das Bauten- und das Wissenschaftsministerium. Im Zuge der fortschreitenden Planung wurden 1982 die Gesamtkosten zunächst mit (ATS) 25, später mit 40 und Ende 1985 mit 50 Millionen ermittelt. Diese Kostenschätzung beruhte auf einer Angabe einer ausländischen Firma, die 1983/84 bereit gewesen wäre, die Gewächshäuser zum Selbstkostenpreis zu errichten. (Österreichische Firmen zeigten sich damals uninteressiert, der Architekt erhielt von ihnen nicht einmal Auskunft über die zu erwartenden Kosten.) Das Landesbauamt wollte jedoch eine inländische Firma mit dem Projekt betrauen.[45] – Zu dieser Zeit war bereits eine Bürgerinitiative sehr aktiv, die mit Erfolg den Baubeginn verzögern konnte. (Im Wesentlichen hatte sie vier Argumente vorzubringen: 1. Gefahr der Spiegelung, 2. Veränderung des Kleinklimas, 3. unzumutbare Lärmbelästigung und 4. Verschandelung des Ortsbildes.)[46]

Nach Übertragung des Bauvorhabens an die Ausführungsabteilung des Landesbauamtes erfolgte im Mai 1986 eine öffentliche Ausschreibung der maßgebenden Leistungen (Baumeister, Aluminiumkonstruktion, Haustechnik); das Ergebnis waren zu erwartende Kosten in der Höhe von (ATS) 110 Millionen. Um Einsparungen zu erzielen, wurde das Projekt von Giencke überarbeitet. Die neuerliche Ausschreibung im November 1986 ergab 97 Millionen. Bestbieter war eine Firma, die unglücklicherweise nach einem Jahr die mit dem Projekt befasste Leichtbauabteilung auflassen musste. Inzwischen war der Baubeginn neuerlich zurückgestellt worden, diesmal aufgrund der hohen Kosten. Mit der Genehmigung des Wissenschaftsministeriums konnte 1988 dann doch mit den Baumeisterarbeiten begonnen werden. Aufgrund der eingetretenen Lohn- und Materialpreiserhöhungen und der zusätzlich notwendigen Schaffung von Institutsräumen, die als Ersatz für das abzubrechende Gärtnerhaus (an dessen Stelle der Erweiterungsbau für das Institut für Pflanzenphysiologie entstehen sollte) gedacht waren, kam es zu einer weiteren Kostensteigerung. Geldmangel erzwang zwischenzeitlich eine fast einjährige Baueinstellung. 1990 musste die Aluminiumkonstruktion zum dritten Mal öffentlich ausgeschrieben werden. Im Mai 1991 schätzte man die voraussichtlichen Endkosten auf rund 170 Millionen.[47] Fertig gestellt werden konnte das letztlich (ATS) 160 Millionen teure Bauvorhaben 1995. (Weitere 15 Millionen flossen noch in die Instandsetzung der alten Gewächshäuser, die aus Gründen des Denkmalschutzes erfolgte.) Bei allen Polemiken und Widrigkeiten, die dieses Bauvorhaben begleitet haben, soll nicht unerwähnt bleiben, dass die steirische Landeshauptstadt mit dem Gewächshaus Gienckes für «Graz 2003 – Kulturhauptstadt Europas» geworben hat.

Das Gewächshaus umfasst 1.500 m² unter Glas; Nebenräume, die aufgrund der geringen Fläche des Botanischen Gartens zum Teil unterirdisch eingerichtet wurden, bieten weitere 1.100 m². Ein Nebentrakt umfasst unter anderem einen Arbeitsraum für gärtnerische Kulturarbeiten mit Erdlagerraum und Gerätekammer, eine Werkstatt für Holz- und Metallbearbeitung und die Kanzlei des Gartenverwalters. Dem Gewächshaus sind drei Anzucht-Gewächshäuser zugeordnet, die mit der Nebenanlage eine bauliche Einheit bilden. Das Gewächshaus besteht aus vier Abteilungen: dem Tropen- oder Warmhaus, dem Palmenhaus, dem Kakteenhaus und dem Kalt- bzw. Überwinterungshaus. Die Querschnittsform aller Abteilungen ist eine Parabel, der umschlossene Raum also jeweils ein parabolischer Zylinder. Die Scheitel der parabolischen Zylinder sind verschieden hoch (zwischen 11,6 und 15, 8 Meter), ansteigend ausgebildet und diagonal zueinander verschoben; auch der Größe und dem Wachstum der Pflanzen sollte dadurch entsprochen werden. Durch den Einsatz der Parabel als Form für konstruktive Elemente konnte die tragende, korrosionsfreie Aluminiumkonstruktion sehr filigran ausgeführt werden. In den Rohren der Tragkonstruktion ist die Warmwasserheizung integriert. Ein Düsensystem sorgt für die Kühlung; es erzeugt mikroskopisch feine Nebel und kann die Temperatur augenblicklich um fünf Grad Celsius senken. Für die Eindeckung des Gewächshauses wurden zweischalige, kuppelförmige Acrylglaselemente gewählt. Von Besuchern wird die Gewächshausanlage über einen dem Eingangsbereich vorgeschalteten Windfang betreten. Der Eingangsbereich dient den Besuchern als zentraler Versammlungsplatz. Von ihm aus werden niveaugleich die einzelnen Gewächshausabteilungen in schleifenförmigen Wegführungen erschlossen. Vertikal verbindet eine gewendelte Treppe das Erdgeschoß mit Keller- und Obergeschoß, eine doppelläufige Rampe führt vom Erdgeschoß in das Obergeschoß, das auch als Brücke dient. Von dieser Brücke zweigen an verschiedenen Stellen die Wege in die einzelnen Abteilungen ab. Erreicht werden so auch die im Obergeschoß gelegenen Räume der Gartenverwaltung, das Stiegenhaus des Nebentraktes und die über den Werkstätten und Personalräumen liegende Pflanzenterrasse. Eine Freirampe führt in die Verlängerung dieser Brücke aus dem Obergeschoß in den Botanischen Garten.

9.5.2.2 Die Erweiterung des Institutsgebäudes «Schubertstraße 51»

Eine Erweiterung des älteren Institutsgebäudes im Botanischen Garten wurde bereits 1918 als Notwendigkeit erachtet. In diesem Jahr sowie 1938, 1958, 1967, 1971 und 1983 wurde von der Universität ein Zubau beantragt. Das Projekt wurde allerdings in der vom Akademischen Senat regelmäßig beschlossenen Dringlichkeitsreihung nie an die erste Stelle gesetzt. Anfang der 1980er Jahre war vorgesehen, den Zubau entlang der Schubertstraße zu errichten, doch die Altstadtkommission sprach sich gegen diesen Standort aus, weswegen nur die bauliche Trennung des Zubaus vom Hauptgebäude in Frage kam. Durch den nun gewählten Standort wäre jedoch ein Teil des Alpinums verbaut worden. Als Ersatz konnte 1985 dafür aber ein an den Garten unmittelbar angrenzendes Grundstück vom Bund angekauft werden. Dennoch protestierte gegen das Bauvorhaben der Vorstand des Botanischen Instituts, und der Verein Gesellschaft der Freunde des Botanischen Gartens suchte sogar in den Ministerien gegen den Zubau zu intervenieren.
Der Akademische Senat sprach sich deswegen im Juni 1985 entschieden gegen die Verzögerungen innerhalb und außerhalb der Universität aus, die den Zweck hatten, den dringend benötigten Anbau zu verhindern. Mit der Planung war schon 1984 Architekt Angerbauer betraut worden. Die Detailplanungen waren bereits ausgearbeitet, als im Oktober 1986 die Altstadtkommission ihre Meinung hinsichtlich des Standortes änderte. Ein neuer Standort für den Zubau wurde bestimmt und Architekt Klaus Kada Ende des Jahres 1986 mit der Erstellung eines neuen Konzepts betraut. Auch gegen diesen Standort wurde polemisiert, doch wollte man in Wien die funktionelle Einheit der Institute für Botanik und für Pflanzenphysiologie, die im Botanischen Garten gegeben ist, nicht durch eine Verlegung des letztgenannten Instituts zerstören.[48]
Die prekäre Raumsituation an den im Botanischen Garten untergebrachten Instituten und die immer wieder sich verzögernden Baumaßnahmen verärgerten mehr und mehr die davon betroffenen Studierenden, die sich seit 1984 in schriftlicher Form regelmäßig an die zuständigen Ministerien wandten, um auf die schwierigen Studienbedingungen aufmerksam zu machen. Im November 1985 wurden die Vorlesungen bestreikt. Aufgrund der beengten Situation am Pflanzenphysiologischen Institut mussten Lehrveranstaltungen teilweise auch auf den Gängen abgehalten werden. Als aufgrund eines feuerpolizeilichen Bescheides im November 1992 Bereiche für den Studentenbetrieb gesperrt werden mussten, organisierten Studierende wenige Tage später eine Presseführung und eine daran anschließende Pressekonferenz, um derart auf die unerträgliche Situation aufmerksam zu machen. Im April 1993 stürzte ein Teil Deckenverputz (ca. 6 m^2 oder 150 kg) im Stiegenhaus zu Boden, worauf der Studienbetrieb eingestellt werden musste. Glücklicherweise wurde niemand verletzt. Die Geduld der Studierenden war damit aber er-

schöpft. Von Minister Busek wurde die Zusage für den längst fälligen Baubeginn mit 1. Juni 1993 gefordert, ansonsten wollte man den Vorlesungsbetrieb unter Umständen sogar ins Wissenschaftsministerium verlegen.[49]

Die von Kada erarbeitete Detailplanung war schon 1989 fertig gestellt, das Projekt also baureif, jedoch waren damals im Budget des Bundes die benötigten Mittel nicht vorhanden. Es wurde daher vorgeschlagen, dass die aus dem «Akademievertrag» fälligen Mittel des Landes Steiermark in dieses Projekt fließen sollten; der Baubeginn hätte dann 1990 erfolgen können. 1991 dachte man, dass nach intensiven Verhandlungen zwischen Vertretern des Finanz- und des Wirtschaftsministeriums ein Betrag von rund (ATS) 1 Milliarde für Universitätsbauten zusätzlich zur Verfügung stehen würde, womit unter anderem dieses Projekt finanziert hätte werden können. 1992 schlug dann das Wissenschaftsministerium dem Land Steiermark vor, dass es vom Bund mit der Durchführung beauftragt werden könnte. Diesem Vorgehen wurde aber seitens der Finanzabteilung der Steiermärkischen Landesregierung nicht zugestimmt.

Da 1992 eine Finanzierung aus dem laufenden Bundesbudget nicht möglich erschien, einigten sich schließlich die betroffenen Ministerien, das Projekt als Bauträgervorhaben zu realisieren.[50] Die Projektleitung des (ATS) 190 Millionen teuren Bauvorhabens wurde der Bundesgebäudeverwaltung II (Graz) übertragen, als Bauträger fungierte die ÖWGES, Gemeinnützige Wohnbau-GesmbH. Aufgrund der festgelegten Fertigstellungstermine (kürzere Bauzeit) und vorzeitiger Rückzahlungen war es möglich, die Zinskosten für diese Sonderfinanzierung weit unter jenen Kostenbelastungen zu halten, die sich durch Lohn- und Materialpreiserhöhungen bei einer längeren Bauzeit in üblicher Weise ergeben hätten. Mit dem ersten Bauabschnitt – Neubau, Brücke und Zubau – wurde im März 1994 begonnen, er konnte Ende Oktober 1996 abgeschlossen werden. Das Institut gewann dadurch 1.800 m². Im Zeitraum von Oktober 1996 bis Mai 1998 wurde der Altbau (1.900 m²) generalsaniert.

Dem planenden Architekten, Klaus Kada, stellten sich 1986 zwei Herausforderungen: Erstens musste das Pflanzenphysiologische Institut durch eine Erweiterung des Lehr- und Forschungsbetriebes den zeitgemäßen Anforderungen entsprechen, und zweitens sollte die bauliche Erweiterung den ihn umgebenden Freiraum in möglichst geringer Form beeinträchtigen. Dies galt vor allem für das Alpinum. Da die neuen Gebäude teilweise auf schon bestehenden Bauflächen und Wegen situiert wurden, verringerte sich die in Anspruch genommene neue Baufläche in Bezug zur Gartenfläche beträchtlich. Insgesamt stehen weniger als 50 % der neu errichteten Bauten auf reinen Gartenflächen des Areals. Die räumliche Trennung des Neu- und des Zubaus ließ die Längsachse des Botanischen Gartens unverbaut und verhinderte dadurch eine Massierung des Bauvolumens auf dem Areal, wodurch der spezifische Charakter der Park- und Gartenlandschaft dieses Stadtgebietes gewahrt blieb.

Durch einen zweigeschoßigen Trakt wurde das im Stil der Neorenaissance errichtete Institutsgebäude erweitert, in welchem unter anderem ein Hörsaal und ein Mehrzweckraum untergebracht sind. Der generalsanierte Altbau samt Zubau dient vornehmlich der wissenschaftlichen Lehre. Anstelle des Ende der 1880er Jahre erbauten Gärtnerhauses wurde ein dreigeschoßiger Neubau für Forschungszwecke, ein Glashaus für Versuchsanordnungen und eine Dienstwohnung errichtet. Wie auch der zuvor angesprochene Trakt besticht auch dieses Gebäude durch Transparenz. Eine schräg gestellte Mittelwand öffnet und erweitert die Gangzone nach oben. Der Mittelgang ist wie das Stiegenhaus seitlich und im Dachbereich verglast, die Fassade besteht aus transluzenten Drei-Scheiben-Isolierglaselementen. Verbunden werden Neu- und Zubau durch eine Brücke in 4 bis 5 Meter Höhe, die durch ihre geschwungene Form geschützten Bäumen des Botanischen Gartens ausweicht. Mit dem Kunst und Bau-Projekt wurde Rudi Molacek beauftragt, der ein Beet aus Kunststofftulpen am Vorplatz des Zubaus, eine Fotomontage an der Stirnseite des Stiegenhauses in diesem Gebäudetrakt und eine Verkleidung einer Wandfläche mit Laura-Ashley-Tapeten (Tulpenmuster) in der Teeküche im zweiten Stock des Neubaus gestaltete.

9.5.3 Das Universitätszentrum Wall, Merangasse 70

Im 2. Stadtbezirk St. Leonhard war seit 1868 eine Druckerei ansässig, die vom Schweizer Bankier August Matthey gegründet worden war. Der älteste Bautrakt des Gebäudekomplexes «Merangasse 70» stammt aus dem Jahre 1883, ein Zubau wurde 1908 errichtet. Im Jahre 1913 übernahm Alfred Wall die lithographische Kunstanstalt Mattheys. Der graphische Großbetrieb im so genannten Herz-Jesu-Viertel erfuhr in den 1950er und 1960er Jahren weitere bauliche Veränderungen. In den 1980er Jahren errichtete die Firma Wall am Stadtrand von Graz ein zweites Werk. Durch die Zusammenlegung der beiden Betriebsstätten am Standort Grillweg wurde das Werk in der Merangasse frei. 1984 bot Georg Wall die Liegenschaft dem Wissenschaftsministerium an, doch in Wien schien der Gewerbehof damals weder für Zwecke der KFUG noch für Zwecke der TUG geeignet. Einige Jahre zuvor war der Gebäudekomplex schon auf die Verwendbarkeit für Zwecke der Hochschule für Musik und darstellende Kunst untersucht worden. Schließlich erwarb die Stadt Graz die Liegenschaft.
Nach dem Kauf des ehemaligen Gewerbehofes hatte die Stadt der KFUG und der TUG Teile dieses Gebäudes zur Nutzung angeboten. (Das Erdgeschoß war für eine gewerblich-kommerzielle Nutzung vorgesehen.) Beide Universitäten bekundeten ihr Interesse. (Die TUG hätte die Räumlichkeiten der Fakultät für Bauingenieurwesen und Architektur zur Verfügung gestellt.) Das Wissenschaftsministerium vertrat allerdings die Ansicht, das die angebotenen Räume nur von einer Universität besiedelt werden sollten, da die Nutzung eines Objekts durch mehrere Universitäten in anderen Fällen schon zu Problemen geführt hatte, die man in diesem Fall lieber vermeiden wollte. In Wien wurden die zur Diskussion stehenden Räumlichkeiten der KFUG zugesprochen, da dadurch auch ihre bestehenden knapp 70 Standorte reduziert werden konnten. (1994 bezogen acht Institute das Universitätszentrum Wall, die zuvor auf zwölf Standorte verteilt waren.)
Die Stadt Graz hat sich ursprünglich bereit erklärt, den Gebäudekomplex nach einem vom Wissenschaftsressort genehmigten Raum- und Funktionsprogramm zu adaptieren und ohne Gewinnkomponente an den Bund für Zwecke der KFUG zu vermieten. In der Folge modifizierte die Stadt ihre Absicht dahingehend, dass aus abwicklungs- und budgettechnischen Gründen der Bund selbst die Instandsetzung vornehmen sollte. Zu dieser Zeit waren im Grazer Stadtrat außerdem Bestrebungen aufgekommen, nach welchen die Liegenschaft nicht mehr der Universität, sondern einem anderen Interessenten zu einer wesentlich höheren Miete weitergegeben werden sollte, sodass sich das Wissenschaftsressort gezwungen sah, telefonisch die letzten Vertragsabklärungen mit der KFUG und der Stadt herbeizuführen und die Universität im Juni 1989 sofort – und ohne die Zustimmung des Finanzministeriums einholen zu können – zum Abschluss zu ermächtigen.[51]

Ende 1989 wurde die Immorent-Süd Gesellschaft als Bauträger mit der Projektabwicklung des (ATS) 350 Millionen teuren Bauvorhaben beauftragt. Für die Planung gewann man die Architekten Guido Strohecker und Georgis Kellas. Letzte Änderungen erfuhr das Raum- und Funktionsprogramm im Sommer 1990. Mit den Bauarbeiten begann man im Oktober 1991; das Projekt wurde nach zwei Jahren termingerecht abgeschlossen. Der bestehende Gebäudekomplex, der teilweise unter Denkmalschutz steht, wurde praktisch völlig entkernt und zur Gänze durch Aufstockung, Unterkellerung, Anhebung des Dachstuhls und Einzug neuer Geschoße und Decken für die universitären Zwecke adaptiert. Das Universitätszentrum Wall wurde im März 1994 in Betrieb genommen, es verfügt über 15.000 m² und bietet damit etwa um 30 % mehr Nutzfläche als das Hauptgebäude der KFUG. Den Studierenden werden im ehemaligen Gewerbehof ausgezeichnete Arbeitsmöglichkeiten geboten. Nachdem vorübergehend Institute untergebracht waren, die 1996 ins RESOWI-Zentrum übersiedelten, beherbergte das Universitätszentrum Wall 2002 fünf geisteswissenschaftliche Institute (Erziehungswissenschaft; Theoretische und Angewandte Translationswissenschaft; Sprachwissenschaften; Romanistik; Slawistik) sowie das Labor für Geisteswissenschaftliche Informatik (Teil des Instituts für Informationsverarbeitung in den Geisteswissenschaften), eine Fachbibliothek und das interfakultäre Zentrum für soziale Kompetenz. Ein multifunktionaler Hörsaal für rund 300 Personen kann auch als Kongresssaal genutzt werden. Die Anlage verfügt außerdem über ein Café und zwei Innenhöfe.

9.5.4 Das Universitätsheim Planneralpe

Die Planneralpe (bzw. Planneralm) liegt auf 1.600 Meter Seehöhe, ca. 10 km von der Ortschaft Donnersbach entfernt, in den Niederen Tauern und ist von den rund 2.000 Meter hohen Bergen Schober, Goldbachscharte und Gstemma-Spitze umgeben. Nach dem Umbau eines ehemaligen Almgasthauses («Leitnerhaus») wurde darin im Juli 1964 das Universitätsheim Planneralpe in Betrieb genommen. Die bauliche Situation des Umbaus hatte von Anfang an verschiedene Unzulänglichkeiten ausgewiesen, die sich in weiterer Folge sehr ungünstig auf eine zeit- und ordnungsgemäße wirtschaftliche Führung des Heimes auswirkten. Es gab unter anderem keine zeitgemäße und gesetzesgerechte Wohn- bzw. Unterbringungsmöglichkeit für das Personal, was zu laufenden Beanstandungen durch das Arbeitsinspektorat führte.
Schon im März 1967 übermittelte die KFUG, dessen Sportinstitut mit der Verwaltung des Heimes betraut war (bzw. ist), dem Unterrichtsministerium ein erstes Raum- und Funktionsprogramm.[52] Die Universität wünschte die Errichtung eines Fertigteilhauses, in welchem das Personal des Heimes untergebracht werden könnte. Im August 1968 ersuchte die KFUG das Unterrichtsressort wenigstens die detaillierte Planung für den Erweiterungsbau einleiten zu lassen. In Wien konnte man diesem Wunsch nicht nachkommen, da angesichts der damaligen Situation bei den Hochschulbaukrediten und der großen Zahl von vordringlicheren Bauvorhaben nicht absehbar war, wann mit dem Erweiterungsbau auf der Planneralpe begonnen werden könnte. Weder Landeshauptmann Krainer (sen.) noch Landtagsabgeordneter Lackner, der auch Bürgermeister von Donnersbach war, konnten mit ihren persönlichen Schreiben an den steirischen Minister Piffl-Perčević einen Baubeginn erwirken.[53] In der ersten Hälfte der 1980er Jahre verlieh die KFUG diesem Bauvorhaben wieder größeren Nachdruck. Im Mai 1986 wurde ein Lokalaugenschein durchgeführt, an welchem auch Vertreter des Bauten- und des Wissenschaftsministeriums teilnahmen. Der Bauzustand des Heimes war in vieler Hinsicht bedenklich, da in den 1960er Jahren ja nur ein altes Almgasthaus adaptiert und saniert wurde. Das Arbeitsinspektorat kritisierte schon seit Jahren und drohte nun mit einer Heimsperre.[54]
Im April 1990 schrieb man schließlich einen baukünstlerischen Wettbewerb zur Erlangung von Entwürfen für den Erweiterungsbau aus; mit der Planung wurden die Architekten Herfried Peyker, Werner Nussmüller, Nikolaus

Schuster (Gruppe 3) beauftragt. In Zusammenarbeit mit der Fachabteilung IVb der Landesbaudirektion und dem zuständigen Referat in der Bezirksbauleitung Liezen wurde 1993 das Raum- und Funktionsprogramm überarbeitet und auf den letzten Stand gebracht. Die Nutzfläche laut Entwurfsplanung lag bei mehr als 1.000 m². Die Kosten, inklusive Umbau des Altbestandes, welcher im Zuge der Verlegung der Küche und der Personalunterkünfte in den Zubau notwendig wurde, beliefen sich auf (ATS) 48 Millionen. Das Universitätssportheim verfügt nun über 70 Gästebetten, die sich im Altbau befinden. Im Erweiterungsbau sind Küche, Speise-, Sporträume und Unterkünfte für das Personal untergebracht. Das Heim wird im Winter an die 20 und im Sommer rund 12 Wochen von allen steirischen Universitäten genutzt.

9.5.5 Das RESOWI-Zentrum, Universitätsstraße 15

Das RESOWI-Zentrum ist das größte Bauprojekt der KFUG im 20. Jahrhundert gewesen, das die Nutzfläche der Universität zum Zeitpunkt seiner Fertigstellung um 30 % erhöhte. Mit der Besiedlung dieses Zentrums kamen 1996 die Institute der Rechtswissenschaftlichen und der Sozial- und Wirtschaftswissenschaftlichen Fakultäten endlich zu einer Heimstätte, die auf demselben Areal schon im Rahmen des geplanten, aber nicht zur Ausführung gelangten Ausbaus der KFUG Mitte der 1960er Jahre vorgesehen war. Zuvor hatte man hinsichtlich ihrer Unterbringung andere Pläne diskutiert. 1961 beantragte die Universität, das Dachgeschoß des Hauptgebäudes zur Gewinnung zusätzlicher Räume für die juridische Fakultät auszubauen. Dieser Dachausbau – für den zwei Varianten vorgelegt wurden – stieß auf den entschiedenen Widerstand des Bundesdenkmalamtes.
1967 lag ein einstimmiger Beschluss des Akademischen Senates vor, die Aufstockung des Hauptgebäudes links und rechts von der Aula zu beantragen. Dadurch wären ca. 600 m² Nutzfläche gewonnen worden, der Ausbau wäre für Institutszwecke der Rechts- und Staatswissenschaftlichen und der Philosophischen Fakultät gedacht gewesen. Den Plan der Aufstockung ließ die Universität im März 1968 fallen.[55] Vom Ende der 1960er Jahre realisierten Zubau zur Universitätsbibliothek profitierte dann auch die Rechts- und Staatswissenschaftliche Fakultät. Durch den steilen Anstieg der Hörerzahlen relativierte sich dieser Raumgewinn sehr schnell, und in den 1970er Jahren waren die durch die Raumnot verursachten Probleme an der Rechtswissenschaftlichen und der Sozial- und Wirtschaftswissenschaftlichen Fakultät schon stark ausgeprägt. Anfang der 1990er Jahre waren deren 32 Institute vom Bahnhof bis zum Hilmteich über ganz Graz verstreut, zwischen rund 30 Standorten hatten 14.000 Studierende zu pendeln.[56]
1979 war von der Universität ein (allerdings überdimensioniertes) Raum- und Funktionsprogramm erstellt worden, das 1984 auf ein realistisches Maß reduziert wurde.[57] Zu Beginn der 1980er Jahre räumte die KFUG jedoch der Errichtung des 3. Institutsgebäudes in der Heinrichstraße noch Priorität vor dem Bau des RESOWI-Zentrums ein. Auf politischer Ebene trieb man aber damals schon das hier behandelte Projekt voran. 1980 suchte Landeshauptmann Krainer (jr.) in einem Gespräch mit Firnberg, das in Graz geführt worden war, die Ministerin für die Einrichtung eines Jubiläumsfonds zu gewinnen. Die bevorstehende 400. Wiederkehr des Gründungstages der KFUG im Jahre 1985 hätte sich dafür angeboten. Der Bund, das Land Steiermark und die Stadt Graz sollten sich an diesem Jubiläumsfonds finanziell beteiligen, um mit diesen Mitteln einen Neubau für die Rechts-wissenschaftliche und die Sozial- und Wirtschaftswissenschaftliche Fakultät errichten zu können.[58] Als über die zu leistenden finanziellen Anteile keine Einigung erzielt werden konnte, wurde dieser Plan wieder aufgegeben.
Nach Überarbeitung des Raum- und Funktionsprogramms schrieb man 1985 einen österreichweiten Architektenwettbewerb aus, den die Architektengemeinschaft Günther Domenig und Hermann Eisenköck für sich entscheiden konnte. 1987 wurden die Preisträger mit der Erstellung eines Vorentwurfs beauftragt. Die Finanzierung dieses

Großprojekts war aber noch gänzlich ungesichert. Die damals an der Universität erhitzte Stimmung, die maßgeblich durch deren zögerlichen Ausbau heraufbeschworen worden war, wurde dadurch nur verschärft und bot Anlass für weitere Proteste. Im Juli 1988 wurde eine schriftliche parlamentarische Anfrage betreffend der Rechtswissenschaftlichen und der Sozial- und Wirtschaftswissenschaftlichen Fakultät eingebracht.[59] Anfang 1989 waren dann in Graz Gerüchte im Umlauf, dass die zuständigen Stellen in Wien alles unternehmen würden, um die rasche Errichtung des RESOWI-Zentrums zu verhindern und das Raum- und Funktionsprogramm so ausgelegt wäre, dass das halbe Haus leer stünde.[60] Damit ermutigte man Anrainer gegen das geplante Bauvorhaben Stellung zu beziehen. In Wien dachte man im Herbst 1989 erstmals daran, dass dieses Bauvorhaben in Form eines Mietvertragsmodells abgewickelt werden sollte.

Eine andere Variante wurde 1991 ins Auge gefasst. Die Finanzierung brachte man mit dem diskutierten Ausstieg des Landes Steiermark aus dem Akademievertrag in Zusammenhang. In diesem Jahr waren alle baubehördlichen Verfahren abgeschlossen. Nachdem die Finanzierung nach wie vor umstritten und das Land kurz davor war, die Planung einzustellen, wurde 1992 ein Notstandskomitee gegründet, das um die Realisierung des RESOWI-Zentrums kämpfte. Die bisherigen Planungskosten für das nun baureife Projekt betrugen (ATS) 46 Millionen. Da die Gesamtfinanzierung durch die Budgetkonsolidierung aus dem «Normalbudget» nicht finanzierbar war, kam nur eine Sonderfinanzierung in Frage. Als Optionen boten sich dafür die Bundesimmobiliengesellschaft oder die Durchführung der Initiative Steirisches Hochschul-Sonderbauprogramm, die mit der Auflösung bzw. Adaptierung des Akademievertrags verknüpft gewesen wäre. Am 17. Jänner 1992 fuhr eine hochrangige steirische Delegation, der Vertreter aller drei Regierungsparteien und Repräsentanten der KFUG sowie des Notstandskomitees angehörten, nach Wien, um in einer Aussprache mit den Ministern Busek und Schüssel sowie Vertretern des

Finanz-, Wissenschafts- und Wirtschaftsministeriums erneut die Forderung nach höchster Priorität für das dringend notwendige und baureife Projekt zu unterstreichen. Schüssel erklärte, dass die zentrale Frage der Finanzierung im Rahmen der BIG gelöst werden müsste, deren Einrichtung nach Verhandlungen mit dem Finanzministerium in knapp zwei Monaten abgeschlossen sein sollte.[61]

Das RESOWI-Zentrum wurde schließlich das erste Projekt der BIG. Das 1,3 Milliarden teure Bauvorhaben konnte – nach nur zweijähriger Bauzeit! – 1996 der KFUG übergeben werden. Im Zuge der bauvorbereitenden Maßnahmen wurden zwei kleinere Bauten der Universitätssportanlage abgetragen, nur das im Süden an die Schubertstraße grenzende Gebäude «Universitätsstraße 27» blieb erhalten, das man in Anschluss an das Neubauvorhaben generalsanierte. Es wird nun von der universitären EDV-Zentrale genutzt, deren räumliche Situation zuvor katastrophal gewesen ist. Anfang der 1990er Jahre war sie teilweise in Baucontainern untergebracht.

Das bebaute Grundstück, auf welchem sich der alte Universitätssportplatz befand, ist 350 Meter lang, aber nur 50 Meter breit. Dieses Grundstück wird im Osten von einer dem Geidorfgürtel gegenüberliegenden spätgründerzeitlich konzipierten Blockrand-Wohnbebauung begrenzt. Die bestehenden Bauten des Universitätsareals dagegen haben den Charakter selbständig wirkender, geschlossener Baukörper, die im Wesentlichen untereinander in Beziehung stehen. Mit dem zu errichtenden ca. 294 Meter langen Baukörper war in städtebaulicher Hinsicht zwischen diesen beiden, ihrem Charakter nach unterschiedlich bebauten Flächen eine Vermittlung herzustellen. Einerseits wollten die Architekten mit ihrem Entwurf eine Antwort auf die Blockbauten des Geidorfgürtels geben, und andererseits sollte sich das RESOWI-Zentrum, das die Bauten des Universitätsareals wie eine Wand gegen Osten hin abschirmt, aber doch durch eine gewisse Transparenz und Offenheit (trotz der baulichen Masse) auszeichnen und derart in einem baukünstlerischen Sinne auch dem Zeitgeist Ausdruck verleihen. Diese angestrebte Offenheit wird durch eine weitgespannte Torsituation im Mittelbereich des Gebäudes bewältigt, das dadurch gewissermaßen von einem zentralen öffentlichen Raum durchdrungen wird, von welchem die wichtigsten Verkehrsadern ausgehen: Über einen Eingang erreicht man die zur Schubertstraße hin gerichtete Sozial- und Wirtschaftswissenschaftliche Fakultät und über den gegenüberliegenden Eingang die zur Heinrichstraße gerichtete Rechtswissenschaftliche Fakultät. Von der Universitätsstraße kommend ist über diesen Platz der Durchgang zum Geidorfgürtel möglich.

Das Gebäude selbst ist allseitig vernetzt und zentral von Bewegungsadern durchzogen, welche die Hauptverbindungen des Universitätsareals und der umliegenden Straßenzüge aufnehmen. Die eigentliche Charakteristik des langgezogenen Bauwerks liegt in der vertikalen Organisation von sieben Abschnitten, die für sich je eine eigene statisch-konstruktive Einheit bilden. Diese Einheiten sind durch Stiegenhäuser sowie Liftanlagen und deren «Köpfe» von einander getrennt. Die Architekten sprachen in Bezug auf diese Anordnung von sich wiederholenden Elementen von dem «Rückgrat» des Gebäudes. Neben den Zäsuren der Vertikalen und den dazwischenliegenden Baueinheiten, die den Instituten gewidmet sind, zeichnet sich die Baugestalt durch einen «Schwebebalken» aus. Gemeint ist damit eben die Proportionierung des langgestreckten Baukörpers, die so das große Bauvolumen auflöst. Der Schwebebalken gibt den Rückhalt für geknickte und geschwungene Bauteile, die den ganzen Baukörper bilden und ihn gewissermaßen durchdringen und durchschwingen. Diese Verdrehungen und Schwünge leiteten Domenig und Eisenköck aus einer der architektonischen Komposition innewohnenden Logik ab. Im Querschnitt ist das Gebäude über alle überirdischen fünf Geschoße durchgehend aufgeschnitten, wodurch die galerienartigen Erschließungsgänge Tageslicht erhalten.

Im Untergeschoß liegen (zum Geidorfgürtel hin) offene Parkplätze und (unter anderem) Werkstätten, Abstellräume und Bereiche der Fachbibliothek. Die gemeinsam benützten Funktionsbereiche (Bibliothek, Hörsäle und Café) liegen im Erdgeschoß; teilweise sind sie aber auch zweigeschoßig angelegt. Die Bibliothek liegt direkt am Eingang zur Sozial- und Wirtschaftswissenschaftlichen Fakultät. Die ihr zugewiesene Vorzone erstreckt sich über mehrere Ebenen. Über das abgesenkte Erdgeschoß erreicht man den Raum, in dem sich der Katalog und die Zeitschriften befinden. Das preisgekrönte und zur Ausführung gelangte Projekt überzeugte die Jury vor allem auch durch dessen funktionelle Konzeption, die ein hohes Maß an Variabilität (des Entwurfs) und weitreichende

Flexibilität (der Benutzung) zu bieten hatte. «Um die Freiheit der Disposition (aber auch spätere Änderungen) zu garantieren, sind die beiden durchlaufenden obersten Geschoße abgehängt. Durch das stufenweise Vorkragen und das sichtbare Tragwerk der Abhängung, vor allem aber durch die durchlaufende Zusammenbindung dieser kräftigen Traufenlinie entsteht eine eindrucksvolle Großform, die die voluminöse und architektonische Vielfalt der eingeschobenen und angedockten Elemente zusammenklammert. Das eigentliche räumliche Rückgrat bildet jedoch die mittig liegende Erschließungszone, die sich nach oben von Geschoß zu Geschoß hallenartig erweitert, so daß das Tageslicht bis nach unten durchdringt».[62]

Im RESOWI-Zentrum (23.000 m^2), das Raum für mehr als 14.000 Personen bietet, waren 2002 neben den Dekanaten der Rechts- und der Sozial- und Wirtschaftswissenschaftlichen Fakultät 29 Institute (Arbeitsrecht und Sozialrecht; Europarecht; Finanzrecht; Österreichisches, Europäisches und Vergleichendes Öffentliches Recht; Politikwissenschaft und Verwaltungslehre; Österreichische Rechtsgeschichte und Europäische Rechtsentwicklung; Österreichisches und Internationales Handels- und Wirtschaftsrecht; Österreichisches und Internationales Zivilgerichtliches Verfahren, Insolvenzrecht und Agrarrecht; Rechtsphilosophie, Rechtssoziologie und Rechtsinformatik; Römisches Recht, Antike Rechtsgeschichte und Neuere Privatrechtsgeschichte; Strafrecht, Strafprozessrecht und Kriminologie; Völkerrecht und Internationale Beziehungen; Zivilrecht, Ausländisches und Internationales Recht; Banken und Finanzierung; Controlling und Unternehmensführung; Finanzwissenschaft und Öffentliche Wirtschaft; Handel, Absatz und Marketing; Industrie und Fertigungswirtschaft; Informationswissenschaft; Innovations- und Umweltmanagement; Internationales Management; Organisations- und Personalmanagement; Revisions-, Treuhand- und Rechnungswesen; Soziologie; Statistik und Operations Research; Volkswirtschaftslehre; Wirtschaftspädagogik; Wirtschafts- und Sozialgeschichte; Wirtschaftssprachen), der Zentrale Informatikdienst, elf Hörsäle, ein Sprachübungszentrum, die Fachbibliothek mit 200 Leseplätzen, eine Mediathek, Selbststudienplätze für 300 Personen und eine Mensa untergebracht. Im Rahmen von «Kunst und Bau» realisierten Heinz Gappmayr, Franz Graf und Jannis Kounellis Projekte.

9.5.6 Der Erweiterungsbau für die Universitätsbibliothek, Universitätsplatz 3

Wie an anderer Stelle bereits ausgeführt, zeichnet sich der Gebäudekomplex der Universitätsbibliothek durch additiv zueinandergefügte architektonische Strukturen aus. Von ihrer Erweiterung Ende der 1960er Jahre profitierte auch die juridische Fakultät, die im errichteten Zubau das Obergeschoß zugewiesen bekam. Obgleich damals ein weiterer Ausbau der Bibliothek vorgesehen war, konnte dieser aus finanziellen Gründen erst 25 Jahre später realisiert werden. Die Direktion der Universitätsbibliothek regte 1979 in einem Schreiben an das Wissenschaftsministerium diesen Ausbau in Zusammenhang mit der geplanten Errichtung des RESOWI-Zentrums an. Angeführt wurden wirtschaftliche, technische und funktionelle Überlegungen, die für diese Vorgangsweise sprachen, da Haupt- und Fachbibliothek durch nachrichtentechnische Einrichtungen und durch eine Buchförderanlage so miteinander verbunden werden könnten, dass eine gemeinsame Benützung möglich wäre.[63]
Die Erweiterung der Universitätsbibliothek war Anfang der 1990er Jahre höchst dringlich, da sich während der vergangenen 20 Jahre der Bücherbestand verdoppelt hatte und die Magazine restlos ausgelastet waren. Die Benützerzahlen hatten sich verdreifacht: 47.000 Benützern standen aber bloß 300 Leseplätze zur Verfügung.

Der Erweiterungsbau, der dem RESOWI-Zentrum gegenüberliegt, wurde ebenfalls von Domenig und Eisenköck geplant. Das Gebäude ist in drei horizontale Hauptbereiche gegliedert. Unterirdisch befindet sich ein zweigeschoßiger Bücherspeicher, der 500.000 Bände fasst und der direkt an denjenigen der Fachbibliothek des RESOWI-Zentrums angrenzt. Die beiden Speicher sind auch durch die Einrichtung eines vollautomatisch gesteuerten und EDV-unterstützten Bücherlifts funktional miteinander verbunden. 200 Leseplätze bieten das Erdgeschoß und das erste Obergeschoß. Im Altbautrakt, der an den Hauptlesesaal angrenzt, wurde die Zwischendecke mit den Büroräumen entfernt und durch zwei Galerien ersetzt. Eine interessante Lösung stellt die alte Außenfassade dar, die als freistehender Raumteiler eine vielschichtige Gliederung schafft. Durch ein Glasdach zwischen dieser Fassade und dem Erweiterungsbau erreicht Tageslicht auch die Leseplätze im Erdgeschoß. Die fließende Dynamik des Lesesaalbereiches wird durch geschwungene Decken und durch eine geschwungene Glasfassade noch verstärkt. Im zweiten und dritten Obergeschoß sind Büro- und Besprechungsräume untergebracht, die funktional an die Verwaltungsräume des aus den späten 1960er Jahren stammenden Zubaus angebunden sind. Dieser Bereich ist architektonisch ruhiger gegliedert als jener des Lesesaalbereichs. Durch diese in den Jahren 1995/96 durchgeführte Erweiterung gewann die Universitätsbibliothek rund 2.500 m².

9.5.7 Die Sanierung der ehemaligen Kinderchirurgie, Heinrichstraße 31

Bereits im Juni 1992 beschloss der Akademischen Senat das Raum- und Funktionsprogramm, das nach Freiwerden des Gebäudes im Juni 1993 dem Wissenschaftsministerium zur Genehmigung vorgelegt wurde. Das Gebäude (1.800 m²) wurde von den Instituten für Molekularbiologie, Biochemie und Mikrobiologie sowie für Pathophysiologie besiedelt. Hinsichtlich der Sanierung wurde von einer «sanften» Revitalisierung ausgegangen, sodass die Raumkonfiguration kaum verändert werden musste.[64] In manchen Bereichen wurden dadurch die üblichen Raumstandards überschritten, was insofern zu rechtfertigen war, als bei experimentellen Fächern die Schreibzimmer zugleich Kleinlabors sind. Die Sanierung wurde in den Jahren 1996/97 durchgeführt, die Instandsetzungskosten beliefen sich auf (ATS) 55 Millionen.

Im letzten Jahrzehnt des 20. Jahrhunderts hatte man in Graz gern vom «grünen Universitäts-Campus» gesprochen; dies trifft ganz besonders auf das Areal zu, auf welchem sich die ehemalige Kinderchirurgie und das ehemalige Anna-Kinder-Spital (Mozartgasse 14) befinden. Das Gebäude «Heinrichstraße 31» liegt nämlich hinter den Häuserfronten der Heinrichstraße und der Mozartgasse und ist im Süden, Osten und Westen von freien Grünflächen umgeben. Fernab vom Straßenlärm bietet diese Lage ideale Arbeitsbedingungen, die ich – als Mitarbeiter an der Abteilung für Wissenschaftsgeschichte – viele Jahre genossen habe. Diese Abteilung des Instituts für Geschichte wurde im «Wäschereihaus» (Heinrichstraße 31b) der ehemaligen Kinderchirurgie untergebracht, das sich nördlich von ihr befand. 1992 waren die Räume dieses Gebäudes vom Leiter der Abteilung, Professor Höflechner, unterstützt von einigen Kollegen, Studierenden und «Hausarbeitern» der KFUG – allen voran von Herrn List – adaptiert worden. Das Gebäude wurde im Frühjahr 2005 abgebrochen. Auf dem Areal nördlich der ehemaligen Kinderchirurgie wird das universitäre Zentrum für Molekulare Biowissenschaften errichtet werden. Die Abteilung für Wissenschaftsgeschichte übersiedelte ins Gebäude « Mozartgasse 14».

9.5.8 Der Ausbau des Gebäudes «Halbärthgasse 8»

Das gegenständliche Bauvorhaben sollte bereits in den 1970er Jahren realisiert werden, scheiterte aber am Einspruch der Altstadtkommission, da das damals aktuelle Projekt eine Aufstockung auf die Höhe der umliegenden Häuser vorsah, der ursprüngliche Charakter des Gebäudes als Pfarrhaus jedoch erhalten bleiben musste. Mitte der 1980er Jahre schien ein Ausbau des Gebäudes möglich zu sein, ein Raum- und Funktionsprogramm wurde dem Wissenschaftsministerium übermittelt, doch das Bauvorhaben konnte schließlich erst in der zweiten Hälfte der 1990er Jahre durchgeführt werden.[65]
Im realisierten Projekt richtet sich die Aufstockung gegen den Garten, sodass sie von der Straßenfront kaum sichtbar ist. Das eingeschoßige Gebäude verfügte vor dem Umbau über 400 m², die vor allem von Instituten genutzt wurden, die 1996 ins RESOWI-Zentrum übersiedeln konnten. Schon im Oktober 1994 beschloss der Akademische Senat einstimmig den Ausbau des Gebäudes «Halbärthgasse 8» für Zwecke der Zentralen Verwaltung. Der von Martin Strobl geplante und (ATS) 40 Millionen teure Umbau wurde im Herbst 1996 begonnen und 1998 fertig gestellt. Da sich das Gebäude (1.100 m²) unmittelbar gegenüber dem Hauptgebäude (Universitätsplatz 3) befindet, ist die Unterbringung von Einrichtungen der Universitätsverwaltung geradezu ideal.

9.5.9 Das Projekt «LKH Graz 2000»

Als erstes Neubauvorhaben im Rahmen des Großprojekts «LKH Graz 2000» konnte 1993 die Kinderchirurgie fertig gestellt werden, wodurch das Gebäude «Heinrichstraße 31» (ehemalige Kinderchirurgie) endlich von der KFUG für andere Zwecke genutzt werden konnte. Die Übernahme des Areals der ehemaligen Kinderchirurgie, das unmittelbar an das Zentrum des Universitätsviertels grenzt, war ja schon Ende der 1960er Jahre eine Voraussetzung für den damals angestrebten Ausbau der KFUG. 1971 schien das Land Steiermark für diesen Schritt bereit, setzte allerdings voraus, dass eine Übereignung des Areals erst dann möglich sei, wenn ein Ersatzbau für die Kinderchirurgie auf dem Gelände des LKH Graz errichtet ist.
1975 wollte sich das Land mit 60 % an den Kosten für den Neubau der Kinderchirurgie beteiligen.[66] Es dauerte aber zehn Jahre, bis das Land Steiermark einen Wettbewerb für dieses Bauvorhaben ausschrieb. Bereits im Dezember 1983 hatte das Wissenschaftsressort dem Amt der Steiermärkischen Landesregierung mitgeteilt, dass es mit dem Neubau der Universitätsklinik für Kinderchirurgie in einem teilweisen Bettenverbund mit der Internen Kinderklinik einverstanden sei und sich der Bund mit 40 % am Herstellungsaufwand beteiligen werde. Das Land

(als Bauherr dieses Projekts) wurde gebeten, die notwendigen weiteren Veranlassungen zu treffen.[67] Im Februar 1984 erteilte die Landesregierung dem Raum- und Funktionsprogramm die Zustimmung. Als Ende 1986 noch immer kein Baubeginn abzusehen war, protestierten die betroffenen Mediziner, der Unterstützungsverein Bausteinaktion Kinderchirurgie wurde ins Leben gerufen und auch eine Unterschriftenaktion gestartet. Im Wissenschaftsressort konnte nur darauf hingewiesen werden, dass es ausschließlich am Land bzw. an dessen Auftragnehmer (der KAGes) lag, die Planung fortzuführen, diese mit den Nutzern sowie dem Wissenschaftsressort abzustimmen und die Bauaufträge zu erteilen.[68] Das Bauprojekt in St. Leonhard wurde damals (wie bereits erwähnt) von einigen Vorständen von medizinischen Instituten auch mit dem geplanten Ausbau von Dachböden (Universitätsplatz 2 und 4) «vermengt».

Ursprünglich war das Landeskrankenhaus Graz für einen Krankenbettenstand von knapp 2.000 Betten konzipiert worden, Mitte der 1980er Jahre waren es dann mehr als 3.000 Betten. Neben den Kliniken der Medizinischen Fakultät bzw. der heutigen MUG mit ihren Einrichtungen für Lehre und Forschung sind dort auch landschaftliche Abteilungen (Primariate) untergebracht. Die ursprüngliche Struktur der Anlage wurde in den Grundzügen bis weit in die 1990er Jahre beibehalten, obgleich man bemüht war, die räumliche Situation durch Erweiterungen, Anbauten oder Neubauten zu verbessern. Die technische und versorgungsmäßige Infrastruktur konnte mit dieser baulichen Entwicklung jedoch nicht mithalten und war Ende der 1980er Jahre völlig veraltet. Die Situation für die Forschung und Lehre an der Medizinischen Fakultät in Graz war – auch im Vergleich mit den Einrichtungen in Wien und in Innsbruck – außerordentlich ungünstig. Sie war unter anderem durch das Fehlen entsprechender Forschungslabors, einer Fachbibliothek und moderner Lehr- und Lerninstrumente gekennzeichnet. Aus diesen Gründen hatten sich in der zweiten Hälfte der 1980er Jahre die KAGes und das Wissenschaftsministerium dazu entschlossen, eine Untersuchung über Zustand und Entwicklungsmöglichkeiten des LKH Graz und der dort untergebrachten Universitätskliniken durchführen zu lassen; beauftragt wurde 1987 das Institut für Funktionsanalyse Kopenhagen/Wien.

Unter dem Arbeitstitel «LKH Graz 2000» erstellte man eine grundlegende Konzeption für die weitere medizinisch-organisatorische und bauliche Entwicklung dieser Anlage. Mit dem Ziel- und Gesamtplan wurden die Vorgaben für die medizinische Entwicklung, die baulich-funktionellen Rahmenbedingungen, die infrastrukturellen verkehrs- und versorgungsmäßigen Prinzipien, die notwendigen finanziellen Ressourcen und die Komponenten der zeitlichen Realisierung für die langfristige Entwicklung des LKH Graz festgelegt. In der immer weiter voranschreitenden Spezialisierung der einzelnen Fachgebiete, welche die Entwicklung der Medizin prägte, waren Ende der 1980er Jahre zunehmend Tendenzen einer fachübergreifenden und interdisziplinären Ausrichtung festgestellt worden. Diese Entwicklungen kamen in neuen diagnostischen Verfahren, veränderten Behandlungsprinzipien und modernen Therapieformen zum Ausdruck. In den entwickelten organisatorischen Konzepten und Strukturen sowie adäquaten baulich-funktionellen Lösungen sollen diesen Tendenzen Rechnung getragen werden.

Im März 1995 hatten sich der Bund und das Land Steiermark über die Finanzierung des «LKH Graz 2000» geeinigt; im Juni 1995 wurde das Übereinkommen unterzeichnet. Die beiden Vertragsparteien teilen sich die notwendigen Gesamtprojektkosten in der Höhe von mehr als (ATS) 9,4 Milliarden. Die wesentlichen Ergebnisse der Ziel- und Gesamtplanung sind die beabsichtigte Trennung der klinischen Funktionen von den Aufgaben der reinen Krankenversorgung, welche künftig in einem Krankenhaus-Neubau im 13. Grazer Stadtbezirk Gösting vorgenommen werden soll. Neben umfangreichen Sanierungsmaßnahmen sowie Zu- und Umbauten auf dem Areal in St. Leonhard und dem Ausbau des Tunnelsystems beinhaltet das Projekt den Neubau eines Versorgungszentrums, eines Zentrums für medizinische Grundlagenforschung, eines Lernzentrums, die Errichtung einer neuen Wäscherei, einer Tiefgarage sowie der erforderlichen Ver- und Entsorgungseinrichtungen und eben auch den Neubau des LKH West in Gösting. Beabsichtigt ist die Realisierung des Gesamtprojekts bis spätestens 2009. Das Eigentum an den Anlagen und Einrichtungen auf dem Standort in St. Leonhard wächst dem Land zu bzw. bleibt diesem, der Bund hat aber ein fortdauerndes Nutzungsrecht für die neu gegründete MUG.

Das Land und die KAGes garantieren dem Bund den Betrieb der Universitätskliniken als Zentralkrankenanstalt aufrechtzuerhalten. Um allfällige personelle, organisatorische und sonstige Probleme bei der Umsetzung kurzfristig lösen zu können, kamen die Vertragsparteien überein, einen Beirat, der sich aus einem Vertreter des Finanzministeriums, zwei Vertretern des Wissenschaftsressorts, einem Vertreter der Medizinischen Fakultät bzw. nun der MUG, einem Vertreter des Landes und drei von der KAGes nominierten Vertretern zusammensetzt, sowie ein Regierungskomitee «ARGE LKH 2000», dem der Finanz- und der Wissenschaftsminister sowie zwei Mitglieder der Steiermärkischen Landesregierung angehört, zu begründen.[69] Dem Übereinkommen wurde ein Rahmenterminplan beigefügt.

In diesem Plan wurden folgende Abschlusstermine gesetzt: 1997: Neubau des Haupteinganges, Erweiterung der Lungenabteilung (und Renovierung des Altbaus bis 1999), Renovierung der Augenklinik und Erweiterungsbau der Medizinischen Klinik (1. Abschnitt) sowie die Renovierung des Altbaus bis 2007; 1998: Umfunktionierung der Zahnklinik sowie Renovierung und Ausbau der Chirurgie (1. Abschnitt); 1999: Zu- und Umbau der Kinderklinik und Renovierung der Dermatologie; 2000: Neubau des Forschungszentrums ZMF mit einem Lernzentrum, Neubau für die Molekularbiologie mit einer Großgerätezentrale und Zu- und Umbau der Hals-, Nasen-, Ohren-Klinik; 2002: LKH West und Hörsaalneubau; 2003: Renovierung der Nervenklinik; 2004: Renovierung und Ausbau der Zentralröntgenanstalt; 2006: Neubau des Technischen Zentrums und der Versorgungszentrale sowie Renovierung der Frauenklinik; 2007: Errichtung der Zahnklinik und Renovierung der Verwaltung.

Von diesen umfassenden baulichen Maßnahmen profitieren 26 Einheiten der MUG (Gliederung von 2002): 20 Universitätskliniken – die Geburtshilflich-Gynäkologische Klinik, die Hals-, Nasen-, Ohren-Klinik, die Medizinische Klinik, die Augenklinik, die Kliniken für Anästhesiologie und Intensivmedizin, für Chirurgie, für Dermatologie und Venerologie, für Kinder- und Jugendheilkunde, für Kinderchirurgie, für Medizinische Psychologie und Psychotherapie, für Neurochirurgie, für Neurologie, für Orthopädie, für Psychiatrie, für Radiologie, für Strahlentherapie-Radioonkologie, für Unfallchirurgie, für Urologie, für Zahn-, Mund- und Kieferheilkunde sowie für Blutgruppensereologie und Transfusionsmedizin –, vier gemeinsame Einrichtungen – die Magnet-Resonanz Graz, die Klinische Immunologie, die Kinder- und Jugendneuropsychiatrie und die Klinische Psychosomatik – sowie das Klinische Institut für Medizinische und Chemische Labordiagnostik und das Institut für Biomedizinische Forschung.

Die Medizinische Universität Graz ist bestrebt, sämtliche Organisationseinheiten auf dem LKH-Areal in St. Leonhard zusammenzuführen, wofür bereits umfassende Planungsvorarbeiten geleistet wurden. Aus heutiger Sicht ist jedoch fraglich, ob dieses Großprojekt in absehbarer Zeit finanziert werden kann. Sollte eine Absiedlung gelingen, wären im Geidorfer Universitätsviertel davon vor allem das Vorklinikum und die Gebäude «Universitätsplatz 4», «Heinrichstraße 31» und «Universitätsstraße 6» betroffen. Dies würde wiederum der KFUG die Möglichkeit zur Verdichtung ihres Hauptstandortes bieten.

9.5.10 Die Erweiterungspläne der Universität Graz zu Beginn des 21. Jahrhunderts

Zu Beginn des 21. Jahrhunderts bemühte sich die KFUG sehr um die Nutzung des Palais Kees (Glacisstraße 39–41), in dem die Katholisch-Theologische Fakultät, das universitäre Fremdsprachenzentrum und das Institut für Kirchenmusik und Orgel der KUG untergebracht werden sollten. Die Adaptierung des ehemaligen Kommandogebäudes des Bundesheeres war Gegenstand eines Wettbewerbes, den im Sommer 2003 Architekt Josef Klingbacher gewann. Obwohl die Planung bereits weit vorangeschritten war, musste dieses Projekt aus finanziellen Gründen verworfen werden. – Kurz vor Baubeginn steht dafür das Großprojekt «Zentrum für Molekulare Biowissenschaften» (ZMB, Nettogeschoßfläche: 11.000 m^2), das auf dem Areal nördlich der ehemaligen Kinderchirurgie (Heinrichstraße 31) errichtet wird. Das ZMB bilden drei Baukörper: ein Laborgebäude, ein Bibliotheksgebäude, wo auch Hörsäle eingerichtet werden, und ein «Verfügungsgebäude», das Firmen die Möglichkeit bieten wird, eng mit universitären Organisationseinheiten im ZMB kooperieren zu können. Die Planungsleistungen für dieses 30 Millionen Euro teure Projekt der BIG stammt von den deutschen Architekten Josef H. Seidel, Hermann Thoma und Roland Kummer. Voraussichtlich wird das ZMB der Universität Graz schon 2007 zur Verfügung stehen. – In die Liste jener Universitätsgebäude, die in den nächsten Jahren von umfassenden Sanierungsmaßnahmen profitieren sollen, wurden von der KFUG das Gebäude «Mozartgasse 14» (Anna-Kinder-Spital) und die Alte Chemie (Universitätsplatz 1) aufgenommen.

---

1 Vgl. dazu: Walter Höflechner, Das Physikalische Institutsgebäude; in: Der Grazer «Campus», Graz 1995, S. 164.
2 Vgl. dazu: Alois Kernbauer, Grundzüge der baulichen Entwicklung der Karl-Franzens-Universität; in: Der Grazer «Campus», Graz 1995, S. 69.
3 Vgl. dazu: BMU, GZ 2070 / Präs. 4 ex 1967.
4 Schreiben der Fachschaft Philosophie der ÖH an Theodor Piffl-Perčević – Graz, im November 1966; in: BMU, GZ 2070 / Präs. 4 ex 1967.
5 Vgl. dazu: BMU, GZ AE 109.816 / III / 3b ex 1965.
6 Vgl. dazu: BMU, GZ 57.602 – III / 3b ex 1965.
7 Vgl. dazu: BMU, GZ 6291 / Präs. 4 ex 1967.
8 Vgl. dazu: BMU, GZ 54.384 / III / 4 ex 1969.
9 Schreiben von Wolfgang Maresch an Franz Loicht, Graz, 12.4.1972; in: BMWF, GZ 31.085 / Raum ex 1972.
10 Vgl. dazu: Schreiben des Rektorates der KFUG an das BMU Abt. III / 4, Graz, 20.5.1969; Zl. 1742/70 ex 1968/69; in: BMBWK.
11 Memorandum der KFUG – Graz, 1.7.1970; Rekt. Zl 1904–1969/70; in: BMBWK.
12 Vgl. dazu: BMU, GZ 2284 / Präs. 4 ex 1967.
13 Vgl. dazu: BMU, GZ 112.929 / III / 4 ex 1967.
14 Schreiben von Vinzenz Kotzina an Theodor Piffl-Perčević, Wien, 21.10.1968; in: BMU, GZ 51.330 / III /4 ex 1969.
15 Vgl. dazu: [Broschüre] Erweiterung der Vorklinik und Generalsanierung der Hörsäle ABC, hg. von der BIG, Wien 2003.
16 Vgl. dazu: Alois Kernbauer, Das Chemische Institutsgebäude; in: Der Grazer «Campus», Graz 1995, S. 169.
17 Vgl. dazu: BMU, GZ 59.845 / III / 4 ex 1969.
18 Vgl. dazu: BMU, GZ 132.557 / III / 4 ex 1968.
19 Vgl. dazu: Walter Höflechner, Das Physikalische Institutsgebäude; in: Der Grazer «Campus», Graz 1995, S. 161.
20 Vgl. dazu: Hermann Haupt (Hg.), Observatorium Lustbühel Graz. Schwerpunkt österreichischer Weltraumforschung, Graz 1976.
21 Vgl. dazu: [unbekannter Verfasser] Universitätssportzentrum Rosenhain – Baubericht, o.O. und o.J.; in: BMBWK.
22 Schreiben von Hans Tuppy an die Grazer ÖVP, Wien, 16.7.1987; in: BMWF, GZ 30.035 / 11–9 ex 1987.
23 Vgl. dazu: BMWF, GZ 30.800 / 37–9 ex 1990.
24 Vgl. dazu: Horst Schweigert, Das Meerscheinschlössl; in: Der Grazer «Campus», Graz 1995, S. 187–198.
25 Vgl.dazu: Fachabteilungsgruppe Landesbaudirektion Fachabteilung IVb, Information, Graz, 22.4.1983; in: BMBWK.
26 Vgl. dazu: BMWF, GZ 30.035 / 7–9 ex 1980.
27 Vgl. dazu: BMWF, GZ 30.003 / 5–9 ex 1983.
28 Vgl. dazu: BMWF, GZ 30.003 / 1–9 ex 1984.
29 Vgl. dazu: BMWF, GZ 30.050 / 14–9 ex 1989.
30 Vgl. dazu: BMWF, GZ 30.035 / 12–9 ex 1983.
31 Vgl. dazu: BMWF, GZ 3003.437 / Raum ex 1970.
32 Vgl. dazu: BMWF, GZ 30.005 / 1–5 ex 1975.
33 Vgl. dazu: BMWF, GZ 30.005 / 2–9 ex 1982.
34 Vgl. dazu: BMWF, GZ 30.005 / 1–9 ex 1983.
35 Vgl. dazu: BMWF, GZ 30.005 / 1–9 ex 1990.
36 Wolfgang Kapfhammer, Das neue Institutsgebäude in der Heinrichstraße; in: Der Grazer «Campus», Graz 1995, S. 263.
37 [Typoskript] Preis des Landes Steiermark für Architektur 1990 – Danksagung anlässlich des Festaktes, Verleihung des Architekturpreises am 25.6.1991 im Haus der Architektur von Wolfgang Kapfhammer; in: BMBWK.

38 Vgl. dazu: BMWF, GZ 30.000 / 1–9 ex 1984.
39 Vgl. dazu: BMWF, GZ 30.000 / 2–9 ex 1985.
40 Vgl. dazu: BMWF, GZ 30.014 / 3–9 ex 1986.
41 Vgl. dazu: BMWF, GZ 30.035 / 14–9 ex 1991.
42 Vgl. dazu: BMWF, GZ 30.035 / 6–9 ex 1993.
43 Vgl. dazu: [Studie] Notizen zum Neubau der Gewächshausanlage, verfasst von Josef Poelt, Thomas Ster, Helmut Satzinger, Alfred Bramberger und Volker Giencke, Graz 1983; in: BMBWK.
44 Vgl. dazu: BMWF, GZ 30.011 / 2–9 ex 1983.
45 Vgl. dazu: Volker Giencke, Offener Brief zum Bau und zur Kostenfrage der Gewächshäuser im Botanischen Garten der Uni Graz und zum BRG Kepler Graz, Graz, 1.6.1992; in: BMBWK.
46 Vgl. dazu: BMWF, GZ 30.041 / 3–9 ex 1983.
47 Vgl. dazu: Bericht von Dipl.-Ing. Franz Josel [Fachabteilung IVb – Neubaumaßnahmen im Hochbau], Graz, 6.10.1992; in: BMBWK.
48 Vgl. dazu: BMWF, GZ 30.007 / 2–9 ex 1985.
49 Vgl. dazu: BMWF, GZ 30.007 / 1–9 ex 1993.
50 Vgl. dazu: BMWF, GZ 30.007 / 3–9 ex 1991.
51 Vgl. dazu: BMWF, GZ 30.035 / 8–9 ex 1989.
52 Vgl. dazu: BMU, GZ 3648 / Präs. 4 ex 1967.
53 Vgl. dazu: BMU, GZ 41.635 / III / 4 ex 1968.
54 Vgl. dazu: BMWF, Eing.: 3.10.1985 – Zahl 30.020/2–9.
55 Vgl. dazu: BMU, GZ 3269 – Präs. 4 ex 1967.
56 Vgl. dazu: Doris Griesser, Der RESOWI-K(r)ampf; in: UNIZEIT. Zeitung der Karl-Franzens-Universität Graz, Graz, Nr. 1/1992, S. 3.
57 Vgl. dazu: BMWF, GZ 30.002 / 1–9 ex 1993.
58 Vgl. dazu: BMWF, GZ 30.002 / 2–9 ex 1980.
59 Vgl. dazu: Stellungnahme zur schriftlichen parlamentarischen Anfrage Nr. 2460/J-NR/80 der Abgeordneten Krünes und Genossen vom 11.7.1988 betreffend die Rechts- und Sozialwissenschaftliche Fakultät der Univ. Graz, Wien, 19.7.1988; in: BMBWK.
60 Vgl. dazu: Aktenvermerk (Kaufm. 3/av1), Wien, 21.2.1989; in: BMBWK.
61 Vgl. dazu: BMWF, GZ 30.002 / 1–9 ex 1992.
62 Hermann Eisenköck, Das RESOWI-Zentrum; in: Der Grazer «Campus», Graz 1995, S. 269.
63 Vgl. dazu: BMWF, GZ 31.300 / 18–9 ex 1979.
64 Vgl. dazu: BMWF, GZ 30.049 / 1–9 ex 1993.
65 Vgl. dazu: BMWFK, GZ 30.022 / 1–9 ex 1995.
66 Vgl. dazu: BMWF, GZ 30.049 / 3–9 ex 1978.
67 Vgl. dazu: BMWF, GZ 30.049 / 1–9 ex 1986.
68 Vgl. dazu: ebd.
69 Vgl. dazu: BMWFK, GZ 30.050 / 6–9 ex 1995.

10 Technische Universität Graz (TUG)

Die bauliche Entwicklung der Technischen Universität Graz verlief bislang recht eindrucksvoll. Nach 1945 wurden für die TUG 19 Neubauten errichtet und zahlreiche Sanierungen bzw. Adaptierungen vorgenommen, wovon 4 Projekte behandelt werden. 2002 standen der Technischen Universität Graz (wissenschaftliches Personal: 531 Personen; allgemeine Universitätsbedienstete: 503 Planstellen) 99.000 m² zur Verfügung; 8.024 ordentliche Studierende waren im Studienjahr 2002/03 inskribiert.

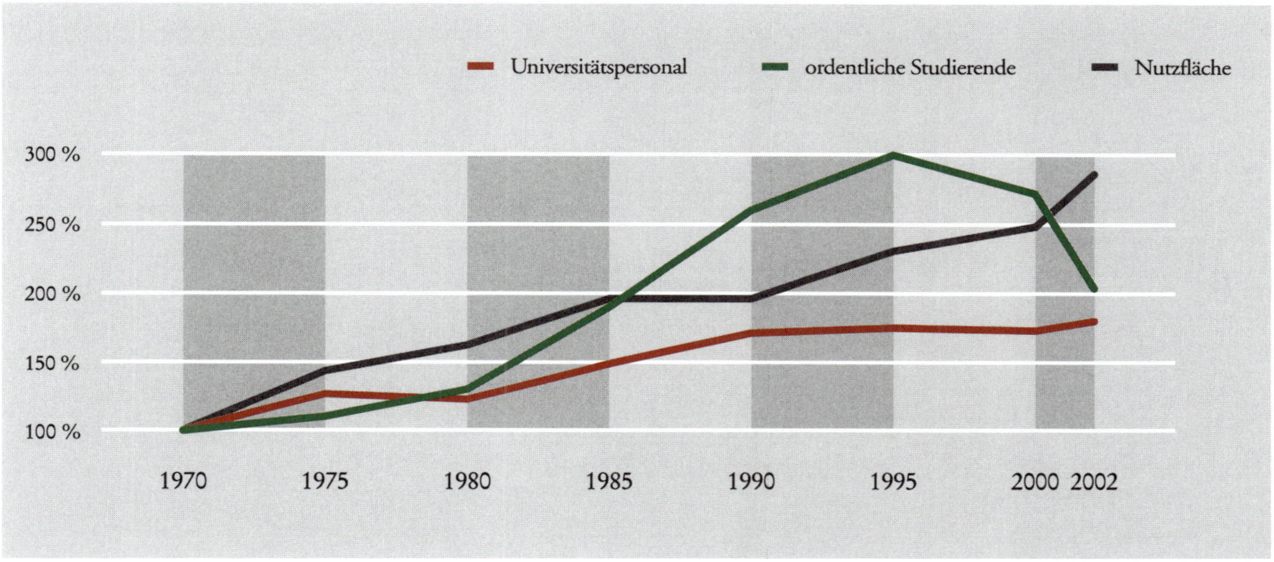

Die Technische Universität Graz verfügt heute über drei Zentren, die im Südosten der steirischen Landeshauptstadt liegen. Der älteste Standort mit dem 1888 fertig gestellten Hauptgebäude (Alte Technik, Rechbauerstraße 12), dem Erweiterungsbau und dem daran anschließenden Bibliotheksgebäude, (beide) Technikerstraße 4, sowie dem Institutsgebäude «Lessingstraße 25» befindet sich im 2. Grazer Stadtbezirk St. Leonhard. Das Areal wird von der Lessingstraße, der Rechbauerstraße, der Technikerstraße und der Mandellstraße begrenzt. Die drei letztgenannten Universitätsbauten wurden auf den Mandellgründen errichtet, die von einer Häuserzeile (Mandellstraße 9–15 und Lessingstraße 27) begrenzt werden, wo Räume für Zwecke der TUG angemietet wurden. In St. Leonhard befinden sich zwei weitere Anmietungen (Schlögelgasse 9; Krenngasse 37).
Das zweite Zentrum der TUG liegt südwestlich der Alten Technik im 6. Bezirk Jakomini und ist von dieser in wenigen Gehminuten erreichbar. Das älteste Gebäude dieses Zentrums ist die Neue Technik (Kopernikusgasse 24), an die im Nordwesten das Schörgelhofgelände anschließt, das von der Schörgelgasse, der Brockmanngasse, der Kopernikusgasse, der Stremayrgasse, der Steyrergasse und der Petersgasse begrenzt wird. Auf dem Schörgelhofgelände (ca. 31.000 m²) befinden sich sechs Bauten: das Chemie-Gebäude (Stremayrgasse 16), das Biochemie-Gebäude (Petersgasse 12), das Haus für Biokatalyse (Petersgasse 14), das Wasserbaulaboratorium (Stremayrgasse 10), das Physik-Gebäude (Petersgasse 16) und das Institutsgebäude «Steyrergasse 30». Diesem gegenüber befindet sich das Gebäude «Steyrergasse 17», in dem für Universitätszwecke Räume angemietet wurden.

Im 8. Bezirk St. Peter bilden die Inffeldgründe (rund 176.000 m²) das Erweiterungsgebiet der TUG. Das dritte Zentrum liegt südlich der Neuen Technik und ist von dieser ca. 1 km weit entfernt. Dieses Areal wird im Norden von der Sandgasse begrenzt, die im Westen in die Münzgrabenstraße und im Osten in die Petersgasse mündet Parallel zur Sandgasse verläuft im Süden die Inffeldgasse, die nur über die Petersgasse erreicht werden kann Nördlich und südlich der Inffeldgasse wurden die Universitätsgebäude errichtet. – Auf dem Areal, das im Norden von der Sandgasse und im Süden von der Inffeldgasse begrenzt wird, wurden bislang sechs Projekte (Inffeldgasse 10, 12, 16, 16a–16c, 18 und 24) realisiert. Auf dem Areal südlich der Inffeldgasse wurde für den Maschinenbau ein Gebäudekomplex (Inffeldgasse 25) errichtet, den das Großmotorenzentrum und zwei Forschungsgebäude (Inffeldgasse 21, 21a und 21b) ergänzen. – Im Jahre 2005 wird auf diesem Gelände für das Projekt «Frank Stronach Institute» ein Labor- und Forschungsgebäude (ca. 3.900 m²) für drei neue Institute des Bereiches Fahrzeugtechnik errichtet. Dazu wurde ein geladener Wettbewerb durchgeführt, den der Grazer Architekt Thomas Zinterl gewann. – Seit 1994 erreicht man diese campusähnliche Anlage, indem man durch die von Richard Kriesche gestaltete Skulptur «Der Himmel über uns – die Erde unter uns» fährt, die sich wie ein Bogen über die Inffeldgasse spannt.

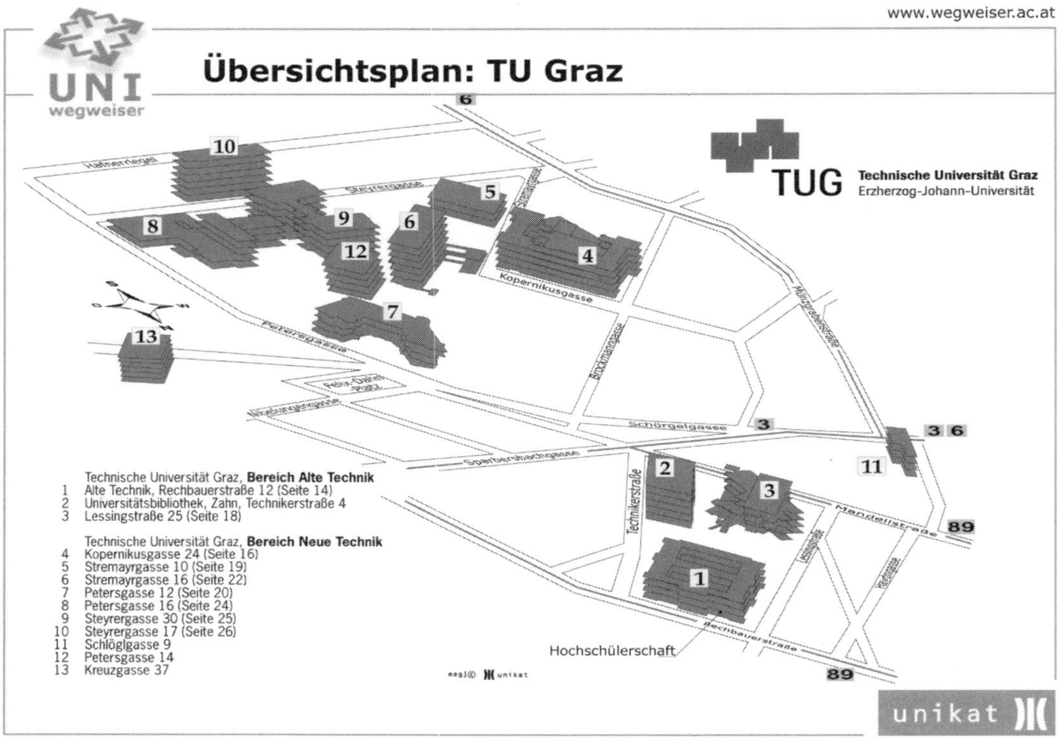

10.1 Die räumliche Erweiterung der Technischen Universität Graz in den 1950er Jahren

Nach dem Zweiten Weltkrieg war vorerst nur der Weiterbestand der Technischen Hochschule Wien gesichert. Aufgrund der staatsfinanziellen Schwäche stand im Unterrichtsministerium die Auflösung der Technischen Hochschule Graz zur Diskussion. Teile der TUG wären der Montanuniversität Leoben und der Universität Graz eingegliedert worden.[1] Gestützt wurde diese geplante Einsparungsmaßnahme auch von der Annahme, dass nach einem vorübergehenden Anstieg der Hörerzahl diese bald wieder auf den Stand von 1938 abfallen würde; damals waren rund 400 Studierende gezählt worden. Dies war jedoch nicht der Fall. In der zweiten Hälfte der 1950er Jahre verzeichnete die TUG dann einen steilen Anstieg der Hörerzahlen (1955/56: 1.637; 1959/60: 3.610).
Nicht zuletzt aufgrund des deutlichen Anstiegs der Hörerzahlen war ein rascher Ausbau der TUG erforderlich, der eine große Herausforderung darstellte, da auf den bestehenden Standorten (Alte und Neue Technik) kaum Möglichkeiten der Erweiterung gegeben waren. Um die Bauwünsche der einzelnen Fakultäten koordinieren zu können, wurde bereits 1951 ein Bauausschuss (Kommission für Bauangelegenheiten) gegründet. Zum Vorsitzenden wurde Professor Karl Raimund Lorenz gewählt, der später einige Neubauten der TUG, aber auch Gebäude der MUL plante. Die grundsätzliche Frage, die dieser Planungsausschuss zu klären hatte, lautete: Sollten unter Einbeziehung der bestehenden Gebäude der TUG die benötigten Neubauten in eine «organische Verbindung» mit diesen gebracht oder sollte am Stadtrand eine eigene «Hochschulstadt» errichtet werden? Die Kommission sprach sich für die erste Variante aus, was die gewünschte Anbindung der TUG an das kulturelle Leben der steirischen Landeshauptstadt und die interuniversitäre Zusammenarbeit mit den übrigen Grazer Universitäten erleichtern sollte.[2]
Vor allem die Studierenden der vier Universitäten in Graz profitieren von dieser Entscheidung, da die universitären Standorte nun – in relativer Nähe zueinander – einen tangentialen Komplex am Rande der Altstadt bilden. Um dieses Konzept verwirklichen zu können, waren große Anstrengungen vonnöten, da Baulandreserven in unmittelbarer oder noch vertretbarer Nähe insbesondere zur Neuen Technik zu erwerben waren. Über Jahrzehnte wurden Grundstücke angekauft, wodurch die Areale Schörgelhofgelände und Inffeldgründe kontinuierlich erweitert werden konnten. – Zu Beginn der 1950er Jahre konnte das Schörgelhofgelände bereits für Zwecke der TUG sichergestellt werden, und in den 1960er Jahren wurde mit dem Ankauf von Grundstücken in St. Peter begonnen, die zusammen die Inffeldgründe bilden. – 1970 erwarb der Bund die Neunteufelgründe (knapp 21.000 m^2) an der Schörgelgasse, die nicht weit vom Schörgelhofgelände entfernt sind. Knapp 20 Jahre lang spielten die Neunteufelgründe in den Erweiterungsplänen der TUG eine Rolle. 1999 erklärte sie sich mit der Veräußerung dieses Areals einverstanden, und das Wissenschaftsministerium verband mit seiner Zustimmung die Bedingung, dass der Verkaufserlös Bauvorhaben der TUG zugute kommen soll.[3] – Einen ersten Bebauungsvorschlag für das Schörgelhofgelände hatte der Bauausschuss 1951 vorgelegt. Anfang der 1960er Jahre wurde aber deutlich, dass die auf diesem Areal geplanten Institutsgebäude nicht ausreichend dimensioniert waren.[4] Die geplanten Neubauten für die Fakultät für Maschinenwesen und Elektrotechnik sollten deswegen an einem anderen Standort errichtet werden. Fündig wurde man schließlich in St. Peter.

10.1.1 Der Wiederaufbau der Neuen Technik, Kopernikusgasse 24

Die Neue Technik war in der Zwischenkriegszeit für Institute der Fakultät für Maschinenwesen und Elektrotechnik errichtet worden. Nach siebenjähriger Bauzeit konnte das großzügig konzipierte Gebäude 1928 bezogen werden. Im November 1944 wurde es von drei Bomben getroffen und schwerst beschädigt; der gesamte Mitteltrakt, vom Erdgeschoß bis zum vierten Obergeschoß, stürzte ein. Das Ziel des Angriffs mag wohl ein Heeresverpflegungsmagazin gewesen sein, das sich auf dem Schörgelhofgelände befand und ebenfalls durch Bomben fast völlig zerstört worden war. Die umfangreichen Wiederaufbauarbeiten konnten erst mit Beginn des Wintersemesters 1951/52 zu einem Abschluss gebracht werden. Zu Beginn des 21. Jahrhunderts beherbergte die Neue Technik neun Institute der Fakultät für Maschinenbau (Fertigungstechnik; Werkstoffkunde, Schweißtechnik und Spanlose Formgebungsverfahren; Festigkeitslehre; Mechanik und Getriebelehre; Maschinenelemente und Entwicklungsmethodik; Verbrennungskraftmaschinen und Thermodynamik; Papier-, Zellstoff- und Fasertechnik; Hydraulische Strömungsmaschinen; Wirtschafts- und Betriebswirtschaften), drei Institute der Fakultät für Elektrotechnik und Informationstechnik (Elektrische Maschinen und Antriebstechnik; Grundlagen und Theorie der Elektrotechnik; Elektrische Messtechnik und Messsignalverarbeitung) und das Institut für Geometrie der damaligen Technisch-Naturwissenschaftlichen Fakultät.
Im südlichen Hofbereich waren über die Jahrzehnte verschiedene Zubauten errichtet worden; im Gebäude «Stremayrgasse 11» ist derzeit noch das Institut für Materialprüfung und Baustofftechnologie mit angeschlossener Technischer Versuchs- und Forschungsanstalt für Festigkeits- und Materialprüfung untergebracht. Eine tiefgreifende Umgestaltung des Standorts Neue Technik war bereits gegen Ende des 20. Jahrhunderts von der TUG ins Auge gefasst worden. Wolfgang Steinegger erstellte 1998 eine Bebauungsstudie,[5] der gemäß die meisten Zubauten und das Gebäude «Stremayrgasse 11» abzubrechen sind. Auf einem Teil des Hofes sowie der Liegenschaft «Brockmanngasse 25» wird ein Ersatzgebäude (ca. 11.000 m²) für das 1961 fertig gestellte Chemie-Gebäude (Stremayrgasse 16) errichtet werden. Einen europaweit ausgeschriebenen Wettbewerb gewann 2004 Thomas Zinterl Das auf rund 37 Millionen geschätzte Projekt soll voraussichtlich 2006 in Angriff genommen werden.

10.1.2 Das Chemie-Gebäude, Stremayrgasse 16

Der Errichtung des Neubaus für drei Chemie-Institute ging eine gewissenhafte Planung voraus. Fachleute der TUG hatten Anfang der 1950er Jahre in Europa mehrere Universitäten besucht, um für das Projekt Erfahrungen zu sammeln. Mit dem Bau des von Karl R. Lorenz konzipierten Gebäudes wurde im Juli 1954 begonnen. Nach siebenjähriger Bauzeit wurde das Gebäude, das über sechs Geschoße und zwei Kellergeschoße verfügt, 1961 von den Instituten bezogen.
Das knapp (ATS) 40 Millionen teure Institutsgebäude konnte somit der TUG gewissermaßen als Geschenk zu ihrer 150-Jahr-Feier übergeben werden. Es handelte sich damals um ein sehr modernes, den (damaligen) Anforderungen in Lehre und Forschung entsprechendes Gebäude, in welchem zum Beispiel Experimente erstmals gefahrlos unter Abzugskaminen durchgeführt werden konnten. Die Installationsarbeiten stellten eine besondere Herausforderung dar, weil jeder Laborplatz mit Strom, Gas und Wasser versorgt werden musste. Das Gebäude «Stremayrgasse 16» (ca. 6.000 m²), dem ein Hörsaaltrakt vorgelagert ist, beherbergte 2002 vier Institute (Anorganische Chemie; Chemische Technologie anorganischer Stoffe; Organische Chemie; Chemische Technologie organischer Stoffe). – Von den Erfahrungen der TUG profitierte in den 1960er Jahren auch die KFUG, deren Neubau für Chemie-Institute an der Heinrichstraße errichtet wurde. – Das Chemie-Gebäude muss aus Gründen der Sicherheit und des technischen Standes generalsaniert werden, wobei eine nicht-technische Nutzung vorgesehen ist.

10.1.3 Das zentrale Heiz- und Umspannwerk, Steyrergasse 30

In der zweiten Hälfte der 1950er Jahre wurde mit dem Bau des zentralen Heizkraftwerkes der TUG begonnen, dem auch ein Wärmelaboratorium angeschlossen war. Die von den Architekten Karl R. Lorenz, W. Andreas und Lorle Herdey geplante und (ATS) 18,5 Millionen teure Anlage konnte Anfang der 1960er Jahre in Betrieb genommen werden, sie versorgte beinahe 20 Jahre lang sämtliche Bauten der TUG mit Wärme und Energie. Als 1981 die TUG an das Grazer Fernwärmenetz angeschlossen wurde, setzte eine rege Diskussion ein, in welcher Form das Gebäude künftig genutzt werden könnte. (Die KFUG löste damals das Problem der Nachnutzung, indem ihr ehemaliges Heizkraftwerk zu einem Hörsaalgebäude umfunktioniert wurde.)
An der TUG forderte die ÖH die Einrichtung eines Studienzentrums, weiters stand die Ansiedlung verschiedener Institute zur Diskussion, ebenso die Nutzung des Gebäudes für Versuche im Bereich der Biomasseverwertung, was massive Proteste der Anrainer zur Folge hatte. In der ersten Hälfte der 1980er Jahre verhinderten Bürgerproteste auch die Realisierung des Institutsgebäudes «Lessingstraße 25» in der von Architekt Domenig ursprünglich geplanten Form, weswegen ein Neubau für die Geodäsie-Institute notwendig wurde, die eben nicht im Gebäude auf den Mandellgründen untergebracht werden konnten. Der benötigte Baugrund wurde durch den Abbruch des ehemaligen Heizkraftwerkes auf dem Schörgelhofgelände geschaffen. Im Sommer 1985 sprengte man die Anlage. Das Heizhaus und der Schlot lösten sich rasch in Schutt auf, der alte Kohlebunker wollte jedoch auch nach zwei weiteren präzise abgestimmten Sprengungen nicht weichen. Erst als das Bundesheer unter Einsatz von Panzern eingriff, konnte der Bunker ein paar Monate später geschleift werden.[6]

10.2 Die räumliche Erweiterung der Technischen Universität Graz ab 1960

Bis ins Studienjahr 1961/62 (4.543) waren die Hörerzahlen steil angestiegen, dann gingen sie zurück; 1969/70 zählte man 3.558 ordentliche Studierende. Nach dem Ende des Zweiten Weltkrieges hatte die existenzbedrohende Situation der TUG auch dazu geführt, dass damals die TUG Sparmaßnahmen (beispielsweise Streichung vakanter Assistentenposten und Umwandlung vakanter Ordinariate in Extraordinariate) zustimmte, die mit einiger Verzögerung und nur unter großen Mühen rückgängig gemacht werden konnten. Als ein Vorstoß in diese Richtung ist ein auf zehn Jahre konzipiertes Programm der Fakultät für Bauingenieurwesen und Architektur aus dem Jahre 1966 zu sehen, in welchem die Aufgaben der einzelnen Institute und deren Bedeutung, geplante Institutsneugründungen, die Aufstockung des wissenschaftlichen Personals sowie die dringend notwendigen baulichen Maßnahmen ausführlich behandelt werden.[7] In Berufungsverhandlungen spielten nicht selten die in Graz bestehende bzw. eben (noch) nicht bestehende Infrastruktur eine gewichtige Rolle. Auch in diesem Zusammenhang müssen die Bemühungen der TUG hinsichtlich ihrer räumlichen Erweiterung gesehen werden.
Um mit der wissenschaftlichen Entwicklung Schritt halten zu können, waren nach dem Abschluss der ersten Erweiterungsphase, die mit der Inbetriebnahme des Wasserbaulaboratoriums im Jahre 1964 endete, dringendst bauliche Maßnahmen zu setzen. Als Grundlage diente ein von Professor Lorenz ausgearbeitetes Langzeitprogramm samt Bebauungsplänen, das im Februar 1966 vom Gesamtkollegium genehmigt und der Planungsabteilung des Bundesministeriums für Handel und Wiederaufbau übermittelt wurde. 1967 konnten bereits drei baukünstlerische Wettbewerbe veranstaltet werden. Für das Schörgelhofgelände waren Entwürfe einzureichen, die einen Neubau für die Physik, zwei Neubauten für Chemie-Institute und ein studentisches Zentrum samt Mensa umfassen sollten. Dabei war allerdings nur das Physik-Gebäude bis ins Detail zu planen. Die anderen Wettbe-

werbe betrafen Bauten auf den Inffeldgründen, und zwar zwei Gebäude für die elektrotechnischen Institute und einen großräumigen Gebäudekomplex für den Maschinenbau.

10.2.1 Das Wasserbaulaboratorium, Stremayrgasse 10

Mit dem Bau des Wasserbaulaboratoriums wurde bereits in der zweiten Hälfte der 1950er Jahre begonnen. Das von Karl R. Lorenz, W. Andreas und Lorle Herdey geplante Laboratorium konnte 1964 in Betrieb genommen werden. Für dessen Errichtung bot ein Teil des Schörgelhofgeländes ideale Voraussetzung, da der gewählte Standort im Süden des Geländes gegenüber der Stremayrgasse um rund sechs Meter höher liegt, was eben ausgezeichnete Rahmenbedingungen für eine Vielzahl von Wasserbauversuchen schuf. Die (ATS) 20 Millionen teure Anlage umfasst eine große Versuchshalle für den Kraftwerksbau sowie Laboratorien für den landwirtschaftlichen Wasserbau und beherbergt die Institute für Wasserbau und Wasserwirtschaft sowie für Siedlungswasserwirtschaft und Landschaftswasserbau der Fakultät für Bauingenieurwesen. Das Gebäude ist so konzipiert worden, dass eine Aufstockung zu einem späteren Zeitpunkt grundsätzlich möglich ist. Diese Erweiterungsmaßnahme ist dann auch wiederholt von der TUG gewünscht worden, sie wurde jedoch nie realisiert. In den 1960er Jahren war das Wasserbaulaboratorium sehr gefragt, da Modellversuche für die damals geplanten großen Wasserkraftwerke nur in Graz durchgeführt werden konnten.

10.2.2 Der Erweiterungsbau, Technikerstraße 4

Die Realisierung des Erweiterungsbaus für die Fakultät für Bauingenieurwesen und Architektur in der Technikerstraße konnte erst nach der Fertigstellung des Chemie-Gebäudes auf dem Schörgelhofgelände konkretisiert werden. Die Chemie-Institute räumten 1961 das alte Institutsgebäude auf den Mandellgründen, das dann abgerissen wurde. An dieser Stelle konnte im Spätherbst 1965 mit dem Bau des Erweiterungsbaus (6.300 m^2) begonnen werden, das die Architekten Karl R. Lorenz, Hannes Repolusk, Hans Ilgerl, Hermann Worschitz und Helmut Weixler geplant hatten. Die Arbeiten an dem (ATS) 14 Million teuren Bauvorhaben wurden im Oktober 1968 abgeschlossen.

Dieses Gebäude war ein Teil eines umfassenden Projekts, das seinen endgültigen Abschluss erst nach der Errichtung des Physik-Gebäudes auf den Schörgelhofgründen finden sollte. Dann hätte der Physiksaal, der 1922 der Alten Technik als Provisorium angefügt worden war, abgerissen werden sollen. An dessen Stelle war ein Gebäudekomplex geplant, der auch ein Auditorium maximum beherbergen sollte. In dieser Form wurde das Projekt jedoch nicht realisiert. Der 1969 bezogene Erweiterungsbau sollte auf neun Geschoßen ursprünglich sämtliche Bauingenieur-Institute beherbergen; zu Beginn des 21. Jahrhunderts waren dort die Institute für Tragwerkslehre, für Kunstgeschichte und für Regionales Bauwesen (Fakultät für Architektur), für Allgemeine Mechanik (Fakultät für Bauingenieurwesen), für Physikalische und Theoretische Chemie sowie für Analytische Chemie, Mikro- und Radiochemie (Technisch-Naturwissenschaftliche Fakultät) untergebracht.

10.2.3 Die Neubauten für die elektrotechnischen Institute, Inffeldgasse 12 und 18

Institutsgebäude für die Fakultät für Maschinenwesen und Elektrotechnik waren bereits Anfang der 1950er Jahre in der Bebauungsstudie für das Schörgelhofgelände vorgesehen. Nach dem Entschluss, dieses Areal der Technisch-Naturwissenschaftlichen Fakultät zu überlassen, musste Anfang der 1960er Jahre ein geeigneter Baugrund für die ausgelagerten Projekte gefunden werden. 1967 wurden zwei baukünstlerische Wettbewerbe veranstaltet, wovon die Architekten Ignaz Gallowitsch und Hubert Hoffmann jenen für sich entschieden, der zwei Gebäude für die elektrotechnischen Institute zum Gegenstand hatte. Mit den Bauarbeiten begann man im Frühjahr 1968, abgeschlossen wurden sie im Jahre 1972. Die Baukosten samt der Einrichtungskosten, die den Ankauf einiger Großgeräte einschlossen, betrugen rund (ATS) 244 Millionen.

Das Institutsgebäude «Inffeldgasse 12».

Erst nach 1945 hatte die Fachrichtung Elektrotechnik einen deutlichen Aufschwung erfahren, doch die neu gegründeten Institute konnten räumlich nur unzureichend versorgt werden. Die wissenschaftliche Arbeit wurde auch durch das Fehlen eines modern eingerichteten und leistungsfähigen Hochspannungsinstituts erschwert. In der ersten Hälfte der 1960er Jahre wurde bei der Erstellung des Raum- und Funktionsprogramms dieses auf gemeinsame Interessen von Hochspannungstechnik und elektrischer Anlagetechnik abgestimmt, wobei es dabei gegenseitige Störungen auszuschließen galt. Im Gebäudekomplex «Inffeldgasse 18» sollten den Instituten für Elektrische Anlagen und Hochspannungstechnik, für Regelungstechnik sowie für Elektro- und Biomedizinische Technik möglichst ideale Rahmenbedingungen für eine konstruktive Zusammenarbeit geboten werden. Das Herzstück der Anlage ist die Hochspannungshalle aus Stahl mit außenliegender Konstruktion, d.h. dass der ganze Bauteil auf einem Stahlrahmen hängt. Um Störungen weitgehend zu vermeiden, wurde ein geschlossener Blechschirm gewählt, bei dessen Auslegung die Gewichtsbeanspruchungen und Wärmedehnungen Herausforderungen darstellten. Eindrucksvoll ist das Hallentor mit seinen Maßen von 14 x 14 Metern Seitenlänge, das hydraulisch betrieben wird. Die Hochspannungshalle schließt den Gebäudekomplex im Westen ab. Im Gebäudekomplex «Inffeldgasse 18» sind derzeit fünf Institute (Elektrische Anlagen; Elektrizitätswirtschaft und Energieinnovation; Hochspannungstechnik und Systemmanagement; Human Computer Interfaces; Medizintechnik) untergebracht. Das ebenfalls viergeschoßige Gebäude «Inffeldgasse 12», das die Institute

für Elektronik und für Kommunikationsnetze und Satellitenkommunikation beherbergt, wird allgemein «Hochfrequenztechnik» genannt. Ursprünglich war darin ein Labor für aufwendige Laserversuche eingerichtet, das später aber zu einem Tonstudio umfunktioniert wurde. Das Flachdach gestaltete man begehbar, da dort Antennenanlagen montiert sind, die für Arbeiten auf dem Gebiet der Weltraumforschung genutzt werden.
Eine Besonderheit aller TUG-Bauten auf den Inffeldgründen stellt die erste im öffentlichen Bau angewandte Nutzwasserversorgung dar. Die auf dem Gelände existierenden Brunnen versorgen auch heute noch sämtliche Kühlleitungen und Sanitärräume mit Wasser, was immer noch von vier im Jahre 1970 installierten Pumpen geleistet wird.[8]

10.3 Die räumliche Erweiterung der Technischen Universität Graz ab 1970

Nach einigen Schwankungen zu Beginn der 1970er Jahre stiegen die Hörerzahlen in der zweiten Hälfte dieses Jahrzehnts wieder an (1970/71: 3.978; 1975/76: 4.338; 1979/80: 4.761). Die verfügbare Nutzfläche stieg von 35.000 m^2 (1970) auf 57.000 m^2 (1980). – Anfang der 1970er Jahre wünschte die TUG die Einleitung der Planung von sieben Bauvorhaben. Es handelte sich dabei um studentische Zentren auf dem Schörgelhofgelände und auf den Inffeldgründen, einen zweiten Neubau für Chemie-Institute auf dem Schörgelhofgelände, zwei Neubauten für die Institute für Festigkeitslehre und Materialprüfung sowie für Bodenmechanik, Felsmechanik und Grundbau auf den Neunteufelgründen, die Aufstockung des Wasserlaboratoriums und den Erweiterungsbau (inklusive Auditorium maximum) auf den Mandellgründen. Für diese Projekte wurden vom Gesamtkollegium im März 1971 konkrete Raumprogramme beschlossen. Zu diesem Zeitpunkt waren allerdings vier große Projekte der TUG in Bau, die 20 % der 1971 zur Verfügung stehenden Kredite banden.[9] In keinen anderen Universitätsausbau wurde damals mehr investiert. Dieser Umstand, die allgemeine Budgetsituation und die dringlichen Bauvorhaben der übrigen Universitäten führten dazu, dass ein Teil der angeführten Bauvorhaben der TUG erst in den 1980er Jahren in Angriff genommen werden konnte. Auf die absehbare Entwicklung reagierte die TUG mit einer Studie über die bauliche Neugliederung der Fakultäten, die eine effizientere Nutzung der bestehenden Gebäude zum Gegenstand hatte. Hervorgegangen ist diese Studie aus dem Seminar Hochschulplanung (1975/76), das vom Institut für Gebäudelehre und Entwerfen veranstaltet wurde.[10]

10.3.1 Das Bibliotheksgebäude, Technikerstraße 4

Beim Bibliotheksgebäude der TUG, das in den Jahren 1970 bis 1975 errichtet wurde, handelt es sich um den ersten (großen) universitären Bibliotheksneubau nach 1945. Für die TUG bedeutete dessen Realisierung die Beseitigung höchst problematischer Zustände, da die Bibliothek zuvor in der Alten Technik völlig unzureichend untergebracht war; in den dort zur Verfügung stehenden Räumlichkeiten wurden auch nach dem Zweiten Weltkrieg weder nennenswerte Adaptierungen noch Erweiterungen vorgenommen. Das neue Gebäude bildet gewissermaßen den Abschluss des 1968 fertig gestellten Erweiterungsbaues an der Straßengabelung Technikerstraße-Sparbersbachgasse, das im Süden an die Mandellstraße anschließt. Aufgrund der Beengtheit des Bauareals kam für den Neubau nur der «Turmtypus» in Frage, der auch beim Bau der Universitätsbibliothek in Karlsruhe zur Anwendung kam. Nach den damals neuesten bibliothekstechnischen Gesichtspunkten plante Karl R. Lorenz das Grazer Bibliotheksgebäude, wobei unter anderem auch Anregungen des Österreichischen Instituts für Bibliotheksforschung berücksichtigt wurden.[11]

Das zehngeschoßige Gebäude gliedert sich in zwei Bauteile, deren Funktionen von außen deutlich unterscheidbar sind. Der Bürotrakt mit Verwaltungs-, Arbeits- und Leseräumen umfasst gewissermaßen an der Süd- und der Westseite den so genannten Bücherturm, der die Büchermagazine beherbergt. Das Bibliotheksgebäude ist mittels eines «Gelenks», das ein Treppenhaus und Sanitärgruppen birgt, mit dem 1969 bezogenen Erweiterungsbau verbunden. Das eigentliche Zentrum der Bibliothek, wo sich die Bücherausgabe und die Bibliothekskataloge befinden, ist das dritte Obergeschoß, das durch eine freitragende Treppe mit den Leseräumen im zweiten und im vierten Obergeschoß verbunden ist. Diese Räume wurden für 260 Leser konzipiert. Die Gesamtkosten des Bibliotheksneubaus betrugen knapp (ATS) 46 Millionen.

10.3.2 Das Physik-Gebäude, Petersgasse 16

Den 1967 veranstalteten baukünstlerischen Wettbewerb, der vier Gebäude auf dem Schörgelhofgelände zum Gegenstand hatte, wovon allerdings nur ein detaillierter Entwurf für das Physik-Gebäude vorzulegen war, gewann Eduard Praschag. Der Entwurf sah zwei sechs- bzw. siebengeschoßige Labortrakte (einschließlich zweier Kellergeschoße) vor, welchen ein viergeschoßiger Praktikumstrakt mit den Werkstätten vorgelagert ist.
Die Realisierung dieses Bauvorhabens war dringend notwendig, da in der Alten Technik, trotz Adaptierungen und teilweiser Erneuerung der technischen Ausstattung, den Anforderungen der modernen Forschung und Lehre nicht mehr entsprochen werden konnte. Auch der Hörsaaltrakt, der 1922 dem Stammhaus der TUG angefügt worden war, konnte die Studierenden längst nicht mehr fassen. Von besonderer Bedeutung war deswegen die Einrichtung eines 530 Personen fassenden Hörsaales im Neubau, auf den später auch andere Fakultäten der TUG zurückgreifen mussten, in deren bestehenden Hörsälen der Vorlesungsbetrieb aufgrund des Anstiegs der Studierendenzahlen teilweise nicht mehr aufrechterhalten werden konnte. Die moderne Ausstattung des Hörsaales «P1» ermöglichte die Präsentation auch aufwendiger physikalischer Experimente vor einem größeren Publikum. Im Frühjahr 1970 begann man mit den Bauarbeiten, fertig gestellt wurde das (ATS) 105 Millionen teure Bauvorhaben 1977. Im Physik-Gebäude (5.300 m^2) sind vier Institute (Experimentalphysik; Festkörperphysik; Materialphysik; Theoretische Physik) untergebracht.

10.3.3 Der Neubau für die Maschinenbau-Institute, Inffeldgasse 25

Die Entstehungsgeschichte des Gebäudekomplexes für den Maschinenbau kann als die «unendliche Baugeschichte» der TUG bezeichnet werden. Mit den Bauarbeiten wurde im September 1970 begonnen, (im Wesentlichen) abgeschlossen konnten sie aber erst 1988 werden. Der langgestreckte Gebäudekomplex, der sich aus sechs Baukörpern zusammensetzt, die miteinander verbunden sind, befindet sich südlich der Inffeldgasse. In südlicher Richtung schließen mehrere große Hallen an diese sechs Bauelemente an. Die einzelnen Baukörper verfügen über vier bis acht Geschoße (davon in der Regel zwei Kellergeschoße). Im westlichsten Gebäudetrakt «Inffeldgasse 25a» ist das Institut für Thermische Turbomaschinen und Maschinendynamik untergebracht, den Trakt «25b» teilen sich die Institute für Wärmetechnik und für Apparatebau, Mechanische Verfahrenstechnik und Feuerungstechnik und in Trakt «25c» befinden sich die Institute für Grundlagen der Verfahrenstechnik und Anlagentechnik sowie für Thermische Verfahrenstechnik und Umwelttechnik. Im Anschluss daran steht ein Komplex mit Hörsälen, Hallen und Räumen, die von allen Instituten genutzt werden. Es folgt Trakt «25e», in dem

das Institut für Fördertechnik und Logistiksysteme angesiedelt ist. Im östlichsten Trakt (25f) ist das Institut für Strömungslehre und Wärmeübertragung untergebracht. Seit dem Jahre 1992 steht vor diesem Gebäudekomplex die Skulptur «Soax Lup» von Bruno Gironcoli an der Inffeldgasse.
Die «unendliche Baugeschichte» nahm ihren Anfang, als die TUG Mitte der 1960er Jahre ein Raum- und Funktionsprogramm erarbeitete, in dem fünf Institute berücksichtigt wurden. Erst 1966 war das Institut für Grundlagen der Verfahrenstechnik und 1970 das Institut für mechanische Verfahrenstechnik und Apparatebau gegründet worden; den Wünschen der TUG gemäß sollten die beiden Institute ebenfalls auf den Inffeldgründen angesiedelt werden.[12] Für das Projekt war 1967 ein baukünstlerischer Wettbewerb veranstaltet worden, den Helmut Dorner gewann. Dem Wettbewerb lag praktisch ein schon überholtes Raum- und Funktionsprogramm zugrunde. Aufgrund der fakultätsinternen Entwicklung war Dorner von Anfang an mit Änderungswünschen und Anregungen konfrontiert, die zu umfangreichen Planungsänderungen führten. Die rasch voranschreitende technische Entwicklung verkomplizierte die an sich schon nicht einfache Situation vollends.
Nach dem 1970 erfolgten Baubeginn waren vor allem die Forschungsbereiche von Planungsänderungen betroffen. Die Ausführungspläne für die Bauteile «25a» und «25f» lagen beispielsweise erst Ende 1975 vor. Bei Inangriffnahme der Bautätigkeit war man optimistisch, dass der Gebäudekomplex 1976 errichtet sein könnte. Tatsächlich war 1979 erst der Rohbau fertig gestellt. Die Fachabteilung IVb der Landesbaudirektion legte daraufhin eine Untersuchung über Varianten bezüglich der Fertigstellung des Neubaues vor. In Absprache mit dem Wissenschaftsministerium entschied man sich 1981 für diejenige Variante, die eine etappenweise Fertigstellung und Inbetriebnahme des Gebäudekomplexes vorsah.[13]
Sieht man von dem Windkanal, den die TUG jahrelang forderte, und den ursprünglich vorgesehenen Prüfstandsanlagen ab, die Ende der 1980er Jahre eingespart werden mussten, konnte das (ATS) 715 Millionen teure Bauvorhaben 1988 als abgeschlossen betrachtet werden. Den Instituten der heutigen Fakultät für Maschinenbau und Wirtschaftswissenschaften stehen im Gebäudekomplex «Inffeldgasse 25» rund 4.000 m² zur Verfügung. In den angefügten Werks- und Versuchshallen wurden in den 1990er Jahren noch weitere Prüfstandsanlagen eingerichtet.

10.4 Die räumliche Erweiterung der Technischen Universität Graz ab 1980

In den 1980er Jahren verzeichnete die TUG einen steilen Anstieg der Hörerzahlen (1980/81: 5.147; 1985/86: 7.496; 1989/90: 9.734); die Flächengewinne fielen weit weniger deutlich aus (1980: 57.000 m²; 1990: 69.000 m²). – Die räumliche Erweiterung der TUG gestaltete sich in diesem Jahrzehnt schwierig. Verantwortlich waren dafür die unendliche Baugeschichte des Gebäudekomplexes «Inffeldgasse 25», der letztlich ein Vielfaches der ursprünglich veranschlagten Summe kostete, und Bürgerinitiativen, welche die Neuplanung eines Projekts erzwangen und dessen Realisierung dadurch verzögerten. Als Reaktion auf die Proteste erstellte 1983 Professor Domenig eine Studie über die Realisierbarkeit eines Erweiterungsbaues für die Fakultäten für Bauingenieurwesen und für Architektur.[14] Ergebnisse dieser Untersuchung wurden auch in einem Strukturplan zur räumlichen Versorgung von Einrichtungen für Lehre und Forschung an der TUG berücksichtigt, den Professor Hollomey im Oktober 1987 vorlegte.[15] Es handelt sich dabei um ein Entwicklungskonzept, das eine umfassende Dokumentation bestehender Raumwünsche der TUG darstellt und auch ein Planungskonzept für deren Erfüllung bietet. Dieser Strukturplan bedeutete eine wichtige Hilfestellung für die räumliche Erweiterung der TUG in den 1990er Jahren.

10.4.1 Die Adaptierung von Bereichen im Stift Rein-Hohenfurth

Nördlich von Graz, 3 km von Gratwein entfernt, liegt Stift Rein in einem westlichen Seitental der Mur, wohin 1129 die ersten Mönche des Zisterzienserordens kamen. Bei diesem Stift handelt es sich um das heute älteste ununterbrochen bestehende Kloster dieses Ordens. Von der vorübergehenden Unterbringung zweier Institute der Fakultät für Architektur profitierte sowohl die TUG als auch das traditionsreiche Stift, dessen Hauptproblem die Nutzung der weiträumigen Klosteranlage darstellte, die vom Konvent nicht mehr ausgelastet werden konnte; es galt neue Nutzungsmöglichkeiten zu entwickeln. Bereits 1954 waren die Klassen des Sängerknabenkonviktes in Rein zu dislozierten Schulklassen des 2. Bundesgymnasiums Graz umgewandelt worden; 1983 wurde in Rein ein Bundesgymnasium eingerichtet. Durch diese Maßnahmen konnten zusätzliche Gelder lukriert werden, die für die Erhaltung und die Instandsetzung der baulichen Substanz dringend benötigt wurden. Die angesprochene Problematik hatte sich durch ein Hochwasser im Jahre 1975 noch weiter verschärft. In diesem Zusammenhang sind auch die Adaptierungsmaßnahmen Anfang der 1980er Jahre zu sehen, die den universitären Instituten zugute kamen, da diese vom Bund finanziert wurden. Deren Unterbringung in Rein war allerdings von Anfang an als eine vorübergehende Lösung angesehen worden, die schließlich doch knapp 20 Jahre lang der TUG sehr gute Arbeitsbedingungen geboten hatte.

Bereits Ende der 1970er Jahre wurde das Institut für Künstlerische Gestaltung nach Rein verlegt. Die relative Abgeschiedenheit des Stiftes und die dort gebotenen Räumlichkeiten kamen der Arbeitsweise des damaligen Institutsvorstandes entgegen. Untergebracht wurde das Institut in ehemaligen Wirtschaftsgebäuden, die sich westlich der eigentlichen Klosteranlage befinden. Der universitär genutzte Gebäudekomplex, der zum Teil noch aus der Romanik stammt, schließt den Wirtschaftshof gegen Norden und teilweise auch gegen Westen ab. Er besteht aus dem «Kutscherturm», in dem sich das älteste Wandfresko der Steiermark befindet, und zwei Gebäudetrakten, die früher als Stallungen in Verwendung waren. Nach dem Abschluss der Adaptierungs- und Sanierungsmaßnahmen standen der TUG knapp 780 m² zur Verfügung, die vorübergehend auch vom Institut für landwirtschaftliches Bauwesen und ländliches Siedlungswesen genutzt wurden. Nach Umsiedlungen, die 1993 aufgrund der Fertigstellung des Institutsgebäudes in der Lessingstraße möglich wurden, fand die in Institut für Regionales Bauwesen umbenannte Einrichtung im Gebäude «Technikerstraße 4» ihre neue Heimstätte. Im Frühjahr 1997 übergab die TUG die von ihr genutzten Räume endgültig dem Bundesgymnasium Rein.[16] Das Institut für Künstlerische Gestaltung wurde für kurze Zeit in einer Halle am südöstlichen Stadtrand von Graz (Köglerweg 50) untergebracht und ist nun im Studienzentrum auf den Inffeldgründen angesiedelt.

10.4.2 Das Institutsgebäude «Lessingstraße 25»

Pläne für dieses Projekt lagen bereits Mitte der 1960er Jahre vor, das ein Teil des Erweiterungskomplexes auf den Mandellgründen war, den Karl R. Lorenz konzipiert hatte. Realisiert sollte dieser Bauabschnitt eigentlich nach der Fertigstellung des Physik-Gebäudes (1977) werden. Zur Erlangung von neuen Entwürfen wurde 1982 ein baukünstlerischer Wettbewerb veranstaltet, dessen städtebauliche Vorgaben komplex waren: Unberührt sollte die Alte Technik bleiben, der Erweiterungskomplex «Technikerstraße 4» war jedoch unter Berücksichtigung der geschlossenen Gründerzeitbebauung der Umgebung in die Neuplanung zu integrieren. Außerdem musste die Durchlässigkeit und die Durchsichtigkeit des Parks erhalten bleiben. Im Frühjahr 1983 wurde der Entwurf «Körper und Freiraum» von Günther Domenig mit dem ersten Preis ausgezeichnet. Schon damals stieß das siegreiche Projekt innerhalb der Fakultät für Architektur auf Widerstand, der sich schnell auch außerhalb

der TUG formierte. (Letztlich übersiedelte nur ein Architektur-Institut, nämlich jenes von Domenig, in das neue Institutsgebäude.) Anrainer protestierten gegen die Realisierung des Bauvorhabens, da ein kleiner Teil der Parkanlage südlich der Alten Technik verbaut worden wäre.[17] Ein führender Kopf der Bürgerinitiative (und selbst betroffener Anrainer) war ein emeritierter Professor der TUG, der während seiner aktiven Laufbahn bei der Erstellung der Ausbaupläne der TUG und der Klärung der Standortfrage noch selbst mitgewirkt hatte.[18] Verhindert wurde durch diese Bürgerinitiative die angestrebte Zusammenführung von sieben Instituten der Fakultät für Bauingenieurwesen unter einem Dach. Zwei Institute konnten nicht einmal an jenem Standort angesiedelt werden, der Mitte der 1960er Jahre den Instituten dieser Fakultät zugedacht worden war.
Die Überarbeitung des Projekts brachte eine Reduktion der Baumasse um rund ¼ mit sich. Im Frühjahr 1986 konnte endlich die Baugenehmigung für das (letztlich) 160 Millionen Schilling teure Projekt erteilt werden. Nach siebenjähriger Bauzeit übersiedelten im Oktober 1993 die ersten Institute aus der Alten Technik in den Neubau (rund 3.500 m^2), wodurch das Stammhaus der TUG entlastet werden konnte. Auf sechs Geschoßen waren 2002 fünf Institute der Fakultät für Bauingenieurwesen (Baustatik; Betonbau; Stahlbau, Holzbau und Flächentragwerke; Baubetrieb und Bauwirtschaft; Hoch- und Industriebau) und das Institut für Gebäudelehre und Wohnbau der Fakultät für Architektur angesiedelt. Im Erdgeschoß ist auch ein Café untergebracht. Eine langgezogene Rampe führt ins erste Obergeschoß, wo zwei Terrassen Institutsbereichen vorgelagert sind. Ein prägnantes Element des Neubaus stellt der Glaskörper des Eingangsbereiches dar. In der Halle mit rundumliegenden Galerien auf den einzelnen Geschoßebenen realisierte Christian Ludwig Attersee seine «Wetterwand» im Rahmen von «Kunst und Bau». Der Hörsaal, der von den Studierenden aufgrund seiner rundlichen Form «Guglhupf» genannt wird, dominiert gemeinsam mit dem an ihn angrenzenden gläsernen Keil der Haupttreppe die Hauptansicht des Gebäudes «Lessingstraße 25».

10.4.3 Das Institutsgebäude «Steyrergasse 30»

Die Entstehungsgeschichte dieses Gebäudes auf dem Schörgelhofgelände ist in zweifacher Hinsicht mit Bürgerprotesten verknüpft. Aufgrund der eben beschriebenen Bürgerinitiative mussten die Institute für Geodäsie und für Ingenieurgeodäsie und Messsysteme der Fakultät für Bauingenieurwesen vom Standort Alte Technik abgesiedelt und ein Baugrund für den notwendig gewordenen Ersatzbau gefunden werden. Zur selben Zeit erregte die Überlegung, das ehemalige Heizkraftwerk für Versuche im Bereich der Biomasseverwertung nutzen zu wollen, die Gemüter vieler Anrainer, die noch die dunklen Rauchschwaden des mit Kohle betriebenen Heizkraftwerks vor Augen hatten.
Ein für alle Seiten befriedigender Kompromiss bedeutete der Abbruch dieser Anlage, der 1985 allerdings nicht reibungslos verlief. Um aus der Not zumindest teilweise eine Tugend zu machen, wurde von Günther Domenig und Hermann Eisenköck ein fünfgeschoßiges Gebäude geplant, das auf 3.500 m² auch den Zentralen Informatikdienst der TUG und das Institut für Mathematik beherbergen konnte. Die Finanzierung des (ATS) 196 Millionen teuren Projekts erfolgte über eine Bauträgergesellschaft, wodurch das Gebäude in kurzer Bauzeit (September 1987 bis Juni 1990) und ohne Finanzierungsengpässe errichtet werden konnte. Den Neubau bilden zwei Institutstrakte (die Längsbalken), die durch eine repräsentative Halle (die Spange) miteinander verbunden sind. Die rundum verglaste Spange beherbergt all jene Funktionsbereiche (Hörsaal, Fachbibliothek etc.), die von den verschiedenen Einrichtungen gemeinsam genutzt werden. Im Längsbalken entlang der Steyrergasse sind die beiden Institute der Fakultät für Bauingenieurwesen untergebracht, deren Labors sich im Kellergeschoß befinden. Im zweiten Längsbalken, der nicht parallel zum ersten steht, konnten die vier Abteilungen des Instituts für Mathematik zusammengeführt und der Zentrale Informatikdienst der TUG angesiedelt werden. Das Kunst und Bau-Projekt bildet die 1993 von Siegfried Anzinger gestaltete «Weibliche Bronzefigur auf Betonbalken».
Eine Rolle in den Erweiterungsplänen spielt auch das gegenüberliegende Gebäude «Steyrergasse 17–19», in welchem schon Räumlichkeiten im Ausmaß von rund 3.800 m² für Zwecke der TUG (Elektronenmikroskopie und Feinstrukturforschung; Statistik; Fahrzeugtechnik) angemietet sind. Da dieses Gebäude alle Voraussetzungen für ein Instituts- und Laborgebäude erfüllt, sollte es entweder vollständig angemietet oder gekauft werden. Im zurückversetzten Gebäude «Steyrergasse 21» sind Laboratorien eingerichtet, wo auf dem Gebiet der Tieftemperaturtechnik geforscht wird.

10.4.4 Das Institutsgebäude «Petersgasse 12»

Die Forderung der TUG nach weiteren Bauten für Chemie-Institute reichen weit in die 1960er Jahre zurück. 1967 waren sie auch Teil eines baukünstlerischen Wettbewerbes, die damals jedoch nicht bis ins Detail zu planen waren. In den 1970er Jahren wurde nur das Physik-Gebäude auf dem Schörgelhofgelände realisiert. Die Chemie-Institute, die nicht im Gebäude «Stremayrgasse 16» angesiedelt werden konnten, waren weiterhin mehr schlecht als recht räumlich versorgt. Besonders schlimm war die Situation der biochemischen Institute, die man im Gebäude «Schlögelgasse 9» untergebracht hatte. 1982 war deren Absiedlung aufgrund nichtbehebbarer feuerpolizeilicher Mängel unausweichlich.[19] Kurz war auch daran gedacht worden, dass diese Institute im ehemaligen Heizhaus einquartiert werden könnten, das für diesen Zweck freilich mit großem finanziellem Aufwand zu adaptieren gewesen wäre und dennoch alles andere als eine optimale Lösung dargestellt hätte. So wurde 1983 ein baukünstlerischer Wettbewerb durchgeführt, den die Architekten Michael Szyszkowitz und Karla Kowalski für sich entscheiden konnten.

Im November 1985 wurde mit den Bauarbeiten begonnen, die Ende 1988 hätten abgeschlossen werden sollen, doch aufgrund eines Finanzierungsengpasses wurde das (ATS) 215 Millionen teure Gebäude erst im Herbst 1990 fertig gestellt. Das zum Felix-Dahn-Platz hin geöffnete, in seinem Grundriss U-förmige Gebäude besteht aus einem zentralen Trakt und vier Gebäudeflügeln. Den Instituten für Mikrobiologie und Abfalltechnologie, für Biotechnologie, für Biochemie sowie für Lebensmittelchemie und -technologie ist je ein Gebäudeflügel zugeordnet. Gemeinsam verfügen die vier Institute der Technisch-Naturwissenschaftlichen Fakultät auf sieben Geschoßen (davon zwei Untergeschoße) über 3.700 m². Eine großräumige Eingangshalle durchzieht den gesamten Mitteltrakt, in dem jene Einrichtungen (Bibliothek, Hörsaal etc.) untergebracht sind, die von allen vier Instituten benutzt werden. Das klare funktionelle Konzept des Gebäudeinneren kontrastiert die äußerlich sehr bewegt wirkende Baumasse. Funktionszusammenhänge wurden im Stiegenhaus und den Gängen außerdem in kräftigen Farben betont. Den Beitrag zu «Kunst und Bau» bildet die Gestaltung der Gartenanlage, wobei insbesondere auf einen 27 Meter langen Betonstollen zu verweisen ist, der vom Vorplatz bis unter die Eingangshalle führt. Seine Öffnung ist mit Chrom-Nickel-Stahl verkleidet. Aufgrund der Neigung des Geländes sieht der Fußgänger diese – je nach Entfernung und Standort – als Linie im Rasen bis hin zum gleichschenkeligen Dreieck.

10.5 Die räumliche Erweiterung der Technischen Universität Graz ab 1990

Die Entwicklung der Hörerzahlen (1990/91: 10.333; 1995/96: 11.842; 2000/01: 10.696) bewirkte zusammen mit den in diesem Jahrzehnt realisierten Bauten eine Entspannung der Raumsituation; 1990 standen der TUG 69.000 m² zur Verfügung, 2000 waren es 86.500 m². – Mit der Bautätigkeit während der 1980er Jahre wurden auf den Mandellgründen und dem Schörgelhofgelände Projekte realisiert, die von der TUG bereits in den 1960er und 1970er Jahren gefordert worden waren. In den 1990er Jahren konnten diese Ausbauwünsche in gewisser Hinsicht zu einem Abschluss gebracht werden. Die Bautätigkeit konzentrierte sich in diesem Jahrzehnt im Wesentlichen auf die Inffeldgründe, die den zukunftsträchtigsten Standort der TUG darstellen.

Zu Beginn des 21. Jahrhunderts profitierte die TUG von drei Bauvorhaben (der BIG), die in engem Zusammenhang mit dem so genannten Kplus-Programm stehen, das vom Bundesministerium für Verkehr, Innovation und Technologie betreut wird. Dieses Förderungsprogramm wurde im Herbst 1997 vom damaligen Bundesressort für Wissenschaft und Verkehr initiiert. Durch die Einrichtung und Förderung von zeitlich begrenzten Kompetenzzentren, die eng mit (zumeist) universitären Einrichtungen kooperieren, soll die Attraktivität des Wirtschaftsstandortes Österreich im Bereich von Forschung und Technologie erhöht werden. (In Graz wurden bislang vier und in Leoben zwei Kplus-Zentren eingerichtet, die vom Land Steiermark finanziell unterstützt werden.)

10.5.1 Der Hörsaaleinbau in der Alten Technik, Rechbauerstraße 12

Bei diesem Bauvorhaben handelt es sich um ein Ausbauprojekt, das bereits in den 1950er Jahren von der Fakultät für Architektur erstmals angeregt worden war. Im Entwurf des Erweiterungskomplexes auf den Mandellgründen, der Anfang der 1960er Jahre unter der Führung von Lorenz ausgearbeitet wurde, war dann auch die Errichtung eines Auditorium maximum vorgesehen. Von diesem umfassenden Projekt wurde jedoch nur der Gebäudekomplex «Technikerstraße 4» realisiert, sodass in der Alten Technik auch weiterhin kein großer Hörsaal zur Verfügung stand. Durch den Anstieg der Hörerzahlen während der 1980er Jahre verschärfte sich die Problematik. Einige Vorlesungen der Architekten mussten in dem ausreichend großen Hörsaal im Physik-Gebäude auf dem Schörgelhofgelände abgehalten werden. Da dieser jedoch stark ausgelastet war, konnten die Architekten den Hörsaal teilweise erst ab 20 Uhr nutzen. Im Februar 1993 erklärte der Akademische Senat die Errichtung zweier ausreichend großer Hörsäle in der Alten Technik zu einem der vordringlichsten Bauvorhaben der TUG.[20]
Das Projekt sollte im ersten Hof realisiert werden, ein Vorhaben, das nicht unumstritten war. Auch die Abhaltung eines hochschulinternen Wettbewerbes, an dem sich erstmals auch Assistenten der Architektur-Institute beteiligen durften, stieß bei einigen Professoren auf Ablehnung. Mit dem ersten Preis wurde 1994 der Entwurf von Susanne Weigelt (damals Assistentin am Institut für Gebäudelehre und Wohnbau) und Josef Fekonja prämiert. Das siegreiche Projekt überzeugte das Preisgericht durch die Form der Integration der geforderten Räume in den gründerzeitlichen Bestand und durch die den Entwurf auszeichnende Transparenz, Großzügigkeit und Flexibilität. Der Bauplatz (ca. 650 m²) lag im Untergeschoß des ersten Innenhofs, den nun ein begehbares Glasdach überspannt. Eine Herausforderung stellte auch die zu schaffende räumliche Verbindung zu dem südlich gelegenen Park mit den neueren Universitätsgebäuden dar, was die vorhandene grundrissliche Situation der Alten Technik bislang verhindert hatte. Die Aufgabe wurde gelöst, indem man das zentrale Stiegenhaus vertikal erweiterte und den Risalit im Untergeschoßbereich auflöste.
Dadurch konnte die Durchgängigkeit der Achse geschaffen werden, die vom Haupteingang über das Vestibül und das Stiegenhaus in den Bereich Foyer/Forum und von dort weiter in den zweiten Hof und schließlich in den Park führt. Vertikal verband man die Aula und das Vestibül mit dem neuen Forum. Die ins Untergeschoß führende Treppe wurde abgebrochen und durch zwei Treppenläufe ersetzt, die das Vestibül direkt mit dem Bereich zwischen ansteigendem Hörsaal und dem eben gestalteten Mehrzwecksaal (Foyer) verbinden. Der 250 Personen fassende Hörsaal scheint als schiefe Ebene im Raum zu schweben und gibt diesem dadurch eine neue Proportion. Die Freifläche darunter dient als erweitertes Foyer und die übrigen Flächen als Mehrzweckraum, der ca. 600 Personen fassen kann. Durch großflächige Öffnungsmöglichkeiten von Wandelementen zwischen Mehrzwecksaal und Foyer wurde ein Ineinanderfließen von Raumfunktionen erreicht, und durch eine gewisse Distanz der Einbauten zu den bestehenden Fassaden blieb außerdem der Hofcharakter erhalten. Das (ATS) 39 Millionen teure Bauvorhaben konnte im September 1998 fertig gestellt werden.

In der Alten Technik waren zu Beginn des 21. Jahrhunderts Abteilungen der Zentralen Verwaltung, vier Institute der Fakultät für Architektur (Baukunst; Städtebau und Umweltgestaltung; Hochbau für Architekten; Raumgestaltung), vier Institute der Fakultät für Bauingenieurwesen (Straßen- und Verkehrswesen; Eisenbahnwesen und Verkehrswirtschaft; Bodenmechanik und Grundbau; Felsmechanik und Tunnelbau) und das Institut für Technische Geologie und Angewandte Mineralogie der Technisch-Naturwissenschaftlichen Fakultät untergebracht.

10.5.2 Der Schwingprüfstand auf den Inffeldgründen

Als ein Beispiel für die Intensivierung der Zusammenarbeit von Wissenschaft und Industrie bzw. Wirtschaft ist dieses Bauvorhaben zu betrachten. Im Studienjahr 1996/97 schloss die TUG ein Kooperationsabkommen mit der Firma Siemens SGP Verkehrstechnik GmbH. Die TUG verpflichtete sich dabei einen mehrachsigen hydraulischen Schwingprüfstand für Großbauteile zu errichten, welcher die Entwicklung und Prüfung neuer Laufwerke für Schienenfahrzeuge verbessern sollte. Eine Einrichtung dieser Art bestand bereits, auch die Zusammenarbeit zwischen der TUG und Siemens im Bereich der Entwicklung von Laufwerken hatte Tradition; diese Kooperation wurde durch die Realisierung dieses Projekts allerdings in eine neue Dimension gehoben. Die Entscheidung für die Errichtung eines leistungsfähigeren Schwingerprüfstandes und deren rasche Realisierung trugen wesentlich dazu bei, dass die Konzernleitung der Siemens AG den Standort Graz zu ihrem internationalen Kompetenzzentrum für Fahrwerke erklärte. Im September 1997 wurde mit dem Bau der Industriehalle begonnen, die einen Teil des Gebäudekomplexes «Inffeldgasse 25» bildet; bereits im Juli 1998 konnte das Bauvorhaben abgeschlossen werden. An dem (ATS) 25 Millionen teuren Projekt beteiligte sich Siemens mit 5 Millionen.[21]

10.5.3 Das Akustik-Kompetenzzentrum auf den Inffeldgründen

Die Errichtung des Akustik-Kompetenzzentrums (Acoustic Competence Centre – ACC) im Jahre 1999 ist in Zusammenhang mit der Technologieoffensive bzw. -förderung («Technologiemilliarde») der damaligen Bundesregierung zu sehen. Um der Herausforderung nach Lärmreduzierung und der Reduktion von Schadstoffen (CO_2-Emissionen etc.) noch besser nachkommen zu können, wurde dieses Zentrum über Initiative der AVL List GmbH, der Steyr-Daimler-Puch und der TUG gegründet. Das ACC ist österreichweit die einzige Forschungsgesellschaft, die sich interdisziplinär mit dem Bereich Lärmreduzierung befasst. Seitens der TUG ist insbesondere das Institut für Verbrennungskraftmaschinen und Thermodynamik in die Tätigkeit des ACC eingebunden, das schon vor der Gründung des ACC Prüfstände für die Leistungsverbrauchs- und Abgasoptimierung von Verbrennungsmaschinen betrieben hat.
Untergebracht ist das (ATS) 33 Millionen teure Zentrum in einer Ende der 1990er Jahre schon bestehenden Versuchshalle, die im Westen den Gebäudekomplex «Inffeldgasse 25» abschließt. Diese Halle, in welcher der Windkanal eingerichtet werden sollte, verfügte über die notwendige Kubatur und über alle Voraussetzungen, die für den Betrieb dieses Kompetenzzentrums wesentlich sind. Die Ausstattung des ACC – ein Akustik-Motorenprüfstand, ein Akustik-Antriebsstrangprüfstand, moderne Messtechnik und Berechnungsprogramme inklusive Hardware – bieten beste Arbeitsbedingungen. Mit der Gründung des ACC konnte die enge Kooperation

zwischen TUG und Wirtschaft fortgesetzt bzw. vertieft werden, die ja einen Schwerpunkt in der Entwicklung und Fertigung von Motoren und Fahrzeugen (Automobil- und Verkehrscluster Graz/Steiermark) in dieser Region gesetzt hat.[22]

10.5.4 Der Neubau für die informationstechnischen Institute, Inffeldgasse 16, 16a–16c

Seit der 1970er Jahre wurde der informationstechnische Bereich an der TUG ständig erweitert. Die TUG hat zum Beispiel mit der Schwerpunktsetzung Telematik Pionierarbeit in Österreich geleistet und ein sehr attraktives Studienangebot entwickelt. Die neu gegründeten Institute mussten jedoch in verschiedenen Anmietungen untergebracht und auf mehrere Standorte verteilt werden, die den Forschungs- und Lehrerfordernissen selten die benötigten Rahmenbedingungen bieten konnten. Die langjährigen Bemühungen, alle in Anmietungen untergebrachten Institute der Informationstechnik und auch der Elektrotechnik auf einem Standort zusammenzuführen, mündeten 1991 in ein Raum- und Funktionsprogramm für einen Neubau, der auf den Inffeldgründen errichtet werden sollte.

1993 wurde der Beitrag der Architekten Florian Riegler und Roger Riewe im österreichweit ausgeschriebenen Wettbewerb mit dem ersten Preis prämiert. Das Projekt umfasst zwei Bereiche: Die informationstechnischen Institute sollen im Bauteil A untergebracht werden, Bauteil B ist den elektrotechnischen Instituten vorbehalten. Der Entwurf sieht einen rasterförmigen, orthogonalen Aufbau des Gebäudekomplexes vor. Acht dreigeschoßige Baukörper sind über Brücken erreichbar, welche die geschoß- bzw. gebäudeweise gegliederten Institute verbinden. Das statische System beruht auf tragenden Längsinnenwänden, Stützen im Fassadenbereich und aussteifenden Stiegenhäusern, wodurch eine hohe Nutzungsflexibilität erreicht werden konnte, da keine tragenden Querwände benötigt werden. Die Erdgeschoßzonen sind durchlässig konzipiert. Ein Charakteristikum der Projekte von Riegler und Riewe ist eine gewisse Offenheit der Baukörper und die darin liegende Möglichkeit der Addition und Reihung, durch die eine gewisse Dramatik und Rhythmik erzeugt werden kann. Sehr radikal wird dieser Ansatz in ihrem Entwurf für die informations- und elektrotechnischen Institute der TUG umgesetzt.

Die acht Baukörper zeichnen sich durch eine zweihüftige Anordnung mit einem dazwischenliegenden Luftraum aus, wobei in den nach Süden ausgerichteten Bereichen die Büros und in nach Norden orientierten Bereichen Seminarräume, Bibliotheken etc. untergebracht sind. Aufgrund eines städtebaulichen Ansatzes entsteht in diesem Gebäudekomplex ein auf allen Ebenen vernetzter und doch auch offener Campus, der nach der Auffassung seiner Planer sowohl der sinnlichen Erfahrung als auch der geistigen Arbeit genügend Raum bieten soll. 1998 kam dieses Projekt unter die 35 Finalisten des 6th Mies van der Rohe Award for European Architecture, der einer der bedeutendsten Preise für zeitgenössische Architektur ist. Durch diese Nominierung wurde die internationale Aufmerksamkeit auf dieses Bauvorhaben gelenkt, das einen wichtigen Beitrag Österreichs zur zeitgenössischen Architektur darstellt.

Mit dem ersten Bauabschnitt wurde Anfang 1997 begonnen, zwei der geplanten acht Gebäude konnten im Jänner 1999 termingerecht fertig gestellt werden. Den Instituten für Technische Informatik, für Angewandte Informationsverarbeitung und Kommunikationstechnologie, für Maschinelles Sehen und Darstellen sowie der Abteilung Medizinische Informatik des Institutes für Elektro- und Biomedizinische Technik stehen darin rund 3.600 m² zur Verfügung. 135 Millionen Schilling wurden investiert, womit die erwarteten Kosten unterschritten werden konnten, was auf den konsequenten und sparsamen Umgang mit Materialien sowie auf günstige Marktpreise zurückzuführen war. Mit dem (ATS) 170 Millionen teuren zweiten Bauabschnitt wurde im März 1998 begonnen. Im Juli 2000 konnte mit der Fertigstellung von zwei weiteren Gebäuden der Komplex, der den informationstechnischen Instituten gewidmet ist, abgeschlossen werden. Die Institute für

Regelungstechnik, für Informationsverarbeitung und Computergestützte Neue Medien sowie für Grundlagen der Informationsverarbeitung verfügen in diesen beiden Gebäuden über ca. 4.300 m². Gewissermaßen als Kontrapunkt zur Strenge, die der Gebäudekomplex vermittelt, windet sich ein blaues Stahlrohr, teilweise beleuchtet, durch die Gebäude. Es soll an ein langzeit belichtetes Bild des Fluges eines Schmetterlings erinnern, der die Gebäude erkundet. Der Beitrag im Rahmen von «Kunst und Bau» wurde von der niederländischen Künstlerin Marijke de Goey entworfen. – Nach der Errichtung der Gebäude «Inffeldgasse 16, 16a–16c» (Bauteil A) wäre der Bauteil B des Entwurfs von Riegler und Riewe zu realisieren, in dem elektrotechnische Institute untergebracht werden sollen. Für den Bauteil B ist auf den Inffeldgründen das Grundstück zwischen Bauteil A und der Sandgasse vorgesehen.[23]

10.5.5 Das Studienzentrum auf den Inffeldgründen, Inffeldgasse 10

Nach der Errichtung der ersten Bauten auf den Inffeldgründen und der absehbaren Etablierung eines dritten Zentrums der TUG in St. Peter forderten Studierende schon Anfang der 1970er Jahre dort den Bau eines «Studentenzentrums». In der ersten Hälfte der 1980er Jahre wurde von einem «Kommunikationszentrum Inffeldgründe» gesprochen, und 1985 organisierte die ÖH eine Unterschriftenaktion, die 350 Studierende

der TUG unterstützten. Hinter dem Projekt stand auch der Akademische Senat, der die Realisierung dieses Bauvorhabens ebenfalls forderte. Dieses Kommunikationszentrum sollte eine Mensa, studentische Arbeits- und Aufenthaltsräume, Räume für die EDV und eine Bibliothek umfassen.[24]
Aufgrund dreier baureifer Projekte der TUG war jedoch die Realisierung dieses Bauvorhabens in den 1980er Jahren nicht realistisch. Mit der Erweiterung des Standortes Inffeldgründe und dem Anstieg der Hörerzahlen wurde die Schaffung einer Infrastruktur, im Sinne eines Studienzentrums, aber immer dringlicher. Ein steiermarkweit ausgeschriebener zweistufiger Wettbewerb brachte im Sommer 1990 zwei gleichrangige Preisträger hervor, die ihre Entwürfe nochmals zu überarbeiten hatten; im darauf folgenden Oktober entschied sich das Preisgericht für das Projekt von Michael Szyszkowitz und Karla Kowalski. Die finanzielle Situation verhinderte jedoch vorerst die Realisierung des Projekts. Im November 1994 forderte die Initiative Studienzentrum der TU Graz, die sich aus dem Rektor, den Dekanen der fünf Fakultäten und dem Vorsitzenden der ÖH zusammensetzte, den längst fälligen Baubeginn.[25]
Die sehr angespannte finanzielle Lage führte zu einer nochmaligen Verzögerung, die Realisierung war sogar ernsthaft in Frage gestellt, weswegen das Wissenschaftsministerium eine weitere Reduzierung der Kubatur und eine nochmalige Überarbeitung des Raum- und Funktionsprogramms verlangte, um die Kosten weiter zu senken.[26] In dieser Situation zeigten sich auch die Vertreter der Studierenden einsichtig und verzichteten auf rund 1.000 m^2, die ursprünglich als studentische Arbeitsräume vorgesehenen waren. 1996 erhielt das Bauvorhaben einen wichtigen Impuls, da sich die TUG und die KUG auf die Unterbringung des Instituts für Elektronische Musik im geplanten Studienzentrum einigten. Gemeinsam betreuen die beiden Universitäten die Studienrichtung Elektrotechnik-Toningenieur, eine in Österreich einzigartige Unternehmung, die Ende der 1990er Jahre zugleich die größte Einzelstudienrichtung der Kunstuniversität darstellte. Ein neu adaptiertes Tonstudio, das von den Studierenden beider Universitäten genutzt wird, befindet sich im Gebäude «Inffeldgasse 12», was zusätzlich für die Ansiedlung des Instituts der KUG auf den Inffeldgründen sprach.
Im Juni 1999 konnte schließlich mit dem Bau des (ATS) 140 Millionen teuren Projekts begonnen werden. Das im Herbst 2000 fertig gestellte Gebäude (4.800 m^2) beherbergt außerdem eine Bibliothek für die Fachbereiche Maschinenbau, Elektrotechnik, Telematik und Informationstechnik, eine Mensa und das Institut für Künstlerische Gestaltung; auf dem Dach befindet sich eine Plattform für Satellitenantennen, die vom Institut für Nachrichtentechnik und Wellenausbreitung genutzt wird. Trotz aller Einsparungsmaßnahmen trägt das viergeschoßige Studienzentrum deutlich die Handschrift des Architektenehepaares Szyszkowitz-Kowalski. Das realisierte Projekt zeichnet sich durch eine geschlossene Randbebauung nach außen und einem «geschützten» Hof nach innen aus, an den die kommunikativen Bereiche anschließen. Die Anlage öffnet sich zu den umliegenden Gebäuden (Inffeldgasse 12, 16–16c und 18) hin und stellt das langersehnte Zentrum dar, das rund 4.500 Studierenden am Standort Inffeldgründe offen steht.

10.5.6 Das Bau-Technik-Zentrum, Inffeldgasse 24

Die Idee eines «Bauzentrallabors», das in einem Gebäudekomplex sämtliche Baulabors der Fakultät für Bauingenieurwesen vereinen soll, wurde Anfang der 1980er Jahre geboren. Auf den Neunteufelgründen sollte eine Doppelhalle (14.000 m^2) entstehen, die Kosten dafür sind auf (ATS) 450 Millionen geschätzt worden. Während der 1980er Jahre wurde das Bauzentrallabor dann sowohl von der TUG als auch vom Wissenschaftsministerium prioritätsmäßig zurückgestellt: Aufgrund von absehbaren personellen Veränderungen an einigen der betroffenen Institute (Emeritierungen) war eine Abänderung des ausgearbeiteten Konzepts zu erwarten, außerdem wurde damals die Errichtung eines Neubaus für die informationstechnischen Institute von der TUG als wichtiger erachtet. Das Zuwarten erwies sich in diesem Fall als günstig und für das Bauvorhaben als vorteilhaft. 1997 legte die TUG ein völlig neues Konzept vor, das die Errichtung eines Bau-Technik-Zentrums (10.000 m^2) in drei Bauabschnitten auf den Inffeldgründen vorsah. Die gemeinsame Nutzung einer großen Versuchshalle und der technischen Einrichtungen wurde darin noch stärker betont als in den Plänen der 1980er Jahre. Alle Versuchs- und Forschungseinrichtungen zur Werkstoffprüfung, die bislang provisorisch untergebracht waren, sollten im Bau-Technik-Zentrum (BTZ) angesiedelt werden.

Nicht zuletzt aufgrund der Besinnung auf die wesentlichen Erfordernisse und der damit verbundenen reduzierten Kosten konnte der erste 6,5 Millionen Euro teure Bauabschnitt (rund 3.700 m^2) im Herbst 1999 in Angriff genommen werden.[27] Im Dezember 2001 wurden die zentrale Halle und drei kleinere Baukörper eröffnet, in welchen Büros und Labors für die Institute für Hoch- und Industriebau sowie für Stahlbau-, Hochbau- und Flächentragwerke untergebracht sind. An diesem Standort wurde auch die Konstruktive Versuchsanstalt angesiedelt, die bisher nur unzureichend untergebracht war. Die Planung für sämtliche Bauabschnitte erbrachte die TUG selbst. Mit dem zweiten Bauabschnitt (3.300 m^2) soll im Frühjahr 2005 begonnen werden. Der 6,3 Millionen teure Bau könnte dann 2006 der TUG zur Verfügung stehen. Das Institut für Materialprüfung und Baustofftechnologie mit angeschlossener Technischer Versuchs- und Forschungsanstalt für Festigkeits- und Materialprüfung wird mit allen Büros und Labors ins BTZ übersiedeln. Auch ein Labor des Instituts für Eisenbahnwesen und Verkehrswirtschaft wird dort eingerichtet werden. – Nach Realisierung des dritten Bauabschnittes sollen das Institut für Bodenmechanik und Grundbau, das Institut für Felsmechanik und Tunnelbau sowie das Institut für Angewandte Geowissenschaften in das BTZ übersiedeln. Durch die Errichtung dieses Zentrums könnten einige Anmietungen aufgegeben und Räumlichkeiten in mehreren Universitätsgebäuden umgewidmet werden.

10.5.7 Das Haus der Biokatalyse, Petersgasse 14

Auf dem Schörgelhofgelände, in unmittelbarer Nachbarschaft zu den beiden Chemie-Gebäuden (Petersgasse 12; Stremayrgasse 16), wurde im Jänner 2003 mit dem Bau des Hauses der Biokatalyse begonnen, das im März 2004 fertig gestellt war. Dieses Haus bietet für die biochemische, biokatalytische, mikro- und makrobiologische sowie gentechnische Forschung ausgezeichnete Arbeitsbedingungen. Das 6,2 Millionen Euro teure, sechsgeschoßige Labor- und Bürogebäude (2.600 m^2) beherbergt das Kompetenzzentrum Angewandte Biokatalyse und das universitäre Institut für Genomik und Bioinformatik. Aufmerksamkeit erweckt die Gestaltung der Nord- und der Südfassade. An der Südseite bilden verschiedenfarbige «Faltelemente» aus perforiertem Alublech den Sonnenschutz. Die Veränderbarkeit der bunten Fassadenfläche soll die «fortwährende Neupositionierung» der Forschung zum Ausdruck bringen. Für dieses Gebäude erhielt Architekt Ernst Giselbrecht den Aluminium-Architektur-Preis 2004.

10.5.8 Das Großmotorenzentrum, Inffeldgasse 21

Nach einjähriger Bauzeit konnte das 7,9 Millionen Euro teure Großmotorenzentrum im Dezember 2003 fertig gestellt werden. Als Bauplatz wurde ein Areal gewählt, das östlich des Gebäudekomplexes «Inffeldgasse 25» liegt. Das von den Architekten Werner Kampits und Horst Gamerith geplante zweigeschoßige Labor- und Werkstättengebäude (2.100 m^2) steht unter anderem dem Kompetenzzentrum für umweltfreundliche Stationärmotoren (Large Engines Competence Center) und dem Kompetenzzentrum für Bioenergie (Austrian Bioenergy Center) zur Verfügung, außerdem wurden darin Rollen- und Motorprüfstände des universitären Instituts für Verbrennungskraftmaschinen und Thermodynamik untergebracht. Das mit einer modernen Haustechnik ausgestattete Großmotorenzentrum versorgt auch die Forschungsgebäude «Inffeldgasse 21a und 21b» mit Kühl- und Wärmeenergie. Sein äußeres Erscheinungsbild prägen der Fassade vorgehängte Metallwellbleche und eine Aluminium-Glas-Konstruktion im Stiegenhausbereich.

10.5.9 Die Forschungsgebäude «Inffeldgasse 21a und 21b»

9,6 Millionen Euro investierte man in zwei Forschungsgebäude (insgesamt 5.640 m^2), die südlich des Großmotorenzentrums nach Plänen von Hans Mesnaritsch im Zeitraum von Dezember 2002 bis Juni 2004 errichtet wurden. Das Gebäude «Inffeldgasse 21a» beherbergt das Institut für Verbrennungskraftmaschinen und Thermodynamik und zwei Kompetenzzentren (Das Virtuelle Fahrzeug/Virtual Vehicle; umweltfreundliche Stationärmotoren); im Gebäude «Inffeldgasse 21b» sind drei universitäre Institute (Ressourcenschonende und Nachhaltige Systeme; Werkzeugtechnik und spanlose Produktion; Fahrzeugsicherheite) und das Kompetenzzentrum für Bioenergie untergebracht. Die langgestreckten, dreigeschoßigen Gebäude sind eng aneinander gestellt. Unterschiedlich breite Fensterbänder sind in den Geschoßen wechselweise über Eck gezogen, wodurch die Fassaden an einen Mäander erinnern.[28]

1 Vgl. dazu: Dieter A. Binder und Maria Edlinger, Vom Museum zur Pilotuniversität; in: Die Technik in Graz, Wien / Köln / Weimar 1999, S. 45.
2 Vgl. dazu: Karl R. Lorenz, Die Neubauten der Technischen Universität Graz; in: Technische Universität Graz – Erzherzog-Johann-Universität, Graz [2]1982, S. 21 [= Lorenz, 1982].
3 Vgl. dazu: BMWV, GZ 30.514 /1–Pr ex 1999.
4 Vgl. dazu: Lorenz, 1982, S. 22f.
5 Vgl. dazu: Wolfgang Steinegger, Bebauungsstudie TU Graz. Neuorganisation der Hofbebauung – «Neue Technik» Kopernikusgasse, Dezember 1998; in: BMBWK.
6 Vgl. dazu: Ursula Tomantschger-Steßl und Josef W. Wohniz, Vom Lesliehof zum virtuellen Campus; in: Die Technik in Graz, Wien / Köln / Weimar 1999, S. 77f. [= Tomantschger-Steßl und Wohniz, 1999].
7 Vgl. dazu: Langzeitprogramm der Fakultät für Bauingenieurwesen und Architektur der Technischen Hochschule in Graz für die Zeit vom Jahre 1966 bis 1976; in: BMBWK.
8 Vgl. dazu: Tomantschger-Steßl und Wohniz, 1999, S. 82ff.
9 Vgl. dazu: BMWF, GZ 30.343 / Raum ex 1971.
10 Vgl. dazu: Studie über die bauliche Neugliederung der Fakultäten der Technischen Universität Graz, hg. vom Institut für Gebäudelehre und Entwerfen, Graz o.J.; in: BMBWK.
11 Vgl. dazu: BMU, GZ 301.855 / Raum ex 1970.
12 Vgl. dazu: BMU, GZ 6167 / Präs. 4 ex 1967.
13 Vgl. dazu: BMWF, GZ 30.502 / 4–9 ex 1981.
14 Vgl. dazu: BMWF, GZ 30.501 / 4–9 ex 1983.
15 Werner Hollomey, Strukturplanung zur räumlichen Versorgung der Technischen Universität Graz, Graz 1987; in: BMBWK.
16 Vgl. dazu: BMWV, GZ 30.521 / 3–9 ex 1997.
17 Vgl. dazu: BMWF, GZ 30.501 / 1–9 ex 1985.
18 Vgl. dazu: BMWF, GZ 30.501 / 5–9 ex 1983.
19 Vgl. dazu: BMWF, GZ 30.511 / 2–9 ex 1984.
20 Vgl. dazu: BMWFK, GZ 30.500 / 1–9 ex 1995.
21 Vgl. dazu: BMWV, GZ 30.502 / 2–9 ex 1997.
22 Vgl. dazu: BMWV, GZ 30.502 / 8–9 ex 1997.
23 Vgl. dazu: TUG: Entwurf zum Bau-Raum-Programm der TU Graz, 4.7.1999; in: BMBWK.
24 Vgl. dazu: BMWF, GZ 30.502 / 4–9 ex 1985.
25 Vgl. dazu: BMWF, GZ 30.502 / 4–9 ex 1994.
26 Vgl. dazu: BMWFK, GZ 30.502 / 7–9 ex 1995.
27 Vgl. dazu: BMBWK, GZ 23.000 / 5–VII / A / 3 ex 2000.
28 Vgl. dazu: [Broschüre] Kompetenzzentren, Biokatalyse und Großmotorenzentrum, Modul 1 + 2, hg. von der BIG, Wien 2004.

11 Universität für Musik und darstellende Kunst Graz (KUG)

Nachdem eine Medienkampagne die Realisierung eines angemessenen Bauvorhabens in den 1960er Jahren verhindert hatte, konnten für Zwecke der Universität für Musik und darstellende Kunst Graz erst im Verlaufe der 1990er Jahre zwei Neubauten errichtet werden. Auf ein Haus für Musik und Musiktheater, dessen Errichtung bereits vor 40 Jahren vorgesehen war, wartet die KUG immer noch. 2002 standen der Grazer Kunstuniversität (wissenschaftliches und künstlerisches Personal: 223 Personen; allgemeine Universitätsbedienstete: 101,5 Planstellen) 17.000 m² zur Verfügung. 1.187 ordentliche Studierende waren im Studienjahr 2002/03 inskribiert.

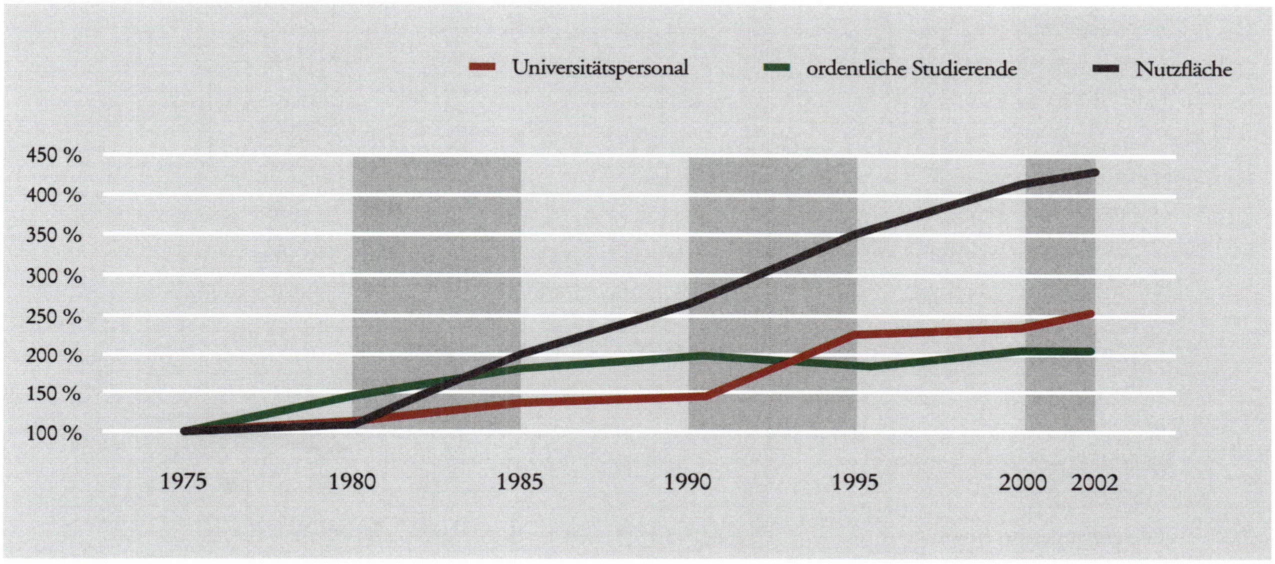

Die meisten Standorte der KUG befinden sich im 2. Grazer Stadtbezirk St. Leonhard. Der Hauptstandort, den das Palais Meran mit der ehemaligen Remise (Leonhardstraße 15) sowie das Instituts- und das Bibliotheksgebäude (Brandhofgasse 17 und 21) bilden, grenzt im Norden an die Hauslabgasse und den Kroisbach, im Osten an die Lichtenfelsgasse, im Süden an die Leonhardstraße und im Westen an die Brandhofgasse. Der Kroisbach trennt die so genannten Just-Gründe im Nordwesten und die größere Parkanlage des Palais Meran, die zusammen das beschriebene Areal bilden.

Außerdem stehen der KUG Räumlichkeiten in zwei Gebäuden der Brandhofgasse (5 und 18) zur Verfügung. In relativer Nähe dazu befinden sich zwei Standorte im 1. Bezirk (Bürgergasse 3 und Hofgasse 10) und eine Anmietung (Jakoministraße 3–5) im 6. Bezirk Jakomini. In diesem Bezirk, allerdings vom Hauptsitz weiter entfernt, liegen noch zwei weitere Standorte (Moserhofgasse 39–41 und Inffeldgasse 10). Seit 1965 existiert im burgenländischen Oberschützen eine Expositur der Grazer Kunstuniversität.

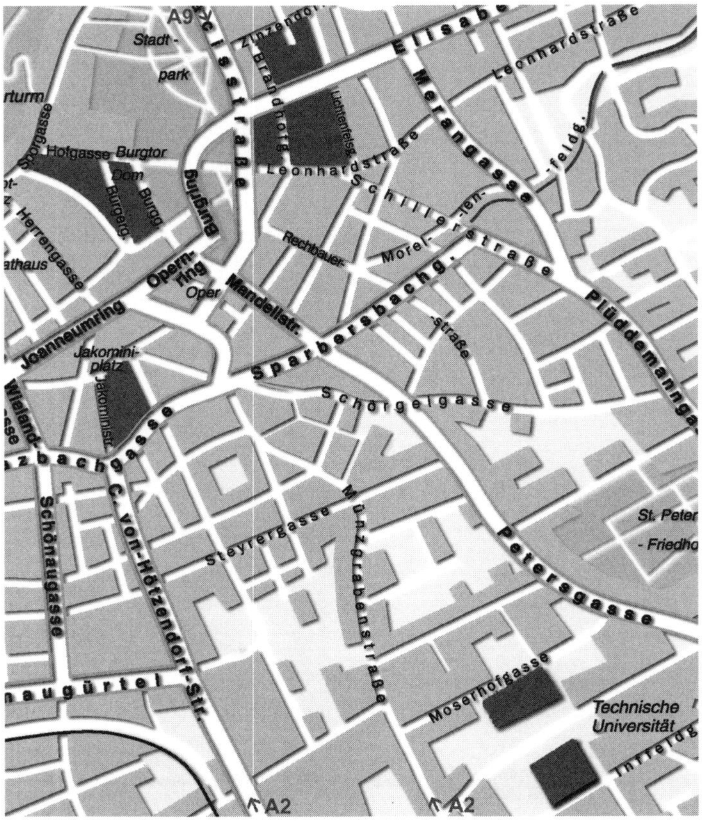

11.1 Die räumliche Situation der Universität für Musik und darstellende Kunst Graz in den 1960er Jahren

Das Steiermärkische Landeskonservatorium war Anfang der 1960er Jahre im 5. Grazer Stadtbezirk Gries angesiedelt. Der Standort «Nikolaigasse 2» am rechten Murufer, aber dennoch recht zentral gelegen, kam als Hauptsitz der Grazer Kunstakademie nicht in Frage und eine Ansiedlung der KUG am Stadtrand war weder vom Unterrichtsministerium noch von der Leitung der Akademie erwünscht. Diese Auffassung teilten auch Landes- und einige Stadtpolitiker, da die Integration der KUG in das öffentliche Leben der steirischen Landeshauptstadt gewährleistet sein sollte. Die Suche nach einem geeigneten Standort gestaltete sich schwierig, da einerseits Zentrumsnähe gefragt war und andererseits auch eine räumliche Erweiterung in unmittelbarer Nähe des Hauptsitzes möglich sein sollte. Die Aufmerksamkeit richtete sich auf das Grazer Hochschulviertel, das sich über Teile der aneinander grenzenden Bezirke Geidorf und St. Leonhard erstreckt; eine Erweiterung erfuhr dieses Viertel durch universitäre Neubauten im südlich angrenzenden Stadtbezirk Jakomini. Gewählt wurde schließlich das Palais Meran mit seiner Parkanlage in St. Leonhard, wo die Technische Universität beheimatet ist und auch die Universität sowie die Medizinische Universität über Standorte verfügen.
Nach der Erhebung zur Akademie folgte die etappenweise Übersiedlung der dritten Grazer Hochschule in das sanierungsbedürftige Palais (Leonhardstraße 15). Mit Zustimmung des Bautenministeriums wurde Mitte der 1960er Jahre ein Sanierungskonzept ausgearbeitet, doch ergaben sich damals schon bei dem zwischen Bund und Land abgeschlossenen Akademie-Vertrag Auslegungsdifferenzen, weswegen in diesem Jahrzehnt

weder die Sanierung des Palais Meran realisiert noch Neubauten für die KUG in Angriff genommen werden konnten. In seinem «Rechenschaftsbericht» über 5 Jahre Akademie für Musik und darstellende Kunst Graz hat ihr damaliger Präsident, Erich Marckhl, 1968 geschrieben: «Im Akademievertrag, den Land und Bund schlossen, ist die Beteiligung des Landes an dem Personal- und Sachaufwand der Akademie mit 1/3 ebenso festgelegt wie – in einer für prüfende Einsicht unmissverständlichen Formulierung – die Verpflichtung des Landes, initiativ und entscheidend an der Lösung der Raumfragen mitzuwirken, auch, was daraus entstehende Lasten anlangt.»[1]

Bereits im Gründungsjahr war ein Raumbedarfsplan erstellt worden, dem – für die folgenden 25 Jahre – jährlich ein Zuwachs von 15 bis 20 Studierenden zugrunde lag. Architekt Herdey wurde mit der Planung des Ausbaus der KUG beauftragt. Vorgesehen war die Errichtung eines sechs- bis achtgeschoßigen Neubaus im nordöstlichen Bereich des Gartens, der 27 Meter hoch sein sollte. Weiters waren dort eine Studiobühne sowie ein Konzert- und Übungssaal und an Stelle der Remise ein Bibliotheks- und Studientrakt geplant. Nach deren Realisierung wären statt 17 % (Ausgangssituation) 30 % der Parkanlage verbaut gewesen. Während der Planungsphase setzte eine Kampagne gegen das Bauvorhaben ein, an der sich auch ein Teil der Grazer Presse beteiligte. Die Parkanlage, die jahrzehntelang nicht zugänglich und Mitte der 1960er Jahre total verwildert war und die sich außerdem nur rund 100 Meter vom großzügigen Grünlandkomplex Stadtpark-Schlossberg entfernt befindet, wurde als unentbehrlich empfunden.

Dass vor der Widmung des Palais Meran für Zwecke der KUG der Grund bereits für Wohnbauten vorgesehen war, wurde in den hitzigen Diskussionen (meist) verschwiegen. Zu lesen war damals jedoch, dass die Akademie den Bau eines Wolkenkratzers mit 15, 25 oder 32 Stockwerken plane und einen historischen Park mit herrlichem Baumbestand vernichten wolle. Tatsächlich war damals, nach Jahrzehnten der Verwahrlosung unter der Betreuung der öffentlichen Hand, bereits ein großer Teil der Bäume morsch oder sogar abgestorben. Im Sommer 1967 fand in Graz eine Konferenz statt, die dem Ausbau der KUG gewidmet war. Im Anschluss daran organisierte man eine Begehung, bei der die Vertreter des Bundes, des Landes und der Stadt einen Eindruck vom tatsächlichen Zustand der Parkanlage gewinnen konnten.

Im Grazer Stadtsenat gab es damals nicht wenige Stimmen, die überhaupt für eine Verlegung der KUG nach Eggenberg (13. Bezirk) eintraten.[2] Sie waren strikt gegen die Errichtung eines «hohen Gebäudes» und auch gegen eine zu dichte Verbauung des Parks. Ihr Einfluss verzögerte letztlich den Ausbau der Grazer Kunstakademie ganz beträchtlich. Zu allem Überdruss stand der KUG das Palais Meran auch noch fünf Jahre nach ihrer Gründung nicht zur Gänze zur Verfügung, obgleich dies 1963 als spätest möglicher Zeitpunkt der Akademieleitung zugesagt worden war. Ein Teil der Räume wurde immer noch vom Vermessungsamt und der Finanzbehörde genutzt.[3] – Die in den 1960er Jahren verhinderten baulichen Maßnahmen konnten in vollem Umfang bis heute nicht realisiert werden. Nach wie vor muss eine zweifellos renommierte Musikuniversität auf einen ihren Bedürfnissen entsprechenden Konzertsaal verzichten.

Um die Raumnot zu lindern, wurden bereits 1965 Räumlichkeiten im so genannten Palais Brandhof (Brandhofgasse 5) angemietet, das sich unweit des Stammhauses der KUG befindet. Seit Anfang der 1990er Jahre steht dieses Gebäude der Kunstuniversität zur Gänze zur Verfügung, das heute das Institut für Musikpädagogik beherbergt. Mitte der 1960er Jahre wurden in der Grazer Altstadt auch Räume im Palais Schwarzenberg (Bürgergasse 3) angemietet; das dort einquartierte Institut für Kirchenmusik und Orgel sollte 2005 eigentlich ins Palais Kees (Glacisstraße 39–41) übersiedeln. Das Palais wollten die KUG und die Universität Graz gemeinsam besiedeln, doch dieses Vorhaben scheiterte (vorerst) aus finanziellen Gründen.

Der Entwicklung der Studierendenzahlen (1965/66: 275; 1969/70: 278) war aufgrund der Raumsituation enge Grenzen gesetzt. De facto waren von den räumlichen Unzulänglichkeiten jedoch mehr Personen betroffen, da bei diesen Angaben ja außerordentliche Hörer, Kunstschüler, Gasthörer und Schüler der Begabtenklassen nicht berücksichtigt worden sind.

11.2 Die räumliche Erweiterung der Universität für Musik und darstellende Kunst Graz ab 1970

Die Aufhebung der Unterscheidung zwischen (ordentlichen) Studierenden und Kunstschülern zu Beginn dieses Jahrzehnts machte die tatsächlichen Verhältnisse transparenter. Im Studienjahr 1975/76 zählte man an der KUG 598 ordentliche Studierende, 1979/80 waren es 830. Für Zwecke der KUG konnten in diesem Dezennium in Graz aber keine Flächengewinne erzielt werden; der Kunsthochschule standen 1980 nach wie vor 4.000 m^2 zur Verfügung.

11.2.1 Die Expositur Oberschützen

In der burgenländischen Gemeinde Oberschützen ist ein traditionsreiches, geistig-kulturelles Zentrum der Evangelischen Kirche beheimatet, wo der Pflege der Kirchenmusik schon vor der Gründung der Expositur der KUG viel Aufmerksamkeit geschenkt wurde. Seit 1965 verfügt auch das Burgenland über eine Einrichtung mit Hochschulstatus. – Bis zur Errichtung des Kulturzentrums Oberschützen, das auch die Expositur beherbergt, mussten deren Lehrveranstaltungen im Evangelisch-musisch-pädagogischen Realgymnasium und unter anderem auch in Wirtshausstuben abgehalten werden; die räumlichen Bedingungen waren kaum zumutbar. Aufgrund der (relativ) geringen Anzahl von Studierenden und der teilweise «originellen» Unterbringung der Expositur war im Wissenschaftsressort deren Auflösung erwogen worden.
Dass dies nicht geschah, hatte zwei Gründe. Der erste war durch das Postulat der Kunsthochschulordnung (1971) gegeben: Jenen Begabten des südlichen Burgenlandes, denen aus verkehrstechnischen Gründen nicht zumutbar ist, den Unterricht in Graz zu besuchen, soll die Möglichkeit einer hochqualifizierten musikalischen Ausbildung geboten werden. Da sich das Land Burgenland an der Errichtung einer Heimstätte für die Außenstelle finanziell beteiligte, war die Existenz der Expositur Oberschützen endgültig gesichert. Hinsichtlich einer adäquaten Unterbringung profitierte sie von einer Bewegung, die sich Anfang der 1970er Jahre dem Aufbau des Volkshochschulwesens im Burgenland verschrieben hatte. Nach Erstellung eines kulturpolitischen Konzepts, an der Landesrat Gerald Mader federführend beteiligt war, konnten in diesem Jahrzehnt im östlichsten Bundesland fünf Kultur- und Bildungszentren (Mattersburg, Güssing, Jennersdorf, Eisenstadt und Oberschützen) errichtet werden.[4] Diese Bauvorhaben wurden zwar vom Bund subventioniert, den größten Teil der Kosten übernahm aber das Land Burgenland.
Das Kulturzentrum Oberschützen war von Anfang an als gemeinsames Haus für die regionale Kultur und die Expositur konzipiert worden, dementsprechend teilten sich Bund und Land in diesem Fall die Baukosten (rund 78 Millionen Schilling) im Verhältnis 55:45. Das 1.600 m^2 umfassende Zentrum, das von Architekt Herwig U. Graf geplant worden war, errichtete man in den Jahren 1978 bis 1982. Das Gebäude beherbergt das Kulturzentrum, dem ein großer Mehrzwecksaal mit einer erweiterbaren Bühne und einer Zuschauergalerie zur Verfügung steht, eine öffentliche Bibliothek im Untergeschoß und das «Institut Oberschützen», das über mehrere Verwaltungs-, Lehr-, Kurs- und Übungsräume sowie einen kleinen Kammermusiksaal verfügt.

11.2.2 Die Generalsanierung des Palais Meran, Leonhardstraße 15

Als Stammhaus der Grazer Kunstuniversität wurde das Palais Meran gewählt. Das unter Denkmalschutz stehende Gebäude war Anfang der 1840er Jahre von Georg Hauberisser (dem Älteren) errichtet worden und diente Erzherzog Johann als Wohnpalais, der auf dessen Planung großen Einfluss nahm. Das Palais gehört noch der Periode klassizistischen Bauens an, wofür die Gartenfront des Gebäudes mit dem breiten und massiven Giebel, der die Seitenflügel etwas bedrückt, beispielhaft ist. Klassizistisch ist auch die Hauptstiege, die Tonnengewölbe des Foyers entsprechen Renaissance-Vorbildern. Erweiterungen wurden in den Jahren 1869 (Nordflügel) und 1875 (Ausbau des Dachbodens) vorgenommen. Das Palais befand sich bis 1939 im Besitz der Familie Meran. Nach dem Zweiten Weltkrieg nutzte die russische und dann die englische Besatzungsmacht das Gebäude, das ab 1955 einem Finanz- und dem Vermessungsamt als Unterkunft diente. 1966 ging das Palais aus dem Besitz des Bundes endgültig in das Eigentum des Landes Steiermark über. Das dreigeschoßige Gebäude konnte erst 1971 zur Gänze von der KUG genutzt werden.

Nachdem schon 1974 erste Sanierungsmaßnahmen vorgenommen worden waren, betraute im November 1975 das Bautenministerium Architekt Ignaz E. Holub mit der Planung und künstlerischen Oberleitung der Generalsanierung. 1976 wurden die Neuherstellung aller Außenabschlüsse, die Instandsetzung des Daches und die Wiederherstellung der historischen Fassade in Angriff genommen. Diese Arbeiten mussten bis 1979 aus Mangel an entsprechenden Kreditmitteln und aufgrund der an der KUG herrschenden Raumnot in mehreren Etappen durchgeführt werden. In diesem Jahr wurde Holub vom Bautenministerium mit dem Erstellen einer Studie[5] über den Raum- und Investitionsbedarf der Kunsthochschule betraut, die in weiterer Folge als Grundlage für deren Raum- und Funktionsprogramm diente.

1980 erarbeitete die Fachabteilung IVb der Landesbaudirektion einen Plan, der eine rasche Fertigstellung der baulichen Maßnahmen zum Gegenstand hatte.[6] Bei gleichbleibender Dotierung des Projekts stand nämlich zu befürchten, dass die Bauarbeiten erst Anfang der 1990er Jahre abgeschlossen werden könnten. Die noch durchzuführenden Umbau- und Sanierungsarbeiten gliederte man schließlich in drei Bauabschnitte: 1981/82 wurden im Nordflügel Baumaßnahmen gesetzt, 1982/83 dann im Mitteltrakt mit Ausnahme des Konzertsaales, der im dritten Abschnitt (1983/84) zusammen mit dem Südtrakt im Mittelpunkt der Bautätigkeit stand. Unter anderem wurden Dachböden und Keller teilweise ausgebaut, um zusätzliche Unterrichts- und Übungsräume zu gewinnen, und die gesamte Haustechnik erneuert. Die Erhaltung bzw. Wiederherstellung des historischen Bestandes war eine Herausforderung besonderer Art. Die im Wesentlichen acht Jahre dauernde Generalsanierung konnte 1983 abgeschlossen werden. Der KUG stehen in ihrem Stammhaus seitdem rund 2.000 m^2 zur Verfügung; im Palais Meran sind heute vier Institute (Musikethnologie; Wertungsforschung; Jazzforschung; Alte Musik und Aufführungspraxis) untergebracht.

11.3 Die räumliche Erweiterung der Universität für Musik und darstellende Kunst Graz ab 1980

Die Studierendenzahlen stiegen in diesem Jahrzehnt kontinuierlich (1980/81: 851; 1985/86: 1.056; 1989/90: 1.205), und endlich konnte auch die drückende Raumnot etwas gelindert werden; 1990 standen der KUG 10.500 m^2 zur Verfügung. Im Jahre 1987 betrug der Anteil an angemieteter Fläche jedoch mehr als 45 %. Keine andere Hochschule musste in diesen Jahren auf angemietete Räumlichkeiten in einem vergleichbaren Ausmaß zurückgreifen, um den Lehrbetrieb aufrechterhalten zu können. – 1982 wurde im 6. Bezirk Jakomini das ehemalige Restaurant der Firma Reininghaus «Wilder Mann» für die Abteilung für Gesang angemietet. Später siedelten auch die Abteilungen für Musiktheater und für Bühnengestaltung in den «Wilden Mann» (Jakoministraße 3–5). Ebenfalls im 6. Grazer Stadtbezirk wurde 1987 für die Abteilung für Jazz der Gebäudekomplex «Moserhofgasse 39–41» angemietet.
In den Erweiterungsplänen der KUG spielten zu Beginn der 1980er Jahre auch die Anfang des 17. Jahrhunderts errichtete Alte Universität (Bürgergasse 2a) eine Rolle. Man hegte die Hoffnung, dass das Steiermärkische Landesarchiv, das seit 1905 die dortigen Räumlichkeiten nutzte, zur Gänze ins Gebäude «Karmeliterplatz 3» übersiedeln könnte. Interesse an einer Nutzung der Alten Universität zeigten auch das benachbarte Priesterseminar und natürlich die Universität Graz.

11.3.1 Die Sanierung der ehemaligen Remise des Palais Meran

Die KUG hatte sich viele Jahre um die Nutzung der ehemaligen Stallungen des Palais Meran bemüht, die bis 1983 der Finanzlandesdirektion als Garagen und KFZ-Werkstätten zur Verfügung standen. Im Jahre 1982, dem Erzherzog-Johann-Gedenkjahr, ersuchte das Land Steiermark den Bund um die Adaptierung dieses Gebäudes für Zwecke der KUG. Der Finanzminister stimmte einer Garagenverlegung schließlich zu, was die Voraussetzung für den erbetenen Beitrag zum Gedenkjahr durch den Bund darstellte.[7]
Bei der ehemaligen Remise handelt es sich um einen langgestreckten, eingeschoßigen Baukörper mit leicht vorspringenden Seitenrisaliten. Mit der Sanierung und der Erweiterung wurde Ignaz E. Holub betraut, der bereits für die Generalsanierung des Palais Meran zuständig war. Das Gebäude erweiterte man durch einen Zubau, das Überdecken des Innenhofes und den Ausbau des Dachbodens. Dank dieser Maßnahmen gewann die KUG insgesamt rund 1.200 m^2 an ihrem Hauptstandort. Mit dem (ATS) 39 Millionen teuren Bauvorhaben wurde noch 1983 begonnen, 1987 ging das so genannte Theater im Palais (TIP) in Betrieb. Im Erdgeschoß

befinden sich unter anderem das Studientheater mit Depots, Garderoben sowie Proberäume und im ausgebauten Dachboden sind vor allem Unterrichtsräume untergebracht. Die ehemalige Remise wurde zur Heimstätte der Abteilung für Schauspiel.

11.4 Die räumliche Erweiterung der Universität für Musik und darstellende Kunst Graz ab 1990

Infolge der relativ konstant bleibenden Hörerzahlen (1990/91: 1.181; 1995/96: 1.095; 2000/01: 1.228) führten die in den 1990er Jahren erzielten Flächengewinne (1980: 10.500 m²; 1990: 17.000 m²) zu einer deutlichen Entspannung der Raumsituation. Aber auch in den 1990er Jahren war die KUG auf Außenanmietungen angewiesen. In der Grazer Altstadt wurde 1991 für die Abteilung Komposition, Musiktheorie, Musikgeschichte und Dirigieren das Gebäude «Hofgasse 10» angemietet. Dieses vierstöckige Haus – auch «Stöckel» oder «Taubenkobel» genannt – war Ende der 1610er Jahre als Schulgebäude errichtet worden. Eine aufgrund der Lage geradezu ideale Anmietung erfolgte 1999, nachdem von der Universität Graz Anmietungen von Räumlichkeiten im Gebäude «Brandhofgasse 18» aufgegeben worden waren. Dieses Gebäude steht dem Neubau auf den Just-Gründen gegenüber und beherbergt nun Teile der Zentralen Verwaltung der KUG. Seit Herbst 2000 ist das Institut für Elektronische Musik im Studienzentrum der TUG (Inffeldgasse 10) auf rund 400 m² untergebracht; ihm stehen dort außerdem Tonstudios sowie Seminar- und Vortragsräume zur Verfügung. Beide Universitäten bieten als interuniversitäre Studienrichtung das Studium Elektrotechnik-Toningenieur an.

11.4.1 Das Institutsgebäude, Brandhofgasse 21

Im Jahre 1976 konnte die Liegenschaft der ehemaligen Badeanstalt Just (rund 4.700 m²) vom Bund erworben werden. Das vom Kroisbach, der Hauslabgasse und der Brandhofgasse begrenzte Grundstück schließt direkt an die Parkanlage des Palais Meran an. Ende der 1970er Jahre wurden die auf dem erworbenen Grundstück stehenden Gebäude (Brandhofgasse 17 und 19) notdürftig adaptiert, da sie gemäß der Ausbaupläne nur vorübergehend von der KUG genutzt werden sollten. Aufgrund von Problemen mit der Aussiedelung von Mietern konnten die Häuser allerdings erst im Herbst 1998 abgetragen werden. Dadurch hatte sich die Errichtung des Bibliotheksgebäudes erheblich verzögert, die ursprünglich im Anschluss an das hier zu behandelnde Bauvorhaben (1993) in Angriff genommen werden sollte.
1982 wurde ein österreichweiter baukünstlerischer Wettbewerb zur Erlangung von Entwürfen für den Neubau ausgeschrieben, aus dem 1983 Architekt Klaus G. Musil als Sieger hervorging. Die Jury hob vor allem die hohe Nutzungsqualität und die Formensprache des preisgekrönten Projekts hervor. Durch die Anpassung des Gebäudekomplexes an den geschwungenen Lauf des Kroisbaches erinnert die Gestaltung des Bauwerks in Verbindung mit dem Freilichtauditorium in seinem Grundriss an einen Konzertflügel. Der Gebäudekomplex besteht im Wesentlichen aus drei Baukörpern: Der südlich gelegene quadratische vierstöckige «Turm» bildet den Eingangsbereich; in den Obergeschoßen sind Ensemble- und Seminarräume untergebracht. Im dreistöckigen östlichen, geschwungenen Trakt mit ausgebautem Dachraum befinden sich 83 Einzelunterrichtsräume. Die Aula mit 130 Sitzplätzen ist so ausgestattet, dass dort sowohl Vorlesungen als auch Orchesterproben oder kleinere Aufführungen organisiert werden können. Über eine Rampe ist eine Tiefgarage mit 41 Abstellplätzen erreichbar. In diesem Neubau sind heute der Zentrale Informatikdienst, vier Institute (Komposition, Musiktheorie, Musik-

geschichte und Dirigieren; Klavier; Saiteninstrumente; Blas- und Schlaginstrumente) und ein Café untergebracht. Im August 1987 konnte mit dem Bau des (ATS) 150 Millionen teuren Projekts begonnen werden. Eine Herausforderung stellten beim Innenausbau die hohen schallschutztechnischen Anforderungen dar. Im Frühjahr 1993 wurde der Neubau (3.500 m²) fertig gestellt.
Im Rahmen von «Kunst und Bau» gestaltete Erwin Wurm den Eingangsbereich als «Akkord», der formal auf die Architektur (Säulen) sowie die Musik (Orgelpfeifen) verweist (und nach Auffassung des Künstlers auch einen Bezug zum Bekleidungsstück Hose herstellen soll)[8]. Im Foyer der Aula gestaltete Fritz Riedl drei Bildteppiche, die sich durch verschiedene Formen (drei- und viereckig sowie halbrund) auszeichnen. Der Bezug zur Musik wurde durch die Farbgebung, die geometrische Komposition und die durch das Weben gegebene Gliederung angestrebt. Darauf nahm Fritz Panzer Bezug, sein Bild hängt im Nebenstiegenhaus.

11.4.2 Das Bibliotheksgebäude, Brandhofgasse 17

Im Jahre 1963 wurde bereits unter der Präsidentschaft von Marckhl an der damaligen Akademie mit der bibliothekarischen Sammeltätigkeit begonnen. Damit wurde der Grundstein für die zweite große Musikbibliothek in Graz gelegt. Die traditionsreichere ist jene des Johann-Fux-Konservatoriums des Landes Steiermark. (In diesem Zusammenhang ist auch die Bibliothek des Instituts für Musikwissenschaft der Universität Graz zu erwähnen, die sich im Meerscheinschlössl befindet.) Nach 37 Jahren des Wartens und nach dreimaliger Übersiedlung erhielt die Universitätsbibliothek im Frühjahr 2000 eine großzügig angelegte und mit modernster Technologie ausgestattete Heimstätte. Mit dem Bau war im September 1998 begonnen worden, die Übergabe des (ATS) 65 Millionen teuren Neubaues durch die BIG erfolgte im November 1999.

Für die Planung des Bibliotheksgebäudes (rund 1.400 m²) zeichnete ebenfalls Klaus G. Musil verantwortlich, der diesen Neubau und das von ihm geplante Gebäude «Brandhofgasse 21» durch gläserne Brücken verband. Den Öffentlichkeitscharakter dieser Einrichtung suchte der Architekt durch eine transparente Gestaltung des Eingangsbereiches und die gestalteten «Schaufenster» zu betonen, um dadurch auch Besucher, die nicht Universitätsangehörige sind, gewissermaßen anzulocken. Die Bibliothek umfasste bei ihrer Eröffnung rund 150.000 Werke (Musikalien, Bücher, Zeitschriften und Tonträger), für deren (teilweise) Aufbewahrung im Keller Reserven geschaffen wurden. Große Teile der Druckwerke, Noten und Bücher sind aber in Freihand-Regalen aufgestellt. Die dreigeschoßige Bibliothek beherbergt unter anderem eine Phonothek/Videothek, ein Noten-Archiv, ein Tonstudio und eine Buchbinderei. Seit Beginn der 1990er Jahre werden von der Bibliothek auch verstärkt Nachlässe von Komponisten gesammelt, die mit der Steiermark verbunden waren.

11.4.3 Die Errichtung des «MUMUTH», eine offene Frage

Die Errichtung einer Studiobühne sowie eines Konzert- und Übungssaales war bereits in der ersten Hälfte der 1960er Jahre Teil jener Ausbaupläne, die Architekt Herdey erarbeitet hatte. In den 1990er Jahren wünschte die KUG die Realisierung eines Gebäudes für Musik und Musiktheater («MUMUTH»), das im nordöstlichen Bereich der Parkanlage des Palais Meran errichtet werden soll. Dessen Errichtung war bislang unter anderem deswegen nicht möglich, weil es nicht gelang, die Freigabe der vom Finanzamt Graz-Umgebung genutzten Liegenschaft «Lichtenfelsgasse 10–12» zu erreichen, das als Ersatz ein anderes Grundstück forderte. Nach zähen Verhandlungen, die bereits in den 1960er Jahren aufgenommen worden waren, konnte dieser Grundstückstausch in der zweiten Hälfte der 1990er Jahre endlich vollzogen werden.

1998 wurde ein EU-weit ausgeschriebener Architektenwettbewerb veranstaltet, den das Amsterdamer Büro UN Studio Van Berkel & Bos gewann. Das siegreiche Projekt überzeugte das Preisgericht durch seinen baukünstlerischen Wert und seine hohe Funktionalität. Im Mittelpunkt steht ein multifunktionaler Bühnenraum, der für Liederabende, Sinfoniekonzerte und Opernabende gleichermaßen geeignet sein soll. Eine sich horizontal erstreckende Spirale bildet die interne Organisation des geplanten Gebäudes. An dessen Nordseite beginnt diese Organisationsform relativ einfach und verwandelt sich gegen die Südseite hin in eine komplexere Geometrie. Die Spirale teilt sich in eine Anzahl kleinerer Subsysteme mit vertikaler und horizontaler Ausdehnung. Dieses Organisationsprinzip, das gleichzeitig auch die tragende Struktur des geplanten Gebäudes bildet, ermöglicht eine kontinuierliche Anordnung der Tragteile, welche die Räume effizient miteinander verbindet. Stahl, Beton und Glas folgen der «Spiralgeometrie» in verschiedenen Kombinationen und Überlagerungen durch den gesamten Bau. Die Variationen des Schichtenaufbaues bieten eine differenzierte, technisch hochwertige und doch auch kontinuierliche Ausgestaltung der Innen- und Außenfläche des «MUMUTH» (2.400 m²). Die Transparenz der Fassade soll die Landschaft des angrenzenden Parks zu einem Teil der Inszenierung des Foyers und der expressiven Treppenaufgänge werden lassen.[9] Das rund 10,5 Millionen Euro teure Projekt ist längst baureif, aus finanziellen Gründen konnte dessen Realisierung bisher jedoch nicht in Angriff genommen werden.

---

1 Erich Marckhl, Rechenschaftsbericht über 5 Jahre Akademie für Musik und darstellende Kunst in Graz, [Graz 1968], S. 22f.; in: BMBWK.

2 Vgl. dazu: BMU, GZ, 3159 / Präs. 4 ex 1967.

3 Die Ausbaupläne und die aufgetretenen Schwierigkeiten hat Marckhl in seinem Bericht ausführlich dargestellt und darin außerdem festgehalten: «Ich möchte hier in Parenthese feststellen, daß die Dokumentation für alles, was ich hier sage, im Archiv der Akademie verwahrt liegt und, wie auch Dokumentationen früherer Auseinandersetzungen, jederzeit jeder Öffentlichkeit vorgelegt werden kann.» Erich Marckhl, Rechenschaftsbericht über 5 Jahre Akademie für Musik und darstellende Kunst in Graz, [Graz 1968], S. 25; in: BMBWK.

4 Vgl. dazu: Die Burgenländischen Kulturzentren, hg. vom Verein zur Planung, Errichtung und Erhaltung von Kultur- und Bildungszentren im Burgenland, Eisenstadt 1982.

5 Ignaz E. Holub, Hochschule für Musik und darstellende Kunst Graz – Raumbedarf-Vorstudie, Graz 1980; in: BMBWK.

6 Vgl. dazu: Landesbaudirektion, Fachabteilung IVb, Neubaumaßnahmen im Hochbau: Hochschule für Musik und darstellende Kunst – Vorschläge für die Generalsanierung Palais Meran, ehemalige Remise, Alte Universität, erarbeitet von Franz Josel und Friedrich Rous, Graz, Juni 1980; in: BMBWK.

7 Vgl. dazu: Resümeeprotokoll über die Sitzung des Interministeriellen Komitees für Schulraumfragen vom 22.6.1981; in: BMBWK.

8 Vgl. dazu: Franz Josel, Baubericht, Graz, Mai 1993; in: BMBWK.

9 Un Studio Van Berkel & Bos – MUMUTH Graz, Beschreibung zum Entwurf, Amsterdam 2000; in: BMBWK.

12 Montanuniversität Leoben (MUL)

Die Montanuniversität Leoben ist jene wissenschaftliche Universität, die von der Bautätigkeit während der 1960er Jahre am meisten profitierte. Damals hatte sich ihr Raumbestand beinahe verdoppelt; durch diesen Flächengewinn relativiert sich die Aussagekraft des Diagramms. Nach 1945 wurden für die MUL bislang acht Neu- bzw. Erweiterungsbauten errichtet; von den durchgeführten Bestandsanierungen bzw. Adaptierungen werden in weiterer Folge vier Projekte behandelt. 2002 standen der Montanuniversität Leoben (wissenschaftliches Personal: 180 Personen; allgemeine Universitätsbedienstete: 185 Planstellen) 32.500 m² zur Verfügung. 1.719 ordentliche Studierende waren im Studienjahr 2002/03 inskribiert.

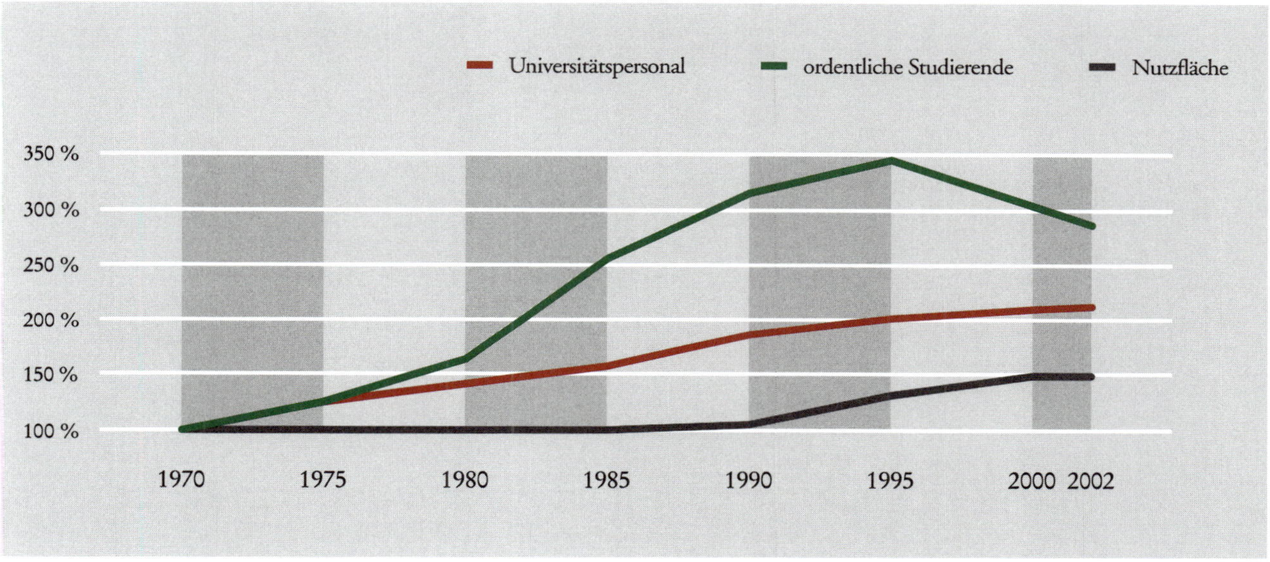

Der Hauptstandort der Montanuniversität Leoben ist vom Stadtzentrum nicht weit entfernt. Das Areal, auf dem sich das Hauptgebäude, das Rittinger-Gebäude und der in den 1960er Jahren errichtete Gebäudekomplex befinden, wird im Norden vom Ignaz-Buchmüller-Platz und von der Jahnstraße, im Osten von der Parkstraße, im Süden von der Kaiserfeldstraße und im Westen von der Franz-Josef-Straße begrenzt. Die letztgenannte Straße mündet im Norden in den Ignaz-Buchmüller-Platz und im Süden in den Hauptplatz. Parallel zur Franz-Josef-Straße verläuft westlich die Peter-Tunner-Straße, die nach dem ersten Lehrenden an der Steiermärkisch-Ständischen Montanlehranstalt benannt wurde, wo die MUL über drei weitere Standorte – die Alte Kaserne (ehemalige Laudon-Kaserne), das Residenz-Gebäude (der Firma Residenz-Realbesitz AG) und das Alte Hochschulgebäude (auch Peter-Tunner-Gebäude genannt) – verfügt.
In einem Gebäude in der Max-Tendler-Straße, die im Süden parallel zur Kaiserfeldstraße verläuft, konnten für Zwecke der MUL Räume angemietet werden. (In der Tendler-Straße ist auch die Höhere Technische Lehranstalt für Maschineningenieurwesen angesiedelt.) Ebenfalls dem Hauptstandort nah sind das Rabcewicz-Gebäude in der Parkstraße (27) und ein Gebäude der Österreichischen Akademie der Wissenschaften in der Jahnstraße (12), wo das universitäre Institut für Metallphysik untergebracht ist. Die Gebäude der MUL befinden sich in jenem Stadtteil Leobens, der vorwiegend von gründerzeitlicher Blockbebauung geprägt ist.

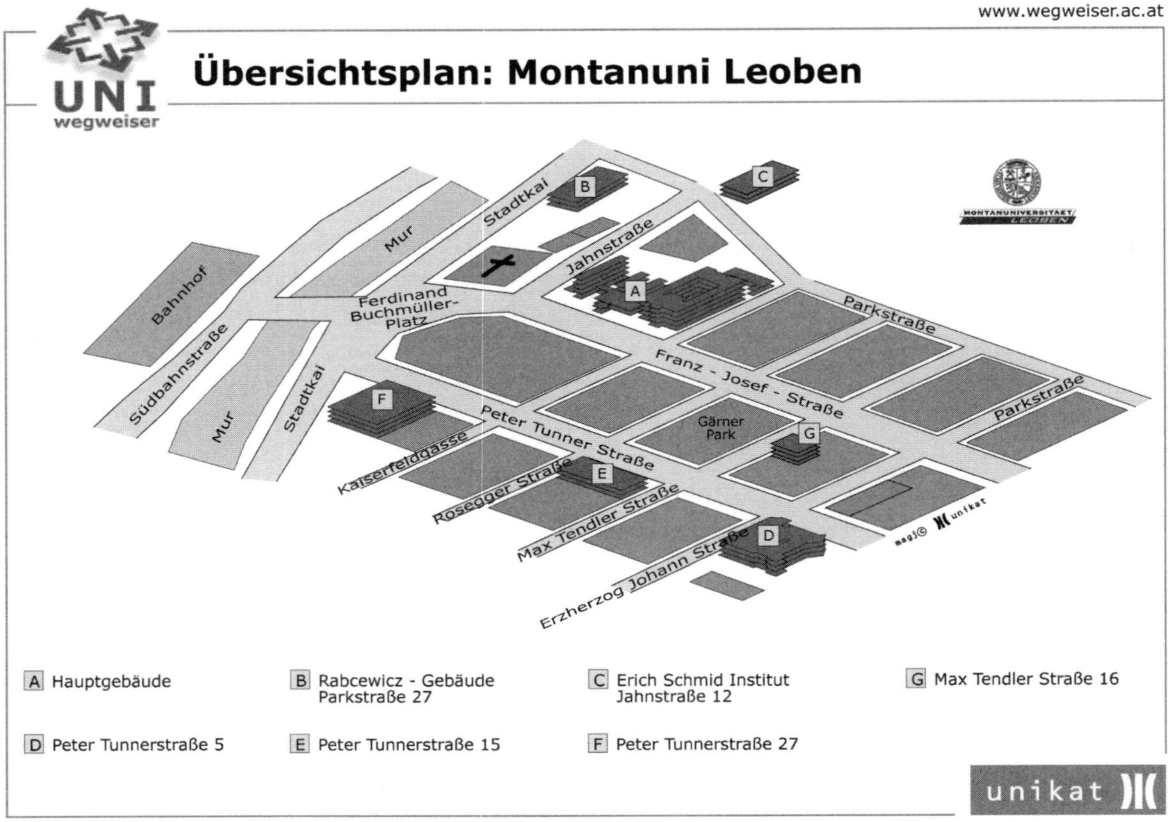

12.1 Die räumliche Situation der Montanuniversität Leoben in den 1950er Jahren

Die Stadt Leoben hatte nicht nur den Baugrund für das 1910 bezogene Hauptgebäude bereitgestellt, sondern auch ein im Osten daran direkt angrenzendes Grundstück reserviert, das – zum Zeitpunkt der tatsächlichen Verwendung für Zwecke der MUL – der Hochschule ebenfalls kostenlos zur Verfügung gestellt werden sollte. Auf diesem Grundstück wurde das erste Bauvorhaben der MUL nach dem Zweiten Weltkrieg realisiert. Bereits in der ersten Hälfte der 1950er Jahre errichtete man das Rittinger-Gebäude, wodurch der MUL rund 1.000 m² zusätzlich zur Verfügung standen. Im Jahre 1955 wurden in diesem zweigeschoßigen Gebäude die Institute für Walzwerkskunde und für Aufbereitung (und Veredlung) untergebracht.[1]
Die an der Hochschule herrschende Raumnot konnte durch dieses Bauvorhaben allerdings nur gelindert werden. In diesem Jahrzehnt standen der MUL zudem nicht alle Räume im Alten Hochschulgebäude (Peter-Tunner-Straße 5) zur Verfügung, da in diesem Gebäude auch das Finanzamt und das Arbeitsinspektorat untergebracht waren. – Bereits ab 1931 absolvierte man Teile des Studiums an der Technischen Hochschule Graz; die frei gewordenen Räumlichkeiten wurden vom Finanzamt genutzt und in weiterer Folge nicht mehr aufgegeben.[2] – Der Lehr- und Forschungsbetrieb wurde dadurch immer wieder empfindlich gestört. Aufgrund der Baufälligkeit des Gebäudes waren die Rahmenbedingungen für den Universitätsbetrieb dort grundsätzlich sehr schlecht. Bis zur Generalsanierung und dem Ausbau zum «Rohstoffzentrum» in der zweiten Hälfte der 1980er

Jahre wurden zwar mehrmals bauliche Maßnahmen durchgeführt, wodurch allerdings nur ein gänzlicher Verfall des Alten Hochschulgebäudes verhindert werden konnte. Natürlich war auch das Hauptgebäude (rund 7.400 m^2) mittlerweile völlig ausgelastet. Als man es im Studienjahr 1910/11 bezog, waren dort 10 Institute untergebracht, 216 Personen studierten damals in Leoben. Im Studienjahr 1956/57 beherbergte das Hauptgebäude 17 Institute; 641 Studierende wurden gezählt, davon rund 200 Studienanfänger.[3]

Wie die übrigen Hochschulen Österreichs litt auch die MUL unter großer Raumnot, die sich aufgrund der steigenden Hörerzahlen mit jedem Jahr verschärfte. Eine räumliche Erweiterung dieser Hochschule war aber nicht nur aus diesem Grund ein Gebot der Stunde. Zu bedenken ist auch die rasante Entwicklung der Naturwissenschaften und der Technik im Allgemeinen, deren gegenseitige Durchdringung auf dem Gebiet der Montanwissenschaften und den daraus resultierenden experimentellen Methoden in Forschung und Lehre. Nicht nur räumlich, sondern auch hinsichtlich der Ausstattung war die Modernisierung der MUL eine absolute Notwendigkeit, um konkurrenzfähig zu bleiben. Zudem sprachen wirtschaftliche Überlegungen für deren Ausbau.

Im April 1958 verdeutlichte Rektor Czedik-Eysenberg in einer Stellungnahme den Zusammenhang zwischen den ökonomischen Möglichkeiten des Staates und der Förderung von Forschung und Lehre. Die Montanistische Hochschule sei in hohem Maße verantwortlich «für die Aufrechterhaltung des derzeit 25 % betragenden Anteiles der österreichischen Montanindustrie am Export, besonders für die Aufrechterhaltung des fast 5 Milliarden Schillinge betragenden Stahlexportes, und dafür, daß die Erdölproduktion, welche während der letzten Jahre 300 Millionen Schillinge an Wert eingebüßt hat, nicht weiter absinkt und nicht zuletzt dafür, daß die Existenz unserer in der Montanindustrie beschäftigten Mitbürger, d.s. 20 % aller in der österreichischen Industrie tätigen Arbeitnehmer, gesichert bleibt. Die Lehr- und Forschungsziele der Leobener Professoren sind somit durchaus reale und lebensnahe. Es handelt sich weitaus überwiegend um angewandte Wissenschaften. Angesichts des Ernstes der Lage ist eine Beschränkung und Konkretisierung der Ziele Pflicht. Für die Erreichung so klarer Ziele muß es möglich sein, ca. 8,5 Millionen Schillinge für die Errichtung eines Erdölinstitutes, ca. 20 Millionen Schillinge für den Bau und die Einrichtung von hüttenmännischen Instituten sowie weitere 20 Millionen Schillinge für chemische, keramische und wärmetechnische Institute zu beschaffen. [...] Es ist dringendstes Gebot der Lehre und Forschung in Österreich zu helfen. Man kann die Dinge nicht so weiterlaufen lassen. Die Bundesregierung und die Öffentlichkeit haben keine Vorstellung, wie arm an Raum und Hilfsmitteln die Montanistische Hochschule zu Leoben ist.»[4]

Für den geforderten Ausbau bot sich ein Areal im Ausmaß von ca. 10.000 m^2 an, das im Norden direkt an den Grund des Hauptgebäudes angrenzt. Der größte Teil des Areals, das die ideale Erweiterungsmöglichkeit der MUL darstellte, war im Besitz der Stadtgemeinde, der kleinere Teil gehörte der Gemeinnützigen Bau- und Wohnungsgenossenschaft der Hochschülerschaft deutscher Volkszugehörigkeit in Leoben. Auf diesem Grundstück stand ein Haus, das von Studierenden bewohnt wurde. Nicht zuletzt aufgrund der Baufälligkeit dieses Gebäudes war die Genossenschaft gewillt, die Liegenschaft dem Bund zu verkaufen.[5] Im Dezember 1957 beschloss der Gemeinderat der Stadt Leoben das sich im Besitz der Stadtgemeinde befindliche Grundstück der Republik zu schenken. An diese Schenkung waren allerdings einige Auflagen geknüpft: So musste der Erweiterungsbau der MUL innerhalb von fünf Jahren errichtet werden; sollte dies nicht geschehen, hätte der Bund der Stadt Leoben das Grundstück wieder unentgeltlich zurückzugeben. Die tatsächliche Übergabe in den Besitz der Republik sollte mit Baubeginn erfolgen.[6]

12.2 Die räumliche Erweiterung der Montanuniversität Leoben ab 1960

In den 1960er Jahren waren die Hörerzahlen der MUL rückläufig. Zu Beginn des Jahrzehnts wurden 949 ordentliche Studierende gezählt, im Studienjahr 1969/70 waren es bloß 568. Dennoch erfuhr in diesem Zeitraum die MUL den großzügigsten Ausbau aller bestehenden Universitäten in Österreich. In Hinblick auf die Sicherung der Konkurrenzfähigkeit dieser Universität konnte damit ein ganz wesentlicher Beitrag geleistet werden.

12.2.1 Der Gebäudekomplex nördlich des Hauptgebäudes, Franz-Josef-Straße 18

Bereits im Jahre 1954 wünschte die MUL die Renovierung des Alten Hochschulgebäudes, in welchem unter anderem auch die chemischen Institute untergebracht waren, oder als Alternative einen Neubau für die genannten Institute. Im fünfjährigen Bauprogramm des Unterrichtsministeriums war 1955 die Errichtung eines Chemie-Neubaus in Leoben unter den Bauvorhaben, welche die gröbste Raumnot der österreichischen Hochschulen lindern sollten, an die elfte Stelle gereiht worden. Rektor Schwarz-Bergkampf regte noch im selben Jahr an, dass auch die Errichtung eines Auditoriums maximum und eines Werkstättengebäudes in das fünfjährige Bauprogramm aufgenommen werden sollte.[7] Schließlich sollten auch Bauten für die hüttenmännischen Institute sowie die Institute für Geologie und Lagerstättenlehre und für Tiefbohr- und Erdölkunde im Rahmen dieses Projekts realisiert werden.
Im Sommer 1959 schrieb man einen baukünstlerischen Wettbewerb zur Erlangung von Entwürfen für den Erweiterungsbau aus.[8] Ein Team um Architekt Karl R. Lorenz wurde mit der Planung des Gebäudekomplexes betraut. Im Sommer 1962 konnte das (ATS) 84 Millionen teure Bauvorhaben in Angriff genommen werden, das in sechs Bauabschnitte gegliedert war. Aufgrund der gewählten Bauweise konnte bereits im Sommer 1968 die 5. Internationale Leichtmetalltagung in den damals fertig gestellten Teilen und im Auditorium maximum veranstaltet werden. (Der Saal war mit einer Fernsehübertragungsanlage, einer Projektionseinrichtung und einer Simultansprechanlage ausgestattet worden.) Endgültig abgeschlossen wurde das Bauprojekt 1969; der MUL standen damit zusätzlich knapp 10.000 m² zur Verfügung; insgesamt waren es 22.000 m².
Fünf Baukörper bilden den Gebäudekomplex. Diese sind miteinander durch einen zweigeschoßigen Verbindungsgang verbunden, der wiederum die Erweiterungsbauten mit dem Hauptgebäude der MUL (ebenfalls Franz-Josef-Straße 18) verbindet. An den Ignaz-Buchmüller-Platz grenzt das Hörsaalgebäude, in welchem sich neben dem Auditorium maximum auch zwei große Hörsäle befinden. Zwei viergeschoßige Gebäude, die chemische und geowissenschaftliche Institute beherbergen, sind auf der Ostseite des Hörsaalgebäudes und im rechten Winkel zu diesem langgestreckten Baukörper angeordnet. Dem Erdöl-Gebäude ist ein Bohrturm und eine Maschinenhalle angegliedert. Die beschriebenen Baukörper bilden den südlichen Teil des Erweiterungskomplexes. Im Anschluss daran befindet sich das fünfgeschoßige Hüttenmännische Institutsgebäude, dem nördlich ein vierschiffiger Hallenbau vorgelagert ist. Im letztgenannten Baukörper sind die Ofenhalle und die Härterei für Eisenhüttenkunde mit einer Prüfhalle, eine Gießereihalle sowie Laboratorien für Wärmetechnik und Industrieofenbau und für Werkstoffprüfung untergebracht.
Zu Beginn des 21. Jahrhunderts waren im Chemie-Gebäude die Institute für Allgemeine und Analytische Chemie, für Chemie der Kunststoffe und für Physikalische Chemie angesiedelt; im Erdöl-Gebäude waren die Institute für Erdöl- und Erdgasgewinnung, für Lagerstättenphysik und für Tiefbohrtechnik untergebracht und das Hüttenmännische Gebäude beherbergte die Institute für Eisenhüttenkunde, für Gießereikunde, für Kunststoffverarbeitung, für Metallkunde, für Nichteisenmetallurgie und für Wärmetechnik.

Das Hörsaalgebäude.

12.3 Die räumliche Situation der Montanuniversität Leoben in den 1970er Jahren

In den 1970er Jahren stiegen die Hörerzahlen wieder deutlich. Im Studienjahr 1970/71 wurden 636, 1975/76 791 und 1979/80 939 ordentliche Studierende gezählt. Aufgrund der dringlichen Baumaßnahmen, die für die übrigen Universitäten durchzuführen waren, konnte für Zwecke der MUL in den 1970er Jahren kein Bauvorhaben realisiert werden. Während dieses Jahrzehnts wären natürlich auch in Leoben vor allem Sanierungsmaßnahmen sinnvoll gewesen, da sich insbesondere das Alte Hochschulgebäude in einem sehr bedenklichen Zustand präsentierte. Sanierungsmaßnahmen und Erweiterungsmöglichkeiten war jedenfalls eine umfangreiche Studie gewidmet, die von der Fachabteilung IVb (des Steiermärkischen Landesbauamts) im Jänner 1973 vorgelegt wurde.[9] Dennoch profitierte die MUL in diesem Dezennium von einem Bauvorhaben in Leoben und einer Adaptierung im Bezirk Graz-Umgebung, wobei diese beiden Projekte nicht jene Mittel belasteten, die dem Universitätsbau vorbehalten waren.

1971 gründete die Österreichische Akademie der Wissenschaften (ÖAW) in Leoben das Erich-Schmid-Institut für Festkörperphysik (heute Materialwissenschaften), das nach dem in Bruck an der Mur geborenen Erich Schmid (1896–1983) benannt ist, der in den 1930er Jahren hervorragende Arbeiten auf dem Gebiet der Metallverformung geleistet hatte und in den Jahren 1963 bis 1973 auch der ÖAW als Präsident vorstand. Dieses Institut erhielt die Aufgabe, Grundlagenforschung auf dem Gebiet der Werkstoffwissenschaften zu betreiben. Ebenfalls im Jahre 1971 wurde an der MUL das Institut für Metallphysik eingerichtet, welches das Lehrangebot für die Studienrichtung Werkstoffwissenschaften sinnvoll ergänzen sollte. Seit der Gründung des Erich-Schmid-Institutes wird dieses mit dem universitären Institut für Metallphysik in einer Personalunion geleitet. Auch in räumlicher Hinsicht profitiert die MUL von dieser Einrichtung der ÖAW. Das viergeschoßige Akademie-Gebäude in der Jahnstraße (12) ist in der ersten Hälfte der 1970er Jahre errichtet worden; zu Beginn des 21. Jahrhunderts standen der MUL darin rund 600 m² zur Verfügung.

1976 beantragte das Institut für Erdölgeologie und Angewandte Geophysik die Errichtung eines geophysikalischen Observatoriums, das als Außenstelle des Instituts geführt werden sollte. Diese Einrichtung wurde in der aufgelassenen Volksschule in Gams (bei Rothleiten) auf rund 200 m² untergebracht. An diesem Ort konnten äußere Störungsfaktoren ausgeschlossen werden, die am Standort in Leoben die wissenschaftliche Arbeit beeinträchtigt hatten. Die Außenstelle dient der Unterbringung von Messeinrichtungen für eine Erdbebenstation, für ein paläomagnetisches Labor sowie für die Durchführung erdmagnetischer Messungen. Bereits im Jahre 1976 gewährte die Steiermärkische Landesregierung dem universitären Institut eine finanzielle Förderung, um die

Heizung des Gebäudes instand setzen zu können.[10] Ende der 1980er Jahre wurden von Institutsangehörigen und Projektmitarbeitern die Räumlichkeiten des Gebäudes renoviert. Von der Außenstelle Gams profitieren neben der MUL auch die übrigen geowissenschaftlichen Institute in Österreich (unter anderem das Institut für Meteorologie und Geodynamik auf der Hohen Warte), da das Observatorium als interuniversitäre Forschungseinrichtung auch diesen Instituten zur Verfügung steht. 1991 wurde das ehemalige Schulgebäude vom Bund angekauft.[11]

12.4 Die räumliche Erweiterung der Montanuniversität Leoben ab 1980

Während der 1980er Jahre stiegen die Hörerzahlen weiter an. Zu Beginn des Jahrzehnts studierten 1.032, im Studienjahr 1985/86 1.631 und 1989/90 1.914 ordentliche Studierende in Leoben. 1980 standen der MUL 22.000 m² zur Verfügung, 1990 waren es 23.500 m². Aufgrund der gestiegenen Hörerzahlen, der Erweiterung des Studienangebots und der Einrichtung neuer Institute mussten in mehreren Gebäuden der Stadt Räumlichkeiten angemietet werden, was den Lehr- und Forschungsbetrieb beeinträchtigte.

Im März 1982 stellte das Universitätskollegium in einer Sitzung fest, dass die schwierige Raumsituation an der MUL keinerlei Verzögerung in der Lösung der grundsätzlichen Problematik mehr dulde und für die zu erwartenden Entwicklungen zeitgerecht Vorsorge getroffen werden müsse; dem Wissenschaftsministerium wurde ein Schreiben übermittelt, das der problematischen Raumsituation und deren Lösung gewidmet war.[12] Auch im Zusammenhang mit dem 150-Jahr-Jubiläum, das die Montanuniversität im Jahre 1990 feierte, ist die in den 1980er Jahren längst überfällige Generalsanierung des Alten Hochschulgebäudes zu sehen, das darüber hinaus eine Erweiterung zu einem Rohstoffzentrum erfuhr. Dieses Projekt konnte termingerecht im Jubiläumsjahr fertig gestellt werden. Aber auch kleinere bauliche Maßnahmen sind in diesem Kontext zu sehen: 1987 wurde der Dachboden im Hauptgebäude teilweise ausgebaut, wofür Architekt Ernst Giselbrecht verantwortlich zeichnete, und auch die Aula wurde anlässlich der bevorstehenden Feierlichkeiten renoviert.

12.4.1 Die Generalsanierung und Erweiterung des Alten Hochschulgebäudes, Peter-Tunner-Straße 5

Eine Generalsanierung des Alten Hochschulgebäudes bzw. dessen Abriss aufgrund der schon in den 1950er Jahren gegebenen Baufälligkeit wurde von der MUL jahrzehntelang gefordert. Die finanziellen Möglichkeiten des Bundes verhinderten die Umsetzung dieses Projekts jedoch regelmäßig, so auch im Jahre 1964, als die MUL den Umbau des Gebäudes im Rahmen der damals laufenden Bauvorhaben durchführen zu lassen wünschte.[13] 1969 erklärte Alfred Wanko anlässlich der Bestandaufnahme für den Hochschulbericht, dass es sich beim Alten Hochschulgebäude um das schlechteste und desolateste in ganz Österreich handle.[14]

Ende der 1970er Jahre erhielt dieses Bauvorhaben einen wichtigen Impuls durch den Entschluss des Wissenschaftsministeriums, dass ein Teil der Geologischen Bundesanstalt in Leoben angesiedelt und dort gemeinsam mit Einrichtungen der MUL sowie des Landes Steiermark zu einem österreichischen Rohstoffzentrum ausgebaut werden sollte.[15] Die Konzentrierung der Forschung auf dem Gebiet der mineralischen Rohstoffe an einem Standort sollte einerseits effiziente Arbeit ermöglichen und andererseits sollten dadurch teure Mehrfachanschaffungen vermieden werden. Zu einer Arbeitsgemeinschaft «Rohstoff-Forschung» schlossen sich schließlich die Geologische Bundesanstalt, die Forschungsgesellschaft Joanneum, die Vereinigung für angewandte Lagerstättenforschung in Leoben und die MUL zusammen. (Diese Arbeitsgemeinschaft wurde aber aufgelöst, bevor sie im 1990 fertig gestellten Rohstoffzentrum wirksam werden konnte.) Bei der Suche nach einem geeigneten Standort ist anfänglich an die Liegenschaft «Parkstraße 21» gedacht worden,[16] wo sich auch heute noch das Gießereiforschungsinstitut befindet; eine Absiedlung dieser außeruniversitären Einrichtung gelang jedoch nicht. So wurde die Generalsanierung und der Ausbau des Alten Hochschulgebäudes ins Auge gefasst, wo bereits das universitäre Institut für Geowissenschaften untergebracht war.

Architekt Eilfried Huth erarbeitete ein Raum- und Funktionsprogramm und legte 1984 die Vorentwurfsplanung vor. Das (ATS) 140 Millionen teure Bauvorhaben konnte ins Bauprogramm für 1987 aufgenommen und 1990 fertig gestellt werden. Bei der Realisierung galt es, denkmalgeschützte Bauteile mit wiederhergestelltem Altbestand und Neubauabschnitte zusammenzufassen, die unter einer gemeinsamen Dachkonstruktion mit einer zentralen Halle vereint wurden. Das sechsgeschoßige Gebäude (2.000 m^2) besiedelten drei Institute (Geowissenschaften; Gesteinshüttenkunde; Struktur- und Funktionskunde). Jene Einrichtungen, die von allen Instituten gleichermaßen benützt werden, siedelte man in den beiden Untergeschoßen und im Erdgeschoß an. Das heute auch Peter-Tunner-Gebäude genannte Haus zeichnet sich durch eine hohe Funktionalität aus, die unter anderem durch die Anordnung der Leitungsführung erreicht wurde, wodurch bei Änderungen im Laborbereich die notwendige Infrastruktur dennoch gesichert ist.

12.5 Die räumliche Erweiterung der Montanuniversität Leoben ab 1990

Anfang der 1990er Jahre studierten 2.248 ordentliche Studierende an der MUL, im Studienjahr 1993/94 waren es sogar 2.377. In weiterer Folge gingen die Hörerzahlen wieder zurück und zu Beginn des neuen Jahrtausends zählte man 1.911 ordentliche Studierende. In diesem Jahrzehnt gewann die MUL weitere 7.000 m^2 und verfügte zu Beginn des 21. Jahrhunderts über 32.500 m^2.
Die Basis für die künftige Erweiterung der MUL konnte durch den Erwerb von Baulandreserven während der ersten Hälfte der 1990er Jahre geschaffen werden; der Bund investierte knapp (ATS) 100 Millionen. Die Grundlage für die Schaffung dieser Baulandreserven bildete eine Studie über die Erweiterungsflächen zur räumlichen Versorgung der MUL, die 1989 von Architekt Eilfried Huth erstellt worden war.[17] Der Ankauf von Liegenschaften, die sich in unmittelbarer Nähe zur Alten Kaserne befinden, wurde in vier Etappen vollzogen. Der MUL stehen dadurch rund 17.000 m^2 in ausgezeichneter Lage zur Verfügung, worauf sich drei Gebäude (ca. 3.400 m^2) befinden.
Südöstlich der Altstadt, ca. 1,5 km vom Hauptgebäude der Montanuniversität entfernt, konnte eine weitere Baulandreserve (knapp 76.300 m^2) erworben werden.[18] Dabei handelt es sich um einen Teil des Areals der ehemaligen Jeglitsch-Ziegelwerke. 1999 erklärte sich die MUL bereit, rund 18.000 m^2 zu Gunsten der Justizverwaltung abzutreten, sofern die beiden zentral gelegenen Gebäude «Erzherzog-Johann-Straße 3» (Landesgericht Leoben) und «Dominikanergasse 13» (Justizanstalt Leoben) entsprechend den Bedürfnissen der MUL adaptiert werden könnten. Nach Errichtung des neuen Justizzentrums würde die MUL in unmittelbarer Nachbarschaft zum Alten Hochschulgebäude ca. 3.700 m^2 gewinnen.[19] Im Zusammenhang mit diesen Erweiterungsplänen ist auch die Verzögerung der Errichtung eines Neubaus für kunststofftechnische Institute zu sehen, der auf den Gründen westlich der Alten Kaserne realisiert werden soll. Für dieses Bauvorhaben war bereits 1993 ein baukünstlerischer Wettbewerb ausgeschrieben worden, den die Architekten Hans Karl und Andreas Treusch für sich entscheiden konnten. Obwohl der Umfang des siegreichen Projekts deutlich reduziert wurde, konnte es bislang aus finanziellen Gründen nicht in Angriff genommen werden.

12.5.1 Die Laborhalle an der Parkstraße (27)

Dieses Bauvorhaben steht im Zusammenhang mit der Generalsanierung des Alten Hochschulgebäudes. Als man Anfang der 1980er Jahre im Wissenschaftsministerium den Standpunkt vertrat, dass das Alte Hochschulgebäude aufgrund seiner Baufälligkeit abzureißen und durch einen Neubau zu ersetzen sei, wurde die Schaffung eines Provisoriums erforderlich, um während der Bauzeit die betroffenen Institute zumindest notdürftig räumlich versorgen zu können. Dafür kam der Erwerb des dreigeschoßigen Gebäudes «Parkstraße 27» in Betracht, das dem Bund 1982 zum Kauf angeboten wurde. Das in der zweiten Hälfte der 1950er Jahre errichtete Haus, auch Rabcewicz-Gebäude genannt, diente der Österreichischen Schacht- und Tiefbaugesellschaft als Verwaltungsgebäude. Im 1983 angekauften Haus (rund 600 m^2) brachte man vorübergehend das Institut für Geologie unter; im Herbst 1984 wurde das Institut für Geomechanik, Tunnelbau und konstruktiven Tiefbau dort angesiedelt.
Nach der Ansiedlung dieses Instituts richtete man dessen Labor in einem Zubau (ca. 80 m^2) ein, das zuvor als Garage genutzt worden war. An diesem Institut wurde unter anderem eine Baumethode («Neue Österreichische Tunnelbauweise») entwickelt, die in den 1980er Jahren im Bereich des Bauingenieur- und des Bergwesens einen wichtigen Technologie-Exportartikel darstellte. Für die notwendige Forschungstätigkeit auf dem

Gebiet der Felsmechanik und des untertägigen Hohlraumbaues war das bestehende «Labor» aber gänzlich ungeeignet. Nach Abtragung des Zubaus wurde in den Jahren 1991/92 ein von Architekt Bernhard Hafner geplanter Neubau (die eigentliche Laborhalle) errichtet, der durch eine «Gemeinschaftshalle» mit dem Gebäude «Parkstraße 27» verbunden ist.[20] Durch diese rund (ATS) 13 Millionen teure Erweiterungsmaßnahme gewann das Institut für Geomechanik, Tunnelbau und konstruktiven Tiefbau ausgezeichnete Arbeitsbedingungen und die MUL weitere 500 m².

12.5.2 Die Adaptierung der Alten Kaserne, Peter-Tunner-Straße 25–27

Der Adaptierung der Alten Kaserne für Zwecke der MUL ging die Suche nach einer Heimstätte für das Technologie-Transfer-Zentrum (TTZ) voraus. Bei dieser Einrichtung handelt es sich um eine Arbeitsgemeinschaft, die (vor allem) das Forschungszentrum Seibersdorf und die MUL bilden. 1987 wurde dieses Zentrum gegründet, um der Region Obersteiermark, die aufgrund der Krise in der Stahlindustrie mit großen Problemen zu kämpfen hatte, einen Impuls zu geben. Angestrebt wird im TTZ ein Brückenschlag zwischen Forschungsergebnissen und ihrer Anwendung in der Praxis zur Herstellung neuer, marktorientierter Produkte und Verfahren. Partner für Entwicklungsarbeiten oder auch Anbieter und potentielle Anwender bereits existierender Produkte sollen zusammengeführt werden. Zum Nutzen des Gewerbes und der Industrie wird im TTZ das gesamte Leistungsspektrum der MUL angeboten, wovon insbesondere Klein- und Mittelbetriebe profitieren sollen. Das TTZ konnte im Nordtrakt der adaptierten Alten Kaserne (Peter-Tunner-Straße 27) angesiedelt werden.

Das viergeschoßige Gebäude war in den Jahren 1889/90 errichtet worden und diente bis 1945 militärischen Zwecken. Nach dem Zweiten Weltkrieg wurde die ehemalige Laudon-Kaserne von der britischen Besatzungsmacht genutzt und 1949 schließlich von der Stadt Leoben zu einem Wohnhaus umgebaut. Die Stadt hatte 1988 eine Sanierung des Nordtrakts durchgeführt und auch das Dach, die Fenster und die Fassade des gesamten Gebäudes erneuern lassen. Die anfallenden Kosten konnten zum größten Teil durch einen Förderungsbeitrag und ein Förderungsdarlehen (aus dem Stadterneuerungsfonds) des Wirtschaftsministeriums abgedeckt werden.[21] Nachdem für das TTZ nur ein Teil der Räume im Nordtrakt benötigt wurde, bot die Stadt, der das Gebäude gehörte, freistehende Räume der MUL zur Anmietung an. Dieses Angebot war der MUL aufgrund der herrschenden Raumnot sehr willkommen. (25 % der 1989 bestehenden Ordinariate und 30 % der angebotenen Studienrichtungen waren nach der Besiedlung der in den 1960er Jahren errichteten Neubauten geschaffen worden.)[22] Im Nordtrakt des Gebäudes konnten das Institut für Konstruieren in Kunst- und Verbundstoffen sowie die Abteilung für Angewandte Geometrie des Instituts für Mathematik eingemietet werden.

Im Zuge der Schaffung von Baulandreserven nahe dem Hauptstandort der MUL wurde auch der Ankauf der ehemaligen Laudon-Kaserne durch den Bund wieder erwogen, zumal der dazugehörende Grund das innerstädtische Areal der Erweiterungsflächen ideal ergänzt. Im Dezember 1994 erwarb schließlich der Bund die Alte Kaserne für Zwecke der MUL. In Anbetracht des Baualters war der Zustand des Gebäudes als sehr gut zu bezeichnen, dennoch mussten im Südtrakt einige Adaptierungs- und Sanierungsmaßnahmen durchgeführt werden. Eine Machbarkeitsstudie legte Architektin Herta Brucker im März 1995 vor.[23] Die (ATS) 28 Millionen teure Sanierung des Südtrakts (Peter-Tunner-Straße 25), die einen Gewinn von 2.000 m² bedeutete, wurde 1999 abgeschlossen. In der Alten Kaserne waren zu Beginn des 21. Jahrhunderts neben den bereits genannten Instituten auch jene für Automation, für Geophysik sowie für Wirtschafts- und Betriebswissenschaften untergebracht.

12.5.3 Das «Gebäudekonzept 2005»

Von der Fachabteilung IVb der Steiermärkischen Landesbaudirektion wurde Architekt Roland Heyszl mit der Erstellung einer Studie beauftragt, die der räumlichen Neugliederung der Institute der MUL gewidmet war. Die Studie «Montan Uni Gebäudekonzept 2005» legte Heyszl im Sommer 1998 vor. Das Konzept gliedert sich in eine bis 2000 zu realisierende Zwischenlösung und eine darauf aufbauende «große Lösung», die eigentlich im Jahre 2005 umgesetzt sein sollte. Den Kern der Zwischenlösung bildete die Adaptierung des Südtrakts der ehemaligen Laudon-Kaserne, wodurch man die Grundlage für eine Reihe von Institutsübersiedlungen schuf. Neben diesem Standort waren in die Zwischenlösung auch das Residenz-Gebäude (Peter-Tunner-Straße 15) und das Gebäude «Max-Tendler-Straße 16» sowie das Hörsaal-, das Erdöl- und das Hauptgebäude einbezogen.
Zu Beginn des 21. Jahrhunderts waren im Hauptgebäude acht Institute (Allgemeiner Maschinenbau; Bergbaukunde; Elektrotechnik; Fördertechnik; Markscheidewesen; Mechanik; Physik; Werkstoffkunde), die Abteilungen für Angewandte Mathematik sowie für Mathematik und Statistik, die Universitätsbibliothek und Teile der Zentralen Verwaltung untergebracht. Da im Hauptgebäude nicht die gesamte Universitätsverwaltung Platz fand, musste auf angemietete Räumen im Gebäude «Max-Tendler-Straße 16» zurückgegriffen werden. Im Residenz-Gebäude waren die Institute für Entsorgungs- und Deponietechnik sowie für Verfahrenstechnik des industriellen Umweltschutzes eingemietet. Im Zuge der Umsetzung des erweiterten Planes sollten diese Anmietungen aufgegeben werden.
In der «großen Lösung» sind zusätzlich folgende Gebäude von Änderungen betroffen: das Rittinger-Gebäude, das Hüttenmänische und das Chemie-Gebäude. Berücksichtigt wird darin außerdem das Gebäude «Erzherzog-Johann-Straße 3» (Landesgericht Leoben) mit geplantem Zubau und der Neubau für die kunststofftechnischen Institute, der bereits während der zweiten Hälfte der 1990er Jahre hätte errichtet werden sollen. Im Hauptgebäude wollte man sämtliche Einrichtungen der Zentralen Verwaltung zusammenführen, einige Institute aussiedeln und vor allem für die Universitätsbibliothek dringend benötigten Raum schaffen.

---

1 Vgl. dazu: Alfred Gahleitner, Baugeschichte der Montanuniversität; in: 150 Jahre Montanuniversität Leoben 1840–1990, Graz 1990, S. 81.
2 Vgl. dazu: BMU, GZ 37.695 / 14 ex 1957.
3 Vgl. dazu: BMU, GZ 69.208 / 14 ex 1958.
4 Franz Czedik-Eysenberg, Über Aufgaben, Ziele und Not der Montanistischen Hochschule zu Leoben, Leoben, im April 1958; in: BMU, GZ 44.147 / 14 ex 1958.
5 Vgl. dazu: BMU, GZ 102.955 / 14 ex 1957.
6 Vgl. dazu: BMU, GZ 107.966 / 14 ex 1957.
7 Vgl. dazu: BMU, GZ 55.513 / I–3 ex 1955.
8 Vgl. dazu: BMU, GZ 79.282 ex 1959 .
9 Vgl. dazu: Montanistische Hochschule Leoben – Bauliche Sanierungs- und Erweiterungsstudie, erarbeitet von der Fachabteilung IVb – Bundeshochbau, Graz 1973; in: BMBWK.
10 Vgl. dazu: BMWF, GZ 30.732 / 1–9 ex 1976.
11 Vgl. dazu: BMWF, GZ 30.732 / 1–9 ex 1990.
12 Vgl. dazu: BMWF, GZ 30.733 / 3–9 ex 1982.
13 Vgl. dazu: BMU, GZ 121.882 / III–3b ex 1964.
14 Vgl. dazu: BMU, GZ 152.110 / III / 4 ex 1969.
15 Vgl. dazu: BMWF, GZ 30.733 / 5–9 ex 1979.
16 Vgl. dazu: BMWF, GZ 30.734 / 1–9 ex 1981.
17 Vgl. dazu: BMWF, GZ 30.730 / 5–9 ex 1988.

18 Vgl. dazu: Schreiben von Edmund Marchner [Vorstand der Fachabteilung IVc – Allgemeiner Hochbau] an Albert F. Oberhofer [Rektor der MUL], Graz, 20.1.1995; in: BMBWK.

19 Vgl. dazu: BMWV, GZ 30.730 / 1–9 ex 1999.

20 Vgl. dazu: BMWF, GZ 30.730 / 7–9 ex 1988.

21 Vgl. dazu: BMWF, GZ 30.730 / 7–9 ex 1994.

22 Vgl. dazu: BMWF, GZ 30.730 / 12–9 ex 1989.

23 Vgl. dazu: BMWFK, GZ 30.730 / 2–9 ex 1995.

13 Universität Innsbruck (UI)

Die Baugeschichte der Universität Innsbruck verlief bislang höchst eindrucksvoll. Im Zeitraum von 1970 bis 2000 fielen die Steigerungsrate der Flächengewinne und jene der Studierendenzahlen praktisch gleich hoch aus. (Eine vergleichbare Entwicklung nahm nur die Wirtschaftsuniversität.) Nach 1945 wurden für die UI 23 Neubauten errichtet und zahlreiche Bestandsanierungen bzw. Adaptierungen vorgenommen, wovon 15 Projekte behandelt werden. (Die skizzierten Klinikbauten sind dabei nicht mitgezählt.) 2002 standen der Universität Innsbruck (wissenschaftliches Personal: 1.377 Personen; allgemeine Universitätsbedienstete: 942,5 Planstellen) 177.000 m² zur Verfügung; 22.190 ordentliche Studierende waren im Studienjahr 2002/03 inskribiert.

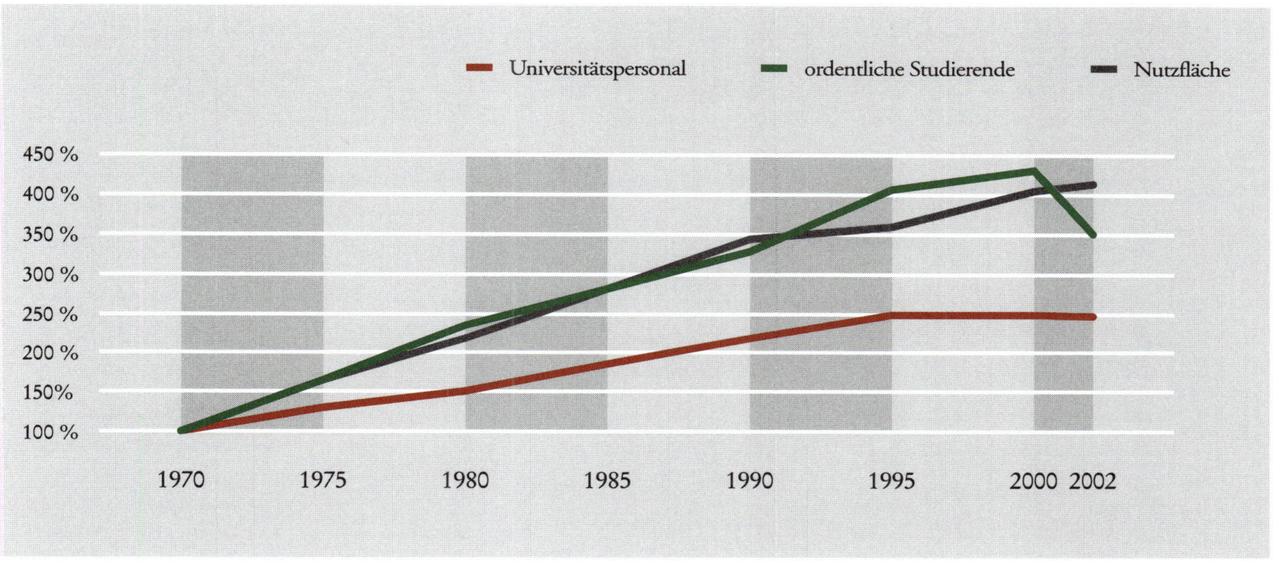

Die Universität Innsbruck hat ihren Hauptstandort am Innrain (Neue Universität, Innrain 52). Das Innrainareal am rechten Innufer bildet heute das Zentrum vornehmlich von sechs Fakultäten (Rechtswissenschaften; Philosophie und Geschichte; Philologie und Kulturwissenschaften; Bildungswissenschaften; Chemie und Pharmazie; Geo- und Atmosphärenwissenschaften). Im unmittelbaren Umfeld wurden die Gebäude der vorklinischen Institute der heutigen Medizinischen Universität Innsbruck (MUI) und deren Kliniken (Anichstraße 35) errichtet. In der Altstadt befinden sich die von der Katholisch-Theologischen Fakultät genutzte Alte Universität (Karl-Rahner-Platz 1–3) und in unmittelbarer Nähe davon, auf dem Areal der ehemaligen Fennerkaserne, ein neu errichteter Gebäudekomplex (Universitätsstraße 15), wo heute drei Fakultäten (Betriebswirtschaft; Volkswirtschaft und Statistik; Politikwissenschaft und Soziologie) untergebracht sind.
Am linken Innufer, im westlichen Bereich des Stadtteils Hötting, wurde das Universitätssportzentrum errichtet, das knapp 3 km vom Hauptstandort entfernt ist. In relativer Nähe davon, nördlich des Flughafens Innsbruck-Kranebitten, befindet sich das dritte Zentrum der UI, wo vier Fakultäten (Architektur; Bauingenieurwesen; Mathematik, Informatik und Physik; Biologie) beheimatet sind. Aufgrund der guten räumlichen Versorgung waren zu Beginn des 21. Jahrhunderts nur noch wenige Räumlichkeiten in Innsbruck zusätzlich

für Universitätszwecke angemietet. Außenstellen der UI befinden sich am Patscherkofel, in Obergurgl und in Vorarlberg (Dornbirn und Frastanz bei Feldkirch).

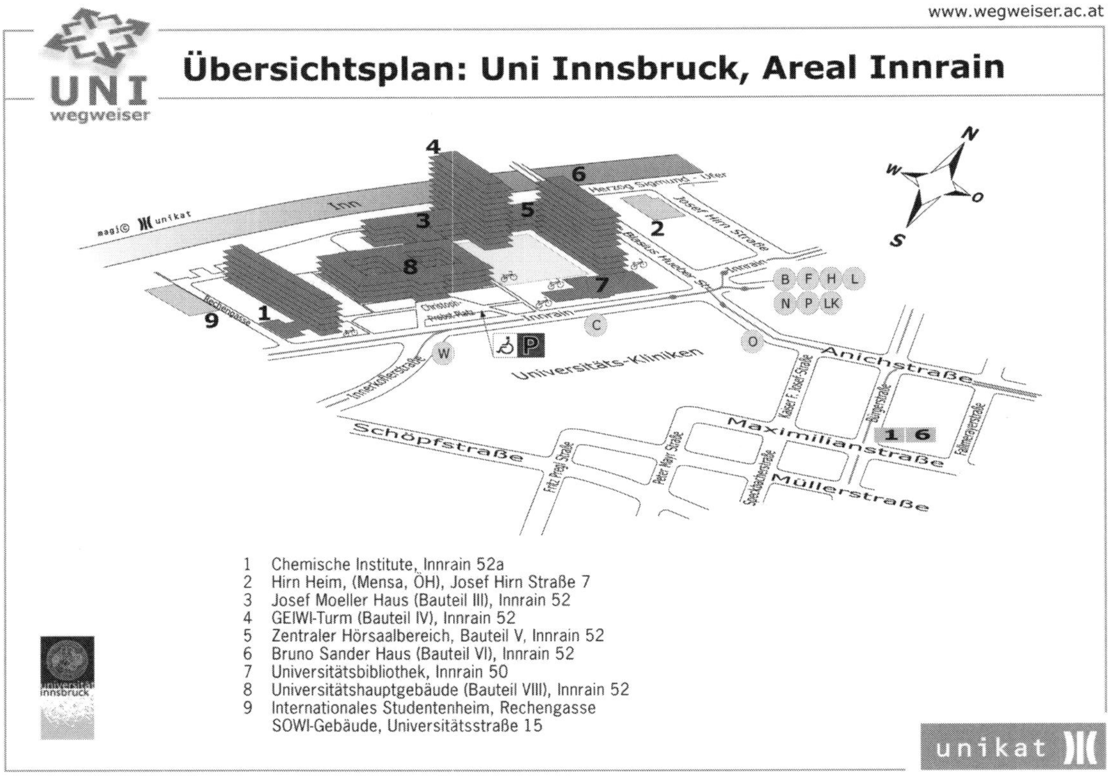

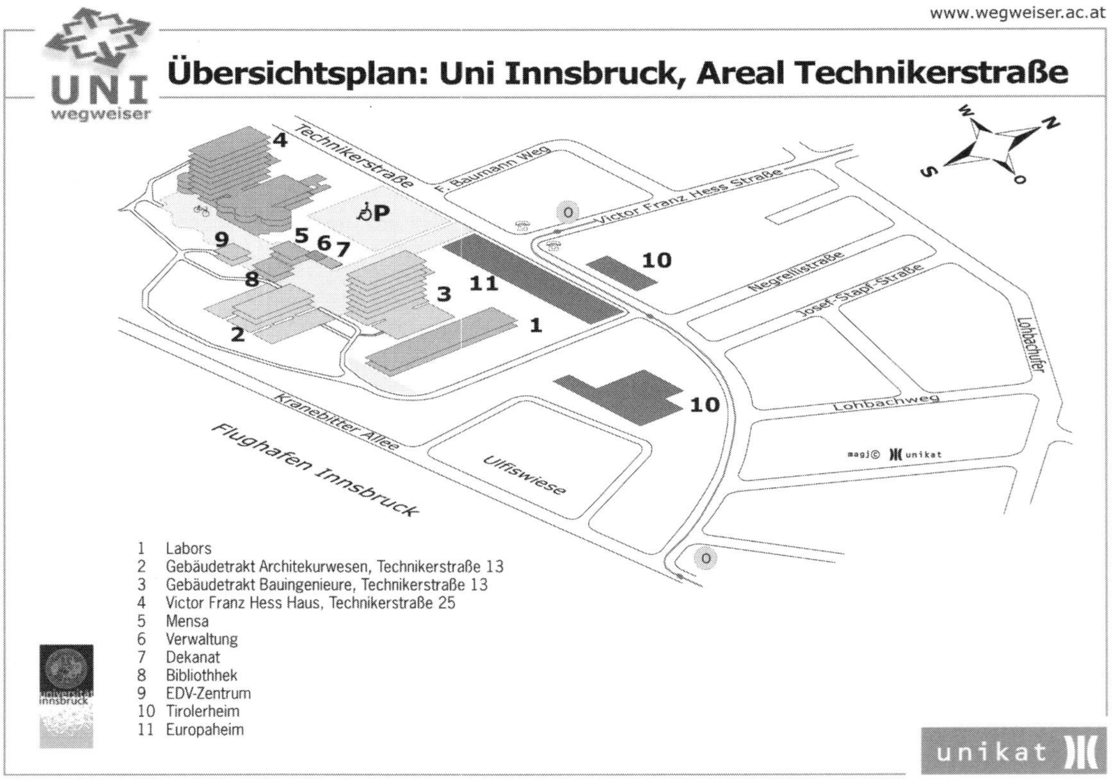

13.1 Die räumliche Situation der Universität Innsbruck in den 1950er Jahren

Im Zweiten Weltkrieg wurden alle Gebäude auf dem Klinikareal mehr oder weniger stark beschädigt, weswegen nach 1945 vor allem die Medizinische Fakultät von den ersten baulichen Maßnahmen profitierte. Dass dies geschah, verdankt sich natürlich auch dem Umstand, dass ein funktionstüchtiges Krankenhaus in Innsbruck für das Land Tirol von grundsätzlicher Bedeutung war; das Land als Spitalserhalter trug den größten Teil der Kosten, die für den Wiederaufbau notwendig waren.
Das im Westen direkt an das Klinikareal angrenzende Hauptgebäude der Universität (Innrain 52) trug ebenfalls Kriegsschäden davon; die Nordfassade musste saniert werden, und im Zuge dieser Bautätigkeit wurden auch kleinere Adaptierungen im Hauptgebäude vorgenommen. Von Adaptierungsmaßnahmen profitierten außerdem noch das Botanische Institut (Sternwartestraße 15) und die universitäre Sternwarte, die zu Beginn des 20. Jahrhunderts der Astronom Theodor von Oppolzer in Hötting errichten ließ, deren Bau er auch mitfinanzierte. Die Sternwarte schenkte er dem Staat unter der Bedingung, dass man diese in den damals ebenfalls neu angelegten Botanischen Garten der UI einbeziehe; dies geschah 1913.

13.1.1 Die Bauten für die Medizinische Fakultät

Nachdem 1869 die Medizinische Fakultät der Universität Innsbruck (zum zweiten Mal) wiedererrichtet worden war, legte das Professorenkollegium 1871 ein erstes Bauprogramm vor. Die von Vertretern der Stadt 1872 geäußerte Hoffnung, dass der Spitalsbau in längstens fünf Jahren vollendet sein sollte,[1] erfüllte sich allerdings nicht. Erst 1879 war die Standortfrage entschieden. Das neue Stadtspital (zwei Pavillons für die Kliniken für Innere Medizin und Chirurgie, das Verwaltungs- und das Wirtschaftsgebäude) war 1888 fertig gestellt. Als erstes Bauvorhaben war bereits 1881 ein Institutsgebäude (Pathologische Anatomie und Medizinische Chemie) in Angriff genommen worden. Bis 1904 errichtete man sechs weitere Gebäude, und in der Zwischenkriegszeit erhielt schließlich die Psychiatrisch-neurologische Klinik noch einen Neubau.
Die ersten Bauten nach 1945 kamen zwei Kliniken zugute. Im April 1949 nahm man die Bauarbeiten für die Innere Medizin auf. Das 1954 fertig gestellte Gebäude bestand aus vier Teilen, von denen der Kranken-, der Hauptstiegen- und der Labortrakt miteinander verbunden sind; diese jeweils siebengeschoßigen Trakte grenzen an die Kaiser-Josef-Straße. Den zweigeschoßigen Hörsaaltrakt, der mit einer Simultandolmetscheranlage ausgestattet wurde, errichtete man zwischen dem Labortrakt und der alten Frauenklinik, die an die Anichstraße grenzte. Die beiden zuletzt genannten Bauten wurden 1998 abgebrochen, an deren Stelle man das Medizinzentrum Anichstraße errichtete.[2] In den Jahren 1953 bis 1955 wurde ein viergeschoßiger Trakt an das Verwaltungsgebäude für Zwecke der HNO-Klinik angebaut, den aber auch die Spitalsverwaltung und die Universitätsapotheke nutzten.[3]

13.1.1.1 Der Wiederaufbau der Anatomie, Müllerstraße 59

Das alte Anatomisch-histologische Institutsgebäude war 1889 fertig gestellt und im Dezember 1943 durch Bombentreffer schwer in Mitleidenschaft gezogen worden. Schon 1945 begann man mit der Planung für den Wiederaufbau, die von Professor Sauser maßgeblich beeinflusst wurde, aber erst im Sommer 1950 konnten die ersten baulichen Maßnahmen gesetzt werden. Das Gebäude erfuhr nach Süden hin eine Erweiterung, der zerstörte Ostflügel wurde neu errichtet. Im zweiten Stock richtete man einen histologischen Hörsaal ein; der vom Hochparterre in den ersten Stock reichende anatomische Hörsaal wurde durch Einbeziehung des Foyers erweitert. Das Foyer und den Aufgang zieren Fresken und Bilder, die auf die Geschichte der Anatomie und der Histologie Bezug nehmen. Im Jahre 1954 war das (ATS) 5,5 Millionen teure Bauvorhaben fertig gestellt.[4] In den 1970er Jahren sanierte man die Heimstätte (rund 3.600 m²) des Instituts für Anatomie und Histologie.

13.2 Die räumliche Erweiterung der Universität Innsbruck ab 1960

Vor allem in den Jahren 1955 bis 1965 stiegen die Hörerzahlen deutlich (1955/56: 2.433; 1960/61: 4.156; 1965/66: 5.752; 1969/70: 5.853), insbesondere an der damaligen Philosophischen Fakultät. In der ersten Hälfte dieses Dezenniums profitierte allerdings weiterhin in erster Linie die Medizinische Fakultät von baulichen Maßnahmen, obgleich die Befriedigung der Raumansprüche der Philosophischen, der Rechts- und Staatswissenschaftlichen und der Katholisch-Theologischen Fakultät immer dringlicher wurde. Die Universität war somit gefordert, einen grundlegenden Plan zur von ihr angestrebten baulichen Entwicklung zu erstellen.
Das dem Unterrichtsministerium im Februar 1965 übermittelte Programm sah dann vor, dass die Zentrale Verwaltung zur Gänze in einem Zubau an das Hauptgebäude untergebracht werden sollte. Die natur- und geisteswissenschaftlichen Institute der Philosophischen Fakultät wollte man in zwei Neubauten am Innrain konzentrieren. Für die Katholisch-Theologische Fakultät war die Alte Universität vorgesehen, und die Rechts- und Staatswissenschaftliche Fakultät hätte das Hauptgebäude genutzt, das für diesen Zweck aufgestockt werden sollte. Nach Abbruch der Alten Chemie (Peter-Mayr-Straße 1) sollte an deren Stelle ein Gebäude für die vorklinischen Fächer der Medizinischen Fakultät errichtet und dann auch die Alte Hygiene (Schöpfstraße 41) ausgebaut werden. Für die universitären Sportstätten sah man ein Areal im Stadtteil Hötting vor. Die damals intensiv diskutierte Technische Fakultät war zwar erwähnt, aber von der Universität noch nicht in das Bauprogramm aufgenommen worden. Vorerst hatte die Errichtung eines weiteren Gebäudes für naturwissenschaftliche Institute – damals war gerade die Neue Chemie (Innrain 52a) in Bau – Priorität, im Anschluss daran sollte jenes für die geisteswissenschaftlichen Institute gebaut werden. An dritter Stelle der Dringlichkeitsliste folgte das Vorklinikum.[5]
Schon im April 1965 reihte die Universität die Sportanlagen an die erste Stelle der Neubauvorhaben, da erst nach deren Realisierung der alte Universitätssportplatz am Innrain als Teil des Baugrundes für die vorgesehenen Gebäude der Philosophischen Fakultät genutzt werden konnte. Der Aufbau der Technischen Fakultät in der zweiten Hälfte der 1960er Jahre hatte zur Folge, dass der von der UI skizzierte Ausbau der übrigen Fakultäten später als ursprünglich geplant realisiert wurde.

13.2.1 Die Neue Chemie, Innrain 52a

Sieht man vom Neubau der Universitätsklinik für Innere Medizin ab, wurde auch in Innsbruck – wie in Graz (und zwar sowohl an der Technischen Hochschule als auch an der Universität) – der erste Neubau nach dem Zweiten Weltkrieg für Chemie-Institute errichtet. Aufgrund einer Intervention von Bundespräsident Theodor Körner, welche den von ihm im Dezember 1952 zur Kenntnis genommenen problematischen Zustand der Alten Chemie zum Gegenstand hatte, war 1954 entschieden worden, dass ein Neubau für die betroffenen Institute zu errichten wäre.

Im April 1956 beauftragte man Architekt Lechleitner mit der Planung, der Baubeginn war damals für Juli 1957 vorgesehen, im Herbst 1960 wollte man das Gebäude beziehen. Die Planung wurde aber erst im März 1960 für baureif erklärt, die Bauarbeiten nahm man im darauf folgenden September in Angriff. 1964 diente der Rohbau dem Olympischen Komitee als Zentrale, den man auch als Pressezentrum nutzte; ein Jahr später wurde der voraussichtliche Bauaufwand auf (ATS) 70 Millionen geschätzt.[6] Die Fertigstellung der südöstlich des Hauptgebäudes errichteten Neuen Chemie verzögerte sich aber nochmals, da unter anderem Firmen speziell anzufertigende Laboreinrichtungen verspätetet lieferten. Im März 1967 konnte das Gebäude schließlich bezogen werden, dessen Installationen Mängel auswiesen, was weitere Unstimmigkeiten zwischen den Nutzern, der Landesbaudirektion und den Bundesministerien auslöste.[7] Die sanierungsbedürftige Neue Chemie beherbergte 2003 auf rund 7.000 m^2 vier Institute (Physikalische Chemie; Allgemeine, Anorganische und Theoretische Chemie; Analytische Chemie und Radiochemie; Organische Chemie). – Diese Institute werden von einem Neubau profitieren, der auch vorklinische Institute der MUI beherbergen wird. Der Ersatzbau soll auf den Hutergründen errichtet werden.

13.2.2 Der Zubau für die Universitätsbibliothek, Innrain 50

Das nordöstlich des Hauptgebäudes situierte Gebäude der Universitätsbibliothek wurde in den Jahren 1912 bis 1914 im klassizistischen Stil errichtet. Während des Ersten Weltkrieges war in dem Gebäude, dessen Einrichtung vom Jugendstil geprägt ist, eine chirurgische Station untergebracht. (Das damals noch in Bau befindliche Hauptgebäude war in den Kriegsjahren zum Militärspital umfunktioniert worden.) 1921 wurde im Erdgeschoß des Bibliotheksgebäudes provisorisch eine Mensa eingerichtet. Erst 1924 übersiedelte die Universitätsbibliothek vom ehemaligen Jesuitengymnasium (Karl-Rahner-Platz 3) in den fünfgeschoßigen Neubau (inklusive Keller und Dachgeschoß) am Innrain.

Bereits 1939 war ein Speicheranbau gewünscht und 1949 erneut beantragt worden, doch erst als Ende der 1950er Jahre die Platznot unerträglich geworden war – 140.000 Bände mussten ins Tiroler Landesmuseum Ferdinandeum ausgelagert und 60.000 Bände konnten nur mehr behelfsmäßig untergebracht werden –, wurde 1960 die Planung für die Erweiterung der Universitätsbibliothek eingeleitet, deren Kosten man auf (ATS) 8 Millionen schätzte.[8] Nach Plänen von Architekt Gerhard Plank wurde in den Jahren 1964 bis 1967 ein neuer, an den alten Speichertrakt im Osten anschließender Trakt errichtet, der rund 720.000 Bände fasst. Den Mitteltrakt stockte man auf, wodurch der Verwaltungsbereich eine Erweiterung erfuhr, und für die Benützer wurde ein zusätzlicher kleiner Lesesaal im Erdgeschoß eingerichtet. Im Zuge der Umbauarbeiten trug man allerdings die ursprüngliche hoch ausgeführte Dachkonstruktion des alten Speichertrakts ab, wodurch der vormals gegebene harmonische Gesamteindruck des Bauwerks empfindlich gestört wurde.

In weiterer Folge erfuhr die Universitätsbibliothek (rund 5.400 m^2) keine größeren baulichen Veränderungen mehr. Ende der 1980er Jahre begann sich die Auslastung der Speicherkapazitäten abzuzeichnen. Die Universität beantragte deswegen im Sommer 1991 die Erstellung einer Machbarkeitsstudie über die Generalsanierung der Universitätsbibliothek, doch nur von der Bibliothek selbst wurden Vorschläge ausgearbeitet.[9] Die gewünschte Generalsanierung war damals mit dem 250-Jahr-Jubiläum in Verbindung gebracht worden, das die Universitätsbibliothek im Jahre 1995 beging, doch die angespannte finanzielle Situation verhinderte bisher deren Durchführung. Da zu Beginn des 21. Jahrhunderts die Universitätsbibliothek wiederum aus allen Nähten zu platzen drohte, musste im Frühjahr 2003 eine Halle (Bachleitnerstraße 46; ca. 3.000 m²) angemietet werden, in der rund 500.000 Bände untergebracht werden können.

13.2.3 Die Erweiterung des Gebäudes «Sternwartestraße 15»

In Zusammenhang mit der 1966 erfolgten Teilung des Botanischen Instituts, aus dem die Institute für Allgemeine Botanik und für Systematik und Geobotanik hervorgingen, ist die Errichtung eines viergeschoßigen Traktes (ca. 1.200 m²) zu sehen, der an das 1913 eröffnete Institutsgebäude (knapp 1.000 m²) angebaut wurde. Der von Architekt Robert Hartwig geplante Erweiterungsbau war im Jahr 1968 fertig gestellt worden. Die beiden Institute wurden 1978 wieder zusammengeführt; das Botanische Institut gliederte sich 2003 in drei Abteilungen (Ökologie; Physiologie und Zellphysiologie Alpiner Pflanzen; Systematik, Palynologie und Geobotanik).

13.2.4 Die Bautätigkeit auf dem Klinikareal in den 1960er Jahren

In diesem Jahrzehnt profitierten die Kinderklinik und vor allem die Chirurgischen Kliniken von Baumaßnahmen. Für die Entwicklung der Medizinischen Fakultät war der sehr großzügige Neubau für die Chirurgie (35.000 m²) im südwestlichen Bereich des Klinikareals von besonderer Bedeutung. Die beengten und unzureichenden Arbeitsbedingungen im Altbestand (9.000 m²) mit seinen zahlreichen An- und Aufbauten hatten nämlich nach dem Zweiten Weltkrieg den Betrieb erheblich erschwert. In Anbetracht der beträchtlichen Kosten, die sich insgesamt auf (ATS) 360 Millionen beliefen und vom Land und Bund im Verhältnis 60:40 geteilt wurden, erschien die Realisierung des Großprojektes Anfang der 1950er Jahre noch als Utopie.
Oberkofler schreibt in seiner «Fakultätsgeschichte im Spiegel der Instituts- und Klinikbauten»: «Der Raummangel, die außergewöhnliche Leistung und das Bewußtsein, daß Innsbruck ein medizinischer Mittelpunkt mit einem radialen Einzugsgebiet von Hunderten von Kilometern ist, das alle Teilgebiete der Medizin, gerade auch der Chirurgie pflegen muß, haben das Land Tirol und die Österreichische Bundesregierung beflügelt, einen grandiosen Neubau auszuführen und dergestalt einzurichten, daß die neue Innsbrucker Klinik in vorderster Reihe ihrer Schwestern steht».[10] Das Projekt nahm schon in den 1950er Jahren konkrete Züge an, sodass 1960 ein Architektenwettbewerb veranstaltet werden konnte, den Hans Rauth gewann. Der Arbeitsgemeinschaft Hans Rauth, Hubert Prachensky und Otto Mayr übertrug man dann die Planung, in die auch die Professoren Huber, Ruckensteiner und Haid eingebunden waren.
Der Klinikbau setzt sich aus drei Trakten zusammen: dem zentralen Bettenhaus (1968: 650 Betten), das 14 Geschoße (davon zwei Untergeschoße) umfasst, dem fünfgeschoßigen Behandlungsbau (Aufnahmestation, Ambulanzen, Operationssäle, Zentralröntgeninstitut etc.) und dem dreigeschoßigen Hörsaaltrakt, der unter anderem auch eine Fachbibliothek beherbergt; den Bunker für die Hochvolttherapie und die Transformatorenstation setzte man von dem Gebäudekomplex etwas ab. Mit den Bauarbeiten wurde im Herbst 1961 begonnen, der Rohbau war

Ende 1966 fertig gestellt. Im Dezember 1968 fand die feierliche Eröffnung des damals hochmodernen Klinikbaues statt. Nachdem die Chirurgie in den 1990er Jahren modernisiert und um den Zubau West erweitert wurde, waren zu Beginn des 21. Jahrhunderts darin neun Universitätskliniken (Chirurgie I und II; Nuklearmedizin; Orthopädie; Plastische und Wiederherstellungschirurgie; Unfallchirurgie; Anästhesie und Allgemeine Intensivmedizin; Radiodiagnostik; Strahlentherapie) untergebracht.

13.2.5 Die Technische Fakultät der Universität Innsbruck

Wie bereits ausgeführt wurde, waren das Land Tirol und die Stadt Innsbruck die treibenden Kräfte, deren finanzielle Beteiligung am Aufbau der Technischen Fakultät diesen erst ermöglichte. Dem von ihnen gebildete Innsbrucker Universitätsfonds standen hierfür insgesamt (ATS) 300 Millionen zur Verfügung. In gewisser Hinsicht stellte diese Summe das großzügige Jubiläumsgeschenk der beiden Gebietskörperschaften zum 300-jährigen Bestand der Universität Innsbruck dar, weswegen sie auch die Inbetriebnahme der technischen Fakultät im Jubiläumsjahr 1969 wünschten.
Dem ausgearbeiteten Raum- und Funktionsprogramm (rund 17.000 m²) gemäß waren an der Baufakultät vorerst 21 Lehrkanzeln (13 Bauingenieurwesen, 2 Vermessungswesen, 6 Architektur) einzurichten, die 1.200 Hörer betreuen sollten; die errichteten Bauten umfassten dann 28.700 m². Als Baugrund war ein 120.000 m² großes Areal im Stadtteil Hötting gewählt worden. Den allgemeinen städtebaulichen und baukünstlerischen Wettbewerb zur Erlangung von Entwürfen für den Neubau der Fakultät für Bauingenieurwesen und Architektur konnte im Oktober 1966 die Arbeitsgemeinschaft Hubert Prachensky und Ernst Heiss für sich entscheiden. Der Entwurf der Anlage sah mehrere Gebäude vor, die sich um einen zentralen Platz in lockerer Weise gruppieren. Neben den beiden Institutsgebäuden, dem Werkstätten- und Laborgebäude, dem Verwaltungsgebäude und dem Bibliotheksgebäude umfasste das Projekt auch ein Mensagebäude, eine Heizzentrale und Professorenwohnungen, die sich im östlichen Bereich des Areals Technikerstraße befinden.
Im Herbst 1969 konnten bis auf das Werkstätten- und Laborgebäude, das Mitte der 1970 Jahre realisiert wurde, die als Fertigteilbauten errichteten Gebäude im Wesentlichen genutzt und der Lehrbetrieb darin aufgenommen werden. Die offizielle Eröffnung fand am 1. Juni 1970 im Rahmen der 300-Jahr-Feier der Universität Innsbruck statt. Als sehr anfällig für Witterungsschäden erwiesen sich allerdings die Flachdächer sämtlicher Gebäude der Baufakultät, die 1976 erneuert werden mussten.

13.2.5.1 Das Institutsgebäude «Bauingenieurwesen», Technikerstraße 13

Das achtgeschoßige Gebäude bildet im Osten den Abschluss des Forums. Im Erdgeschoß wurden ursprünglich die am stärksten frequentierten Bereiche (fünf Hörsäle) untergebracht, in den sieben Obergeschoßen siedelte man pro Stock je zwei Institute (Geodäsie; Technische Mathematik, Geometrie und Bauinformatik; Betonbau; Stahlbau, Holzbau und Mischbautechnologie; Mechanik; Straßenbau und Verkehrsplanung; Geotechnik und Tunnelbau; Wasserbau; Umwelttechnik; Baubetrieb, Bauwirtschaft und Baumanagement; Konstruktion und Gestaltung; Eisenbahnwesen und Öffentlicher Verkehr; Baustoffe und Bauphysik; Baustatik, Festigkeitslehre und Tragwerkslehre) an. Als Flachbaukörper wurde dem Institutsgebäude im Osten ein Trakt angegliedert, in dem sich weitere Hörsäle und Seminarräume befinden. Diese Gesamtanlage umfasst knapp 18.700 m².

Ein dem Bauingenieurwesen zugeordnetes Hörsaalgebäude begrenzt nordöstlich das Forum der Baufakultät. In diesem Gebäude war anfänglich ein großer Saal, der auch als Festsaal genutzt werden sollte, eingerichtet worden, der später in mehrere Hörsäle unterteilt wurde. Nach Umstrukturierungen der Funktionsbereiche führte man 2002 auch in diesem Gebäude Adaptierungen durch.

13.2.5.2 Das Verwaltungsgebäude, Technikerstraße 15

Das zweigeschoßige Verwaltungsgebäude (rund 700 m²) begrenzt im Nordwesten den zentralen Platz des Campus, worin 2003 der Zentrale Informatikdienst und das Dekanat der Technischen Fakultät untergebracht waren.

13.2.5.3 Das Bibliotheksgebäude, Technikerstraße 19

Südlich des Mensagebäudes wurde im Westen des Forums die dreigeschoßige Fakultätsbibliothek (700 m²) errichtet. Der Lesesaal und die meisten Verwaltungsräume befinden sich im Obergeschoß. Der 150.000 Bände fassende und mittlerweile ausgelastete Bücherspeicher ist zweigeschoßig; die Kataloge sind im Erdgeschoß aufgestellt. Diese Fakultätsbibliothek, die auch die bibliothekarische Betreuung der Baufakultät übernahm, bildete die erste dezentrale Abteilung der Innsbrucker Universitätsbibliothek.

Das Institutsgebäude «Architektur».

13.2.5.4 Das Institutsgebäude «Architektur», Technikerstraße 21

Dieses viergeschoßige Gebäude begrenzt im Süden das Forum. Im Erdgeschoß wurden ursprünglich sechs Zeichensäle und der Ausstellungssaal eingerichtet, vier Institute (Hochbau; Baugeschichte und Denkmalpflege; Städtebau und Raumplanung; Entwerfen) siedelte man in den drei Obergeschoßen an. Für größere Zeichensäle sowie für weitere Seminarräume wurden zwei Trakte errichtet, die man als Flachbaukörper im Osten und Westen dem Institutsgebäude angliederte. Der Gebäudekomplex umfasst rund 8.600 m^2.
Im Jahre 2001 führte die UI eine Erhebung des Raumbestandes der Baufakultät durch, um vorhandene Raumreserven für das Institut für Informatik nutzbar zu machen. Das Ergebnis der Untersuchung war eine Restrukturierung aller Institutsbereiche im Institutsgebäude «Bauingenieurwesen», wo nun in den beiden ersten Obergeschoßen die Informatik untergebracht ist. Von den insgesamt 5,5 Millionen Euro teuren Baumaßnahmen, die 2002 von der BIG durchgeführt wurden, profitierte aber auch das «Architekturgebäude». Nach den Plänen von Architekt Erich Gutmorgeth legte man das ehemals komplett eingeschüttete Kellergeschoß frei, wo sich jetzt Büro- und Arbeitsräume befinden. Das Fußbodenniveau zwischen Institutsgebäude und den angegliederten Flachbauten senkte man ab, wodurch die Erschließung des Gesamtareals von Süden her möglich wurde und das neu entstandene Erdgeschoß zugleich vom Tageslicht erhellt wird. Das bestehende Foyer des Gebäudes erweiterte man nach Süden hin, durch die Einbeziehung des Untergeschoßes entstand ein zweigeschoßiger Ausstellungs- und Veranstaltungsraum. Im Rahmen dieses Projekts wurden auch alle haustechnischen Anlagen neu installiert.[11] Von weiteren Instandsetzungs- und Adaptierungsmaßnahmen sollen vor allem die beiden Institutsgebäude in absehbarer Zeit profitieren.

13.3 Die räumliche Erweiterung der Universität Innsbruck ab 1970

Nachdem gegen Ende der 1960er Jahre die Hörerzahlen ziemlich konstant waren, stiegen sie in diesem Dezennium wieder sehr deutlich (1970/71: 6.382; 1975/76: 10.385; 1979/80: 14.143), aber auch die zur Verfügung stehende Nutzfläche hatte sich in diesem Zeitraum mehr als verdoppelt (1970: 43.000 m^2; 1980: 95.000 m^2). Der an der Innsbrucker Baufakultät tätige Architekt Alfred Wanko untersuchte 1969 im Auftrag des Akademischen Senats und des Unterrichtsministeriums die Situierungsmöglichkeiten der einzelnen Fakultäten, was 1970 zur Modifizierung des 1965 beschlossenen Bauprogramms führte. Der vorgelegten Studie gemäß sollte das Hauptgebäude nun zum größten Teil der Universitätsverwaltung zur Verfügung stehen, da für die Rechts- und Staatswissenschaftliche Fakultät Neubauten auf den Hutergründen angeregt wurden. In einem Neubau am Innrain sollten die geisteswissenschaftlichen Institute unter einem Dach vereint werden. Ein Teil der naturwissenschaftlichen Institute der Philosophischen Fakultät wollte man in einem Neubau auf dem Areal Technikerstraße räumlich versorgen.[12] Von den in diesem Jahrzehnt gesetzten baulichen Maßnahmen profitierten vor allem die Geisteswissenschaftliche und die Naturwissenschaftliche Fakultät, die 1975 aus der Philosophischen Fakultät hervorgingen, sowie die Medizinische Fakultät.

13.3.1 Das EDV-Zentrum, Technikerstraße 23

Ursprünglich war das Gebäude für das universitäre EDV-Zentrum auf dem Innrainareal vorgesehen, doch im Zuge der von Wanko durchgeführten Untersuchung entschied der Akademische Senat, dass es auf dem Areal der Baufakultät errichtet werden sollte, wo man später unter anderem auch die Institute für Informatik (damals Rechentechnik genannt) und für Mathematik ansiedeln wollte. Die Planung und Bauausführung des EDV-Zentrums, das sich südwestlich der Mensa befindet, übernahm der Innsbrucker Universitätsfonds.[13] Nach der 1991 erfolgten Aufstockung des 1971 errichteten Gebäudes verfügt die EDV-Abteilung darin über knapp 1.000 m².

13.3.2 Das Universitätssportzentrum in der Höttinger Au, Fürstenweg 185

Bereits 1939 wurde das Areal in der Höttinger Au für universitäre Sportanlagen gewidmet, aber erst im Juli 1964 begann das Projekt konkretere Züge anzunehmen, als die UI einen Antrag auf deren Errichtung stellte. Für 1965 wurde der Baubeginn gewünscht. Die Errichtung des Sportzentrums sollte parallel zu Bauvorhaben für wissenschaftliche Einrichtungen durchgeführt und spätestens 1975 abgeschlossen werden. Für den raschen Beginn sprach der Umstand, dass damals alle Aufschließungsarbeiten durch die Stadtgemeinde im Zuge des Ausbaues des Flughafens Innsbruck-Kranebitten durchgeführt wurden und von deren Seite Interesse daran bestand, auch das der Universität gewidmete Areal städtebaulich zu gestalten. Die Stadt Innsbruck wünschte außerdem die Mitbenützung der Sportanlagen und war auch bereit, sich am Projekt finanziell zu beteiligen.[14]
Die von den Architekten Peter P. Pontiller, Peter Swienty und Norbert Heltschl geplante Anlage sah einen Gebäudekomplex (10.000 m²) vor, der sich aus drei Baukörpern zusammensetzt: dem zweigeschoßigen Institutsgebäude, der Schwimmhalle mit einem 25-Meter-Becken und einem Sprungbecken sowie einer Mehrzweckhalle, die mehrere Säle, Garderoben und Fitnessbereiche umfasst. Zur Außenanlage gehören die Leichtathletikanlage, zahlreiche Spielfelder (Fußball, Volleyball, Basketball) und Tennisplätze sowie ein Mehrzweckplatz. Auf dem rund 95.000 m² großen Areal wurde im November 1970 mit dem Bau begonnen. Die Hochbauarbeiten konnten im Mai 1973 abgeschlossen werden; im Juli 1975 war die (ATS) 210 Millionen teure Anlage, die damals größte ihrer Art in Westösterreich, bezugsfertig. Sie wurde zur Heimstätte des Instituts für Sportwissenschaften, des Universitätssportinstituts und der Bundesanstalt für Leibeserziehung, die außerdem zahlreichen Vereinen und Verbänden offen steht. Infolge der starken Auslastung der Sportanlagen wurden 1982 die Beläge sämtlicher Tennisplätze erneuert, 1986 die Schwimmhalle generalsaniert, 1989 der Kunstrasenbelag des Mehrzweckplatzes und 1993 der Hallenboden in der großen Spielhalle ausgetauscht. Ende der 1990er Jahre erfuhr das Universitätssportzentrum in der Höttinger Au eine großzügige Erweiterung, in deren Rahmen auch weitere Sanierungsmaßnahmen im Altbestand gesetzt wurden (vgl. dazu: 13.5.8).

13.3.3 Der Labortrakt für das Bauingenieurwesen, Technikerstraße 11

Als letzter Bauteil des «Hochschuldorfs» in Hötting wurde Mitte der 1970er Jahre östlich des Hörsaal- und Seminartraktes (des Institutsgebäudes «Bauingenieurwesen») ein Labortrakt (ca. 4.900 m^2) vom Innsbrucker Universitätsfonds errichtet, den man im Jänner 1977 eröffnete. Bei diesem Gebäude handelte es sich um das (vorläufig) letzte der Technischen Fakultät, das in der ursprünglichen Planung bereits vorgesehen war.

13.3.4 Die Bauten für die Geisteswissenschaftliche und die Naturwissenschaftliche Fakultät am Innrain

1967 gewann Architekt Hans Rauth den baukünstlerischen Wettbewerb zur Erlangung von Entwürfen für Neubauten am Innrainareal, die vor allem die räumlichen Verhältnisse der Philosophischen Fakultät, aber auch der Rechts- und Staatswissenschaftlichen Fakultät verbessern sollten. Dass die beiden größeren Bauten der von Rauth gemeinsam mit Rainer J. König geplanten Anlage erst in den Jahren 1975 bis 1981 realisiert werden konnten, hatte mehrere Gründe: Ein Teil des Baugrundes am Innrain war bekanntlich erst nach der Fertigstellung der Sportanlagen (1975) verfügbar; neben dem alten Universitätssportplatz musste auch ein altes Studentenheim, das man 1973 abbrach, den Neubauten weichen. Das Großprojekt am Innrain, dessen erste Ausbauphase (ATS) 427 Millionen kostete, trat Anfang der 1970er Jahre zusätzlich in Konkurrenz mit dem ebenfalls sehr kostenintensiven Bauvorhaben, das den vorklinischen Fächern der Medizinischen Fakultät gewidmet und 1978 im Wesentlichen abgeschlossen war.

Das gegenständliche Bauvorhaben wurde 1975 in Angriff genommen. Um die Kosten zu reduzieren, erfuhr es bis dahin (und auch später noch) zahlreiche Planungsänderungen. Der ursprüngliche Entwurf sah eine in acht Abschnitte gegliederte Anlage vor. Das Hauptgebäude der Universität (Bauteil VIII) sollte eigentlich im Westen durch zwei Bauten (I und II) erweitert werden, wozu es dann aber doch nicht gekommen ist. Realisiert wurde der Gebäudekomplex nördlich des Hauptgebäudes, wodurch ein Forum entstand, das im Süden vom Hauptgebäude, im Westen von den Bauteilen III, IV und V, im Norden vom Bauteil VI und im Osten zum größten Teil vom Gebäude der Universitätsbibliothek begrenzt wird. Eine ebenerdige Garage (VII), deren Dach das Forum bildet, errichtete man in der ersten Bauphase. Die schrittweise Reduzierung des anfänglich sehr großzügigen Raum- und Funktionsprogramms der Universität führte zu mühsamen Verhandlungen zwischen den betroffenen Instituten der Philosophischen sowie der Rechts- und Staatswissenschaftlichen Fakultät, die teilweise auch in diesen Neubauten untergebracht wurden. Erst nach der Errichtung des SOWI-Gebäudes (1998) standen diese Bauten ausschließlich Instituten der Geisteswissenschaftlichen und der Naturwissenschaftlichen Fakultät zur Verfügung, deren Raumaufteilung 2003 wieder intensiv diskutiert wurde. Die ersten drei Projekte (IV, VI und VII) waren 1974 baureif. Nach deren Besiedlung im Jahre 1981 mussten aber noch zahlreiche Adaptierungen durchgeführt werden, da unter anderem die Schallisolierung von zahlreichen Nutzern als unzureichend empfunden wurde.[15]

13.3.4.1 Der GEIWI-Turm

Im dreizehngeschoßigen (inklusive Kellergeschoß) GEIWI-Turm (Bauteil IV) sollten von Anfang an alle Institute der Geisteswissenschaftlichen Fakultät – mit Ausnahme der Sportwissenschaftler und des Instituts für Musikwissenschaft, das sich im Stadtteil Saggen (Karl-Schönherr-Straße 3) befindet – unter einem Dach vereint werden. 2003 waren in diesem knapp 12.000 m^2 umfassenden Hochhaus 14 Institute (Philosophie; Deutsche Sprache, Literatur und Literaturkritik; Anglistik; Amerikastudien; Romanistik; Slawistik; Klassische Archäologie; Ur- und Frühgeschichte sowie Mittelalter- und Neuzeitarchäologie; Geschichte; Kunstgeschichte; Europäische Ethnologie/Volkskunde; Zeitgeschichte; Alte Geschichte und Altorientalistik; Sprachen und Literaturen), drei Hörsäle und mehrere Institutsbibliotheken sowie ein Buffet untergebracht.

13.3.4.2 Das Bruno-Sander-Haus

Entlang der Blasius-Hueber-Straße errichtete man ein elfgeschoßiges (samt Untergeschoß) Gebäude, das im Osten an die Universitätsbibliothek grenzt, wodurch diese ihrer Raumreserve verlustig ging. Das rund 10.800 m^2 umfassende Institutsgebäude wurde nach dem Innsbrucker Geologen Bruno Sander (1884–1979) benannt, der von 1922 bis 1955 an der UI lehrte. Nach dem Auszug von Instituten der Sozial- und Wirtschaftswissenschaftlichen Fakultät waren 2003 im Sander-Haus alle erdwissenschaftlichen Institute (Meteorologie und Geophysik; Mineralogie und Petrographie; Geologie und Paläontologie; Geographie; Hochgebirgsforschung und Alpenländische Land- und Forstwirtschaft), die erdwissenschaftliche Fachbereichsbibliothek, Labors, drei Hörsäle und das Institut für Psychologie untergebracht.

13.3.5 Die Gewächshäuser des Botanisches Instituts

Die alten Gewächshäuser des Botanischen Instituts in Hötting stammten aus dem Jahre 1909. Schon 1962 meinte man auch im Ministerium, dass an Stelle der baufälligen und kaum reparaturfähigen Bauten neue Glashäuser zu errichten wären, doch es konnte damals deren Finanzierung nicht gesichert werden. 1971 musste aus demselben Grund ein von Architekt Wilhelm Berger erstelltes Projekt vom Bautenministerium zurückgestellt werden. Wegen Einsturzgefahr wurden die alten Gewächshäuser im Jänner 1974 gesperrt. 1976 erstellte man einen neuen Planungsvorschlag, der sich dadurch auszeichnete, dass möglichst viel Bestand erhalten und die Neubauten möglichst sparsam ausgeführt werden sollten. Nach einjähriger Bautätigkeit konnte im Sommer 1978 das Projekt im Wesentlichen abgeschlossen werden. Die realisierte Anlage umfasst zwei große Gewächshäuser und ein kleines Glashaus mit Eingangshalle, Überwachungszentrale, sanitären Anlagen, unterirdischen Lagerräumen sowie – ebenfalls im Keller – einem begrünten Materiallager.[16] Die Glashausnutzfläche erhöhte sich auf 640 m^2.

13.3.6 Die Bautätigkeit für die Medizinische Fakultät in den 1970er Jahren

In diesem Jahrzehnt kamen Baumaßnahmen vor allem den vorklinischen Fächern zugute. Bereits Mitte der 1960er Jahre diskutierten die betroffenen Institutsvorstände mit Architekt Hubert Prachensky intensiv Möglichkeiten, welche die Raumsituation der vorklinischen Institute verbessern sollten, die damals in den Gebäuden «Peter-Mayr-Straße 1» (Alte Chemie), «Schöpfstraße 41» (Alte Hygiene), «Müllerstraße 44» (Pathologie) und «Müllerstraße 59» (Anatomie) unter größtenteils schwierigen Verhältnissen lehrten und forschten. Das im Sommer 1966 vorgelegte Programm sah großzügige Erweiterungen der Alten Hygiene und der Pathologie sowie weitere Adaptierungen in der Anatomie und eine Sanierung der Alten Chemie vor. Dieser Ausbau sollte in drei Etappen realisiert werden.[17] In weiterer Folge entschied man, dass in unmittelbarer Nachbarschaft zur Alten Hygiene ein Neubau (Vorklinikum) errichtet werden sollte. Im Rahmen des Ausbauprogramms wurde auch die Pathologie erweitert und generalsaniert; die Anatomie profitierte ebenfalls von Sanierungsmaßnahmen. Die geforderte Erweiterung und Generalsanierung der Alten Chemie erfolgte allerdings erst in den Jahren 1983 bis 1989.

13.3.6.1 Das Vorklinikum (Fritz-Pregl-Straße 3) und die Adaptierung der Alten Hygiene (Schöpfstraße 41)

Im Frühjahr 1969 genehmigte man die Entwurfspläne von Prachensky. Nicht an Stelle der Alten Chemie, wie ursprünglich vorgesehen, sondern östlich des Westfriedhofs an der Fritz-Pregl-Straße wurde das Innsbrucker Vorklinikum errichtet. Durch die Einbeziehung der 1904 fertig gestellten Alten Hygiene in das Gesamtprojekt erweiterte man den Neubau durch einen zweigeschoßigen Baukörper, der an der nördlichen Stirnseite des Zentralbaues anschließt. Die Hör- und Übungssäle wurden in den beiden Untergeschoßen eingerichtet. Ebenfalls im Keller siedelte man das biologische Versuchslabor an, das von den anderen Funktionsgruppen abgekoppelt ist. Die übrigen acht Geschoße des Neubaues standen 2003 fünf Instituten (Molekularbiologie; Physiologie und Balneologie; Medizinische Chemie und Biochemie; Pathophysiologie; Hygiene und Sozialmedizin) zur Verfügung. Im rund 10.500 m² umfassenden Vorklinikum ist auch die Zentralbibliothek der genannten Institute eingerichtet worden. Im Winter 1974 konnte das (ATS) 235 Millionen teure Bauvorhaben abgeschlossen werden.

Das Gebäude «Schöpfstraße 41» war im Rahmen dieses Bauvorhabens durch ost- und westseitige Zubauten erweitert worden. Nach diesem Ausbau begann man im Herbst 1977 mit weiteren Adaptierungsmaßnahmen, die im Sommer 1978 abgeschlossen wurden. Seit damals befindet sich in der Alten Hygiene eine medizinisch-biologische Fachbibliothek, die rund 40.000 Bände fasst. Das Gebäude (5.000 m²) wurde in den 1990er Jahren aufgestockt und generalsaniert.

13.3.6.2 Der Ausbau der Pathologie, Müllerstraße 44

Mit dem Umbau der 1890 fertig gestellten Pathologie begann man im Sommer 1969. Nach den Plänen von Architekt Ernst Heiss errichtete man anstelle des alten Hörsaaltrakts einen Labortrakt; ein größerer Hörsaal entstand im Innenhof. Im März 1972 nahm man den Bau des viergeschoßigen Südtrakts in Angriff, in den alle installationsaufwendigen Labors verlegt wurden. Im Altbau verblieben unter anderem Seminarräume, Büros und die Fachbibliothek. Dieses Bauvorhaben schloss den Innsbrucker Teil des «Ausbauprogramms der vorklinischen Bereiche» aller Medizinischen Fakultäten in Österreich ab. Auf rund 4.000 m² waren 2003 drei Institute (Medizinische Physik; Pathologische Anatomie; Gerichtliche Medizin) untergebracht.

13.3.6.3 Die Dependance für die Zahnklinik, Schöpfstraße 24

Um an der Innsbrucker Zahnklinik die Ausbildungskapazität für Westösterreich erhöhen zu können, musste für die unter beengten Verhältnissen leidende Klinik ein (ATS) 8 Millionen teures Raumprovisorium geschaffen werden. Auf einem vom Bund angekauften Grundstück an der Schöpfstraße wurde ein altes Wohnhaus abgebrochen und ein Neubau in Fertigteilbauweise an die Alte Chemie (Peter-Mayr-Straße 1) angebaut. Das dreigeschoßige Gebäude konnte 1974 bezogen werden und wurde 1984 um ein zweites Obergeschoß erweitert. Nachdem man die Zahnklinik in der Frauen- und Kopfklinik und dem Medizinzentrum Anichstraße räumlich versorgte, wurde dieser Gebäudetrakt (knapp 800 m²) dem Lernzentrum Medizin zur Verfügung gestellt.

13.4 Die räumliche Erweiterung der Universität Innsbruck ab 1980

Nach dem steilen Anstieg der Hörerzahlen während der 1970er Jahre fiel er in diesem Jahrzehnt moderater aus (1980/81: 14.826, 1985/86: 18.121, 1989/90: 20.230). Die Nutzfläche stieg von 95.000 m² (1980) auf 148.000 m² (1990). Bereits Mitte der 1960er Jahre drängte die Rechts- und Staatswissenschaftliche Fakultät auf Verbesserung ihrer räumlichen Situation. Für einen Neubau fasste man bekanntlich die am rechten Innufer und südlich des Innrainareals gelegenen Hutergründe ins Auge. Anfang der 1970er Jahre war jedoch die Realisierung dieses Projekts im Rahmen des Hochschulbaubudgets nicht möglich, weswegen man im Wissenschaftsministerium anregte, dass der Innsbrucker Universitätsfonds das auf rund (ATS) 40 Millionen geschätzte Fakultätsgebäude errichten und dann gegen Selbstkostenersatz dem Bund vermieten sollte, der das Gebäude der Juridischen Fakultät zur Verfügung gestellt hätte. Nach dem Ablauf der Mietdauer hätte das Gebäude ohne weitere Kosten in Bundesbesitz übergehen sollen.
Das Finanzministerium erkannte zwar die Zweckmäßigkeit der Überlegung an, stimmte aber im Mai 1974 dieser Vorgangsweise nicht zu, da es fürchtete, dass dieses Modell beispielgebend im Bereich des Hochschulbaus werden könnte, was nach Ansicht des Finanzministeriums zu einer großen Vorbelastung des Bundeshaushalts führe und letztlich zur Umgehung der angestrebten Stabilisierungsmaßnahmen der Regierung beitrage.[18] Durch den Baubeginn der Institutsgebäude auf dem Innrainareal im Jahre 1975 war die Finanzierung des Projekts Hutergründe endgültig gescheitert, doch die absehbare Aussiedlung zahlreicher Institute aus dem Hauptgebäude (Innrain 52) schuf die Option, darin die Rechtswissenschaftliche Fakultät zufriedenstellend räumlich zu versorgen, was eine Rückkehr zum ursprünglichen Bauprogramm (1965) bedeutete. Die räumliche Problematik der zweiten Nachfolgefakultät der Rechts- und Staatswissenschaftlichen Fakultät erfuhr allerdings erst gegen Ende der 1990er Jahre mit dem Bau des SOWI-Gebäudes auf dem Fennerareal eine Lösung.
1982 wurden zwei Außenstellen der Universität Innsbruck in Vorarlberg gegründet. Das heutige Institut für Textilchemie und Textilphysik, das nun der Fakultät für Chemie und Pharmazie angegliedert ist, wurde damals als Forschungsinstitut an der Bundeslehr- und Versuchsanstalt für Textilindustrie in Dornbirn eingerichtet. Vom 1989 fertig gestellten Neubau für diese Bundeslehr- und Versuchsanstalt (Höchsterstraße 73) profitierte auch die

universitäre Einrichtung, der darin knapp 700 m² zur Verfügung stehen. Das heutige Suchtforschungsinstitut (ehemals Forschungsinstitut der Universität Innsbruck für die Prophylaxe der Suchtkrankheiten) ist im Krankenhaus (Maria Ebene 17) der Stiftung Maria Ebene in Frastanz bei Feldkirch untergebracht.

13.4.1 Die Bautätigkeit auf dem Klinikareal in den 1980er Jahren

Von den in der Frauen- und Kopfklinik versorgten Einrichtungen abgesehen, profitierten in diesem Jahrzehnt die Kliniken für Neurologie und für Strahlentherapie, das 1988 gegründete Institut für Magnetresonanztomographie und Spektroskopie und das 1963 eingerichtete Institut für Sport- und Kreislaufmedizin von Erweiterungs-, Modernisierungs- und Sanierungsmaßnahmen. (Das 1986 ins Leben gerufene Institut für Medizinische Psychologie und Psychotherapie wurde auf knapp 600 m² im Gebäude «Sonnenburgstraße 16» untergebracht, das sich in der Nähe des Hauptbahnhofes befindet.)

13.4.1.1 Die Frauen- und Kopfklinik (FKK)

Bereits 1969 vergab das Land Tirol die Planung für den Neubau der Frauen- und Kopfklinik direkt an die Architektengemeinschaft Prachensky, Rauth, Leitgeb und Mayr, die einen Entwurf für einen zwölfgeschoßigen Bau ausarbeiteten, dessen Realisierung 1975 auf rund (ATS) 1,3 Milliarden geschätzt wurde. Schon 1972 hatte man mit den Bauarbeiten begonnen, bis 1976 waren rund 110 Millionen in die Errichtung eines unterirdischen Gangsystems investiert worden, die alle Kliniken mit dem Wirtschaftsgebäude verbinden. Als Bauplatz für die FKK wurde jener Platz gewählt, wo zuvor die Gebäude der Alten Chirurgie standen.

Im November 1974 verweigerte dann die Stadt Innsbruck aber aufgrund städtebaulicher Bedenken die Baugenehmigung für den Hochbau, womit das Großprojekt in mehrjährige starke Turbulenzen geriet. Durch die Herausnahme von Kliniken aus dem ursprünglich sehr großzügigen Raum- und Funktionsprogramm suchte man die städtebaulichen Bedenken der Stadt zu zerstreuen und auch die finanzielle Belastung des Landes zu verringern, denn auch die Bau- und Baufolgekosten spielten Mitte der 1970er Jahre in der teils heftig geführten Diskussion (auch in den Medien) eine entscheidende Rolle. Im Oktober 1976 engagierte das Land Tirol das Krankenhausberatungsinstitut Zürich (KBI-Zürich AG), das durch eine betriebswirtschaftliche Analyse Einsparungsmöglichkeiten erarbeitete. Bedenken hinsichtlich des Bedarfs und der Notwendigkeit eines derart umfangreichen Projekts führten Ende 1977 schließlich zu einer Baueinstellung. Im Sommer 1978 beschloss die Landesregierung, den Neubau in wesentlich geringerem Umfang durchzuführen.

Eduard Wallnöfer, damals Landeshauptmann von Tirol, sagte in einer Pressekonferenz am 26. Jänner 1982: «Wenn es uns gelingt, diesen Bau ordentlich und sauber über die Bühne zu bringen, dann würde ich meinen, daß das Land Tirol eine Universitätsklinik besitzt, um die uns viele Länder beneiden dürfen, und daß man dann für eine Reihe von Jahrzehnten etwas Bleibendes und Wertvolles für die Forschung und Wissenschaft und für die Bevölkerung geschaffen hat.»[19] Die Bauarbeiten an dem letztlich (ATS) 1,8 Milliarden teuren Gebäudekomplex waren im September 1980 wieder aufgenommen worden, bereits im Mai 1983 nahm die Radiumstation ihren Betrieb im Neubau auf, dessen erste Ausbauphase (288 Betten) im November 1986 abgeschlossen werden konnte. Die Anlage gliedert sich in einen elfgeschoßigen (davon zwei Untergeschoße) Baukörper, dessen Grundriss nahezu quadratisch ist, und einen langgestreckten viergeschoßigen (davon ebenfalls zwei Untergeschoße) Bau, der entlang der Maximilianstraße verläuft. In der insgesamt rund 50.000 m² umfassenden FKK befanden sich 2003 vier Kliniken (Frauenheilkunde; Urologie; Augenheilkunde und Optometrie; Radiodiagnostik), Teile der Neurologie und das Zentrallabor. – Das 1986 fertig gestellte Zentrale Versorgungsgebäude, das Prachensky und Leitgeb planten, verursachte Baukosten in der Höhe von (ATS) 420 Millionen.

13.4.2 Die Generalsanierung und Erweiterung der Alten Chemie, Peter-Mayr-Straße 1/1a

1966 war dieses Bauvorhaben bereits Teil des Bauprogramms für die vorklinischen Fächer, doch die finanzielle Situation erlaubte jahrelang nur die Durchführung von Instandsetzungsarbeiten. In der Alten Chemie waren auch naturwissenschaftliche Institute untergebracht, die (zum größten Teil) erst nach Fertigstellung des Hess-Hauses auf dem Technikerareal und des Moeller-Hauses (Innrain) ausgesiedelt werden konnten. Die im Herbst 1983 begonnene Erweiterung und Generalsanierung der 1899 fertig gestellten Alten Chemie, die in drei Bauabschnitte gegliedert war, musste mit diesen Übersiedlungen koordiniert werden.[20] Das (ATS) 91 Millionen teure Projekt, dem Pläne von Architekt Ernst Heiss zugrunde lagen, konnte 1989 abgeschlossen werden. Realisiert wurde es im Rahmen des ASFINAG-Sonderfinanzierungsprogramms.[21]

Die beiden ersten Abschnitte, die dem viergeschoßigen Nordflügel (Peter-Mayr-Straße 1) gewidmet waren, schloss man im Juni 1986 ab. Im Rahmen dieser Arbeiten wurde auch die Möglichkeit, das Dachgeschoß zu einem späteren Zeitpunkt auszubauen, geschaffen; dieses Projekt wurde 2003/04 realisiert. Der Nordflügel wurde 2003 vornehmlich vom Institut für Biochemische Pharmakologie der MUI genutzt. Im aufgestockten Südflügel (Peter-Mayr-Straße 1a) waren die Institute für Pharmakologie (MUI) und für Biochemie (UI) angesiedelt. Der Gebäudekomplex umfasst rund 3.400 m².

13.4.3 Die Fortführung der Bautätigkeit am Innrain

Der ursprünglichen Planung gemäß sollten westlich des Hauptgebäudes zwei Baukörper (I und II) errichtet werden, die den ganzen Gebäudekomplex derart umgestaltet hätten, dass zu den bestehenden zwei Innenhöfen zwei weitere hinzugekommen wären. Nach langen Diskussionen und trotz Bereitschaft des Innsbrucker Universitätsfonds, diese Erweiterung mitzufinanzieren,[22] wurden diese Bauten dann doch nicht realisiert. Die Raum- und Funktionsprogramme der beiden errichteten Bauteile (III und V) erfuhren wiederum zahlreiche Änderungen und auch in diesen Fällen war es nicht leicht, einen Kompromiss zwischen den beteiligten Instituten herbeizuführen. Auch in dieser Ausbauphase waren noch Institute der Sozial- und Wirtschaftswissenschaftlichen Fakultät einbezogen. Die Baukosten beliefen sich auf rund (ATS) 300 Millionen. Im Jahre 1984 war die Erweiterung des Gebäudekomplexes nördlich des Hauptgebäudes abgeschlossen.

13.4.3.1 Das Josef-Moeller-Haus

Der T-förmige Bauteil III stellt die Verbindung zwischen dem Hautgebäude und dem GEIWI-Turm dar. Das viergeschoßige (samt Untergeschoß) Institutsgebäude wurde nach dem Pharmakologen Josef Moeller (1848–1924) benannt, der auch an der UI lehrte. Das rund 4.300 m^2 umfassende Gebäude stand 2003 zur Gänze dem Institut für Pharmazie zur Verfügung.

13.4.3.2 Der Hörsaaltrakt

Nach langen Diskussionen wurde der Bauteil V, der die Lücke im Nordwesten zwischen dem GEIWI-Turm und dem Sander-Haus schließt, als Hörsaaltrakt errichtet. In dem dreigeschoßigen Gebäude sind auf rund 3.700 m^2 fünf Hörsäle und mehrere Seminarräume eingerichtet worden.

13.4.3.3 Die Generalsanierung des Hauptgebäudes, Innrain 52

Als gegen Ende des 19. Jahrhunderts die Alte Universität im Stadtzentrum Innsbrucks völlig überfüllt war, entschied man sich für die Errichtung der Neuen Universität, wofür das westlich des Klinikareals gelegene Prügelbaugelände am Innrain gewählt wurde. Nach den Plänen von Wilhelm von Rezoris nahm man 1914 den Bau in Angriff. Durch den Ausbruch des Ersten Weltkrieges und die darauf folgende wirtschaftliche Not zog sich das Bauvorhaben aber enorm in die Länge; das Hauptgebäude wurde erst im Juli 1924 feierlich eröffnet. Sieht man von der Umgestaltung der Aula im Jahre 1938 und der Beseitigung der Kriegsschäden nach dem Zweiten Weltkrieg ab, wurden danach keine wesentlichen Sanierungs- oder Umbaumaßnahmen mehr gesetzt.

Seit den 1960er Jahren bildete die Neue Universität eine zentrale Rolle in den universitären Ausbauplänen, aber erst gegen Ende der 1970er Jahre, als der GEIWI-Turm und das Sander-Haus vor ihrer Fertigstellung standen, trat das Projekt (als Bauteil VIII der Gesamtplanung) in die entscheidende Phase. Es galt die grundsätzlich gute Bausubstanz zu sanieren und durch entsprechende Umbaumaßnahmen das Gebäude an die veränderten Erfordernisse des Universitätsbetriebes anzupassen. Rainer J. König entwickelte ein Konzept, das in vier Abschnitte gegliedert war. Hinsichtlich der Umsetzung stellte der laufende Universitätsbetrieb natürlich eine große Herausforderung dar. Aufgrund der prekären finanziellen Situation des Bundes geriet die Generalsanierung 1987 ins Stocken. Erst durch die Hilfe des Landes Tirol, das die benötigte Summe vorstreckte, konnten im Frühjahr 1988 die Arbeiten wieder aufgenommen werden.[23] Die Farbgestaltung des Prachtstiegenhauses mit den anschließenden repräsentativen Gängen und die Fassadenfärbelung erfolgte unter Mitwirkung von Franz Caramelle, Landeskonservator von Tirol. Die (ATS) 195,4 Millionen teure Generalsanierung konnte schließlich im Juli 1992 abgeschlossen werden.

Auf fünf Geschoßen (10.300 m²) waren 2003 die Universitätsleitung, die meisten Bereiche der Zentralen Verwaltung, neun juridische Institute (Römisches Recht; Österreichische, Deutsche und Vergleichende Rechtsgeschichte; Zivilrecht; Zivilgerichtliches Verfahren; Arbeits- und Sozialrecht; Strafrecht und sonstige Kriminalwissenschaften; Völkerrecht, Europarecht und Internationale Beziehungen; Handels- und Unternehmensrecht; Wohnrecht und Bürgerlichrechtliche Quellenforschung), die «Gemeinsame Einrichtung für Italienisches Recht» und das Museum des Instituts für Klassische Archäologie untergebracht. Im Tiefparterre wurden (unter anderem) die universitären Werkstätten und eine Mensa eingerichtet; der Innenhof West, in dem eine von Patrizia Karg gestaltete Brunnenskulptur steht, wird teilweise als Gastgarten genutzt.[24]

13.4.4 Das Victor-Franz-Hess-Haus, Technikerstraße 25

Schon gegen Ende der 1960er Jahre fasste man die Konzentrierung naturwissenschaftlicher Institute auf dem Areal an der Technikerstraße ins Auge, wobei man vorerst an Mathematik, Informatik und Astronomie dachte. 1969 regten die damaligen Vorstände der Physik-Institute an, dass auch die Physik an diesem Standort unter einem Dach vereint werden sollte. Außerdem wünschte der Vorstand der Zoologie die Ansiedlung des von ihm geleiteten Instituts im Westen Innsbrucks, wo damals gerade die Baufakultät entstand. Gegen Ende der 1970er Jahre wurden noch die Institute für Mikrobiologie und für Zoologie in das Raum- und Funktionsprogramm des Neubaus für die Naturwissenschaftliche Fakultät integriert.[25]

Als Baugrund wählte man ein Areal, das sich westlich der Gebäude der Baufakultät befindet. Mit der Planung des Gebäudekomplexes (16.000 m²) war Architekt Ernst Heiss beauftragt worden. Die in mehrere Bauteile gegliederte Anlage setzt sich aus einem zehngeschoßigen (inklusive Untergeschoß) Institutstrakt und zwei zweigeschoßigen Flachbauten zusammen, die dem Institutstrakt im Osten und Westen angegliedert sind und Labors und Werkstätten beherbergen. Dem Flachbau Ost ist im Süden ein Hörsaaltrakt (mit sechs Hörsälen) zugeordnet. Nördlich des Flachbaus West und von diesem abgesetzt, ist das Gebäude für die Tierhaltung situiert. In diesem Bereich der Anlage legte man außerdem ein Feuchtbiotop an. Auf dem Dach des Institutstrakts befindet sich ein Observatorium.

Mit den Bauarbeiten begann man im Herbst 1980, das insgesamt (ATS) 540 Millionen teure Großprojekt wurde im Wesentlichen im Sommer 1986 abgeschlossen. Die schwierige finanzielle Situation des Bundes während der zweiten Hälfte der 1980er Jahre führte allerdings dazu, dass das Gebäude für die Tierhaltung erst 1990 fertig gestellt werden konnte. Der Gebäudekomplex ist nach dem Physiker Victor Franz Hess (1883–1964) benannt, der 1936 während seiner Lehrtätigkeit an der UI zusammen mit dem Amerikaner Carl David Anderson den

Nobelpreis für Physik erhielt. An diesem Standort im Westen Innsbrucks waren 2003 neun Institute (Mathematik; Informatik; Experimentalphysik; Theoretische Physik; Astrophysik; Ionenphysik; Angewandte Physik; Mikrobiologie; Zoologie und Limnologie) angesiedelt.

13.4.5 Die Adaptierung der Hutervilla (Innrain 80) und der Schwarzkopfvilla (Innrain 82)

Südlich des Innrainareals wurden in den 1930er Jahren die Hutervilla und in den 1950er Jahren die Schwarzkopfvilla gebaut. Um die räumliche Situation des Instituts für Öffentliches Recht zu verbessern, kaufte der Bund 1969 die Hutervilla und 1976 die Schwarzkopfvilla für dessen Zwecke an. Die dazugehörige Liegenschaft bildet einen Teil der Hutergründe, wo die Universität Anfang der 1970er Jahre die Errichtung von Neubauten für die Rechts- und Staatswissenschaftliche Fakultät wünschte.
Nach der Aufgabe dieser Pläne ging man Mitte der 1980er Jahre daran, Raum- und Funktionsprogramme zu erstellen, um die beiden Villen zu Institutsgebäuden umzubauen. Im Jänner 1989 begann man mit den Adaptierungsarbeiten, die im Juni 1990 abgeschlossen werden konnten. An der Ostseite der Schwarzkopfvilla wurde ein Pavillon (in Holzleimbinderkonstruktion) hinzugefügt, der als Informationszentrale für die Studierenden in Verwendung ist. In der Hutervilla restaurierte man eine Kassettendecke und ein Fresko zur Jagd und Fischerei in Tirol, das von Johannes Troyer stammt. Die Baukosten beliefen sich auf (ATS) 7,8 Millionen.[26] Dem Institut für Öffentliches Recht, Finanzrecht und Politikwissenschaft stehen in den beiden Villen rund 1.800 m² zur Verfügung. – Die beiden Villen werden dem Ersatzbau für die Neue Chemie weichen, wo auch vorklinische Institute der MUI untergebracht werden sollen.

13.5 Die räumliche Erweiterung der Universität Innsbruck ab 1990

Nach einem starken Anstieg der Zahl der ordentlichen Studierenden während der ersten Hälfte der 1990er Jahre fiel dieser in weiterer Folge deutlich geringer aus (1990/91: 20.999; 1995/96: 25.909; 2000/01: 27.251). Von den in diesem Jahrzehnt gesetzten baulichen Maßnahmen profitierte insbesondere der Universitätsstandort im Zentrum Innsbrucks. Durch die Generalsanierung der Alten Universität, der Heimstätte der Katholisch-Theologischen Fakultät, und den Bau des Gebäudekomplexes für die damalige Sozial- und Wirtschaftswissenschaftliche Fakultät konnte außerdem das 1970 modifizierte Bauprogramm der Universität Innsbruck abgeschlossen werden. In diesem Dezennium realisierte man auch einige kleinere Bauvorhaben, um die sich die UI zum Teil schon in den 1950er Jahren bemüht hatte. Die zur Verfügung stehende Nutzfläche stieg von 148.000 m² (1990) auf 175.000 m² (2000). Sehr umfangreiche Bautätigkeiten wurden auch auf dem Klinikareal gesetzt.

13.5.1 Die Adaptierung des Gebäudes «Liebeneggstraße 8»

Nach dem Freiwerden des in der Nähe des Hauptbahnhofes gelegenen Gebäudes «Liebeneggstraße 8», das zuvor der Bundesanstalt für Lebensmitteluntersuchung zur Verfügung stand, stellten sowohl der Landesschulrat für Tirol als auch die UI Bedarfsansprüche. Die Universität, der die Liegenschaft zugesprochen wurde, wollte in dem damals noch bundeseigenen Gebäude (knapp 1.300 m²), das um 1900 errichtet worden war, Teile der Zentralen Verwaltung und das Institut für Erziehungswissenschaften unterbringen. Die für universitäre Zwecke notwendigen und (ATS) 13,2 Millionen teuren Adaptierungsmaßnahmen wurden im Zeitraum von November 1992 bis Oktober 1993 durchgeführt; der Innsbrucker Universitätsfonds steuerte dazu 4,25 Millionen bei.[27] Unter anderem baute man einen Aufzug ein, der für die behindertengerechte Erschließung erforderlich war. Die Pläne für diese Adaptierung stammten von Architekt Horst H. Parson.

13.5.2 Die Adaptierung des Gebäudes «Müllerstraße 55»

In den Jahren 1877/78 ließ Albert Neuhauser für Arbeiter und Angestellte der Tiroler Glasmalerei- und Mosaikanstalt eine Siedlung errichten. Die an die Müllerstraße grenzenden Gebäude, die höchstwahrscheinlich Josef von Stadl plante, erfuhren seitdem praktisch keine baulichen Veränderungen und bilden mit den ebenfalls noch bestehenden Vorgärten ein für die Bau- und Sozialgeschichte Innsbrucks sowie den Siedlungsbau in Tirol sehr bedeutsames Ensemble. Die Anlage wird von zwei dreigeschoßigen Giebelhäusern flankiert, zwischen diesen und einem dritten in der Mitte sind zweigeschoßige Traufhäuser situiert; diese Bauform erinnert an Ideen der aus England stammenden Cottagebewegung.
Die universitäre Nutzung des Gebäudes «Müllerstraße 55» ist eng mit Bemühungen verknüpft, die zur Errichtung eines universitären Kinderzentrums führen sollten, das sowohl studierenden Eltern als auch Bediensteten die Betreuung ihrer Kinder ermöglicht. 1985 widmete der Akademische Senat das Giebelhaus für diesen Zweck, das durch den bestehenden Garten und aufgrund der Lage (in nächster Nähe der Kliniken und der Hochschulbauten am Innrain) dafür die besten Voraussetzungen bot. Nach Plänen von Peter Mayrhofer begann man im Herbst 1991 mit der (ATS) 9 Millionen teuren Generalsanierung, die im März 1993 abgeschlossen werden konnte.[28] Der eingerichtete Kindergarten verfügt über knapp 390 m².

13.5.3 Das Laborgebäude am Patscherkofel

Am Innsbrucker Hausberg überließen im Jahre 1930 das Land Tirol und die Stadtgemeinde Innsbruck der Universität in ihrem Besitz befindliche Gründe im Ausmaß von rund 8.600 m². 1935 wurde dort ein Alpenpflanzengarten angelegt; das für diesen Zweck höchst geeignete Gelände nächst der Bergstation der Seilbahn schenkten 1964 Stadt und Land dem Bund. Auf ca. 2.000 Meter Seehöhe war ebenfalls schon im Jahre 1935 eine kleine Hütte – von den Botanikern Gartenhäuschen genannt – errichtet worden, die trotz mehrerer Sanierungen nur als Notlösung zu bezeichnen war. Seit 1955 waren von der Universität wiederholt Anträge auf Errichtung eines Neubaues am Patscherkofel gestellt worden; für das Bauvorhaben lagen teilweise bereits ausgearbeitete Pläne vor, das aber erst Anfang der 1990er Jahre realisiert werden konnte.

Unter Hinweis auf den schlechten Bauzustand beantragte die Universität 1983 wiederum die Errichtung eines Laborgebäudes am Patscherkofel.[29] Diesem Anlauf war nun endlich Erfolg beschieden. Mit der Planung wurde 1986 Architekt Hans Loch betraut. Aufgrund der Höhenlage und den starken Witterungseinflüssen erhielt der Baukörper die Merkmale einer exponiert stehenden Schutzhütte: Das Gebäude steht halbseitig auskragend in nördlicher Ausrichtung zum Hang, das Pultdach ist zum Gelände geneigt. Das vornehmlich aus Holz konstruierte Laborgebäude (140 m^2) umhüllt eine Stahlbetonaußenmauer. 1992 wurde das knapp (ATS) 12 Millionen teure Bauvorhaben fertig gestellt. Weitere 3 Millionen investierte man in die Rekultivierung des Alpenpflanzengartens und die Anlegung eines Wegnetzes, das ihn erschließt. Die Arbeiten an den Außenanlagen wurden im Juni 1994 beendet.

13.5.4 Die Generalsanierung der Alten Universität und der Bau der Fakultätsbibliothek, Karl-Rahner-Platz 1–3

Unmittelbar nach der Gründung des Innsbrucker Jesuitenkollegs durch Petrus Canisius wurde 1562 mit dem Bau eines Kollegiumsgebäude an der Ecke Universitätsstraße-Angerzellgasse begonnen. Finanzielle Engpässe verzögerten jedoch die Fertigstellung; erst 1573 konnten die Bauarbeiten am dreigeschoßigen Gebäude, das um einen Innenhof gruppiert ist, abgeschlossen werden. Das ehemalige Jesuitengymnasium (Karl-Rahner-Platz 3) wurde 1606 fertig gestellt und 1722 erweitert. Schon 1673 war ein Gebäudetrakt entlang der Universitätsstraße (Karl-Rahner-Platz 1) fertig gestellt worden. (Zwischen diesem Gebäude und dem ehemaligen Gymnasium befindet sich die 1646 errichtete Jesuitenkirche; über einen Gang, der oberhalb des Haupteinganges der Kirche verläuft, sind die beiden Gebäude miteinander verbunden.) Im Zuge dieser Erweiterung erfuhr auch das Kollegiumsgebäude eine Veränderung. Die gotische Fassade und den Innenhof gestaltete man nach den Plänen von Johann Martin Gumpp d. Älteren dem Geiste des Barock entsprechend um.[30]
1979 hatte der Akademische Senat ein Raumverteilungs- und Besiedlungskonzept für die Alte Universität beschlossen, die schon damals vor allem von der Katholisch-Theologischen Fakultät genutzt werden sollte; zugleich wurde ein Antrag auf deren Generalsanierung gestellt. Diesem Großprojekt war dann aber die Generalsanierung des Hauptgebäudes am Innrain vorgezogen worden. In der ersten Hälfte der 1980er Jahre überarbeitete man das Konzept, dem gemäß nun der Universitätsstandort in der Innsbrucker Altstadt ausschließlich der Katholisch-Theologischen Fakultät gewidmet war. Im Herbst 1986 erstellte Architekt Richter eine Studie, die eine etappenweise Generalsanierung der Alten Universität vorsah. 1987 beauftragte das Bautenressort die Architektengemeinschaft Alfred Richter und Egon Neumair mit der Planung des Projekts.
Im ersten Abschnitt wurde ab Oktober 1990 das alte Kollegiumsgebäude, nun Arkadentrakt genannt, saniert. Aufgrund des schlechten Bauzustandes mussten dabei zahlreiche Holzbalkendecken durch Betondecken ersetzt werden. Die Decke über dem Gang des ersten Obergeschoßes, die kunstgeschichtlich wertvoller Renaissance-Stuck ziert, wurde sehr aufwendig restauriert. Der Originalputzgrund konnte weitestgehend freigelegt werden und ist entsprechend der Erstfassung in weiß und grau gefärbelt. Im Zuge der Barockisierung des Innenhofes waren die zwei Obergeschoße auf ein Arkadengeschoß aufgesetzt worden; die nur an zwei Seiten über Eck laufenden überwölbten Gänge führte man umlaufend durch Blendarkaden weiter. Im Rahmen des ersten Abschnitts der Generalsanierung erschloss man alle drei Geschoße mit umlaufenden Gängen, wodurch eine bessere Raumnutzung ermöglicht wurde. Die (ATS) 61,5 Millionen teuren Maßnahmen konnten im Juni 1992 abgeschlossen werden.[31]

Im Anschluss daran begann man mit der Errichtung der Fakultätsbibliothek, die ursprünglich in einem Neubau an der Angerzellgasse untergebracht werden sollte. Dieser Plan scheiterte jedoch aus Gründen des Denkmalschutzes. Um den Gebäudekomplex aus dem 17. Jahrhundert nicht zu beeinträchtigen und den hofseitig begrünten Freiraum zu bewahren, wurde die Bibliothek schließlich als unterirdischer Bau mit direktem Anschluss an die Treppen und Lifte des Gebäudes «Karl-Rahner-Platz 1» konzipiert. Größten Wert legte man im Zuge der Baumaßnahmen darauf, dass bei Hochwasser die Bibliotheksbestände dieses möglichst unbeschadet überstehen können. Die (ATS) 93,5 Millionen teure Bibliothek konnte der Universität im August 1994 zur Nutzung übergeben werden. Die Verwaltungsräume und Leseplätze für 80 Personen sind um ein Atrium in offener Verbindung mit der in zwei Geschoßen untergebrachten Freihandbibliothek angeschlossen. Die Fakultätsbibliothek hat ein Fassungsvermögen von knapp 400.000 Bänden;[32] als Dauerleihgabe wurde darin die rund 130.000 Bände umfassende Jesuitenbibliothek integriert.[33]
Nachdem die Alte Universität im Jänner 1996 von der BIG übernommen wurde, nahm die Vorbereitung des letzten Bauabschnitts konkrete Züge an.[34] Von Juli 1997 bis Dezember 1998 sanierte man das dreigeschoßige Gebäude «Karl-Rahner-Platz 1» und das ebenfalls dreigeschoßige ehemalige Jesuitengymnasium, das heute als Hörsaaltrakt in Verwendung ist. Auch bei diesem (ATS) 100 Millionen teuren Projekt legte man größten Wert darauf, dass aus denkmalpflegerischer Sicht wertvolle Bausubstanz erhalten blieb, die teilweise auch in ihren

ursprünglichen Zustand zurückgeführt wurde; beispielsweise öffnete man vermauerte Erschließungsgänge. Die barocken Stuckdecken restaurierte man mit großem Aufwand. Besonders hervorzuheben sind die beiden Prunksäle – Kaiser-Leopold-Saal und Madonnensaal im Gebäude «Karl-Rahner-Platz 3» –, wo bis 1924 die Universitätsbibliothek untergebracht war. Die Alte Universität (11.800 m^2) beherbergte 2003 neben der Bibliothek das Dekanat der Katholisch-Theologischen Fakultät und fünf Institute (Christliche Philosophie; Bibelwissenschaften und Fundamentaltheologie; Historische Theologie; Systematische Theologie; Praktische Theologie).

13.5.5 Die Aufstockung und Generalsanierung der Gebäude «Josef-Hirn-Straße 5–7» und «Herzog-Siegmund-Ufer 15»

Das 1964 gegründete Brenner-Archiv, das ursprünglich die Sammlungen Ludwig von Fickers erschloss, erwarb in weiterer Folge zahlreiche Nachlässe, Teilnachlässe und Sammlungen bedeutender Schriftsteller, Künstler und Wissenschaftler; in diesem Zusammenhang setzte man einen Schwerpunkt auf Persönlichkeiten, die im kulturellen Leben Tirols im 19. und 20. Jahrhundert von besonderer Bedeutung waren, wodurch sich die Institution auch zu einer Art Tiroler Literaturarchiv entwickelte. 1992 wurde das Brenner-Archiv durch einen Vertrag zwischen dem Wissenschaftsministerium und dem Land Tirol zu einem Forschungsinstitut der UI. Im Laufe seines Bestehens musste dieses Literaturarchiv des Öfteren provisorisch in verschiedenen Häusern untergebracht werden.

Mitte der 1990er Jahre zeichnete sich eine dauerhafte Lösung in unmittelbarer Nähe des Innrainareals ab, wobei vorerst an eine Unterbringung im Notburgaheim (Innrain 41) gedacht wurde. Als spektakulärer Bauplatz bot sich allerdings auch die Dachfläche des 1968 fertig gestellten Studentenheims in der Josef-Hirn-Straße an. Für diese Variante entschied man sich nach Erstellung einer Machbarkeitsstudie im Sommer 1995. Die Pläne für die Aufstockung des neungeschoßigen «Hirn-Heimes» zeichnete Architekt Josef Lackner. Mit der Bautätigkeit begann man im März 1996. Das knapp (ATS) 17,4 Millionen teure Projekt, das zur Hälfte das Land Tirol finanzierte, wurde im Februar 1997 abgeschlossen.[35] In luftiger Höhe ragt der Archivraum über den bestehenden Baukörper hinaus, weswegen er in Innsbruck als «Rucksack» oder als «Denkerstirn» bezeichnet wird. An diesem attraktiven Standort, der sowohl vom Stadtzentrum als auch von der Neuen Universität rasch erreichbar ist, verfügt das Brenner-Archiv über knapp 600 m^2.

In der Zwischenzeit war auch für die im Gebäude «Josef-Hirn-Straße 5–7» aufgelassenen Heimplätze Ersatz gefunden, das Haus konnte somit für universitäre Zwecke genutzt werden. Zuvor wurde es allerdings generalsaniert. Teil dieses (ATS) 110 Millionen teuren Projekts war auch die Aufstockung und Generalsanierung des Traktes «Herzog-Siegmund-Ufer 15», der im Westen an das ehemalige Hirn-Heim angrenzt. Die Bauarbeiten wurden 2001 fertig gestellt. In diesem Gebäudekomplex (rund 5.800 m²) waren 2003 neben dem Brenner-Archiv die ÖH, eine Mensa, die Universitätspfarre, Teile der Zentralen Verwaltung und das Institut für Translationswissenschaft untergebracht.

13.5.6 Das SOWI-Gebäude, Universitätsstraße 15

Als (vorläufig) letztes großes Ausbauprojekt der UI stand noch die räumliche Versorgung der Sozial- und Wirtschaftswissenschaftlichen Fakultät an, deren Institute Mitte der 1990er Jahre auf 11 Standorte verteilt waren. Bei der Suche nach einer Lösung rückte gegen Mitte der 1980er Jahre das Areal der ehemaligen Fennerkaserne im Innsbrucker Stadtzentrum in den Mittelpunkt der universitären Überlegungen. Zu Beginn der 1970er Jahre hatte das Verteidigungsministerium das Ziel verfolgt, innerstädtische Kasernen auf Standorte am Stadtrand zu verlegen. In Innsbruck waren davon die Danklkaserne und eben die Fennerkaserne betroffen, die als Klosterkaserne 1849 fertig gestellt worden war und in ihrem Grundriss teilweise noch den Servitinnenklöstern des frühen 17. Jahrhunderts folgte. Einem im August 1981 abgeschlossenen Vertrag zwischen dem Bund und der Stadt Innsbruck gemäß verblieb das Gesamtareal der ehemaligen Fennerkaserne im Besitz der Republik.
Bei diesem Areal handelt es sich um einen äußerst sensiblen Bereich der Stadt, der durch historische Bauten geprägt ist. In dessen Umfeld befinden sich unter anderem die Alte Universität, die Jesuitenkirche, das Akademische Gymnasium, das Landesmuseum, das Volkskundemuseum, das Landestheater, die Hofkirche, die Hofburg und der Hofgarten, der sich als große innerstädtische Parkanlage großer Beliebtheit erfreut. Zwischen dem Bund und der Stadt bestand von Anfang an Einvernehmen darüber, dass nach Abbruch der Kaserne auf dem Areal ein Bauvorhaben realisiert werden sollte, wobei 1985 an die Errichtung eines Hotels gedacht wurde. Der in diesem Jahr ausgeschriebene Baugrund fand jedoch keinen Käufer.
Im Juni 1987 trat dann die Universität mit der Idee, einen Gebäudekomplex für die Sozial- und Wirtschaftswissenschaftliche Fakultät auf dem Fennerareal zu errichten, an die Öffentlichkeit. Der Finanzwissenschaftler Manfried Gantner hatte dafür das Konzept einer «offenen Stadtuniversität» entwickelt, die mit der sie umgebenden und sie finanzierenden Gesellschaft in regem Austausch stehen soll. Der geplante Gebäudekomplex sollte deswegen neben den Instituten und Einrichtungen der Sozial- und Wirtschaftswissenschaftlichen Fakultät auch ein «Zentrum für permanente Weiterbildung» sowie Büros beherbergen und dadurch die Zusammenarbeit zwischen Wirtschaft und Universität fördern. Gantners Vorstellungen gemäß sollte der Gebäudekomplex von einer privaten Gesellschaft finanziert, gebaut und betrieben werden. Der Bund hätte anteilig Miete und Betriebskosten zu entrichten und könnte nach Ablauf einer vereinbarten Zeit das Gebäude zumindest anteilig erwerben. Dem Konzept konnte Gantner außerdem eine schriftliche Finanzierungszusage des Landes Vorarlberg in der Höhe von (ATS) 15 Millionen für das Bauvorhaben beilegen.[36]
Gantners Konzept nahm man in Wien sehr positiv auf. Bereits im Juni 1988 wurde ein zweistufiger städtebaulicher Ideenwettbewerb zur Erlangung von Entwürfen für die Sozial- und Wirtschaftswissenschaftliche Fakultät ausgeschrieben, den im Dezember 1989 die Architektengemeinschaft Dieter Henke und Marta Schreieck gewann. Gegen die Errichtung eines Neubaus trat aber der Stadtverein Innsbruck auf, der sich Ende 1989 in einem offenen Brief für eine Revitalisierung der ehemaligen Fennerkaserne aussprach. Der Denk-

malschutz für den viergeschoßigen Kasernenbau war allerdings 1980 aufgehoben worden; die Anlage, die vorübergehend als Kulturhaus in Verwendung war, wurde im Frühjahr 1992 abgebrochen.
Ein weiteres Problem stellte die angespannte finanzielle Situation des Bundes dar, die im Herbst 1991 Wirtschaftsminister Schüssel dazu veranlasste, die Verhandlungen über die Errichtung des SOWI-Gebäudes vorläufig zu stoppen; dessen Realisierung wurde damals mit der Gründung der BIG verknüpft. Nach deren Gründung im Dezember 1992 war das Projekt nochmals gefährdet, als im Frühjahr 1995 ein Innsbrucker Stadtrat begann, dagegen Stimmung zu machen und dabei von seiner politischen Fraktion unterstützt wurde; ein letzter Störungsversuch war von dieser Gruppe im Sommer 1996 unternommen worden. Bis 1995 waren bereits rund (ATS) 80 Millionen in das letztlich 510 Millionen teure Bauvorhaben geflossen,[37] das man durch eine Volksbefragung kurz vor Baubeginn noch zu Fall bringen wollte. (Damit suchte man einen Beitrag zu einem vernünftigen Sparkurs zu leisten.) Die Universität reagierte auf diese Bestrebungen unter anderem mit einer im Mai 1995 veranstalteten Fahrraddemonstration («Giro di SoWi»). Nach zweijähriger Bauzeit konnte das Großprojekt im Oktober 1998 abgeschlossen werden, das 1999 mit dem Bauherrenpreis des Landes Tirol ausgezeichnet wurde.
Der am Übergang der innerstädtischen Bebauung zum Hofgarten stehende Gebäudekomplex (23.300 m²) gliedert sich in drei Teile: Das fünfgeschoßige Fakultätsgebäude (17.000 m²) setzt sich aus zwei parallel gesetzten Baukörpern zusammen, die den Hofgarten im Süden begrenzen. An der Ostseite des Fakultätsgebäudes schließt das entlang der Kaiserjägerstraße errichtete Wohn- und Bürohaus an. Der dadurch entstandene campusartige Platz wird im Süden durch das von diesem Gebäudekomplex abgesetzte Managementzentrum begrenzt, das an der Universitätsstraße in Länge und Höhe mit dem ihm gegenüberliegenden Jesuitenkolleg korrespondiert. Unter dem Fakultätsgebäude und dem entstandenen Platz errichtete man eine Tiefgarage.
Dem Konzept der «offenen Universität» folgend zeichnet sich der Baukörper des Fakultätsgebäudes durch Transparenz aus. Der ihn umgebende Raum wird einerseits vom Gebäude durch die Verglasungen aufgenommen, andererseits in den Außenraum reflektiert, wodurch dem Bau seine Massivität genommen wird. An der Nordfassade geben die maßstabbildenden Kuben der drei Hörsäle dem langgestreckten Baukörper Struktur. Hofseitig dominiert die geschwungene Ausbuchtung der Fakultätsbibliothek die Südfassade. Die zweigeschoßig organisierte Bibliothek fasst 200.000 Bände. Die Glasfassade wird von – die Schwünge nachzeichnenden – Sonnenschutzlamellen begleitet, welche die Dynamik dieses Baukörpers noch verdeutlicht. Die von Norden nach Süden verlaufende alte Hofgartenmauer, die das Gebäude durchschneidet, stellt ein weiteres gestalterisches Element dar. Westlich des Durchgangs, der in den Hofgarten führt, entwickelt sich die zentrale Erschließungshalle, an der im Erdgeschoß alle besucherintensiven und infrastrukturellen Einrichtungen (Hörsäle, Mensa und ÖH) angeschlossen sind. Diese Halle mit durchgehendem Glasdach verbindet die beiden Trakte des Fakultätsgebäudes; sie ist plateauartig angelegt und bildet so einen Kommunikationsbereich vor den Instituts- und Unterrichtsräumen.
Das prämierte Gebäude wurde zur langersehnten Heimstätte von 10 Instituten (Politikwissenschaften; Statistik; Finanzwissenschaft; Revisions-, Treuhand- und Rechnungswesen; Soziologie; Wirtschaftstheorie, Wirtschaftspolitik und Wirtschaftsgeschichte; Organisation und Lernen; Betriebliche Finanzwirtschaft; Unternehmensführung, Tourismus und Dienstleistungswirtschaft; Wertprozessmanagement). Im Rahmen von «Kunst und Bau» gestaltete Ingeborg Kumpfmüller ein graphisches Leitsystem, das den linguistischen Charakter der hier gelehrten Disziplinen reflektiert, und Peter Sandbichler schuf eine Lichtinstallation; weitere Beiträge stammen von den Künstlern Hans Weigand und Lois Weinberger.

13.5.7 Die Hochalpine Forschungsstelle in Obergurgl

In den Jahren 1938/39 errichtete man im rund 1.900 Meter hoch gelegenen Bergdorf Obergurgl (in den Ötztaler Alpen) nach den Plänen von Architekt Siegfried Mazagg vier Gebäude (Obergurgl 40–43), die dann als Grenzschutzhäuser an der Südfront in Verwendung waren; nach dem Zweiten Weltkrieg wurden sie von der Zollwache genutzt. Ab 1950 konnten drei Gebäude (Obergurgl 40–42) als Bundessportheim adaptiert werden, und 1953 bezog darin die neu gegründete Alpine Forschungsstelle des universitären Forschungsinstituts für Hochgebirgsforschung Räumlichkeiten. Das Gebäude «Obergurgl 43» war Ende der 1960er Jahre nur noch zum Teil für dienstliche Zwecke von der Zollwache benötigt worden, weswegen die frei gewordenen Räume dem Unterstützungsverein der Finanzbediensteten Tirols zur vorübergehenden Benutzung überlassen wurden. (An der von der UI geforderten Nutzung von einigen Räumen in diesem Gebäude für Zwecke der Alpinen Forschungsstelle entbrannte Mitte der 1990er Jahre ein heftiger Streit, der allerdings zu keinem für die Universität befriedigenden Ergebnis führte.)[38]
Aufgrund des baulichen Zustandes war Anfang der 1990er Jahre eine Generalsanierung der vornehmlich als Sportheim genutzten Häuser, die unter Denkmalschutz standen, unumgänglich. (Ihr Mauerwerk war in Natursteinbauweise errichtet worden.) Die lang diskutierte Frage nach der Unterbringung der Alpinen Forschungsstelle führte dazu, dass die (ATS) 48,8 Millionen teure Generalsanierung der Gebäude «Obergurgl 40–42» (knapp 2.400 m²) erst im Mai 1998 in Angriff genommen werden konnte, die letzten baulichen Maßnahmen wurden im Dezember 1999 gesetzt. Ihnen lagen Pläne der Architektengemeinschaft Richter und Neumair zugrunde. Im Gebäude «Obergurgl 40» sind nun die Gästezimmer konzentriert und im «Verwaltungsgebäude» (Obergurgl 41) befinden sich neben Büros und einer Bibliothek auch die Küche, der Speisesaal sowie eine Sauna. Die Alpine Forschungsstelle ist im Gebäude «Obergurgl 42» untergebracht, das mit dem Gästehaus durch einen ebenerdigen Hörsaaltrakt verbunden ist.

13.5.8 Die Erweiterung des Universitätssportzentrums

Die so genannte lange Wiese am linken Innufer, die sich im Wesentlichen mit dem Gelände des 1948 eröffneten Flughafens Innsbruck-Kranebitten deckt, war einst ein beliebtes Jagdgebiet der Tiroler Landesfürsten. Im letzten Drittel des 16. Jahrhunderts errichtete man dort nach den Plänen von Hans Lucchese ein Lustschloss (der heutige Pulverturm). Ein angelegter Tiergarten wurde zu einer Art adeligem Vergnügungspark ausgebaut, doch die Anlage war schon zu Beginn des 18. Jahrhunderts vom Verfall bedroht. 1783 kam das Gelände in ärarischen Besitz und wurde dann für militärische Zwecke genutzt. Das Lustschloss erfuhr einen radikalen Umbau. Auf dem Gelände errichtete man zusätzlich zahlreiche Munitionsdepots, Magazingebäude und Lagerhallen, weswegen auch heute noch (eigentlich) das ganze Areal Pulverturm genannt wird.
Die Bereitschaft, das rund 20.000 m² umfassende Gelände, das unmittelbar an das Areal des Universitätssportzentrums angrenzt, freizugeben, bekundete das Verteidigungsministerium 1993, worauf das Wissenschaftsministerium sein Interesse daran anmeldete. Im Herbst 1994 legte die Universität einen Plan vor, dem gemäß die Sportanlagen in der Höttinger Au in drei Etappen saniert und erweitert werden sollten. Raum- und Funktionsprogramme hatten das Institut für Sportwissenschaften, das Universitätssportinstitut und die Bundesanstalt für Leibeserziehung erarbeitet, auf deren Grundlage Architekt Pontiller Pläne und eine Kostenschätzung vorlegte, die rund (ATS) 170 Millionen auswies.

13.5.8.1 Die Adaptierung des Pulverturms, Fürstenweg 189

Eine Herausforderung aus denkmalpflegerischer Sicht stellte das ehemalige Lustschloss dar, das im Zuge des Umbaues im letzten Drittel des 18. Jahrhunderts stark verändert worden war. In das dreigeschoßige Bauwerk fügte man ein zentrales Treppenhaus ein, ebenso zwischenzeitlich entfernte Decken. Im Pulverturm (1.400 m²) sind unter anderem ein Labor für Biomechanik und Leistungsdiagnostik, eine Kletterhalle und zwei Gymnastiksäle untergebracht; ein großer Fitnessbereich befindet sich unter dem nach oben offenen Dachstuhl.
Nach den Plänen von Pontiller wurde erhaltenswerte Bausubstanz geschickt mit neuen Bauteilen kombiniert. Freigelegt werden konnten Reste von Renaissancefresken (Jagdszenen), die man konservierte und die nun eine Ahnung der längst vergangenen Lustbarkeiten vermitteln. Für die denkmalpfegerischen Maßnahmen zeichnete Franz Caramelle verantwortlich. Das an den Pulverturm angrenzende zweigeschoßige Nebengebäude (600 m²) adaptierte man ebenfalls; es beherbergt das Institut für Sportwissenschaften, dem darin zahlreiche sportmedizinische Möglichkeiten offen stehen. Ein drittes Gebäude (280 m²) wird für Lagerzwecke genutzt. Das von der BIG abgewickelte (ATS) 102 Millionen teure Bauvorhaben nahm man im Dezember 1998 in Angriff, fertig gestellt wurde es im Oktober 2001. Im Projekt Pulverturm konnten sowohl erforderliche Funktionsänderungen als auch denkmalschützende Maßnahmen realisiert werden.

13.5.8.2 Die Wettkampfhalle, Fürstenweg 185

Im Jänner 1999 vereinbarten die Stadt Innsbruck, die Innsbrucker Sportanlagen Errichtungs- und Verwertungs-GesmbH, das Land Tirol und der Bund vertraglich, dass (unter anderem) Stadt, Land und die Gesellschaft (ATS) 40 Millionen für die Außenanlage zur Verfügung stellen und sich zusammen mit 50 % an den tatsächlich anfallenden Errichtungskosten der Wettkampfhalle beteiligen.[39] Den 1998 durchgeführten Wettbewerb zur Erlangung von Ideenskizzen für die Wettkampfhalle gewannen die Architekten Horst H. Parson und Johannes Schmidt, die auch mit der Detailplanung betraut wurden.
Bei dem realisierten Projekt handelt es sich um eine Dreifachturnhalle mit einer bespielbaren Fläche von 47 x 27 Metern (Höhe: 12,5 Meter), die durch mobile Trennwände in drei gleich große Bereiche aufgeteilt werden kann. Die Tribüne fasst bis zu 1.200 Zuschauer, zur Infrastruktur zählen unter anderem auch ein Buffet- und VIP-Bereich sowie ein Regieraum für TV-Übertragungen. Die Halle ist durch unterirdische Gänge mit dem Altbestand des Universitätssportzentrums verbunden. Mit der Errichtung der (ATS) 54 Millionen teuren Wettkampfhalle begann man im Jänner 1999, die abschließenden baulichen Maßnahmen wurden im Februar 2000 gesetzt.

13.5.9 Die Generalsanierung und Aufstockung der Alten Hygiene, Schöpfstraße 41

Bis zur Besiedlung des Hess-Hauses im Jahre 1986 waren in dem 1904 fertig gestellten Gebäude auch naturwissenschaftliche Institute einquartiert, das dann zur Gänze der Medizinischen Fakultät gewidmet wurde. Von ersten recht umfangreichen Baumaßnahmen hatte die Alte Hygiene ja schon in den 1970er Jahren profitiert. Bereits 1985 stellte die UI einen Antrag auf Durchführung der Aufstockung und Generalsanierung,[40] der damals schon eine Studie von Prachensky zugrunde lag, doch das letztlich (ATS) 130 Millionen teure Bauvorhaben konnte aus finanziellen Gründen erst Anfang der 1990er Jahre in Angriff genommen werden. Die Pläne waren in der Zwischenzeit von den Architekten Mayrhofer und Prachensky überarbeitet worden. 1996 schloss man die Generalsanierung des Gebäudes (4.600 m²) ab, in dem 2003 das 1963 gegründete Institut für Medizinische Biologie und Humangenetik und das 1968 errichtete Institut für Biostatistik und Dokumentation untergebracht waren. Im benachbarten Haus «Schöpfstraße 45» (380 m²) wurden Organisationseinheiten der MUI einquartiert.

13.5.10 Das Institutsgebäude «Peter-Mayr-Straße 4a/b»

1989 beantragte die Universität die Errichtung eines Forschungsinstituts für Molekularbiologie, das im August 2001 mit dem Institut für Mikrobiologie der Medizinischen Fakultät vereint wurde. Als naturwissenschaftlich-medizinisches Zentrum für Molekularbiologie ist das Institut nun sowohl Teil der MUI als auch der UI. Räumlich versorgt sollte diese Einrichtung in einem vom Bund angekauften alten Wohnhaus werden, das sich in unmittelbarer Nachbarschaft zur Alten Hygiene und zum Vorklinikum befand.

Aufgrund der schlechten Bausubstanz wurde es dann allerdings abgebrochen. Die äußerst beengten Raumverhältnisse am geschaffenen Baugrund führten zu einem unkonventionellen Bauwerk, das die Architekten Prachensky und Mayrhofer planten. Der komplexe Bau gliedert sich in mehrere Baukörper: Beim Nordtrakt handelt es sich um die aufgestockte Versuchstieranlage, deren Nutzfläche man erweiterte, indem ein im Norden auskragender Gebäudeteil in geschwungener Form errichtet wurde. Dadurch sollte die Beschattung des Ostflügels der Alten Hygiene in Grenzen gehalten werden. Weitere Labors der Versuchstieranlage richtete man unterirdisch auf zwei Geschoßen ein. Den Mitteltrakt, in dem der Lehrbereich konzentriert ist, führte man in «Linsenform» (Grundriss) aus, die sich aus den Anforderungen, möglichst große natürlich belichtete Räume zu schaffen, und aus statischen Notwendigkeiten ergab; in diesem Zusammenhang ist auch der Südtrakt von Bedeutung: Zur Anwendung kam eine Art Brückenkonstruktion, die lediglich im Süden und Norden auf je einem Pfeiler lastet.[41] Mit dieser Anordnung und Gestaltung der einzelnen Baukörper reagierten die Architekten auf die städtebauliche Struktur der Übergangszone, die von einer Blockrandverbauung des Wohnviertels und den pavillonartigen Gebäuden auf dem Klinikareal geprägt ist. Der (ATS) 116 Millionen teure Gebäudekomplex (2.700 m²) wurde in den Jahren 1994 bis 1997 errichtet.

13.5.11 Die Bautätigkeit auf dem Klinikareal in den 1990er Jahren

Im September 1988 gab die Tiroler Landesregierung ein Konzept in Auftrag, das die Grundlage für die weitere Entwicklung des LKH Innsbruck und der Universitätskliniken bilden sollte. Im Juni 1989 lag das Konzept «Klinik 2000» vor, das der umfangreichen Bautätigkeit auf dem Klinikareal während der 1990er Jahre zugrunde lag. Bis 2001 wurden rund (ATS) 3,5 Milliarden in dieses Großprojekt investiert, wovon 40 % der Bund beisteuerte.

Sieht man von den noch kurz behandelten Großprojekten ab, profitierten in diesem Jahrzehnt von der Bautätigkeit auf dem Klinikareal die Abteilung für Kardiologische Intensivmedizin, das Institut für Bluttransfusion und Immunologische Abteilung sowie fünf Kliniken (Zahn-, Mund- und Kieferheilkunde; Kinder- und Jugendheilkunde; Transplantationschirurgie, Anästhesie und Allgemeine Intensivmedizin; Dermatologie und Venerologie; Hals-, Nasen- und Ohrenheilkunde).

Für die gesetzten baulichen Maßnahmen war zum allergrößten Teil die 1990 gegründete TILAK (Tiroler Landeskrankenanstalten GmbH) verantwortlich. In den ersten zehn Jahren ihres Bestehens wurden insgesamt rund (ATS) 5,6 Milliarden in Bauvorhaben (in ganz Tirol) investiert; die TILAK ist damit der größte Auftraggeber der Bauwirtschaft in Westösterreich. Dem aktualisierten «Bauleitplan 2002» gemäß sollen in den nächsten Jahren folgende Projekte durchgeführt werden: ein Neubau für die Kinderklinik und die Schließung der Baulücke zwischen Blutbank und Vinzentheim zur Unterbringung von Verwaltungseinheiten; nach Abbruch des Südtraktes der Inneren Medizin soll dort ein Onkologiezentrum entstehen; ein Laborbau ist anstelle des Wirtschaftsgebäudes vorgesehen sowie die Errichtung eines Verfügungsbaues (mit disponiblen Forschungslabors) auf dem Areal «Innrain 80 und 82»; im Bauleitplan 2002 sind außerdem noch ein Neubau der Psychiatrie und ein Neubau des Bettenhauses für die Chirurgischen Kliniken angeführt.

13.5.11.1 Der Zubau West

Im Oktober 1989 empfahl das Ärztekollegium einstimmig einen Erweiterungsbau im westlichen Bereich der Chirurgie, dessen Realisierung durch einen Grundsatzbeschluss der Tiroler Landesregierung im Oktober 1990 ermöglicht wurde. Bereits im November 1990 begann man mit Bauarbeiten im Zusammenhang mit der Errichtung des Aufzugturms. Der Zubau West setzt sich aus drei Bereichen (Unfallchirurgie; Operationstrakt mit 11 Sälen; Intensiv- und Aufwachbereich) zusammen, die drei verschiedene Architektengemeinschaften – Marchart und Moebius (Wien), Prachensky und Leitgeb sowie Schlögl und Kastner (Innsbruck) – planten. Nachdem man mit den Hochbauarbeiten bereits im Dezember 1992 begonnen hatte, schlossen sich im März 1994 die drei Gruppen zur Arbeitsgemeinschaft Zu- und Umbau Chirurgische Universitätskliniken zusammen. Das knapp (ATS) 600 Millionen teure Bauvorhaben (10.000 m^2) konnte im Mai 1997 fertig gestellt werden. Im Dezember dieses Jahres wurde auch der Landeplatz, der sich auf dem Aufzugsturm befindet, in Betrieb genommen.[42]
Das sechsgeschoßige Gebäude (davon zwei Untergeschoße) stellte eine bedeutende Verbesserung der Arbeitsbedingungen vor allem an der Klinik für Unfallchirurgie dar. Der zur Verfügung stehende Bauplatz bot die Möglichkeit, einen im baukünstlerischen Sinne markanten Bau zu realisieren, von dem auch der wenig ansehnliche Altbau der Chirurgie profitierte. In einer leichten Kurve folgt die im Sockelbereich stark gegliederte Fassade der Schöpfstraße. Der Anschluss an den Wirtschaftstrakt der Chirurgie erfolgt über eine offene Pergola, die den Aufenthaltsbereich einer dort untergebrachten Bettenstation belichtet. Der L-förmig gestaltete Zubau West umschließt einen Innenhof, der noch vom Bettentrakt und dem Aufzugsturm begrenzt wird.[43]

13.5.11.2 Die umfangreichen Adaptierungsmaßnahmen im Chirurgie-Gebäude

In die umfassende Modernisierung des 1968 eröffneten Chirurgie-Gebäudes wurden in den 1990er Jahren insgesamt rund (ATS) 987 Millionen investiert. Den Adaptierungsmaßnahmen, die in der ersten Hälfte dieses Jahrzehntes durchgeführt wurden, lagen Pläne der Architektengemeinschaft Prachensky und Leitgeb zugrunde, wovon die Kliniken für Plastische und Wiederherstellungschirurgie, für Nuklearmedizin und für Orthopädie sowie die Herzchirurgische Station und die Abteilung für Transplantationschirurgie profitierten. Die Planung der Modernisierungsmaßnahmen für die Klinik für Anästhesie und Intensivmedizin erarbeitete die Arbeitsgemeinschaft Zu- und Umbau Chirurgische Universitätskliniken; sie wurden im Zeitraum von August

1996 bis Oktober 1998 durchgeführt. In der zweiten Hälfte der 1990er Jahre setzte man außerdem noch bauliche Maßnahmen für die Kliniken für Strahlentherapie (Pontiller) und für Radiodiagnostik (Leitgeb und Benko), die Pläne für die Generalsanierung des OP-Bereiches stammten von den Architekten Schlögl, Kastner und Noldin.

13.5.11.3 Das Medizinzentrum Anichstraße (MZA)

Den 1997 ausgeschriebenen Wettbewerb für dieses knapp (ATS) 1,5 Milliarden teure Großprojekt gewannen Paul Katzberger und Michael Loudon, deren Entwurf sich durch Klarheit und Übersichtlichkeit auszeichnet; möglichst viele Räume sollten vom Tageslicht profitieren können, weswegen eine einfache ringförmige Anordnung der Zimmer mit Mittelgang gewählt wurde. Mit der Generalplanung beauftragte man das Innsbrucker Planungsbüro Achammer-Tritthart & Partner, das sämtliche Planungsleistungen, Ausschreibungen sowie Vergaben erstellte und koordinierte und auch für die Koordination des Bauablaufes, inklusive örtlicher Bauaufsicht, verantwortlich war.

Nach dem Abbruch der alten Frauen- und Augenklinik sowie des Hörsaaltrakts der Klinik für Innere Medizin im Sommer 1998 war jener Platz frei, wo schon im September 2001 das neungeschoßige (davon drei Untergeschoße; die beiden untersten werden als Tiefgarage genutzt) MZA fertig gestellt werden konnte; von rund 15.000 m² Nutzfläche entfallen ca. 2.000 m² auf Lehre und Forschung. Im MZA wurden all jene Fachrichtungen (Neurochirurgie; Neurowissenschaften; Zahn-, Mund- und Kieferheilkunde) vereint, die sich mit im Kopf angesiedelten Krankheiten befassen. Die Operationszone der Neurochirurgie baute man direkt an jene der Frauen- und Kopfklinik an, wo sich unter anderem Teile der Neurologie und die Augenklinik befinden. Der Bereich der Zahn-, Mund- und Kieferklinik schließt direkt an die modernisierte HNO-Klinik an. Als Forschungseinrichtung im klinischen Betrieb gründete man die Einrichtung Neurowissenschaften, die gemeinsam von der Neurologie, der Neurochirurgie und der Psychiatrie getragen wird. Im MZA sind außerdem noch große Teile der Pflegestationen der Inneren Medizin untergebracht, deren Gebäude mit dem Neubau verbunden sind.[44]

---

1 Vgl. dazu: Gerhard Oberkofler, Hundert Jahre Medizinische Fakultät Innsbruck 1869 bis 1969, Innsbruck 1969, S. 141.
2 Ebd., S. 175ff.
3 Ebd., S. 177f.
4 Ebd., S. 174f.
5 Vgl. dazu: BMU, GZ 43.812 / III / 3b ex 1965.
6 Vgl. dazu: Bildungsbericht 1965, hg. vom BMU, Wien 1965, S. 178.
7 Vgl. dazu: BMU, GZ 77.210 / III–4 ex 1968.
8 Vgl. dazu: BMU, GZ 79.002 / 14 ex 1960.
9 Vgl. dazu: BMWF, GZ 30.100 / 3–9 ex 1994.
10 Ebd., S. 180.
11 Vgl. dazu: [Projektinformation] Architektur- und Bauingenieurgebäude – Restrukturierung Informatik, hg. von der BIG, Wien 2002.
12 Vgl. dazu: BMWF, GZ 302.819 / Raum ex 1970.
13 Vgl. dazu: BMU, GZ 302.243 / Raum ex 1970.
14 Vgl. dazu: BMU, GZ 114.700 / III / 3b ex 1964.
15 Vgl. dazu: BMWF, GZ 30.100 / 2–9 ex 1982.
16 Vgl. dazu: Hochschulbauten in Österreich 1970–1982, hg. vom BMWF, Wien 1982, S. 42.
17 Vgl. dazu: BMU, GZ 114.958 / Präs. 4 ex 1966.
18 Vgl. dazu: BMWF, GZ 30.436 / Raum ex 1974.

19 Zitiert aus: Die Frauen- und Kopfklinik in Innsbruck, hg. vom Land Tirol, Innsbruck 1986.
20 Vgl. dazu: BMWF, GZ 30.141 / 3–9 ex 1982.
21 Vgl. dazu: BMWF, GZ 30.750 / 8–7 ex 1987.
22 Vgl. dazu: BMWF, GZ 30.106 / 1–6 ex 1986.
23 Vgl. dazu: BMWF, GZ 30.100 / 5–9 ex 1988.
24 Vgl. dazu: [Bauinformation] Hauptgebäude; Generalsanierung und Umbau, hg. von der Tiroler Landesbaudirektion, Innsbruck 1992.
25 Vgl. dazu: BMWF, GZ 30.119 / 1–9 ex 1981.
26 Vgl. dazu: [Bauinformation] Innrain 80 und 82, hg. von der Tiroler Landesbaudirektion, Innsbruck 1990.
27 Vgl. dazu: BMWF, GZ 30.138 / 5–9 ex 1991.
28 Vgl. dazu: [Bauinformation] Müllerstraße 55, hg. von der Tiroler Landesbaudirektion, Innsbruck 1993.
29 Vgl. dazu: BMWF, GZ 30.117 / 2–9 ex 1988.
30 Vgl. dazu: Rainer Sprung, Haupt-Standorte der Innsbrucker Universität seit ihrer Gründung (1669); in: Forschungen zur Rechtsarchäologie und Rechtlichen Volkskunde, Bd. 15, Zürich 1993, S. 327–357.
31 Vgl. dazu: [Broschüre] Arkadentrakt, hg. von der Tiroler Landesbaudirektion, Innsbruck 1992.
32 Vgl. dazu: Ernst Ruschitzka, Bau und Bestände der Fakultätsbibliothek der Theologischen Fakultät der Leopold-Franzens-Universität Innsbruck, Innsbruck 1994, S. 31ff.
33 Vgl. dazu: [Broschüre] Neubau Bibliothek, hg. von der Tiroler Landesbaudirektion, Innsbruck 1994.
34 Vgl. dazu: BMWV, GZ. 30.103 / 11–9 ex 1997.
35 Vgl. dazu: [Broschüre] Neubau Brenner-Archiv, hg. vom Bundesministerium für wirtschaftliche Angelegenheiten, Wien 1997.
36 Vgl. dazu: BMWF, GZ 30.152 / 2–9 ex 1987.
37 Vgl. dazu: BMWFK, GZ 30.152 / 5–9 ex 1995.
38 Vgl. dazu: BMWFK, GZ 30.130 / 1–9 ex 1995.
39 Vgl. dazu: BMWV, GZ 30.108 / 1–9 ex 1999.
40 Vgl. dazu: BMWF, GZ 30.106 / 8–9 ex 1985.
41 Vgl. dazu: BMWF, GZ 30.142 / 5–9 ex 1994.
42 Vgl. dazu: [Projektinformation] Chirurgische Univ.-Kliniken; Landeplatz, Kernzone, Rückgrat, hg. von der TILAK, Innsbruck 1997.
43 Vgl. dazu: Der Zubau West am Gebäude der Chirurgischen Kliniken, hg. von der TILAK, Innsbruck 1997.
44 Vgl. dazu: MZA – Medizinzentrum Anichstraße am Landeskrankenhaus Innsbruck – Universitätskliniken, hg. von der TILAK, Innsbruck 2002.

14 Universität Salzburg (US)

Da die Standortfrage der Universität Salzburg erst 1979 geklärt werden konnte, verzögerte sich deren Ausbau beträchtlich. Seit der Wiedererrichtung im Jahre 1962 wurden für Zwecke der US 12 Neubauten errichtet und zahlreiche Bestandssanierungen (oftmals mit aufwendigen Restaurierungen verbunden) bzw. Adaptierungen vorgenommen, wovon 14 Projekte behandelt werden. 2002 standen der Universität Salzburg (wissenschaftliches Personal: 520 Personen; allgemeine Universitätsbedienstete: 450,5 Planstellen) 85.000 m² zur Verfügung; 9.833 ordentliche Studierende waren im Studienjahr 2002/03 inskribiert.

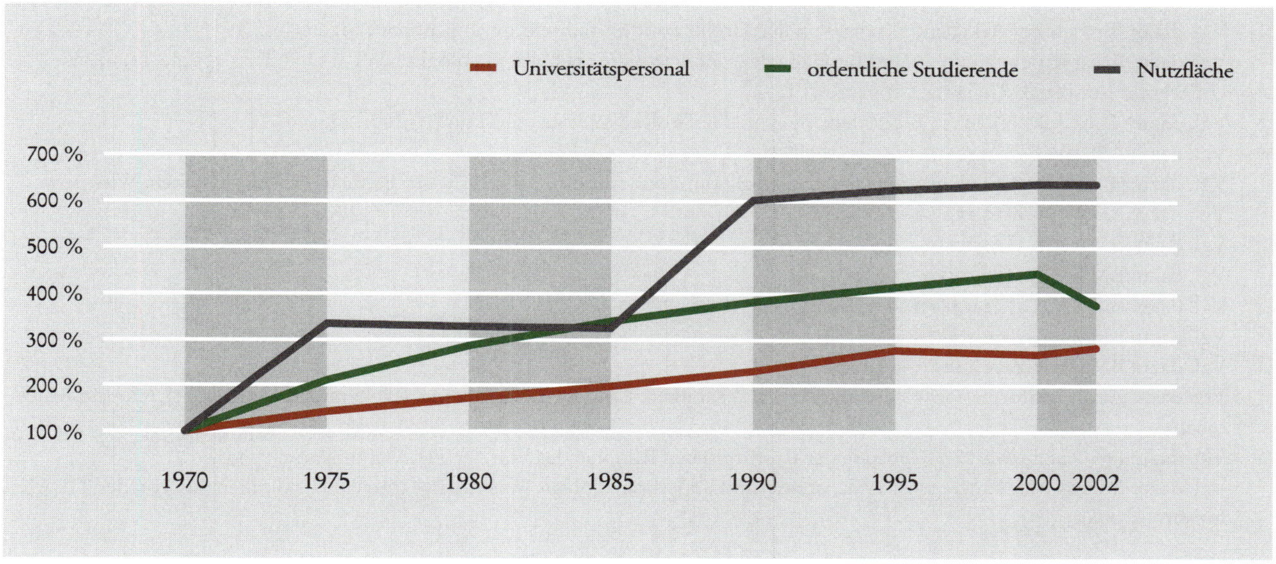

Die Universität verfügt heute über drei Zentren in Salzburg. Die Keimzelle der Altstadt-Universität bildet das Alte Studiengebäude (Universitätsplatz 1 und Hofstallgasse 2–4) gegenüber den Festspielhäusern, das bereits in den 1620er Jahren universitäre Einrichtungen beherbergte. Im Herzen der Altstadt werden für universitäre Zwecke auch Bereiche der ehemaligen erzbischöflichen Residenz genutzt: der Wallis-Trakt (Franziskanergasse 1), der Toskana-Trakt (Churfürststraße 1) sowie Räumlichkeiten in der Alten Residenz (Residenzplatz 1) und im Residenz-Neugebäude (Residenzplatz 9). Räume im Pustet-Haus (Sigmund-Haffner-Gasse 18), das dem Toskana-Trakt gegenüberliegt, wurden angemietet.

Östlich des Residenz-Neugebäudes befinden sich im Kaiviertel vier weitere ehemalige Stadtpaläste, die der US zur Verfügung stehen: das Alte Kapitelhaus (Kapitelgasse 4), die ehemalige Domdechantei (Kapitelgasse 6), das Firmian-Salm-Haus (Kapitelgasse 5–7) und das Schwarzenberg-Haus (Kaigasse 17). Für das 1999 gegründete Institut für Interdisziplinäre China-Studien (Chinazentrum) mietete man im Gebäude «Kaigasse 28» Räumlichkeiten an. Der Altstadt-Universität ist auch die gründerzeitliche Alte Gewerbeschule (Rudolfskai 42) am Ufer der Salzach zuzuordnen. Diese einzigartigen Baudenkmäler, die ihre Ursprünge zum größten Teil im frühen 17. Jahrhundert haben, zählen zweifellos zu den schönsten universitären Heimstätten in ganz Europa.

Einen sehr deutlichen Kontrast dazu bieten die drei Anfang der 1970er Jahre errichteten Montagebauten an der Akademiestraße, die gemeinsam mit dem Gebäude «Mühlbacherhofweg 6» im Stadtteil Nonntal das zweite Zentrum bilden. Dieser Standort liegt südöstlich der Altstadt-Universität und ist von dieser in wenigen Gehminuten zu erreichen. Weiter entfernt und im Südosten der beiden beschriebenen Zentren befindet sich im Stadtteil Freisaal der dritte Standort, wo man 1986 einen Gebäudekomplex für die Naturwissenschaftliche Fakultät eröffnete.

Lediglich drei universitäre Einrichtungen befinden sich in anderen Stadtteilen, die dort ansässigen Einrichtungen sinnvoll zugeordnet werden konnten. Auf dem Areal der Christian-Doppler-Klinik (ehemals Landesnervenklinik, Ignaz-Harrer-Straße 79) wurden die Institute für Gerichtliche Medizin und für Forensische Neuropsychiatrie angesiedelt. Das Institut für Computerwissenschaften befindet sich in einem Gebäude (Jakob-Haringer-Straße 2) des Salzburger Technologie-Zentrums, das nördlich des Hauptbahnhofs im Stadtteil Itzling liegt. Das Universitäts- und Landessportzentrum wurde in Rif bei Hallein errichtet, das ca. 10 km von Salzburg entfernt ist.

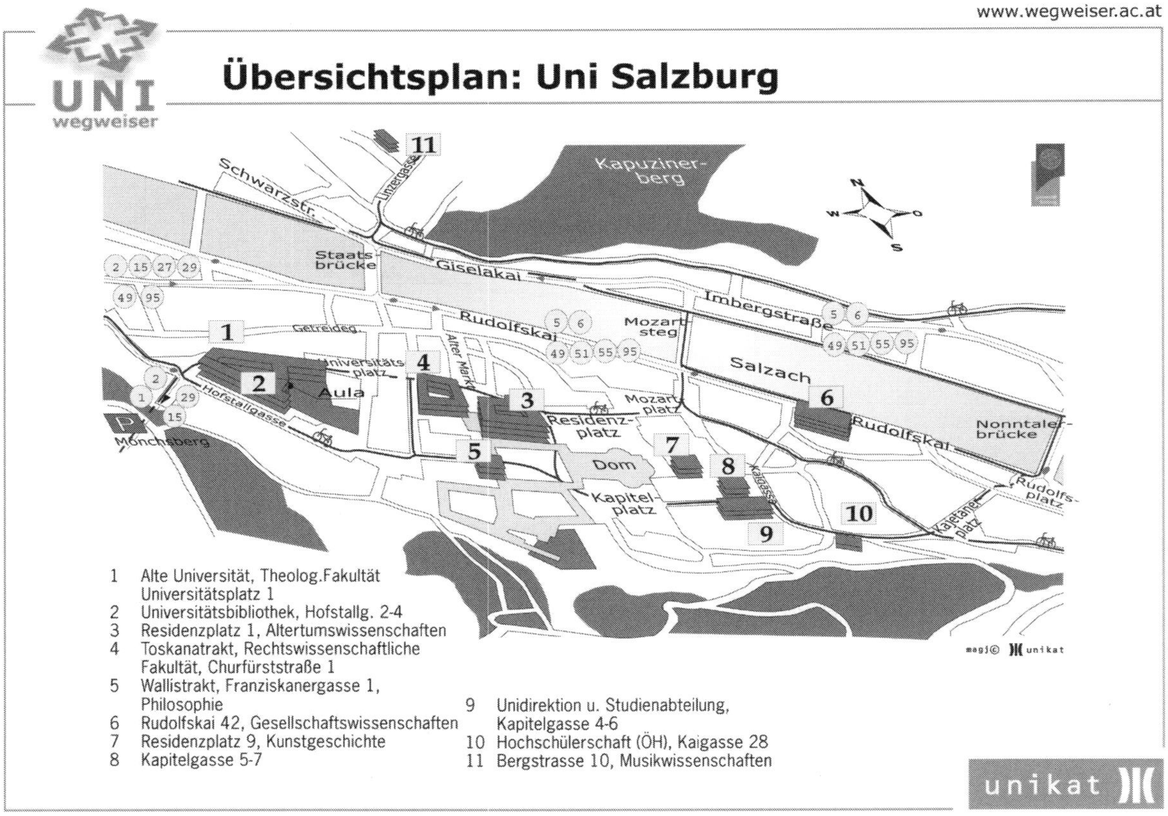

14.1 Die räumliche Erweiterung der Universität Salzburg ab 1962

Ein Jahr nach ihrer Wiedererrichtung wurden im Studienjahr 1963/64 244 ordentliche Studierende gezählt. 1965/66 waren es 737 und 1969/70 schon 2.304 ordentliche Studierende. In diesem Jahrzehnt erfuhren auch die drei bestehenden Fakultäten eine rasche Erweiterung: 40 Institute wurden gegründet, womit natürlich auch Forderungen nach adäquaten Arbeitsmöglichkeiten verbunden waren. Nachdem man aber praktisch erst mit der Wiedererrichtung der Universität die Frage nach ihrem Standort intensiv zu diskutieren begann, war von Anfang an klar, dass über Jahre Provisorien die räumlichen Ansprüche der US befriedigen müssten.

14.1.1 Die Standortproblematik

Mit der Wiedererrichtung der Universität Salzburg stellte sich auch die Standortproblematik, die allerdings erst im Jahre 1979 entschieden werden konnte. Mehr als eineinhalb Jahrzehnte mussten vergehen, bis ein Konzept ausgearbeitet war, das tatsächlich umgesetzt werden konnte. Die Altstadt war darin als einer von zwei (zentralen) Universitätsstandorten vorgesehen. Dass auch die Salzburger Altstadt vom universitären Leben durchdrungen werden sollte, war schon 1962 gewünscht worden. Im Herzen der Stadt sollte ein «lebendiges Geisteszentrum» entstehen – Salzburg sollte Universitätsstadt im klassischen Sinne werden. Dem Akademischen Senat der wiedererrichteten Universität stand damals eine Alma Mater Paridiana vor Augen, die sich durch eine stark humanistische Betonung (Studium generale) auszeichnen sollte. Im Sommer 1966 formulierte der damalige Rektor die Konsequenz, die sich daraus ergab, folgendermaßen: «Der Akademische Senat hält an seinen bisherigen Gedanken fest, daß für Salzburg keine Campus-Universität in Frage kommt, sondern einzig und allein eine Universität, die organisch in den Stadtkern hineinwächst. Die Atmosphäre der Stadt, ihre bedeutsamen Bauten und Plätze tragen nicht wenig zur Prägung junger Menschen bei. Der Hochschüler soll nicht aus der menschlichen Gesellschaft ausgesiedelt werden, sondern vielmehr in ihr eingesiedelt werden.»[1]
Zur Diskussion stand eine «City-Universität», worunter man eine weitgehende Integration der universitären Einrichtungen im Stadtzentrum verstand. Im Juli 1965 widmete das Wirtschaftsressort große Bereiche der Residenz für Zwecke der Universität Salzburg;[2] der Wallis-Trakt sowie Räumlichkeiten in der Alten Residenz standen der Universität bereits zur Verfügung, und das Alte Studiengebäude sollte natürlich auch weiterhin die Heimstätte der Katholisch-Theologischen Fakultät bleiben. Das Projekt City-Universität warf jedoch zahlreiche Probleme auf, die in den 1960er Jahren nicht zu überwinden waren. Geschäftsleute befürchteten Umsatzeinbußen, da Studierende nun einmal nicht zur Zielgruppe der in der Altstadt ansässigen (und teilweise exklusiven) Geschäfte zählen, und Anrainer befürchteten, dass durch eine Ansiedlung der Universität im Stadtzentrum dort ein Verkehrschaos ausgelöst werden würde. Mit Bürgerprotesten war zu rechnen. In der Altstadt boten sich außerdem für die Universität nur Gebäude an, die damals von öffentlichen Einrichtungen genutzt wurden. Für diese Behörden hätten Neubauten errichtet werden müssen, wodurch sich der Ausbau der US weiter verzögert hätte, da ja erst nach den Übersiedlungen Adaptierungsmaßnahmen möglich gewesen wären. Sieht man vom enormen finanziellen Aufwand ab, sprach noch ein gewichtiges Argument gegen die Realisierung der City-Universität: Der Expansion der Universität ist in der Altstadt eine natürliche Grenze gesetzt.
In Anbetracht all dieser Schwierigkeiten wurden in den 1960er Jahren zahlreiche Alternativen vorgeschlagen, die in der Regel den Standort in der Altstadt berücksichtigten, der allerdings durch ein zweites Zentrum, möglichst nahe der Altstadt-Universität, ergänzt werden sollte. Für die Errichtung von Universitätsneubauten wurden 1968 acht Standorte in Erwägung gezogen und geprüft: der Bereich Nonntal-Leopoldskron, Liegenschaften entlang der

Alpenstraße, Grundstücke an der Moos- und Akademiestraße, der Flugplatz Maxglan, Grundstücke im Stadtteil Freisaal, das Areal der Schwarzenbergkaserne im Stadtteil Siezenheim, der südöstliche Hang des Kapuzinerbergs und Liegenschaften an der Hellbrunner Allee. (Ein Architekt schlug sogar die Absiedlung der Universität aus der Landeshauptstadt vor, die seinen Vorstellungen gemäß auf halbem Wege zwischen Salzburg und Hallein errichtet werden sollte.) Als Grundlage für die Beurteilung dieser Standorte diente eine Untersuchung über den Raumbedarf der Universität, die im Mai 1967 vorgelegt worden war.[3]

Zwei der acht Vorschläge kamen dann in die engere Wahl; für beide Standorte waren auch konkrete Bebauungsvorschläge gemacht worden. Das erste Projekt stammte von Roland Rainer, der bereits 1962 mit einer städtebaulichen Planung für die US begonnen hatte. Damals wollte der Architekt die Universität geschlossen (mit Ausnahme der Medizinischen Fakultät, die auf dem Areal des LKH Salzburg errichtet werden sollte) im Bereich Nonntal-Leopoldskron ansiedeln. Der großangelegte Entwurf, der auch die Kunstakademie Mozarteum mit einbezog, wurde in weiterer Folge aber deutlich reduziert. 1968 stand nur noch die Errichtung eines Gebäudekomplexes für die Philosophische Fakultät, die Universitätsbibliothek und die vorklinischen Fächer der geplanten Medizinischen Fakultät zur Diskussion; die Katholisch-Theologische und die Rechts- und Staatswissenschaftliche Fakultät sowie die Universitätsverwaltung sollten in der Altstadt verbleiben bzw. dort angesiedelt werden. Für den Standort Nonntal-Leopoldskron konnte letztlich nur die Stadt Salzburg nicht gewonnen werden, die einen Teil des Areals zu einer Kurzone erklären wollte. Den baulichen Maßnahmen wäre dort außerdem die Stadtgärtnerei zum Opfer gefallen. Bürgerproteste brachten 1968 diesen Plan, der vom Akademischen Senat, dem Bauten- und dem Unterrichtsministerium unterstützt worden war, endgültig zum Scheitern.

Das zweite Konzept, das man damals intensiv diskutierte, hatte Architekt Gerhard Garstenauer Mitte der 1960er Jahre entwickelt; es sah eine bandartige Universitätsentwicklung am Stadtrand zwischen der Alpenstraße und der Hellbrunner Allee vor und orientierte sich stark an der baulichen Ausführung der Universität Bochum. In diesem Falle wäre die ganze Universität auf diesem Areal angesiedelt worden. Diesen Vorschlag lehnte der Akademische Senat aber entschieden ab.[4] (Hätte man den Standort in der Altstadt nicht völlig aufgegeben, wäre die räumliche Distanz zwischen den beiden Standorten relativ groß gewesen, wodurch die angestrebte Umsetzung einer interdisziplinären und interfakultären Zusammenarbeit gefährdet schien. Durch die relative Abgeschiedenheit wäre auch die Integration der Universität ins Salzburger Kulturleben grundsätzlich erschwert worden.) Den Standort Alpenstraße-Hellbrunner Allee wünschten letztlich nur Vertreter der Stadt Salzburg, weswegen auch dieses Konzept nicht realisiert werden konnte. Im Prinzip war man dadurch 1968 wieder an jenem Punkt angelangt, von dem aus 1962 die Standortdiskussion ihren Anfang genommen hatte. In der Zwischenzeit waren jedoch die drei bestehenden Fakultäten kontinuierlich ausgebaut worden und die Hörerzahlen stark angestiegen. Es war zu befürchten, dass sich die damals schon bestehende Raumnot der US in den 1970er Jahren zu einer ernsthaften Raumkrise steigern könnte.

Im April 1968 legten Stadt und Land Salzburg gemeinsam ein Standortgutachten für einen Neubau der Philosophischen Fakultät vor, in dem eine Empfehlung für den Stadtteil Freisaal ausgesprochen wurde,[5] wo man 1972 auch Grünflächen im Ausmaß von rund 171.000 m² dem Bund für den Universitätsbau kostenlos zur Verfügung stellte.[6] Für den Neubau in Freisaal schrieb man im Herbst 1972 einen Wettbewerb aus, den die Architekten Heinz Ekhart, Stefan Hübner, Georg Ladstätter und Heinz Marschalek mit ihrem Projekt für sich entscheiden konnten, das eine geschlossene (viergeschoßige) Verbauung vorsah. Dieses Projekt wurde jedoch universitätsintern wegen seiner Massivität stark kritisiert. Den zweiten Preis erzielte Wilhelm Holzbauer mit seinem Entwurf, der sich durch eine aufgelockerte (zweigeschoßige) Verbauung auszeichnete. Die Realisierung des Projekts von Holzbauer wünschte die Universität, die schließlich auf die Bildung einer Planungsgemeinschaft der beiden Preisträger drängte.[7]

Auf den Wunsch von Stadt, Land und Universität hin wurde 1974 außerdem auch die Planung des Landes- und Universitätssportzentrums in das Bauvorhaben integriert.[8] Das neue Konzept sah eine Verbauung von ca. 130.000 m² vor. Gegen den 1975 vorgelegten Projektentwurf wurden rund 15.000 Unterschriften gesammelt.

Die Zerstörung des Landschaftsgefüges und überhöhte Raumforderungen der künftigen Nutzer stellten die Hauptargumente der Gegner dar, die außerdem die Unterbringung der Geisteswissenschaftlichen Fakultät in der Altstadt forderten.[9] Aus dem Gesamtkonzept nahm man das Sportzentrum wieder heraus, doch dieser Schritt bewirkte keinen Umschwung der öffentlichen Meinung mehr. Eine neuerliche Standortuntersuchung wurde in Auftrag gegeben. Nach der von Alfred Wanko im Jahre 1977 vorgelegten Studie sollte dann nur mehr für die Naturwissenschaftliche Fakultät in Freisaal ein Gebäudekomplex errichtet und die Institute der Geisteswissenschaftlichen Fakultät auf die Standorte Altstadt und Akademiestraße verteilt werden.[10]

Nach all den vergeblichen Mühen wurde in der zweiten Hälfte der 1970er Jahre die Idee einer Altstadt-Universität (wieder) intensiv diskutiert: Von der «Rückkehr zum Ursprünglichen» sprach man damals in Salzburg.[11] 1978 entwickelten die Architekten Otto Prossinger und Martin Windisch ein Konzept, das in seinen wesentlichen Zügen letztlich auch realisiert werden konnte. Die Grundüberlegung war, dass die Katholisch-Theologische, die Rechtswissenschaftliche sowie Teile der Geisteswissenschaftlichen Fakultät und die Universitätsverwaltung im Stadtzentrum Heimstätten finden sollten. Für deren Unterbringung waren die Alte Gewerbeschule am Rudolfskai, der Toskana-Trakt der Residenz und drei Kapitelhäuser vorgesehen. Um die genannten Gebäude für Zwecke der Universität adaptieren zu können, mussten aber vorerst für die Höhere Technische Bundeslehranstalt, die Bundespolizeidirektion und die Finanzlandesdirektion Ersatzbauten errichtet werden. Diese Bauvorhaben waren in den 1970er Jahren bereits unabhängig vom Projekt Altstadt-Universität gefordert worden, was die Realisierung des Salzburger «Jahrhundertprojekts» erleichterte. Dafür waren letztlich rund (ATS) 7 Milliarden aufzubringen; rund 1 Milliarde kostete die Adaptierung der Altstadtgebäude. In dieses Großprojekt waren neben den zuständigen Einrichtungen der Stadt und des Landes, dem Wissenschafts-, Finanz- und Bautenministerium auch das Innen- und das Unterrichtsministerium eingebunden. Den entscheidenden Impuls erhielt das Projekt Altstadt-Universität durch die 1979 neu zusammengesetzte Salzburger Landesregierung, die den überfälligen Ausbau der Universität zu einem ihrer zentralen Anliegen erklärte.

Nachdem die bisherigen Standortdiskussionen zu nichts führten und schon das Großprojekt Freisaal Bürgerprotesten zum Opfer gefallen war, wurde nun intensiv um eine breite Zustimmung für die Altstadt-Universität geworben. (Das von Prossinger und Windisch ausgearbeitete Konzept stellte man im Rahmen einer Publikation vor, die das Landespressebüro herausgab.)[12] Den Durchbruch erzielte eine Salzburger Delegation, die Landeshauptmann Wilfried Haslauer anführte, am 4. Oktober 1979 in Wien, wo man mit Bundeskanzler Bruno Kreisky und jenen fünf Ministern zusammentraf, in deren Zuständigkeitsbereich das umfassende Bauvorhaben fiel. Nach mehr als eineinhalb Jahrzehnten des Ringes um die Lösung der Standortfrage fiel an diesem Tag die endgültige Entscheidung zugunsten eines Konzepts, das eine starke Betonung des universitären Zentrums in der Altstadt vorsah. Zugleich beinhaltete diese Entscheidung auch eine prinzipielle Finanzierungszusage. Der Ministerrat genehmigte am 8. Juli 1980 das «Investitionsprogramm Salzburg für Universitätsneu- und -ersatzbauten» mit einem vorläufig angenommenen Finanzierungsrahmen von (ATS) 3 Milliarden.[13] (Das Landespressebüro hat die Realisierung dieses umfangreichen Bauvorhabens mit einer ausgezeichneten Publikationsreihe – «Baudokumentation Universität und Ersatzbauten» – begleitet.)

Während die Landesbaudirektion für die Bauabwicklung eines Teiles der Altstadtadaptierungen und des Neubaus für die Höhere Technische Bundeslehranstalt verantwortlich zeichnete, wurde im März 1981 für die Abwicklung der Projekte Naturwissenschaftliche Fakultät, Bundespolizeidirektion und Finanzlandesdirektion die Salzburger Bauträgergesellschaft SABAG gegründet, die sich aus Vertretern der Stadt, des Landes und zweier Bankinstitute zusammensetzte. – Bevor die Adaptierungen der Gebäude in der Altstadt für die US in Angriff genommen werden konnten, mussten jedoch zahlreiche Probleme in Zusammenhang mit der Errichtung der Ersatzbauten gelöst werden, worauf an anderen Stellen noch kurz eingegangen werden soll. Eine Würdigung erfuhr das Projekt Altstadt-Universität durch die Verleihung des Europa-Preises für Denkmalpflege, der im Jahre 1983 der Sachverständigenkommission für Altstadterhaltung in Salzburg verliehen wurde.

Dass die Stadt Salzburg dank der umfassenden Restaurierungen der Gebäude heute wieder über kunsthistorische Kostbarkeiten von europäischem Rang verfügt, ist eng mit dem Auf- und Ausbau der Altstadt-Universität verbunden. Erst durch die Widmung für die Universität konnten die prachtvollen historischen Bauten, deren Sanierung durch ihre frühere Nutzung jahrzehntelang blockiert war, sachgemäß renoviert werden. Dadurch konnten auch Bausünden des 19. Jahrhunderts beseitigt werden, die nach dem Verlust der Eigenständigkeit Salzburgs infolge der Napoleonischen Kriege gemacht worden waren. (Zahlreiche Räumlichkeiten der ehemaligen Paläste wurden als Arreste, als Lagerhallen und dergleichen mehr genutzt.) Modernisierungsmaßnahmen, die den einquartierten Behörden im 20. Jahrhundert zugute kamen, setzten dann nur den Schlusspunkt eines aus denkmalpflegerischer Sicht unerfreulichen Kapitels. Im Zuge der Renovierungen stieß man des Öfteren auf kunsthistorisch bedeutsame Funde, die nicht erwartet worden waren, wodurch Raum- und Funktionsprogramme mehrmals überarbeitet werden mussten. Ästhetik und Funktionalität waren in ein befriedigendes Verhältnis zu bringen. Die an diesem oft sehr mühsamen Prozess Beteiligten fanden jedoch Lösungen, die zu einem in vielerlei Hinsicht überzeugenden Ergebnis führten. Zur ausgezeichneten Zusammenarbeit äußerte sich Karl Heinz Ritschel (ehemals Chefredakteur der Salzburger Nachrichten) folgendermaßen: «Den Architekten ist höchste Flexibilität und Ehrfurcht vor dem kulturellen Erbe zu bescheinigen, aber auch den Verantwortlichen der Universität sowie der mit der Bauplanung befassten Ämter und Ministerien, dass sie jeweils sensibel auf die neuen Funde reagierten, obwohl diese jeweils Nutzflächen zunichte machten.»[14]
Trotz zahlreicher Planungsänderungen und der flexiblen Arbeitsausführungen wurde der Terminplan eingehalten und das veranschlagte Budget nur unwesentlich überschritten. Von den Besonderheiten, die man während der Adaptierungen entdeckte, wird in den entsprechenden Kapiteln gehandelt werden. An dieser Stelle soll noch erwähnt werden, dass bei den Grabungsarbeiten für die Bücherdepots in den Höfen des Alten Studiengebäudes und des Toskana-Trakts eine Fülle an mittelalterlichen Gerätschaften (aber auch Zeugnisse, die bis in die Römerzeit zurückreichen) gefunden wurden. Archäologen werden mit der Auswertung dieser Funde, die eine der größten Sammlungen in ganz Europa darstellen, vermutlich noch jahrzehntelang beschäftigt sein.

14.1.2 Die Adaptierung der ehemaligen Schuhfabrik Gruber, Weiserstraße 22

Auf der Suche nach Provisorien wurde man in der Nähe des Salzburger Hauptbahnhofs fündig, wo in der Weiserstraße das Gebäude der ehemaligen Schuhfabrik Gruber für Zwecke der US gemietet und adaptiert werden konnte. Die Umbauarbeiten im Jahre 1964 waren mit einem Kostenaufwand von (ATS) 7,5 Millionen verbunden;[15] 1969 erwarb der Bund das Gebäude. Untergebracht wurden dort Institute der Rechts- und Staatswissenschaftlichen Fakultät, für die als endgültige Heimstätte bereits Mitte der 1960er Jahre der Toskana-Trakt der Residenz ins Auge gefasst worden war.

14.1.3 Die Adaptierung des Wallis-Trakts der Residenz, Franziskanergasse 1

Nach dem Zweiten Weltkrieg waren von der Katholisch-Theologischen Fakultät bereits Teile des Wallis-Trakts (eigentlich Valis-Trakt) und des Alten Studiengebäudes genutzt worden. Diese beiden Gebäude bilden die Keimzelle der gewünschten Altstadt-Universität, die dann in den 1980er und 1990er Jahren realisiert werden konnte. Einen ersten Schritt in diese Richtung bedeuteten Adaptierungsmaßnahmen im Wallis-Trakt, die man

in den Jahren 1964 und 1965 durchführte. Im Unterschied zu den späteren Adaptierungen in der Altstadt wurde im gegenständlichen Fall erhaltenswürdige Bausubstanz zerstört.[16] (Anfang der 1950er Jahre hatte schon die Katholisch-Theologische Fakultät von Adaptierungsmaßnahmen im Wallis-Trakt und im Alten Studiengebäude profitiert. In Salzburg zählte man 1955/56 150 und 1962/63 201 ordentliche Studierende.)
Der Wallis-Trakt ist dem Hofbogengebäude angegliedert, das der für die bauliche Entwicklung Salzburgs höchst bedeutsame Erzbischof Wolf Dietrich von Raitenau zu Beginn des 17. Jahrhunderts errichten ließ; das Hofbogengebäude diente ihm als Wohnbereich. Gegen Ende dieses Jahrhunderts veranlasste Erzbischof Johann Ernst Graf Thun einen umfassenden Ausbau des Wallis-Trakts; seine Wappentafel von 1690 ist an der Fassade (Franziskanergasse) angebracht. 2003 waren in diesem zweigeschoßigen Gebäude (knapp 1.600 m²) das Philosophische Institut der Katholisch-Theologischen Fakultät und das Institut für Philosophie der Geisteswissenschaftlichen Fakultät untergebracht.

14.1.4 Der Neubau für die Gerichtliche Medizin, Ignaz-Harrer-Gasse 79

In Zusammenhang mit der gewünschten Errichtung der Medizinischen Fakultät ist dieses Bauvorhaben auf dem Areal der damaligen Landesnervenklinik zu sehen, das 1971 fertig gestellt werden konnte. Das Gebäude (950 m²) ist mit jenem langgestreckten Baukörper verbunden, das die Landeskliniken für Neurochirurgie und für Neurologie beherbergt. Im Erdgeschoß des Gebäudes wurde auch ein Hörsaal eingerichtet, der rund 140 Personen Platz bietet. Die Baukosten – rund (ATS) 12,5 Millionen – trug zur Gänze das Land Salzburg,[17] die Kosten für die Einrichtung übernahm im Wesentlichen der Bund. Das Institut, das bereits Ende der 1960er Jahre eine Außenstelle in Linz eingerichtet hatte, wurde der Rechts- und Staatswissenschaftlichen Fakultät angegliedert, ebenso das 1972 gegründete Institut für Forensische Neuropsychiatrie. Wegen des herrschenden Raummangels musste Mitte der 1990er Jahre das letztgenannte Institut aus den bisher zur Verfügung gestellten Räumlichkeiten in der Landesnervenklinik ausgesiedelt werden. Für das Institut für Forensische Neuropsychiatrie wurde die ehemalige Verwalter-Villa (Böhm-Villa) der Landesnervenklinik adaptiert.

14.2 Die räumliche Erweiterung der Universität Salzburg ab 1970

In diesem Jahrzehnt hat sich die Hörerzahl beinahe verdreifacht; im Studienjahr 1970/71 wurden 2.664, 1975/76 5.337 und 1979/80 7.329 ordentliche Studierende gezählt. Gegen Ende dieses Dezenniums war damit jene Hörerzahl überschritten, die 1966 vom damaligen Rektor als «Höchstzahl» (7.000) genannt worden war.[18] (Damals ging man allerdings von einer Universität aus, die auch eine Medizinische Fakultät umfassen sollte.) Dass sich nach dem Fiasko von Freisaal im Jahre 1976 die Raumnot der Universität nicht in eine Raumkrise wandelte, war vor allem der Erzabtei St. Peter zu verdanken, die einerseits Grundstücke für die Errichtung von Provisorien bereit gestellt und andererseits mehrere Gebäude auf eigene Kosten errichtet hatte, die für Zwecke der US vom Bund angemietet wurden. Die Universität profitierte gegen Ende dieses Dezenniums auch von der Fertigstellung des Hauptgebäudes (Mirabellplatz 1) der Kunsthochschule Mozarteum, wo 1979 dem Institut für Geschichte 2.000 m² zur Verfügung gestellt wurden. Bereits 1967 hatte der Bund diese Liegenschaft zum Ausbau der damaligen Akademie, aber auch für Zwecke der US erworben. In den 1970er Jahren gewann die Universität Salzburg 30.000 m² und verfügte 1980 über 43.000 m².

14.2.1 Die drei Montagebauten «Akademiestraße 20, 24 und 26»

Die gegenständlichen drei Bauten sollten ursprünglich nur Übergangslösungen darstellen, deren Realisierung jedoch höchst dringlich war, nachdem sich Mitte der 1960er Jahre keine rasche Klärung der grundsätzlichen Standortfrage abgezeichnet hatte und dadurch der gesamte räumliche Ausbau der Universität blockiert war. 1967 schlug deswegen das Unterrichtsministerium die Errichtung von demontierbaren Montagebaueinheiten vor, um die bereits bestehende Raumnot in Salzburg zu lindern, unter der insbesondere die schnell wachsende Philosophische Fakultät litt. Damals mussten naturwissenschaftliche Institute teilweise in Privathäusern und Wohnungen untergebracht werden, die selten den universitären Anforderungen entsprachen. Als Standort für die nur als Provisorien gedachten und dann als solche auch errichteten Bauten boten sich Grundstücke an der Akademiestraße im Südosten der Altstadt an. Das rund 12.000 m^2 große Areal, das dem Benediktinerstift St. Peter gehört, wurde vom Bund für Zwecke der US gepachtet.[19]

Foto: Scheinast

Mit der Errichtung des ersten Fertigteilhauses (Akademiestraße 20) wurde im März 1969 begonnen, bereits im September 1969 konnten zwei Institute (Germanistik; Geographie) das Gebäude beziehen. In einem Anbau (Akademiestraße 22), der in acht Monaten (Februar bis September 1971) errichtet worden war, wurde das Institut für Psychologie einquartiert. Bereits 1970 war das Gebäude «Akademiestraße 26» errichtet worden, das von den Instituten für Zoologie und für Geowissenschaften bezogen wurde. Der steile Anstieg der Hörerzahlen an der Philosophischen Fakultät führte im März 1972 zum Bau eines dritten Provisoriums (Akademiestraße 24), das aufgrund der bereits gesammelten Erfahrungen und der fortgeschrittenen technischen Entwicklung auf dem Gebiet des Montagebaus das qualitativ hochwertigste Gebäude an der Akademiestraße darstellt. Im Herbst 1973 konnten die Institute für Anglistik und Amerikanistik, für Romanistik und für Slawistik ihren Betrieb in diesem Montagebau aufnehmen. Den genannten Instituten der Philosophischen Fakultät standen in den drei Provisorien rund 15.000 m^2 zur Verfügung.[20] Nachdem 1986 die naturwissenschaftlichen Institute in den Gebäudekomplex im Stadtteil Freisaal übersiedelten, verblieben am Standort Akademiestraße sechs geisteswissenschaftliche Institute; derzeit sind in den Montagebauten noch die Germanistik (Akademiestraße 20), Anglistik, Romanistik und Slawistik (Akademiestraße 24) sowie die Fachbereiche Musik- und Erziehungswissenschaft (Akademiestraße 26) untergebracht.

Während der Bautätigkeit in Freisaal hatte die Universität ein Raum- und Funktionsprogramm für die – nach der Übersiedlung der naturwissenschaftlichen Institute – neu zu besiedelnden Gebäude in der Akademiestraße erstellt. Die dreigeschoßigen Provisorien, die nur zum Teil unterkellert sind, sollten generalsaniert werden. Die Architektengruppe «Universität Salzburg» (Heinz Ekhart, Stefan Hübner, Georg Ladstätter und Heinz Marschalek) leitete im August 1984 eine umfassende Vorplanung ein.[21] Der von den Architekten vorgeschlagene Ausbau der drei Montagebauten konnte aber aufgrund der zahlreichen laufenden Universitätsbauvorhaben (auch in Salzburg) und der knappen Bundeshochbaukredite nicht realisiert werden.[22] Auch die Sanierungsmaßnahmen fielen weniger umfassend als geplant aus; von den gesetzten Maßnahmen profitierte vor allem das Gebäude «Akademiestraße 26». Zu Beginn des 21. Jahrhunderts präsentieren sich die Montagebauten, die ursprünglich als Provisorien für zehn Jahre gedacht waren, in einem stark abgewohnten Zustand. Ersatzbauten, die voraussichtlich 2007 in Angriff genommen werden, sind im Rahmen des Projekts Uni-Park Nonntal vorgesehen.

14.2.2 Die Generalsanierung des Alten Studiengebäudes, Universitätsplatz 1 und Hofstallgasse 2–4

Der als Altes Studiengebäude bezeichnete Gebäudekomplex ist – einem Kloster ähnlich – um einen Innenhof gruppiert. Verschiedene Bauphasen prägen dieses Bauwerk, mit dessen Errichtung im Frühjahr 1618 begonnen wurde. Den ältesten Bauteil bildet das Kollegium-Gebäude, das den Lehrenden des 1617 gegründeten Gymnasiums gewidmet war. Dieses Gebäude, der Nordflügel der ganzen Anlage, grenzt an den Universitätsplatz und bildet mit dem westlich angefügten Sacellum-Trakt, den man 1650 und 1663 erweiterte, eine Einheit. Um 1760 erhielt die Stuba academica, die sich im ersten Obergeschoß des Kollegium-Gebäudes befindet, Stuckverzierungen: In Stuckrahmen wurden jene elf Bilder gefasst, welche die Erzbischöfe von Markus Sitticus bis Hieronymus Colloredo darstellen. Mit der Erhebung des Gymnasiums zur Universität wurde eine bauliche Erweiterung notwendig, deren Gestaltungsidee dem Dombaumeister Santino Solari zugeschrieben wird. Die Ausführung verzögerte sich aber beträchtlich, da damals die finanziellen Mittel knapp waren und auch lange Zeit die Standortproblematik nicht gelöst werden konnte.
Zu Beginn der 1630er Jahre wurde schließlich ein Aula-Gebäude errichtet, das vom Universitätsplatz aus betrachtet einen Mittelrisalit darstellt. Der große, über zwei Geschoße reichende Festsaal (Aula academica) befindet sich im ersten Stock. Von der ursprünglichen Innenausstattung sind das Altarblatt und der Bilderzyklus der fünfzehn Rosenkranzgeheimnisse erhalten geblieben. Das Aula-Portal gilt als Entwurf Fischer von Erlachs. 1780/81 erhielt die Aula academica ihre klassizistische Ausstattung und Raumdekoration. Der klassizistischen Erneuerung der Fassade des Nordflügels entstammen die beiden links und rechts des Mittelrisalits gelegenen Portale, für die Wolfgang Hagenauer die Entwürfe geliefert hatte. In der ersten Hälfte der 1650er Jahre entstanden der an die Hofstallgasse grenzende Hörsaaltrakt und ein Bau, der den neu errichteten Südflügel mit dem Aula-Gebäude verband. Die hofseitige Fassade des Südflügels erhielt mit einer dreigeschoßigen Arkadengalerie eine besondere architektonische Ausgestaltung. In diesem Gebäude war neben den Hörsälen und einem kleinen Theater (die heutige Kleine Aula) ab 1793 auch die Bibliothek untergebracht. Mit dem Bau einer Kirche für die Universität beauftragte Erzbischof Johann Ernst Graf Thun 1696 Johann Bernhard Fischer von Erlach. Die 1707 eingeweihte Kollegienkirche und das Aula-Gebäude verbindet ein Trakt.[23] (2003/04 wurde das Aula-Gebäude adaptiert; vgl. dazu: 14.4.7.)
Nach Plänen von Otto Prossinger und Martin Windisch wurde mit den umfassenden Adaptierungsarbeiten des Alten Studiengebäudes (8.000 m²) im Jänner 1970 begonnen.[24] Das (ATS) 133 Millionen teure Projekt konnte 12 Jahre später endgültig abgeschlossen werden. In den Gesamtplan war auch die Unterbringung der Universitätsbibliothek aufgenommen worden,[25] die eigentlich am Standort Nonntal-Leopoldskron in

nächster Nähe zu den Bauten für die Philosophische Fakultät hätte errichtet werden sollen. Da man der Universitätsbibliothek auch die Funktion einer wissenschaftlichen «Allgemeinbibliothek» (im Sinne einer Landesbibliothek) zusprach, fiel dann die Wahl auf den Standort im Zentrum der Stadt. Zugewiesen wurde ihr (vor allem) der Südflügel entlang der Hofstallgasse, den man in vier Bauetappen während der Jahre 1978 und 1982 umbaute, wodurch eine durchgängige Benutzung der Bibliothek aufrecht erhalten werden konnte. Eingerichtet wurden unter anderem mehrere Lesesäle und eine Präsenzbibliothek. Die repräsentativsten Bereiche der Universitätsbibliothek bilden der Große Lesesaal und der Katalogsaal im zweiten Obergeschoß des Hofstalltrakts; ersterer ist über eine Stahlwendeltreppe mit dem darunter liegenden Zeitschriftenlesesaal verbunden. Die Deckenfelder des Großen Lesesaales gestaltete Joshi Takahashi. Die Lesesäle nehmen in ihrer Breite den ganzen Raum von der Fassade an der Hofstallgasse bis zur Hoffassade ein; die im zweiten Obergeschoß freigelegten alten Arkaden wurden mit großflächigen Isolierglasteilen geschlossen.
Bereits im Juni 1972 begann man im Hof des Alten Studiengebäudes mit dem Bau eines unterirdischen Bücherspeichers, der Ende 1975 zur Benützung freigegeben werden konnte. 350.000 Bände siedelten in das 1,2 Millionen Bände fassende dreigeschoßige Depot. Anstelle des Botanischen Gartens, der 1835 angelegt worden war, sollte im Hof ursprünglich ein Architekturgarten geschaffen werden. (Der Hof wurde dann aber zum Parkplatz, drei Plastiken – «Die Liegende» von Emilio Greco, «Die Sitzende» von Fritz Wotruba und «Tanzschritt» von Giacomo Manzù – befinden sich im Furtwänglerpark.) In der Universitätsbibliothek befinden sich außerdem eine Stele der Bildhauerin Veva Toncic und zwei Bronzen von Pier Eckhoff.
Der Verbindungstrakt zwischen dem Aula-Gebäude und dem Südflügel wurde in den Jahren 1972 bis 1974 umgebaut und beherbergt seitdem die Direktion der Bibliothek. Der östlichste Teil des Südflügels, das ehemalige Anatomie-Stöckl, adaptierte man 1976/77 für die Bibliotheksverwaltung; der hallenartige Trakt wurde in vier Geschoße unterteilt. (Nachdem 1871 die niedere medizinisch-chirurgische Lehranstalt aufgelassen worden war, wurde in den 1880er Jahren die Musikschule Mozarteum im Anatomie-Stöckl untergebracht.)[26] Neben der Errichtung des Bücherspeichers setzte man mit der Unterkellerung des Aula-Gebäudes und des Südflügels weitere Neubaumaßnahmen. Umbauarbeiten mit größeren baulichen Eingriffen waren im zweiten Obergeschoß des Südflügels, im Stöckl und auch im Aula-Gebäude nötig, Adaptierungsarbeiten mit geringen baulichen Veränderungen wurden im Nordflügel sowie im Erdgeschoß und im ersten Obergeschoß des Südflügels vorgenommen.[27] Der Einbau von zusätzlichen akustischen, lüftungstechnischen, elektro- und beleuchtungstechnischen Einrichtungen in der Aula academica, der Kleinen Aula, der Stuba academica und im Sacellum stellte eine besondere Herausforderung dar.
Da neben Instituten der Katholisch-Theologischen Fakultät auch das Akademische Gymnasium und das Pädagogische Institut im Alten Studiengebäude untergebracht waren, mussten immer wieder Behelfsräume geschaffen sowie Umgruppierungen und Übersiedlungen vorgenommen werden, was die Bautätigkeit grundsätzlich erschwerte. Im März 1979 konnte schließlich die Übergabe der Räumlichkeiten an die Fakultät erfolgen.[28] Mit Ausnahme des großen Philosophischen Instituts fanden damals alle (elf) Institute der Katholisch-Theologischen Fakultät im Alten Studiengebäude Platz. Zu Beginn des 21. Jahrhunderts waren darin nur noch sechs Institute (Alt- und Neutestamentliche Wissenschaft; Kirchengeschichte; Systematische und Ökumenische Theologie; Moraltheologie, Christliche Gesellschaftslehre und Kirchenrecht; Praktische Theologie; Theologie Interkulturell) beheimatet.

14.2.3 Der Zubau zum adaptierten Fabriksgebäude «Weiserstraße 22»

Der Ausbau der Rechts- und Staatswissenschaftlichen Fakultät (Institutsneugründungen) sowie das Ansteigen der Hörerzahlen führten rasch zu beengten Verhältnissen im adaptierten Fabriksgebäude an der Weiserstraße. Als Ende der 1960er Jahre eine baldige Übersiedlung in den Toskana-Trakt nicht realistisch schien, wurde an den Ausbau des bestehenden Provisoriums gedacht.[29] Am südlichen Teil des Grundstücks begann man im Februar 1972 mit der Errichtung eines Neubaus, der durch einen Trakt mit dem bestehenden Gebäude verbunden wurde. Durch diese Erweiterung standen 1974 der Rechts- und Staatswissenschaftlichen Fakultät in dem Gebäudekomplex knapp 800 m^2 zur Verfügung. Nachdem die Juristen 1992 im prachtvollen Toskana-Trakt ihre endgültige Heimstätte fanden, wurde das gegenständliche Gebäude Mitte der 1990er Jahre nochmals in Übersiedlungspläne der US einbezogen; Abteilungen der Finanzlandesdirektion wurden in diesem Bundesgebäude einquartiert, wodurch in der Salzburger Altstadt das Schwarzenberg-Haus für universitäre Zwecke adaptiert werden konnte.

14.2.4 Das Institutsgebäude «Petersbrunnstraße 19»

Im März 1974 setzte die Universität das Wissenschaftsministerium davon in Kenntnis, dass die Erzabtei St. Peter ein für universitäre Zwecke geeignetes Gebäude errichten wolle, das der US vermietet werden könnte.[30] Das Angebot kam zur rechten Zeit, weil immer noch einige naturwissenschaftliche Institute mehr schlecht als recht untergebracht waren und auch der Bezug des damals geplanten Gebäudekomplexes in Freisaal noch in weiter Ferne lag. Einen weiteren Vorteil stellte die Nähe zu den Universitätsbauten an der Akademiestraße dar. Bereits im Februar 1975 war das Gebäude fertig gestellt, das bis ins Jahr 1986 dem Institut für Mathematik und dem EDV-Zentrum der US auf rund 1.400 m^2 gute Arbeitsbedingungen bot.

14.2.5 Die Adaptierung des Rehlingen-Stöckls, Mozartplatz 4

Für die 1966 gegründete Lehrkanzel für Musikwissenschaft konnten in Mozarts Geburtshaus (Getreidegasse 9) Räumlichkeiten angemietet werden. Die räumlichen Verhältnisse waren an diesem privilegierten Standort zu beengt, weswegen schon in der ersten Hälfte der 1970er Jahre nach einer Alternative gesucht werden musste. Mehrere Optionen zerschlugen sich, bevor ein Teil des Gebäudes «Mozartgasse 4» für Zwecke des Instituts für Musikwissenschaft angemietet werden konnte. Dieser Trakt ist Teil eines Gebäudekomplexes, dessen Baugeschichte sich bis ins 14. Jahrhundert zurückverfolgen lässt. Ende des 16. Jahrhunderts erwarb der zum hochfürstlichen Rat aufgestiegene Friedrich von Rehlingen das Haus, das knapp hundert Jahre lang im Besitz seiner Nachfahren blieb und heute noch als das Rehlingen-Stadtpalais bekannt ist. (Geläufig ist aber auch die Bezeichnung Antretter-Haus, die sich auf einen Besitzer im 18. Jahrhundert zurückführen lässt.)
Jener Gebäudetrakt, den dann die Universität nutzte, war um 1620 errichtet worden. Um eine Buchdruckerei unterbringen zu können, nahm man an dem Stöckl Ende des 18. Jahrhunderts größere Umbaumaßnahmen vor.[31] Mit der Entscheidung, darin Räumlichkeiten für Universitätszwecke anzumieten, waren umfangreiche Adaptierungsmaßnahmen verbunden, die man im September 1978 abschloss. Das Institut für Musikwissenschaft verfügte im Rehlingen-Stöckl über 520 m^2; unter anderem wurden darin auch ein Tonstudio und Archive für

die Sammlungen Springer, Derra de Moroda und Paumgartner eingerichtet. 1995/96 übersiedelte das Institut in das ehemalige Redaktionsgebäude der Salzburger Nachrichten (Bergstraße 10) und 2004 ins Gebäude «Akademiestraße 26».

14.2.6 Das Institutsgebäude «Erzabt-Klotz-Straße 11»

Im Sommer 1976 hoffte man in Wien, dass das Großprojekt in Freisaal doch noch realisiert werden könnte. Mit einer beträchtlichen Bauverzögerung war damals allerdings schon zu rechnen, weswegen weitere Provisorien geschaffen werden mussten. Auch im gegenständlichen Fall konnte eine ideale Lösung unter Mitwirkung der Erzabtei St. Peter erzielt werden, die ein weiteres Institutsgebäude in unmittelbarer Nachbarschaft zum Objekt «Petersbrunnstraße 19» und den Montagebauten an der Akademiestraße errichtete.[32] Darin wurden auch einige moderne Labors eingerichtet, wovon insbesondere das Institut für Genetik profitierte, das zuvor völlig unzureichend in einer Wohnung im Hochhaus «Porschestraße 8» einquartiert war. Im September 1979 wurde das Gebäude «Erzabt-Klotz-Straße 11» fertig gestellt, das vorübergehend drei naturwissenschaftlichen Instituten (Genetik und Allgemeine Biologie; Biochemie; Biophysik) auf rund 2.000 m² gute Arbeitsbedingungen bot. Nach dem Auszug der universitären Institute (1986) mietete das Unterrichtsministerium das Objekt für Zwecke des Salzburger Landesschulrats an.[33]

14.2.7 Das Institutsgebäude «Mühlbacherhofweg 6»

In nächster Nähe zu den Gründen an der Akademiestraße besitzt die Erzabtei St. Peter weitere Flächen, die sie der Erzdiözese Salzburg mit einem Baurechtsvertrag überließ. Dort sollte ursprünglich ein kirchliches Kommunikationszentrum für Studenten gebaut werden. Nach Verhandlungen mit der Erzdiözese wurde jedoch ein Institutsgebäude errichtet, das im September 1979 fertig gestellt werden konnte und den Abschluss der als Provisorien gedachten Bauten am Standort Akademiestraße bildet. Das dreigeschoßige Gebäude (rund 3.400 m²) beherbergte vorerst die Dekanate der Geistes- und der Naturwissenschaftlichen Fakultät sowie drei Institute (Sprachwissenschaft, Sportwissenschaft, Didaktik der Naturwissenschaften). Im obersten Stockwerk richtete die Erzdiözese ein Kommunikationszentrum für die Katholische Gemeinde der Pädagogischen Akademie und der Katholischen Hochschulgemeinde ein.[34]

Im Unterschied zu den Anmietungen «Petersbrunnstraße 19» und «Erzabt-Klotz-Straße 11», die man nach dem Bezug des Gebäudekomplexes für die Naturwissenschaftliche Fakultät in Freisaal aufgab, wurde im gegenständlichen Fall das Mietverhältnis (vorerst) bis Ende 2010 verlängert.[35] Im mittlerweile sanierungsbedürftigen Institutsgebäude «Mühlbacherhofweg 6» ist derzeit der Fachbereich Linguistik untergebracht.

14.3 Die räumliche Erweiterung der Universität Salzburg ab 1980

Im Unterschied zum vergangenen Jahrzehnt stiegen die Hörerzahlen in den 1980er Jahren moderater. 1980/81 wurden 7.525, 1985/86 9.146 und 1989/90 10.019 ordentliche Studierende gezählt. Nachdem bisher vor allem Provisorien für die Universität geschaffen werden mussten, konnten in diesem Dezennium endlich zahlreiche Projekte realisiert werden, die man tatsächlich als Heimstätten ansprechen kann. Von den umfangreichen baulichen Maßnahmen profitierten die Naturwissenschaftliche Fakultät und Institute der Geisteswissenschaftlichen Fakultät. In den 1980er Jahren verzeichnete die US einen beachtlichen Raumgewinn (knapp 40.000 m²); 1990 stand ihr mit 80.000 m² praktisch doppelt soviel Raum zur Verfügung wie im Jahre 1980.

14.3.1 Die Naturwissenschaftliche Fakultät, Hellbrunnerstraße 34

Der nach vielen Problemen und heftigsten Bürgerprotesten doch noch errichtete Universitätsbau im Stadtteil Freisaal liegt am östlichen Rand eines großen, unverbauten Landschaftsraums um Schloss Freisaal, dem ehemaligen Landsitz der Erzbischöfe, von dem die Hellbrunner Allee nach Süden bis zum Lustschloss Hellbrunn führt. Dieser Standort, der Ende der 1960er Jahre gewählt worden war, stellte damals einen Kompromiss dar, nachdem sich – aus bereits bekannten Gründen – der Ausbau der US in anderen Stadtteilen nicht realisieren ließ. Die ursprünglich geplante Anlage für die große Philosophische Fakultät in Freisaal wurde dann noch durch die Planung eines Universitäts- und Landessportzentrums ergänzt, doch das Großprojekt scheiterte 1976 endgültig. Daraufhin legte man im Juli 1979 eine neue Bebauungsstudie für einen Teil der dortigen Flächen vor. In Freisaal sollte nur noch ein Gebäudekomplex für die Naturwissenschaftliche Fakultät errichtet werden. Die Institute der Geisteswissenschaftlichen Fakultät sollten auf die Standorte Altstadt und Akademiestraße verteilt werden, und für das Universitäts- und Landessportzentrum fand man bei Hallein ein geeignetes Areal.
Der (stark reduzierte) Baugrund in Freisaal stellt eine städtebauliche Konfliktzone dar, die von einer heterogenen Nachkriegsverbauung und einem historischen Landschaftsraum mit dem Schloss Freisaal, der beginnenden Hellbrunner Allee und der visuellen Dominanz der Festung Hohensalzburg geprägt ist. In dem neuen Entwurf, den die Architektengruppe Salzburg (Wilhelm Holzbauer, Heinz Ekhart, Stefan Hübner, Georg Ladstätter und Heinz Marschalek) im Oktober 1980 vorlegte, thematisierten die Architekten die Grenzsituation zwischen Stadt und historischem Landschaftsraum. Während der Gebäudekomplex gegen Osten, zur bestehenden ungeordneten Verbauung hin, wie eine Mauer wirkt, die nur durch einen Torbau durchschritten werden kann, nimmt die Bebauung gegen Westen durch ihre feingliedrige Struktur vielfältige Bezüge zur landschaftlichen Umgebung auf. Oswald Matthias Ungers schreibt von einer «architektonischen Trilogie», die Festung, Stadt und Naturwissenschaftliche Fakultät bilden. In dem Entwurf werde Vorgefundenes mit neuem Inhalt und einer neuen Formensprache fortgeführt und ergänzt; nicht Anpassung, sondern die Wiederentdeckung von «Grundmustern» drücke sich im architektonischen Entwurf aus. Die Identität und der kulturelle Wert des Gebäudekomplexes liege in der Beherrschung der Bezüge und der differenzierten Vielfalt, wodurch das Bauwerk als ein Mikrokosmos nach dem Vorbild der Salzburger Altstadt (dem Makrokosmos) erscheine. «Es geht um nichts anderes als um die Poetisierung des Ortes».[36]
Mit der Anlage in Freisaal wurde von den Architekten eine städtische Struktur angestrebt, die mit ihren Plätzen und Wegen sowie Höfen und Kolonnaden einen deutlichen Bezug zu jenem baulichen Vokabular herstellt, das sich in der städtebaulichen Struktur der Salzburger Altstadt, aber auch in dem historischen Landschaftsraum Freisaal (mit seinen Schlössern und noblen Landsitzen) entwickelte. Wilhelm Holzbauer schreibt: «Die Geometrie des Grundplans folgt in organischer Form dem Verlauf der von den alten Alleebäumen eingesäumten Hellbrunner

Straße auf der einen, der ‹Stadtseite›, andererseits den bestehenden Pappelreihen an der Landschaftsseite. Im Weichbild der Stadt, im Übergang zur Landschaft bildet der Bau die definitive Stadtkante mit basteiartigen Terrassen, dem in die Blickrichtung zur Festung gedrehten Freilichttheater und den geschlossenen Kuben der Hörsäle. Die geschlossene urbane Struktur zeigt in pragmatischer Weise an, wie der Stadtrand auch an anderer Stelle aussehen könnte: nicht zersiedelt und sich in kleinen Stücken in die Natur hineinfressend, sondern eindeutig die Bereiche Stadt und Landschaft scheidend.»[37]

Über einen kleinen Vorplatz und dann durch eine schmale (aber hohe) Unterbrechung der Fassade im Osten betritt man den runden Eingangshof der Anlage. Während die drei rechteckigen Höfe in den Bereichen nördlich und südlich des Eingangshofs in Maß und Proportion vergleichbaren Höfen der Salzburger Altstadt nachempfunden sind, soll (nach der Intention der Architekten) mit dem runden Hof Monumentalität und Klassizismus assoziiert werden. An dieser Stelle wird auch ein Grundthema des Entwurfs deutlich: die Gegenüberstellung von massiven und transparenten Bauvolumina, die den Gegensatz von Traditionellem und Modernem zum Ausdruck bringen soll. Dem massiven, mit Marmor verkleideten Portal wird der transparente, gläserne Turm der Eingangshalle entgegengesetzt. Die funktionellen Bereiche der Naturwissenschaftlichen Fakultät befinden sich in den beiden Flügeln, die nördlich und südlich dieser Eingangshalle angeordnet sind. Der ursprünglichen Planung gemäß wurden 1986 in den Trakten um den nördlichen Hof das Dekanat, das EDV-Zentrum und drei Institute (Mathematik, Psychologie und Geographie) untergebracht. Die laborintensiveren Institute (Biowissenschaften und Botanik; Zoologie; Geowissenschaften) siedelte man in den südlichen Trakten rund um die dort gelegenen zwei Höfe an. Die Fachbibliothek ist über zwei Geschoße verteilt und um den runden Eingangshof situiert.

Die Eingangshalle selbst geht in einen großzügigen Aulabereich über, wo sich an der Westseite der Anlage der zweite Haupteingang befindet. Frei auskragende Treppenanlagen führen dort zu den Galerien der oberen Geschoße. Die großräumige Halle, das eigentliche Zentrum des Gebäudekomplexes, ist selbst Teil eines langgestreckten, hohen und lichtdurchfluteten Raumes (der «Spange»), der die nördlich und südlich angrenzenden Bauteile miteinander verbindet. An der zur Landschaft hin gerichteten Westseite schließen Gewächshäuser diese Spange ab. Von den Galerien der drei Obergeschoße erblickt man, durch diese Gewächshäuser hindurch, die Landschaft um Freisaal, die Festung Hohensalzburg und das Panorama der umliegenden Berge. Vor dem Hintergrund der gläsernen Flächen der Gewächshäuser sind Terrassen und Freitreppen, der Glaskörper der Mensa (mit dem kleinen Atrium in der Mitte) sowie die Kuben der kleinen Hörsäle und des Auditorium maximum so zueinander gefügt, dass der Übergang von Architektur und Landschaft graduell erscheint.
Im Süden des Gebäudekomplexes, entlang der Hellbrunner Straße, errichtete man ein Personalhaus, Gebäude für die Kleintierhaltung und ein Nutzglashaus; auch der Botanische Garten wurde dort angelegt. Im Westen begrenzt ein umgeleiteter Bach dieses Areal, der auch den Teich speist, der dem Höraalbereich der Gesamtanlage vorgelagert ist. Am südlichen Teichufer stehen drei Skulpturen von Alfred Hrdlicka und am westseitigen Vorplatz, zwischen dem Hörsaalkomplex und dem Auditorium maximum, befindet sich eine Statue Giacomo Manzùs, die den Gründer der Universität Salzburg, Fürsterzbischof Paris Graf Lodron, darstellt. Das Zentrum des runden Eingangshofs bildet ein Bronzebrunnen, den Wander Bertoni gestaltete.
Unter den «Salzburger Jahrhundertbauten» nahm der Gebäudekomplex für die Naturwissenschaftliche Fakultät die erste Stelle ein, da dieser nach der Festung Hohensalzburg das größte zusammenhängende Bauwerk der Landeshauptstadt darstellt. Mit diesem Neubau gewann die US rund 30.000 m². Dank des Abwicklungsmanagements der Salzburger Bauträgergesellschaft SABAG wurde der vertraglich fixierte Fertigstellungstermin eingehalten und die präliminierten Kosten konnten unterschritten werden. Mit dem Bau des knapp (ATS) 1,2 Milliarden teuren Projekts wurde im April 1982 begonnen, im Oktober 1986 konnte der Gebäudekomplex eröffnet werden. Zu Beginn des 21. Jahrhunderts waren darin 12 Institute (Psychologie; Geographie und Angewandte Geoinformatik; Mathematik; Geologie und Paläontologie; Mineralogie; Botanik; Pflanzenphysiologie; Zoologie; Genetik und Allgemeine Biologie; Chemie und Biochemie; Physik und Biophysik; Didaktik der Naturwissenschaften), das Dekanat der Naturwissenschaftlichen Fakultät und der Zentrale Informatikdienst untergebracht.

14.3.2 Das Universitäts- und Landessportzentrum Rif bei Hallein

Bereits Ende der 1960er Jahre strebte man die Errichtung eines Universitäts- und Landessportzentrums an, für das auch mehrfach Standorte geprüft wurden. Aufgrund der Bürgerproteste, die den in vielerlei Hinsicht geeigneteren Standort Freisaal verhinderten, war 1976 erstmals auch das Gelände des Seminarzentrums Haus Rif im Gemeindegebiet von Hallein, das dem Verband Österreichischer Volkshochschulen (VÖV) gehörte, als Alternative im Gespräch. Dieser Standort ist allerdings ca. 10 km von der Stadt Salzburg entfernt. Trotz zahlreicher Bemühungen konnte im Salzburger Stadtgebiet kein Standort für das Sportzentrum gefunden werden. Zwischen dem Wissenschaftsministerium, dem Land Salzburg, der Stadtgemeinde Hallein und dem VÖV wurde schließlich im Dezember 1979 die vertragliche Basis für das (ATS) 270 Millionen teure Bauvorhaben gelegt. Als Bauherr und künftiger Betreiber trat der VÖV auf, der auch den größten Teil der Liegenschaften und ein denkmalgeschütztes Gebäude (Haus Rif) einbrachte, das von 1986 bis 1992 als Beherbergungsstätte in Verwendung war. Von den anfallenden Bau- und Einrichtungskosten übernahm der Bund 55 % und das Land die verbleibenden 45 %. Der gleiche Aufteilungsschlüssel gilt für die Betriebskosten bzw. den Betriebsabgang.[38]

Den im Jahre 1982 veranstalteten Architektenwettbewerb gewannen Heinz Neumann und Sepp Frank. Mit dem Bau der Hochbauanlagen begann man im März 1984, 1985 folgte die Errichtung der Freiluftanlagen, und im Frühjahr 1986 konnte dann schon der Probebetrieb aufgenommen werden. Konzipiert wurde das Sportzentrum in erster Linie als Ausbildungs- und Trainingsstätte, dem eine jährliche Auslastung von 100.000 Nutzern zugrunde gelegt worden war. Den Sportlern stellte man eine Trainingsfläche (Hallen und Außenanlagen) im Ausmaß von ca. 30.000 m² zur Verfügung. Auch bei diesem Standort handelt es sich um einen sensiblen Landschaftsraum, der in unmittelbarer Nähe des Schlosses Rif liegt, weswegen man auf eine «zurückhaltende» Gestaltung der Anlage größten Wert legte. Im östlichen Bereich des Geländes errichtete man einen Hallenkomplex, der eine Schwimmhalle, eine große Sporthalle mit Nebenanlagen, eine Gymnastikhalle, eine Geräte-Turnhalle und eine Tennishalle umfasst. Unter anderem sind eine Kegelhalle, eine Schießhalle, Sauna und Kraftkammern in einem Untergeschoß eingerichtet worden. Die Hallen wurden in einer natürlichen Senke auf das unterste Geländeniveau gestellt; sie folgen in ihrer Höhenentwicklung dem Geländesprung. Westlich und südöstlich des Hallenkomplexes befinden sich die Freiluftanlagen, wo für die Leichtathleten Trainingsmöglichkeiten geschaffen wurden. Weiters stehen dort Tennisplätze und mehrere Spielfelder zur Verfügung. Den Beitrag zum Projekt Kunst und Bau bildet ein 25 Meter hoher Kletterturm, den der Maler und Bergführer Professor Rüdiger Fahrner gestaltete.[39] 1989 stellte man noch am Ursteinstausee, der ca. 1 km vom Universitäts- und Landessportzentrum entfernt ist, ein Bootshaus fertig.
Um die veranschlagten Kosten nicht zu überschreiten, wurden vorgesehene Räume, die vor allem für die wissenschaftliche Arbeit wichtig gewesen wären, nicht realisiert und bei der Materialauswahl und auch der Bauausführung Kompromisse gemacht, die sich dann rasch sehr negativ bemerkbar machten. Schon im Frühjahr 1989 traten an verschiedenen Stellen des Sportzentrums Schäden auf, die zur Beeinträchtigung des Betriebes führten. Die Schäden, insbesondere im Bereich des Hallenbades, erwiesen sich als so gravierend, dass eine umfangreiche Sanierung notwendig wurde.[40] Die Kosten für die Sanierungsmaßnahmen beliefen sich auf knapp (ATS) 30 Millionen.[41] Erst im Jahre 1991 war das Schwimmbad wieder benutzbar. Von den Erweiterungsmaßnahmen im Bereich des Universitäts- und Landessportzentrums, die in den 1990er Jahren erfolgten, wird unter 14.4.6 berichtet.

14.3.3 Die Adaptierung des Residenz-Neugebäudes, Residenzplatz 9

Gegen Ende des 16. Jahrhunderts ließ Erzbischof Wolf Dietrich, der Großneffe von Papst Pius IV. (aus dem Hause Medici), für sich einen Palast erbauen, dem unter Erzbischof Kardinal Max Gandolph Graf Kuenburg, der von 1668 bis 1687 regierte, im südlichen Bereich ein Bauwerk angegliedert wurde. Dieser Erweiterungsbau wird Residenz-Neugebäude, Regierungsgebäude oder auch Glockenspielgebäude genannt. Bereits im 18. Jahrhundert nahm man im Gebäudekomplex Umbauten vor, wodurch der ursprünglich prunkvolle Charakter zahlreicher Räume verloren ging. Die palastähnliche Anlage entwickelte sich mehr und mehr zu einer «Ämterburg»[42]. Gegen Mitte des 19. Jahrhunderts wurde die Post darin einquartiert, die erst in den 1970er Jahren nach und nach in einen Neubau an der Alpenstraße übersiedelte. Um die Widmung von Räumen im Residenz-Neugebäude für Universitätszwecke bemühte sich der Akademische Senat, der die entsprechenden Anträge im Wissenschafts- und im Bautenministerium 1978 einbrachte.
Das Institut für Kunstgeschichte, das bisher in der Kast-Villa (Mirabellplatz 2), im Gebäude «Zillnerstraße 6» und dann im Haus der Internationalen Stiftung Mozarteum (Schwarzstraße 24) untergebracht worden war, sollte im Herzen der Altstadt seine endgültige Heimstätte finden. 1981 meldete aber auch das Amt der Salzburger Landesregierung Bedarf für die frei werdenden Räume an, um die Raumsituation der Landesbuchhaltung zu verbessern. Die begehrten Räume waren damals jedoch noch nicht freigegeben, da die Post

Eigenbedarf angemeldet hatte. Erst im Juli 1985 verließ die Post- und Telegraphenverwaltung die zu adaptierenden Räumlichkeiten im Residenz-Neugebäude endgültig, die bis dahin unter anderem für Relaisstationen des Wählamtes genützt worden waren. Nicht aufgegeben hatte die Post allerdings Bereiche im Erdgeschoß, die unter anderem als Garagen in Verwendung blieben.[43]
Architekt Franz Fonatsch wurde mit der Planung des Umbaus im Residenz-Neugebäude (knapp 1.900 m^2) betraut, den man noch im Jahre 1985 in Angriff nahm. 1988 konnte das (ATS) 40 Millionen teure Bauvorhaben abgeschlossen werden. Dem Institut für Kunstgeschichte widmete man das erste und das zweite Obergeschoß, und die Quästur wurde im dritten Obergeschoß untergebracht. Das ausgebaute Dachgeschoß steht der Salzburger Landesregierung zur Verfügung, die mit der US gemeinsam das adaptierte Kellergeschoß als Lager nutzt. Ein wahres Schmuckstück stellt die ehemalige Hofbibliothek (Max-Gandolph-Bibliothek) dar, die sich im ersten Obergeschoß des dem Dom zugewandten Westtrakts befindet. Der Umbau des Saals beschränkte sich fast ausschließlich auf die sorgfältige Wiederherstellung des historischen Zustandes; dafür mussten Zwischenwände entfernt und der Stuck an den Gewölben und in den Fensternischen ergänzt und restauriert werden. Die Portale und Säulen wurden saniert und gereinigt. Beim Abtragen des Holzbodens kamen darunter Reste des originalen Marmorbodens zum Vorschein, die als Vorbild für den neu verlegten Boden aus Adneter und Untersberger Marmor dienten. Durch den Einbau einer Fußbodenheizung konnten auch die unansehnlichen Heizkörper aus den Fensternischen entfernt werden. Die Kastenfenster wurden erneuert und mit eigens angefertigten Messingbeschlägen versehen. An den glatten Wandpfeilern zwischen den Fenstern brachte man Leuchten an, die vor allem auf die Gewölbe strahlen. Der Lichtschein verstärkt dadurch die Licht-Schatten-Wirkung des Stucks und beleuchtet indirekt, über die Reflexion von der Decke den festlichen Saal, der heute der Universität und dem Land Salzburg als Veranstaltungs- und Festsaal dient.[44] Im Februar 1987 konnte der Hofbibliothekssaal bereits den Organisatoren der Wolf-Dietrich-Landesausstellung zur Verfügung gestellt werden.

14.3.4 Die Adaptierung der Alten Gewerbeschule, Rudolfskai 42

Nach der Salzachregulierung und dem Abbruch der alten Stadtmauern Mitte des 19. Jahrhunderts errichtete man in den Jahren 1897 bis 1900 nach den Plänen des Stadtbaurates ein Gebäude für die Staatsgewerbeschule. Die größtenteils zweigeschoßige Anlage, auf H-förmigem Grundriss, wurde im Baustil der florentinischen Frührenaissance ausgeführt. Im Zweiten Weltkrieg traf eine Bombe das gründerzeitliche Gebäude. Beim Wiederaufbau und dann beim Errichten mehrer Zubauten war auf das ursprüngliche Baukonzept jedoch nicht mehr geachtet worden. Untergebracht war nach 1945 in der Alten Gewerbeschule die Höhere Technische Bundeslehranstalt (HBLA), für die in den 1970er Jahren ein Neubau errichtet werden sollte. 1974 wählte man dafür ein Grundstück an der Moosstraße aus. Gegen diesen Standort wurden aber 1976 Stimmen laut, da die meisten (auswärtigen) Schüler die ganze Stadt hätten queren müssen, um die HBLA erreichen zu können. Aus städteplanerischer Sicht war ein Grundstück im Stadtteil Itzling, das vom Hauptbahnhof weniger weit entfernt ist, für den Schulbau weit besser geeignet. Nach langen Diskussionen erwarb 1980 der Bund die Edergründe in Itzling. Der Schulbetrieb der HLBA konnte dort im Oktober 1985 aufgenommen werden.
Mit der Planung des Projekts Alte Gewerbeschule waren die Architekten Prossinger, Windisch und Wierer beauftragt worden. Das Bauvorhaben umfasste die Errichtung eines dreigeschoßigen Neubaus sowie den Umbau und die Sanierung des gründerzeitlichen Gebäudes. Der Baubeginn für das (ATS) 280 Millionen teure Projekt war im Oktober 1986. Man entfernte die Zubauten, an deren Stelle sich nun der Neubau befindet, der mit dem Altbau am Rudolfskai eine Einheit bildet; der neue Baukörper entlang der Basteigasse ordnet sich in der Höhe dem Altbau unter und übernahm dessen Proportionen. 1989 konnten die Institute für Geschichte, für Kommuni-

kationswissenschaft, für Kultursoziologie und für Politikwissenschaft ihre neue Heimstätte beziehen. Das Zentrum der Gesellschaftswissenschaften bietet den vier geisteswissenschaftlichen Instituten 6.350 m^2. Im Gebäudekomplex wurden auch eine Fachbibliothek, zwei große Hörsäle und eine Cafeteria eingerichtet; die universitätseigene Tiefgarage umfasst 59 Stellplätze. Durch die beiden der Altstadt zugewandten Eingänge in der Basteigasse ist das Zentrum gut an die übrigen universitären Einrichtungen in der Salzburger Altstadt angebunden. Großzügige Pausenfoyers, Innenhöfe und Terrassen sowie sorgsame Restaurierungen des gründerzeitlichen Bestandes (beispielsweise der Natursteintreppe) verleihen der adaptierten Alten Gewerbeschule eine Atmosphäre, die von den Nutzern sehr positiv aufgenommen wird.

14.4 Die räumliche Erweiterung der Universität Salzburg ab 1990

In diesem Jahrzehnt stiegen die Hörerzahlen zwar stetig, aber nicht mehr stark an. 1990/91 wurden 10.174, 1995/96 11.116 und 2000/01 11.824 ordentliche Studierende gezählt. Aufgrund der Aufgabe zahlreicher Anmietungen fiel der Raumzuwachs in den 1990er Jahren gering aus; 2000 verfügte die Universität Salzburg über 84.000 m^2. Hinsichtlich der Raumqualität konnte mit den zahlreichen Bauvorhaben während dieses Dezenniums jedoch eine deutliche Verbesserung erzielt werden. Das Projekt Altstadt-Universität wurde im Wesentlichen abgeschlossen, wovon insbesondere die Rechtswissenschaftliche Fakultät und die Universitätsverwaltung profitierten. Durch aufwendige Restaurierungen in der Altstadt konnten der Salzburger Landeshauptstadt außerdem einige Baujuwele (gewissermaßen) zurückgegeben werden.

14.4.1 Die Adaptierung des Toskana-Trakts der Residenz, Churfürstenstraße 1

Wolf Dietrich ließ den Toskana-Trakt in den Jahren 1605 bis 1611 errichten. Dieses Bauwerk umschloss zwei Höfe: die «Dietrichsruh», einen Renaissancegarten mit Wasserspielen und grottenartigen Nischen, und einen zweiten Garten, der ebenfalls mit Brunnenanlagen, Wasserspielen, Grotten und einem Vogelhaus ausgestattet war. Beide Höfe waren durch eine von schlanken Marmorsäulen getragene und nach beiden Seiten offene Sala terrena miteinander verbunden. Die neun Meter hohe Durchgangshalle zierte eine prächtig bemalte Stuckdecke. Zu Beginn des 18. Jahrhunderts erfuhr unter Erzbischof Franz Anton Fürst Harrach der Palast eine grundlegende Renovierung. Ein größerer baulicher Eingriff erfolgte gegen Ende dieses Jahrhunderts, als der letzte regierende Fürsterzbischof, Hieronymus Graf Colloredo, Teile abbrechen und entlang der Sigmund-Haffner-Gasse einen Neubautrakt errichten ließ. Gebaut wurde auch ein Mitteltrakt zwischen den damals nicht mehr genutzten Höfen.

Unter österreichischer Herrschaft richtete man im Toskana-Trakt Ämter, Verwaltungsstellen und Dienstwohnungen ein. Franz Joseph bemühte sich dann um die Aussiedlung der Behörden, die in den 1860er Jahren in ehemaligen Kapitelhäusern untergebracht wurden. 1867 bezog Großherzog Ferdinand IV. von Toskana, der acht Jahre zuvor aus Florenz vertrieben worden war, samt Familie und Hofstaat den Palast. Nach dem Ersten Weltkrieg musste die Familie Habsburg-Toskana diesen Wohnsitz aufgeben. Der Toskana-Trakt wurde für Verwaltungszwecke adaptiert. 1922 bezog die Sicherheitsdirektion das Gebäude und nach dem Zweiten Weltkrieg wurde im Toskana-Trakt die Bundespolizeidirektion einquartiert. Um den Juristen diesen Palast widmen zu können, musste ein Ersatzbau errichtet werden. Das siegreiche Wettbewerbsprojekt der Architekten Erich Fally und Rudolf Scheiber rief 1978 allerdings starke Widerstände in der Öffentlichkeit hervor. Eine Neuplanung musste eingeleitet werden, die zu einer deutlichen Verringerung der Baumasse führte. Im März 1982 konnte das Bauvorhaben an der Alpenstraße in Angriff genommen werden. Die Eröffnung des Gebäudes fand im Sommer 1985 statt. Im Oktober dieses Jahres wurde mit den archäologischen Grabungen, vor allem im ersten Hof des Toskana-Trakts, begonnen, wo man später einen dreigeschoßigen Bücherspeicher für die Fachbibliothek errichtete. Mit diesen Vorarbeiten waren bereits zahlreiche Schwierigkeiten verbunden, da Anrainer, die eine Interessengemeinschaft gegründet hatten, befürchteten, dass Schäden an den benachbarten Gebäuden infolge der Bauarbeiten entstehen könnten. Die Adaptierung des Toskana-Trakts für Universitätszwecke drohte aber noch an einem anderen Problem zu scheitern. 1986 stellte ein Bürgeraktivist mit der Idee, der Toskana-Trakt solle künftig nicht die Juridische Fakultät, sondern das Museum Carolino Augusteum beherbergen, das Altstadtuniversitätskonzept grundsätzlich in Frage. In der Öffentlichkeit und der lokalen Presse wurde diese Überlegung propagiert. (Bereits 1919 war ein erster Versuch, die gesamte Residenz einem großen Salzburger Museum zu widmen, unternommen worden.)[45] Landeshauptmann Wilfried Haslauer sprach sich zwar 1986 deutlich für die Unterbringung der Juridischen Fakultät im Toskana-Trakt aus, doch davon unabhängig hatte sich eine politische Allianz gebildet, die nach wie vor die Meinung vertrat, dass die Ansiedlung des Museums im Toskana-Trakt grundsätzlich die beste Lösung sei.

Zwei Jahre später warf dann das Aktionskomitee Salzburger Museum im Toskana-Trakt erneut die Frage der Nutzung auf, was verständlicherweise im Frühjahr 1989 eine energische Reaktion der Universität auslöste. In diesem turbulenten Wahljahr führte ein Wohnbauskandal auch zum Rücktritt des Landeshauptmann-Stellvertreters Wolfgang Radlegger, der als einer der verdienstvollen «Väter» der Altstadt-Universität anzusehen ist. Nachdem Landeshauptmann Hans Katschthaler, der in diesem Jahr das Amt von Haslauer übernahm, sich anfänglich zum Altstadtuniversitätskonzept bekannte, wurde dann doch wieder intensiv über die Umsiedlung des Museums in den Toskana-Trakt nachgedacht. Ende September verabschiedete der Akademische Senat schließlich eine Resolution, in der man nochmals den Standpunkt der Universität in dieser Angelegenheit verdeutlichte.[46] Im Oktober 1989 war die Frage dann endgültig entschieden: Die Salzburger Landesregierung sprach sich für die Rechtswissenschaftliche Fakultät aus, von der US erwartete man sich jedoch eine weitestgehende, der Bevölkerung und den Gästen entgegenkommende Öffnung der kunsthistorisch wertvollen Höfe und Räume.[47] Die hitzige Diskussion führte auch zur Erstellung eines umfassenden Konzepts für die Salzburger Museen.[48] Zur Entwicklung, die Anfang der 1990er Jahre zu einer profilierten Museumslobby führte, meinte 1993 Rektor Alfred Kyrer: «Bedauerlich ist nur, dass eine solche Profilierung – wie so oft in Österreich – immer nur zu Lasten Dritter (in diesem Fall zu Lasten der Universität Salzburg) möglich war.»[49]

Mit dem Umbau des Toskana-Trakts waren die Architekten Prossinger, Windisch und Garstenauer beauftragt, die ihren Plänen ein umfangreiches kunsthistorisches und denkmalschützerisches Konzept zugrunde legten. Das Projekt war von einem zentralen Problem beherrscht: dem Spannungsverhältnis zwischen Ästhetik und Funktionalität. Des Öfteren stieß man erst im Zuge der Bauarbeiten auf Besonderheiten, die kurzfristig Planungsänderungen bedingten; Raum- und Funktionsprogramme mussten wiederholt umgearbeitet werden. Einen für die US schmerzlichen Raumverlust bedeutete beispielsweise der Dachgeschoßausbau, der nach einem Votum der Altstadterhaltungskommission drastisch reduziert werden musste. Wird auch an den heftigen «Museumsstreit» gedacht, verwundert es nicht, dass Professor Johann Hagen nach der letztlich sehr gelungenen Adaptierung, diese folgendermaßen kommentierte: «Es ist wahrscheinlich auch für Außenstehende begreiflich, dass es angesichts solcher Probleme Zeiten gab, in denen die Mehrheit für den Toskana-Trakt umzukippen drohte. Als damaliger Prädekan und Vorsitzender der Fakultätsraumkommission empfinde ich diese Phase heute wie den legendären Ritt über den Bodensee.»[50]
Bei einem Rundgang durch den Palast stechen die renovierten bzw. nach alten Vorbildern hergestellten Türen und Fenster ins Auge, die gemeinsam mit renovierter Stuckatur, den Stiegen und Portalen sowie den Böden den Besucher beeindrucken. Wahre Schmuckstücke sind im Bereich der Fakultätsbibliothek konzentriert, wo die aneinander grenzenden Säle Landkartengalerie, Steinsaal und Vierjahreszeitenraum (nach seinem Wandfries bezeichnet) eine Einheit als Lese- und Ruhezonen bilden. Die Landkartengalerie im zweiten Obergeschoß der Fakultätsbibliothek, die nach dem Vorbild im Vatikan geschaffen worden war, ist einmalig nördlich der Alpen. Mit den Secco-Malereien begann man Ende des 16. Jahrhunderts unter Wolf Dietrich, sie wurde 1619 unter dessen Nachfolger Markus Sitticus vollendet. Gezeigt werden 22 Städtebilder und acht kartographische Darstellungen, welche die damalige politische Geographie Europas vergegenwärtigen. An der Südwand sind das Imperium Romanum (zur Zeit seiner größten Ausdehnung) und das Reich Alexander des Großen in Asien dargestellt. Die Karten an der Nordwand konnten bis auf wenige Fragmente allerdings nicht mehr restauriert werden. (Die historischen Vorlagen für diese Secco-Malereien sind übrigens in einer Sondersammlung der Universitätsbibliothek untergebracht.) Hervorzuheben ist natürlich auch die Sala terrena, deren Schönheit vor der Restaurierung von den Besuchern der hier situierten Ämter der Bundespolizeidirektion nicht einmal erahnt werden konnte. Die gelungene Gestaltung der beiden Höfe und die Gestaltung eines neuen Altstadtplatzes im Bereich der Sigmund-Haffner-Gasse runden den positiven Eindruck ab, den das neue «Fakultätsgebäude» in der Salzburger Altstadt bietet.

1992 konnten acht Institute (Grundlagenwissenschaften; Österreichisches und Europäisches Privatrecht; Rechtsgeschichte und Kirchenrecht; Arbeits- und Sozialrecht; Rechtsvergleichung und Internationales Privatrecht; Österreichisches und Internationales Handels- und Wirtschaftsrecht; Europarecht; Völkerrecht und Internationale Organisationen) den Palast beziehen. Auf insgesamt rund 6.000 m² sind im Toskana-Trakt auch das Dekanat der Rechtswissenschaftlichen Fakultät und eine Fachbibliothek untergebracht. Für die Wiederherstellung dieses Baujuwels waren (ATS) 414 Millionen nötig. Aufgrund der Anfang der 1990er Jahre erreichten Größe konnten darin aber nicht – wie ursprünglich vorgesehen – alle juridischen Institute untergebracht werden. Dieses Problem ließ sich jedoch in einer für die Fakultät zufriedenstellenden Weise lösen. Im Pustet-Haus (Sigmund-Haffner-Gasse 18), das dem Toskana-Trakt gegenüberliegt, mietete man für das Institut für Zivilverfahrensrecht Räume an und im adaptierten Firmian-Salm-Haus (Kapitelgasse 5–7) fanden vier weitere Institute der Rechtswissenschaftlichen Fakultät ihre neue Heimstätte.

14.4.2 Die Adaptierung der Kapitelhäuser im Kaiviertel

Bei diesen Gebäuden handelt es sich um drei von insgesamt 16 palastartigen Bauten, die bis 1806 im Besitz des Salzburger Domkapitels waren. Die zu Beginn des 17. Jahrhunderts im Stile römischer Palastarchitektur errichteten drei Kapitelhäuser fügen sich im Kaiviertel zu einem Ensemble; die Bauten zeugen vom Selbstverständnis, das die damaligen Domherren als fürstliche Repräsentanten der Kirche auszeichnete. Das Alte Kapitelhaus und die ehemalige Domdechantei bilden einen Teil der südlichen Verbauung der Kapitelgasse, das Firmian-Salm-Haus schließt nördlich der Gasse an das Residenz-Neugebäude an. Nach dem Verlust ihrer ursprünglichen Funktion wurden die Gebäude auf unterschiedlichste Weise genutzt, was auch mit zahlreichen baulichen Eingriffen verbunden war. Das Alte Kapitelhaus diente beispielsweise als Kaserne, Tabakdepot und Finanzamt, dem vor der Adaptierung für Universitätszwecke auch die ehemalige Domdechantei zur Verfügung stand. Dem Firmian-Salm-Haus drohte im 19. Jahrhundert aufgrund seiner Baufälligkeit ein Abbruch; nach einer sparsamen Generalüberholung war darin die Militärkanzlei, Grenzwache, Polizeilandesdirektion und schließlich die Finanzlandesdirektion einquartiert.[51]
Aufgrund der drückenden Raumnot in der Altstadt, fasste man Mitte der 1970er Jahre einen Neubau für die Finanzlandesdirektion ins Auge. Mit großen Schwierigkeiten war dabei die Suche nach einem geeigneten Standort verbunden. Als 1979 ein Areal nahe dem Volksgarten im Stadtteil Aigen erworben wurde, kam es zu Bürgerprotesten. Neben Anrainern protestierten aber auch Kaufleute der Innenstadt, die durch die Absiedlung der Finanzbehörden Umsatzeinbußen befürchteten. (Diese Befürchtung war schon anlässlich der Absiedlung der Bundespolizeidirektion geäußert worden.) Nach zahlreichen Diskussionen fiel die Entscheidung schließlich doch für die Mayr-Melnhof'schen Gründe in Aigen. Einen neuen Weg beschritt man dann bei der Planung des Gebäudes. Gegen den Widerstand der Architektenkammer konnten Bürger ihre Vorstellungen in den Planungsprozess einbringen. Den von Architekt Neumann gestalteten Gebäudekomplex bezogen die Ämter der Finanzlandesdirektion im Jahre 1987.[52]
Den Umbau der Stadtpaläste für Zwecke der US bewilligte die Sachverständigenkommission im September 1988. Eine Arbeitsgemeinschaft bildeten die Architekten Prossinger, Windisch, Fonatsch und Kaschl, die in weiterer Folge noch drei Kollegen in ihr Team aufnahmen. Die Planungsarbeiten teilte man sich: Für das Alte Kapitelhaus zeichneten Prossinger, Windisch und Wierer verantwortlich, die ehemalige Domdechantei übernahmen Kaschl und Mühlfellner und das Firmian-Salm-Haus wurde nach den Plänen von Fonatsch und Wondra adaptiert.[53] Die (ATS) 263 Millionen teuren Baumaßnahmen konnten in den Jahren 1993/94 abgeschlossen werden.

14.4.2.1 Das Alte Kapitelhaus, Kapitelgasse 4

Nach der Verbreiterung der Kapitelgasse ließ Wolf Dietrich in den Jahren 1602 bis 1606 diesen Stadtpalast als zentrales Verwaltungsgebäude und als Sitz des Domkapitels in dessen ehemals unverbautem Garten errichten. An der Fassade über dem Hauptportal befinden sich zu beiden Seiten des Wappens von Wolf Dietrich die Wappen der im Jahre 1608 amtierenden 24 Domherren. Das Gebäudeinnere war vorerst nur provisorisch nutzbar gemacht worden, erst unter Markus Sitticus erfolgte dann die prunkvolle Ausstattung mit Stuckierung und der Einbau neuer Gewölbe im Erdgeschoß. Gegen Ende des 17. Jahrhunderts ließ Erzbischof Johann Ernst Graf Thun noch Änderungen im Inneren des prächtigsten Kanonikalhofs der Kapitelgasse vornehmen.[54]
Trotz einiger späterer Einbauten war das Alte Kapitelhaus (knapp 1.600 m²) in seiner Grundstruktur gut erhalten; im Vergleich mit den beiden anderen Kapitelhäusern waren deswegen darin weniger große bauliche Maßnahmen zu setzten. Aus Gründen des Denkmalschutzes war der großzügige Dachraum jedoch nicht ausgebaut, sondern nur instand gesetzt worden; ursprünglich (1978) war ein Ausbau geplant, der einen nicht unbeträchtlichen Raumgewinn bedeutet hätte. Aus kunsthistorischer Sicht ist vor allem auf die renovierte Wappenstuckdecke der ehemaligen Kapitelstube zu verweisen, die eines der schönsten Beispiele frühbarocker Stuckplastik in Salzburg ist. Die ehemalige Kapitelstube steht heute dem Senat und dem Universitätsrat zur Verfügung; die universitären Leitungsgremien tagen im ehemaligen Kapitelsaal, dem früheren Versammlungsraum des Domkapitels.

Im Sommer 1994 hatten neben dem Rektorat und der Universitätsdirektion Stellen der Zentralen Verwaltung das Alte Kapitelhaus bezogen. Umfassende Neubaumaßnahmen waren zuvor im Hof des Palais gesetzt worden, den man zur Gänze unterkellerte. Den größten Teil des unterirdischen Bereichs südlich des Gebäudes nimmt ein Hörsaal für rund 250 Personen ein. Von dem größten Hörsaal der Altstadt-Universität profitiert vor allem die Rechtswissenschaftliche Fakultät, da sich weder im Toskana-Trakt noch im Firmian-Salm-Haus ein so großer Hörsaal realisieren ließ. Tageslicht erhält der Saal durch eine Oberlichte, die als begehbares Glasdach ausgebildet wurde. Im Hof steht eine von Toni Schneider-Manzell 1987 geschaffene Bronze, die den für die Baugeschichte Salzburgs so bedeutenden Erzbischof Wolf Dietrich von Raitenau darstellt.

14.4.2.2 Die ehemalige Domdechantei, Kapitelgasse 6

Nach dem Abbruch des Vorgängerbaues, des Ende des 15. Jahrhunderts errichteten Keutschacherhofes, wurde 1605 mit dem Bau der Domdechantei begonnen. Nach dem Abschluss der ersten Bauphase (um 1612) fügte man dem Hauptgebäude einen quergestellten Hoftrakt hinzu. Einer ornamentierten Grotte aus der Zeit des Markus Sitticus wurde 1678 eine kleine Sala terrena angeschlossen. Diese Erweiterung leitete der Domdechant Wilhelm Graf von Fürstenberg ein, der unter anderem auch einen zweigeschoßigen Erker errichten ließ, von dem aus er (ohne selbst gesehen zu werden) die Kai- und die Kapitelgasse überblicken konnte. Zu Beginn des 18. Jahrhunderts wurde der Gebäudetrakt zur Kapitelgasse hin noch aufgestockt.

Im Zuge der Adaptierung für Universitätszwecke mussten zahlreiche Einbauten entfernt werden, wodurch man die ursprüngliche Großzügigkeit vieler Räume wiedergewann. Für die universitären Verwaltungseinrichtungen waren jedoch kleinere Raumeinheiten gefordert, die durch raumteilende Kästen realisiert wurden. Die Wirkung der stattlichen Räume blieb durch rahmenlose Gläser erhalten, die über und an den Seiten der Möbel die Raumeinheiten voneinander abgrenzen. Grundsätzlich suchten die planenden Architekten sämtliche neue Elemente (Trennwände, Stiegen, Türen etc.) so zu gestalten, dass sie sich zwar vom historischen Bestand absetzen, dabei jedoch nicht als Fremdkörper erscheinen. Ein gelungenes Beispiel dafür stellt die Neugestaltung des oberen Podestes einer Wendeltreppe im Hauptgebäude dar. Radikale Änderungen wurden in den Höfen vorgenommen, indem man historisch wertlose Einbauten abbrach. Den zweigeschoßigen Trakt mit der Sala terrena löste man von der Außenmauer des Alten Kapitelhauses und versah ihn mit einem neuen Dach.[55] Der von Schneider-Manzell im Jahre 1957 geschaffene «Trakl-Brunnen» steht im Haupthof der Anlage. In der ehemaligen Domdechantei (2.000 m²), die auch als Palais Lichtenstein bekannt ist, fanden Stellen der Zentralen Universitätsverwaltung und das (universitäre) Zentrum für flexibles Lernen ihre neue Heimstätte.

14.4.2.3 Das Firmian-Salm-Haus, Kapitelgasse 5–7

Ebenfalls zu Beginn des 17. Jahrhunderts entstand dieser Kanonikalhof an der Stelle des Domspitals, das Wolf Dietrich nach Nonntal verlegte. Seinen Namen verdankt der Gebäudekomplex den beiden letzten Domherren – Maximilian Graf Firmian und Franz Xaver Graf Salm-Reifferscheid – vor der Säkularisation im Jahre 1806. Die palastartige Anlage wurde bereits gegen Ende des 17. Jahrhunderts aus Kostengründen in zwei Domherrenhäuser geteilt. (Das Firmian-Haus grenzt an die Kaigasse und das Salm-Haus schließt an das Residenz-Neugebäude an.) Im Unterschied zu den beiden anderen Stadtpalästen ist das Firmian-Salm-Haus weniger prächtig ausgeführt worden. Der schon Ende des 17. Jahrhunderts beklagte Bauzustand führte zu zahlreichen Sanierungsmaßnahmen, die teilweise auch starke bauliche Eingriffe mit sich brachten.

Dem Raumprogramm entsprechend wurden neue Erschließungsgänge angelegt und der Dachboden des Firmian-Hauses ausgebaut. Am östlichsten Teil dieses Gebäudes errichtete man eine viergeschoßige Stiegenanlage, wodurch die Architekten das zentrale Problem, die vertikale Erschließung des Gebäudekomplexes, lösten. Im Zuge der Umbauarbeiten wurde im Jänner 1991 ein interessanter Fund gemacht; im zweiten Obergeschoß des Salm-Hauses entdeckte man einen großen Saal, dessen Wände ein doppelreihiger Wappenfries schmückt. Bei dem Wappensaal handelt es sich um den alten Kapitelsaal, den Wolf Dietrich vor 1604 errichten und rückblickend mit den Domherrenwappen seit 1519 ausschmücken ließ. Die Wappen der neu aufgenommenen Domherren wurden jeweils angefügt, sodass bis Ende des 17. Jahrhunderts ein Fries von 184 Wappen entstand, wovon 73 Domherrenwappen renoviert werden konnten. (Im Zuge der Teilung der Gesamtanlage war der Saal bereits in fünf

Herrenzimmer umgebaut worden, und zu Beginn des 18. Jahrhunderts eingezogene Zwischendecken verdeckten dann bis 1991 die Wappendarstellungen.)[56] Heute beherbergt der Saal die Bibliothek der juridischen Institute (Strafrecht, Strafprozessrecht und Kriminologie; Verfassungs- und Verwaltungsrecht; Wirtschaftswissenschaften), die in den drei Obergeschoßen des Firmian-Salm-Hauses (2.100 m²) einquartiert wurden. Das Erdgeschoß steht Verwaltungseinrichtungen der Universität zur Verfügung.

14.4.3 Das Institutsgebäude «Jakob-Haringer-Straße 2»

Land und Stadt Salzburg gründeten 1988 das so genannte Techno-Z Salzburg, das heute den Hauptstandort des Techno-Z Verbundes bildet, der auch Zentren in Bischofshofen, Mariapfarr, Pfarrwerfen, Saalfelden, Uttendorf und Zell am See umfasst. Ende der 1980er Jahre begann man im Salzburger Stadtteil Itzling eine campusähnliche Anlage aufzubauen, die neben zahlreichen Firmen, die größtenteils in den Bereichen Computer Hard- und Software, Research und IT-Technologie tätig sind, auch eine Fachhochschule (mit den Zweigen Multimedia-Art, Telekommunikationstechnologie und -systeme sowie Informationswirtschaft und -management) und das universitäre Institut für Computerwissenschaften beherbergt.
Als dritte Bauetappe wurde das von Architekt Kaschl geplante Institutsgebäude «Jakob-Haringer-Straße 2» von der Salzburger Technologiezentrum-Gesellschaft errichtet, das der Bund für Lehr- und Forschungszwecke des Instituts für Computerwissenschaften anmietete.[57] Im September 1995 wurde das dreigeschoßige Gebäude (1.600 m²) diesem naturwissenschaftlichen Institut offiziell übergeben; mittlerweile ist darin auch ein Teil des 1999 gegründeten Instituts für Scientific Computing untergebracht. Im Bereich der Forschung und in Hinblick auf wirtschaftliche Möglichkeiten bietet dieser Standort den universitären Instituten natürlich ausgezeichnete Chancen. In Itzling entstand einer der größten High-Tech-Parks Österreichs, in dem Technologiebetriebe, Dienstleistungsagenturen und hochqualitative Ausbildungsstätten eng miteinander verknüpft sind; die Fachhochschule beabsichtigt jedoch eine Übersiedlung nach Urstein-Puch im Jahre 2005.

14.4.4 Die Sanierung der Alten Residenz, Residenzplatz 1

Die Baugeschichte des eigentlichen Regierungsgebäudes der Salzburger Erzbischöfe ist im Wesentlichen erst seit dem ausgehenden 16. Jahrhundert, als Wolf Dietrich umfassende bauliche Maßnahmen setzen ließ, gut dokumentiert. Bis zu jener Zeit sind die Überlieferungen spärlich. Einen Residenzbau errichtete man jedenfalls schon im frühen 12. Jahrhundert und im 15. Jahrhundert ließ dann Erzbischof Burkhart von Weißpriach den Nordflügel (Rinderholz) neu erbauen und prächtig ausstatten. Unter Wolf Dietrich schuf man unter anderem einen großen Festsaal (Karabinierisaal) im zweiten Stock des Südflügels, wodurch auch die Errichtung eines repräsentativen Zuganges (Hauptstiegenhaus) notwendig wurde. Während dieser Zeit war der Residenzausbau bis einschließlich des dritten Obergeschoßes gediehen, auch mit der künstlerischen Innenausstattung war bereits begonnen worden. Umfassende Änderungen erfuhr die Anlage unter Markus Sitticus und dann gegen Ende des 17. Jahrhunderts, als Johann Ernst Graf Thun beispielsweise den Karabinierisaal durch das Anheben der Decke deutlich vergrößern ließ. Nachdem die Alte Residenz in österreichischen Staatsbesitz übergegangen war, diente sie bei Besuchen der kaiserlichen Familie, ihren Angehörigen und Repräsentanten anderer Staaten als Unterkunft. 1923 wurde im Osttrakt des Gebäudes die Residenzgalerie eröffnet, die 1938 geschlossen werden musste.

Bis 1945 waren Teile des Palasts als Amts- und vorübergehend auch als Wohnsitz für Gauleiter und Reichsstatthalter in Verwendung; während dieser Zeit führte man auch Modernisierungsmaßnahmen durch.[58]
Nach dem Zweiten Weltkrieg wurden Räumlichkeiten der Alten Residenz beispielsweise von der Burgen- und Schlösserverwaltung, dem Bundesdenkmalamt, der 1952 wiedereröffneten Residenzgalerie, aber auch von Privatpersonen genutzt. Der Universität Salzburg stellte man darin bald nach ihrer Wiedererrichtung Räume zur Verfügung. In dem Gebäude waren rund drei Jahrzehnte lang das Rektorat und (vor allem) Stellen der Universitätsverwaltung untergebracht. Anlässlich der 50. Wiederkehr der Errichtung der Republik Österreich schenkte der Bund dem Land Salzburg die Alte Residenz. Im Schenkungsvertrag (1974) vereinbarte man allerdings, dass das Land Salzburg dem Bund für Zwecke der US die Dienstbarkeit des unentgeltlichen Gebrauches an den von ihr genutzten Räumlichkeiten auf die Dauer von 30 Jahren mit dem Rechtsanspruch auf Verlängerung um weitere 20 Jahre einräumt.[59] (Im Jahre 2002 konnte dieser Universitätsstandort bis 2074 vertraglich gesichert werden.)[60]
Nachdem das Rektorat und die Universitätsverwaltung 1994 in ihre neuen Heimstätten übersiedelt waren, konnte mit den Adaptierungsmaßnahmen in der Alten Residenz begonnen werden. Für die Planung zeichnete Architekt Fonatsch verantwortlich. Das Institut für Klassische Philologie verlegte man vom Nord- in den Südtrakt, das gemeinsam mit den Instituten für Klassische Archäologie und für Alte Geschichte und Altertumskunde – letzteres war zuvor im Pustet-Haus einquartiert – künftig in der Alten Residenz (auf rund 2.800 m²) das Zentrum der Altertumswissenschaften bilden sollte. Die angestrebte gemeinsame Fachbibliothek ließ sich aufgrund der räumlichen Verhältnisse jedoch nicht realisieren. Errichtet wurden schließlich drei Institutsbibliotheken, wovon in der ehemaligen Silberkammer zum Beispiel nun die Bibliothek des Instituts für Klassische Archäologie untergebracht ist. Obwohl man sehr bemüht war, die Baukosten möglichst gering zu halten und immer wieder Einsparungsmaßnahmen traf,[61] konnten doch Bausünden der jüngeren Vergangenheit entfernt und wertvolle Bausubstanz restauriert werden. Während der Umbauarbeiten wurde auch der Betrieb der Residenzgalerie und der universitären Institute aufrecht erhalten. Die offizielle Eröffnung des geschaffenen Zentrums für Altertumswissenschaften fand im Dezember 1997 statt.

14.4.5 Die Adaptierung des Schwarzenberg-Hauses, Kaigasse 17

Der gegenständliche Gebäudekomplex wurde bereits 1434 als Höglwörther-Hof urkundlich erwähnt; er diente damals dem Prälaten des Klosters Höglwörth als Stadtpalais. Zu Beginn des 17. Jahrhunderts fiel das Haus an das Salzburger Domkapitel, das nach einem Umbau als Domherrensitz eingerichtet wurde. Weitere bauliche Veränderungen erfuhr das Bauwerk in den 1810er Jahren. Während des Zweiten Weltkriegs wurde das Gebäude von einer Bombe getroffen; die Kriegsschäden konnten 1947 nur notdürftig beseitigt werden.[62]
Das Schwarzenberg-Haus, das aus einem viergeschoßigen Hauptgebäude (Kaigasse) und einem dreigeschoßigen Nebengebäude (Krotachgasse) besteht, die wiederum durch einen Trakt verbunden sind, stand von 1947 bis 1996 der Finanzlandesdirektion zur Verfügung; unter anderem war dort ein Lager für das Zollamt eingerichtet. Nachdem Abteilungen der Finanzlandesdirektion in das Bundesgebäude «Weiserstraße 22» übersiedelten, in dem viele Jahre Institute der Rechtswissenschaftlichen Fakultät untergebracht waren, konnte im Juli 1996 mit Adaptierungsmaßnahmen begonnen werden. Die Umbaupläne hatten die Architekten Fritz Lorenz und Christian Schmirl ausgearbeitet. Als Planungsvorgabe war eine räumliche und funktionelle Trennung des Haupt- und des Nebengebäudes sowie ein sorgsamer Umgang mit der historischen Bausubstanz gefordert.[63] Störende Einbauten wurden, soweit es die neue Nutzung erlaubte, im Rahmen dieses (ATS) 25 Millionen teuren Projekts entfernt bzw. korrigiert. Die Umbauarbeiten konnten im September 1997 abgeschlossen werden, wodurch die Universität ca. 1.000 m² gewann. Ins Hauptgebäude siedelten das Forschungsinstitut für Organisations-

psychologie, das Institut für Kirchenrecht und die interfakultäre Forschungsstelle für Rechtspsychologie. Im Nebengebäude an der Krottachgasse wurden vor allem Werkstätten und Lagerräume für die universitätseigenen Betriebe eingerichtet.

14.4.6 Die Erweiterung des Universitäts- und Landessportzentrums Rif

Das 1986 fertig gestellte Universitäts- und Landessportzentrum war für die Nutzung von rund 100.000 Personen konzipiert worden. Mitte der 1990er Jahre frequentierten dreimal so viele die Einrichtung. Aber nicht nur die gestiegene Besucherzahl führte zu Kapazitätsengpässen und daraus resultierenden organisatorischen Schwierigkeiten. In den 1980er Jahren hatte man Einsparungsmaßnahmen nämlich nicht nur beim Material und der Bauausführung getroffen, sondern es wurden auch ursprünglich vorgesehene Büro-, Labor- und Diagnostikräume, Werkstätten, Aufenthaltsbereiche und Besprechungszimmer nicht realisiert. Dies erschwerte die wissenschaftliche und sportmedizinische Arbeit zusehends.
1993 gründeten deswegen Vertreter der Universität und des Landes eine Arbeitsgruppe, die ein Konzept für den räumlichen Ausbau des Sportzentrums entwickelten, das wiederum die Grundlage für den Entwurf von Hans Scheicher bildete. Die Voraussetzung für dessen Realisierung bedeutete der Ankauf der Liegenschaft «Haus Rif» durch den Bund und das Land im September 1995.[64] Das Bauvorhaben im südlichen Bereich des bestehenden Hallenkomplexes nahm man im November 1997 in Angriff. Eine kombinierte Trainings- und Testhalle für Lauf- und Sprungdisziplinen wurde zum Teil in einen Hügel hineingebaut. Das unter Denkmalschutz stehende Haus Rif (900 m^2) wurde generalsaniert. Das rund (ATS) 70 Millionen teure Projekt konnte im Frühjahr 1999 abgeschlossen werden. (Parallel zu dieser Erweiterung und Verbesserung der Infrastruktur wurde auch ein Studentenheim auf dem Areal errichtet und damit eine Beherbergungsmöglichkeit geschaffen, die bis 1992 das Haus Rif erfüllte.) Durch diesen Ausbau erfuhr das Universitäts- und Landessportzentrum eine Kapazitätserweiterung von knapp 25 %. Im Lauf der 1990er Jahren baute man außerdem einige Sportanlagen (unter anderem zwei Beachvolleyballfelder, eine Street-Basketballanlage, ein Fitnessparcours, eine Inlineskate-Hockeyanlage und ein Fußreflexzonen-Kneipp-Parcours) im Freien. Die Basis für eine künftige Erweiterung des Sportzentrums konnte mit der Pacht von Grundstücken (ca. 50.000 m^2) gelegt werden. – Eine weitere Aufwertung erfuhr das Sportzentrum durch den Ankauf des Schlosses Rif (Hartmannweg 4), das nach erfolgten Adaptierungsarbeiten im Herbst 2004 eröffnet wurde. Im Schloss, das Salzburger Erzbischöfen als Sommerresidenz diente, stehen dem Fachbereich Sport- und Bewegungswissenschaft 1.400 m^2 zur Verfügung.

14.4.7 Die Adaptierung des Aula-Gebäudes

Beim zu Beginn der 1630er Jahre errichteten Aula-Gebäude handelt es sich um einen Teil des Alten Studiengebäudes. Der große Festsaal (Aula academica) diente als Kongregationssaal, aber auch als Aufführungsstätte, wo zum Beispiel Mozarts frühes Werk «Apollo und Hyazinth» am 13. Mai 1767 uraufgeführt wurde. Im Rahmen der Adaptierungsmaßnahmen, die zu Beginn der 1970er Jahre durchgeführt wurden, war der Zustand von 1780/81 nicht wiederhergestellt worden. Dies bildete die Zielsetzung des gegenständlichen Projekts, für das Franz Fonatsch verantwortlich zeichnete. Die Bühne befindet sich nun wieder vor der Nordwand, fehlende Stuckaturen wurden ergänzt und die Rekonstruktion des Schmuckrahmens des Altarbildes wurde in Kalktechnik vorgenommen. Die Gestaltung des Südtrakts (Jeanne Kahn-Foyer) und der Außenanlagen erfolgte nach Plänen der Architekten Georg Huber und Karl Meinhart (one room). Die im Oktober 2003 begonnene Adaptierung wurde im Dezember 2004 abgeschlossen. Dass dieses knapp 6 Millionen Euro teure Bauvorhaben realisiert werden konnte, verdankt sich einer großzügigen Spende von Jeanne und Donald Kahn.[65]

14.4.8 Die Erweiterungspläne zu Beginn des 21. Jahrhunderts

Vom Scheitern des Großprojekts Freisaal im Jahre 1976 war vor allem die Geisteswissenschaftliche Fakultät betroffen; Teile der heutigen Kultur- und Gesellschaftswissenschaftlichen Fakultät sind immer noch in den Montagebauten an der Akademiestraße untergebracht. Institutsneugründungen und die Einführung neuer Studienzweige führten in den 1990er Jahren aber auch im realisierten Gebäudekomplex der Naturwissenschaftlichen Fakultät zu Engpässen, weswegen man zu Beginn des 21. Jahrhunderts auch eine Lösung für naturwissenschaftliche Institute anstrebte. Nach gewissenhaften Prüfungen wurde von einer Adaptierung eines Gebäudes am Standort Techno-Z jedoch wieder Abstand genommen; auch ein Areal in Itzling stellte sich für diese Erweiterung als ungeeignet heraus. Als Alternative bot sich das dreigeschoßige Laborgebäude «Billrothstraße 11» (knapp 3.300 m²) an, das bis 2003 von der Österreichischen Akademie der Wissenschaften genutzt und im Frühjahr 2005 von der US angekauft wurde. Nach der Durchführung von Adaptierungsmaßnahmen soll das Gebäude im Herbst 2005 als Biotech-Zentrum zur Verfügung stehen; geplant ist die Vermietung von Räumlichkeiten an Firmen und Einrichtungen der privaten Paracelsus-Universität.

Aber auch für die Kultur- und Gesellschaftswissenschaftliche Fakultät zeichnet sich eine Lösung ab. Dass eine Alternative zu den Montagebauten erst Ende der 1990er Jahre eine konkrete Gestalt annahm, lag vor allem daran, dass der Bund in Salzburg über kein entsprechend großes Grundstück verfügt, das für einen Ersatzbau geeignet ist. Nach jahrelangen Diskussionen schlugen im Jahre 2000 Stadt und Land Salzburg gemeinsam mit der Universität das Projekt Uni-Park Nonntal vor, das mehreren Interessen gerecht werden soll: Auf dem bisherigen Union-Sportgelände sollen Universitätsbauten errichtet werden; ein modernes städtisches Sportzentrum ist auf dem Gelände der drei Montagebauten an der Akademiestraße geplant. Zusätzlich wünschte man im Rahmen dieser «großen Lösung» auch die Realisierung einer neuen Heimstätte für die ARGE Nonntal und einer Zentrale für ein Bankinstitut.[66]

Den städtebaulichen Wettbewerb für den Uni-Park Nonntal gewann 2002 der schweizerische Architekt Andreas Senn; sein Entwurf sah die Errichtung von drei Baukörpern (zwei für die Universität und einen für die Kunstuniversität) mit Innenhöfen und unterschiedlichen Höhen vor. Das siegreiche Projekt wurde vom Preisgericht einstimmig als Basis für die Weiterplanung empfohlen.[67] Nach erfolgten Grundstückstransaktionen zwischen der Bundesimmobiliengesellschaft, der Erzabtei St. Peter und der Stadt Salzburg und dem Vorliegen einer verbindlichen Flächenwidmung beauftragte die US im Frühjahr 2005 die BIG mit der Durchführung eines Architektenwettbewerbes. Für die Universität Salzburg sollen an diesem Standort Nutzflächen im Ausmaß von 21.000 m² geschaffen werden. Das universitäre Teilprojekt wird voraussichtlich 2007 baureif sein.

---

1 Schreiben von Carl Holböck an das Bundesministerium für Unterricht, Salzburg, 21.7.1966; in: BMU, GZ 90.629 / Präs. 4 ex 1966.

2 Vgl. dazu: BMU, GZ 98.594 / III–3b ex 1965.

3 Vgl. dazu: BMU, GZ 98.761 / III–4 ex 1969.

4 Vgl. dazu: BMU, GZ 124.817 / III–4 ex 1968.

5 Ebd.
6 Vgl. dazu: BMWF, GZ 30.751 / Raum ex 1973.
7 Vgl. dazu: BMWF, GZ 32.344 / Raum ex 1973.
8 Vgl. dazu: BMWF, GZ 30.373 / Raum ex 1974.
9 Vgl. dazu: Schreiben von Hans Wagner an Bruno Kreisky, Salzburg, 29.11.1976; in: BMBWK.
10 Vgl. dazu: BMWF, GZ 30.228 / 17–9 ex 1977.
11 Vgl. dazu: Wolfgang Radlegger, Altstadt-Universität; in: Baudokumentation Universität und Ersatzbauten, Einführungsband, Salzburg 1981, S. 16.
12 Vgl. dazu: Wilfried Haslauer, Hoffnung auf Zustimmung; in: Altstadt-Universität Salzburg, Salzburg 1979, S. 5f.
13 Vgl. dazu: Wolfgang Radlegger, Zum Planungsstand vom September 1981; in: Baudokumentation Universität und Ersatzbauten, Einführungsband, Salzburg 1981, S. 5.
14 Karl Heinz Ritschel, Glück und Vernunft entschieden; in: Baudokumentation Universität und Ersatzbauten, Bd. 12, Salzburg 1995, S. 77.
15 Vgl. dazu: BMWF, GZ 31.947 / Raum ex 1971.
16 Vgl. dazu: Walter Schlegel, Beiträge zur Baugeschichte der Residenz; in: Baudokumentation Universität und Ersatzbauten, Bd. 11, Salzburg 1993, S. 62.
17 Vgl. dazu: BMWF, GZ 33.728 / Raum ex 1973.
18 Vgl. dazu: BMU, GZ 90.629 / Präs.4 ex 1966.
19 Vgl. dazu: BMU, GZ 94.738 / III–4 ex 1968.
20 Vgl. dazu: BMWF, GZ 30.232 / 1–9 ex 1985.
21 Ebd.
22 Vgl. dazu: BMWF, GZ 30.232 / 2–9 ex 1988.
23 Vgl. dazu: Ilse Lackerbauer, Studiengebäude – Alte Universität; in: Studiengebäude – Theologische Fakultät und Universitätsbibliothek, Band 11 der Serie «Baudokumentation der Abteilung 6», Salzburg 1982, S. 7–12.
24 Vgl. dazu: BMU, GZ 70.657 / III–4 ex 1969.
25 Vgl. dazu: BMWF, GZ 30.017 / Raum ex 1971.
26 Vgl. dazu: Karl Wagner, Das Mozarteum. Geschichte und Entwicklung einer kulturellen Institution, Innsbruck 1993, S. 111f
27 Vgl. dazu: Otto Prossinger und Martin Windisch, Architekturbericht; in: Studiengebäude – Theologische Fakultät und Universitätsbibliothek, Salzburg 1982, S. 17–20.
28 Vgl. dazu: Karl Nowotny, Baugeschehen; in: Studiengebäude – Theologische Fakultät und Universitätsbibliothek, Salzburg 1982, S. 21–23.
29 Vgl. dazu: BMWF, GZ 30.215 / Raum ex 1971.
30 Vgl. dazu: BMWF, GZ 30.888 / Raum ex 1974.
31 Vgl. dazu: Friederike Zaisberger, Das Rehlingen-Stadtpalais oder das Antretter-Haus in Salzburg; in: Österreichische Musik-Zeitschrift, 33 Jg. Oktober 1978, S. 504–511.
32 Vgl. dazu: BMWF, GZ 30.211 / 1–9 ex 1976.
33 Vgl. dazu: BMWF, GZ 30.211 / 1–9 ex 1986.
34 Vgl. dazu: BMWF, GZ 30.205 / 6–9 ex 1979.
35 Vgl. dazu: BMWF, GZ 30.223 / 13–9 ex 1994.
36 Oswald Matthias Ungers, Das Haus und die Stadt; in: Die Naturwissenschaftliche Fakultät der Universität Salzburg, Salzburg / Wien 1986, S. 6.
37 Wilhelm Holzbauer, Die Magie des Ortes; in: Die Naturwissenschaftliche Fakultät der Universität Salzburg, Salzburg / Wien 1986, S. 28.
38 Vgl. dazu: BMWF, GZ 30.234 / 6–9 ex 1979.
39 Vgl. dazu: Manfred Baumgartner, Baugeschichte; in: Universitäts- und Landessportzentrum Salzburg, Salzburg 1986, S. 15–20.
40 Vgl. dazu: BMWF, GZ 30.234 / 10–9 ex 1989.
41 Vgl. dazu: BMWFK, GZ 30.234 / 4–9 ex 1995.
42 Vgl. dazu: Elfi Salzer, Die «degradierte Residenz» wurde restauriert; in: Baudokumentation Universität und Ersatzbauten, Bd. 9, Salzburg 1989, S. 67.
43 Vgl. dazu: Hans Simmerstätter, Baubericht über den Umbau ehemaliger Posträume; in: Baudokumentation Universität und Ersatzbauten, Bd. 9, Salzburg 1989, S. 19–21.
44 Vgl. dazu: Franz Fonatsch, Der Umbau im Neugebäude; in: Baudokumentation Universität und Ersatzbauten, Bd. 9, Salzburg 1989, S. 7–18.

45 Vgl. dazu: Walter Schlegel, Beiträge zur Baugeschichte der Residenz; in: Baudokumentation Universität und Ersatzbauten, Bd. 11, Salzburg 1993, S. 62.

46 Vgl. dazu: BMWF, GZ 30.223 / 8–9 ex 1989.

47 Vgl. dazu: Josef Schorn, «Fünf nach zwölf»; in: Baudokumentation Universität und Ersatzbauten, Bd. 11, Salzburg 1993, S. 21–26.

48 1991 beschloss die Salzburger Landesregierung ein Museumskonzept, das unter anderem die Unterbringung eines neuen Stadt-Land-Museums (bisher Museum Carolino Augusteum) im Gebäude «Mozartplatz 1» vorsah. Dabei handelt es sich um jenen Palast, den gegen Ende des 16. Jahrhunderts Wolf Dietrich für sich errichten ließ und der später durch das Residenz-Neugebäude eine Erweiterung erfuhr. Nach zahlreichen Schwierigkeiten beauftragte man im April 2002 die Architekten Reiner Kaschl und Heide Mühlfellner mit dem Umbau dieses Palastes; das Museum Neue Residenz soll bis 2005 fertig gestellt werden.

49 Vgl. dazu: Alfred Kyrer, Was hat die Diskussion bewirkt?; in: Baudokumentation Universität und Ersatzbauten, Bd. 11, Salzburg 1993, S. 8.

50 Zitiert aus: Caroline Kleibel-Hirschvogl, Licht und Schatten; in: Baudokumentation Universität und Ersatzbauten, Bd. 11, Salzburg 1993, S. 20.

51 Vgl. dazu: Caroline Kleibel-Hirschvogl, Zeitreise durch die Baugeschichte der Salzburger Altstadt-Universität; in: Baudokumentation Universität und Ersatzbauten, Bd. 12, Salzburg 1995, S. 85f.

52 Vgl. dazu: Wolfgang Radlegger, Die Entwirrung eines «Gordischen Knotens»; in: Baudokumentation Universität und Ersatzbauten, Bd. 12, Salzburg 1995, S. 70ff.

53 Heftig kritisiert wurden zahlreiche Adaptierungs- und Restaurierungsmaßnahmen vom Kunsthistoriker Norbert Mayr, der mit seiner geäußerten Kritik jedoch einen Beitrag zur Vermeidung solcher «Fehlleistungen» bei künftigen (vergleichbaren) Unternehmungen leisten will; sein Urteil fällt letztlich dann aber doch positiv aus: «Unabhängig von manchen Resultaten und einzelnen Analysen meiner architektonischen Betrachtung im Sinne einer zeitgemäßen Denkmalpflege stellen die Adaptierungsmaßnahmen der Kapitelhäuser im ganzen gesehen eine wesentliche Aufwertung der Bauten gegenüber ihrem früheren Zustand und ihrer seinerzeitigen Nutzung dar.» Norbert Mayr, Drei historische Bauten in neuem Glanz; in: Baudokumentation Universität und Ersatzbauten, Bd. 12, Salzburg 1995, S. 48f.

54 Vgl. dazu: Claudia Nitschke, Die Kapitelhäuser; in: Baudokumentation Universität und Ersatzbauten, Bd. 12, Salzburg 1995, S. 17ff.

55 Norbert Mayr, Drei historische Bauten in neuem Glanz; in: Baudokumentation Universität und Ersatzbauten, Bd. 12, Salzburg 1995, S. 44f.

56 Ebd., S. 44.

57 Vgl. dazu: BMWFK, GZ 30.227 / 1–9 ex 1996.

58 Vgl. dazu: Walter Schlegel, Beiträge zur Baugeschichte der Residenz; in: Baudokumentation Universität und Ersatzbauten, Bd. 11, Salzburg 1993, S. 55–62.

59 Vgl. dazu: BMWF, GZ 30.876 / Raum ex 1974.

60 Vgl. dazu: BMBWK, GZ 30.242 /1–Pr/5 ex 2001.

61 Vgl. dazu: BMWFK, GZ 30.223 / 1–9 ex 1996.

62 Vgl. dazu: [Broschüre] Kaigasse 17 – Umbau und Generalsanierung, hg. vom Bundesministerium für wirtschaftliche Angelegenheiten, Wien 1997.

63 Vgl. dazu: BMWFK, GZ 650.061 / 2–V/7 ex 1995.

64 Vgl. dazu: BMWFK, GZ 30.234 / 19–9 ex 1995.

65 Vgl. dazu: [Broschüre] Umbau der Großen Universitätsaula, hg. von der BIG, Wien 2004.

66 Vgl. dazu: BMBWK, GZ 30.232 / 3–Pr/9 (Z/A/10) ex 2000.

67 Vgl. dazu: BMBWK, GZ 30.232 / 1–Pr/5 ex 2002.

15 Universität Mozarteum Salzburg (MOZ)

Erst durch das 1979 eröffnete Hauptgebäude hatte sich die Raumsituation der Universität Mozarteum Salzburg in quantitativer Hinsicht deutlich verbessert. Seit der Sperre dieses Gebäudes (1998) sind die meisten Abteilungen in Raumprovisorien untergebracht. Einige Übergangslösungen werden 2006 ausgedient haben, denn im Mozartjahr soll das neue Hauptgebäude bezugsfertig sein. Bislang wurden für das MOZ zwei Neubauten fertig gestellt und zahlreiche Bestandsanierungen bzw. Adaptierungen vorgenommen. 2002 standen der Universität Mozarteum Salzburg (wissenschaftliches und künstlerisches Personal: 229 Personen; allgemeine Universitätsbedienstete: 110 Planstellen) 22.000 m² zur Verfügung. 1.374 ordentliche Studierende waren im Studienjahr 2002/03 inskribiert.

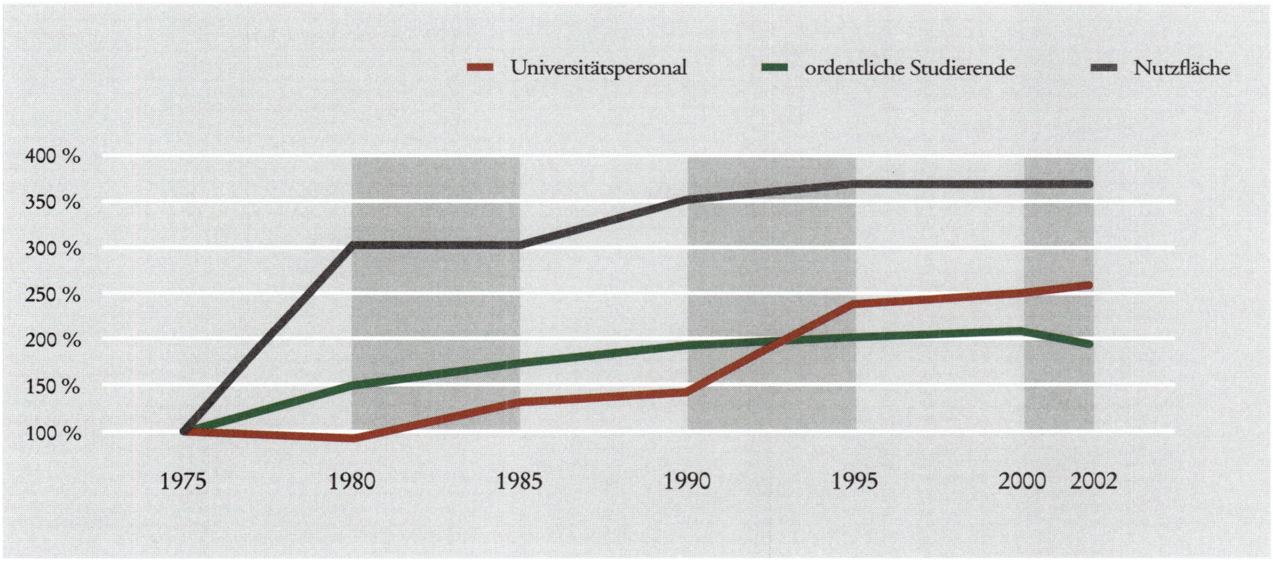

Bis ins Jahr 1998 verfügte die Universität Mozarteum Salzburg im Wesentlichen über zwei «Zentren». Im Südosten der Stadt errichtete man in den 1960er Jahren ein Gebäude (Frohnburgweg 55) für das Orff-Institut. In unmittelbarer Nachbarschaft dazu befindet sich das im zweiten Drittel des 17. Jahrhunderts erbaute Schloss Frohnburg (Hellbrunner Allee 53), das jahrzehntelang (vor allem) als Studentenwohnheim in Verwendung war. Nun stehen dem MOZ darin auch Unterrichtsräume und Studios zur Verfügung; im historischen Konzertsaal finden Veranstaltungen statt.

Das eigentliche Zentrum der Kunstuniversität liegt in der Salzburger Altstadt; am rechten Salzachufer befinden sich ihr Stammhaus (Schwarzstraße 26), das Gebäude «Schwarzstraße 24» und in nächster Nähe dazu das Gebäude «Bergstraße 10». Unweit dieser Häuser war das Hauptgebäude (Mirabellplatz 1) errichtet worden, in dem die meisten Abteilungen unter einem Dach versammelt waren. Nach dessen Schließung im Oktober 1998 konnten zwar innerhalb weniger Wochen Raumprovisorien organisiert werden, die Konzentrierung des MOZ in diesem Teil der Altstadt ging dabei aber verloren. 13 universitäre Standorte, die teilweise weit voneinander entfernt sind, erschweren derzeit noch den Lehrbetrieb und auch den Austausch zwischen Lehrenden und Studierenden.

Im Herbst 2000 fragte Rektor Roland Haas: «Wie lange hält das eine Universität durch, die den Geist der künstlerischen Kreativität wecken soll, wie schnell verbrauchen sich die Kräfte für die Entfaltung der Künste im Hin- und Herfahren im Obus? – Aus diesen Gründen hat die traditionelle Salzburger musikalische Bildungseinrichtung, das Mozarteum, daran erinnert, dass es derzeit in einem Provisorium existiert und darin nicht überlebensfähig ist. Wir brauchen wieder richtige, ausbildungsfähige Räume für die Schauspieler, die Organisten, für die KunsterzieherInnen und darüber hinaus ein Zentrum, in dem sich das Mozarteum trifft. Und wir brauchen das in der Stadt selbst, aus dem die heutige Universität auch erwachsen ist. Wir brauchen das in einer Stadt wie Salzburg, nicht auf der grünen Wiese, weit draußen, irgendwo, wo keiner mehr hinkommt, sich Supermärkte und Industriebetriebe gute Nacht sagen. [...] Im Mozartjahr 2006 sollte die weltbekannte Universität Mozarteum nicht mehr in Provisorien über Einzelhandelsgeschäften, in Faschings- oder Weihnachtsdekoration von Kaufhäusern einem internationalen Publikum präsentiert werden.»[1]

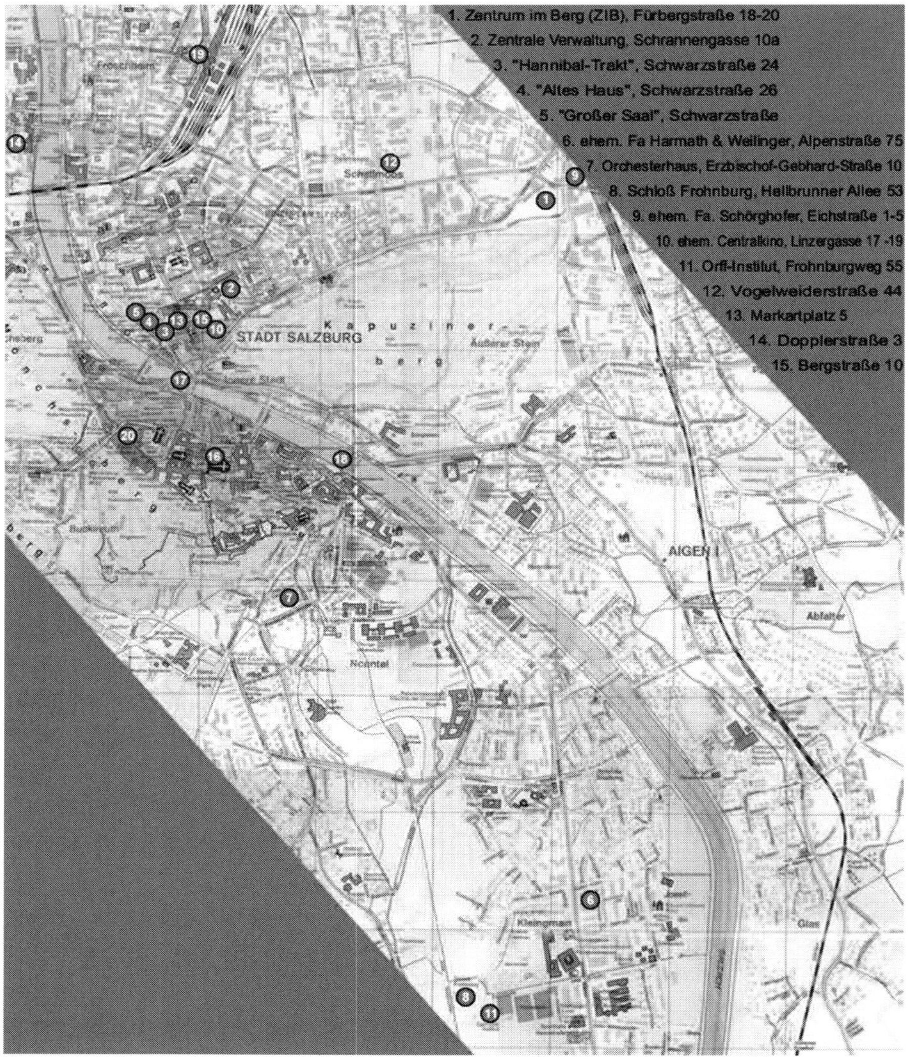

15.1 Die räumliche Situation der Universität Mozarteum Salzburg in den 1950er Jahren

Das 1953 zur Akademie erhobene Mozarteum verzeichnete in der zweiten Hälfte der 1950er Jahre einen steilen Anstieg der Hörerzahlen: Im Studienjahr 1955/56 zählte man 163 ordentliche Studierende, 1959/60 waren es 370. Im 1914 bezogenen Stammhaus (Schwarzstraße 26) wurden die räumlichen Verhältnisse rasch zu eng. Eine Verbesserung der Situation bedeutete ab 1956 die Nutzung von mehreren Räumen in einer Schule in der Walserfeldsiedlung, die von der amerikanischen Besatzungsmacht errichtet worden war. Ein Saal ließ sich dort notdürftig für Theaterzwecke adaptieren. Die 1958 gegründete Abteilung für Elektroakustik siedelte man ebenfalls an diesem Standort an,[2] der allerdings vom Stammhaus ca. 9 km entfernt war.
Im Dezember 1956 erwarb der Bund Schloss Frohnburg aus dem Besitz der Familie Kuenburg. (Das Anwesen diente Gandolph Graf Kuenburg, der zu Beginn des 20. Jahrhunderts der Internationalen Stiftung Mozarteum als Präsident vorstand, als Wohnsitz.) Nach kleineren Adaptierungsmaßnahmen konnte das Schloss bereits im Sommer 1957 als Studentenheim in Betrieb genommen werden. Die Leitung des Heimes übernahm der Verein der Freunde der Akademie Mozarteum, der sich 1953 konstituiert hatte.

15.2 Die räumliche Erweiterung der Universität Mozarteum Salzburg ab 1960

In diesem Jahrzehnt blieb die Zahl der ordentlichen Studierenden ziemlich konstant (1960/61: 403; 1965/66: 407; 1969/70: 467). Zu bedenken ist allerdings, dass man aber auch Kunstschüler, Schüler der Begabtenklassen und außerordentliche Studierende zu betreuen hatte, wofür die verfügbaren Räume bereits in den 1950er Jahren nicht mehr ausreichend waren. Der Standort Walserfeld stellte nur ein notdürftiges Provisorium dar, und im Stammhaus konnte die Akademie nicht alle Räumlichkeiten nutzen, da darin auch die Internationale Stiftung Mozarteum und die Salzburger Liedertafel untergebracht waren. Ende der 1960er Jahre standen 69 Lehrenden darin lediglich 36 Räume zur Verfügung, die wiederum nur teilweise für Unterrichtszwecke geeignet waren.
1969 legte Präsident Robert Wagner dem Unterrichtsministerium eine Dokumentation zur Raummisere vor, in der er beispielsweise über die klimatischen Rahmenbedingungen Folgendes schrieb: «Im Dachgeschoß handelt es sich um in den Dachboden eingebaute Mansarden, wo es in der wärmeren Jahreszeit in den Zimmern bis über 30 Grad warm wird, wodurch, abgesehen von der physischen Belastung für Lehrende und Studierende, auch die Instrumente empfindlich leiden (Risse in den hölzernen Resonanzkörpern; [...]); im Keller ist es so feucht, daß die dort hauptsächlich gespielten Blechblasinstrumente allein in der Zeit des Unterrichtes – also nicht infolge von Aufbewahrung – oxydieren; [...] Resümee: Jeder, der Einblick in diese Raumbedingungen erhält, fragt sich, wieso die Akademie hiebei überhaupt funktionieren kann. Dies geht auch tatsächlich nur aufgrund eines besonderen und für das Mozarteum typischen ‹Geistes›. Die meisten ausländischen Studenten sind fasziniert von diesem Geist (dessentwegen sie ja von so weit her kommen) und sind bereit, die unbeschreibliche Beengung und die dadurch auferlegte Improvisationen hinzunehmen».[3]
Dieses Schreiben ist vor dem Hintergrund zu sehen, dass die Akademieleitung schon zu Beginn dieses Jahrzehnts große Hoffnungen in einen Umbau des Alten Borromäums (Mirabellplatz 1) setzte. Tatsächlich begann man mit dem Bau der lang ersehnten neuen Heimstätte am Mirabellplatz im Jahre 1973, die erst 1979 bezogen werden konnte. In gewisser Hinsicht waren der von Wagner angesprochene Geist und die damit verbundene Kunst der Improvisation mitentscheidend dafür, dass Ende der 1990er Jahre das MOZ eine ernsthafte Krise relativ unbeschadet überstand, die durch die Schließung des Hauptgebäudes ausgelöst worden war.

15.2.1 Das Institutsgebäude «Frohnburgweg 55»

Die Geschichte des gegenständlichen Institutsgebäudes ist eng mit dem pädagogischen Werk des Komponisten Carl Orff (1895–1982) verknüpft, dem auch eine sozial- und heilpädagogische Bedeutung zukommt. In den 1950er Jahren entwickelte Orff eine Musikerziehungsmethode (Orff-Schulwerk), die von der Vorstellung der Erziehung durch Musik getragen ist. Bereits in diesem Jahrzehnt bemühte sich die damalige Akademieleitung um die Etablierung eines Zentrums in Salzburg, das Orffs Gedanken weiter entwickeln und deren Wirksamkeit kritisch verfolgen sollte.

1961 konnte schließlich das Seminar und die Zentralstelle des Orff-Schulwerkes eröffnet und die Ausbildung von Lehrern für diese Musikerziehungsmethode am MOZ gesichert werden. Das Orff-Institut (offiziell: Abteilung für Musik- und Tanzpädagogik) sollte eine eigene Heimstätte erhalten, wofür man ein Grundstück wählte, das an den südöstlichen Bereich der Parkanlage des Schlosses Frohnburg angrenzt. In den Jahren 1963/64 errichtete man dort ein Gebäude, das Architekt Helmut Keidel plante.[4] Ende der 1960er Jahre wurde das Institutsgebäude nach den Plänen von Keidel erweitert, wodurch das Orff-Institut 1970 über rund 900 m² (Nutzfläche) verfügte.[5] Die Baukosten beliefen sich auf knapp (ATS) 10 Millionen.

15.3 Die räumliche Erweiterung der Universität Mozarteum Salzburg ab 1970

Die von Wagner beschriebene Raummisere der späten 1960er Jahre muss sich im darauf folgenden Jahrzehnt wohl noch verschlimmert haben. Sieht man von einigen zusätzlichen Anmietungen im Hotel Goldenes Horn, im Kasino Mirabell oder im Gebäude «Kaigasse 28–30» ab, konnte nämlich erst 1979 das Hauptgebäude am Mirabellplatz bezogen werden; die Hörerzahlen waren in den 1970er Jahren aber stark gestiegen (1970/71: 465; 1975/76: 731; 1979/80: 1.046). Verfügte die Kunsthochschule 1970 über 5.700 m², waren es 1980 dann 18.000 m².

15.3.1 Das Hauptgebäude «Mirabellplatz 1»

Bei dem gegenständlichen Gebäude handelte es sich um einen Neubau, den man auf dem Areal des Lodron'schen Primogeniturpalastes realisierte. (Das 1978 fertig gestellte Hauptgebäude stellte den einzigen Universitätsneubau Österreichs dar, der ziemlich missglückte. Mit Ausnahme der Fassade an der Dreifaltigkeitsgasse brach man 2003 das Gebäude ab.) Vom barocken Bauwerk, das Fürsterzbischof Paris Graf Lodron in den 1630er Jahren von Dombaumeister Santino Solari errichten ließ, blieb lediglich die Hauptfassade an der Dreifaltigkeitsgasse erhalten. Im Jahre 1818 hatte eine Brandkatastrophe den Palast schwer beschädigt, den man dann ohne Attikageschoß wieder errichtete und der in weiterer Folge als Schulgebäude (Collegium Borromäum) in Verwendung war. Eine weitere tiefgreifende bauliche Veränderung erfolgte gegen Ende des 19. Jahrhunderts. Ab 1912 diente das Alte Borromäum vor allem als Wohnhaus, das Ende der 1950er Jahre endgültig zu verfallen drohte.

Anfang der 1960er Jahre zog die damalige Akademieleitung das Alte Borromäum schon als mögliche Heimstätte in Betracht; ein erstes Raum- und Funktionsprogramm legte man 1962 vor.[6] Für das MOZ stellte dieser innerstädtische Standort natürlich eine große Chance dar, zumal er vom Stammhaus in der Schwarzstraße nur wenige Gehminuten entfernt ist. Damals stand aber auch eine vielfältigere Nutzung (Einkaufszentrum, Bankfilialen,

Wohnungen) zur Diskussion, wofür Architekt Eugen Wörle bereits 1960 konkrete Pläne vorgelegt hatte. Diverse Unstimmigkeiten zwischen den Bundesministerien für Unterricht, für Handel und Wiederaufbau und für Finanzen führten zu zähen Verhandlungen und auch dazu, dass in der Zwischenzeit ein Bankinstitut die Liegenschaft erwerben konnte. Da der Denkmalschutz aufgehoben worden war, wäre ein Abbruch des Alten Borromäums möglich gewesen, was Unterrichtsminister Piffl-Perčević zu verhindern suchte.

Nach intensiven Verhandlungen konnte der Bund schließlich im Herbst 1967 die Liegenschaft zum Ausbau der Akademie Mozarteum, aber auch für Zwecke der Universität Salzburg erwerben; dem Bankinstitut sagte man Räumlichkeiten für eine Filiale zu. – Die Fassade an der Dreifaltigkeitsgasse stellte man unter Denkmalschutz. – Mit diesem Ankauf war zwar die Basis für den vom MOZ dringendst benötigten Ausbau geschaffen, es galt allerdings noch dessen Finanzierung zu klären. 1969 war auch dieses Problem gelöst. Das Bauvorhaben sollte im Rahmen des «Leasingprogramms der österreichischen Hochschulen» realisiert werden.[7] Im Oktober 1972 begann man mit dem Abbruch des Altbaus.

Nachdem im Februar 1974 das Projekt Wörles im Rahmen einer Pressekonferenz präsentiert worden war, formierte sich eine – im Wesentlichen von einem Salzburger Galeristen geführte – Bürgerinitiative, die gegen die Baumasse und die Fassadengestaltung (zum Mirabellgarten hin) heftig protestierte. Die anhaltenden Proteste konnten zwar die Gestaltung der Fassade mit ihren schießschartenartigen Fenstern nicht verhindern, doch erreichte sie eine Reduzierung der Baumasse, wodurch insgesamt rund 1.500 m² (Nutzfläche) verloren gingen. (Dem stand ein Raumgewinn von 300 m² gegenüber, da das Bankinstitut auf seine vertraglich zugesicherten Räume verzichtete.)

Einen Streitpunkt bildete auch das geplante dritte Obergeschoß, das – vom Mirabellgarten aus – den Blick auf die Turmhelme und Kuppel der Dreifaltigkeitskirche teilweise und den Blick auf die unansehnliche Feuermauer des Hotels Mirabell größtenteils verdeckt hätte. Der Verzicht auf den größten Teil dieses Stockwerkes (ca. 500 m²) führte 1975 zu weiteren Planungsänderungen.[8] Bei diesen Umplanungen wurde jedoch nur das Raumprogramm, aber nicht das Funktionsprogramm reduziert, was sich als folgenschwerer Fehler herausstellen sollte. Die Zahl

der innenliegenden Räume ohne natürliches Licht erhöhte man, zahlreiche Säle und Räume wurden auf zwei Kellergeschoße verteilt und mit dem Einbau einer Klimaanlage sollte die fehlende Belüftungsmöglichkeit wettgemacht werden. Die ausführenden Firmen waren aber mit dem Bau der großen Klimaanlage – wie sich später herausstellte – überfordert. (Die ursprünglich betraute Firma ging während der Bauausführung in Konkurs, was die ohnedies schon schwierige Aufgabe noch komplizierter machte.)
Nach all diesen Problemen, die natürlich Bauverzögerungen mit sich brachten, konnte das (ATS) 339 Millionen teure Gebäude erst im Jahre 1978 fertig gestellt werden. Dem MOZ standen darin die dringend benötigten Studios und Säle zur Verfügung, wovon vor allem das Große Studio (Theater mit 400 Zuschauerplätzen – rund 900 m^2) hervorzuheben ist. Sowohl die Bühne als auch der Zuschauerraum ließen sich ohne großen technischen Aufwand verändern, sodass das Studio als Guckkasten-, Arena-, Musikbühne oder Konzertsaal genutzt werden konnte. Im Gebäude wurde auch eine Mensa untergebracht. Die Leitung, die Verwaltung und die Bibliothek sowie die meisten Abteilungen des MOZ bezogen ihre neue Heimstätte 1979, wo zehn Jahre lang auch das Institut für Geschichte der Universität Salzburg einquartiert war.
Die erhoffte Lösung der bisher problematischen Raumverhältnisse stellte das Hauptgebäude aber nicht dar. Problematische akustische und klimatische Bedingungen im Neubau kritisierten die Nutzer von Anfang an. Durch bauliche Maßnahmen (Schallisolierungen) bekam man allerdings nur die Raumakustik halbwegs in den Griff. Zahlreiche Beschwerden, die Nutzer auf die «gesundheitsschädigende Belüftungsanlage» zurückführten, waren im März 1989 Anlass für eine schriftliche Stellungnahme, in der Professor Berend Symptome schildert, die dann 1998 als klassische Entsprechungen des Sick-Building-Syndroms angesehen wurden. «Seit Jahren haben wir bei unserer Arbeit Probleme, die offensichtlich auf die unzureichende Luftversorgung durch die Klimaanlage des neuen Hauses zurückzuführen sind. [...] Durchwegs werden Trockenheit der Schleimhäute, Husten, Krächzen bzw. Versagen der Stimme, eitriger und gelegentlich sogar blutiger Auswurf aus Nase und Mund, allergische Hautaffektionen und Ekzeme sowie allgemein auch ein psychisch schlechter Zustand beschrieben; alle Studierenden und Lehrer klagen über Müdigkeitsanfälle, die spätestens zwei Stunden nach der Aufnahme des Unterrichts auftreten. Ich selbst leide seit Jahren an Halsschmerzen, die immer verschwinden, sobald ich das Mozarteum längere Zeit nicht betrete. Das bekunden übrigens auch alle anderen Betroffenen, daß ihr Zustand sich durch den Aufenthalt im Hause innerhalb weniger Tage wieder verschlechtert hat».[9] – Zu Beginn der 1990er Jahre versuchte man mit großem Aufwand die Klimaanlage zu sanieren, doch der Erfolg fiel bescheiden aus. Neben diesen unzureichenden akustischen und klimatischen Bedingungen kritisierte auch die Bibliotheksleitung wiederholt Mängel, die sie auf die Bau- und Designausführung des Architekten zurückführte.

15.4 Die räumliche Erweiterung der Universität Mozarteum Salzburg ab 1980

In diesem Jahrzehnt stiegen die Hörerzahlen zwar kontinuierlich, aber nicht mehr dramatisch an; im Studienjahr 1980/81 wurden 1.044, 1985/86 1.243 und 1989/90 1.358 ordentliche Studierende gezählt. Aufgrund der Gründung der Expositur Innsbruck, für die man Räumlichkeiten anmietete, erzielte das MOZ in diesem Dezennium einen Raumgewinn (1980: 18.000 m^2, 1990: 20.800 m^2).

15.4.1 Die Expositur Innsbruck

Nicht zuletzt aufgrund des Lehrermangels im Fach Musikerziehung an höheren Schulen wünschten Mitte der 1970er Jahre Vertreter des Landes Tirols und der Stadt Innsbruck die Eingliederung der Musikerziehung in die Universität Innsbruck. Das Wissenschaftsministerium schlug aber die Errichtung einer Expositur der Salzburger Kunsthochschule vor, die eng mit der Universität Innsbruck zusammenarbeiten sollte. Die 1981 gegründete Abteilung für Musikerziehung sollte ursprünglich entweder im Canisianum (Tschurtschenthalerstraße 7) der Gesellschaft Jesu oder in der Alten Universität ihre Heimstätte finden.[10]

Da damals die in Aussicht genommenen Räumlichkeiten noch nicht verfügbar waren, mietete man im Gebäude «Marktgraben 2» Räume (420 m^2) an; dieser Standort war ursprünglich nur als Provisorium gedacht. Der Ausbau der Expositur (Aufstockung des Personals; 1988 wurde die Abteilung für musikalische Volkskunde gegründet) sowie der deutliche Anstieg der Hörerzahlen führten aber rasch zu beengten Verhältnissen. 1987 beantragte deswegen das MOZ die Anmietung von zusätzlichen Räumen. In unmittelbarer Nähe zum bestehenden Standort in der Innsbrucker Altstadt konnten 1989 im Ursulinenhof (Innrain 15) knapp 740 m^2 für Zwecke der Expositur angemietet werden. In diesem Haus ist heute unter anderem auch die Verwaltung und die Bibliothek der Abteilung für Musikpädagogik Innsbruck untergebracht. Im Gebäude «Innrain 11» mietete man außerdem einen ausreichend hohen Raum an, in dem eine Orgel aufgestellt werden konnte und der aufgrund seiner Größe auch für Chorproben geeignet ist.[11]

Gewünscht wurde damals auch die Errichtung einer Studienrichtung für Alte Musik. Im Zusammenhang mit diesen Plänen überlegte man Anfang der 1990er Jahre die Adaptierung der Siebenkapellenkirche, die 1687 nach Plänen von Johann Martin Gumpp fertig gestellt worden war; 1785 profanierte man die Kirche, die seither verschiedenen Einrichtungen als Lager diente. 1994 wurde zwar gemeinsam mit dem Land Tirol und der Stadt Innsbruck ein städtebaulicher Wettbewerb durchgeführt, die Realisierung des Projekts scheiterte 1996 aber endgültig an den fehlenden Investitionskosten sowie den fehlenden Mitteln für die Errichtung und den Betrieb der in Aussicht genommenen Studienrichtung.[12]

15.4.2 Die Sanierung des «Alten Hauses», Schwarzstraße 26

Im Jahre 1907 erwarb die Internationale Stiftung Mozarteum die Villa Lasser (Schwarzstraße 26), die gewissermaßen den Grundstock eines großen «Mozarthauses» bilden sollte. 1909 leitete der damalige Präsident der Stiftung, Gandolph Graf Kuenburg, mit der Ausschreibung eines Ideenwettbewerbs das Bauvorhaben ein. In dem geplanten Gebäude sollte die Villa Lasser integriert sein; gewünscht wurden ein großer Konzertsaal sowie Räume für die Musikschule, zwei künstlerische Vereine, das Mozartarchiv, die Bibliothek und die Verwaltung der Stiftung. Den ersten Preis erhielt Architekt Richard Berndl aus München, in dessen Entwurf sich die Musikschule um die bestehende Villa gruppierte, die nur im Stiegenhaus und im Dachaufbau Änderungen erfuhr. Bedingt durch enorme Kostenüberschreitungen wäre das Bauvorhaben jedoch beinahe zum Erliegen gekommen. Die offizielle Einweihung des Gebäudes sollte im Rahmen eines großen Musikfestes erfolgen, das aufgrund der politischen Ereignisse im Herbst 1914 jedoch nicht veranstaltet werden konnte.

Über das auch in architektonisch-künstlerischer Hinsicht gelungene Haus schreibt Friedrich Achleitner: «Die an der Schwarzstraße aufgefädelte, aus Schule und Konzerthaus bestehende Anlage ist ein schönes Beispiel für den Münchner Späthistorismus, der kraft seiner architektonischen Mittel imstande war, zum genius loci der Stadt Beziehungen herzustellen. Die bürgerlich-klassische Repräsentationsarchitektur vermag sich sowohl an dem barocken Geist der Stadt anzunähern, als auch musikalische Poesie auszudrücken. Daß es gelang, dem Ganzen etwas vom Glanz und Raffinement sezessionistischer Verfremdung zu unterlegen, macht den Bau besonders liebenswürdig. Seine Qualität dürfte vor allem in seiner städtebaulichen, nach außen hin fast symbolischen, die Festspielatmosphäre vorwegnehmenden Erscheinung liegen ...»[13]

Beinahe sechs Jahrzehnte lang hatte man sich in Salzburg um ein Gebäude bemüht, in dem die Musikschule und die Bibliothek vereint und durch die Schaffung eines Konzertsaals endlich auch die Misere auf dem Veranstaltungssektor beendet werden konnte. Die Bedeutung des 1914 bezogenen Hauses für die heutige Universität kann kaum überschätzt werden; Karl Wagner schreibt, «daß die Entwicklung der Schule ohne dieses Haus eine ganz andere, viel bescheidenere Richtung genommen hätte. Die Internationale Stiftung Mozarteum schuf also die räumlichen und bis zu einem gewissen Grad auch die ideellen Voraussetzungen für den Aufstieg des Mozarteums von einer privaten Musiklehranstalt zur heutigen Musikhochschule über die Zwischenstationen Konservatorium, Reichsmusikhochschule und Akademie.»[14]

Aufgrund der heterogenen Bodenbeschaffenheit des Standortes, des wachsenden Verkehrsaufkommens und einer allgemeinen Grundwasserabsenkung traten am Gebäude «Schwarzstraße 26» Schäden auf, die im Herbst 1976 ein bedrohliches Ausmaß annahmen, als man in der Schwarzstraße eine Tiefgarage errichtete. Eine umfassende Sanierung des einzigen großen Jugendstil-Baus in Salzburg war unumgänglich. Die 1980 begonnene Generalsanierung des denkmalgeschützten Bauwerks, das im Besitz der Internationalen Stiftung Mozarteum ist, konnte 1983 abgeschlossen werden. An den Kosten beteiligte sich der Bund mit rund (ATS) 9,5 Millionen.[15]

15.5 Die räumliche Situation der Universität Mozarteum Salzburg in den 1990er Jahren

Auch in diesem Jahrzehnt stieg die Zahl der ordentlichen Studierenden nur mehr leicht an (1990/91: 1.385, 1995/96: 1.462, 2000/01: 1.527). Die Sperre des Hauptgebäudes veränderte die räumliche Situation des MOZ zwar grundlegend, die verloren gegangenen Nutzflächen konnten aber durch zahlreiche Anmietungen kompensiert werden (1990: 20.800 m^2, 2001: 22.000 m^2).
Aufgrund der Sanierung der Klimaanlage im Hauptgebäude musste man ab Herbst 1992 dort ganze Stockwerke räumen. Als Ersatz mietete man das Gebäude «Christian-Doppler-Straße 3» (rund 750 m^2) an, das zuvor vom Salzburger Landesschulrat genutzt worden war. Da der Landesschulrat keinen Bedarf mehr an dem Gebäude hatte, war es schon im Frühjahr 1998 als längerfristige Lösung des MOZ betrachtet worden. Im ehemaligen Redaktionsgebäude der Salzburger Nachrichten (Bergstraße 10), das sich in unmittelbarer Nachbarschaft zu den Standorten Schwarzstraße und Mirabellplatz befindet, wurden Mitte der 1990er Jahre auch Räumlichkeiten (rund 200 m^2) für Zwecke des MOZ angemietet. Nachdem man darin vorerst Verwaltungseinrichtungen unterbrachte, werden nun die Räume größtenteils von der Abteilung für Musikwissenschaft genutzt. (Vorübergehend waren in diesem Gebäude auch das Institut für Musikwissenschaft und das Forschungsinstitut für Salzburger Musikgeschichte der Universität Salzburg untergebracht.)

15.5.1 Der Ausbau des Orff-Instituts, Frohnburgweg 55

Bereits im November 1983 wünschte das MOZ eine räumliche Erweiterung des Orff-Instituts; begründet wurde der entsprechende Antrag damit, dass sich seit 1970 die Studierendenzahl praktisch verdoppelt hatte und das Personal um ein Drittel gestiegen war. Auch die für die Abteilung charakteristische pädagogische Arbeit mit Kinder-, Jugendlichen- und Erwachsenengruppen war deutlich angestiegen. Das Wissenschaftsministerium erachtete den Ausbau des Gebäudes «Frohnburgweg 55» als notwendig, der sich aber aufgrund der angespannten finanziellen Situation des Bundes erheblich verzögerte. In Wien dachte man auch daran, dass das Orff-Institut in das Hauptgebäude am Mirabellplatz übersiedeln könnte, da der Auszug des Instituts für Geschichte (Universität Salzburg) damals schon absehbar war.[16]
Die räumlichen Verhältnisse verschlimmerten sich in den folgenden Jahren noch. Im März 1992 beantragte das MOZ neuerlich den Ausbau des Hochschulgebäudes. Die ursprünglich gewünschte Aufstockung des Gebäudes konnte aber aus baurechtlichen Gründen nicht durchgeführt werden. Architekt Jörg Reiss legte daraufhin Pläne vor, die lediglich einen teilweisen Ausbau des Dachbodens, einen Umbau des Erdgeschoßbereichs und einen Erweiterungsbau vorsah.[17] Das benachbarte und zum Schloss Frohnburg gehörende ehemalige Badehaus mit dem Schüttbad wurde dabei in den Erweiterungsbau integriert und beherbergt heute die Abteilungsbibliothek. Das rund (ATS) 11 Millionen teure Bauvorhaben konnte nach einjähriger Bauzeit im Dezember 1994 fertig gestellt werden; die Abteilung für Musik- und Tanzpädagogik gewann dadurch knapp 800 m^2.

15.5.2 Die Schließung des Hauptgebäudes (Mirabellplatz 1)

Zahlreiche Klagen über die schlechte Funktion der Klimaanlage führten dazu, dass eine etappenweise Erneuerung der Anlage vereinbart und im Herbst 1992 endlich auch in Angriff genommen wurde. Der durchschlagende Erfolg der teuren Maßnahmen blieb allerdings aus. Nachdem im Juni und Juli 1998 das Gesundheitsressort des Landes Salzburg davon informiert worden war, dass bei Nutzern des Hauptgebäudes auffällig viele Leukämieerkrankungen innerhalb eines kurzen Zeitraumes aufgetreten sind, bot die Landessanitätsdirektion dem MOZ am 17. Juli eine umfassende Amtshilfe an. (Insgesamt stellte man schließlich sechs Leukämieerkrankungen fest, die in den Jahren 1989 bis 1998 aufgetreten waren.) Der «dritte zusammenfassende Zwischenbericht zur Innenraumschadstoffbelastung der Hochschule Mozarteum Salzburg» (12. Oktober 1998) der Landessanitätsdirektion wurde drei Tage später dem Wissenschaftsministerium zur Kenntnis gebracht. Obgleich man darin festhielt, dass die bisherigen Untersuchungen keinen sicheren Hinweis auf einen kausalen Zusammenhang zwischen den nachgewiesenen Schadstoffen und den Leukämieerkrankungen ergeben, erteilte Minister Einem noch am 15. Oktober 1998 die Weisung der vorsorglichen Schließung des Gebäudes.[18] Das auch als Institutsgebäude «Dreifaltigkeitsgasse» bezeichnete Objekt sollte so lange gesperrt bleiben, bis die tatsächliche Gefährdung geklärt sei.
Die an Skandalen nicht arme neuere Salzburger Baugeschichte war damit um ein weiteres Kapitel reicher, das zu drei schriftlichen parlamentarischen Anfragen führte; die Presse spielte die Krise in der zweiten Oktoberhälfte teilweise hoch (vom «Todeshaus» oder der «Krebs-Hochschule» war zu lesen). Nach der Sperre nahm man sofort weitere umfassende Untersuchungen (vor allem) im Gebäude in Angriff. Von der Landessanitätsdirektion wurde außerdem ein Programm zur Untersuchung von Personen ausgearbeitet, die im geschlossenen Gebäude tätig waren. Ende Oktober konstituierte sich auch die Arbeitsgruppe «Institutsgebäude Dreifaltigkeitsgasse der Kunstuniversität Salzburg», die Bundes- und Landesaktivitäten koordinierte. Die Erarbeitung eines Konzepts für das Hauptgebäude einschließlich allfälliger Umbaumaßnahmen war das erklärte Ziel, das sich die Arbeitsgruppe setzte.[19] In den im April 1999 präsentierten Abschlussberichten wurde schließlich festgehalten, dass kein physikalischer, chemischer oder biologischer Faktor bzw. keine Kombination dieser Faktoren die Häufung der Krankheitsfälle plausibel erklären können. Es konnten auch keine Hinweise festgestellt werden, die auf eine besondere Schadstoffbelastung zu einem früheren Zeitpunkt hindeuten. Die Untersuchungen ergaben, dass die aufgetretenen Leukämieerkrankungen eindeutig nicht auf einen gemeinsamen verursachenden Faktor im Zusammenhang mit dem Gebäude zurückgeführt werden können.[20]
Im Rahmen des umfangreichen Untersuchungsprogramms bestätigte sich allerdings die Arbeitshypothese der Landessanitätsdirektion hinsichtlich des Sick-Building-Syndroms; für diese Zivilisationserscheinung sind unter anderem häufige Kopfschmerzen, Müdigkeit, Halsschmerzen, tränende Augen oder Hustenreiz charakteristisch. Als Ursache für dieses Syndrom identifizierte man lüftungstechnische Mängel der alten Klimaanlage, fehlende natürliche Belichtung von Arbeitsräumen, keine natürliche Belüftung und die verwinkelte Bauweise, die sich auf die Nutzer des Gebäudes sehr ungünstig auswirkten. Die festgestellten Störungen des Wohlbefindens und der Gesundheit konnten dadurch plausibel erklärt werden. Daraus begründete sich die Forderung nach einer Ausdünnung des Gebäudes, das um- bzw. neugebaut werden sollte; am Standort «Mirabellplatz» hielt das MOZ aus verständlichen Gründen fest.
Auf Wunsch der Kunstuniversität wurde im Mai 1999 im Hauptgebäude das Große Studio wiedereröffnet, da für diesen Aufführungs- und Proberaum in Salzburg kein gleichwertiger Ersatz gefunden werden konnte. Das Große Studio verfügte über eine eigene Lüftungsanlage und unterschied sich auch hinsichtlich der Materialausstattung von den übrigen Gebäudeteilen.[21] Auch die Wiedereröffnung der Bibliothek stand damals zur Diskussion, doch der angestrebte, umfassende Umbau des Hauptgebäudes, der den Betrieb stark beeinträchtigt hätte, und die Konzentrierung des Studienbetriebs im Stadtteil Schallmoos sprachen für die Übersiedlung der Universitätsbibliothek in das so genannte Zentrum im Berg.

15.5.3 Die notwendig gewordenen Raumprovisorien

Mit der Sperre des Hauptgebäudes gingen der Kunstuniversität praktisch über Nacht rund 12.000 m² (Nutzfläche, ca. 20.000 m² Netto-Grundrissfläche) verloren. Um den Lehrbetrieb möglichst rasch weiterführen zu können, ermächtigte das Wissenschaftsministerium die damalige Leitung des MOZ zur Anmietung von Raumprovisorien. Die schwierige Situation konnten Rektor Klaus Ager und sein Stellvertreter Josef Wallnig mit großem Einsatz und dank der Hilfe von Stadt und Land Salzburg, der Universität Salzburg, der Internationalen Stiftung Mozarteum und der Salzburger Festspiele sowie der Unterstützung der zuständigen Bundesministerien (Dr. Helmuth Fuchs/BMWV) rasch meistern. Die Universität Salzburg stellte beispielsweise Hörsäle und Seminarräume zur Verfügung; sehr hilfreich war auch die vorübergehende Unterbringung einiger Verwaltungsabteilungen in Gebäuden der Altstadt-Universität. Obgleich die Krise erstaunlich gut bewältigt werden konnte, darf man nicht übersehen, dass es sich bei den angemieteten Ersatzobjekten hinsichtlich der universitären Bedürfnisse um mehr oder weniger geeignete Provisorien handelt.

Von den ursprünglich angemieteten Ersatzobjekten sind 2005 noch vier in Verwendung. Bereits Ende Oktober 1998 mietete man für Zwecke der Abteilungen für Blas- und Schlaginstrumente, für Musikpädagogik und für Kirchenmusik knapp 800 m² in einem Geschäfts- und Bürohaus (Vogelweiderstraße 44) an. Im Südosten Salzburgs wurde das ehemalige Möbelhaus Harmath & Weilinger (Alpenstraße 75) für universitäre Zwecke adaptiert. Nach Abschluss der ca. (ATS) 8 Millionen teuren baulichen Maßnahmen fanden dort auf knapp 2.000 m² Teile der heutigen Abteilung für Bildende Künste, Kunst- und Werkpädagogik und die universitären Werkstätten eine vorläufige Bleibe.[22]

Am Fuße des Kapuzinerbergs, im Stadtteil Schallmoos, mietete man das Obergeschoß eines Einkaufszentrums an. Die (ATS) 41 Millionen teure Adaptierung, die nach Plänen von Architekt Ludwig Kofler ausgeführt wurde, konnte nach fünf Monaten abgeschlossen werden.[23] Auf rund 7.400 m² schuf man Räume für den künstlerischen Einzelunterricht, Proberäume, Büros sowie ein Opern- und ein Schauspielstudio. Im Zentrum im Berg (Fürbergstraße 18–20) konnten im Herbst 1999 sieben Abteilungen (größtenteils) untergebracht werden. Auch die Universitätsbibliothek übersiedelte in dieses Ersatzquartier, das aufgrund der lichtdurchfluteten Räume und der guten Akustik in den ersten Jahren der Nutzung von den Lehrenden und Studierenden sehr positiv aufgenommen wurde. Ebenfalls in Schallmoos mietete man im August 1999 in dem ehemaligen Möbelhaus Schörghofer (Eichstraße 1–5) knapp 1.800 m² für die Abteilung für Bühnen- und Kostümgestaltung an.[24] – In der Zwischenzeit wurden einige Provisorien wieder aufgegeben; durch neue Anmietungen – «Markartplatz 5», «Schrannengasse 10» und «Linzergasse 17–19» (ehemaliges Centralkino) – konnten universitäre Einrichtungen wieder stärker im zentrumsnahen Bereich konzentriert werden.

15.5.4 Die Sanierung des Schlosses Frohnburg, Hellbrunner Allee 53

Das im zweiten Drittel des 17. Jahrhunderts errichtete Schloss Grafenau diente ursprünglich Erzbischof Kardinal Max Gandolph Graf Kuenburg als Sommerresidenz. Die Bezeichnung «Schloss Frohnburg» leitet sich von einem späteren Besitzer ab. Nach dessen Ankauf durch den Bund stand das denkmalgeschützte Gebäude ab 1957 Studierenden des MOZ als Studentenheim zur Verfügung, dessen Ausstattung in den 1990er Jahren längst nicht mehr zeitgemäß war. Im Zuge der Planung einigte man sich dahingehend, dass künftig der Kunstuniversität im Erdgeschoß und im ersten Obergeschoß Unterrichtsräume, Studios und ein Konzertsaal (insgesamt knapp 500 m²) zur Verfügung stehen sollten. Dem vom Verein der Freunde der Universität Mozarteum Salzburg geleiteten Studentenheim wurden das zweite Obergeschoß des Hauptgebäudes und ein Nebentrakt zugewiesen.[25] Außerdem errichtete der Verein im Wege eines Baurechtes ein neues Studentenheim neben dem Hauptgebäude. (Die Gesamtanlage umfasst mehrere Nebengebäude, wovon ein weiteres von den Studierenden als Übungshaus genutzt wird.) Den ausgeschriebenen Architektenwettbewerb gewann im Sommer 2000 Flavio Thonet, das (ATS) 17,4 Millionen teure Projekt konnte im Jahre 2002 abgeschlossen werden. (Im Jahre 1965 dienten die Außenanlagen der Frohnburg als Kulisse für den berühmten Film The Sound of Music mit Julie Andrews.)

15.5.5 Die räumliche Situation der Universität Mozarteum Salzburg zu Beginn des 21. Jahrhunderts

Nachdem der Bund und das Land Salzburg auf politischer Ebene die ehestmögliche Wiedereröffnung des Hauptgebäudes beschlossen hatten, wurde eine aus Vertretern des Bundes, des Landes, der Stadt und der Kunstuniversität bestehende Arbeitsgruppe eingerichtet, die sich für die Unterbringung der Musikfächer am Standort Mirabellplatz aussprach. Die Fächer der darstellenden und bildenden Künste sollten an einem zweiten Hauptstandort zusammengefasst werden. Priorität erhielt aber das erstgenannte Projekt.
Nach intensiven Verhandlungen wurde das Raumprogramm in seiner im September 2001 vorgelegten Fassung genehmigt. Man strebte die Beseitigung der im Wesentlichen auf subjektives Empfinden zurückzuführenden Mängel an, die letztlich zur Schließung des Hauptgebäudes geführt hatten: Vor allem sollen im neuen Gebäude natürlich belichtete und belüftete Arbeitsräume und Erschließungszonen mit klarer Wegeführung realisiert sowie die Dunkelzonen reduziert werden. Auch die zu intensive Nutzung, die vor der Schließung des Hauptgebäudes gegeben war, soll künftig vermieden werden. Ins «Haus der Musik» sollen 2006 sieben Abteilungen (Dirigieren, Komposition und Musiktheorie; Tasteninstrumente; Streich- und Zupfinstrumente; Blas- und Schlaginstrumente; Musikpädagogik Salzburg; Musikwissenschaft; Musiktheater) siedeln. Das neue Hauptgebäude wird außerdem die Universitätsleitung und die Bibliothek beherbergen. Hinsichtlich der Nutzfläche erzielte man eine deutliche Reduktion: Das genehmigte Raumprogramm weist 8.350 m² aus, das geschlossene Hauptgebäude umfasste 12.000 m².[26]
Den EU-weit ausgeschriebenen Architektenwettbewerb konnte im August 2002 Robert Rechenauer (München) für sich entscheiden. Das vor allem vom Rektor des MOZ, den Vertretern der Stadt Salzburg und der Sachverständigenkommission gelobte Projekt sieht die Freilegung und teilweise Rekonstruktion des alten Primogeniturpalastes vor. Die neue Baumasse soll um einen großzügigen (und teilweise verglasten) Innenhof gruppiert werden. Dem siegreichen Entwurf gemäß werden von einer zentralen Halle aus dann alle publikumsintensiven Bereiche (Studios, Hörsäle, Bibliothek etc.) erschlossen. Die Höhengliederung der Baumasse garantiert die gewünschten städtebaulichen Sichtverbindungen; den beiden zurückgesetzten und ganzflächig verglasten Attikageschoßen ist eine großzügige Dachterrasse vorgelagert. Die Baukosten schätzte man auf rund 22 Millionen Euro.[27]
Hinsichtlich der zu schaffenden Heimstätte für die Abteilungen für Schauspiel und Regie, für Bühnen- und Kostümgestaltung sowie für Bildende Künste, Kunst- und Werkpädagogik mussten bereits mehrere Pläne wieder verworfen werden. Aus heutiger Sicht ist nicht absehbar, wann diese Abteilungen ihre derzeitigen Provisorien verlassen werden können.

---

1 Roland Haas, Universität Mozarteum – ein Ende des Provisoriums muss absehbar sein!; in: Universität Mozarteum Salzburg – Aktuell, Salzburg [2000], S. 25.

2 Vgl. dazu: Karl Wagner, Das Mozarteum. Geschichte und Entwicklung einer kulturellen Institution, Innsbruck 1993, S. 257.

3 Robert Wagner, Dokumentation zur Raummisere, Salzburg, 26.6.1969; in: BMU, GZ 98.762 / III / 4 ex 1969.
4 Vgl. dazu: BMU, GZ 47.929 / Präs. 4 ex 1966.
5 Vgl. dazu: BMU, GZ 112.930 / III / 4 ex 1968.
6 Vgl. dazu: BMU, GZ 86.348 / 14 ex 1962.
7 Vgl. dazu: BMU, GZ 81.463 / I / 4 ex 1969.
8 Vgl. dazu: BMWF, GZ 30.920 / 3-9 ex 1975.
9 Schreiben von Prof. Uwe Berend an das BMWF, Salzburg, 7.3.1989; in: BMWF, GZ 60.810 / 25–16a ex 1989.
10 Vgl. dazu: BMWF, GZ 30.118 / 3–9 ex 1979.
11 Vgl. dazu: BMWF, GZ 30.118 / 1–9 ex 1989.
12 Vgl. dazu: BMBWK, GZ 30.118 / 2–Z / A / 10 ex 2000.
13 Zitiert aus: Karl Wagner, Das Mozarteum, Innsbruck 1993, S. 154.
14 Ebd., S. 107.
15 Vgl. dazu: BMWF, GZ 30.922 / 7–9 ex 1982.
16 Vgl. dazu: BMWF, GZ 30.920 / 2–9 ex 1984.
17 Vgl. dazu: BMWF, GZ 30.920 / 10–9 ex 1992.
18 Vgl. dazu: BMWV, GZ 30.922 / 4–9 ex 1998.
19 Vgl. dazu: BMWV, GZ 30.922 / 11–9 ex 1999.
20 Vgl. dazu: BMWV, GZ 30.922 / 22–Pr / 9 ex 1999.
21 Vgl. dazu: BMWV, GZ 25.600 / 42–I / A / 5 ex 1999.
22 Vgl. dazu: BMWV, GZ 30.922 / 10–9 ex 1999.
23 Vgl. dazu: BMWV, GZ 30.922 / 3–9 ex 1999.
24 Vgl. dazu: BMWV, GZ 30.922 / 26–Pr / 9 ex 1999.
25 Vgl. dazu: BMBWK, GZ 30.922 / 3–Pr / 9 ex 2000.
26 Vgl. dazu: BMBWK, GZ 30.922 / 5–Pr / 5 ex 2001.
27 Vgl. dazu: BMBWK, GZ 30.922 / 5–Pr / 5 ex 2002.

16 Universität Linz (UL)

Seit ihrer Gründung im Jahre 1962 wurden für die Universität Linz 14 Neubauten errichtet und zahlreiche Bestandsanierungen bzw. Adaptierungen vorgenommen, wovon in weiterer Folge vier Projekte behandelt werden. 2002 standen der Universität Linz (wissenschaftliches Personal: 461 Personen; allgemeine Universitätsbedienstete: 376 Planstellen) 65.000 m² zur Verfügung. 10.441 ordentliche Studierende waren im Studienjahr 2002/03 inskribiert.

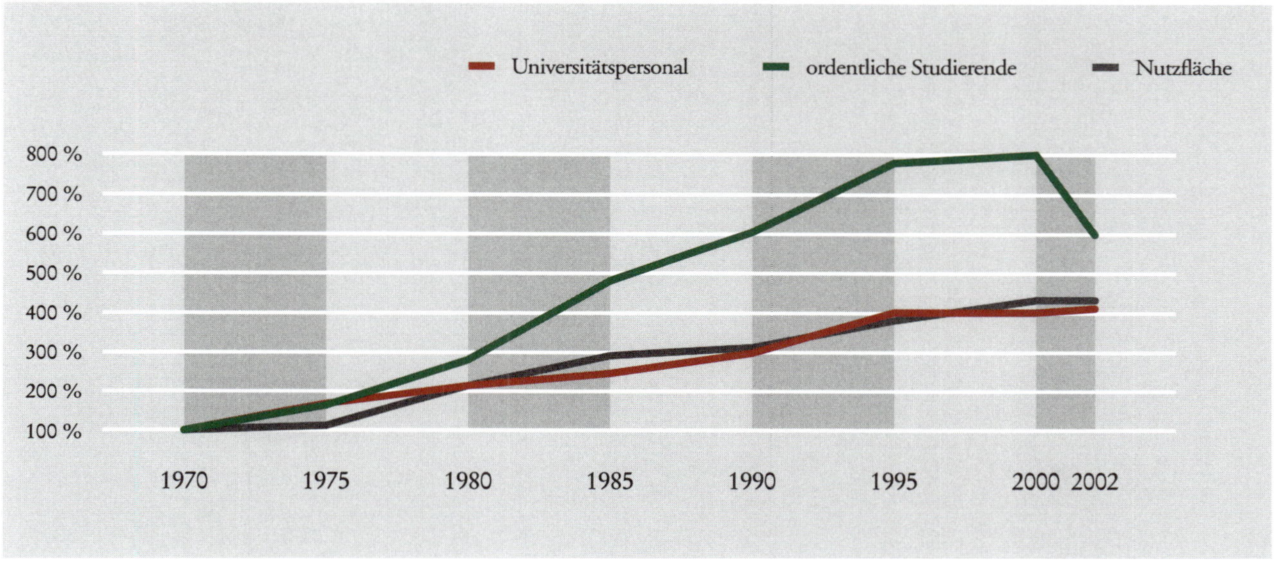

Im nordöstlichen Stadtteil Dornach befindet sich der Universitäts-Campus, der mit einer Buslinie vom Stadtzentrum in wenigen Minuten zu erreichen ist. Die gemeinsame Anschrift der Universitätsgebäude in Dornach lautet «Altenbergerstraße 69». Vorwiegend im östlichen Bereich des Universitätsgeländes realisierte man Einrichtungen für das studentische Leben (Wohnheime und die Sportanlage des Universitätssportinstituts). Mit dem Anstieg der Hörerzahlen und der Erweiterung des Studienangebotes konnte der Ausbau in Dornach nicht Schritt halten, weswegen zahlreiche Außenanmietungen notwendig wurden. In relativer Nähe zum Campus befinden sich drei Raumprovisorien an der Freistädter Straße und ein weiteres (Rudolfstraße 3) im Stadtteil Urfahr. Südlich der Donau verfügt die Universität über zwei Standorte: Im Gebäude «Dinghoferstraße 20» ist die Gerichtsmedizin untergebracht, und auf dem Werkgelände der VOEST mietete man für Universitätszwecke zwei Bürogebäude an.
In Oberösterreich existieren drei Außenstellen der Linzer Universität: Schloss Hagenberg, rund 25 km nordöstlich von Linz gelegen, das Studienzentrum Steyr (Wehrgrabengasse 1–5) und das ehemalige Biolabor der Agro-Linz (Welser Straße 42) in Leonding; zwei weitere Studienzentren befinden sich in Bregenz (Belruptstraße 10) und in Wien (1080, Bennogasse 21).

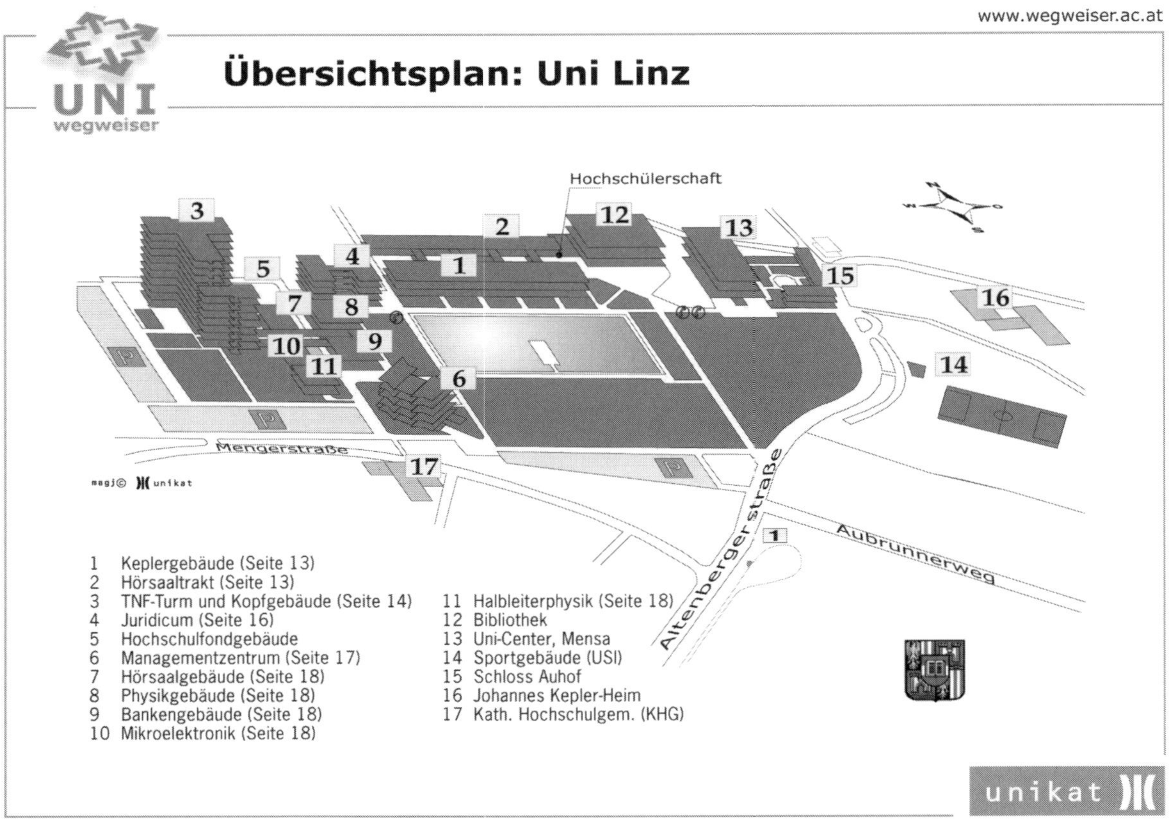

16.1 Der Aufbau der Universität Linz in den 1960er Jahren

Als im Oktober 1966 die Linzer Hochschule ihren Betrieb in Dornach aufnahm, zählte man 562 ordentliche Studierende; zwei Jahre später waren es schon beinahe zweieinhalbmal so viele (1.320). Ausschlaggebend war dafür die Ausweitung des Lehr- und Studienangebotes, das ursprünglich nur die Bereiche Sozial- und Wirtschaftswissenschaften umfassen sollte. Die Aufnahme von juridischen Fächern und vor allem die Gründung der Technisch-Naturwissenschaftlichen Fakultät hatten schließlich auch die bauliche Entwicklung der Hochschule stark beeinflusst; dem 1963 genehmigten Plan der Campusanlage, die man 1964 zu realisieren begann, lag ja nur der Aufbau einer Hochschule für Sozial- und Wirtschaftswissenschaften zugrunde.

16.1.1 Die «Schule im Grünen»

Bereits in der zweiten Hälfte der 1950er Jahre begann man in Linz die Standortfrage der angestrebten Hochschule zu erörtern. Zur Diskussion standen zum Beispiel das Priesterseminar an der Harrachstraße, die ehemalige Wollzeugfabrik an der Landstraße sowie Gründe an der Leondinger Straße und am Lißfeld. In Linzer Kreisen sprach man sich schon früh gegen die Errichtung einer «Stadtuniversität» aus; angestrebt wurde ein «Hochschuldorf», auf dessen Areal ein etappenweiser Ausbau der Hochschule möglich sein sollte. Das College-Modell, das vor allem im angelsächsischen Bereich verbreitet ist, sollte auch in Linz realisiert werden.
Fündig wurde man schließlich am nordöstlichen Stadtrand von Linz, wo sich Schloss Auhof befindet, das ursprünglich zur Herrschaft Steyregg gehörte, aber seit 1689 im Besitz der Starhemberger war. Nach zähen Verhandlungen konnten im Dezember 1961 Stadt und Land das Schloss und Gründe im Ausmaß von rund 120.000 m^2 erwerben. (Nach weiteren Ankäufen benachbarter Grundstücke standen zu Beginn des 21. Jahrhunderts mehr als 250.000 m^2 bereit.) Als die Hochschule im Herbst 1966 ihren Betrieb in Dornach aufnahm, sprach man von der «Schule im Grünen»;[1] der ländliche Charakter ist aber aufgrund der baulichen Entwicklung der oberösterreichischen Landeshauptstadt längst verloren gegangen.
Im Juli 1961 beschloss das Kuratorium Hochschule für Sozialwissenschaften bereits die Ausschreibung eines Ideenwettbewerbes zur Erlangung von Entwürfen für die geplante Linzer Hochschule. Dem zugrunde liegenden Raum- und Funktionsprogramm gemäß sollten unter anderem Räume für 14 Institute, 12 Hörsäle und eine Bibliothek (Speicherkapazität: 100.000 Bände) geschaffen werden. Außerdem war in die Planung ein etappenweiser Ausbau der Hochschule zu berücksichtigen. Mit dem ersten Preis prämierte man ein Projekt, das die Architekten Helmut Eisendle, Leopold Kaufmann, Elmar Keckeis und Bernhard Haeckel eingereicht hatten. Den zweiten Preis erhielt Architekt Artur Perotti für seinen Entwurf. Mit der weiteren Planung wurde schließlich eine Arbeitsgemeinschaft betraut, die sich aus den genannten Preisträgern zusammensetzte, der aber Perotti vorstand.
Dem ausgearbeiteten Plan gemäß sollten ein Gebäudekomplex für den Lehrbetrieb (das Kepler-Gebäude und der Hörsaaltrakt), ein Mensagebäude (nach dem Vorbild der Mensa in Braunschweig wurde es im August 1967 fertig gestellt und in den Jahren 1993 bis 1995 umgebaut), ein Bibliotheksgebäude, acht Professorenwohnhäuser (an deren Errichtung sich der Bund aber nicht finanziell beteiligte; sie waren im Herbst 1966 fertig gestellt) und Sportanlagen (der Übungsbetrieb wurde im Herbst 1968 aufgenommen) errichtet sowie Schloss Auhof für die Hochschulverwaltung adaptiert werden. Diese Anlage, die in der ersten Aufbauphase realisiert werden sollte, war für 1.000 Hörer konzipiert worden. Die Planung und die Bauabwicklung oblag dem Linzer Hochschulfonds, der sich 1962 bundesgesetzlich dazu verpflichtet hatte, eine funktionsfähige Hochschule zu errichten. Als die bauliche Umsetzung dieses Entwurfs bereits im Gange war, bedingte die Gründung der Technisch-Naturwissenschaftlichen Fakultät eine grundsätzliche Planungsänderung. Diese Neuerungen hatten zur Folge, dass man 1967 die Universitätsbibliothek im Obergeschoß des Mensagebäudes einquartierte; aus einer gedachten Übergangslösung wurde ein längerfristiges Provisorium, in dem sie 17 Jahre lang mehr schlecht als recht untergebracht war.
An der Ausarbeitung des Raum- und Funktionsprogramms der Technisch-Naturwissenschaftlichen Fakultät war auch Hans Linser (Universität Gießen) beteiligt. Der erste (überdimensionierte) Entwurf musste allerdings verworfen werden, da dessen Realisierung nicht finanzierbar gewesen wäre. Im Herbst 1967 legte der Fonds dem Unterrichtsministerium schließlich ein deutlich reduziertes Raum- und Funktionsprogramm mit Entwurfsplänen vor, die vom Architektenteam um Perotti erstellt wurden. Bereits im Juni 1967 hatte der Fonds die Errichtungskosten für die Bauten der Technisch-Naturwissenschaftlichen Fakultät auf (ATS) 214 Millionen geschätzt,[2] worauf sich der Bund am 14. November 1967 vertraglich zur Übernahme von 50 % des zwischen 1. Jänner 1965 und 30. September 1972 tatsächlich entstehenden Errichtungsaufwandes verpflichtete; mit (ATS) 10 Millionen beteiligte sich der Bund an jenen Kosten, die bis 31. Dezember 1964 anfielen.[3] Damals ging man

davon aus, dass für die Errichtung dieser ersten Ausbaustufe rund (ATS) 408 Millionen aufzubringen wären;[4] diese Summe wurde im Vertrag allerdings nicht festgeschrieben.
Im Zuge der weiteren Planung zeigte sich aber, dass diese Summe nicht ausreichen würde, um die laborintensiven und dementsprechend teuren Einrichtungen für die Technisch-Naturwissenschaftliche Fakultät realisieren zu können. Anfang der 1970er Jahre schätzte man, dass für die Errichtung des zentralen Gebäudes der Technisch-Naturwissenschaftlichen Fakultät (der TNF-Turm, der damals Chemie-Turm genannt wurde) weitere (ATS) 223 Millionen aufgebracht werden müssten. Außerdem war absehbar, dass der TNF-Turm bis Oktober 1972 nicht fertig gestellt werden könnte. Der Bund wollte dem Fonds deswegen seine Zustimmung zum Bau erst nach der vertraglich gesicherten Finanzierung dieses Projekts der ersten Ausbaustufe geben. Es folgten sehr mühsame Verhandlungen, die – wie bereits an anderer Stelle (1.4.3.3) ausgeführt wurde – an der Haltung des Finanzministeriums scheiterten. Dies hatte zur Folge, dass bis Oktober 1972 nur noch ein Institutsgebäude (Juridikum) und das Physik-Gebäude errichtet wurden. Bis Oktober 1972 sind schließlich (ATS) 304 Millionen in den Aufbau der Linzer Hochschule geflossen,[5] die – wie im November 1967 vertraglich vereinbart – im Verhältnis 2:1:1 vom Bund, dem Land Oberösterreich und der Stadt Linz aufgebracht wurden. Damit blieb man deutlich unter den 1967 geschätzten 408 Millionen.

16.1.2 Das Kepler-Gebäude und der Hörsaaltrakt

Im Juli 1964 wurde nördlich des Teiches mit dem Bau des Gebäudekomplexes begonnen, der sich aus zwei dreigeschoßigen Baukörpern – das Kepler-Gebäude und nördlich davon der Hörsaaltrakt – zusammensetzt, die wiederum durch vier Gänge miteinander verbunden sind. Bereits am 8. Oktober 1966, als die Linzer Hochschule feierlich eröffnet wurde, konnte der Gebäudekomplex in Betrieb genommen werden.
Im Zusammenhang mit der notwendig gewordenen Sanierung der Fassaden regte die Universität erstmals 1993 die Überdachung der Innenhöfe an, um dadurch zusätzliche Kommunikationsflächen zu gewinnen. Im November 1996 schlug sie vor, die Fassaden diagonal in die beiden Innenhöfe und die zwei Außenhöfe hineinzuverschieben; die Kosten wurden auf knapp (ATS) 20 Millionen geschätzt.[6] Dieser Ausbau (knapp 900 m^2) wurde in den Jahren 1998/99 realisiert. Auf rund 7.300 m^2 waren im Kepler-Gebäude zu Beginn des 21. Jahrhunderts acht Institute (Arbeits- und Sozialrecht; Kirchenrecht; Völkerrecht und Internationale Beziehungen; Europarecht; Soziologie; Pädagogik und Psychologie; Angewandte Statistik; Volkswirtschaftslehre) und die ÖH untergebracht; der Hörsaaltrakt umfasst 3.400 m^2.

16.1.3 Die Adaptierung des Schlosses Auhof, Altenbergerstraße 69

Im Frühjahr 1965 begann man mit der Adaptierung des barocken Schlosses Auhof, das beinahe drei Jahrhunderte lang im Besitz der Grafen Starhemberg war. Die aus denkmalpflegerischer Sicht erhaltenswürdige Substanz renovierte man, abgebrochen wurde jedoch eine baufällige Kapelle, die dem Schloss angegliedert war; der barocke Marmoraltar übersiedelte in die Pfarrkirche von Oberthalheim. Die Arbeiten im Südflügel des Schlosses konnten im Februar 1967 und jene im Ostflügel im März 1968 abgeschlossen werden.
2003 waren im dreigeschoßigen Gebäude (1.600 m^2) das Rektorat und die Zentrale Verwaltung sowie das Institut für Frauen- und Geschlechterforschung und das Zentrum für Fernstudien untergebracht. Das adaptierte Schloss

und die Gestaltung des Teiches stellen gewissermaßen das künstlerische Element des Linzer Hochschulprojekts dar. Außerdem befinden sich auf dem Universitätsgelände Stahlplastiken von Wolfgang Kirchmayr und Helmuth Gsöllpointner, die auch die Verbundenheit der Universität mit der Stahlstadt Linz dokumentieren.

16.1.4 Das Juridikum

Dieses fünfgeschoßige Gebäude wurde eigentlich vor allem für die Mathematik-Institute der Technisch-Naturwissenschaftlichen Fakultät errichtet. Baubeginn war im Februar 1968, die Eröffnung fand schon im Oktober 1969 statt. Das westlich des Kepler-Gebäudes situierte «Institutsgebäude II» umfasst knapp 5.300 m². Nach der Aufstockung des Kopfgebäudes siedelte man darin vornehmlich Institute der Rechtswissenschaftlichen Fakultät an. 2003 befanden sich im Juridikum der Zentrale Informatikdienst und 10 Institute (Handels- und Wertpapierrecht; Österreichische und Deutsche Rechtsgeschichte; Römisches Recht; Zivilprozessrecht; Strafrecht, Strafprozessrecht und Kriminologie; Staatsrecht und Politische Wissenschaften; Verwaltungsrecht und Verwaltungslehre; Zivilrecht; Sozial- und Wirtschaftsrecht; Neuere Geschichte und Zeitgeschichte).

16.1.5 Das Gebäude «Dinghoferstraße 20»

Im Jahre 1968 erhielt das Gerichtsmedizinische Institut der Universität Salzburg eine Außenstelle in Linz. Auf der Suche nach einem Quartier wurde man südlich der Linzer Altstadt fündig. In einer Villa, die 1899 errichtet worden war, mietete man Räumlichkeiten an, die geringfügig adaptiert werden mussten. Als Anfang der 1980er Jahre das Gebäude «Dinghoferstraße 20» (550 m²) zum Verkauf angeboten wurde, erwarb der Linzer Hochschulfonds um rund (ATS) 6 Millionen die Villa für Zwecke des Instituts für Gerichtsmedizin,[7] das man damals der Universität Linz angliederte.

16.2 Die räumliche Erweiterung der Universität Linz ab 1970

Auch in diesem Jahrzehnt stiegen die Hörerzahlen kontinuierlich (1970/71: 1.726; 1975/76: 2.934; 1979/80: 4.366); im Vergleich mit dem Studienjahr 1970/71 zählte man 1979/80 mehr als zweieinhalbmal so viele ordentliche Studierende; aber erst gegen Ende der 1970er Jahre standen jene Gebäude zur Verfügung, die man schon zu Beginn dieses Jahrzehntes realisiert haben wollte. Die Bautätigkeit in diesem Dezennium stand ganz im Zeichen des Aufbaues der Technisch-Naturwissenschaftlichen Fakultät, an dessen Finanzierung (vom Physik-Gebäude abgesehen) der Linzer Hochschulfonds sich aber nicht mehr mit 50 % beteiligte. In diesem Jahrzehnt hat sich die zur Verfügung stehende Nutzfläche der Universität Linz mehr als verdoppelt (1970: 15.000 m²; 1980: 32.000 m²). Für die Gründung der Technisch-Naturwissenschaftlichen Fakultät war mitentscheidend, dass sich die damalige Hochschule davon eine enge Verflechtung mit der Industrie und Wirtschaft im Großraum Linz versprach, die ihrerseits diese Gründung wünschten. Aus diesen Gründen sollte insbesondere die Chemie einen Schwerpunkt an der einzurichtenden Fakultät bilden. Grundsätzlich wünschte sich die Linzer Hochschule die Einrichtung der traditionellen Studienrichtungen Mathematik, Physik und Chemie, wie sie damals auch an den gleichnamigen Fakultäten der Technischen Hochschulen Wien und Graz bestanden. Für die benötigten Bauten kaufte man Grundstücke westlich des Teiches an, wo jedoch nur durch die Realisierung eines Hochhauses das Raum- und Funktionsprogramm erfüllt werden konnte. Dieses Programm erfuhr bis ins Jahr 1974 zahlreiche Änderungen, die auch die Entwurfsplanung beeinflussten. Ursprünglich umfasste das von Linser mitentwickelte Konzept ein Hochhaus für die Institute (der TNF-Turm), ein «Praktikumsgebäude» (das Physik-Gebäude) und Gebäude für die Verwaltung, die Mensa und die Fakultätsbibliothek.[8]

16.2.1 Das Physik-Gebäude

Das westlich des Kepler-Gebäudes gelegene Physik-Gebäude stellt das letzte Bauvorhaben dar, an dessen Errichtungskosten sich das Land Oberösterreich und die Stadt Linz mit jeweils 25 % beteiligten. Baubeginn war im Februar 1970, fertig gestellt wurde das dreigeschoßige Gebäude (knapp 3.200 m²) im Herbst 1971. Der ursprünglichen Planung gemäß war es als Praktikumsgebäude gedacht, das im Sommer 1970 zur Gänze der Physik gewidmet wurde. Im Rahmen dieses Bauvorhabens errichtete man auch den Verbindungstrakt, der zum später realisierten Kopfgebäude des TNF-Turms führt. Zur Schaffung von EDV-Ausbildungsplätzen, die (vor allem) die Sozial- und Wirtschaftswissenschaftliche Fakultät benötigte, wurde der Verbindungstrakt 1987 aufgestockt;[9] durch diese (ATS) 13,5 Millionen teure Maßnahme gewann man 500 m². Zu Beginn des 21. Jahrhunderts waren im Physik-Gebäude die Institute für Theoretische Physik und für Praktische Informatik untergebracht.

16.2.2 Der TNF-Turm, das Kopfgebäude und das Hörsaalgebäude

Schon Ende der 1960er Jahre drängte der Hochschulfonds darauf, dieses Bauvorhaben zu beginnen, dessen geschätzte Kosten damals bereits jene Summe deutlich überstiegen, die der Fonds im Sommer 1967 noch für die Errichtung sämtlicher Bauten der ersten Aufbaustufe der Technisch-Naturwissenschaftlichen Fakultät veranschlagt hatte. Der Bund wollte zuerst die Finanzierung des Projekts klären und erst dann seine Zustimmung zum Bau geben. Im Dezember 1971 nahm man erste Bauarbeiten in Angriff, obwohl eine finanzielle Beteiligung des Landes Oberösterreich und der Stadt Linz damals nicht mehr zu erwarten war. Im Frühjahr 1972 erklärten Land und Stadt dann doch ihre Bereitschaft, sich an dem Projekt mit (ATS) 29 Millionen zu beteiligen,[10] das letztlich aber 430 Millionen kostete.

Der 12.500 m² umfassende TNF-Turm wurde im nordwestlichen Bereich des Universitätsgeländes errichtet. Mit seinen 13 Geschoßen (davon zwei Untergeschoße) stellte der TNF-Turm das höchste Universitätsbauprojekt während seiner Bauzeit dar, das von den Architekten Artur Perotti, Helmut Eisendle und Franz Treml geplant wurde. Mit dem Physik-Gebäude ist dieses zentrale Gebäude der Technisch-Naturwissenschaftlichen Fakultät durch einen Verbindungstrakt verbunden, der in den südlichsten Bauteil (das Kopfgebäude) des TNF-Turms führt. Das Hochhaus wurde so konzipiert, dass an einen Labortrakt ein Forschungstrakt im Nordwesten und ein Bürotrakt im Nordosten angegliedert sind. 1972 waren der Physik drei und der Chemie sieben Stockwerke zugeordnet. Zwei ursprünglich im Hochhaus vorgesehene Hörsäle (ein Experimentierhörsaal für 300 Hörer und ein großer Hörsaal für 375 Personen) nahm man 1974 aus dem Gesamtkonzept heraus, um sie in ein eigenes Hörsaalgebäude (ca. 2.000 m²) zu verlegen, das zwischen TNF-Turm und Physik-Gebäude errichtet wurde. Dies

war aber nur aufgrund von Einsparungsmaßnahmen im technischen Bereich des TNF-Turms möglich. Große Teile des Gebäudes konnten im Dezember 1977 in Betrieb genommen werden, endgültig abgeschlossen wurde dieses Bauvorhaben im Herbst 1978.
Bei dem TNF-Turm handelte es sich damals um das modernste Gebäude dieser Art in Österreich, dessen baubehördlich vorgeschriebene Sicherheitseinrichtungen (Ausleuchtung der Fluchtbalkone und -stiegen sowie deren Beheizung während der Wintermonate) in der Öffentlichkeit aber für Diskussionen sorgten; kritisiert wurde der finanzielle Aufwand, der damit verbunden war. Im Wissenschaftsministerium war man sich jedenfalls einig, dass künftig für laborintensive Institute nicht mehr Baukörper in Hochhausform errichtet werden sollten.
Anfänglich standen der Verwaltung der Universitätsbibliothek und den Instituten der Rechtswissenschaftlichen sowie der Sozial- und Wirtschaftswissenschaftlichen Fakultät drei Geschoße im TNF-Turm zur Verfügung. Zu Beginn des 21. Jahrhunderts befanden sich darin 14 Institute (Systemwissenschaften; betriebliche und regionale Umweltwirtschaft; Experimentalphysik; Chemie; Chemische Technologie Anorganischer Stoffe; Chemische Technologie Organischer Stoffe; Biophysik; Industriemathematik; Analysis und Numerik; Elektronische Messtechnik; Angewandte Informatik; Anwendungsorientierte Wissensverarbeitung; Technische Informatik und Telematik; Informationsverarbeitung und Mikroprozessortechnik).
Eine Erweiterung erfuhr der Gebäudekomplex Ende der 1980er Jahre: in den Jahren 1988 bis 1990 wurde das dreigeschoßige Kopfgebäude aufgestockt. Dieses (ATS) 58 Millionen teure Bauvorhaben stellte gewissermaßen eine Erweiterung des Projekts Managementzentrum dar, das nur deswegen realisiert werden konnte, da sich das Land Oberösterreich und die Stadt Linz dazu verpflichteten, die eventuellen Mehrkosten (insgesamt waren für beide Bauvorhaben 205 Millionen veranschlagt worden) je zur Hälfte zu tragen;[11] das Gesamtprojekt verursachte schließlich Kosten in der Höhe von (ATS) 215 Millionen. Im nun achtgeschoßigen Kopfgebäude (5.200 m^2) waren 2003 vier Institute (Unternehmensführung; Internationale Managementstudien; Algebra, Stochastik und wissensbasierende mathematische Systeme; Numerische Mathematik) einquartiert.

16.3 Die räumliche Erweiterung der Universität Linz ab 1980

In diesem Jahrzehnt haben sich die Hörerzahlen beinahe verdoppelt (1980/81: 4.873; 1985/86: 8.254; 1989/90: 9.805). Die in diesem Dezennium gesetzten baulichen Maßnahmen auf dem Universitätsgelände brachten zahlreiche Umsiedlungen universitärer Einrichtungen mit sich. Die Universitätsbibliothek erhielt endlich ihr Gebäude, technisch-naturwissenschaftliche Institute führte man im TNF-Turm und dem aufgestockten Kopfgebäude zusammen, das Institutsgebäude II wurde zum Juridikum und für die Sozial- und Wirtschaftswissenschaftliche Fakultät errichtete man das Managementzentrum. – Außerhalb von Linz konnten Ende der 1980er Jahre Bereiche des Schlosses Hagenberg für Universitätszwecke angemietet werden; nichts wurde hingegen aus der Anmietung des Seeschlosses Orth am Traunsee, um das sich die Linzer Universität sehr bemühte. Die zur Verfügung stehende Nutzfläche stieg in diesem Jahrzehnt von 32.000 m^2 (1980) auf 44.000 m^2 (1990).

16.3.1 Das Bibliotheksgebäude und der Erweiterungsbau für das EDV-Zentrum

Den Grundstock der Linzer Universitätsbibliothek bildete der wissenschaftliche Buchbestand des «Amerikahauses» in der Goethestraße; dieses Kulturhaus wurde Anfang der 1960er Jahre aufgelassen. Der Hochschulfonds mietete dessen Räume im Stadtzentrum für Hochschulzwecke an, wovon anfänglich auch die Universitätsbibliothek profitierte. Die Errichtung eines Gebäudes für die Bibliothek war im Gründungskonzept der Linzer Hochschule bereits für die erste Aufbauphase vorgesehen. In weiterer Folge wurden die kostenintensiven Bauten für die Technisch-Naturwissenschaftliche Fakultät diesem Projekt jedoch vorgezogen, weswegen die Universitätsbibliothek im Mensagebäude und deren Verwaltung dann im TNF-Turm provisorisch untergebracht werden mussten. Ein eigentlich als Speisesaal konzipierter Raum diente als Lesesaal und ein als Großküche vorgesehener Raum als Magazin. Die Speicherkapazität (100.000 Bände) war Ende der 1970er Jahre beinahe erschöpft; damals umfasste die Bibliothek insgesamt rund 250.000 Bände.
Im März 1979 wurde dem Fonds vertraglich die Baudurchführung des Bibliotheksgebäudes übertragen.[12] Die Planungsarbeit leistete die Architektengemeinschaft Perotti, Treml und Eisendle. Als Standort wählte man das Hanggelände nördlich des Vorplatzes, das sich zwischen dem Mensagebäude im Osten und dem Hörsaaltrakt im Westen befindet. Das viergeschoßige Bibliotheksgebäude, in dem 500.000 Bände untergebracht werden können, ist mit dem Hörsaaltrakt (nördlich des Kepler-Gebäudes) durch einen Trakt verbunden, das dem EDV-Zentrum zur Verfügung steht. Nachdem 1981 mit den Bauarbeiten begonnen wurde, konnte dieser Erweiterungsbau für das EDV-Zentrum schon 1982 in Betrieb genommen werden. Das (ATS) 135 Millionen teure Bibliotheksgebäude (7.600 m^2) wurde im November 1984 eröffnet.
In den Magazinen im Kellergeschoß finden knapp 200.000 Bände Platz, in den Freihandbereichen im ersten und zweiten Obergeschoß können 180.000 Bände aufgestellt werden. Diese Freihandbereiche wurden als Ruhezonen konzipiert, in welchen 250 Leseplätze integriert sind. Die stark frequentierten Bereiche (Bücherausgabe, Leihstelle, Kataloge, Lehrbuchsammlung, Handbibliothek mit Bibliographien und Zeitschriftenabteilung) siedelte man im Erdgeschoß an und die Bibliotheksverwaltung im südlichen Teil des ersten Obergeschoßes. Aus klimatischen Gründen wurde die südliche Front des Gebäudes derart gestaltet, dass jedes Geschoß über das darunterliegende hervorspringt und somit die Fensterflächen beschattet. Im Bibliotheksgebäude wurden auch das interuniversitäre Institut für Informationssysteme zur Unterstützung sehgeschädigter Studierender und das Forschungsinstitut für Pflege und Gesundheitssystemforschung untergebracht.

16.3.2 Das Laborgebäude für Mikroelektronik

Im Sommer 1983 gründete man das Institut für Mikroelektronik, das die schon bestehende Zusammenarbeit zwischen Universität und VOEST-Alpine AG, die gemeinsam das Forschungsinstitut für Mikroprozessortechnik betrieben, weiter intensivieren sollte. Das (ATS) 13,5 Millionen teure ebenerdige Laborgebäude, das sich südlich des Verbindungsganges (zwischen Physik- und Kopfgebäude) befindet, errichtete die VOEST-Alpine AG; das Land Oberösterreich und die Stadt Linz beteiligten sich an den Baukosten mit jeweils 3 Millionen.[13] Nach siebenmonatiger Bauzeit konnte im Mai 1984 das Laborgebäude (450 m^2) der Universität Linz übergeben werden.

16.3.3 Das Schloss Hagenberg

Im Jahre 1987 gründeten der Bund, das Land Oberösterreich und die Universität Linz gemeinsam das Forschungsinstitut für Symbolisches Rechnen (Research Institut for Symbolic Computation – RISC-Linz), das eng mit der Wirtschaft und Industrie zusammenarbeitet. Auf der Suche nach einem geeigneten Standort wurde man im Mühlviertel fündig, wo in den Jahren 1987 bis 1989 Schloss Hagenberg aus Mitteln des Landes Oberösterreich renoviert und baulich ergänzt wurde. Das Bauwerk, das ursprünglich eine kleine mittelalterliche Burg an einem der Salzwege nach Böhmen war, wurde im Laufe der Jahrhunderte zu einem ansehnlichen Schloss ausgebaut. Das Schloss drohte aber zu Beginn der 1980er Jahre zu zerfallen; dies konnte durch den Einsatz der Gemeinde Hagenberg und des Schlossvereins verhindert werden.

Den baulichen Maßnahmen lagen Pläne der Architekten Peter Riepl und Thomas Moser zugrunde, die für das Projekt 1988 den Architekturpreis des Landes Oberösterreich erhielten. Die Ansiedlung des RISC-Linz im Sommer 1989 bedeutete den ersten Schritt hin zum Softwarepark Hagenberg, an dessen Aufbau Bruno Buchberger, Gründer und erster Leiter des RISC-Linz, maßgeblich beteiligt war.[14] Mit dem Softwarepark sollte eine Kombination aus Forschungsinstitutionen, Ausbildungseinrichtungen und Wirtschaft geschaffen werden, wodurch man auch einen wichtigen Wirtschaftsimpuls für die Region erzielte. 2003 waren dort auf knapp 1.300 m^2 fünf Einrichtungen der Universität Linz (das RISC-Linz, das Fuzzy Logic Laboratorium Linz-Hagenberg und drei Institute: Anwendungsorientierte Wissensverarbeitung; Industriemathematik; Wirtschaftsinformatik) einquartiert. In Hagenberg konnten bisher außerdem ein Software-Kompetenzzentrum, mehrere Fachhochschul-Studiengänge und zahlreiche Firmen angesiedelt werden.

16.3.4 Das Managementzentrum

Bereits im Juni 1982 beschloss der Akademische Senat, einen Antrag auf Errichtung eines weiteren Institutsgebäudes an das Wissenschaftsministerium zu stellen. Die Universität begründete dies mit der Änderung der Studienordnung für die Sozial- und Wirtschaftswissenschaften (Einführung von Sprachstudien und Ausbau der EDV-Ausbildung), die zu einem vermehrten Raumbedarf führte. Das angestrebte Gebäude wurde damals Mehrzweckgebäude genannt, dessen Errichtung direkt im Anschluss an die Fertigstellung des Bibliotheksgebäudes (Herbst 1984) in Angriff genommen werden sollte. Hinsichtlich der Planung orientierte man sich stark an dem Entwurf des Juridikums, die Bauabwicklung wurde auch in diesem Fall dem Hochschulfonds übertragen. Das Bundesministerium für Bauten und Technik erteilte die Entwurfsgenehmigung im Sommer 1985, doch die sehr angespannte finanzielle Situation des Bundes verzögerte den Baubeginn des damals auf (ATS) 150 Millionen geschätzten Mehrzweckgebäudes.
Diese Verzögerung hatte allerdings einen positiven Effekt, da die Universität 1987 auch die Aufstockung des Kopfgebäudes erreichte. Für das nun erweiterte Bauvorhaben wurden 205 Millionen veranschlagt; es konnte aber nur deswegen realisiert werden, da sich das Land Oberösterreich und die Stadt Linz dazu verpflichteten für eventuell entstehende Mehrkosten aufzukommen. Das Projekt verursachte schließlich Kosten in der Höhe von (ATS) 215 Millionen. Realisiert wurde es im Rahmen des ASFINAG-Sonderfinanzierungsprogramms. Im März 1988 begann man südwestlich des Teiches mit dem Bau des fünfgeschoßigen Gebäudes (6.000 m^2), das im Sommer 1990 fertig gestellt werden konnte. Im Managementzentrum befinden sich eine Fachbibliothek, das Fremdsprachenzentrum, EDV-Ausbildungsplätze und drei Hörsäle (für 220, 160 und 150 Personen). Zu Beginn des 21. Jahrhunderts waren darin acht Institute (Fachsprachen; Handel, Absatz und Marketing; Betriebswirtschaftslehre der gemeinwirtschaftlichen Unternehmen; Revisions-, Treuhand- und Rechnungswesen; Industrie- und Fertigungswirtschaft; Wirtschaftsinformatik; Datenverarbeitung in den Sozial- und Wirtschaftswissenschaften; Betriebliche Finanzwirtschaft) untergebracht.

16.4 Die räumliche Erweiterung der Universität Linz ab 1990

Nachdem in der ersten Hälfte der 1990er Jahre die Hörerzahlen ungebrochen stark stiegen, fiel deren Anstieg in weiterer Folge deutlich geringer aus (1990/91: 10.563; 1995/96: 13.435; 2000/01: 13.753). Dennoch waren in diesem Jahrzehnt zahlreiche Anmietungen nötig, um dem erweiterten Lehr- und Studienangebot Rechnung tragen zu können. – Zu Beginn dieses Dezenniums führte man die Studienrichtung Mechatronik (eine Kombination von Mechanik, Elektronik, Mathematik und Informatik) ein, die sich als beispielgebendes Modell erwies, das international Schule machte; rund 20 Universitäten und Fachhochschulen richteten Mechatronik-Studien nach dem Linzer Vorbild ein. 1990 wurden die Kosten für deren Einrichtung und für die ersten fünf Jahre des Studienversuches auf rund (ATS) 350 Millionen geschätzt, an welchen sich die Stadt Linz und das Land Oberösterreich mit 70 Millionen und die oberösterreichische Industrie und Wirtschaft mit 40 Millionen beteiligten.[15] Im Zuge der Etablierung dieser Studienrichtung gründete man bis 1999 zehn Ordinariate, die aber nur zum Teil auf dem Universitäts-Campus räumlich versorgt werden konnten; vier Institute (Handhabungs- und Fertigungssysteme; Regelungstechnik und elektrische Antriebe; Nachrichtentechnik und Informationstechnik; Mechanik und Maschinenlehre) wurden auf dem Werkgelände der VOEST-Alpine AG untergebracht, wo man zwei Bürogebäude (5.700 m^2) anmietete; außerdem steht dort ein Mechatronik-Labor auch der Universität zur Verfügung.

Die UL strebt prinzipiell jedoch die Ansiedlung dieser ausgelagerten Institute auf dem Universitätsgelände an, wofür ein weiteres Institutsgebäude zu errichten wäre. Erstmals wurde im Jahre 1997 von der Universität der Bau eines rund 10.000 m^2 umfassenden «High-Tech-Turms» angeregt, der südlich des Kopfgebäudes errichtet werden soll.[16] Wann dieses Großprojekt, das 1997 auf (ATS) 250 Millionen geschätzt wurde, tatsächlich realisiert werden kann, ist aus heutiger Sicht nicht absehbar. Dies gilt auch für die Errichtung einer Sporthalle, die östlich der Altenbergerstraße realisiert werden soll, wo sich die Sportstätten des Universitätssportinstituts befinden. Im Herbst 2000 schien das damals auf (ATS) 60 Millionen geschätzte Projekt kurz vor seiner Inangriffnahme zu stehen.
In der Freistädter Straße, vom Universitäts-Campus nur wenige Gehminuten entfernt, mietete man in drei Gebäuden Räumlichkeiten im Ausmaß von mehr als 2.000 m^2 an, wo 2003 die Institute für Unternehmensgründung, für Universitätsrecht und Universitätsmanagement (Nr. 307), für Philosophie und Wissenschaftstheorie, für Kulturwirtschaft und Kulturforschung sowie der Forschungsbereich Numerical and Symbolic Scientific Computing (Nr. 313) und die Institute für Gesellschafts- und Sozialpolitik, für Innovations- und Technologiemanagement und für Integrierte Schaltungen (Nr. 315) untergebracht waren. Das 1997 eingerichtete Institut für Verfahrenstechnik quartierte man provisorisch in Leonding im ehemaligen Biolabor der Agro-Linz (Welser Straße 42) auf rund 400 m^2 ein. Nachdem Anfang der 1990er Jahre der Fonds sein Büro im Gebäude «Rudolfstraße 3» aufgab, wurde es der Universität zugesprochen, die dort das Interdisziplinäre Forschungsinstitut für Entwicklungszusammenarbeit einquartierte. Der Flächengewinn war in diesem Dezennium beachtlich (1990: 44.000 m^2; 2000: 65.000 m^2).

16.4.1 Das Institutsgebäude für Halbleiterphysik

Im Februar 1990 legte die Universität dem Wissenschaftsministerium das Raum- und Funktionsprogramm für das gegenständliche Projekt zur Genehmigung vor, das ursprünglich jedoch nur als unterkellertes ebenerdiges Gebäude von den Architekten Perotti, Eisendle und Treml geplant worden war. Die veranschlagten Baukosten in der Höhe von (ATS) 20 Millionen wollten je zur Hälfte die Stadt Linz und das Land Oberösterreich übernehmen; daran war allerdings die Bedingung geknüpft, dass an der Universität ein Institut für Halbleiterphysik einzurichten sei, von dem sich Stadt und Land einen starken Impuls im Bereich der angewandten Hochtechnologie erwarteten.[17]
Die Baudurchführung wurde auch in diesem Fall dem Hochschulfonds übertragen. Bereits im Sommer 1990 war aber absehbar, dass diese Summe nicht ausreichen würde, und im Oktober schätzte man, dass weitere 15 Millionen aufzubringen wären, um das Institutsgebäude in der geplanten Form errichten zu können; dies wurde vor allem auf konjunkturell bedingte Steigerungen der Baukosten zurückgeführt. Seitens der Universität trat man im Herbst dann überhaupt für eine Aufstockung des in Bau befindlichen Gebäudes ein, da durch die Einführung der Studienrichtung Mechatronik ein akuter Raumbedarf entstanden war. Die erwünschte Aufstockung um zwei Geschoße erhöhte den Fehlbetrag auf 25 Millionen.
Die Bedeckung des letztlich 80 Millionen teuren Gebäudes wurde deswegen möglich, weil bei den Baumaßnahmen für die Kunstuniversität Linz, die mit 160 Millionen veranschlagt waren, Einsparungen erzielt werden konnten.[18] Der Bund steuerte aus den Mitteln des ASFINAG-Sonderfinanzierungsprogramms 40 Millionen bei.[19] Das im Süden an das Laborgebäude für die Mikroelektronik anschließende viergeschoßige Gebäude (2.500 m^2) konnte 1992 fertig gestellt werden, in dem das Institut für Halbleiter- und Festkörperphysik untergebracht ist. Die Investitionen haben sich gelohnt, denn die Universität Linz wurde zum österreichischen Zentrum der universitären Halbleiterforschung, das über Einrichtungen verfügt, die höchste Ansprüche erfüllen.

16.4.2 Das Bankengebäude

Dieses Bauvorhaben wurde im Wesentlichen von zwei Bankinstituten (Creditanstalt-Bankverein, Landesdirektion Oberösterreich und Raiffeisenlandesbank Oberösterreich) finanziert, die das Gebäude für das neu errichtete Forschungsinstitut für Bankwesen der Universität bis 2045 zum Gebrauch und Nutzung überlassen; auch das Forschungsinstitut wird von den genannten Banken mitfinanziert.[20] In dem von den Architekten Eisendle und Treml geplanten viergeschoßigen Gebäude (knapp 3.000 m^2) stehen den beiden Banken für eigene Zwecke rund 600 m^2 zur Verfügung. Die Bauabwicklung wurde einer von den Bankinstituten gegründeten Errichtungsgesellschaft übertragen, in deren Bauleitung man auch die Universität kooptierte. Das in den Jahren 1996/97 südlich des Physik-Gebäudes errichtete Haus bezog auch das universitäre Auslandsbüro sowie die Dekanate der Sozial- und Wirtschaftswissenschaftlichen und der Rechtswissenschaftlichen Fakultät. Außerdem befinden sich darin ein Café, eine Buchhandlung und ein Computershop.

16.4.3 Das Hochschulfonds-Gebäude

Probleme bei der räumlichen Versorgung von Drittmittelprojekten waren der Anlass für die Errichtung dieses fünfgeschoßigen Gebäudes, das Architekt Eisendle plante und das 1999 baureif war.[21] Ursprünglich dachte man daran, dass die Bundesimmobiliengesellschaft das von ihr auf (ATS) 140 Millionen geschätzte Projekt realisieren sollte. Die Universität meinte jedoch, dass das fünfgeschoßige Gebäude um 90 Millionen errichtet werden könnte, worauf die BIG der Universität Linz die Geschäftsführung für dieses Bauvorhaben übertrug. Die Stadt Linz und das Land Oberösterreich beteiligten sich daran mit (ATS) 17,5 Millionen. Bundesmittel flossen nicht in dieses Projekt, da dessen Finanzierung die Universität durch Weitervermietung der meisten Räume an Kooperationspartner bzw. aus Drittmitteln erwirtschaftet.

Im März 2002 war Baubeginn, fertig gestellt werden konnte das zwischen TNF-Turm und Juridikum situierte Gebäude im Sommer 2003. Das Hochschulfonds-Gebäude (4.000 m^2) wurde auch «Verfügungsgebäude» genannt weil es – vom Forschungsinstitut für organische Solarzellen abgesehen – größtenteils von Firmen genutzt werden soll; auf dem Linzer Universitätsgelände wird damit eine intensivierte Zusammenarbeit zwischen Wirtschaft Industrie und Universität ermöglicht.

---

1 Vgl. dazu: Johann Drachsler (Red.), Die Johannes Kepler Universität Linz 1966–2000, Linz 1999, S. 34.
2 Vgl. dazu: BMU, GZ 3132 / Präs. 4 ex 1967.
3 Vgl. dazu: BMU, GZ 3946 / Präs. 4 ex 1967.
4 Vgl. dazu: BMU, GZ 103.627 / III–4 ex 1968.
5 Vgl. dazu: Johann Drachsler (Red.), Die Johannes Kepler Universität Linz 1966–2000, Linz 1999, S. 243.
6 Vgl. dazu: BMWVK, GZ 30.750 / 1–9 ex 1996.
7 Vgl. dazu: BMWF, GZ 30.235 / 1–9 ex 1982.
8 Vgl. dazu: Friedrich Langer und Friedrich Swoboda (Red.), Hochschulbauten in Österreich 1970–1982, Wien 1982, S. 85.
9 Vgl. dazu: BMWF, GZ 30.750 / 4–9 ex 1986.
10 Vgl. dazu: BMWF, GZ 30.879 / Raum ex 1972.
11 Vgl. dazu: BMWF, GZ 30.750 / 1–9 ex 1988.
12 Vgl. dazu: BMWF, GZ 30.750 / 25–9 ex 1979.
13 Vgl. dazu: BMWF, GZ 30.750 / 19–9 ex 1983.

14 Vgl. dazu: BMWF, GZ 30.750 / 6–9 ex 1989.
15 Vgl. dazu: BMWF, GZ 30.750 / 12–9 ex 1990.
16 Vgl. dazu: BMWV, GZ 30.750 / 1–9 ex 1998.
17 Vgl. dazu: BMWF, GZ 30.750 / 5–9 ex 1990.
18 Vgl. dazu: BMWF, GZ 30.750 / 1–9 ex 1991.
19 Vgl. dazu: BMWF, GZ 30.750 / 21–9 ex 1991.
20 Vgl. dazu: BMWFK, GZ 30.750 / 8–9 ex 1995.
21 Vgl. dazu: BMBWK, GZ 30.750 / 1–Z / A / 10 ex 2001.

17 Universität für künstlerische und industrielle Gestaltung Linz (KUL)

Die Raumsituation der 1973 gegründeten Universität für künstlerische und industrielle Gestaltung Linz war bis Mitte der 1980er Jahre äußerst schwierig. Erst durch die 1995 erfolgte Anmietung des Behrens-Hauses konnte eine deutliche Verbesserung erzielt werden; der angemietete Industriebau, der lange Zeit als Tabakfabrik bzw. -lager in Verwendung war, muss von der KUL allerdings 2005 geräumt werden. 2002 standen der Universität für künstlerische und industrielle Gestaltung (wissenschaftliches und künstlerisches Personal: 68 Personen; allgemeine Universitätsbedienstete: 67,5 Planstellen) 17.000 m^2 zur Verfügung. 714 ordentliche Studierende waren im Studienjahr 2002/03 inskribiert.

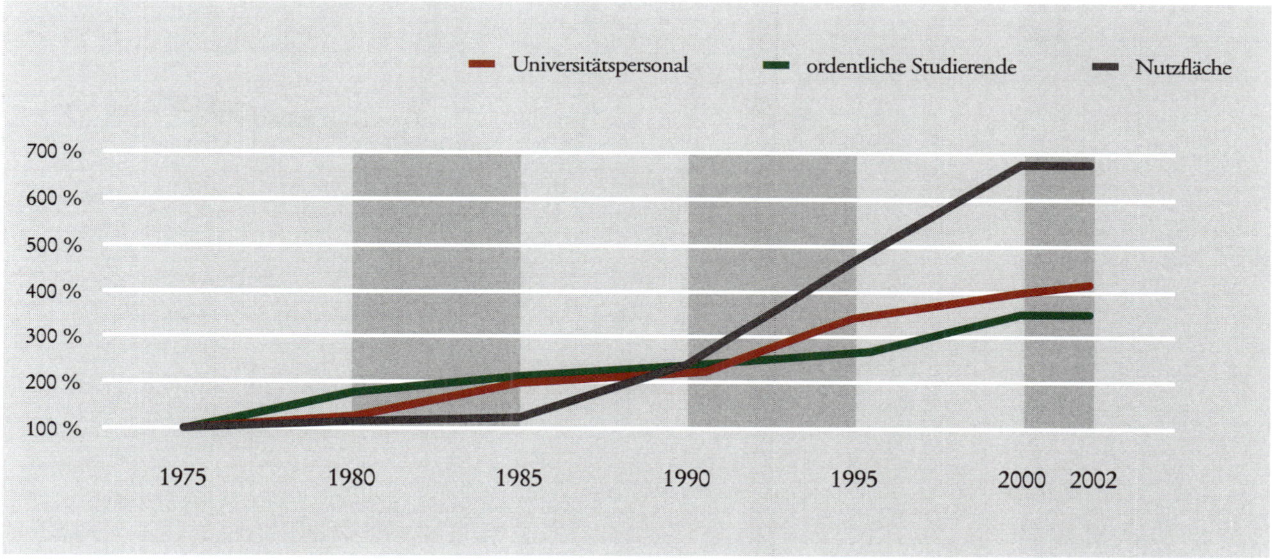

Im Unterschied zur Universität verfügt die Kunstuniversität über recht zentral gelegene Standorte in der oberösterreichischen Landeshauptstadt. In der Altstadt, südlich der Donau, befindet sich das Stammhaus (Hauptplatz 8), worin bereits 1947 für die damalige Kunstschule Räume angemietet wurden. Ebenfalls südlich der Donau steht das Peter-Behrens-Haus (Untere Donaulände 74). Nördlich der Donau, im Stadtteil Urfahr, wurden für Zwecke der KUL zwei Bauten (Werk I und II) der ehemaligen Ringbrot-Fabrik adaptiert und auf dem Areal ein Neubau (Werk III, die Anschrift der drei Gebäude lautet Reindlstraße 16–18) realisiert.

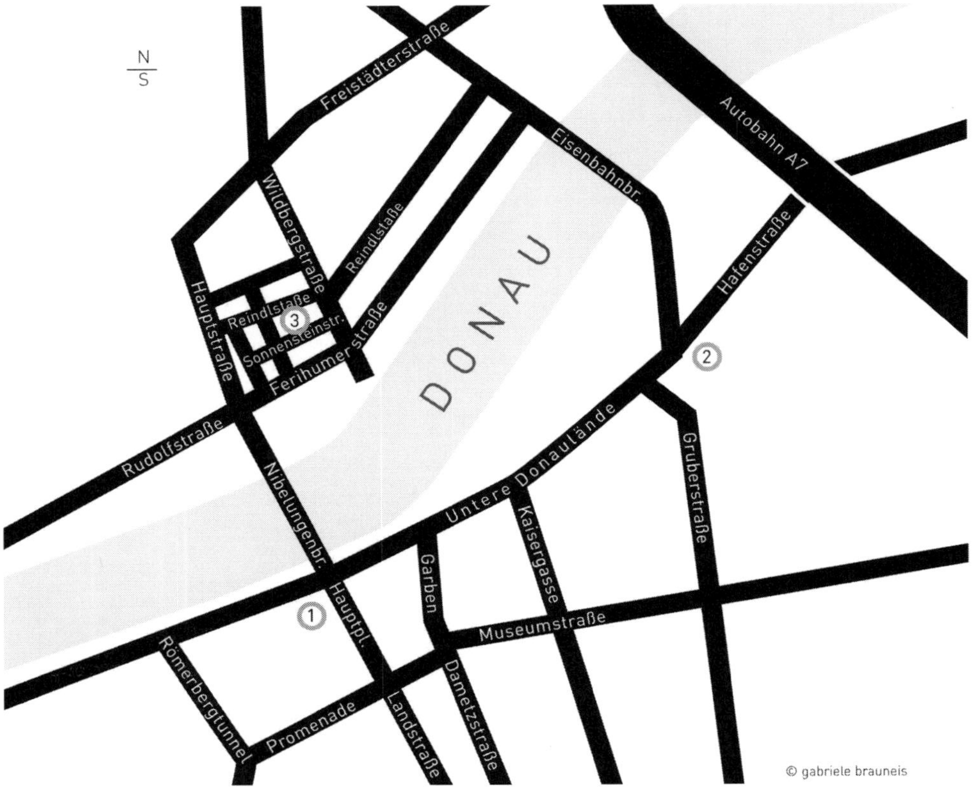

1 Hauptgebäude; 2 Behrens- Haus; 3 Werk I, II und III.

17.1 Die räumliche Situation der Universität für künstlerische und industrielle Gestaltung in den 1970er Jahren

Nach Errichtung der Kunsthochschule stieg bis gegen Ende dieses Jahrzehnts die Hörerzahl deutlich: 1979/80 zählte man 360 ordentliche Studierende; das sind zweieinhalbmal so viele Studierende wie im Studienjahr 1973/74 (146). Auch das Lehrangebot wurde in den 1970er Jahren erweitert, wodurch die KUL rasch an die Grenzen ihrer räumlichen Möglichkeiten stieß.

Ihre Einrichtungen verteilten sich damals auf drei Standorte: Der Großteil der Meisterklassen und Lehrkanzeln war im Brückenkopfgebäude West am Hauptplatz untergebracht; die Kunsthochschule verfügte darin aber erst 1979 über sämtliche Räume, die anlässlich ihrer Errichtung zugesagt worden waren. Der zweite Standort – das von der Stadt Linz kostenlos überlassene Gebäude «Prunerstraße 3c» (320 m²) – war für Hochschulzwecke nur bedingt tauglich; die im ausgebauten Dachgeschoß eingerichteten Werkstätten mussten bald aus feuer- und baupolizeilichen Gründen geräumt werden. Der dritte Standort der KUL befand sich auf dem VOEST-Werkgelände; mit der VOEST-Alpine AG war vertraglich vereinbart worden, dass sie dem Bund für Zwecke der Ausbildung der Hörer der Meisterklasse Plastisches Gestalten/Metall im Bereich der Lehrwerkstätten Räume im Ausmaß von knapp 200 m² unentgeltlich zur Verfügung stellt. Durch die etappenweise Besiedlung des Stammhauses konnte in diesem Jahrzehnt zwar ein geringer Raumgewinn erzielt werden (1975: 2.500 m², 1980: 3.000 m²), von halbwegs zufriedenstellenden Raumverhältnissen war die KUL in diesen Jahren jedoch weit entfernt.

17.1.1 Das Brückenkopfgebäude West, Hauptplatz 8

Das Brückenkopfgebäude West (auch Finanzgebäude West genannt) wurde unter der nationalsozialistischen Herrschaft errichtet. Bereits im Jahre 1947 waren im zweiten Stock des fünfgeschoßigen Gebäudes Räume für Zwecke der damaligen Kunstschule angemietet worden. Neben Geschäftslokalen mehrerer Firmen befanden sich darin auch Magistratsdienststellen und die Neue Galerie, die vom aus Berlin stammenden Kunsthändler und Sammler Wolfgang Gurlitt gegründet worden war; den Westtrakt des Gebäudes nutzten ebenfalls Ämter und der ORF. Im Zuge der Verhandlungen, die zur Errichtung der Linzer Kunsthochschule führten, war darüber Einvernehmen erzielt worden, dass von Ämtern und der Neuen Galerie Räumlichkeiten im Ausmaß von rund 2.500 m^2 etappenweise zu räumen sind.

Dem ausgearbeiteten Plan gemäß, der wiederum mit einem Raum- und Funktionsprogramm verknüpft war, sollte diese Besiedlung Ende 1977 abgeschlossen sein. Im Wintersemester 1973/74 standen der KUL bereits die zugesagten Räume im dritten und vierten Stock zur Verfügung. In die Erstadaptierung investierte man rund (ATS) 2 Millionen. Die Übernahme der im Erdgeschoß und im ersten Stock gelegenen Räume verzögerte sich dann aber; erst 1979 übersiedelte die Neue Galerie in den in Urfahr errichteten Gebäudekomplex «Lentia 2000». (Im Frühjahr 2003 bezog sie ihre neue Heimstätte «Lentos» an der Donaulände.)

In den 1990er Jahren gewann die KUL in ihrem zentral gelegenen Stammhaus zusätzlichen Raum. Nach dem Konkurs einer Firma wurden ihr 1992 Räume im Erdgeschoß zugesprochen, die nun einen Teil der 1996 eröffneten Hochschul-Galerie bilden, und gegen Ende dieses Jahrzehnts baute man das Dachgeschoß um. Im Hauptgebäude befinden sich unter anderem auch die Zentrale Verwaltung, die ÖH, Bereiche des Instituts für Raum und Design sowie die Universitätsbibliothek, die 1998 die Bestände der Fachbibliothek des Österreichischen Institutes für Formgebung (Wien) übernahm.

17.1.2 Das nicht realisierte Projekt «Garnisonstraße»

Im Gegensatz zu den Kunsthochschulen in Graz und Salzburg, wo die Beteiligung der Gebietskörperschaften an der Aufbringung der Mittel für die Bedeckung des Gebarungsabganges bloß vertraglich geregelt worden war, wurden die finanziellen Beteiligungen des Landes Oberösterreich und der Stadt Linz an der Finanzierung der von ihnen erwünschten KUL anlässlich ihrer Errichtung bundesgesetzlich geregelt. Diesen Weg wählte man, um eine stärkere Absicherung der Rechte des Bundes zu gewährleisten und von vornherein Bedenken über die Zulässigkeit einer vertraglichen Regelung, die aus den Bestimmungen des Finanz-Verfassungsgesetzes in Zusammenhang mit Graz (und später auch mit Salzburg) entstanden sind, zu vermeiden.

Der Erfolg dieser Maßnahme war allerdings ein relativer, da praktisch von Anfang an sowohl das Land Oberösterreich als auch die Stadt Linz darauf bedacht waren, ihre zu leistenden Beiträge möglichst gering zu halten. In der zweiten Hälfte der 1980er Jahre drängten sie dann überhaupt auf die Entlassung aus deren finanziellen Verpflichtungen, wozu eine Änderung des Bundesgesetzes über die Errichtung der Linzer Kunsthochschule notwendig gewesen wäre. Darin hatten sich die Stadt Linz und das Land Oberösterreich außerdem dazu verpflichtet, dass die Vereinbarung, je ein Sechstel zu zahlen, auch im Falle des Erwerbes weiterer Liegenschaften und für die Errichtung weiterer Hochschulbauten gelte, sofern zwischen dem Bund, dem Land und der Stadt Einverständnis über die Notwendigkeit und den Umfang solcher Maßnahmen bestehe. (Lediglich die näheren Details in diesen Angelegenheiten wurden einer vertraglichen Regelung zwischen Bund, Land und Stadt überlassen.) Die Bedingung, dieses Einverständnis zu erzielen, und die grundsätzliche Ausrichtung von

Stadt und Land, die Kosten möglichst gering zu halten, führten jedenfalls dazu, dass sich der räumliche Ausbau der Universität für künstlerische und industrielle Gestaltung sehr mühsam gestaltete.

Bezeichnenderweise steht am Beginn des Ausbaus der jüngsten staatlichen Kunstuniversität ein Bauvorhaben, das letztlich nicht realisiert werden konnte. Im Jahre 1975 bot die Stadt Linz das in ihrem Besitz befindliche Gebäude «Garnisonstraße 1a», in dem zuvor eine Tischlerei untergebracht war, dem Wissenschaftsministerium für Zwecke der Kunsthochschule an. Die Stadt wollte das baufällige Objekt, das für den werkstättenintensiven Studienbetrieb grundsätzlich geeignet gewesen wäre, dem Bund zu einem relativ niedrigen Mietzins vermieten. Für Adaptierungs- und Sanierungsmaßnahmen wären allerdings mehr als (ATS) 10 Millionen notwendig gewesen. Der Vorschlag der Stadt Linz hätte jedoch nicht zu einer räumlichen Erweiterung der KUL geführt, da sie – quasi als Gegenzug – die weitere Nutzung derjenigen Räume im Brückenkopfgebäude West wünschte, die sie auch 1978 noch nicht geräumt hatte und damals noch der Neuen Galerie zur Verfügung standen.[1] Die zu diesem Zeitpunkt bereits bestehende Raumnot erzwang jedoch Erweiterungsmaßnahmen, da ein ordnungsgemäßer Hochschulbetrieb kaum mehr aufrecht erhalten werden konnte. Man dachte an die Errichtung eines Neubaues auf dem Grundstück in der Garnisonstraße, an dem sich Stadt und Land aber nur mit maximal (ATS) 2,5 Millionen beteiligen wollten. 15 Millionen stellten somit die Höchstgrenze für dieses Bauvorhaben dar, das als Fertigteilbau realisiert werden sollte. Noch bevor die Entwurfsplanung vorlag, wurde dies 1979 vertraglich fixiert.[2]

Mit der Planung betraute man auf Wunsch der KUL den an ihr tätigen Architekten Günther Feuerstein. Ursprünglich sollten im neuen Hochschulgebäude drei Meisterklassen (Keramik; Industrial Design; Plastisches Gestalten/Bildhauerei) untergebracht werden. Hochschulintern beschloss man dann auch die Meisterklasse Plastisches Gestalten/Metall in das Raum- und Funktionsprogramm aufzunehmen.[3] Die räumliche Situation dieser Einrichtung war aufgrund des Anstiegs der Hörerzahl im Bereich der Lehrwerkstätten der VOEST problematisch geworden. Deren Berücksichtigung im geplanten Neubau war auch deswegen nötig, da von der VOEST-Alpine AG der Kunsthochschule keine weiteren Räumlichkeiten mehr zur Verfügung gestellt werden konnten; sie erklärte sich aber dazu bereit, den Bund mit (ATS) 2,5 Millionen für die Aussiedlung der Meisterklasse abzufinden und auch künftig die KUL bei der Ausführung von Spezialarbeiten nach Maßgabe der Platzverhältnisse zu unterstützen.[4] Insgesamt standen somit 17,5 Millionen für das Bauvorhaben in der Garnisonstraße zur Verfügung, doch die Realisierung des von Feuerstein vorgelegten Entwurfs hätte rund doppelt so viel gekostet. Daraufhin arbeitete er mehrere Varianten aus, aber auch die günstigste, die durch eine Reduktion des Bauvolumens erzielt wurde, überstieg den vertraglich fixierten Kostenrahmen deutlich.

Das baureife Projekt scheiterte nach zahlreichen Verhandlungen 1981, da weder die Stadt Linz noch das Land Oberösterreich ihren finanziellen Beitrag erhöhen wollten.[5] Daraufhin mussten Raumprovisorien organisiert werden, um den Lehrbetrieb überhaupt noch aufrecht erhalten zu können. Für Zwecke der KUL wurden Räumlichkeiten in den Gebäuden «Bischofstraße 15», «Herrenstraße 23» und «Marienstraße 10a» angemietet. Die beiden erstgenannten Raumprovisorien konnten erst im Herbst 1990, zusammen mit dem Gebäude «Prunerstraße 3c», aufgegeben werden.

17.2 Die räumliche Erweiterung der Universität für künstlerische und industrielle Gestaltung ab 1980

Nach dem deutlichen Anstieg der Hörerzahlen in den 1970er Jahren war in diesem Jahrzehnt nur ein schwacher Anstieg zu verzeichnen (1980/81: 357; 1985/86: 406; 1989/90: 451), wofür vor allem die sehr beengten räumlichen Verhältnisse verantwortlich waren. Erst mit den in diesem Dezennium gesetzten baulichen Maßnahmen konnte zu Beginn der 1990er Jahre die ärgste Raumnot beseitigt werden; 1980 verfügte die KUL über 3.000 m², 1990 waren es 6.200 m².

17.2.1 Die Werke I, II und III auf dem Areal der ehemaligen Ringbrot-Fabrik, Reindlstraße 14–16

Im Juli 1981 hatte ein (zweiter) Großbrand die Ringbrotwerke zerstört, worauf zwei nahezu unversehrt gebliebene Gebäude und das Areal des 1917 gegründeten Unternehmens zum Verkauf ausgeschrieben wurden; 1982 erwarb der Bund die Liegenschaft. Nachdem das Projekt Garnisonstraße gescheitert war, konzentrierten sich nun die Bemühungen auf diesen Standort im Stadtteil Urfahr. An dem Areal bekundete aber auch der oberösterreichische Landesschulrat Interesse. (Das von ihm gewünschte Amtsgebäude wurde in den 1990er Jahren im südöstlichen Bereich des Geländes realisiert.)

Um die Frage nach den baulichen Möglichkeiten zu klären, beauftragte das Bautenministerium Architekt Franz Huber (Salzburg) mit der Erstellung einer Verbauungsstudie und eines Gesamtentwurfs. Integriert war darin auch ein Hauptgebäude für die KUL («Zentralgebäude»). Die von Huber ausgearbeitete Studie diente zunächst vor allem dem Nachweis, dass die gesamte Kunsthochschule auf diesem Areal angesiedelt werden könnte, wo man dafür insbesondere den nordwestlichen Teil des ehemaligen Fabriksgeländes vorsah, der von der Reindl-, der Sonnenstein- und der Gerstnerstraße begrenzt wird. Huber wurde dann auch mit der Detailplanung derjenigen Projekte betraut, die für die KUL tatsächlich realisiert werden konnten. Nicht zuletzt aufgrund der langwierigen und mühsamen Verhandlungen mit Stadt und Land entschied der Bund das Großprojekt in mehrere Ausbaustufen zu gliedern, deren Finanzierung dadurch getrennt verhandelt werden konnte. Nach der Fertigstellung des zweiten Bauabschnitts im Jahre 1990 standen der KUL in Urfahr schließlich rund 6.000 m² zur Verfügung. Die Adaptierung von zwei Gebäuden und die Errichtung eines Neubaues kosteten insgesamt (ATS) 139 Millionen. Die 1990 von der KUL gewünschte Ausstellungshalle wurde nicht mehr gebaut.

17.2.1.1 Die Adaptierung des Werkes II

Nach dem Scheitern des Projekts Garnisonstraße erklärten sich Stadt und Land dazu bereit, ihren Anteil für ein der KUL gewidmetes Bauvorhaben auf jeweils (ATS) 3 Millionen zu erhöhen. Für die erste Ausbaustufe, die man 1984 in Angriff nahm, standen somit 20,5 Millionen zur Verfügung, die in die – letztlich 24 Millionen teure – Adaptierung des so genannten Werkes II flossen. Die Baumaßnahmen beschränkten sich im Wesentlichen auf den Innenausbau der in durchgehende Hallen gegliederten vier Geschoße. Hinzugefügt wurde dem Altbau ein Trakt für die Lift- und Treppenanlage; die Fassade des in der Zwischenkriegszeit errichteten Gebäudes renovierte man stilgerecht. Im Jahre 1986 übersiedelten die Lehrkanzel für Werkerziehung und drei Meisterklassen (Bildhauerei; Visuelle Gestaltung; Keramik) nach Urfahr. Heute sind darin Bereiche von zwei Instituten (Kunst und Gestaltung; Raum und Design) untergebracht.

17.2.1.2 Die Adaptierung des Werkes I und der Neubau «Werk III»

Die Verhandlungen, die schließlich zur Realisierung der zweiten Ausbaustufe führten, gestalteten sich wiederum schwierig. 1986 erklärten sich Stadt und Land zwar prinzipiell zur Mitfinanzierung bereit, verknüpften dies allerdings mit zwei Bedingungen: Erstens müsse der Betrag von (ATS) 160 Millionen die unüberschreitbare Höchstgrenze bilden, und zweitens wären die beiden Gebietskörperschaften nach Fertigstellung dieses Bauabschnitts von ihren gesetzlich vorgeschriebenen Verpflichtungen zur Übernahme je eines Sechstels des Gebarungsabganges zu befreien.[6]

Die zweite Bedingung war insbesondere für das Finanzministerium inakzeptabel, das sogar Verhandlungen über die Entlassung aus deren bundesgesetzlich geregelten Verpflichtungen verweigerte. Aber auch die Stadt Linz und das Land Oberösterreich verharrten auf ihrem Standpunkt. Die Folge war eine Unterbrechung der 1986 begonnenen Bautätigkeit, die erst 1988 wieder aufgenommen wurde, nachdem Stadt und Land ihre Haltung aufgegeben und sich im Mai 1988 vertraglich zur Mitfinanzierung verpflichtet hatten.[7] Der letztlich 115 Millionen teure zweite Bauabschnitt wurde im Rahmen des ASFINAG-Sonderfinanzierungsprogramms realisiert.

Die zweite Ausbaustufe umfasste einen fünfgeschoßigen Neubau (Werk III) an der Reindlstraße, der an das bereits sanierte Werk II anschloss, und die Adaptierung des ebenfalls fünfgeschoßigen Werkes I, das südlich, an die Sonnensteinstraße grenzend, dem Neubau gegenüberliegt. 1990 übersiedelten vier Meisterklassen (Malerei und Graphik; Visuelle Mediengestaltung; Metall; Textiles Gestalten), die Lehrkanzel für Umraumgestaltung und Teile der ÖH sowie der universitären Verwaltung nach Urfahr. Das Werk I beherbergt nun vornehmlich Bereiche des Instituts für Kunst und Gestaltung; in diesem Gebäude wurde außerdem eine Mensa untergebracht. Das Werk III ist größtenteils dem Institut für Medien gewidmet, es befinden sich darin aber auch Bereiche der Institute für Raum und Design und für Kunst und Gestaltung.

17.3 Die räumliche Erweiterung der Universität für künstlerische und industrielle Gestaltung ab 1990

Erst in der zweiten Hälfte dieses Jahrzehnts stiegen die Hörerzahlen wieder deutlich an (1990/91: 476, 1995/96: 510, 2000/01: 713), was auf die deutlich verbesserte Raumsituation der KUL und auch auf die bereits in der ersten Hälfte der 1990er Jahre erfolgte Erweiterung des Lehr- und Studienangebots zurückzuführen ist. (Das 1994 gegründete Forschungsinstitut Art & Tek, das im Haus «Donautor» untergebracht war, wurde allerdings wieder aufgelöst.) In diesem Jahrzehnt konnte die Raumnot endgültig überwunden werden; der Raumgewinn (1990: 6.200 m², 2000: 17.000 m²) war beachtlich.

17.3.1 Die Anmietung des Peter-Behrens-Hauses, Untere Donaulände 74

Bei diesem Objekt handelt es sich um einen viel beachteten Industriebau, der einen der bedeutendsten Beiträge zum «Neuen Bauen» in Österreich darstellt. Nach den Plänen des aus Hamburg stammenden Peter Behrens, der von 1921 bis 1936 eine Professur an der Wiener Akademie der bildenden Künste innehatte, wurde die Tabakfabrik in den Jahren 1929 bis 1935 errichtet; bei der Ausführung war auch Alexander Popp beteiligt, der als Hauptarchitekt der Linzer Hermann-Göring-Werke (der späteren VOEST-Alpine-Stahlwerke) gilt und der von 1941 bis 1945 auch Rektor der Akademie der bildenden Künste war. Im September 1995 konnte der fünfgeschoßige Bau und ein weiteres Geschoß in einem benachbarten Tabaklager für Zwecke der KUL angemietet werden, die dadurch rund 5.600 m² gewann. Da die Austria-Tabakwerke AG Eigenbedarf anmeldete, muss dieser Standort aber spätestens gegen Ende 2005 aufgegeben werden. Davon sind vor allem Bereiche des Instituts für Bildende Kunst und Kulturwissenschaften betroffen.

Für die KUL stellt die Aufgabe des Behrens-Hauses einen schmerzlichen Verlust dar. Im Herbst 1995, anlässlich des bevorstehenden Bezugs, hatte der damalige Rektor Wolfgang Stifter geschrieben: «Die Raumstruktur, die man dort im ehemaligen Tabaklager vorfindet, kommt den Vorstellungen, die die Kunsthochschule für ihre Lehre im sogenannten Meisterklassensystem entwickelt hat, sehr entgegen: Neutral im formalen Anspruch, höchste Qualität hinsichtlich Proportion und der Ausführung im Detail. Großen, lichtdurchfluteten Räumen für das kollegiale und familiäre Lernen aller Studienjahrgänge miteinander sind die notwendigen Büros und Nebenräume zugeordnet beziehungsweise vorgelagert, durchaus vergleichbar der baulichen Struktur, die Karl Schwanzer 1960 für den Neubau der Angewandten in Wien entwickelt hat. Damit verfügt die Hochschule erstmals über architektonische Qualitäten, die international herzeigbar sind, über ein Ensemble, bei dem man nicht in Versuchung geraten kann, historisch belastete Details hinter Baustoffplatten zu verstecken, endlich bezieht sie einen Bau, für dessen ästhetische Qualitäten sie sich nicht wortreich entschuldigen muss, ganz im Gegenteil, sie verfügt damit über ein Bauwerk ersten Ranges.»[8]

17.3.2 Grundsätzliche Überlegungen zur Standortfrage gegen Ende des 20. Jahrhunderts

Nach der Fertigstellung des zweiten Bauabschnitts auf dem Areal der ehemaligen Ringbrotwerke beantragte die KUL im August 1990 den Bau des Zentralgebäudes, dessen Realisierung die Zusammenführung sämtlicher Einrichtungen der Kunsthochschule in Urfahr bedeutet hätte.[9] Die Errichtung des Zentralgebäudes hätte die Freigabe jener Räume (ca. 3.000 m^2) im Stammhaus (Hauptplatz 8) zur Folge gehabt, die wohl der Finanzlandesdirektion zugesprochen worden wären, die darin bereits Räume im Ausmaß von knapp 2.500 m^2 nutzt. Aufgrund der damals weit dringlicheren Universitätsbauprojekte und der angespannten finanziellen Situation des Bundes konnte das Projekt Zentralbau aber nicht weiter verfolgt werden.

In der zweiten Hälfte der 1990er Jahre vollzog sich innerhalb der KUL ein grundsätzlicher Gesinnungswandel hinsichtlich der Standortfrage; im Dezember 1998 teilte der Rektor dem Wissenschaftsministerium mit, dass die Kunstuniversität Linz die Gebäude in Urfahr zur Verfügung stellen wolle, um im Gegenzug die Brückenkopfgebäude West und Ost (Hauptplatz 5) zu nutzen, in welchen Abteilungen der Finanzlandesdirektion untergebracht sind. Diesem Wunsch lag ein einstimmiger Beschluss des Gesamtkollegiums zugrunde. Ausschlaggebend für diese Wende war die weitaus größere Attraktivität des Standortes am Hauptplatz. Der gewünschte Gebäudetausch hätte der KUL einen Raumgewinn von rund 3.000 m^2 und eine Vereinfachung des Verwaltungsaufwandes gebracht; die universitätsinterne Kommunikation wäre dadurch natürlich auch verbessert worden. Die Kosten für die Adaptierung bzw. Sanierung der beiden Brückenkopfgebäude wurden von der KUL auf rund (ATS) 53 Millionen geschätzt. Die Finanzlandesdirektion stand damals diesen Überlegungen grundsätzlich positiv gegenüber, da sie bestrebt war, ihre Dienststellen zusammenzuführen, die auf neun Standorte verteilt waren.[10] Von einem städteplanerischen Standpunkt aus betrachtet, wäre ein Gebäudetausch gewiss interessant, da die Konzentration der KUL am Hauptplatz eine Bereicherung der von der Stadt Linz propagierten «Kunstmeile» darstellen würde.

---

1 Vgl. dazu: BMWF, GZ 30.910 / 11–9 ex 1977.
2 Vgl. dazu: BMWF, GZ 30.910 / 30–9 ex 1979.
3 Vgl. dazu: BMWF, GZ 30.910 / 1–9 ex 1980.
4 Vgl. dazu: BMWF, GZ 30.910 / 1–9 ex 1983.
5 Vgl. dazu: BMWF, GZ 30.910 / 12–9 ex 1981.
6 Vgl. dazu: BMWF, GZ 30.910 / 10–9 ex 1986.
7 Vgl. dazu: BMWF, GZ 30.910 / 6–9 ex 1988.
8 Wolfgang Stifter, Go East – Die Hochschule zieht in die Tabakwerke; in: HFG Linz. Wandzeitung der Hochschule für künstlerische und industrielle Gestaltung, 1/1995.
9 Vgl. dazu: BMWF, GZ 30.910 / 13–9 ex 1990.
10 Vgl. dazu: BMWV, GZ 30.910 / 2–9 ex 1998.

18 Universität Klagenfurt (UK)

Für Zwecke der 1970 gegründeten Universität Klagenfurt wurden bislang vier Neubauten errichtet und einige Bestandsanierungen bzw. Adaptierungen vorgenommen. Der Ausbau konnte sich zwar nicht an der Entwicklung der Hörerzahlen orientieren, aber die Raumsituation der UK verbesserte sich durch den im Herbst 2000 fertig gestellten Erweiterungsbau deutlich. Im Zeitraum von 1980 bis 1990 verliefen die Steigerungsrate der Studierendenzahlen und jene des Universitätspersonals nahezu parallel; erstere stiegen – im Unterschied zu allen anderen Universitäten – nach 1995 nochmals steil an. 2002 standen der Universität Klagenfurt (wissenschaftliches Personal: 253 Personen; allgemeine Universitätsbedienstete: 169 Planstellen) 31.500 m² zur Verfügung. 5.409 ordentliche Studierende waren im Studienjahr 2002/03 inskribiert.

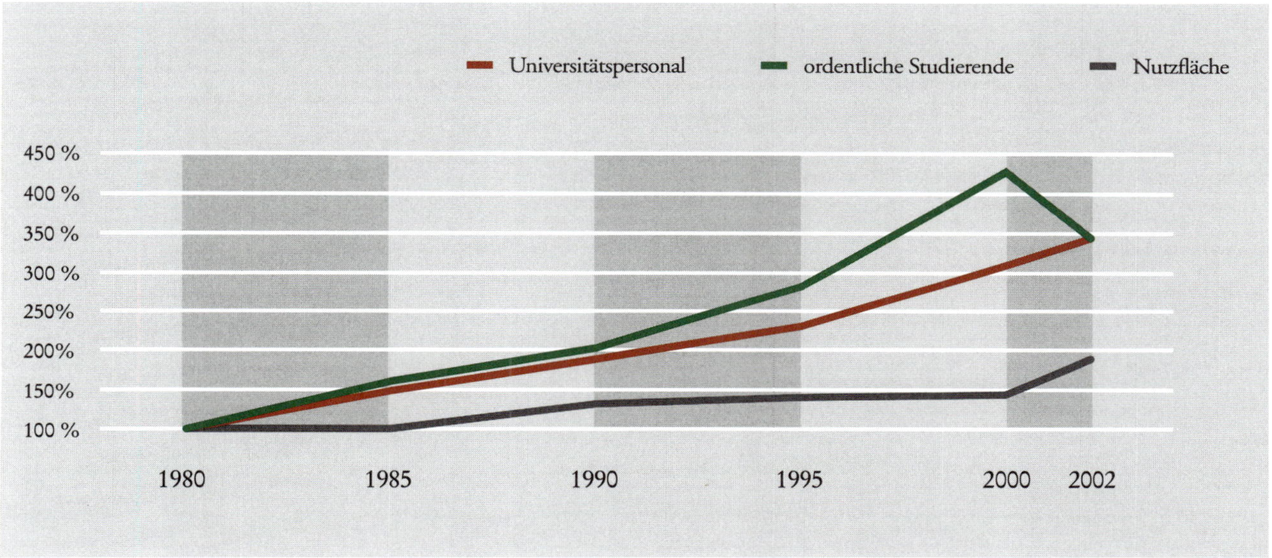

Im Unterschied zu den traditionellen Universitätsstädten Wien, Graz, Innsbruck und Salzburg, wo Universitäten als geistig-kulturelle Zentren von Anfang an fest im städtischen Leben verankert waren und nach 1945 Überlegungen, neue universitäre Zentren an den Stadträndern zu errichten, (zumeist) auf wenig Gegenliebe stießen, war in städtebaulicher Hinsicht die Ausgangslage für die neu gegründeten Hochschulen in Linz und Klagenfurt eine andere. Aufgrund der dichten Verbauung und der fehlenden universitären Standorte in den Stadtzentren bot sich deren Errichtung an den Stadträndern an, wo ausreichend große Freiflächen vorhanden waren, die auch eine künftige Erweiterung der Universitäten ermöglichen. Aus diesen Gründen wurde auch die Hochschule für Bildungswissenschaften als Campus-Universität geplant und im «Grünen» errichtet.
Der Klagenfurter Universitäts-Campus befindet sich am westlichen Stadtrand in relativer Nähe zum Wörthersee und ist vom Stadtzentrum rund 3 km weit entfernt. Verkehrstechnisch liegt das Universitätsgelände in einer bevorzugten Zone; es ist über die Autobahn (A2) bequem zu erreichen, was verhältnismäßig viele Studierende auch tun. Mit drei Buslinien ist die Universität vom Stadtzentrum aus erreichbar. Die vier Universitätsbauten

(das Vorstufengebäude, das Zentralgebäude sowie der Nord- und der Südtrakt – die gemeinsame Anschrift lautet «Universitätsstraße 65–67») werden im Westen von der Wörther-See-Südufer-Straße (Südring), im Norden von der Universitätsstraße, im Osten vom Nautilusweg und im Süden vom Neptunweg und der Kranzmayerstraße begrenzt. Östlich des Nautilusweges wurden Einrichtungen für das studentische Leben geschaffen (das Studentendorf, das Mensagebäude und ein Studentenheim), wobei diese Gebäude teilweise auch universitäre Einrichtungen (beispielsweise das Universitätssportinstitut und das Universitätskulturzentrum) beherbergen. – Im Klagenfurter Stadtzentrum verfügt die Universität über die Standorte «Sterneckstraße 15» und «Bahnhofstraße 50».

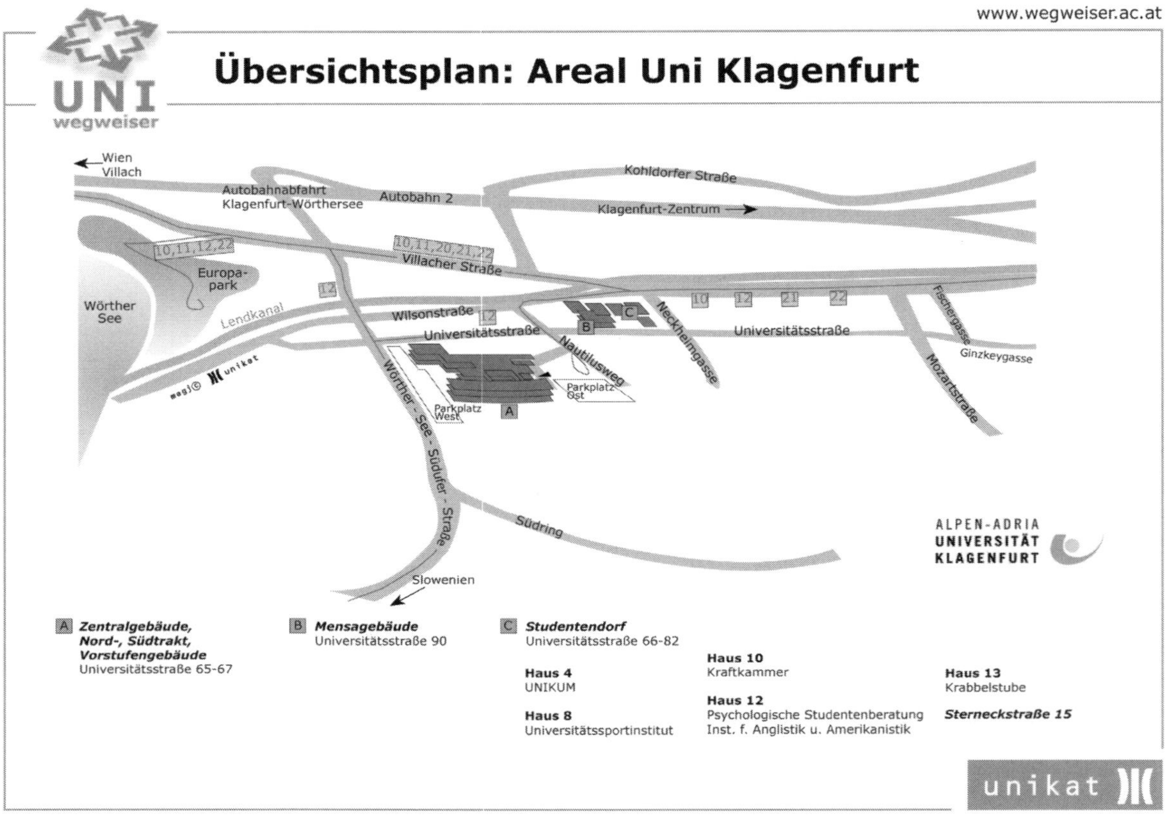

18.1 Der Aufbau der Universität Klagenfurt ab 1970

Die neu gegründete Hochschule für Bildungswissenschaften nahm im Herbst 1972 ihren Studienbetrieb mit 39 ordentlichen Studierenden auf. Drei Jahre später waren es bereits 591 und im Studienjahr 1979/80 dann 1.324 ordentliche Studierende. Ab dem Wintersemester 1977/78 standen der UK auf ihrem Campus auch das Zentralgebäude und der Nordtrakt zur Verfügung.
Vom Vorstufengebäude abgesehen, das bereits im Herbst 1971 fertig gestellt worden war, mussten bis Sommer 1977 für Universitätszwecke Räumlichkeiten in verschiedenen Gebäuden der Kärntner Landeshauptstadt angemietet werden. Vorübergehend standen der Hochschule in den Gebäuden «Kempfstraße 12» und «Jessernigstraße 9», im Gemeindeamt Viktring (Viktringerplatz 1), im «Kälabrand» (Domgasse 21), im Palais Goess (Alter Platz 30) und im «Marianum» (Völkermarkter Straße 36) Räume zur Verfügung. Auf dem Campusgelände konnten außerdem einige Häuser des Studentendorfs, das von der Stadtgemeinde Klagenfurt errichtet worden war, und Bereiche des Mensagebäudes von der Universität Klagenfurt genutzt werden. 1975 verfügte sie über knapp 7.900 m^2, 1980 waren es 16.000 m^2.

18.1.1 Der Klagenfurter Universitäts-Campus, Universitätsstraße 65–67

Im Jahr ihrer Gründung war die Standortfrage der Klagenfurter Hochschule bereits geklärt. Schon Mitte der 1960er Jahre hatten Vertreter der Kärntner Landeshauptstadt den größten Teil jenes Areals, das nun das Campusgelände bildet, für diesen Zweck vorgeschlagen.[1] (Es wurde in den 1970er und 1980er Jahren durch den Ankauf von benachbarten Grundstücken erweitert.) Nicht ganz unproblematisch war die relativ geringe Belastbarkeit des Baugrundes. Das Areal war noch zu Beginn des 20. Jahrhunderts sumpfig gewesen, doch ließ sich das Problem lösen, indem man die Universitätsbauten der ersten Ausbaustufe auf durchgehenden Stahlbetonplatten errichtete; der Ende der 1990er Jahre realisierte Erweiterungsbau steht auf geschäumtem Glas.
Gemäß § 10 Abs. 1 des Gründungsgesetzes hatte der organisatorische Aufbau der Hochschule für Bildungswissenschaften stufenweise während der ersten zehn Jahre ihres Bestehens zu erfolgen. Die Aufbaustufe sollte nach drei Jahren und die erste Ausbaustufe spätestens 1980 abgeschlossen werden; dazu zählte auch die Errichtung der Universitätsbauten auf dem Universitätsgelände, die schon im Herbst 1977 zur Verfügung standen. Im zehnten Jahr ihres Bestehens waren bereits 15 Institute an der Klagenfurter Universität eingerichtet.

18.1.2 Das Vorstufengebäude

Im nordwestlichen Bereich des Universitätsgeländes begann man im Oktober 1970 mit der Errichtung des Vorstufengebäudes, das Architekt Roland Rainer geplant hatte. Das (ATS) 19 Millionen teure Bauvorhaben konnte nach einjähriger Bauzeit abgeschlossen werden. In dem zweigeschoßigen Gebäude (ca. 2.800 m^2) waren ursprünglich das Rektorat und die damalige Lehrkanzel für Unterrichtstechnologie untergebracht, der darin unter anderem auch ein Ton-, ein Film- und ein Fernsehstudio sowie ein Sprachlabor zur Verfügung standen. Im Frühjahr 1974 nahm man Umbauarbeiten in Angriff, da im Vorstufengebäude die Universitätsbibliothek vorübergehend einquartiert werden sollte. Sie bezog im Sommer 1975 dieses Provisorium, zwei Jahre später

übersiedelte sie schließlich ins Zentralgebäude; ein großer Raum im Vorstufengebäude wurde allerdings weiterhin von der Universitätsbibliothek als Lesesaal genutzt und das Kellergeschoß dieses Gebäudes blieb zum Teil auch als Büchermagazin in Verwendung.
Nach dem Abschluss der ersten Ausbaustufe wurden im Vorstufengebäude nochmals Adaptierungsarbeiten und auch Ergänzungen der technischen Einrichtung sowie der unterrichtstechnologischen Ausstattung notwendig, wofür der Bund im Jahre 1977 (ATS) 28 Millionen zur Verfügung stellte.[2] Von diesen Maßnahmen profitierte vor allem das Institut für Medien- und Kommunikationswissenschaft, das aus der Lehrkanzel für Unterrichtstechnologie hervorging. (Im Vorstufengebäude war auch das 1978 gegründete und zehn Jahre später wieder aufgelöste Interuniversitäre Forschungsinstitut für Unterrichtstechnologie, Mediendidaktik und Ingenieurspädagogik untergebracht.)

18.1.3 Das Zentralgebäude und der Nordtrakt

Im Herbst 1971 schrieb man einen zweistufigen Architektenwettbewerb zur Erlangung von Entwürfen für den Neubau der ersten Baustufe der Klagenfurter Hochschule aus. Mit ersten Preisen wurden im März 1972 das Projekt der Innsbrucker Architekten Hubert Prachensky und Ernst Heiss und das Projekt der Klagenfurter Architekten Otto Baurecht, Martin Esterl, Ernst Hildebrand und Ewald Kaplaner prämiert. Das Preisgericht empfahl den Auftrag zur weiteren Planung einer aus den beiden Preisträgern bestehenden Arbeitsgemeinschaft zu übertragen, die beim baulichen Gesamtkonzept und bei der Detailplanung auch die Möglichkeit zu einer späteren Erweiterung der Anlage berücksichtigen sollte. Außerdem war keine deutliche Höhenakzentuierung der Bauten erwünscht, da das Hochschulgelände in unmittelbarer Nähe zu Landschafts- und Naturschutzgebieten am Wörthersee liegt.
Nachdem im Oktober 1972 das Raum- und Funktionsprogramm genehmigt worden war, wurde im darauf folgenden Dezember die Vorentwurfsplanung an die Arbeitsgemeinschaft der sechs genannten Architekten vergeben. Der Bauausschuss des Klagenfurter Hochschulfonds, der sich aus je einem Vertreter der drei mit dem Universitätsbau befassten Bundesministerien sowie der Hochschule und je zwei Vertretern des Landes Kärnten und der Stadt Klagenfurt zusammensetzte, prüfte die vorgelegten Entwurfspläne im November 1973. Im Sommer 1974 erteilte man die Baubewilligung für die Errichtung der ersten Baustufe, die im Herbst in Angriff genommen werden konnte. Nach dreijähriger Bauzeit wurden im Oktober 1977 das Zentralgebäude und der Nordtrakt feierlich eröffnet. An dem insgesamt (ATS) 260 Millionen teuren Bauvorhaben beteiligte sich der Bund mit 110 Millionen. Der Universität Klagenfurt stehen in diesem Gebäudekomplex knapp 10.000 m^2 zur Verfügung.
Im viergeschoßigen Zentralgebäude sind Unterrichtsräume, (unter anderem) zwei Hörsäle für je 200 Hörer, ein Buffet und die Universitätsbibliothek samt Mediathek untergebracht, deren Bücherspeicher 700.000 Bände fassen. Die Bibliothek verteilt sich auf alle vier Geschoße, in zwei Lesesälen richtete man Freihandbibliotheken ein. Zu den Beständen der Universitätsbibliothek zählen auch fünf vormals eigenständige Sammlungen: die Kärntnerische Landeslehrerbibliothek, die bundesstaatliche Studienbibliothek Klagenfurt, die Zentralbücherei der Berufsschulen Klagenfurts, die umfangreiche Sammlung Josef Buttingers und ein Teil der Bibliothek des Kardinals Graf Johann von Goess, der im letzten Drittel des 17. Jahrhunderts als Bauherr auf Schloss Straßburg (im Gurktal) wichtige Akzente setzte.
An das Zentralgebäude schließt im Osten ein dreigeschoßiger Trakt an, in dem man die Zentrale Verwaltung und die Universitätsdirektion unterbrachte. Im Westen ist ein zweigeschoßiger Trakt angegliedert, der vor allem technische Lehr- und Lernräume (unter anderem Sprachlabors) beherbergt. Hinsichtlich der technischen

Möglichkeiten entsprach die zur Verfügung gestellte Ausstattung dem damals letzten Stand der Unterrichtstechnologie. Außerdem war bei der Realisierung des Gebäudekomplexes auf die Ansprüche Körperbehinderter größter Wert gelegt worden.
Beim Nordtrakt handelt es sich um einen langgestreckten und in sechs Abschnitte gegliederten Baukörper. In dem größtenteils dreigeschoßigen Gebäude wurden die Institute angesiedelt. Zwischen diesen beiden Gebäuden und dem Vorstufengebäude errichtete man Verbindungsgänge, die von den Architekten als Kommunikations- und Aufenthaltsflächen konzipiert wurden. Der Kommunikation sollen auch die zwischen den Baukörpern liegenden Freiflächen dienen, die man durch Terrassen, Freitreppen und Grünanlagen zu einem Fußgängerbereich ausgestaltete.
Zur Eröffnung der ersten Ausbaustufe schrieb 1977 Wissenschaftsministerin Firnberg: «Der Universität für Bildungswissenschaften ist kraft Gesetzesauftrages ein großes, in Zukunft immer mehr an Bedeutung erlangendes Arbeitsgebiet zugewiesen: alle Gesichtspunkte und Entwicklungen des kulturellen Phänomens ‹Bildung› einer kritischen wissenschaftlichen Analyse zu unterziehen und mit wissenschaftlich fundierten Modellen ihren Beitrag zum Aufbau der Bildungsgesellschaft zur Verfügung zu stellen. Die materiellen und personellen Grundlagen der Universität Klagenfurt ermöglichen ihr, dem Auftrag der bildungswissenschaftlichen Forschung sowohl in den Grunddisziplinen als auch in den Fachdisziplinen verstärkt nachzukommen und jene spezifischen Aufgaben in Forschung und Lehre zu erfüllen, um deretwillen sie im Jahre 1970 gegründet worden ist.»[3]

18.2 Die räumliche Erweiterung der Universität Klagenfurt ab 1980

In diesem Jahrzehnt hat sich die Hörerzahl beinahe verdoppelt: Im Studienjahr 1980/81 zählte man 1.591, 1985/86 2.587 und 1989/90 dann 3.016 ordentliche Studierende. Damit zeichneten sich beengte Raumverhältnisse bereits zu Beginn der 1980er Jahre ab, da die 1977 fertig gestellten Universitätsbauten nur für 1.200 Hörer konzipiert worden waren. Der Anstieg der Hörerzahlen stand auch in Zusammenhang mit der Erweiterung des Studienangebotes, die zwar ihren Ausgangspunkt in den «Grunddisziplinen» Bildungsökonomie und Bildungsinformatik hatte, aber letztlich doch über den an der Klagenfurter Universität gesetzten bildungswissenschaftlichen Schwerpunkt hinaus führte. Im zweiten Jahrzehnt ihres Bestehens wurden vermehrt wirtschaftswissenschaftliche Studienrichtungen eingeführt, die Institutsneugründungen bedingten, welche wiederum räumlich versorgt werden mussten. Diese Entwicklung, die eine Etablierung jenes Fachbereichs bedeutete, der anfänglich von Kärntner Kreisen als Schwerpunkt der Klagenfurter «Spezialhochschule» gewünscht worden war, mündete 1993 in die Gründung einer Fakultät für Wirtschaftswissenschaften und Informatik, der heute zwei Fakultäten (Kulturwissenschaften; interdisziplinäre Forschung und Fortbildung) zur Seite stehen.
Auf die zunehmend beengter werdenden Raumverhältnisse an der Universität reagierte deren Leitung mit der Einrichtung einer Arbeitsgruppe, die im Mai 1985 ein Raum- und Funktionsprogramm vorlegte, das die Grundlage für eine städtebauliche Studie zur Erweiterung der Klagenfurter Universität bildete. Diese Studie legte die Planungsgruppe «Hochschule Klagenfurt», die sich aus jenen sechs Architekten zusammensetzte, die bereits das Zentralgebäude und den Nordtrakt geplant hatten, im Februar 1986 vor. Die Baukosten wurden auf knapp (ATS) 300 Millionen geschätzt. Aufgrund der damals äußerst angespannten finanziellen Situation des Bundes war an eine Realisierung dieses Bauvorhabens aber nur unter der Voraussetzung zu denken, dass sich wiederum das Land Kärnten und die Stadt Klagenfurt an dem Erweiterungsbau finanziell beteiligen. Land und Stadt wollten zwar im Wege des (zu reaktivierenden) Klagenfurter Hochschulfonds einen finanziellen Beitrag leisten, doch der Standpunkt des Finanzministeriums, dass der Bund nur 40 % der anfallenden Kosten übernehmen könne, war für sie inakzeptabel.[4] Nach zahlreichen Verhandlungen kam erst 1993 eine Einigung auf politischer Ebene zu Stande, der Erweiterungsbau konnte dann überhaupt erst im Jänner 1999 in Angriff genommen werden. In der zweiten Hälfte der 1980er Jahre mussten für die Universität Klagenfurt Räume in den Gebäuden «Bahnhofstraße 9» und «Sterneckstraße 15» angemietet werden, um den Lehr- und Forschungsbetrieb aufrecht erhalten zu können. Der Flächengewinn betrug in diesem Dezennium 5.000 m².

18.2.1 Die Adaptierung des Gebäudes «Sterneckstraße 15»

1987 konnte der Bund zu sehr günstigen Konditionen das im Zentrum der Kärntner Landeshauptstadt gelegene Gebäude «Sterneckstraße 15» anmieten, das zuvor vom Kärntner Wohlfahrtsverein Volkshilfe als Heim genutzt worden war. Nach den Plänen von Architekt Otto Baurecht adaptierte man das Gebäude für Universitätszwecke, wofür rund (ATS) 7 Millionen notwendig waren.[5] Eigentlich sollte an diesem innerstädtischen Standort in erster Linie das 1979 gegründete Interuniversitäre Forschungsinstitut für Fernstudien angesiedelt werden, das zuvor im Mensagebäude einquartiert war, doch die beengten räumlichen Verhältnisse an der Universität führten dazu, dass schon im Herbst 1987 gemeinsam mit dem genannten Forschungsinstitut Teile von vier weiteren Instituten im ehemaligen Volkshilfeheim untergebracht werden mussten. Bedingt durch den anhaltend starken Anstieg der Hörerzahlen stellte das viergeschoßige Gebäude (samt ausgebautem Dachgeschoß) schließlich die bedeutendste «Raumreserve» der Universität in den 1990er Jahren dar.

Heute steht das Gebäude «Sterneckstraße 15» dem Institut für Unterrichts- und Schulentwicklung sowie Abteilungen der Fakultät für interdisziplinäre Forschung und Fortbildung zur Verfügung. Diese Fakultät entwickelte sich aus dem interuniversitären Forschungsinstitut für interdisziplinäre Forschung und Fortbildung der Universitäten Klagenfurt, Wien, Graz und Innsbruck. (Dieses Institut ging wiederum 1991 aus dem Interuniversitären Forschungsinstitut für Fernstudien hervor.) Eine interuniversitäre Kooperation besteht derzeit mit den Universitäten Wien und Graz.
Nicht zuletzt aufgrund der günstigen Miete wurde dieser Standort im Zentrum Klagenfurts zu Beginn des 21. Jahrhunderts nicht aufgegeben. Das Gebäude präsentierte sich jedoch in einem sanierungsbedürftigen Zustand. Die Fenster mussten erneuert, das Dach saniert, diverse Maler- und Tischlerarbeiten getätigt und die Stromversorgung sowie die Sanitär- und Heizungsanlage erneuert werden; außerdem waren einige kleinere Umbauarbeiten im Gebäude vorzunehmen.[6] Die (ATS) 12 Millionen teure Sanierung konnte 2003 abgeschlossen werden.

18.3 Die räumliche Erweiterung der Universität Klagenfurt ab 1990

In diesem Jahrzehnt hat sich die Hörerzahl an der Universität Klagenfurt nochmals verdoppelt: Im Studienjahr 1990/91 zählte man 3.193 ordentliche Studierende, 1995/96 4.438 und 2000/01 schließlich 6.748. Damit war zu Beginn des 21. Jahrhunderts auch jene Zahl (4.000) deutlich überschritten, die man 1970 als Richtwert für die vollständig ausgebaute Spezialhochschule genannt hatte. Hinsichtlich der Entwicklung der Studierendenzahlen stellt die Universität Klagenfurt überhaupt die große Ausnahme dar, denn an allen anderen österreichischen Universitäten war in diesem Dezennium (prozentuell) ein deutlich geringerer Anstieg zu verzeichnen; gegen Ende der 1990er Jahre waren die Hörerzahlen in der Regel sogar rückläufig. Die schon zu Beginn dieses Jahrzehnts bestehende Raumnot an der Universität Klagenfurt spitzte sich aufgrund des enormen Höreranstiegs zu. Überwunden wurde die prekäre Raumsituation erst zu Beginn des 21. Jahrhunderts, als im Oktober 2000 der lang ersehnte Erweiterungsbau der Universität endlich zur Verfügung stand. Zur Entspannung der Raumproblematik trug außerdem der Rückgang der Hörerzahlen bei; 2002/03 zählte man an der UK 5.409 ordentliche Studierende.
Zuvor mussten weitere Institutsbereiche ins Gebäude «Sterneckstraße 15» verlagert und außerdem noch Räumlichkeiten in den Gebäuden «Alter Platz 24» und «Villacher Straße 161» für Universitätszwecke angemietet werden. Von diesen Provisorien abgesehen, fand das universitäre Robert-Musil-Institut für Literaturforschung (Kärntner Literaturarchiv), das 1994 in Kooperation zwischen der Landeshauptstadt Klagenfurt, dem Land Kärnten und dem Wissenschaftsministerium gegründet wurde, seine Heimstätte im zentral gelegenen Geburtshaus (Bahnhofstraße 50) des Schriftstellers. Das 1867 errichtete Haus befindet sich im Besitz der Stadt Klagenfurt, die es in den Jahren 1996/97 zu einem modernen Zentrum für Literatur ausbaute. Durch die Realisierung des Erweiterungsbaues auf dem Campusgelände erfuhr die räumliche Erweiterung der Universität einen (vorläufigen) Abschluss; im Vergleich mit den Verhältnissen von 1995 (22.000 m²) betrug der Flächengewinn beachtliche 9.500 m².

18.3.1 Der Erweiterungsbau

Nach den bereits geleisteten Vorarbeiten war man 1986 im Wissenschaftsministerium noch optimistisch, dass der Erweiterungsbau schon im Jahre 1991 der Universität Klagenfurt übergeben werden könnte. Diese Hoffnung erfüllte sich nicht, da das Finanzministerium eben darauf bestand, dass die Stadt Klagenfurt und das Land Kärnten jeweils 30 % der Baukosten zu tragen hätten. Stadt und Land wollten jedoch nur jeweils ein Sechstel der Kosten übernehmen. Aufgrund der Dringlichkeit der räumlichen Erweiterung der Kärntner Universität entschied man sich im Sommer 1991 dazu, dass zunächst ein Architektenwettbewerb ausgeschrieben und erst dann die Finanzierungsfrage geregelt werden sollte. Die Ausschreibung des Wettbewerbs zur Erlangung von Vorentwürfen für die Baustruktur und das Funktionskonzept der Universität Klagenfurt erfolgte durch den reaktivierten Klagenfurter Hochschulfonds; im Juni 1992 prämierte die Jury das Projekt von Architekt Klaus G. Musil mit dem ersten Preis.

Die leidige Finanzierungsfrage konnte im April 1993 grundsätzlich geklärt werden. Bundeskanzler Vranitzky Landeshauptmann Zernatto und Wissenschaftsminister Busek einigten sich dahingehend, dass die Kosten für die bauliche Erweiterung inklusive Erstausstattung (jedoch ohne wissenschaftliche Geräte) im Verhältnis 50:30:20 zwischen Bund, Land und Stadt aufzuteilen wären.[7] Vertraglich fixiert sollte diese Vereinbarung allerdings erst nach Ermittlung der tatsächlichen Baukosten werden. Dafür war die Entwurfs- und Einreichplanung notwendig mit der in der Zwischenzeit Klaus G. Musil beauftragt worden war, der diese Arbeiten gemeinsam mit Architekt Edwin Piskernik leistete. Verkompliziert hatte die ganze Angelegenheit noch die Frage nach der Bauabwicklung die ursprünglich ja der reaktivierte Klagenfurter Hochschulfonds übernehmen sollte.

Als Alternative bot sich die 1992 gegründete Bundesimmobiliengesellschaft an. Für die Abwicklung des Projekts durch die BIG sprachen vor allem zwei Argumente: die Investitionslast konnte auf einen längeren Zeitraum verteilt werden und die BIG trägt während der Mietdauer als Hauseigentümer auch die Erhaltungspflichten. Die Übertragung der Klagenfurter Liegenschaft an die BIG bildete (unter anderem) den Gegenstand der ersten Novelle zum BIG-Gesetz (BGBl. Nr. 419/1992) vom 26. Jänner 1996.[8] Im April 1997 fasste die Kärntner Landesregierung den Beschluss, dass das Land Kärnten zur Finanzierung des Erweiterungsbaues 30 % der Gesamtkosten übernimmt, wobei davon ausgegangen wurde, dass der Bund 50 % und die Stadt Klagenfurt 20 % Gesamtkosten tragen; der Betrag von (ATS) 360 Millionen durfte allerdings nicht überschritten werden. Im Juli 1998 wurde das Bundesgesetz über die bauliche Erweiterung der Universität Klagenfurt unter finanzieller Beteiligung des Landes Kärnten und der Stadt Klagenfurt (BGBl. Nr. 129/1998) beschlossen. Damit sollten Rechtsstreitigkeiten vermieden werden, wie sie im Falle der Akademieverträge zwischen dem Bund und dem Land Steiermark sowie der Stadt und dem Land Salzburg eingetreten waren. Für die Ausführungs- und Detailplanung des Projekts, das aus zwei Bauteilen – dem langgestreckten Institutstrakt (Südtrakt) und einem Bauteil für die Universitätsbibliothek, der direkt an das Zentralgebäude anschließt – besteht, zog die BIG noch Architekt Alfred Lengger hinzu. Im Jänner 1999 nahm man die Bauarbeiten auf, die schon Anfang Oktober 2000 abgeschlossen werden konnten.

Mit dem rund 10.800 m^2 umfassenden Erweiterungsbau führten die Planer zwar die Konzeption der bestehenden Anlage fort, doch hebt sich der Neubau im architektonisch-künstlerischen Sinn deutlich von den Bauten der 1970er Jahre ab. Der leicht gebogene und 200 Meter lange Institutstrakt erhält ein zusätzliches dynamisches Element durch das 600 Personen fassende Audimax, das als eigener Baukörper aus diesem Bauteil herausragt und aufgrund seiner Konstruktion zu «schweben» scheint. Im dreigeschoßigen Südtrakt, in dem man zwei weitere (jeweils 200 Personen fassende) Hörsäle einrichtete, sind Institutsbereiche zu Raumgruppen zusammengefasst, deren zentrale Stellen durch natürliches Licht (über Oberlichten) erhellt werden; zwischen diesen Raumgruppen ordnete man Kommunikationsbereiche an. Neben fünf Instituten (Informatik-Systeme; Informationstechnologie; Wirtschaftsinformatik und Anwendungssysteme; Rechtswissenschaft; Wirtschaftswissenschaften) siedelte man

darin auch die Personalabteilung, die Quästur und den zentralen Informatikdienst an. Das erste Obergeschoß des Neubaus ist mit jenem des Zentralgebäudes über drei verglaste Verbindungsstege erreichbar.
Der zweite der Universitätsbibliothek gewidmete Baukörper ist vom bestehenden Zentralgebäude abgesetzt und mit diesem durch einen verglasten Trakt verbunden. Im Zuge dieses Bauvorhabens wurden auch Adaptierungs- und kleinere Umbauarbeiten im Zentralgebäude und im Nordtrakt durchgeführt. Der neu gestaltete Hauptzugang führt nun aus der Aula über eine Brücke durch den verglasten Trakt in die neue Leihstelle der Bibliothek. Im Zentralgebäude befinden sich die Universitätsleitung, die beiden Dekanate, die Zentrale Verwaltung, die Studien- und Prüfungsabteilung sowie die ÖH; im Nordtrakt waren 2003 zwölf Institute (Allgemeine und Vergleichende Literaturwissenschaft; Anglistik und Amerikanistik; Erziehungswissenschaften und Bildungsforschung; Germanistik; Geschichte; Philosophie und Gruppendynamik; Psychologie; Romanistik; Slawistik; Sprachwissenschaft und Computerlinguistik; Geographie und Regionalforschung; Mathematik; Soziologie) untergebracht.
Im Rahmen von «Kunst und Bau» realisierte man vorwiegend textorientierte Kunstprojekte, wobei der Gedanke, dass die geschriebene Sprache eine Brücke zwischen Ausdrucksformen der Kunst und dem klassischen Medium der Wissenschaft darstellt, leitend war. Im Fall der in slowenischer und italienischer Sprache verfassten Textarbeiten von Lawrence Weiner konnte auch ein Bezug zur regionalen Bedeutung (Alpen-Adria-Region) der Klagenfurter Universität hergestellt werden; Weiners Werk wurde an der Westfassade des Südtrakts angebracht. Heimo Zobernig gestaltete einen Beitrag für den Neubau, der von der Universitätsbibliothek genutzt wird, die Rauminstallation «EU/OTHERS» der bosnischen Künstlerin Šejla Kamerić befindet sich in einem Verbindungsgang und Valentin Oman nutzte Dolmetschkabinen im Audimax für seinen Beitrag, der eine schriftliche Landkarte darstellt. Eine besondere Attraktivität stellen die im Rahmen von «Kunst und Bau» angekauften Liegestühle für den Außenbereich der Universität dar, deren Sitzflächen einmal pro Jahr von einem Künstler gestaltet werden.

1 Vgl. dazu: BMU, GZ 127.747 / III / 3b ex 1965.
2 Vgl. dazu: BMWF, GZ 30.710 / 36–9 ex 1977.
3 Hertha Firnberg, Vorwort; in: Otto Drischel und Herbert Paulhart, Die Vollendung des ersten Teiles der Ausbaustufe der Universität für Bildungswissenschaften Klagenfurt (1973–1977), hg. vom BMWF, Wien 1977, S. 5.
4 Vgl. dazu: BMWF, GZ 30.710 / 20–9 ex 1990.
5 Vgl. dazu: BMWF, GZ 30.710 / 1–9 ex 1987.
6 Vgl. dazu: BMBWK, GZ 30.710 / 4–Pr / 5 ex 2001.
7 Vgl. dazu: BMWF, GZ 30.710 / 9–9 ex 1993.
8 Vgl. dazu: BMWFK, GZ 30.710 / 4–9 ex 1996.

Anhang

1 Quellenverzeichnis

1.1 Die Aktenbestände des Bundesministeriums für Bildung, Wissenschaft und Kultur

Universität Wien

BMU: GZ 69.976 / III / Bau ex 1963; GZ 129.961 / II–3b ex 1964; GZ 98.937 / III–4 ex 1969.
BMWF: GZ 303.510 / Raum ex 1970; GZ 303.976 / Raum ex 1970; GZ 304.824 / Raum ex 1970; GZ 31.674 / Raum ex 1972; GZ 32.766 / Raum ex 1973; GZ 33.191 / Raum ex 1973; GZ 30.288 / Raum ex 1974; GZ 30.698 / Raum ex 1974; GZ 30.333 / 1–9 ex 1975; GZ 30.328 / 3–9 ex 1976; GZ 31.502 / 6–9 ex 1976; GZ 30.830 / 3–9 ex 1981; GZ 30.361 / 10–9 ex 1984; GZ 30.311 / 3–9 ex 1985; GZ 30.404 / 1–9 ex 1985; GZ 30.353 / 1–9 ex 1987; GZ 30.750 / 8–7 ex 1987; GZ 30.411 / 8–9 ex 1988; GZ 30.300 / 3–9 ex 1990; GZ 30.834 / 17–9 ex 1990; GZ 30.353 / 3–9 ex 1991; GZ 30.361 / 2–9 ex 1991; GZ 30.354 / 1–9 ex 1992.
BMWFK: GZ 30.323 / 3–9 ex 1995.
BMWV: GZ 30.376 / 27–9 ex 1997; GZ 330.321 / 12–Präs. 9 ex 1997; GZ 30.703 / 12–9 ex 1998; GZ 30.845 / 1–9 ex 1999; GZ 30.392 / 1–Pr / 9 ex 2000.
BMBWK: GZ 30.346 / 4–Pr / 5 ex 2002.
Grundlagen zur Standortfrage der Wiener Hochschulen, verfasst vom Österreichischen Institut für Raumplanung, Wien 1973.
Bericht des Rechnungshofes über die Durchführung besonderer Akte der Gebarungsprüfung betreffend die Betriebsorganisationsplanung für den Neubau des Allgemeinen Krankenhauses in Wien, Dezember 1980.
Ministerinformation betreffend: Artikel in Der Standard vom 13. Mai 1995, Sachverhaltsdarstellung.
Bericht des Rechnungshofes vom 14. Juni 2002: Ergebnis der Gebarung der ARGE-AKH hinsichtlich der Abrechnung bereits abgeschlossener Teilprojekte unter Berücksichtigung eines Kostenvergleiches zwischen den veranschlagten und tatsächlichen Herstellungskosten.

Technische Universität Wien

BMU: GZ 110.201 / 14 ex 1958; GZ 59.614 / Präs. 4 ex 1966; GZ 117.818 / III–4 ex 1969; GZ 139.539 – I / 4 ex 1969.
BMWF: GZ 32.694 / Raum ex 1973; GZ 32.757 / Raum ex 1973; GZ 30.614 / 3–9 ex 1976; GZ 30.600 / 4–9 ex 1977; GZ 30.616 / 3–6 ex 1980; GZ 30.606 / 1–9 ex 1984; GZ 30.616 / 20–9 ex 1985; GZ 30.610 / 2–9 ex 1989; GZ 30.600 / 4–9 ex 1990; GZ 30.617 / 2–9 ex 1991.
BMWFK: GZ 30.610 / 3–9 ex 1995; GZ 30.616 / 2–9 ex 1995; GZ 30.610 / 3–9 ex 1996; GZ 30.616 / 8–9 ex 1996.
Wettbewerbsausschreibung zur Erlangung von Entwürfen für den Neubau des Institutsgebäudes der Technischen Hochschule Wien, Wien IV., Gußhausstraße 27–29.

Universität für Bodenkultur Wien

BMU: GZ 2047 / Präs. 4 ex 1967.
BMWF: GZ 30.342 / Raum ex 1974; GZ 30.780 / 11–9 ex 1979; GZ 30.782 / 11–9 ex 1979; GZ 30.786 / 4–9 ex 1983; GZ 30.786 / 1–9 ex 1984; GZ 30.785 / 13–9 ex 1986; GZ 30.780 / 1–9 ex 1988; GZ 30.785 / 24–9 ex 1990; GZ 30.781 / 13–9 ex 1992.
BMWFK: GZ 30.781 / 19–9 ex 1995; GZ 30.720 / 4–9 ex 1996.
BMWV: GZ 30.780 / 7–9 ex 1999.
BMBWK: GZ 30.787 / 3–Pr / 5 ex 2001.
Schwackhöfer-Haus – Machbarkeitsstudie, erstellt von t.b.w. technik & bauwirtschaft Ziviltechniker GesmbH, Wien, Oktober 1995.

Veterinärmedizinische Universität Wien

BMU: GZ 2046 / Präs. 4 ex 1967.
BMWF: GZ 31.433 / Raum ex 1971; GZ 30.176 / Raum ex 1974; GZ 30.800 / 22–9 ex 1977; GZ 30.802 / 12–9 ex 1977; GZ 30.802 / 20–9 ex 1979; GZ 30.610 / 11–9 ex 1980; GZ 30.800 / 2–9 ex 1981; GZ 30.800 / 15–9 ex 1982; GZ 30.800 / 21–9 ex 1982; GZ 30.803 / 4–9 ex 1986; GZ 30.800 / 37–9 ex 1990.
BMWFK: GZ 30.800 / 42–9 ex 1995; GZ 30.800 / 66–9 ex 1995.

Wirtschaftsuniversität Wien

BMU: GZ 57.482 / I–3 ex 1954; GZ 52.824 / II–3b ex 1965.

BMWF: GZ 30.837 / 4–9 ex 1979; GZ 30.832 / 23–9 ex 1990; GZ 90.822 / 15–I / A / 1 ex 1991; GZ 30.831 / 9–9 ex 1993.

BMWFK: GZ 30.841 / 5–9 ex 1995.

Stellungnahme des Wissenschaftsministeriums zum Ergebnis der Überprüfung des Rechnungshofes betreffend die Gebarung des BMWF im Zusammenhang der Errichtung des Universitätszentrums Althanstraße vom 12. Dezember 1987.

Akademie der bildenden Künste Wien

BMU: GZ 2432 / Präs. 4 ex 1967.

BMWF: GZ 30.009 / Raum ex 1972; GZ 32.974 / Raum ex 1972; GZ 31.907 / Raum ex 1974; GZ 32.036 / Raum ex 1974; GZ 30.617 / 9–9 ex 1978; GZ 30.930 / 4–9 ex 1982.

BMWFK: GZ 30.930 / 14–9 ex 1994.

[Ernst Hiesmayr, 1975] Akademie der bildenden Künste: Bestandsaufnahme und Raum- und Funktionsprogramm.

[Studie von Roland Rainer und Gustav Peichl, o.J.] Akademie-Erweiterungsbau – Getreidemarkt 2–4.

Universität für Musik und darstellende Kunst Wien

BMU: GZ 95.632 / III–3b ex 1965; GZ 141.011 / III–3b ex 1965.

BMWF: GZ 31.368 / Raum ex 1972; GZ 33.820 / Raum ex 1974.

BMBWK: GZ 30.958 / 7–VII / 8 ex 2002; GZ 30.951 / 1–VII / 8 ex 2003.

Universität für angewandte Kunst Wien

BMU: GZ 2624 / Präs. 4 ex 1967.

BMWF: GZ 30.960 / 7–9 ex 1983; GZ 30.960 / 2–9 ex 1994.

BMBWK: GZ 30.960 / 12–Z / A / 10 ex 2000; GZ 30.960 / 8–Z / A / 10 ex 2001.

Universität Graz

BMU: GZ 57.602 – III / 3b ex 1965; GZ AE 109.816 / III / 3b ex 1965; GZ 109.131 / Präs. 4 ex 1966; GZ 2070 / Präs. 4 ex 1967; GZ 2284 / Präs. 4 ex 1967; GZ 3269 – Präs. 4 ex 1967; GZ 3648 / Präs. 4 ex 1967; GZ 6291 / Präs. 4 ex 1967; GZ 112.929 / III / 4 ex 1967; GZ 115.010 / III / 4 ex 1967; GZ 41.635 / III / 4 ex 1968; GZ 132.557 / III / 4 ex 1968; GZ 51.330 / III / 4 ex 1969; GZ 54.384 / III / 4 ex 1969; GZ 59.845 / III / 4 ex 1969.

BMWF: GZ 3003.437 / Raum ex 1970; GZ 30.693 / Raum ex 1972; GZ 31.085 / Raum ex 1972; GZ 31.928 / Raum ex 1973; GZ 30.005 / 1–5 ex 1975; GZ 30.033 / 1–9 ex 1975; GZ 30.049 / 3–9 ex 1978; GZ 31.300 / 18–9 ex 1979; GZ 30.002 / 2–9 ex 1980; GZ 30.035 / 7–9 ex 1980; GZ 30.005 / 2–9 ex 1982; GZ 30.000 / 2–9 ex 1983; GZ 30.003 / 5–9 ex 1983; GZ 30.011 / 2–9 ex 1983; GZ 30.035 / 12–9 ex 1983; GZ 30.041 / 3–9 ex 1983; GZ 30.000 / 1–9 ex 1984; GZ 30.003 / 1–9 ex 1984; GZ 30.000 / 2–9 ex 1985; GZ 30.007 / 2–9 ex 1985; GZ 30.946 / 7–9 ex 1985; GZ 30.014 / 3–9 ex 1986; GZ 30.049 / 1–9 ex 1986; GZ 90.235 / 5–11 ex 1986; GZ 10.001 / 1 – Parl. ex 1987; GZ 30.035 / 11–9 ex 1987; GZ 30.035 / 18–9 ex 1988; GZ 30.035 / 8–9 ex 1989; GZ 30.050 / 14–9 ex 1989; GZ 30.005 / 1–9 ex 1990; GZ 30.800 / 37–9 ex 1990; GZ 30.946 / 2–9 ex 1990; GZ 30.007 / 3–9 ex 1991; GZ 30.035 / 14–9 ex 1991; GZ 30.002 / 1–9 ex 1992; GZ 30.002 / 1–9 ex 1993; GZ 30.007 / 1–9 ex 1993; GZ 30.035 / 6–9 ex 1993; GZ 30.049 / 1–9 ex 1993.

BMWFK: GZ 30.022 / 1–9 ex 1995; GZ 30.050 / 6–9 ex 1995.

BMBWK: GZ 30.946 / 3–Z / A / 10 ex 2000; GZ 30.946 / 1–Z / A / 10 ex 2001.

Schreiben des Rektorates der KFUG an das BMU Abt. III/4, Graz, 20.5.1969; Zl. 1742/70 ex 1968/69.

Bundesministerium für Bauten und Technik – Referat Presse: Presseinformation über Hochschulbauten in der Steiermark, Wien, 16.1.1969.

Memorandum der KFUG – Graz, 1.7.1970; Rekt. Zl 1904–1969/70.

[unbekannter Verfasser] Universitätssportzentrum Rosenhain – Baubericht, o.O. und o.J.

Fachabteilungsgruppe Landesbaudirektion Fachabteilung IVb, Information, Graz, 22.4.1983.

[Studie] Notizen zum Neubau der Gewächshausanlage, verfasst von Josef Poelt, Thomas Ster, Helmut Satzinger, Alfred Bramberger und Volker Giencke, Graz 1983.

BMWF, Eing.: 3.10.1985 – Zahl 30.020/2–9.

[Studie] Steirische Hochschulbauten, erarbeitet von der Fachabteilung IVb – Neubaumaßnahmen im Hochbau – der Landesbaudirektion, Graz, 6.4.1987.
Stellungnahme zur schriftlichen parlamentarischen Anfrage Nr. 2460/J–NR/80 der Abgeordneten Krünes und Genossen vom 11.7.1988 betreffend die Rechts- und Sozialwissenschaftliche Fakultät der Universität Graz, Wien, 19.7.1988.
Aktenvermerk (Kaufm. 3/av1), Wien, 21.2.1989.
[Typoskript] Preis des Landes Steiermark für Architektur 1990 – Danksagung anlässlich des Festaktes, Verleihung des Architekturpreises am 25.6.1991 im Haus der Architektur von Wolfgang Kapfhammer.
Giencke, Volker: Offener Brief zum Bau und zur Kostenfrage der Gewächshäuser im Botanischen Garten der Uni Graz und zum BRG Kepler Graz, Graz, 1.6.1992.
Bericht von Dipl.-Ing. Franz Josel [Fachabteilung IVb – Neubaumaßnahmen im Hochbau], Graz, 6.10.1992.

Technische Universität Graz

BMU: GZ 60.346 / Präs. 4 ex 1966; GZ 6167 / Präs. 4 ex 1967; GZ 301.855 / Raum ex 1970.
BMWF: GZ 30.343 / Raum ex 1971; GZ 30.502 / 4–9 ex 1981; GZ 30.501 / 4–9 ex 1983; GZ 30.501 / 5–9 ex 1983; GZ 30.511 / 2–9 ex 1984; GZ 30.501 / 1–9 ex 1985; GZ 30.502 / 4–9 ex 1994.
BMWFK: GZ 30.500 / 1–9 ex 1995; GZ 30.502 / 7–9 ex 1995.
BMWV: GZ 30.521 / 3–9 ex 1997; GZ 30.502 / 2–9 ex 1997; GZ 30.514 / 1–Pr ex 1999.
BMBWK: GZ 23.000 / 5–VII / A / 3 ex 2000.
Langzeitprogramm der Fakultät für Bauingenieurwesen und Architektur der Technischen Hochschule in Graz für die Zeit vom Jahre 1966 bis 1976.
Studie über die bauliche Neugliederung der Fakultäten der Technischen Universität Graz, hg. vom Institut für Gebäudelehre und Entwerfen, Graz o.J.
Hollomey, Werner: Strukturplanung zur räumlichen Versorgung der Technischen Universität Graz, Graz 1987.
Steinegger, Wolfgang: Bebauungsstudie TU Graz. Neuorganisation der Hofbebauung – Neue Technik, Kopernikusgasse, Dezember 1998.
Entwurf zum Bau-Raum-Programm der TU Graz, 4.7.1999.

Universität für Musik und darstellende Kunst Graz

BMU: GZ 3159 / Präs. 4 ex 1967.
Marckhl, Erich: Rechenschaftsbericht über 5 Jahre Akademie für Musik und darstellende Kunst in Graz, [Graz 1968].
Holub, Ignaz E.: Hochschule für Musik und darstellende Kunst Graz – Raumbedarf-Vorstudie, Graz 1980.
Landesbaudirektion, Fachabteilung IVb, Neubaumaßnahmen im Hochbau: Hochschule für Musik und darstellende Kunst – Vorschläge für die Generalsanierung Palais Meran, Ehemalige Remise, Alte Universität, erarbeitet von Franz Josel und Friedrich Rous, Graz, Juni 1980.
Resümeeprotokoll über die Sitzung des Interministeriellen Komitees für Schulraumfragen vom 22.6.1981.
Franz Josel, Baubericht, Graz, Mai 1993.
Un Studio Van Berkel & Bos – MUMUTH Graz, Beschreibung zum Entwurf, Amsterdam 2000.

Montanuniversität Leoben

BMU: GZ 55.513 / I–3 ex 1955; GZ 37.695 / 14 ex 1957; GZ 102.955 / 14 ex 1957; GZ 107.966 / 14 ex 1957; GZ 44.147 / 14 ex 1958; GZ 69.208 / 14 ex 1958; GZ 79.282 ex 1959; GZ 121.882 / III–3b ex 1964; GZ 152.110 / III / 4 ex 1969.
BMWF: GZ 30.732 / 1–9 ex 1976; GZ 30.733 / 5–9 ex 1979; GZ 30.734 / 1–9 ex 1981; GZ 30.733 / 3–9 ex 1982; GZ 30.730 / 5–9 ex 1988; GZ 30.730 / 7–9 ex 1988; GZ 30.730 / 12–9 ex 1989; GZ 30.732 / 1–9 ex 1990; GZ 30.730 / 7–9 ex 1994.
BMWFK: GZ 30.730 / 2–9 ex 1995.
BMWV: GZ 30.730 / 1–9 ex 1999.
Montanistische Hochschule Leoben – Bauliche Sanierungs- und Erweiterungsstudie, erarbeitet von der Fachabteilung IVb – Bundeshochbau, Graz 1973.
Schreiben von Edmund Marchner [Vorstand der Fachabteilung IVc – Allgemeiner Hochbau] an Albert F. Oberhofer [Rektor der MUL], Graz, 20.1.1995.

Universität Innsbruck

BMU: GZ 79.002 / 14 ex 1960; GZ 114.700 / III / 3b ex 1964; GZ 43.812 / III / 3b ex 1965; GZ 114.958 / Präs. 4 ex 1966; GZ 77.210 / III–4 ex 1968.

BMWF: GZ 302.243 / Raum ex 1970; GZ 302.819 / Raum ex 1970; GZ 304.114 / Raum ex 1970; GZ 30.436 / Raum ex 1974; GZ 30.105 / 14–9 ex 1981; GZ 30.119 / 1–9 ex 1981; GZ 30.150 / 8–9 ex 1981; GZ 30.100 / 2–9 ex 1982; GZ 30.141 / 3–9 ex 1982; GZ 30.151 / 4–9 ex 1982; GZ 30.106 / 8–9 ex 1985; GZ 30.106 / 1–6 ex 1986; GZ 30.152 / 2–9 ex 1987; GZ 30.750 / 8–7 ex 1987; GZ 30.100 / 5–9 ex 1988; GZ 30.117 / 2–9 ex 1988; GZ 30.138 / 5–9 ex 1991; GZ 30.100 / 3–9 ex 1994; GZ 30.142 / 5–9 ex 1994.

BMWFK: GZ 30.130 / 1–9 ex 1995; GZ 30.152 / 5–9 ex 1995.

BMWV: GZ. 30.103 / 11–9 ex 1997; GZ 30.108 / 1–9 ex 1999; GZ 30.141 / 2–Pr / 9 ex 1999.

Universität Salzburg

BMU: GZ 98.594 / III–3b ex 1965; GZ 90.629 / Präs. 4 ex 1966; GZ 94.738 / III–4 ex 1968; GZ 124.817 / III–4 ex 1968; GZ 70.657 / III–4 ex 1969; GZ 98.761 / III–4 ex 1969.

BMWF: GZ 30.017 / Raum ex 1971; GZ 30.215 / Raum ex 1971; GZ 31.947 / Raum ex 1971; GZ 30.751 / Raum ex 1973; GZ 32.344 / Raum ex 1973; GZ 32.709 / Raum ex 1973; GZ 33.728 / Raum ex 1973; GZ 30.373 / Raum ex 1974; GZ 30.876 / Raum ex 1974; GZ 30.888 / Raum ex 1974; GZ 30.211 / 1–9 ex 1976; GZ 30.228 / 17–9 ex 1977; GZ 30.205 / 6–9 ex 1979; GZ 30.234 / 6–9 ex 1979; GZ 30.232 / 1–9 ex 1985; GZ 30.211 / 1–9 ex 1986; GZ 30.232 / 2–9 ex 1988; GZ 30.223 / 8–9 ex 1989; GZ 30.234 / 10–9 ex 1989; GZ 30.223 / 13–9 ex 1994.

BMWFK: GZ 30.234 / 4–9 ex 1995; GZ 30.234 / 19–9 ex 1995; GZ 650.061 / 2–V / 7 ex 1995; GZ 30.227 / 1–9 ex 1996; GZ 30.223 / 1–9 ex 1996.

BMBWK: GZ 30.232 / 3–Pr / 9 (Z/A/10) ex 2000; GZ 30.242 / 1–Pr / 5 ex 2001; GZ 30.232 / 1–Pr / 5 ex 2002.

Schreiben von Hans Wagner an Bruno Kreisky, Salzburg, 29.11.1976.

Memorandum der Salzburger Landesregierung an die neue Bundesregierung, Salzburg im April 2000.

Universität Mozarteum Salzburg

BMU: GZ 86.348 / 14 ex 1962; GZ 47.929 / Präs. 4 ex 1966; GZ 112.930 / III / 4 ex 1968; GZ 81.463 / I / 4 ex 1969; GZ 98.762 / III / 4 ex 1969.

BMWF: GZ 30.920 / 3–9 ex 1975; GZ 30.118 / 3–9 ex 1979; GZ 30.922 / 7–9 ex 1982; GZ 30.920 / 2–9 ex 1984; GZ 30.118 / 1–9 ex 1989; GZ 60.810 / 25–16a ex 1989; GZ 30.920 / 10–9 ex 1992.

BMWV: GZ 30.922 / 4–9 ex 1998; GZ 30.922 / 14–9 ex 1998; GZ 25.600 / 42–I / A / 5 ex 1999; GZ 30.922 / 3–9 ex 1999; GZ 30.922 / 10–9 ex 1999; GZ 30.922 / 11–9 ex 1999; GZ 30.922 / 22–Pr / 9 ex 1999; GZ 30.922 / 26–Pr / 9 ex 1999.

BMBWK: GZ 30.118 / 2–Z / A / 10 ex 2000; GZ 30.922 / 3–Pr / 9 ex 2000; GZ 30.922 / 5–Pr / 5 ex 2001; GZ 30.923 / 3–Z / A / 10 ex 2001; GZ 30.922 / 5–Pr / 5 ex 2002.

Universität Linz

BMU: GZ 3132 / Präs. 4 ex 1967; GZ 3946 / Präs. 4 ex 1967; GZ 103.627 / III–4 ex 1968.

BMWF: GZ 31.551 / Raum ex 1971; GZ 30.879 / Raum ex 1972; GZ 30.750 / 25–9 ex 1979; GZ 30.750 / 19–9 ex 1983; GZ 30.235 / 1–9 ex 1982; GZ 30.750 / 4–9 ex 1986; GZ 30.750 / 8–7 ex 1987; GZ 30.750 / 1–9 ex 1988; GZ 30.750 / 6–9 ex 1989; GZ 30.750 / 5–9 ex 1990; GZ 30.750 / 12–9 ex 1990; GZ 30.750 / 1–9 ex 1991; GZ 30.750 / 21–9 ex 1991.

BMWVK: GZ 30.750 / 8–9 ex 1995; GZ 30.750 / 1–9 ex 1996.

BMWV: GZ 30.750 / 1–9 ex 1998.

BMBWK: GZ 30.750 / 1–Z / A / 10 ex 2001.

Universität für künstlerische und industrielle Gestaltung Linz

BMWF: GZ 30.910 / 11–9 ex 1977; GZ 30.910 / 30–9 ex 1979; GZ 30.910 / 1–9 ex 1980; GZ 30.910 / 12–9 ex 1981; GZ 30.910 / 1–9 ex 1983; GZ 30.910 / 10–9 ex 1986; GZ 30.910 / 6–9 ex 1988; GZ 30.910 / 13–9 ex 1990.

BMWV: GZ 30.910 / 2–9 ex 1998.

Universität Klagenfurt

BMU: GZ 127.747 / III / 3b ex 1965; GZ 138.277 / I / 5 ex 1965; GZ 60.619 / III / 4 ex 1969; GZ 143.668 / III / 4 ex 1969.
BMWF: GZ 31.678 / Raum ex 1971; GZ 30.710 / 36–9 ex 1977; GZ 30.710 / 1–9 ex 1987; GZ 30.710 / 20–9 ex 1990; GZ 30.710 / 9–9 ex 1993.
BMWFK: GZ 30.710 / 4–9 ex 1996.
BMBWK: GZ 30.710 / 4–Pr / 5 ex 2001.

1.2 Gedruckte Quellen

1.2.1 Bundesgesetze

Bundesverfassungsgesetz, BGBl. Nr. 1/1930.
Kunstakademiegesetz 1948, BGBl. Nr. 168/1948.
Hochschulassistentengesetz, BGBl. Nr.32/1949.
Hochschultaxengesetz, BGBl. Nr. 102/1953.
Hochschul-Organisationsgesetz – HOG 1955, BGBl. Nr. 154/1955.
Akademie-Organisationsgesetz 1955, BGBl. Nr. 237/1955.
Schulbautenfondsgesetz, BGBl. Nr. 246/1960.
Bundesgesetz über die Errichtung der Universität Salzburg und der Hochschule für Sozial- und Wirtschaftswissenschaften Linz, BGBl. Nr. 188/1962.
Bundesgesetz über die Errichtung des Linzer Hochschulfonds, BGBl. Nr. 189/1962.
Budgetüberschreitungsgesetz 1963, BGBl. 250/1963.
Allgemeines Hochschul-Studiengesetz – AHStG 1966, BGBl. Nr. 177/1966.
Bundesgesetz mit dem ein Fonds zur Förderung der Errichtung einer Fakultät für Bauingenieurwesen und Architektur an der Universität Innsbruck geschaffen wird, BGBl. Nr. 181/1966.
Forschungsförderungsgesetz, BGBl. Nr. 377/1967.
Studienförderungsgesetz, BGBl. Nr. 421/1969.
Bundesgesetz über die Gründung der Hochschule für Bildungswissenschaften in Klagenfurt, BGBl. Nr. 48/1970.
Kunsthochschul-Organisationsgesetz – KHOG 1970, BGBl. Nr. 54/1970.
Kunsthochschulordnung, BGBl. Nr. 70/1971.
Bundesgesetz über die Errichtung der Hochschule für künstlerische und industrielle Gestaltung in Linz, BGBl. Nr. 251/1973.
Universitäts-Organisationsgesetz – UOG 1975, BGBl. Nr. 258/1975.
Forschungsorganisationsgesetz, BGBl. Nr. 341/1981.
Kunsthochschul-Studiengesetz, BGBl. Nr. 187/1983.
Akademie-Organisationsgesetz – AOG 1988, BGBl. Nr. 25/1988.
BIG-Gesetz, BGBl. Nr. 419/1992.
Arbeitsinspektionsgesetz – ArbIG 1993, BGBl. Nr. 27/1993.
Bundesgesetz über die Organisation der Universitäten – UOG 1993, BGBl. Nr. 805/1993.
Bundesgesetz über die Errichtung des Universitätszentrums für Weiterbildung mit der Bezeichnung Donau-Universität Krems, BGBl. Nr. 269/1994.
Universitäts-Studiengesetz, BGBl. I Nr. 48/1997.
Bundesgesetz über die bauliche Erweiterung der Universität Klagenfurt unter finanzieller Beteiligung des Landes Kärnten und der Landeshauptstadt Klagenfurt, BGBl. Nr. 129/1998.
Kunstuniversitäts-Organisationsgesetz – KUOG 1998, BGBl. Nr. 130/1998.
Universitäts-Akkreditierungsgesetz, BGBl. I Nr. 168/1999.
Bundesimmobiliengesetz 2000, BGBl. I Nr. 141/2000.
Dienstrechtsnovelle 2001 – Universitäten, BGBl. I Nr. 87/2001.
Bundesgesetz über die Organisation der Universitäten und ihre Studien – Universitätsgesetz (UG) 2002, BGBl. I Nr. 120/2002.

1.2.2 Publikationen des Wissenschaftsressorts und der Statistik Austria

Bildungsbericht 1965, hg. vom BMU, Wien 1965.
Hochschulbericht 1969, hg. vom BMU, Wien 1969.
Hochschulbericht 1972, 2 Bde, hg. vom BMWF, Wien 1972.
Hochschulbericht 1975, hg. vom BMWF, Wien 1975.
Hochschulbericht 1978, hg. vom BMWF, Wien 1978.
Hochschulbericht 1981, hg. vom BMWF, Wien 1981.
Hochschulbericht 1984, hg. vom BMWF, Wien 1984.
Hochschulbericht 1987, 2 Bde, hg. vom BMWF, Wien 1987.
Hochschulbericht 1990, 2 Bde, hg. vom BMWF, Wien 1990.
Hochschulbericht 1993, 2 Bde, hg. vom BMWF, Wien 1993.
Hochschulbericht 1996, 2 Bde, hg. vom BMWFK, Wien 1996.
Hochschulbericht 1999, 2 Bde, hg. vom BMWV, Wien 1999.
Hochschulbericht 2002, 2 Bde, hg. vom BMBWK, Wien 2002.
Wissenschaft in Österreich [1976], hg. vom BMWF, Wien 1976.
Statistisches Taschenbuch 1985, hg. vom BMWF, Wien 1985.
Statistisches Taschenbuch 1995, hg. vom BMWFK, Wien 1995.
Statistisches Taschenbuch 2000, hg. vom BMBWK, Wien 2000.
Statistisches Taschenbuch 2002, hg. vom BMBWK, Wien 2002.
Universitäten in Österreich 2002/2003, hg. vom BMBWK, Wien 2002.
Universitäten der Künste in Österreich 2002/2003, hg. vom BMBWK, Wien 2002.
Schulentwicklungsprogramm 1971–1980, hg. vom Bundesministerium für Unterricht und Kunst, Wien 1971.
Längerfristiges Entwicklungsprogramm für den Hochschulbau, hg. vom BMWF, Wien 1972.
Ausbau- und Entwicklungsprogramm des Bundes für das weiterführende Schulwesen, hg. vom Bundesministerium für Unterricht, Kunst und Sport, Wien 1985.
Hochschulstatistik 2002/2003, hg. von der Statistik Austria, Wien 2004.
Statistisches Jahrbuch Österreichs 2005, hg. von der Statistik Austria, Wien 2004.

1.2.3 Broschüren und Projektinformationen

Universität Wien

Universitäts-Sportzentrum 2, hg. von der Bundesbaudirektion für Wien, Niederösterreich und Burgenland, Wien 1993.
Universitätskirche – Generalsanierung, hg. vom Bundesministerium für wirtschaftliche Angelegenheiten, Wien 1998.
Neubau Hörsaalzentrum Uni-Campus Altes AKH, hg. von der BIG, Wien 2003.
Langenbucher, Wolfgang (für den Inhalt verantwortlich): Institut für Publizistik- und Kommunikationswissenschaft, Wien o.J.
Stein, Sepp (Hg.): Institut für Krebsforschung der Universität Wien, Wien o.J.

Technische Universität Wien

Chemie-Trakt, 2. Bauabschnitt, hg. von der Bundesbaudirektion für Wien, Niederösterreich und Burgenland, Wien 1995.
Institut für konstruktiven Wasserbau. Adaptierung und Erweiterung, hg. vom Bundesministerium für wirtschaftliche Angelegenheiten, Wien 1995.
Institut für Baustofflehre, Bauphysik und Brandschutz. Neubau und Generalsanierung, hg. vom Bundesministerium für wirtschaftliche Angelegenheiten, Wien 1999.
Umbau Institutsgebäude [Operngasse 11], hg. von der BIG, Wien 2003.

Veterinärmedizinische Universität

Neubau der Veterinärmedizinische Universität, hg. vom Bundesministerium für wirtschaftliche Angelegenheiten, Wien 1996.

Universität für Bodenkultur

Institutsgebäude der Universität für Bodenkultur, hg. von der Porr AG, Wien 1991.
Generalsanierung, Zu- und Ausbau des Wilhelm-Exner-Hauses, hg. vom Bundesministerium für wirtschaftliche Angelegenheiten, Wien 1997.
Sanierung des Adolf-Cieslar-Hauses und des Guttenberg-Hauses, hg. von der BIG, Wien 2004.

Universität für Musik und darstellende Kunst Wien

Universität für Musik und darstellende Kunst Anton-von-Webern-Platz 1, hg. von der BIG, Wien 1999.

Universität Graz

Institut für Pflanzenphysiologie, Erweiterung und Generalsanierung, hg. vom Bundesministerium für wirtschaftliche Angelegenheiten, Wien 1998.
Erweiterung der Vorklinik, Generalsanierung der Hörsäle ABC, hg. von der BIG, Wien 2003.

Technische Universität Graz

Hörsaaleinbau Alte Technik, hg. vom Bundesministerium für wirtschaftliche Angelegenheiten, Wien 1998.
Informationstechnische Institute, Inffeldgasse 16–16c, hg. vom Bundesministerium für Wirtschaft und Arbeit, Wien 2000.
Kompetenzzentren, Biokatalyse und Großmotorenzentrum, Modul 1 + 2, hg. von der BIG, Wien 2004.

Universität Innsbruck

Innrain 80 und 82, hg. von der Tiroler Landesbaudirektion, Innsbruck 1990.
Hauptgebäude, Generalsanierung und Umbau, hg. von der Landesbaudirektion, Innsbruck 1992.
Arkadentrakt, hg. von der Tiroler Landesbaudirektion, Innsbruck 1992.
Müllerstraße 55, hg. von der Tiroler Landesbaudirektion, Innsbruck 1993.
I. Univ.-Klinik für Chirurgie, Herzchirurgische Station, hg. von der TILAK, Innsbruck 1993.
I. Univ.-Klinik für Chirurgie, Abteilung für Transplantationschirurgie, hg. von der TILAK, Innsbruck 1993.
Univ.-Klinik für Nuklearmedizin, Erweiterung und Ausbau der Ambulanz, hg. von der TILAK, Innsbruck 1993.
Univ.-Klinik für Orthopädie, Neuerrichtung der Ambulanz, hg. von der TILAK, Innsbruck 1993.
Neubau Bibliothek, hg. von der Tiroler Landesbaudirektion, Innsbruck 1994.
Univ.-Klinik für Plastische und Wiederherstellungschirurgie, Ambulanz, Seminarräume und Besinnungsraum, hg. von der TILAK, Innsbruck 1995.
Neubau Brenner-Archiv, hg. vom Bundesministerium für wirtschaftliche Angelegenheiten, Wien 1997.
Chirurgische Univ.-Kliniken. Landeplatz, Kernzone, Rückgrat, hg. von der TILAK, Innsbruck 1997.
Generalsanierung und Funktionsadaptierung Pulverturmareal Universitätssportstätten, hg. von der BIG, Wien 1998.
Univ.-Klinik für Anästhesie und Allgemeine Intensivmedizin, hg. von der TILAK, Innsbruck 1998.
Sanierung Alte Universität Bauabschnitt 3, hg. von der BIG, Wien 1998.
Sozial- und Wirtschaftswissenschaftliche Fakultät der Universität Innsbruck, hg. von der BIG, Wien 1998.
Univ.-Klinik für Strahlentherapie, Erweiterung und Generalsanierung, hg. von der TILAK, Innsbruck 2000.
Chirurgische Univ.-Kliniken, Generalsanierung OP-Bereich, hg. von der TILAK, Innsbruck 2000.
Univ.-Klinik für Radiodiagnostik, Generalsanierung, hg. von der TILAK, Innsbruck 2001.
Restrukturierung Informatik Architektur- und Bauingenieurgebäude, hg. von der BIG, Wien 2002.

Universität Salzburg

Kaigasse 17 – Umbau und Generalsanierung, hg. vom Bundesministerium für wirtschaftliche Angelegenheiten, Wien 1997.
Umbau der Großen Universitätsaula, hg. von der BIG, Wien 2004.

Universität Linz

Hochschulfonds-Gebäude, hg. von der BIG, Wien 2003.

Universität Klagenfurt

Erweiterungsbau, hg. von der BIG, Wien 2000.

2 Literaturverzeichnis

Acham, Karl (Hg.): Geschichte der österreichischen Humanwissenschaften, Bd. 1: Historischer Kontext, wissenschaftssoziologische Befunde und methodologische Voraussetzungen, Wien 1999; Bd. 6.1: Philosophie und Religion: Erleben, Wissen, Erkennen, Wien 2004.

Baumgartner, Manfred: Baugeschichte; in: Universitäts- und Landessportzentrum Salzburg, Salzburg 1986, S. 15–20.

Biba, Otto: Kaiserin Wilhelmina Amalia und die Musik; in: Österreichische Musikzeitschrift, Wien Jg. 45/2 1990, S. 66–73.

Binder, Dieter A. / Edlinger, Maria: Vom Museum zur Pilotuniversität; in: Die Technik in Graz, Wien / Köln / Weimar 1999, S. 45–65.

Böck, Brigitte / Sauer, Gert (Bearb.): Kunsthochschul-Studiengesetz; in: Österreichische Studienvorschriften, hg. vom BMWF, Heft 15, Wien 1991.

Busek, Erhard: Vorwort zu: Das Wiener Allgemeine Krankenhaus – Universitätskliniken, Wien 1994.

Conradi, Peter (Hg.): Lesebuch für Architekten. Texte von der Renaissance bis zur Gegenwart, Stuttgart / Leipzig 2001.

Das Wiener Allgemeine Krankenhaus – Universitätskliniken, hg. von der VAMED, Wien 1994.

Der Zubau West am Gebäude der Chirurgischen Kliniken, hg. von der TILAK, Innsbruck 1997.

Die Bundesimmobiliengesellschaft – Zehn erfolgreiche Jahre, hg. von der BIG, Wien 2002.

Die Burgenländischen Kulturzentren, hg. vom Verein zur Planung, Errichtung und Erhaltung von Kultur- und Bildungszentren im Burgenland, Eisenstadt 1982.

Die Frauen- und Kopfklinik in Innsbruck, hg. vom Land Tirol, Innsbruck 1986.

Die Naturwissenschaftliche Fakultät der Universität Salzburg, Salzburg / Wien 1986.

Dokumentation BWL-Zentrum Brünner Straße, hg. vom BMWF, Wien 1992.

Drachsler, Johann (Red.): Die Johannes Kepler Universität Linz 1966–2000, Linz 1999.

Drischel, Otto / Paulhart, Herbert: Die Vollendung des ersten Teiles der Ausbaustufe der Universität für Bildungswissenschaften Klagenfurt (1973–1977), hg. vom BMWF, Wien 1977.

Drischel, Otto (Bearb.): Allgemeines Hochschul-Studiengesetz; in: Österreichische Studienvorschriften, hg. vom BMWF, Heft 1, Wien 1981.

Drischel, Otto (Bearb.): Allgemeines Hochschul-Studiengesetz; in: Österreichische Studienvorschriften, hg. vom BMWF, Heft 1, Wien 1992.

Ebenbauer, Alfred / Greisenegger, Wolfgang / Mühlberger, Kurt (Hg.): Universitätscampus Wien, Bd. 1: Historie und Geist; Bd. 2: Architektur als Transformation, Wien 1998.

Eisenköck, Hermann: Das RESOWI-Zentrum; in: Der Grazer «Campus», Graz 1995, S. 267–271.

Engelbrecht, Helmut: Geschichte des österreichischen Bildungswesens, Bd. 1: Von den Anfängen bis in die Zeit des Humanismus, Wien 1982; Bd. 2: Das 16. und das 17. Jahrhundert, Wien 1983; Bd. 3: Von der frühen Aufklärung bis zum Vormärz, Wien 1984; Bd. 4: Von 1848 bis zum Ende der Monarchie, Wien 1986; Bd. 5: Von 1918 bis zur Gegenwart, Wien 1988.

Ermacora, Felix (Hg.): Österreichisches Hochschulrecht, Wien 1956.

Ermacora, Felix (Hg.): Universitäts-Organisationsgesetz, Wien [4]1990.

Fillitz, Hermann (Hg.): Die Universität am Ring, Wien 1984.

Firnberg, Hertha: Vorwort; in: Die Vollendung des ersten Teiles der Ausbaustufe der Universität für Bildungswissenschaften Klagenfurt (1973–1977), Wien 1977, S. 5.

Floimair, Roland (Hg.): Das Neugebäude. 25 Jahre Institut für Kunstgeschichte; in: Baudokumentation Universität und Ersatzbauten, Bd. 9, Salzburg 1989; Institutsgebäude für Gesellschaftswissenschaften, Bd. 10, Salzburg 1990; Toskanatrakt der Residenz, Bd. 11, Salzburg 1993; Kapitelhäuser / Altstadt-Universität / Abschlussband, Bd. 12, Salzburg 1995.

Fonatsch, Franz: Der Umbau im Neugebäude; in: Das Neugebäude. 25 Jahre Institut für Kunstgeschichte, Salzburg 1989, S. 7–18.

Freisitzer, Kurt / Höflechner, Walter / Holzer, Hans-Ludwig / Mantl, Wolfgang (Hg.): Tradition und Herausforderung. 400 Jahre Universität Graz, Graz 1985.

Gahleitner, Alfred: Baugeschichte der Montanuniversität; in: 150 Jahre Montanuniversität Leoben, Graz 1990, S. 77–84.

Griesser, Doris: Der RESOWI-K(r)ampf; in: UNIZEIT. Zeitung der Karl-Franzens-Universität Graz, Graz, Nr. 1/1992, S. 3.

Haas, Roland: Universität Mozarteum – ein Ende des Provisoriums muss absehbar sein!; in: Universität Mozarteum Salzburg – Aktuell, Salzburg [2000], S. 24–25.

Hansen, Hans Robert (Hg.): WU-2000. Entwicklungsplan der Wirtschaftsuniversität Wien 1988–2000, Wien 1987.

Haslauer, Wilfried: Hoffnung auf Zustimmung; in: Altstadt-Universität Salzburg, Salzburg 1979, S. 5–6.

Haupt, Hermann: Das Leopold-Figl-Observatorium für Astrophysik der Universität Wien; in: Wetter und Leben. Zeitschrift für Angewandte Meteorologie, 22. Jg., 1970, S. 89–93.

Haupt, Hermann (Hg.): Observatorium Lustbühel Graz. Schwerpunkt österreichischer Weltraumforschung, Graz 1976.
Hesse, Michael: Baugeschichte des Instituts für Botanik der Universität Wien; in: Die Botanik am Rennweg, Wien 1992, S. 9–49.
Höflechner, Walter: Die Baumeister des künftigen Glücks. Fragment einer Geschichte des Hochschulwesens in Österreich vom Ausgang des 19. Jahrhunderts bis in das Jahr 1938, Graz 1988.
Höflechner, Walter: Die Österreichische Rektorenkonferenz 1911–1938 / 1945–1969, Wien 1993.
Höflechner, Walter: Das Physikalische Institutsgebäude; in: Der Grazer «Campus», Graz 1995, S. 155–166.
Höflechner, Walter: Österreich: eine verspätete Wissenschaftsnation?; in: Geschichte der österreichischen Humanwissenschaften, Bd. 1, Wien 1999, S. 93–114.
Höflechner, Walter: Die Auswirkungen politischer und kultureller Veränderungen auf Forschungsorientierung und Wissenschaftsorganisation; in: Geschichte der österreichischen Humanwissenschaften, Bd. 1, Wien 1999, S. 149–246.
Höflechner, Walter: Appendix: Zum System Wissenschaft und seinen institutionellen Komponenten in Österreich bis zum Zweiten Weltkrieg, in: Geschichte der österreichischen Humanwissenschaften, Bd. 6.1, Wien 2004, S. 481–544.
Hohenberg, Fritz: Aus der Geschichte der Technischen Universität Graz; in: Technische Universität Graz – Erzherzog-Johann-Universität, Graz ²1982, S. 9–18.
Holzbauer, Wilhelm: Die Magie des Ortes; in: Die Naturwissenschaftliche Fakultät der Universität Salzburg, Salzburg / Wien 1986, S. 23–31.
Jaksch, Walter / Fischer, Edith / Kroller, Franz: Österreichischer Bibliotheksbau, Bd. 1: Von der Gotik bis zur Moderne; Bd. 2: Architektur und Funktion 1945–1985, Graz 1986 und 1992.
Jormakka, Kari: Geschichte der Architekturtheorie, Wien 2003.
Kapfhammer, Wolfgang: Das neue Institutsgebäude in der Heinrichstraße; in: Der Grazer «Campus», Graz 1995, S. 261–264.
Kapflinger, Otto / Boeckl, Matthias: Abgelehnt : Nicht ausgeführt. Die Bau- und Projektgeschichte der Hochschule für angewandte Kunst in Wien 1873–1993, Wien 1993.
Kernbauer, Alois (Hg.): Der Grazer «Campus». Universitätsarchitektur aus vier Jahrhunderten, Graz 1995.
Kernbauer, Alois: Grundzüge der baulichen Entwicklung der Karl-Franzens-Universität; in: Der Grazer «Campus», Graz 1995, S. 49–80.
Kernbauer, Alois: Das Chemische Institutsgebäude; in: Der Grazer «Campus», Graz 1995, S. 157–170.
Kleibel-Hirschvogl, Caroline: Licht und Schatten; in: Toskanatrakt der Residenz, Salzburg 1993, S. 11–20.
Kleibel-Hirschvogl, Caroline: Zeitreise durch die Baugeschichte der Salzburger Altstadt-Universität; in: Kapitelhäuser / Altstadt-Universität / Abschlussband, Salzburg 1995, S. 79–86.
Klemmer, Babette (Bearb.): Bundesgesetz über die Organisation der Universitäten (UOG 1993), Wien 1997.
Kopper, Ernst M. (Hg.): Universität Wien – Biozentrum Dr. Bohrgasse. Labor- und Institutsgebäude der Formal- und Naturwissenschaftlichen Fakultät und der Medizinischen Fakultät der Universität Wien; Eine Dokumentation zur Eröffnung im November 1992, Wien 1992.
Kopper, Ernst M.: Von der Nutzbarkeitsstudie zur Realisierung. Projektentwicklung – 10 Jahre Altes Allgemeines Krankenhaus; in: Universitätscampus Wien, Bd. 2, Wien 1998, S. 25–52.
Kraft, Walter / Sauer, Gert: Kunsthochschul-Organisationsgesetz; in: Organisationsrecht der österreichischen Hochschulen, Heft 1, Wien 1983.
Kraft, Walter / Sauer, Gert: Kunsthochschulordnung; in: Organisationsrecht der österreichischen Hochschulen, Heft 2, Wien 1983.
Kyrer, Alfred: Was hat die Diskussion bewirkt?; in: Toskanatrakt der Residenz, Salzburg 1993, S. 7–8.
Lackerbauer, Ilse: Studiengebäude – Alte Universität; in: Studiengebäude – Theologische Fakultät und Universitätsbibliothek, Salzburg 1982, S. 7–12.
Langer, Friedrich / Swoboda, Friedrich (Red.): Hochschulbauten in Österreich 1970–1982, hg. vom BMWF, Wien 1982.
Loebenstein, Egon (Hg.): 100 Jahre Unterrichtsministerium 1848–1948. Festschrift des Bundesministeriums für Unterricht in Wien, Wien 1948.
Loicht, Franz / Leinwather, Peter: Schulentwicklung; in: Schulbau in Österreich, Horn / Wien 1982, S. 9–14.
Lorenz, Hellmut: Das Alte Allgemeine Krankenhaus in Wien. Baugestalt und Baugeschichte; in: Universitätscampus Wien, Bd. 1, Wien 1998, S. 37–56.
Lorenz, Karl R.: Die Neubauten der Technischen Universität Graz; in: Technische Universität Graz – Erzherzog-Johann-Universität, Graz ²1982, S. 19–24.
Lowitzer, Otmar: Universitätsbauten in Österreich, 2 Bde, Wien 1999 [Diplomarbeit / Universität Wien].
Matis Herbert / Stiefel Dieter: «Mit der vereinigten Kraft des Capitals, des Credits und der Technik ...». Die Geschichte des österreichischen Bauwesens am Beispiel der Allgemeinen Baugesellschaft – A. Porr Aktiengesellschaft, 2 Bde, Wien / Köln / Weimar 1994.

Mayr, Norbert: Drei historische Bauten in neuem Glanz; in: Kapitelhäuser / Altstadt-Universität / Abschlussband, Salzburg 1995, S. 31–52.
Mitter, Heinrich: Zum Geleit; in: Tradition und Herausforderung. 400 Jahre Universität Graz, Graz 1985.
Moravánszky, Ákos (Hg.): Architekturtheorie im 20. Jahrhundert. Eine kritische Anthologie, Wien / New York 2003.
Morawetz, Wilfried (Hg.): Die Botanik am Rennweg. Das Institut für Botanik und der Botanische Garten der Universität Wien, Wien 1992 (= Abhandlungen der Zoologisch-Botanischen Gesellschaft in Österreich, Bd. 26).
MZA – Medizinzentrum Anichstraße am Landeskrankenhaus Innsbruck – Universitätskliniken, hg. von der TILAK, Innsbruck 2002.
Neubauten für Hochschulen in Wien, 1894–1913, hg. vom k.k. Ministerium für Kultus und Unterricht, Wien 1913.
Nitschke, Claudia: Die Kapitelhäuser; in: Kapitelhäuser / Altstadt-Universität / Abschlussband, Salzburg 1995, S. 15–29.
Nowotny, Karl: Baugeschehen; in: Studiengebäude – Theologische Fakultät und Universitätsbibliothek, Salzburg 1982, S. 21–23.
Oberhauser, Otto (Hg.): Österreichischer Bibliotheksbau in den neunziger Jahren, Wien 1991.
Oberkofler, Gerhard: Hundert Jahre Medizinische Fakultät Innsbruck 1869 bis 1969, hg. von Franz Huter, Innsbruck 1969.
Ortner, Franz: Die Universität in Salzburg. Die dramatischen Bemühungen um ihre Wiedererrichtung 1810–1962, Salzburg 1987.
Pace, Anton (Hg.): Ernst Mayrhofers Handbuch für den politischen Verwaltungsdienst in den im Reichsrathe vertretenen Königreichen und Ländern, Bd. IV, Wien 1898.
Potyka, Hugo: Planungen; in: Universitätscampus Wien, Bd. 2, Wien 1998, S. 5–16.
Prossinger, Otto / Windisch, Martin: Architekturbericht; in: Studiengebäude – Theologische Fakultät und Universitätsbibliothek, Salzburg 1982, S. 17–20.
Pruscha, Carl: Kunsthaus Horn. Eine Dokumentation anlässlich der Sanierung und Adaptierung des Gebäudes der Ferdinand-Graf-Kurz-Stiftung in Horn für die Studierenden und Absolventen der Akademie der bildenden Künste in Wien; in: Wiener Akademie-Reihe, Bd. 23, Wien 1988.
Pruscha, Carl (Hg.): Das Semper-Depot, München / New York 1997.
Radlegger, Wolfgang: Zum Planungsstand vom September 1981; in: Planungsstand 9/81, Salzburg 1981, S. 5–9.
Radlegger, Wolfgang: Altstadt-Universität; in: Planungsstand 9/81, Salzburg 1981, S. 9–42.
Radlegger, Wolfgang: Die Entwirrung eines «Gordischen Knotens»; in: Kapitelhäuser / Altstadt-Universität / Abschlussband, Salzburg 1995, S. 63–74.
Ritschel, Karl Heinz: Glück und Vernunft entschieden; in: Kapitelhäuser / Altstadt-Universität / Abschlussband, Salzburg 1995, S. 75–78.
Rundgang durch die Geschichte der Universität Wien, hg. vom Archiv der Universität Wien, Wien ²1999.
Ruschitzka, Ernst: Bau und Bestände der Fakultätsbibliothek der Theologischen Fakultät der Leopold-Franzens-Universität Innsbruck, Innsbruck 1994 [Hausarbeit im Rahmen der Grundausbildung für die Verwendungsgruppe A, Bibliotheks-, Dokumentations- und Informationsdienst].
Salis, Jean Rodolphe von: Im Lauf der Jahre. Über Geschichte, Politik und Literatur, Zürich 1962.
Salzer, Elfi: Die «degradierte Residenz» wurde restauriert; in: Das Neugebäude. 25 Jahre Institut für Kunstgeschichte, Salzburg 1989, S. 67–70.
Schefbeck Günther (Hg.): Österreich 1934. Vorgeschichte – Ereignisse – Wirkungen, Wien 2004.
Schlegel, Walter: Beiträge zur Baugeschichte der Residenz; in: Toskanatrakt der Residenz, Salzburg 1993, S. 55–62.
Schorn, Josef: «Fünf nach zwölf»; in: Toskanatrakt der Residenz, Salzburg 1993, S. 21–26.
Schubert, Kurt: Die Wiedereröffnung der Universität Wien im Mai 1945; in: Wiener Universitätsreden, Neue Folge 1, hg. vom Archiv der Universität Wien, Wien 1991.
Schulbau in Österreich von 1945 bis heute, hg. vom Österreichischen Institut für Schul- und Sportstättenbau, Horn / Wien 1982.
Schuy, Stefan (Red.): Technische Universität Graz – Erzherzog-Johann-Universität. Geschichte, Lehr- und Forschungstätigkeit, Graz ²1982.
Schweigert, Horst: Das Meerscheinschlössl; in: Der Grazer «Campus», Graz 1995, S. 187–198.
Sebök, Martha (Hg.): Universitätsgesetz 2002. Gesetzestext und Kommentar, Wien 2002.
Sequenz, Heinrich (Hg.): 150 Jahre Technische Hochschule in Wien 1815–1965, 2 Bde, Wien 1965.
Simmerstätter, Hans: Baubericht über den Umbau ehemaliger Posträume; in: Das Neugebäude. 25 Jahre Institut für Kunstgeschichte, Salzburg 1989, S. 19–21.
Spaeth, David: Mies van der Rohe. Der Architekt der technischen Perfektion, Stuttgart 1994.
Sperl, Gerfried: Österreichische Architekten im Gespräch mit Gerfried Sperl, Salzburg / München 2000.
Sprung, Rainer: Haupt-Standorte der Innsbrucker Universität seit ihrer Gründung (1669); in: Forschungen zur Rechtsarchäologie und Rechtlichen Volkskunde, Bd. 15, Zürich 1993, S. 327–357.
Stifter, Wolfgang: Go East – Die Hochschule zieht in die Tabakwerke; in: HFG Linz. Wandzeitung der Hochschule für künstlerische und industrielle Gestaltung, 1/1995.

Studiengebäude – Theologische Fakultät und Universitätsbibliothek, hg. vom Amt der Salzburger Landesregierung, Salzburg 1982.
Sturm, Friedwin (Hg.): 150 Jahre Montanuniversität Leoben 1840–1990, Graz 1990.
Tomantschger-Steßl, Ursula / Wohniz, Josef W.: Vom Lesliehof zum virtuellen Campus; in: Die Technik in Graz, Wien / Köln / Weimar 1999, S. 67–89.
Ungers, Oswald Matthias: Das Haus und die Stadt; in: Die Naturwissenschaftliche Fakultät der Universität Salzburg, Salzburg / Wien 1986, S. 10–11.
UZA. Festschrift zur Eröffnung der Wirtschaftsuniversität Wien, hg. vom Architekturbüro Hlaweniczka und der Konstruktiva AG, Wien [1982].
Wagner, Karl: Das Mozarteum. Geschichte und Entwicklung einer kulturellen Institution, Innsbruck 1993.
Weber, Max: Wissenschaft als Beruf, Stuttgart 1995.
Welan, Manfried (Hg.): Die Universität für Bodenkultur Wien. Von der Gründung in die Zukunft 1872–1997, Wien / Köln / Weimar 1997.
Wenger, Erich: Der Planungsverlauf; in: Umbau Alte Residenz, Salzburg 1997, S. 18–23 (= Baudokumentation der Landesbaudirektion, Bd. 34).
Wien und seine Universität, hg. vom BMU, Wien 1965.
Wohniz, Josef W. (Hg.): Die Technik in Graz. Aus Tradition für Innovation, Wien / Köln / Weimar 1999.
Zaisberger, Friederike: Das Rehlingen-Stadtpalais oder das Antretter-Haus in Salzburg; in: Österreichische Musik-Zeitschrift, 33 Jg. Oktober 1978, S. 504–511.
10 Jahre Kunst und Bau – Österreichischer Bundeshochbau, hg. vom Bundesministerium für wirtschaftliche Angelegenheiten, Wien 1998.
Zschokke, Walter: Belebung des Spröden; in: Universität für Musik und darstellende Kunst Wien – Anton-von-Webern-Platz 1, hg. von der Universität für Musik und darstellende Kunst Wien, Wien 1999, S. 20–41.
Zwink, Eberhard (Hg.): Altstadt-Universität Salzburg, Salzburg 1979.
Zwink, Eberhard (Hg.): Planungsstand 9/81; in: Baudokumentation Universität und Ersatzbauten, Bd. 1, Salzburg 1981; Studiengebäude, Salzburg 1984; Naturwissenschaftliche Fakultät Universität Salzburg, Bd. 7/II, Salzburg 1986.

3 Chronologische Auflistung universitärer Bauvorhaben

Diese Liste umfasst insgesamt 228 Bauvorhaben. Unberücksichtigt blieben allerdings sämtliche Klinikbauten und – mit drei Ausnahmen – jene Instandsetzungen, die infolge von Kriegsschäden in den Jahren 1945 bis 1954 durchgeführt wurden. Berücksichtigt wurden folgende Kategorien: (1.) Baubeginn, (2.) Fertigstellung, (3.) Universität, (4.) Bauvorhaben, (5.) Nutzfläche und (6.) Planer. Hinsichtlich der Angaben zur Nutzfläche und zu Planern wird kein Anspruch auf Vollständigkeit erhoben; Schätzungen wurden kursiv gesetzt.

1945	1952	UW	Wiederaufbau: Hauptgebäude, Dr.-Karl-Lueger-Ring 1.
1946	1951	TUG	Wiederaufbau: Neuen Technik, Kopernikusgasse 24.
1950	1954	UI	Wiederaufbau: Anatomie, Müllerstraße 59; 3.600 m^2.
1953	1955	MUL	Rittinger-Gebäude; *1.000 m^2*.
1954	1955	TUW	Erweiterung: Hauptgebäude, Karlsplatz 13.
1954	1961	TUG	Chemie-Gebäude, Stremayrgasse 16; *6.000 m^2*; Karl R. Lorenz.
1955	1956	WU	Erweiterung: Stammhaus, Franz-Klein-Gasse 1; *2.800 m^2*; Carl Appel.
1956	1960	TUG	Zentrales Heiz- und Umspannwerk, Steyrergasse 30; K. R. Lorenz, W. Andreas und Lorle Herdey.
1957	1962	UW	Neues Institutsgebäude (NIG), Universitätsstraße 7; 21.500 m^2; Alfred Dreier, Otto Nobis.
1958	1963	TUW	Bauten für Maschinenbau-Institute am Getreidemarkt; *5.300 m^2*; Karl Kupsky, Friedrich Lehmann.
1958	1963	TUW	Erweiterung: Winkelbau, Gumpendorfer Straße 1; *4.700 m^2*; K. Kupsky.
1958	1964	TUG	Wasserbaulaboratorium, Stremayrgasse 10; *4.600 m^2*; K. R. Lorenz, W. A. und L. Herdey.
1959	1962	TUW	Atominstitut der österreichischen Universitäten, Stadionallee 2; 4.800 m^2; W. Legler, Fritz Purr.
1959	1964	UW	Adaptierung und Erweiterung: Gebäude «Sensengasse 2»; 4.300 m^2; Bundesgebäudeverwaltung I Wien.
1960	1967	UI	Neue Chemie, Innrain 52a; *7.000 m^2*; Frohwalt Lechleitner.
1961	1965	AW	Schwanzer-Trakt; 6.200 m^2; Max Fellerer, Eugen Wörle, Karl Schwanzer.
1962	1969	MUL	Gebäudekomplex nördlich des Hauptgebäudes, Franz-Josef-Straße 18; *10.000 m^2*; K. R. Lorenz.
1963	1964	MOZ	Institutsgebäude «Frohnburgweg 55»; 900 m^2; Helmut Keidel.
1963	1966	KUW	Adaptierung: ehemaliges Ursulinenkloster, Seilerstätte 26 / Johannesgasse 8; *4.800 m^2*; K. Wieninger, O. Katschenka.
1963	1969	KFUG	Institutsgebäude «Heinrichstraße 28»; 4.100 m^2; Viktor Badl.
1964	1964	US	Adaptierung: ehemalige Schuhfabrik Gruber, Weiserstraße 22.
1964	1965	US	Adaptierung: Wallis-Trakt der Residenz, Franziskanergasse 1; *1.600 m^2*.
1964	1966	UL	Kepler-Gebäude und Hörsaaltrakt; *9.800 m^2*; Helmut Eisendle, Bernhard Haeckel, Leopold Kaufmann, Elmar Keckeis, Artur Perotti.
1964	1967	UI	Erweiterung: Universitätsbibliothek, Innrain 50; Gerhard Plank.
1964	1968	KFUG	Institutsgebäude «Heinrichstraße 26» und Hörsaaltrakt; 5.900 m^2; V. Badl.
1964	1968	VMU	Generalsanierung: Hauptgebäude, Linke Bahngasse 11; Sepp Stein.
1965	1966	KUW	Adaptierung: Gebäude «Metternichgasse 12»; 1.000 m^2.
1965	1968	TUG	Erweiterungsbau «Technikerstraße 4»; *6.300 m^2*; K. R. Lorenz, Hannes Repolusk, Hans Ilgerl, Hermann Worschitz, Helmut Weixler.
1965	1968	UL	Adaptierung: Schloss Auhof; 1.600 m^2; H. Eisendle, B. Haeckel, L. Kaufmann, E. Keckeis, A. Perotti.
1965	1970	KFUG	Erweiterung: Universitätsbibliothek, Universitätsplatz 3; Friedrich Rous.
1965	1972	TUW	Chemie-Hochhaus, Lehárgasse 2; 7.700 m^2; K. Kupsky.
1965	2005	UW	Erweiterung und Sanierung: Gebäude «Währinger Straße 38–42, Boltzmanngasse 3–7 / Strudelhofgasse 4»; 26.900 m^2; F. Purr u.a.

1966	1968	UI	Erweiterung: Gebäude «Sternwartestraße 15»; *1.200 m²*; Robert Hartwig.
1966	1968	UW	Leopold-Figl-Observatorium am Mitterschöpfl.
1967	1969	UI	Institutsgebäude «Bauingenieurwesen», Technikerstraße 13; 18.700 m²; Hubert Prachensky, Ernst Heiss.
1967	1969	UI	Verwaltungsgebäude, Technikerstraße 15; 700 m²; H. Prachensky, E. Heiss.
1967	1969	UI	Bibliotheksgebäude, Technikerstraße 19; 700 m²; H. Prachensky, E. Heiss.
1967	1969	UI	Institutsgebäude «Architektur», Technikerstraße 21; 8.600 m²; H. Prachensky, E. Heiss.
1967	1973	TUW	Neue El, Gußhausstraße 27–29; 12.500 m²; Erich Boltenstern.
1968	1969	UL	Juridikum; 5.300 m²; H. Eisendle, B. Haeckel, L. Kaufmann, E. Keckeis, A. Perotti.
1968	1972	TUG	Neubauten für die elektrotechnischen Institute, Inffeldgasse 12 und 18; 6.400 m²; Ignaz Gallowitsch, Hubert Hoffmann.
1968	1973	BOKU	Sanierung und Erweiterung: Versuchswirtschaft Groß-Enzersdorf; Helmut Leierer.
1968	1973	UW	Wiener Universitätssportzentrum (USZ I), Auf der Schmelz 6; 12.500 m²; F. Purr.
1968	1974	UW	Außenstelle Himberg (Brauhausgasse 34) der heutigen MUW; *4.300 m²*; Norbert Schlesinger.
1969	1970	TUW	Laborhalle für die Fertigungstechnik, Engerthstraße 119; 1.800 m²; Alfred Wanko.
1969	1971	US	Montagebauten «Akademiestraße 20, 24 und 26»; *15.000 m²*.
1969	1973	UI	Erweiterung: Pathologie, Müllerstraße 44; *4.000 m²*; E. Heiss.
1969	1974	UI	Vorklinikum, Fritz-Pregl-Straße 3; *10.500 m²*; H. Prachensky.
1970	1971	UK	Vorstufengebäude; *2.800 m²*; Roland Rainer.
1970	1971	UL	Physik-Gebäude; *3.200 m²*; H. Eisendle, B. Haeckel, L. Kaufmann, E. Keckeis, A. Perotti.
1970	1971	US	Gerichtliche Medizin, Ignaz-Harrer-Gasse 79; 950 m².
1970	1972	UW	Verfügungsgebäude «Währinger Straße 17»; 3.900 m².
1970	1975	BOKU	Franz-Schwackhöfer-Haus; 4.000 m²; Anton Schweighofer.
1970	1975	TUG	Bibliotheksgebäude, Technikerstraße 4; 3.500 m²; K. R. Lorenz.
1970	1975	UI	Universitätssportzentrum in der Höttinger Au, Fürstenweg 185; 10.000 m²; Peter P. Pontiller, Peter Swienty, Norbert Heltschl.
1970	1977	KFUG	Vorklinikum, Harrachgasse 21; 14.000 m²; Erich Höfer, Emo Meister.
1970	1977	TUG	Physik-Gebäude, Petersgasse 16; 5.300 m²; Eduard Praschag.
1970	1982	KFUG	Erweiterung und Generalsanierung: Alte Chemie, Universitätsplatz 1; 3.700 m²; H. Weixler.
1970	1982	US	Generalsanierung: Altes Studiengebäude, Universitätsplatz 1 und Hofstallgasse 2–4; 8.000 m²; Otto Prossinger, Martin Windisch.
1970	1988	TUG	Neubau für die Maschinenbau-Institute, Inffeldgasse 25; *4.000 m²*; Helmut Dorner.
1971	1971	UI	EDV-Zentrum, Technikerstraße 23; *1.000 m²*; Innsbrucker Universitätsfonds.
1971	1972	BOKU	Wirtschaftsgebäude im Versuchsgarten Jedlersdorf.
1971	1974	WU	Erweiterung: Gebäudekomplex «Franz-Klein-Gasse 1»; 5.500 m²; C. Appel, Kurt Eckel.
1972	1974	US	Erweiterung: Fabriksgebäude «Weiserstraße 22»; *800 m²*.
1972	1978	MOZ	Hauptgebäude «Mirabellplatz 1»; *12.000 m²*; E. Wörle.
1972	1984	UW	Juridicum, Schottenbastei 10–16; *22.000 m²*; Ernst Hiesmayr.
1973	1973	KUL	Adaptierung: Brückenkopfgebäude West, Hauptplatz 8; *2.500 m²*.
1973	1978	UL	TNF-Turm und Hörsaalgebäude; 14.500 m²; A. Perotti, H. Eisendle, F. Treml.
1973	1979	UW	Gebäude «Borschkegasse 8a»; 4.400 m²; S. Stein, Lucia Aichinger.
1974	1975	US	Institutsgebäude «Petersbrunnstraße 19»; *1.400 m²*.
1974	1975	UW	Adaptierung: Gebäude «Schottenring 21»; *2.800 m²*; Bundesgebäudeverwaltung I Wien.
1974	1976	KFUG	Observatorium Lustbühel, Lustbühelstraße 46; 600 m²; Landesbaudirektion Graz.
1974	1977	UI	Labortrakt für das Bauingenieurwesen, Technikerstraße 11; *4.900 m²*; H. Prachensky, E. Heiss.

1974	1977	UK	Zentralgebäude und Nordtrakt; *10.000 m^2*; H. Prachensky, E. Heiss, Otto Baurecht, Martin Esterl, Ernst Hildebrand, Ewald Kaplaner.
1975	1981	UI	GEIWI-Turm; *12.000 m^2*; H. Rauth, Rainer J. König.
1975	1981	UI	Bruno-Sander-Haus; 10.800 m^2; H. Rauth, R. J. König.
1975	1982	UW	Erweiterung: Gebäude «Währinger Straße 13a»; 4.800 m^2; Bundesgebäudeverwaltung I Wien.
1975	1987	TUW	Freihaus, Wiedner Hauptstraße 8–10; 32.800 m^2; Alexander Marchart, Roland Moebius, Justus Dahinden, Reinhard Gieselmann.
1976	1979	VMU	Ausbau: Hof Medau; *1.400 m^2*; S. Stein.
1976	1981	WU	Universitätszentrum Althanstraße I (UZA I), Augasse 2–6; 33.700 m^2; Kurt Hlaweniczka.
1976	1982	UW	Biozentrum (UZA I), Althanstraße 14; 15.000 m^2; K. Hlaweniczka, K. Schwanzer, Gerhard Krampf.
1976	1983	KUG	Generalsanierung: Palais Meran, Leonhardstraße 15; 2.000 m^2; Ignaz E. Holub.
1977	1978	BOKU	Erweiterung: Gregor-Mendel-Haus und Justus-von-Liebig-Haus, Gregor-Mendel-Straße 33; 1.300 m^2.
1977	1978	UI	Gewächshäuser; *600 m^2*.
1977	1978	UI	Adaptierung: Alte Hygiene, Schöpfstraße 41; *5.000 m^2*; H. Prachensky.
1977	1978	US	Adaptierung: Rehlingen-Stöckl, Mozartplatz 4; *500 m^2*.
1977	1991	UW	Erweiterung und Generalsanierung: Gebäude «Rennweg 14»; 5.800 m^2; Kurt Zöhrer.
1978	1979	US	Institutsgebäude «Erzabt-Klotz-Straße 11»; *2.000 m^2*.
1978	1979	US	Institutsgebäude «Mühlbacherhofweg 6»; *3.400 m^2*.
1978	1980	KUW	Generalsanierung: Schlosstheater Schönbrunn; *1.700 m^2*; S. Stein.
1978	1982	KUG	Expositur Oberschützen; Herwig U. Graf.
1979	1980	BOKU	Forschungsglashaus, Peter-Jordan-Straße 63; 800 m^2; Bundesgebäudeverwaltung I Wien.
1979	1980	UW	Adaptierung: Teile der Alten Universität, Postgasse 7–9; 3.100 m^2; Alois Machatschek, Gerhard Molzbichler.
1979	1982	KFUG	Generalsanierung: Meerscheinschlössl, Mozartgasse 3; *2.200 m^2*.
1979	1984	KFUG	Universitätssportzentrum am Rosenhain, Max-Mell-Allee 11; 3.750 m^2; Jöstl.
1980	1981	KUW	Erweiterung: Palais Cumberland, Penzingerstraße 9; 2.100 m^2; Otto Stampf.
1980	1981	TUG	Adaptierung: Teile des Stifts Rein-Hohenfurth; *800 m^2*.
1980	1982	VMU	Adaptierung: Gebäude «Ungargasse 14».
1980	1983	MOZ	Sanierung: Altes Haus, Schwarzstraße 26; 2.100 m^2.
1980	1984	UI	Josef-Moeller-Haus; *4.300 m^2*; H. Rauth, R. J. König.
1980	1984	UI	Hörsaaltrakt; *3.700 m^2*; H. Rauth, R. J. König.
1980	1986	UI	Victor-Franz-Hess-Haus, Technikerstraße 25; 16.000 m^2; E. Heiss.
1981	1983	KFUG	Generalsanierung: Gebäude «Universitätsstraße 6»; 550 m^2.
1981	1984	UL	Bibliotheksgebäude und Erweiterungsbau für das EDV-Zentrum; 7.600 m^2; A. Perotti, H. Eisendle, F. Treml.
1982	1982	VMU	Adaptierung: ehemaliges Wirtschaftsgebäude des Schlosses Wilhelminenberg, Savoyenstraße 1; 1.500 m^2; Franz Schnögass.
1982	1986	US	Naturwissenschaftliche Fakultät, Hellbrunnerstraße 34; *30.000 m^2*; Wilhelm Holzbauer, Heinz Ekhart, Stefan Hübner, Georg Ladstätter, Heinz Marschalek.
1983	1984	UL	Laborgebäude für die Mikroelektronik; 450 m^2; VOEST-Alpine AG.
1983	1987	KUG	Adaptierung: ehemalige Remise des Palais Meran; 1.200 m^2; I. E. Holub.
1983	1988	UW	Adaptierung: ehemaliges WU-Hauptgebäude, Franz-Klein-Gasse 1/Gymnasiumstraße 50; 13.000 m^2; K. Hlaweniczka.
1983	1989	UI	Generalsanierung und Erweiterung: Alte Chemie, Peter-Mayr-Straße 1/1a; *3. 400 m^2*; E. Heiss.
1983	1990	UW	Adaptierung: Teile des Hauptgebäudes, Dr.-Karl-Lueger-Ring 1; 39.000 m^2; G. Krampf, Ertan Ilicali, Martin Schwanzer.
1984	1986	US	Universitäts- und Landessportzentrum Rif bei Hallein; Heinz Neumann, Sepp Frank.
1984	1987	KFUG	Adaptierung: ehemaliges Heizhaus, Universitätsstraße 2–4; 2.500 m^2; Gerd Rainer.

1984	1987	TUW	Bibliotheksgebäude, Resselgasse 4; 9.500 m^2; A. Marchart, R. Moebius, J. Dahinden, R. Gieselmann.
1984	1987	VMU	Ausbau: Lehr- und Forschungsgut Merkenstein; S. Stein.
1984	1990	KUL	Adaptierung und Neubau: Werk I, II und III, Reindlstraße 14–16; 6.000 m^2; Franz Huber.
1984	1992	TUW	Adaptierung und Erweiterung: Hauptgebäude, Karlsplatz 13; 40.000 m^2; u.a. Hans Puchhammer.
1985	1987	BOKU	Lehrforstgebäude in der Rosalia, Heuberg 82; 2.500 m^2; Wolf Jürgen Reith.
1985	1987	VMU	Adaptierung: Gebäude «Tongasse 12»; 1.700 m^2; S. Stein.
1985	1988	TUG	Institutsgebäude «Petersgasse 12»; 3.700 m^2; Michael Szyszkowitz, Karla Kowalski.
1985	1988	US	Adaptierung: Residenz-Neugebäude, Residenzplatz 9; *1.900* m^2; Franz Fonatsch.
1985	1992	UI	Generalsanierung: Hauptgebäude, Innrain 52; 10.300 m^2; R. J. König.
1986	1988	BIKU	Adaptierung: ehemaliges Piaristengymnasium in Horn; Carl Pruscha.
1986	1989	US	Adaptierung: Alte Gewerbeschule, Rudolfskai 42; *6.400* m^2; O. Prossinger, M. Windisch, Friedrich Wierer.
1986	1991	KUW	Neue Studiobühne, Penzingerstraße 7; 4.500 m^2; Peter Czernin.
1986	1992	US	Adaptierung: Toskana-Trakt der Residenz, Churfürstenstraße 1; *6.000* m^2; O. Prossinger, M. Windisch, Gerhard Garstenauer.
1986	1993	TUG	Institutsgebäude «Lessingstraße 25»; *3.500* m^2; Günther Domenig.
1986	1998	UW	Generalsanierung: Universitätskirche am Dr.-Ignaz-Seipel-Platz; Friedmund Hueber.
1987	1987	UK	Adaptierung: Gebäude «Sterneckstraße 15»; 2.100 m^2; O. Baurecht.
1987	1988	KFUG	Erweiterung: Gebäude «Holteigasse 6»; *1.800* m^2.
1987	1988	KUW	Adaptierung: Amalientrakt des Salesianerinnenklosters, Rennweg 8; 1.800 m^2; Porr AG.
1987	1988	WU	Adaptierung: Kolpinghaus, Althanstraße 51; 1.300 m^2; Heinz Dieter Kajaba.
1987	1990	MUL	Generalsanierung: Altes Hochschulgebäude, Peter-Tunner-Straße 5; 2.000 m^2; Eilfried Huth.
1987	1990	TUG	Institutsgebäude «Steyrergasse 30»; 3.500 m^2; G. Domenig, Hermann Eisenköck.
1987	1991	KFUG	3. Institutsgebäude, Heinrichstraße 36; 4.000 m^2; Wolfgang Kapfhammer, Johannes Wegan, Gert Koßdorff u.a.
1987	1993	KUG	Institutsgebäude, Brandhofgasse 21; 3.500 m^2; Klaus G. Musil.
1988	1989	KFUG	Modernisierung: Sonnenobservatorium Kanzelhöhe bei Villach; 500 m^2.
1988	1990	UL	Erweiterung: Kopfgebäude; 5.200 m^2; A. Perotti, H. Eisendle, F. Treml.
1988	1990	UL	Managementzentrum; 6.000 m^2; A. Perotti, H. Eisendle, F. Treml.
1988	1994	US	Adaptierung: Altes Kapitelhaus, Kapitelgasse 4; *1.600* m^2; O. Prossinger, M. Windisch, F. Wierer.
1988	1994	US	Adaptierung: ehemalige Domdechantei, Kapitelgasse 6; 2.000 m^2; Reiner Kaschl, Heide Mühlfellner.
1988	1994	US	Adaptierung: Firmian-Salm-Haus, Kapitelgasse 5–7; 2.100 m^2; Franz Fonatsch, Heinz Wondra.
1988	1995	KFUG	Gewächshaus, Schubertstraße 51a; 1.500 m^2; Volker Giencke.
1989	1990	UI	Adaptierung: Hutervilla (Innrain 80) und Schwarzkopfvilla (Innrain 82); 1.800 m^2.
1989	1991	BOKU	Emil-Perles-Haus, Nußdorfer Lände 11; 13.000 m^2; Porr AG, Dimitris Manikas.
1989	1991	KFUG	Erweiterung und Sanierung: Gebäude «Universitätsplatz 2 und 4»; 18.400 m^2; Hubert Rauch.
1989	1991	UW	Adaptierung: Gebäude «Schopenhauerstraße 32»; 1.800 m^2; Werner Obermann.
1989	1992	UW	Adaptierung: Gebäude «Hohenstaufengasse 9»; 1.800 m^2; Friedrich Poindl.
1989	1992	UW	Vienna Biocenter an der Dr.-Bohr-Gasse (9); 10.000 m^2; Ernst M. Kopper, Martin R. Köhler.
1989	1999	TUW	Adaptierung: Hallen auf dem Areal B der Aspanggründe, Landstraßer Hauptstraße 152 und Adolf-Blamauer-Gasse 1–3; 9.500 m^2; u.a. Ernst Gfrerer.
1990	1992	UL	Institutsgebäude für Halbleiterphysik; 2.500 m^2; A. Perotti, H. Eisendle, F. Treml.
1990	1992	WU	Juristengebäude (UZA III), Althanstraße 39–45; 11.000 m^2; LB-Rent Bauträgergesellschaft.

1990	1994	UW	Betriebswirtschaftliches Zentrum, Brünner Straße 72; 10.800 m^2; G. Molzbichler.
1990	1994	UW	Erweiterung: Universitätssportheim in Dienten am Hochkönig; *1.600 m^2*; Christoph Herzog.
1990	1995	UW	Geo- und Pharmazentrum (UZA II), Althanstraße 14; 35.000 m^2; K. Hlaweniczka, Franz Requat, M. Schwanzer, E. Ilicali.
1990	1995	WU	«Rundturm» (UZA II), Nordbergstraße 2; *4.800 m^2*; K. Hlaweniczka, F. Requat, M. Schwanzer, E. Ilicali.
1990	1996	VMU	Veterinärmedizinische Universität im Donaufeld, Veterinärplatz 1; 55.000 m^2; S. Stein, P. Czernin.
1990	1998	UI	Generalsanierung und Erweiterung: Alte Universität, Karl-Rahner-Platz 1–3; 11.800 m^2; Alfred Richter, Egon Neumair.
1991	1992	MUL	Laborhalle an der Parkstraße (27); 500 m^2; Bernhard Hafner.
1991	1992	UI	Laborgebäude am Patscherkofel; 140 m^2; Hans Loch.
1991	1992	WU	Erweiterung: Kolpinghaus, Althanstraße 51; 800 m^2; H. D. Kajaba.
1991	1993	UI	Adaptierung: Gebäude «Müllerstraße 55»; *400 m^2*; Peter Mayrhofer.
1991	1994	BOKU	IFA Tulln, Konrad-Lorenz-Straße 20; 7.200 m^2; Franz Fehringer.
1991	1994	KFUG	Adaptierung: Universitätszentrum Wall, Merangasse 70; 15.000 m^2; Guido Strohecker, Georgis Kellas.
1991	1996	UI	Generalsanierung und Erweiterung: Alte Hygiene, Schöpfstraße 41; 4.600 m^2; P. Mayrhofer, H. Prachensky.
1992	1993	UI	Adaptierung: Gebäude «Liebeneggstraße 8»; *1.300 m^2*; Hort H. Parson.
1992	1995	TUW	Erweiterungsbau für die Chemie am Getreidemarkt; 7.000 m^2; E. Hiesmayr.
1992	1996	BOKU	Erweiterung und Sanierung: Wilhelm-Exner-Haus, Peter-Jordan-Straße 82; 14.100 m^2; W. J. Reith, Paul Slupetzky.
1993	1993	BOKU	Barackenbauten auf der Borkowskigasse (4); *2.000 m^2*; P. Slupetzky.
1993	1994	MOZ	Erweiterung: Orff-Institut, Frohnburgweg 55; *800 m^2*; Jörg Reiss.
1993	1994	UW	USZ II, Auf der Schmelz 6a; 4.700 m^2; Harry Glück.
1993	1995	US	Institutsgebäude «Jakob-Haringer-Straße 2»; 1.600 m^2; R. Kaschl.
1993	1996	BOKU	Armin-Szilviny-Haus, Muthgasse 18; 20.000 m^2; H. Marschalek, G. Ladstätter.
1993	1997	BIKU	Akademiehof, Makartgasse 3; R. Rainer, Gustav Peichl.
1994	1995	BIKU	Adaptierung: Semper-Depot, Lehárgasse 6–8; 8.500 m^2; C. Pruscha.
1994	1996	KFUG	Universitätsheim Planneralpe; 1.000 m^2; Herfried Peyker, Werner Nussmüller, Nikolaus Schuster.
1994	1996	KFUG	Adaptierung: Gebäude «Attemsgasse 25»; 1.600 m^2.
1994	1996	KFUG	RESOWI-Zentrum, Universitätsstraße 15; 23.000 m^2; G. Domenig, H. Eisenköck.
1994	1997	UI	Institutsgebäude «Peter-Mayr-Straße 4a/b»; 2.700 m^2; P. Mayrhofer, H. Prachensky.
1994	1997	US	Adaptierung: Alte Residenz, Residenzplatz 1; *2.800 m^2*; F. Fonatsch.
1994	1998	KFUG	Erweiterung und Sanierung: Institutsgebäude «Schubertstraße 51»; *3.800 m^2*; Klaus Kada.
1995	1996	KFUG	Erweiterungsbau für die Universitätsbibliothek, Universitätsplatz 3; 2.500 m^2; G. Domenig, H. Eisenköck.
1995	1998	UW	Adaptierung: Altes AKH, Spitalgasse 2; 27.300 m^2; Hugo Potyka, Friedrich Kurrent, Johannes Zeininger, E. M. Kopper.
1996	1997	KFUG	Sanierung: ehemalige Kinderchirurgie, Heinrichstraße 31; 1.800 m^2.
1996	1997	UL	Bankengebäude; *3.000 m^2*; H. Eisendle, F. Treml.
1996	1997	US	Adaptierung: Schwarzenberg-Haus, Kaigasse 17; *1.000 m^2*; Fritz Lorenz, Christian Schmirl.
1996	1997	UW	Erweiterung: Gebäude «Kinderspitalgasse 15»; *1.200 m^2*; Achammer-Tritthart & Partner.
1996	1998	KFUG	Erweiterung: Gebäude «Halbärthgasse 8»; 1.100 m^2; Martin Strobl.
1996	1998	UI	SOWI-Gebäude, Universitätsstraße 15; 17.000 m^2; Dieter Henke, Marta Schreieck.
1996	2001	UI	Erweiterung und Sanierung: Gebäude «Josef Hirn-Straße 5–7» und «Herzog-Siegmund-Ufer 15»; *5.800 m^2*; Josef Lackner.
1997	1998	BOKU	Adaptierung: Oskar-Simony-Haus, Peter-Jordan-Straße 65; *2.000 m^2*; Monika Putz.

1997	1998	TUG	Adaptierung: Alte Technik, Rechbauerstraße 12; Susanne Weigelt, Josef Fekonja.
1997	1998	TUG	Schwingprüfstand auf den Inffeldgründen.
1997	1999	KUW	Adaptierung: Alte VMU, Anton-von-Webern-Platz 1; 13.000 m^2; Reinhardt Gallister.
1997	1999	US	Erweiterung: Universitäts- und Landessportzentrum Rif; Hans Scheicher.
1997	2000	TUG	Neubauten für die informationstechnischen Institute, Inffeldgasse 16, 16a–16c; 7.900 m^2; Florian Riegler, Roger Riewe.
1997	2000	UW	Adaptierung: Hirnforschungszentrum, Spitalgasse 4; *5.700 m^2*; E. M. Kopper.
1998	1999	MUL	Adaptierung: Südtrakt der Alten Kaserne, Peter-Tunner-Straße 25; 2.000 m^2; Herta Brucker.
1998	1999	TUW	Adaptierung: Gebäudekomplex «Favoritenstraße 9–11»; *12.500 m^2*; u.a. Ernst Gfrerer.
1998	1999	UI	Hochalpine Forschungsstelle in Obergurgl; *2.400 m^2*; A. Richter, E. Neumair.
1998	1999	UL	Erweiterung: Kepler-Gebäude; 900 m^2.
1998	2000	KUG	Bibliotheksgebäude, Brandhofgasse 17; *1.400 m^2*; K. G. Musil.
1998	2001	UI	Adaptierung: Pulverturm, Fürstenweg 189; 2.280 m^2; P. P. Pontiller.
1999	1999	MOZ	Adaptierung: Zentrum im Berg, Fürbergstraße 18–20; *7.400 m^2*; Ludwig Kofler.
1999	1999	TUG	Akustik-Kompetenzzentrum auf den Inffeldgründen.
1999	2000	TUG	Studienzentrum auf den Inffeldgründen, Inffeldgasse 10; 4.800 m^2; M. Szyszkowitz, K. Kowalski.
1999	2000	UI	Wettkampfhalle, Fürstenweg 185; *1.300 m^2*; H. H. Parson, Johannes Schmidt.
1999	2000	UK	Erweiterungsbau; *10.800 m^2*; K. G. Musil, Edwin Piskernik, Alfred Lengger.
1999	2003	UW	Generalsanierung: Neues Institutsgebäude; Laurids Ortner.
1999	2004	TUG	Bau-Technik-Zentrum, Inffeldgasse 24; 7.000 m^2; TUG.
2000	2002	KFUG	Erweiterung: Vorklinik; Generalsanierung: Hörsaaltrakt; *1.100 m^2*; W. Kapfhammer, Wladimir Goltnik, Michael Kriegl.
2000	2004	TUW	Generalsanierung: Neues El; Helmut Neumayer.
2001	2002	MOZ	Sanierung: Schloss Frohnburg, Hellbrunner Allee 53; Flavio Thonet.
2001	2004	AW	Erweiterung: Ferstel-Trakt, Oskar-Kokoschka-Platz 2; *1.500 m^2*; Anton Falkeis.
2002	2002	UI	Adaptierung und Sanierung: Institutsgebäude «Architektur»; Erich Gutmorgeth.
2002	2003	BOKU	Erweiterung und Sanierung: Adolf-von-Guttenberg-Haus, Feistmantelstraße 4; 3.200 m^2; Heinz Neckam.
2002	2003	TUG	Großmotorenzentrum, Inffeldgasse 21; 2.100 m^2; Werner Kampits, Horst Gamerith.
2002	2003	UK	Adaptierung: Gebäude «Sterneckstraße 15».
2002	2003	UL	Hochschulfonds-Gebäude; 4.000 m^2; H. Eisendle.
2002	2003	UW	Hörsaalzentrum im Alten AKH; 2.000 m^2; H. Potyka, F. Kurrent, J. Zeininger, E. M. Kopper.
2002	2004	BOKU	Erneuerung: Franz-Schwackhöfer-Haus; *8.000 m^2*; Georg Schwalm-Theiss, Horst Gressenbauer, Herbert Bohrn.
2002	2004	TUG	Forschungsgebäude «Inffeldgasse 21a und 21b»; 5.640 m^2; Hans Mesnaritsch.
2003	2003	BOKU	Sanierung: Adolf-Cieslar-Haus, Peter-Jordan-Straße 70; 2.400 m^2.
2003	2003	TUW	Adaptierung: Perlmoser-Haus, Operngasse 11; *3.000 m^2*; Mariana Zweymüller.
2003	2004	TUG	Haus der Biokatalyse, Petersgasse 14; 2.600 m^2; Ernst Giselbrecht.
2003	2004	US	Adaptierung: Aula-Gebäude; *1.600 m^2*; F. Fonatsch, Georg Huber, Karl Meinhart.
2004	*2006*	MOZ	Neubau des Hauptgebäudes am Mirabellplatz; *8.400 m^2*; Robert Rechenauer.
2005	*2007*	KFUG	Zentrum für Molekulare Biowissenschaften; *11.000 m^2*; Josef. H. Seidel, Hermann Thoma, Roland Kummer.

4 Personenregister

5 Abkürzungsverzeichnis

AHStG	Allgemeines Hochschul-Studiengesetz
ASFINAG	(heute) Autobahnen- und Schnellstraßen-Finanzierungs-Aktiengesellschaft
AW	Universität für angewandte Kunst Wien
BGBl.	Bundesgesetzblatt
BIG	Bundesimmobiliengesellschaft
BIKU	Akademie der bildenden Künste Wien
BOKU	Universität für Bodenkultur Wien
BMBWK	Bundesministerium für Bildung, Wissenschaft und Kultur
BMU	Bundesministerium für Unterricht
BMWF	Bundesministerium für Wissenschaft und Forschung
BMWFK	Bundesministerium für Wissenschaft, Forschung und Kunst
BMWV	Bundesministerium für Wissenschaft und Verkehr
FPÖ	Freiheitliche Partei Österreichs
GZ	Geschäftszahl
HOG	Hochschul-Organisationsgesetz
IKS	Interministerielles Komitee für Schulraumfragen
KFUG	Universität Graz
KHOG	Kunsthochschul-Organisationsgesetz
KPÖ	Kommunistische Partei Österreichs
KUG	Universität für Musik und darstellende Kunst Graz
KUL	Universität für künstlerische und industrielle Gestaltung Linz
KUW	Universität für Musik und darstellende Kunst Wien
MOZ	Universität Mozarteum Salzburg
MUG	Medizinische Universität Graz
MUI	Medizinische Universität Innsbruck
MUL	Montanuniversität Leoben
MUW	Medizinische Universität Wien
ÖAW	Österreichische Akademie der Wissenschaften
ÖBB	Österreichische Bundesbahnen
ÖH	Österreichische Hochschülerschaft
ÖVP	Österreichische Volkspartei
SPÖ	Sozialdemokratische Partei Österreichs
TUG	Technische Universität Graz
TUW	Technische Universität Wien
UG	Universitätsgesetz
UI	Universität Innsbruck
UK	Universität Klagenfurt
UL	Universität Linz
UOG	Universitäts-Organisationsgesetz
US	Universität Salzburg
UW	Universität Wien
VMU	Veterinärmedizinische Universität Wien
WU	Wirtschaftsuniversität Wien